现代电炉炼钢生产技术手册

（第2版）

主　编　王新江
副主编　李京社　朱 荣　李 晶

北 京
冶 金 工 业 出 版 社
2023

内 容 提 要

本书共 12 章，内容包括：现代电弧炉炼钢技术的发展概况；电弧炉冶炼所用金属料、辅助材料及气体；现代电弧炉炼钢设备；电弧炉冶炼技术和工艺；电弧炉冶炼主要单元操作；电弧炉冶炼过程的物料平衡和能量平衡；智能化电弧炉炼钢；与电弧炉冶炼配套的炉外精炼技术；典型钢种的电弧炉和精炼工艺路线与技术；电弧炉炼钢流程的绿色化生产；现代电弧炉的工厂设计和典型流程等。

本书可供钢铁企业的生产人员、工程技术人员以及相关专业的设计人员、科研人员、管理人员、教学人员阅读参考。

图书在版编目(CIP)数据

现代电炉炼钢生产技术手册/王新江主编.—2版.—北京：冶金工业出版社，2023.10

ISBN 978-7-5024-9628-9

Ⅰ.①现… Ⅱ.①王… Ⅲ.①电炉炼钢—技术手册 Ⅳ.①TF741-62

中国国家版本馆 CIP 数据核字(2023)第 179278 号

现代电炉炼钢生产技术手册（第 2 版）

出版发行 冶金工业出版社 **电　话** (010)64027926
地　址 北京市东城区嵩祝院北巷 39 号 **邮　编** 100009
网　址 www.mip1953.com **电子信箱** service@mip1953.com

责任编辑 刘小峰 曾 媛 美术编辑 彭子赫 版式设计 郑小利 孙跃红
责任校对 王永欣 郑 娟 责任印制 禹 蕊

北京捷迅佳彩印刷有限公司印刷
2009 年 3 月第 1 版，2023 年 10 月第 2 版，2023 年 10 月第 1 次印刷
787mm×1092mm 1/16；46 印张；1115 千字；714 页
定价 298.00 元

投稿电话 (010)64027932 投稿信箱 tougao@cnmip.com.cn
营销中心电话 (010)64044283
冶金工业出版社天猫旗舰店 yjgycbs.tmall.com
(本书如有印装质量问题，本社营销中心负责退换)

本书编委会

（以姓氏笔画为序）

王新江　朱　荣　苏长永

李　晶　李京社　姜　曦

主　　编　王新江

副 主 编　李京社　朱　荣　李　晶

编写人员　（以姓氏笔画为序）

王　佳　王永涛　王新江　田博涵

史成斌　朱　荣　任全文　刘　东

刘广文　闫　威　阮小江　孙　丹

孙开明　贡金鹏　杜亚伟　李　杰

李　晶　李加旺　李京社　李树斌

杨明华　吴学涛　宋生强　张　鹤

郑锡村　赵东伟　徐迎铁　黄　伟

董大西　潘宏涛　薛颖健　魏光升

第1版编委会

序

随着碳达峰碳中和政策的逐渐推进以及相关政策的落地实施，我国钢铁工业流程结构调整的重要性日渐显现。电弧炉短流程炼钢在钢铁生产中所特有的低碳排放和消纳城市产生的大量废弃物的功能优势，不仅可以满足城市发展需求，与城市和谐共存，而且还可以在钢铁产品制造过程的智能化的基础上，构建高效率的绿色循环经济，提高生态环保效益，实现钢铁生态圈与城市生态圈的高度融合。为此，国家、省（自治区、直辖市）出台了一系列政策、文件鼓励电弧炉炼钢技术的发展，为发展电弧炉炼钢提供良好政策环境。

近年来，通过引进、消化和吸收国外先进电弧炉设备及相关技术，以及开发具有自主知识产权的新炉型、辅助设备、软硬件技术，我国电弧炉炼钢技术已取得了很大进步。但是，电弧炉短流程生产成本高是制约电弧炉快速发展的主要原因。目前情况下，发展全废钢电弧炉短流程，要解决金属炉料配料结构优化与稳定、电弧炉高效化稳定生产、提高电弧炉炼钢的智能化水平、污染物协同治理与节能降耗的绿色化生产、冶炼过程“近零碳”排放的技术研发与应用、增强企业的盈利能力的产品结构优化调整等问题。

本书围绕以上方面，在中国金属学会副理事长、秘书长王新江教授级高工的组织与协调下，集国内知名专家对上述内容进行了全面的阐述，材料组织严密、条理清晰，阐明了电弧炉炼钢领域国内外学术及科技动态，内容丰富，涵盖了电弧炉炼钢短流程技术的所有内容，对政府职能部门人员制定相关政策、推动中国电弧炉炼钢的有序发展具有重要指导作用，是从事电弧炉炼钢冶炼的操作人员很好的工具书，也是科研院所、高校从事电弧炉短流程相关技术与产品开发研究人员的参考书，还可作为拟从事电弧炉炼钢相关人员及大专院校学生的教科书。

徐匡迪

二〇二三年十月四日

前　言

钢铁工业是碳排放量最大的行业之一，推进绿色低碳转型意义重大，引导电炉短流程炼钢产业有序发展，是推动我国钢铁工业碳达峰碳中和的重要举措。近年来，我国电弧炉钢产业发展取得了显著进步，电炉钢占比不断提高，产品构成不断提升，政策环境不断完善，电炉钢产业发展迎来了重要机遇期。特别是未来钢铁工业纳入全国碳排放权交易市场，征收碳税的政策出台将进一步提高电炉短流程竞争力。另外，高端优、特钢用户将碳足迹数据、碳减排措施纳入产品指标，也将促进电弧炉炼钢的发展。

近年来，我国通过引进不同电弧炉炉型、智能化控制软件，以及我国电弧炉应用及研究人员的共同努力，在低碳、智能、绿色、高效化现代电弧炉炼钢技术方面取得了很大的进步。在低碳方面，提出了基于绿电应用和构筑基于氢冶金的“直接还原-电弧炉”短流程新冶金技术体系，为无涉碳钢铁生产提供全新途径，特别是生产过程“近零碳”电弧炉冶炼技术，将会对电弧炉生产工艺产生变革性的影响；在智能化方面虽然一直处于跟跑阶段，但也有了长足进步，注重以高效、低耗、节能、优质生产为目标，已开始在核心装备、控制模型、生产工艺、品质控制等方面，争取实现包括柔性智能供电的电弧炉炼钢少人化全流程智能运行，降低冶炼电耗，大幅提高电炉生产效率；在绿色化方面，已进行了电弧炉短流程炼钢多污染物协同控制及低值余热回收技术的应用并取得了显著效果，特别是解决了避免废钢预热过程二噁英产生的问题；在高效化方面，采用了高效废钢预热、不开炉盖和出钢时仍能通电的连续冶炼等技术，冶炼周期降到35min以下，日产炉数可达32炉以上，接近大型转炉的生产水平。

为了系统地总结现代电弧炉炼钢技术，提升我国电弧炉炼钢技术水平，更好地推动“双碳”背景下的电弧炉炼钢发展，由中国金属学会组织，在北京科技大学、中冶京诚、冶金工业出版社等十余家相关单位专家、学者的共同努力下，对《现代电炉炼钢生产技术手册》（2009年）进行了修订。第1版由北京科技大学傅杰教授提议，由来自企业、高校、科研院所的专家、学者共同编写。傅杰教授生前非常重视电弧炉炼钢技术及优钢、特钢的生产研发。傅先生敏锐地预见到以我国国民经济发展速度，钢铁行业需要对电弧炉短流程有更为全面、深刻的认识，故提议编写手册，以做好技术储备和知识积累。

在对手册修订时整合了第1版所包含的10章内容，并结合当前我国电弧炉炼钢发展状况，重新撰写了现代电弧炉炼钢技术发展概况、现代电弧炉炼钢工厂设计和典型流程等章节，增加了废钢分类和识别技术、电弧炉用直接还原铁、智能电弧炉炼钢技术、电弧炉炼钢流程的绿色化生产和近零碳排放技术等内容。

本书分为12章。第1章介绍电弧炉炼钢的生产现状、现代电弧炉炼钢技术发展及中国电弧炉炼钢发展前景；第2章较为详细地介绍废钢铁、直接还原铁及废钢代用品等电炉炼钢所用金属料；第3章介绍电弧炉冶炼所用辅助材料及介质，包括造渣料、耐火材料、石墨电极及油、水、气等各种介质；第4章介绍现代电弧炉炼钢设备，依据供电方式和炉料预热方式讨论了各种电弧炉炉型及其特点；第5章介绍现代电弧炉炼钢工艺，重点阐述了冶炼周期综合控制、低氮电弧炉炼钢生产技术及电弧炉终点控制技术；第6章介绍电弧炉冶炼主要单元操作，包括废钢预热与铁水热装、供电、强化用氧及二次燃烧、泡沫渣工艺、底吹工艺等；第7章介绍电弧炉冶炼过程的物料平衡和能量平衡；第8章介绍智能化电弧炉炼钢的发展背景、特征、目标、技术路径以及智能化电弧炉炼钢相应的冶炼过程状态感知技术、支撑科学决策的工艺模型、实时分析和协同管控等精准执行技术、数字孪生技术等；第9章介绍与电弧炉冶炼配套的精炼技术，包括LF、VD、VOD、RH等炉外精炼工艺，介绍低硫钢、低碳钢的生产，钢中非金属夹杂物和洁净度控制等提高产品质量的技术措施；第10章介绍轴承钢、弹簧钢、齿轮钢、硬线钢、石油管用钢、不锈钢的电弧炉冶炼和炉外精炼工艺路线与技术；第11章介绍电弧炉炼钢流程的绿色化生产，包括炉气净化系统、炉渣处理系统、循环水系统，重点介绍烟气余热深度回收、二噁英防治等技术；第12章介绍现代电弧炉炼钢工厂设计和典型流程。

第1章由中国金属学会王新江撰写。第2章由北京科技大学李晶整理编写，其中，2.1.1废钢铁的技术要求及相关标准由中国废钢铁协会李树斌撰写；2.1.4废钢铁分类识别技术及应用由用友科技赵东伟撰写；2.2直接还原铁由北京科技大学闫威撰写。第3章由宝钢研究院徐迎铁整理编写，其中，3.3电弧炉用石墨电极由SGL-ShowaDenko公司孙丹撰写。第4章由北京科技大学李京社、中冶赛迪吴学涛整理编写。第5、6章由北京科技大学李晶整理编写，其中，6.2.4柔性供电技术由中冶京诚刘东、刘广文、潘宏涛撰写；6.4.4泡沫渣成分控制由武汉科技大学宋生强撰写。第7章由北京科技大学朱荣、魏光升、田博涵整理编写。第8章由北京科技大学李晶撰写并统稿，其中，8.1.1智能化电弧炉炼钢的内涵、8.1.2智能化电弧炉炼钢的发展背景由中冶京诚潘宏涛撰写；8.2.1智能化电弧炉总体架构、8.6电弧炉数字孪生技术由中冶京诚薛颖健、贡金鹏撰写；8.2.2智能电弧炉炼钢系统、8.4.5其他相关模型技术由中冶京诚郑锡村撰写；8.3.4 烟气连续分析系统由中冶京诚王佳撰写；8.4.3 电弧炉冶炼终点控制模型由北京科技大学李晶、中冶京诚郑锡村撰写。第 9 章由北京科技大学李晶整理编写。第 10 章，10.1 轴承钢由北京建龙重工阮小江撰写；10.2 弹簧钢由北京建龙重工阮小江和北京科技大学李京社共同撰写；10.3 齿轮钢由河钢集团石钢公司董大西撰写；10.4 硬线钢由河南钢铁集团杜亚伟撰写；10.5 石油管用钢由天津钢管孙开明撰写；10.6 不锈钢由北京科技大学史成斌撰写。第 11 章，11.1 炉气净化系统由中冶京诚李加旺撰写，其中，11.1.4 电弧炉粉尘处理新技术及应用由北京科技大学李晶撰写；11.2 电弧炉渣处理系统由中冶京诚潘宏涛撰写；11.3 循环水系统由中冶京诚任全文、李杰撰写；11.4 电弧炉烟气深度余热回收技术的应用由北京科技大学李晶、中冶京诚杨明华和黄伟撰写；11.5 电弧炉冶炼绿色化相关技术由北京科技大学李晶撰写。第 12 章由中冶京诚潘宏涛撰写，其中，12.6.3 电弧炉工程的数字化设计与交付由中冶京诚王永涛、张鹤撰写。

审稿人员有王新江、李京社、朱荣、李晶、孙彦广、曾加庆、杨勇、倪冰、魏光升、徐迎铁、李佳辉、刘广文、杨明华、潘宏涛，全书由王新江审定。在本书再版编写酝酿、组织阶段，姜曦博士在主要作者的推选、编写分工等方面做了大量工作；陈煜博士在手册编写前期做了组织工作；李晶教授在编写提纲的拟定、内容的修改方面提出了建设性意见；朱荣教授、魏光升教授、潘宏涛高工等专家为本书的再版编写提出了建议和意见。在本书整理过程中，北京科技大学绿色低碳钢铁冶金全国重点实验室博士研究生王岩给予了帮助。

本书可供电弧炉炼钢企业的操作人员、技术人员、管理人员学习使用，可供科研院所、高校从事电弧炉短流程相关技术与产品开发研究人员参考，也可供与电弧炉炼钢相关的工程设计以及设备制造单位的技术人员参考，还可作为拟从事电弧炉炼钢工作的相关人员及大专院校学生的学习参考书。

中国工程院院士徐匡迪在百忙中为本书做序，中国工程院院士殷瑞钰对本书编审人员给予了大量指导，在此深表感谢。

参与手册修订工作的人员较多，且多是各自企业或学校的技术专家和生产组织者、教学科研的领导者，大家怀着共同的目标完成手册修订工作，对所有参与人员表示感谢。

由于编者水平所限，本书不足之处，敬请广大读者批评指正。

王新江

2023 年 9 月

第1版前言

现代电炉炼钢技术是应用现代科学技术，在传统电炉炼钢技术的基础上发展起来的电炉炼钢技术。

电炉炼钢已有一百多年的历史。传统的电炉炼钢分为熔化期、氧化期、还原期三个阶段，在冶炼特殊钢方面具有优势，因此主要用于冶炼特殊钢。从20世纪50年代始，传统电炉炼钢技术以“熔氧合并、薄渣吹氧、缩短还原期”的工艺特点为标志，进入成熟阶段。60年代后，弧形连铸技术成功的工业应用，促使电炉要进一步缩短冶炼周期以与连铸相匹配。70年代，发展了超高功率供电及其相关技术，使得电炉还原期移到炉外势在必行。80年代，LF技术及EBT技术的开发，使得电炉还原期得以移到炉外，冶炼周期缩短至60min以内，形成了电炉+炉外精炼+连铸+连轧的现代化流程，第一条电炉—薄板坯连铸连轧生产线的投产标志着现代电炉炼钢技术进入了成熟阶段。现代电炉炼钢的特征是由现代电炉炼钢技术特点决定的。高效、节能、环保、可持续发展等，反映了现代电炉炼钢的发展方向。

20世纪90年代以来，我国在电炉炼钢理论、技术、操作、设备、管理等方面取得长足进步，不仅电炉钢产量进一步提高，而且在推进、完善现代电炉炼钢技术、扩大品种、提高质量等方面不断进步。为系统地总结现代电炉炼钢技术，提升我国电炉炼钢技术水平，更好地推动我国冶金工业健康、持续发展，在冶金工业出版社的组织和中国金属学会炼钢分会电炉学术委员会的支持下，我们编写了《现代电炉炼钢生产技术手册》一书。

《手册》共分10章。第1章在立足于钢铁厂电炉生产技术的基础上，简要概括了电炉炼钢的发展、历史现状以及未来；第2章介绍电炉炼钢用原材料和辅助材料；第3章对世界各国各种电炉炉型进行了讨论，同时对电炉设备进行了分析比较；第4章介绍电炉冶炼技术和工艺；第5章重点论述了电炉冶炼过程的物料平衡和热平衡；第6章介绍了与电炉冶炼配套的精炼技术；第7章对典型钢种的工艺流程进行了分析；第8章从可持续发展的角度对电炉流程的清洁化生产进行了介绍；第9章重点介绍了电炉钢冶金质量控制，包括控制工艺和方法；第10章简要介绍了电炉工厂设计和典型流程。《手册》内容可供钢铁企业技术人员、管理人员学习使用，也可供高校师生、工程设计以及设备制造单位技术人员参考。

《手册》由王新江担任主编，李京社、朱荣、李晶担任副主编。第1章由北京科技大学傅杰、安阳钢铁集团公司王新江撰稿；第2章由韶关钢铁集团有限公司钟寿军撰稿；第3章由北京科技大学李京社撰稿，其中第3.1.4节电气自动化系统由安阳钢铁集团公司王冠军、杨伏林撰稿；第4章由北京科技大学李晶撰稿；第5章由北京科技大学朱荣撰稿，其中第5.5节电炉冶炼过程的供电由安阳钢铁集团公司王冠军、杨伏林撰稿；第6章由安阳钢铁集团公司王新江、靳秀礼、杨锟撰稿；第7章分别由江阴兴澄特种钢铁有限公司阮小江、张广军（第7.1节轴承钢）、首钢集团总公司张玮、唐国志、崔京玉、周德光（第7.2节弹簧钢、第7.3节齿轮钢）、安阳钢铁集团公司苏小峰（第7.4节硬线钢）、天津钢管集团股份有限公司张露（第7.5节石油管用钢）、首钢集团总公司技术研究院薄板研究所刘阳春撰稿（第7.6节不锈钢）；第8章由广州珠江钢铁有限责任公司柴毅忠、林名驰、卢平、熊涛涛撰稿；第9章由天津钢管集团股份有限公司张露、孙开明撰稿；第10章由宝钢工程技术有限公司王雷、丁于撰稿。全书由傅杰、王新江审稿、定稿。

在《手册》的编写酝酿、组织阶段，傅杰教授做了大量工作，包括编写提纲的拟定、主要作者的推选等，在编写提纲的讨论、审定，编写分工和内容修改等历次编写工作会议上和编写过程中，傅杰教授提出了很多宝贵意见，付出了辛勤劳动。在《手册》的编写工作中，安阳钢铁集团公司和北京科技大学冶金与生态工程学院、研究生院给予了热情支持和帮助；王子亮总经理、史美伦副总经理、李士琦教授等给予了热情鼓励和支持；中国金属学会炼钢分会电炉炼钢学术委员会王中丙、江苏沙钢集团张晓兵、钢铁研究总院郭征、韶关钢铁集团有限公司冯炳文、北京科技大学孔祥茂等专家为《手册》的编写提出了建议和意见。

《手册》的编写工作还得到了冶金工业出版社的支持和指导，得到了天津钢管集团股份有限公司、广州珠江钢铁有限责任公司、韶关钢铁集团有限公司、江阴兴澄特种钢铁有限公司、宝钢工程技术有限公司、首钢集团总公司等单位领导的支持和帮助。在此一并表示衷心的感谢！

由于参与编写《手册》的单位和人员较多，作者都是企业或学校的技术专家和生产组织者、教学科研的领导者，时间有限，加之主编水平所限，书中不足之处恳请读者批评指正。

王新江

2009年2月

目　　录

1　现代电弧炉炼钢技术的发展概况

1.1　电弧炉钢生产现状分析

电炉包括电弧炉、感应炉和电渣炉等，本书所提及的炼钢电炉专指电弧炉。

电弧炉炼钢已有一百多年的历史。世界上第一台炼钢用电弧炉诞生于1889年，由Paul Héroult发明。

传统的电弧炉炼钢过程分为熔化、氧化、还原三个阶段，由于炼钢过程中有还原期，在冶炼特殊钢方面具有独特优势。20世纪50年代，传统的电弧炉炼钢技术发展到成熟阶段，“熔氧合并，薄渣吹氧，缩短还原期”是其技术特征。

20世纪60年代初，弧形连铸机技术成功地在生产中应用，转炉因其冶炼周期短、生产节奏快、与连铸匹配而发展迅速，促使电弧炉冶炼围绕缩短冶炼周期开发了一系列新技术，以保证电弧炉小时产量能适应多炉连浇要求，达到与连铸相匹配的目的。超高功率电弧炉开始兴起，并逐渐采用炉壁吹氧辅助熔炼，成为电弧炉炼钢的主流，特别是20世纪60年代始于欧洲的Mini-mill的兴起，使电弧炉炼钢进入快速发展时期。

20世纪的美国是一个经济高度发达的国家，废钢资源丰富，电力充足，废钢价格和电价便宜，有利于电弧炉炼钢的发展。20世纪70年代，一类以生产长材为主的电炉钢厂（电弧炉+连铸）在美国出现。初期，这些钢厂的规模不大，一般年产不超过30万吨，被称为小钢厂（Mini-mill）。

第一次石油危机以后，美国钢铁工业开始走下坡路，钢产量从1973年的最高年产量1.368亿吨降到1984年的6000万吨。从1982年到1987年的五年内，为了振兴钢铁工业，美国大力发展电炉钢生产，建起了几千万吨的电弧炉短流程钢厂，电炉钢比例超过30%，在电炉钢生产技术方面也取得了长足进步。1989年美国纽柯第一条EAF—CSP生产线是薄板坯连铸连轧技术发展的里程碑，是当时集成创新的典范。

20世纪90年代以后，由于连铸单流产量提高，一机多流、多炉连铸技术以及薄板坯厚度的增加，要求进一步缩短冶炼周期。欧洲和日本的一些电弧炉厂开发了一系列电弧炉炼钢技术，主要包括两个方面，一个是强化用氧；另一个是不同类型的废钢预热。出现了形形色色的现代电弧炉，技术的进步促进了电炉钢生产的发展。

近年来，世界粗钢产量、电炉钢产量及电炉钢所占比例，见图1-1[1]。

由图1-1可知，世界粗钢产量一直呈上升趋势，2020年达18.78亿吨，2021年达19.51亿吨，2022年为18.85亿吨，电炉钢产量也逐年增加，电炉钢比例曲折上升。其中，2011~2015年和2018~2020年世界电炉钢比例分别有不同程度的下降，该趋势与中国电炉钢比例发展趋势基本相同，2011~2015年中国电炉钢产量平均为0.6125亿吨，为同一阶段世界平均电炉钢产量（4.3475亿吨）的14.1%；2018~2020年中国电炉钢产量平

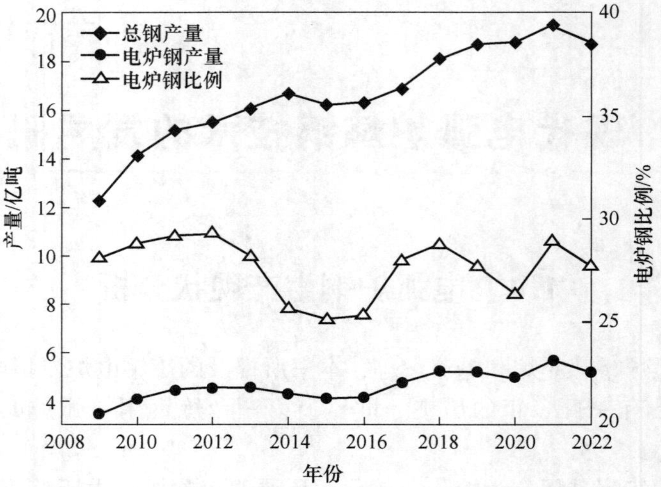

图 1-1 世界电炉钢产量及占比情况

均为 1.03 亿吨，为同一阶段世界平均电炉钢产量（5.11 亿吨）的 20.2%，占比较大。因此，中国电炉钢的发展水平在一定程度上影响着世界电炉钢的发展水平。

近 10 年来，世界上主要产钢国（地区）电炉钢比例的变化见图 1-2。

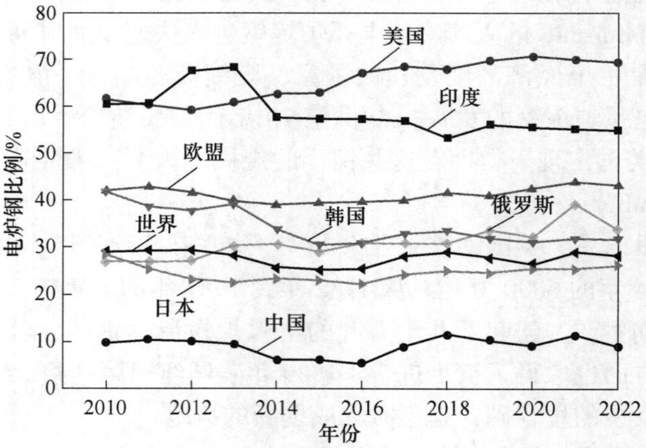

图 1-2 世界主要产钢国（地区）电炉钢比例的变化

由图 1-2 可知，发达国家电炉钢发展水平整体较高。2010 年，美国电炉钢的比例就超过了 60.0%，废钢/粗钢的比例高达 70.0%以上，2018 年电炉钢比达到了 68.0%。2022 年，美国电炉钢比为 69.0%，欧盟国家电炉钢比为 43.7%，韩国电炉钢比为 31.5%，日本电炉钢比为 26.7%，俄罗斯电炉钢比为 33.1%，即使是处于发展中国家的印度，其电炉钢水平也高达 54.2%。而我国电炉钢比仅为 9.5%左右。2022 年，中国电炉钢比为 9.5%，世界电炉钢比为 28.2%；若不含中国，世界其他国家电炉钢比平均为 50.2%。因此，中国的短流程炼钢还有巨大的发展空间。

1.1.1 中国电弧炉炼钢发展分析

我国电弧炉在20世纪80年代数量增长极快，但大多数是技术经济指标落后的小炉子。1993年6月，冶金工业部殷瑞钰副部长和在上海市任副市长的徐匡迪教授主持了冶金工业部在上海召开的“当代电炉流程和电炉工程问题研讨会”（以下称“上海会议”）。会上殷瑞钰副部长作了题为“当代电炉流程的工程进展评价”学术报告，报告指出：近十年来，在世界性的能源、资源、环境和经济等背景因素的影响下，当代电炉流程在工艺技术、设备以及整体工程等诸多方面取得了长足的进步。这些进步集中地体现在：电炉生产节奏的“转炉化”；钢的二次精炼的在线化；凝固成型过程的全连铸化；建立在连续轧制基础上的产品专业系列化。电炉流程的工艺结构逐渐向着一台大型超高功率电弧炉——一台与产品特征相应的精炼炉——一台连铸机及一部主力热连轧机的优化工程体制演进。报告从资源、能源、环境和工程经济等背景分析出发，对比了当代电炉流程和高炉—转炉流程的竞争性；讨论了电炉流程现在与未来的产品领域和市场前景；在对当代电炉流程从原料处理、电炉冶炼、钢的二次冶金、凝固成型、轧制形变以及车间布置等综合分析的基础上，提出了不同类型电炉企业结构优化的参考模式。徐匡迪教授作了“现代电炉炼钢的发展趋势”学术报告，指出：现代电炉炼钢的主要特征是高效、节能，介绍了几种开发中的新型电炉炼钢技术，即K-ES技术、烟道竖炉电炉技术和Consteel技术，并预言在几年后，将改变当时直流电炉占统治地位的状况，出现交流、直流电炉技术竞争发展的局面。殷部长还提出，电炉的生产效率应在5000t/(t·a)，到21世纪有可能达到40min一炉钢的水平，实现每天冶炼36炉钢的高效目标，电弧炉一个公称吨的年产量达到10000t。这次会议对我国现代电炉流程的发展起到了指导和推动的作用。

1993年，我国电弧炉主要技术经济指标为：冶炼周期180~200min，电耗610kW·h/t以上，电极消耗8.77kg/t，低于1965年的国际水平，即冶炼周期180min，电耗630kW·h/t以上，电极消耗6.5kg/t。也就是说，我国电弧炉的发展水平落后了30年。经过多年努力，我国在消化引进他国电弧炉炼钢技术的基础上，自主创新，实现了与世界电弧炉炼钢技术水平差距的缩小。我国一大批现代电弧炉，包括烟道竖炉电弧炉、Consteel电弧炉以及其他超高功率交流、直流电弧炉，已经达到或大大超过原设计生产能力。例如，当时安钢的100t烟道竖炉电弧炉原设计生产能力为年产67万吨，2003年实际产钢108万吨；天津无缝钢管公司150t超高功率电弧炉原设计生产能力为年产60万吨，2004年实际产钢超过120万吨。冶炼周期已降到40min左右，在加25%铁水冶炼时电耗可达220kW·h/t，进入了国际领先行列。即我国仅用十年的时间，缩短了曾与国外30年的差距，取得了令人瞩目的成就。

1993~2005年我国电炉钢产量及电炉钢比例的变化情况见图1-3。

从图1-3可见，1993年我国电炉钢比例为23.2%，1993~2000年这一阶段，世界电炉钢产量增长，我国电炉钢产量在1800万~2000万吨波动，2000年电炉钢比例下降至15.7%。这是淘汰了大量落后的小电弧炉，新投产的大电弧炉产量不高的缘故。另外，由于转炉钢产量的迅速增长，电弧炉钢产量增长较慢，致使电弧炉钢比例下降。2001~2003年，我国电炉钢比例有所回升，增加了约2个百分点，电炉钢产量增长速度略高于转炉钢增长速度。一方面是由于20世纪90年代对电弧炉进行了一轮投资导致产能的进一步释

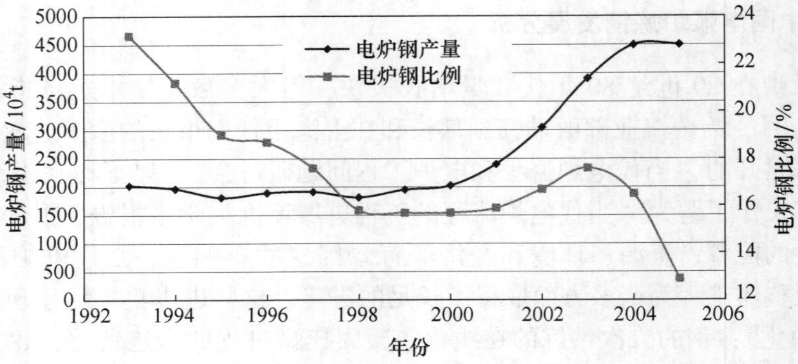

图 1-3 1993~2005 年我国电炉钢产量及电炉钢比例的变化

放，另一方面更重要的原因是技术的进步，因为根据当时电弧炉的设计产能，在原有技术水平上是达不到年产 3900 万吨电炉钢的。2003 年我国电炉钢产量比例最高达 17.6%。2003~2006 年，我国电炉钢比例呈整体下降趋势，见图 1-3。2006~2021 年中国粗钢产量及电炉钢比例的变化见图 1-4。

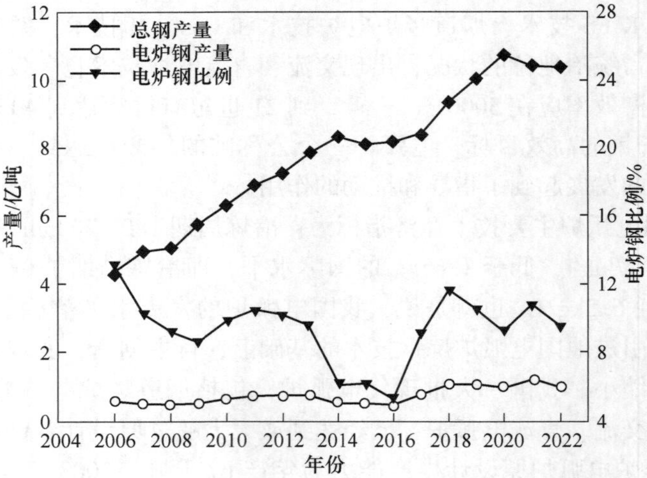

图 1-4 中国粗钢产量及电炉钢比例的变化
（数据来源：世界钢铁协会）

由图 1-4 可知，2016 年电炉钢比例下滑到最低点 5.2%，为 5884 万吨。2003 年我国粗钢产量 2.22 亿吨，2004 年开始，粗钢产量猛增，2016 年粗钢产量增加到 8.08 亿吨，2020 年我国粗钢产量达到 10.65 亿吨，占世界粗钢产量的 56.76%[2]，主要是由于转炉炼钢产量增加速度快，电炉钢产量所占比例明显落后于转炉钢产量。这也导致 2003 年后，电弧炉炼钢方面的科研经费投入少，研究电弧炉炼钢工艺技术的科研人员减少，造成现在电弧炉炼钢人才缺乏的局面。

2016 年 7 月 29 日，中央电视台对“地条钢”进行了曝光，各地政府和职能部门加大了对中频炉和“地条钢”的查处和打击力度，建筑钢材价格上涨，闲置电弧炉迅速恢复生产，“中改电”项目也积极推进，促进了电炉钢产量的增长，2017 年和 2018 年两年电炉钢比例持续增加，由 2016 年的 5.2%，增长到 2017 年的 9.0%和 2018 年的 11.6%[1]。

2019 年，建筑钢材、焦炭价格小幅下跌，铁矿石价格强势上涨，受成本优势支撑，长流程钢企的废钢消耗量增加，造成废钢价格增加，电弧炉利润空间降低。特别是 2020 年初受疫情影响，成材库存积压严重，导致电弧炉产量降低。2020 年电炉钢比例降低至 9.2%，2021 年电炉钢比例有所增加，达到 10.6%，而 2022 年电炉钢比例则下降至 9.5%。

1.1.2 影响中国电炉钢产量的因素分析

尽管我国电弧炉炼钢技术具有良好的发展前景，电炉钢产量还会增长，但是当前电炉钢的生产仍是困难重重，主要有三方面原因，即国内废钢资源供应紧张造成的废钢使用成本高、工业电价偏高、炉外精炼技术的完善使得电弧炉生产特钢的优势明显下降。

1.1.2.1 废钢使用成本高

2003~2016 年，国内废钢资源供应紧张，废钢使用成本高。我国和美国不同，美国是工业发达国家，废钢资源丰富，价格便宜；我国是发展中国家，大量钢材回收周期长，目前废钢生成量较小，能用于炼钢的废钢量比发达国家少。在相当长时间内，废钢资源紧缺和价格高的局面依然会存在。2013 年 1 月至 2022 年 4 月废钢价格的变化，见图 1-5[3]。

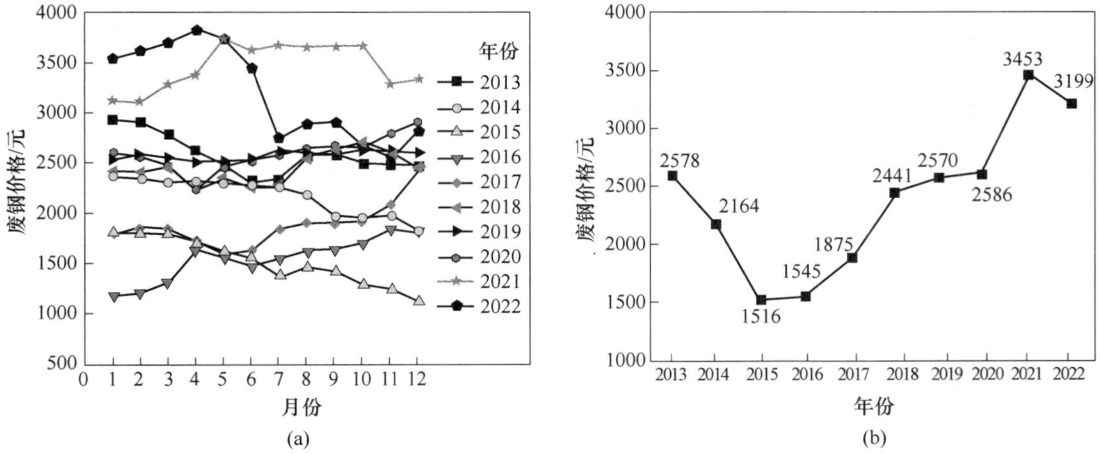

图 1-5 2013 年 1 月至 2022 年 12 月废钢价格的变化

（a）各年每月废钢价格波动；（b）各年废钢价格变化

（数据来源：西本资讯）

由图 1-5 可知，2013 年废钢价格在 2500~2800 元/t 波动；2014 年，废钢、铁矿石年平均价格均继续下降，但铁矿石降幅更大，年末废钢价格已降到 2000 元/t 以下，但废钢价格仍相对较高，全废钢电弧炉炼钢成本高于以铁矿石为主要原料的长流程转炉炼钢；2015 年，钢材价格持续下滑，导致许多钢厂停产、减产，废钢需求降低，而国内报废汽车数量和钢铁积蓄量持续增加，从而造成废钢价格下降，年末废钢价格接近 1500 元/t，为钢厂使用废钢提供了条件。

2016 年，由于产业政策及市场供需错配的综合影响，废钢价格出现了一定幅度的上涨，维持在 1500 元/t。2016 年 7 月 29 日，中央电视台对“地条钢”进行了曝光，各地政府和职能部门加大了对中频炉和“地条钢”的查处和打击力度，建筑钢材持续价格上涨，在产的电弧炉陆续加大废钢的使用量，直至达到全废钢冶炼仍有利润空间，造成废钢价格上升。2017 年，废钢平均价虽然为 1875 元/t，但年末价格接近 2500 元/t 以上。受成本优势支撑，长流程钢企的废钢消耗量增加，废钢价格继续增加。2019 年，建筑钢材、焦炭价格小幅下跌，铁矿石价格强势上涨，废钢供需全位处于平衡状态，波动较往年收窄，废钢价格维持在 2018 年末的水平并略有上涨，在 2400~2600 元/t 波动，年均价格达到了 2013 年的水平。2020 年初，受突发公共卫生事件影响，成材库存积压严重，导致废钢价格降低；4 月之后国家出台政策扶持，促使国内企业复工复产稳步进行，行业运行良好，价格出现反弹，与 2019 年相比，年均价格略有上升，变化不大。2021 年 1 月 1 日起，虽然符合《再生钢铁原料》（GB/T 39733—2020）标准的再生钢铁原料可自由进口，但是，我国对废钢需求量一度升高，废钢市场供需处于紧平衡状态，废钢价格也一路飙升；5 月出现最高位，废钢价格达到 3726 元/t；10~12 月由于国内限产和成材期货价格下行，导致废钢价格稍有下降。2022 年 1 月以来，废钢需求呈季节性扩大，成材价格上涨联动废钢价格上涨，使得废钢价格逐步上升；然而 2022 年 6 月后，由于房地产表现低迷，建筑钢材市场需求下降，多数钢厂亏损，废钢价格虽总体下降，但价格表现仍优于螺纹钢。

由于废钢的价格高于铁水的价格，致使我国电炉钢成本比转炉钢高，不利于电弧炉炼钢技术的发展。以 2018 年某设计单位提供的冶炼棒线材的数据为例，说明转炉、全废钢电弧炉和加 30%铁水电弧炉炼钢的成本构成，见表 1-1。

表 1-1 不同炼钢工艺成本中不同费用项比较

项目	单价	转炉冶炼		全废钢电弧炉冶炼		加 30%铁水电弧炉冶炼	
		单耗 / * · t^{-1}	成本 /元 · t^{-1}	单耗 / * · t^{-1}	成本 /元 · t^{-1}	单耗 / * · t^{-1}	成本 /元 · t^{-1}
一、钢铁料消耗/元 · t^{-1}		1080.00	2185.40	1100.00	2640.00	1100.00	2490.91
1. 废钢	2400.00	180.00	432.00	1100.00	2640.00	770.00	1848.00
2. 铁水	1948.00	900.00	1753.40	0	0.00	330.00	642.91
二、电耗 /元 · $(kW \cdot h)^{-1}$			0		216.60		165.30
电弧炉冶炼电耗	0.57	0	0	380.00 (250)	216.60 (142.5)	290.00	165.30
三、电极消耗			0		143.00 (25.00)		99.00
电弧炉电极	110000.00 (25000.00)	0	0	1.30 (1.00)	143.00 (25.00)	0.90	99.00

续表 1-1

项目	单价	转炉冶炼		全废钢电弧炉冶炼		加 30%铁水电弧炉冶炼	
		单耗 /＊·t^{-1}	成本 /元·t^{-1}	单耗 /＊·t^{-1}	成本 /元·t^{-1}	单耗 /＊·t^{-1}	成本 /元·t^{-1}
四、耐火材料/元·t^{-1}			2.08		11.00		11.00
炉衬	5200.00	0.40（寿命 8000 炉）	2.08	5.00（寿命 400 炉）	11.00	5.00（寿命 400 炉）	11.00
五、辅料			26.37		26.97		31.68
1. 石灰(初炼炉)	417.00	49.00	20.43	40.00	16.68	40.00	16.68
2. 白云石(初炼炉)	219.00	27.10	5.93	15.00	3.29		
3. 炭粉(58%)	1000.00	0	0	7.00	7.00	15.00	15.00
六、燃气/元·Nm^{-3}			31.04		15.92		15.61
1. 焦炉煤气	0.49	8.00	3.92	12.00	5.88	6.00	2.94
2. 氩气	0.40	1.10	0.44	0.60	0.24	0.17	0.07
3. 氮气	0.20	31.00	12.40	20.00			
4. 氧气	0.28	51.00	14.28	35.00	9.80	45.00	12.60
七、冷却水			1.07		4.35		5.80
初炼炉	0.29	3.70	1.07	15.00	4.35	20.00	5.80
八、能源回收			−29.00		−8.00		
1. 煤气/元·m^{-3}	0.20	100.00	20.00	0	0		
2. 蒸汽/元·kg^{-1}	0.10	90.00	9.00	80.00	8.00		
小计			2216.96		3049.84 (2858.34)		2819.30

由表 1-1 可知，不同炼钢工艺成本中的差别费用，主要表现在钢铁料、电弧炉电能、电极、耐火材料、石灰等辅料、燃气、冷却水等消耗及能源回收方面，特别是钢铁料、电弧炉电能、电极三方面的消耗。转炉、全废钢电弧炉和加 30%铁水电弧炉冶炼成本分别为 2216.96 元/t、3049.84 元/t、2819.30 元/t。废钢价格与铁水价格相差 452 元/t，造成钢铁料价格相差 454.6 元/t，转炉与全废钢电弧炉冶炼成本相差 882.88 元/t，如果废钢与铁水价格基本相同，那么转炉与全废钢电弧炉冶炼成本相差 400 元/t 左右。只有当废钢价格低于铁水价格 410~420 元/t 时，才有可能实现电弧炉炼钢成本与转炉炼钢成本持平。如果电极价格降低到 25000 元/t、电极消耗降低到 1kg/t、冶炼电耗降低到 250kW·h/t，废钢价格比铁水低 200 元/t，就可实现电弧炉炼钢成本与转炉炼钢成本相同。

由于受不同时期铁水与废钢价格的影响，转炉炼钢与电弧炉炼钢成本会有较大的变化，两者的差值也随之波动，因此不能以某一时期固定的数据谈转炉炼钢与电弧炉炼钢成本的差别，这也是不同学者在比较两者成本时得出不同结论的原因。

1.1.2.2 转炉消耗掉了大量废钢

中国大多数钢厂的高炉和转炉设备是过去10~15年新建的，短期内将其替换为电弧炉将对钢铁生产企业造成巨大的经济负担，因此转炉钢产量不会在短期内大幅下降。转炉冶炼过程由于化学反应热产生部分过剩热量，需要加入冷料来降温，从理论上来说应该有一个合适的冷料比。冷料包括废钢和生铁，通常加入转炉的废钢均是优质废钢。目前，我国转炉钢产量高，消耗的废钢量大，如果有的企业采用不合适的废钢比操作，那么废钢消耗量会更大，这是因为吨钢利润高为转炉炼钢用高比例的废钢提供了条件。近两年，部分长流程钢企采用高炉加废钢、铁水包加废钢、精炼炉加废钢、转炉降铁耗等措施，造成废钢紧缺、价格攀升，增加了电弧炉炼钢的成本。继续提高转炉废钢比将影响电弧炉炼钢技术发展。需强调的一点是，随着高品质钢需求量的增加，转炉用废钢量会降低。

在未来20年，中国废钢资源将快速增长，从而对钢铁工业流程结构、钢厂模式和钢厂布局、资源消耗、能源消耗和碳排放产生重要的影响，并对社会的绿色化和生态和谐做出贡献。随着社会废钢蓄积量的增长，废钢的价格将会降低。中国废钢资源总量预测见图1-6[2]。

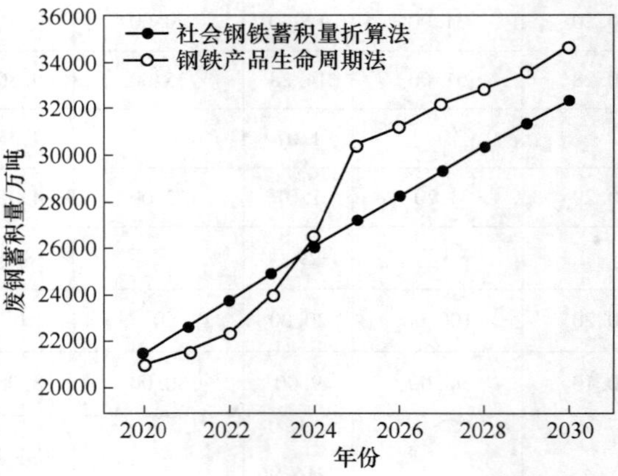

图1-6 中国废钢资源总量预测

由图1-6可知，到2020年，我国钢铁蓄积量达到100亿吨，废钢资源年产出量超过2.1亿吨；到2025年，我国钢铁蓄积量将达到120亿吨，废钢资源年产出量将达到2.7亿~3亿吨；到2030年，我国钢铁蓄积量将达到132亿吨，废钢资源年产出量将达到3.2亿~3.5亿吨。同时要注意长流程未来的环保费用会增加，这也将有利于促进短流程炼钢技术的发展。

1.1.2.3 电力紧张

电弧炉是用电大户，当电力紧张时，首当其冲被拉闸限电的就是电弧炉。这是由于电力紧张造成电价上涨，导致电炉钢成本增加，因此电弧炉容易关停。虽然近年来我国电力装机容量在迅速增长，但国民经济其他部门和人民生活对电量的需求也在增长，对于电弧炉炼钢用电问题还是不能太乐观。工业电价偏高，造成电弧炉炼钢铁水加入比例持续升高，甚至出现了不用废钢的全铁水电弧炉转炉化冶炼方式，如此不能充分发挥电弧炉炼钢在资源能源节约、环境友好方面优势，也不利于“双碳”目标的实现。

在国家“双碳”政策的大背景下，电力行业发展面临着结构调整与转型升级，中国电力部门承诺在2050年前实现二氧化碳零排放，主要发展以风能和太阳能为主的再生资源发电。到2060年再生资源发电增加7倍，将占发电总量的80%左右，煤电的份额将从60%以上下降到仅有5%。随着近年来绿色低碳电力如风电机组和光伏装机、核电等大型电力设施的建设和特高压、远距离输电技术的发展，西电东送、南电北供，全国能源一盘棋，我国电力高价短缺的形势将逐步改善，制约电弧炉炼钢的又一大因素也将逐步得到解决[3]，电弧炉炼钢的利润空间会越来越大，将有力促进电弧炉炼钢的发展。

1.1.2.4 转炉炼钢技术发展的影响

转炉与炉外精炼工艺组合，生产品种钢能力增强，国内轴承钢、齿轮钢以及不锈钢等传统特钢产品基本以转炉钢为主，电弧炉炼钢虽在铸造行业及高合金钢生产领域仍占一定地位，但其生产特钢的优势明显下降，市场竞争力明显不足；另外，中国大多数钢厂的高炉和转炉设备是过去10~15年新建的现代化高效、节能设备，平均炉龄为8年左右，短期内将其替换为电弧炉，将对钢铁生产企业造成巨大的经济负担，而且经济回报也难以估测。这二者也是严重阻碍目前电弧炉炼钢在中国发展的原因。

1.1.3 促进中国电弧炉炼钢发展的措施

1.1.3.1 认清转炉与电弧炉的发展趋势

随着钢铁工业的发展，转炉和电弧炉存在越来越多的共性，主要表现在以下方面：

(1) 现代炼钢流程冶炼工序（转炉与电弧炉）的功能转变。转炉和电弧炉的功能演变基本相近。现代转炉的功能演变为快速高效脱碳器、快速升温器、能量转换器和优化脱磷器。现代电弧炉的功能演变为废钢快速熔化器，快速升温器，能量转换器，高效脱碳脱磷器，废弃塑料、橡胶制品（轮胎等）的回收器。只是由于炉型不同，原料成分（主要是C、P）不同，在脱碳量、脱碳速度和脱磷要求方面有所不同，从而工艺有所差别。

(2) 现代炼钢流程的原料结构。现代转炉炼钢生产流程的主要原料是铁水和冷料(包括废钢、生铁)，铁水主要取决于矿石、焦煤资源。现代电弧炉炼钢生产流程的主要原料是废钢和生铁，加入生铁或铁水是为了高配碳操作，稀释钢中有害金属元素和脱氮，进一步缩短冶炼周期。

(3) 现代炼钢流程的能源结构。传统转炉的能源结构主要是铁水带入的物理热和吹氧氧化铁水中的碳、硅、锰、磷等产生的化学热。电弧炉的能源构成主要是电能，还包括部分元素氧化产生的化学热和预热废钢带入的物理热。

(4) 现代炼钢冶炼工序（转炉、电弧炉）的底吹气。为均匀成分和温度，现代大型转炉采用顶底复吹，现代大型电弧炉也采用底吹技术，吹气采用氮氩切换方式，前期吹氮，后期吹氩。傅杰等深入研究了钢液吸氮和脱氮动力学，开发了以氮代氩的全程底吹氮技术，生产出了满足要求的低氮钢产品。

(5) 转炉与电弧炉冶炼工序的终点控制。转炉与电弧炉的冶炼末期具有相同的出钢目标控制，即控制出钢温度、碳含量及磷含量，且控制原理一致。

（6）转炉与电弧炉冶炼周期。现代电弧炉的冶炼周期已可达35min以下，与大型转炉冶炼周期基本相当，均可以与连铸匹配，实现多炉连浇。

（7）现代炼钢流程冶炼工序的经济性评估。冶炼工序效益 φ（单位时间利润或冶炼一炉钢的经济效益）可以表示为：

$$\varphi = \left[E - \sum_{i=1}^{n}(P_i C_i)\right] \Big/ \tau \tag{1-1}$$

式中 φ——工序效益，元/h；

E——一炉钢水的价格，元；

$\sum_{i=1}^{n}(P_i C_i)$——一炉钢水的成本，元；

P_i——消耗 i 成分的价格；

C_i——i 成分的消耗量；

τ——冶炼周期。

如果 τ 表示一个月，则 φ 为一个月的经济效益；如果 τ 表示一年，则 φ 为一年的经济效益。

基于式（1-1），在我国目前废钢及电力紧缺、价格高的条件下，要使电弧炉钢厂能够赢利，发展电炉钢，必须生产高附加值产品（增大 E），缩短冶炼周期（减小 τ）。

（8）对钢种的适应性。传统的转炉主要生产普通钢，电弧炉主要生产优质特殊钢。由于钢铁生产技术的进步，转炉配上炉外处理也可生产特殊钢，电弧炉取消还原期，大大缩短了冶炼周期，可以与连铸匹配生产普通钢。目前转炉和电弧炉生产的钢种基本可以类似。

综上所述，转炉冶炼与电弧炉冶炼具有越来越多的共性，正是这一共性决定了二者之间会在不同历史时期、不同地区，比例有所不同。当转炉钢的成本低于电弧炉钢的成本时，电弧炉可采取生产高附加值钢和缩短冶炼周期的措施降低成本；当铁矿、焦煤资源短缺，废钢资源增长时，高炉会加入部分废钢，转炉可以采取生产高附加值钢（特别是对金属杂质含量有严格要求的钢种）和提高入炉铁水温度、降低出钢温度等措施来多加废钢，从而降低成本。即使出现一种更先进的炉型，只要它与现代转炉和电弧炉在本质上不变，基于投资及就业等社会原因，现代转炉与电弧炉均不会消亡，现代电弧炉炼钢成熟期还会经历一个相当长的阶段。只有当钢铁不再是“必选”材料，不再成为推动全球经济发展和社会文明进步的物质基础，或出现一种从本质上与现代炼钢截然不同的、具有比较优势的新方法时，转炉炼钢和电弧炉炼钢才会逐渐从成熟发展到衰老、消亡，而这目前还难以想象，也许是若干代人以后的事了，当前应该更多地研究电炉钢生产的发展问题。

1.1.3.2 生产高附加值钢

对于电弧炉流程冶炼工序，高附加值优质产品因时、因地具有不同的含义。目前我国的高附加值优质产品，也就是能盈利的电炉钢品种包括：

（1）转炉流程不适合生产的高合金钢、高温合金、大型铸锻件用钢；一些大型机械（包括冶金机械）部件，特别是铸钢件，用随时可以启动、终止的电弧炉冶炼比较合适。对于一些特厚板，用电弧炉生产大型钢锭的轧材比用电弧炉或转炉生产的连铸坯的轧材质量好。对于一些军工产品，即使转炉流程能够生产，但军方不愿意重复试车，还得依靠电弧炉流程生产。

（2）过去仅用转炉流程生产的、现代电弧炉流程也能生产的一些品种，如高附加值的板材（薄板、中板、厚板）、优质碳素钢（低碳钢板材，中碳、高碳钢棒材）和低合金钢（包括使用量很大的螺纹钢）。

1.1.3.3 降低操作成本

缩短冶炼周期是降低操作成本的关键。为了缩短冶炼周期，可采用下述措施：

（1）良好的废钢预热，提高废钢的入炉温度。

（2）强化用氧。强化用氧有利于节能，生产 $1m^3$ 的氧气只需要消耗 0.215kg 标煤，而用 $1m^3$ 氧气理论上可节电 7kW·h/t 以上。因此提高 $1m^3$ 氧气的节电数，是今后电弧炉技术发展的一个主要方向。

（3）造好泡沫渣并充分利用变压器的功率，提高有功功率和电效率，增加电能输入。

（4）改进设备，提高作业率。

1.1.3.4 宏观调控

利用政策和法律促进电弧炉钢生产的发展：

（1）注重电弧炉炼钢生产对钢铁工业可持续发展的作用，以及在我国目前条件下发展电炉钢必须重视技术进步。

（2）通过税收和环保政策，加速淘汰落后流程，避免落后流程与先进流程争夺原材料。特别是征收碳税，将促进电炉钢生产的发展。

（3）要高度重视电弧炉炼钢的脱碳化的发展道路，见图 1-7。

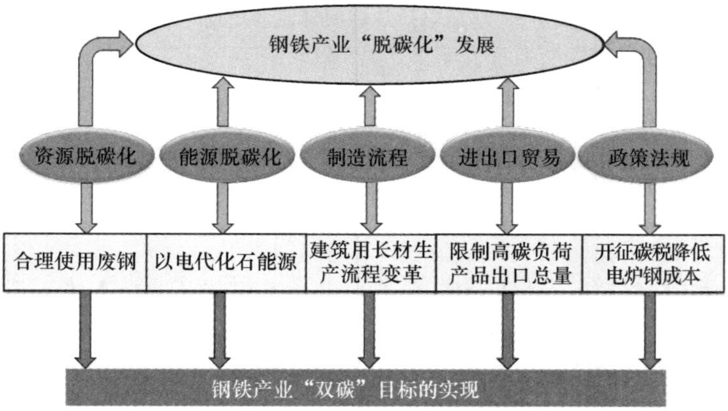

图 1-7 钢铁产业“脱碳化”发展

如图 1-7 所示，殷瑞钰院士表示，脱碳化意味着要从如下几个方面着力：一是资源脱碳化，特别是合理使用废钢；二是能源脱碳化，少用或不用化石能源，转而用电，特别是充分利用电网弃电；三是生产制造流程脱碳化，首先从建筑用长材的生产流程变革做起，合理布局城市周边钢厂；四是进出口贸易脱碳化，以税收、配额等措施限制高碳负荷产品的出口总量；五是政策法规脱碳，分阶段开征碳税、分行业实施碳交易，出台脱碳化负面清单，酝酿脱碳化立法。同时，强调通过供给侧结构性改革，推动产业结构化优化，降低高耗能制造业、能源行业、交通运输业的碳排放。加强提高碳汇能力。随着生态环境部《碳排放权交易管理暂行条例（草案）》征求意见稿的出台，开征碳税，进一步降低了电炉钢成本，提高了电弧炉短流程的竞争力，更加促进电弧炉炼钢的发展。

（4）引导钢铁企业考虑对发展我国现代电弧炉炼钢，进行新一轮投资，增加现代电弧炉炼钢的生产能力。

历史经验证明，20 世纪 90 年代，在 1993 年“上海会议”的影响下，我国对现代电弧炉炼钢进行了第一轮投资，经过十年才达到产能充分释放，形成生产能力，使得 2000~2003 年电炉钢比例迅速提高，电炉钢比例增加了两个百分点，但 2004 年以后，由于转炉钢生产能力的快速释放，即使电炉钢总产量有所增加，电炉钢比例仍迅速下降。如果不进行新一轮投资，再继续增加电炉钢产量较困难。我国废钢及电力紧缺的局面改变后，电弧炉炼钢的优势将会充分体现。

1.2 现代电弧炉炼钢技术

1.2.1 现代电弧炉炼钢技术的发展

“现代电弧炉炼钢”一词最早出现在中国学者徐匡迪和殷瑞钰于 1993 年发表的论文《现代电炉炼钢的发展趋势》及《当代电炉流程的工程进展评价》中。之后，李士琦、李伟立、傅杰、王中丙等在其专著和论文中采用了“现代电弧炉炼钢”或“现代电弧炉”的术语，见表 1-2。

表 1-2 早期电弧炉炼钢领域的重要论著

论著名称	作者	年份	出版者/刊物	电弧炉炼钢技术发展阶段
Элктропавильные Печи Черной Металлургии[4]	П. В. Окороков	1950	Металлуритедат	传统电弧炉炼钢
黑色冶金冶炼电炉[5]	朱觉等译	1955	高等教育出版社	传统电弧炉炼钢
Electric Furnace Steelmaking[6]	C. E. Sims	1962	Interscience Publishers	传统电弧炉炼钢
电炉炼钢学[7]	马廷温	1988	冶金工业出版社	传统电弧炉炼钢
电炉炼钢技术[8]	关玉龙等	1990	科学出版社	传统电弧炉炼钢
钢铁冶金学（炼钢部分）[9]	陈家祥	1990	冶金工业出版社	传统电弧炉炼钢
当代电炉流程的工程进展评价[10]	殷瑞钰	1993	《当代电炉流程与工程问题研讨会文集》	现代电弧炉炼钢
现代电炉炼钢的发展趋势[11]	徐匡迪	1993	《当代电炉流程与工程问题研讨会文集》	现代电弧炉炼钢
现代电弧炉炼钢[12]	李士琦等	1995	原子能出版社	现代电弧炉炼钢
钢冶金过程动力学[13]	傅杰	2001	冶金工业出版社	现代电弧炉炼钢

续表 1-2

论著名称	作者	年份	出版者/刊物	电弧炉炼钢技术发展阶段
现代电炉炼钢技术的发展、问题及对策[14]	傅杰等	2002	电炉炼钢学术会议论文集	现代电弧炉炼钢
现代电炉—薄板坯连铸连轧[15]	王中丙等	2004	冶金工业出版社	现代电弧炉炼钢
Advances in Modern EAF Steelmaking Technology of China[16]	Fu Jie et al.	2004	Journal of Iron and Steel Research	现代电弧炉炼钢
Development of Modern EAF Steelmaking Technology in China[17]	Fu Jie et al.	2004	The Tenth Japan-China Symposium on Science and Technology of Iron and Steel	现代电弧炉炼钢
现代电弧炉冶炼周期综合控制理论及应用[18]	傅杰	2004	北京科技大学学报	现代电弧炉炼钢
冶金流程工程学[19]	殷瑞钰	2004	冶金工业出版社	现代电弧炉炼钢

钢铁工业相对于生命科学、IT 产业等高新技术产业，属于传统产业。迄今 100 余年的电弧炉发展历史大致可分为传统电弧炉炼钢和现代电弧炉炼钢两个阶段，又可进一步细分为四个时期：传统电弧炉炼钢技术的发生发展期和成熟期及现代电弧炉炼钢技术的发生发展期和成熟期。

传统电弧炉炼钢技术的成熟期孕育着现代电弧炉炼钢技术发生发展期的技术。现代电弧炉炼钢技术的发生发展期的代表技术主要是“超高功率供电及其相关技术”，LF 与电弧炉无渣出钢技术的结合标志着电弧炉炼钢技术进入现代电弧炉炼钢技术发展阶段。LF 精炼技术的出现对电弧炉炼钢技术发展的影响见图 1-8[20]。

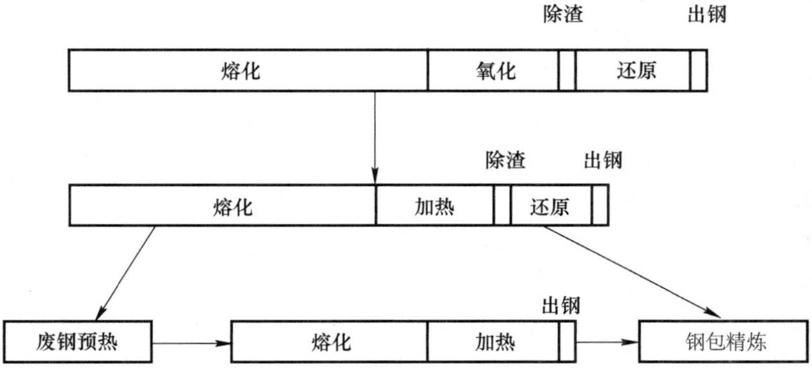

图 1-8 LF 精炼对电弧炉炼钢技术发展的影响

电弧炉发展初期是包括熔化、氧化、还原的传统电弧炉。第二期是由于电弧炉炉型（出钢槽式电弧炉）的特点，为避免氧化渣污染钢液及发挥钢渣脱氧、脱硫的作用，在电弧炉内必须造好还原渣出钢，钢渣混出，由 LF 进一步完成还原精炼的任务，也就是将电弧炉部分还原期移至 LF 精炼完成。第三期是由于无渣出钢技术的开发，还原期全部由 LF 精炼来完成，即形成现代电弧炉炼钢流程 EAF+LF+CC 的形式，简化了电弧炉的冶炼功能。

现代电弧炉炼钢技术的发生发展期孕育着现代电弧炉炼钢技术成熟期的炉料预热技术。电弧炉炼钢技术的发展见图 1-9[21]。

分析图 1-9，可以认为现代电弧炉冶炼技术是围绕着缩短冶炼周期这一核心，以满足高效连铸的节奏要求、优化电弧炉炼钢流程为目的而发展起来的。

（1）20 世纪 50 年代末，传统电弧炉炼钢已发展到成熟阶段，以“熔氧合并，薄渣吹氧，缩短还原期”为技术特点。

（2）60 年代至 70 年代，主要是发展超高功率供电及其相关技术，包括高压长弧操作、水冷炉壁、水冷炉盖、泡沫渣技术等，在这一阶段钢包精炼及强化用氧已开始采用。但这一阶段的电弧炉容量较小，冶炼过程仍然是倾动炉体还原渣出钢，冶炼周期较长，二次（钢包）精炼是离线的，很难满足连铸节奏要求。

（3）80 年代初，为了充分利用变压器功率，进行超高功率供电；EBT 无渣出钢及 LF 精炼技术结合，将电弧炉还原期移至炉外进行，产生了电弧炉冶炼+在线二次精炼的现代电弧炉炼钢技术。

（4）80 年代末，大型超高功率直流电弧炉问世。由于其对电网冲击小、石墨电极消耗低，在 80 年代末到 90 年代初直流电弧炉占了绝对的优势，我国上海的几台 100～150t 的直流电弧炉就是在这一背景下建立起来的。与此同时，高配碳、强化用氧技术（包括超声速氧枪、炭氧枪、氧燃烧嘴、底吹搅拌、二次燃烧技术）趋于成熟，VAI（奥钢联）称之为 K-ES 技术，Danieli（达涅利）称之为 Danarc 技术，Demag（德马格）称之为 Korfarc 技术。这一阶段废钢预热开始，大量化学能和物理热的输入增加了新能源，使得冶炼周期大大缩短，电极消耗进一步降低。1988 年，电弧炉冶炼周期缩短至 1h，可以满足连铸节奏要求。

（5）90 年代中期以来，由于连铸单流产量增高，一机多流、多炉连浇技术的发展以及薄板坯厚度的增加，要求进一步缩短冶炼周期。这一时期交流电弧炉与直流电弧炉形成竞争发展的趋势。值得注意的是，在这一阶段人们关注的已不是用直流供电还是用交流供电，而是废钢预热，即二次燃烧和烟气显热的利用问题。不同的废钢预热方式产生了不同类型的现代电弧炉，它们分别是 Consteel 电弧炉、双竖炉电弧炉、CSF 复式竖炉电弧炉、Comelt 中心废钢预热竖炉电弧炉、Fuchs 带手指烟道竖炉电弧炉、MSP 多级废钢预热电弧炉、UL-BA 烟道竖炉电弧炉、Danarc Plus 电弧炉、ConArc 电转炉、IHI 烟道竖炉电弧炉、ContiArc 电弧炉等。同时，双炉壳电弧炉也成为这一时期的发展热点。从环保的角度看，废钢预热必须考虑排放废气中有害气体 CO 、二噁英（Dioxin）和呋喃（Furan）等的含量，料篮废钢预热因二噁英及呋喃等有害气体含量超标而被淘汰。中国在这一时期引进了一批现代化的电弧炉，通过消化吸收国外先进技术和创新，坚持生产高附加值产品，开发了电弧炉加部分铁水冶炼等高效化生产技术，并推广应用，缩短了与国外的差距，使我国电炉钢比例有所回升，部分电弧炉的技术经济指标进入了国际领先行列。

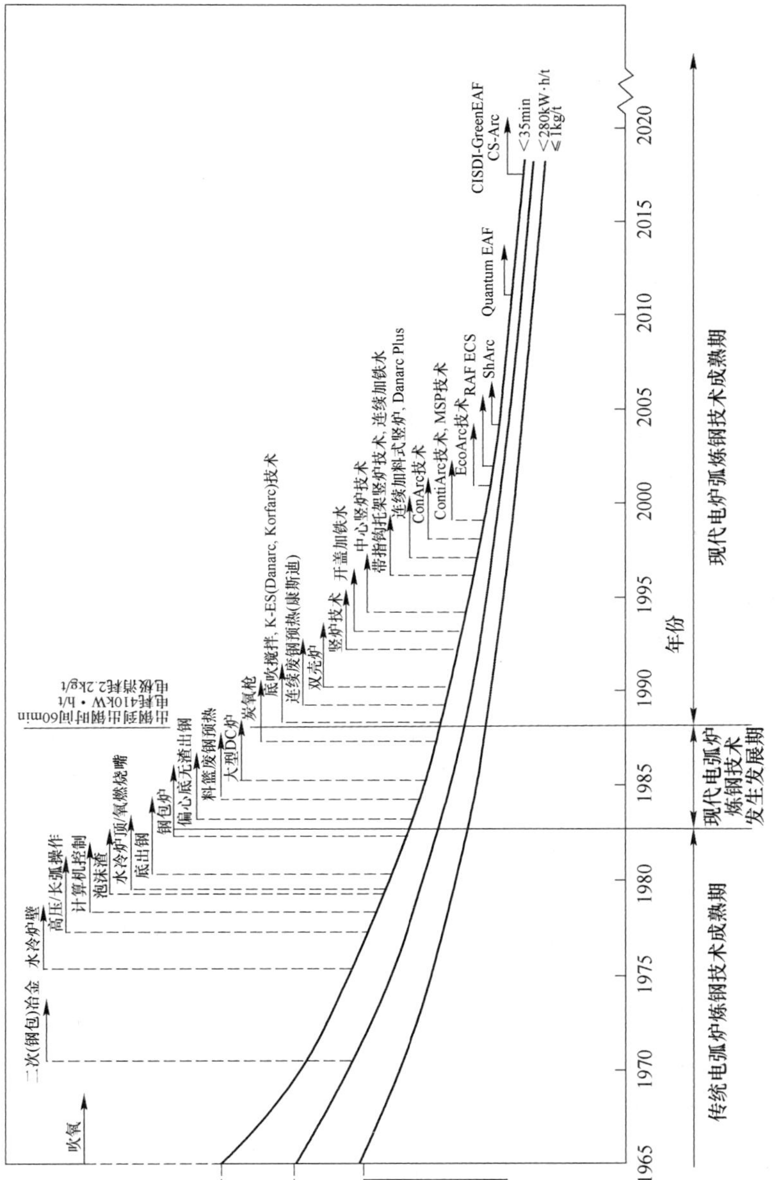

图 1-9 电弧炉炼钢技术的发展

（6）2000 年以来，电弧炉炼钢技术取得长足进步。出现了 EcoArc 技术。EcoArc 电弧炉由日本 Steel Plantech 株式会开发，2001 年在日本岸和田钢厂投产的 70t 电弧炉成功应用至今，不仅具有废钢预热的优势，还保证二噁英和呋喃排放量降低到 0.1ngTEQ/Nm^3 以下，可满足日本和欧洲有关环保要求，成为对环境友好的电弧炉技术，同时，EcoArc 炉子在全废钢冶炼条件下，冶炼周期缩短到 35min，电耗在氧耗约为 30Nm^3/t 的条件下达到 250kW · h/t 左右，生产率达到 100t/h。

（7）2017 年，国家大力淘汰中频炉“地条钢”及落后产能，对钢铁行业节能减排及环保更加重视，促进了电弧炉炼钢的发展。为顺应中国电弧炉炼钢发展的需求，国内外纷纷推出高效节能、环保型电弧炉。意大利特诺恩公司开发的 Consteel 电弧炉继续加大在中国市场的占有率；日本 Steel Plantech 株式会于 2001 年开发的 EcoArc 电弧炉在本溪开始筹划建设；由意大利达涅利集团于 2002 年开发的 EAF ECS（Endless Charging System）电弧炉，2003 年在 Sonasid 钢厂 120t 炉子投产并应用至今，目前在国内已有多台投产；由德国西马克有限公司于 2004 年开发的 ShArc（Shaft Arc Furnace）电弧炉，欧洲有 140t 和 100t 电弧炉在生产，目前已在石家庄建成投产；德国普锐特冶金技术有限公司于 2011 年开发的 Quantum EAF，2014 年在墨西哥的 Tyasa 钢厂 100t 炉子成功投产并应用至今，目前已在福建等地建设或投产。2018 年由中冶赛迪集团有限公司开发 CISDI-GreenEAF 已成功投产；2018～2020 年中冶京诚工程技术有限公司结合多年的国内外电弧炉装备和工程实践自主开发了 CS-Arc（Continuous Shaft Arc）的新型废钢预热电弧炉技术。这些炉型在上料方式方面，出现了类似高炉上料的料车加料形式；在向炉内加料方面，有以 Consteel 电弧炉为代表的水平加料方式、不开盖加料的顶装料方式电弧炉（Quantum、ShArc）和侧顶斜槽全密闭加料电弧炉（CISDI-GreenEAF）；在出钢方式方面，有采用 FAST-虹吸无渣出钢方式。同时，更加注重强调“环境友好型”废钢预热系统，保证对废钢进行连续高温预热并抑制预热中的氧化反应，实现效益最大化的同时，建设减少包括二噁英和呋喃在内的有机物排放的废气处理装置。

近几年，随着国外电弧炉炼钢新技术的不断涌现，电弧炉炼钢技术经济指标也得到很大提高。电弧炉冶炼周期已从 1965 年的平均 180min 缩短到 35min 以下，相应的电耗从原来的 630kW · h/t 降低到 280kW · h/t 以下，电极消耗从原来的 6.5kg/t 降低到最低可达 1.0kg/t 以下。例如，日本 Steel Plantech 公司开发的 EcoArc 生态电弧炉冶炼电耗不超过 250kW · h/t、二噁英排放小于 0.1ngTEQ/Nm^3；德国 Primetals 公司最新研发的 Quantum EAF 电弧炉冶炼电耗不超过 280kW · h/t，加料到出钢时间仅 33min，并通过 FAST 虹吸系统实现无渣出钢；意大利 Danieli 公司研发的 Q-ONE 供电系统，功率因数大于 0.95，全程节能 15%以上，是电弧炉供电技术的重大革新。

1.2.2 现代电弧炉炼钢技术发展趋势

现代电弧炉炼钢技术的成熟期可能经历一个较长的历史阶段。即使由于矿石、焦煤等资源枯竭，废钢成为唯一原料，未来的电弧炉炼钢技术仍然会具有现代电弧炉炼钢技术的特点，解决电弧炉冶炼节奏与多炉连浇的匹配、电弧炉钢水满足产品质量的问题，将更注重化学热和物理热的利用，环境友好、循环经济会表现得更成熟，过程理论会更趋于完美，从而很好地适应“双碳”背景下的电弧炉炼钢发展。为此，现代电弧炉炼钢发展趋势包括以下方面。

1.2.2.1 冶炼功能的简单化及生产的高效化

现代电弧炉炼钢工艺为“废钢预热—超高功率电弧炉—二次精炼—连铸连轧”的高效节能的“短流程”优化工艺。废钢预热技术将进一步发展，像 EcoArc 技术一样，除单一的废气预热废钢外，还会增加金属熔池显热预热废钢，进一步缩短熔化期；还原期的任务由钢包精炼完成。由以前的“熔化—氧化—还原—出钢”到现在的熔化升温作用，电弧炉成了“高速熔器”，使得电弧炉冶炼的功能简单化。

不开炉盖和出钢时仍能通电的连续冶炼技术，有效地缩短了非通电时间；进一步采取措施缩短通电时间，冶炼周期降到 35min 以下，日产炉数可达 32 炉以上，接近大型转炉的生产水平，并且电弧炉向大型化方向发展。全废钢电弧炉工艺的流程短，生产率高达 2700~4000t/(人·a)，是高炉—转炉流程的 3~4 倍，可以与转炉竞争。2017 年投产的美国大河钢铁公司，借助德国 SMS 公司最先进的特种钢生产技术，并融合美国本土科技公司研发的 AI（人工智能）应用技术，对匹配的“电弧炉—精炼—连铸—轧机”一体化流程进行智能化牵引，生产过程具有很高的自动化水平，全厂 600 人满负荷年产 300 万吨。

1.2.2.2 大留钢量的平熔池冶炼

电弧炉冶炼采用平熔池操作，留钢量在 50%左右，甚至更高，例如 Quantum EAF 留钢量可达出钢量的 70%。废钢等原料浸没在熔池中熔化，电弧对熔池进行加热，化学反应在金属液相中发生，而不是像顶装料电弧炉那样通过电弧或烧嘴直接对废钢传热。由于是在 Flat Bath 状态下操作，大幅度地减小了电弧通电时的噪声，减少了冶炼过程电弧区的增氮及电弧辐射对耐火材料的损害，还有利于降低电极消耗。此外，电压闪变低，不需要电压闪变补偿装置，或使用低容量的补偿设备即可。

1.2.2.3 冶炼过程的绿色化

为适应日益苛刻的环保要求，必须对电弧炉炼钢过程进行多污染物协同控制，包括高效低耗除尘、含锌粉尘和钢渣固废的再利用，特别是避免废钢预热过程中二噁英的产生，实现电弧炉的绿色清洁生产。所有废钢预热都会产生 CO、NO_x 和有机物（比如二噁英和呋喃），尤其是有机物排放，与废钢沾染的油污和彩色涂料直接相关。废钢预热时，有机物很难通过像传统电弧炉那样简单地利用空气吸入进行二次燃烧而彻底烧掉。因此，应建设减少包括二噁英和呋喃在内的有机物排放的废气处理装置[22]。

以日本 Steel Plantech 公司开发的 EcoArc 电弧炉废气处理系统为例（可参见图 11-28），废气通过装有烧嘴的二次燃烧室，将废气加热到 900℃以上，然后通过喷淋冷却室将废气温度迅速降低至 200~250℃，由布袋除尘后排入大气。这样可以最大限度地减少包括二噁英和呋喃在内的有机物及 CO 的排放。

1.2.2.4 全流程操作的自动化及智能化

电弧炉冶炼已广泛采用程序控制，实现最佳电压和电流控制、最佳输入功率控制，废钢、铁合金、粉剂的喷吹等的信息收集及操作指令等都可在计算机操作界面上进行输入输出。随着计算机与自动控制技术、监测与检测技术的发展，可以实现“智能电弧炉”生产或提高智能化水平。智能电弧炉是一项综合技术，可以融合各种超高功率电弧炉及其配套技术，通过网络通信系统，将检测分析与监控系统、基础自动化系统深度整合，以电弧炉冶金模型、电弧炉冶炼能量结构模型和电弧炉冶炼工序效益模型为核心，依托实时可靠的数据监测系统完成数据采集，借助生产大数据及智能算法进行模型自学习、自优化和自决策，依靠自动化装备及控制系统完成自操作，实现电弧炉炼钢的智能感知、智能决策和智能执行的闭环智能化控制，是电弧炉炼钢的重要发展方向。

1.2.2.5 电弧炉冶炼钢液的洁净化

由于国防、交通、石油和汽车等行业的发展和技术进步，对钢材金属杂质含量、氮含量和洁净度要求越来越高，以满足对强度、寿命等的要求。特别是对轴承钢、齿轮钢、弹簧钢、石油套管钢、深冲板、高质量管线钢和焊条钢等，这些钢种在电弧炉生产中占有相当大的比例。废钢代用品的应用，特别是未来直接还原铁的应用，会很好地解决不同钢种对杂质含量的要求。平熔池冶炼及泡沫渣技术的完善，降低了电弧区增氮，同时，部分企业加铁水等高配碳工艺的实施，为电弧炉生产与转炉钢氮含量相当的钢液创造了条件。电弧炉终点控制技术及大留钢量的无渣出钢技术，有利于降低电弧炉终点溶解氧含量，提高金属收得率；有利于降低出钢脱氧剂的消耗及新生夹杂物的数量。这些都为电弧炉钢液洁净化生产提供了条件。

1.2.2.6 电弧炉生产由特钢向普钢的转变再向特钢发展

针对钢铁工艺流程再造问题，徐匡迪院士指出：“现在中国钢铁行业的长流程占比近 90%，而美国、欧盟短流程已经占到 40%以上，美国生产普通钢材的主要流程就是用短流程的电弧炉冶炼、炉外精炼然后就轧制”。过去传统的转炉主要生产普通钢，电弧炉主要生产优质特殊钢。炉外精炼的出现，打破了电弧炉生产特钢、转炉生产普钢的局面。转炉配上炉外精炼可生产特殊钢；电弧炉取消还原期，大大缩短了冶炼周期，可以与连铸匹配生产普通钢。从目前电弧炉粗钢产能的产品类型构成来看，除去占比 33%的特钢和不锈钢，大部分均为长材，特别是普通长材，改变了电弧炉炼钢均是生产特殊钢的局面。

殷瑞钰院士在谈到关于未来电弧炉流程的设想时，指出未来全废钢电弧炉将在建筑用长材制造领域，如螺纹钢、圆钢、线材等，逐步取代高炉—转炉流程的份额。电弧炉生产普通棒材厂应分布在中心城市周边，主要循环消纳中心城市废弃物，销售半径在 200km 左右。同时，电弧炉也将在若干钢厂的一般用途中板制造领域取代高炉—转炉工艺，以全废钢为主，需要时可配合生铁或不超过 30%的铁水。要完成电弧炉生产由特钢向普钢的转变，就要解决电弧炉冶炼节奏与多炉连浇的匹配、电弧炉—精炼—连铸—轧机的合理匹配、钢材品种—合理材型—质量合理匹配等问题。

在目前废钢紧缺、电价高的情况下，发展电弧炉炼钢，必须生产能盈利的电炉钢产品。除了转炉流程不适合生产的高合金钢、高温合金、大型铸锻件用钢外，部分仅能用转炉流程生产的产品，电弧炉流程也应能生产，如高附加值的板材（薄板、中板、厚板）、优质碳素钢（低碳钢板材，中碳、高碳钢棒材）和低合金钢（包括使用量很大的螺纹钢），这也是提高电弧炉钢比例后电弧炉短流程必须发展的方向。2019 年 8 月，工信部发布的《关于引导电弧炉短流程炼钢发展的指导意见（征求意见稿）》，明确提出“到‘十四五’末，各省（区市）置换建设的短流程炼钢产能占承接总产能的比例应不低于30%”。原珠江钢厂 150t 电弧炉短流程生产集装箱板，给企业带来了丰厚的经济利益，国外部分高附加值的板材也是通过电弧炉流程生产的。

1.2.2.7 适应电弧炉高效化生产的废钢精细化管理

随着电弧炉生产过程精细化、智能化、稳定化控制水平的提高，对废钢等金属原料的要求也越来越高。如何选择合理的炉料配比和钢铁料种类，不仅关系到炼钢操作能否顺利进行、降低成本和缩短冶炼时间、实现高效炼钢，而且还关系到产品质量，即产品对金属杂质元素和氮含量的要求。因此，废钢规模化、标准化的高效分类、智能合理配料就显得极为重要。它能够根据炼钢生产需要，提供优质、合格的废钢原料，帮助电弧炉炼钢企业实现炼钢合理炉料入炉和成本精细控制，稳定和提升产品的质量水平。

1.2.2.8 DRI将作为重要电弧炉炼钢原料

中国工程院院士徐匡迪提出中国发展DRI+EAF工艺，指出DRI+EAF短流程具有建设成本低、能耗低、CO_2排放低的特点，近年DRI+EAF短流程均有实质性的发展。例如，伊朗气基竖炉直接还原铁电弧炉炼钢年产量有望达到2000万吨以上；而美国DRI+EAF短流程已步入常态发展状态；印度由于炼焦煤短缺，采用煤基+气基两种工艺生产直接还原铁。2015年后，北美钢铁工业直接还原铁的生产有了突破性进展，启动建设了一批直接还原铁项目，特别是欧洲奥钢联公司在美国得克萨斯州建造了一座年产200万吨HBI（热压块铁）的直接还原铁厂，并于2016年投产。发展DRI+EAF的前提条件是必须有足够的天然气资源做支撑，而我国天然气资源相对短缺。在中国，由于BF—BOF长流程与电弧炉短流程长时间的融合共存，可以注重焦炉煤气的利用与创新，为直接还原生产提供足够数量和高质量的气体资源，与电弧炉炼钢对接，推进中国DRI+EAF短流程工艺的发展。另外，发展氢冶金技术后，未来低碳或无碳DRI作为金属料，也将会用于电弧炉生产，这都有助于解决废钢紧张而造成电弧炉炼钢成本高的问题。直接还原技术与电弧炉炼钢技术的结合，有助于实现零碳炼钢的美好愿景。因此，为实现“双碳”目标，直接还原铁（DRI或HBI）会成为另一种主要的电弧炉金属料。

1.2.2.9 电弧炉烟气余热的回收利用技术的应用

为了充分利用烟气余热，节水、节电，需研发“电弧炉烟气余热回收装置”。注重电弧炉烟气在余热回收系统中的燃烧及传热模型的构建、系统的优化、蒸汽的利用等。电弧炉烟气余热回收装置在既达到对电弧炉一次烟气降温，又满足二噁英控制要求的同时，也回收了烟气热能，是节能减排的一项技术。

1.2.3 中国电弧炉炼钢技术的进步

1993~2009年，我国在现代电弧炉流程与电弧炉工程技术方面取得了长足进步，主要体现在以下方面：

（1）初步实现了电弧炉容量大型化。

1993年以后，我国淘汰了大批小炉子，生产率能够满足连铸要求，形成了“电弧炉冶炼—炉外精炼—连铸”或“电弧炉冶炼—炉外精炼—连铸—连轧”现代电弧炉流程群体。2000年，我国电炉钢产量为2020万吨，其中由50t以上电弧炉生产的1241万吨，占电弧炉总产钢量的61%。电弧炉容量大型化是现代电弧炉炼钢流程整体优化的基础。

（2）技术经济指标显著提高，缩短了与国外的差距，不少厂已达到国际先进水平。

1993年我国电弧炉主要技术经济指标为：冶炼周期180~200min，电耗610kW·h/t

以上，电极消耗 8.77kg/t，低于 1965 年的国际水平，比国外落后约 30 年。2003 年，我国部分现代电弧炉炼钢厂的主要技术经济指标进入了国际领先行列，下面是 2003 年安钢第一炼轧厂 100t 烟道竖炉电弧炉在加 25%铁水条件下（铁水现场供应不足）的技术经济指标：

冶炼周期	平均 41min，最短 30min
电弧炉送电时间	平均 31min，最短 27min
作业率	超过 92%
热停率	小于 1.5%
最高班产	13 炉
最高日产	37 炉，3970t
最高月产	10.3673 万吨
2003 年产钢量	108.1278 万吨
电耗	平均 222kW · h/t，最低 160kW · h/t
氧耗	平均 41Nm^3/t
电极消耗	平均 1.5kg/t，最低 1.3kg/t

据 2009 年统计，在 22 座 60~150t 加部分铁水冶炼的电弧炉中，已有 16 座生产率超过了 8000t/(t · a)，其中有 7 座超过了 10000t/(t · a)。

（3）在消化吸收引进国外先进技术的基础上有所创新。

2009 年以前，我国引进了烟道竖炉电弧炉、Consteel 电弧炉、Danarc 及 Danarc Plus 电弧炉、双壳炉及其他超高功率交流、直流电弧炉。这些电弧炉在当时大多已经达产，说明我们已经很好地消化吸收了国外先进技术，并在消化吸收引进国外先进技术的基础上有所创新，创新技术主要包括：

1）提出了现代电弧炉冶炼周期的综合控制理论。

2）开发了电弧炉加部分铁水冶炼的新技术，2009 年前主要有：安钢最佳铁水加入比的确定，特别是理论计算与实践一致；韶钢 Consteel 电弧炉连续加铁水工艺及沙钢等专建高炉生产铁水做电弧炉原料等。

3）电弧炉以氮代氩全程底吹技术。针对配有底吹装置的电弧炉，熔炼过程中底吹氩或先吹氮然后氮氩切换，傅杰等研究了在不同钢液溶解氧含量条件下吹氮对钢液增氮的影响，开发了电弧炉全程底吹氮技术并将其用于生产。在全程底吹氮条件下，电弧炉出钢氮含量可低于 30ppm。

4）低氮电弧炉钢生产技术。傅杰等对钢液脱氮与吸氮理论进行了深入、系统的研究，促进了低氮电炉钢的生产。国外电炉钢氮含量一般为 80~120ppm，我国不少同容量电弧炉生产的钢材氮含量达到 40~60ppm。

5）电弧炉终点控制技术。根据电弧炉冶炼过程中的碳氧平衡与铁氧平衡，傅杰等开发了电弧炉终点碳控制技术，在生产碳含量小于 0.06%的低碳钢过程中，将电弧炉出钢碳含量控制在 0.035%~0.045%，一次终点命中率可达 90%以上。

6）电弧炉优化供电技术。开发了在加部分铁水冶炼条件下充分利用变压器功率，提高有功功率的供电技术以及普通超高功率电弧炉及高阻抗电弧炉的非线性电抗模型。

7）开发了电弧炉炉料结构模型和不延长冶炼周期的 HBI 加入工艺。针对含铜、镍、铬的集装箱板钢，以废钢中的铜、镍、铬杂质元素作为合金元素料；针对要求铜等杂质元素含量低的深冲钢板，炉料中加 HBI，利用开发的加入工艺，保证冶炼周期基本不延长，能满足多炉连铸需要。

近年来，我国自主开发的电弧炉炼钢复合吹炼及绿色制造技术和装备，特别是引进国外不同炉型的电弧炉炼钢技术，推动了我国电弧炉炼钢的进步。主要表现在以下方面：

（1）电弧炉炼钢底搅拌技术。电弧炉底吹技术在 20 世纪 90 年代初就已开始应用，在冶炼过程中表现出了明显的优势。我国自主研发的电弧炉炼钢同步长寿底吹技术，实现了与炉龄的同步。由 Tenova 提供的康斯迪电弧炉+底电磁搅拌技术电弧炉投产，其搅拌功率是底吹的 7~8 倍，加强了炼钢熔池搅拌，提高了电弧炉冷区热量的传送，促进熔池温度和成分的均匀化，加速了炉内反应速度，缩短了冶炼周期，提高了金属收得率，减少了石墨电极的消耗。

（2）基于废钢预热，引进或自主开发了不同炉型的电弧炉炼钢技术。除 Consteel 电弧炉和 EcoArc 电弧炉外，还有意大利达涅利集团开发的 EAF ECS、德国西马克有限公司开发的 ShArc、德国普锐特冶金技术有限公司开发的 Quantum EAF 以及中冶赛迪集团有限公司开发的 CISDI-GreenEAF。引进或自主开发的电弧炉更加注重强调“环境友好型”废钢预热系统，如 EcoArc 电弧炉、ShArc 电弧炉及 Quantum 电弧炉，高温烟气直接穿过废钢，废钢预热温度高，在保证对废钢进行连续高温预热、抑制预热中的氧化反应的同时，实现效益的最大化。中冶赛迪开发了 CISDI-GreenEAF 电弧炉，提出并运用阶梯扰动涵道、废钢翻转预热、气流动态密封等方法，强化了高温烟气—废钢间的热能交换，并创新性地提出了电弧炉炼钢“烟气分流—自控温”二噁英协同治理技术。中冶京诚在继承了 Consteel 电弧炉和竖井式废钢预热电弧炉的优点、克服其缺点的基础上，开发了新型废钢预热电弧炉技术 CS-Arc（Continuous Shaft Arc），其主要思路是废钢由上料小车分批装入到竖井内，在电弧炉的高温烟气自下而上预热后经推钢机推入到水平连续加料装置中，然后再被连续加入到电弧炉熔池中，可以实现废钢和生铁的竖式连续预热、水平连续加料，在充分回收烟气余热的同时减少烟尘量。另外，各种炉型都采用大留钢量平熔池冶炼。

（3）电弧炉炼钢洁净化冶炼技术取得进展。针对电弧炉炼钢脱磷、脱氮、控氧难题，取得以下进展：

1）提出了“气泡—粉剂—熔渣—金属液”低碳多相体系钢液深度净化理论，开发了电弧炉熔池内气-固喷吹冶炼新工艺，利用钢液液面下的喷枪向熔池内直接喷射 O_2-CaO，依靠反应气体裹挟熔态渣粒直接反应实现快速深脱磷，全废钢电弧炉冶炼终点磷含量降至 0.004%；

2）研发了电弧炉多元介质混合喷吹脱氮技术，探明了金属熔池 CO_2-Ar 多元介质气泡高效吸附脱氮机理，全废钢冶炼终点钢液氮含量由 60ppm 以上稳定降低至 45ppm 以下；

3）开发了电弧炉出钢过程在线连续喷粉脱氧技术，利用载气-脱氧粉剂高速射流直接冲击出钢钢流，碳质微粒与高温钢液快速接触，瞬态反应生成脱氧气泡，实现无铝（硅）优先脱氧 150~200ppm，显著提高了合金收得率，钢中初始沉淀脱氧产物减少 40%~50%。

（4）国产新型电弧炉开始工业化应用。中冶赛迪自主研发的新型柔性电源（IGBT）直流电弧炉技术，集成针式底阳极、石墨电极的顶阴极、新型柔性（IGBT）直流电源等新技术、新工艺，集数字化、智能化、专业化于一体。直流电源采用了模块化分组设计，可有效提高电源的可靠性和电弧炉的作业率，熔炼期功率因数提高到 0.95 以上，并可实现电流和电压的双控无级调节，大幅降低冶炼电耗和电极消耗，冶炼周期在现有基础上缩短 20min。直流电弧的强搅拌效果，可进一步增强熔池的搅拌，提高铁元素和合金的收得率。中冶京诚自主研发了集复合型废钢预热和加料技术、柔性供电技术、i-Arc 智能电极调节技术、急冷余热锅炉技术以及二噁英消除与粉尘超净排放的烟气净化技术于一体的 CERI S-Arc 电弧炉技术，最终实现不开盖、不断电地连续预热和加料，全程平熔池冶炼，无烟气辅助升温的二噁英达标排放。全废钢冶炼周期不超过 35min，电耗 270kW·h/t，开发柔性供电技术后供电回路损耗降低 14~22kW·h/t，电极消耗不超过 1kg/t，配套有急冷余热锅炉，工序综合能耗不超过 55kgce/t，二噁英排放浓度不超过 0.1ngTEQ/Nm^3，烟尘排放浓度不超过 5mg/Nm^3。国产新型电弧炉各项技术指标达到国际先进水平，技术推广顺利，将有效推动国产电弧炉装备的发展及电弧炉低碳冶炼技术的进步。

（5）部分电弧炉采用了智能化操作的控制系统。智能电弧炉是一项综合技术，集成了各种超高功率电弧炉及其配套技术，是电弧炉的主要发展方向。电弧炉炼钢常用的过程数模为热模型、冶金模型和神经网络模型。热模型用来计算冶炼每炉钢所需的能量及能量输入的方式。冶金模型的目的在于以最低的成本达到钢水的目标成分和出钢温度。模型借助智能控制技术实现了电弧炉全自动炼钢，以提升产能、降低消耗。在电弧炉自动化控制或智能化方面，意大利达涅利公司开发了 Q-Melt 自动电弧炉动态工艺控制系统和 Q-SYM 自动废料场管理系统等，实现了从废钢分类和库存到加料和熔炼的整个过程的自动且连续控制。Tenova 开发的 iEAFTM“智能电弧炉”。Siemens VAI 通过烟气检测分析系统和在线控制能源输入等措施，实现了电弧炉炼钢过程的智能控制。德国普锐特冶金技术有限公司、日本 Steel Plantech 株式会等都开发了相应炉型的智能控制模型。美国大河钢厂通过电弧炉短流程工艺的智能化控制及先进轧制技术，实现了年人均产钢量接近 4000t。我国在电弧炉冶炼智能化方面，由北京科技大学联合自动化研究单位、钢铁厂设计单位及钢铁生产企业，制订了“智能电弧炉炼钢技术体系架构标准”的团体标准，在应用技术方面与国外顶尖水平还有差距，仍处于跟跑阶段。

（6）其他方面。电弧炉喷枪技术已经成为高效节能电弧炉的必备装备，对于加速熔化、提高电弧炉效率、节能降耗具有重要作用。我国国产电弧炉的喷枪技术还远远落后于国际先进水平，应加快更高效、更节能多功能喷枪技术的应用，包括顶吹氧枪、炉壁氧枪、底吹、复合喷吹等。石墨电极是电弧炉以电弧形式释放电能对炉料进行加热和熔化的导体材料，对电弧炉炼钢的稳定运行起着支撑性作用。电极消耗是考核电弧炉运行成本的一个重要指标。降低电极消耗已成为电弧炉炼钢降低成本、节约能源的重要措施。在保证高效、节能、优质的电极质量的基础上，电弧炉炼钢过程中，应尽量减少电极氧化的消耗、减少电极升华的消耗、减少溶解和剥落的发生、减少折断，以降低电极消耗。采取水喷淋电极、浸渍电极及表面涂层电极等措施，可以有效地进一步降低电极消耗。同时，新工艺、新技术的应用也可以间接地降低电极消耗。

1.3 中国电弧炉炼钢发展前景

尽管目前我国电弧炉炼钢面临重重困难，但其前景是光明的。这是因为世界电炉钢生产发展的历史及发达国家从发展中国家走过来的历史表明，电炉钢比例逐年增长的总趋势不会改变。我国废钢的生成量会不断增加，废钢生铁比价会有所改变，加上国家宏观调控都会朝有利于电炉钢生产发展的方面变化，因此电炉钢的发展前景是光明的。中国工程院院士徐匡迪在谈改革开放40年中国钢铁工业的经验教训及未来发展路径时指出，中国钢铁工业面临着工艺流程再造问题。徐匡迪表示："如果我国钢铁工艺流程再造成功，一方面可以降低对国外铁矿石的依存度，另一方面可以大大降低碳排放，符合绿色发展要求。此外，由于工艺流程的再造，将产生出很多新的产业，如废钢回收和加工等产业。"工艺流程再造主要是指电弧炉炼钢流程的发展。

1.3.1 "双碳"背景促进电弧炉炼钢发展

2015年，《巴黎协定》设定了20世纪后半叶实现碳净零排放的目标。2020年9月22日，国家主席习近平在第七十五届联合国大会一般性辩论上宣布，中国将提高国家自主贡献力度，采取更加有力的政策和措施，二氧化碳排放力争于2030年前达到峰值，努力争取2060年前实现碳中和。

钢铁行业是典型的高耗能、高排放行业。我国是世界第一钢铁大国，2020年粗钢产量达到10.65亿吨，占全球粗钢总产量的56.76%[23]，但我国钢铁生产以高炉—转炉长流程为主，严重依赖煤基化石能源，这是导致碳排放量较高的首要因素。国家发改委价格成本调查中心发布的数据，2019年我国全社会碳排放约105亿吨，其中能源活动碳排放约98亿吨，占比达87%。能源活动领域碳排结构中，能源生产与转换领域和能源终端消费领域碳排放占比分别为47%和53%。钢铁行业是能源终端消费领域碳排放最大的行业，吨钢碳排放量为1.63t，总碳排放量为16亿吨左右[23]，占能源活动领域碳排放量的17%，是我国碳排放量最大的非电行业，远高于第二位、第三位的建材（8%）和化工（6%）行业。

全球能源互联网发展合作组织在《中国2030年前碳达峰研究报告》中提出，实现碳达峰要"以清洁替代转变能源生产方式，以电能替代转变能源使用方式"。钢铁绿色生产的工艺改造包括电弧炉炼钢和氢能炼钢。电弧炉炼钢是推动电能替代的主要途径，以废钢为主要原料，以电力为主要能源，该方式能耗低、排放量低，节能减排优势明显。

随着"双碳"布局的逐渐深入以及相关政策的落地实施，我国钢铁工业面临着产业结构与流程结构双调整的局面。目前，我国钢铁生产流程仍然以高炉—转炉长流程为主，其产钢量占比约为90%，铁前工序 CO_2 排放占整个流程的87%以上；而电弧炉短流程生产粗钢仅为1.02亿吨，占比约10.2%，远低于世界28.8%的平均水平[3,23]，以废钢为原料的电弧炉钢每吨钢碳排放量为0.35~0.5t。某企业100t连续加料全废钢电弧炉冶炼—精炼工序吨钢碳排放量为0.667t，仅为长流程的20%~30%，减碳效果明显[24]，见表1-3。

表 1-3 电弧炉炼钢—精炼工序的吨钢碳排放情况

物质	消耗量	排放因子	碳排放/t·(t钢)$^{-1}$
废钢/t	1.08	0.0037	0.004
总电耗/kW·h	594.18	0.8046	0.478
氧气/m^3	36.1	0.0009827	0.036
电极消耗/kg	1.86	3.663	0.007
炭粉/kg	22.29	2.690	0.060
无烟煤/kg	19.06	2.530	0.048
石灰/kg	58.25	0.440	0.026
白云石/kg	17.63	0.477	0.008
总计			0.667

虽然短期内不具备大范围推广氢冶金的可能性，但是仍应加强氢冶金的研发。绿色氢能被认为是无碳经济的关键之钥，将氢能应用于冶金是冶金行业低碳绿色化转型的有效途径。一般意义上的氢冶金是指入炉还原气含氢高于55%条件下，还原铁矿石、球团矿，生产优质直接还原铁（DRI）的气基竖炉直接还原。基于氢冶金的“气基竖炉—电弧炉”短流程具有碳减排50%以上的潜力，是欧洲国家和美、日等先进产钢国研发的热点。为此，应针对纯氢和合成气等为还原剂的新型低碳冶炼体系，构筑“直接还原—电弧炉”短流程新冶金技术体系，研发“氧化球团—气基直接还原—电弧炉”及“流化床直接还原+电弧炉”关键技术，攻克直接还原竖炉氧化球团技术、气基竖炉还原技术及装备、粉矿流态化还原过程强化技术、流化床直接还原技术及装备、高能效电弧炉生产技术及装备等，实现钢铁行业的零碳/低碳流程再造工艺技术与示范。我国部分省市已开始这方面的研究工作，如河北省2022年钢铁联合基金就提出“氢气气基竖炉直接还原流程基础理论研究与集成应用”，开展富氢气基竖炉直接还原流程的基础理论和关键瓶颈技术研究，解决高品质富氢气体深度净化与重整、氢气气基竖炉直接还原、碳捕集与资源化利用等氢冶金全过程关键科学问题，形成富氢气体直接还原理论体系与工程转化集成技术。其中，氢能直接还原制品深度处理提出研究电弧炉冶金深度处理中元素的渣-金迁移、转化与分离机理；提出熔分提纯调控机制，富碳相的迁移、转化与FeO-C反应动力学。

长期以来中国钢铁工业形成了以长流程为主的结构流程，其中长流程比例占比接近90%，而电炉短流程的比例仅为10%左右。受废钢资源的严重短缺，在一段时间内，中国的钢铁工业仍将以高炉—转炉长流程为主。但是，长流程炼钢工艺的吨钢CO_2排放量为短流程工艺的3倍以上，不能作为钢铁行业绿色发展路径。随着我国废钢资源的总量增加，废钢循环及利用产业链的完善，发展电弧炉短流程才是钢铁行业发展的主要方向。

在此大背景下，北京科技大学二氧化碳科学研究中心提出 Blue 35、Green 60 炼钢极限碳排发展路径，如图 1-10 所示。2035 年前后，炼钢碳排路径仍以高炉—转炉长流程为主要减碳目标，兼顾电弧炉短流程绿色低碳技术发展，逐步提高电炉钢比例，故将此阶段称为 Blue 35。2035～2060 年，发展路径将逐步过渡到电弧炉短流程工序降碳为主，兼顾突破性低碳技术。其主要减碳方向包括绿氢、绿电、绿色原料 100%利用。鉴于 2035 年电弧炉炼钢技术碳排放将达 280kg/t 钢的较低水平，从冶炼单体技术方面很难再有突破，因此将减碳方向落实到绿电、绿氢、绿色能源的使用[25]。

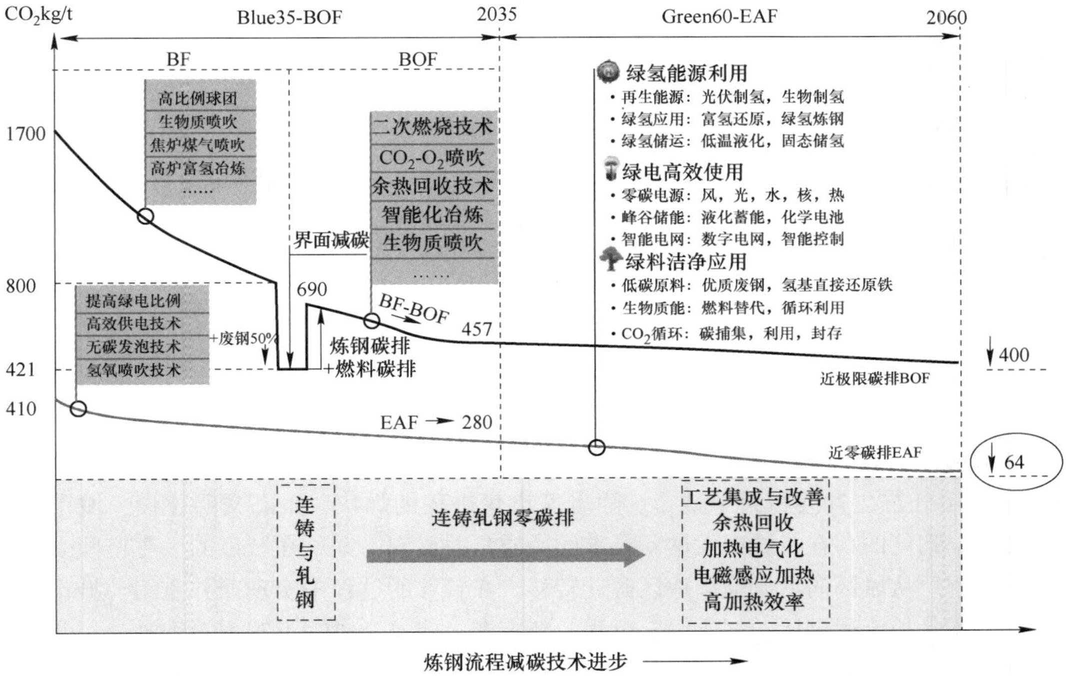

图 1-10　Blue 35、Green 60 炼钢极限碳排发展路径

东北大学低碳研究院提出针对钢铁产业深度脱碳，在低碳高能效和钢铁—化工联产基础上，辅以氢能替代化石能源，研发应用“氢基竖炉—电弧炉”短流程新工艺技术，在适宜区域实现钢铁工艺流程的革新和能源结构的优化，为深脱碳或无涉碳钢铁生产提供全新途径；提出 CCU 技术，协同研发氢冶金、钢铁—化工联产、跨工业系统智能制造等低碳关键共性前沿技术（图 1-11）[26]。

目前，我国在氢冶金、钢铁—化工联产等碳中和前沿技术研发方面尚处于起步阶段，工业化应用较多处于空白。但是，电弧炉炼钢目前的发展条件成熟且节能环保，所以应采用更加低碳的电弧炉炼钢，以减少钢铁生产中的碳排放量。

另外，随着生态环境部《碳排放权交易管理暂行条例（草案）》征求意见稿的出台，开征碳税，将会进一步降低电弧炉钢成本，提高电弧炉短流程竞争力[26]。

因此，“双碳”背景下，电弧炉炼钢将具有更广阔的发展前景。

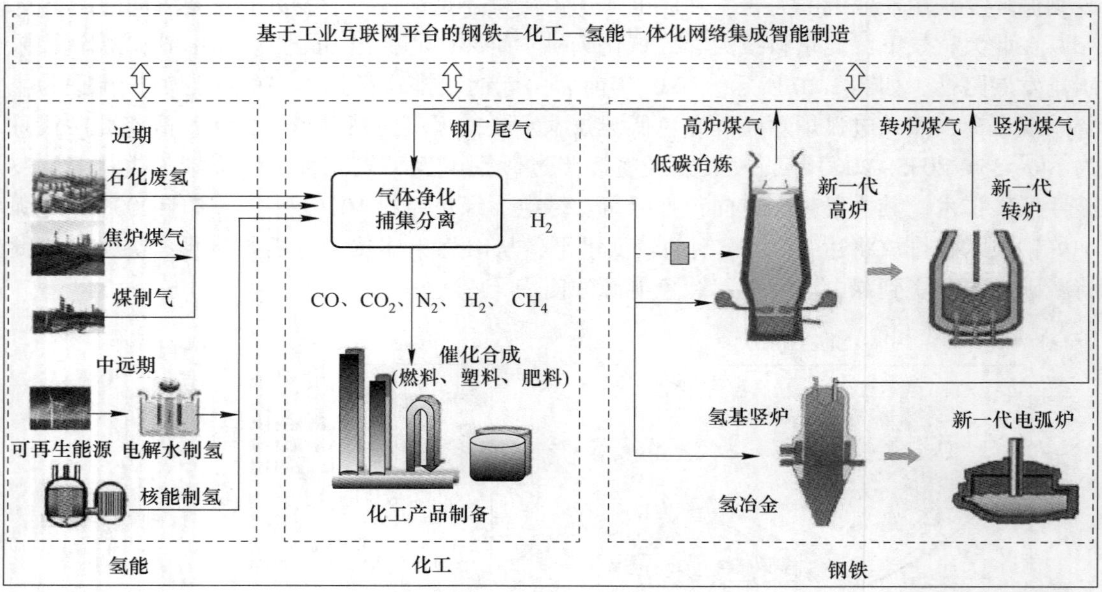

图 1-11 东北大学钢铁碳中和技术路线

1.3.2 与城市和谐共存的需求促进电弧炉炼钢发展

城市钢厂是指坐落在城市中心或者附近的钢厂。据兰格钢铁网数据统计，目前全国有60多家钢厂分布在省会和大中城市。随着城市化进程的加快，生态文明建设，城市环保压力加剧，钢厂的存在与城市发展新要求的矛盾日益显现，钢厂在城市的生存空间受到影响，使得钢厂从城区向沿海临港地区搬迁转移，在转移的过程中实现兼并重组。城市搬迁的钢厂基本是长流程钢厂，如唐钢、荣程、新宝泰、建龙、唐钢不锈钢等钢铁公司实现搬迁转移或关停退出。由于钢铁流程的生产技术特性，搬迁后可利用的装备并不多，钢厂搬迁实际上就是异地重建。搬迁和异地重建需要大量的资金，还需要充分考虑土地、职工安置、生态环境等诸多问题，而且重建后很难保证企业能在短时间内实现赢利。企业搬迁的原因主要是钢铁生产过程中的污染和能耗问题，如何降低污染和能耗关系到钢铁工业的可持续发展和其在城市的生存。

电弧炉短流程钢铁企业除了钢铁产品制造外，还具有能源转换和社会大宗废弃物处理消纳的功能，主要包括固体废弃物——废旧钢铁材料的循环利用，为城市供气、供暖等。相较于高炉—转炉长流程炼钢生产工艺，全废钢电弧炉炼钢短流程省去了烧结、球团和焦化工艺，吨钢 SO_2、NO_x 排放量少，从炼钢流程低碳发展和空气污染物排放角度，更适宜与城市和谐共存，具体表现在以下方面：

（1）有利于缓解日益增加的环保压力。电弧炉短流程与转炉长流程相比，二氧化碳排放量降低，仅为长流程的1/4；废物排放量降低，废气排放量下降95%、固废排放量下降65%、废水排放量下降33%，总排放量下降61%[27]。

（2）降低能耗、节约用水。炼铁系统占总能耗的70%左右，污染物排放占70%以上。

在当前技术水平下，如果企业有自有电厂，长流程生产 1t 成品钢要消耗超过 700kg 标准煤，而短流程只需消耗其 60%左右。因此，采用废钢的短流程与使用铁矿石的长流程相比，可节能 60%，同时节水 40%。

（3）短流程电弧炉炼钢过程是间歇性操作，可以调峰运行，能够充分利用城市电网谷电时期的电能，解决能源供应的峰谷和环保问题，同时降低能耗。更有利于秉持“生态”理念，发挥节能环保、社会废弃物处理、环境友好（自身有害物的排放少）的作用，实现绿色发展、与城市和谐共存。

（4）电弧炉炼钢具有社会废弃物循环利用的功能，这是转炉流程无法相比的。另外，日益增多的城市可燃固废给环境带来严重的污染，如何有效处理已经成为一个重大问题。江苏飞达控股集团有限公司利用电弧炉炼钢协同处理城市固废，完成对周边社会的固废处置，扩充了城市钢厂的社会功能，解决了城市固废处理难题，减轻了社会压力；有效消除了固废处理过程产生的二噁英，极大减少了环境压力，为城市生态绿色化发展提供了服务。

另外，部分特殊钢产品是在城市生产的，而这些产品需要由电弧炉冶炼提供合格的钢水。例如核电、风电、超超临界火电、航空航天、舰船等战略部门用高品质特殊钢以及高性能零部件用关键高品质特殊钢大多采用重熔工艺路线，电渣重熔用母电极大多采用电弧炉流程生产。电弧炉流程生产的优质自耗电极是高品质特殊钢质量保证的重要条件。还有，大型铸锻件的生产也是由电弧炉冶炼提供合格的钢水的。

最重要一点是城市电弧炉生产普通钢材的比例会增加。徐匡迪院士指出：“现在中国钢铁行业的长流程占比近 90%，而美国、欧盟短流程已经占到 40%以上，美国生产普通钢材的主要流程就是用短流程的电弧炉冶炼、炉外精炼然后就轧制”。从目前电弧炉粗钢产能的产品类型构成来看，大部分为长材，特别是普通长材，改变了电弧炉炼钢均是生产特殊钢的局面。长材的产量在中国还是比较大的。殷瑞钰院士在谈到关于未来电弧炉流程的设想时，指出未来全废钢电弧炉将在建筑用长材制造领域，如螺纹钢、圆钢、线材等，逐步取代高炉—转炉流程的份额，电弧炉生产普通棒材厂应分布在中心城市周边，规模不大，一般为 50 万~100 万吨/年，循环消纳中心城市废弃物，销售半径在 200km 左右。同时，电弧炉也将在若干钢厂的一般用途中板制造领域取代高炉—转炉工艺，以全废钢为主，所以电弧炉生产普钢的量将会进一步增大。

凭借短流程电弧炉炼钢所特有的低碳排放和消纳城市产生的大量废弃物的功能优势，特别是废钢，包括废家电、废汽车、落后的工业装备等废弃物，短流程钢铁企业不仅可以满足城市发展需求，与城市和谐共存，而且还可以在钢铁产品制造过程中构建高效率的循环经济，提高生态环保效益，实现钢铁生态圈与城市生态圈的高度融合。

1.3.3 相关政策促进电弧炉炼钢的发展

为适应低污染物排放及“双碳”目标实现的要求，2016 年后，国家、省、市出台了一系列政策、文件鼓励电弧炉炼钢技术的发展。在推动钢铁行业碳达峰方面，提出促进钢铁行业结构优化和清洁能源替代，大力推进非高炉炼铁技术示范，提升废钢资源回收利用水平，推行全废钢电弧炉工艺。推广先进适用技术，深挖节能降碳潜力，鼓励钢化联产，探索开展氢冶金、二氧化碳捕集利用一体化等试点示范，推动低品位余热供暖发展[28]。

随着我国废钢资源的积累增加，按照绿色可循环理念，注重以废钢为原料的短流程电弧炉炼钢的发展机遇。鼓励产业耦合，建设绿色工业园区，推进钢铁与建材、电力、化工等产业及城市间的耦合发展，实现钢铁制造、能源转换和废弃物消纳三大功能[29]。鼓励重点区域高炉—转炉长流程企业转型为电弧炉短流程企业，通过工艺改造减少污染物排放，达到超低排放要求。有序引导电弧炉短流程炼钢发展，研究制定引导短流程炼钢发展的指导意见，更好发挥电弧炉短流程炼钢企业绿色低碳、市场调节的作用。对短流程炼钢执行差别化产能置换支持政策，鼓励具有废钢、电价、市场等优势条件的高炉—转炉长流程钢厂通过就地改造转型发展电弧炉短流程炼钢。积极发展拥有核心自主知识产权的新型电弧炉装备，加快制定短流程炼钢标准，完善相关标准体系。通过加强废钢资源保障体系建设、降低用电成本、鼓励金融机构支持采用短流程炼钢的先进特钢企业等措施，支持企业提高市场竞争力。鼓励在中心城市、城市集群周边布局符合节能环保和技术标准规范要求的中小型电弧炉钢企业，生产适应区域市场需求的产品，协同消纳城市及周边废弃物[30-34]。

支持优势钢铁企业等牵头成立大型废钢回收加工配送中心，推进或提升废钢回收、拆解、加工、分类、配送一体化发展，进一步完善废钢加工配送体系建设，提高废钢铁资源供给质量。在短流程炼钢企业和废钢加工配送企业中分别遴选 5~10 家优势标杆企业，形成可推广的产业模式。推动废钢现货、期货平台建设，促进形成公开透明有序的废钢定价机制。鼓励有条件的地区积极探索废钢铁产业数字化平台建设，为推动行业规范发展、实现废钢在线交易和税票监管提供支撑。在符合国家法律、法规和相关产业政策要求的基础上，允许在城市建成区外符合条件的园区内建设短流程钢铁项目。鼓励有条件的地方先行先试，以大用户跨区域直购电、煤电钢联营、专线供电试点等方式，降低电弧炉炼钢用电成本[32]。

以下是 2016 年以来国家出台的鼓励电弧炉炼钢发展的部分相关文件。

（1）2016 年 10 月 28 日，工业和信息化部印发《钢铁工业调整升级规划（2016~2020年）》[29]，文件“推进绿色制造”部分指出：“加快发展循环经济。推进资源综合利用产业规范化、规模化发展，大力发展循环经济。随着我国废钢资源的积累增加，按照绿色可循环理念，注重以废钢为原料的短流程电弧炉炼钢的发展机遇。鼓励产业耦合，建设绿色工业园区，推进钢铁与建材、电力、化工等产业及城市间的耦合发展，实现钢铁制造、能源转换和废弃物消纳三大功能。加快钢铁行业资源能源回收利用产业发展，加强冶金渣、尘泥等固体废弃物的综合利用，加快废钢加工配送体系建设，推广城市中水和钢铁工业废水联合再生回用集成技术”。

（2）2019 年 4 月 22 日，生态环境部、发展改革委、工业和信息化部、财政部、交通运输部五部委联合印发《关于推进实施钢铁行业超低排放的意见》[30]，文件重点任务中第一条指出：“严格新改扩建项目环境准入。严禁新增钢铁冶炼产能，新改扩建（含搬迁）钢铁项目要严格执行产能置换实施办法，按照钢铁企业超低排放指标要求，同步配套建设高效脱硫、脱硝、除尘设施，落实物料储存、输送及生产工艺过程无组织排放管控措施，大宗物料和产品采取清洁方式运输。支持鼓励钢铁冶炼产能向环境容量大、资源保障条件好的地区转移。鼓励重点区域高炉-转炉长流程企业转型为电炉短流程企业，通过工艺改造减少污染物排放，达到超低排放要求”。

（3）2019 年 4 月 30 日，国家发展改革委、工业和信息化部和国家能源局等部门日前联合印发《关于做好 2019 年重点领域化解过剩产能工作的通知》，“2019 年钢铁化解过剩产能工作要点”第十七点指出：“引导电炉炼钢工艺发展。鼓励企业建立大型的废钢铁回收加工配送中心，提升对社会废钢铁资源的回收、拆解、加工、配送、利用一体化水平，提高废钢铁资源供给质量。鼓励钢铁企业综合考虑市场需求、原燃料供应、交通运输、环境容量和资源能源支撑条件，在严格落实产能置换的前提下，将部分高炉-转炉工艺转变为电弧炉炼钢工艺，促进行业整体节能环保水平提升、品种结构优化升级”。

(4) 2019 年 10 月 28 日，工业和信息化部在对十三届全国人大二次会议第 7404 号建议的答复中指出：“引导发展短流程炼钢。研究制定引导短流程炼钢发展的指导意见，通过加强废钢资源保障体系建设、降低用电成本、鼓励金融机构支持采用短流程炼钢的先进特钢企业等措施，有序引导电弧炉钢发展，支持特钢企业提高市场竞争力”。

(5) 2019 年 12 月 23 日，全国工业和信息化工作会议在京召开。会议对 2020 年重点工作进行了部署，会议指出：“推动电弧炉短流程炼钢发展”。

(6) 2020 年 12 月 31 日，工业和信息化部研究编制了《关于推动钢铁工业高质量发展的指导意见（征求意见稿)》，贯彻落实《中共中央关于制定国民经济和社会发展第十四个五年规划和二〇三五年远景目标的建议》。文件第八条指出：“有序引导短流程炼钢。更好发挥电弧炉短流程炼钢企业绿色低碳、市场调节的作用，有序引导电弧炉短流程炼钢发展。对短流程炼钢执行差别化产能置换支持政策，鼓励具有废钢、电价、市场等优势条件的高炉-转炉长流程钢厂通过就地改造转型发展电弧炉短流程炼钢。积极发展拥有核心自主知识产权的新型电弧炉装备，加快制定短流程炼钢标准，完善相关标准体系。支持优势钢铁企业等牵头成立大型废钢回收加工配送中心，推进废钢回收、拆解、加工、分类、配送一体化发展，进一步完善废钢加工配送体系建设。在短流程炼钢企业和废钢加工配送企业中分别遴选 5~10 家优势标杆企业，形成可推广的产业模式。推动废钢现货、期货平台建设，促进形成公开透明有序的废钢定价机制。鼓励有条件地区积极探索废钢铁产业数字化平台建设，为推动行业规范发展、实现废钢在线交易和税票监管提供支撑。在符合国家法律、法规和相关产业政策要求的基础上，允许在城市建成区外符合条件的园区内建设短流程钢铁项目。鼓励有条件的地方先行先试，以大用户跨区域直购电、煤电钢联营、专线供电试点等方式，降低电弧炉炼钢用电成本”。

(7) 2021 年 4 月 17 日，工业和信息化部印发了新版《钢铁行业产能置换实施办法》(以下简称《办法》)。新版《办法》指出，“十三五”时期，钢铁行业供给侧结构性改革虽然取得了显著成效，但行业仍存在粗钢产量增长过快、兼并重组进展缓慢、绿色低碳发展水平仍需提高等问题。新版《办法》修订后，将促进钢铁行业加快适应为实现“3060”碳目标而实施绿色低碳发展的迫切要求，推动行业转型升级高质量发展；支持低碳发展。在国家提出碳达峰、碳中和，钢铁行业大力推进绿色低碳发展的背景下，通过工艺流程结构调整推动减碳降耗已成为“十四五”钢铁行业重要的目标和路径。新版《办法》全文并未直接提及“低碳”，但重大修订处均增加了支持低碳发展的举措。例如，通过等量置换鼓励电弧炉炼钢、氢冶金工艺发展，将有效促进钢铁行业短流程炼钢比例的提升，推动氢冶金技术加快创新发展，进而大幅降低钢铁行业碳排放总量；推动工艺技术创新。“十三五”期间，中国钢铁工业科技创新取得了积极进展，行业各类创新成果不断涌现，但绿色低碳工艺革新相对缓慢。新版《办法》明确支持氢冶金、非高炉炼铁、回转窑-矿热炉(RKEF)、短流程炼钢等工艺的创新发展，对钢铁行业将形成推进绿色低碳发展、降低生产成本、提升竞争力的政策导向，有效促进和提升行业整体可持续发展能力。新版《办法》于 2021 年 6 月 1 日正式施行，这意味着暂停了近一年半的钢铁产能置换工作重新启动。新版《办法》的实施，将对绿色低碳发展、兼并重组推进、工艺流程结构优化等钢铁行业高质量发展重大议题产生重要的支撑和引领作用。新版《办法》更具可操作性，如新版《办法》第十二条增加了一炉多分数量要求、工业遗址公园保留冶炼设备及非高炉炼铁项目等产能“一事一议”、进一步明确等量置换情形等内容，为各地方管理部门和相关企业后续开展产能置换工作提供了明确依据。

（8）2021 年 10 月 24 日，国务院印发《2030 年前碳达峰行动方案》[28]，其“重点任务”中“工业领域碳达峰行动”部分提出：“推动钢铁行业碳达峰。深化钢铁行业供给侧结构性改革，严格执行产能置换，严禁新增产能，推进存量优化，淘汰落后产能。推进钢铁企业跨地区、跨所有制兼并重组，提高行业集中度。优化生产力布局，以京津冀及周边地区为重点，继续压减钢铁产能。促进钢铁行业结构优化和清洁能源替代，大力推进非高炉炼铁技术示范，提升废钢资源回收利用水平，推行全废钢电弧炉工艺。推广先进适用技术，深挖节能降碳潜力，鼓励钢化联产，探索开展氢冶金、二氧化碳捕集利用一体化等试点示范，推动低品位余热供暖发展”。

（9）2021 年 11 月 2 日，中共中央、国务院印发《中共中央 国务院关于深入打好污染防治攻坚战的意见》，文件第二款“加快推动绿色低碳发展”中第七条指出：“严把高耗能高排放项目准入关口，严格落实污染物排放区域削减要求，对不符合规定的项目坚决停批停建。依法依规淘汰落后产能和化解过剩产能。推动高炉—转炉长流程炼钢转型为电炉短流程炼钢。重点区域严禁新增钢铁、焦化、水泥熟料、平板玻璃、电解铝、氧化铝、煤化工产能，合理控制煤制油气产能规模，严控新增炼油产能”。

（10）2021 年 12 月 28 日，国务院印发《“十四五”节能减排综合工作方案》，文件指出：“推广高效精馏系统、高温高压干熄焦、富氧强化熔炼等节能技术，鼓励将高炉—转炉长流程炼钢转型为电弧炉短流程炼钢。推进钢铁、水泥、焦化行业及燃煤锅炉超低排放改造，到 2025 年，完成 5.3 亿吨钢铁产能超低排放改造，大气污染防治重点区域燃煤锅炉全面实现超低排放”。

（11）2022 年 1 月 20 日，工业和信息化部、国家发展和改革委员会、生态环境部三部门联合印发《关于促进钢铁工业高质量发展的指导意见》[33]，文件第一款第二条“主要目标”中提出：“产业结构不断优化。产业集聚化发展水平明显提升，钢铁产业集中度大幅提高。工艺结构明显优化，电炉钢产量占粗钢总产量比例提升至 15%以上。布局结构更趋合理，钢铁市场供需基本达到动态平衡”。第二款“主要任务”第八条中提出：“有序发展电炉炼钢。推进废钢资源高质高效利用，有序引导电炉炼钢发展。对全废钢电炉炼钢项目执行差别化产能置换、环保管理等政策。鼓励有条件的高炉—转炉长流程企业就地改造转型发展电炉短流程炼钢。鼓励在中心城市、城市集群周边布局符合节能环保和技术标准规范要求的中小型电炉钢企业，生产适应区域市场需求的产品，协同消纳城市及周边废弃物。积极发展新型电炉装备，加快完善电炉炼钢相关标准体系。推进废钢回收、拆解、加工、分类、配送一体化发展，进一步完善废钢加工配送体系建设。鼓励有条件的地区开展电炉钢发展示范区建设，探索新技术新装备应用。分别遴选 8 家左右优势标杆电弧炉炼钢和废钢加工配送企业，形成可推广的产业模式”。

（12）2022年1月20日，工业和信息化部、发展改革委、生态环境部三部联合印发《关于促进钢铁工业高质量发展的指导意见》[33]，文件主要任务部分第八点指出：有序发展电弧炉炼钢。推进废钢资源高质高效利用，有序引导电弧炉炼钢发展。对全废钢电弧炉炼钢项目执行差别化产能置换、环保管理等政策。鼓励有条件的高炉—转炉长流程企业就地改造转型发展电弧炉短流程炼钢。鼓励在中心城市、城市集群周边布局符合节能环保和技术标准规范要求的中小型电弧炉钢企业，生产适应区域市场需求的产品，协同消纳城市及周边废弃物。积极发展新型电弧炉装备，加快完善电弧炉炼钢相关标准体系。推进废钢回收、拆解、加工、分类、配送一体化发展，进一步完善废钢加工配送体系建设。鼓励有条件的地区开展电弧炉钢发展示范区建设，探索新技术新装备应用。

（13）2022年1月24日，中华人民共和国中央人民政府网站发布了《国务院关于印发“十四五”节能减排综合工作方案的通知》，文件指出：推广高效精馏系统、高温高压干熄焦、富氧强化熔炼等节能技术，鼓励将高炉—转炉长流程炼钢转型为电弧炉短流程炼钢。推进钢铁、水泥、焦化行业及燃煤锅炉超低排放改造，到2025年，完成5.3亿吨钢铁产能超低排放改造，大气污染防治重点区域燃煤锅炉全面实现超低排放。

（14）2022年6月29日，工业和信息化部、发展改革委、财政部、生态环境部、国资委、市场监管总局等六部门联合发布《工业能效提升行动计划》（工信部联节〔2022〕76号）[35]，文件指出：在钢铁、石化化工、有色金属、建材等重点行业及其他行业加热、烘干、蒸汽供应等环节，推广电炉钢、电锅炉、电窑炉、电加热、高温热泵、大功率电热储能锅炉等替代工艺技术装备，扩大电气化终端用能设备使用比例。

（15）2022年8月1日，工业和信息化部、国家发展改革委、生态环境部联合印发《工业领域碳达峰实施方案》[36]，文件指出：鼓励适度稳步提高钢铁先进电炉短流程发展。推进低碳炼铁技术示范推广。优化产品结构，提高高强高韧、耐蚀耐候、节材节能等低碳产品应用比例。到2025年，废钢铁加工准入企业年加工能力超过1.8亿吨，短流程炼钢占比达15%以上。到2030年，短流程炼钢占比达20%以上。

（16）2023年8月25日，工业和信息化部、国家发展改革委、财政部、自然资源部、生态环境部、商务部、海关总署等七部委联合印发《钢铁行业稳增长工作方案》[37]，文件指出：支持引导电炉钢有序发展，加快实施电炉短流程炼钢高质量发展引领工程，对全废钢电炉炼钢项目执行差别化产能置换、环保管理等政策，创建世界先进的电炉钢产业集群。支持钢铁企业依托废钢原料需求，开展废钢铁仓储—加工—配送一体化基地建设，提升废钢加工处理水平和分类管理水平，实现废钢原料定制化加工配送，推进废钢资源高质高效利用。建立电炉短流程企业、废钢加工配送企业评价标准，分别遴选5家左右优势标杆企业，形成可推广的产业模式。

国内多省市已相继发布文件并将不断完善，助力短流程炼钢发展。

参考文献

［1］吴风云，杨凡．新时代中频感应炉在特殊钢冶炼中的应用 其产品与“地条钢”的界别［J］．冶金管理，2019（11）：4-7.

［2］上官方钦，郦秀萍，周继程，等．中国废钢资源发展战略研究［J］．钢铁，2020，55（6）：8-14.

［3］张福君，杨树峰，李京社，等．“双碳”背景下低碳排炼钢流程选择及关键技术［J］．工程科学学

报，2022，44（9）：1483-1495.

[4] Окороков П В. Элктропавильные печи черной металлургии［M］. Металлуритедат，1950.

[5] 朱觉，等译．黑色冶金冶炼电炉［M］. 北京：高等教育出版社，1955.

[6] Sims C E. Electric Furnace Steelmaking［M］. New York：Interscience Publishers，1962.

[7] 马廷温．电炉炼钢学［M］. 北京：冶金工业出版社，1988.

[8] 关玉龙，等．电炉炼钢技术［M］. 北京：科学出版社，1990.

[9] 陈家祥．钢铁冶金学（炼钢部分）［M］. 北京：冶金工业出版社，1990.

[10] 殷瑞钰．当代电炉流程的工程进展评价［C］//《上海工艺》当代电炉流程与工程问题研讨会专集，上海，1993.

[11] 徐匡迪．现代电炉炼钢的发展趋势［C］//《上海工艺》当代电炉流程与工程问题研讨会专集，上海，1993.

[12] 李士琦，李伟立，刘仁刚，等．现代电弧炉炼钢［M］. 北京：原子能出版社，1995.

[13] 傅杰．钢冶金过程动力学［M］. 北京：冶金工业出版社，2001.

[14] 傅杰，王中丙，李京社，等．现代电炉炼钢技术的发展、问题及对策［C］//电炉炼钢学术会议论文集，2002.

[15] 王中丙．现代电炉—薄板坯连铸连轧［M］. 北京：冶金工业出版社，2004.

[16] Fu J，Wang Z B，Wang X J，et al. Advances in modern EAF steelmaking technology of China［J］. Journal of Iron and Steel Research，2004，11（4）：1-9.

[17] Fu J，Wang Z，Lan D，et al. Development of modern EAF steelmaking technology in China［C］//The Tenth Japan-China Symposium on Science and Technology of Iron and Steel，2004.

[18] 傅杰．现代电弧炉冶炼周期综合控制理论及应用［J］. 北京科技大学学报，2004，26（6）：588-595.

[19] 殷瑞钰．冶金流程工程学［M］. 北京：冶金工业出版社，2004.

[20] 张立峰．炼钢技术的发展历程和未来展望（Ⅰ）——炼钢技术的发展历程［J］. 钢铁，2022，57（12）：1-12.

[21] 李思锐，江秀龙，马德武，等．我国电弧炉炼钢发展现状及前景［J］. 四川冶金，2018，40（2）：19-21，42.

[22] 朱荣，吴学涛，魏光升，等．电弧炉炼钢绿色及智能化技术进展［C］//中国钢铁年会，2019：12.

[23] 周平，王念欣，张学民，等．电炉炼钢现状及其“双碳”背景下的发展趋势［J］. 山东冶金，2022，44（4）：36-39.

[24] 姚聪林，朱红春，姜周华，等．全废钢连续加料电弧炉短流程碳排放计算及分析［J］. 材料与冶金学报，2020，19（4）：259-264.

[25] 上官方钦，刘正东，殷瑞钰．钢铁行业“碳达峰”“碳中和”实施路径研究［J］. 中国冶金，2021，31（9）：15-20.

[26] 炼钢极限碳排放的挑战与思考［R］. 世界金属导报，2023 年 4 月 18 日 1 版.

[27] 上官方钦，殷瑞钰，李煜，等．论中国发展全废钢电炉流程的战略意义［J］. 钢铁，2021，56（8）：86-92.

[28] 国务院．2030 年前碳达峰行动方案［R］. 2021. https：//www. gov. cn/gongbao/content/2021/content_5649731. htm.

[29] 工业和信息化部．钢铁工业调整升级规划（2016—2020 年）［R］. 2016. http：//www. scio. gov. cn/xwfbh/gbwxwfbh/xwfbh/gyhxxhb/document/1519520/1519520. htm.

[30] 生态环境部．关于推进实施钢铁行业超低排放的意见［R］. 2019. https：//www. mee. gov. cn/xxgk2018/xxgk/xxgk03/201904/t20190429_701463. html.

[31] 工业和信息化部．对十三届全国人大二次会议第 7404 号建议的答复 [R]. 2019. https：//www. miit. gov. cn/zwgk/jytafwgk/art/2020/art_ffe941fc3d1e4477a773287f7e62bd1f. html.

[32] 工业和信息化部．关于推动钢铁工业高质量发展的指导意见（征求意见稿）[R]. 2020. https：//www. miit. gov. cn/jgsj/ycls/gt/art/2020/art_ee017956d1d948a99a64448d06974894. html.

[33] 工业和信息化部．国家发展和改革委员会，生态环境部．关于促进钢铁工业高质量发展的指导意见 [R]. 2022. https：//www. miit. gov. cn/zwgk/zcwj/wjfb/yj/art/2022/art_fc8736cbc5364d6eb19ce17eb0b0cc9c. html.

[34] 工业和信息化部，发展改革委，生态环境部．关于促进钢铁工业高质量发展的指导意见 [R]. 2022. https：//www. miit. gov. cn/zwgk/zcwj/wjfb/yj/art/2022/art_fc8736cbc5364d6eb19ce17eb0b0cc9c. html.

[35] 工业和信息化部，国家发展改革委，财政部，生态环境部，国务院国资委，市场监管总局．工业能效提升行动计划 [R]. 2022. https：//www. gov. cn/zhengce/zhengceku/2022-06/29/content_5698410. htm.

[36] 工业和信息化部，发展改革委，生态环境部．工业领域碳达峰实施方案 [R]. 2022. https：//www. gov. cn/gongbao/content/2022/content_5717004. htm.

[37] 工业和信息化部，国家发展改革委，财政部，自然资源部，生态环境部，商务部，海关总署．钢铁行业稳增长工作方案 [R]. 2022. https：//www. gov. cn/zhengce/zhengceku/202308/content_6900273. htm.

2　电弧炉冶炼所用金属料

现代电弧炉炼钢的原料是含铁资源金属料。铁资源分为一次铁资源和二次铁资源。一次铁资源是来自自然界的铁矿石，包括生铁块、直接还原铁（DRI、HBI）、铁水、碳化铁、脱碳粒铁、改性铁（复合金属料）等，二次铁资源则是人类活动产生的废弃物——废钢铁。

一次铁资源中有害残余元素含量很少，是“新鲜”的铁资源，它的利用是“动脉”流程。但其制备流程较长，投资大、能耗高。二次铁资源是再生铁资源，它的利用是“静脉”流程。其制备流程较短，基建投资小、建设期短、综合能耗低、工艺灵活。但二次铁资源中的有害残余元素会在循环使用中富集，影响产品的性能和质量。

传统电弧炉炼钢采用的全废钢铁冶炼工艺，主要原料以废钢铁为主，另外配加10%~15%的生铁块。现代电弧炉炼钢使用的主要原料除废钢铁外，又增加了直接还原铁（DRI、HBI）、铁水、碳化铁、脱碳粒铁、改性铁等。

2.1　废钢铁——再生资源

2.1.1　废钢铁的技术要求及相关标准

废钢铁是指已报废的钢铁产品（含半成品）以及机器、设备、器械、结构件及生活用品等钢铁部分。废钢铁是人类活动产生的废弃物，属于二次铁资源，回收利用废钢铁符合“循环经济”和“可持续发展”的要求。与使用一次铁资源相比，既节约资源和能源，又减少了环境污染。废钢铁价格相对便宜，但必须要进行加工处理后才能高效使用。

所有类别废钢不得混入污物、有色金属或任何类别的外来材料，不得有过量的铁锈和腐蚀，但是并不排除有微量的偶然的夹杂物。废钢中的残余元素不是有意加入的，而是钢中残留的某些合金元素，如碳素结构钢中镍不大于0.30%、铬不大于0.30%、铜不大于0.30%、砷不大于0.08%。

废钢铁是电弧炉炼钢的主要原料。由于废钢中硫、磷等有害元素含量较低，因此有利于缩短冶炼时间，降低铁耗和辅助材料的消耗。

2.1.1.1　废钢铁来源

废钢铁来源可分为三种：一种是钢铁企业生产过程中产生的返回废钢铁，另一种是钢材加工过程中产生的加工废钢铁，还有一种是报废钢铁制品产生的折旧废钢铁。上述三种来源构成了丰富的废钢铁资源，详见图2-1。

分析图2-1可知：

（1）返回废钢铁主要指来自钢厂内部，在钢材生产过程中产生的废品、切头、切

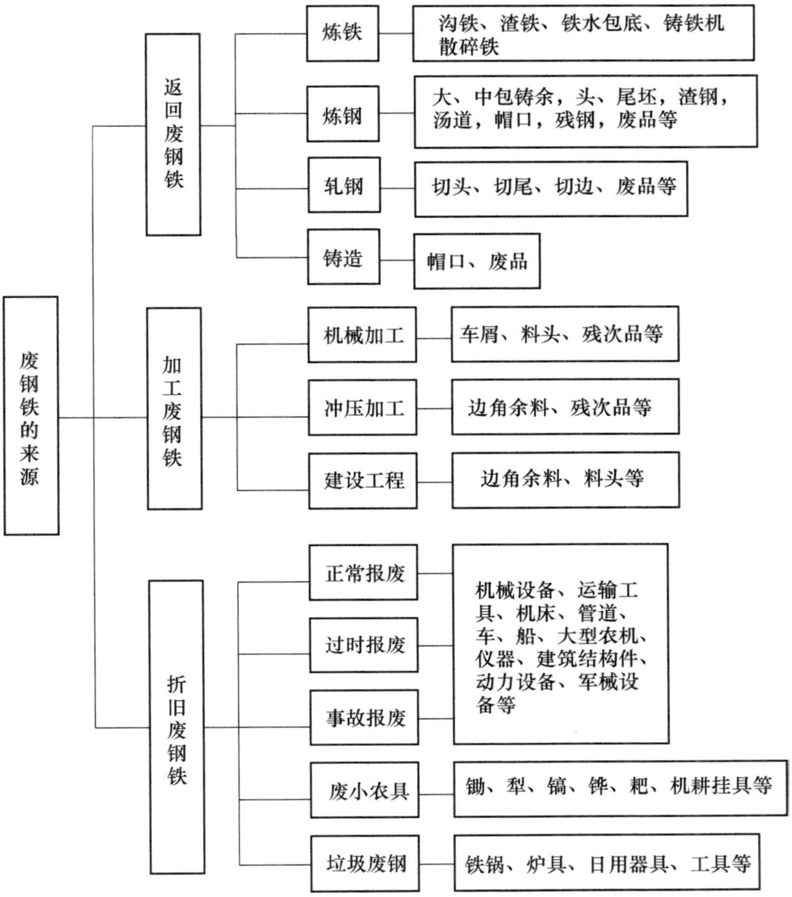

图 2-1 废钢铁来源构成

尾、渣铁、渣钢等。这类废钢铁没有混入其他元素，且形状较规则，几乎可以直接用于炼钢。

(2) 加工废钢铁主要来自使用钢材的工厂，在加工产品的过程中产生的残次废品、边角余料、车屑以及料头等。这类废钢铁大多没有混入其他元素，只要进行简单的处理（如打包、压块），就可以用于炼钢。

(3) 折旧废钢铁指各种报废的旧钢铁制品。这类废钢铁是最不干净的，不但混入了许多其他元素和非金属杂质，而且形状和尺寸多种多样，极不规则，必须经过认真的处理才能用于炼钢。现在，各种废钢铁处理技术和设备的研制，主要是针对该类废钢铁。这种废钢铁在整个废钢铁资源中所占比例最大，而且随着时间的推移还在继续增大。

2.1.1.2 废钢铁的分类

我国废钢铁现在执行的标准是 GB/T 4222—2017。该标准将废钢铁分为废铁和废钢两大类。

废铁的碳含量一般大于 2.0%。用于炼钢废铁按质量和形状分为：Ⅰ类废铁、Ⅱ类废铁、合金废铁、高炉添加料（表 2-1）。

表 2-1　熔炼用废铁分类

品　种	类　别			典型举例
	A	B	C	
Ⅰ类废铁	长度不大于 1000mm； 宽度不大于 500mm； 高度不大于 300mm	经破碎、熔断容易成为Ⅰ类形状的废铁	生铁粉（车削下来的生铁屑未混入异物的生铁）及其冷压块	生铁机械零部件、输电工程各种铸件、铸铁、轧辊、汽车缸体、发动机壳、钢锭模等
Ⅱ类废铁				铸铁管道、高磷铁、高硫铁、火烧铁等
合金废铁				合金轧辊、球墨轧辊等
高炉添加料	外形尺寸应不小于 10mm × 10mm × 10mm，不大于 200mm×200mm×20mm，单件重量不大于 5kg			加工压块等
渣铁	500mm × 400mm 以下或单重不大于 800kg，块状			大沟铁、铁水包、鱼雷罐等加工而成（含渣不大于 10%）

Ⅰ类废铁的硫含量和磷含量（质量分数）分别不大于 0.070%和 0.4%。Ⅱ类废铁、合金废铁的硫含量和磷含量分别不大于 0.12%和 1.00%。高炉添加料的铁含量应不小于 65.0%。

废钢来源复杂、品种繁多，不同规格、成分的废钢对电弧炉炼钢的作用不同，因此，将废钢铁按尺寸、形状、成分、密度等要求分成许多类别，进行分类存放、分类使用的管理是十分必要的。

废钢的碳含量一般小于 2.0%，硫含量和磷含量均不大于 0.050%。废钢按其化学成分分为非合金废钢、低合金废钢和合金废钢。非合金废钢中的残余元素要求：镍的质量分数不大于 0.30%、铬的质量分数不大于 0.30%、铜的质量分数不大于 0.30%。除锰、硅以外，其他残余元素含量总和（质量分数）不大于 0.60%。废钢的分类方法很多，按其用途可分为熔炼用废钢、再生用废钢和一般用途废钢。

A　熔炼用废钢

熔炼用废钢按废钢的外形尺寸或密度可分为重型废钢、中型废钢、小型废钢、轻薄料废钢、打包块、破碎废钢、渣钢、钢屑（表 2-2）。

表 2-2　熔炼用废钢按外形尺寸或密度分类

型号	类别	外形尺寸及重量要求	供应形状	典型举例
重型废钢	Ⅰ类	1200mm×600mm 以下，厚度不小于 12mm，单重 10~2000kg	块、条、板、型	钢锭和钢坯、切头、切尾、中包铸余、冷包、重机解体类、圆钢、板材、型钢、钢轨头、铸钢件、扁状废钢等
	Ⅱ类	800mm×400mm 以下，厚度不小于 6mm，单重不小于 3kg	块、条、板、型	圆钢、型钢、角钢、槽钢、板材等工业用料，螺纹钢余料，纯工业用料边角料，满足厚度单重要求的批量废钢

续表 2-2

型号	类别	外形尺寸及重量要求	供应形状	典型举例
中型废钢	—	600mm×400mm 以下，厚度不小于 4mm，单重不小于 1kg	块、条、板、型	角钢、槽钢、圆钢、板钢、型钢等单一的工业余料，各种机器零部件、铆焊件、大车轮轴、拆船废、管切头、螺纹钢头/各种工业加工料边角料废钢
小型废钢	—	400mm×400mm 以下，厚度不小于 2mm	块、条、板、型	螺栓、螺母、船板、型钢边角余料、机械零部件、农家具废钢等各种工业废钢、无严重锈蚀氧化废钢及其他符合尺寸要求的工业余料
轻薄料废钢	—	300mm×300mm 以下，厚度小于 2mm	块、条、板、型	薄板、机动车废钢板，冲压件边角余料，各种工业废钢、社会废钢边角料，但无严重锈蚀氧化
打包块	—	700mm × 700mm × 700mm 以下，密度不小于 1000kg/m^3	块	各类汽车外壳、工业薄料、工业扁丝、社会废钢薄料、扁丝、镀锡板、镀锌板冷轧边料等加工（无锈蚀、无包芯、夹什）成型
破碎废钢	Ⅰ类	150mm×150mm 以下，堆密度不小于 1000kg/m^3		各种汽车外壳，箱板，摩托车架，电动车架，大桶，电器柜壳等经破碎机加工而成
	Ⅱ类	200mm×200mm 以下，堆密度不小于 800kg/m^3		各种龙骨，各种小家电外壳，自行车架，白铁皮等经破碎机加工而成
渣钢	—	500mm×400mm 以下或单重不大于 800kg	块	炼钢厂钢包、翻包、渣罐内含铁料等加工而成（含渣不大于 10%）
钢屑	—			团状、碎切屑及粉状

熔炼用废钢按其化学成分分为非合金废钢、低合金废钢和合金废钢（见表 2-3）。

表 2-3　合金废钢分组

钢类	序号	钢　组	主要合金元素含量/%							
			Cr	Ni	Mo	W	V	Mn	Si	其　他
合金结构钢	1	Cr	0.70~1.10							
	2	CrMnSi	0.80~1.10					0.80~1.10	0.90~1.20	
	3	CrMo(Mn)	0.80~1.10		0.15~0.50			0.70~1.20		
	4	Cr2Mo1V	1.30~3.00		0.25~1.10		0.15~0.90			
	5	CrNi	0.45~0.90	1.00~1.90						
	6	Cr2Ni4	0.60~1.60	2.75~3.65						

续表 2-3

钢类	序号	钢组	主要合金元素含量/%							
			Cr	Ni	Mo	W	V	Mn	Si	其他
合金结构钢	7	CrNiMo	0.40~1.10	0.75~1.80	0.15~0.30					
	8	Cr2Ni4W	1.35~1.65	4.00~4.50		0.80~1.20				
	9	Cr3MoWV	2.60~3.00		0.35~0.50	0.30~0.60	0.70~0.90			
	10	SiMn2Mo			0.30~0.50			1.60~2.60	0.60~1.20	
合金工具钢	11	SiCr	0.95~1.25					0.90~1.20	0.40~0.65	
	12	Cr3	3.20~3.80							
	13	W				0.80~1.20				
	14	Cr12	11.50~13.00							
	15	Cr12Mo1V1	11.00~13.00		0.60~1.20		≤1.10			
	16	CrWMn	0.80~1.20			0.80~1.20		0.80~1.20		
	17	CrW2Si	1.00~1.30			2.00~2.70			0.50~1.10	
	18	Cr4W2MoV(Nb)	3.50~4.40		0.80~1.20	1.90~3.50	0.80~2.50			Nb 0.20~0.35
	19	Cr2W8V	2.20~2.70			7.50~9.00	0.20~0.50			
	20	Cr4Mo3SiMnVAl	3.80~4.30		2.80~3.40		0.80~1.20	0.80~1.10	0.60~0.90	Al 0.30~0.70
	21	Cr3Mo3W2V	2.80~3.30		2.50~3.50	1.20~1.80	0.80~1.20			
	22	Cr4W5Mo2V	3.40~4.40		1.50~2.10	4.50~5.30	0.70~1.10			
	23	Cr3Mo3SiV	3.00~3.75		2.00~3.00		0.25~0.75		0.80~1.20	
	24	Cr5MoSiV1	4.75~5.50		1.10~1.75		0.60~1.20		0.80~1.20	
	25	Cr5W2VSi	4.50~5.50			1.60~2.40	0.60~1.00		0.80~1.20	
	26	Mn15Cr2Al3V2WMo	2.00~2.50		0.50~0.80	0.50~0.80	1.50~2.00	14.50~16.50		Al 2.30~3.00
	27	W4Cr2V	2.00~2.50			4.00~4.50	0.50~0.80			
轴承钢	28	Cr	0.70~1.65							
	29	CrSiMn	0.90~1.65					0.90~1.20	0.40~0.65	
高速工具钢	30	W18Cr4V	3.80~4.40			17.50~19.00	1.00~1.40			
	31	W6Mo5Cr4V3(Al)	3.80~4.40		4.50~5.50	5.50~6.75	1.75~2.75			Al 0.80~1.20
	32	W9Mo3Cr4V	3.80~4.40		2.70~3.30	8.50~9.50	1.30~1.70			
	33	W18Cr4V2Co8	3.75~4.50			17.50~19.50	0.80~2.10			Co 5.00~8.00
	34	W12Cr4V5Co5	3.75~5.00			11.75~13.00	4.50~5.25			Co 4.75~5.25
	35	W2Mo9Cr4V2	3.50~4.00		8.20~9.20	1.40~2.10	1.75~2.25			
	36	W7Mo5Cr4V2Co	3.75~4.50		3.25~5.50	5.50~7.00	1.75~2.25			Co 4.50~5.75
	37	W2Mo9Cr4VCo8	3.50~4.25		9.00~10.00	1.15~1.85	0.95~1.35			Co 7.75~8.75

续表 2-3

钢类	序号	钢组	主要合金元素含量/%							
			Cr	Ni	Mo	W	V	Mn	Si	其他
不锈耐热钢	38	Cr13	12.00~14.00							
	39	Cr17	16.00~18.00							
	40	Cr25	23.00~27.00							
	41	Cr9Si2	8.00~10.00						2.00~3.00	
	42	Cr17Mo	14.00~18.00		0.75~1.25				0.50~1.10	
	43	Cr5Mo	4.00~6.00		0.45~0.60					
	44	Cr27Mo	25.00~27.50		0.75~1.50					
	45	Cr11MoV	10.00~11.50		0.50~0.70		0.25~0.40			
	46	Cr30Mo2	28.50~32.00		1.50~2.50					
	47	Cr18Ni9	18.00~20.00	8.00~13.00						
	48	Cr23Ni13	22.00~24.00	11.00~15.00						
	49	Cr25Ni20	20.00~26.00	19.00~24.00						
	50	Cr16Ni35	14.00~17.00	33.00~37.00						
	51	Cr17Ni2	16.00~18.00	1.50~2.50						
	52	Cr10Si2Mo	9.00~10.50		0.70~0.90				1.90~2.60	
	53	Cr20Si2Ni	19.00~20.50	1.15~1.65					1.75~2.25	
	54	Cr18Ni12Mo2	16.00~18.50	10.00~14.50	1.80~3.00					
	55	Cr18Ni16Mo5	16.00~19.00	15.00~17.00	4.00~6.00					
	56	Cr18Ni5Mo3(Si2)	15.00~19.50	4.50~7.00	2.00~3.00				1.30~2.00	
	57	Cr26Ni5Mo2	23.00~28.00	3.00~6.00	1.00~3.00					
	58	Cr18Mn8Ni5N	16.00~19.00	3.50~6.00				5.50~10.00		N≤0.25
	59	Cr21Mn9Ni4N	20.00~22.00	3.25~4.50				8.00~10.00		N 0.35~0.50
	60	Cr18Mn12Si2N	17.00~19.00					10.50~13.50	1.40~2.20	N 0.22~0.33
	61	Cr20Mn9Ni2Si2N	18.00~21.00	2.00~3.00				8.50~11.00	1.80~2.70	N 0.20~0.30
	62	Cr14Ni14W2Mo	13.00~15.00	13.00~15.00	0.25~0.40	2.00~2.75				
	63	Cr15Ni25Ti2MoAlVB	13.00~16.00	24.00~27.00	1.00~1.50		0.10~0.50			Ti 1.90~2.35; Al<0.35
	64	Cr22Ni20Co20Mo3W3NbN	20.00~22.50	19.00~21.00	2.50~3.50	2.00~3.00				Co 18.5~21.0; Nb 0.75~1.25
	65	Cr12MoV(Nb)	10.00~13.00		0.30~0.90		0.10~0.40			Nb 0.20~0.60
	66	Cr12WMoV	11.00~13.00	0.40~0.80	0.50~0.70	0.70~1.10	0.18~0.30			
	67	Cr11NiMoWV	10.50~13.00	1.02~1.80	0.50~1.25	0.75~2.00	0.18~0.40			

注：1. 高温合金、精密合金、高锰铸钢、含铜钢均按牌号单独存放、管理、供应。

2. 本表所列化学成分以外的牌号，供需双方另行商定。

B 再生用废钢

热轧再生结构钢材用废钢分类见表2-4。

表2-4 热轧再生结构钢材用废钢分类

品 种	长度/mm	宽度/mm	直径或厚度/mm
盘 条	≥2000		≥10
钢 棒	≥2000		≥10
	≥500		≥50
型 钢	≥1500		≥10
钢 板	≥1500	≥50	≥10

注：1. 再生用废钢的化学成分：C≤0.32%，S≤0.055%，P≤0.050%。
2. 锈蚀或有缺陷、严重磨损或显著扭曲、焊接等影响使用的废钢应剔除。

C 一般用途废钢

一般用途废钢不再做要求和分类。

2.1.2 废钢铁中金属杂质元素对钢质量的影响

2.1.2.1 残余元素在电弧炉炼钢过程中的行为

由于电弧炉炼钢长期使用废钢铁作为主要铁资源，因此就使得现代电弧炉冶炼的钢水具有了二次铁资源的化学成分复杂、残余元素偏高的质量特点。

由于电弧炉炼钢过程是氧化过程，比铁易氧化的元素在炼钢过程中将先于铁氧化，大部分形成简单氧化物或复杂氧化物进入渣中而被排除，也有少量留在钢中成为夹杂物。而那些比铁难氧化的元素，由于在炼钢时未被氧化而保留在钢水中。其中，易氧化程度与铁接近的元素（如磷、硫、铬、氮、氢）能去除多少则与冶炼工艺有关；那些易氧化程度低，熔点也低的元素，例如锌可能借挥发而从钢水中逸出，而密度大的铅不溶于钢水，除部分挥发外，还会沉积在炉底。对于其他比铁难氧化的元素，如镍、钼、铜、锡、砷、锑、铋等，要控制其在钢中的含量，只有从其来源上进行控制。

废钢铁在电弧炉冶炼过程中各元素的行为见图2-2。

使用全废钢时，电弧炉熔清后钢水中残余元素含量见表2-5。

表2-5 电弧炉用全废钢熔清时钢水中一些残余元素含量 （%）

Cr	Ni	Cu	Mo	Pb	Sn	As	Sb	Bi
0.06	0.05	0.20	0.03	<0.005	0.0114	0.0075	<0.003	<0.001

现代电弧炉采用废钢铁处理技术，以及提高炉料中一次铁资源的比例，可以有效地解决残余元素偏高的问题。

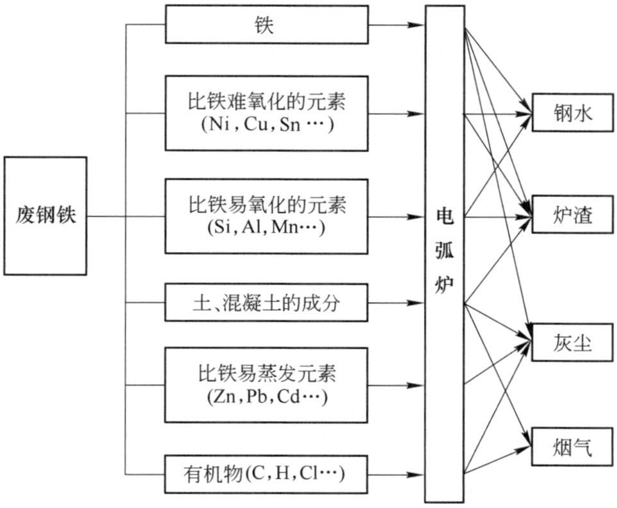

图 2-2 废钢铁在电弧炉冶炼过程中各元素的行为

随着社会的发展，人类消费水平的提高，废钢铁组成中，汽车、家用电器、容器以及耐腐蚀建材等用量逐渐增加，废板材特别是有覆层的废板材的比例也日益增大，相应地废钢铁中铜、锡、锌等杂质元素含量也逐步增加。

欧洲典型废钢铁中杂质元素含量见表 2-6。

表 2-6 欧洲典型废钢铁中杂质元素含量 (%)

废钢种类	Cr	Mo	Ni	Cu	Pb	Sn
50	0.01	0.02	0.05	0.07	—	0.017
33	0.25	0.03	0.11	0.25	0.02	0.04
04~08	0.20	0.03	0.12	0.60	0.06	0.03
55	0.35	0.02	0.14	0.95	0.05	0.02
碎废钢	0.10	—	0.1~0.19	0.23~0.43	—	0.027~0.042
城市废钢	0.12~0.20	—	0.1~0.22	0.304~0.98	—	0.14
冷切料	0.098~0.131	—	0.091~0.12	0.169~0.275	—	0.022~0.033
转炉钢切头	0.01	—	0.02~0.06	0.025~0.06	—	0.01~0.02
生铁	0.001~0.05	—	0.006~0.03	0.005~0.02	—	0.005~0.01
直接还原铁	<0.05	—	<0.01	<0.005	<0.002	<0.002

日本商品废钢铁中一些杂质元素含量见表2-7。

表2-7 日本商品废钢铁中一些杂质元素含量 (%)

杂质元素		Cu	Sn	Ni	Zn
旧废钢	废车屑	0.23	0.052	0.069	0.5
	重废钢	0.234	0.017	0.07	0.21
	废 罐	0.05	0.128	0.032	0
加工废钢	新废钢	0.027	0.002	0.02	0.7
	切 屑	0.021	0.01	0.05	0.01
铸 铁		0.01	0.002	0.02	0.002

由以上各表可以看出，因为废钢铁被反复使用，而且与其他金属、非金属混用，不可避免地产生了一些炼钢过程难以去除的杂质元素循环富集，所以必须对废钢铁的质量进行控制。

2.1.2.2 残余铬、镍、钼、铜对钢质量的影响

作为合金元素使用时：

铬能显著改善钢的抗氧化作用，增加钢的抗腐蚀能力；铬能提高钢的强度、硬度和耐磨性，改善钢的冲击韧性，并显著增加钢的淬透性；铬可以提高钢的电阻系数，还提高钢的矫顽力和剩余磁感。

镍能提高钢的强度，能改善钢的低温性能特别是韧性。镍提高钢的淬透性，还可以提高钢对疲劳的抗力和减小对缺口的敏感性。镍是具有一定抗酸、碱、盐以及大气腐蚀能力的元素，并且有比较高的抗腐蚀疲劳性能。镍可以显著提高钢材表面硬度、韧性，同时拥有良好的内部性能。

少量的铜加入钢中，可以提高钢的抗大气腐蚀性能，特别是和磷配合使用时。含铜钢表面对防护油漆等涂料也有较好的黏着力。

钼加入钢中可以提高钢的淬透性、热强性，防止回火脆性，提高剩磁和矫顽力，提高在某些介质中抗蚀性和防止电蚀倾向等。

但作为残余元素，会给钢的质量带来如下影响：

(1) 钢水的铬含量偏高时，将造成电弧炉炉渣黏度增大，给脱碳、脱磷等冶炼操作带来困难。

(2) 钢中残余镍、铜含量偏高时，将造成热加工后的钢材表面黏结难以去掉的氧化铁皮问题。

(3) 焊接性能对钢来说是一个十分关键的性能。对于需要焊接的钢，焊接性能起着“一票否决”的作用。钢的焊接性能通常用碳当量（C_{eq}）来衡量。钢中残余铬、镍、钼、铜对钢的焊接性能有不利影响，美国对低碳的C-Mn-Nb管线钢的碳当量按式（2-1）计算[1]：

$$C_{eq} = C + Mn/6 + (Cr + Mo + V)/5 + (Ni + Cu)/15 \tag{2-1}$$

还有一种开裂敏感系数用以衡量合金元素对焊接开裂敏感性的影响，见式（2-2）：

$$P_{CM} = C + Si/30 + Mn/20 + Cu/20 + Ni/60 + Cr/20 + Mo/15 + V/3 + Nb/2 + 23 \times [B + (10.8/14.1) \times (N - Ti/3.4)] \tag{2-2}$$

（4）钢中残余铬、镍、钼有增加钢的高温回火脆化趋向。

（5）铜是造成钢热加工后发生热裂纹缺陷的主要元素。所谓“热裂纹”即是当钢在大约1050℃以上的氧化气氛中加热后，由于选择氧化作用，钢中残余铜在氧化铁皮下将形成一层富铜的金属层。当钢进行热加工时，表面出现微裂纹的现象。

（6）钼增加钢的热强性的同时，会使钢的热加工变形抗力增大。

2.1.2.3 残余铅、锡、砷、锑、铋对钢质量的影响

作为合金元素时，铅、铋在不显著地影响钢的其他性能的情况下，能显著地提高钢的切削加工性，砷、锑则不同程度的提高钢的抗腐蚀能力，锡则是广泛应用的提高钢表面抗腐蚀能力的元素。

但在大多数情况下，残余铅、锡、砷、锑、铋等元素对钢的质量产生不良影响，通常被称为“五害元素”。钢中“五害元素”含量通常都很低，基本是在痕量范围内，但其对钢质量的不良影响却不容忽视，主要表现在以下几个方面：

（1）影响钢的热塑性。在痕量范围内的“五害元素”，单个元素作用很弱，不足以引起钢的性能变化。但几个相近的残余痕量元素达到微量的范围就能影响性能[2]。

例如，对不锈钢的热塑性有影响的铅当量按式（2-3）计算：

$$Pb_{eq} = 4Bi + Pb + 0.025Sb + 0.01Sn + 0.007As \tag{2-3}$$

该式表明铋对热塑性影响最大，并指出铅当量大于10^{-6} ppm时就可以使塑性大大降低。

（2）加剧铸坯表面“铜”龟裂。锡和锑，它们与铜一起时形成固溶体而使铜的熔点进一步下降，故可明显促进铸坯龟形裂纹的形成。

（3）造成钢的晶界脆化。“五害元素”即使含量很少，但它们极易偏聚在晶体的某些缺陷部位，如偏聚在晶界。钢中含锑平均为0.001%，晶界上的锑含量可达0.5%，富集比率可达500，锑在晶界偏聚导致晶界脆化，同样由于偏析，铅、砷可以使钢的冲击韧性有较大的降低。

（4）增加钢的回火脆性。锡、锑、砷等元素会使钢的回火脆化敏感性增加。

2.1.2.4 不同用途钢种的残余元素的含量要求

国内外一些不同用途钢种的残余元素的含量要求见表2-8。

表2-8 不同用途钢种的残余元素的含量要求

钢种		有害元素含量/ppm
国外	优质合金结构钢	[Pb]、[Sn]、[As]、[Sb]、[Bi] 分别不大于200
	中温用钢管、钢板	[Pb]、[Sn]、[As]、[Sb]、[Bi] 分别不大于100
	抗硫化氢钢管、钢板	[Pb]、[Sn]、[As]、[Sb]、[Bi] 分别不大于50
	海洋结构用高强度钢板	[Pb]≤20，[As]≤40，[Sb] 不大于50
	无缝钢管	[Cu]+6([Sn]+[Sb]) 不大于3000

续表 2-8

钢 种		有害元素含量/ppm
国内	石油套管	[Pb]、[Sn]、[As]、[Sb]、[Bi] 分别不大于 100，之和不大于 250，[Cu]≤0.10%
	压力容器无缝钢管	[Pb]、[Sb]、[Bi]≤100，[Sn]≤150，[As]≤200，[Cu]≤0.15%

2.1.3 废钢铁质量控制与管理

2.1.3.1 *电弧炉冶炼对入炉废钢铁质量要求*

电弧炉对入炉废钢铁质量要求包括以下方面：

（1）有害元素含量低。废钢铁中不得混有铅、锡、砷、锌、铜等有色金属。铅的密度大，熔点低，不溶于钢液，易沉积在炉底缝隙中造成漏钢事故。锡、砷和铜使钢产生热脆。锌的熔点低，极易挥发，氧化产物氧化锌侵蚀炉盖耐火材料，尤其是对硅砖炉盖的危害更大。废钢铁中不得含有各种对人员操作，设备安全运行及环境有害的物质，如放射性元素；对钢质量有害的元素，如 Zn、Pb，Cu、Sn、As、Sb、P、S 和所有轻金属、难熔金属 Ni、Mo 以及其他并非用作合金料的元素要尽量少。

（2）按化学成分分类储存。废钢与废铁，各种特殊钢、不锈钢废钢及含有贵重金属的废钢（如 Ni、Mo）必须有明确的钢号和化学成分，按级别和成分，对废钢必须严格按标准分类进行管理，不允许混放。废钢铁内不应混有铁合金；非合金废钢、低合金废钢不应混有合金废钢和废铁；合金废钢内不应混有非合金废钢、低合金废钢和废铁；废铁内不应混有废钢。

（3）废钢铁需具有合格的外形尺寸和单重。轻薄料应打包或压块使用；重废应加工、切割成合格尺寸，以便顺利装料并保证能快速熔化，废钢中不允许有成套的机器设备及结构件。废钢中严禁夹有爆炸物、其他易燃危险品或两端封闭及不透气的容器等，防止在熔化过程中发生爆炸。表 2-9 为电弧炉炼钢对炉料尺寸的一般要求。

表 2-9 电弧炉炼钢对炉料尺寸的一般要求

电弧炉公称容量/t	3	5	10	20~30	50	100
炉料最大截面/mm^2	200×200	250×250	400×400	600×600	800×800	2000×2000
炉料最大长度/mm	400	500	600	800	1000	2500

（4）清洁少锈。废钢铁应清洁干燥、无锈或少锈、不含泥沙、冰雪、油污、耐火材料和混凝土及炉渣、油砂等杂质。废钢中粘有大量泥沙、炉渣、耐火材料、水泥等物会降低炉料的导电性，延长熔化时间，并会降低炉渣的碱度，影响氧化期去磷效果以及侵蚀炉衬。锈是含水的铁氧化物，主要成分是 $Fe_2O_3 \cdot 2H_2O$。废钢锈蚀严重时会降低钢和合金元素的收得率，增加钢中的氢含量，油污也会增加钢中的氢含量[3]。

（5）废钢中严禁夹有爆炸物、其他易燃危险品或两端封闭的管状物、封闭器皿等物品等，必须将封闭容器、爆炸物和毒品挑出或处理，防止在熔化过程中发生爆炸，以保证安全、高效、低耗的生产要求。

(6) 废钢铁表面和器件、打包件内部不应存在泥块、水泥、粘砂、油脂、耐火材料、炉渣、矿渣以及珐琅等，打包块不应包芯、掺杂等。废钢中不允许有成套的机器设备及结构件（如有，则应拆解且压碎或压扁成不可复原状）。各种形状的容器（罐筒等）应全部从轴向割开。机械部件容器（发动机、齿轮箱等）应清除易燃品和润滑剂的残余物。

2.1.3.2 *废钢铁的管理*

废钢铁是有害残余元素的主要来源。随着工业的发展，社会上的工业废钢越来越多。为了充分利用各种废钢资源，提高电弧炉的技术经济指标，必须做好废钢的管理工作。

废钢铁一般都是不干净的，不仅表面黏有泥砂，而且还混有许多有害元素和非金属元素，其形状和尺寸及致密度也极不规则，这给运输、存放、装料、熔化等带来了许多困难。为了解决这些问题，有必要采取不同的加工方法进行预先处理。

废钢铁的预加工处理是非常复杂重要的工作，许多大的钢厂均有专门的车间和设备从事该项作业。重型废钢采用切割、冷剪、落锤、爆破解体，轻薄料经分选去杂后采用打包、压块，对切屑料采用装桶或冷、热压块的方法使之密实，此外，废旧武器及枪炮弹等应进行安全处理，即必须拆除信管、导火索及未爆炸的弹药等。某些重要的特殊炉料，还要经过酸洗，以便去除氧化铁皮及表面杂质。目前对废钢铁的质量进行控制的主要做法是：

(1) 采用分类的方法，废钢铁的化学成分应该是明确的，如返回废钢铁和加工废钢铁，一般可以分为合金废钢铁和碳素废钢铁。但对于折旧废钢铁，由于回收周期长，经历复杂，而且是分散回收，因此，使得其化学成分不明确，形状尺寸也各异。对废钢铁进行分别存放、分别使用。

(2) 废钢铁达到炼钢使用要求后，方可入炉使用。可采用加工、分选技术，将杂质元素从废钢铁分离出去，达到降低钢中杂质元素含量的目的；也采用稀释技术，使用纯净的一次铁资源代替部分废钢铁，达到降低钢中杂质元素含量的目的。

2.1.3.3 *废钢铁质量控制方法——分选技术*

废钢铁分选技术方法包括人工分选和物理分选。

人工分选是通过经验鉴别、火花鉴别、磁性鉴别、光谱或化学分析鉴别等方法，将废钢和废铁分开，再根据废钢和废铁的化学成分、几何尺寸和来源进行挑选。要把不合乎生产要求的废钢铁单独挑出来，再次进行加工，超重废钢和长尺废钢要进行氧气切割，铸铁大件需要落锤破碎；渣钢要尽量去除残渣；汤道砖（流钢砖）要去除黏附的耐火材砖。还要挑选出有色金属；清除混在废钢铁中的砖、瓦、砂石、水泥、油污、废旧塑料、橡胶制品等非金属物；剔除枪支、弹药、含毒物品及密闭容器。对于专用（返回）废钢，如高合金钢、含钼钢等，要单独存放，避免因混用造成浪费和污染。实际分选废钢铁时最常用的鉴别方法是经验鉴别，主要是通过废钢铁的来源、外观等特性来分析其种类。人工分选最重要的是要了解杂质元素的主要用途，有针对性地对废钢铁实施鉴别。

为了去除混杂在废钢铁中的有色金属和其他非金属杂质，提高废钢铁的质量，需要采用各种物理化学方法对废钢进行分选，即物理化学法分选。脱除废钢铁中杂质适用的分选技术见图 2-3。

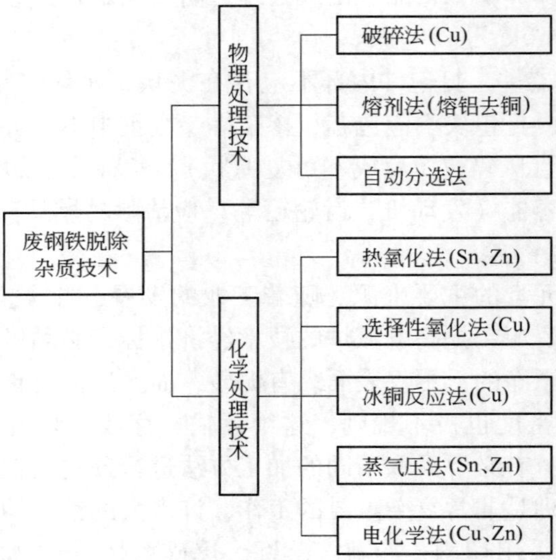

图 2-3 脱除废钢铁杂质分选技术

下面简要介绍几种具体的分选方法：

(1) 破碎法。用破碎的方法先将原始废钢铁（带有有色金属、非金属杂物、油漆、氧化铁皮等）碎化成各自的分离物，然后，经过除尘装置将密度不大的杂物吸走，也可用高压气流把它吹掉与废钢铁分开，通过带有磁的辊子转动，将黑色金属带走而留下有色金属的磁选法，将有色金属分开。

(2) 溶剂法。在装有煤气烧嘴的倾斜式回转炉内，始终保持所要分离金属的熔点温度，当被处理的废钢铁装入后，要分离的金属便熔化并从专门设计的孔中流出。

(3) 电化学法除锌。将镀锌废钢浸入热碱性溶液中，锌在阳极溶解，再通过电解沉积法从溶液中回收成树枝状粉末的锌。该工艺还可以从打包或松散的废钢中回收铅、铝、镉。对松散的废钢，可使这类元素含量降低 98%以上，锌可降低到 0.1%。对于打包废钢(体积密度 0.961~3.924t/m^3)，镀层材料浓度可下降 70%~90%。

(4) 冰铜反应法除铜。向钢中加入硫化铁和硫化钠，然后在回转窑中将这种混合物加热至 1000℃（相当于冰铜的液相线温度），废钢中的铜与硫化物反应，生成硫化铜，溶于液态的硫化钠中，形成像渣一样可以排出的流态物质“冰铜”，实现铜与废钢的分离，从“冰铜”中可回收铜。

(5) 热氧化法脱锡。将镀锡钢板和作为冲击材的厚板插入回转炉内，加热到 950℃，在氧化气氛下生成氧化锡，达到废钢脱锡的目的。

2.1.3.4 *废钢铁质量控制方法——加工技术*

所谓废钢加工，就是将不易入炉、运送、分选的大尺寸、特殊形状的废钢进行破碎处理并加工成方便入炉、运送及分选的废钢的技术。

(1) 气割法。用气割的方法将大型废钢破碎。常用的有乙炔气割、氧气气割和等离子气割。

(2) 落锤法。对铸件，如钢铁模、铁水包中的残余废铁，带渣的生铁或钢等脆性易碎物，一般用落锤法砸碎。落锤法是通过一定质量的重锤从高处落下，靠落锤释放的重力势能，将击中物破碎来实现的。

（3）爆破法。只有在处理大型的废钢铁物件（如轧辊、大型锭模、凝固在钢水包或铁水包中的大块钢铁等）时，才采用爆破法。此类作业通常在用混凝土浇灌的或里边用钢锭模砌铺的专门坑内进行爆破，坑上用大块的厚钢板盖严。由于危险，此法已经基本不用。

（4）剪切机。当废钢的尺寸或厚度较大时，需要使用剪切的方法把它切成短段。近年出现的液压剪切机已经系列化，一般是通过上料辊道或吊车上料，将废钢送到剪切口前，经侧向推板预压后，由剪切机的（液压传动）垂直下刀片来完成剪切。这种剪切机能处理大部分重型材料，包括汽车、船舶废钢、梁、管和结构废钢等。

（5）切碎机。废钢破碎技术分为常温破碎和低温破碎。

废钢的常温碎化由切碎机完成，切碎机的工作过程是：在切碎机内装有一个剪切转子和底筛，转子上绞装有刀片（或击锤），刀片按90°成四列分布在转子的圆周上，每列由若干个刀片组成，切碎机入口处安装一个剪切刀板，大块废钢靠夹送辊及重力将其送入切碎机，切碎机的转子高速转动使绞装在转子上的刀片（或击锤），在离心力的作用下，同固装在切碎机入口的剪切刀板共同将大块废钢切碎。当碎块小于筛孔时，碎块通过底筛落下，对大于筛孔的废钢进行反复击打切碎。若刀片碰到大的硬块（不易切碎的），由于刀片和转子是绞装的，可使刀向转子旋转的相反的方向让进，跳过硬块，从而避免损坏，并靠离心力的作用，把那些超过尺寸的大硬块向上经过一个专设口抛出。

废钢的低温碎化是利用钢在低温（低于-100℃）下会变脆，而其他金属尚保持一定塑性的原理而进行的。通过废钢的低温碎化，将废钢破碎并去除有色金属。例如，把报废的汽车打包后，利用制氧时的副产品液氮作为冷却剂，冷却至约-120℃的低温，使废钢变脆，随即送进切碎机碎化。由于钢在低温下呈脆性，便不需要大功率的切碎机。

（6）打包机。对于轻型废钢（如冲压薄板的边角料、汽车壳体等，一般厚度不大于3mm），采用打包来压实成捆。典型的大型打包机由料箱和三个方向的液压顶杆组成。当废钢放入料箱，便被液压顶杆连续地从三个方向进行压缩，最后打成箱型包捆，其密度可达2~3t/m^3。

（7）压块机。废钢压块机是将被切碎的切屑压制成短的圆柱形废钢料块，其直径为20~200mm，密度可达4.2~5.3t/m^3。压块前，为了便于处理，先将切屑破碎成小于19mm的碎片（在切碎机中进行），再去油处理（在干燥窑或离心机或用挥发油去油等方法进行）。去油后的碎屑再经分选去掉有色金属，即可进行压块。

废钢压块机由三部分组成：液压顶杆、铁镦和压模。其工作过程是：将碎屑装入压模中，碎屑被液压顶杆挤入压模成块，之后，移动铁镦，废钢压块由液压顶杆推出，退回液压顶杆或移动压模，压块落下。前者是移镦式，后者是定镦式。

处理很硬和脆的切屑时，为使废钢压块有足够的强度，需要添加黏合剂或采用热压法。

2.1.3.5 废钢铁质量控制方法——稀释技术

现代电弧炉炼钢已经使用的稀释废钢铁中杂质元素的金属料有生铁块、直接还原铁

(DRI、HBI)、铁水、碳化铁、脱碳粒铁、改性铁等，这些一次铁资源的使用对钢中杂质元素的稀释作用是非常明显的，而且提高了电弧炉炉料熔化后钢水成分的可预测性，为稳定电弧炉工艺创造了条件。

使用不同种类的一次铁资源后对钢中杂质元素或残余元素的稀释作用见表 2-10～表 2-14 和图 2-4、图 2-5。

使用直接还原铁（DRI）占炉料 6%～21%时，对钢水中铜含量的影响关系见式（2-4）：

$$[\mathrm{Cu}\%] = 0.172 - 0.0019(\%\mathrm{DRI}) \tag{2-4}$$

表 2-10　DRI 的稀释作用 1

炉料结构	Cu/%	Ni/%	Cr/%	N/ppm
100%废钢	0.20	0.07	0.08	70
40%废钢+60%DRI	0.10	0.05	0.05	50
100%DRI	0.02	0.02	0.02	20
转炉钢	0.03	0.02	0.02	25

表 2-11　DRI 的稀释作用 2

炉料结构	Pb/ppm	Sn/ppm	As/ppm	Sb/ppm	Bi/ppm
100%废钢	<0.001	0.0015	0.0035	0.0025	<0.001
70%废钢+30%DRI	<0.001	0.0135	0.0070	0.0055	<0.001

表 2-12　DRI 的稀释作用 3

DRI/%	0	5	10	15
Cu/%	0.12	0.10	0.09	0.08

表 2-13　铁水的稀释作用

铁水比例/%	Ni/%	Cu/%	Pb/%	Sn/%	As/%
0	0.17	0.22	<0.001	0.0045	0.0068
10	0.13	0.15	<0.001	0.0021	0.0042
15	0.11	0.14	<0.001	0.0015	0.0036

表 2-14　改性铁的稀释作用

炉 料 结 构	Cr+Ni+Cu/%
100%废钢	约 0.25
8%～10%改性铁+90%～92%废钢	0.15～0.20

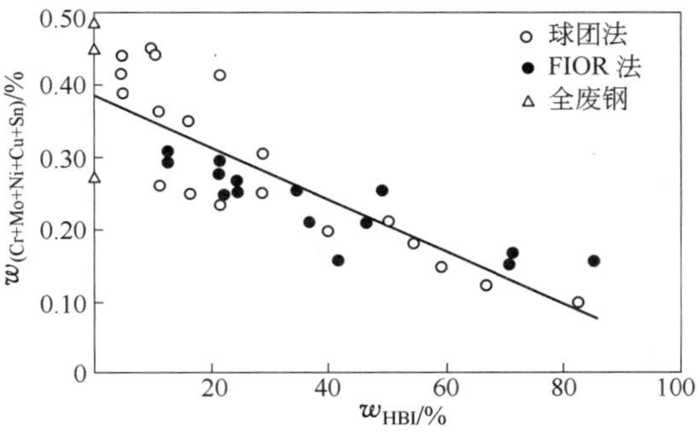

图 2-4 HBI 对残余元素的稀释作用

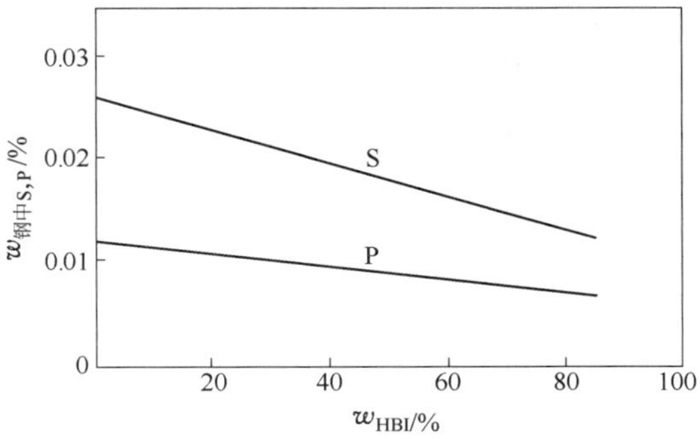

图 2-5 HBI 对杂质元素的稀释作用

此外，需着力培育废钢铁加工配送的龙头企业，提倡分区设点和提高加工、分类管理水平，推动废钢铁回收-拆解-加工-分类-配送-应用一体化；推行废钢铁产品标准化、废钢铁加工企业环保-绿色化和智能化的发展方针。

2.1.4 废钢铁分类识别技术及应用

2.1.4.1 废钢智能判级发展现状

A 废钢智能判级原理

目前国内废钢智能判级系统以深度学习为核心，通过高清相机对废钢进行实时高清拍照，采用深度学习算法模型对高清照片的废钢级别、料型、危险物、夹杂物等进行准确识别，从而实现废钢的智能判级。具体来讲，废钢智能判级系统涉及物联网、图像采集、深度学习、软件开发和数据接口五大技术，如图 2-6 所示，并需要各个技术间紧密配合。通过物联网技术实现高清摄像机、自助终端、服务器、监控大屏、LED 屏、报警指示灯等设备的互联感知。图像采集技术主要实现自动追踪废钢车的卸货区域并拍摄高质量照片。深度学习技术主要基于自主研发 AI 算法模型，实现废钢料型、级别的智能识别，以及对扣渣和报警物的智能检测。软件开发技术主要包括图像监控、智能判级、历史数据、异常管理、算法模型更新、图片标注、参数管理等功能，通过软件实现软件、硬件、算法与系统间的紧密集成。数据接口技术主要实现与智能硬件设备、企业的计量系统、采购系统、结算系统等打通，实现废钢采购、进厂、计量、判级、结算的全面一体化。

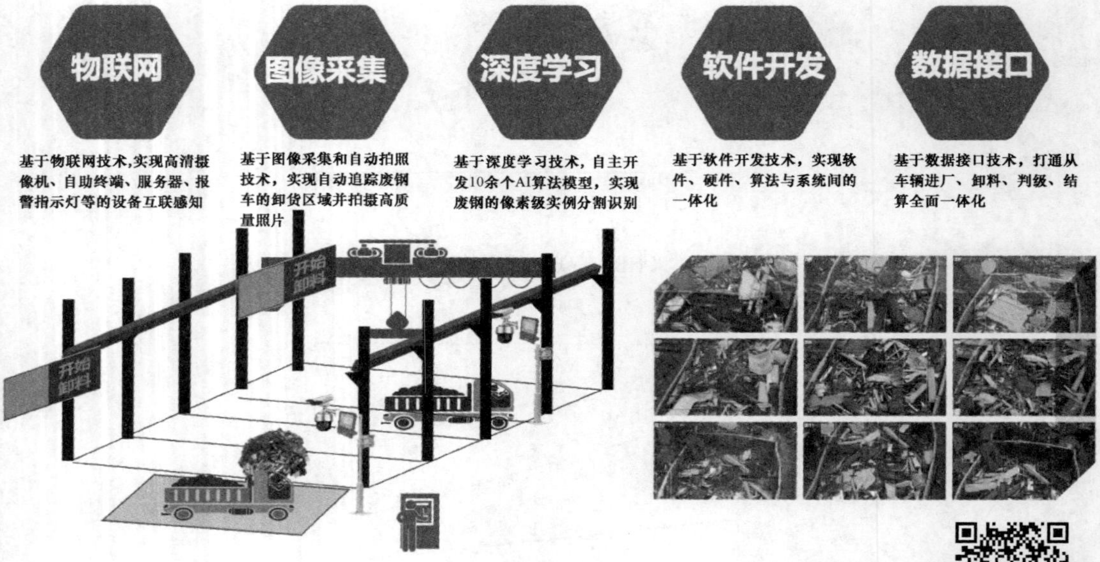

图 2-6 废钢智能判级系统核心技术

彩色原图

B 硬件组成及分工

废钢智能判级的硬件主要由高清摄像机、立杆、自助终端、服务器、LED 屏、报警指示灯、照明灯等组成，并通过物联网技术实现各设备的互联感知。高清摄像机方案按照数量和分工方式分为单球机、双球机、一枪一球机三种方案。单球机方案对车辆有效区域进行识别，并进行高清放大拍照，该种方式适用于移动速度较慢的电磁吸盘卸料方式，不太适合抓机卸料；双球机方案为一个球机可用于人工远程查看判级，另一个球机进行车辆有效区域识别，并进行高清放大拍照，该种方式在单球机基础上支持了人工远程判级；一枪一球机方案为枪机负责车辆的区域识别，球机负责高清放大拍照，该种方式分工更加明确，适用于抓机、电磁吸盘多种卸料模式。立杆主要用于相机的架设，立杆架设位置往往要考虑到现场硬件条件、天车高度、喷雾设施、光线、停车位置等因素，架设好的立杆将会对废钢判级项目的推进起到事半功倍的效果；自助终端主要是通过刷卡、扫码等方式让废钢判级系统自动获取判级车辆的信息，实现方式有自助机、PDA、车牌识别、RFID 等，具体使用哪种方式需要根据现场条件进行设计；服务器主要用于软件应用程序和算法的运行，往往包括应用服务器、存储服务器、数据库服务器等。LED 屏主要在卸料现场区域安装，用于指导天车司机、抓机司机卸料。照明灯需要根据现场条件和夜间作业条件进行安装，主要用于对相机拍照的补光，从而保障拍照图片质量。图 2-7 为废钢智能判级系统应用效果图。

C 图像采集

图像采集技术的核心目标是提供有效、高质量、规范的图片。图像采集的照片质量

图 2-7 废钢智能判级系统应用效果图

要求取决于被检测对象的识别要求。比如，废钢判级检测过程中，需要对废钢单体的厚度、料型、大小进行精确识别，并且厚度精度要求达到毫米级，这就要求照片质量能够清晰看到废钢单体的轮廓和边缘细节信息，否则无法达到要求。如果拍到的照片是模糊的，或者无法有效展出废钢的细节特征，那么在算法识别过程中也是无法识别的。因此，在废钢智能检测过程中，聚焦放大拍照的方式能够有效展示废钢的单体的细节，同时高像素的相机也能更好地展现废钢的细节特征。而整车拍照的方式相比于聚焦放大拍照而言，其细节特征的展现会差很多，因此，并不推荐整车拍照；为了获得更加清晰的高质量照片，基于众多项目经验和实践积累，推荐采用以下方式：（1）采用自动聚焦放大拍照的方式获取高质量图片，而非整车拍照；（2）采用自上而下的俯拍方式，而非倾斜拍摄；（3）建议相机的像素达到 800 万以上，并且具有自动聚焦功能；（4）建议相机架设采用单独立杆，而非架设在厂房顶棚或天车运行连接的位置，以减少震动造成的图像模糊。

D 深度学习算法技术

深度学习算法技术（图 2-8）可分为目标检测、语义检测、实例分割，各个检测方式的区别如下。目标检测生成的结果为拉框，图片中被检测对象会包含很多的背景，并且无法获取废钢的精确区域；语义分割可实现像素级分类，但相同等级的被检测对象被分成一类，难以有效区分个体；实例分割技术既可以对所有被检测对象进行像素级分类，还可对图片中的单体进行个体的区分。因此，从算法技术的角度来讲，实例分割技术更适合对复杂废钢单体的检测，更为科学合理；但实例分割技术也面临着非常大的挑战，比如实例分割在图片标注过程中异常复杂，对专业要求也非常高。标注团队做过标注测试，一张废钢图片，采用目标检测的方式，每人每天能够标注将近 300 张，语义分割的方式，每人每天能够标注 30 张，但实例分割的方式，每人每天仅能标注 10 张。

图 2-8 废钢智能判级系统深度学习检测方式

彩色原图

由于废钢智能判级系统往往后台需要有很多的算法模型，算法模型的选用不是越复杂越好，越复杂的模型往往意味着计算的资源占用越大，成本越高；算法模型的选用更多应该从使用的场景和被检测对象的要求精度出发。比如对于抓机、吸盘检测，只要能够精确检测到有无即可，因此，采用目标检测的方式更为合理。而对碎渣的识别，除了需要检测到碎渣的类型，还需要精确的检测到其面积等信息，因此需要实例分割的方式即可。而对于废钢单体，不仅需要识别类型，还需要识别级别、厚度、面积信息，因此需要采用实例分割技术。

E 软件开发技术

废钢智能判级系统基于软件开发技术，实现软件、硬件、算法与系统间的一体化。废钢智能判级系统往往包括图像监控、智能判级、历史记录、参数管理、报表、用户权限、异常管理等功能；图像监控主要实现对各个卸料点的实时图像展示，包括枪机画面和球机画面；智能判级主要实现对废钢的实时的智能判级、扣杂和危险物预警提醒功能；历史记录主要实现对废钢车次从进厂计量、智能判级、出厂的全面的废钢历史追溯记录功能；参数管理主要实现对系统过程参数、判级时间、级别、价格等的管理；报表主要从供应商、采购、成本、判级时长、判级质量等多个维度的报表数据生成；用户权限主要实现对不同角色的用户进行管理；异常管理主要对异常车次和有质量异议车次进行管理，包括人工干预和审核功能。图 2-9 为废钢智能判级系统主要界面展示。

F 数据接口技术

基于数据接口技术，打通从车辆进厂、卸料、判级、结算的全面一体化。废钢智能判级系统需要从计量读取过磅时间、车牌号、计量单号、司机身份证号、毛重、皮重等信息，从而在智能判级过程中能够识别对应车次。同时，废钢智能判级系统需要将判级结果、扣渣数据等传递给财务结算系统，从而实现废钢的自动结算功能。

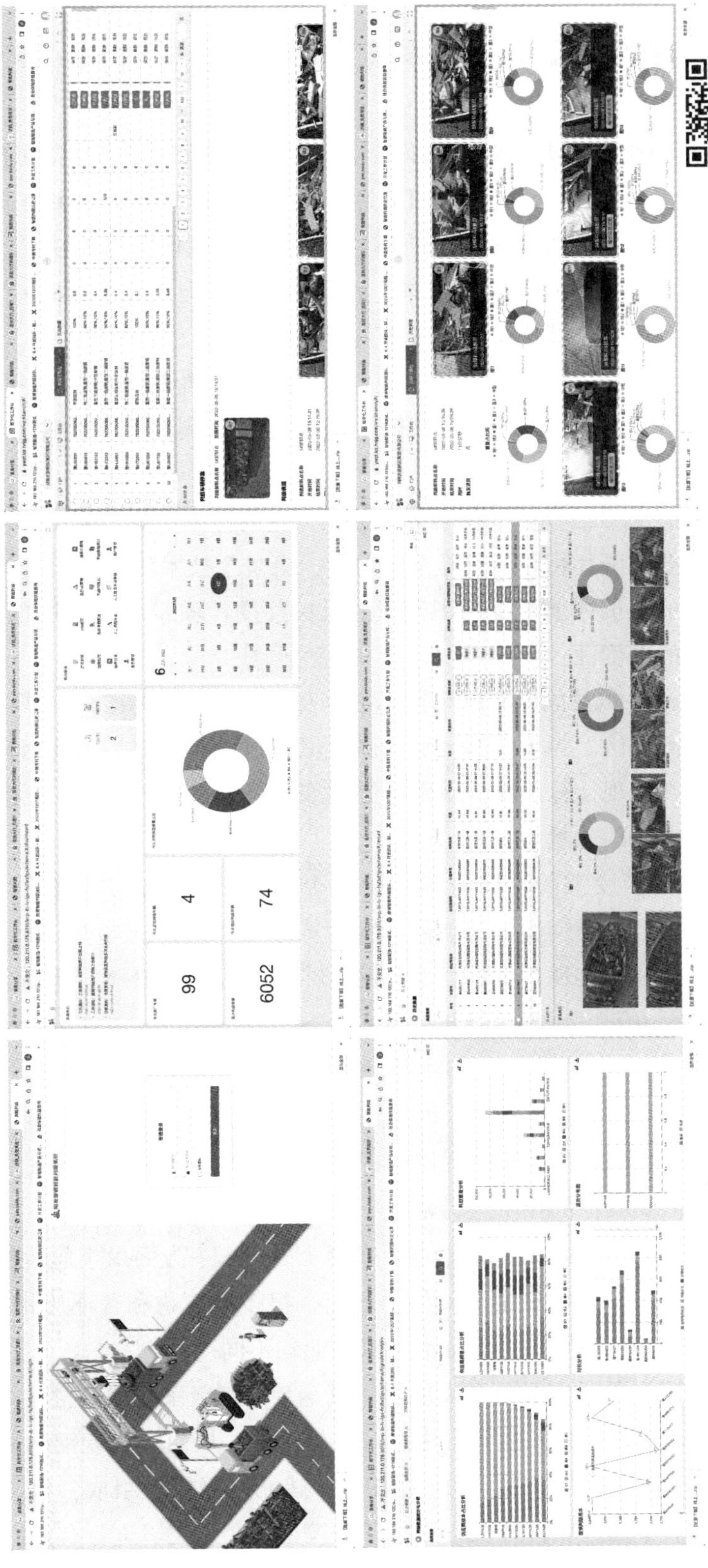

彩色原图

图 2-9 废钢智能判级系统主要界面展示

2.1.4.2 废钢智能判级系统的技术难点分析

结合多家废钢智能判级上线项目的实践经验，废钢智能判级系统的技术难点主要包括以下几个方面：

（1）高清废钢图片的快速采集。高清废钢图片的采集可以采用人工和自动获取两种方式，人工方式为通过手机或远程控制高清相机对卸料的车次进行拍照，该种方式人工劳动量大，长时间盯屏幕易疲劳，获取的图片质量大小不一；自动获取主要靠软件以及算法技术，实现对卸料的车次进行自动放大聚焦拍照，为推荐方式。但该采集过程中需要软件、算法、硬件的密切配合，需要不断调试方能取得良好的效果。

（2）相机硬件的架设安装。由于不同钢铁企业的卸料模式和场地条件不一样，相机硬件的架设安装需要考虑现场雾炮条件、光照条件、高度条件、震动、安全等多方面因素，需要具有大量实践经验的积累。

（3）图片的标注。废钢算法模型的识别需要依赖大量的标注人员，标注的质量和准确性对算法的识别非常重要；图片标注不仅是个体力活，更是个技术活。由于废钢的级别往往需要有现场丰富经验的人员才能准确的识别，并且标注图片质量和一致性也非常重要，直接影响算法模型识别的准确性。

（4）废钢的分类标准。虽然国家有废钢铁标准以及再生资源等标准，但该标准并不能完全适用于废钢图像检测算法。为了能够更加精确的识别到每个废钢，而废钢料型非常复杂，如何对废钢进行分类实现让算法能够识别得更加准确是个重要的问题；废钢的分类标准直接影响着图片标注团队的质量。

（5）算法模型的构建。废钢的级别从 1mm 以下到 20mm 以上，类型有管类、板类、结构件类、拆车件类、棒类、槽钢类等几十种，然后又有很多的细分类型；如此复杂的废钢如何进行算法模型的构建，实现其对各类型废钢能够实现精准的识别，是一个非常难且复杂的问题。

（6）特殊料型的识别。废钢的料型中破碎料和压块的判级是个难题。破碎料往往需要测密度、各种料型的厚度以及粒度等信息，对于图像识别技术而言是个很困难的事情；而压块往往需要识别压块内部的一些信息，而图像识别技术只能对拍摄到的图片负责，因此也很难做到深入识别，需要其他的技术进行辅助。

（7）危险物的识别。危险物的识别技术难点在两个方面，一方面由于危险物的图片非常难以收集，导致可标识的图片数量很少；另一方面，很多危险物和普通废钢非常相似，因此存在错检的情况，还有危险物的分类标准每家企业均不同。

（8）软件产品的开发。软件产品的开发能够将废钢智能判级系统的交付时间大幅度降低。软件开发可以将算法、硬件以及软件程序进行有机结合，从而实现废钢智能判级的自动化、智能化。由于废钢智能判级模型往往由 10 多个智能判级模型组成，每个模型均有其分工和职责，这时就需要通过软件开发程序将各个模型和业务逻辑进行有效的链接。

2.1.4.3 废钢智能判级系统的局限性

废钢智能判级系统目前由于主要是采用图像识别技术，存在如下局限性：

（1）无法有效识别废钢的化学成分。由于废钢智能判级系统采用的是图像识别技术，不同成分的废钢仅通过表观形貌特征无法体现，因此，当前的废钢智能判级系统无法有效识别废钢的化学成分，如生铁、铸铁、Cr 含量等合金成分无法区分。

（2）无法做到对所有废钢的识别和检测。无论是抓机还是电磁吸盘卸料，由于目前普遍采用的是自动跟随抓机/吸盘，进行逐爪或逐吸盘拍照的方式，而在抓机或吸盘取料的过程中，被抓/吸盘的废钢内部的料可能存在无法被图片采集的情况，因此，会造成无法对所有废钢进行识别和检测。

（3）压块的内部检测难识别。由于压块的质量检测更加关注压块内部的质量和掺杂情况，而在非拆包情况，目前的图像识别技术无法拍摄到压块内部的图像，因此也难以对压块内部进行质量检测。目前用友（BIP）联合鞍钢废钢公司在压块过程中进行实时监控，即将压块的质检检测前移的方式值得借鉴。

（4）破碎料的判级需要探索。破碎料的判级目前行业普遍采用抽检一定样品后，测量堆密度，并结合厚度占比以及粒度占比等方式进行验质。由于破碎料主要为轻薄料进行破碎制成，其厚度普遍在 3mm 以下，其个体很小，形状相似，并且通过图像识别技术很难有效区分其厚度组成以及粒度，因此，对应破碎料的识别还需要进行探索。

（5）封闭物体掺杂物无法识别。一些废钢供应商为了追求利益，可能会在圆管、类似密闭容器内部掺杂水泥、渣土等非钢物质，由于这些物体往往在圆管内部，其特征无法被图像有效获取，因此废钢智能判级系统也无法检测到。

2.1.4.4 废钢智能判级系统给企业带来哪些变化

废钢智能判级系统实现了智能化、少人化，给企业带来了良好的经济效益和社会效益。

（1）现场硬件条件的改变。为了实现废钢智能判级，需要对废钢卸料现场进行硬件的安装和架设，比如立杆、高清相机、LED 屏、自助终端等，同时对停车区域进行规范，以更好的获得图片的质量。

（2）现场质检人员的减少。废钢智能判级系统上线后，原来的每个卸料点往往需要 2 人以上的验质人员，废钢智能判级系统上线后，现场仅需保留 1~2 人的安全巡检人员，在废钢智能判级大厅留有 2~4 人的验质人员，即可完成对全厂废钢的验质工作。按照 20 个卸料点，每个卸料点 3 人判级计算，优化人员 $20\times3-11=49$ 人，依据人均年度工资 10 万元计算，年降低人工成本 490 万元。

（3）统一废钢验质标准，杜绝人情验质。虽然各钢企在规避人情验质层面做了很多管理工作，如拍照片存档、拍照片后台审核等，但是拍照片的始终是人，他有个人喜好，他拍的照片肯定会有选择性，同时不同的人拍照有不同的视角，人情验质的情况无法规避。通过废钢智能判级系统进行废钢现场验质，能在废钢验质层面形成统一的尺子，公平公正进行验质，杜绝人情验质问题。

（4）验质过程可追溯，有效保护从业者，倡导阳光验质。系统能保存现场验质的所有视屏，对于供应商、废钢使用用户的任何异议，均可以实时调出图片及视频进行查看，基于这样的措施，能有效保护废钢验质从业者，确保废钢验质在阳光下进行，维护清正廉洁的工作氛围。

（5）验质过程智能化、少人化，降低安全隐患。通过枪球机作为眼睛，通过判级系统作为大脑，实时指挥现场抓机（天车）驾驶室驾驶员作为手脚进行作业，实现了现场作业智能化、少人化，能有效规避废钢卸载对现场验质人员造成人身伤害的安全隐患。

2.1.4.5 废钢智能判级系统未来发展趋势

废钢智能判级系统虽然存在它的局限性，但相比传统的人工判级已经有巨大的提升，未来废钢智能判级可能存在以下的趋势：

（1）废钢智能判级系统将成为钢铁企业的必选项。由于钢铁企业每年采购废钢金额巨大，而供应商为了追求利益最大化铤而走险，随着废钢智能判级系统的逐渐成熟，未来废钢智能判级系统将成为钢铁企业的必选项。未来废钢验质人员将会坐在有空调、明亮的智能判级大厅实现废钢的判级。

（2）废钢将会实现全料型智能判级。虽然目前废钢智能判级系统在对压块、破碎料等料型判级识别过程中仍有不完善的地方，但随着智能判级系统的发展以及新型技术的应用，废钢将会实现全料型的智能判级。

（3）多基地。随着废钢智能判级系统的发展，以及国家对废钢供应商的准入条件和标准以及税收优惠政策，废钢智能判级系统将会逐渐覆盖推广到废钢基地。

（4）废钢的分类标准有望实现统一。随着废钢智能判级的发展和算法的成熟完善，废钢的分类标准有望得到统一，全国废钢市场将会有统一的一把尺子实现对各类型废钢的精确度量。

（5）助力废钢期货市场。由于废钢分类标准的统一，将会解决废钢成为期货以来一直存在的定价标准困难的问题，为废钢期货上市扫除障碍。

2.2 直接还原铁

2.2.1 直接还原铁的特点

直接还原铁（Directly Reduced Iron，DRI）是指将铁矿石和含铁氧化物放入回转窑或竖炉内，在低于熔点的温度下用 CO、H_2 或焦炭等还原剂还原铁氧化物得到的金属铁产品。直接还原铁技术优势在于采用其他还原剂代替焦煤，完全省去焦化工艺，掺杂部分高品位铁精矿和球团矿减少球团工艺占比，碳排放量为相同产量高炉炼铁工艺的 80%～85%[4]。

由于直接还原过程中氧的排出和还原膨胀，还原产品具有多孔性，气孔率可达到 50%～70%，其内部比表面积可达 1000～3000cm^3/g。生产方法有气基直接还原法和煤基直接还原法。根据产品不同，分为海绵铁、金属化球团及热压块（HBI）三类产品[5]。将铁矿石或精矿粉球团铁矿石在回转窑或竖炉内直接还原而得到的海绵状金属铁称为海绵铁；精矿粉先造球，再直接还原而得到的球状产品称为金属化球团；而由海绵铁或金属化球团趁热在700~800℃加压成型的产品称为热压块铁（Hot Briquetted Iron，HBI）。HBI最重要的特点是它的高密度和低比面积，这提高了它的抗再氧化能力，并使它更容易处理。由于密度高，HBI在炉子里的装料更容易，熔化更快。DRI生产主要是去除氧化铁中的大部分氧和一些硫。除此之外，在这个过程中没有其他的精炼和熔化发生。因此，矿石中所有的原始杂质，即所有的脉石都保留在矿石中，这就说明了高质量原料对直接还原铁品质的重要性。

直接还原铁的主要化学特征为：金属化率、碳含量、脉石含量、杂质与残余元素含量[6]。金属化率是直接还原铁中存在的金属铁除以直接还原铁中存在的总铁的比例，表示直接还原铁的还原程度。金属化率在很大程度上取决于采用的还原工艺。根据直接还原铁的生产工艺不同，金属化率为85%~95%不等。在炼钢过程中，低的金属化率导致经济效益的降低，如更高的能源消耗、更高的渣量、更多的加热时间和更低的产量。

直接还原铁的碳含量的控制取决于所采用的还原工艺。以固体还原剂为基础的工艺通常碳含量较低（<0.5%），这是该工艺本身所固有的。然而，在气体还原过程中，碳含量可以在一定范围内调整到任何所需的值。气体还原生产的直接还原铁的碳含量在1.0%~3.0%之间变化，相应的金属化率分别为85%和95%。以Fe_3C形式存在的碳比松散的碳粉更可取，因为后者可能对工艺没有用处。直接还原铁中的氧是以FeO的形式存在的，它可与直接还原铁中的碳在熔池中发生剧烈反应，并改善传热、渣金接触和熔池的均匀性。

直接还原铁中少量的脉石通常不会对炼钢过程造成较大影响。然而，实际的数量取决于成渣的脉石中SiO_2的比例，以及从DRI中得到的铁单位的百分比。所有用于生产直接还原铁的铁矿石中的脉石最终都会留在直接还原铁中。要使直接还原铁代替部分废钢，直接还原铁脉石含量必须降低，这就要控制铁矿石原料中的脉石含量。此外，还需要添加一些石灰石或白云石，以改善铁矿石球团在还原过程中的表现。因此，直接还原铁中还会存在一些石灰和菱镁矿。

通常在废钢中发现的残余元素Cu、Zn、Pb、Sn、As、Cr、Ni和Mo，在铁矿床中的含量并不明显。因此，这些元素在直接还原铁中仅以微量出现。直接还原铁中可以发现的杂质是碱金属（Na_2O、K_2O）、钛氧化物、硫和磷。前三者的含量通常较小，不会对炼钢过程产生明显影响。通常直接还原铁的硫含量也较低，这主要取决于所使用的燃料和还原剂中的硫含量。采用无硫气体的直接还原工艺，直接还原铁的硫含量小于0.005%；采用含硫煤和石灰石以及铁矿石的直接还原工艺，硫含量约0.02%。磷在直接工艺中不能被去除，因此直接还原铁中的磷含量直接与铁矿石中的磷含量成正比，通常直接还原铁中的磷含量在0.01%~0.04%之间。

典型生产方法生产的直接还原铁的化学成分见表2-15。

表 2-15 典型生产方法生产的直接还原铁的化学成分

还原方法		天然气					煤炭
方式		竖炉 Midrex		竖炉 HYL-Ⅲ		流化床 Fior	回转窑 SL/RN
产品种类		DRI	HBI	DRI	HBI	HBI	DRI
化学成分/%	TFe	90~94	90~94	90~92	90~92	93.01	90~92
	MFe	83~89	83~89	81~85	81~85	85.00	84~88
	金属化率	92~95	92~95	90~92	90~92	91.4	90~96
	C	1.0~2.5	0.8~1.2	1.5~3.0	1.2~2.2	0.8	0.08~0.18
	P	0.005~0.09	0.005~0.09	0.02~0.05	0.02~0.05		0.04~0.06
	S	0.001~0.03	0.001~0.03	0.002~0.019	0.002~0.019	0.023	0.006~0.025
	脉石	2.8~6.0	2.8~6.0	—	—	3.9	—
	SiO_2			1.5~2.5	1.5~2.5	1.25	2.6~3.6
	Al_2O_3			0.4~1.5	0.4~1.5		0.9~1.55
	CaO			0.3~1.8	0.3~1.8		0.1~0.3
	MgO			0.5~1.8	0.5~1.8		0~0.01
	MnO			0.06~0.15	0.06~0.15		
	Ni, Cu, Cr	痕量	痕量	痕量	痕量	痕量	痕量
	Mo, Sn	痕量	痕量	痕量	痕量	痕量	痕量
	Pb, Zn	痕量	痕量	痕量	痕量	痕量	痕量
物理特性	粒度/mm		30×50×10	6~13	110×60×30		4~25
	体积密度/$t \cdot m^{-3}$	1.6~1.9	2.4~2.8	1.6~1.9	2.4~2.6		1.6~2.1
	表观密度/$t \cdot m^{-3}$	3.4~3.6	5.0~5.5	2.8~3.5	4.8~5.2		2.7~3.8

天津钢管公司 150t UHP-EAF 所使用直接还原铁的基本数据如表 2-16 所示。

表 2-16 天津钢管公司 150t UHP-EAF 所使用直接还原铁的基本数据

项目	TFe /%	MFe /%	金属化率 /%	S/%	P/%	C/%	$SiO_2+Al_2O_3$ /%	CaO+MgO /%	As、Sn、Sb、Bi、Pb、Cu /%（每种）	粒度 /mm	堆密度 /$t \cdot m^{-3}$
南非矿	92.0	≥83.5	≥91.0	<0.013	<0.06	<0.2	5.5	1.0	<0.002	4~25	1.8
巴西矿	94.0	≥85.5	≥91.0	<0.013	<0.05	<0.2	3.0	0.5	<0.002	4~25	1.8
秘鲁球团	94.0	≥85.5	≥91.0	<0.013	<0.03	<0.2	3.0	1.0	<0.002	4~20	1.9

由于直接还原铁易于氧化，故储存需要钝化处理或通氮气保护。直接还原铁的钝化处理技术包括物理和化学法两种，其中常用的是物理钝化处理技术：直接还原铁热压块铁HBI。作为DRI钝化处理的一种产品，HBI比DRI密度高，尺寸95mm×56mm×25mm，密度5.8g/cm^3，堆密度3t/m^3，气孔率20%。直接还原铁热压块密度大，不易氧化和破碎，故易于倒运和储存。

2.2.2 直接还原铁的生产工艺

根据所用还原剂性质的不同，可将直接还原工艺分为气基直接还原工艺和煤基直接还原工艺。气基直接还原工艺的主要设备为气基竖炉和重整炉，煤基直接还原工艺的主要设备是回转窑、转底炉、煤基竖炉等。2021年世界直接还原铁的产量近1.2亿吨，其中气基还原产品占比70%以上，可见，气基直接还原目前是直接还原工艺的主流。目前，世界直接还原铁主要产地为印度和伊朗，2021年二者直接还原铁产量在世界占比达59.5%[7]。

2.2.2.1 气基直接还原工艺

气基直接还原效率高、产量大，单体设备能力已经达到100万吨/年以上的规模[8]。根据所用设备不同，又分为竖炉工艺、反应罐工艺和流化床工艺。竖炉工艺主要包括Midrex工艺、HYL-Ⅲ/Energiron工艺和PERED工艺；反应罐工艺主要包括HYL-Ⅰ工艺、HYL-Ⅱ工艺；流化床工艺包括Firor工艺、Iron Carbide工艺、Finmet工艺和Circored工艺。目前世界上成熟并广为应用的气基直接还原工艺方法主要有Midrex工艺和HYL-Ⅲ/Energiron工艺两种，采用这两种方法生产的直接还原铁占世界直接还原铁产量的70%以上[1]。

A Midrex工艺

Midrex工艺由美国的Midland Ross公司开发，工艺流程如图2-10所示，其标准流程由还原气制备和竖炉还原两部分组成[9]。还原气由天然气在重整炉中经催化裂化制取，裂化剂采用炉顶煤气。还原气制备净化后，将约70%的（$CO+H_2$）炉顶煤气洗涤后加压送入混合室，与当量天然气混合后送入换热器预热，之后进入1100℃的含有镍基催化剂的反应管中进行催化裂化反应，在催化剂的作用下转化成含有CO（4%~36%）、H_2（60%~70%）及CH_4（3%~6%）的温度为850~900℃的还原气。剩余的炉顶煤气作为燃料与适量的天然气混合后送入转化炉反应管外燃烧，以提供热量[10]。

Midrex竖炉属于对流移动床反应器，竖炉断面呈圆形，分为预热段、还原段和冷却段三部分。以球团矿或天然块矿为主的炉料装入竖炉后，在下降运动中首先进入预热段和还原段，炉料在与热风的逆向运动中被热还原气加热，在800℃以上的还原段停留4~6h，还原成海绵铁[11]。新的海绵铁进入冷却段完成终还原和渗碳反应，同时为防止其氧化，被自下而上通入的冷却气冷却至100℃以下，或经钝化处理，或将海绵铁在热态下压制成块状。Midrex传热、传质效率高，能耗低，产率高且产品质量好，是目前最完善的直接还原工艺。

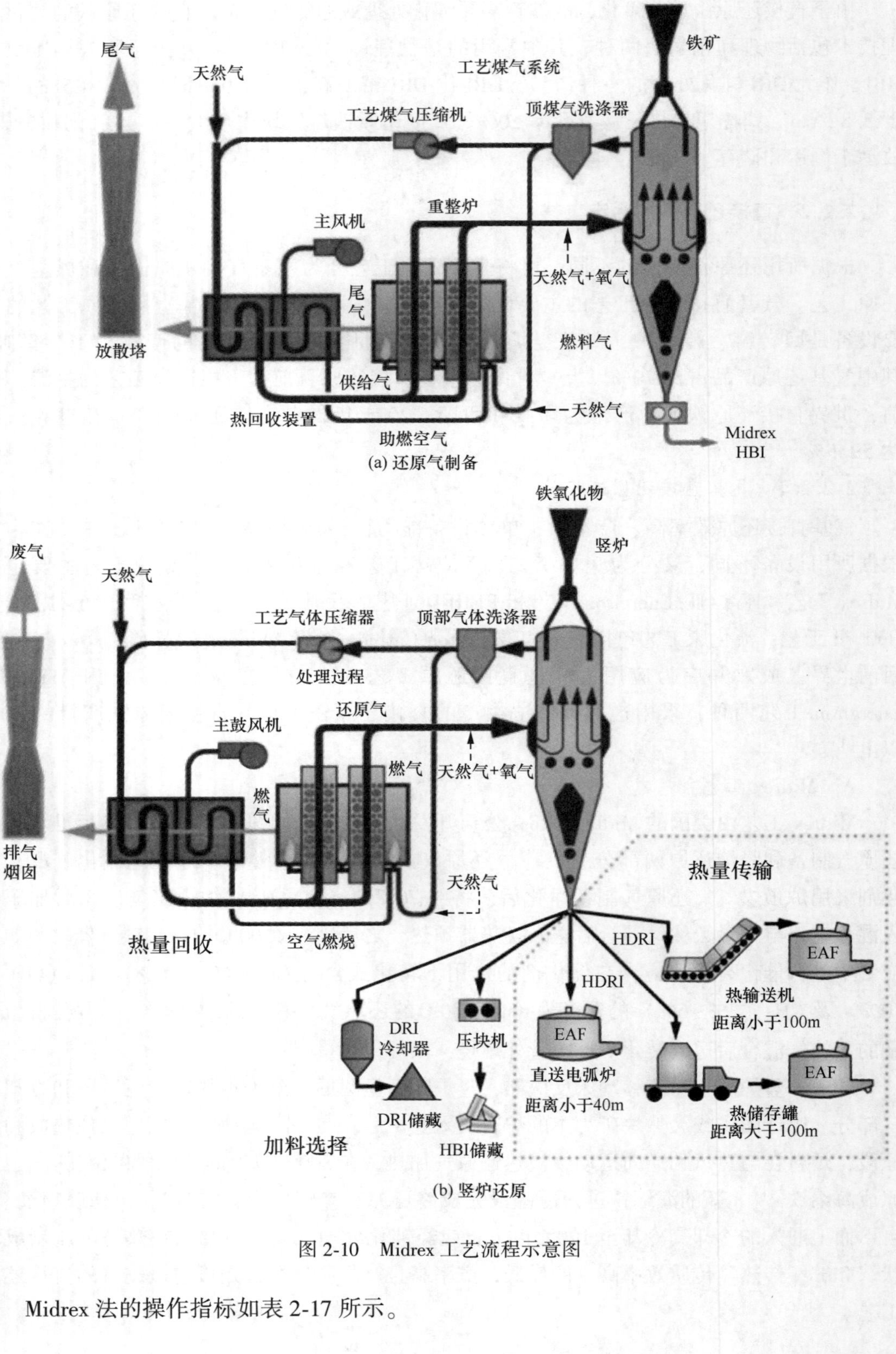

图 2-10 Midrex 工艺流程示意图

Midrex 法的操作指标如表 2-17 所示。

表 2-17 Midrex 法的操作指标

DRI			还原气体组成（体积分数）/%			其他指标			
金属化率/%	w(TFe)/%	抗压强度/N·P^{-1}	$CO+H_2$	CH_4	N_2	天然气消耗/GJ	电能消耗/kW·h	水指标/m^3	日产量/t·$(m^3\cdot d)^{-1}$
92~96	>90	500	75~84	3	12~15	10.5~11	110	1.6	9~12

在 Midrex 工艺的基础上又发展出了 MXCOL®法。MXCOL®法是 Midrex 工艺的改进，它可以应用任何来源的合成气，包括煤气化炉及焦炉煤气非催化部分氧化重整技术的改进。高炉流程与 MXCOL 流程大气污染物排放对比如表 2-18 所示。与高炉流程相比，MXCOL 流程大气污染物排放量明显减少，此外，其废水排放量远低于高炉流程。可见，相对于传统高炉流程，MXCOL 流程更加低碳环保[9]。

表 2-18 MXCOL®法与高炉流程的排放对比

污染物	MXCOL®/g·$t^{-1}_{产品}$	BF/g·$t^{-1}_{产品}$	(MXCOL/BF)/%
SO_2	29	805	3.60
烟尘	35	335	10.40
NO_x	12	920	1.30
CO_2	1453000	1836000	79.10
COD	10	29	34.50
苯酚	—	60	—
硫化物	—	120	—
HCN	—	15	—

B HYL-Ⅲ工艺

HYL-Ⅲ竖炉工艺由 Hojalata Lamia S. A. 公司基于该公司早期开发的间歇式固定反应罐工艺在墨西哥开发，工艺流程如图 2-11 所示，其主要原料为球团矿或天然块矿，还原气由天然气和部分炉顶煤气以水蒸气为裂化剂通过催化裂化反应得到。大量高温还原气体在竖炉中间通过与矿石原料的对流运动完成预热和还原，随后气体由炉顶排出进入洗涤装置。清洗后的炉顶煤气分为两路，一路作为燃料气供应还原气加热炉和转化炉，另一路经加压后与净还原气混合作为还原气使用。还原得到的直接还原铁进入冷却段进行冷却后排出竖炉。

该工艺采用高氢还原气，高还原温度（900~960℃）和高压作业（0.4~0.6MPa），改善了还原动力学，加速了还原反应的进行，同时含硫气体不通过重整炉，延长了催化剂和催化管的使用寿命。工艺运行过程中，还原和冷却作业分别控制，能对产品金属化率和碳含量进行大范围调节，产品平均金属化率可达 90.9%，控碳量在 1.5%~3.0%，产品质量稳定。其配置了 CO_2 吸收塔，可选择性地脱除还原气中 H_2O 和 CO_2，提高了还原气利用率。此外，重整炉产生的高压蒸汽可用于发电，最低生产能耗为 10.43~11.20GJ/t，电耗则为 90kW·h/t[9]。

HYL-Ⅲ竖炉工艺具有以下特点：

（1）工艺灵活，气源广泛（包括天然气、煤气化、煤制气、焦炉煤气）；

（2）原料适应性好，对硫含量要求不严；

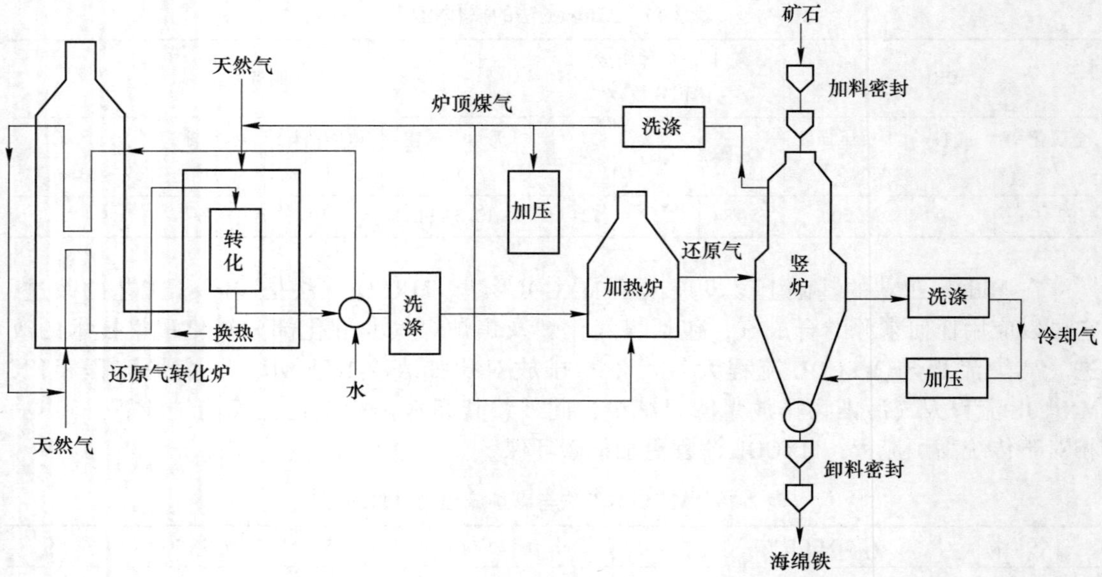

图 2-11 HYL-Ⅲ（竖炉）工艺流程

（3）在加热器和竖炉之间注入氧气以提高还原气体可用化学能，可提高还原效率；

（4）能效高，气耗较低，一般在 9.5GJ/t 左右；

（5）无需高温重整炉，采用自重整方式；

（6）竖炉内的操作压力高，约为 0.6~0.8MPa。

HIY-Ⅲ工艺相关技术指标如表 2-19 所示[9]。

表 2-19 HIY-Ⅲ工艺相关技术指标

项目		天然气	焦炉煤气	煤制气
产品		热/冷 DRI	冷 DRI	热/冷 DRI
产能/t·d^{-1}		200000~2500000	200000~2500000	200000~2500000
金属化率/%		≥94	≥94	≥94
碳含量/%		2.5~4.5	2.5~4.0	0.5~2.5
主要参数指标（每吨产品消耗量）	铁矿/t	1.35~1.40	1.35~1.40	1.35~1.40
	燃料消耗/GJ	9.84	8.37（其他燃料 1.67）	9.21
	电力消耗（核心设备）/kW·h	70	95	70~90
	氧气/Nm^3	60	15	0
	水/m^3	1.2	1.3	1.3
	人工时/人·h^{-1}	0.11~0.17	0.11~0.17	0.11~0.17
	维护费用/美元	3.0~3.3	3.0	3.0~3.3

C 两种气基直接还原法对比

上述两种气基直接还原法的参数对比如表 2-20 所示[8]。经过对比可以看出：

（1）相比于 Midrex 法大约 230kPa 的操作压力，HYL-Ⅲ法的操作压力更高。由于 HYL-Ⅲ工艺高温、高压、高氢等特点，竖炉中铁矿石的还原速度加快，生产效率提高。与 Midrex 竖炉相比，在相同炉容的条件下，HYL-Ⅲ竖炉具有更大的海绵铁产量。而操作压力决定了设备的耐压情况，高压设备的投资和维护成本显然会更高。

（2）HYL-Ⅲ还原气中氢气含量高。Midrex 法和 HYL-Ⅱ法还原气中 H_2 与 CO 之比分别为 1.1~2.5 和 5.6~5.9。CO 还原铁氧化物的是微放热反应，H_2 还原反应是吸热反应，CO 占比较大时反应放热更多。因此，Midrex 法的还原气温度要求较 HYL-Ⅲ法的还原温度来说更低，低温的环境减少了球团黏结。

（3）两者都要求铁原料品位越高越好，HYL-Ⅲ法由于采用水蒸气作为裂解气，不担心气体重整催化剂硫中毒，可以适当放宽原料硫含量。从能耗来看，HYL-Ⅲ法与 Midrex 法的气体还原能耗相差不大，前者的电耗更低一些。

表 2-20 两种气基直接还原工艺的特点

项目	操作压力	裂化剂	还原气成分	原料要求	能耗	还原气温度
Midrex	0.23MPa	炉顶煤气	CO 约 24%~36%；H_2 约 40%~60%；N_2 约 12%~15%；低硫	TFe>64%；总脉石<4%；S<0.05%；P<0.05%	气耗 10.2~11GJ/t；电耗 100kW·h/t	850~900℃
HYL-Ⅲ	0.4~0.6MPa	水蒸气	CO 约 14%；H_2 约 75%；低硫	TFe>64%；总脉石<4%；P<0.05%	气耗 10~11.3GJ/t；电耗 90kW·h/t	900~960℃

2.2.2.2 煤基直接还原工艺

煤基直接还原工艺以非焦煤或含碳物作为还原剂，反应过程中生成大量 CO 等可燃性气体，可回收集中焙烧再次供热。煤基还原法较适用于天然气资源相对比较缺乏而煤炭资源较为丰富的国家。目前世界上已应用于生产的煤基直接还原工艺，按其使用的主体设备类型来分，主要有：回转窑法、竖炉法、隧道窑法、转底炉法。

A 回转窑法

目前，世界上煤基直接还原的主流工艺为回转窑工艺，在全世界的煤基直接还原铁生产中，回转窑工艺约占煤基直接还原铁总产量的 95%以上[7]。回转窑工艺主要应用在印度、南非等天然气资源匮乏，但却拥有优质铁矿和较为丰富的非焦煤资源的地区。煤基回转窑直接还原工艺已经是一项比较成熟的炼铁技术。生产采用回转窑法的原料既可以是球团矿、块矿，也可以为粉矿，采用挥发性较小的高活性非焦煤作为还原剂。具体做法是将炉料、还原煤及适量的脱硫剂从回转窑尾部装入窑内，与炉内气体在逆向运动中得到还原，生产出直接还原铁。

世界上现有的回转窑工艺主要有：加拿大、德国和美国联合开发的 SL-RN 法，德国 Krupp-Codir 法，英国 DRC 法，印度 AccAR 法、TDR 法和 Sill 法等。其所用原料多有不同，但基本的原理和工艺过程是相同的。其中 SL-RN 回转窑工艺最为著名，其工艺示意图如图 2-12 所示[12]。对于 SL-RN 回转窑工艺来说，利用煤为还原剂，能够得到金属化率在

93%左右的海绵铁。它也存在比较明显的缺点：(1) 能耗过高，一次煤耗达 1000kg/t 海绵铁；(2) 细粒级的炉料与煤灰会形成“结圈”，导致作业率下降；(3) 对铁矿石的入窑粒度要求较高 (5~15mm)，对煤的品质也有一定的要求。受“结圈”影响，其还原温度为 1000℃左右，物料在回转窑中的停留时间为 10~20h，速度较慢[13]。此外，该工艺流程长、机械设备多、单位产量投资高、运行费用高、能耗高、生产运行的稳定难度大。

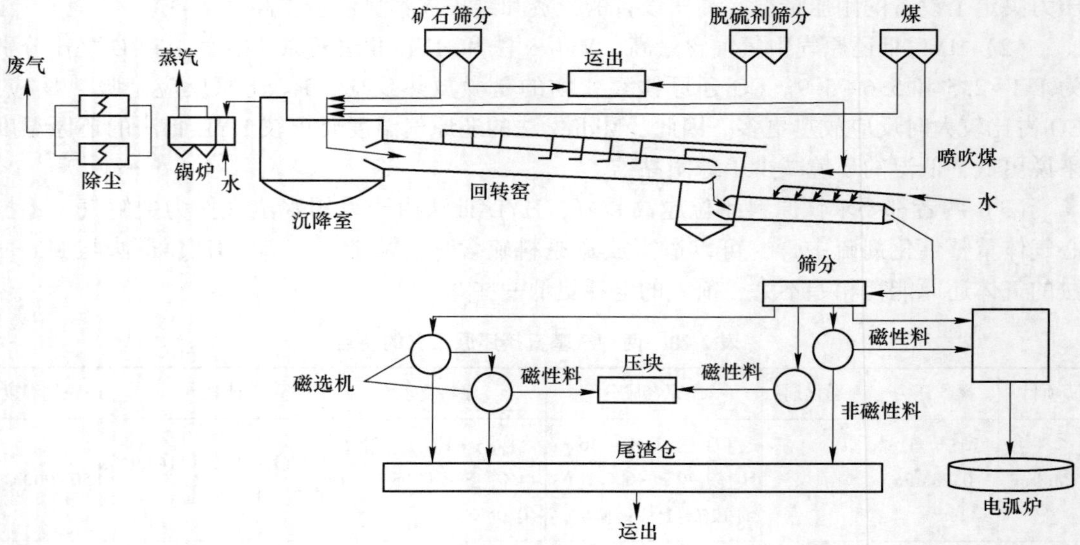

图 2-12 SL-RN 工艺示意图

B 竖炉法

早期竖炉直接还原工艺是由意大利达涅利公司在 1968 年开始研发，称作外热式竖炉煤基直接还原铁工艺 KM 法[14]。北京冶金设备研究院参考 KM 法开发了 PF 竖炉煤基直接还原工艺，并进行了为期 50 天左右的工业试验，得到了金属化率为 87%~91%的产品，其最大收得率可达 98.2%[15]。

PF 法也属于竖炉法的一种，流程示意图如图 2-13 所示[16]。其不同于回转窑法在炉内进行直接加热；也不同于隧道窑法，炉料被固定于反应罐内，对反应罐进行外部加热。PF 法是一种内外加热煤基直接还原竖炉工艺，其优点是能耗低、生产效率高、能实现连续大规模生产。缺点主要是物料装罐及卸罐程序复杂，对时间和人力资源消耗过大，虽然其生产过程中内配煤用量低，但外部加热需求的能耗高。

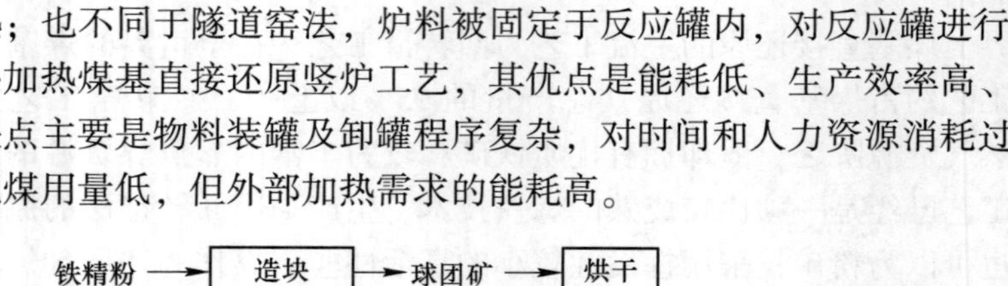

图 2-13 PF 法直接炼铁工艺流程示意图

C 隧道窑法

隧道窑法由瑞典赫格纳斯公司开发并于1911年实现工业化生产，是古老的炼铁方法之一。它使用外热式反应罐和隧道窑，窑体可分为加热、还原和冷却三个区域，其工艺如图2-14所示，主要设备如图2-15所示[12]。其主要流程是将含铁原料、还原剂及脱硫剂按照一定比例，分别装入还原罐中，放在台车推入隧道窑中，通过煤气或天然气点燃，进行预热，在1000~1200℃的条件下进行还原，经过持续还原和冷却，生成直接还原铁块，然后将直接还原铁块粉碎、分选，最终得到直接还原铁。煤基隧道窑还原主要用于生产高纯铁粉，金属化率要求大于95%，因此，造成特殊的布料方式（环行布料）。传统煤基隧道窑还原窑内温度控制在1180~1200℃，吨铁煤耗高达1500kg，罐材寿命短、冶炼周期长（约40~50h，包括预热、加热与冷却段）。

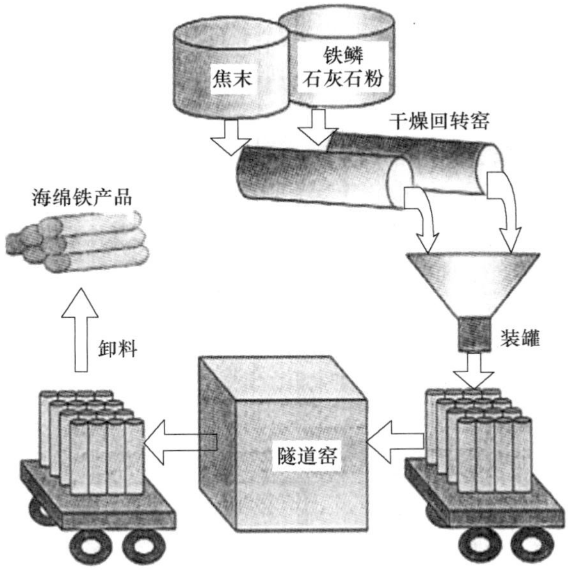

图2-14 煤基隧道窑直接还原工艺示意图

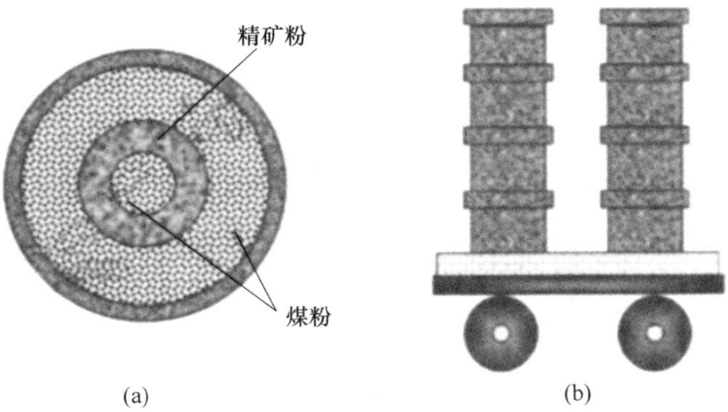

图2-15 隧道窑主要设备

（a）反应罐装料区；（b）台车

隧道窑法具有以下特点：

（1）原料、还原剂、燃料容易解决；

（2）生产工艺易掌握，生产过程易控制；

（3）设备运行稳定，产品质量均匀。

其缺点主要是台车在窑内停留时间过长，能耗较高、热量损失比较严重，装料罐成本较高，生产规模较小[17]。此外，该工艺使用的原料为铁精矿粉，不适用于低品位复杂铁矿，不适合大规模生产。

D 转底炉法

转底炉法工艺种类众多，大都采用铁矿石或含铁废料与含碳还原剂（煤、炭粉等）混合，在1350℃左右高温条件下进行固态还原。目前主要的一些转底炉工艺有Fastmet、Itmk3、Comet、Inmetco等。

Fastmet工艺是早期的转底炉直接还原工艺，主要流程为将铁氧化物细粉与煤粉混合制成含碳球团，然后在炉箅上烘干，再放入旋转炉床。球团/压块通过天然气、石油或煤粉的燃烧被加热到1250~1400℃，旋转炉床上的球团层有一到三个球团的深度，燃烧器和燃烧后的CO提供热量，将球团提高到还原温度，含有固体还原剂的球团被还原成金属铁。还原是通过球团/煤内的碳和氧化铁颗粒在相对较高的温度下紧密接触完成的，还原的速度非常快。因此，炉料在炉膛中的停留时间通常少于6~12min，在此期间90%~95%的氧化铁被还原。产品可以是冷DRI、热DRI、HBI或热金属，取决于最终用途要求[18]。Fastmet工艺流程图如图2-16所示。其具有投资小、传质效果好、对原料适应性强、设备成熟等特点，缺点是得到的金属化球团产品含硫较高，不适合直接用于电弧炉炼钢。

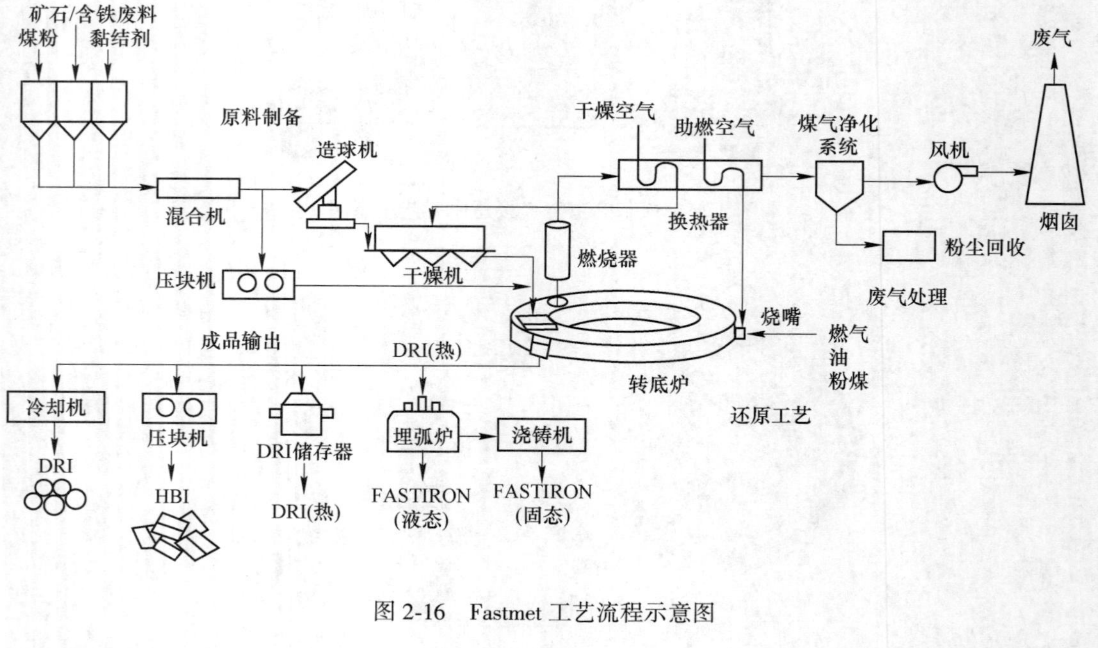

图2-16 Fastmet工艺流程示意图

转底炉Inmetco工艺由加拿大国际镍集团Inmetco公司1974年研发，其流程如图2-17所示[19]。与Fastmet工艺相比，两种工艺的基本原理与主体设备近乎相同，但Inmetco工艺不需要干燥系统，工序更为简洁。Inmetco 工艺将生球在转底炉床上铺 2~3 层，逆向转动加热，可在 10~20min 内，将直径 6~10mm 球团还原为 92%金属化率产品[20]。Inmetco 工艺具有对含铁原料适用范围广、焙烧时间短、工序简单等优点，缺点是得到海绵铁含脉石多且含硫高，不适合炼特殊钢。

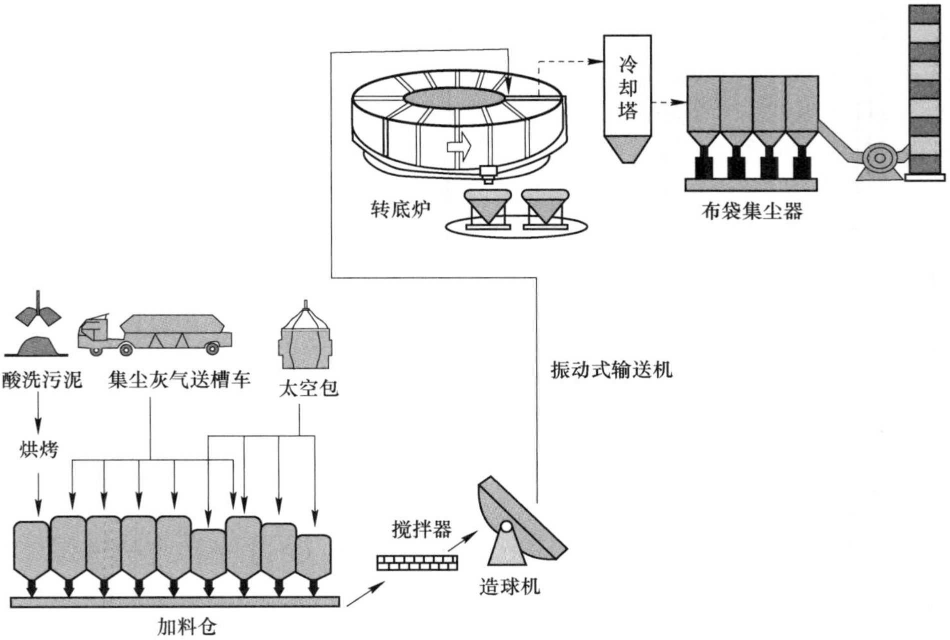

图 2-17 Inmetco 工艺流程示意图

比利时冶金研究中心（CRM）对转底炉法进行改进，提出了煤、矿分层布料进行直接还原的 Comet 工艺，其工艺示意图如图 2-18 所示[21]。该方法省去了造球工艺，直接将粉状含铁物料与还原剂进行多层相间布料在转底炉上。分层布料使得还原剂中的脉石与硫

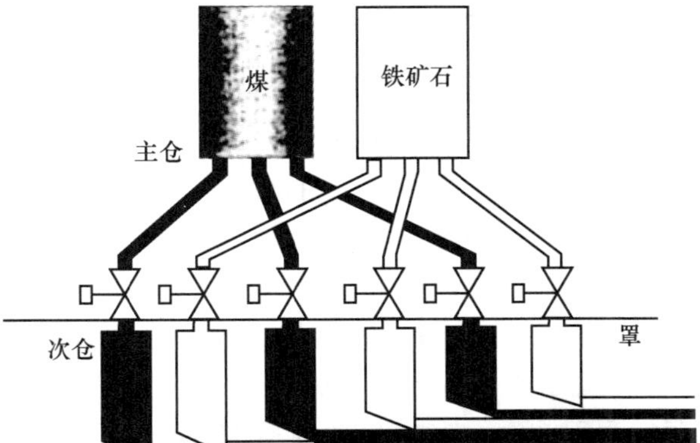

图 2-18 Comet 工艺分层布料

不会嵌布在直接还原铁中，所以可得到更高质量的直接还原铁。CRM 设计的 Comet 装置生产的直接还原铁的金属化率高达 94%，硫含量为 0.03%~0.07%[22]。该工艺还具有低投资、低成本、产品品质好等优点，缺点是传热效果差、物料在炉内所需焙烧时间更长、生产效率低。

20 世纪 90 年代，美国 Midrex 公司在转底炉 Fastmet 基础上，与日本神户制钢公司联合开发了第三代炼铁法 Itmk3 工艺，其工艺流程示意图如图 2-19 所示[5,12]。该工艺首先在 1350~1400℃的高温下将转底炉内的含碳球团快速还原成直接还原铁[23]。在 1350~1400℃高温下，直接还原铁呈半熔融状态，随后半熔融铁聚集生产铁块或珠铁。与此同时，酸性脉石也被软化成熔融态，与直接还原铁完成物理分离。其优点主要有对原料和能源灵活性大、产品质量高、产品抗氧化能力强等优点，缺点主要是其工艺温度较高，需要相当高的操作技术水平与设备维护，同时对主体设备的高温承受能力提出了更高要求。转底炉 Itmk3 工艺虽然对原矿的杂质要求低，但是对原矿的品位也有一定的要求，因此其适应性并不广泛[24]。

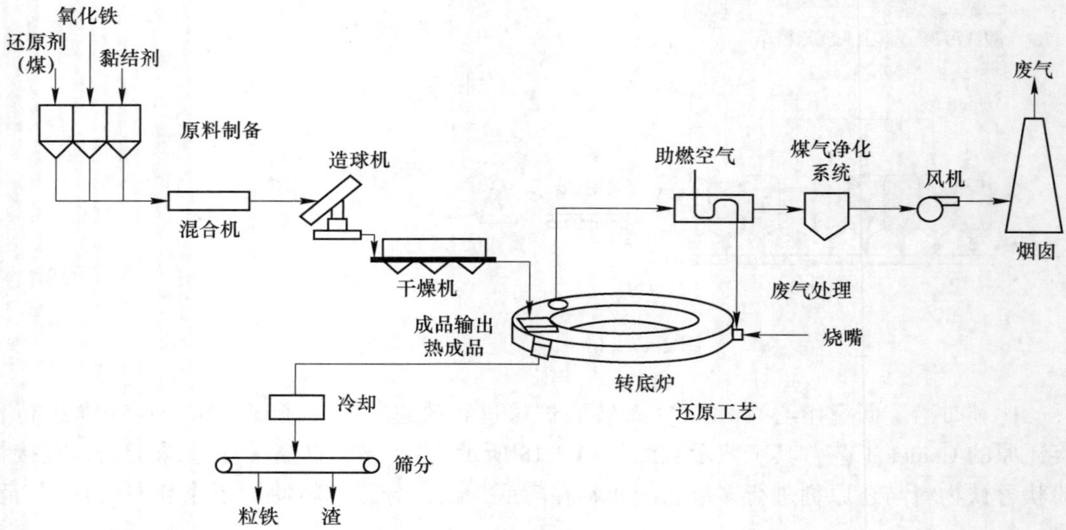

图 2-19 Itmk3 工艺流程图

2.2.2.3 气基和煤基直接还原工艺对比

一些气基还原工艺和煤基还原工艺的基本工艺特征如表 2-21 所示[25]。可见，目前的煤基直接还原炼铁的能耗较高，仍旧存在许多的问题。例如，因为结圈等条件制约了反应温度，导致回转窑反应温度低，动力学条件变差，导致能耗较高。从能量利用的角度来看，过多的煤气还需换热加以利用。此外，由于温度高，反应速度快，但热能利用率差，转底炉的吨铁实际能耗居高不下。上述原因导致煤基直接还原炼铁的发展受到诸多限制。

总体来讲，相较于传统高炉工艺，直接还原炼铁工艺有以下优点：

(1) 扩大了对能源的利用范围。直接还原炼铁可以完全不用焦炭，因此可用各种非煤焦、燃料油、气体燃料、电能等代替日益缺乏的冶金焦。

(2) 扩大了原料的适应性。直接还原铁有的可处理品位很低的贫矿，有的使用品位极高的铁精矿，可直接用矿粉作原料。

（3）改善产品的质量。直接还原铁有害杂质少，可作为电弧炉废钢冶炼良好的稀释原料，生产高产品质量的特种钢、洁净钢和优质钢。

表 2-21 不同直接还原工艺对比

工艺	Midrex	HYL-Ⅲ	HYL-ZR	转底炉	Finmet
状态	工业化	工业化	工业化	工业化	工业化
工艺类型	移动床/连续	移动床/连续	移动床/连续	转底炉	四步流化床
反应器类型	竖炉	竖炉	竖炉	转底炉	流化床
含铁料	球团/块矿	球团/块矿	球团/块矿	细粉/精粉	细粉(0.1~12mm)
能量源	天然气、焦炉煤气、合成气	天然气、焦炉煤气、合成气	天然气、焦炉煤气、合成气	煤和天然气（燃料可选）	天然气
天然气预处理	重整炉	重整炉	无（原位重整）	无	重整炉
工艺特性	炉顶气体经重整炉回收，碳全部转化为燃料气	选择性脱除还原气中的 H_2O 和 CO_2，约 40% CO_2 被脱除	选择性脱除还原气中的 H_2O 和 CO_2，约 60% CO_2 被脱除	碳全部转化为燃料气	选择性脱除还原气中的 H_2O 和 CO_2，约 40%CO_2 被脱除
	对于每种能源都是不同的配置	对于每种能源都是相同的配置	对于每种能源都是相同的配置	只适用于煤炭	只有一种配置
典型工艺产能 $/kt \cdot a^{-1}$	600~2000	200~2000	200~2500	450	500
天然气消耗 $/GJ \cdot t^{-1}$	10.5	11.0	9.9	12.6	12.5
电耗 $/kW \cdot h \cdot t^{-1}$	110	30	75	<10	175
产品	热/冷 DRI 和 HBI	热/冷 DRI 和 HBI	热/冷 DRI 和 HBI	热/冷 DRI 和 HBI	HBI
金属化率/%	>94	>94	>94	>90	>92
碳含量/%	1.0~2.5	1.0~3.0	2.0~5.0	>3.0	0.5~1.0
有关环保方面	达标，无 CO_2 排放	潜在 CO_2 排放：40%的 CO_2 排放商业化	潜在 CO_2 排放：60%的 CO_2 排放商业化	附加烟气（氮氧化物、硫、粉尘、输煤等）处理系统，以符合法规	符合环境法规，无需重大修改

2.2.3 电弧炉使用直接还原铁的优势与不足

直接还原铁的主要应用之一是替代电弧炉冶炼过程中的废钢，电弧炉使用直接还原铁具有以下优点：

（1）直接还原铁（DRI、HBI）属于一次铁资源，化学成分稳定且已知，有害残余金属杂质元素含量很少，磷、硫、氮含量低，比优质废钢更容易获得，因而DRI与废钢的混合可以使用价格更低的废钢。由图2-4配加热压块铁（HBI）的比例与钢中的残余元素的关系可见，随着HBI加入的比例提高，钢中残余元素含量大幅下降。HBI配加比例达50%时，残余元素含量也降低了50%左右[26]。

如图2-20~图2-22所示，基于天津钢管公司150t电弧炉配加直接还原铁的研究得出，在电弧炉炼钢原料中配加10%的直接还原铁，成品钢液中铜含量可降低0.019%。随着直接还原铁配入比例的增加，对成品钢液中的有害金属元素Pb+Sn+As和N含量有明显的降低作用[27]。直接还原铁对残余元素的影响主要是稀释作用，除此之外，由于直接还原铁中碳的还原反应引起的熔池连续沸腾使熔池保持较好的脱气状态也促进了低熔点金属元素的挥发和氮的去除；另一方面，钢液的吸氮主要是由于裸露电弧下的空气的电离而产生的，加入直接还原铁后较好的泡沫渣操作大大降低了这种反应[28,29]。直接还原铁的配入对氧含量无明显的影响。

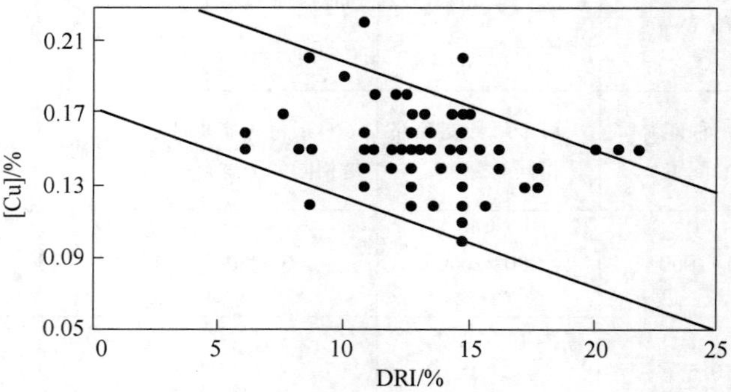

图2-20 DRI配加比例对成品钢液铜含量的影响

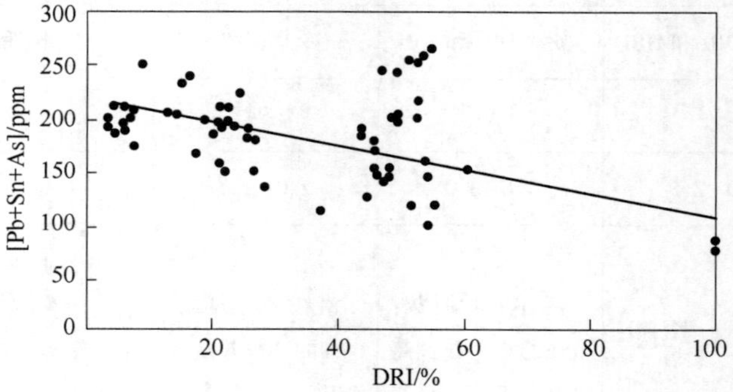

图2-21 DRI配加比例对成品钢液Pb+Sn+As含量的影响

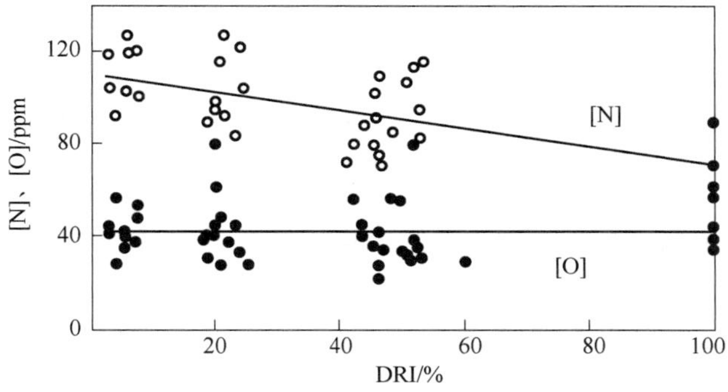

图 2-22 DRI 配加比例对成品钢液氮、氧含量的影响

（2）提高产量，由于缩短了电弧炉的冶炼时间，产量提高 15%～20%。天津钢管公司在 150t 电弧炉采用废钢+直接还原铁的冶炼模式探究了 1300 炉次直接还原铁配加量与电耗和冶炼周期的关系。如图 2-23 所示，直接还原铁配加量为 30～35t 范围时，冶炼周期最短，电耗较小[30]。

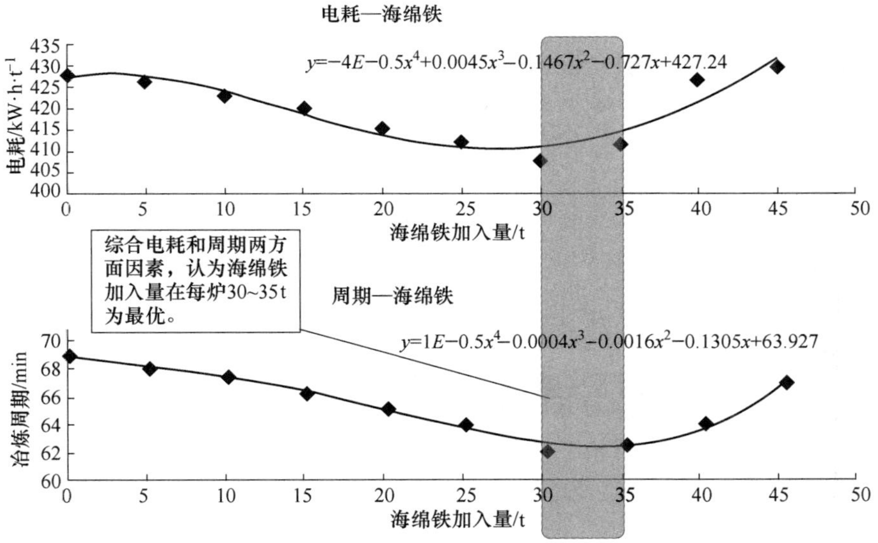

图 2-23 直接还原铁加入比例对冶炼周期和电耗的影响

（3）利用其中的碳提供能量。与废钢相比，DRI 有一个额外的好处，即它包含一个以组合碳形式存在的相关能源价值。通过 HYL 工艺生产的 DRI 的碳含量可以超过生铁的碳含量百分比，达到 6%。这些碳将通过以下反应方式产生能量：$2C(s)+O_2(g) \rightleftharpoons 2CO(g)+heat(\Delta H=-221.0kJ)$ 和 $Fe(s)+C(s) \rightleftharpoons Fe_3C(s)+heat\ (\Delta H=-21kJ)$。

（4）可以直接热装料。使用热的 DRI，直接运输和装料到炉子里，通过利用 DRI 在大于 600℃时的能量值，可以减少多达 16%～20%的能源消耗。如图 2-24 所示[31]，全部配加 DRI 时，随着 DRI 中的 C 含量提高，能耗显著降低；随着 DRI 装入温度的提高，电耗也大幅下降。

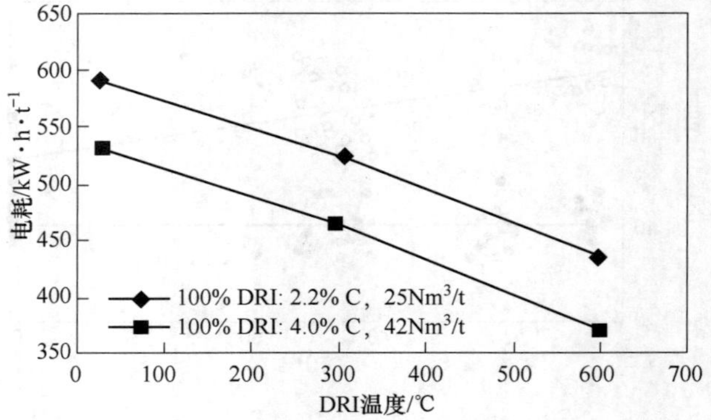

图 2-24　直接还原铁加入比例对冶炼周期和电耗的影响

（5）容易产生泡沫状的炉渣。直接还原铁中含有一定量的残存氧化铁，它与适量的碳反应可以产生 CO 气泡造成渣/钢界面上强烈的碳沸腾，如图 2-25 所示[32]，沸腾时气体产生速率在 1×10^4mol/（s · cm^3）以上。在适当炉渣条件下，渣/钢界面上逸出的大量气体使炉渣泡沫化，明显降低炉渣的密度，大大增加渣层厚度。

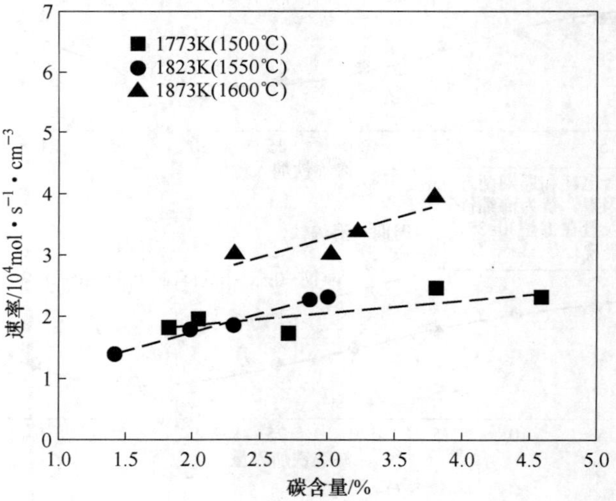

图 2-25　直接还原铁加入比例对气体产生速率的影响

（6）DRI 具有恒定的大小和尺寸，可以通过连续进料系统在不打开炉顶的情况下和废钢一起自动连续加入电弧炉中，减少停电加料次数和电极破损的风险，断电时间少，热损失小，有利于节电；但由于脉石及氧化铁在直接还原铁中的含量较高，增加了冶炼难度，石灰、电耗、熔化时间等指标均受到影响，因此不宜大量使用，一般用量不超过 20%。

（7）更加环保。采用 DRI 避免了电弧炉粉尘中的铅或镉等有害污染物问题，并减少了二噁英和呋喃的可能形成。特别是，HYL 路线符合全球最严格的环境法规，不需要特定的工艺要求和/或额外的设备来处理天然气中的重碳氢化合物、铁矿石中的硫和脱氮系统。由于 HYL 工艺的整体能量的集成，氮氧化物水平低于环境限制，即使没有一个巨大的空气预热系统用于能量回收，也可以实现。

直接还原铁在电弧炉中的应用还存在渣量大、金属收得率低、熔化慢等方面的不足。这是因为直接还原铁含有一定量的氧化铁（取决于还原工艺）和脉石（取决于原矿），在熔渣/熔池平衡的氧化学势不变的情况下，随着直接还原铁增加，渣中氧化铁和脉石的含量增加，为了保持炉渣碱度和氧化镁含量的稳定性，保证炉渣的冶金效果，需要增加石灰和白云石，导致辅料消耗增加进而导致渣量的增加。故金属收得率较低，冶炼电耗和石灰消耗会增加，如果配入辅料量不足还会对炉衬有一定侵蚀作用。如图 2-26 和图 2-27 所示[16]，不同工艺生产的直接还原铁的增加均显著增加了渣量，降低了钢水的收得率。而且，直接还原铁的密度较小，加入炉内后漂浮在渣钢界面，不利于直接还原铁的快速熔化。这都是电弧炉应用直接还原铁过程中需要重点关注的因素。

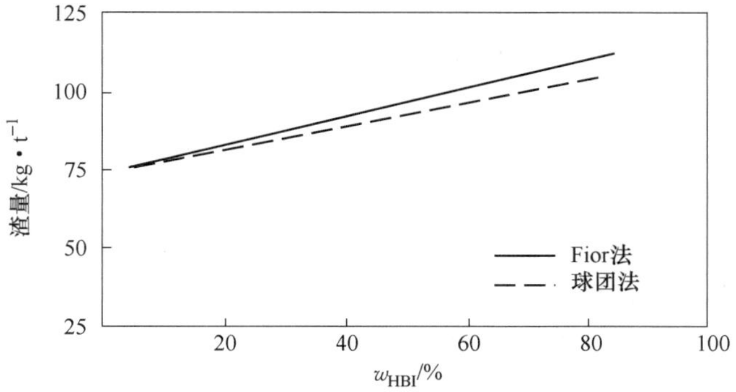

图 2-26 直接还原铁加入对渣量的影响

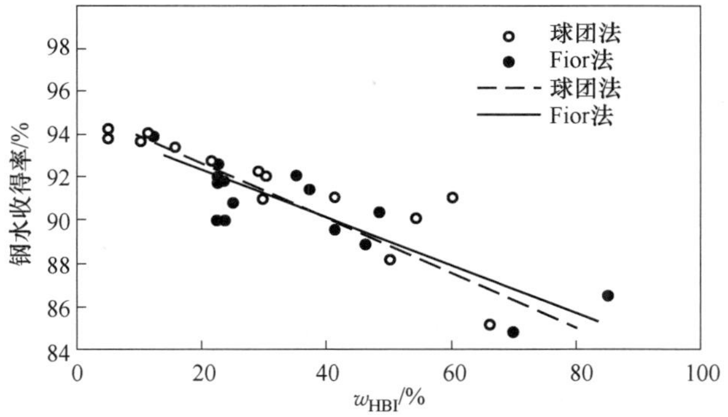

图 2-27 直接还原铁加入对钢水收得率的影响

2.2.4 直接还原铁的质量控制

直接还原铁的质量要求及控制措施：

（1）全铁含量要大于 87%，金属铁含量要大于 80%，金属转化率（直接还原铁的金属铁含量与全铁含量之比）要大于 90%。

（2）脉石（SiO_2、Al_2O_3、CaO、MgO、MnO）含量越低越好，一般应小于3%~5%。

（3）硫、磷含量越低越好。

（4）其他有害元素（Cu、Pb、Sn、As、Sb、Bi、Zn、Cr、Ni、Mo）含量也是越低越好。

（5）直接还原铁含碳量高一些好。

（6）密度在4.6~6.0g/cm^3；堆密度大于2.7t/m^3；粒度8~100mm，粒度小于8mm应做压块处理；冷抗压强度大于70MPa等。

直接还原铁的主要质量控制手段：

（1）生产直接还原铁时选择优质矿，确保全铁含量高，脉石、硫、磷及其他有害元素含量低。

（2）生产直接还原铁时确保合适的还原温度，保持良好的还原气氛，以及保证还原剂的质量。

（3）采用钝化处理或通氮气保护技术，确保直接还原铁的金属铁不再氧化。

（4）气基法比煤基法生产的直接还原铁碳含量高，使用效果好。

2.3 废钢代用品

随着科技的发展和生产规模的不断扩大，以及冶炼优质钢种和降低生产成本的要求，电弧炉炼钢用金属料不仅仅局限于废钢，越来越多的废钢代用品应用于现代电弧炉炼钢生产。电弧炉配一部分废钢替代品，不仅弥补了低残余元素废钢的不足，而且提高了钢水的纯净度，但也存在增加环境污染（主要是CO排放量）、提高生产成本以及浪费某些金属元素的缺点，尤其当大量配入时，将使废钢利用率下降，增加废钢的堆积，破坏生态环境。后者进行去除废钢中有害残余元素技术研究，通过去除废钢中有害元素，使得生产优质钢成为可能，并回收Cu、Sn等金属。这不仅有利于提高废钢利用率，发展电弧炉炼钢，而且对节约资源与能源以及改善生态环境具有重大意义。下面就分别来介绍这些代用品。

2.3.1 铁水/生铁块

2.3.1.1 铁水

铁水是以液态形式存在的铁碳化合物。使用天然铁矿石、烧结矿或球团矿作原料，用高炉或非高炉炼铁的方法在高温下炼制而成。电弧炉冶炼对铁水的质量要求是低硅、低磷、低硫。常用的控制措施就是铁水“三脱”处理。所谓铁水“三脱”处理就是在炼钢前，对铁水进行预脱硫、预脱硅、预脱磷处理。

当冷炉料加入电弧炉内后，采用某种方式将一定量的铁水加入电弧炉内。电弧炉热装铁水的方式和装入量各不相同。有的采用流槽以1~5t/min的速度加入，有的像转炉加铁一样整包倒入。铁水装入量方面，普遍认为装入45%左右是较合适的。铁水装入量比例最多的已达85%以上，电弧炉完全取消了送电操作，实现转炉化。

由于各厂高炉使用的原料不同，铁水的成分差别也较大。表2-22为部分厂的铁水成分。

表 2-22 电弧炉钢厂使用的铁水成分 (%)

厂 家	化学成分				
	C	Si	Mn	P	S
莱钢	4.4	0.60	0.50	0.070	0.030
天管炼钢厂	4.25	0.46	0.18	0.065	0.040
淮钢	4.20	1.02	0.54	0.067	0.033
韶钢	4.2	0.50	0.70	0.110	0.040

电弧炉使用铁水的主要原因包括：

(1) 铁水的显热降低冶炼电耗，降低生产成本。

(2) 改变了炉料的初始状态，即将部分固态炉料变为液态，这有利于早形成熔池，快速熔化冷废钢。

(3) 缩短了电弧加热时间以及有利于形成泡沫渣，提高了供电热效率，缩短了冶炼周期，降低了电极消耗和钢水中的氮含量。

(4) 铁水属于一次铁资源，有害残余元素含量很少。如果硅、硫、磷含量高，会增加冶炼难度。

电弧炉冶炼加铁水时，应寻求资源（废钢和铁水）和能源（电能）成本的最佳平衡点，当铁水兑入量增大后，应考虑改变电弧炉的熔池形状以及提高除尘系统的能力。

2.3.1.2 生铁

生铁是铁和碳及其他一些元素的合金，是以天然铁矿石、烧结矿或球团矿为原料，用高炉或非高炉炼铁的方法在高温下炼制的铁水铸造而成。生铁块粒度 2~7kg/块，堆密度 2.5~3.5t/m^3。

生铁主要用于提高炉料或钢中的碳含量。电弧炉炼钢用生铁分为配料生铁和增碳生铁两种。其成分见表 2-23。

表 2-23 电弧炉炼钢用生铁成分表 (%)

名称	代号	C	Si	Mn	P			S		
					1级	2级	3级	1级	2级	3级
配料生铁	P08	≥2.75	≥0.85		≤0.15	≤0.20	≤0.40	≤0.30	≤0.05	≤0.07
	P10	≥2.75	0.85~1.25		≤0.15	≤0.20	≤0.40	≤0.03	≤0.05	≤0.07
增碳生铁	S10	≥2.75	0.75~1.25	0.50~1.00	≤0.07	≤0.07	≤0.07	≤0.04	≤0.05	≤0.06
	S15	≥2.75	1.25~1.75	0.50~1.00	≤0.07	≤0.07	≤0.07	≤0.04	≤0.05	≤0.06

增碳生铁主要是精炼过程钢中碳含量达不到时，可用经过烘烤，表面清洁少锈的低磷硫生铁作为增碳剂。但为了防止钢杂质过多，精炼过程加入的生铁不宜过多，其增碳量一般不大于0.05%。精炼过程用生铁增碳已越来越少。

一般情况下，生铁块是按炉料配碳要求，以一定比例与其他钢铁料搭配使用的，按照一定比例和层次要求布置在专用的料篮内，随其他冷料一起通过天车一次性加入电弧炉内。使用生铁的优势：

（1）提高炉料配碳量，有利于造泡沫渣和沸腾脱气去夹杂；

（2）属于一次铁资源，有害残余元素含量很少；

（3）金属收得率高且稳定。

如果硅、硫、磷含量高，会增加冶炼难度。

2.3.2 碳化铁

碳化铁（Fe_3C）是一种铁碳化合物。生产碳化铁的基本原理是将铁矿石送进具有一定温度、压力的流化床反应器中，通入预热的工业气体（CO、CO_2、CH_4、H_2、水蒸气）与其发生反应生成碳化铁，其反应式为：$3Fe_2O_3+H_2+CH_4 = 2Fe_3C+9H_2O$。

碳化铁一般为0.2mm，质地坚硬，不易破碎，很容易溶解于铁水或钢水中（≤1s，并产生溶解热）。碳化铁成分如表2-24所示。

表2-24 碳化铁成分 （%）

成分	Fe_3C	Fe_2O_3	$SiO_2+Al_2O_3$	MFe	Fe	C	O
含量范围	88~94	2~7	2~4	0.5~1	89~94	6~6.4	0.4~1.4
典型含量	92	2	2	1	90.8	6.2	1.0

由表2-24可见：碳化铁中碳含量高达6%，可满足现代电弧炉炼钢高配碳的要求。

碳化铁既可以成批散装按任意比例配加其他钢铁料加入炉内，也可以氩气、氮气作载气喷入炉内，还可以作为增碳剂直接喷入钢包炉内。碳化铁具有以下优点：

（1）提高炉料配碳量，有利于造泡沫渣和沸腾脱气，有利于电弧炉低氮钢的生产，电弧炉喷吹碳化铁炼钢时，钢中的氮含量从0.007%降低到0.003%~0.004%。

（2）有利于造泡沫渣，使用碳化铁作原料时，即使不向熔池喷吹碳粉也能很好地造泡沫渣。

（3）属于一次铁资源，有害残余元素含量很少。碳化铁洁净，硫、磷含量低，金属收得率高且稳定。

（4）有利于节能。产生溶解热，降低能耗。碳化铁可在电弧炉第五孔加入，无需开启炉盖，减少了温度损失。

（5）加入方式灵活，储存方便。

2.3.3 其他废钢代用品

2.3.3.1 脱碳粒铁

碳粒铁是一种经过脱碳和粒化处理过的生铁，全称为脱碳粒化生铁，是在高炉出铁时，经过高压水淬火，制取不同粒度的粒化生铁（3~10mm），然后将其装入回转窑，加热至一定温度，在回转窑旋转过程中，通入一定量的混合气体，进行生铁脱碳，得到可供电弧炉炼钢所用的原料。

一般脱碳粒铁的粒度为3~10mm，耐压强度大于980N/粒，堆密度约为3.5~4t/m^3。

脱碳粒铁配加其他钢铁料进行炼钢，推荐配加比例为25%~40%。

脱碳粒铁的成分如表2-25所示。

表2-25 脱碳粒铁的典型成分 （%）

元素	C	Si	S	P	FeO	Cu	其他金属杂质
含量	<1.5	0.6	<0.04	<0.05	<5	<0.01	<0.007

电弧炉使用脱碳粒铁具有以下优点：

（1）碳含量在0.2%~3%，可以根据需要选取。脱碳粒铁脉石含量较直接还原铁低1%~3%，可降低电耗约10%。

（2）属于一次铁资源，有害残余元素含量很少。脱碳粒铁中硫、磷含量低，其他杂质元素也较直接还原铁低。

（3）脱碳粒铁表面少量的FeO有利于电弧炉造泡沫渣。

（4）金属收得率高且稳定。

（5）抗氧化性强，可以实施热装。堆密度高，可用于调节料篮内炉料的堆密度。

2.3.3.2 改性生铁

改性生铁是复合金属料，在铁水铸铁时加入一定比例的优质球团矿和石灰（或用粒度适中的烧结矿），使之在铁块内部均匀分布，铁水凝固时将球团矿（或烧结矿）黏结成块，形成块度适宜，矿含量符合要求的生铁。其配比为高炉铁水70%~80%，粒状铁氧化物20%~30%。改性生铁内部含有烧结矿与生铁的碳发生氧化反应，起到沸腾、造泡沫渣的作用。由于改性铁是铁水与铁矿的混合物，具有铁水与铁矿的双重特性。因此对其质量的要求是：高质量铁水+高质量铁矿。

在生产改性生铁的时候要保证合适碳含量、合理的矿物组成、价格便宜、使用方便。改性铁配加生铁（或铁水）、废钢进行炼钢，配加比例为8%~10%。

电弧炉用改性生铁表面清洁、平整并且没有夹渣。密度为5.5~5.7g/m^3，堆密度约为5t/m^3。其化学成分如表2-26所示。

表2-26 改性生铁的化学成分 （%）

成分	TFe	P	S	Si	Ni	Cr	Cu
含量	85.8~87	≤0.08	≤0.035	≤1.25	≤0.10	≤0.10	≤0.10

表2-27为一种改性生铁的成分。

表 2-27 改性铁的化学成分 (%)

TFe	MFe	Fe_2O_3	FeO	C	Si	P	S	Cu	SiO_2	CaO
86~88	75. 68	13~17	0. 1~2. 1	3. 6	0. 56	0. 056	0. 026	0. 08	1. 5~1. 8	0. 25~2. 55

电弧炉使用脱碳粒铁具有以下优点：

(1) 变相使电弧炉直接使用了一定量的球团矿，这些球团矿因为没有经过高炉冶炼工序，因此减少了高炉冶炼对环境的污染。

(2) 属于一次铁资源，有害残余元素含量很少，不增加冶炼时间，对冶炼工艺不产生有害的影响。

(3) 堆密度高，可以调节炉料堆密度，改善炉料熔化特性。

(4) 易于低温成渣，减少对炉衬耐材的侵蚀。

由于脱碳粒铁含有一定量的氧化铁和 SiO_2，金属收得率较低，冶炼电耗和石灰消耗会增加。

俄罗斯开发的有三种复合金属料，其成分如表 2-28 所示。

表 2-28 生铁、添加料及复合金属料成分 (%)

种类	TFe	纯 Fe	Fe_2O_3	FeO	C	Si	Mn	S	P	Cu	SiO_2	CaO	杂质
生铁	94. 6	94. 6	0	0	4. 5	0. 17	0. 1	0. 03	0. 06	0. 01	0	0	0. 02
添加料	53. 3~61. 1	0	64. 4~86. 6	0. 6~10. 7	0	0	0	0. 01	0. 04	0	7. 6~9. 1	12. 73	0. 6~4. 4
CK15	88. 4~89. 6	80. 4	9. 7~13. 0	0. 1~1. 6	3. 8	0. 56	0. 009	0. 027	0. 057	0. 009	1. 1~1. 3	1. 2~1. 9	0. 075~0. 65
CK20	86. 4~87. 9	75. 7	12. 9~17. 3	0. 1~2. 1	3. 6	0. 59	0. 08	0. 026	0. 056	0. 080	1. 5~1. 8	0. 3~2. 5	0. 1~0. 9

在电弧炉上应用时，较低温度下（1150~1200℃）即可形成泡沫渣，在复合金属料块熔化时，“封存”于其中的添加料铁氧化物在温度高于 1100℃时，即开始与铁中的杂质进行化学反应，并形成渣相和 CO，在温度高于 1200℃的情况下（低于废钢的熔化温度），在电弧炉中已经形成了可流动液体渣，并且该渣起泡（连续地释放出 CO 气泡）。实践表明，应用复合金属料，减少了氧气的消耗量，降低了电耗，缩短了冶炼时间。

参考文献

[1] 杨晓勇 . 研制可切削加工高锰钢辊套 [J]. 内燃机与配件，2019 (18)：129-130.
[2] 赵岳龙，杨瑞文，曾凡政 . 帘线钢中残余元素的分析与控制 [C]//中国金属学会炼钢分会 . 第十九届（2016 年）全国炼钢学术会议大会报告及论文摘要集，2016：152-153.
[3] 张建国 . 加强废钢资源管理 提高电炉综合效益 [J]. 资源再生，2015 (12)：66-68.
[4] 周翔 . 直接还原工艺综述及发展分析 [J]. 冶金经济与管理，2017 (4)：53.
[5] 宋水根，刘唆根，廖火根，等 . 智慧电弧炉炼钢发展概述 [J]. 工业加热，2021，50 (10)：6-11.
[6] Dutta S K, Sah R. Direct Reduced Iron：Production. Encyclopedia of Iron，Steel，and Their Alloys. New York：Taylor and Francis，2016：1082-1108.
[7] 赵荟芬 . 2021 年全球直接还原铁生产及贸易情况分析 [J]. 世界金属导报，2022.
[8] 郭汉杰，孙贯永 . 非焦煤炼铁工艺及装备的未来 (2)——气基直接还原炼铁工艺及装备的前景研究

（下）[J]. 冶金设备，2015（4）：1-9，33.
[9] 朱德庆，薛钰霄，潘建，等．气基直接还原工艺研究进展和发展思考 [J]. 烧结球团，2022，47（1）：1-9，86.
[10] 田宝山．非高炉炼铁技术的发展现状 [C]//中国金属学会．第十二届中国钢铁年会论文集——1. 炼铁与原料．北京：冶金工业出版社，2019：246-251.
[11] 郭学益，陈远林，田庆华，等．氢冶金理论与方法研究进展 [J]. 中国有色金属学报，2021，31（7）：1891-1906.
[12] 庞建明，郭培民，赵沛. 煤基直接还原炼铁技术分析 [J]. 鞍钢技术，2011（3）：1-7.
[13] 赵建虹，吕振华. 国内煤基回转窑直接还原工艺及装置述评 [J]. 山西冶金，2002，2（86）：1-4.
[14] Direct Reduction of Iron Ore-a bibliographical Survey [M]. London：The Metals Society，1979：92-105.
[15] 陈守明，黄超，张金良. 煤基竖炉直接还原工艺 [C]//中国金属学会 2008 年非高炉炼铁年会文集，2008.
[16] 金才. PF 法竖炉煤基直接还原工艺试验成功 [J]. 烧结球团，1999（6）：30-32.
[17] 张海峰. 高碱度内配碳团块高温直接还原制备铁粒技术 [D]. 武汉：武汉科技大学，2006.
[18] Seki K，Tanaka H. Changes in Paradigm-Development of Iron & Steel Industry by Applying Coal Based Dr Processes：Fastmelt-R & ITmk2-R [J]. SEAISI Quarterly，2008，37（4）：1-16.
[19] 唐恩，周强，秦涔，等．转底炉处理含铁原料的直接还原技术 [J]. 炼铁，2008，27（6）：57-60.
[20] Gou H，Lu W K. Using the RHF/SRV or RHF/EAF to produce liquid iron atlow coal rate [J]. Iron & Steelmaker，1998，25（3）：81-86.
[21] 王敏，薛逊，曹志成．转底炉直接还原工艺的应用及发展趋势 [J]. 天津冶金，2013（1）：42-46.
[22] Munnix R，Borlee J，Steyls D，et al. Comet-a new coal-based process for the production of DRI [J]. Metallurgical Plant and Technology International（Germany），1997，20（2）：50-52.
[23] 林启立．转底炉处理含碳球团还原的基础研究 [D]. 重庆：重庆大学，2017.
[24] Gulhane A. Overview of Itmk3 Process [J]. International Journal of Industrial Engineering，2017，8（2）：1-4.
[25] 宋赞，李相帅，查春和．我国直接还原铁工艺的发展现状及趋势 [J]. 冶金管理，2020（16）：22.
[26] 陈伟庆，李士琦，成国光，等．直接还原铁在电弧炉炼钢中应用 [J]. 特殊钢，1997（2）：4-8.
[27] 周浩．直接还原铁在电弧炉炼钢中的应用 [J]. 现代冶金，2011，39（3）：36-38.
[28] Fruehan R J. Behavior of DRI and its effect on nitrogen in the EAF [C]//Proceedings of 5th European Electric Steel Congress，Paris，1995：25-36.
[29] 陈煜，李京社，武杰，等．直接还原铁在电弧炉炼钢中的应用 [J]. 特殊钢，1999（2）：52-54.
[30] 陶江善．直接还原铁在特钢行业中的应用 [J]. 中国废钢铁，2017（3）：31-35.
[31] Memoli F，Jones J，Picciolo F. The use of DRI in a Consteel® EAF process [J]. Iron and Steel Technology，2015，12（1）：72-80.
[32] Sharifi E，Barati M. The reaction behavior of direct reduced iron（DRI）in steelmaking slags：Effect of DRI carbon and preheating temperature [J]. Metallurgical and Materials Transactions B，2010，41（5）：1018-1024.

3 电弧炉冶炼所用辅助材料及气体

3.1 电弧炉冶炼用造渣料

在电弧炉炼钢过程中，碱性造渣材料主要有石灰石、石灰、萤石、白云石和火砖块，特殊情况有时还用少量的酸性造渣材料，如硅石或石英砂等。电弧炉炼钢对造渣材料的质量要求十分严格。采用质量好的造渣材料，将会减少钢中气体和夹杂，提高脱磷、脱硫能力，缩短冶炼时间，降低电耗和耐火材料消耗。

3.1.1 石灰石

石灰石的主要成分为 $CaCO_3$，加入炉中后，在高温下分解成 CaO 和 CO_2 气体，同时吸收大量的热，从而能降低熔池的温度，并增加电耗及推迟熔渣的形成。分解所产生的 CO_2 气体具有氧化性。韶钢由于使用大量的铁水，热量有富余，采用石灰石作为降温材料。但是石灰石中含有有害杂质 SiO_2 和 S，SiO_2 降低渣的碱度，S 会进入钢中对脱硫不利。另外要特别注意，在熔池温度足够高时加入石灰石，放出的 CO_2 气体能引起熔渣的沸腾。石灰石的化学成分及块度要求见表 3-1。

表 3-1 石灰石成分及块度要求

名称	化学成分/%					块度/mm
	CaO	SiO_2	MgO	S	P	
	不小于	不大于				
石灰石	50	3	3.5	0.10	0.10	10~30

另外，要求石灰石必须保持干燥，无泥土和其他杂物。

3.1.2 石灰

石灰是炼钢的主要造渣材料，其主要成分是 CaO。电弧炉炼钢要求石灰中 CaO 的含量越高越好，SiO_2、MgO、S 等杂质含量尽量低。

石灰在空气中长期存放易吸收水分变为粉末，而粉末状的石灰又极易吸水形成 $Ca(OH)_2$，它在 507℃时吸热分解成 CaO 和 H，加入炉中造成炉气中氢的分压增高，使氢在钢液中的溶解度增加而影响钢的质量。另外，在低于 530℃时，石灰还要同空气中的 CO_2 生成 $CaCO_3$，所以使用前最好在 700℃高温下烘烤 2h 以上。

石灰的化学成分及块度的要求见表 3-2。

表 3-2 石灰的化学成分及块度的要求

名称	化学成分/%							块度/mm	备 注
	CaO	SiO_2	MgO	$Fe_2O_3+Al_2O_3$	S	C	H_2O		
	不小于	不大于							
一级石灰	90	2	1.5	3	0.08	2	0.5	20~60	小于 20mm 及粉末的总和不超过总量的 5%
二级石灰	85	4	2.0	4	0.10	3	1.0	20~80	

石灰和石灰石的比较：当石灰出现生烧时，也就是有部分石灰仍为石灰石。这时加入的石灰就起不到应有的作用。每千克石灰和石灰石由 20℃ 加热到 1600℃ 时消耗的热能、电能数值见表 3-3。

表 3-3 石灰和石灰石的比较

消耗热量	石灰	石灰石	相差
kJ/kg(kcal/kg)	2767（660）	3538（845）	775（185）
kW · h/kg	0.77	0.983	0.213

3.1.3 萤石

萤石主要成分是 CaF_2。它是改善熔渣流动性又不降低碱度的稀释剂。其特点是短时间就改善熔渣的流动性，还可在炼钢或电弧温度下发生反应：$SiO_2+2CaF_2 = 2CaO+SiF_4\uparrow$，产生的 SiF_4 气体随炉气散失。

电弧炉炼钢使用的萤石要求 CaF_2 的含量越高越好，而 SiO_2 的含量要适当，如果 SiO_2 的含量大于 12%会形成玻璃渣；如果含量太低，萤石的熔点升高而熔化困难，从而达不到快速稀释助熔的目的。

从外观上看，鲜绿色的萤石含 SiO_2 少，含 CaF_2 高；微白色的萤石含 SiO_2 较适中。

萤石的化学成分及块度要求见表 3-4。

表 3-4 萤石的化学成分及块度要求

名称	化学成分/%					块度/mm
	CaF_2	SiO_2	CaO	S	H_2O	
萤石	>85	4~<5	≤5	<0.2	<0.5	5~50

另外，萤石块矿应干净，不得混有泥土、废石等外来杂物。萤石块矿的粒度为 5~50mm，粒度小于 5mm 和大于 50mm 部分所占比例之和不得大于 10%[1]。

3.1.4 轻烧白云石

白云石的主要成分为 CaO、MgO。它有轻烧白云石和重烧白云石之分。重烧白云石主要用于补炉，轻烧白云石主要用于造渣，它能使炉渣的 MgO 含量保持在一定的水平，减少对耐火材料的侵蚀。

对轻烧白云石的使用要求：

（1）轻烧白云石应新鲜、干净、干燥、无杂物、不得混入外来杂物。

（2）轻烧白云石的粒度为 10～50mm，粒度小于 10mm 和大于 50mm 部分所占比例之和不大于 10%，允许最大粒度不得超过 70mm[2]。

（3）轻烧白云石的理化性能指标要求见表 3-5。

表 3-5　轻烧白云石的理化指标

品级	CaO /%	MgO /%	SiO_2 /%	S /%	灼减 /%	活性度 (4mol/mL、(40±1)℃、10min)
一级	≥55.0	≥29.0	≤3.5	≤0.05	≤10.0	≥180

3.1.5　废黏土砖块

废黏土砖块是浇注系统汤道砖的废弃品，经破碎后用于调整炉渣。它的作用是改善熔渣的流动性，特别是对含 MgO 高的熔渣，稀释作用优于萤石。另外，黏土砖块中含有 30%左右的 Al_2O_3，易使熔渣起泡沫并具有良好的透气性。但黏土砖块中还含有 55%～70%的 SiO_2，能大大降低熔渣的碱度及氧化能力，这对脱磷、脱硫极为不利。因此，在氧化期应禁用，而在还原期要适当少用，只有在冶炼不锈钢或高硫钢时才用得多一些。还原期加入的黏土砖块应尽可能地不含 FeO 和 MnO，以便确保熔渣的还原性。黏土砖块在使用前应干燥，且块度均匀合适。

黏土砖块的化学成分及块度要求见表 3-6。

表 3-6　黏土砖块的化学成分及块度要求

名称	化学成分/%				块度/mm
	SiO_2	Al_2O_3	Fe_2O_3	H_2O	
黏土砖块	55～70	27～35	1.3～2.2	—	50～150

由于目前多采用连铸的模式，模铸的汤道砖越来越少，再加上对黏土砖的使用要求较高，所以对黏土砖使用得并不多。

3.1.6　硅石和石英砂

硅石和石英砂是酸性炉炼钢的主要造渣材料。在碱性电弧炉炼钢过程中，硅石和石英砂主要用于还原期调整中性渣的成分。在碱性炉中，大量加入硅石和石英砂，易造成炉衬侵蚀，所以应控制硅石和石英砂的用量及在炉内的滞留时间。

硅石主要成分是 SiO_2，含量约 90%以上，FeO<0.5%，要求表面清洁，块度一般为 15～

50mm，使用前要进行充分的干燥。石英砂的主要成分也是SiO_2，含量约95%以上，FeO<0.5%，粒度一般为1~3mm，使用前要进行充分的干燥。

3.1.7 电弧炉护炉用镁碳球

电弧炉护炉用镁碳球主要用来增加炉渣MgO含量，同时促进泡沫渣生成，起到保护电弧炉炉衬作用，其化学成分见表3-7。

表3-7 镁碳球的化学成分及块度要求

名称	化学成分/%				块度/mm
	MgO	Al_2O_3	SiO_2	C	
镁碳球	60~70	5~10	5~10	20~30	30~50

3.1.8 合成渣料

合成渣是把石灰和其他熔剂预先在炉外混合而制成的造渣材料。其主要成分是CaO和Al_2O_3，用于调整渣的碱度和黏度。其理化指标及粒度要求如表3-8所示。合成渣主要是在出钢过程加入。同时注意加入时每批量不能过大。

表3-8 合成渣的理化指标及粒度要求

CaO/%	SiO_2/%	Al_2O_3/%	MgO/%	FeO+MnO/%	粒度/mm
<60	<9	<40	<14	<3	3~30

3.2 电弧炉用耐火材料

耐火材料是一种能抵抗高温（1580℃）作用的固体材料。在冶金工业中用量最大。但是没有一种耐火材料能够完全满足使用性能的要求，即使同一耐火材料在不同的使用条件下所表现的性能也不相同。因此，在使用耐火材料时必须了解耐火材料的性能和使用的工作条件。

3.2.1 耐火材料的分类

耐火材料的种类繁多，根据不同的使用目的和要求，有许多分类方法，常用的有如下几种：

（1）按化学性质，可分为酸性耐火材料、中性耐火材料和碱性耐火材料（表3-9）。

（2）按使用温度，可分为普通耐火制品（1580~1770℃）、高级耐火制品（1770~2000℃）、特级耐火制品（>2000℃）。

（3）按加工方式和外观可分为烧成砖、不烧成砖、电熔砖、不定形耐火材料（包括浇注料、捣打料、可塑料、喷射料）、绝热材料、耐火纤维、高温陶瓷材料等。

表 3-9 耐火材料的分类

分类	耐火材料名称	主要原料	主要成分
酸性耐火材料	黏土质耐火材料	耐火黏土	$SiO_2+Al_2O_3$
	叶蜡质耐火材料	叶蜡石	$SiO_2+Al_2O_3$
	硅质耐火材料	石英岩、硅石	SiO_2
	半硅质耐火材料		$SiO_2(Al_2O_3)$
	石英玻璃		SiO_2
	锆质耐火材料	锆石英	ZrO_2+SiO_2
中性耐火材料	高铝质耐火材料	铝矾土、蓝晶石、硅线石、红柱石	$Al_2O_3+SiO_2$
	刚玉质耐火材料	工业铝氧、电熔刚玉	Al_2O_3
	铬质耐火材料	铬铁矿	Cr_2O_3，MgO，Al_2O_3，FeO
	碳质耐火材料	炭素材料、石墨	C
	碳化硅质耐火材料	碳化硅	SiC
碱性耐火材料	镁质耐火材料	菱镁矿、海水镁矿	MgO
	镁铝质耐火材料		$MgO+Al_2O_3$
	铬镁质耐火材料		$MgO+Cr_2O_3$
	镁橄榄石质耐火材料	蛇纹岩、橄榄岩、滑石等	$MgO+SiO_2$
	白云石质耐火材料	白云石	CaO+MgO
	石灰质耐火材料	石灰、化学纯碳酸钙	CaO

3.2.2 电弧炉对耐火材料的技术要求

随着工业技术的发展，电弧炉炼钢也有很大的进步，对耐火材料的要求也有很大的变化。现在大部分电弧炉的炉墙使用砌砖，炉底和炉坡使用捣打料，出钢口使用专用的袖砖。无论电弧炉如何发展，依然保持其特性。所以对耐火材料的要求有：

（1）高耐火度。电弧温度在4000℃以上，炼钢温度常在1500~1750℃，有时甚至高达2000℃，因此要求耐火材料必须有高的耐火度[3]。

（2）高荷重软化温度。电弧炉炼钢过程是在高温载荷条件下工作的，并且要经受钢水的冲刷，因此耐火材料必须有高的荷重软化温度。

（3）抗渣性好。在炼钢过程中，炉渣、炉气、钢水对耐火材料有强烈的化学侵蚀作用，因此耐火材料应有良好的抗渣性。

（4）良好的热稳定性。电弧炉炼钢从出钢到装料几分钟时间内温度急剧变化，温度由原来的1600℃左右骤降到900℃以下，因此要求耐火材料具有良好的热稳定性[4]。

(5) 高的耐压强度。电弧炉炉衬在装料时受炉料冲击，冶炼时受钢水的静压，出钢时受钢流的冲刷，操作时受机械的振动，因此耐火材料必须有高的耐压强度。

(6) 低导热性。为了减少电弧炉的热损失，降低电能消耗，要求耐火材料的导热性要差，即导热系数要小。

(7) 气孔率和密度。气孔率和密度是耐火制品致密程度的指标。高密度制品的机械性能好，也有利于抗渣侵蚀和抗热震性能。

耐火材料的气孔有与外界相通的显气孔和与外界不通的闭气孔两种。

3.2.3 电弧炉用耐火材料及主要质量指标

3.2.3.1 绝热材料

电弧炉炼钢常用的绝热材料有石棉板、硅藻土砖和轻质黏土砖等。它们的主要作用是减少热量损失，也用于隔热保护作用方面。因此，对绝热材料的耐火度、热稳定性，力学强度和抗渣性能等要求均不高，但导热系数应越低越好。绝热材料主要性能见表3-10[5]。

表 3-10 绝热材料主要性能

材料名称	密度/$g \cdot cm^{-3}$	允许工作温度/℃	导热系数/$W \cdot (m \cdot ℃)^{-1}$
石棉板	0.90~1.0	500	$0.162+0.17\times10^{-3}T_p$
硅藻土砖	0.55	900	$0.093+0.244\times10^{-3}T_p$
轻质黏土砖	0.40	900	$0.081+0.22\times10^{-3}T_p$

3.2.3.2 炉衬捣打料

电弧炉炉衬捣打料主要是镁砂和白云石。镁砂是由天然菱镁矿（$MgCO_3$）经大于1650℃的高温焙烧后制得。当焙烧温度为650~690℃时，菱镁矿分解如下：$MgCO_3 \rightarrow MgO+CO_2$。但 MgO 在空气中会吸收水分[6]，所以不能长期存放。白云石是由天然的白云石矿（$CaCO_3 \cdot MgCO_3$）经高温焙烧后制得。当焙烧温度为700~900℃时，白云石矿分解如下：$CaCO_3 \cdot MgCO_3 \rightarrow MgO+CaO+2CO_2$。同样 CaO 在空气中会吸收水分。所以不能长期存放。镁砂的化学成分见表3-11[7]。

表 3-11 镁砂的化学成分

牌号	化学成分/%			
	MgO	SiO_2	CaO	灼减
	不小于	不大于		
MS-88Ga	88	4	5	0.5
MS-83Ga	83	5	8	0.8
MS-78Ga	78	6	12	0.8

3.2.3.3 耐火混凝土

耐火混凝土是一种新型的耐火材料，特点是生产简单，砌筑打结方便，使用寿命较高。但耐火水泥保管期限短，极易变质。

根据胶结料的不同，耐火混凝土分为多种，常用的见表 3-12。

表 3-12 常用的耐火混凝土

名称	组成材料			最高使用温度/℃	使用部位
	胶结料	掺合料	骨料		
铝酸盐耐火混凝土	矾土水泥	高铝矾土熟料粉	高铝矾土熟料	1300~1400	强度高、有良好的热稳定性，适于各种包盖、炉盖、炉门的隔热层
	矾土水泥	铝铬渣粉	铝铬渣	1600	耐急冷急热及热态强度好，适于钢包内衬、出钢槽、电极绝缘圈
	低钙铝酸盐水泥	高铝矾土熟料粉、废高铝砖	高铝矾土熟料粉、废高铝砖	1400~1500	有良好的热稳定性，用于钢包内衬、出钢槽、炉盖部位
	铝-60 水泥	高铝矾土熟料、焦宝石等	高铝矾土熟料、焦宝石等	1300~1500	
磷酸盐耐火混凝土	磷酸溶液	矾土熟料或高铝砖	矾土熟料或高铝砖	1400~1500	用于温度变化频繁或要求耐磨、冲刷部位，如出钢槽等
镁质耐火混凝土	硫酸镁或氯化镁	镁砂	电熔镁砂	1500~1800	适于碱性渣侵蚀的部位，但不宜急冷急热部位
硫酸盐耐火混凝土	硫酸盐溶液	黏土熟料粉、高铝熟料粉	黏土熟料、高铝熟料	>1100	用于电弧炉炉盖和电极绝缘圈

下面以韶钢电弧炉为例，列出了耐火材料的主要质量指标（表 3-13）。

表 3-13 韶钢及宝钢电弧炉用耐火材料主要质量指标

耐火材料名称	材质	使用场所	主要质量指标								
			化学成分/%						物理指标		
			MgO	CaO	Al_2O_3	SiO_2	Fe_2O_3	C	显气孔率/%	耐压强度/MPa	重烧线变化/%
镁砖	镁质	永久层	≥91	≤3					≤18	≥58.8	≤0.5

续表 3-13

耐火材料名称	材质	使用场所	主要质量指标								
			化学成分/%						物理指标		
			MgO	CaO	Al_2O_3	SiO_2	Fe_2O_3	C	显气孔率/%	耐压强度/MPa	重烧线变化/%
镁质捣打料	镁质	炉底工作层	≥74	≤19			3~9				
镁碳砖	镁碳质	炉身工作层	≥74					≥10	≤8.5	≥40	≤3
出钢口座砖		出钢口	≥76					≥10			
出钢口管砖	镁碳质	出钢口	≥76					≥14	≤5	≥40	
填充料	镁橄榄石	出钢口	约 46			约 42	约 8				
炉衬修补料	镁钙质	工作层	≥73	≥17							
铁水流槽耐火泥	铝碳质	铁水流槽			≥38	≥10	SiC≥15	≥15			

3.2.4 电弧炉不同部位使用的耐火材料

在电弧炉中使用耐火材料有很严格的要求，不同部位需要使用不同的耐火材料。下面就对电弧炉不同部位所使用的耐火材料进行逐一的说明。

隔热层：位于耐火材料的最里层，在炉壳和永久层之间。主要使用石棉板、硅藻土砖和轻质黏土砖等绝热材料。

永久层：位于隔热层和工作层之间，主要使用镁质耐火材料，如镁砖等。

工作层：位于耐火材料的最外层，直接与钢水接触。它又分炉身工作层和炉底工作层。炉身工作层主要使用镁碳质耐火材料，如镁碳砖；炉底工作层主要使用镁质耐火材料，如镁质捣打料。炉衬修补料采用镁钙质耐火材料。

出钢部位：偏心底出钢的出钢口座砖、管砖采用镁碳质耐火材料，填充料采用镁橄榄石质耐火材料；槽式出钢的出钢槽采用铝质耐火混凝土。

透气座砖和透气砖：采用镁碳质耐火材料。

炉盖和电极绝缘圈：采用铝质耐火混凝土。

铁水流槽：采用铝碳质耐火泥。

3.3 电弧炉用石墨电极

石墨电极是指以石油焦、沥青焦为骨料，煤沥青为黏结剂，经过原料煅烧、破碎磨粉、配料、混捏、成型、焙烧、浸渍、石墨化和机械加工而制成的一种耐高温石墨质导电材料，作为在电弧炉中以电弧形式释放电能对炉料进行加热熔化的导体，称为人造石墨电极（简称石墨电极），以区别于采用天然石墨为原料制备的天然石墨电极。

3.3.1 石墨电极的种类

反映石墨电极质量和使用性能的指标主要有电阻率、抗折强度、弹性模量、体积密度、热膨胀系数和灰分等。根据这几项指标的差异以及原料和制造工艺的不同，国家行业标准（YB/T 4088—2015）将石墨电极分为普通功率石墨电极（RP）、高功率石墨电极（HP）、超高功率石墨电极（UHP）三种。在中国，石墨电极生产厂根据电弧炉钢厂的使用需求，按客户不同需求增加了高体密石墨电极（HD）、准超高石墨电极（SHP）和“抗氧化”石墨电极（在电极的表面喷涂一层抗高温氧化的保护层）[8]。

普通功率石墨电极：是以优质石油焦、沥青焦等为主要原料，经成型、焙烧、石墨化和机械加工制成。

高功率石墨电极：是以优质石油焦、针状焦等为主要原料，经成型、焙烧、浸渍、石墨化和机械加工而制成。

超高功率石墨电极：是以优质针状焦为主要原料，经成型、焙烧、浸渍、石墨化和机械加工而制成。

下面分别列出普通石墨电极的理化指标（表 3-14）、普通石墨电极的允许电流负荷（表 3-15）和超高功率石墨电极的理化指标（表 3-16）、超高功率石墨电极的允许电流负荷（表 3-17）供使用者参考[9]。

表 3-14 普通石墨电极的理化指标

项目		公称直径/mm							
		75~130		150~225		250~300		350~500	
		优级	一级	优级	一级	优级	一级	优级	一级
电阻率/μΩ·m（不大于）	电极	8.5	10	9.0	10.5	9.0	10.5	9.0	10.5
	接头	8.5		8.5		8.5		8.5	
抗折强度/MPa（不小于）	电极	9.8		9.8		7.8		6.4	
	接头	13.0		13.0		13.0		13.0	
弹性模量/GPa（不大于）	电极	9.3		9.3		9.3		9.3	
	接头	14.0		14.0		14.0		14.0	

续表 3-14

项目		公称直径/mm							
		75~130		150~225		250~300		350~500	
		优级	一级	优级	一级	优级	一级	优级	一级
体积密度/$g \cdot cm^{-3}$（不小于）	电极	1.58		1.52		1.52		1.52	
	接头	1.63		1.63		1.68		1.68	
热膨胀系数/$10^{-6} \cdot ℃^{-1}$ 100~600℃（不大于）	电极	2.9		2.9		2.9		2.9	
	接头	2.7		2.7		2.8		2.8	
灰分/%（不大于）		0.5		0.5		0.5		0.5	

注：灰分和热膨胀系数为参考指标。

表 3-15 普通石墨电极的允许电流负荷

电极直径/mm	允许电流负荷/A	电极直径/mm	允许电流负荷/A
75	1000~1400	300	10000~13000
100	1500~2400	350	13500~18000
125	2200~3400	400	18000~23500
150	3000~4500	450	22000~27000
200	5000~6900	500	25000~32000
250	7000~10000		

表 3-16 超高功率石墨电极的理化指标

项目		公称直径/mm		
		AC-EAF		DC-EAF
		300~400	450~600	600~750
电阻率/$\mu\Omega \cdot m$（不大于）	电极	6.2	6.5	5.5
	接头	5.5	5.0	4.5
抗折强度/MPa（不小于）	电极	10.5	10.0	10.0
	接头	16.0	16.0	15.0
弹性模量/GPa（不大于）	电极	14.0	14.0	13.0
	接头	18.0	18.0	16.0

续表 3-16

项目		公称直径/mm		
		AC-EAF		DC-EAF
		300~400	450~600	600~750
体积密度/g·cm^{-3}（不小于）	电极	1.65	1.66	1.68
	接头	1.72	1.74	1.75
热膨胀系数/℃$^{-1}$（约400℃，不大于）	电极	1.5×10^{-6}	1.0×10^{-6}	0.9×10^{-6}
	接头	1.4×10^{-6}	0.8×10^{-6}	0.7×10^{-6}
灰分/%（不大于）		0.3	0.2	0.2

注：灰分和热膨胀系数为参考指标。

表 3-17 超高功率石墨电极的允许电流负荷

电极直径/mm	允许电流负荷/A	电极直径/mm	允许电流负荷（AC）/A	允许电流负荷（DC）/A
300	18000~32000	600	55000~82000	65000~78000
350	22000~39000	650	69000~89000	75000~90000
400	28000~47000	700	80000~100000	100000~120000
450	34000~55000	750	92000~115000	110000~132000
500	41000~63000			
550	48000~70000			

3.3.2 石墨电极的基本技术要求

石墨电极应用于电弧炉的恶劣工作条件，对电极的基本要求有：

（1）具有小的电阻率或高的导电率。

（2）具有较高的抗氧化和抗熔渣侵蚀能力。

（3）高温下具有较高的机械强度。

（4）具有低的导热性。

（5）具有良好的抗热震性。

（6）不活泼的化学性。

3.3.3 影响石墨电极消耗的主要因素

影响石墨电极消耗的主要因素见表 3-18。

表 3-18 影响石墨电极消耗的主要因素

类 型	过 程	影 响 因 素
末端消耗	石墨在电弧中升华 石墨颗粒的侵蚀 炉渣和钢水 对石墨的化学损耗	电流水平 通电时间 炉渣黏度和化学成分
边缘消耗	表面氧化	出钢到出钢和停炉时间 电极直径 电流水平 电极表面温度/喷水的效率和水量 用氧情况 电极连续使用和非连续使用 除尘系统
电极破损	过度机械应力	废钢和装炉方式 电极接合 电极调整
电极残部脱落	热应力	电流水平 电极接合 电极连续使用和非连续使用 电极调整

3.3.4 电极应用于电弧炉炼钢的新技术

我国电弧炉炼钢技术经过多年发展有了长足进步，电弧炉大容量超高功率供电技术、强化用氧技术、泡沫渣技术、废钢预热技术等，石墨电极应用于电弧炉的新技术也随之不断创新，以满足电弧炉高效率、高质量、低消耗的生产节奏。

3.3.4.1 大尺寸超高功率石墨电极技术完善和提升

我国大尺寸 UHP 石墨电极是随着我国 UHP 电弧炉的发展而研制完成的，为了满足大容量 UHP 电弧炉高效生产，我国石墨电极生产厂商通过不懈的努力，使大尺寸 UHP 石墨电极得以在大容量 UHP 电弧炉炼钢上运用，并在不断完善和提升，已完全替代了进口产品。

3.3.4.2 石墨电极抗氧化涂层技术的创新

对石墨电极的抗氧化涂层工艺早在 30 年前就有大量研究，抗氧化涂层石墨电极要求抗氧化涂层的性能可能达到如下：(1) 电阻率 0.07~0.1$\mu\Omega\cdot m$；(2) 在 900℃下气体不渗透的延续时间超过 50h；(3) 涂层分解温度在 1850℃以上[10]。但其在使用中，抗氧化涂层直接与电极夹持器接触易产生火花而损坏夹持器，则最好对电极夹持器进行改造，适当放大夹持器的内径、再在其内侧镶嵌数块加工成弧形的石墨垫，使带有抗氧化涂层的石墨电极通过石墨垫导入电流。

由于 2015~2016 年，锂电池负极材料领域对针状焦需求大幅提高，导致 2017 年石墨电极产能跟不上钢铁厂电弧炉和精炼炉的需求，石墨电极行情暴涨[11]，钢铁厂为了降低电极使用成本，对电极抗氧化涂层技术再次应用，并对涂层材料进行创新，抗氧化涂料利用无机纳米技术，经材料聚合反应、高温烧结、破碎、研磨耐高温陶瓷涂层等等。

3.3.4.3 电极喷淋装置

降低石墨电极侧面氧化消耗的最佳途径是维持稳定有效电极喷淋装置。图 3-1 为电极喷淋装置使用良好情况下石墨电极的使用效果。

随着大容量 UHP 电弧炉在我国的发展，电极喷淋装置也随之发展，它在电弧炉通电冶炼过程中对电极棒圆柱表面喷水冷却来降低电极棒表面温度，减少或防止电极棒表面氧化，以降低电极侧面氧化消耗。同时它还能改善电弧炉炉盖周围上方的恶劣环境，有助于电弧炉小炉盖和电极夹持器的使用寿命。德国西格里集团曾对电极喷淋系统进行测试，如图 3-2 所示。

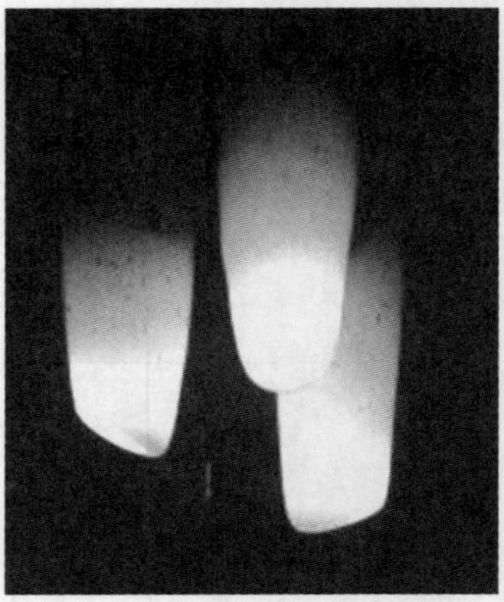

图 3-1 电极喷淋装置使用效果图

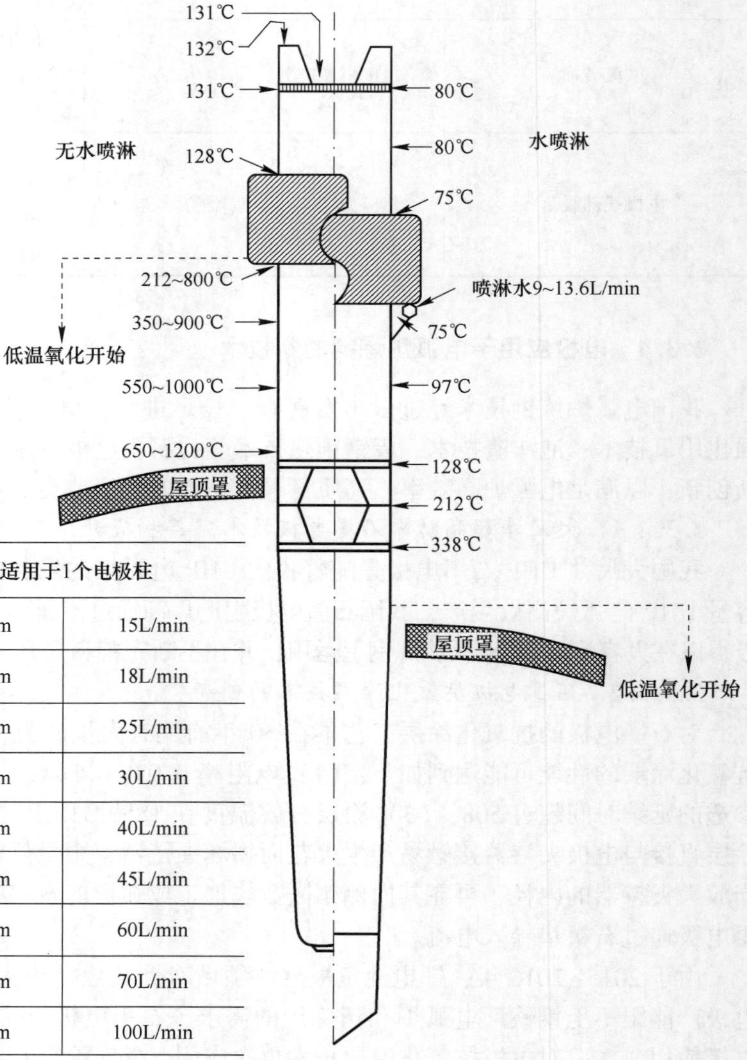

仅适用于1个电极柱	
400mm	15L/min
450mm	18L/min
500mm	25L/min
550mm	30L/min
600mm	40L/min
650mm	45L/min
700mm	60L/min
750mm	70L/min
800mm	100L/min

图 3-2 电极喷淋系统测试图

3.3.4.4 在线石墨电极接续装置

随着大容量 UHP 电弧炉在我国的发展，对大尺寸石墨电极吊运、接续的安全等要求都有所提高，石墨电极的连续使用可以减少其底端因急冷急热带来的开裂、掉块损失和电极棒侧面的氧化，采用在线电极自动接续装置不仅可以按照电极供应商建议的力矩，实行标准化操作，提高接头部位强度，从而减少折断、电极底端脱落等现象，降低电极消耗，还可以大大节省电极加接时间，通常更换一组电极棒的时间需要 8~15min，而使用在线接续装置仅需要 2~3min，从而提高电弧炉工作率。在线电极自动接续装置见图 3-3。

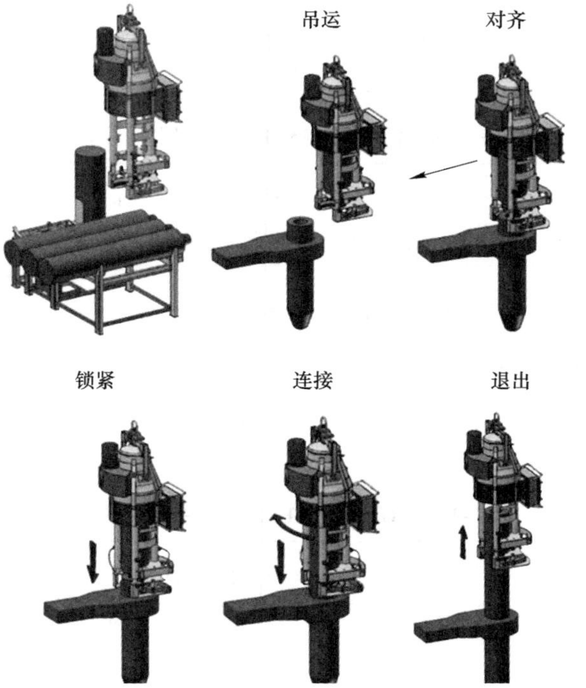

图 3-3 在线电极自动接续装置

根据石墨电极消耗的主要影响因素，在使用和保管过程中要特别注意，尤其随着大尺寸石墨电极的广泛使用，需正确按电极供应商推荐的力矩要求加接电极，使得电极结合更为重要，以降低电极事故率和消耗。有条件的推荐使用安全高效的在线自动电极接续装置，不仅可以节省电极消耗还有利于满足电弧炉更快速更高效增产的需求。

3.4 电弧炉炼钢的各种介质

电弧炉炼钢的介质包括各种油、水和气体。

3.4.1 电弧炉炼钢所用油

3.4.1.1 液压油

在电弧炉，液压系统主要承载炉体的摇动、炉盖的升降和旋转等。使用的液压油多为水-乙二醇。

水-乙二醇为完全稳定的真溶液，由不同链长的乙二醇、水以及多种其他添加剂配制而成。其特点为：

（1）极佳的抗磨性和润滑性。

（2）对钢和其他金属有防锈蚀作用。

（3）良好的消泡性和气体释放特性。

（4）对矿物油有良好的抗乳化性能。

下面主要介绍几种常用的水-乙二醇及其主要的理化性能：

（1）德国的德润宝 ULTRA-SAFE620，其使用压力可高达 25MPa。主要性能指标见表 3-19。

表 3-19 ULTRA-SAFE620 主要性能指标

理化性能	外观	黏度/$mm^2 \cdot s^{-1}$			黏度指数	密度/$g \cdot cm^{-3}$（20℃）	凝固点/℃	pH 值	闪点	燃点
		20℃	40℃	60℃						
指标值	红色透明液体	84~96	41~46	20~24	207	1.08	<-40	9.2~9.6	无	无

（2）德国的德润宝 ULTRA-SAFE620-1，其使用压力最高为 21MPa。主要性能指标见表 3-20。

表 3-20 ULTRA-SAFE620-1 主要性能指标

理化性能	外观	黏度/$mm^2 \cdot s^{-1}$（40℃）	黏度指数	密度/$g \cdot cm^{-3}$（20℃）	凝固点/℃	pH 值	闪点	燃点
指标值	红色透明液体	36~42	200	1.07	>-40	9.2~9.6	无	无

（3）美孚 HFC46-水溶性抗燃液压油，主要性能指标见表 3-21。

表 3-21 HFC46-水溶性抗燃液压油主要性能指标

理化性能	黏度/$mm^2 \cdot s^{-1}$（40℃）	含水量（质量百分比）/%	密度/$g \cdot cm^{-3}$（20℃）	倾点/℃
指标值	48	50.0	1.072	-31

（4）壳牌爱乐施防火液压油 C46，主要性能指标见表 3-22。

表 3-22 C46 主要性能指标

理化性能	外　观	黏度/$mm^2 \cdot s^{-1}$			黏度指数	密度/$g \cdot cm^{-3}$（20℃）	倾点/℃
		20℃	40℃	65℃			
指标值	黄色透明液体	94	40	16.5	140	1.084	-18

使用水-乙二醇的注意事项：（1）由于水-乙二醇为含水型抗燃液，为了减少水分的蒸发，避免黏度的变化过大，应注意控制油箱内的温度。对开式油箱应将温度控制在49℃以下；闭式油箱则液温不应超过60℃。一般来说，使用温度最好维持在35~45℃的范围内[12]。（2）使用压力一般控制在油泵额定压力的70%~80%之内。（3）在泵的吸入处不宜装精密过滤器。如果要装，可装0.147~0.246mm（60~100目）的网式过滤器。

3.4.1.2 柴油

柴油是轻质石油产品，成分是复杂烃类（碳原子数约10~22）混合物，因主要作为柴油机燃料而得名。与汽油相比，柴油具有能量密度高、燃油消耗率低的优点。柴油主要由原油蒸馏、催化裂化、热裂化、加氢裂化、石油焦化等过程生产的柴油馏分调配而成；也可由页岩油加工和煤液化制取。它分为轻柴油（沸点范围180~370℃）和重柴油（沸点范围350~410℃）两大类，最主要的用途是大型车辆、铁路机车、船舰的柴油发动机。柴油使用性能中最重要的是着火性和流动性，其技术指标分别为十六烷值和凝点，我国柴油现行规格中要求硫含量控制在0.5%~1.5%。

柴油主要成分是由烷烃、烯烃、环烷烃、芳香烃、多环芳烃、少量硫和氮及添加剂组成的混合物。与重柴油相比，轻柴油质量要求较严，十六烷值较高，黏度较小，凝固点和硫含量较低，在电弧炉领域主要用于烧嘴的燃料，要求硫小于60g/kg、氮小于1g/kg。不同型号的柴油密度不同，如0号轻柴油的密度0.84kg/L，+20号重柴油的密度0.87kg/L，通常柴油的密度按0.84kg/L计。0号轻柴油的闪点不低于55℃，凝点不高于0℃。0号轻柴油的热值为42700kJ/kg[13]。

3.4.2 电弧炉炼钢水系统

在电弧炉中使用的水均为净环水，主要用于水冷炉壁、炉盖、变压器、电缆及二次导体、水冷碳氧枪、烟气蒸发冷却器、烟气冷却及炉体周围水冷件的冷却介质。它分为闭环和开环两种，使用压力一般为0.55MPa。在炼钢过程中需要考虑进出水的温度、压力和流量等。

闭环常使用有压回水，开环常使用无压回水。有压回水指回水至有压系统，需要增设动力设备实现，相当于增加了冷却水的流量，可以降低介质的温度来保证工艺要求。无压回水指回水至常压系统，根据高度自流和本身余压实现，不需增设动力设备。

电弧炉冷却对水质的要求见表3-23。

表3-23 电弧炉冷却对水质的要求

项　目	pH值	硫酸盐 /mg·L^{-1}	氯化物 /mg·L^{-1}	硬度（$CaCO_3$） /mg·L^{-1}（°dH）	悬浮物 /mg·L^{-1}	电导率 /μS·cm^{-1}	总盐 /mg·L^{-1}
指标值	7~9	150	100	6	20	750	500

3.4.3 电弧炉炼钢使用的各种气体

3.4.3.1 氧气

氧气在0℃及1.013×10^5Pa下密度为1.33g/cm^3，熔点-218.4℃，沸点-183℃，1L水

中溶解约30mL氧气。氧气是电弧炉炼钢的重要氧化剂，它可强化熔炼，降低电耗，缩短冶炼时间。吹氧能使熔池激烈沸腾，有助于排除钢液中的气体。对氧气的主要技术要求见表3-24[14]。

表3-24 氧气的技术要求

名称	指标		
	纯度/%	水分/%	使用压力/MPa
氧气	>99.6	<0.2	0.8~1.2

氧气通过制氧机得到，工业制氧主要包括空气冷冻分离法和分子筛吸附法。空气冷冻分离法是传统制氧方式，是将空气以高密度压缩冷却，使之成为液态空气，利用氧和氮的沸点的不同。在精馏塔中把液态空气多次蒸发和冷凝，将氧气和氮气分离开来，得到纯氧（可以达到99.6%的纯度）和纯氮（可以达到99.9%的纯度）[15]。由空气分离装置产出的氧气，经过压缩机的压缩，最后将压缩氧气装入高压钢瓶储存，或通过管道直接输送到工厂、车间使用。深冷空分制氧设备复杂、占地面积大，基建费用较高，设备一次性投资较多，运行成本较高，安装要求高、周期较长。该方法制氧产量大，纯度高，适用于大规模需要氧气的流程。自建液氧储存站，外购液氧得到气态氧是小钢厂的常见做法[16]。

分子筛吸附法是以空气为原料，运用变压吸附原理，利用氮分子吸附能力大于氧分子的特性，使用特制的分子筛把空气中的氧分离出来[17]。与传统制氧法相比，它具有工艺流程简单、自动化程度高、产气快、能耗低，产品纯度可在较大范围内根据用户需要进行调节，操作维护方便、运行成本较低、装置适应性较强，故在1000Nm^3/h以下制氧设备中具有竞争力。但其氧气产品纯度不如深冷空分法，冶金效果相对差些。

3.4.3.2 压缩空气

压缩空气主要由氮气、氧气、稀有气体（氦、氖、氩、氪、氙、氡）、二氧化碳以及其他物质（如水蒸气、杂质等）组合而成。其中氮气的体积分数约为78%，氧气的体积分数约为21%，稀有气体（氦、氖、氩、氪、氙、氡）的体积分数约为0.934%，二氧化碳的体积分数约为0.04%，其他物质（如水蒸气、杂质等）的体积分数约为0.002%[18]。空气的成分不是固定的，随着高度的改变、气压的改变，空气的组成比例也会改变，在0℃及1.013×10^5 Pa下空气密度为1.29g/cm^3。压缩空气是使用最多、最便宜的介质。它输送方便，没有特殊的有害性能，没有起火爆炸危险，不怕超负荷，来源取之不尽。压缩空气分为普通压缩空气和净化压缩空气。普通压缩空气主要用于设备的吹扫、除尘布袋脉冲反吹、清洁等，一般使用压力不小于0.55MPa，净化压缩空气是经过除油、除灰和干燥的压缩空气。它主要作为气动元件的动力和载体之用。如承载喷碳的载体、仪表用气等。使用压力根据用户点的不同要求也不一样，一般为0.5~0.7MPa，净化压缩空气品质要求见表3-25。

表 3-25 净化压缩空气品质要求

名称	指标			
净化压缩空气	常压露点温度/℃	含油量/mg·m^{-3}	固体粒子	
			粒径/μm	浓度/mg·m^{-3}
	-40	≤1	≤1	≤1

3.4.3.3 氮气

氮气比较稳定，一般是通过分离空气得到，在制氧的同时得到氮气。氮气的密度为 1.25g/cm^3，工业纯度不小于 99.99%。氮气主要用于冶炼高锰钢、奥氏体不锈钢等钢种，可通过底吹手段进入钢液增氮。氮气比氩气便宜，对钢中氮要求不严格的钢种而言，可以用于钢液的搅拌，以降低生产成本。氮气也用于烧嘴或射流氧枪的保护吹扫气体，或者喷射冶金输送碳粉等粉料的载气。

3.4.3.4 氩气

氩气是一种惰性气体，在一般条件下非常稳定。在深冷空分制氧设备上增加一些附加装置，就可以提取出氩、氖、氦、氪、氙等稀有惰性气体。氩气的密度为 1.78g/cm^3，氩气主要用于喷射冶金及钢液的搅拌，以去除夹杂物等。为了防止钢液的二次氧化，在出钢及浇铸过程中，也作为保护气体使用。纯度不小于 99.99%。最大使用压力 1.6MPa。

3.4.3.5 煤气

煤气种类繁多，成分复杂。钢厂使用的一般是焦炉煤气、高炉煤气、转炉煤气。焦炉煤气是指用几种烟煤配成炼焦用煤，在炼焦炉中经高温干馏后，在产出焦炭和焦油产品的同时得到可燃气体，是炼焦产品的副产品。焦炉煤气主要由 H_2 和 CH_4 构成，分别占 56% 和 27%，并有少量 CO、CO_2、N_2、O_2 和其他烃类；发热值为 18250kJ/Nm^3，密度为 0.4~0.5kg/Nm^3。焦炉煤气主要作燃料和化工原料。高炉煤气为炼铁过程中产生的副产品，主要成分为 CO、CO_2、N_2、H_2、CH_4 等，其中可燃成分 CO 含量约占 25%，H_2、CH_4 的含量很少，CO_2、N_2 的含量分别占 15%、55%，热值仅为 3500kJ/Nm^3 左右[19]。转炉煤气无色无味、有剧毒、易燃易爆，是炼钢过程中产生的副产品。成分包括 CO、CO_2、N_2、H_2 和微量 O_2，其中 CO 含量为 60%~80%，热值 16000kJ/Nm^3 左右。有时几种煤气配合成各种不同热值的混合煤气使用。

煤气在电弧炉主要用于烧嘴的可燃气体或射流氧枪的辅助保护气体，使用压力要求较高，一般不低于 0.2MPa。杂质要求比烘烤用严格，需要事先除去，具体见表 3-26[19]。

表 3-26 煤气杂质含量要求

名称	焦油	萘	H_2S	NH_3
含量/mg·m^{-3}	≤50	≤100	≤20	≤30

3.4.3.6 蒸汽

蒸汽来源广泛，在电弧炉蒸汽主要使用在除尘系统的箱体保温，防止温度过低灰尘在布袋结死。一般压力为0.4~0.5MPa。有些钢厂采用烟道蒸汽发电技术，利用烟气余热将水冷板里面的水直接蒸汽化，用于发电。

3.4.3.7 乙炔气

纯乙炔为无色芳香气味的易燃气体，电石制的乙炔因混有H_2S、PH_3、AsH_3而有毒，并带有特殊的臭味。在液态和固态下或在气态和一定压力下，乙炔有猛烈爆炸的危险，受热、震动、电火花等因素都可以引发爆炸，因此不能在加压液化后贮存或运输。工业上是在装满石棉等多孔物质的钢瓶中，使多孔物质吸收丙酮后将乙炔压入，以便贮存和运输。为了与其他气体区别，乙炔钢瓶的颜色一般为乳白色，橡胶气管一般为黑色，乙炔管道的螺纹一般为左旋螺纹。乙炔燃烧时能产生高温，氧炔焰的温度可以达到3200℃左右，用于切割和焊接金属。一般使用压力为0.05MPa。

3.4.3.8 天然气

天然气主要成分是烷烃，其中甲烷占绝大多数，如气田气中甲烷含量94%~96%，油田伴生气中83%左右，另有少量的乙烷、丙烷和丁烷。此外一般含有硫化氢、二氧化碳、氮气、水气和少量一氧化碳及微量的稀有气体氦和氩等，硫化物等杂质在大多数情况下会预先除去。供最终客户的天然气要用硫醇、四氢噻吩等来添加气味以帮助泄漏检测。

天然气不溶于水，0℃及101.325kPa（1atm）条件下密度为0.7174kg/Nm^3，相对空气密度为0.5548，燃点为650℃，在空气中爆炸极限体积分数为5%~15%。上述标态下天然气燃烧热值为33600~38800kJ/m^3。在电弧炉领域天然气主要用于烧嘴或集束氧枪燃烧、烤包的燃料。

3.4.4 介质的标识

各种气体、液体管道色标见表3-27。

表3-27 各种气体、液体管道色标（GB 16912—2008）

输送气体、液体名称	管道颜色	色环
蒸汽	大红	—
空气	淡灰	—
氧气	淡蓝	—
氮气	浅黄色	—
污氮	棕色	—
氢气	红色	白
氩气	银灰色	—
煤气	黑色	—
上水	艳绿	—
下水	艳绿	黑
油（进）	黄色	—

续表 3-27

输送气体、液体名称	管道颜色	色环
油（出）	黄色	黑
加温解冻气	红色	黑
消防水	红色	—

在各种介质的标示中，根据 GB 50028—2006 规定天然气的架空管道为黄色，地埋管道钢管为黑色。

参考文献

[1] 李飞，刘殿文，章晓林，等．云南某萤石与重晶石共生矿选矿试验研究［J］. 矿冶，2017，26（2）：17-22.

[2] 付志群，宾鸿伟，何卫顽．150m^3 气烧竖窑煅烧轻烧白云石的理论和实践［J］. 科技创新与应用，2018（24）：62-63.

[3] 张艳利，王宪，贾全利．炼钢电炉用耐火材料的现状和发展［J］. 耐火与石灰，2019，44（3）：7.

[4] 王中丙．现代电炉—薄板坯连铸连轧［M］. 北京：冶金工业出版社，2004.

[5] 刘会林，朱荣．电弧炉短流程炼钢设备与技术［M］. 北京：冶金工业出版社，2012.

[6] 栾心汉．镍铁冶金技术及设备［M］. 北京：冶金工业出版社，2010.

[7] 葛春钰．炼钢电炉用耐火材料的现状和发展［J］. 消费导刊，2020，44（3）：7-13.

[8] 何智权，刘雁伟，张发．一种石墨电极生产用烟气处理装置［P］. CN212538846U. 2021-02-12.

[9] 郑景须，朱海哲，贾文涛．超高功率石墨电极新标准解析［J］. 炭素技术，2019，38（5）：62-63.

[10] 李思锐，江秀龙，马德武，等．我国电弧炉炼钢发展现状及前景［J］. 四川冶金，2018，40（2）：19-21，42.

[11] 谈彬斌，李诚．一种环保高性能石墨电极抗氧化涂料及其检测方法［P］. CN111518423A. 2020-08-11.

[12] 李文庆，王广福．水乙二醇抗燃液压油的抗燃性检测设备：CN210401341U［P］. 2020-04-24.

[13] 杜玉栋，祁朝喜，李颖．BN128 快速凝点测定仪与 SZND-04 型电脑凝点测定仪测定柴油凝点方法比较［J］. 石油化工应用，2017，36（12）：140-142.

[14] 蔡文市，陈艺东，杨清玲，等．一种防泄漏安全型氧气储存设备［P］. CN213542059U. 2021-06-25.

[15] 刘永，许超，李顺，等．分子筛制氧机［P］. CN206735800U. 2017-12-12.

[16] 李国平．你知道深冷空分制氧技术是什么吗？［J］. 医用气体工程，2017，2（4）：6.

[17] 史彦勇，曾宪军，王奋中．水泥回转窑富氧燃烧技术之所见［J］. 中国水泥，2017（7）：102-104.

[18] 陈彬强，蔡勇．一种室内用空气循环系统空调机［P］. CN107166604A. 2017-09-15.

[19] 刘崇贺，李建梅．低氮燃烧器改造及运行调整方法探讨［J］. 工业，2015（21）：149.

4 现代电弧炉炼钢设备

4.1 现代电弧炉炼钢设备

炼钢电弧炉的构造主要是由炼钢工艺决定的，同时与电弧炉的公称容量、冶炼周期、留钢量大小、冶炼钢种、出钢方式、原料条件、有无废钢预热、废钢及原料加料方式等因素相关。电弧炉的基本结构见图 4-1[1]。现代电弧炉炼钢设备包括下列系统：机械设备、供电系统、供氧和辅助能源系统、电气自动化系统、装料系统、废钢预热系统、排烟除尘系统、出钢出渣系统。

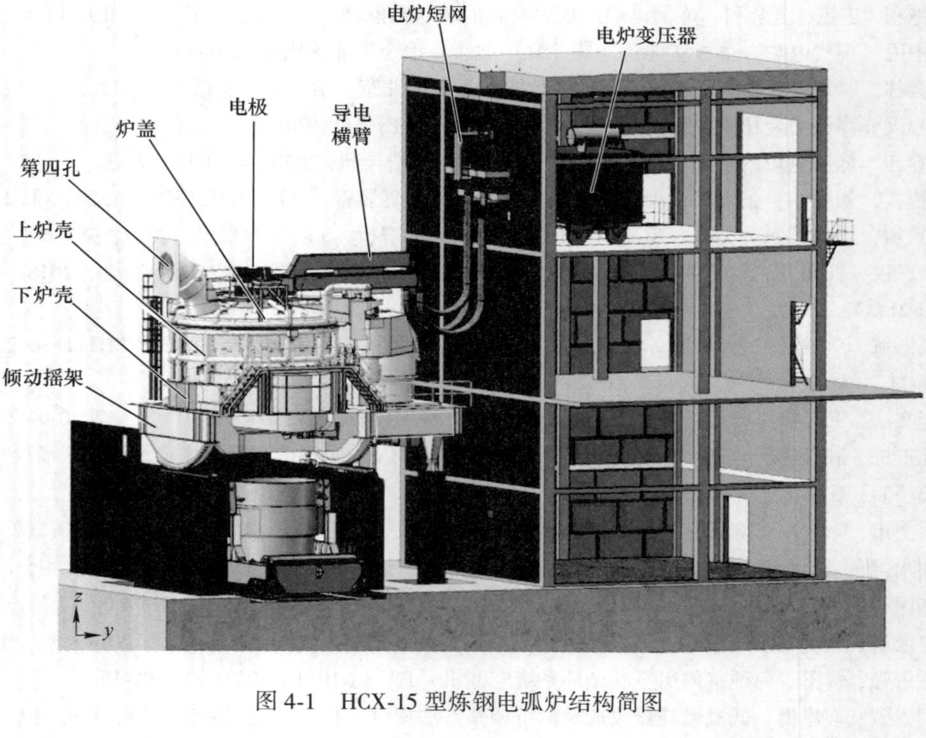

图 4-1　HCX-15 型炼钢电弧炉结构简图

4.1.1 机械设备

电弧炉的主要机械设备由炉体装置、导电横臂和升降装置、炉体倾动系统、炉盖提升和旋转装置等几部分组成。炼钢电弧炉各部分机械结构见图 4-2[2]。

炉体是炼钢电弧炉最主要的装置，它用来熔化炉料和进行各种冶金反应。电弧炉炉体由金属构件和耐火材料砌筑成的炉衬两部分组成。炉体的金属构件包括炉壳、水冷炉壁、

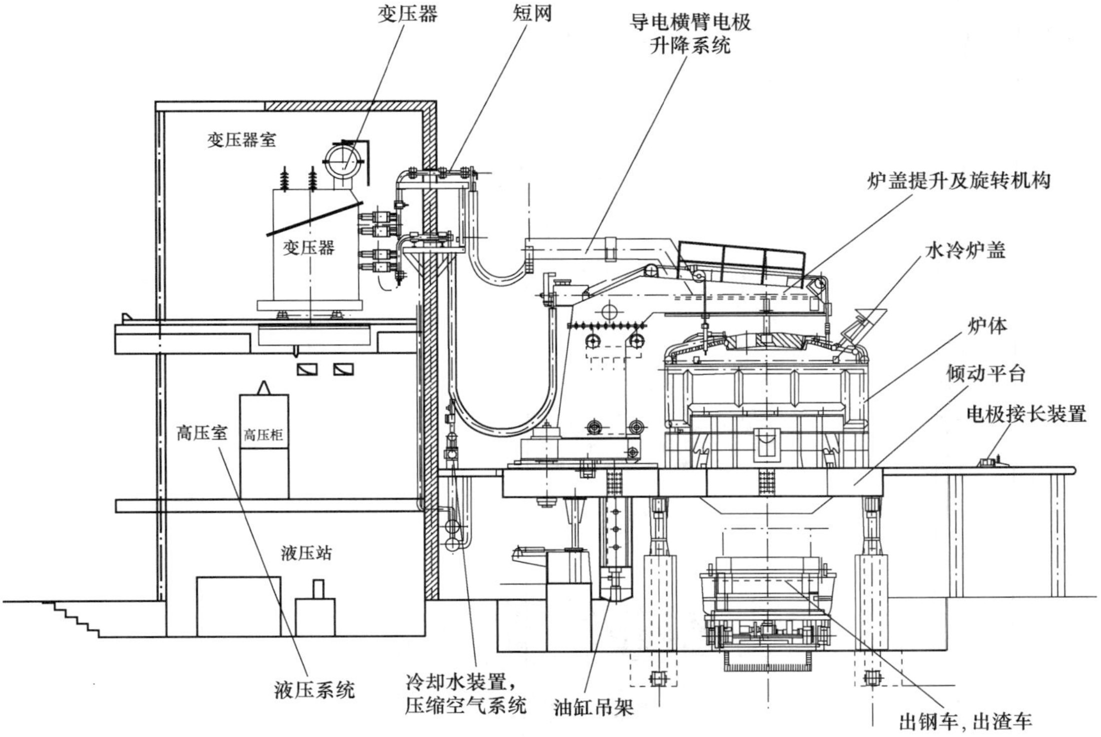

图 4-2　炼钢电弧炉各部分机械结构

水冷炉门及开启机构、出钢系统、炉盖圈和电极密封圈以及水冷炉盖等部件。炉壳是用钢板焊成的，其上部有加固圈。大型炉子炉壳上部往往做成双层的，中间通水冷却。炉门供观察炉内情况及流渣、取样、测温等操作用，炉门口用炉门盖开关，炉门一般通水冷却。小型电弧炉的炉门盖用人工启闭，大型炉子用压缩空气或液压机构等启闭。出钢槽连在炉壳上，外部用钢板焊成，内部砌耐火材料供出钢用[3]。对于偏心底出钢，出钢口设在偏心区下部，出钢口为一个圆形孔洞，在保证出钢口填料的加入和对出钢口维护方便以及出钢安全的前提下，出钢口距炉体中心越近越好。电弧炉的炉盖四周是一个用钢板或型钢焊成的圆环形构件，称为炉盖圈，里面大多通水冷却。炉盖用耐火材料砌成圆拱形。炉盖有 3 个呈正三角形对称布置的电极孔，在电极孔与电极之间设有电极密封圈。电极密封圈是用钢板做成的圆环形，里面通水冷却，炉盖上还设有除尘孔和加料孔。

电弧炉在炼钢过程中，由于要不断地熔化炉料，同时在熔炼各期要求供给不同的电能，因此电极需要随时升降来保证或调整电弧的长度。电极通过电极夹持器装在导电横臂上。电极夹持器可以夹紧和松放电极。在熔炼过程中，电极的升降受电极自动调节装置的控制。电极升降装置由导电横臂、立柱和传动机构组成。

立柱结构有活动式立柱和固定式立柱两种，大型电弧炉一般都采用活动式立柱结构。传动方式有钢丝绳传动、齿轮和齿条传动、液压传动三种。大型电弧炉一般采用液压传动。

炼钢电弧炉炉体（壳）系统一般包括炉壳、炉顶圈、工作门、炉衬。传统炼钢电弧炉炉体结构见图 4-3，现代炼钢电弧炉炉体结构见图 4-4[4]。

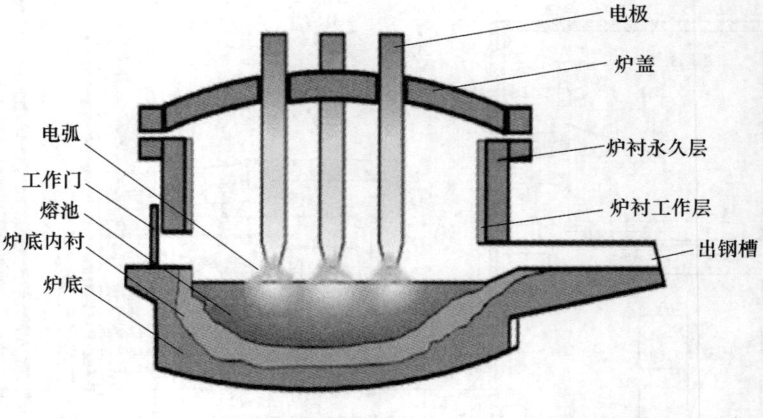

图 4-3 传统炼钢电弧炉炉体结构示意图

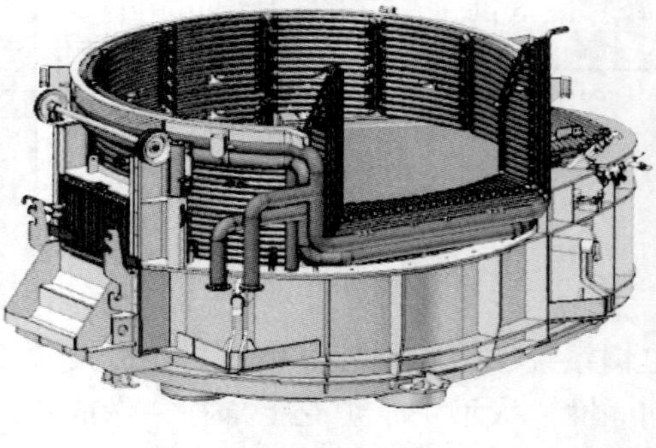

图 4-4 现代炼钢电弧炉炉体结构示意图

4.1.1.1 电弧炉炉体系统

电弧炉炉体构造主要由冶炼工艺决定，同时又与电弧炉的容量、功率水平及装备水平有关。炉体它不仅要承受钢水的重量，还要承受炉身和全部耐火材料的重量，并且要抵抗顶装料时的强大冲击力及炉衬被加热所产生的热应力。同时，还要考虑工作中的整体吊运。因此，炉体应具有足够的强度。大中型普通功率电弧炉炉体的炉身周围焊有加固筋或加固圈，为了防止炉体受热变形，在炉体上部分都采用箱式通冷却水的加固圈。

A 上炉体

对于 30t 以上的电弧炉，炉体一般做成分体式，即炉身壳和炉壳底是分开的，见图 4-5[5]。炉身壳为了加工方便通常做成圆筒形，也有少数电弧炉做成锥形和梯形以增加炉衬寿命，竖式电弧炉炉体则做成椭圆形。目前，高功率和超高功率电弧炉基本上采用管式水冷炉壁和管式水冷炉盖。由于要和管

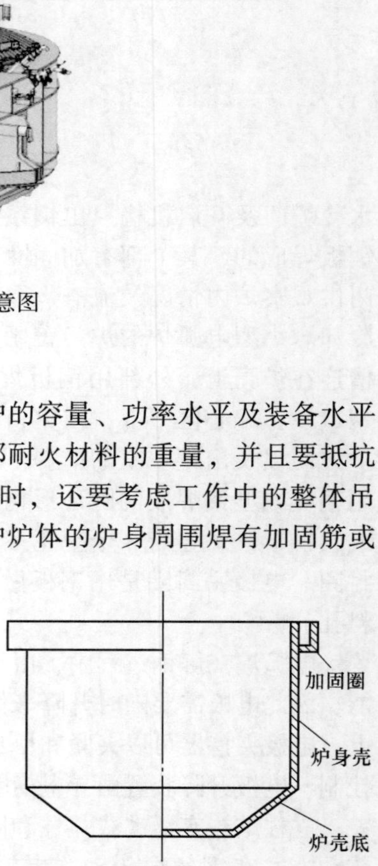

图 4-5 炉壳

式水冷炉壁配套，上炉体一般都做成鼠笼框架式。

B 下炉体

下炉体主要用于盛钢水，需要承受钢水、上炉体和全部耐火材料的全部重量，工作环境恶劣，高温及急冷急热频繁变化，需要下炉体有足够的强度和刚度。熔池的形状应有利于冶金反应顺利进行，气体和夹杂物易于从金属中排除，容易砌筑，修补方便。目前较多的是熔池上部分为圆柱形，中部为倒置的锥形，下部为球冠形。球冠形电弧炉炉底使得熔了的钢液能积蓄在熔池底部，迅速形成熔池，加快炉料熔化并及早造渣去磷。截锥形炉坡倾角为45°，45°角成为自然堆角，沙子等松散材料堆成后的自然堆角正好是45°。利用镁砂等自然滚落的特性，可以很容易地使被侵蚀后的炉坡得到修复。因此，许多大型电弧炉都采用刚度大的球形底，见图4-6[6]。然而，由于球形底制造困难且成本高，而锥形底虽然刚度比球形底差，但其易于制造，所以目前小型电弧炉普遍采用锥形底，大型电弧炉炉底多为球柱相接的碟形炉底。平底最容易制造，但其刚度差，易变形，耐火材料消耗大，所以很少采用。

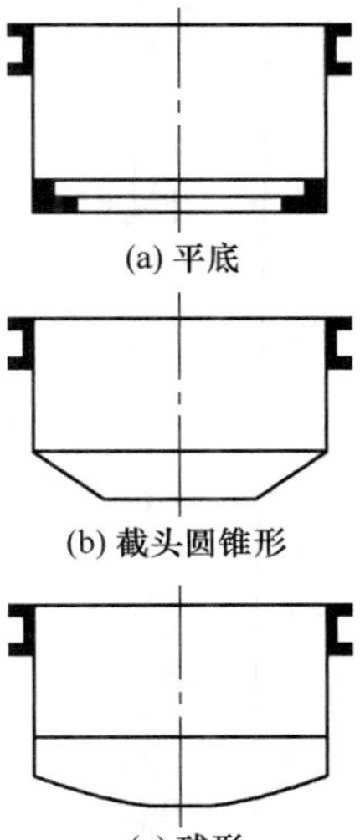
(a) 平底
(b) 截头圆锥形
(c) 球形

图4-6 炉壳底的三种形式

偏心炉底出钢炉体结构与槽出钢电弧炉不同，在出钢一侧有一凸腔部分，断面为鼻状椭圆形。在凸腔部分的底部布置出钢口，用以完成电弧炉的出钢。

C 炉壳

炉壳钢板的厚度与炉壳直径大小有关，根据经验大约为炉壳直径的1/200。通常炉壳钢板的厚度为12~30mm[7]。炉壳直径4 m以上的大中型电弧炉，炉壳做成上下能拆的两部分，接缝应避开渣线，一般上部炉壳安装水冷壁，下部是用耐火材料砌筑的炉衬。炉身壳做成圆筒形，可以减少散热面积及热损失。炉门和出钢口四周的切口部分需用钢板加固。容量20t以上的电弧炉在炉壳外面焊有水平和垂直的加固筋。

炉壳上沿的加固圈用钢板或型钢焊成。在大中型电弧炉上都采用中间通水冷却的加固圈，以增加炉壳的刚度，防止炉壳由于受热而变形，保证炉壳与炉盖接触严密。近年来，炉壳加固圈部分高度不断增大，渣线以上部分均通水冷却，使炉壳变成一个带夹层的水冷炉壳[8]。水冷炉壳提高了炉墙的寿命，但会造成一定的热损失。

在正常熔炼情况下，电弧炉炉壳外表面的温度为100~150℃。许多钢厂都采用备用炉壳，在热状态下调换炉壳，以提高电弧炉作业率。电弧炉炉盖升降旋转、电极升降、倾炉等结构一般都是安装在电弧炉的摇架上，电弧炉下炉壳也坐在摇架上，一般不和炉壳直接连接，炉壳上还有炉门、出钢口（或偏心出钢区以及热装铁水装置）等。这些均要求炉壳有足够的机械强度和刚度。

D 炉盖圈

炉盖圈要承受拱起的炉顶砖的重量和热膨胀的作用力。炉盖圈应通水冷却，防止变形，其直径应大于炉壳直径，使全部炉顶重量施加于炉壳加固圈上而并非炉壁上。

现代炼钢电弧炉由于变压器功率提高、生产节奏加快，炉盖大部分采用水冷结构，只是在电极区由少部分耐火材料砌筑，这样提高了炉盖寿命。炉盖圈与炉壳之间必须有良好的密封，否则高温炉气会逸出，不仅增加电弧炉的热损失和使冶炼时造渣困难，而且容易烧坏炉壳上部和炉盖圈。在炉盖圈外沿下部设有刀口，使炉盖圈能很好地插入到加固圈的砂封槽内。因此，要求炉盖环的外径要大于炉体外径，两者间隙要在 30~50mm 之间。这样不仅能保证炉体与炉盖密封，而且可使炉盖打开和关闭容易[9]。此外，为了使炉盖在炉体倾动时不致滑动，在炉壳上应安装阻挡用螺栓或挡板。

E 炉门

炉门供观察炉内情况及流渣、吹氧、测温、取样、加料等操作用。炉门包括炉门盖、炉门框、炉门门槛和炉门升降机构等几部分。对炉门的要求是：结构严密、升降简便灵活，牢固耐用，同时各部分便于拆装。炉壳直径 5m 以下的炼钢电弧炉通常只设一个工作门和出钢槽（或出钢区）。大型炼钢电弧炉有时在炉壳侧面增设一个操作工作门，电弧炉工作门要易于开关，以减少高温辐射热损失便于操作。一般常采用液压和电动升降控制的工作门。

F 炉衬

电弧炉炉衬指熔炼室炉底和炉壁。炉底炉衬厚度，应保证炉壳在使用期间，外表温度不大于 150℃，以防止钢结构发生变形，并减少热量损失。炉壁厚度，应保证炉壳外部温度不大于 100~150℃。炉墙倾斜度大约为 10%。一般要求炉墙下部厚度等于炉底厚度的 2/3[10]。炉衬要求耐高温，导热系数小，抗热震性能耗，抗渣性好，高温下有足够的机械强度，结构严密不会渗漏钢液和熔渣。

a 炉底

早期电弧炉常采用碱性炉衬，炉底可分成工作层、支持层和绝热层三层。

中小型电弧炉工作层常采用镁砂打结，厚度约 250mm，要求镁砂中 MgO 含量不小于 95%。大中型电弧炉工作层一般采用含 MgO 达 95%、用焦油浸渍过的烧结镁碳砖砌筑。

支持层的厚度可达 500mm，通常用含 MgO 90%~98%的镁砖。

绝热层用作增加整个炉底的热阻，以减少钢水纵深的温度差。

渣线区的耐火材料应能抵抗高氧化铁的炉渣侵蚀，因此，采用含高 MgO 的烧结镁砖或镁碳砖，合适的喷补炉材料对提高渣线寿命相当关键。

含 Al_2O_3>70%的高铝砖是国内最普遍的炉顶砖。有些炉顶在局部用碱性砖，使寿命延长，如铬镁砖。

近年来电弧炉炉衬结构通常为两层，即永久层和工作层。

永久层在炉衬外层，主要起到保温作用。通常是在炉壳上先铺一层 10~20mm 厚的硅藻土粉或石棉板，上面再平砌一层厚度为 65mm 的绝热镁砖，总厚度一般在 65~80mm[11]。

工作层在永久层内部与钢水直接接触，热负荷高，化学侵蚀严重、机械冲刷作用强烈，极易损坏。打结方法有打结、振动和砌筑三种。目前应用最多的是炉底镁砂打结及炉壁用镁碳砖砌筑。

b 炉壁

电弧炉炼钢过程中，炉壁除承受高温、急冷急热作用外，还承受炉气、烟尘、弧光辐射作用和料筐的碰撞与振动等，同时含 FeO、CaO、SiO_2 和 Al_2O_3 的炉渣以及炉尘被喷溅到炉壁上，和炉壁相浸润，这样会向耐火材料中的气孔中渗透，表面层会被渣化，如果由于机械原因或冲击而剥落，就会造成炉壁的损坏。因此，砌筑的炉墙在高温下应具有足够的强度及抵抗冲刷与冲击的能力。绝热层采用 10～20mm 的石棉板和竖砌一层砖缝不大于 1.5mm 的 65mm 厚的镁砖组成。工作层常见的用镁碳砖砌筑。

G 水冷挂渣炉壁

电弧炉使用耐火材料砌筑，其使用寿命受到限制。由于电弧炉单位功率水平的提高，导致电弧炉内热负荷的急剧增加，炉内温度场分布的不平衡加剧，从而大幅度地降低了电弧炉炉衬的使用寿命。因此，采用水冷挂渣炉壁和水冷炉盖已成为提高超高功率电弧炉炉衬使用寿命、促进超高功率电弧炉炼钢技术发展的重要技术。

采用水冷炉壁的优点在于，能加大电弧炉的输入功率以缩短炉料熔化时间，提高生产率，同时减少耐火材料消耗。各种形式的水冷挂渣炉壁和水冷炉盖，都具有一定的散热能力和相应的挂渣能力，它可以成倍地提高电弧炉炉衬和炉盖的使用寿命，大幅度地降低耐火材料消耗，而且运行安全可靠。

电弧炉水冷挂渣炉壁的结构分为铸管式、板式或管式、喷淋式等。

a 铸管式水冷挂渣炉壁

图 4-7 为铸管式水冷挂渣炉壁。其内部铸有无缝钢管做的水冷却管，炉壁热工作面附设耐火材料打结槽或镶耐火砖槽。该结构特点为：

(1) 具有与炉壁所在部位热负荷相适应的冷却能力，适于炉壁热流 55.5kW/m^2 的条件。

(2) 结构坚固，具有较大热容量，能抗击炉料撞击和因搭料打弧以及吹氧不当所造成的过热。

(3) 具有良好的挂渣能力，易于形成稳定的挂渣层，适应炉内热负荷的变动，能通过挂渣层厚度的变化调节炉壁散热能力与炉内热负荷相平衡。

(4) 管式冷却，冷却速度快，不易结垢。

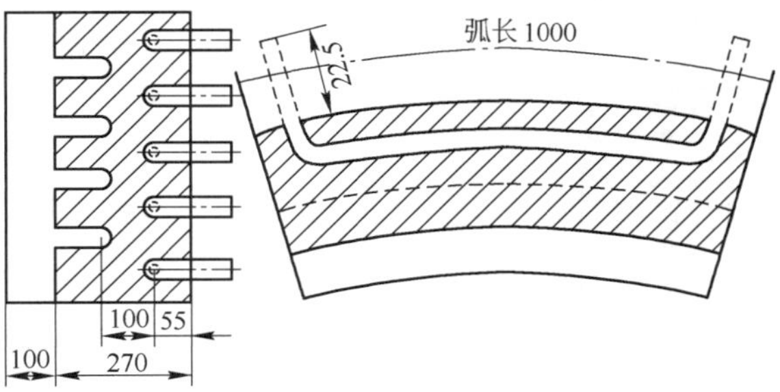

图 4-7 铸管式水冷挂渣炉壁

b 板式和管式水冷挂渣炉壁

板式水冷挂渣炉壁见图 4-8。它用锅炉钢板焊接，水冷壁内用导流板分隔为冷却水流道，其流道截面可根据炉壁热负荷来确定，热工作表面镶挂渣钉或挂渣的凹形槽。

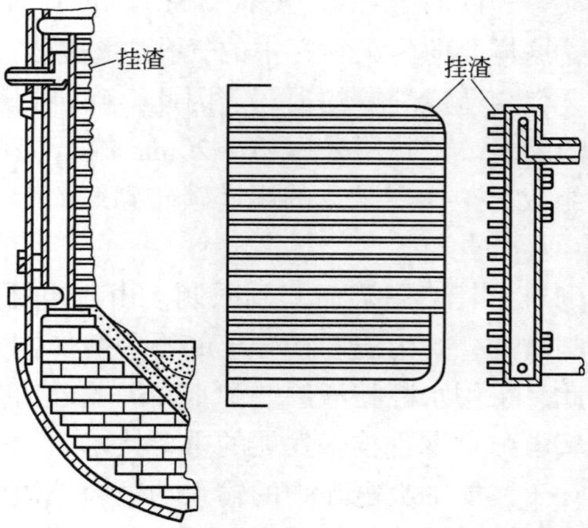

图 4-8 板式水冷挂渣炉壁

管式水冷挂渣炉壁见图 4-9。它用锅炉钢管制成，两端为锅炉钢管弯头或锅炉钢铸造弯头，由多支冷却管组合而成。

板式或管式水冷挂渣炉壁结构的特点为：

（1）适于炉壁热流 0.22～1.26MW/m^2 的高热负荷，适用于高功率和超高功率电弧炉。

（2）具有一定厚度的钢结构的板式或管式水冷壁，其结构坚固，能承受炉料撞击或炉料搭接打弧以及吹氧不当造成的过热。

（3）具有良好的挂渣能力，通过挂渣厚度调节炉壁的热负荷。

（4）利用分离炉壳，易于水冷壁更换，同时可将漏水引出炉外，以保证水冷挂渣炉壁的安全操作，见图 4-10。

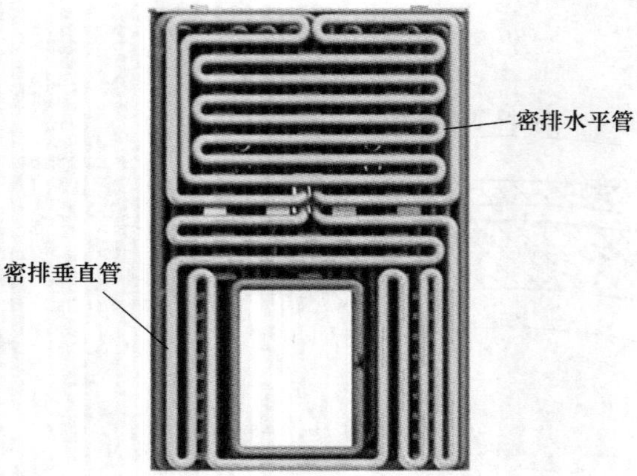

图 4-9 管式水冷挂渣炉壁

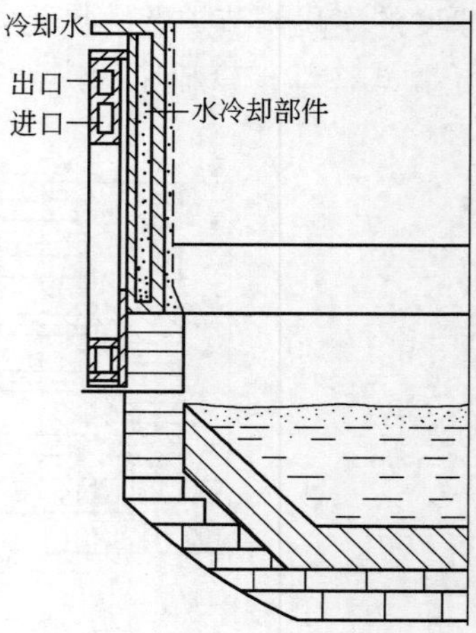

图 4-10 板式或管式水冷挂渣炉壁水冷系统

H 水冷炉盖

电弧炉水冷炉盖的结构主要由水冷管构成，根据水冷却管的布置，将其结构分为管式环状、管式套圈和外环套圈组合式、管式环状与耐火材料组合式等。

水冷炉盖根据需要开设多个孔，包括 3 个电极孔、装辅助料孔、气体排放（除尘）孔等。三相交流电弧炉需 3 个电极孔，直流电弧炉可以有 1 个或 2~3 个孔。由于电极自身被加热，电极孔应由具有良好导热性的水冷却管组成的金属环（电极密封圈）构成。

管式环状与耐火材料组合式水冷炉盖使用较多。炉盖水冷管布置为环状水冷，炉盖中心部分使用耐火材料，其中设置耐火材料电极孔。

4.1.1.2 电极夹持和升降系统

电极升降横臂随废钢的熔化而进行高度的调整，并将电极位置调整到合适且可以输入最大功率的位置，使电极在冶炼过程中灵活而稳定的工作。每座交流电弧炉都装有三套电极夹持和升降机构。它们分别装在横臂和电极升降框架中，依电弧炉的装料系统不同，此框架可以是旋转的、移动的或固定的。电极布置在炉体中心电极分布圆等边三角形的三个顶点上，且中间电极处于距电弧炉变压器最近的那个顶点上。电极通过电极孔伸入炉膛内，熔化炉料。

炼钢电弧炉电极夹持和升降系统包括电极密封圈、电极夹持器、电极横臂和电极立柱电极升降机构、绝缘件、限位装置等。

A 电极密封圈

为了使电极能自由地升降，以及防止炉盖受热变形时折断电极，要求电极孔的直径应比电极直径大 40~50mm。电极与电极孔之间这样大的间隙会造成大量的高温炉气逸出，不仅增加了热损失，而且容易造成炉盖上部的电极温度升高，加剧氧化损失，电极变细而易折断，为此需采用电极密封圈。此外，密封圈还可以冷却电极孔四周的炉盖，提高炉盖的寿命，以及有利于保持炉内的气氛。

密封圈的形式很多，常用的是环形水箱式，见图 4-11（a）[12]。它是用钢板焊成的，为了减少电能的损失，不宜做成一个整环，在圆环上应留有 20~40mm 的间隙，或在分开处嵌入一块非磁性材料的钢板，以避免造成回绕电极的闭合磁路。在大型电弧炉上，密封圈是用非磁性钢制成的。

有些电弧炉上也用蛇形管式密封圈，见图 4-11（b）。它是用无缝钢管弯成，对电极冷却作用良好，但密封性差，易被烧坏，现在很少使用。国外还有采用气封式电极密封圈的，见图 4-12[12]。它是从气室喷出压缩空气或惰性气体冷却电极，并阻止烟气逸出。

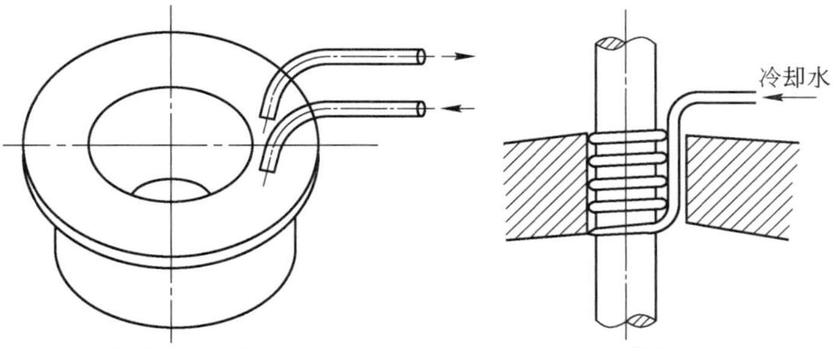

(a) 环形水箱式　　(b) 蛇形管式

图 4-11 电极密封圈

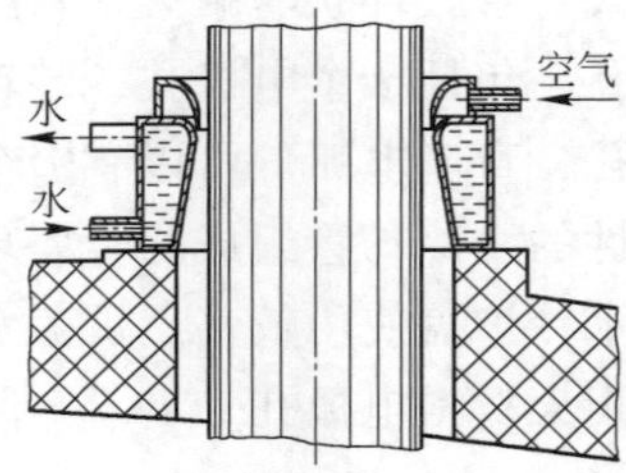

图 4-12 气封式电极密封圈

电极密封圈的外径为电极直径的 1.5~2.0 倍，内径比电极直径大 20~40mm，高度约是电极直径的 0.9~1.0 倍。

密封圈及其水管应与炉盖圈绝缘，以免短路。如果炉盖砖在高温下电阻不够（尤其是中心部分）或是密封圈对地绝缘过小，密封圈有时会与电极发生电弧而被击穿。

B 电极夹持器

电极夹持器有两个作用：一是夹紧或松放电极，二是把电流传送到电极上。电极夹持器由夹头、横臂和松放电极机构等三部分组成。电极夹持器见图 4-13。

图 4-13 电极夹持器

a 夹头

夹头可用钢或铜制成。铜的导电性能好，电阻小，但机械强度较差，膨胀系数大，电极容易滑落，而且铜夹头造价较高，很多炼钢厂改用钢制的夹头，制造及维修容易，强度高，电极不易滑落。

b 横臂

电极夹头固定在横臂上。横臂用钢管做成，或用型钢和钢板焊成矩形断面梁，并附有加强筋。横臂上设置与夹头相连的导电铜管，铜管内部通以冷却水，既冷却导电铜管，又冷却电极夹头。横臂作为支持用的机械结构部分，与电极夹头和导电铜管之间需要很好绝缘，而且导电铜管与支撑的机械结构之间应有足够的距离。大型电弧炉横臂的机械结构是用无磁性钢做成的，以避免横臂机械结构产生涡流发热。横臂的结构还要保证电极和夹头位置在水平方向能做一定调整。

在超高功率电弧炉多采用导电横臂，见图 4-13。它由铜钢复合板或铝钢复合板制成，断面形状为矩形，内部通水冷却，取消了水冷导电铜管、电极夹头与横臂之间众多绝缘环节，使横臂结构大为简化。同时也减少了维修工作量，减少了电能损耗，向电弧炉内输送的功率也可以增加。

c 松放电极机构

夹紧和松放电极的方式很多，有钳式、楔式、螺旋压紧式和气动弹簧式等几种。

现代大型电弧炉多采用弹簧夹紧，柱塞液压缸放松的形式，实现电极的夹紧和放松。

弹簧顶杆式夹持器见图 4-14。它依靠弹簧的张力通过顶杆将电极压于夹头前部，在气缸通入压缩空气后，通过杠杆机构将弹簧压紧，电极被放松。

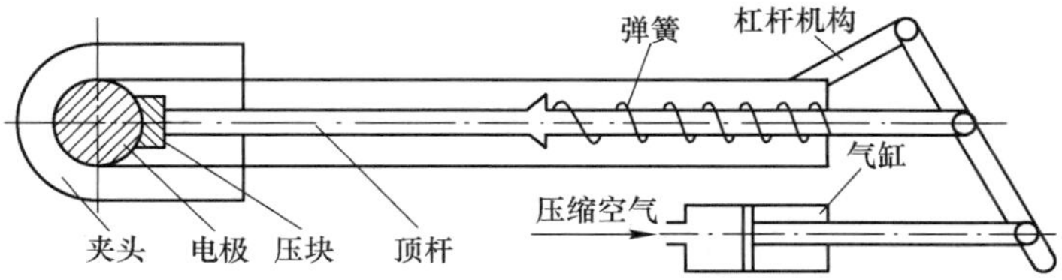

图 4-14 气动弹簧顶杆式夹持器示意图

弹簧拉杆式夹持器见图 4-15。它依靠弹簧的张力带动拉杆，再通过杠杆机构将电极压紧于夹头后部。通入压缩空气后，弹簧被压紧，电极被放松。一般认为拉杆式较好，因为顶杆式的顶杆受压容易变形。同时，在高温下工作的夹头（尤其是铜制的）前部容易变形，造成电极与夹头间接触不良而产生电弧。

弹簧式电极夹持器还可以采用液压传动，其工作原理与气动的相同，只是油缸离电极要远些，最好采用水冷。

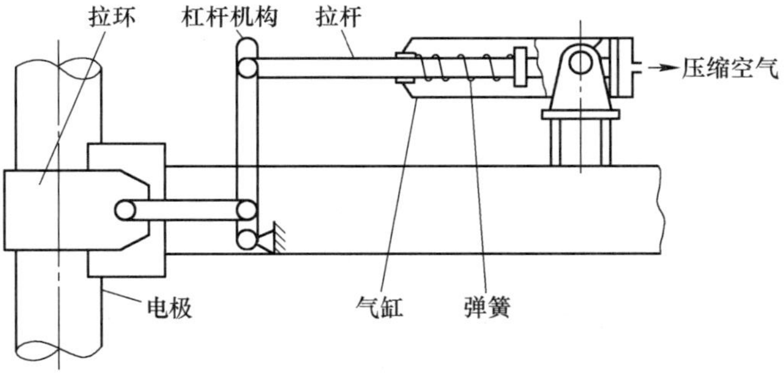

图 4-15 弹簧拉杆式电极夹持器示意图

C 电极横臂和电极立柱

横臂用作装设电极夹头和导电铜管，必须有足够的刚度，在较大的炉子上横臂采用水冷，在传送极大电流的超高功率电弧炉上，中间相的横臂有时用奥氏体不锈钢制作，中间相立柱的上半部分也如此，目的是减少电磁感应发热。现在导电横臂多采用铜钢复合板组成的截面为矩形的箱型结构，铜钢复合板多采用爆破焊接的方式组合在一起，箱体内部需要通水冷却。图 4-16 中展示的就是铜钢复合的导电横臂示意图[13]，目前横臂也有采用铝合金材料的导电横臂，并已在实际中应用。

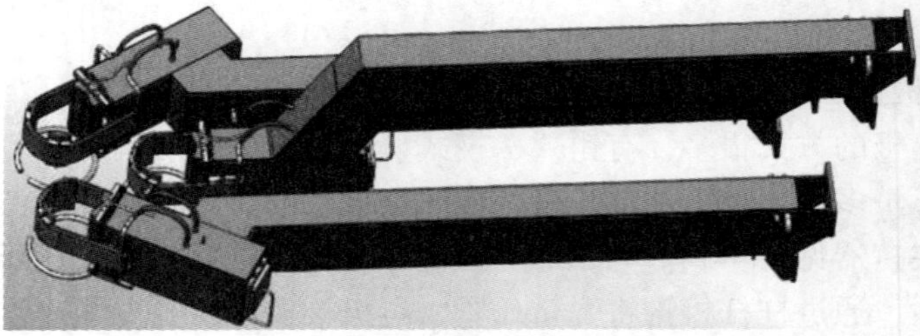

图 4-16 电极导电横臂示意图

D 电极升降机构

a 电极升降装置的类型

电极升降装置根据横臂和立柱的连接方式不同可分成两大类：一种是固定立柱式（也称升降车式）；一种是活动立柱式。电极升降装置见图 4-17。

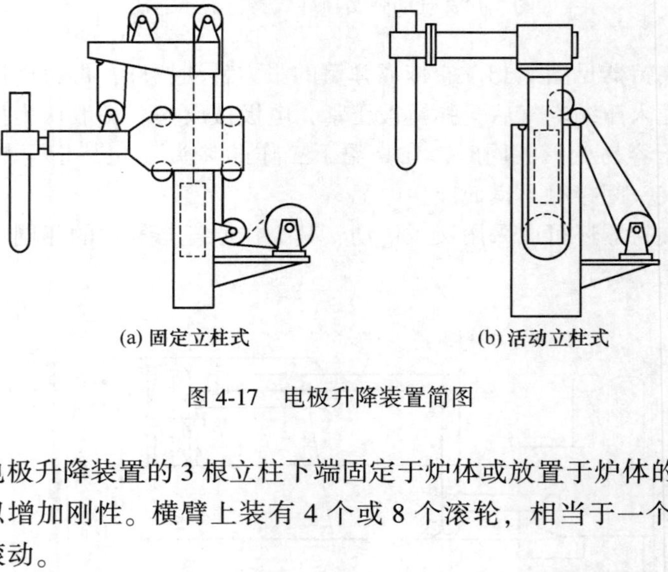

(a) 固定立柱式　(b) 活动立柱式

图 4-17 电极升降装置简图

固定立柱式电极升降装置的 3 根立柱下端固定于炉体或放置于炉体的摇架上，立柱用横梁互相连接，以增加刚性。横臂上装有 4 个或 8 个滚轮，相当于一个升降小车，升降时，滚轮沿立柱滚动。

活动立柱式的横臂和立柱联结成一个“Γ”形支架，一起在固定的框架内升降。框架固定在炉体的摇架上，框架内装有滚轮，活动立柱沿滚轮升降。

b 电极升降机构的工作方式

电极升降机构必须满足下列要求：

（1）升降灵活，系统惯性小，启动、制动快。

（2）升降速度要能够调节。上升要快，否则在熔化期易造成短路而使高压断路器自动跳闸；下降要慢些，以免电极碰撞炉料而折断或浸入钢液中。

电极升降机构有液压传动和电动两种方式。

电动传动的升降机构见图 4-18。通常用电动机通过减速机拖动齿轮齿条或卷扬筒、钢丝绳，从而驱动立柱、横臂和电极升降。为减少电动机的功率，常用平衡锤来平衡电极横臂和立柱自重。电动传动既可用于固定立柱式，也可应用于活动立柱式。

液压传动升降机构见图 4-19。升降液压缸安装在立柱内，升降液压缸是一柱塞缸，缸的顶端用柱销与立柱铰接。当工作液由油管经柱塞内腔通入液压缸内时，就将立柱、横臂和电极一起升起。油管放液时，依靠立柱、横臂和电极等自重而下降。调节进出油的流速就可调节升降速度。液压传动一般只适用于活动立柱式。

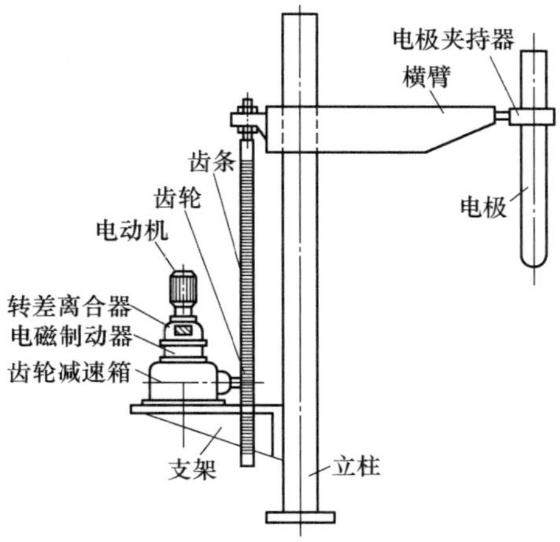

图 4-18 电动传动的电极升降机构

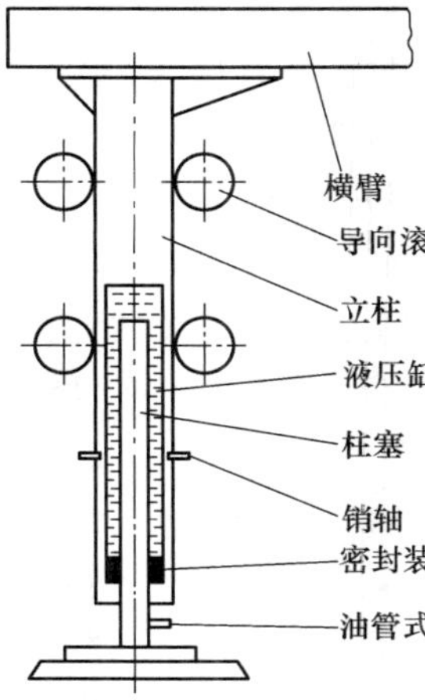

图 4-19 液压传动的电极升降机构

液压传动系统的惯性小，启动、制动和升降速度快，力矩大，在大中型电弧炉上已广泛采用。电极升降还要有足够的行程，电极最大行程可由式（4-1）确定：

$$L = H_1 + H_2 + (100 \sim 150) \tag{4-1}$$

式中 L——电极最大行程，mm；

H_1——电弧炉底最低点到炉盖最高点的距离，mm；

H_2——熔炼 2~3 炉所需电极的储备长度，mm；

100~150——考虑炉盖上涨所留的长度，mm。

4.1.1.3 炉体倾动系统

电弧炉炼钢过程中，根据工艺要求，炉体可以前、后倾动便于出渣和出钢。

A 对倾动机构的主要要求

带传统出钢槽的电弧炉炉体倾动机构，应能使炉体向出钢槽方向倾动 40°~45°，保证炉内钢液在出钢时倒净；向炉门方向能倾动 10°~15°，以便于流渣等操作。出钢时，倾动速度应能调节一般在 0.7°~1.2°/s 之间，倾动时要平稳可靠，不致翻倒炉子。对于偏心底出钢电弧炉，要求出钢方向倾动 15°~20°出净钢水，向炉门方向倾动 10°~15°以利于扒渣，出钢倾炉速度在 0.7°~1.2°/s 之间，而会出钢最大回倾速度在 3°~4°/s 之间[14]。另外，倾动设备的布置要安全，应考虑到漏钢和扒渣时不致被钢液和炉渣所损坏。

B 倾动机构的类型

a 侧倾机构

侧倾机构见图 4-20。在炉壳两侧固定着两个扇形齿轮，水平齿座固定在基础上，传动机构安装在固定底座上。倾动时，电动机经过减速齿轮带动螺杆旋转，使螺母沿螺杆的轴线水平移动，而螺母则安装在扇形齿轴上，从而带动扇形齿轮沿水平齿座滚动，炉体随之倾动。

侧倾机构具有构造简单，不受钢液和炉渣的损害等优点，且检修比较方便。但是炉体的全部重量都加在两个扇形齿轮上，炉壳在倾动时因受扭而容易变形，一般只适用于3t以下的电弧炉。

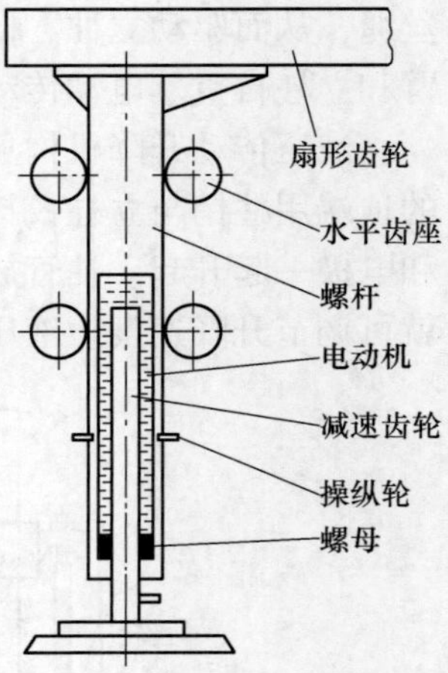

图 4-20 侧倾机构示意图

b 底倾机构

底倾机构炉子要装在专门的摇架上，摇架两侧的扇形板支承在两对大托轮或底座上。按其形式不同分述如下。

（1）扇形板支承在两对大托轮（或称辊轮）上，倾动时摇架沿托轮滚动，出钢口的轨迹是在以倾动中心为圆心的一段圆弧上。见图 4-21，倾动采用液压缸驱动，液压缸一端连接在摇架上另一端通过安装座固定在基础上，液压缸动作时带动摇架上的弧形板在托轮上滚动，完成整个炉体的倾动。

（2）扇形板支承在水平底座上，倾动时摇架的扇形板沿底座滚动，出钢口的运动轨迹是摆线。这种形式的传动机构可用液压传动，也可用丝杆或齿条传动。液压传动较平稳可靠，液压倾动机构见图 4-22。

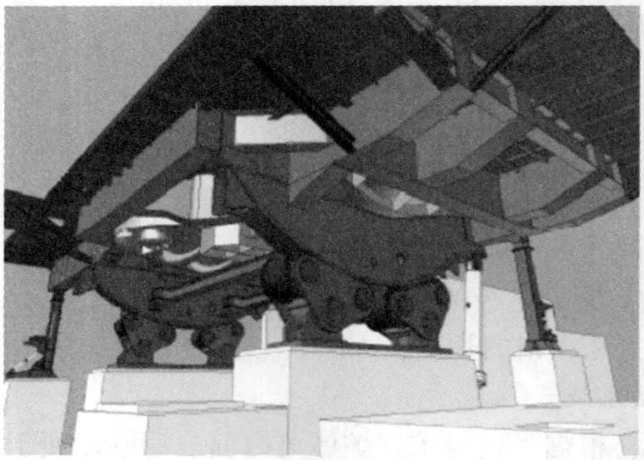

图 4-21 底倾机构简图

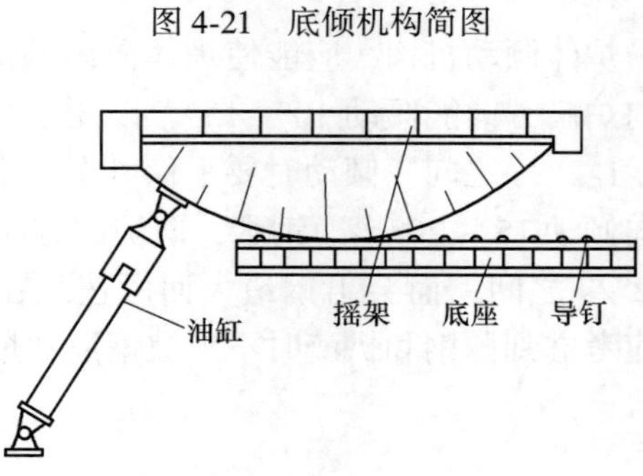

图 4-22 液压倾动机构示意图

倾动时工作液进入液压缸，液压柱塞杆推动摇架，摇架沿水平底座滚动，带动炉体倾动，为防止摇架和水平底座发生相对滑动，在它们的整个接触面上，分别加工成一排孔（导钉孔）和与之相配的凸出物（导钉）。导钉孔形式也比较传统，现在多是在弧形板和滚动底座的边缘采用弧形齿相配合的形式实现倾动导向的。

（3）扇形板支承在弧形底座上，倾动时摇架的扇形板沿弧形底座滚动，出钢口的水平位移最小；但是制造困难，所以很少采用。见图 4-21[15]。

不论采用哪一种支承方式，为了使炉子不会翻倒，都必须使炉子的重心低于其旋转中心。炉子倾动到极限位置时重心也不能跑出扇形板与底座（或托轮）的接触点之外。倾动速度一般为 0.7°~1.2°/s，炉子容量大时速度应小一些。

4.1.1.4　电弧炉的其他械装置

A　水冷装置

为了提高电弧炉的使用寿命和改善炉前的操作条件，电弧炉的许多部位是用水冷却的，通常用水冷却的部位有电极夹持器、电极密封圈、炉壳上部、炉门盖、炉门框、炉盖圈等，现代电弧炉还采用了水冷炉壁和水冷炉盖。

水冷构件的出水口设在构件的最高处，而进水管设在构件的最低处，见图 4-23。冷却水从水冷构件的最下部流入，从最上部流出。这样可以保证热量迅速散去，使构件能均匀冷却。如果出水管在下面或低于构件上部水平面时，构件上部就会形成空气和水蒸气“袋”（见图 4-23（b）（c）），使构件中热水和热汽不能顺利排出，冷水也不能顺利进入构件，构件上部就很容易损坏。考虑到水冷构件有水蒸气产生，所以出水管的断面应比进水管断面稍大些。所有水冷构件和进出水水管都应安装在钢水面以上，以免漏钢时遭受损坏和引起事故。

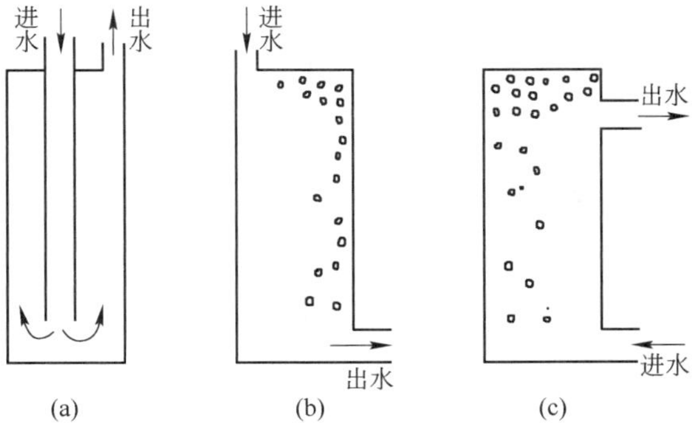

图 4-23　进出水管的合理布置

（a）正确；（b）（c）不正确

通常每个水冷回路设计温度传感器，热区的回路还应有安全阀，总管进、回水管路应设流量、压力、温度等传感器。每个水冷构件应有单独的开关，以便调节水的流量和更换水冷件。水冷系统还应设有便于观察的排水箱（集水槽），以检查冷却水的循环情况及测量水的流量和温度。输入水的压力应大于 0.2MPa，出水温度应小于 45~50℃。

B　气动系统

压缩空气系统成为气动系统。气动系统的气源一般都与车间其他设备共用，而不需单独设置。在设计时给出电弧炉设备所需要的气体压力、流量等参数即可。使用时根据要求，把气体用管道接到所需要的位置。有时，为了使所供气体压力稳定，在设备附近设有专用储气罐。

气动系统由气动三联件、压力表、阀门、管路和支架等组成。除了电极气化喷淋用气体需要连续使用外，其他部位用气体一般是间歇式的。

气动系统的安装位置，一般是安放在炉门侧便于操作的地方。根据用户现场实际情况对气动系统进行配管并选择管路走向。要求管路走向合理有序、美观整洁且便于操作，管夹安装位置需合理、管路固定需牢靠、拆装管路需方便等。

C 润滑系统

润滑是指机械设备发生相对运动过程中在两个接触面之间加入润滑剂，使两个摩擦面之间形成润滑油膜，将直接接触的两表面分开。变干摩擦为润滑剂分子之间的内摩擦。

润滑的作用主要是降低摩擦阻力、减少表面磨损、降温冷却、防止腐蚀、减震和密封等作用。

电弧炉服役环境苛刻，长期在高温及大量烟尘下工作，因此，润滑系统非常重要。根据电弧炉机械设备各运动部件间歇周期运动的规律，可采用较为经济的定期润滑系统，这种润滑方式定量加入润滑介质，按预定周期对润滑点供油，使摩擦界面保持适量的油膜。但是，润滑介质加入过多或过少对摩擦面而言都是有害的。在电弧炉设备中多数部位采用集中润滑，只有少数不方便采用集中润滑的部位才进行单独润滑。集中润滑系统常采用手动、电动集中润滑和智能润滑三种装置。

D 电弧炉的排烟集尘

与氧气转炉炼钢一样，电弧炉炼钢过程中要产生大量烟尘，必须经过除尘处理、达到环保要求后才能排放。图 4-24 为电弧炉炼钢除尘示意图。

除尘器有很多种，如静电除尘、文氏管洗涤器和布袋过滤等。布袋过滤在电弧炉上用得最多，以织物制成的过滤布袋放于布袋室中，这种系统的设备较简单并且可靠，布袋对电弧炉飘尘的过滤效果较好，布袋室也易于扩建以增大容量；缺点在于进入布袋室的烟气必须先冷却到布袋织物能承受的温度。

a 电弧炉烟气和烟尘

电弧炉在整个冶炼过程中均产生烟气，不同时期烟气量不同。

氧化期吹氧时，烟气量最大；其次是熔化期。炉内排烟方式的排烟温度为 1000～1400℃；炉外排烟方式的排烟温度为 100～160℃。

全封闭罩和电弧炉炉内排烟相结合，这也是国际上采用较多的电弧炉排烟方式。在正常操作时，排烟设施是以电弧炉炉内排烟为主，当电弧炉出钢、加料时则以全封闭烟罩为主。在电弧炉炉内排烟时，炉体各孔隙外漏的烟尘也由全封闭烟罩捕集。

b 烟尘调节

烟尘调节的目的首先是保证除尘操作的安全，因为电弧炉烟尘中含有浓度很高的一氧化碳和氢等可燃性气体，有发生爆炸的危险，所以必须调节烟尘，使烟气成分中可燃气体的浓度不处于爆炸的极限范围，及时地把烟气中的可燃气体燃烧掉。其次是保证除尘操作顺利进行，因为从电弧炉中直接抽出废气温度很高，需要经冷却后才能进行净化处理。此外，为了保证除尘操作的高效率，有时需要调节废气的湿度，适当地增加湿度以提高净化系统的除尘效率。

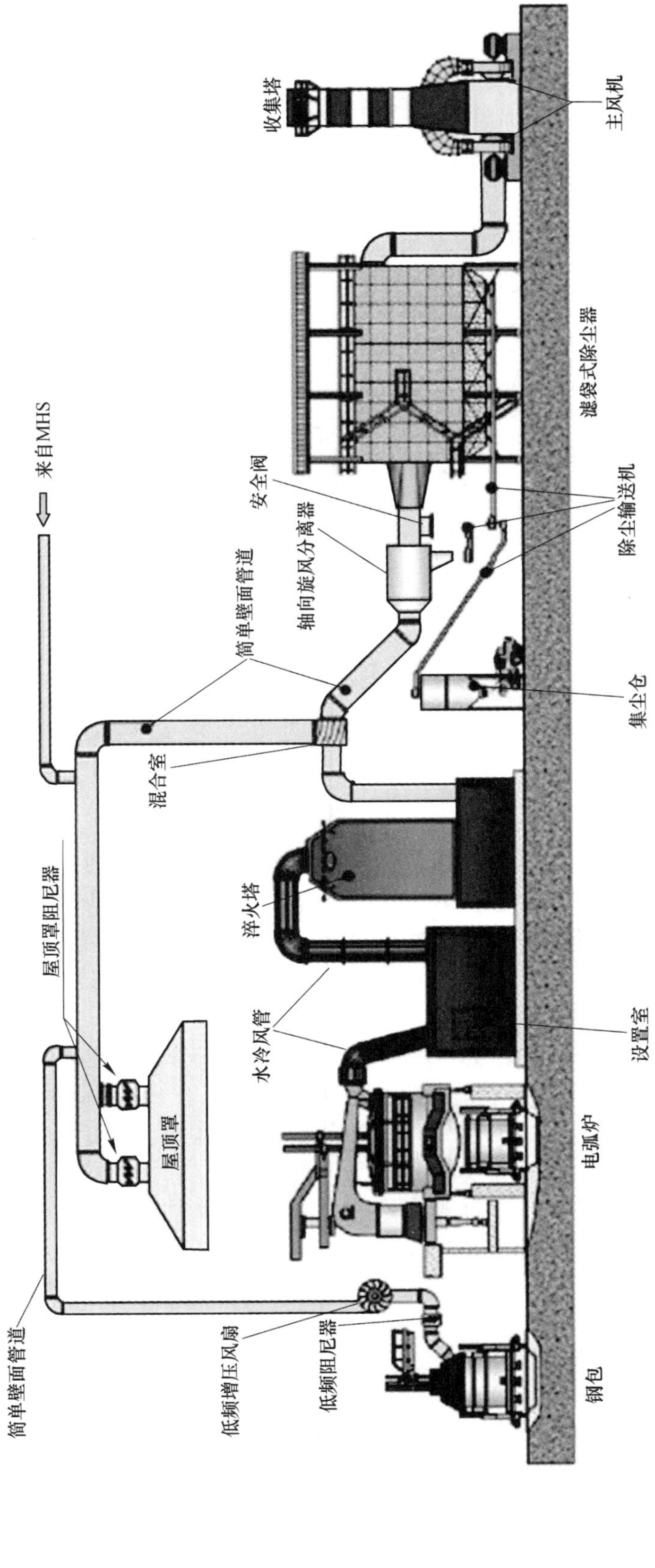

图 4-24 电弧炉炼钢除尘示意图

c 烟气净化设备

根据国内外实践经验，适合处理电弧炉烟尘的净化设备一般分为袋式除尘器、电除尘器和文氏管洗涤器等三大类，其中以滤袋除尘器应用最广。

袋式除尘器的净化效率高而且稳定，维护费用低，滤袋使用期较长，排放气体含尘量不高于 50mg/m^3，设备价格远低于电除尘器，因而在国内外均得到广泛的推广和应用。

袋式除尘器见图 4-25[16]。烟尘由进气管进入除尘器内，经分布管道分配到各组滤袋，过滤后的气流通过阀门由管道排出。

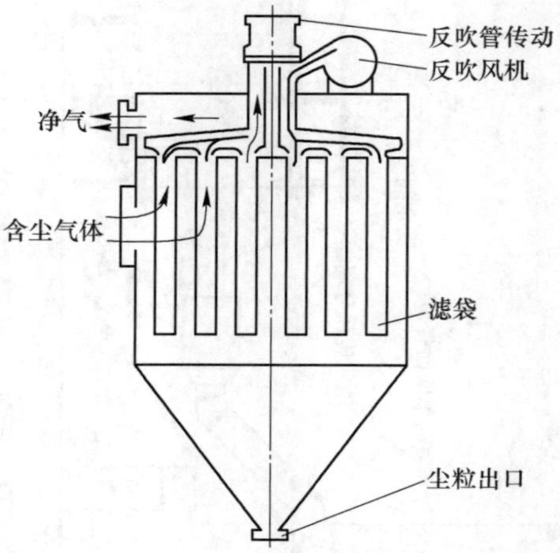

图 4-25 袋式除尘器

过滤下来的粉尘落入灰斗中，滤袋悬挂在支架上，通过机械振动使滤袋得到清灰。通常是分组清灰，为了使清灰取得较好效果，当该组滤袋在用机械振动清灰时打开反吹风气阀，使反吹风气流进入滤袋内，使用的滤料常常是涤纶和腈纶，耐温仅 135℃，如用玻璃纤维作袋料，其耐温为 250℃，所以废气必须用水冷和兑入冷风等方法将废气冷却到允许温度之后，才能进入滤袋室。

文氏管洗涤器易使高温烟气冷却，只设置一级降温文氏管即可使气体达到常温，再紧跟设置二级或三级文氏管系列，就能获得排气含尘浓度小于 10mg/m^3 的净化效果。但由于其系统阻力损失大，洗涤水和污泥等二次污染处理耗资很大，因此，自进入 20 世纪 70 年代以后已很少再使用。

电除尘器净化效率高，排气含尘浓度约 5mg/m^3，维护费用较低，使用寿命长，但设备投资费用大。电除尘器适宜烟尘电阻率为 $10^8 \sim 10^{11}\Omega \cdot cm$，而电弧炉烟尘的电阻率通常高于 $10^{11}\Omega \cdot m$，因此，选用电除尘器时必须首先考虑设置增湿塔，先降低烟尘的电阻率值，而后进入电除尘器才能发挥其特性。这种除尘器在电弧炉烟气净化设施中应用较少。

d 电弧炉排烟除尘系统

采用炉内外结合排烟，袋式除尘器除尘的电弧炉排烟除尘系统见图 4-26。

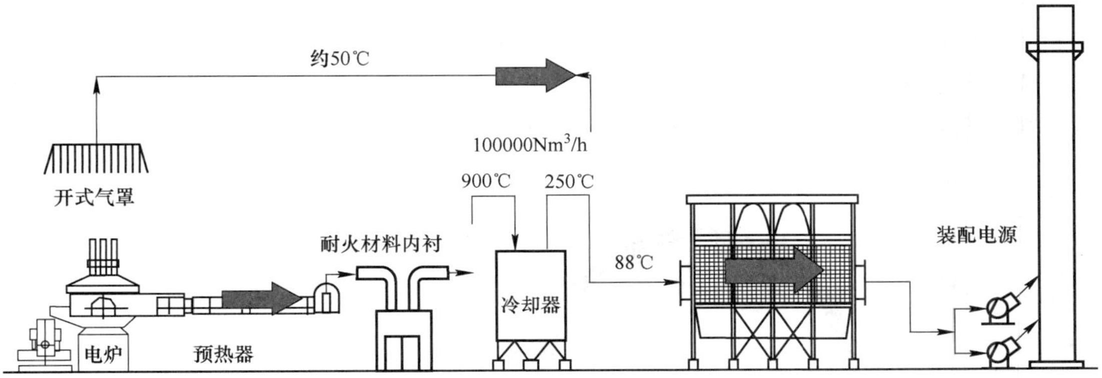

图 4-26 电弧炉排烟除尘系统

E 补炉机

电弧炉在冶炼过程中，炉衬由于受到高温作用以及钢水冲刷和炉渣侵蚀而损坏，冶炼后应定期修补炉衬。人工补炉的劳动条件差、劳动强度高、补炉时间长、补炉质量受到一定限制，因此，现在广泛采用补炉机进行补炉。

补炉机的种类很多，主要有离心式补炉机和喷补机两种。

离心补炉机的效率比较高。这种补炉机用电动机或气动马达作驱动装置。图 4-27 为离心式补炉机。其驱动装置采用电动机，电动机旋转通过立轴传递到撒料盘，落在撒料盘上的镁砂在离心力作用下，被均匀地抛向炉壁，从而达到补炉的目的。

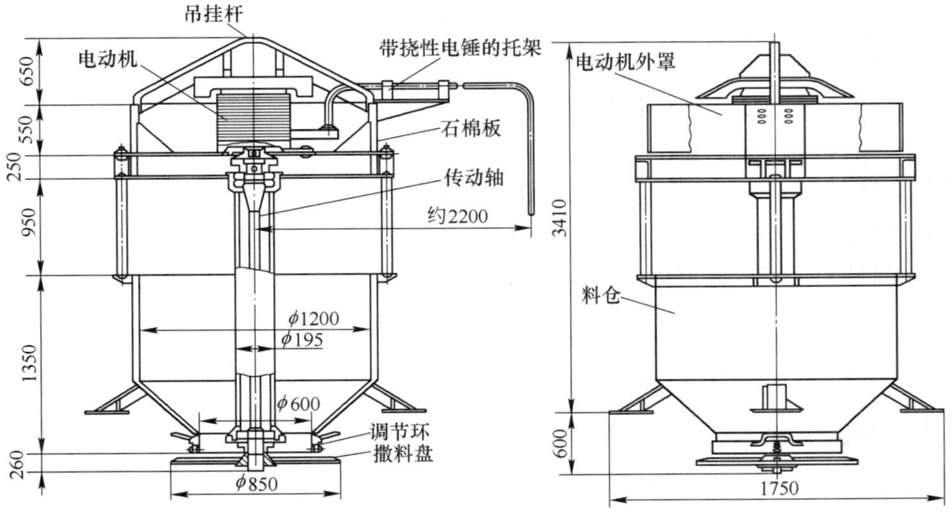

图 4-27 离心式补炉机

（料仓容积 0.8m³，抛料能力 2000kg/min，电动机特性：ROR-2.7kW，250r/min）

喷补机是利用压缩空气将补炉材料喷射到炉衬上。从炉门插入喷枪喷补，由于不打开炉盖，炉膛温度高，对局部熔损严重区域可重点修补，并对维护炉坡、炉底也有效。留钢操作时、熔炼过程中，炉底不能修补。与转炉喷补机一样，电弧炉喷补方法分为湿法和半干法两种。湿法是将喷补料调成泥浆，泥浆含水量一般为25%～30%；半干法喷补的物料较粗，水分一般为5%～10%。半干法和湿法喷补装置与转炉使用喷补装置相同。喷枪枪口形式见图4-28。喷枪枪口包括直管、45°弯管、90°弯管和135°弯管四种形式。喷补料以冶金镁砂为主，黏结剂为硅酸盐和磷酸盐系材料。

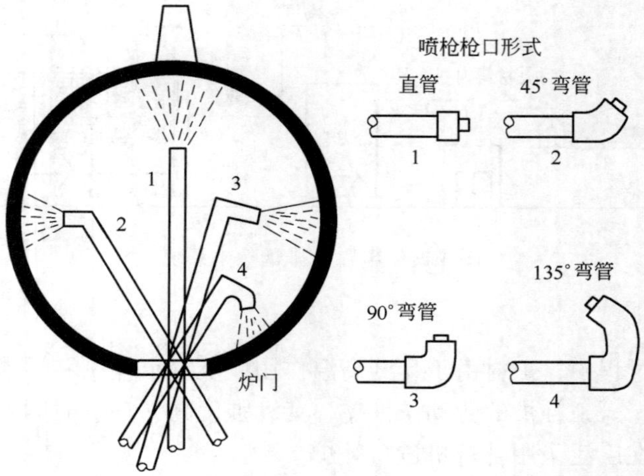

图4-28 四种喷枪枪口形式与喷补炉衬部位示意图

F 风动送样装置

炼钢过程中，为了掌握钢水的化学成分，保证冶炼过程正常进行，需将试样送化验室分析。由人工将试样送交化验室的速度慢，时间长，会影响炼钢进度，所以现在很多厂已使用风动送样装置，实现了送样工作的机械化与自动化。

风动送样装置由收发柜、分向道岔、管路系统和电气控制系统组成。收发柜用于收发试样，它由差动气缸进行控制。正常情况下，差动气缸口的活塞杆使收发柜闭合并密封，当需收发试样时，活塞杆在差压作用下打开收发柜，完成收发试样动作。具有支路的输送系统，在转向处必须设置分向道岔以进行分向工作。

风动送样装置的使用和操作非常简便，将试样或分析结果装进送样盒，然后按动开门按钮，将送样盒放入收发柜内，再按关门按钮，送样盒就以15～30m/s的速度发送到指定地点。

4.1.1.5 电弧炉主要工作参数

一套电弧炉炼钢设备，包括以下三个主要参数。

(1) 炉子容量G(t)。可以用炉子实际的出钢钢水量或是废钢铁料装入量来表示，两者之间有固定的联系。炉子容量G是冶金操作、生产管理、车间设计等各方面的基础。在炉衬的一个炉役期间，出钢量有少量变动，可以取平均的整数值。

(2) 炉壳直径D_k(m)。用炉缸平面上的炉壳的内径值，这个参数直接反映了炉子的实际大小，因而可知道炉子其他各部分甚至附属部分的尺寸。炉壳直径决定车间占地面积和高度。

(3) 变压器容量（额定功率）P_e(MV·A)。一方面，电弧炉变压器容量决定与其配套的所有的高压电器参数，以及上级变电所的相应容量；另一方面，它又决定电弧炉设备的输入功率 P 和电弧功率 P_h，因而也影响炉料的熔化速率。

4.1.2 供电系统

4.1.2.1 供电系统的组成

一般炼钢电弧炉以三相交流电作为供电电源，按直接加热的原理工作，利用电弧的弧光熔化和冶炼金属。电弧是电弧炉中三个石墨电极与炉膛内炉料之间通过强大的电流而产生的。电弧炉炼钢是电能转变为热能而使炉料熔化进行物理化学反应的过程，而完成这种能量转变的主要设备就是电弧炉电气设备。电弧炉电气设备完成的任务主要有：

（1）为获得工艺要求的强大电流，用电弧炉变压器把高压变为低压，提供电能；

（2）为使电弧电流和电压保持在一定的水平上，电弧炉装有电极自动调节器，冶炼中随时调节电极和炉料之间的电弧距离为一定值。

电弧炉的电气设备主要分为两大部分，即主电路和电极升降自动调节系统。主电路（高压电缆至电极）的任务是将高压电转变为低压大电流，作为电源输给电弧炉，并以电弧的形式将电能转变为热能。电极升降自动调节系统的任务是根据冶炼要求，通过调整电极和炉料之间的电弧长度，调节电弧电流和电压的大小。

电弧炉供电线路（主回路）原理见图 4-29。该线路可分为以下几个部分：进线隔离开关—高压断路器—电抗器—电弧炉变压器—短网—电极。

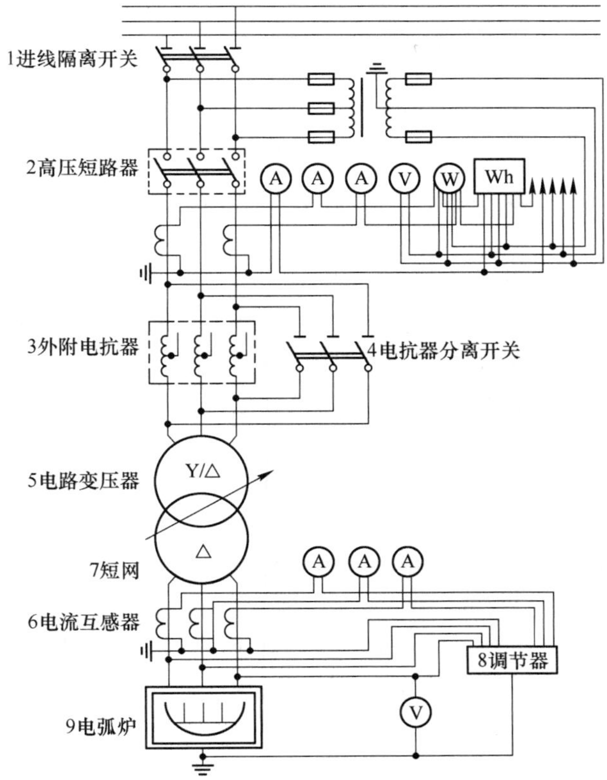

图 4-29 电弧炉供电线路原理图

电弧炉变压器的特征是低压侧电流非常大，因此应将它安装在有它供电的电弧炉附近。使用高功率变压器对于冶炼优质钢工艺而言具有特殊意义。高功率变压器可以加快固体炉料熔化；在氧化期，可从高功率变压器取得产生强烈沸腾和迅速提高钢液温度所必需的功率。

为了监视电弧炉变压器的运行情况和掌握电力情况，供电线路上装有各种测量仪表，但由于电弧炉一次侧电压高，二次侧电流大，线路上必须配置电流互感器和电压互感器，以保证各种测量仪正常工作及操作人员的安全。

电弧炉在运动中，要考虑各种故障及非正常工作现象发生的可能性。例如，在运行中最普遍的、同时也是最危险的故障就是各种原因引起的短路。为此，系统必须设有信号装置和保护装置。信号装置的作用为：虽然有时电气设备正常的电气情况被破坏，但设备元件并没有损坏，所以不必切断电路，而只需发出信号以引起操作人员的注意，或通过自动调节装置来改正即可。保护装置的主要用途为：当电气设备发生故障时，可通过高压断路器使电弧炉变压器供电线路自动分开，切除故障，防止设备损坏。

在炼钢过程中，由于炉料的熔化、塌料、钢水沸腾等原因，电极与炉料之间的电弧长度不断变化，引起电弧电流和电弧电压很大的波动，因此，要求快速调节电极的位置，使电压和电流值保持在一定的范围内。故需有电极升降自动调节系统，电极调节装置一般都是自动的。

为了提高钢的质量和减轻扒渣操作的劳动强度，现代中型和大型电弧炉还常在炉壳底的下面装设电磁搅拌器，当需要扒渣时，只要改变电磁搅拌器两相输入电压的接法，钢液就会反方向流动，而将炉渣集中到炉门口一边。搅拌器的线圈是两相的，通入的是两相0.5~1.5Hz的低频交流电。

炼钢电弧炉设备的工作特点是频繁接通和断开电弧炉变压器，电弧炉变压器的接通和断开是通过高压断路器来完成的。可见，高压断路器是在极其繁重的条件下工作的。据统计，对具有多级电压的无励磁电动调压变压器的电弧炉通断频度而言，一年期间通断次数共达2.5万~3万多次。

4.1.2.2 供电系统的主电路

大型电弧炉炼钢厂用电量很大，常常要求由输电电网（110~220kV）供电。为了保证供电，常常由两条线路甚至两个独立电源向炼钢厂变电所的母线供电。但就供电可靠性讲，除了冷却水外，还是允许电弧炉本身突然停电的，当然这将引起经济损失。

炼钢厂的中心变电站以10~35kV的电压向位于电弧炉近旁的电弧炉变电所送电。电弧炉变电所中最重要的中心设备是电弧炉变压器。向电弧炉变压器供电直至电弧炉中电极为止的电路称作电弧炉的主电路。

见图4-29，电缆用作由炼钢厂中心变电所向电弧炉变电所的母线，即向电弧炉变压器供电。隔离开关1的闸刀分开时，电路中保持了一个可靠的和明显的断开口，使电弧炉变电所中其他高压电器和电源断开，此时可以安全地进行维护修理。高压母线架于高压瓷瓶上，用来连接各个高压电器和变压器。高压断路器2是电弧炉的操作开关，用以切断电弧炉变压器的空载电流、工作电流和电弧炉中发生短路时的工作短路电流，偶尔出现的事故短路应该由上一级的高压断路器来切断。电抗器3用作增加电路的电抗，用以限制短路电流和稳定电弧。开关4和电抗器3相并联。不需用电抗器时可将开关3接通而将电抗器短接。电弧炉变压器5的高压绕组（原边）通过电抗器、操作开关、隔离开关等接入电源；低压绕组（副边）通过短网（大电流导体）和电弧相连。转换开关8用来改变变压器高压绕组星形（Y）和三角形（△）的接法。有时，调节器8和变压器电压分接开关结合在一起装在变压器油箱中。主电路中还连接有电流互感器6和电压互感器（图中未示出），用作测量主电路中电量和保护用。

4.1.2.3 电弧炉装置的供电系统等效电路

电弧炉以特高压配电，经过必要的高压变压器送至炉用变压器。电弧炉装置的全系统图见图4-30，由以下设备构成：(1) 电弧炉变压器；(2) 电气室内二次导体；(3) 挠性电缆（主要为水冷电缆）；(4) 炉上二次导体（最近以导电臂为主）；(5) 石墨电极；(6) 交流电弧（可变纯电阻）。

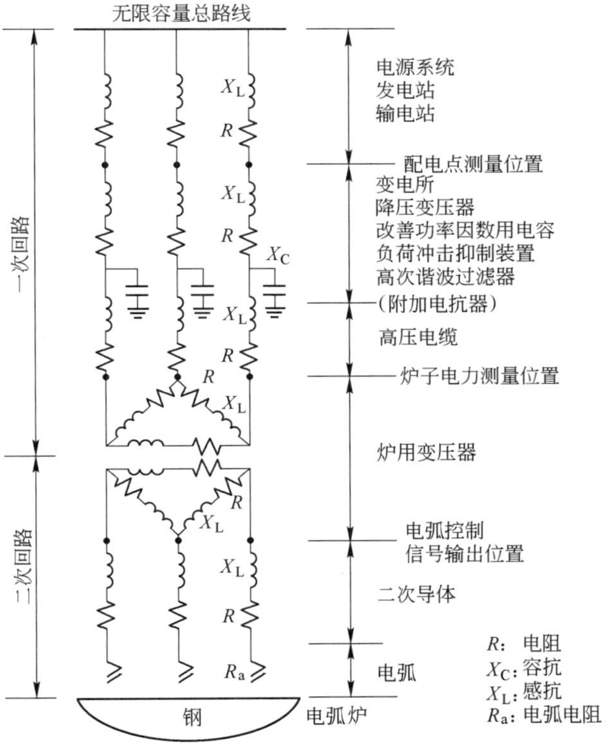

图4-30 电弧炉装置的全系统图

电弧是可变纯电阻，而除此之外全部由电阻或感抗组成。它们具有电弧平稳器的功能，有助于电弧的稳定。三相电弧炉的电路，从导体的构成、配置看，本质上就是三相不平衡电路，并且以废钢或钢液形成的三相电路的中点位置也不固定，时常进行复杂的迁移。另外根据电弧及被加热废钢的特性，电压及电流由正弦波变为相当畸变的波形。

假设电流为正弦交流且三相平衡，变压器空载电流为零。首先分析构成它的单相等效电路，并将这些特性换算到炉用变压器二次侧。这样电弧电路与实际相比就简化了，用来掌握通常情况下的作业方向则十分实用。

三相交流电弧炉的主电路包括母线、电弧炉变压器、断路器等，研究时主要考虑高电流二次侧电路。电弧炉是星形联结且中点不接地、参数变化的非线性、不对称线路。将电弧作为阻抗来处理，用以模拟交流电弧的电气特性。由此得到交流电弧的简化等效电路见图 4-31。由电网向电弧炉供电时，线路、变压器和电抗器等有一定的电阻和感抗，为了方便，折算成变压器次级的三相交流等效电路图，见图 4-31（a），在三相对称的情况下得到单线等效电路图，见图 4-31（b），其中 R_{arc} 是可变的。

电弧炉设备主回路（见图 4-31（a））可用等值线路图 4-31（b）来代替。在此等值电路内作了下列简化：

（1）三相系统用单相系统来代替，因为所有三相均可认为大体相同；

（2）电弧炉设备的所有电阻（电弧电阻除外）合并为一个电阻 r；

（3）所有电抗合并为一个电抗 X_{OP}。线路的所有参数，均按照电工学法则换算到变压器的二次侧。

另外，还采用下述假定：

（1）电弧炉设备的主要参数（U_Φ、r 和 X）均与负荷电流无关；

（2）电弧炉变压器的负载特性是对称的，即所有三相的电流、电压和阻抗都相同，且电压和电流曲线均为正弦波形；

（3）电弧电阻 R_{arc} 为一纯电阻；

（4）变压器的空载电流等于零。

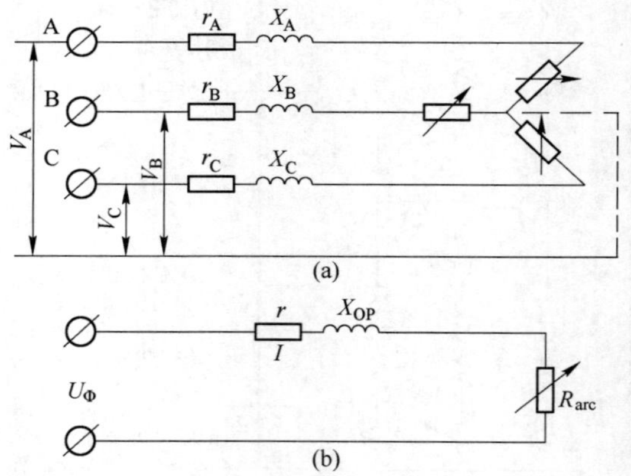

图 4-31 三相交流电弧炉等效电路

（a）三相等效电路图；（b）单线等效电路图

r_A，r_B，r_C，r—相电阻；X_A，X_B，X_C，X_{OP}—相电抗；V_A，V_B，V_C，U_Φ—相电压；R_{arc}—电弧电阻

4.1.2.4 电弧炉变压器和电抗器

A 电弧炉变压器

a 电弧炉变压器功能

电弧炉变压器是电弧炉的主要设备，其主要作用是降低输入电压，产生大电流，供给电弧炉。冶炼一炉钢首先要确定需要多少能量，以电能为主要能源的电弧炉炼钢首先要保证安全、稳定地提供电能。电弧炉是巨大的电能用户，一台三相电弧炉变压器的容量可达几十兆伏安，且所需功率数值在炉子工作期间急剧地大幅度地波动。

炼钢电弧炉电弧电压低而电流大的特性，要求有专用的电弧炉变压器和高压电网相连接。其他电器设备是以电弧炉变压器为中心，并为高压电网服务的。电弧炉变压器的特征是低压侧电流非常大，因此应将它安装在由它供电的电弧炉附近。

（1）变压器对变压的量值。变压器在变换电压的同时，变换着电流和阻抗的量值。

变压器原副两绕相间存在着下列关系：

$$E_1/E_2 = N_1/N_2 = K \tag{4-2}$$

式中 E——电势；

N——匝数；

1，2——原、副边。即原、副绕组中的电势比等于其匝数比，即变压器的变压比 K。

实践中常用 $U_1/U_2 \approx N_1/N_2$，即用电压来代替电势，只是在变压器绕组中的电压降能略去不计的条件下，电压和电势的量值才相等。

（2）变压器对电流的量值。按变压器磁势平衡的关系，各电流的向量之间存在下列关系式：

$$\boldsymbol{I}_1 N_1 + \boldsymbol{I}_2 N_2 = \boldsymbol{I}_0 N \tag{4-3}$$

在变压器正常的负载工作条件下，空载电流 I_0 相对于原边的电流 I_1 很小而可略去，假若只注意电流的有效值而不计其方向，就能得到下列关系：

$$I_1/I_2 = N_2/N_1 = 1/K \tag{4-4}$$

（3）阻抗变换（折算）。变压器原边和副边的两个电压和电流不同，存在着功率相等关系，即 $U_1 I_1 \approx U_2 I_2$，因而可将原边和副边两个电路中的阻抗互相变换：

$$r_2 = \frac{r_1}{K^2} \tag{4-5}$$

变压器绕组是用导线绕制而成的，有一定的电阻。线圈附近的漏磁通（区别于铁芯中的主磁场）使绕组具有一定的电抗。按阻抗变换原理，可将原、副边的电阻和电抗折算到另一边，按电工界习惯都折算到原边，这个变压器的内部阻抗被称作短路阻抗 Z_B，通常以额定电压的百分数表示：

$$U_B\% = \frac{Z_B I_1}{U_1} \times 100\% \tag{4-6}$$

b 电弧炉变压器的特点

通常电弧炉变压器原边由 6~35kV 电源供电，但目前已有由 60kV 以上甚至 220kV 的输电电网直接供电的电弧炉变压器。电弧炉变压器的低压大电流出线是其极为重要的一部分。出线要防止本身和邻近结构的过分发热，出线处要防止漏油并要承受短路时的机械力量。此外，要求变压器三相出线间的阻抗尽可能相同。

大容量的炼钢电弧炉变压器能分别地调节每相输出电压。这要求三相变压器每相的磁路独立，每相间的电压级差不能太大。电弧炉变压器负载是随时间变化的，电流的波动很厉害，特别是熔化期，电弧炉变压器经常处于冲击电流较大的尖峰负载。为此电弧炉变压器与一般电力变压器相比较，具有以下特点：

（1）过载能力大；

（2）有高的机械强度，经得住冲击电流和短路电流所引起的机械应力作用；

（3）二次侧电压可以调节；

(4) 变压比大;

(5) 二次侧电流大。

c 电弧炉变压器的冷却和维护运行

电弧炉变压器的冷却

变压器运行时，由于铁芯的电磁感应作用会产生涡流损失和磁滞损失，也就是“铁损”，同时线圈流过电流，因克服电阻而产生“铜损”。铁损和铜损会使变压器的输出功率降低，同时造成变压器发热。变压器发热会使绝缘材料变质老化，降低变压器的使用寿命。温度过高还易使绝缘失效，造成线圈短路，引起变压器烧坏。变压器工作时，要求线圈的最高温度小于95℃，新型变压器其温度计就埋在线圈之中，直接监测线圈温度。但通常的变压器是用油面温度计来表示线圈温度的，由于油面温度与线圈实际温度之间还有一个差值，所以允许的最大油面温度还要降低。对于油浸自冷式变压器，最大油面温度应更低些。变压器往往还规定了最大温升（变压器的工作温度减去它周围的大气温度就叫变压器的温升)。周围大气温度一般以夏季最高温度35℃计算。在自然通风条件下，油浸自冷式变压器线圈的最大温升为60℃，油面的最大温升为50℃。

电弧炉变压器的冷却主要有两种方式，即油浸自冷式和强迫油循环水冷式，见图4-32。

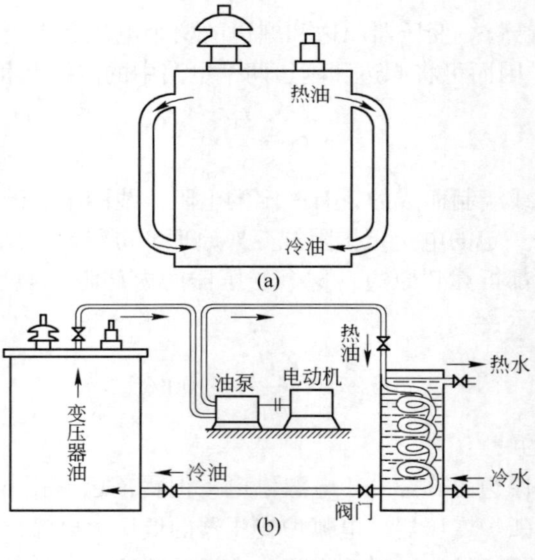

图 4-32 电弧炉变压器的冷却方式示意图

(a) 油浸自冷式;(b) 强迫油循环水冷式

油浸自冷式的铁芯和线圈浸在油箱中，油受热上浮进入油管被空气冷却，然后再从下部进入油箱。强迫油循环水冷式变压器的铁芯和线圈也浸在油箱中，用油泵将变压器油抽至水冷却器的蛇形管内，强制冷却，然后再将油打入变压器油箱内。为了保证冷却水不致因油管破裂而渗入管内，油压必须大于水压。

为了提高变压器输出功率也曾采用水冷变压器，但由于对冷却水的质量要求很高并且损失增大，现已很少使用。

电弧炉变压器的调压

电弧炉变压器的调压是通过改变线圈的抽头和接线方法来实现的，变压器的一次侧可以接成星形，也可以接成三角形。当一次侧将三角形改接成星形时，二次侧的电压变为原来的 $1/\sqrt{3}$（即 $U_Y/U_D=1/\sqrt{3}$）。为了获得更多的电压级数，变压器的一次侧带有若干个抽头，利用这些抽头可以改变一次侧线圈的匝数，从而获得更多的电压比。从理论上讲，改变二次线圈也可达到调压的目的。但是二次线圈的截面很大，在低压侧装置分接开关极为不利。电弧炉变压器的低压侧通常接成三角形。带切换开关的变压器接线原理见图 4-33。

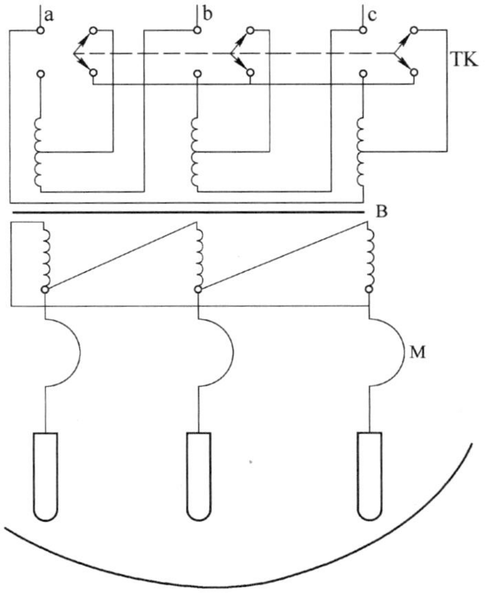

图 4-33 带切换开关的变压器接线原理图

a，b，c—高压线；TK—切换开关；B—电弧炉变压器；M—水冷电缆（或裸电缆）

为了减少炉子热停工时间，希望能不停电转换电压，这就需要用有载调压开关。有载调压工作原理见图 4-34[17]。它由选择开关 m 和 n、“T” 形转换开关 K 和限流电阻 R 组成。

转换开关 K 和电阻 R 装于绝缘筒做的小箱内，小箱内装有灭弧用的油，灭弧油必须和变压器的油隔开，不能相混。

在改变电压时，“T” 形开关 K 可转动 360°。在转动过程中，选择开关 m 和 n 与 K 相联系，有步骤地从一个分接头转接到相邻的一个分接头。在转换电压的过程中高压绕组中的工作电流从未切断，选择开关 m 和 n 也从不切断电源，在 m 和 n 分别和相邻两分接头相接时，两个电阻 R 用来限制此段分接线圈中的电流。

由于有载调压操作调压时不需要变压器停电，可减少炉子热停工时间，提高了生产率；对于电网来说，可避免断电和送电造成的电压波动；并且比无载调压能更多地更换电压级数，更适合所需的温度制度。但是有载调压开关如损坏，就要停炉修理或更换。

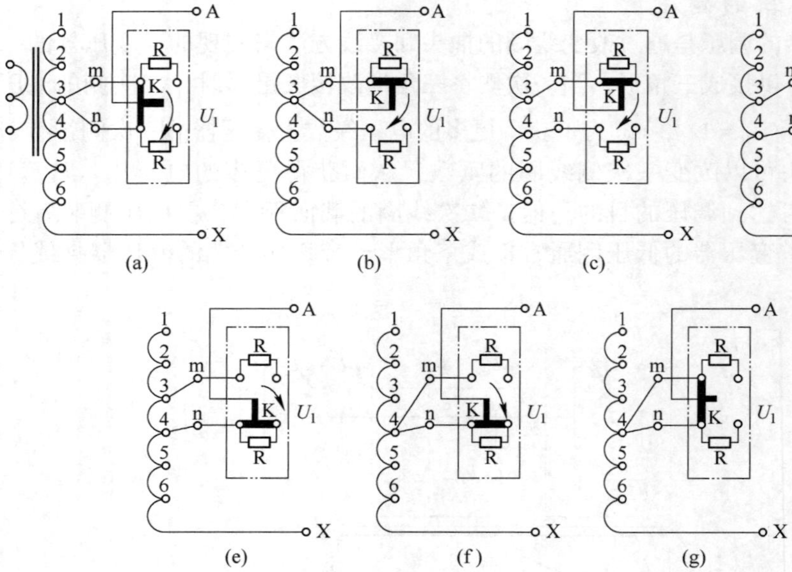

图 4-34　有载调压的工作原理图
（一相，以第 3 级转到第 4 级为例）

电弧炉变压器的维护

电弧炉变压器运行中必须加强监视和维护，以避免损坏，一般应注意以下几点：

（1）电弧炉变压器不得长期超负荷运行，以避免线圈和油面温升超过允许值。过载运行时，虽然油面温升未超过允许值，但线圈内局部的温度可能已超过允许值，或绝缘油过热而加速老化。

（2）运行中应经常注意油面温升，油面最高温度和温升不得超过允许值。

（3）经常检查油枕上油面指示的高度。油枕上有 3 个温度标志：+ 35℃、+ 15℃、-35℃，表示在各相应的冷却空气温度下。

（4）注意变压器的声音是否正常，如有异常声音则说明变压器内部或外部的电路上发生了故障。

（5）电弧炉变压器周围环境温度最高为 35℃。如果地处南方，环境温度高于 35℃时，必须采取强迫通风，以保持室内温度在 35℃以下。冷却水应为无腐蚀的水，温度不超过 25℃。

B　电抗器

电抗器串联在变压器的高压侧，它可以接在线电路中，也可接在相电路中，见图 4-35。这两种接法是等价的。其作用是使电路中感抗增加，以达到稳定电弧和限制短路电流值的目的。

电弧炉炼钢在熔化期经常因为塌料而引起电流很大的波动，甚至发生短路，电弧也因电流的波动而不稳定。接入电抗器后，使短路电流不大于 2.5~3.5 倍的额定电流。在这个电流范围内，电极的自动调节装置能够保证提升电极降低负载，而不致跳闸停电，同时使电弧保持连续而稳定。

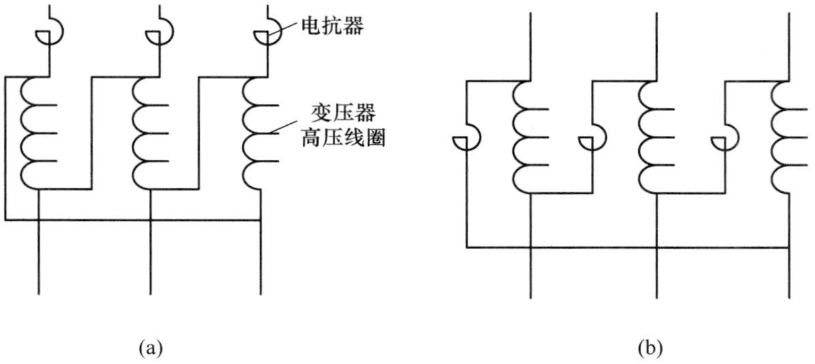

图 4-35 电抗器串联接于变压器高压侧

（a）接入线电路；（b）接入相电路

从外观上看，电抗器的构造与变压器很相似，也由铁芯和线圈两部分组成。为使铁芯在大电流下不至于饱和，电抗器的铁芯是不闭合的，但电抗器只有一次绕组，它类似于变压器的高压绕组，并与变压器高压绕组的线径相同。为保证所需的电抗值，电抗器线圈留有抽头。

电抗器具有很小的电阻和很大的感抗。当有交流电通过时，线圈便产生感应电动势，能在有功功率损失很小的情况下限制短路电流和稳定电弧。但是，因为它的电感量大，使无功功率消耗增加，降低了功率因数，从而影响了变压器的输出功率。因此，要很好地掌握电抗器的接入时机及控制使用时间，以减少无功功率消耗。

小炉子的电抗器是装在电弧炉变压器箱体内部的，较大炉子则用单独的电抗器，20t 以上电弧炉则因主电路本身的电抗相当大，一般就不需要再另外加电抗器。

4.1.2.5 电弧炉其他电气设备

A 电弧炉低压控制设备

电弧炉低压供电系统来自车间低压配电室，进线电压 380V/220V 三相四线制。低压供电系统主要给液压泵站的电机及加热器、高压柜分合闸电源、变压器调压控制器、油水冷却器，电弧炉辅助设备如炉前氧枪装置、钢水测温仪，加料系统设备，以及控制系统所需的仪器仪表电源、不间断电源、HMI 及 PLC 等供电，并根据不同系统的配置，由多个柜、台、箱组成。

B 短网

电路的短网是指变压器低压侧的引出线至电极这一段传导低压大电流的导体，在欧美称作大电流线路。从电气特性看来，石墨电极也包括在内。

这一段线路不长（10～20m），但是导体的横截面积大，电流大。它的电参数（电阻和电抗）对电弧炉装置的工作有很大的影响，在很大程度上决定了电弧炉的电效率、功率因数以及三相电功率的平衡。

短网的结构见图 4-36，主要由硬铜母线（铜排）、软电缆和炉顶水冷铜管几部分组成，电极有时也算作短网的一部分。因为短网导体中的电流，特别是经常性的冲击性短路电流，使导体之间存在很大的电动力，所以目前绝大多数电弧炉的短网都采用铜来制造，很少采用机械强度较差的铝。

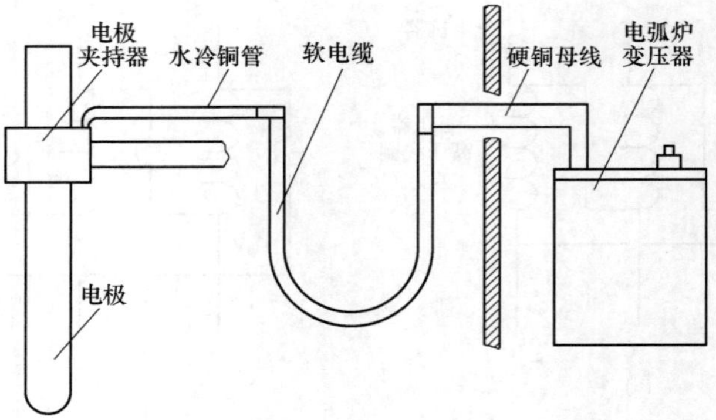

图 4-36 短网示意图

从变压器低压侧出线端到变压器室外面的软电缆接头处是硬铜母线。这段硬铜母线通常采用矩形铜排，考虑到交流电的集肤效应和邻近效应，矩形铜排的高宽比为 10~20。有的电弧炉为了简化结构，减少维修，采用空心铜管，中心通水冷却，以提高平均电流密度。我国目前多数电弧炉的硬铜母线是采用等边三角形布置，三相平面布置方式已被淘汰（见图 4-37）。

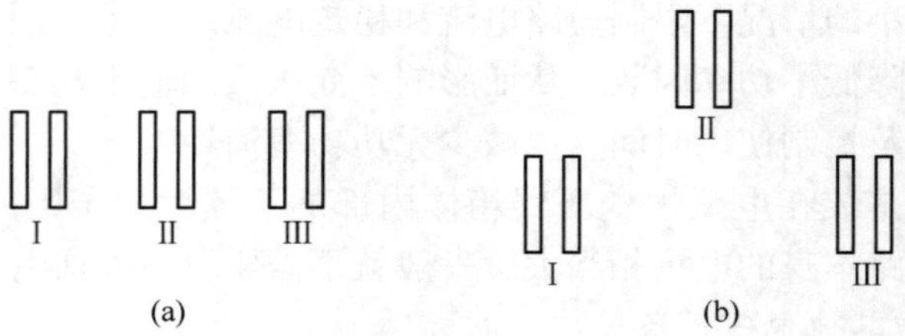

图 4-37 硬铜母线的两种布置方式
（a）平面布置；（b）等边三角形布置

软电缆的长度应能满足电极升降、炉体倾动及炉盖旋转的需要。根据变压器额定电流的大小，采用多根软电缆并联连接。软电缆一般为裸铜电缆，在裸铜电缆外套水冷胶管，可使允许电流密度提高 2 倍左右，这样既减少电缆根数，节约铜材，又可提高使用寿命。

水冷导电铜管装在电极夹持器的上方，一头与软电缆相连，一头与电极夹头相连。水冷铜管管壁厚度一般为 10mm。

为了减少短网的电阻和感抗，要尽量缩短短网的长度，导体的接头处要紧密连接，导体要有足够大的截面，并且截面形状应采用较大高宽比的矩形截面或空心铜管，必须注意合理的布线，导体与粗大的钢结构应离得远一些。

当电弧炉工作时，即使在变压器二次侧三个相的电压和电弧电流相等的情况下，三个相的电弧功率却是不相等的。这种三相功率的不平衡，是由三相的阻抗不平衡引起的。一般短网三相导体是平面布置的，并且相间的距离是相等的。中间相的短网长度较其他两相短，且电感也比其他两相小，所以阻抗小。这样，中间相的电弧功率通常总是超过其他两相的。其他两相也由于感抗不同而导致电弧功率不相同，两相中电弧功率大的一相称为

"增强相",电弧功率小的一相称为"减弱相"。增强相与减弱相电弧功率增强与减弱的数值是相等的,也就是有一部分功率从减弱相转移到增强相去了,这种现象称为"相间功率转移"。电流越大,三相电弧功率的不平衡现象越严重。

三相电弧功率不平衡对电弧炉炼钢是很不利的,会造成熔池受热不均,局部炉墙损坏严重,从而降低炉衬寿命,直接影响电弧炉生产率。为了减轻三相功率不平衡的不良后果,可以采取如下措施:

(1)尽可能使短网导体对称布置,短网平面布置采用等边三角形布置。

(2)要求近炉门的电极成为增强相,进出钢口侧的电极为减弱相。

(3)将中间相电极向炉子中心移动 10~20cm。此外,为了提高炉衬寿命,也可采用不均衡炉衬结构,在热点区域采用优质耐火材料,在非热点区采用一般耐火材料。

(4)传统的短网线路为单线布法,应尽量实行往返电流交叉排列双线布法,电弧炉短网线路见图 4-38。

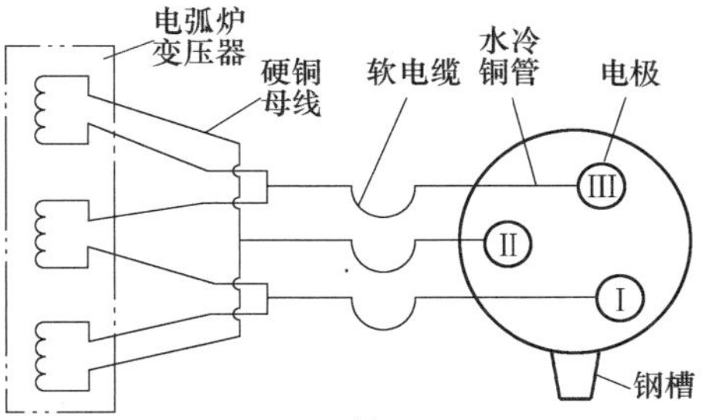

(a)

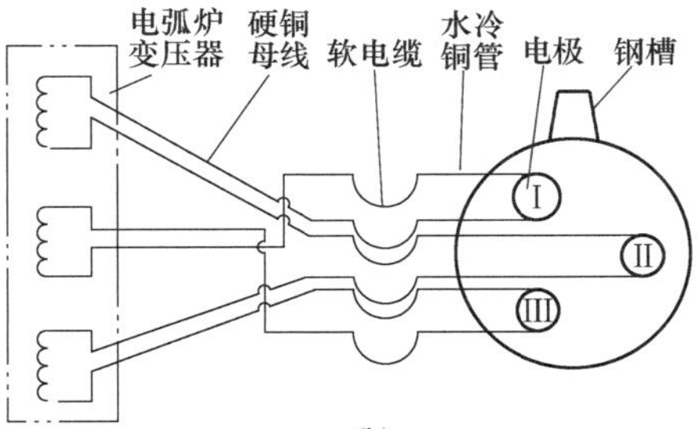

(b)

图 4-38 炼钢电弧炉短网线路图

(a)单线布法;(b)双线布法

C 隔离开关

隔离开关用于高压电的切断,它只能在无负载时使用,否则会跳总闸,容易出安全事故。隔离开关主要用于电弧炉设备检修时断开高压电源,有时也用来进行切换操作。

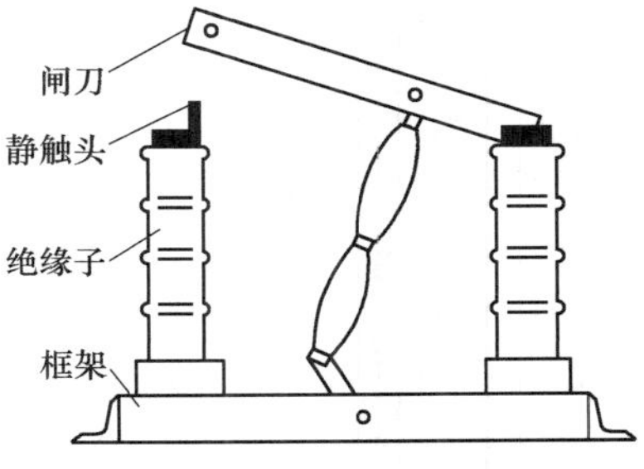

图 4-39 隔离开关

隔离开关的基本结构是由框架、绝缘子、闸刀和固定触头四部分组成,见图 4-39。隔离开关的每一相由两个固定在绝缘子上的固定触头及可动闸刀所组成，可动闸刀用传动机构控制。

隔离开关没有灭弧装置，只能在无负载时才可接通和切断电路，因此，隔离开关必须在高压断路器断开后才能操作。否则，闸刀和触头之间会产生电弧而使闸刀熔化，并极易造成相间及对地短路。为了防止误操作，常在隔离开关与断路器之间设连锁装置，使断路器闭合时隔离开关无法操作。在隔离开关附近还装有信号灯，以指示高压断器接触情况。

隔离开关的操作机构有手动、电动和气动（已淘汰）三种。当进行手动操作时，应带好绝缘手套并要站在橡皮垫上，以保证安全。

D 高压断路器

高压断路器的作用是使高压电路在负载下接通或断开，并作为保护开关在电气设备发生故障时自动切断高压电路。目前电弧炉使用的断路器为真空断路器。

a 油开关

油开关的结构见图 4-40。油箱内装有变压器油，油开关的触头浸在油中以防止氧化，并使触头得到散热，以及保证高压触头间和对地绝缘可靠。当油开关断路时，动触头与固定触头分离，产生电弧，在电弧的高温下使油分解，产生大量气体，迫使电弧熄灭。

油开关的油必须经常调换，因为电弧的高温会使油发生分解生成游离碳，导致油的绝缘性能降低，油色混浊和变黑。油也不宜过装，因为在电弧高温下油会迅速汽化，促使油面急剧上升，并容易引起油液飞溅和爆炸。

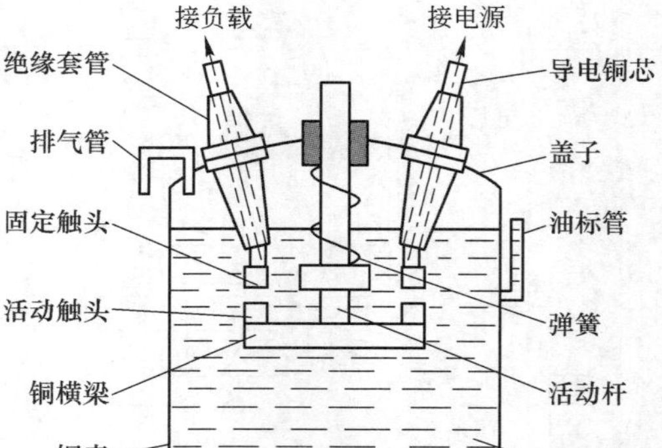

图 4-40 油开关构造原理图

b 空气断路器

空气断路器也是用来切断或接通交流电的高压电气设备，与油开关相比，它具有灵敏度高、无需换油、结构简单、维修方便等优点，避免了用油作为灭弧介质时容易引起的火灾和爆炸事故。它特别适用于需要频繁操作的场合，所以多数电弧炉上已用它来代替油断路器。

电弧炉常用的是电磁式空气断路器，其结构见图 4-41。它设计成手车式，三相安装在同一基座上。基座内有电磁操纵机构。灭弧原理是：利用电弧在强的磁场作用下快速进入灭弧室中，以大气作为介质，使弧柱强烈冷却和快速拉长从而达到顺利灭弧的目的。

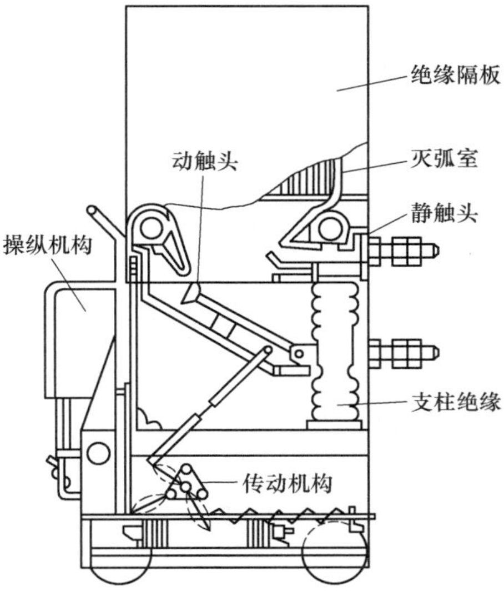

图 4-41 电磁式空气断路器

c 真空断路器

真空断路器是利用真空进行灭弧和绝缘的一种新型断路器，适宜比较频繁的操作，在电弧炉上已被推广使用。

见图 4-42，真空断路器采用落地式结构。真空灭弧室装在上部，机构设在下面，基座底板上前后对称地直立两排绝缘杆，共计 8 根，用它们来固定和支撑绝缘撑板。在这块板上按三角形直立 3 组绝缘杆，共计 9 根，每组绝缘杆上分别装压板，真空灭弧室垂直地被压在压板和绝缘撑板之间。电磁操作机构通过 3 个绝缘子，使 3 个真空灭弧室同时接通和断开。为了防止相间发生意外的弧光短路现象，在相间加绝缘隔板。断路器下部有铁板制的外罩，罩上有铭牌、合分闸指示器及供调整用的手动合闸分闸机构。

真空断路器应经常保持清洁，特别注意清理绝缘撑板、绝缘杆、绝缘子上的尘埃，并要经常观察或测试真空灭弧室的真空度，特别要注意断路器分闸的弧光颜色，正常情况下弧光呈蓝色，真空度降低后变为红色。如发现真空度降低时，应及时更换真空灭弧室。

电弧炉停、送电时，开关操作顺序是：送电时先合上隔离开关，后合上断路器；停电时先断开断路器，后断开隔离开关。

E 电极

电极的名称来源于它是炼钢电弧炉主电路的极端。炼钢电弧炉中，电极的工作条件是恶劣的，电极直接接触大功率电弧。在其纵向和横向产生很高的温度梯度和热应力。在炉料熔化过程中塌料时，电极有可能遭到料块的机械撞击。生产中，炼钢电弧炉只能采用炭素材料作电极，常采用人造石墨电极。石墨具有下列性能：

（1）石墨加热后，直接由固态升华为气态，升华温度高达 3800℃。

（2）它与大部分材料不同，在温度上升时其机械强度上升。

（3）相对于其他材料，石墨的导热性能好而膨胀系数较低，使石墨的抗热震性能较好，降低了电极中的热应力。

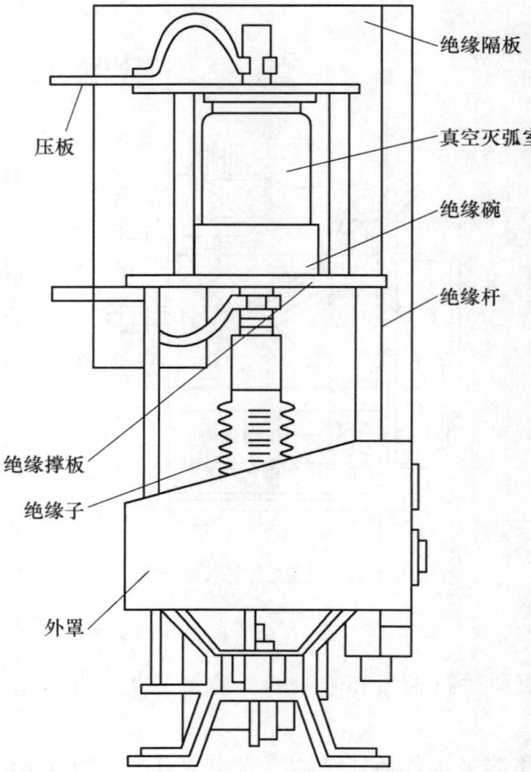

图 4-42 真空断路器

（4）在石墨表面温度大于 400℃后会和氧气相结合。氧化量与气体中的氧含量、气体流速和暴露时间有关。在温度大于 600℃后，氧化过程将变得很激烈。

（5）石墨易于机械加工，可使电极两端的螺纹接头座和螺纹接头有较高的加工精度，使电极接头处接触良好，使机械应力分布较好。

（6）与某些高熔点金属（如钨、钼、钽等）相比，石墨的价格便宜。

电极消耗一般有下列三种情况：

（1）电极端面消耗。主要是由于在电弧高温下不断升华，由于电弧温度极高，在炉料熔化过程中较冷的废钢会使电极冷却，在电极中产生的热应力使电极剥落；在大电流下电弧剧烈向外偏移。在渣层较厚时，电极端和渣液相接触而被部分熔解。

（2）电极侧面消耗是指电极圆柱体表面被氧化消耗。在温度超过 400℃时，氧气能渗入石墨表面发生氧化。在温度超过 550~600℃时电极表面氧化加剧。电极附近的氧浓度和气流速度对电极氧化损失有较大影响。一般氧气燃料烧嘴、吹氧操作和除尘排气等，都会影响电极消耗。

（3）电极折断损失。在炉料熔化过程中由于炉料塌落造成的电极折断损失。

石墨电极制造过程复杂、生产周期长，因此，炼钢电弧炉的石墨电极价格较高，特别是直径大的超高功率电弧炉所使用的电极价格更高。电极消耗的指标直接影响电弧炉炼钢生产成本。从电弧炉炼钢成本角度看，原料成本（废钢、耐火材料、渣料及铁合金等）约占总成本的60%，电极占总成本的6.2%左右。因此，电弧炉炼钢中，要尽可能降低电极消耗，这样才能有低的成本，提高企业的市场竞争力。

F 电弧

电弧是电弧炉炉内的热源，它决定炉中的热工状况。由于电弧本身的特点，它决定电弧炉设备的电气特性。因而决定了电弧炉炼钢的各个方面。

所谓电弧，就是阴极和阳极间放电的一种形式，离子具有低电压、大电流和高能密度的特征。在弧柱内，随着内部能量的增大，一部分的分子会离解成原子，进而激励→电离，形成等离子体，它不同于固体、液体和气体，属于物质的第四态。电弧各部分的温度为，阴极点3500~4000℃；阴极附近的弧柱最高温度为15000~20000℃；弧柱外侧最高温度为6000℃左右，越靠近内侧温度越高。交流电弧与直流电弧不同。交流电弧的电压及电流每一个周期会改变两次方向，即采用50Hz电源，其电压及电流在1s内从零点通过的次数为100次，并且改变方向。当电流减小时，弧柱内的带电粒子会再次结合，等离子状态趋于消失。在这种等离子状态消失之前，如果有附加逆电压，且有电流，电弧就会持续。交流电弧比直流电弧易于熄灭。稳定电弧的主要因素有：大电流、短电弧、大的电抗百分比、高的电源频率；炉气流动越小，电弧越稳定；炉气压力越高，电弧越稳定；炉渣的存在也提高了电弧的稳定性；受外部磁场影响越小的电弧越稳定。

G 电磁搅拌器

电磁搅拌器如同巨型感应电动机的一段定子线圈。而钢水就相当于该电动机的转子。搅拌器的两相线圈通以相位差90°的交变电流，在线圈上面和钢水中产生一个直线移动的磁场。钢水将随着磁场移动而移动，只要更换任何相电流 I_1 和 I_2 的方向，磁场移动方向改变，钢水运动方向也随之改变。

为了让磁通进入钢水，有两点需要注意：

（1）电弧炉炉底壳的钢板需用无磁性钢制作。

（2）搅拌器电流频率应很低，如0.5~0.2Hz，目前采用晶闸管低频电源供电。

电磁搅拌设备的价格要占电弧炉本身的30%~40%，只有少量电弧炉采用。将电磁搅拌器装于钢包的壁上，形成电磁搅拌式的钢包精炼炉（图4-43）。

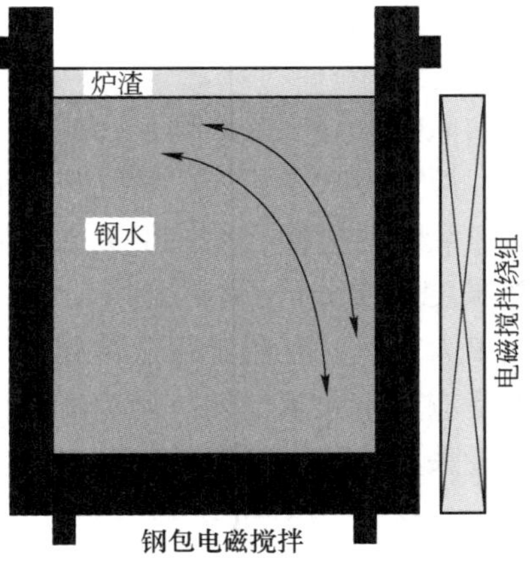

图4-43 钢包电磁搅拌

电弧炉或钢包装设的电磁搅拌器，容量常在350~700kV · A范围内，钢水中的搅拌力为200~500 Pa，钢水平均运动速度为0.5~1.0 m/s。

4.1.3 供氧系统及辅助能源

4.1.3.1 供氧设备

在电弧炉炉门吹入氧气，主要是利用氧气在一定温度下，与钢铁料中的铁、硅、锰、碳等元素发生氧化反应，放出大量的热量，提高熔池温度，使炉料熔化，从而起到补充热源、强化供热的作用。生产实践表明，采用吹氧操作，可以使熔化时间缩短30min左右，电耗下降80~100kW · h/t，钢的质量明显改善。吹氧与电能置换关系电弧炉炼钢过程中，吹氧对降低电耗、缩短冶炼时间有显著的效果，图4-44展示出不同吹氧条件下氧气用量与电能置换关系。

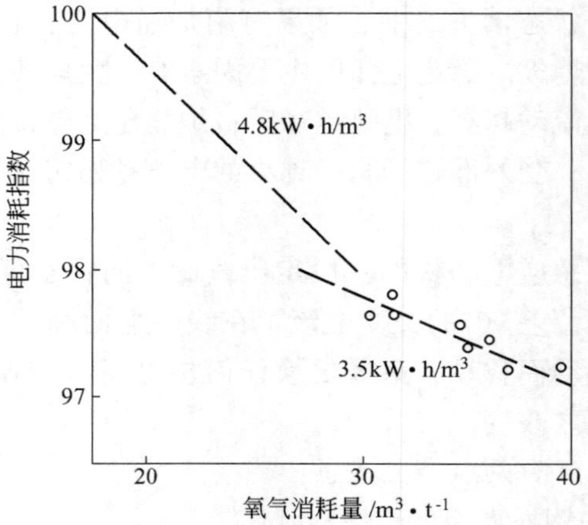

图4-44 氧耗与电耗的置换关系

电弧炉炉内吹氧方式又有多种，根据吹氧部位不同可将其分成炉门吹氧、炉壁吹氧、EBT吹氧（偏心炉底出钢口处吹氧），由此又发展出各种不同的氧枪。

A 炉门吹氧氧枪

炉门吹氧主要是炉门枪和吹氧管。其主要原理是：从炉门吹入的超声速氧气切割大块废钢；电弧炉内形成熔池后，在熔池中吹入氧气，氧气与钢液中元素产生氧化反应，释放出反应热，促进废钢熔化；通过氧气的搅拌，加快钢液之间的热传递，从而提高炉内废钢的熔化速率，并且能减小钢液温度和成分的不均匀性；大量氧气与钢液中的碳发生反应，实现快速脱碳，碳氧反应释放出大量热，有利于钢液达到目标温度；向渣中吹入氧气的同时，喷入一定量的炭粉，炉内反应产生大量气体，使炉渣泡沫化。

炉门枪结构：炉门枪的枪头采用拉瓦尔管形式，氧气以超声速离开枪口，氧管外有水冷，图4-45为其结构简图，表4-1为炉门氧枪喷头主要设计参数。图4-46为炉门氧枪操作装置。目前，炉门氧枪主要有自耗式炉门炭氧枪和水冷式炉门炭氧枪。自耗式炉门炭氧枪是指吹氧管和炭粉喷管随着冶炼进程逐渐熔入至钢液的一种消耗式装置，优点是能直接切割废钢。水冷自耗式炉门炭氧枪以德国 BSE 多功能组合枪为主要形式。水冷式炉门炭氧枪是指氧气喷吹装置用水进行冷却的炉门吹氧设备。吹氧和喷炭粉既可做成一体，也可分开。合为一体时氧枪头部中心孔为喷炭粉孔，下部氧气喷孔可以单孔也可双孔，孔与氧枪轴线下偏离 30°~45°，两孔轴线夹角为 30°。氧气喷嘴采用双孔超声速喷嘴设计，以加强喷溅和搅拌的作用。吹氧和喷炭粉分开时，炭粉一般通过炉壁炭枪从炉壁吹入或由一支氧枪一支炭枪组合。水冷式氧枪是一支专门设计的、由三层钢管配合、镶接紫铜喷头的水冷氧枪。

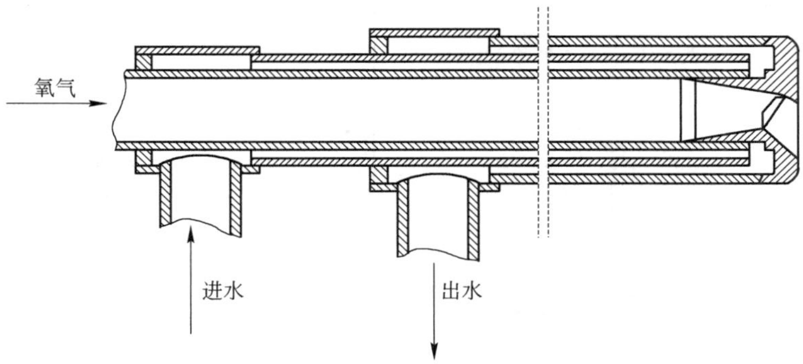

图 4-45　炉门枪结构简图

表 4-1　炉门氧枪喷头主要设计参数

氧气流量 /Nm^3	喷头马赫数	操作氧压 /MPa	喷头孔数	喉口直径 /mm	喷孔出口直径 /mm	喷孔夹角 /(°)
1200	1.7	0.6~0.8	1	21	24.3	45

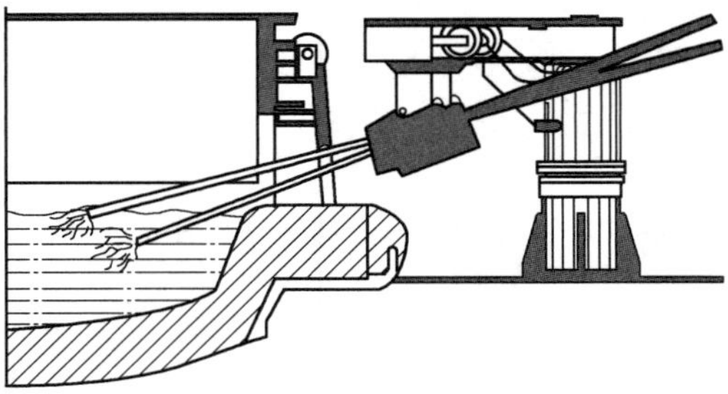

图 4-46　炉门氧枪操作装置

与吹氧管相比炉门枪的优点是加快废钢预热，提高氧气利用率，减少氧管消耗，受人为因素影响较小。炉门枪的不足之处是喷吹距离短且相对分散，使得氧气射流对熔池的冲击力小，钢水中容易形成孔洞和喷溅，氧气利用率低。

B　炉壁吹氧氧枪

炉壁吹氧发展起来的氧枪主要有普通超声速氧枪和集束射流氧枪。

a 普通超声速氧枪

普通超声速氧枪的结构与炉门枪相似，只是在设计流量上小一些，因为通常在炉壁上要安装 2~3 支氧枪。这种氧枪的不足之处与炉门枪相同。

b 集束射流氧枪

针对于普通超声速氧枪的不足，专家们提出了集束射流（Coherent Jet）的概念。集束射流氧枪是在喷嘴外围用一燃气流包围主氧流并使用二次氧流来实现集束射流的。其中燃气流起引导作用，因为它的燃烧，周围的气流就起了封套的作用，使主氧流在相对较长的距离上凝聚在一起，并保持原有的速率和直径。图 4-47 为其结构简图，图 4-48 为集束射流氧枪与普通超声速氧枪射流的比较。

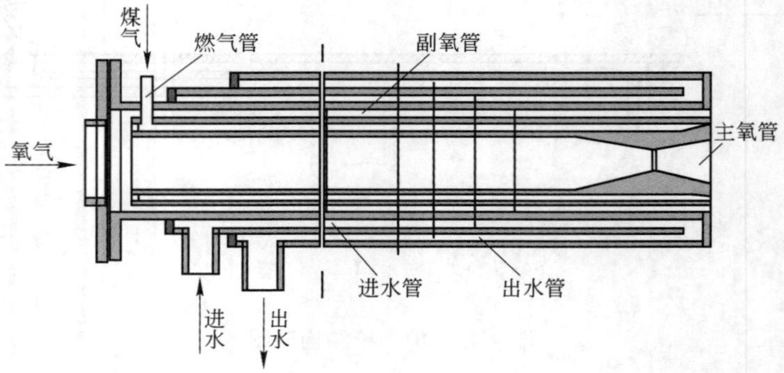

图 4-47 集束射流氧枪结构简图

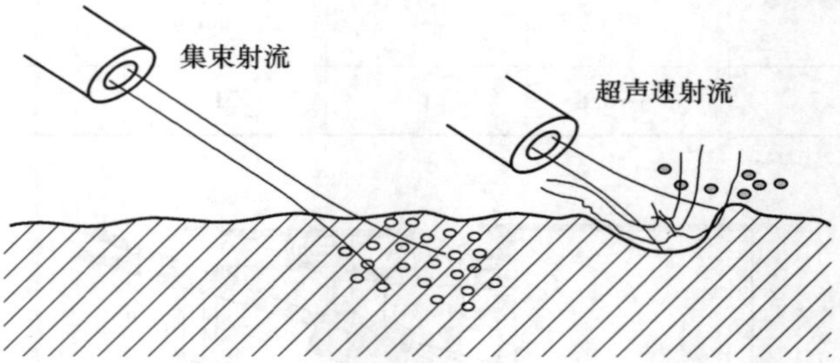

图 4-48 集束射流与普通超声速射流的比较

氧枪是氧气炼钢中向炼钢炉内输送氧气的专用设备，其性能的好坏对于炼钢过程具有十分重要的影响，它直接影响到钢的质量、能耗和生产作业率。传统超声速氧枪主要缺点是：喷吹距离短且相对分散，使得氧气射流对熔池的冲击力小，钢水中容易形成孔洞和喷溅，炉内氧气的有效使用率低。集束射流氧枪技术很好地解决了传统超声速氧枪存在的上述缺陷。

集束射流的特点主要有：

（1）在超过喷嘴直径 70 倍的喷吹距离内都可以保持原有的速率、直径和气体浓度及喷吹冲击力，比任何传统的超声速喷吹都要长得多；

（2）比传统超音波喷吹带入的环境空气量要少 90%以上；

（3）气流的扩展和衰减较小，因此，钢水中形成的空洞和飞溅也少得多。

从图 4-48 可以清楚地看到，集束射流的长度远大于超声速射流的长度，而且集束射流能够在很长的喷射距离上保持很高的集束状态，能够更好地将氧气喷吹到熔池深处[18]。这样，更多的氧气能够进入熔池，与熔池接触的时间也会增加。因此，氧气的利用率就会相应提高。

集束射流氧枪是应用气体力学的原理来设计的。其要点是：喷嘴中心的主氧气流指向熔池。高的动能和喷吹速度是不足以使射流在较长的距离上保持集束状态的，为了达到保持射流集束状态的目的，必须用另一种介质来引导氧气，即外加燃气流，使燃气流对主氧气流起着封套的作用，这样主氧气流就能够在较长的距离内保持出口时的直径和速率。图 4-49 为 CoJet 射流氧枪射流器的几何布局[18]。

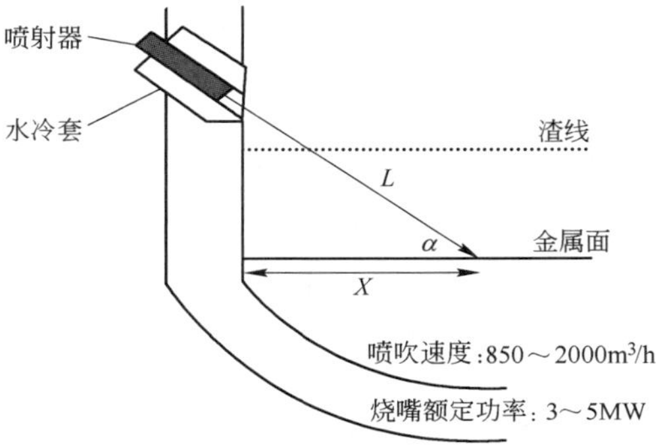

图 4-49　CoJet 射流氧枪射流器的几何布局

集束射流氧枪技术的关键是设计专用喷嘴，该喷嘴能够以超声速的速率向电弧炉内输入氧气。集束射流氧枪的出口马赫数可以达到 2.0 左右，对金属熔池具有较高的冲击能，其射流凝聚距离能够达到 1.2~2.1m。集束射流能量集中，具有极强的穿透金属熔池的能力，增加了氧气对钢水的搅拌强度，因此，对促进钢渣反应、均匀成分与温度、减少喷溅、提高氧气利用率、提高金属收得率和生产率都有好处，同时随着穿透能力的增强，枪位可适当提高，使氧枪寿命提高。

对于电弧炉炼钢，沿炉壁圆周方向可以布置多个集束射流喷嘴，以使化学能在炉内均匀分布，除了吹氧外，每个喷嘴还能用作炉壁烧嘴，以熔化废钢，缩短冶炼时间；还可用作二次燃烧的氧气来源，以充分利用炉气中的化学潜热，增加炉内输入的化学能。这些功能都可以明显地提高电弧炉的生产率和降低电能消耗。美国 MacSteel 钢厂 60t 电弧炉上应用了集束射流装置，取得的效果是：增加产量 7.2%，节电 0.7%，降低氧耗 36.7%，降低喷补料 34.7%。

C　EBT 氧枪

EBT 氧枪是指位于 EBT 电弧炉出钢口处的氧枪，其主要作用在出钢口处吹氧，对出钢口处的冷区熔池进行加热，使钢液熔池温度更加均匀。对于偏心炉底，废钢很难落入此区域。EBT 氧枪见图 4-50。

图 4-50 装在偏心炉底出钢小平台的 EBT 氧枪

EBT 氧枪的设计是根据出钢口处的废钢量，由于出钢口处炉壁较薄，不能采用强氧流吹氧，一般采用超声速氧枪设计方案，其结构简图与炉门枪相似，只是设计流量相对小一些。表 4-2 为 EBT 氧枪喷头主要设计参数举例。

表 4-2 EBT 氧枪喷头主要设计参数

氧气流量 /Nm^3	喷头马赫数	操作氧压 /MPa	喷头孔数	喉口直径 /mm	喷孔出口直径 /mm	喷孔夹角 /(°)
1000	1.87	0.6~0.8	1	17	21	35

4.1.3.2 电弧炉二次燃烧及其设备

近年来，越来越多的电弧炉采用 DRI、HBI、生铁块、铁水和碳化铁等高碳炉料以代替部分废钢。另外，一些钢厂向炉内喷入炭粉以利用碳氧反应的化学热来降低电耗。这样炉内钢液碳含量较高，在冶炼过程中产生 CO 含量较高的炉气。利用熔池上方的氧枪向炉气中吹氧，使 CO 在炉内燃烧生成 CO_2，将化学能转变成热能，促进废钢熔化或熔池升温就是二次燃烧（Post Combust，PC）技术。图 4-51 为电弧炉炼钢二次燃烧示意图。

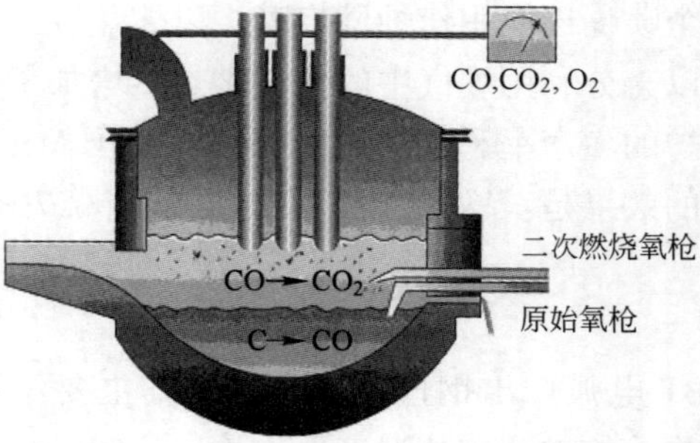

图 4-51 电弧炉炼钢的二次燃烧示意图

电弧炉二次燃烧技术主要有两种：泡沫渣操作二次燃烧技术和自由空间二次燃烧技术。自由空间二次燃烧（炉气燃烧）技术的传热效率为30%~50%，冶炼效果不很明显；而泡沫渣二次燃烧技术是将二次燃烧产生的热量直接由炉渣传给钢液，其传热效率约为炉气二次燃烧技术的2倍。

二次燃烧反应放出热量（ΔH = 20880kJ/kg）是一次燃烧反应放出热量（ΔH = 5040kJ/kg）的4倍；比一次燃烧放出热量转换成电能高1倍多，前者为7.41kW · h/m^3(O_2)，后者为2.91kW · h/m^3(O_2)。二次燃烧反应放出热量以对流传热或辐射传热的形式向炉内低温区进行。

二次燃烧的基本原理可用下式说明：

$$C\text{（冷）} + 1/2O_2\text{（冷）} = CO\text{（热）} + 2.25\text{kW·h/m}^3(O_2)$$

$$C\text{（热）} + 1/2O_2\text{（冷）} = CO\text{（热）} + 2.91\text{kW·h/m}^3(O_2)$$

$$C\text{（冷）} + O_2\text{（冷）} = CO_2\text{（热）} + 6.84\text{kW·h/m}^3(O_2)$$

$$C\text{（热）} + O_2\text{（冷）} = CO_2\text{（热）} + 7.14\text{kW·h/m}^3(O_2)$$

实现二次燃烧主要有三项技术：水冷氧枪、氧气流量控制和气体分析系统。欧美各厂相继开发了大体相互类似的二次燃烧技术，在高水平基础上取得了节电30~40kW · h/t，通电时间减少5min左右的效果。

炭氧枪模块实际上是由1支炭枪和1支氧枪组合起来的模块，可用于炉门或炉壁。模块上的氧枪可以是普通超声速氧枪，也可以是集束射流氧枪。这里的模块可以是指炭枪与氧枪放在一个水冷块上形成一个块体的模块（这种形式常用于炉壁），也可以不放在一个水冷块上，只是配合使用（像炉门炭氧枪）。这种模块组合可以在炼钢前期起到氧燃烧嘴的作用，熔清以后，可以用来造泡沫渣。图4-52为炭氧枪模块示意简图。图4-53为PTI公司的炭氧枪模块实际安装图。

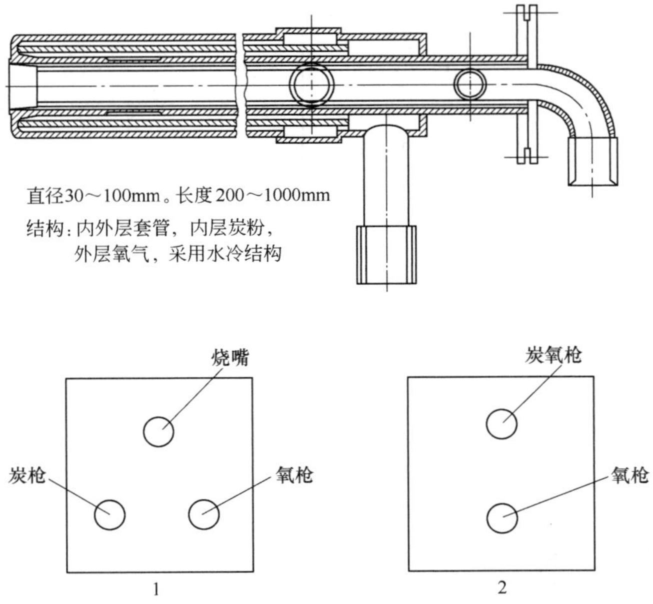

图4-52 炭氧枪模块示意简图

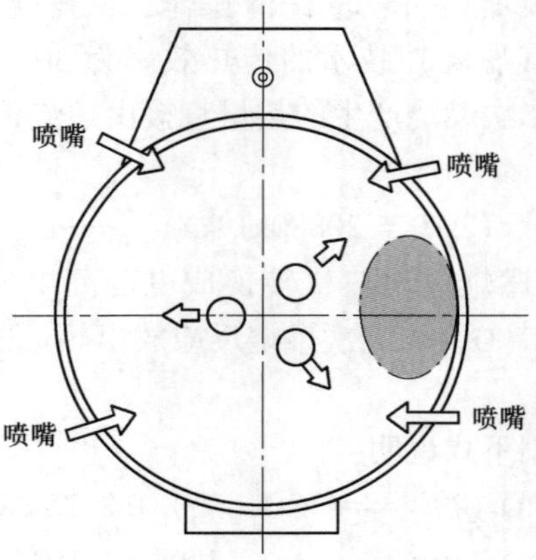

图 4-53 PTI 公司的模块实际安装图

PTI 的 Jet Box 是一个铸铜水冷式的箱体，能够抵抗电弧炉的恶劣环境，用来安装 PTI 公司的氧燃烧嘴。Jet Box 的安装通过炉壁，烧嘴的前端伸入炉内，在炉台上方约 200mm。传统的炭粉喷吹装置要求炭粉的喷入射流与氧气射流达到同样的传输距离，但是直接排放系统强大的吸力经常会干扰从炉壁吹往熔池的炭射流，使之不能有效地形成泡沫渣。与炭氧枪相比，Jet Box 克服了传统的吹氧与喷炭存在的问题，并且达到了预期的效果，受到各应用厂家的认可。

4.1.3.3 氧-燃助熔技术及设备

A 氧-燃助熔技术

电弧炉冶炼电耗的高低，冶炼时间的长短，在很大程度上取决于熔化期的时间，也即决定于废钢熔化的快慢。由于熔化过程中的热工特点，炉内存在着三个冷区。尤其在采用超高功率（高功率）电弧炉后，冷区的影响更为突出。氧-燃（油、煤或天然气）助熔技术采用纯氧助燃，火焰温度可达 2700~2800℃，是强化电弧炉冶炼、缩短冶炼时间、降低电耗的最经济有效的方法。这项技术已被普遍采用，取得了降低电耗 30~70kW·h/t，冶炼时间可缩短 5~20min，成本降低 5~20 元/吨的效果[19]。

由于氧-燃助熔的目的是用最经济的方法向电弧炉内提供辅助能源，所以氧气与燃料的最佳比值应是理想配比。以氧气-天然气助熔为例，表 4-3 列示了三种配比关系[19]。

表 4-3 三种氧气与天然气体积配比

特点	亚理想配比<2：1	理想配比＝2：1	超理想配比>2：1
优点	富裕燃料 碳及合金氧化最少	火焰温度最高 操作效率最高	富氧 切割废钢 能更好地穿透密实的炉料
缺点	降低了火焰温度 提高了废气温度		碳及合金氧化较高 增加了电极消耗 降低了化学成分可控性

实践表明，一般的氧-燃助熔工艺提供电弧炉炼钢所需全部功率的15%～30%。烧嘴的传热效率在每炉开始（电弧效率此时最低）时应尽快达到最大值，5～15min后，其效率取决于炉子特性（轻、重废钢混合比，炉子变压器功率等）。当废钢温度升高后（即炉中废气温度突然升高时），电极加热比氧燃助熔变得更加重要，烧嘴传热效率随着废钢温度升高而降低。此时应停止助熔。

电弧炉的氧-燃助熔技术发展起来的氧燃烧嘴主要有三种形式：天然气燃烧嘴、煤（炭）氧燃烧嘴和油氧燃烧嘴。在布置上烧嘴应对准炉子冷区，图4-54为一种油氧燃烧嘴结构简图。

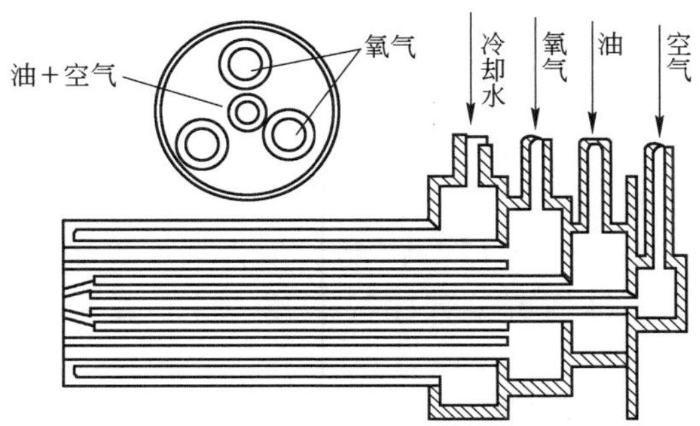

图4-54　一种油氧燃烧嘴结构简图

B　USTB氧枪

北京科技大学开发的多功能炉门枪（USTB氧枪）将水冷氧枪和炉门煤氧枪结合了起来，其特点是熔化初期利用煤氧枪加热熔化炉门口废钢，两种枪共同助熔，用煤粉造泡沫渣，能够进行脱碳和二次燃烧。

国内氧-燃助熔技术的开发早在20世纪60年代就已开始，由于受到油、气资源的限制，工业推广没有铺开。80年代初，成功研究开发了煤-氧助熔技术，与国外油-氧、燃气-氧助熔的冶金效果完全一致。图4-55为装在炉壁上的喷炭粉枪。

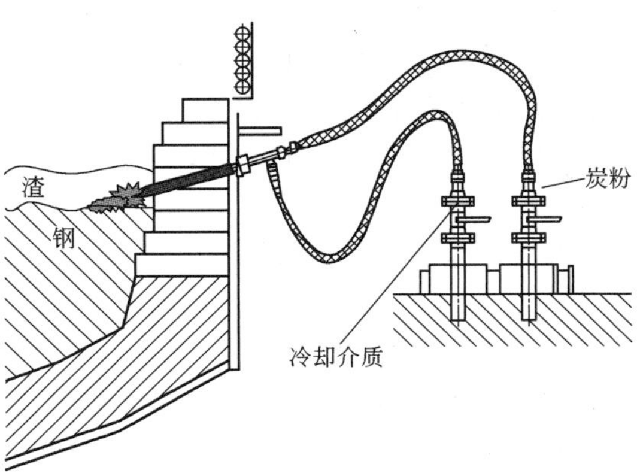

图4-55　装在炉壁上的喷炭粉枪

氧-燃烧嘴主要用于熔化期，因为其产生的热量主要通过辐射和强制对流传递给废钢，这两种传热方式都主要依赖于废钢和火焰的温度差以及废钢的表面积。因此，烧嘴的效率在每篮废钢熔化开始阶段是最高的，此时火焰被相对较冷的废钢包围着。随着废钢温度的升高和废钢表面的缩减，烧嘴的效率不断降低。

4.1.4 电气自动化系统

为实现其高产、低耗、优质的目标，就必须具备快速而准确的生产控制，全面而优化的综合管理。单凭经验或依据普通电弧炉的控制和管理方法，已不能适应生产需要，而在生产过程控制中，电气运行是极为关键的技术。

现在的电弧炉炼钢几乎全部实现了微机操作来替代以前老式的按钮操作。单体的设备由相关的可编程序控制器（PLC）来进行控制，所有的PLC和工控机经过光纤或低一级的PROFUBUS-DP网来连接到一起，相互之间有通信连接，便于实现设备的连锁保护动作。在现代化的电弧炉电气设备中，通常都采用可编程序控制器来进行控制，经常采用的有西门子、施奈德、GE、莫迪康等产品。作为电气设备的核心，也作为设备的大脑，几乎所有的信号都要连接到可编程序控制器，并且几乎所有的动作指令也由它来发出。

4.1.4.1 测量、保护及信号装置

A 测量装置

电弧炉不仅是冶金企业、而且是国民经济中一种大用电量的生产设备。通常一座100t电弧炉变压器的功率就要将近100MV · A，因此，要求电弧炉有完善的指示仪表和准确的记数装置。

为了保证变压器的正常稳定运行，在电弧炉变压器的一次侧设有电流表和电压表，二次侧每相各设一只电流表和电压表。在一次侧还装有功率表、有功电度表和无功电度表等指示和计数仪表。

为了与高电压和大电流的主电路相隔离，测量仪表都经电压、电流互感器与主电路相连，电压、电流互感器又称仪用互感器，专供测量仪表控制及保护设备用，其目的是扩大测量仪表的量程，使测量仪表相应集中，并与高压电路绝缘，保证安全使用。

在可编程序控制器的测量部分，变压器的一次和二次电压和电流都要经过相关的互感器，将大的电压和电流信号变换为更小等级的电压和电流信号连接到相应的可编程序控制器模板。此外，有功功率和无功功率等也由相应的功率表以脉冲的形式发送给PLC的高速计数模板。在PLC内部，经过计算，实时的有功和无功功率和炉次的相关数据都可以在主控室的计算机上显示。

在工控机上，有功功率和无功功率的历史数据都可以用相关的历史曲线来记录，以备统计和故障分析。

B 继电保护装置

在电弧炉的运行中，必须考虑到产生各种故障及出现非正常工作现象的可能性。最普遍的，同时也是最危险的故障就是各种原因引起的短路，例如，母线接头、线圈及高压侧、低压侧各载流体的短路等。

在遇到故障时，防止事故发生与扩大的方法是迅速地使设备断电。但是，在这样短的

时间内，操作人员是无能力发现和消除故障的，因此，电源设备均配备有专用的继电保护装置。

继电保护装置能完成以下两方面的任务：

(1) 当发生故障时，它能自动地、迅速地、有选择性地将故障部分与电力系统的其他部分断开，以保证其他非故障部分的正常运行和防止故障设备的损坏。

(2) 发生不正常运行状态时，它能向操作人员发出信号使其采取必要措施或通过自动调节来改正，得不到调整时（即过一定时间后）切除故障设备。

C 连锁保护装置

油温保护：当变压器油温达到规定值时，油温继电器发出信号。当油温再升高达到极限时，油温继电器使高压断路器自动跳闸。

为防止人工误操作而发生的事故，电弧炉上一般还安装下述连锁保护装置：

(1) 前后隔离开关连锁装置。防止隔离开关带负荷操作。

(2) 前后接地刀和隔离以及真空开关的连锁。

(3) 炉体倾斜连锁装置。当炉体不在规定的角度范围之内时，高压送电无效。

(4) 炉体倾斜、炉体移出及炉盖提升相互的连锁装置。防止炉盖上升时炉体倾动，或炉体倾动时提升炉盖；防止炉盖未提升时炉体移出，同时必须在高压断路器断开时，才允许炉盖提升。

(5) 油温保护。当变压器油温达到规定值时，检测设备发出信号。当油温再升高达到极限时，PLC 发出信号使高压断路器自动跳闸。

(6) 变压器冷却压力和流量连锁保护。

(7) 炼钢设备冷却保护，包括温度和流量。

(8) 出钢连锁。地面车辆、炉盖、电极必须在相应的位置时才能打开出钢口出钢。

(9) 事故功能。当今的炼钢炉多采用水冷，当出现突发情况，比如停电时，必须保证炉体冷却水，以防发生烧穿炉壳。

(10) 炼钢和除尘设备的连锁。

(11) 换压连锁装置。保证无载调压是在变压器无负荷情况下进行。

D 信号装置

信号装置的作用是指示电源设备的工作状态，操作人员根据指示信号进行操作，避免误操作。另外，当设备发生不正常运行状态时发出警告，通知操作人员采取措施及时处理。指示信号装置包括：

(1) 高压断路器停送电指示，以灯光信号表示，停电为绿色，送电为红色；

(2) 工作电压指示，以灯光信号表示电压波动情况；

(3) 调压指示，以灯光信号表示调压装置的电压级位置或者用数字显示器直接显示；

(4) 油泵指示，以灯光（绿灯）表示冷却油泵是否在工作。

随着自动化技术的飞速发展，各种装置和检测元件的信号进入 PLC，通过通信传输给主控室的工控机上，在相关的操作画面上，各种装置所处的位置以及故障状态皆以不同的颜色来指示，动作的条件是否满足也可以逐一显示出来，给生产和维修带来了极大的方便。

4.1.4.2 电极升降自动调节装置

电弧炉机械的或液压的电极升降机构和电极自动调节器一起，构成电极自动调节系统。电极调节器的一个重要指标是电极上升速度。一些优质的液压电极升降系统可达 7~9m/min，下降速度约为上升速度的 70%。

电弧炉输入的功率是随着电弧长度的变化而改变的。冶炼过程中，由于炉料熔化塌料、钢水沸腾等原因，电极与炉料之间的电弧长度不断地变化。特别是熔化期电弧极不稳定，经常发生断弧和短路现象，不利于电弧炉的正常工作，为了保证按规定的电力制度供电，就必须保持稳定的电弧长度。

电极升降调节装置的作用就是保持电弧长度恒定不变，从而稳定电弧电流和电压，使输入的功率保持一定值。当电弧长度变化时，能迅速提升或下降电极，准确地控制电极的位置。因此，电极调节装置要求反应灵敏，电极升降速度快，稳定性好，以避免断路器的频繁跳闸和电流电压的过大波动，从而可缩短电弧炉冶炼时间，降低电耗。但是用手动控制电极升降达不到上述要求，一般都是自动控制。

早期我国电弧炉电极升降主要采用以下几种自动调节装置：

(1) 晶闸管—直流电动机式自动调节器。晶闸管—直流电动机系统见图 4-56。它表示电弧炉每相电极的控制系统。控制系统由电流和电压的测量回路、触发回路、晶闸管整流回路、辅助控制回路及电动机和传动机构组成。

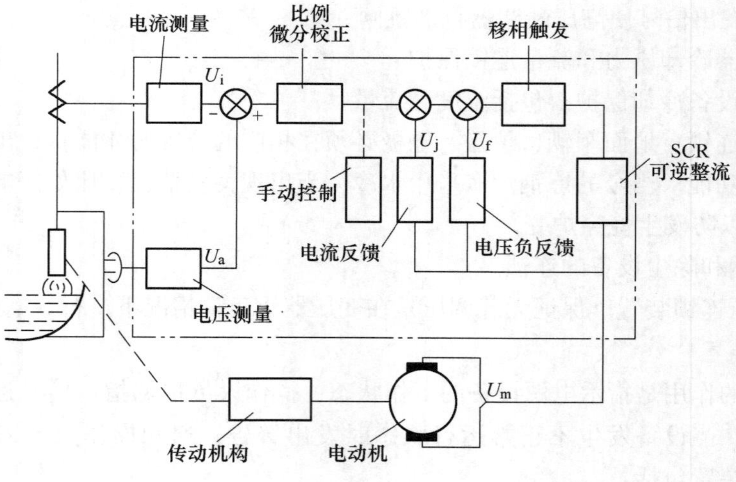

图 4-56 晶闸管—直流电动机式调节系统方框图

电弧电流和电压信号经电流和电压的测量回路，分别变换成直流电压后进行比较。它们差值的信号送入触发回路，然后按信号的正负极性和大小进行选择，输出一个脉冲信号给晶闸管整流回路。

晶闸管回路按脉冲信号的极性和大小输出电压给直流电动机，直流电动机带动机械传动机构，使电极上下移动，改变电弧的长度，维持电弧电流在某一规定值。电压信号大于电流信号时，电动机旋转方向使电极下降，电弧阻抗降低，电弧电流增加。当电流信号与电压信号相等时，电动机电压为零，电动机停止转动，电流信号大于电压信号时，则电动机反转，使电极升高直到新的平衡。电流信号和电压号差值越大，电动机转速越快，使电极提升或下降的速度也就越快。

（2）晶闸管—电磁转差离合器式调节器。这种调节系统的工作原理与晶闸管—直流电动机式系统基本相同。所不同的是，在电极升降机构中，用一个鼠笼型交流电动机和一个转差离合器来代替原来的直流电动机，见图 4-57。

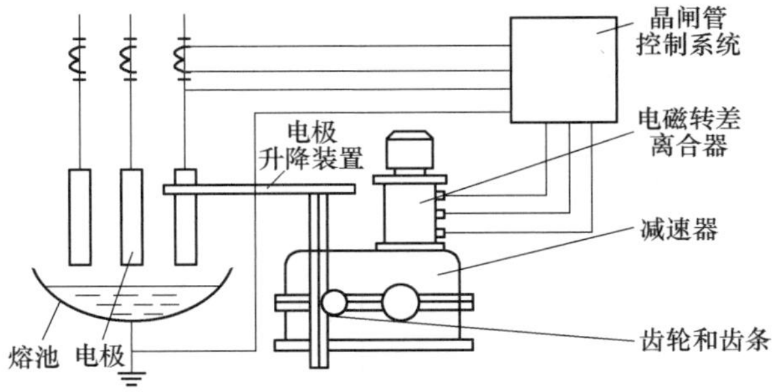

图 4-57 晶闸管—电磁转差离合器系统

这种调节系统与晶闸管—直流电动机系统相比，由于电动机与电极分开，不参加过渡过程，没有电动机启动和制动问题，离合器电枢转动惯量很小，故调节系统反应灵敏，电极提升速度提高，因此，可缩短塌料时短路时间，减少高压开关跳闸次数。

（3）电液随动阀—液压传动式调节器。电液随动控制系统的工作原理见图 4-58。电弧电流偏差时，电气控制系统将测量比较环节传来的偏差信号放大后，输给驱动磁铁，驱动磁铁根据偏差信号使随动阀的阀芯向上或向下移动。阀芯的移动控制着阀体的进液量和回液量，从而使液压缸高压液体增加或减少。增加时，立柱向上提升电极；减少时，依靠电极和立柱的自重使电极下降。当电弧正常工作时，测量环节无信号输出，随动阀的阀芯处于中间位置，电极不动。

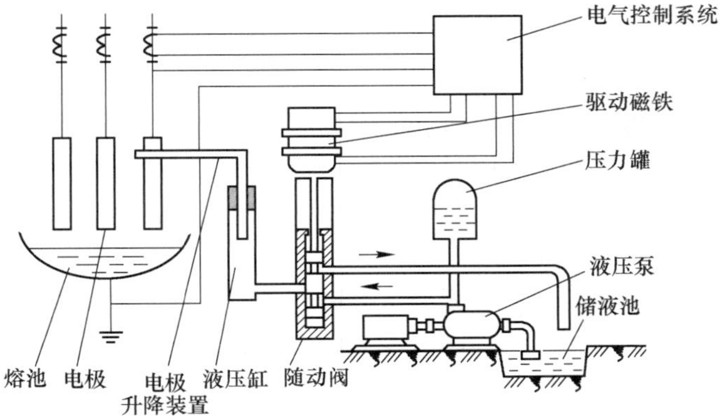

图 4-58 电液随动系统工作原理示意图

这种调节系统同时具有电气系统和液压系统的优点，比其他的电极自动调节系统具有更高灵敏度，其升降速度更快，输出功率也大。

4.1.4.3 计算机控制系统

随着计算机技术的不断开发和应用，电弧炉电极自动调节技术也取得了新成果。随着计算机应用技术的发展，利用数字模件以及计算机控制电极调节系统，用模拟的方法或软件计算真实的电弧电压和电弧电路的功率因数值，从功率因数值来判断电极位置，如是否接近于和炉料相短路。

美国的北极星（North Star）钢厂与米尔切克（Milltech HOH）公司合作研究用神经网络技术改善电弧炉的电极控制系统，在一台 80t 交流电弧炉炼钢生产中投入运行，所取得的成绩是：生产率提高 10%～20%；电极消耗量降低 0.4～0.6kg/t；电能消耗减少 18～20kW · h/t，其控制示意图见图 4-59。

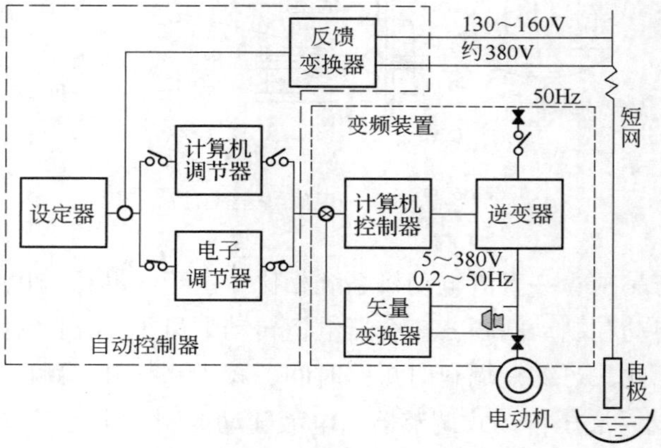

图 4-59 电弧炉计算机控制交流电动机
（变频无级调速自动控制系统单相简化原理框图）

电弧炉计算机控制变频调速电极自动控制系统，包括 3 个单元：

（1）拖动电极升降的执行元件，标准系列鼠笼型交流电动机；

（2）给交流电动机供电的计算机控制变频装置；

（3）自动调节器，由计算机调节器和电子调节器构成，两台机器具有相同的控制功能，互为备用。

自动控制调节器采集三相电弧电流和短网电压作为反馈控制信号，按照冶炼工艺要求设计控制程序，根据各冶炼期的不同设定值进行程序运算，输出频率给定信号和电动机运转指令信号，独立地分相自动控制 3 台电动机拖动 3 根电极调节其与炉料之间的距离，实现系统恒流控制。

该系统是一个直接数字控制、数字设定、数字显示、数字保护的交流电动机变频调速系统，具有故障少、控制精度高、结构紧凑、性能优越等优点。

随着人工智能技术的应用和发展，出现了智能电弧炉，实现了将人工智能技术应用于改善电极电流工作点的设定和控制。采用可编程序控制器 PLC 作为电极调节器的控制单元，使用效果也很好。

经常使用的是一种数字式阻抗电极调节器，该系统具有以下特点：

（1）电流或导纳控制；

（2）根据有关的电弧炉图表可以方便地预设定控制参数值；

（3）成套的电极折断保护；

（4）各种辅助设施。

下面详细介绍该电极调节系统：

（1）以 IPC 为基础的紧凑型系统。它是一个以工业 PC 为基础的包括显示和键盘的紧凑装置，既可以装在控制台上，也可以装在控制柜内，并且可以与第三方的 MMI 连接传送数据。

用 LCD 进行彩色图像显示。对电弧炉附近的强磁场完全不敏感。最重要的过程数据以曲线图和数字的形式显示在屏幕画面上。大量的画面用来显示诸如限位开关或操作过程中的起弧等特殊事件。正常的冶炼时不需要人工输入数据。

利用 CAN 协议通过现场母线终端把数字控制信号与工厂信号连接，可以大大减少所需敷设的电缆。

二次电压和电极电流的模拟值通过一个隔离接口传送给电极调节单元的专用模板上，进行信号的预处理，再将处理过的信号传送给 PLC 的模板，做进一步的处理和计算。

（2）先进的信号处理。二次电压和电极电流的传统方法是采用简单的测量传感器，它的输出信号仅包含数值的量而没有其他进一步的信息，而且传感器的设计仅在正弦输入信号下工作，也会造成测量误差，所以有关原始信号的测量错误的波形的信息就丢掉了。新一代的处理方法在每个阶段多次采用模拟信号，利用这些瞬时值，数字信号处理器不仅计算电压和电流的平均根值，而且还计算有功功率大小并完成在线分析，以确定测量电流的谐波量。

无功功率、视在功率和功率因数以及总谐波畸变均在线计算以做进一步的计算使用。利用这些数据可更精确地估计大电流母排的压降，并能更好地对熔清阶段监督。

（3）完备的图像系统。具体表现为：完全图形用户画面。最重要的数值能清晰地布置在主画面内，供操作人员使用。诸如电极电流、能量消耗和阻抗之类的重要信息以柱形图和代表数字的形式显示。平面视图用作通知简单事件如限位开关动作。有大量的辅助画面可供用于启动、建立参数和维修。

监视画面包括：

（1）监视画面显示调整图表，重要的数值以数字显示；

（2）简单地通过鼠标选择或快捷键，就可以把单独方框图放大显示，以提供更详细的信息，下一步，可打开一个与上下文有关的帮助窗口。

带菜单栏的参数画面包括：可用一排输入画面来建立参数。这些参数按功能分组布置，向编辑区输入的参数各自有高低边界限制。边界值在屏幕画面下部的信息栏内显示。每次调整均可以自动记录文档，同时记录下日期、时间和原先值。

阻抗设定值画面包括：

（1）设定值画面用来编辑每个电极的阻抗设定值。变压器抽头总数可在参数画面中的变压器菜单项确定。

（2）可输入不同的曲线和电抗器阻抗值。

启动维修画面，进行远程系统维修：在图形显示画面上，可将大量的工厂状况的详细资料提供给维修人员，通过互联网络，维修专家可以分析现场的信息，并通过电话或传真及网络向现场人员提供帮助。

从原理上，该电极调节系统具有以下优点：

（1）控制功能图。依靠连续检测的电压和电流值计算出的阻抗值和设定值比较，偏差值经过 PI 调节器输出给输出限制器，进行正反方向限幅，此时，电极液压缸上的限位开关信号同样可以影响输出值。输出经过限制器后再经过谐波发生器给到控制阀上。

（2）电压和电流检测。每个周期进行 128 次采样，获得最接近实际的电压电流值。

（3）阻抗计算和点火控制。尤其适用于电极下降，保证电极在接近熔池或废钢时迅速停止，避免电极折断。

（4）PI 控制器。控制器的放大部分分为 6 个独立区域，每个区域可以单独控制，它可以弥补上升和下降运动由于电极和横臂自身重力的差异。

（5）线性放大。控制信号必将导致弧阻和弧长变化，而弧长和弧阻的关系是非线性的，这种放大器可弥补这种缺陷。

（6）自动调整的设定点优化。随着熔炼的不同阶段，操作点也要变化，这种系统可以自动进行调整。

（7）控制阀的死区补偿。内置积分器可以补偿死区，避免由于死区造成持久的偏差，同时，也可以保证调节系统的灵敏性。

（8）速度和加速度限制。

（9）过电压补偿。

（10）过电流限制。

（11）短路电流限制。

（12）液压缸压力测量。每个液压缸内装有压力测量元件，在电极触及熔池或废钢时控制电极向上提升一点，避免电极折断。

近年来，国际上较为成熟的智能电弧炉电极调节控制技术主要有三种：美国的 IAF™、美国的 SmartArc™和德国的 Simelt^{R} NEC 系统。NAC 的 IAF™系统开发较早，应用比较广泛，我国的广州钢厂和天津无缝钢管公司先后引进了该系统；SMI 的 SmartArc™系统结合该公司的 ArcMeter 快速测量系统使用在 DigiArc 电极升降调节器上，主要应用于北美市场；德国西门子公司的 Simelt^{R} NEC 系统安装在该公司开发的 Simelt 系列电极升降调节器上，在欧洲、中国也有广泛应用，太钢 160t 电弧炉和东北特钢 100t 电弧炉均使用其电极调节器[20]。

现有市场电极控制方法通常采用恒阻抗的控制方法，运用电流和电压变送器将电信号转换成模拟信号传输给控制器进行运算，从而实现对电极的控制。但在使用过程中，控制器采集的数据量有限，且许多参与运算的数据需要通过控制器进行积分和微分运算，使控制器工作量大且运算周期长，导致了整体的动态响应时间过长。中冶赛迪开发了新一代智能化电极调节器控制技术（DMI-AC），采用基于网络传输的数字式电弧炉电极控制，电极控制系统主要包括电信号采集单元、前置数据处理模块，数据的传输单元，控制单元和电极驱动单元见图 4-60[21]。

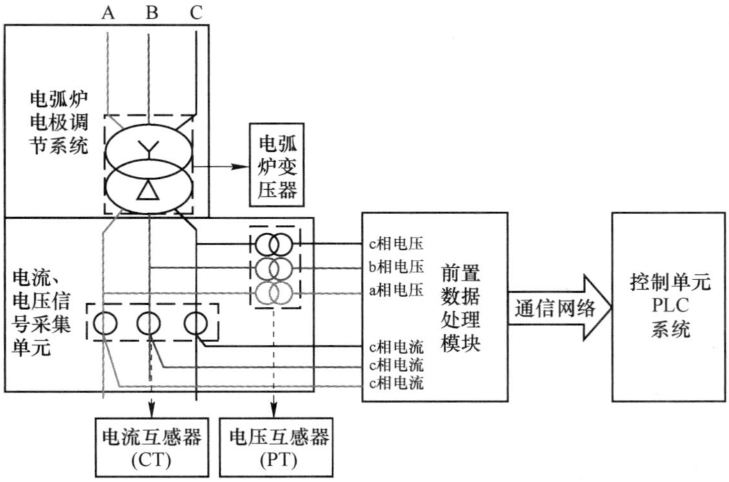

图 4-60 基于网络传输的数字式电弧炉电极调节系统组成

电信号采用单元从电极短网系统采集电极的电压信号和电流信号，并通过数据传输单元与前置数据处理模块连接传输数据。前置数据处理模块对电信号进行计算，得到电流、电压、功率、功率因数、能量以及电源谐波畸变率等电参数，并通过数据传输单元采用网络传输方式向所连接的控制单元传输数据，传输的所有信号采用计算机网络数字式信号，通过协议可根据所采用的控制设备或者协议转换器进行转换传输。控制单元由 PLC 系统组成，并与电极驱动单元发送控制信号从而实现电极调节。通过结合冶炼工艺条件有针对性地在不同阶段采用不同的且最能适合冶炼条件的控制方法，并应用模糊专家系统、自适应神经网络和优化决策系统等多项智能控制技术，建立了满足生产工艺需要的智能化电弧炉电极调节系统。表 4-4 给出了不同电极调节控制系统的技术对比。

表 4-4 典型电弧炉电极调节技术对比

项目	IAF™ NAC（美国）	SmartArc™SMI（美国）	Simelt® Siemens（德国）	DMI-AC 赛迪（中国）
技术背景手段	Mill Tech. HOH； 电弧炉监控系统	DigiArc 电极调节器； ArcMeter 电参数速测系统	Simelt 系列电极调节器； Siemens 系列控制电器设备	Digital 数字控制器； MeterQ 前置模块； Intelligentize 智能化后台系统
技术特点	三相意识； 无需考虑废钢条件变化； 稳定电弧； 连续预报	快速测量； 识别废钢组成； 识别渣况； 产生规则指导生产； 冶炼不同阶段改变控制策略	三相模型； 考虑电弧电抗； 控制功率分配	快速测量； 数字传输； 工艺分段控制； 稳定电弧； 连续预报
控制目标	最大功率	最长稳定电弧； 最优供电曲线	最大有功功率	最长稳定电弧； 最优供电曲线； 最大有功功率

续表 4-4

项目	IAF^{TM} NAC（美国）	SmartArc^{TM}SMI（美国）	Simelt^{R} Siemens（德国）	DMI-AC 赛迪（中国）
采用智能技术	人工神经网络；专家系统	人工智能	人工神经网络	智能算法；专家系统；模型技术

4.1.4.4 基础自动化部分

一级系统按极分成：

（1）过程接口系统；

（2）PLC 系统，包括连续控制软件；

（3）系统通信接口；

（4）系统与子系统接口；

（5）人机通信（操作员控制台）；

（6）工程师系统通信；

（7）供电系统。

功能控制上分为连续控制、顺序控制、计算功能、连锁功能等。

操作模式包括：

（1）就地模式。检修和维修时，在就地对单一设备进行操作（启动/停止）。它还包括有效的安全装置。

（2）手动模式。在控制室内控制台或控制盘上操作单一或一组设备（启动/停止）为确保操作人员和机械设备安全，手动模式只有主要的连锁功能。手动模式只有在自动化功能发生故障时，对设备进行简单的操作。

（3）自动模式。通过 MMI 和生产操作所需求的传统操作单元实现开环/闭环控制功能和设备完整的连锁操作。

（4）计算机模式。用于与自动模式相同的控制和连锁功能，主要使用于存在二级自动化控制的情况下。

A PLC 部分

用于实现工业控制系统，由位数不多的各种性能容量的标准化可编程序控制器组成。通常其自动化系统由三个主要部件组成：

（1）可编程序控制器；

（2）编程器；

（3）编程语言。

可编程序控制器控制和调节机器、制造装置或工业过程，依靠 I/O 模板收集来自过程的信息，并向过程发出命令。智能 I/O 模板代替中央处理器完成高连闭环和开环控制任务。通信处理器用于连接有效的方便用户的控制和显示单元，以及与其他控制系统交换数据。

编程器用于生成和试验可编程序控制器的控制程序，并提供程序文件。通信处理器和智能 I/O 模板的菜单驱动编程的特殊系统功效使编程器用作自动化系统的通用组态资源。

编程语言是用户和自动化系统间的纽带，用于将要控制的任务公式化。

编程语言可以完成以下功能：

（1）连锁和顺行控制功能（开环）；

（2）闭环控制功能；

（3）时间功能；

（4）数据处理；

（5）算术运算功能；

（6）极限检测；

（7）与 MMI 的接口；

（8）与其他系统串联成更大一级的网络。

PLC 系统通常由以下几部分组成：

（1）背板（基板）；

（2）供电模块；

（3）中央处理器；

（4）存储模块；

（5）通信网卡（以太网或 DP 网卡）。

接口模板和扩展单元：

（1）远程站；

（2）交换机及连接线缆（如果存在网络）。

B 工业控制软件（用于操作员站）

工业控制软件是在生产和工程自动化中解决可视化和控制任务的工业技术中性系统。它提供了适用于工业的图形显示、消息、归档以及报表的功能模板。高性能的过程耦合、快速的画面更新以及可靠的数据，使其具有高度的实用性。

除了这些系统功能外，它还提供了开放的界面用于用户解决方案。这使得将该软件集成复杂、广泛的自动化控制解决方案成为可能。可以集成通过 ODBC 和 SQL 方式的归档数据访问，以及通过 OLE 和 ActiveX 软件的对象和支档的链接。

工控软件通常具有以下几个部分：

（1）图形编辑器；

（2）报警记录；

（3）变量记录；

（4）报表编辑器；

（5）全局脚本；

（6）文本库；

（7）用户管理器；

（8）交叉索引。

4.1.4.5 电弧炉炼钢过程中二级自动化的应用

电弧炉炼钢过程控制由四个阶段组成：（1）冶炼设定阶段；（2）料篮处理和熔融阶段；（3）精炼阶段；（4）出钢阶段。

电弧炉炼钢过程控制流程图见图4-61。

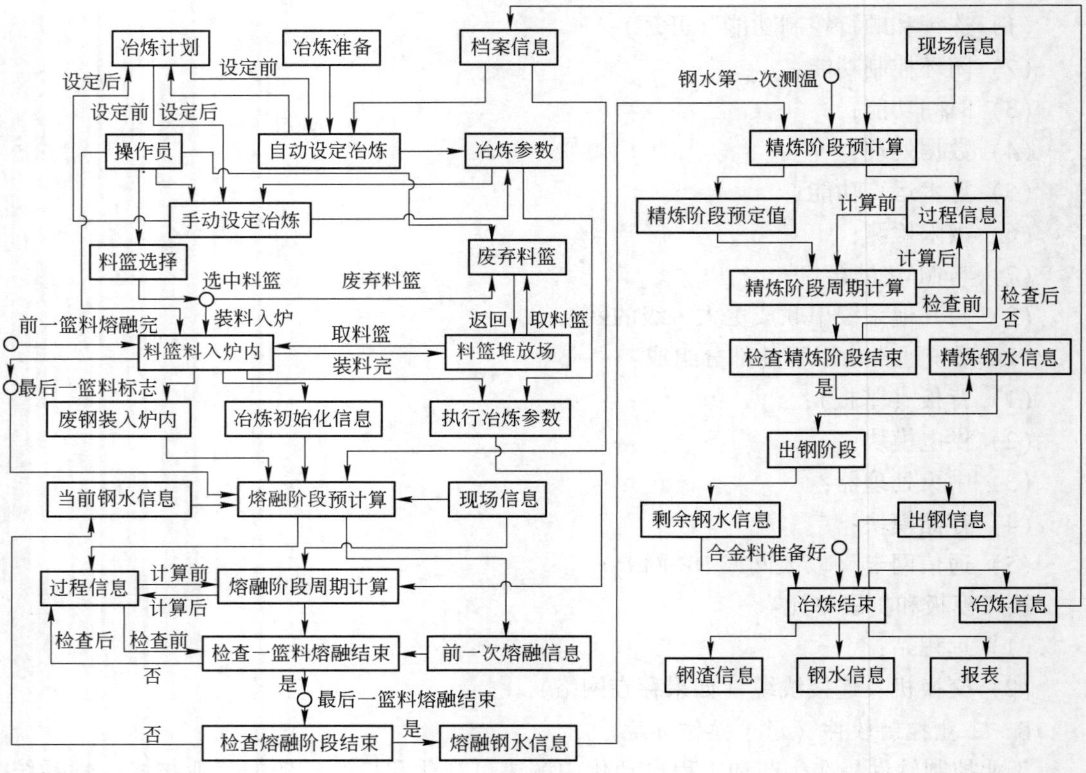

图4-61 电弧炉炼钢过程控制流程图

A 冶炼设定阶段

冶炼设定阶段可以看作进入新冶炼的开始，系统自动地从冶炼计划中选择一种冶炼方案作为新冶炼方案，记录生产日期和时间，确定一组控制参数（冶炼参数等）。第一篮料兑入炉内前，操作员按照工艺要求，决定是否进行如下处理：

（1）修改废钢配料方案；

（2）从冶炼计划中选择另外的冶炼方案，改变所炼钢种。然后，请求系统执行如上处理工作，执行新的冶炼号。从冶炼过程来看，冶炼号仅可看作冶炼计划中的顺序号。但是，这个冶炼号非常重要，当发出冶炼号的设定请求时，系统就给出了一次新的冶炼方案。

B 料篮管理和熔融阶段

a 料篮管理

系统通过料篮管理软件管理料篮堆放场，并掌握料篮的实际状态（装料、空等）、料篮内所装废钢种类和成分等信息。操作员通过与料篮堆放场有关画面向系统发出将料篮中料装入炉内或废弃料篮的命令，并通知 L1 级自动化系统执行。

b 熔融阶段

当第一篮料兑入炉内，该炉的冶炼参数生效，进入熔融阶段。熔融阶段的工作包括：

（1）熔融阶段预计算。进入熔融阶段后，L1 级自动化系统通知 L2 级计算机电弧炉电源已接通，系统的静态模型开始熔融阶段的预计算。它按如下信息进行计算：料篮内废钢的种类、成分、重量及最后一篮料标识；上一炉剩余钢水信息或上一篮料熔融后熔池钢水信息；炉内原料（废钢、钢水）比热容等实际参数。计算结果可在屏幕上显示，它们是：动态模型计算的第 1 组信息，即该篮料兑入前熔池内的钢水信息；系统用来估计熔融过程的状态信息——该篮料的目标能量以及熔融完成时熔池内应有的目标能量，在最后一篮料时估计钢水成分。

一旦废钢装入炉内，电弧炉电极开始为熔池提供能量，执行电极操作。电极操作有自动/半自动方式和手动方式，自动/半自动方式由 L2 级计算机通知 L1 级自动化执行，手动方式由操作员通知 L1 级自动化系统执行。熔融阶段开始后，系统开始动态地管理熔融阶段的周期计算等过程。

（2）熔融阶段的周期计算。在整个熔融阶段，在操作系统的控制下，按照如下信息定时地执行动态模型的周期计算：熔融过程信息的实际值和估计值；现场信息的测量值。周期计算后，生成熔融阶段过程控制的修正值，对熔融阶段进行连续的监督控制，反复不断地进行如下功能计算：

1）能量计算。估计该料篮废钢所带来的能量，同时估计到下一篮料装料时，熔池内所保存的能量。如果是最后一篮料，估计熔融完成后，熔池所保存的能量。这种计算基于能量平衡，它由所提供能量和能量损耗（如炉壁和炉盖的损耗）所组成。于是就可以估计有多少废钢还没熔融，从而可以估计到熔融完成还需多少能量。

2）预报熔融时间。预报到下一篮料向炉内装料时所剩余的时间，或熔池内废钢全部熔融完成所需的时间。这种计算与能量计算密切相关，因为该预报值即为转换熔池剩余废钢能量所需时间。

3）监视炉内温度。观察炉壁和炉盖冷却水的温度，以检查炉子的不正常状态。由于炉壁和炉盖全部用冷却水覆盖，监督冷却水的出口温度，可避免由于炉子过热在熔融阶段出现不正常状态。这种现象出现后，为了炉子的安全，系统将报警，通知 L1 级自动化系统将电弧炉电源关闭。

4）确定电压档和电极电流工作点。根据装料废钢的能量计算、能量消耗、电极操作图以及钢水的档案信息，对电极控制装置的工作点进行调整，设定新的工作点，通知 L1 级自动化系统执行。

5）预报钢水中的氧化物成分。为了调节钢水成分，钢水中某些元素需要氧化，如 Si、C 等，可通过确定氧枪的吹氧量，控制调节熔池内的氧化过程。

6）过程信息的跟踪。系统对熔融阶段的全部信息进行跟踪。当电弧炉进入熔融阶段后，系统开始执行一系列的高级功能，如热平衡计算、炉壁温度的监督等，这表明系统正在处理冶炼过程的全部信息，这些信息来自各个方面，诸如生产现场的测量值、计算值、系统档案信息以及网络的通信信息等。这些信息包括：

① 一般信息。冶炼号；所炼钢种代码及说明；前冶炼阶段；最后一篮料标志。

② 称量信息。目前料篮所装废钢总重量及各类废钢的重量；目前炉内所装废钢总重量；加入炉内合金料重量；炉内钢水总重量（估计值）；上次冶炼剩余钢水重量；氧耗量。

③ 开始时间。前一炉出钢后或冶炼中断后通知冶炼开始时间；提供每次通电的开始时间。

④ 持续时间。当前冶炼阶段的实际冶炼时间；熔融阶段开始后实际冶炼时间；当前冶炼阶段的剩余时间；各篮料分别冶炼时间；熔融阶段最终冶炼时间；空闲时间，即一篮料卸料时间。

⑤ 功率设定点。预定整个冶炼阶段的能量和实际提供的能量；预定每一阶段的能量和实际提供的能量；预定每一阶段电压档和电极电流。

⑥ 能量平衡。熔融阶段（或精炼阶段）熔池内现存总能量；从熔融开始到当前实际提供的能量；实际提供能量=实际提供的总能量/废钢装入总重量。

⑦ 当前料篮信息。预计算能量；已提供的能量；熔融完成应再提供的能量。

⑧ 测温信息。熔池实际温度；目标出钢温度；距取样时间最近的一次测温及测温记录。钢水成分最近取样类别和时间；每次取样的成分，即最新取样值、估计值、目标值。

(3) 检查熔融阶段是否结束。每当熔融阶段周期计算结束，系统都要检查一篮料熔融是否结束。如结束，进行如下处理：如不是最后一篮料，将下一篮料加入炉内；如是最后一篮料，系统确定熔融阶段结束。当钢水能量计算值达到熔融阶段的预计算值时，可判定熔融阶段结束；否则，将本次计算值作为下次周期计算的输入值。

当系统判定熔融阶段已结束，通知 L1 级自动化系统测温、取样，测温可判定熔融阶段是否真正结束。如结束，进入精炼阶段，取样并送化验室，系统接收到化验室的分析值后，进行合金料的计算。

C 精炼阶段

精炼阶段第一次测温后，精炼阶段的静态模型根据熔池内钢水信息计算出钢目标能量和目标温度。然后，在操作系统的控制下精炼阶段的动态模型对精炼过程进行连续的监督控制，监督控制情况和熔融阶段一样，这里不再多述。当熔池内钢水达到出钢温度时，进入出钢阶段。

D 出钢阶段

在出钢阶段，由一级自动化系统进行测温、取样，并将样本送检化验。当系统收到钢水成分后，开始非周期动态模型计算，估计熔池内将要出钢的钢水重量、温度和成分，计算加入每一类合金料的重量、能量消耗、价格和温度损耗，通知原料系统将合金料加入钢包，通知一级自动化系统出钢，电弧炉从冶炼状态转入钢水兑入钢包状态。

出钢结束后，系统最终计算钢水重量和温度。然后，将本次冶炼信息归入档案，以备以后冶炼参考。系统自动打印各种报表，并进入下一次冶炼状态。

4.1.4.6 电弧炉炼钢过程中二级（L2）自动化系统的软件、硬件及相关构成

整个电弧炉炼钢自动化系统中各个子系统之间要完成各种信息的传递和交换，它们之间的通信示意见图 4-62。

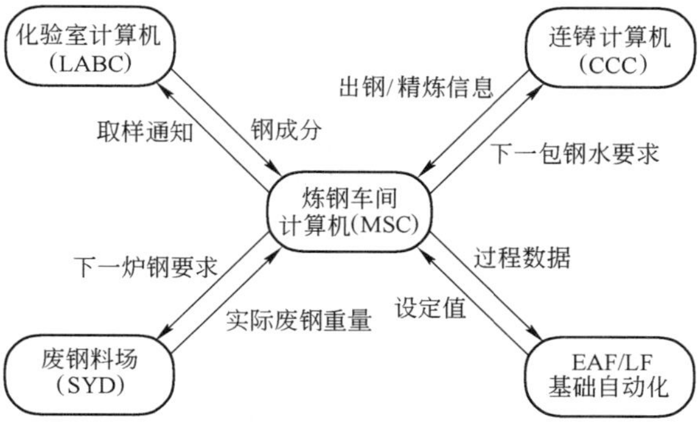

图 4-62 炼钢车间各个子系统之间的通信示意图

A 硬件构成

炼钢车间自动控制系统的配置图示例见图 4-63。Level 1 级控制系统由 Siemens PLC、电极调节器、星形耦合器和作为人机接口的 HMI 服务器组成；Level 2 级自动控制系统（过程控制系统）由 1 台 DEC Alpha Server 服务器，5 台 PC 机（分别用作工程师站，EAF 操作站、LF（精炼）操作站、废钢料场计算机和化验室计算机），DEC HUB，若干台打印机组成，它们之间通过 Ethernet 进行通信。

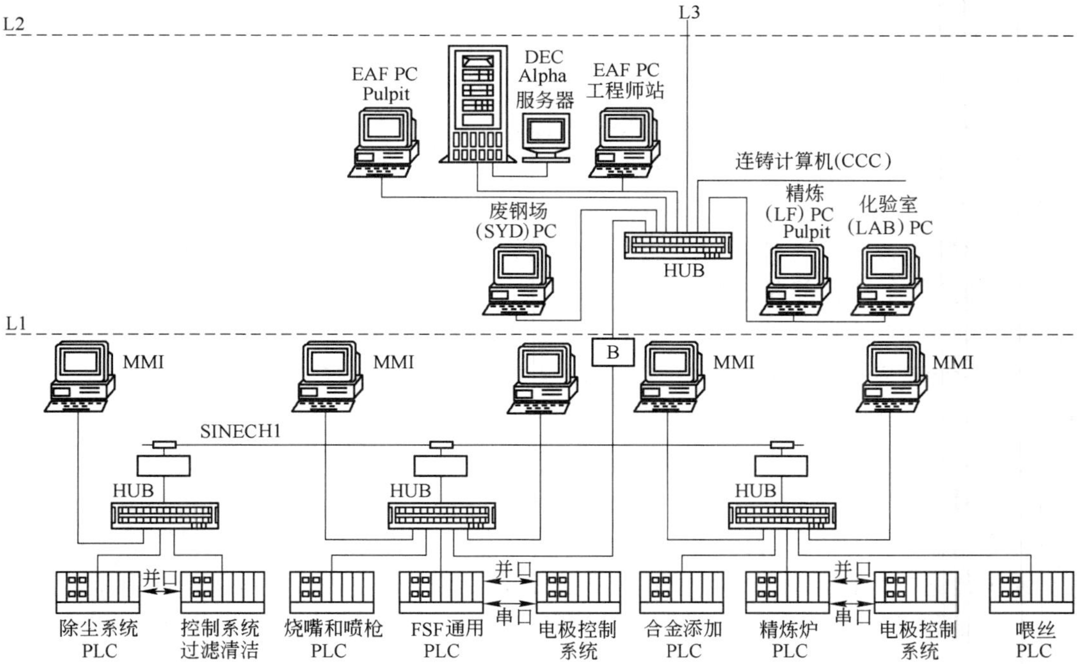

图 4-63 炼钢车间 L1 和 L2 级控制系统硬件配置图

电弧炉炼钢控制系统按照不同的区域和专业功能化分若干子系统，每个子系统均采用一台 PLC 进行数据的采集和控制，如电弧炉本体、上料系统、除尘系统和炭氧枪烧嘴等。

系统之间采用H1网上进行信息交换，HMI服务器系统连接H1网和TCP/IP网、TCP/IP网上连接HMI工作站和二级计算机。这种系统只要提高服务器等级，就能实现数据的快速传送和控制的实时性，操作站从服务器上获得PLC的实时数据，并发出控制信号。HMI的CRT上能显示电弧炉各设备的运行状态以及电弧炉冶炼过程中各参数的变化趋势、故障报警、生产消耗报表等。二级机获得PLC的实时数据，据此判断电弧炉的运行阶段并下装到冶炼模型，指导电弧炉按优化模型运行，达到提高质量、降低消耗、提高生产率的目的。

B 通信方式

PLC之间、PLC与服务器之间通过SINEC H1网通信，服务器与操作站、与二级计算机之间通过TCP/IP网通信，二级计算机是通过服务器经H1网与PLC交换信息。二级计算机将控制信息通过TCP/IP网，由PLC对设备进行控制。此外，二级计算机通过以太网与其他工序计算机通信（三级计算机、连铸二级计算机、废钢料场、化验室计算机等）。PLC与电极调节器、测温仪设备用3964R协议通信。通信功能采用了炼钢生产过程系统的信号采集、顺序控制、过程控制和过程管理等系统的集成。

C 软件系统配置

DEC Alpha Server服务器上的软件配置为Open VMS操作系统；DEC C++；Oracle Database；Pathworks for Open VMS file；DEComnic API；DECosap H1等。

各操作站（EAF pulpit、LF pulpit、工程师站）软件配置为Windows NT，workstation操作系统；Pathworks 32 Client；MS Visual C++；MS Visual Basic等。

D 功能介绍

电弧炉主控室二级控制计算机：实时收集显示电弧炉生产信息，主要包括：炉号、各种辅料值、各种合金料值、电耗、氧耗、油耗、铁水量、废钢量、钢水量、测温温度、化学成分，然后生成炉次报告。各种辅料值、各种合金料值、电耗、氧耗、油耗、铁水量、钢水量、测温温度等实时值通过PLC系统传给二级控制系统，炉号由二级系统通过PLC传达的出钢信号、耗电量综合判断后，自动生成。废钢信息由电弧炉主控室向原料车间发送配料申请，原料车间配料室人工输入后传给二级控制系统。化学成分是由电弧炉主控室向电弧炉化验室发出钢样分析申请报告，电弧炉化验室通过光谱分析仪分析钢样后，自动传达到二级控制系统。

电弧炉精炼炉主控室二级控制计算机：实时收集显示电弧炉精炼炉生产信息，主要包括：炉号、各种辅料值、各种合金料值、电耗、钢水量、测温温度、化学成分，然后生成炉次报告。各种辅料值、各种合金料值、电耗、钢水量、测温温度等实时值通过PLC系统传给二级控制系统，化学成分是由电弧炉精炼炉主控室向电弧炉化验室发出钢样分析申请报告，电弧炉化验室通过光谱分析仪分析钢样后，自动传达到二级控制系统。

原料车间配料室二级控制计算机：实时显示电弧炉主控室发来的配料申请，根据配料信息配料后，人工输入到二级控制系统传给电弧炉炉前主控室。

电弧炉机房工程师站计算机：负责对电弧炉二级系统进行维护，包括炉号修改，数据备份、删除，报表打印。

4.1.5 装料系统及废钢预热系统

4.1.5.1 炉顶装料机构

电弧炉多采用炉顶装料。炉顶装料能缩短装料时间，电弧炉的金属结构质量最轻，减轻劳动强度，并且可以充分利用炉膛的容积和装入大块炉料。图 4-64 为电弧炉炉顶装料图。

图 4-64 电弧炉炉顶装料图

A 炉盖提升旋转机构

根据装料时炉盖和炉体相对移动的方式不同，主要采用两种方式：一是炉盖提升后炉体开出装料；二是炉盖提升旋开后装料。由于前者炉体开出质量较大，炉体基础也大，炉前操作平台需要移动等缺点，目前这种电弧炉已很少使用。后者旋转部分质量较小，电弧炉全部金属结构质量最小，动作迅速，在国外和国内新建的电弧炉上普遍采用。

由于机械驱动式炉盖提升机构结构复杂、维修量大，现在很少采用，几乎全部采用提升液压缸的活塞杆与链条链接，通过链轮装置吊挂炉盖。炉盖旋转是通过装在平台上的液压缸实现的。

炉盖提升旋转机构分为整体平台式与基础分开式。

a 整体平台式

炉盖提升旋转机构大多数为整体平台式，这种结构它炉体、倾动、电极升降及炉盖的升降旋转机构全部设置在大的倾动平台上，电弧炉的基础是一个整体，整个提升旋转机构随炉体一起倾动。

整体平台式按有无 Γ 形旋转架又分为 3 种：

(1) 整体平台式。炉盖提升旋转机构由炉盖 Γ 形旋转架、大平轴承、旋转液压缸、旋转主轴、炉盖升降液压缸、链轮、链条、贯穿轴、旋转锁定机构和立柱吊架等组成，此种适合于 40t 及以下的小电弧炉。

(2) 整体平台导轨式。炉盖提升旋转机构由炉盖 Γ 形旋转架、旋转轨道、旋转液压缸、旋转主轴、炉盖提升液压缸、链轮、链条、贯穿轴、旋转锁定机构和立柱吊架等组成，此种适合 40t 及以上的中大型电弧炉。

(3) 整体平台回转轴承式。炉盖提升旋转机构主要由回转支撑轴承、旋转架、炉盖顶起缸、旋转油缸及旋转锁定装置等组成，此种适合 80t 及以上大型电弧炉。

整体平台式炉盖提升与旋转机构是分开的两套系统：

(1) 炉盖提升。对于平轴式和导轨式，炉盖用铁链或铰链吊挂在 Γ 形旋转架下，依靠安装在旋转架上的液压缸或气压缸进行炉盖升降；而回旋轴式，炉盖是坐在炉体上的，依靠安装在旋转架上的液压缸进行炉盖的升降。

(2) 炉盖旋转。安装在倾动平台下部的旋转油缸，通过连杆推动立柱支架，从而使旋转架带动炉盖一起旋开。电弧炉要求能够旋转 60°~70°，即让炉膛全部暴露以便装料。为了保证炉盖旋转的稳定性，对于小炉子（<40t），在倾动平台与旋转架处设置一个大平轴，如平轴式；对于大炉子，此处采用大直径回转支撑轴承，如回转轴承，或者在旋转架下增设导轨，如导轨式。

b 基础分开式

基础分开式炉盖提升旋转机构，炉盖的提升和旋转动作均由一套机构来完成。提升旋转机构有自己的基础，且电弧炉基础分开布置，整个机构不随炉体倾动。

装料时，提升旋转机构上升将炉盖及其上部结构顶起，然后提升旋转机构旋转，将炉盖旋开。由于炉盖旋开后与炉体无任何机械联系，所以，装料时的冲击震动不会波及炉盖和电极，因而也延长炉盖的使用寿命及减少电极折断。炉盖与旋转架用连杆固定。

此种提升旋转机构有两种形式：一种炉盖提升、旋转由一个液压缸完成，如提升旋转缸，它适用于小炉子（<10t）；另一种炉盖提升、旋转由两个液压缸来完成，即主轴先将炉盖顶起，然后在主轴下部的液压缸施径向力，使主轴旋转，完成炉盖的开启，此种适用大炉子。

近年来出现的连续加料式电弧炉，为了控制废钢加入量及炉内钢水量而增置了炉体称量装置，一般是采用基础分开式。

B 料罐

炉顶装料是将炉料一次或分几次装入炉内，为此必须事先将炉料装入专门的容器内，然后通过这一容器将炉料装入炉内，这一容器通常称为料罐，也称料斗或料筐。料罐主要有两种类型：链条底板式和蛤式。目前国内大多采用链条底板式，国外普遍采用蛤式。

a 链条底板式料罐

链条底板式料罐见图 4-65。这种料罐上部为圆筒形，下端是一排三角形的链条板，链条板下端用链条或钢丝绳串联成一体，用扣锁机构锁住，并成一个罐底。料罐吊在起重机主钩上，扣锁机构的锁杆吊在副钩上。装料时将罐吊至炉内，用副钩打开罐底，使炉料跌落至炉膛内。料罐的直径比熔炼室直径略小，以免装料时撞坏炉墙。

这种料罐的优点在于装料时料罐可进入炉膛中，吊至距炉底 300mm 的位置减轻了炉料下落时的机械冲击。缺点是每次装完料后需将链条板重新串在一起，劳动强度大，链条板和扣锁机构易被烧损或被残钢焊住，维修量大，同时这种料罐需放在专门的台架上。

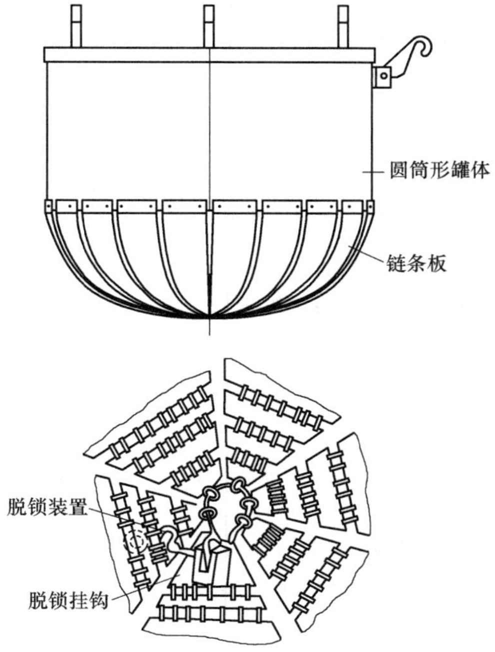

图 4-65　链条底板式料罐

b　蛤式料罐

蛤式料罐又称抓斗式料罐，见图 4-66。这种料罐的罐底是能分成两半而向两侧打开的颚，两个颚靠自重闭合，用起重机的副钩通过杠杆系统可使腭打开。

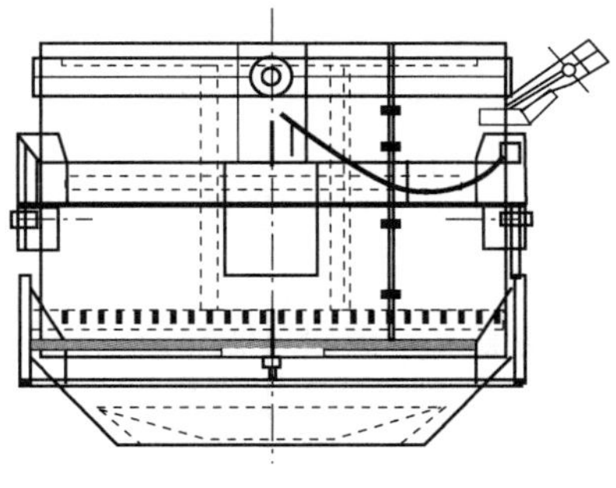

图 4-66　蛤式料罐示意图

这种料罐的优点是能在一定程度上控制料罐底打开的程度，以控制炉料下落速度，同时不需要人工串链条板和专门的台架。其缺点是料罐不能放入炉内，只能在上炉壳的上部打开罐底，炉料下落时的机械冲击大，装料时易损坏炉底。

4.1.5.2　连续加料系统

连续加料系统的示意图见图 4-67。世界上先进的电弧炉厂在配用直接还原铁冶炼时大都采用这种方式，如汉堡钢厂、Sidetur 钢厂等。

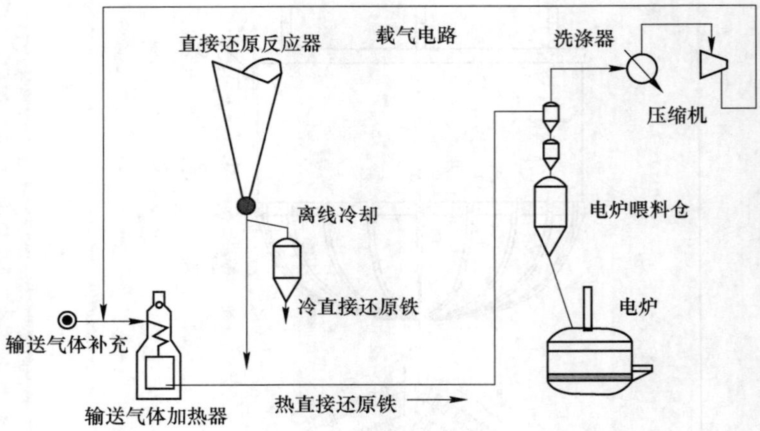

图 4-67 连续加料系统示意图

Sidetur 钢厂向 150t 电弧炉输送直接还原铁的流程为：圆筒仓内的直接还原铁通过振动给料机均匀地给至输出带式输送机，经转运站，再由带式输送机运送至电弧炉原料跨的高位料仓，以备炼钢时加入电弧炉中。

连续加料可以容易地控制直接还原铁的加入比例，在操作中，一般先使废钢熔化，然后将直接还原铁加入到熔池中。在直接还原铁配入比例为 100%时，需要采用留钢留渣的操作方法。

当直接还原铁的配入比例大于 35%时，如果仍采用料篮加料方式，则直接还原铁粘于炉壁上的现象又会发生，这时就有必要采用连续加料方式，通常连续加料有以下三种形式：

(1) 通过炉顶的一孔将直接还原铁加入到三根电极的中心；

(2) 通过炉顶的三孔将直接还原铁加入到电极和炉壁之间；

(3) 通过皮带将直接还原铁抛入到电极之间。

烟道竖炉废钢冶炼时，废钢液可通过斜桥连续上料，将料加入烟道竖炉中，如 Ecoarc 炉子。

连续加料方式能给冶炼操作带来如下好处：减少了冶炼过程的非通电时间；减少热损失；增加平均输入功率；增加生产率；降低冶炼电耗。

4.1.5.3 废钢预热及其装置

电弧炉冶炼工艺用氧不断强化，产生的废气逐渐增加，其拥有的显热约占电弧炉热量总收入的 10%~20%。超高功率电弧炉和炉外精炼设备的配合，电弧炉本身只是一个熔化装置。因此要求尽量缩短熔化时间。这样，一项既可缩短熔化时间又能利用烟气余热的新技术——废钢预热出现了。

对电弧炉的炉料进行预热起源于日本，之后传到欧美。废钢预热可外部燃料进行。希望用价值低的燃料代替电力，而更多的是利用电弧炉排出的废气余热来进行，这两种方法都能可节能，又能提高电弧炉生产率。废钢预热可在料篮内进行，也可在容器或特殊的料罐内进行，当使用外部燃料时，料罐内应衬有耐火材料。

炉料在炉外进行预热可在熔化期节约相当大的电耗。用废气或外部燃料预热时，废钢温度一般在250~300℃或500~600℃，相应电耗可降低40kW·h/t或90kW·h/t。即使有外部燃料消耗，但考虑到热能转化为电能的效率仅30%，用一次能源代替二次能源还是合理的，达到了节能降耗的目的。

电弧炉冶炼采用废钢预热的效果包括：

（1）由于利用电弧炉废气排出的余热或用一次能源代替二次能源，节能效果明显。

（2）缩短熔化时间约8~10min，提高了电弧炉生产率。

（3）节省电极消耗0.2~0.6kg/t，耐火材料消耗减少10%~15%。

（4）经预热后的废钢不带水分，既可防止水分引起的爆炸，又可降低钢液中的氢含量。

废钢预热的经济效益要根据原材料价格、电费和生产率来计算。利用废气余热比外部燃料进行预热更合理，效益更好。

废钢预热需要增加基建投资和设备投资，废钢在较高的预热温度下会氧化。此外，预热后的废气有白烟和臭气等环境污染问题。因此，废钢预热应在与冶炼、环保等工艺配套并采取科学的管理下才能充分发挥作用。

A 料罐式废钢预热技术

世界上第一套废钢预热装置，是日本开发的料管式废钢预热技术，利用电弧产生的高温烟气对装在料管中的废钢进行预热。在之后的不到10年时间里，废钢预热装置在日本大规模推广。这种方法的缺点是获得很高的温度比较困难，另外，经预热的废钢装炉时的热损失大。针对这些问题，新日铁光制铁所以节能降耗、减少产品成本为目标，开发出一种新型电弧炉炉内预热装置（图4-68）[22]。

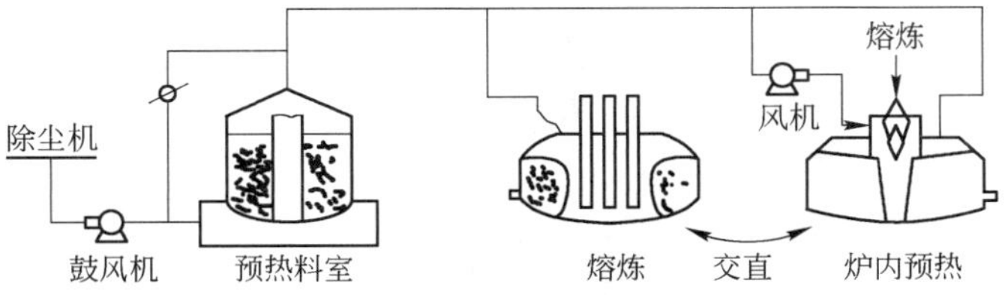

图4-68 料罐式废钢预热系统

废钢首先在炉外料篮内预热，然后移送到双室电弧炉。在炉内燃油烧嘴产生的燃烧热与电弧热共同作用使废钢熔化。该装置的最大特点是一套电源，两套炉盖（预热炉盖和熔化炉盖），在同一炉内进行预热、熔化，热效率极高。

炉内预热方式其特点是：预先把燃烧筒内燃烧产生的高温燃气吹进废钢开孔内，燃气在废钢内上升的同时进行废钢预热。该装置操作要点如下：

（1）开孔、预热前，需使开孔保持完好状态。该设计采用端头缩颈型燃烧筒，缩颈端部插入废钢开孔内一定深度，通过对烧嘴喷枪及燃烧筒调整使火焰短化，保持废钢开孔部稳定。

（2）废钢氧化控制，该厂主要生产不锈钢，为防止铬、镍氧化。温度应控制在900℃

以下，故燃烧筒出口的燃气温度也应控制在 900℃以下。控制方法是将预热后的排气循环引入燃烧筒，在该筒内与燃气混合调节温度。

（3）组合式预热，炉内预热循环利用部分排气的同时，另一部分排气与熔炼时的烟气混合对料篮废钢进行初步预热，达到最佳节能效果。

该装置典型的操作使用效果如下：

（1）冶炼电耗可降低 37%；

（2）冶炼能源成本减少 24%；

（3）因电耗下降和进入炉内冷空气减少，电极消耗降低。又因在高温下预热使废钢软化，熔化时塌料现象少，电极因事故损耗显著减小。

料罐式废钢预热技术产生白烟和废气、高温烟气使料罐局部过烧、降低其使用寿命、废钢预热温度降低、废钢黏结等，导致其退出历史舞台，并促使欧美和日本积极开发新的废钢预热技术。

B 竖井式废钢预热

废钢预热竖井安装在电弧炉炉盖一侧，电弧炉高温烟气自下而上通过竖井，与竖井内废钢对流换热，充分预热废钢见图 4-69。这种安装有竖井废钢预热装置的电弧炉于 20 世纪 80 年代末开发并逐渐推广，并经历普通竖炉（SF）、手指式竖炉（FSF）和双炉壳竖炉（DSF）（图 4-70）三个发展阶段，分别能够实现 50%废钢预热、100%废钢预热和最短的非通电时间。

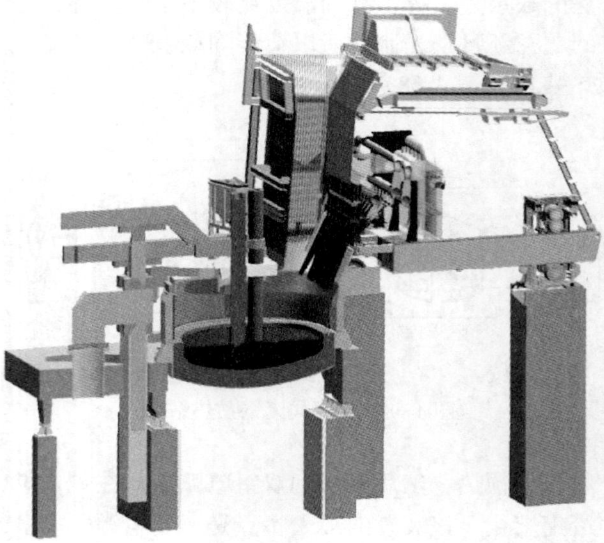

图 4-69 竖式电弧炉示意图

竖井式废钢预热主要优点：（1）废钢最高预热温度达 800℃，节电 50~70kW · h/t；（2）缩短冶炼周期，节省 8~10min/炉；（3）废钢作为烟气初始过滤器，吸附少量铁尘颗粒回到电弧炉，金属收得率提高约 1.5%。但由于多是垂直布置，要求厂房高度高；废钢在竖井内预热温度较高，易黏结手指；废钢易砸坏手指，导致漏水、维护量较大等问题显著，老式的竖井式废钢预热电弧炉已经退出市场。

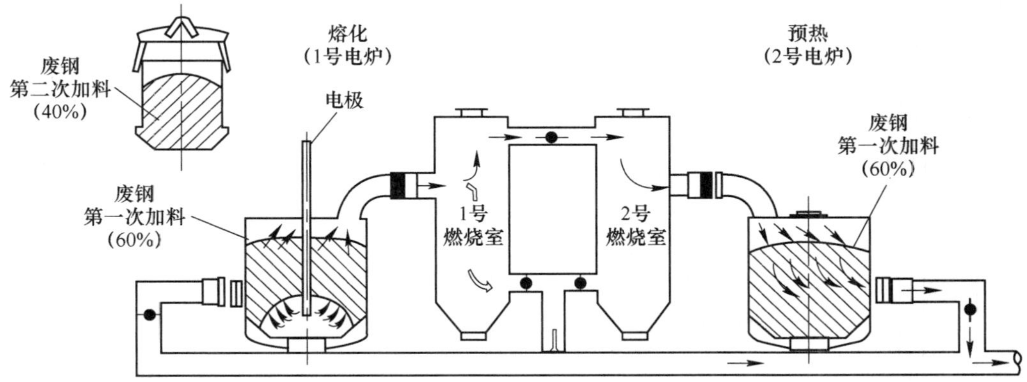

图 4-70 双壳电弧炉示意图

C EcoArc 电弧炉废钢预热装置

EcoArc 电弧炉是日本 SPCO 基于竖井式废钢预热装置开发的高效环保废钢预热电弧炉。EcoArc 电弧炉采用烟道竖井预热废钢，竖井与熔炼室强固连接，废钢预热室与炉体紧密连接，防止空气渗入炉内，实现密闭化操作。炉体可向后倾斜一个角度，采用推钢机将废钢推至电弧炉中心，熔融金属与未熔废钢的接触区域随倾角增加而减小，熔化金属温度随倾角增加而升高。废钢在整个熔炼及精炼期间，分小批连续加入竖井，被废气预热，加上特殊设置的氧枪和吹氧工艺，进一步提高了废钢预热温度，可达 1050℃，见图 4-71。

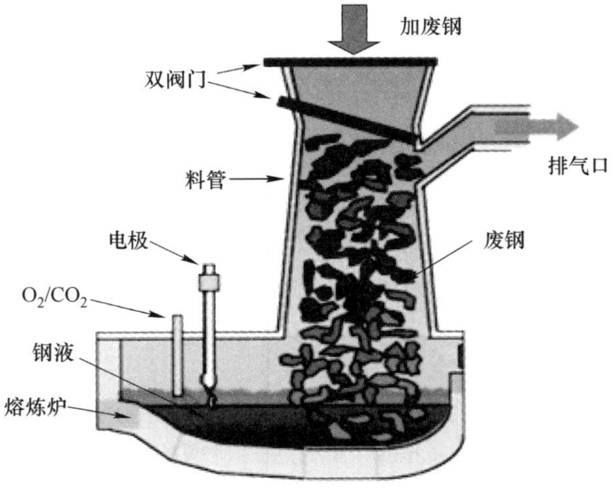

图 4-71 EcoArc 电弧炉示意图

EcoArc 电弧炉预热的主要优点：（1）实现 100%废钢预热，预热温度可达 850℃，节约电能约 150kW · h/t；（2）有效抑制二噁英，排放低于 0.1ng-TEQ/m^3（标准）；（3）准密闭炉较少烟尘排放量，提高金属收得率 1%~1.5%。但其炉体较大、竖井无法分离、耐火材料在线更换等原因造成设备维护，投资成本较高。

D Quantum 电弧炉废钢预热装置

Quantum 电弧炉是由德国西门子奥钢联基于竖井式废钢预热装置研发的高效节能电弧炉。Quantum 电弧炉通过斜桥上料小车，将废钢运至炉顶，小车倾翻将废钢装入竖井中，小车下行返回废钢间进行下一次装料，废钢装料操作全自动进行见图 4-72。废钢连续预热系统在热循环期间利用炉内高温烟气，实现 100%废钢均匀预热。其独特性在于：具有高效的炉料连续预热系统。

Quantum 电弧炉预热装置主要优点：（1）能耗低，实现 100%废钢预热，吨钢电耗为 280~300kW · h/t；（2）环境友好，减排温室气体 30%，降低粉尘排放；（3）自动化程度高，废钢装料及预热过程实现全自动化。但需要大量天然气对废气进行补燃。

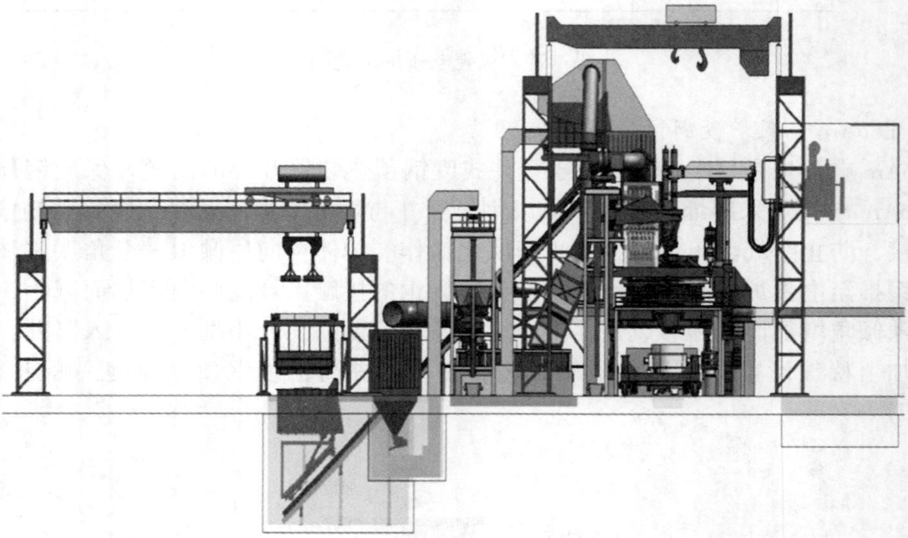

图 4-72 Quantum 电弧炉示意图

E 中冶赛迪自主开发废钢预热装置

中冶赛迪从 2008 年开始，在电弧炉生产工艺流程及核心装备自主创新方向进行深入研究，自主开发两套不同类型的废钢预热电弧炉，分别为 CISDI-GreenEAF 和 CISDI-AutoArc。

a CISDI-GreenEAF 废钢预热装置

CISDI-GreenEAF 废钢预热装置区别于全球现有的各类废钢预热电弧炉，采用独特的电弧炉侧顶斜槽加料技术（Top-Side-Chute），利用斜料槽内物料运动速度的水平分量把废钢加到接近电弧中心（Focus to Arc），改善现有废钢预热电弧炉冷区问题，提升电弧炉热效率以及生产效率，结合废钢预热烟气温度调节技术，实现低成本环保生产，见图 4-73。

（1）全自动密闭式加料技术：采用斜轨料车自动上料技术，多批次小批量装料（4~5 次加料），配合大容量留钢操作和废钢预热技术，降低冶炼过程对电网的冲击，缩短冶炼周期。加料为全密闭方式，在加料口配合除尘口开度控制，保证加料时粉尘和烟气最小溢出。加料时无需打开炉盖，解决开盖加料大量热损失的问题。降低生产过程粉尘排放，提高金属收得率 1%~2%。

（2）穿透式废钢预热技术：采用电弧炉侧顶斜槽加料技术，废钢上料通道为倾斜式，见图 4-73。电弧炉冶炼产生的烟气经上料通道排除，在此过程中穿过废钢完成换热，达到预热废钢的目的。在废钢预热室与电弧炉本体的接口侧设置挡料齿耙，实现隔挡废钢或控制落料。电弧炉加料过程中，挡料齿把处于闭合状态，将废钢隔挡在预热室，高温烟气经挡料齿耙把穿透预热室中的废钢，实现 100%废钢预热。电弧炉侧顶斜槽加料，通过控制落料点改善密闭加料过程中物料堆积在一侧造成的冶炼冷区问题，使电弧加热更加均匀，提高电弧加热效率。

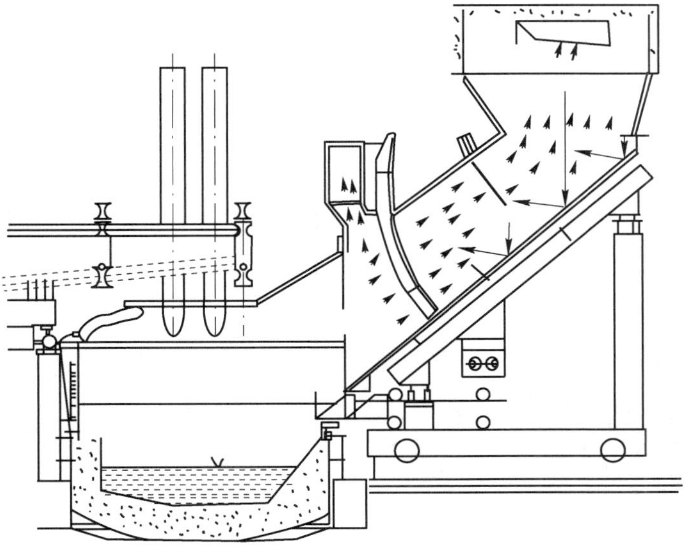

图 4-73 CISDI-GreenEAF 示意图

b CISDI-AutoArc

CISDI-AutoArc 采用阶梯分料和废钢废钢预热技术，缩短冶炼周期。废钢阶梯分料技术能够大幅度提高废钢分料速度、废钢输送速度，有效提升废钢加入速度，提高生产效率见图 4-74。

（1）阶梯分料及快速连续加料技术：独特阶梯构造设计，保障高堆料的废钢自动分料摊薄，废料效果好；实现振动连续可控加料，废钢激振式自动落料于冷区，电极无需提升，连续送电加热，加快生产节奏。预热段倾角 3°～4°，废钢输送速度是传统水平加料设备 1.3～1.4 倍，输送能力可达 8t/min。

（2）涵道阶梯式废钢预热技术：预热阶段阶梯式设计，废钢在激振输送的同时自动翻滚，增大废钢换热面积，提高热交换律，改善传统水平加料系统仅废钢表层预热，废钢预热更充分，预热效果更好。配合高效二次燃烧系统，强化高温烟气流在废钢料层的渗透性，进一步提高废钢预热效率及高温烟气余热利用率。

（3）二噁英抑制技术：采用抑制二噁英生成的高温烟气急冷技术。穿透性废钢预热+高温烟气分流实现烟气温度扩内置 800～900℃，利用成本较低的高温烟气急冷技术（800～900℃迅速降低至 200℃），从源头消除二噁英，排放量达到 0.1ng-TEQ/m^3，满足国家和欧盟排放标准。

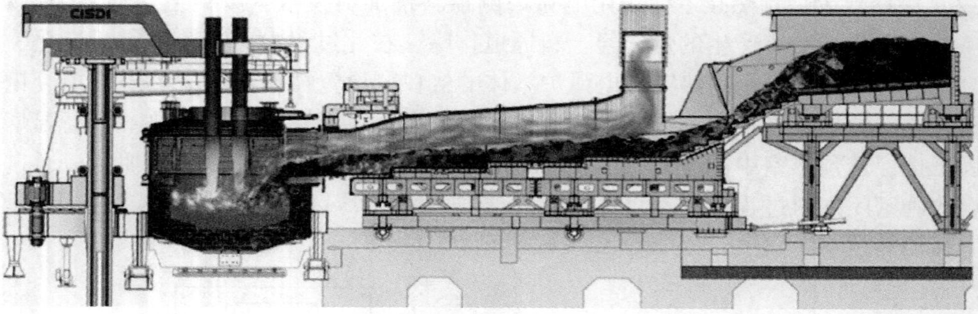

图 4-74 CISDI-AutoArc 示意图

c CISDI-SuperArc

CISDI-SuperArc 集成了新型 IGBT 柔性直流电源技术、直流多级电极调节系统、阶梯分料装备及控制技术，冶炼过程中废钢加料速度 8～10 t/min，电源网侧功率因数大于 0.95，电压、电流波动小于 3%，整体损耗小于 3%，对电网冲击降低 50%以上。CISDI-SuperArc 见图 4-75。

图 4-75 CISDI-SuperArc 示意图

F 环保型炉料预热和连续加料系统 EPC

德国科尔市 KR 技术有限公司和土耳其 CVS 公司共同研制成功了电弧炉炉料预热和连续加料系统 EPC（Environmental Preheat and Continuous Charging System）。EPC 是竖井型炉料预热装置，与其匹配的电弧炉采取较大的留钢操作工艺（出钢量的 40%以上），因此，此类电弧炉能平稳地连续运行。炉料通过侧墙加料口连续地加到炉中，无需打开炉盖，避免了热量损失和烟气排放。EPC 系统安装在带 4 个轮的矮而结实的载重小车上，可以移动到电弧炉的上壳附近，与电弧炉侧倾加料口之间实现紧密衔接，当需要维修时，它能被拉出，其外观视图见图 4-76。

当出钢和流渣需要倾炉时，EPC 装置同电弧炉脱开保留 20mm 间隙，装置不需倾动。预热室靠近电弧炉体（中间插有二次燃烧小室），在预热室的底板上装有两个螺旋推进器，以恒定速率将炉料推入炉中，加料室用于接收料筐加料和储料。炉料预热温度最高为 800℃，由预热室出口排出的气体温度在 200℃左右。从预热室上面的烟气进入布袋式过滤器中。

EPC 系统操作运动模式见图 4-77。

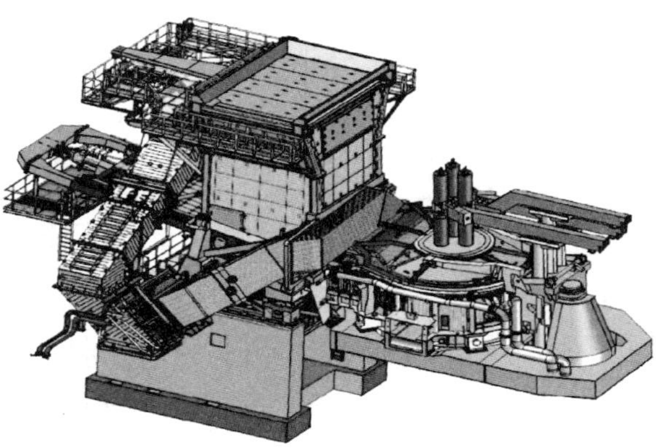

图 4-76 电弧炉炉料预热和连续加料系统总图

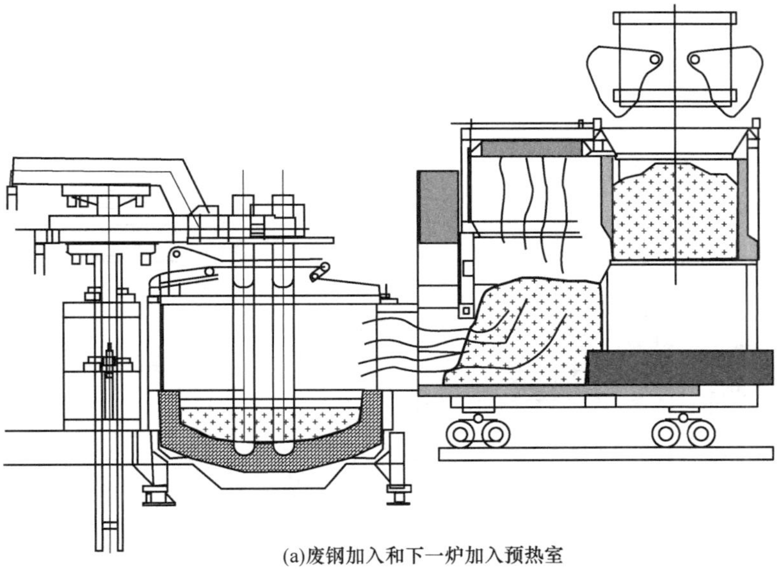

(a)废钢加入和下一炉加入预热室

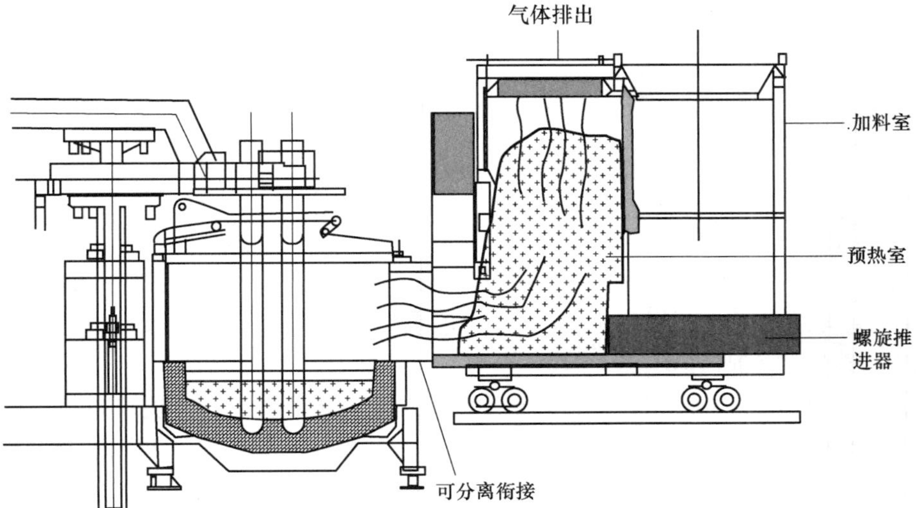

(b)预热室对废钢进行预热

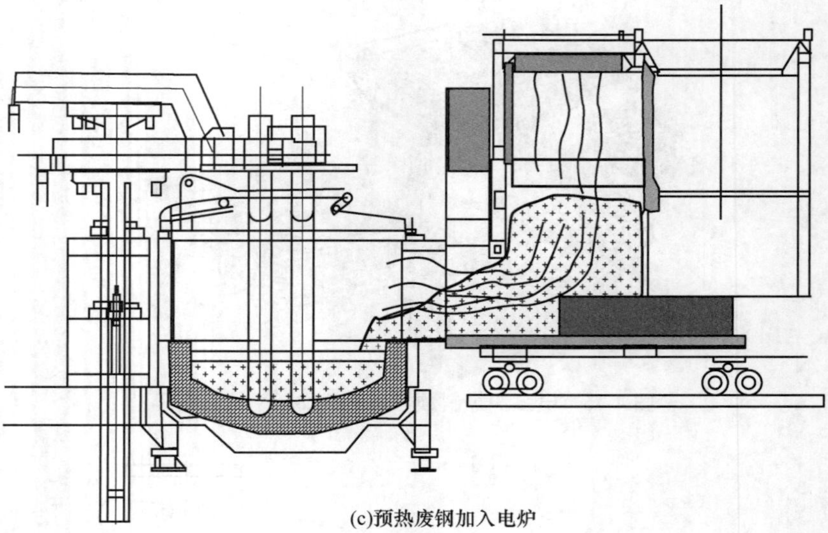

(c)预热废钢加入电炉

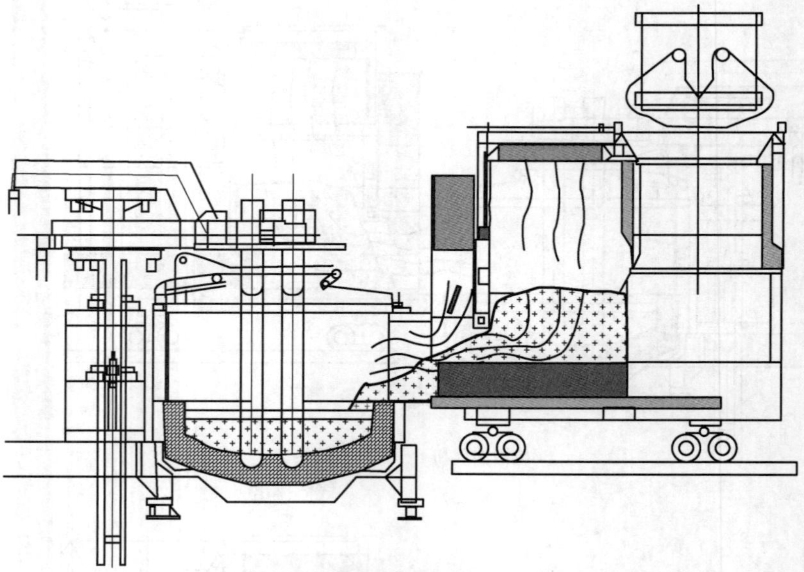

(d)预热废钢加入电炉

图 4-77　EPC 工艺流程

G　Consteel 电弧炉预热装置

Consteel 电弧炉由美国 Intersteel 技术公司从 20 世纪 70 年代着手开发，并于 1987 年在美国 Nucor 公司进行工业试验成功。Consteel 电弧炉可灵活使用金属原料、最早实现连续加料和留钢操作的废钢预热电弧炉。

Consteel 电弧炉主要由炉料连续运输系统、废钢预热系统、电弧炉熔炼系统、燃烧室及预热回收系统等四部分组成，见图 4-78（a）。在连续加料通道内，利用炉子产生的高温烟气对废钢进行连续预热，预热温度可达 200~300℃，过程实现废钢连续加料、连续预热及连续熔化、电极热熔池、熔池废钢熔化废钢。

Consteel 电弧炉废钢预热的优点：(1) 留钢操作，实现连续加料、连续预热、连续熔化，废钢预热温度 200~300℃，节电 30~60kW · h/t；(2) 减少烟尘排放量，提高金属收得率为 1%~1.5%。主要缺点：(1) 仅表面废钢得到预热，废钢预热不充分；(2) 系统占地面积大，车间布置不够紧凑；(3) 预热通道漏风量大；(4) 预热废钢后烟气中含二噁英等有毒气体。针对这些缺点开发了改进型 (Consteel Evolution)，见图 4-78 (b)，可能稳定控制烟气温度，能在最大预热废钢的同时有效抑制二噁英产生。

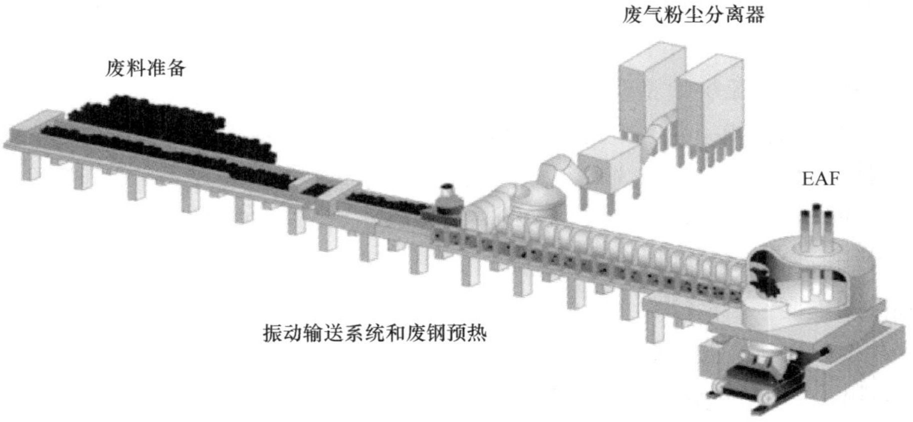

(a) Consteel 电弧炉

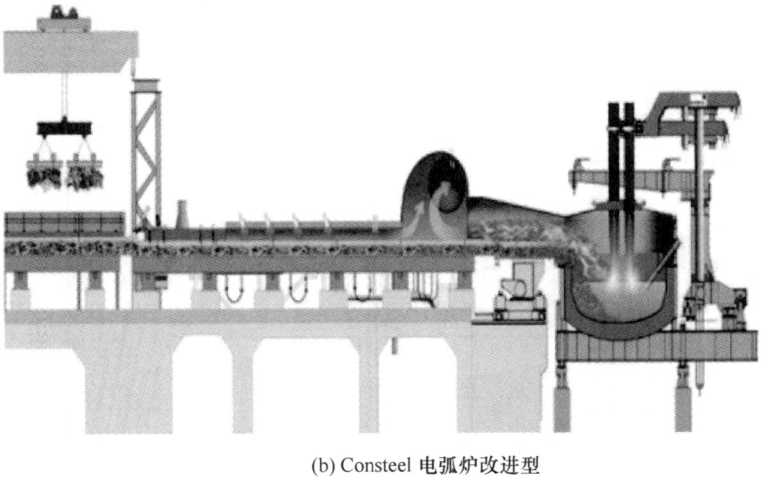

(b) Consteel 电弧炉改进型

图 4-78 Consteel 电弧炉示意图

目前工业应用的废钢预热电弧炉，主要以国外技术为主。按加料方式，可分为以 Consteel、CISDI-AutoArc 等为代表的水平连续加料式，以 EcoArc、Quantum、CISDI-GreenEAF 等为代表的竖炉式，且在节能及减排上较传统电弧炉有更大的优势。水平连续加料式废钢预热电弧炉虽然在废钢预热、节电效果、金属收得率改善上不及竖炉式废钢预热电弧炉，但由于设备稳定性及可靠性，综合能耗和运行成本更经济，受到使用者的青睐，在国内外得到较好的推广应用。

4.1.6 出钢系统

出钢槽由钢板和角钢焊成，固定在炉壳上。槽内砌以大块耐火砖，目前很多厂采用预制整块的流钢槽砖，砌筑方便，使用寿命长。

出钢槽的长度取决于炉子的尺寸、炉子在车间的位置及倾动机构的类型。在保证顺利出钢的前提下出钢槽应尽量短些，以减少钢液的二次氧化和吸收气体。

为了减少出钢时钢液对钢包衬壁的冲刷作用及防止出钢口打开后钢水自动流出，出钢槽做成与水平面成 8°~12°的倾斜度。

偏心炉底出钢电弧炉炉型简图见图 4-79，偏心炉底出钢系统见图 4-80。在总体结构上，它在原出钢侧安装一突出炉壳的出钢箱以取代原来的出钢槽。出钢箱内部砌筑耐火材料，并形成一小熔池，它与原炉底大熔池连通且圆滑过渡。出钢口垂直地开在出钢箱小熔池的底部。出钢箱上部设水冷盖板（其上开有操作孔），以封闭小熔池及清理与维护出钢口。出钢口为双层结构，外层为方形座砖，内层为袖砖，层与层间用镁质耐火材料填充，以便于袖砖的更换。出钢口的开闭可通过开闭摆动式盖板完成。尾砖用水冷却。盖板和尾砖由石墨构成，以防高温变形与保护炉子。电弧炉装料前，关闭出钢口盖板，在出钢口内填入含 10% Fe_2O_3 的 $MgO\text{-}SiO_2$ 混合粉料，以堵塞出钢口。

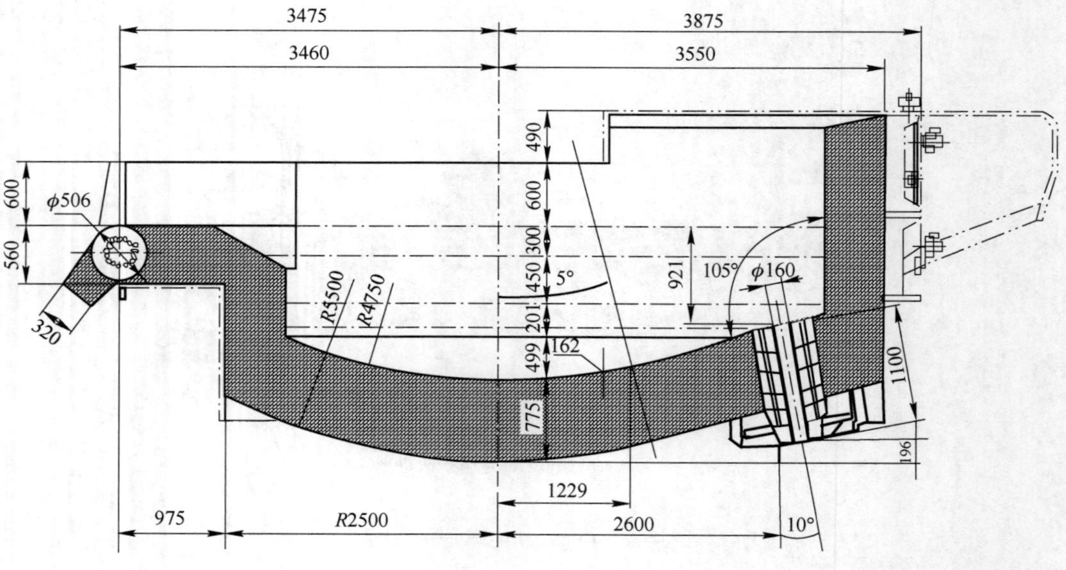

图 4-79 偏心炉底出钢电弧炉炉型简图

在工艺设计上，为达到彻底地实现无渣出钢及留钢留渣操作，主要确定出合理的出钢口中心到炉子中心的距离（偏心度）及出钢口的大小，以保证在 1~2min 内出完全部的钢水和钢渣。钢渣既能出得尽又能留得住，且最大后倾角不大于 12°~15°，以便于出钢口的维护等。

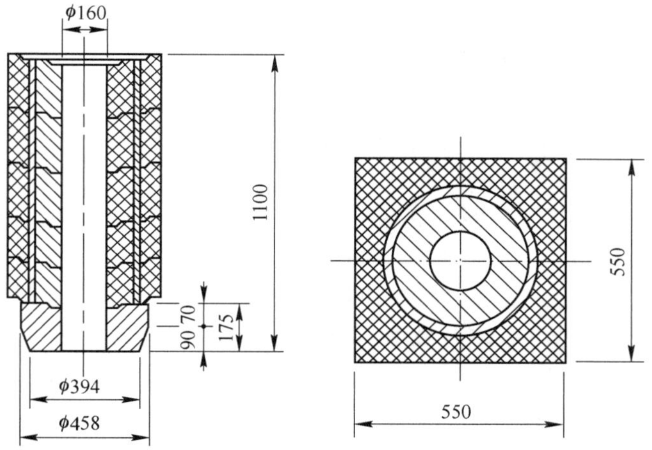

图 4-80 电弧炉偏心炉底出钢系统

电弧炉炼钢实践表明，采用偏心炉底出钢电弧炉与出钢槽出钢相比，可取得以下显著效果：

（1）可彻底地实现无渣出钢和留钢留渣操作。炉内留钢量一般控制在 10%~15%，留渣量可达到 95%以上。为此，偏心炉底出钢已成为“超高功率电弧炉—炉外精炼—连铸”短流程及直流电弧炉的一项重要的必备技术之一，为氧化性出钢创造了必要的条件。

（2）电弧炉水冷炉壁的水冷面积可从出钢槽出钢的 70%增加到 87%~90%，从而提高炉衬寿命 15%及扩大炉膛直径（德国 BES 公司 45t 炉从原来的 4.2m 扩大到 4.6m）。耐火材料消耗可降低 2.5~3.5kg/t，维修喷补炉衬的费用可减少 60%，炉容量可扩大 12.5%。

（3）炉体后倾角从 42°~45°减少到 12°~15°，可缩短短网长度，从而提高输入炉内的有功功率（10%~33%）和功率因数（从 0.707 提高到 0.8），缩短冶炼时间 3~7min，可降低电耗 15%~30%。此外，炉体倾动角减少可简化炉子设计（短网中的非磁性支承架、电缆接头等有关连接构件受力状况改善，倾动摇架质量减轻），且减少电极折断概率。

（4）缩短出钢时间 75%，出钢温度可降低 30%，因而可缩短冶炼时间，降低电耗，降低电极消耗 6%，生产率提高 10%~15%。

（5）出钢钢流短而垂直，且集中无分散，可减轻出钢过程中钢流的二次氧化及吸气，加上出钢时间缩短，钢中氢、氧和氮及夹杂物的含量均有所减少。同时便于采用钢包加盖及氩气保护技术。

偏心底出钢存在出钢口附近钢水混合搅拌困难问题，该区域熔池的成分和温度与其他区域相差较大。此外，炉底的维护也较出钢槽出钢困难。为此，在设有底吹搅拌装置的电弧炉上，可在电极圆到出钢口的直线上，约在其中心处设置一底吹搅拌多孔塞，以加强该区域钢水的均匀混合搅拌。此外，在某些竖炉电弧炉内，由于其结构上的特殊性，往往采用圆形底出钢（Round Bottom Tapping，RBT）技术，即把偏心底出钢的出钢口移向炉体圆筒内，靠近炉壁的炉底处。

此外，还有虹吸出钢（Side Bottom Tapping，SBT）、水平无渣出钢（Horizontal Tapping，

HT)、偏位底出钢（Off-Centre Bottom Tapping，OBT）及滑动阀门出钢（Slide Gate，SG）等形式的出钢方法。但普遍采用偏心底出钢形式。

4.2 普通超高功率交流电弧炉

为提高电弧炉炼钢的生产率和降低成本，1964 年在美国矿冶石油工程师协会的电弧炉会议上，美国碳化物公司施瓦伯（W. E. Schwabe）和西北钢线材公司罗宾逊（C. C. Robinson）根据有关的试验结果，共同提出电弧炉超高功率概念（Ultra High Power，UHP）。后来在两台 135 t 的电弧炉上采用不同的功率水平进行进一步深入的运行试验，并根据试验结果于 1967 年提出将 50t 以上的电弧炉划分为普通功率（Regular Power，RP）、高功率（High Power，HP）和超高功率（UHP）三类。同时得出结论：电弧炉高功率和超高功率化后可加速废钢的熔化，缩短熔化时间，大幅度提高生产率。同时改善了电弧炉的热效率和总效率，明显降低了单位电耗。

4.2.1 普通超高功率交流电弧炉工作原理

超高功率电弧炉变压器的功率是同吨位普通电弧炉功率的 2~3 倍，输入功率成倍提高，耐火材料侵蚀严重。为此初期采用了低电压、大电流的粗短电弧供电，减少了电弧对炉衬的辐射，降低了耐火材料的磨损指数，保证炉衬寿命，增加熔池的搅拌与传热效率，稳定电弧，提高实际输入功率。但这导致了功率因数大为降低，相当于牺牲电气方面的利益，换取热工方面的改善，同时增加了电极消耗及三相电弧功率的不平衡。交流电弧炉大面积水冷炉壁的采用及泡沫渣埋弧操作技术的发展，使得长弧供电成为可能。长弧供电有较多优点。虽然高电压的长弧供电使功率因数大幅度提高，但是使短路冲击电流大为增加，导致电弧不稳定、输入功率降低。而高阻抗交流电弧炉是从改善电弧炉动态行为、稳定电弧炉操作、产生的冲击源和噪声源入手，通过增加稳定操作所需的电感来选择合适的阻抗，以达到稳定电弧、减少对电网的冲击、降低短网的电损失及降低石墨电极消耗的目的。其做法是在电弧炉变压器前一次侧串联一电抗器装置来稳定电弧，以便适应长弧供电的需要。

在电弧炉变压器的一次侧，可串联一铁芯式电抗器或空心式电抗器。但因空心式电抗器通常要做成三个单相的，其体积庞大并产生强大磁场而不被采用。大多数是串联带有几个抽头的铁芯式电抗器使回路的电抗值提高到原来的 1.5~2.0 倍。

4.2.2 普通超高功率交流电弧炉技术要点

超高功率电弧炉应具备以下主要的技术特性，否则，高功率和超高功率电弧炉的优势很难全面发挥。这些主要技术特性如下。

(1) 具备较高的单位功率水平。1981 年国际钢铁协会提议按电弧炉的额定容量分类电弧炉。对于 50 t 以上的电弧炉：

低功率电弧炉	100~200kV · A/t
中等功率电弧炉	200~400kV · A/t
高功率电弧炉	400~700kV · A/t
超高功率电弧炉	700~1000kV · A/t

其中，变压器功率水平用变压器的额定功率（kV·A）与电弧炉的额定容量（t）或实际平均出钢量（t）之比表示。参照国外电弧炉发展情况，我国不同容量的超高功率电弧炉的推荐功率水平，见表 4-5。

表 4-5 推荐的国内超高功率电弧炉的功率水平

工称容量 /t	炉壳内径 /m	变压器容量 /MV·A	出钢量 /t	功率水平① /kV·A·t^{-1}
30	4.6	18~22	36	600~733（500~611）
50	5.2	25~30	60	500~600（417~500）
75	5.8	30~40	90	400~533（383~444）
100	6.4	40~50	120	400~500（333~417）

①括号内的数据为按实际出钢量计算的功率水平值。

我国制定的电弧炉标准系列，见表 4-6，并于 1988 年正式开始实施。

表 4-6 国产系列电弧炉的主要参数

额定容量 /t	最大容量 /t	炉壳内径 /m	变压器额定容量和功率水平					
			RP		HP		UHP	
			MV·A	kV·A/t	MV·A	kV·A/t	MV·A	kV·A/t
30	40	4.6	10	400	16	533	20 或 25	667/833
40	50	5.0	12.5	417	20	500	25 或 31.5	625/788
50	60	5.2	16	400	25	500	31.5 或 40	630/800
60	75	5.5	20 或 16	400/320	25	417	40	667
80	100	6.1	20	320	31.5	394	40 或 50	500/625
100	125	6.4	25	333	40	400	50 或 63	500/630
125	160	6.8		313			63	504
160	200	7.4					80	500

（2）高的电弧炉变压器最大功率利用率和时间利用率。超高功率电弧炉的炉用变压器的最大功率利用率 C_2 和时间利用率 τ_u 均应不小于 0.7。C_2 和 τ_u 的表达式为：

$$C_2 = \frac{P_{熔}\tau_2 + P_{精}\tau_3}{P_{额}(\tau_2 + \tau_3)} \tag{4-7}$$

$$\tau_u = \frac{\tau_2 + \tau_3}{\tau_1 + \tau_2 + \tau_3 + \tau_4} \tag{4-8}$$

式中 $P_{熔}$——熔化期的平均输入功率，kW；

$P_{精}$——精炼期的平均输入功率，kW；

$P_{额}$——变压器的额定功率，kW；

τ_1——上炉出钢至下炉通电的间隔时间，min；

τ_2，τ_3——分别为熔化和精炼时间，min；

τ_4——热停工时间，min。

表 4-7 为我国超高功率电弧炉生产率水平。

表 4-7 我国超高功率电弧炉生产率水平

名称	公称容量/t	出钢量/t	冶炼周期/min	生产率/t · h^{-1}	铁水比例/%
莱钢特钢	50	55	44. 1	75	0
莱钢特钢	50	55	41	80	40
抚顺特钢	60	60	80	45	0
成都钢铁	70	70	73	68	0
成都钢铁	70	70	56	75	20
江苏淮钢	70	80	45	107	0
江苏淮钢	70	80	38	126	10~20
某厂	80	90	65	83	0
衡阳钢管	90	100	46	130	50
东北特钢	90	90	82	66	0
安钢	100	100	43	140	50
兴澄特钢	100	100	53	113	50
天管	150	150	54. 6	165	30
鼎盛钢铁	150	150	45	200	0

注：数据出自各企业相关文献报表。

（3）较高的电效率和热效率。电弧炉的平均电效率应不小于 0. 9，平均热效率应不小于 0. 7。

（4）较低的电弧炉短网电阻和电抗，且短网电抗平衡。50t 以下的炉子，其短网电阻和电抗应分别不大于 0. 9mΩ 和 2. 6mΩ，短网电抗不平衡度应不大于 10%。大于 75t 的电弧炉其短网电阻和电抗应分别不大于 0. 8mΩ 和 2. 7mΩ，短网电抗不平衡度应不大于 7%。

4. 2. 3 超高功率电弧炉的技术难点及其克服措施

4. 2. 3. 1 技术难点

由于超高功率电弧炉所匹配的变压器容量比普通功率电弧炉高 1~2 倍，而二次最高电压为普通功率电弧炉的 1. 5 倍，最大二次电流为普通功率电弧炉的 1. 6 倍。因此，电弧炉在运行过程中潜在的问题将随着电弧炉容量的扩大、变压器功率水平的不断提高而明显地表现出来。采用交流供电时就更为突出。交流超高功率电弧炉的技术难点有：

（1）交流电弧每秒过零点 100 次，在零点附近电弧熄灭，然后再在另一半周重新点燃，造成交流电弧燃烧及其输入炉内功率的不稳定性和不连续性。但短而粗（低电压大电流操作）的电弧的输入功率相对地要比长而细的电弧（高电压低电流）稳定。

（2）冶炼中因为电弧频繁短路和断弧造成电压波动频繁，同时因为功率因数低，无功功率频繁波动，引起频繁而强大的电压闪烁，最终对前级电网产生剧烈的冲击。因此，当前级电网的短路容量小于电弧炉变压器容量的 80~100 倍时，就需要配备动态补偿装置。

（3）三相电弧弧长和功率的变化在时间上不一致，造成三相负载不对称。不仅对前级电网产生很大的干扰和冲击，而且会造成三相功率不平衡和严重的炉壁热点及废钢熔化不均衡。

上述三个技术难点是交流供电本身所不可避免的，在一定程度上限制了超高功率电弧炉容量的发展和电弧炉的进一步大型化。

（4）炉内输入功率提高后，电弧长度增加，对炉衬的辐射增加，炉衬寿命大幅度下降。为此，应采用水冷炉壁（盖）和泡沫渣操作。

4.2.3.2　克服措施

超高功率电弧炉特别强调其功率水平的提高和变压器最大功率的利用率、时间利用率，对超高功率电弧炉的装备和工艺提出了更高的要求，以至于超高功率电弧炉必须辅助以一系列的相关技术。同时由于其相关技术不断发展，使超高功率电弧炉炼钢具有更强的竞争力。自超高功率概念提出后，电弧炉炼钢技术的发展，主要是围绕着如何克服超高功率电弧炉冶炼中出现的一系列技术难点和问题展开的。

A　大电流供电

提高电弧炉变压器功率水平，首先要求供电回路能够承受强大的供电电流，并要求降低短网电抗。它包括供电电缆要能承受大电流并具有很低的电抗；石墨电极要能承受大电流，而又不希望增大电极的极心圆直径，还不能增加电极消耗；尽可能降低三相功率的不平衡。其相关技术和措施有：

（1）采用大电流水冷（空心水冷）铜管，进而发展为采用铜钢复合或铝质导电电极臂的直接导电电极臂；

（2）大电流超高功率电弧炉用石墨电极并辅以水冷电极技术；

（3）改进短网布线，从而改善三相功率的平衡。

B　炉衬寿命

炉内输入功率提高后，电弧长度增加且其功率提高，对炉衬的辐射大大增加。同时，产生严重的炉壁热点，导致了炉壁和炉盖使用寿命大幅度下降。这是超高功率电弧炉工业应用初期碰到的主要困难之一。在当时的技术条件下，只能采用短弧操作，但这导致电弧炉在很不利的电气特性下运行。为改善电气运行特性又能提高炉衬寿命，必须采用的相关技术和措施有：水冷炉壁（盖）和泡沫渣操作。

这两项措施不仅大大提高了炉衬寿命，还为超高功率电弧炉由低电压大电流的短弧操作改为长弧操作提供了重要的技术保证。

C　电弧炉运行稳定性和三相功率平衡

超高功率电弧炉工业应用初期，为提高炉衬寿命和电弧的稳定连续性，不得不采用低电压大电流的短弧操作，较高电压的长弧操作是不允许的。但这种操作是以牺牲电气特性换取电弧炉热工的改善的。同时对电极质量的要求大大提高，对电极消耗也很不利。还使电弧炉短网电抗相对值大为增加，产生严重的三相功率不平衡。为提高电弧炉运行稳定性，改善电气运行特性和对前级电网的冲击，所采用的相关技术和措施有：

（1）长弧（大电压低电流）泡沫渣操作；

（2）改进短网布线，从而改善三相功率的平衡；

（3）当前级电网的短路容量小于电弧炉额定容量的 80～100 倍时，要采用动态补偿装置以减轻对电网的冲击，提高电网的用电质量；

（4）高阻抗电弧炉。

D 最大功率利用率和时间利用率

发展超高功率电弧炉的核心是提高电弧炉的生产率，降低操作成本。因此，要最大限度地提高变压器的最大功率利用率和时间利用率。由式（4-7）和式（4-8）可见，主要有三个途径：

（1）缩短非升温的还原期，把炉内的任务转移到炉外，分化电弧炉的冶金功能，提高电弧炉炼钢过程的连续性；

（2）增加除电能以外的其他能源及利用电弧炉废气余热加快废钢的熔化；

（3）缩短热停工时间。

为此，所采用的相关技术和措施有：

（1）在缩短非升温时间使电弧炉功能分化方面，采用偏心底出钢达到氧化性无渣出钢与炉外精炼双联的工艺流程，采用双炉壳电弧炉。这是最有效的措施。

（2）在增加除电能以外的其他能源方面，采用强化供氧、氧燃烧嘴助熔或煤氧喷吹，是加快废钢熔化、强化冶炼的最有效的办法。

（3）利用电弧炉废气的余热预热废钢，辅助以氧燃烧嘴或煤氧喷吹和二次燃烧（后燃烧）技术，以及竖炉电弧炉，是加快废钢熔化的又一有效的措施。

提高冶炼操作的机械化和自动化水平，采用冶炼过程的计算机控制，提高调度管理和操作水平，也是最大限度地提高变压器的最大功率利用率和时间利用率的必要措施。

表 4-8 给出了部分超高功率电弧炉配套相关技术的功能和效果[23]。近几年来，高变压器容量（已高达 1100kV · A/t）、长弧泡沫渣操作、水冷炉壁（盖）、强化用氧和氧燃烧嘴（总耗氧量 $30Nm^3/t$ 以上）、偏心底出钢、炉外精炼、废钢预热、电极水冷技术、吹氧喷碳、喷补机械、直接导电电极臂、冶炼过程的计算机控制及自动加料系统等技术装备已成为电弧炉的最基本配置。在生产流程中，电弧炉主要作为熔化废钢及脱磷的初炼炉，其他精炼任务由精炼设备来完成，熔化废钢的部分工作由废钢预热装置及吹氧辅助完成。

表 4-8 超高功率电弧炉配套相关技术的功能和效果

技术名称	功　能	效　果
直接导电电极臂	铜钢复合或铝质导电电极臂代替大电流水冷铜管	降电抗，提高输入功率，简化设备与水冷系统，减轻质量，便于维护
水冷电极	减少电极氧化损失	电极消耗降低 20%～40%
水冷炉壁（盖）	代替炉壁和炉盖砌砖，测定炉壁热流量控制最佳输入功率，大幅度提高炉衬寿命	水冷炉壁（盖）是改短弧操作为长弧操作的基础，耐火材料消耗减少 50%

续表 4-8

技术名称	功　　能	效　　果
长弧泡沫渣操作	取代短弧操作，提高功率因数。吹氧的同时喷炭造泡沫渣埋弧，以减轻电弧对炉衬的辐射	功率因数提高到 0.85 以上，提高电弧稳定性，大幅度提高炉衬寿命，缩短冶炼时间，节电
偏心底出钢	代替出钢槽出钢，实现无渣出钢和留钢操作	实现无渣出钢和留钢操作，炉子倾角减小 20°～30°，短网缩短 2m，输入功率提高，缩短冶炼时间 5～9min，出钢流紧密，减少二次氧化与温降，出钢温度可降低 30℃，节电 20～25kW·h/t
氧燃烧嘴	消除炉内冷点，补充热能，也可往炉内供氧	是废气预热废钢的基础，使熔化均匀，缩短冶炼时间 10～25min，节电 35～65kW·h/t
炉门喷炭粉	吹氧的同时喷炭造泡沫渣埋弧	使电弧炉可采用高功率因数的长弧操作，提高输入功率，缩短冶炼时间，提高炉衬寿命
炉外精炼	加热、造渣、吹气、真空处理、合金化，完成炉内脱硫脱氧合金化任务和去气去夹杂	炉外精炼是缩短和取消还原期基础，可提高钢质量，是电弧炉短流程必备技术。可降低电弧炉出钢温度 50～70℃，缩短冶炼时间 10～25min，节电 32kW·h/t，节约电极，减少耐火材料消耗 10%～30%
喷补炉机械	往炉内投加补炉料补炉	改善劳动条件，提高补炉质量，缩短补炉时间
机械化加料系统	往炉内和钢包内加料，实现自动化操作	缩短冶炼时间，改善劳动条件
第四孔加密闭罩除尘系统	净化一次、二次烟尘，降低电弧炉的噪声危害	改善环境条件，排放气体含尘量（标态）不大于 150mg/m^3，电弧炉作业区噪声降到 90dB 以下
废钢预热	利用第四孔排出热烟气预热废钢，回收热能	废钢预热温度大于 200℃，竖炉大于 500℃，缩短冶炼时间 5～8min，节电 40kW·h/t 以上
冶炼过程计算机控制	按热模型与冶金模型配料计算，热平衡计算，最佳输入功率控制，车间电负荷调节，合金计算，吹氧计算并同时控制各设备动作，与上位管理计算机联网进行生产管理	实现冶炼生产的最佳技术经济指标，节电 5%，降低吨钢生产成本 11%
无功功率静止式动态补偿装置	消除或减弱电弧炉冶炼中负荷波动造成的电压闪变与谐波对电网的危害	将电弧炉对电网造成的污染控制在可接受的范围内
电弧炉底吹	电弧炉吹气搅拌熔池	熔化期缩短 5min，节电 16kW·h/t；氧化期缩短 3min；还原期缩短 10min；节电 32kW·h/t；铬和硅铁烧损减少

4.2.4 超高功率交流电弧炉的短网布线

早期电弧炉的短网导体采用普通平面布置，两侧边相对于中相导体来说为对称布置，各相导体的数量及布置形式完全相同。

显然，这种短网布线方式必然造成各相的阻抗和电抗不平衡，并由此造成输入炉内功率不平衡和炉壁热负荷分布严重不均衡，还对前级电网造成较大的冲击。这些现象随着变压器功率的增大、电流的提高，特别是电弧炉超高功率化后，其危害越来越突出，从而严重地妨碍电弧炉炼钢的各项技术经济指标的改善。因此，必须改进电弧炉的短网结构与布线，以减少电弧炉的无功损耗，克服因二次导体阻抗和电抗的差异而引起的功率不平衡给冶金过程与设备带来的不良影响，对进一步改善电弧炉的各项指标，特别是降低电耗创造有利的条件。根据电弧炉短网阻抗的计算，可对不同容量的电弧炉按照不同的目的（减少电抗和平衡电抗）来采取不同的布线方案。

由电工学知识可知，流有同相位电流的平行导体靠得越近，则每个导体上的电抗值（$X=2\pi fL$）越大；流有反方向（或有相位差）电流的平行导体靠得越近，则每个导体上的电抗值都减少（与同相位相比）。因此，便产生了交错布线（30t 以上的电弧炉减少电抗）及修正平面布线方案（平衡电抗），见图 4-81、图 4-82。

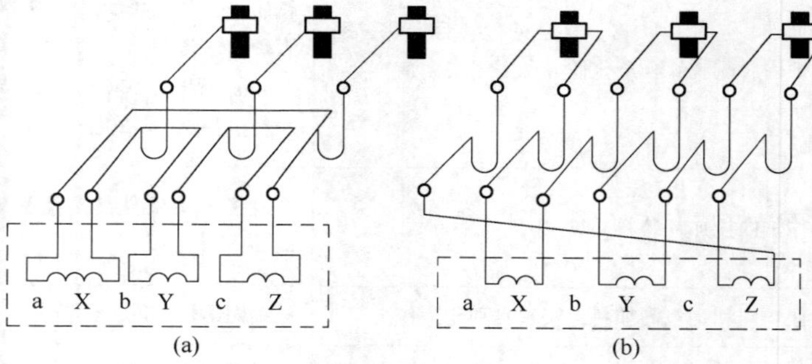

图 4-81 交错布线短网示意图

（a）部分交错；（b）全部交错

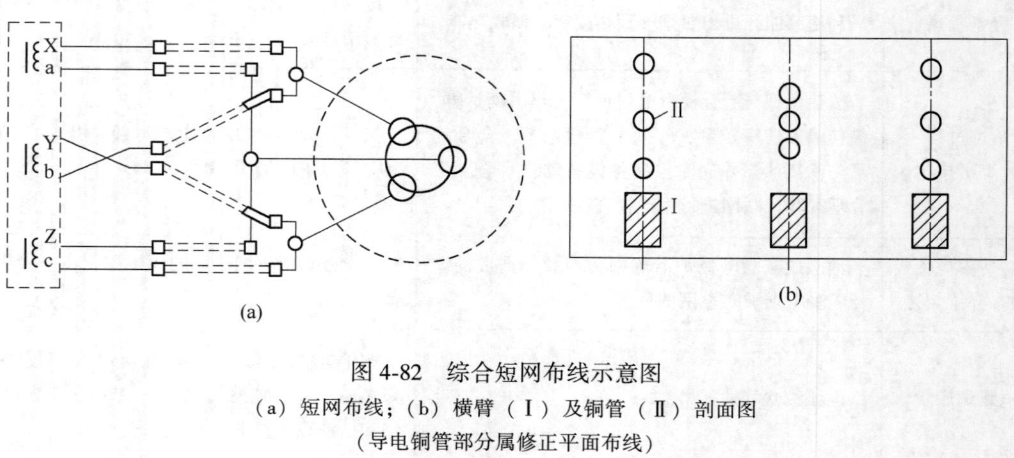

图 4-82 综合短网布线示意图

（a）短网布线；（b）横臂（Ⅰ）及铜管（Ⅱ）剖面图

（导电铜管部分属修正平面布线）

修正平面布线的特征是：边相导体相对于中相导体为对称布置，各相导体的惯性中心在空间上位于同一水平面。中相导体的数量及间距减小，边相导体的数量及间距增大。这种布线结构简单，并实现了三相电抗平衡，可用于 30t 以上的大、中型电弧炉。

如将电弧炉各相二次导体分别置于等边三角形的三个等点的位置，则因各相导体彼此之间相对距离相等，电磁耦合对称。在各相导体自身几何尺寸一致的情况下，各相导体大致相等。这种布线称为三角形布线方案。它能实现三相电抗平衡，但提高中相会受厂房高度的限制。而且为便于安装挠性电缆，需加大变压器到电弧炉间的距离，当车间作业面积受到限制时不易实现。此外，也会给安装工艺带来一些麻烦。因此，常用于小电弧炉。

吸取两种布置的优点，可组成更理想的修正三角形布线等方案，见图 4-83。修正三角形布线时，三相导体的惯性中心在空间位于一个有两个锐角的等腰三角形的三个顶点上，各相的数量相同，中间导体的间距减小，边相导体的间距加大。这种布线结构紧凑，可用于 30t 以上的电弧炉。

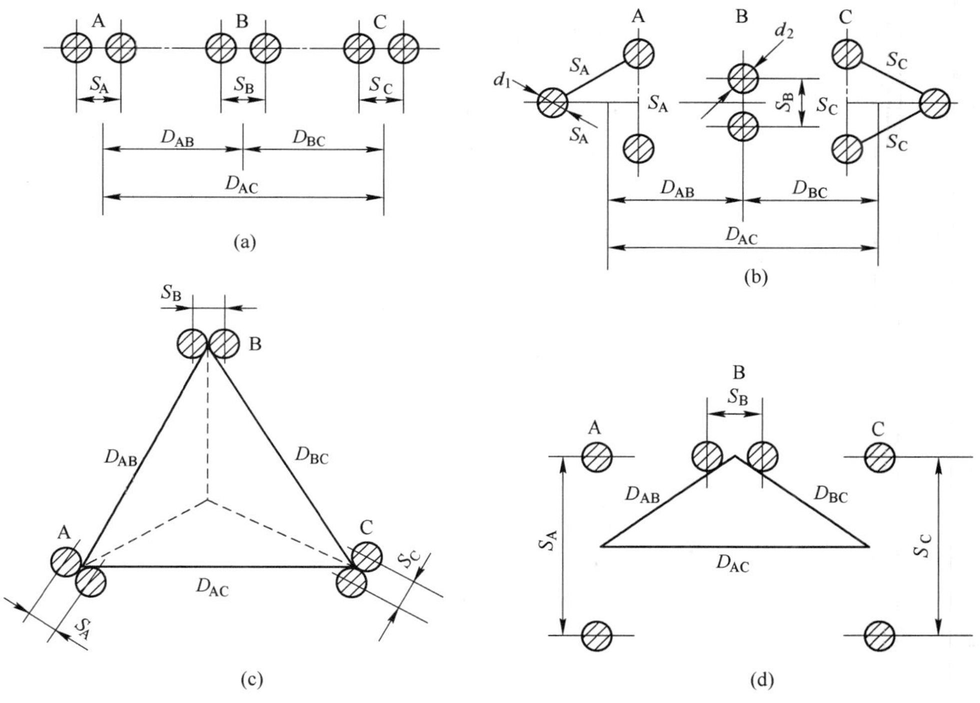

图 4-83 流过线电流的短网导体布置示意图

（a）普通平面布置；（b）修正平面布置；（c）正三角形布置；（d）修正三角形布置

4.3 超高功率直流电弧炉

4.3.1 直流电弧炉的特点

直流电弧炉包括直流炼钢电弧炉、直流矿热炉及直流钢包炉。

直流电弧炉是在超高功率交流电弧炉及其相关技术已相当完善的情况下投入工业应用的。因此，直流电弧炉一投入工业应用即普遍采用了超高功率及其相关技术。

直流电弧炉能够在短短的几年内得到迅速发展，这与它和交流电弧炉相比具有在资金、设备、环保，特别是操作结果等方面的一系列优越性是分不开的。

直流电弧炉技术研究始于19世纪70年代，但长期以来，由于没有大功率高效整流设备而使直流电弧炉的生产应用受到限制。

在百年电弧炉炼钢历史中，三相交流电弧炉一直占主导地位。20世纪60年代，超高功率电弧炉得到应用，电弧炉容量和变压器功率大型化，加上一系列配套技术和炉外精炼，电弧炉生产率大大提高，成本大大降低，且可与转炉媲美。特别是近年来，电弧炉—炉外精炼—连铸—连轧短流程的发展，使电弧炉炼钢获得了进一步的提高。一些发达国家，电炉钢产量达到钢总产量的40%，甚至更高。但随着炉子容量的功率水平的大幅度提高，也带来一定弊端，即大功率交流电弧稳定性差，对电网冲击较大（产生较强的闪烁），对环境具有较大的噪声污染。为解决对电网的冲击问题，需设置动态补偿装置，增加大量投资。对于噪声，至今尚无理想的解决办法，有的企业采用密封隔音，但其效果不太理想，并且使冶炼操作不方便。直流电弧炉基于自身的特点，可克服上述弊端并具有其他一些重要的优点。为此，20世纪70年代以来，伴随着大功率晶闸管整流技术在生产中获得应用，直流电弧炉的发展也就成了历史的必然。

1972年，在瑞典的Mefos投产了一台容量为7t的生产试验炉，用于铁矿石直接还原。随后，ASEA又将直流电弧炉用于炼钢生产。1975年，在Kanthal钢厂将一台容量为30t的交流电弧炉改造为直流电弧炉，这是世界上第一台用于炼钢生产的直流电弧炉。直流电弧炉生产试验结果显示出巨大的优越性。因此，20世纪80年代以来，在世界范围内，直流电弧炉技术的开发与应用取得了重大进展。直流电弧炉设备与交流电弧炉相比，直流电弧炉具有以下优越性：

（1）石墨电极消耗大幅度降低，这成为发达国家发展直流电弧炉的重要原因之一；

（2）电压波动和闪变小，对前级电网的冲击小；

（3）只需一套电极系统，可使用与三相交流电弧炉同直径的石墨电极；

（4）缩短冶炼时间，可降低熔炼单位电耗5%~10%；

（5）噪声水平平均可降低10~15dB；

（6）耐火材料消耗可降低30%；

（7）金属熔池始终存在强烈的循环搅拌；

（8）投资回收快；

（9）操作稳定，输入功率提高、升温效率提高，熔化均匀快速，生产率提高，烟尘排放量减少。

直流电弧炉的上述优越性随着直流电弧炉技术水平的日益提高和不断完善，还会进一步突出地表现出来。但与此同时，随着交流电弧炉技术的不断发展，相关技术的不断完善，直流电弧炉和交流电弧炉之间在一些操作结果和指标上的差距也会逐渐缩小。将来电弧炉的发展将充分利用直流电弧稳定、对电网容量要求低和对电网冲击小、电极消耗低及只需一套电极系统的优势来选用炉型或开发新型的电弧炉，以达到真正的“高效、高产、低耗、优质、低污染”目标。

4.3.2　直流电弧炉设备

从机械结构方面看，直流电弧炉与交流电弧炉具有许多相同之处，主要设备由炉体、电源设备、控制设备以及大电流线路及其弧形架机构、炉盖及其提升与旋转机构、电极升降机构、炉底导电电极系统、液压系统和冷却水及压缩空气系统等几部分组成，见图4-84。所以，交流、直流电弧炉的主体设备和附属设备基本相同，其主要的不同点是直流电弧炉通常只有一个顶电极并配有炉底电极，而且炉底电极为阳极，炉顶电极为阴极；而交流电弧炉只有三根顶电极而没有底电极。

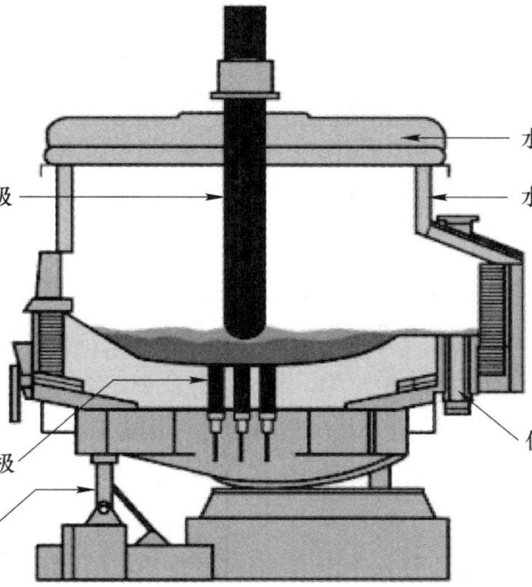

图 4-84　直流电弧炉结构示意图

直流电弧炉的大规模工业性推广应用是在超高功率电弧炉及其相关技术已相当完善的阶段，因此，大多数新建的直流电弧炉都引入了超高功率技术，并相应地采用了交流超高功率电弧炉的一系列相关技术，主要有水冷炉壁（盖）、泡沫渣操作、偏心底出钢、氧燃烧嘴、废钢预热等。这些技术的应用使得直流炉在工业性推广应用开始就以相当完善的面貌出现。

从设备方面看，直流电弧炉与超高功率交流电弧炉具有许多相同之处。例如，废钢预热设备、氧燃烧嘴、水冷氧枪、水冷炉壁及炉盖、加料设备、电极升降机构、底吹氩装置、除尘设备、偏心炉底出钢装置等两者是相同的。

与三相交流电弧炉相比，直流电弧炉在其结构上有以下特点：

（1）只有一根中心炉顶石墨电极和一个相应的炉底电极，因此，电极横臂、夹持器和立柱及相应的电极升降控制装置也只有一套，因而这些部分的结构可大大简化；但增加了炉底电极及其冷却和测温系统。而当使用的二次电流大于100kA（变压器容量超过120MV·A），需使用大于直径700mm的石墨电极时，宜采用2根或3根炉顶石墨电极的形式。

（2）由于直流电不存在周期性变化的磁场，因此，作用在横臂、立柱、电极升降机构和大电流线路支架上的电磁力很小。即使采用磁性钢材也不致感应发热，可使电极横臂冷却水用量和炉子损耗降低。大电流导体中的损耗大大降低，短网压降减小，短网阻抗对电弧炉的影响比交流炉短网小。

（3）直流电不存在集肤效应和邻近效应，因此，导体和石墨电极截面上的电流分布均匀，可减小这些部件的尺寸和质量。

（4）直流电弧炉的炉体结构与交流电弧炉相仿，由一块钢板焊成。一般应采用水冷炉壁（盖）和偏心底出钢。这样炉壳直径可比交流电弧炉稍小，水冷面积（可达90%以上）可比交流电弧炉大。

（5）直流电弧炉由于全部的电流都要通过单根石墨电极，因此，应采用能承受大电流密度的超高功率电极。

（6）大电流线路（短网）中，上部电极由导电铜管、软电缆、导电铜排与整流电源的负极相连接，下部底电极由大电流电缆及导电铜排与整流电源的正极相连接。因此，通电后，电流由整流电源的正极通过导电底电极、钢水流向石墨电极，最后流入整流电源负极。

（7）短网通过的电流更大了。与同容量的交流电弧炉相比，直流电弧炉短网通过的电流成倍增加。

直流电弧炉通常是高功率或超高功率直流电弧炉。近期在世界各地投产的直流电弧炉的比功率（单位炉容量占有变压器功率）大多在 700～1000kW/t 范围内，最高达 1100kW/t。例如，日本中山钢公司 70t 电弧炉变压器比功率为 78kW/t，韩国 Hwan Young 钢公司 100t 电弧炉变压器功率为 107MW，印度 Essar 钢公司 150t 电弧炉变压器功率为 160MW。此外，变压器超载是直流电弧炉的优势之一。通常，变压器的工作容量比额定容量高 20%。

图 4-85 为典型的直流电弧炉成套设备组成图。由图可见，直流电弧炉成套设备中，除炉体外，还有电源、控制系统、短网、底阳极等 4 个部分，下面简述它们的特点。

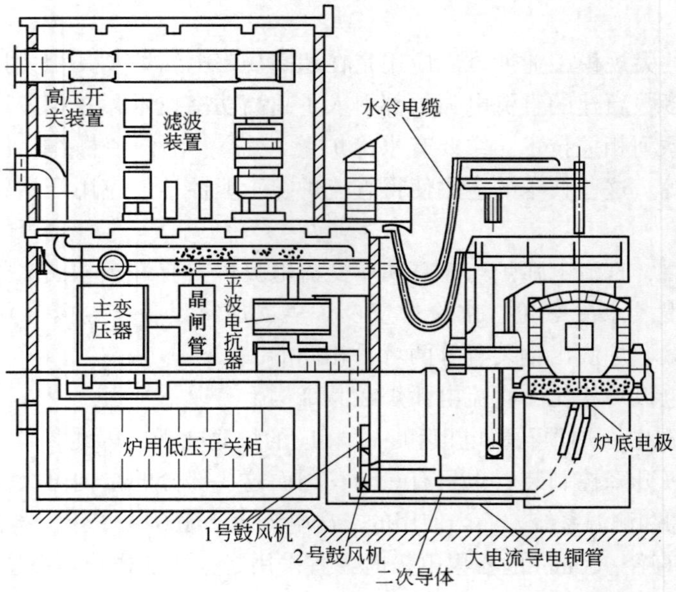

图 4-85 直流电弧炉成套设备简图

4.3.2.1 电源设备

直流电弧炉的电源设备是指从高压交流电网供电开始到给直流电弧炉的电极供以直流电为止的整个电气设备。直流电弧炉的主电路见图 4-86。它包括高压隔离开关、高压真空断路器、限流电抗器、电弧炉变压器、整流装置等电气设备。

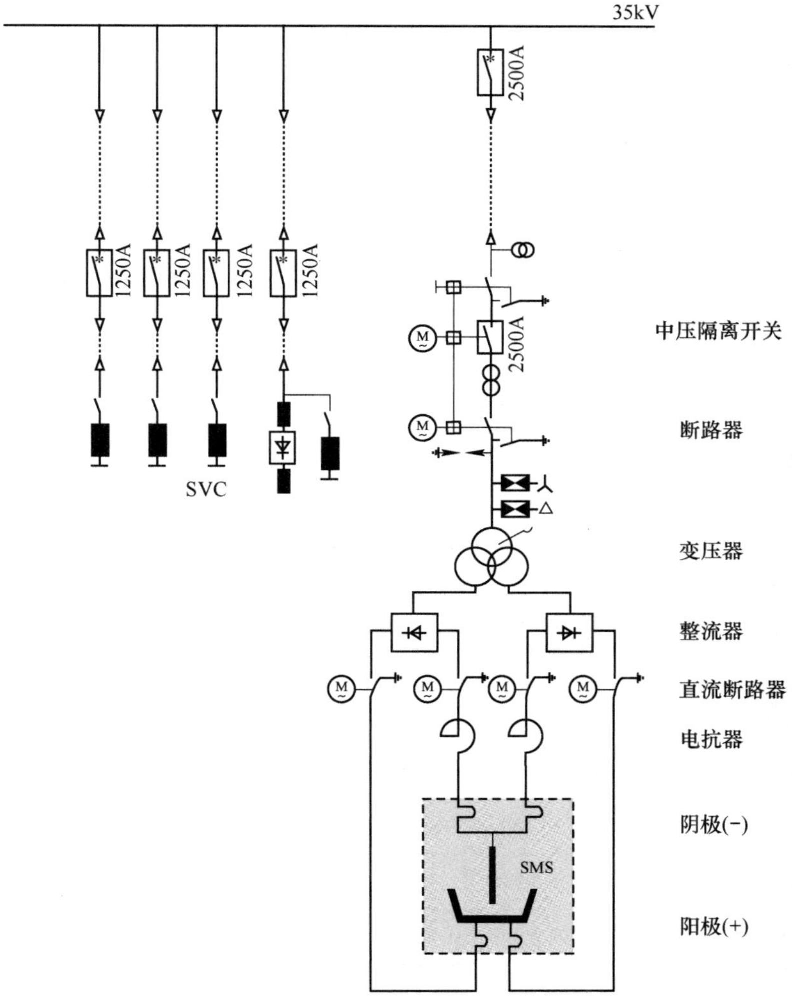

图 4-86 直流电弧炉供电系统图

与交流电弧炉相比，直流电弧炉增加了大电流整流设备、炉底电极设备，电气设备变得复杂了。炉子电气室空间需增大。表 4-9[24]列出了交流电弧炉和直流电弧炉的电气设备构成的比较，为稳定电弧电流，直流电弧炉须用可控硅进行恒电流控制。同时，在电弧电阻剧变的情况下，为使电弧稳定，需设直流电抗器（DCL)。而为使用大电流整流装置，改善电源的畸变补偿，提高功率因数，通常需设高次谐波滤波器。

表 4-9 交流电弧炉和直流电弧炉的电气设备的构成

比较项目	交流电弧炉	直流电弧炉
主回路设备基本构成	炉用高频度断路器（1 台/炉）； 浪涌吸收器，避雷器； 仪表用变压器（PT · CT）； 断路器	炉用高频度断路器（1 台/炉）； 浪涌吸收器（特制），避雷器； 仪表用变压器（PT · CT）； 断路器
	炉用变压器（1 台/炉）	整流变压器（多台/炉）； 晶闸管整流器（多台/炉）； 直流电抗器（多台/炉）
	大电流母线（交流三相）； 电气室内母线； 水冷电缆； 电极横臂	大电流母线（直流）； 电气室内母线； 阳极（炉底部分）、阴极（炉顶部分）； 水冷电缆、阴极（石墨电极）侧电极横臂； 阳极侧炉底
	电极：3 根炉顶石墨电极	电极：1 根炉顶石墨电极炉底电极
电压抽头切换装置	有载抽头切换装置（15~19 个抽头）	无载抽头切换装置（数个抽头）
电极升降系统	3 根电极； 电动机传动	1 根电极； 液压或电动机传动
控制监视系统	监视屏、保护继电器柜； 电极升降控制柜（3 根电极）	监视屏、保护继电器柜、晶闸管控制柜； 石墨电极升降控制柜（1 根电极）
比较项目	交流电弧炉	直流电弧炉
整体控制系统	两种炉型均可用相同范围、规模配置相同级别的计算机系统	
集中监视系统	屏幕显示器式（CRT）集中监视操作系统，直流电弧炉较为方便	
改善功率因数电容器	两种炉型均要（兼滤波用，容量大小、滤波器的构成根据具体炉子而定）	
闪变补偿装置	直流电弧炉的闪变发生量比交流电弧炉少（补偿装置配置与否应根据具体炉子而定）	

A 直流电弧炉变压器

电弧炉的整流用变压器与交流电弧炉的炉用变压器不同，它采用双次级输出，即两组次级线圈中一组按 Y 形连接，另一组按三角形连接，两个线圈的相位角相差 30°，各自的谐波电流按傅里叶级数展开后，其中的 5、7、17、19 次谐波电流数量相等、符号相反而相互抵销。电网中只剩下 11、13、23 和 25 次谐波。

B 整流设备

整流器多采用晶闸管。晶闸管整流器无级调压，使直流电弧炉工作电压范围较宽，冶炼过程各阶段均可通过调压达到最佳运行状态。直流电弧炉用变压器的抽头较交流电弧炉少，从而使结构简化。

直流电弧炉的供电方式有两种基本方式：二极管整流和晶闸管整流。前者利用变压器的抽头来调压，为限制短路电流，在变压器的高压侧接有限流电抗器。因其在技术上存在许多缺点，因此很少采用。晶闸管整流低压侧串有直流电抗器来抑制动态短路电流，虽然价格较高，但因为在技术先进性和平滑可连续可调性方面有突出的优点，所以直流电弧炉一般都采用晶闸管整流。

采用晶闸管整流，可利用其动态负载特性来稳定电弧的工作点。它可直接控制电弧电流。这种电弧电流和电弧电压能独立控制的优点可将工作短路电流限制在设备的额定值或预选的电流值内。因为对电流控制时，晶闸管的响应时间极短，可在3ms内，所以不需要在整流变压器的高压侧加装限流电抗器，但在低压侧直流回路内需串入直流电抗器。晶闸管整流供电几乎不需进行变压器抽头切换来调压，故仅在变压器安装星形或三角形线圈切换或无励磁电动调压装置即可。变压器二次电压最高值至少要比交流电弧炉提高20%。适用于直流电弧炉整流的电路形式主要有6脉冲的晶闸管三相全控桥式整流和双反星形整流及12脉冲桥式整流电路。

C 直流电抗器

晶闸管整流电路中，采用直流电抗器，通常具有空心结构，其作用是稳定电弧，避免冶炼时短路所造成的可控硅管过载。交流电路中串入的电抗器会使输出功率及功率因数大大下降，直流电抗器仅有电阻存在，功率损耗低，功率因数也不会降低很多。采用在直流侧串联直流电抗器以限制短路电流，同时还可起稳定电弧、控制电弧负载波动，以减轻对前级电网影响的作用。如直流电抗器安放在炉底，还能产生电磁力使钢水横向搅拌。在整流装置的输出端串联直流电抗器后，使输出电压中的交变分量基本落在电抗器上，输出电流中的交变分量减少，使直流电弧炉负载得到比较恒定的直流电压和电流。

直流电抗器采用水冷，使用铝管或铜管，结构通常为内有水引道的结构。因为直流电抗器有大电流流过，成为一强大的磁铁，所以会使周围的磁性物质磁化，并会因电流变化产生感应电流而发热。

D 吸收回路

在交流电弧炉中，由于电弧电流失真，产生了如2、3、4、5和7次的低次谐波电流。直流电弧炉中，谐波电流产生于整流装置由交流变换为直流的过程中，所产生的谐波次数与整流脉冲数有关。当为6脉冲整流时，产生特征谐波次数为5、7、11、13、17、19次等谐波；当为12脉冲整流时，产生特征谐波次数为11、13、23、25次等谐波。因此，整流电路实际上可看成为高次谐波源。高次谐波电流在供电线路上会造成压降而影响供电电网对其他设备的供电。为此，在整流电源的交流侧设置吸收回路以降低整流电源特定的谐波，还可使基波无功功率得到补偿。这样，平均功率因数可超过0.95。设置吸收回路对于直流电弧炉的供电系统是无意义的，但因供电部门的要求，必须按1%以下的总畸变量安装吸收回路。因此，可根据直流电弧炉产生的谐波量和电源点短路容量的大小计算出谐波电流及其引起的正弦波电压畸变率在公共供电点处的值，来决定是否装设谐波滤波装置及其大小。因直流电弧炉无5次以下的谐波和偶次谐波，可提高谐波滤波装置的有效容性无功补偿容量利用率，从而减少滤波装置的安装容量，有利于装置的谐波谐振点及谐波电压的控制。

4.3.2.2 控制系统

直流电弧炉的控制电路包括以电极定位装置为控制单元的电压控制回路和以可控硅整流器为控制单元的电流控制回路。图 4-87 为直流电弧炉电压、电流控制系统示意图。

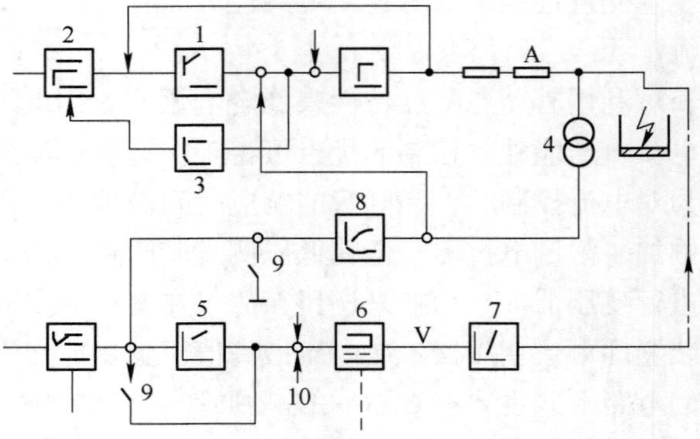

图 4-87 直流电弧炉控制电路示意图

1—电流调节器；2—晶闸管整流器；3—电流负反馈放大器；4—变压器；
5—电压调节器；6—倒相器；7—电极控制单元；
8—电压负反馈补偿；9—断路开关；10—保持原位

由图 4-87 可以看出，电压控制回路由电压参数给定环节、电压调节器（PI 调节器）5、倒相器 6、电极控制单元 7 和电压负反馈补偿环节 8 组成。电压给定环节是惯性环节，当输入某一给定值时，其输出值随时间加大，到达某一给定值后被限幅。在电压调节器的输出与输入之间，通过 9 引入负反馈电路。9 可使电弧电流为零，即产生断路时，电极控制在一定的位置。而 10 则是当电极与金属液发生短路时，将电极控制在一定的位置。电压负反馈补偿环节 8 也是惯性环节，用以从电压互感器中取出电压负反馈信号进行补偿校正。电极控制单元 7 是以具有零点不灵敏区的比例调节阀为核心的液压定位装置。电极定位的自动调节系统的原理与三相交流电弧炉的电极调节相同，这里不再赘述。

电流控制回路的控制原理是：当电弧电流变小时，晶闸管整流器（滞后环节）2 导通角增大，电流负反馈放大器 3 使电流调节器 1 的输出增大，达到输出电流增大的目的；当电弧电流变大或电极与钢液短路时，负反馈回路使可控硅导通角变小，晶闸管整流器的输出电流变小，使电弧电流维持稳定状态。

4.3.2.3 短网结构

单电极直流电弧炉只有一相短网。由于短网不存在集肤效应和临近效应，在铜排、铜管、水冷电缆、电极上电损失较小，周围不需要采取非磁性材料。

石墨电极的窜动减小。由于没有集肤效应，石墨电极电流密度比交流电弧炉的高很多，一般情况下，可以用一根相同容量交流电弧炉用电极来供电。

4.3.2.4 底阳极

底阳极是直流电弧炉的关键设备。目前国内外采用多种形式的底阳极，但总体上可分为三类。这三类底阳极尽管结构上存在着很大差别，但也有其共同的特点，即其结构均较为复杂，加工或砌筑要求严格，同时要求稳定的操作与控制。

直流电弧炉对底电极功能的要求主要有：

（1）较高的导电能力，包括有低的电阻率，保持高的导电性能。而底电极的导电部分与炉壳间应始终具有良好的绝缘。

（2）较高的现场操作和维护功能，包括有良好的安全性，长寿命，热损失小，维护方便（修补和更换）。

（3）良好的冶金效果，能造成较强的熔池搅拌效果。

（4）较好的抑制偏弧功能。

表 4-10 给出了几种主要类型的底电极主要功能的比较。

表 4-10 几种主要类型的底电极主要功能的比较

底阳极形式	GHH-BBC	ASEA	IRSID-Clecim	VAI
冷却方式	风冷	风冷	水冷	风冷
导体电流密度	$100A/cm^2$ 以下	1.8（小型）~0.7（大型）A/cm^2	约 $50A/cm^2$（40~45kA/根）	$100A/cm^2$ 以下
投产炉最大电流	125kA	90kA	100kA	115kA
投产炉最大容量	155t/81×2MV · A	140t/100MV · A	150t/150MV · A	120t/120MV · A
底电极形式	GHH-BBC	ASEA	IRSID-Claim	VAI
炉底寿命	1100~2000 炉以上	2000~4000 炉	1500~2760 炉	1200~2000 炉
底电极消耗速度	<0.3~0.5mm/炉	约 1.0mm/炉	1.0mm/炉	<0.3~0.5mm/炉
炉底电阻		<0.5mΩ · m		
漏钢可能性	较大	小	大	较大
漏钢造成危险	小	小	大	小
中期修补难易	较难	易	易	较难
底电极更换	难	难	易	难
熔池搅拌	强	最强	较强	强
控制偏弧办法	改变二次导体布线方式（较有效）	改变二次导体布线方式（较有效）	通过控制每根底电极电流来控制（最有效）	
冷料起弧难易（导电性）	易	难	较易	较易
冷启动方式	碎废钢铺在底电极上	倒入其他炉子的钢水，先用烧嘴熔化废钢	在底电极上接一段金属棒以高出炉底	与 GHH-BBC 相同，或新炉使触片高出炉底
防铅绝缘	用隔板阻止铅破坏绝缘材料，并设排铅小孔	绝缘设在炉壳附近，而铅积于中心	铅通过设在炉壳与炉底间的沟槽流出	绝缘设在炉壳中下部，铅不会接触绝缘
底电极投资成本	低	高	高	低
底电极维护成本	低	高	较高	低

A 导电弧炉底型

导电弧炉底型底阳极是整个炉底通过耐火材料导电，耐火材料下部安装集电铜板，铜板厚 15~20mm，与炉壳钢板绝缘。导电耐火材料为镁碳砖（含碳 20%），砖间插入“Γ”形铁条，见图 4-88。ABB 目前的导电弧炉底是在原基础上改进的，导电耐火材料直接采用两层分别含碳 5%和 10%的 MgO-C 砖。

导电弧炉底型底阳极的优点是导电面积大，采用强制风冷安全可靠。不足的是对导电耐火材料要求高，即要求有高的电导率和低的导热性，装卸不便、维修困难等。炉底温度是可控的，额定电流密度为 $4kA/m^2$ 时，支承衬中温度为 60℃，炉壳外表面温度为 25℃。

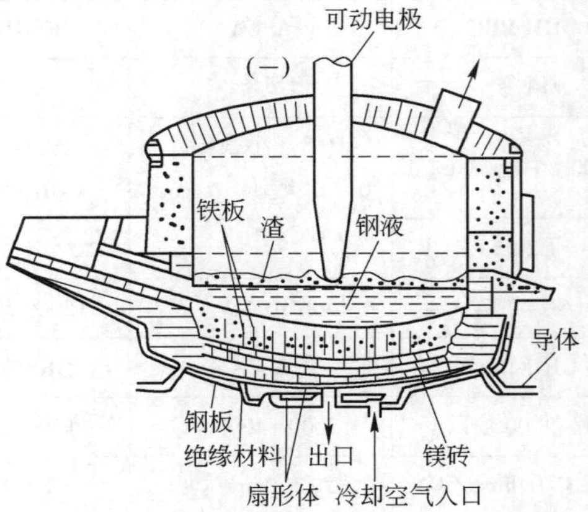

图 4-88 ASEA 导电耐火材料型底阳极结构

B 多极触针风冷式底电极

多极触针风冷式（GHH-BBC 式）底电极的结构见图 4-89。在炉壳底部中央有按一定的圆周布置的 40~200 根（其数量根据炉容量确定）直径约为 25~50mm 的低碳钢棒（称为触针），它们由两块平行的圆形钢板固定位置。触针的底端垂直固定在与整流器的阳极连接并固定在底部炉壳的法兰板上。触针向上垂直穿过上面的一块钢板，并延伸到炉膛内直到金属熔池。伸入炉膛内的触针间用镁砂充填打结，或采用一整块的镁碳质耐火材料，甚至用高密度的镁碳砖砌筑。在两块平行钢板焊成的空腔内装有导向叶片结构，冷却空气

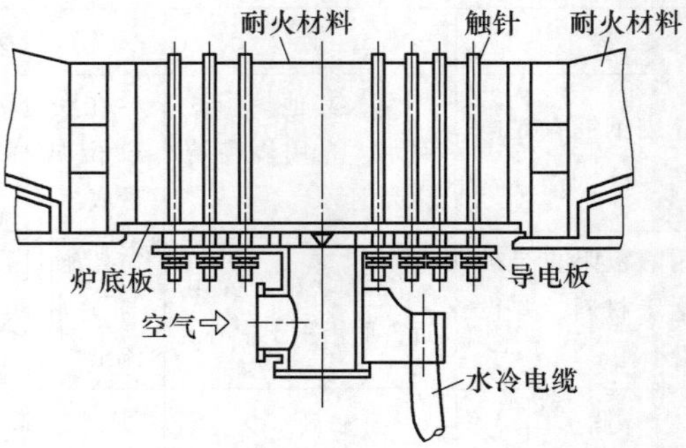

图 4-89 多极触针风冷式（GHH-BBC 式）底电极

从空腔的底部中心轴向流入，并顺着导向叶片方向沿径向向外逸出，从而对触针进行冷却。在近 30 根触针的中下部直到一定高度穿孔，并安装热电偶以监测炉底电极的烧熔情况。底电极与炉壳钢板间的接触部分要进行绝缘。底电极的直径约为炉顶石墨电极的 2.5 ~5 倍。炉容越大，底电极直径也越大。

温度的监控是通过插入触针中的热电偶实现的。报警温度为 700℃，炉底寿命为 300~350 次。冷却方式为强制风冷。

金属触针型底阳极也具有导电面积大、安全可靠的优点，较适用于大容量电弧炉。在触针上安装热电偶监测炉底工况，灵敏度高。触针结构还易于起弧，熔炼开始时，只需要有一根触针导通，即能使废钢熔化，从而导通全部触针。其缺点是炉底阳极更换时间长，而且当熔炼初期某一触针导通时间过长时，大电流易使触针烧损，严重时可损坏炉底。

C 水冷金属棒型

法国 IRSID-Clecim 首先开发水冷金属棒型的底阳极，结构见图 4-90。

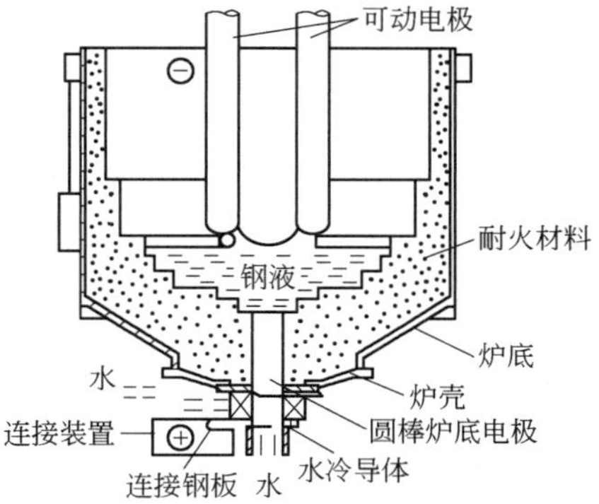

图 4-90 IRSID-Clecim 型直流电弧炉结构

75t 直流电弧炉采用 3 根 ϕ125mm 的钢棒与熔池钢液导通。3 根底阳极极心圆大于 3 根顶阴极极心圆。炉底镁砂打结。底阳极采用水冷，钢棒直径一般均不超过 250mm。30t 以下直流电弧炉使用 1 根钢棒作底阳极；30t 以上直流电弧炉可使用 3 根钢棒作底阳极。在钢棒中插入热电偶以监测炉底工况。底阳极寿命与炉底耐火材料质量相关，通常底阳极寿命为 500~1000 次。

前苏联全苏电热设备科学研究院研制的第一代水冷金属棒型底阳极采用在炉底内部冷却方式，为了增加水流速度和传热系数，冷却区设计成环形槽，水压高达 0.8MPa，水量为 15t/h。这种结构不能完全消除因底阳极烧穿漏钢爆炸的危险。经改进后的结构，水冷却区设在炉壳外。每根底阳极都接在独立的电源上，以保证各自通过设定的电流。

MAH-GHH 于 1991 年开发了金属棒式底阳极的改进型，即铜-钢复合棒式底阳极，上端与钢液接触的一段为低碳钢，下端一段为铜质，连接部分采用特殊方法焊接。这种结构的底阳极导电性能、冷却效果和安全性都有所改善。冷却水用量大约为 4t/h（80t 炉子）。底阳极寿命可进一步提高。对于不同容量的电弧炉，复合底阳极根数为 2 根或 4 根，直径为 200~250mm。

目前国内外还开发了铜-钢机械复合的水冷金属棒型底阳极，其制作更为简便。

4.4 竖式电弧炉

竖式电弧炉在炉盖一侧安装废钢预热竖井，电弧炉高温烟气自下而上通过竖井，与竖井内废钢进行对流换热，充分预热废钢。竖式电弧炉于 20 世纪 80 年代末开发并逐渐推广，并经历普通竖炉（SF）、手指式竖炉（FSF）和双壳竖炉（DSF）三个发展阶段，分别能够实现50%废钢预热、100%废钢预热和最短的非通电时间。优点废钢预热温度高，可达 800℃、缩短冶炼周期，节省 8~10min/炉，废钢作为烟气初始过滤器，吸附少量铁尘颗粒回到电弧炉，金属收得率提高 1.5%。但是，由于纵向布置，要求厂房高度高；废钢在竖井内预热温度较高，易黏结手指；重型废钢易砸坏手指，导致漏水，维护量较大等显著问题，老式的竖炉电弧炉已逐步退出市场。最初双壳电弧炉设计的目的是提高电弧炉冶炼的生产效率，两个炉体交替使用有效的利用了非冶炼时间。双炉壳电弧炉由于预热效率低、设备维护量大以及二噁英等污染物排放等缺点已退出市场。

降低电弧炉炼钢总能耗的根本措施在于减少能量消耗，其中废气的余热利用是很重要的一个方面。电弧炉炼钢技术发展集中体现，是基于不同的解决方案，各种炉型的不断涌现，如竖炉、Consteel 炉、双壳炉、ConArc 炉、EcoArc 炉等形式的电弧炉。这些炉型的成功应用，均从不同的方面推进了电弧炉炼钢设备及工艺技术的进展。

4.4.1 EcoArc 电弧炉

美国 1984 年立法要求对电弧炉烟尘进行处理，不处理或埋在地下的将被处以罚款（约 250 美元/t）。日本 2001 年规定电弧炉排放废气中二噁英的含量必须小于 0.5ng-TEQ/Nm^3。联合国环境规划处指出："当前对污染和环境恶化的控制已从污染排放的总量控制和末端污染治理阶段进入实施清洁生产阶段，从生产的源头控制污染的产生和预防污染"，这就是所谓"清洁生产计划"。电弧炉生产迟早要实施这一计划，这就产生了 EcoArc 技术。

EcoArc 技术是由 NKK 开发成功的。1998 年 10 月 NKK 公司在位于日本富山市的 NKK Material 建成一座容量为 5t 的试验炉。图 4-91 为 EcoArc 示意图。采用烟道竖炉预热废钢，竖井与熔炼室直接相连，炉子可向后倾斜一个角度，熔化金属与未熔废钢的接触区域随倾角增加而减小，熔化金属温度随倾角增加而升高。废钢在整个熔炼及精炼期间，分小批连续加入竖井，被废气预热，加上特殊的氧枪设置和吹氧工艺，二次燃烧率高，预热温度

图 4-91 EcoArc 电弧炉结构示意图

高，当氧气耗量达 45m³/t，废钢预热温度可达 1050℃，电耗可达 150kW·h/t。EcoArc 烟道竖炉电耗可低于 200kW·h/t，二噁英（dioxins）和呋喃（furan）排放量降低到低于 0.2ng-TEQ/m³，满足了日本 2001 年规定的环保要求（≤0.5ng-TEQ/m³）。

环境对应型高效电弧炉（EcoArc™）是由日本 Steel Plantech 株式会社独立研发的，该电弧炉利用竖炉的竖井来预热废钢，可使用轻薄型废钢，实现倾斜的料线上小车连续加料，预热温度可达 600℃以上，熔池稳定，可使用各种辅助能源，电耗低于 250kW·h/t。电极消耗低于 0.9kg/t，一次性设备投资较高，运行稳定，最大特点为能把废钢预热中产生的二噁英处理掉。具备消除金属材料溶解时产生白烟和恶臭的先进废钢预热技术，适用于未来的环境保护标准。此外，该电弧炉还具有可以实现比传统电弧炉更高生产率的溶解技术。

4.4.1.1 Green Steel Technology

环保型生态电弧炉 EcoArc™拥有完善的废气排放处理系统，能有效解决二噁英等环境污染问题。该电弧炉本体由废钢熔化室和与熔化室直接连接的预热竖炉组成，后段设有热分解燃烧室、直接喷雾冷却室和除尘装置，见图 4-92。热分解燃烧室可将包括二噁英在内的有机废气全部分解，并能够满足高温区烟气的滞留时间；喷雾冷却室可将高温烟气快速降温，防止二噁英二次形成，同时也分解恶臭和白烟的挥发性物质，可以防止白烟和恶臭扩散。环保型生态电弧炉 EcoArc™可将二噁英和呋喃排放量等排放量降低至 0.1ng-TEQ/m³。

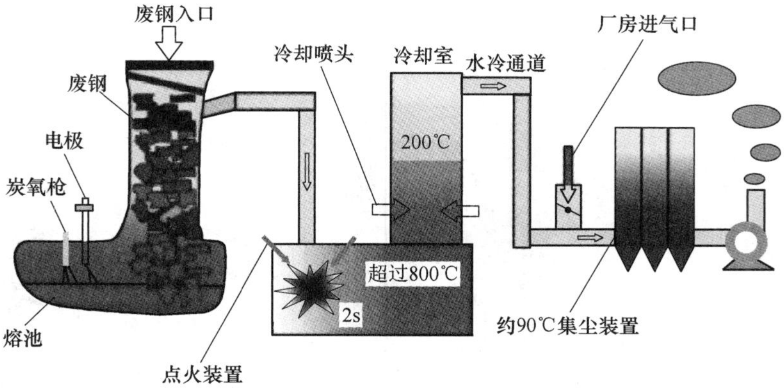

图 4-92 EcoArc 电弧炉结构示意图

4.4.1.2 高效溶解技术

环保型生态电弧炉 EcoArc™将预热储罐和溶解室直接相连，废钢从钢水到预热部持续存在，所以通过高温废气可以对废钢进行预热。通过这种方式可以对废钢进行高温预热，大幅度削减电耗。

预热室到溶解室采用的一体结构实现的半密封结构，可以防止金属溶解过程中的多余空气渗入。通过这种方式可防止经过高温预热的废钢被氧化。

废钢的溶解是在平熔池操作下进行的，因此可以有效降低电极单耗。

电压闪变稳定在低位，不需要电压闪变补偿装置，或使用低容量的补偿设备即可对应，所以可以减少设备投资费用。

4.4.1.3 废物处理

EcoArc 配备的密封结构炉体，可以抑制粉尘飞散的废钢预热室（竖井）的双门结构，及具备燃烧和急冷方式的废气处理系统，可以在溶解废钢的过程中同时进行各种废物处理。例如，医疗废物的无害化处理，另外把废轮胎、一般废物、汽车拆解废物等作为代替燃料利用，同时进行其中铁的再循环利用。

4.4.1.4 自动化、智能化

废钢输送是全自动化的，也应用炉前自动化设备和二级控制，可以由两个人/班操作。

通过预热室里的摄像机可以掌握废钢的下降/溶解情况。激光废气分析系统可以实时优化炉内的二次燃烧。结果可以通过最佳地控制泡沫渣产生的 CO 气体在炉内的二次燃烧，实现最大的废钢预热效果。

4.4.2 Quantum 电弧炉

Quantum 电弧炉，也称量子电弧炉，是由普锐特冶金技术德国有限公司设计开发的一款绿色节能型电弧炉。Quantum 电弧炉出钢侧视图见图 4-93，其工作原理是预热竖井通过安装在炉顶的升降机提升倾动料槽的方式进行废钢装料操作；废钢料槽本身由已在废钢料场提前装好的矩形废钢料篮自动装满，废钢装料操作全自动进行；预热的废钢分批加入熔池，废钢被输入的电能和通过两支顶枪吹入的氧气熔化；炉壳本身可以在 4 个液压缸的驱动下倾动以便出钢或扒渣，而炉盖和竖炉则固定不动；造渣料和合金可以通过炉盖加入和在出钢时加入到钢包中。

图 4-93 Quantum 电弧炉出钢侧视图

Quantum 电弧炉结合了成熟的竖炉电弧炉技术、创新性的废钢装料方案、高效预热系统、新型下炉壳倾动设计和优化的出钢系统，大幅度地缩短了冶炼周期，电耗远低于传统电弧炉炼钢水平。Quantum 电弧炉的特点包括以下几个方面。

4.4.2.1 手指式废钢保持系统

手指式废钢保持系统在手指式竖炉电弧炉所用系统的基础上进行了优化，见图 4-94。手指在装料时能够从竖炉中完全抽出。手指的表面用特殊钢钢板加以保护，能够承受装料造成的机械冲击。

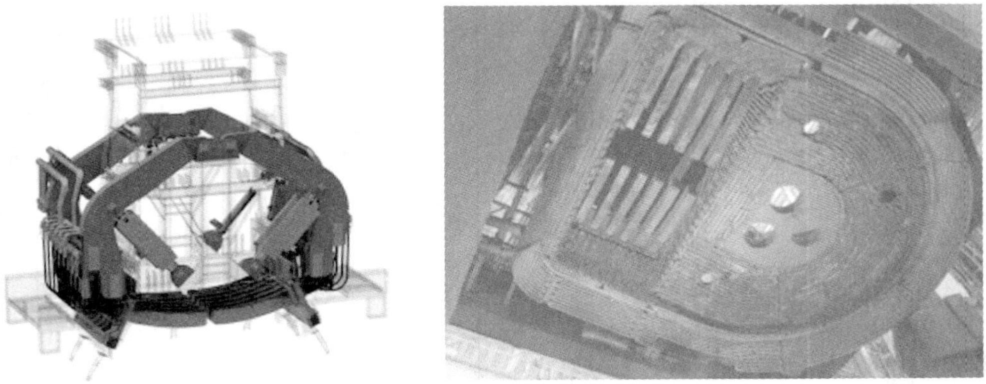

图 4-94 Quantum 电弧炉手指式废钢保持系统

4.4.2.2 升降机系统装入废钢

废钢用卡车装入提升系统的废钢溜槽，或用电磁铁和机械爪经中间装料站送入提升系统的废钢溜槽，采用这种加料方式，可用起重机将废钢直接装入两个废钢存放箱中的其中一个，然后将废钢卸入废钢溜槽。

新加料技术利用提升系统和废钢溜槽将废钢从地下卸料站送入电弧炉内，这种方式可不用起重机或料篮装料，却可以按既定的加料比灵活完成加料。同时，可在严格的工作周期和加料次数的基础上实现完全自动化设计，也可在废钢密度为 0.5~0.8t/m^3 的范围内进行处理。

4.4.2.3 先进的废钢预热系统

Quantum 电弧炉采用梯形竖炉设计加上保持系统的改进设计，优化了废钢的分布和废气的流动路径，改善了传热效果，可避免废钢在竖炉内发生黏结和堵塞。废钢预热后，手指被拉向竖炉侧壁方向而打开，新式的打开机构和大容量“马蹄形”炉壳可保证预热废钢被加入到大留钢量熔池中。手指能够在加料后立刻合拢以装入并预热下一批废钢。

4.4.2.4 平熔池操作

大留钢量废钢熔炼可减少平熔池操作闪变，提高预热效率。结合先进的 Fast 出钢系统、出钢和出钢口修复技术等，这些操作均可在通电条件下完成，减少断电时间，从而将出钢—出钢时间缩短至最小，显著提高生产效率。通过炉底氩气搅拌可改善剩余钢液和预热废钢之间的传热效率，并提高熔池内钢液化学成分和温度的均匀程度。出钢时钢液总是在出钢槽上，没有炉渣进入或被吸入钢包的可能。

4.4.2.5 Fast 出钢系统

Quantum 电弧炉采用先进无渣出钢（Fast）系统，见图 4-95，出钢口和熔池由一个虹吸装置隔开。该系统具有以下优点：由于渣不能通过虹吸装置而实现无渣出钢；出钢口填充操作可在通电期间进行；出钢也可在通电时进行。因此，Quantum 电弧炉每炉准备时间（包括出钢、装料、出钢口填充等断电时间）只需 4min 左右。

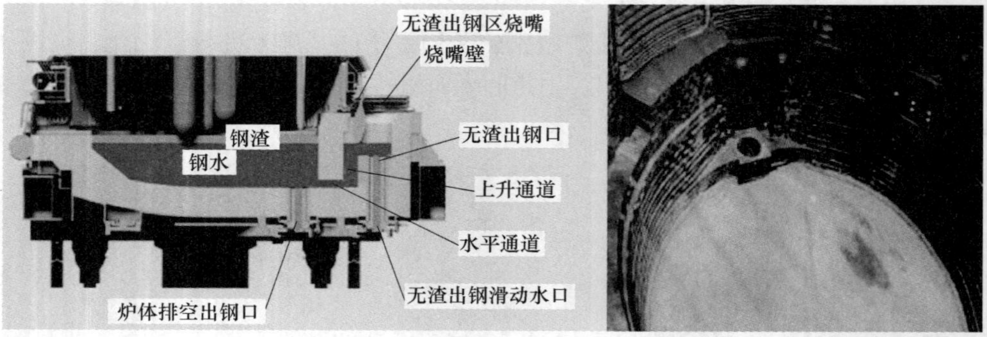

图 4-95 Fast 出钢系统示意图

4.4.2.6 炉壳动作

由于整个竖炉结构均采用固定装方式，必须移动炉壳进行出钢和扒渣操作。具体操作是将炉壳安放在带有液压缸和导向装置的底座上，使其能够双向（出钢口侧和渣门侧）倾动。

电极升降系统和炭氧枪安装在固定台架上，并且能与炉壳同时倾动，可通过旋转松放电极和快速更换小炉盖，消除传统电弧炉倾动时台架产生的沉重负荷及其对于支撑结构、轴承、大电流电缆等的影响。采用一种简单的炉壳运输和移动方案，可以快速更换炉壳，减少炉体动作，降低了系统维护操作的难度。

运输车既是出钢车，也可作为炉壳运输车使用，图 4-96 显示了炉壳更换步骤。为了从底座上抬起炉壳，运输车必须停在更换位置，即炉壳正下方。炉壳借助于液压缸和导向系统而降下，在运输车上放好后被松开，然后移出炉区以修补耐火材料或更换炉壳。

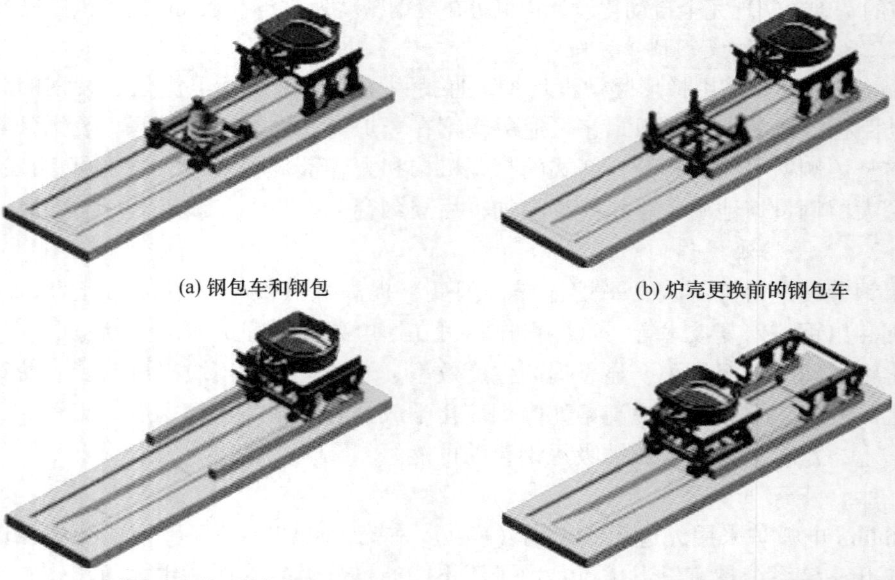

(a) 钢包车和钢包　(b) 炉壳更换前的钢包车

(c) 钢包车和处于抬起位置的炉壳　(d) 钢包车和炉壳处于维修位置

图 4-96 炉壳更换步骤示意图

4.4.3 ShArc 竖井式电弧炉

ShArc 属于改进型双竖井直流电弧炉，采用 ShArc 式电弧炉理念，希腊钢铁生产商 Hellenic Halyvourgia SA（HLV）和西马克集团共同开发一种独一无二的先进废钢预热系统。最大的特点为电弧炉上方有两个对称的双竖井，加料方式还是天车料篮，竖井内废钢铁由上升的炉气预热，熔池稳定，可 100%废钢预热，采用轻薄料，堆密度可为 0.25～0.30t/m^3，废钢价格、电极消耗和冶炼成本较低，其他原理与竖炉式电弧炉的预热废钢类似。ShArc 电弧炉通过最大限度地利用电弧炉内的热的烟气对废钢进行预热，从而节省冶炼过程中需要的电能。电弧炉采用先进的炉壁枪技术，通过化学能的有效利用，优化了冶炼工艺。因此，ShArc 电弧炉具有生产效率高、运营成本低、环境友好的特点。

与其他非对称式、非均匀加料式的废钢预热系统不同，ShArc 电弧炉采用对称式双竖井结构，伴随着直流技术以及独特的对称形状炉膛设计使其成为允许热的烟气在竖井内停留时间长、废钢预热效果最佳的炉型。ShArc 电弧炉，即使加入低质量的废钢（低堆密度）并且无额外的废钢预处理，也可确保高的经济性和平稳性的操作。

4.4.3.1 ShArc 设计

图 4-97 为 ShArc 电弧炉基本结构，由带有 EBT 出钢口的下炉壳和水冷式的上炉壳组成，两个均匀对称的预热竖井垂直布置在上炉壳上方。双竖井对称的布置使得整体机械结构和热量分布的均匀化。由于采用了成熟可靠的直流高电流技术和西马克集团开发的针式风冷底电极（见图 4-98），紧凑而高效的布置，烟气从 ShArc 电弧炉可关闭的加料口正下方吸取，热的烟气在废钢的整个横截面和整个高度上穿过，连续地穿过废料堆，废钢均匀高效地实现预热。废钢保持架（手指系统）将废钢保持在熔池正上方，每根手指可单独动作或所有手指可整体统一动作。以这种运动方式，将均匀预热的废钢均匀地加入在炉膛内。所有水冷炉壁的温度由传感器控制。烟气系统中烟气温度的准确控制确保了设备可以满足最为严格的环保要求。EBT 出口通过气缸操作。下炉壳和上炉壳安装在倾动平台上，通过每侧的两个液压缸在出渣方向和出钢方向倾动。ShArc 电弧炉采用西马克集团开发的

图 4-97 ShArc 电弧炉基本结构

炉壳更换技术，倾动平台带有下炉壳和上炉壳整体放置在钢包车上的更换支架上，移动到跨内天车的操作范围，进行炉壳更换。独特的布局形式，允许电弧炉跨不需要配置重型天车设备。

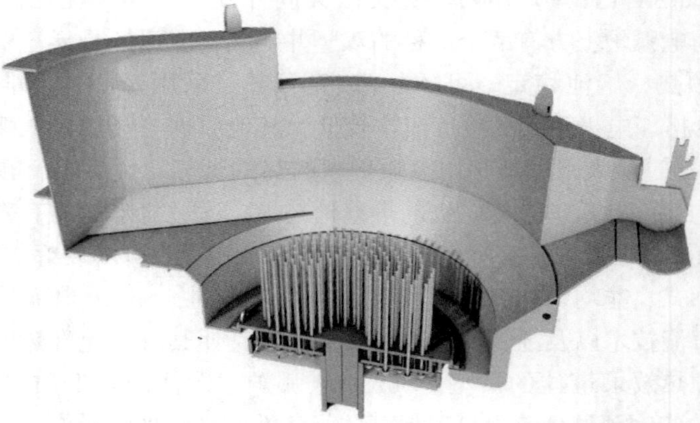

图 4-98 针式风冷底电极

4.4.3.2 ShArc 电弧炉工艺

ShArc 电弧炉加料系统提供了高灵活性，同时保持了低的生产成本。废钢通过料篮将废钢携带到竖井上方，通过安装在竖井底部的废钢保持架在竖井内预热，并由炉内产生热的烟气对废钢进行预热。在上一炉次出钢后，先前两篮预热好的废钢将从废钢保持架上倒入炉内，然后在第二批的两个料篮将废钢携带到竖井上方，直接加入到先前预热好的废钢上面，第二批次的废钢不需要再在废钢保持架上面进行预热。当使用低成本的低堆密度废钢时，可以灵活增加料篮数量，并且不会妨碍冶炼工艺。由于竖井式的设计，料篮加料使得系统中能量损失最小化。像传统电弧炉中发生的溢流现象、火球效应和飞溅等问题均不存在，冶炼周期也不会显著增加。上述冶炼工艺使用传统的电弧炉是不可能实现的。当两个竖井中的废钢预热完成，倒入手指下方熔池之后，按照冶炼周期节点，手指将再次伸入熔池上方，为下一炉的第一批次的两篮废钢进行预热。同时，上一炉次的废钢在炉膛内充分冶炼、脱碳，并且如果需要的话，进行强化造渣脱磷处理，通过辅料输送系统和安装在两个竖井中间的合金料斗将石灰等辅料直接添加到 ShArc 炉中。ShArc 电弧炉可以使用 DRI、HBI 以及生铁块用以生产更高质量的钢种。在钢水温度到 1620～1650℃ 时，通过 EBT 口进行出钢操作。

4.4.4 其他烟道竖炉电弧炉

4.4.4.1 指形烟道竖炉电弧炉

Fuchs 公司 1988 年开发出的烟道竖炉电弧炉技术，显示出其卓越的性能和显著的经济效果，为了实现 100%废钢预热，Fuchs 公司又开发了第二代烟道竖炉电弧炉（手指式烟道竖炉），它是在竖井的下部与熔化室之间增加一水冷活动托架，将竖井与熔化室隔开，废钢分批加入竖井中，废钢在竖井中预热后，打开托架加入炉中，实现 100%废钢预热，可节约能量 100kW · h/t。

指形烟道竖炉电弧炉是目前烟道竖炉电弧炉发展形式中最先进、最完善的一种，它与非指形炉子相比，前者由于有指状托架托住废钢，因而可以使倒入竖炉中的第一筐废钢充分预热，而后者由于没有托架，竖炉中的第一篮废钢与电弧炉中的前一炉炉料直接接触，因此废钢预热程度较低。指形烟道竖炉电弧炉的主要缺点是，废钢预热程度过高时，炉料易黏结，影响冶炼周期。此外，二噁英排放量问题还有待进一步解决。

烟道竖炉电弧炉的炉体为椭圆形，在炉体第四孔（直流炉为第二孔）的位置配置一烟道竖井，并与熔化室连通。利用电弧炉冶炼时排放的烟气来预热废钢，并借废钢自身重量下落到电弧炉炉内进料。这种废钢预热系统的余热利用率高，且投资成本相应较低，是现在主要的废钢预热系统。在预热废钢时，同样可以向预热室内喷吹燃料以将废钢预热到更高的温度，但应防止废钢黏结以影响进料。实际操作中装料时，先将大约60%废钢直接加入炉中，余下的（约40%）由竖井加入，并堆在炉内废钢上面。送电熔化后，炉中产生的高温废气1200~1500℃，直接对竖井中废钢料进行预热。随着炉膛中的废钢熔化、塌料，竖井中的废钢下落，进入炉膛中废钢温度高达600~800℃。带指托的烟道竖炉电弧炉操作示意图见图4-99。

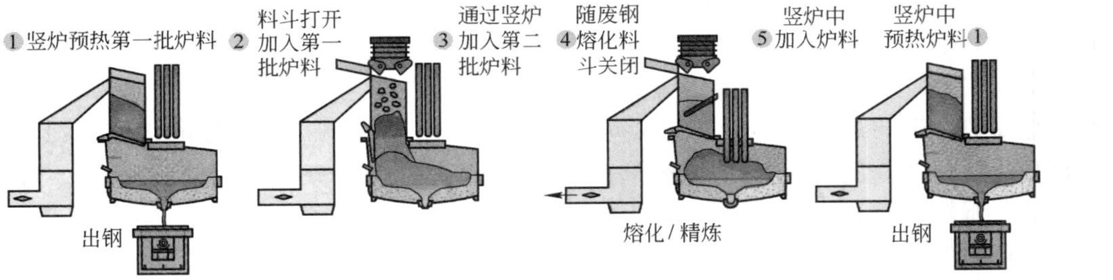

图4-99 带指托的烟道竖炉电弧炉操作示意图

4.4.4.2 竖井式Fuchs竖炉

A 竖井式Fuchs竖炉结构

对降低输入电弧炉内功率的要求促进了Fuchs竖炉电弧炉的开发。其想法是把废钢加入竖井，并用从电弧炉释放出的废气来预热。废钢置于与炉底连通的竖井内，当炉底的废钢熔化时，不断进入炉内。图4-100为竖井式交/直流电弧炉的结构简图。

1989年，丹麦DDS公司和福克斯公司提交了一项开发商用竖井式电弧炉的试验方案。在该方案中，废钢由废气和氧燃烧嘴预热，目的是向炉内提供半熔化废钢。在电弧炉炉盖的一侧设置一用于废钢预热的竖井，竖井与电弧炉的熔池连通。第一篮料直接加入。炉内(约占废钢加入量的60%)，余下40%的废钢分两次由竖井加入。竖井内的废钢实际上是堆在炉内废钢之上，被高温废气预热。1990年，工业用竖井预热装置装在DDS公司的一台115t电弧炉上。熔化期间，炉内竖井底部附近的废钢易于结块，但获得了很大的成功。1992年，在英格兰谢尔尼斯（Sheerness）钢公司安装了Fuchs竖炉。此工艺为带竖井的椭圆形炉底三相交流电弧炉。竖井较短，用废钢料篮加料。它和EOF炉不同，没有可活动的指条。废钢通过一斜坡连续地加入熔池内，而电弧和氧对熔池进行精炼。Fuchs竖井预热系统由一上小下大、坐在炉顶上的竖井所组成。废气由电弧炉的中心进入竖井内。

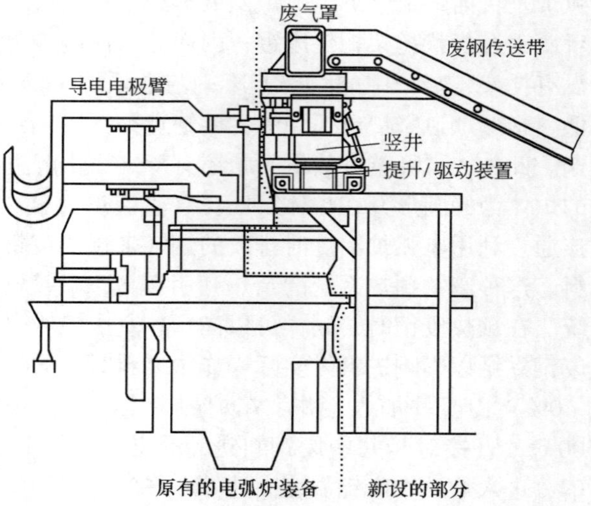

图 4-100 竖井式交/直流电弧炉的结构简图

此外，竖井水冷、内衬耐火材料的截面积为炉顶表面的35%。竖井内气流速度慢，因此，传热效果好。竖井顶部废钢温度为276~310℃。因为炉尘被竖井内废钢“过滤”，竖炉电弧炉带出的炉尘比传统的电弧炉少11%。第一篮废钢是不预热的，该公司将安装一个辅助竖井，并用精炼废气预热第一篮废钢。在精炼期，输入的热量有52%进入废气。该电弧炉为偏心底出钢电弧炉，出钢量为100t，留钢量为11~17t。电弧炉带正压运行，可节电22kW·h/t。该炉也采用导电电极横臂，电极直径为24in（610mm），变压器功率为80MV·A，功率因数为0.83。

炉壳安装在炉架上，并由安装在炉架上每个角的4个液压缸倾动。这样，能使炉壳下降300mm，并移到第一篮料的加料位置，或移到出钢或除渣位置。炉底在4条轨道上运行，其中两条在中心，两条在外侧。由于炉顶水冷，竖井和电极臂固定且不能倾动。

通过3个途径把能量输入炉内：80MV·A电弧炉变压器；有6个容量为6MW的氧燃烧嘴，可分别独立控制并按预定的方案进行操作，烧嘴喷吹的氧燃比为1.5：1~4：1，并可进行吹氧操作；水冷炭氧喷枪，最大能喷吹38.3Nm^3/min的氧和50kg/min的碳。它是强泡沫渣操作所必不可少的装备。一旦炉内形成足够的钢水量和渣量就用消耗式吹氧管吹入37.4~38.5Nm^3/t钢水的氧来造泡沫渣。

Fuchs竖炉电弧炉因炉尘黏附在竖井内的废钢上，使其炉尘量减少，且废气量减少，从而降低了排气风机的要求。与传统80MV·A的偏心底出钢电弧炉相比，Fuchs竖炉电弧炉生产率提高20%。通过竖井的废气流将有相当于82kW·h/t的能量传到竖井内，而放热反应放出的能量约相当于154kW·h/t的电能。

B 竖井式Fuchs竖炉工作模式

由装第一篮料开始，电弧炉下降300mm而位于保险杠的中间位置上，台车向西开至装料位置。第一批料用的圆料篮保持在一个支持结构上，由一个爪形制动器遥控开启，这种结构可以缩短总的电弧炉装料时间和尽可能回收能量。烧嘴在第一篮料装入前就点火。第一篮料有约40t废钢，0.8t炉料碳和1.5t石灰。

将电弧炉开回炉顶下，炉体升起，保险杠置于上部位置，然后将第二批矩形料篮中的废钢（约占总量的 30%）和石灰用吊车装入竖炉（第一批和第二批的装料在 2min 内完成）。然后开始熔化过程。在 7~8min 后，第三篮料用吊车一旦吊到位，电极即提起（防止装料时废钢落下将电极折断），第三批装料在 1min 内完成。在每一炉次中就不再有由于装料而受干扰了。一旦炉门区域废钢由炉门烧嘴预热完毕，氧枪立即开始工作。氧枪四周一出现钢水，立即由操作台遥控加入炭粉。炭粉加入速率有 4 种可供选择，最大到 60kg/min。应用高品质的炭粒，挥发分最小，可取得最佳效果。

一旦熔池温度达到 1550℃，取第一个化学成分和温度样。维持泡沫渣条件直至精炼结束，以屏蔽长弧使热交换最佳和电极消耗最少。

当钢水温度达 1630℃时，碳、磷和硫含量合适，就可准备出钢。电弧炉转移到出钢控制屏进行控制，向出钢方向倾动 2.5°。钢包调到电弧炉下出钢口位置，打开滑门。钢包中一见钢水，将预先称重后的铁合金和石灰从漏斗加入至钢流。铝、微调用碳和铁合金依次加入钢包使合金回收率最高。在钢包中钢水重量增加，炉体自动地进一步倾动至 8°。出钢重量达 90t 后炉体自动倾回到出渣位置 8°，炉中保留约 10t 钢水和炉渣。炉子的倾回速度 3°/s，使带至钢包的氧化渣最少。一旦钢包车从炉底下开走，立即清理出钢口，关闭滑门，通过炉顶小孔遥控重新将出钢孔以颗粒材料充填，此过程可从炉门监视。炉体倾动至水平位置且位于保险杠中间位置上，电弧炉就可开始下一炉工作。

4.4.4.3 复式竖炉-电弧炉

复式竖炉-电弧炉（CSF，Combination Shaft Furnace）是另一种竖炉-电弧炉结合形式。整个电弧炉设备有两个能够炉底出钢的炉身，一套电极和供电系统以及一套预热用竖炉。电极和竖炉必须以同一（顺或逆时针）旋转方向轮流地转到炉身之上，每台炉身上部都装有多支氧燃烧嘴和炭氧枪系统，以提供化学能和造泡沫渣。

预热废钢用的竖炉在设计上包括了两套或三套敷铜钢板做的矩形截面水冷的叉子，以控制竖炉中的废钢流动。这种水冷叉子在 EOF（Energy Optimizing Furnace）设备中得到应用，寿命可达 12000 炉次。

这种工艺，对 64t 钢水电弧炉按计算电耗可降至 185kW · h/t，但氧耗为 $64m^3/t$、天然气消耗 $10m^3/t$、炭粉消耗 54kg/t。而总的电力、燃料成本还只是交流电弧炉的 89.8%、直流电弧炉的 83.9%。由于电耗大大降低，电极消耗也随之大幅度下降到 1.545kg/t，与之相对比的交流电弧炉是 3.718kg/t、直流电弧炉是 2.064kg/t。

CSF 的优点是可用较小的电功率取得较高的产量。而又避免了用 EOF 时单纯依靠化学热使熔池过热至出钢温度的困难。但是，出钢后炉中要留下约 50%的钢水，这是为了两炉中不同工艺而又需节奏相匹配。若要减少留钢量，就需增大供电功率相对化学发热功率的倍数。

4.4.4.4 ContiArc 烟道竖炉直流电弧炉

ContiArc 电弧炉是德马格（Demag（MDH））公司开发的另一种竖炉直流电弧炉。见图 4-101，ContiArc 电弧炉是一个具有一个中心直流电极和与之对应的底电极加热的环形烟道竖炉电弧炉，它的炉壳固定不可倾斜，具有内外环形炉壳。具有废钢连续加入和连续预热系统，炉顶、炉壁采用水冷结构。具有二次燃烧系统，能对废气进行有效处理，具有空心塞棒的出钢系统。与 Fuchs 竖炉不同，该炉无传统形式的炉盖，其竖井为由内筒和外筒围成一环形的竖井，竖井可看成是沿着炉壳向上延伸而成，虽然在结构上并非如此。

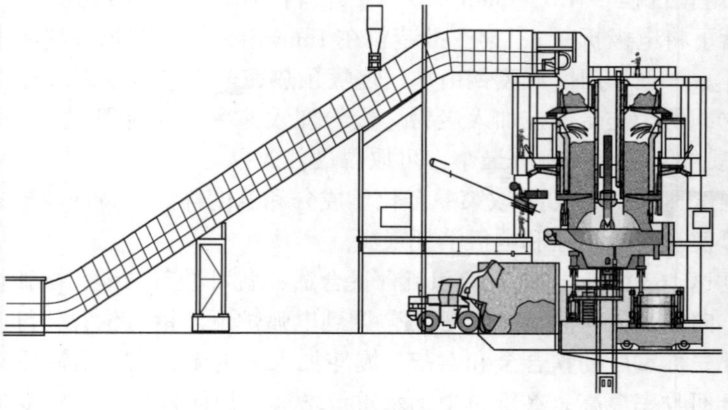

图 4-101 ContiArc 电弧炉示意图

内筒用于隔开下落的废钢，并便于装置电极夹持和导向系统。废钢分批加入到位于中央内筒和外筒所形成的环形竖井内。随着废钢的熔化，环形竖井内的废钢连续下降，上升的炉气沿整个环形竖井断面逆流而上，在与废钢的充分接触过程中进行强烈的热交换，从而连续地预热加入的炉料。在电弧熔化废钢时，在中央内筒下方形成一空腔，电弧在空腔的中心稳定地燃烧，空腔周围充满未熔废钢。因此，在熔炼过程中，整个水冷壁表面受到废钢的保护，完全避免了电弧热负荷的影响，使热损失降到最低。而从电弧熔化空腔周围的废钢角度考虑，在熔炼过程中不希望造泡沫渣进行埋弧操作。

废钢由上料皮带连续加入环形竖井内，并由一系列磁铁分配器平均分配到整个环形竖井区域。一系列磁铁排成一列置于炉顶下方的圆形轨道上。竖井内的废钢由从电弧炉内上升的废气进行预热。下降的废钢料柱由一料面测位系统（Level Measuring Systern）进行监测。如果废钢下降不平均，则磁铁分配器把废钢加到下降较快的区域以维持各部分料柱同高。因为熔炼过程中始终有未熔废钢堆积在电弧区空腔周围，所以电弧可始终以最大的功率供电，而不必担心电弧对炉壁的侵蚀危险。石墨电极安置在内筒内，内筒有防护装置，在下部热区设水冷系统。在电极插入炉内的部位设有陶瓷绝缘衬套。电极升降由液压控制。废气系统为位于竖井上部的环形管，当废气以逆流方式预热废钢后就在竖井的上部形成环流。该炉的开孔很少，废钢以密闭方式装入竖井，一套 120t/h 的炉子所产生的废气（生成气体和吸入的空气）总共只有约 30000Nm^3/h，故炼钢跨屋不必安装烟罩。ContiArc 电弧炉炉壳是固定的，不能倾动，可在变压器不断电的情况下出钢。

由于废气在废钢内的滞留时间要比常规电弧炉长得多，ContiArc 电弧炉内烧嘴产生的化学能输入的效率要高得多。在出钢口附近装置有专用于出钢的加热烧嘴。在炉门附近也装置用于出渣的烧嘴。采用虹吸出钢系统每隔一段时间进行无渣出钢。

因为炉衬始终被废钢覆盖，所以损失于炉衬的热量很小。取消了常规的炉盖，减少了热损失。此外，该炉子基本上隔绝了与大气的接触，是在全封闭的系统内进行熔炼的，炉内产生的所有上升的废气都要穿过废钢，并被竖井顶部的环状加热器收集。因此，ContiArc 电弧炉的热效率是极高的。且由于废气上升通过废钢料柱时，炉尘被废钢料柱捕捉过滤，与常规电弧炉比较，炉尘量减少 40%。据称，ContiArc 电弧炉的总能量需求量仅为相当的常规电弧炉的 62%。熔炼时，电弧始终在电极和熔池间稳定燃烧，因此，对电网干扰小，且噪声小。

ContiArc 电弧炉的主要特点为：可连续用最大功率供电，生产率高，电极消耗低；优化了炉料预热，降低了吨钢能耗；对电网的干扰低；降低了废气及炉尘含量；噪声小；冷却水负荷低。

第一套 ContiArc 电弧炉于 1998 年底或 1999 年初在希腊海利维尔吉亚（Halyvourgia Thesszlizs）公司建成投产。与一般电弧炉热损失比较见表 4-11。

表 4-11 ContiArc 炉与一般电弧炉平均热损失

热损失项	EAF 热损失/kW · h · t^{-1}	ContiArc 热损失/kW · h · t^{-1}	差值
辐射	80	33	47
冷却水	81	30	51
废气	125	33	92
合计	286	96	190

4.4.4.5 Comelt 烟道竖炉电弧炉

奥地利奥钢联开发的 Comelt 烟道竖炉电弧炉其竖井固定在电弧炉顶上的中心部位，几根（通常为 4 根）电极经侧面通过炉盖倾斜面插入电弧炉，预热后的废钢由中心落入炉内能均匀熔化，通过电极轴线上移动的倾斜直流电弧将能量传给炉料。其结构见图 4-102。

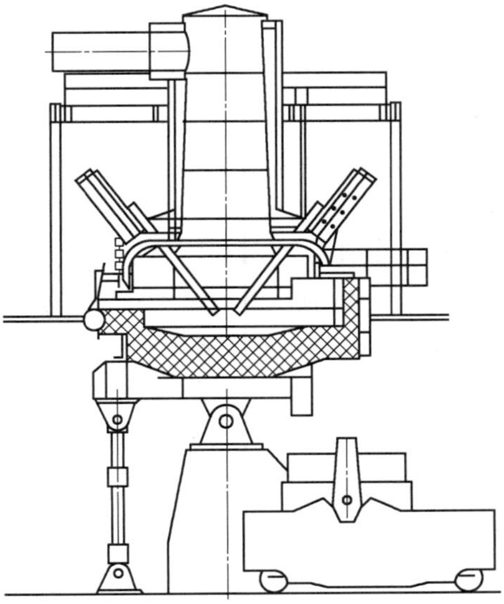

图 4-102 Comelt 烟道竖炉电弧炉结构示意图

Comelt 电弧炉最初是由等离子电弧炉改成，其工作原理：根据不同的电压得到长度 0. 5~1. 2m 的电弧将废钢熔化出一个倾斜的空洞，电弧的弧光达到 1. 7m 远的距离。只要一形成相当尺寸的空洞，空洞就被上面落下来的废钢填满，而不影响冶炼过程的持续进行。由于电弧的存在使电极到废钢有一定的距离，因而电极不会被损坏。沿电弧产生的炽热废气经过倾斜的空洞流向炉底（熔池），并由此向上加热位于其上方的废钢料柱，这种基于电极倾斜布置形成的熔化方式能提高能量利用率和熔化速度。当废钢熔化的时候熔池被迅速加热。没有废气从电弧炉侧面的电极插入口逸出，这是收集全部废气的一个基本条件。由于在电极插入口前安装了专用防护板，噪声显著降低（从 104dB 降到 85dB）。

对这种炉型废气基本上是从相应的熔池表面通过整个废钢料柱中心部分直接流向废钢料柱的顶端，并使废钢料柱达到迅速预热。这种对称供入能源的基于倾斜电极原理，“Comelt”方法在经济和生态方面具有许多优点。经济方面的主要优点是：在熔炼量大于 150t 时具有最高的生产能力；由于冶炼时间小于 45min，其生产率很高；与通常的电弧炉相比，通过有效地预热废钢使总的电能消耗大约减少 100kW · h/t；与通常的直流电弧相比电极消耗大约减少 30%；由于设备结构简单，降低了维修保养费用以及单位投资费用。

Comelt 电弧炉的生产费用比普通单电极直流电弧炉低 15. 65DM/t，普通交流电弧炉的生产费用比这种 Comelt 电弧炉高 22. 70DM/t。

4. 4. 4. 6 UL-BA 烟道竖炉电弧炉

由新日铁开发的 UL-BA 烟道竖炉电弧炉技术是竖井与电弧炉炉盖分离并偏向一侧，将电弧炉内的高温废气导入竖井下部预热废钢，电弧炉装料时将竖井移至电弧炉正上方，装完后回复原位，废钢熔化均匀，加之高温废气不通过钩爪，采用面结构而提高了设备的可靠性，该工艺节能效果高达 100kW · h/t 钢以上。

UL-BA 方式预热系统的竖井中保存废钢的装置采用钢板制作，所以它有足够的强度来抵挡废钢下落的冲击力，保证了生产的顺行。装置由于设备费用很大，所以应用并不是很广泛。

4. 4. 4. 7 IHI 烟道竖炉电弧炉

日本石川揭播磨重工（IHI）公司开发了双电极竖炉直流电弧炉（IHI Shaft Furnace）。这是一种带废钢预热和连续熔化的新型电弧炉。1995 年末第一台 140t 竖井式双电极直流电弧炉在日本东京制钢投产。该炉的炉壳为椭圆形，设有两根石墨电极，炉底砌两块导电耐火材料的底电极（根据 ABB 瑞士公司直流电弧炉设计），两根石墨电极各自有一套独立的供电系统，每根电极的功率可分别独立控制。通过供电系统的合理布线控制电弧，使之朝电弧炉中心偏斜，因而电弧的能量集中在电弧炉的中心，炉壁的热负荷比传统的电弧炉低，因此炉壁使用耐火材料来取代水冷炉壁以减少热损失。废钢从两电极之间的炉顶加入。出钢量为 140t，留钢量为 110t。由于炉内始终保持很大的钢水量，可获得均匀稳定的操作条件。通过炉底的出钢口定期进行出钢操作。图 4-103 为 IHI 竖炉电弧炉的结构图。

废钢加料系统由预热室和加料设备两部分组成。废钢从受料漏斗加入预热室，来自电弧炉的废气向上流入预热室对废钢进行预热。在试验炉内，废钢的预热温度高达 800℃，预热室出口温度低于 200℃。在预热室底部设有两个推钢机以使废钢以恒定的速度加入炉内。废气从预热室的顶部流出进入布袋过滤器，部分废气可循环重新入炉以调节废气预热的入口温度。废钢是连续加入炉内的，直到达到所需的熔池钢水量。接着进行短期的精炼

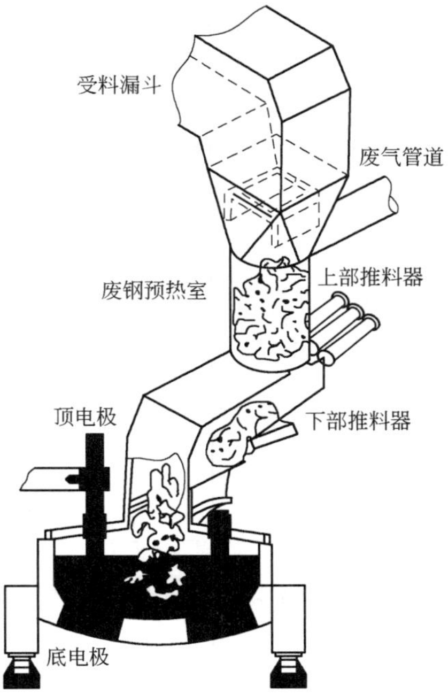

图 4-103 IHI 烟道竖炉电弧炉

或升温，以使钢水达到出钢要求。在整个一炉钢的熔炼过程中，输入炉内的功率可认为始终是均匀的。冶炼过程的多数操作几乎完全自动化。操作是在炉内有大量钢水的情况下进行的，因此电弧稳定，操作平稳，大大降低了噪声和闪烁。根据预热室内废钢的高度，把废钢全自动地加入到预热室内。根据泡沫渣的高度来控制喷碳、吹氧操作。

IHI 竖炉电弧炉的设计电耗为 260kW·h/t；喷炭量为 25kg/t；供氧量为 $33Nm^3/t$。IHI 电弧炉设计的优点在于和常规直流炉相比电耗减小 30%和生产率提高 40%。IHI 竖炉电弧炉对装备供电变压器容量要求相对可降低，对废气处理系统容量要求降低，因而投资降低，操作成本也可降低。

4.4.4.8 多级废钢预热竖炉电弧炉

多级废钢预热（Multi Stage Preheating，MSP）技术代表着当代废钢预热技术发展方向，具有较高的技术水平。多级废钢预热室电弧炉主要结构见图 4-104。

多级废钢预热是将整个竖炉分上、下两层预热室。上、下两层预热室均可用手指状的簧子独立开闭，在废钢进入电弧炉前，可单独分批预热废钢。竖炉位于电弧炉炉盖上方，设有三个工位，即预热位、加料位和维修位。预热位主要是接受废钢和预热废钢；加料位是把预热后的废钢从竖炉加入电弧炉。竖炉可在预热位、加料位和维修位往返运行。其运行模式和工作过程如下：

（1）废钢加入 MSP 预热炉。当竖炉位于预热位时，上层预热室处于关闭状态，加料吊车吊起矩形料盘，坐落预热室上方废钢支撑架上，支撑架缓慢下降，矩形料篮借助于重力自动打开料篮，使废钢加入上部预热室。打开上部预热室，初步预热的废钢从上部预热室进入下部预热室。

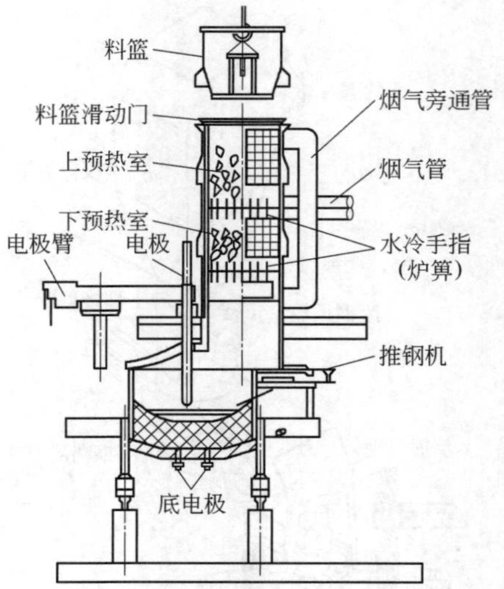

图 4-104 多级废钢预热竖炉电弧炉示意图

(2) 预热废钢从竖炉加入电弧炉。对 100%废钢或固体料，需 4 料篮废钢加入电弧炉内。电弧炉出钢后，准备出钢口、提升炉盖、移动竖炉至电弧炉上方中心，即加料位。第一批两篮预热废钢先后加入电弧炉内。下部预热室废钢放空后，打开上部预热室。当预热废钢加入电弧炉后，MSP 竖炉返回到预热位，在预热位接受来自矩形料篮的废钢。

(3) 废钢的预热方式。电弧炉内废钢熔化开始后，产生大量高温烟气在电弧炉上方进行二次燃烧。高温烟气分成两路进入预热室，一路进入下部预热室，另一路通过旁通管进入上部预热室。这种方式可以解决竖炉内废钢料柱预热不均匀，防止局部废钢过热而粘手指的问题，从而增加废钢预热效果。该系统允许当上部预热室不预热废钢时，可将废气直接从下部预热室进入预热废钢，废气在上下预热室之间汇集，与烟气净化系统连接。

日本 Yamayo Kogyo 钢厂新建一座 130t 直流多级废钢预热竖炉电弧炉，其各项指标见表 4-12[43]。投入使用后，生产成本显著降低，起到了节能降耗的作用。

表 4-12 MSP 竖炉电弧炉消耗指标

项　目	指标
冶炼时间/min	49.1
吨钢电耗/$kW \cdot h \cdot t^{-1}$	282.1
吨钢氧耗/$m^3 \cdot t^{-1}$	32.3
吨钢油耗/$L \cdot t^{-1}$	2.7
吨钢焦炭消耗/$kg \cdot t^{-1}$	5.5
吨钢喷碳量/$kg \cdot t^{-1}$	8.7
吨钢电极消耗量/$kg \cdot t^{-1}$	0.90

4.5 水平加料式电弧炉

4.5.1 Consteel 电弧炉

Consteel 是由美国因特钢（Intersteel）技术公司（1995 年并入意大利得兴公司）从 20 世纪 70 年代开始开发，并于 1985 年为美国纽柯（Nucor）公司的一台电弧炉改造成 Consteel，对其工艺进行工业试验。

Consteel 可以实现连续加料、连续预热废钢、生铁、预还原铁矿等金属料，同时减少烟尘排放量的电弧炉炼钢技术。它从废钢料场或铁路车皮把废钢装上炉料传送机，通过加料传送机，自动、连续地从电弧炉 1 号和 3 号电极一侧的炉壳上部部位加入电弧炉内，并始终在炉内保持一定的钢水量。同时，电弧炉内的烟气逆向通过预热段不断地对炉料进行预热。这样，电弧可直接加热钢水，通过钢水直接熔化废钢，使操作平稳，对前级电网的冲击小，降低变压器容量，节约能源。生产用 Consteel 系统设备特征（见图 4-105）是连续加料系统由 4-4 段（2、3 段为加料段，最后 1 段为废钢预热段）传送机串联组成，其宽度、深度、长度等参数与炉子的吨位有关。

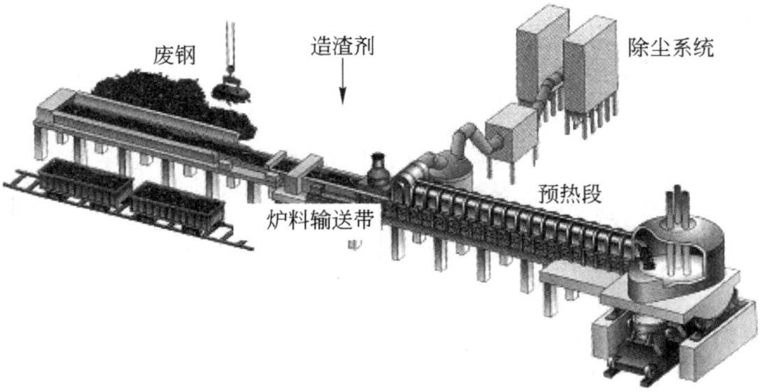

图 4-105 Consteel 电弧炉的结构简图

泰国 NSM 厂的 Consteel 电弧炉底宽为 2.2m，顶部宽为 2.7m，高为 1m，装入传送机的废钢高度约为 0.8m，传送机速度为 2~6m/min，可调。废钢由铁路车皮运输到加料区，由电磁吊把废钢吊到传送机上。全封闭的废钢预热段为 18~24m 长，内衬以耐火材料并用水冷密封装置密封，以防封闭盖和预热段底漏气。预热段还可装置天然气烧嘴（因只由废气的化学热和显热已足够，现在已不设置）。废钢由废气和燃料加热到 500~700℃。

废钢由铁路车皮运输到炉子料场的加料区，由电磁吊把废钢吊到上大下小的梯形传送机上，通过预热段，进入一衔接小车（可伸缩的输送设备，用于衔接预热段和炉子）并送入电弧炉内。预热装置的设计包括一用于控制 CO 排放的“炉后燃烧器”（Afterburner）。设计的废钢预热温度为 700℃。Consteel 系统废气出口温度为 900℃（无辅助烧嘴时），如为满足环保要求需把废气温度提高到 1000～1100℃，也只需在预热段加设一小烧嘴即可。废钢预热段的隔水密封装置的位置的安排是特别重要的。

Consteel 电弧炉连续炼钢工艺的主要特征有：始终保持一定的留钢量用作熔化废钢的热启动；熔池温度保持在合适的范围内，以确保金属和熔渣间处于恒定的平衡和持续的脱碳沸腾中，使熔池内的温度和成分均匀；泡沫渣操作可连续、准确地控制，这对于操作过程的顺行非常重要；废钢传送机内废钢混合的密度、均匀性和均匀分布对炉内熔池成分能否保持在规定的范围内及废气中可燃物质的均匀分布影响很大；炉内和预热段内废气量和压力的控制对废钢预热非常重要。

要充分发挥 Consteel 电弧炉冶炼工艺的特点关键是要把握好四个要点：（1）造好泡沫渣。只有造好泡沫渣才能实现埋弧操作，提高热效率，减少弧光对炉衬和炉盖的侵蚀，降低噪声，并可提高水冷 C/O 枪的寿命。（2）控制好熔池温度。熔池温度控制在 1580～1590℃，既有利于各种冶金反应，也有利于防止大沸腾。（3）控制好熔池的碳含量。熔池内碳含量一般控制在 0.20%～0.30%较合适，既有利于保持持续不断的碳氧反应，又有利于废气中含有足够的 CO 预热废钢。（4）确保每炉有一定的留钢量。留钢量是 Consteel 的重要工艺要点，一般留钢量为 40%较合适。

与传统的电弧炉比较，Consteel 电弧炉连续炼钢工艺的主要优越性如下：

（1）节约投资。该工艺降低了生产规模和投资比，车间布置更紧凑。与直流电弧炉相比，变压器容量可减少 35%～40%；而与双炉壳电弧炉相比可减少 20%～30%。一般不需静止式动态补偿装置（SVC）。此外，不需设置串联电抗器和氧燃烧嘴。布袋除尘系统比常规系统小 40%，且布袋的数量也可大大减少；布袋风机由 3 台减少到 2 台。对变电所、闪烁控制系统、装料吊车等系统要求均可大幅度降低。对于改造建设的情况，则用同样的变压器和除尘系统可大幅度提高生产率。

（2）操作成本大幅度降低。用连续预热了的废钢进行熔炼，电耗、电极消耗、耐火材料消耗等都可大大降低。电费至少降低 10%～15%。废气以低速逆向流过预热段，废气中大量的烟尘在预热段沉降，因此布袋除尘量仅 10kg/t，比传统电弧炉减少 30%。改造建设的情况其操作成本节约 10 美元/吨以上，改造安装费一年或一年多点即可收回。

（3）渣中 FeO 含量降低，使从废钢到钢水的金属收得率提高约 2%。因为熔池始终处于脱碳沸腾的精炼阶段（废钢进入留在炉内的钢水时，熔池的温度为 1580～1590℃），熔池搅拌强烈，使［C］和［O］的关系更接近平衡，所以渣中 FeO 含量低，一般为 10%～15%。

（4）钢中气体含量低。因为原料进入熔池时，经预热段后其中的碳氢化合物已被完全燃烧，且一般不用氧燃烧嘴和天然气预热烧嘴，所以杜绝了氢的来源。而在整个熔炼中，熔池始终处于脱碳沸腾的精炼阶段，熔池搅拌强烈，且采用泡沫渣深埋电弧操作，减少了进入炉内的气体量及气体进入熔池的可能性。因此，可使钢中的［H］和［N］的含量保持在很低的水平。此外，钢水连续的脱碳沸腾，也保证了良好的脱硫和脱磷效果。

（5）对原料的适应性强。Consteel 系统可以使用废钢、生铁、冷态或热装直接还原铁矿（DRI）和热球团矿（HBI）、铁水和 Corex 海绵铁。其中，铁水加入量可达 20%～60%，也是连续地加入炉内的。

（6）废气的处理简便。因有一段较长的预热段，确保了废气在靠近电弧炉的 2/3 长度的预热段进行充分反应，可方便地实现对释放的废气中的 CO、VOC 和 NO 进行严格的自动控制。因环保要求需提高废气温度时，也只需在预热段加一小烧嘴以提高废气温度，不像其他电弧炉那样需特设一专用的庞大的炉后处理系统。

Consteel 电弧炉废钢原料预热和加料过程的连续化，显然 对电弧炉炼钢过程是非常有利的。

4.5.2 中冶赛迪废钢预热电弧炉

4.5.2.1 CISDI-AutoArc

CISDI-AutoArc 绿色电弧炉为中冶赛迪自 2013 年开始自主研发的新一代废钢预热型连续加料电弧炉，见图 4-106。其特征是在传统水平连续加料的基础上，创造性地使用了阶梯自动分料技术和连续加料过程中对废钢的阶梯扰动技术，以提高废钢加料的自动化程度和连续加料过程中废钢的预热效能。

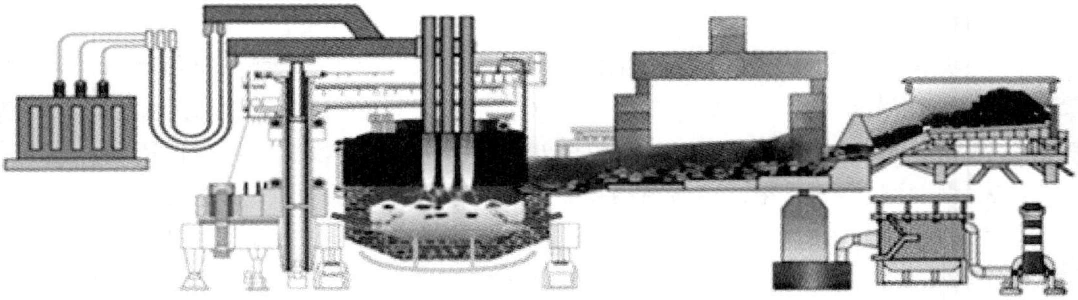

图 4-106 CISDI-AutoArc 绿色电弧炉

CISDI-AutoArc 绿色电弧炉采用小倾角或水平连续加料技术，通过振动的阶梯将堆高的废钢料层均匀地摊薄并输送到连续加料废钢预热涵道中。在废钢预热涵道内，废钢运行一段距离后通过设置在涵道底部的阶梯，破坏传统水平连续加料的稳定料层，使得部分底层料上翻至表面，废钢能获得更均匀的预热。图 4-107 为该电弧炉阶梯自动分料梯扰动预热技术。

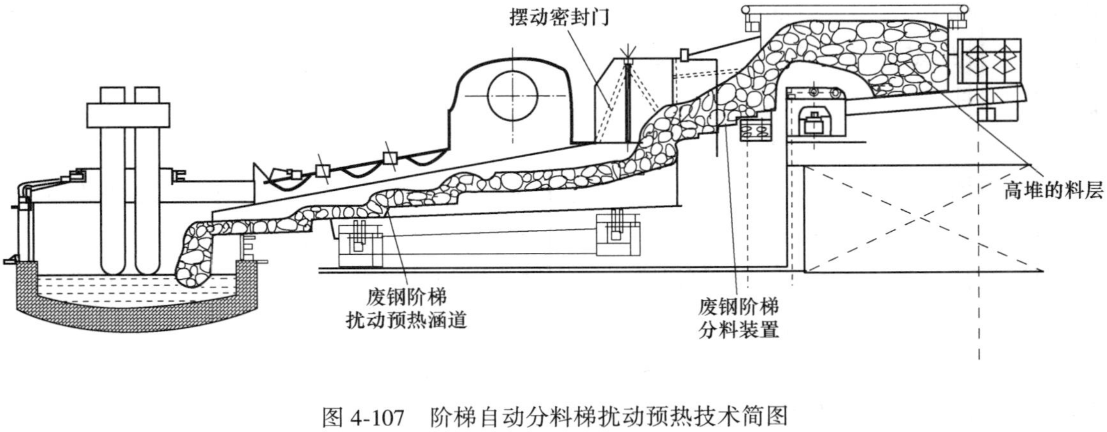

图 4-107 阶梯自动分料梯扰动预热技术简图

CISDI-AutoArc 绿色电弧炉的核心是采用废钢预热节能技术与生产环保技术的结合，实现装备的可靠性和自动化的生产技术。该电弧炉关键技术如下：

（1）电弧炉密闭加料技术。采用全密闭加料方式，在除尘口结构配合除尘口开度控制，可保证加料时粉尘和烟气的最小溢出，解决了开盖加料时造成大量热损失的问题，降低了冶炼过程中粉尘的排放，金属收得率提高了1%~2%。此外，全密闭加料方式可缩短电弧炉炼钢辅助时间，降低能量消耗；减少电弧炉设备（炉盖、电极等）的动作，降低设备的维护量。

（2）电弧炉全自动加料技术。采用斜轨倾翻料车自动上料技术，取消了吊车装料环节。通过采用多批次小批量装料（4~5 次加料），配合大容量留钢操作和废钢预热技术，可大幅度降低电弧炉冶炼过程对电网的冲击，缩短冶炼时间。

（3）电弧炉冶炼冷区改善技术。采用电弧炉侧顶斜槽加料技术，通过控制落料点改善密闭加料过程中物料堆积在一侧造成的冶炼冷区的问题，使电弧炉熔炼过程电弧加热更加均匀，从而有效提高电弧的加热效率。

（4）穿透式废钢预热技术。采用电弧炉侧顶斜槽加料，在废钢预热室与电弧炉本体的接口侧相隔一定距离设置一个调节挡料齿耙（或挡料门），通过挡料齿耙实现隔挡废钢或控制落料。在电弧炉加料过程中，挡料齿耙处于闭合状态，将废钢隔挡在预热室，电弧炉烟气经密闭罩穿过挡料齿耙，穿透预热室中的废钢层，具有良好的预热节能效果。

（5）二噁英治理技术。采用选择分流烟气废钢预热技术，通过调节分流除尘管道和主除尘管道的流量比例，对废钢预热后的烟气温度加以准确控制，在获得所需要的混合烟气温度后保持3s，烟气再进入急冷室急剧冷却，实现对烟气冷却过程的二噁英在此合成的抑制。

该技术无需附加烟气补燃（或少量补燃）便可采用急冷技术抑制二噁英的再合成，具有节能、二噁英治理费用低等特点。

（6）高效节能数字式智能电极调节技术。采用自主研发的DMI-AC 电极调节系统，该系统选用智能化动态过程控制和能源输入最优化目标控制策略，具有最佳工作点的自动调整功能，提高电能利用率，使电弧炉电气特性始终保持最佳状态等特点。同时，DMI-AC 电极调节系统电气响应时间小于60ms，极大提高了电弧燃烧的稳定性。通过配合中冶赛迪自主研发的短网平衡设计及大功率供电技术，穿井期电流波动率小于33%、熔清期电流波动率小于14%。

4.5.2.2 CISDI-GreenEAF

CISDI-GreenEAF 结构上区别于全球现有的各类废钢预热电弧炉，基于独特的电弧炉侧顶斜槽加料技术（Top-Side-Chute），利用斜槽内物料运动速度的水平分量把废钢加到接近电弧炉中心（Focus to Arc），改善现有废钢预热冷区问题，提高电弧炉热效率以及生产效率，结合废钢预热烟气温度调节技术，实现低成本环保生产，见图4-108。CISDI-GreenEAF 的主要关键技术：（1）全自动密闭式加料技术；（2）穿透式废钢预热技术；（3）高效节能数字式智能电极调节技术。

图 4-108 CISDI-GreenEAF 工程应用

4.5.3 中冶京诚 CERI S-Arc 电弧炉

众所周知，全废钢电弧炉短流程炼钢以其绿色低碳、生态环保、节能低耗等优点，是当前我国钢铁工业实现“碳达峰、碳中和”发展战略的重要途径。经测算与现有长流程相比，全废钢电弧炉可实现吨钢降碳约 75%，可以说是我国钢铁行业绿色低碳转型的主力军。

然而现有全废钢电弧炉技术存在生产成本高、竖式废钢预热电弧炉设备结构复杂和水平加料电弧炉预热效果差等局限，不能完全满足我国电弧炉炼钢企业的需求，限制了我国电弧炉炼钢的发展和电炉钢比的进一步提升。因此，开发高效低耗的新型废钢预热电弧炉技术对于我国钢铁行业绿色低碳转型发展具有重要意义。

针对这一行业难题，中冶京诚结合多年的国内外电弧炉装备和工程设计实践自主开发了 CERI S-Arc 新型废钢预热电弧炉技术。CERI S-Arc 装备图见图 4-109。

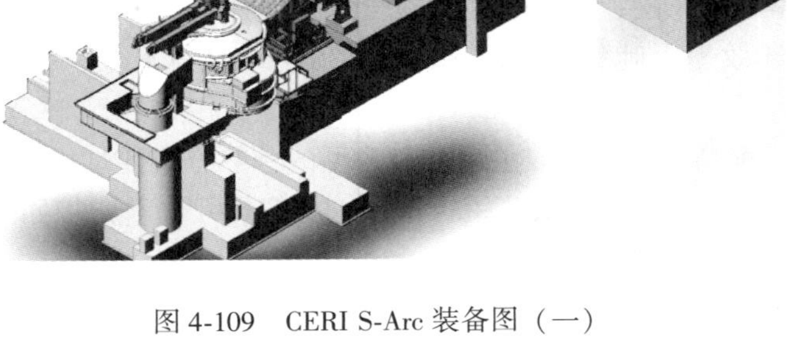

图 4-109 CERI S-Arc 装备图（一）

4.5.3.1 技术方案

CERI S-Arc 电弧炉技术采用了自主研发的复合型废钢预热和加料技术、柔性供电技术、i-Arc 智能电极调节技术、急冷余热锅炉技术以及二噁英消除与粉尘超净排放的烟气净化技术，最终实现不开盖、不断电连续预热和加料，全程平熔池冶炼，无烟气辅助升温的二噁英达标排，预期技术指标如下：

冶炼周期	≤35min（100%废钢）
吨钢电耗	270kW·h/t（100%废钢）
供电回路损耗	降低 14~22kW·h/t（基于柔性供电）
电极消耗	≤1kg/t
工序综合能耗	≤55kgce/t（配套急冷余热锅炉）
二噁英排放浓度	≤0.1ng-TEQ/Nm^3
烟尘排放浓度	≤5mg/Nm^3

CERI S-Arc 装备图见图 4-110。

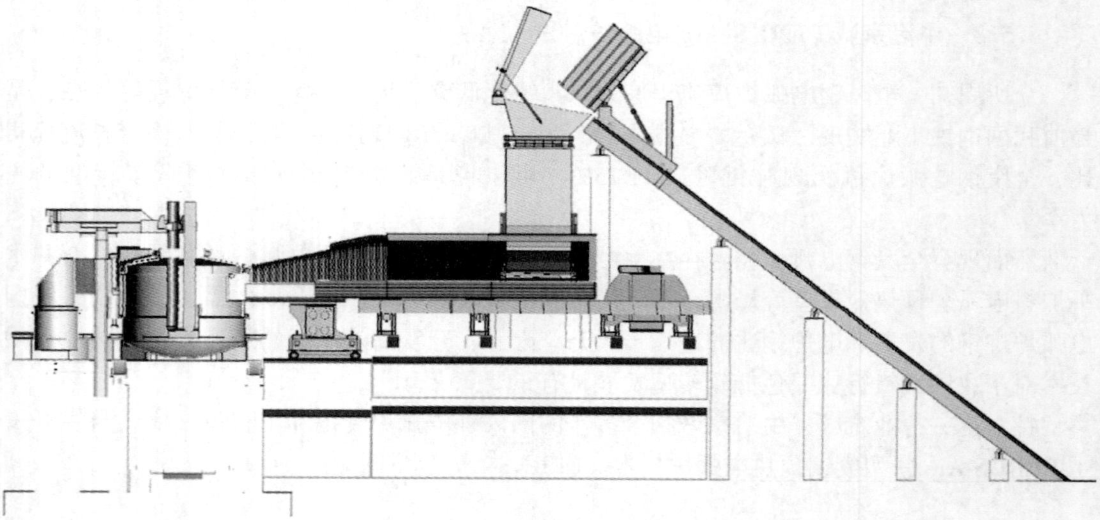

图 4-110 CERI S-Arc 装备图（二）

4.5.3.2 技术优势

（1）比竖井预热更安全、比水平预热更节能。CERI S-Arc 创新开发了新型竖井+水平加料的复合型废钢预热和加料技术，可使废钢预热竖井远离炉体高温区布置，降低了竖井的热负荷和漏水爆炸的风险，提高了生产安全性；竖井和水平复合预热增强了烟气与废钢的对流换热时间和效率，吨钢电耗同比降低 30~50kW·h/t，吨钢综合能耗同比降低 7kgce/t 以上。

（2）金属收得率高，烟尘排放量低。复合型的预热方式让烟气中的含铁烟尘在水平预热段被初次沉降，在竖井预热段被废钢再次“过滤”，可被重新带回炉内，这样降低电弧炉烟尘量的同时提高金属收得率约 2%。

（3）生产效率高，冶炼噪声低。预热后的废钢采用水平加料入炉可实现电弧炉不开盖、不断电加料、全程平熔池冶炼，可缩短电弧炉冶炼周期 6min，同时电弧炉的冶炼噪声可控制在 85~90dB（A）。

（4）功率因数高，供电损耗低。开发了柔性供电技术替代传统变压器供电方式，通过提高电弧稳定性的方式将功率因数由原来的 0.8 提高至 0.95 以上，供电线路损耗降低 15~22kW · h/t。

（5）以较低的能源消耗达到更高的排放标准。开发了“全程高温烟气+急冷余热锅炉+活性炭吸附”的二噁英超净消除技术。充分利用水平加料段进行烟气二次燃烧，保证废钢预热后烟气温度达到二噁英裂解的温度，无需烟气再升温的燃气消耗，确保二噁英排放浓度不大于 0.1ng/Nm^3，同时回收蒸汽不小于 100kg/t。

（6）经典的 EBT 炉型，原料和钢种适应性更高，维护简单。CERI S-Arc 采用经典的 EBT 炉型，可以适用于废钢、生铁、铁水、冷态或热态直接还原铁（DRI）和热压块（HBI）等多种原料及其组合，生产冶炼工艺成熟可靠，炉壳维护更换更方便。原料中的碳氢化合物在预热时已被完全燃烧，冶炼过程碳氢燃气用量很少，全程泡沫渣减少了氢和氮的来源，减少了钢中气体含量，能满足普钢和优特钢的生产需求。

4.5.3.3 经济效益和技术进展

与当前应用较多的水平加料电弧炉技术（吨钢最低电耗 330kW · h/t）相比，CERI S-Arc 的吨钢电耗同比可降低 60kW · h/t，吨钢生产成本可降低 60×0.65=39 元/吨（电力单价 0.65 元/kW · h），吨钢碳排放可降低 60×0.6=36kg/t（电力碳排放因子 0.6kg/kW · h）。

按年产钢 150 万吨计算，CERI S-Arc 电弧炉每年可节约成本 39×150=5850 万元，降低碳排放 0.036×150=5.4 万吨。

目前该技术正在推进首台套工业化应用项目。

4.6 ConArc 转炉型电弧炉

德马格（Demag（MDH））公司综合了转炉（Converter）和电弧炉（Electric Arc Furnace）的功能而开发了 ConArc 转炉型电弧炉。其主要的技术特征是在电弧炉内大量使用铁水，以优化能量的回收和最大限度提高电弧炉的生产率。电弧炉内使用的铁水量受最大供氧量和电弧炉的内形尺寸限制。其基本思想是在电弧炉的一个炉体内用氧枪吹氧进行脱碳，而在另一炉体内则用电弧进行废钢的熔化。它由以下部件组成：两套炉壳；一套可用于两套炉体的可旋转的电极系统；一套可供两套炉体的电弧炉变压器；一套可供两套炉体的可旋转的顶（吹氧）枪系统。炉体的形状类似于转炉，与传统的电弧炉炉体相比，其炉体耐火材料内衬要砌筑得更高。在运行时，一炉按转炉模式用顶枪进行操作，而另一炉则按电弧炉模式进行操作。冶炼到半个冶炼周期后，旋转顶枪与电极系统对调，因而两炉体的冶炼模式对调。两种模式——“电弧炉”和“氧气顶吹转炉”，在同一炉体内彼此紧挨着地完成一炉钢的冶炼。两个炉体的出钢是交替完成的。

工业生产用 ConArc 转炉型电弧炉已于 1997 年在印度伊斯帕特（Nippon Denro Ispat）有限公司投产（2 台）。使用铁水（约 50%）、废钢、直接还原铁（DRI）和生铁，出钢量为 180t。当使用铁水和 DRI 时，其电耗低于 200kW · h/t。图 4-111 为该炉的主要组件。1998 年又有一台 ConArc 转炉型电弧炉在南非萨尔德赫纳（Saldanha）钢厂建成投产，它使用45%的 Corex 铁水和 55%的直接还原铁。德马格公司的 ConArc 转炉型电弧炉见图 4-111。

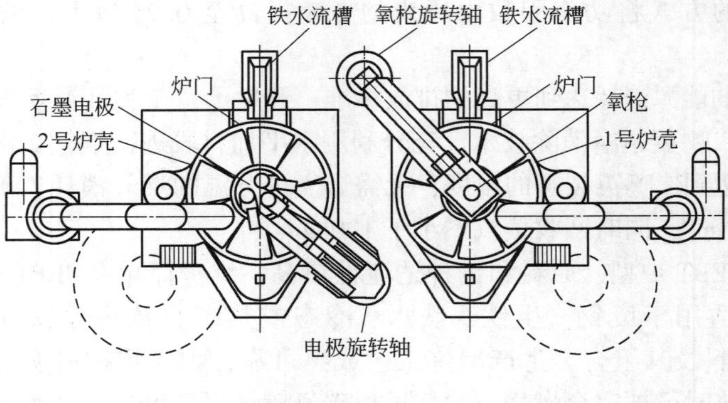

图 4-111　德马格公司的 ConArc 转炉型电弧炉

铁水加入一个炉体内，并用顶氧枪脱碳。同时，加入 DRI 以回收脱碳期间产生的热量。一旦脱到目标碳量，则提枪并旋入电极进行电弧熔炼。同时加入 DRI 以平衡炉子的热量。在 ConArc 转炉型电弧炉吹氧脱碳期间产生大量的热，因此，此间必须加入 DRI 以回收能量，并可起到防止因过热而造成对炉衬的侵蚀。这三台 ConArc 转炉型电弧炉后都有薄板坯连铸机，这是选择 ConArc 转炉型电弧炉的重要原因。该炉型除具有优化炉料配比带来经济上的利益外，更具有很高的生产率和对原料的适应性。使用铁水作为“纯净”的炉料，可满足对钢的各种质量要求，且可根据废钢及其他原料的变化相应地调整炉料配比和固体炉料与铁水比。

在双炉壳 ConArc 转炉型电弧炉的基础上，德马格公司的一个最新设计称为单炉壳环形竖井 ConArc 转炉电弧炉，见图 4-112。它可用带式废钢运输机或以图 4-112 中所示的分批方式把废钢加入竖井内，在中央内筒内安装具有电弧加热和顶吹氧气功能的电极夹持和升降系统及顶吹氧枪系统。在环形竖井和炉衬之间设置了类似于 Fuchs 指条竖炉指条的隔栅以把废钢挡在竖井内。中心顶枪系统用于以转炉模式运行，而中央电极系统则用于以电弧炉模式运行。在以转炉模式运行时，竖井下部的隔栅起作用，把竖井内的废钢留在环形竖井上部。而如果只装固体料，则打开竖井下部的隔栅，使隔栅不起作用，这样就运行在电弧炉熔炼模式，这时候该炉就成了 ContiArc 电弧炉。由于单炉壳环形竖井 ConArc 转炉电弧炉的这些特点，它既可作转炉用，又可作电弧炉用，因而大大提高了电弧炉对原料的适应性。可按不同比例进行吹氧（化学能）和供电（电能），以对不同比例的铁水和固体料进行熔炼。

ABB 公司也开发了转炉型电弧炉。它也由两个类似于转炉的炉体组成，见图 4-113。它能在废钢、DRI、HBI、生铁、铁水等原料不同比例配比的条件下操作，适应性很强。两个炉体交替执行转炉和电弧炉的功能。转炉模式时，炉壁操作孔关闭，用炉顶氧枪冶炼。电弧炉模式时（直流供电），则打开炉壁操作孔，从炉门插入喷枪进行传统的直流电弧炉操作，采用 ABB 公司开发的导电炉底。

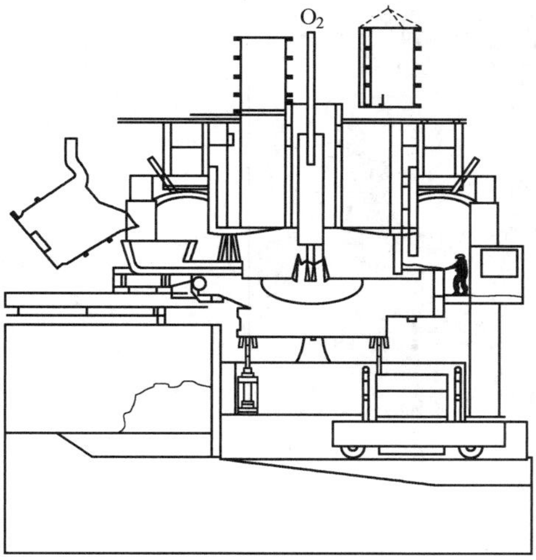

图 4-112 单炉壳环形竖井 ConArc 转炉型电弧炉

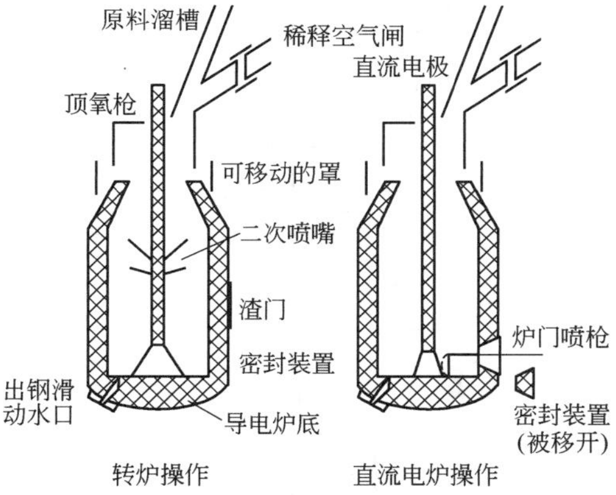

图 4-113 ABB 公司的 ConArc 电弧炉型转炉

4.7 双炉壳直流电弧炉

从 20 世纪 90 年代中期，双炉壳电弧炉已成为电弧炉发展的又一个热点。其本质上类似于传统的废钢预热技术，只不过用炉壳来代替废钢预热的料篮。该技术的原始工作最早始于 20 世纪 70 年代瑞典 SKF 所建的一台变压器两个炉壳的电弧炉。20 世纪 80 年代初，日本开发了双炉壳电弧炉不锈钢生产工艺。目前世界上几家著名的电弧炉设备制造商都开发了双炉壳电弧炉，并投入工业应用，有交流供电的，也有直流供电的双炉壳电弧炉，但直流供电占多数。图 4-114 为双炉壳直流电弧炉，图 4-115 为双炉壳电弧炉的操作模式概况。

图 4-114　双炉壳直流电弧炉

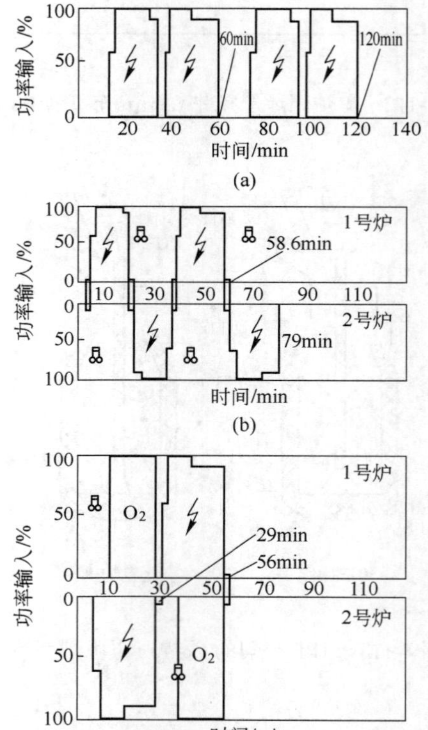

图 4-115　双炉壳电弧炉的操作模式

（a）传统的电弧炉；（b）双炉壳电弧炉；（c）带烧嘴和氧枪吹氧助熔的双炉壳

双炉壳操作的主要目的是：

（1）缩短停炉时间（非通电时间），缩短熔化时间。一炉壳在加料而另一炉壳则在熔化废钢。

（2）回收来自废气的能量用于废钢预热。

（3）使冶炼时间缩短到可与转炉比较的 40~45min。

(4) 降低电耗和电极消耗。

双炉壳电弧炉使用两个炉体和一个电源，包括一根电极柱和一根电极。当一台电弧炉为下一炉作准备时（出钢、出钢口准备和装入废钢），另一台则正在熔炼，反之亦然。废钢加入炉内后并不是立即就通电熔化废钢，而是先用另一正在熔炼的炉壳内所产生的废气进行预热。也可增设辅助的烧嘴来辅助废气加强对废钢进行预热。

厂房布置和电弧炉操作需要特别考虑。中央控制室必须位于电弧炉上方并有开阔的视野，以便能看到两台电弧炉和工作区，特别是炉门和氧枪机械手，以使操作人员便于操作炉子。包括变压器、开关和整流器的供电室应集中在炼钢车间中部，以使连接电弧炉的电缆最短。供电室的设计应使电弧炉和钢包炉能以两条铁路直接连接。钢包炉也设计为双壳形式以使电极臂变得足够短，从而达到最佳感抗，并且电极立柱可以从一个钢包旋转到另一个钢包，从而达到从炼钢到连铸整个系统为最佳配合。

在早期的双炉壳电弧炉中，采用炉壳沿轨道从一个炉壳工位移到另一个炉壳工位。现在普遍采用可从一个炉壳工位摆动旋转到另一个炉壳工位的炉盖和电极臂形式。一般双炉壳电弧炉包括两套由上炉壳和下炉壳及炉盖组成的炉壳，可采用交流供电，也可采用直流供电。但因直流供电时只有一根电极，当电极从一个炉壳工位摆动到另一个炉壳工位时，只有一套单电极的电极臂在旋转，整个机构可大大简化。因此，直流供电明显具有优越性。此外，现在也有每个炉壳各有分别独立的一套电极系统的形式。目前世界上各著名的电弧炉设备制造商都开发了各具特点的双炉壳电弧炉。

日本钢公司的双炉壳电弧炉冶炼不锈钢的效果为：

(1) 电耗降低 32%，冶炼用电成本降低 24%；

(2) 电极消耗降低 40%；

(3) 熔炼时间缩短 57%；

(4) 电极折断次数减少 60%；

(5) 当一个炉体维修时，另一个炉体仍可照常工作，因此能保证车间不停产。且两炉体可同时生产不同的品种。

双壳设计与单壳设计相比有如下优点：

(1) 增加产量；(2) 减少停电时间；(3) 能源设施利用率高；(4) 由于高利用率和减少氧化造成的电极消耗，使电极损耗较低；(5) 可选能源（烧嘴）的最优化；(6) 用废钢预热节省能源；(7) 将会使生产费用减少；(8) 与单壳设计相比，相同的生产率，变压器可以设计得较小；(9) 由于用烧嘴预热废钢而缩短了影响最大的熔化时间，减少了对电网的干扰。

表 4-13 为各种类型的单炉壳和双炉壳交流电弧炉和直流电弧炉的比较[57]。

表 4-13 各种类型的单炉壳和双炉壳的比较

项目指标	常规交流电弧炉		常规直流电弧炉		Fuchs 交流竖炉电弧炉		Fuchs 直流竖炉电弧炉	
	单炉壳	双炉壳	单炉壳	双炉壳	无指条	带指条	无指条	带指条
变压器容量/MV · A	100	85	120	102	77	70	92	84

续表 4-13

项目指标	常规交流电弧炉		常规直流电弧炉		Fuchs 交流竖炉电弧炉		Fuchs 直流竖炉电弧炉	
	单炉壳	双炉壳	单炉壳	双炉壳	无指条	带指条	无指条	带指条
通电时间/min	46	54.5	47.5	55	48	48.5	48.5	49
断电时间/min	14	5.5	12.5	5	12	11.5	11.5	11
电耗/kW · h · t^{-1}	380	385	380	385	330	290	330	290
电极消耗/kg · t^{-1}	1.8	1.8	1.44	1.44	1.5	1.3	1.2	1.04
氧气消耗/Nm^3 · t^{-1}	40	46	40	46	34	35	34	35
燃料消耗/Nm^3 · t^{-1}	4	7	4	7	7	8	7	8
焦炭消耗/kg · t^{-1}	10	10	10	10	8	8	10	10
喷碳量/kg · t^{-1}	4	4	4	4	4	4	4	4
耐火材料消耗/美元 · t^{-1}	3	3	2.55	2.55	2	2	1.7	1.7
石灰消耗/kg · t^{-1}	37	37	40	40	37	37	40	40
金属收得率/%	90	90	90	90	92	92	92	92

注：比较条件为：生产能力 130t/h；冶炼时间 60min；炉料配比为 90%废钢+10%生铁。

参考文献

[1] 李兵．关于电弧炉自动控制系统的应用 [C]//中国金属学会．第十三届中国钢铁年会论文集——11. 冶金自动化与智能化．北京：冶金工业出版社，2022：173-181.

[2] 苏丽娟，许继芳，吕凡，等．冶金工程专业本科生生产实习的实践与思考 [J]．中国冶金教育，2015 (5)：51-53.

[3] 姜周华，姚聪林，朱红春，等．电弧炉炼钢技术的发展趋势 [J]．钢铁，2020，55 (7)：1-12.

[4] 胡航，杨凌志，易娟，等．电弧炉炼钢能量优化与节能技术研究现状与展望 [J]．工业加热，2021，50 (3)：1-7，12.

[5] 马润森．电弧炉炼钢改造及工业性试验研究 [J]．山西冶金，2022，45 (6)：41-42.

[6] 顾建军，周建平．150t 直流电弧炉 SVC 改造实践 [J]．电力电子技术，2019，53 (5)：42-44，56.

[7] 赵沛．现代电弧炉炼钢的高效化与智能化 [J]．河北冶金，2022 (6)：1-6.

[8] 石秋强，刘祎．电弧炉炼钢节能技术的探讨 [J]．工业加热，2022，51 (3)：26-29.

[9] 李士琦，郁健，李京社．电弧炉炼钢技术进展 [J]．中国冶金，2010，20 (4)：1-7，16.

[10] 王奇伟．电弧炉炼钢控制系统的研究 [D]．哈尔滨：哈尔滨理工大学，2016.

[11] 徐阿帆，杨俊峰，王小平，等．100t 电弧炉能效优化工艺实践 [J]．中国冶金，2023，33 (3)：109-116.

[12] 令狐昌鸿，谢恩华，张亚军．一种电弧炉电极密封圈：CN201303434Y [P]．2009-09-02.

[13] 陆进喜．南钢电弧炉电极调节系统改进设计及应用 [J]．冶金管理，2022 (1)：73-75.

[14] 梁鹏，史秉华，郃军凯，等．降低吨钢铁水量的转炉冶炼工艺 [J]．河北冶金，2020 (8)：

43-47，62.
[15] 李宏辉．真空自耗电弧炉控制系统改造设计与实现［D］．西安：西安电子科技大学，2020.
[16] 王健旭，宋联吉，廖方俊，等．对中小型电弧炉除尘的几点认识与探讨［J］．环境工程，2010，28（5）：86-89.
[17] 傅杰，王新江．现代电炉炼钢生产技术手册［M］．北京：冶金工业出版社，2009.
[18] 杨竹芳．聚合射流氧枪的发展及应用［J］．工业加热，2011，40（2）：7−10.
[19] 郑淑国，朱苗勇．250t 转炉二次燃烧氧枪射流特性［J］．过程工程学报，2022，22（10）：1438-1446.
[20] 赵文利．LF 钢包精炼炉电极控制的研究与应用［D］．沈阳：东北大学，2011.
[21] 张豫川，杨宁川，黄其明，等．中冶赛迪绿色电弧炉高效智能控制技术［J］．冶金自动化，2019，43（1）：53-58，72.
[22] 施维枝，杨宁川，黄其明，等．电弧炉废钢预热技术发展［J］．工业加热，2019，48（6）：26-31.
[23] 林才华，张逸，邵振国，等．用于低频非平稳间谐波研究的超高功率电弧炉模型［J］．中国电力，2020，53（11）：1-8.
[24] 朱荣．电弧炉炼钢技术及装备［M］．北京，冶金工业出版社，2019.
[25] 巨建涛，袁守歉．短流程及电弧炉炼钢新技术［J］．工业加热，2003（4）：18-20，24.
[26] 中国金属学会. 中国废钢资源状况及未来电弧炉流程发展趋势［C］//2018（首届）中国电弧炉炼钢科学发展论坛．北京，2018.
[27] 中国金属学会. 全国废钢铁资源利用和发展趋势的简要分析［C］//2019（第二届）中国电弧炉炼钢科学发展论坛．北京，2019.
[28] 殷瑞钰．冶金流程工程学［M］．北京：冶金工业出版社，2004.
[29] 李士琦．现代电弧炉炼钢［M］．北京：原子能出版社，1995.
[30] 马廷温．电弧炉炼钢学［M］．北京：冶金工业出版社，2002.
[31] Richard J Fruehan. The Making, Shaping and Treating of Steel（11th Edition）［M］. The AISE Steel Foundation, Pittsburgh, 1998.
[32] 徐匡迪，洪新．电弧炉短流程回顾和发展中的若干问题［J］．中国冶金，2005，15（7）：1-8.
[33] 彭兵，张传福，彭及．国外电弧炉炼钢的最新进展［J］．钢铁研究，2005（3）：47.
[34] Thomson M J, Kournetas N G, et al. Effect of oxyfuel burner ratio changes on energy efficiency in electric arc furnace at Co-Steel Lasco［J］. Ironmaking and Steelmaking, 2001, 28（3）：266-272.
[35] 花皑，梁正敏．炼钢电弧炉的电气设备［M］．北京：机械工业出版社，1987.
[36] 南条敏夫．炼钢电弧炉设备与高效益运行［M］．李中祥，译．北京：冶金工业出版社，2000.
[37] 赵沛，蒋汉华．钢铁节能技术分析［M］．北京：冶金工业出版社，1999.
[38] 王新华．钢铁冶金学［M］．北京：高等教育出版社，2008.
[39] Hauck F, Schlebusch W. The K-ES Process-high productivety EAF steelmaking with reduced electrical energy consumption［J］. Iron and Steelmaker, 1991, 18（5）：65-67.
[40] 王新江，靳秀礼，倪冰．竖式电弧炉的冶炼工艺和技术发展［J］．钢铁，2003，38（11）：12-14.
[41] 王中丙，李晶，傅杰，等．珠钢 150t 电弧炉炉料模型研究［J］．特殊钢，2000（5）：1-6.
[42] 费及竟．竖炉式电弧炉的发展与现状［J］．上海金属，2000，6（4）：26-27.
[43] 刘新成. 多级废钢预热竖炉电弧炉［J］．特殊钢，2000，21（6）：25-26.
[44] 李京社，武骏. 智能炼钢电弧炉技术［J］．特殊钢，1999，20（6）：31-33.
[45] Kempe M. Neural networks modeling and heuristic control for electric arc furnace process optimization［J］. Iron and Steel Engineer. 1997, 74（2）：11-16.
[46] 殷瑞钰．当代电弧炉流程的工程进展评价［A］．中国电弧炉流程与工程技术文集［M］．北京：冶金

工业出版社，2005.
[47] 马廷温．电炉钢工艺技术及节能降耗［M］. 北京：石油工业出版社，1993.
[48] Faure H A. Development state of the arc and furnace aspects of steelmaking [J]. MPT International, 1993 (3).
[49] Vallomy J A. The consteel process-continuous steelmaking in the electric arc furnace in the USA [J]. MPT International, 1989 (6): 20-25.
[50] Haisslg M. New high-performance electric arc furnace concept [J]. Iron and Steel Engineer, 1992, 69 (7): 43-47.
[51] Irons G A. Developments in electric arc furnace steelmaking [J]. Iron and Steel Technology, 2005, 2 (7): 111-123.
[52] 李士琦，武骏，李京社，等．电弧炉炼钢生产技术的发展与节能增效［C]//中国钢铁工业年会 1997, 1997：593-596.
[53] 张鉴．炉外精炼的理论与实践［M］. 北京：冶金工业出版社，1999.
[54] 曲英．炼钢学原理［M］. 2 版．北京：冶金工业出版社，1994.
[55] 陈稼祥．钢铁冶金学［M］. 北京：冶金工业出版社，2001.
[56] 朱荣，刘艳敏，仇永全，等．电弧炉炼钢用氧模块化控制理论及工业应用［J］. 钢铁，2003，38 (10)：16-18.
[57] 徐匡迪．现代电炉炼钢的发展趋势［J］. 上海金属，1994，16 (3)：1-8.

5　电弧炉冶炼技术和工艺

5.1　现代电弧炉炼钢工艺

现代电弧炉炼钢过程分为废钢加入、熔化、精炼、出渣、出钢等几个阶段[1]。

5.1.1　废钢入炉制度

目前普通超高功率电弧炉大多采用顶装料，事先将钢铁料按一定位置装在料罐里，然后用天车吊起由炉顶部位一次加入，一般每炉加 2～3 篮料，3～5min 完成，装炉后钢铁料仍能保持在料罐中的布料位置。加料制度还包括废钢预热的加料技术，主要以 EcoArc 电弧炉为代表的竖井侧加料技术、Quantum 和 ShArc 电弧炉为代表的炉顶加料技术、Consteel 电弧炉和 ECS 电弧炉为代表的隧道窑式连续水平加料技术、CISDI-GreenEAF 电弧炉侧顶斜槽全密闭加料技术[2]。

5.1.1.1　*开盖式炉顶废钢加入电弧炉*

对于普通超高功率电弧炉冶炼，废钢铁料在炉内的合理布置，对实现有效利用电弧热能有极重要的关系。电弧炉内加热的特点是中心区温度高，近炉衬区温度低，尤其正对两个电极之间的炉衬处的炉料熔化较难。因此，难熔料和大块料应装在高温区，易熔的小料装在靠炉壁的四周及最上部，以确保熔化过程中电弧能够最大限度地、最大时间地埋在料堆里，最有效地利用电弧放出的热能，并在大功率供电时使炉盖、炉壁不受电弧的强烈辐射。顶装料的炉料在炉内必须装得足够紧密，最好一次把料装完；炉料在炉内必须合理分布，以得到良好的熔化条件。因此，合理布料、装料是保证炉料快速熔化的重要条件。为了使炉内炉料密实，装料时必须把大、中、小料合理搭配。一般小料占 15%～20%，中料占 40%～50%，大料占 40%。根据实际操作经验，布料应做到：下致密、上疏松、中间高、四周低、炉门口无大料、使得穿井快，不搭桥。炉料在料罐内（即炉内）的合理顺序为：

（1）底部装小料，用量为小料总量的一半，然后在料罐的下部中心区装入全部大料、低碳废钢或难熔炉料，在大料之间填充小料，中型料装在大料的上面及四周。

（2）料罐顶部（电极下面）放入剩余的小料（轻废钢），以便通电后电极能快速穿井，埋入料中，减轻电弧光对炉盖的辐射。不易导电的炉料，不准放在电极下面，防止开始通电时不起弧。

（3）配料中使用电极块，应破碎成尺寸 50～100mm 左右，装在炉料的下层，防止在料熔清时由于没有化完而造成钢液碳含量波动。配入生铁时，应装在大料上面或电极下面，以便利用它的渗碳作用，降低大料的熔点，加速熔化。

（4）熔点高的铁合金（如钨铁、钼铁）应放在高温区，但不能装在电极下面，铬铁、锰铁、镍等应避免放在电弧作用区，装在靠近炉坡及四周，以防止大量的挥发损失。

（5）炉料在罐中应放置平整、致密、无大空隙，装炉后在炉内的分布最好呈半球形。

炉料在入炉前可进行预热，以增加炉内的物理热及通电时电弧的稳定性。

对于普通超高功率电弧炉，每炉钢完毕都有铸余钢水和炉渣，可将多余的钢渣倒入已装好炉料的炉内，继续通电冶炼，充分利用了铸余钢水和炉渣的热量，熔池形成提前10~15min，熔化期电弧稳定，并可提前进行吹氧助熔，缩短熔化期和降低电耗，改善钢水脱磷条件。钢渣回炉应注意：

（1）回炉余钢中尽量不含有下炉次钢所不允许的元素成分；

（2）避免将炉渣倒在电极下端位置，影响电极加热起弧；

（3）回炉时要注意安全，防止钢渣飞溅；

（4）钢渣回炉后，会使下一炉钢水量增加，要准确估计钢水量，特别是连续2~3炉倒回炉后，应适当减少装料量。

5.1.1.2 水平连续加料电弧炉

对于水平连续加料电弧炉的留钢平熔池操作，废钢通过天车连续地加到料槽中，排放的烟气在预热段将部分热能传递给废钢，对废钢进行预热，最后通过安装在给料机末端的振动装置将废钢加入到熔池。加料时间占冶炼周期的75%~80%，加料速度受废钢熔化速度影响，决定了电弧炉炼钢的生产节奏及生产能力。废钢堆密度大、块度大，废钢到熔池后不能在短时间熔化，会在进口处形成大的冷钢区，往往造成自下而上的废钢料柱，钢水搅拌受到阻碍，熔池温差大；出钢时料柱倾倒进入熔池，堵塞出钢口。底吹搅拌，有助于减轻熔池温差、消除进料区冷钢料柱。水平连续加料电弧炉要考虑以下因素：

（1）合适的废钢堆密度及尺寸，尽量多用轻型废钢、少用或不用未经加工的大块渣钢、压块、铁屑及块度较大的重型废钢。

（2）输送机上的废钢密度基本相同，保持入炉废料一致性。要求废钢均匀布料，生铁均匀分布在废钢中，前80%时间加入炉中。炉料中生铁比例高时，注意避免在输送机上出现局部熔化。

（3）冶炼开始，熔池温度较高加料速度可稍快，之后用常规速度加料，出钢前降低加料速度，升温期间停止加料。加料速率要根据废钢的种类决定，相同输送速率，不同类型废钢的加料速率不同；前期加重料，大块废钢在前50%时间入炉，最后20%的时间只加轻薄料。出钢前5min内应停止加料，以保证炉料充分熔化且成分温度均匀。

5.1.1.3 竖井式电弧炉

对于顶装料的电弧炉，以Quantum电弧炉[3]为例，采用与高炉装料升降机类似的废钢料槽升降机装入废钢（利用溜槽将废钢从地下卸料站通过升降机系统装入电弧炉），不需要天车或料篮，加料可以采用全自动操作。其对废钢的要求：

（1）废钢长度不应超过1.5m，重量不应超过500kg，废钢板厚度不应超过50mm。堆密度小的炉料，比如碎废钢，应当限定一定的比例，否则，会导致炉膛的废气无法顺畅通过，竖炉内压降过大，造成过多的空气进入电弧炉。表5-1为Quantum电弧炉入炉料具体要求。

表 5-1 Quantum 电弧炉入炉标准

原料	金属铁/%	碳/%	脉石/%	堆密度/$t \cdot m^{-3}$	温度/℃
废钢	80~85	<0.2	<3	0.4~1.0	环境温度
煤基 DRI	80~85	0.1~0.3	3~9	1.5~1.8	环境温度
气基 DRI	80~85	1.8~2.4	3~9	1.5~1.8	环境温度
热态气基 DRI	80~85	1.8~2.4	3~9	1.5~1.8	500~600
HBI	80~85	1.2~1.8	3~9	2.2~2.6	环境温度
生铁	92~95	3.5~4.2		3.5~4	环境温度
铁水	92~95	3.5~4.2			1200~1300

(2) 从技术和经济角度，非废钢原料的可用量有一定的限制。为了获得足够高的预热效益，废钢至少应当使用 50%。DRI 和 HBI 可以通过炉盖直接加入，由于留钢量大，DRI 和 HBI 很容易熔化；铁水也可以通过流槽从渣门加入，但不要超过炉料配比的 30%。

另外，可以部分热装或全部热装铁水，铁水由化铁炉或炼铁高炉供给。加铁水方式有炉顶一次加入式、炉体侧面连续加入式、炉后连续加入式，连续加入铁水要注意控制铁水的加入速度。铁水加入速度：取决于脱碳速度、留钢量、铁水加入量。采用铁水热装技术，可以大幅度降低电耗、提高钢水的纯净度、减轻有害元素的影响等。对于 ECS 电弧炉，加铁水比例可以达到 0~80%，相同的炉壳直径，加铁水比例大约 40%时冶炼周期最短；相同电能输入条件下，铁水比例为 35%~40%时，会提高生产率；加铁水比例超过 40%时，需要考虑炉体几何尺寸，以满足高吹氧要求和控制脱碳阶段激烈的化学反应。

5.1.2 废钢的熔化过程

5.1.2.1 普通超高功率电弧炉的废钢熔化过程

对一般普通超高功率或留钢留渣操作电弧炉冶炼的第一炉，炉料的熔化过程大体可分为起弧、穿井、电极上升、熔化结束四个阶段。

(1) 起弧阶段。通电启弧，炉膛内充满炉料，电弧与炉顶距离很近，如果输入功率过大，电压过高，炉顶容易被烧坏，所以一般选用中级电压和输入变压器额定功率的 2/3 左右。

(2) 穿井阶段。这个阶段电弧完全被炉料包围起来，热量几乎全部被炉料所吸收，不会烧坏炉衬，所以使用最大功率，一般穿井时间为 10min 左右，约占总熔化时间的 1/4。

(3) 电极上升阶段。电极“穿井”到底后，炉底已形成熔池，炉底石灰及部分元素氧化，在钢液面上形成一层熔渣，四周的炉料继续受辐射热熔化，钢液增加导致液面升高，电极逐渐上升。这阶段仍采用最大功率输送电能，所占时间为总熔化时间的 1/2 左右。

(4) 熔化结束阶段。炉料量熔化 3/4 以上后，电弧已不能被炉料遮蔽，3 个电极下的高温区已连成一片，此时如长时间采用最大功率供电，电弧会强烈损坏炉盖和炉墙，应造好泡沫渣。

缩短熔化期的途径包括：快速补炉和合理装料、吹氧助熔及燃料-氧气助熔。

（1）快速补炉和合理装料。出钢后高温炉体散热很快，特别是顶装料要打开炉盖，炉衬内壁的温度会迅速下降，只需 3~5min 就可由 1500℃左右（亮红色）急剧降至 800℃以下（暗红色）。这部分散失掉的热量，要在熔化期用电弧热来补偿，从而使电耗增加，延长熔化时间。为了减少这种热损失，补炉时应尽量减少炉盖开启和升高电极的时间，保持炉内高温和利用电极余热迅速补炉；顶装料时应先吊起料罐，做好所有准备工作才打开炉盖，快速将炉料加入炉内，尽可能减少热停工。

（2）吹氧助熔。吹氧助熔的作用，一是吹入氧与钢中元素氧化放出大量热量，加热并熔化炉料；二是切割大块炉料，使其掉入熔池增加炉料的受热面积，当炉料出现“搭桥”时，利用氧气切割，处理极为方便；三是为炉内增加了一个活动的点热源，在一定程度上弥补了固定电弧热源加热不均匀的缺点。吹氧助熔应注意两个问题：一是吹氧助熔的时间，只有当炉料达到一定温度和具备了产生剧烈氧化反应条件时，才能开始吹氧助熔。通常是炉内已经形成熔池和固体炉料发红时进行。二是氧气压力，实际经验得知合适的助熔氧压为 0.4~0.6MPa。如果过早吹氧或氧压过大，并不能进一步缩短熔化时间，相反会增加氧气消耗以及炉料和合金元素的熔损。

（3）燃料-氧气助熔。除了电能外，向炉内引入第二热源，加速炉料熔化，缩短熔化期。常用的燃料有煤气和油，即煤氧助熔和油氧助熔。虽然增加了燃料、氧气和冷却水的费用，但电耗降低且产量增加，总体上降低了吨钢成本。

5.1.2.2 留钢留渣操作电弧炉的废钢熔化过程

对于留钢留渣操作，冶炼在平熔池情况下进行，废钢等原料浸没在熔池中进行熔化，电弧对熔池进行加热，化学反应在金属液相中发生，而不是像普通超高功率电弧炉那样，通过电弧或烧嘴直接对废钢传热。因为是在平熔池状态下操作，大幅地减少电弧通电时的噪声、冶炼过程电弧区的增氮及电弧辐射对耐火材料的损害，降低了电极消耗。此外，电压闪变低，不需要电压闪变补偿装置，或使用低容量的补偿设备即可对应。Consteel 电弧炉有效功率随时间的变化见图 5-1。

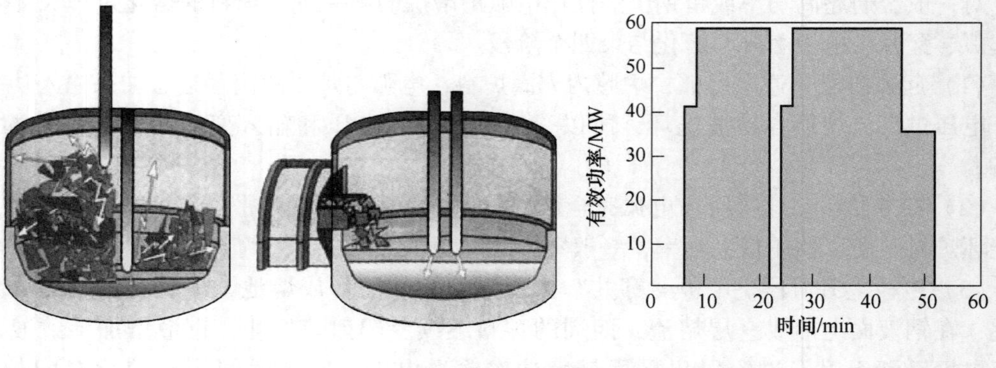

图 5-1 Consteel 电弧炉有效功率随时间的变化

5.1.3 电弧炉精炼技术

对于平熔池冶炼，废钢熔化与精炼同时进行。

5.1.3.1 脱磷工艺

影响磷在渣-钢间分配的关键因素有炉渣氧化性、炉渣碱度和熔池温度。随着渣中 FeO 含量、碱度的增加和温度降低，磷在渣-钢间分配系数明显提高。电弧炉脱磷主要就是通过控制以上三个因素来进行。采取的主要措施有：

（1）提前造氧化性强、碱度较高的泡沫渣，活跃熔池，增加钢渣接触面；

（2）充分利用熔化期温度较低的有利条件，提高炉渣脱磷的能力；

（3）及时放掉磷含量高的初渣，并补充新渣，防止温度升高后出钢时下渣回磷；

（4）采用喷吹操作强化脱磷，即用氧气将石灰与萤石粉直接吹入熔池，脱磷率一般可达 80%，并能同时进行脱硫，脱硫率接近 50%；

（5）采用无渣出钢技术，严格控制下渣量，把出钢后磷降至最低；

（6）出钢磷含量控制应根据产品规格、合金化等情况来综合考虑，一般应小于 0.02%。

5.1.3.2 强化脱碳

电弧炉配料采取配碳技术，配碳的方法主要有以下两种，也可互相配合使用：

（1）使用高碳钢铁料，如高碳废钢、生铁、铁水等；

（2）使用焦炭或煤等含碳材料，可以随废钢同时加入炉内，也可以以粉状形式喷入。

电弧炉冶炼过程，要保证一定的脱碳量和脱碳速度。脱碳量 $\Delta[C] \geqslant 0.30\%$（高要求钢 $\Delta[C] \geqslant 0.40\%$）、脱碳速度 $v_C \geqslant 0.01\%/min$。主要目的是：

（1）强供氧技术的应用后，碳先于铁氧化，减少了铁的烧损；

（2）渗碳作用可使废钢熔点降低，加速熔化；

（3）碳氧反应造成熔池搅动，促进了渣-钢反应，有利于脱磷，有利于钢液成分和温度均匀化；

（4）碳氧反应生成 CO 气体，有利于降低钢液中的氮含量；

（5）活跃的碳氧反应有助于泡沫渣的形成，提高传热效率，加速升温过程。

传统电弧炉对氧化期末的终点碳进行控制。控制目标是：终点碳进入冶炼钢种碳的规格（考虑合金化带入碳）范围。

现代电弧炉冶炼过程采用了强供氧技术，相应配碳量必须增加。电弧炉的炉料中生铁（或铁水）的配入量为 30%~40%时，计算配碳量约为 1.5%~2.0%，脱碳量为 1.4%~1.9%。当供氧强度达到 $0.9m^3/(min \cdot t)$ 以上时，实际脱碳速度 $v_C \geqslant 0.05\%/min$，完全满足电弧炉冶炼过程对脱碳量和脱碳速度的要求。

由于现代电弧炉的脱碳反应变得很容易，但同时带来的问题是：由于脱碳速度很快，终点碳含量不容易控制，即采用了不留碳工艺。当炉料全部熔清时，钢水碳含量几乎已经在 0.10%以下，出钢前终点碳含量更低。因此，必须合理控制供氧强度，以稳定控制出钢前钢水的终点碳含量，为碳成分的准确调整创造条件。

现代电弧炉控制终点碳含量的方法主要有：

（1）根据目标碳含量，适时控制供氧强度。特别是当钢水碳含量符合要求后，应降低供氧强度；

（2）采用炉底吹氩搅拌技术，代替吹氧搅拌，确保控制供氧强度的实现；

（3）提高炭粉喷入量，或出钢前，加入一定量的含碳材料，如炭球或铁-炭球，还原炉渣中的氧化铁，减少钢水中碳的氧化；

（4）出钢过程加入还原剂，对钢水进行预还原，进而稳定钢水碳含量和预合金化时增碳剂的收得率，提高碳成分调整的命中率。

现代电弧炉可以稳定提供［C］≤0.03%的钢水。

5.1.3.3 供电量及供氧量控制

电弧炉供电量的加大，导致电弧加热钢水时间的增加，必然引起钢水吸气量的增加。为了降低供电量，减少钢水吸气现象，现代电弧炉采用了热装铁水和强化供氧的办法，一方面引入了物理热，另一方面增加了化学能以代替电能，使得电弧炉冶炼（通电）时间缩短，冶炼电耗降低（见图5-2、图5-3），大大减少了钢水吸气现象，使得电弧炉可以生产［N］≤30ppm低氮钢水[4]。

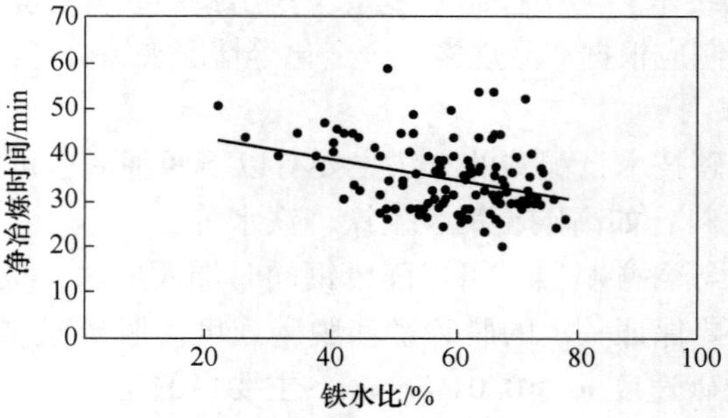

图5-2 热装铁水比与冶炼时间的关系

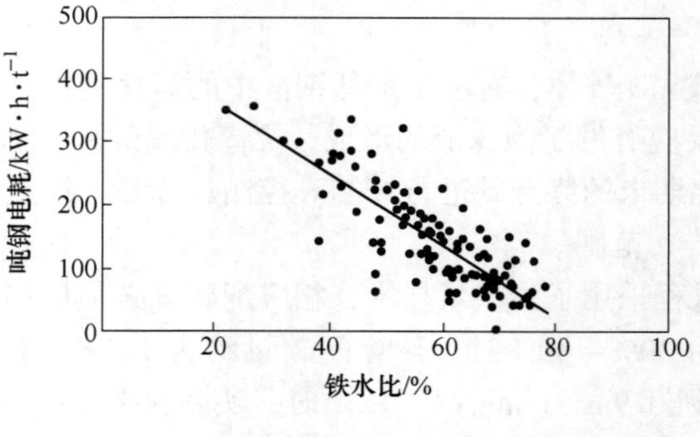

图5-3 热装铁水比与吨钢电耗的关系

现代电弧炉冶炼过程采用了强供氧技术，渣中折算FeO含量（包括Fe_2O_3）已超过30%，甚至达到40%以上，钢水氧化性也已经接近或达到转炉水平。这对脱磷固然有利，但供氧量的增大，将造成钢水过氧化倾向的加大，会导致：

（1）增加铁的损耗，合金收得率低；

（2）电弧炉炉衬及出钢口寿命降低；

（3）粗调成分不准，给钢包炉成分调整带来困难；

（4）脱氧产物增多，残留于钢中造成危害；

（5）增加了回磷量，容易造成磷出格；

（6）钢包炉处理周期延长，影响生产效率。

因此，现代电弧炉冶炼又引入了喷吹炭粉和加入炭球或铁-炭球的办法，以控制钢水过氧化倾向。同时，选择合理的炉内氧枪的安装角度、位置以及布置，控制炉渣中的折算 FeO 含量，进而对控制钢水过氧化倾向有很大作用。在采取上述钢水过氧化控制技术后，可使出钢前钢渣中的折算 FeO≤30%。

现在，采用热装铁水技术和富氧操作技术的现代电弧炉，供电量已经降到 300kW·h/t 以下，供氧量为 $40m^3/t$ 左右。

5.1.3.4 钢液温度控制

合理的熔池温度控制是顺利完成冶金过程的保证。现代电弧炉利用电能和化学能相结合的方式熔化炉料、加热钢水，而且还可以连续向熔池内加入冷钢铁料，调节钢水温度，因此具有快速、灵活、准确的特点。

根据工艺要求，冷炉料熔化时的速度要快；炉料熔清后，钢水温度 1500~1550℃，考虑低温脱磷的要求，应适时加入冷钢铁料，降低钢水升温速度，延长脱磷时间，提高脱磷效率。当进入主脱碳时期时，钢水温度不低于 1550℃，应配合供氧强度的增加，快速提高钢水温度，提高脱碳速度；出钢时，钢水温度不低于 1600℃。关于出钢温度的控制，应综合考虑：

(1) 降低对电弧炉炉衬耐火材料的侵蚀；

(2) 减少出钢过程的吸气；

(3) 满足熔化合金、还原剂、渣料要求，满足预还原、预脱硫和钢水中非金属夹杂物上浮的要求；

(4) 考虑炉外精炼补偿钢液温度的能力；

(5) 钢液的运送等过程中的温度损失及连铸合理过热度等因素。

可以加入冷钢铁料，调节钢水温度，使之满足出钢温度要求。一般现代电弧炉出钢时钢水温度要高出该钢种液相线温度 80~150℃。

5.1.3.5 除渣技术

电弧炉冶炼过程中要进行流渣操作，主要目的是去除废钢带入的杂质，将钢液中的磷脱到规定的范围，调整熔池温度。

5.1.4 出钢合金化技术

当钢水温度、成分达到出钢要求后，即可准备出钢。为了稳定钢包炉的合金收得率，尽量要做到无渣出钢。偏心炉底出钢技术是一种较为广泛应用的无渣出钢方法。与传统电弧炉相比，EBT 电弧炉冶炼生产率及各项技术经济指标都有明显改进。德国普锐特冶金技术有限公司开发的 Quantum 电弧炉，具有先进的 FAST-虹吸设计的无渣出钢系统，在通电状态下进行加料、出钢和出钢口填充等操作，消除了所有非通电时间，实现了最短冶炼时间、最大产能。

现代电弧炉炼钢合金化一般是出钢过程中在钢包内完成（不包括专门生产高合金钢的电弧炉）。那些不易氧化、熔点又较高的合金，如 Ni、W、Mo 等铁合金可在电弧炉冶炼后期加入，但采用留钢操作时应充分考虑这些元素对下一炉钢液成分造成的影响。出钢时钢包中合金化为预合金化，精确的合金成分调整是在精炼炉内完成的。但是，钢包精炼炉的加热条件不能满足大量合金的熔化要求，因此，必须利用电弧炉高温加热和出钢良好的搅拌条件，进行80%以上的预合金化。为了提高合金收得率，合金化前必须对钢水进行预还原。

另外，利用出钢良好的搅拌和钢水预还原条件，向钢包加入合成脱硫渣剂，进行预脱硫操作，为后道工序的进一步处理创造条件。

5.2 电弧炉冶炼周期综合控制理论与应用

5.2.1 电弧炉冶炼周期综合控制理论

现代电弧炉冶炼周期综合控制理论多年的生产实践和理论研究的基础上逐步形成，通过综合、归纳、比较由中国冶金工作者提出来的。

在1993年的上海会议上，殷瑞钰副部长在其文章中指出："电弧炉冶炼在对高产率化数十年追求中的技术进步始终围绕着冶炼周期缩短这一中心而展开"，指出电弧炉工序的冶炼周期与各设备和操作因素之间存在如下关系[5]：

$$t = (C \times W \times 60)/(T \times \eta \times \cos\varphi) + t' \tag{5-1}$$

式中 t——冶炼周期，min；

C——吨钢电耗，kW · h/t；

W——钢水重量（电弧炉容量），t；

T——变压器额定功率，kV · A；

$\cos\varphi$——功率因数；

η——电功率；

t'——非通电时间。

按这一理论，为缩短冶炼周期，主要是要提高变压器额定功率，采用高电压供电。目前，欧洲一些国家仍是根据这一理论将电弧炉的变压器的比功率提高到吨钢1000~1200kV · A，石墨电极直径提高到750~800mm，工作电压超过1000V。按照IEC指令519-4，交流炉二次电压可高达1500V，直流炉2100V。

考虑到90年代以来，现代电弧炉冶炼过程中大量增加了化学热和物理热，2002年傅杰等[6]在全国电弧炉学术会议上提出了一组修正的计算公式：

$$\tau = \tau' + \tau'' \tag{5-2}$$

$$\tau' = (C \times W \times 60)/(P_{电}\eta\cos\varphi + P_{化学} + P_{物理}) \tag{5-3}$$

$$\tau' = C_{电} \times W \times 60/(P_{电}\eta\cos\varphi) \tag{5-4}$$

$$C = (P_{电}\eta\cos\varphi + P_{化学} + P_{物理}) \times \tau'/(W \times 60) \tag{5-5}$$

$$C = C_{电} - C_{化学} - C_{物理} \tag{5-6}$$

式中 τ——电弧炉冶炼周期（出钢至出钢时间），min；

τ'——供能时间，min；

τ''——热停工时间，min；

W——钢液重量，t；

$P_{电}$——表观输入电功率，kW；

η——综合电效率；

$\cos\varphi$——功率因数；

$P_{化学}$——由化学热换算成的有效电功率，kW；

$P_{物理}$——由物理热换算成的有效电功率，kW；

C——有效电耗，kW · h/t；

$C_{电}$——$C_{化学}$与$C_{物理}$为0的有效电耗，kW · h/t；

$C_{化学}$——由于化学热导致的节电，kW · h/t；

$C_{物理}$——由于物理热导致的节电，kW · h/t。

由式（5-2）~式（5-6）可见：

（1）为了缩短冶炼周期，必须提高吨钢输入电功率$P_{电}$。$P_{电}$与变压器额定功率有关，变压器额定功率越大，可输入电弧炉的电功率越大。通常将吨钢变压器额定功率大于700kV · A的电弧炉称为超高功率电弧炉，20世纪80年代末，超高功率电弧炉的变压器额定功率高达700~1200kV · A/t。

（2）提高$P_{化学}$有利于缩短冶炼周期。$P_{化学}$主要来自钢中元素氧化的化学热及氧燃烧嘴提供的化学热。

（3）提高$P_{物理}$，有利于缩短冶炼周期。$P_{物理}$主要是由废钢预热后废钢的显热及加铁水操作时铁水的显热提供的。

（4）提高$\eta\cos\varphi$，可以缩短冶炼周期。提高$\eta\cos\varphi$的措施包括供电制度合理化（优化供电曲线）、人工智能电弧炉、采用导电横臂、优化短网结构及泡沫渣操作等。

（5）增加化学热和物理热，可以收到节电效果，理论计算和实践结果表明，每增加1Nm^{3}氧，可以节电约4~6kW · h/t；每增加1%铁水量，可以节电4~5kW · h/t。具体采用何种能源结构，要根据不同电价、氧气和燃料价格及能源条件而定。各炉型废钢预热效果不同。对Quantum电弧炉，预热后的废钢入炉温度可达600℃以上。

（6）τ'、C、W一定时，$P_{电}\eta\cos\varphi$、$P_{化学}$、$P_{物理}$的比例可以变化，即电能、化学热和物理热可以相互转换，它们的效率不同。在$P_{电}\eta\cos\varphi$、C、W不变的条件下，增加化学热和物理热，可减小τ'，提高生产率，这对于我国目前在废钢及电力价格高的条件下发展电炉钢生产具有重要意义。

（7）为缩短冶炼周期，必须缩短热停工时间τ''。由于在化学热和物理热供量较大的条件下（例如加大量铁水），有一段吹氧不通电时间，所以τ''称为热停工时间较合适，在过去的文献中称为非通电时间。它是指通常的装废钢时间、加铁水时间（对于顶装铁水而言）、接电极时间、出钢时间、补炉时间。主要措施有：做好废钢准备，缩短装料时间；提高耐火材料质量；优化机、电、控制系统；科学管理及调度；经济炉役操作；双炉壳技术。

（8）由式（5-3）可见：提高（$P_{电}\eta\cos\varphi+P_{化学}+P_{物理}$）可缩短$\tau'$；但随着（$P_{电}\eta\cos\varphi+P_{化学}+P_{物理}$）增加，特别是随着铁水加入比的提高，[C]提高，在一定的供氧和脱碳速率条件下，导致τ延长，在τ与（$P_{电}\eta\cos\varphi+P_{化学}+P_{物理}$）的关系图上应具有最低点。

（9）由式（5-5）可见，一定条件下，提高（$P_{电}\eta\cos\varphi+P_{化学}+P_{物理}$）可能增加电耗；但随着（$P_{电}\eta\cos\varphi+P_{化学}+P_{物理}$）提高又会导致$\tau'$缩短，降低电耗；在$C$与（$P_{电}\eta\cos\varphi+P_{化学}+P_{物理}$）关系上应有最佳值。降低电耗的基本途径是缩短冶炼周期。

以上是电弧炉冶炼周期的数学表达式，作为电弧炉冶炼周期综合控制理论的一部分它反映了现代电弧炉炼钢技术的特点。之后，中国冶金工作者又提出了电弧炉冶炼周期的理论计算模型[7]：

$$\tau' = \max((\tau_e + \tau_c),\ \tau_O) \tag{5-7}$$

$$\tau_e = \frac{Q_1' + Q_1'' + E_m - Q_2\eta_2 - Q_3\eta_3 - Q_4\eta_4}{P_{elec.}\ \eta\cos\varphi} \tag{5-8}$$

$$\tau_O = \frac{O_N}{V_O\eta_O + V_O'\eta_O'} \tag{5-9}$$

式中 τ_e——通电时间；
τ_O——总的供氧时间；
τ_c——最佳供氧不供电时间；
Q_1'——从炉壁外表面向大气的辐射能；
Q_1''——从渣面向冷却区的辐射能；
E_m——钢液和熔渣吸收的热量；
$Q_2\eta_2$——氧燃烧嘴提供的能量；
$Q_3\eta_3$——元素氧化反应提供的能量；
$Q_4\eta_4$——废钢和铁水显热提供的能量；
O_N——熔池中元素氧化反应所需氧气总量；
$V_O\eta_O$——氧枪提供的氧量；
$V_O'\eta_O'$——氧燃烧嘴提供的供熔池中元素氧化反应的氧量。

τ'最小应满足下述要求：

$$\frac{Q_1' + Q_1'' + E_m - Q_2\eta_2 - Q_3\eta_3 - Q_4\eta_4}{P_{elec.}\ \eta\cos\varphi} + \tau_c = \frac{O_N}{V_O\eta_O + V_O'\eta_O'} \tag{5-10}$$

用该模型计算出了一定工艺参数下的最佳铁水加入比，结果与实际相符。

5.2.2 电弧炉冶炼综合控制理论的应用

5.2.2.1 电弧炉冶炼周期综合控制理论应用之一——电弧炉加部分铁水冶炼技术

电弧炉加部分铁水冶炼是中国电弧炉炼钢工作者对现代电弧炉冶炼技术发展做出的重大贡献，电弧炉加部分铁水的优点在于[8]：

（1）电弧炉加部分铁水冶炼是增加化学热和物理热，降低电耗的有效措施；

（2）电弧炉炼钢加部分铁水冶炼有利于缩短冶炼周期，提高生产率；

（3）节能减排，现代电弧炉炼钢过程中将一定数量的冷生铁改为热铁水显然是节能的，加部分铁水冶炼与转炉过程相较排放较少；

（4）加部分铁水冶炼，可以稀释钢液中的金属杂质含量见式（5-11），缩短冶炼周期，降低吨钢的成本，提高企业的效益。

$$M_s = M_c(1 - X)n + nM_hX \tag{5-11}$$

式中 M_s——钢液中通常不可去除的某种金属杂质的含量，例如 Cu；
M_c——第一次循环清洁废钢中该金属杂质的含量；
M_h——铁水中该金属杂质的含量；
X——铁水加入比；
n——废钢循环次数。

当 $M_h<M_c$ 时，$M_s<M_c$ 钢液被稀释；$M_h=M_c$ 时，$M_s=M_c=M_h$。

考虑到增加 $P_{化学}$ 和 $P_{物理}$ 可能增加 C 值，但又可能降低 τ'，使 τ' 与铁水加入比的关系曲线上具有最低点，即具有最佳铁水加入比。

图 5-4、图 5-5 分别为 100t 烟道竖炉电弧炉冶炼周期、电耗与铁水加入比的关系（曲线-回归曲线，点-生产数据）。

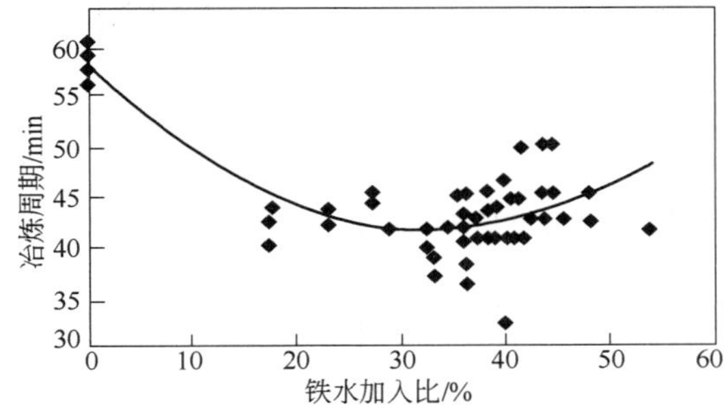

图 5-4　100t 烟道竖炉电弧炉冶炼周期与铁水加入比例关系

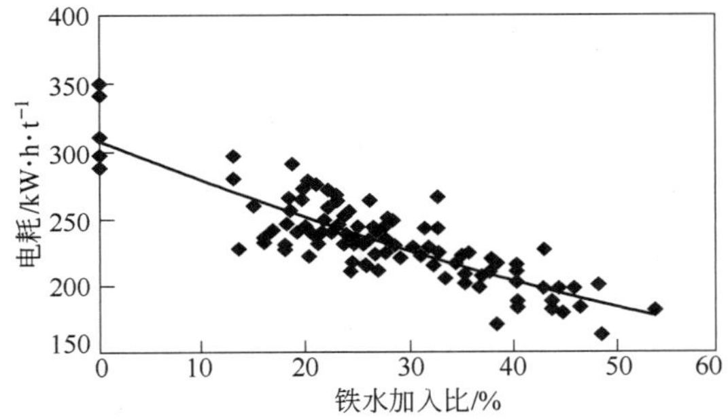

图 5-5　100t 烟道竖炉电弧炉平均吨钢电耗与铁水加入比的关系

图 5-6、图 5-7 分别为 150t 电弧炉冶炼周期电耗与铁水加入量的关系（曲线-回归曲线，点-生产数据）。

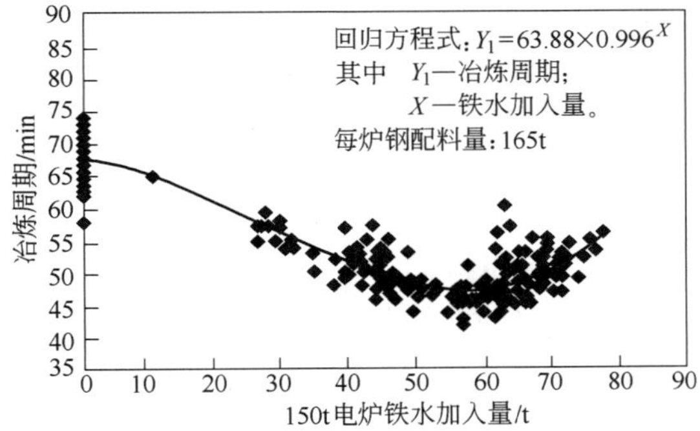

图 5-6　150t 电弧炉铁水加入量与冶炼周期的关系

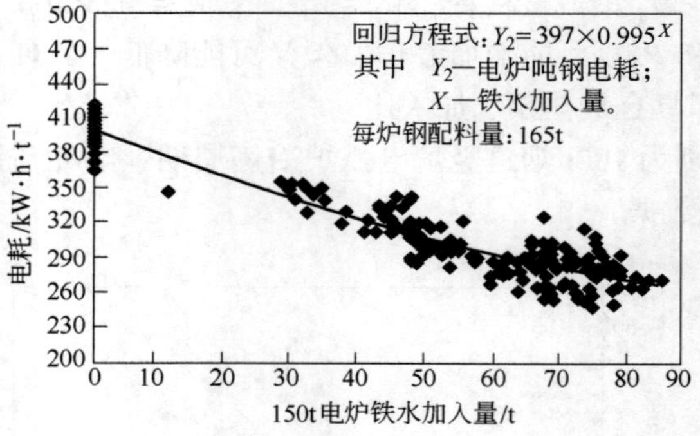

图 5-7 150t 电弧炉铁水加入量与吨钢电耗的关系

可以根据冶炼周期的计算模型得出最佳的铁水加入比，最佳的吹氧制度以及供电制度。

（1）最佳铁水加入比。用冶炼周期综合控制理论计算出冶炼周期与铁水比关系见图 5-8。计算结果（图 5-8）与实际（图 5-4）相符。

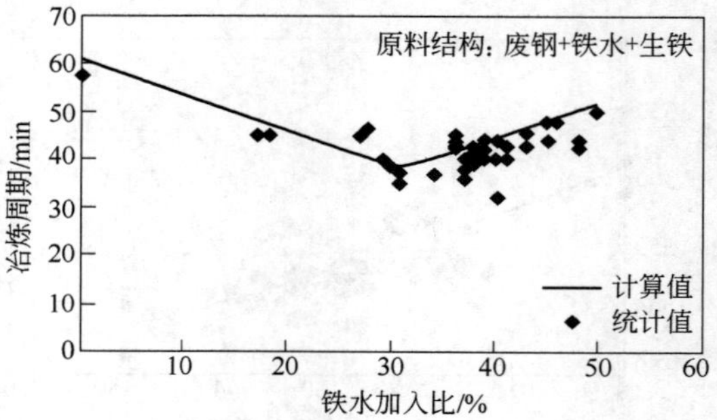

图 5-8 计算得出冶炼周期与铁水加入比的关系图

（2）平均供电功率与平均供氧强度。最佳铁水加入比和最短冶炼周期与平均供电功率以及平均供氧强度的关系，分别见图 5-9、图 5-10。

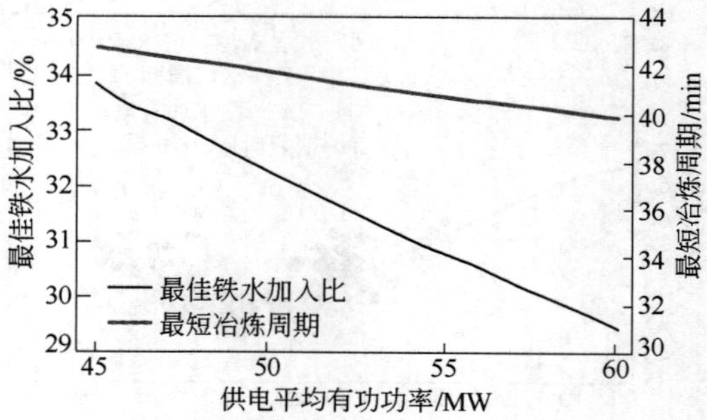

图 5-9 吹氧流速为 5500Nm^3/h 时最佳铁水加入比和最短冶炼周期与平均有功功率关系

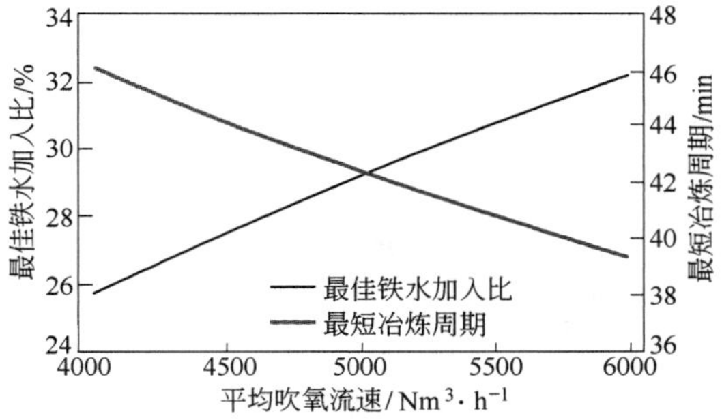

图 5-10 平均有功功率 55MW 时最佳铁水加入比和最短冶炼周期与吹氧流速关系

由图 5-9、图 5-10 可见，供电强度和吹氧流速提高，最短冶炼周期下降；随着吹氧强度的增大，最佳铁水加入比是上升的，而最短冶炼周期是下降的。

5.2.2.2 电弧炉冶炼周期综合控制理论应用之二——电弧炉工序效益最大化模型

根据式 $\varphi = \left[E - \sum_{i=1}^{n}(P_i C_i)\right]/\tau$ 可以建立电弧炉工序效益最大化模型，计算出电弧炉工序的最大效益。100t 烟道竖炉电弧炉工序效益、冶炼周期与铁水加入比的关系曲线，见图 5-11。

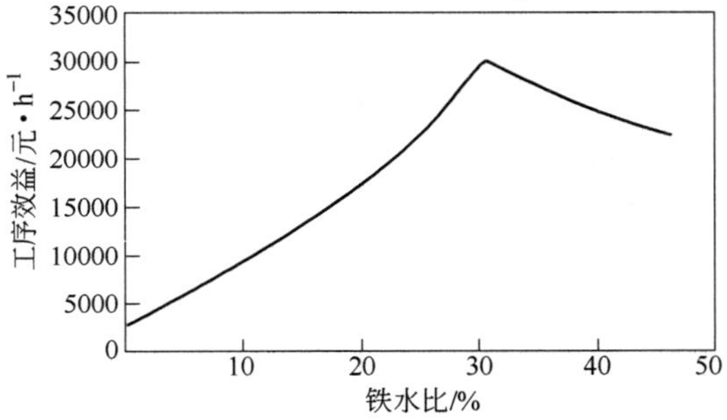

图 5-11 计算的 100t 烟道竖炉工序效益与铁水加入比的关系

图 5-8 和图 5-11 计算结果表明，最佳铁水比与最高工序效益对应。

近年来，一些钢厂电弧炉采用了集束式炉壁氧枪，拆除了炉门氧枪，增大了电弧炉的密封性和氧气流的穿透能力，提高了氧气利用率，中后期泡沫造得较好，最佳铁水比升高，当铁水比达到 50%时，在铁水比与单位小时利润关系上也没发现效益降低的现象，见图 5-12。

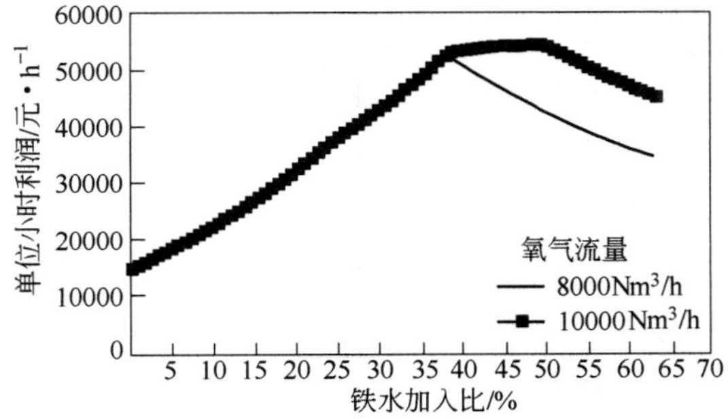

(a) LF最短处理时间为35min

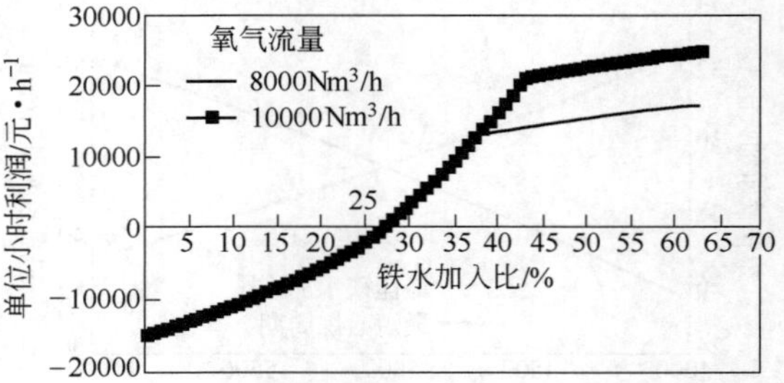

(b) 废钢上涨300元/t

图 5-12 强化吹氧条件下工序效益（每小时的工序利润）与铁水加入比关系

从图 5-5、图 5-7 可见，随铁水加入比的增加，电耗降低，但从不同加入铁水比与电弧炉冶炼的其他技术经济指标，从工序效益的角度考虑，采用过高的铁水加入比是不合适的。表 5-2 列出了根据质量平衡和能量平衡计算出来的不同铁水加入比与电弧炉冶炼技术经济指标的对比。

表 5-2 不同铁水比技术经济指标对比

加铁水比/%	金属收得率				总能量收入/kW·h	能耗损失/kW·h			
	废钢/kg	铁水/kg	钢水/kg	收得率/%		渣	气	水	电
15	850	150	958.07	95.81	612.68	31.22	46.38	79.48	355.40
30	700	300	951.06	95.11	643.72	36.22	61.09	79.48	299.26
45	550	450	944.04	94.40	675.21	41.28	76.02	79.48	242.25
60	400	600	937.03	93.70	707.18	46.43	91.17	79.48	184.36
80	200	800	927.67	92.76	760.58	53.41	111.73	79.48	165.77

由表 5-2 可见，铁水比增加，总能量收入增加，电耗减少，但炉气、熔渣、冷却水带走的热量增加，金属收得率降低。

5.2.3 电弧炉炼钢工艺与流程的匹配

从流程工程学的角度看，电炉钢厂内各主要工序的运行特征[9]为：

电弧炉：其运行过程的本质是快速的固体（包括部分液体）炉料熔化、升温和熔池反应过程，实际出钢方式是典型的间歇型。因此，其运行本质是快速-间歇重复循环的过程。

钢的二次冶金：其运行本质是"柔性"间歇振频式的熔池反应（控制质量）和控温-控时过程，其出钢方式也是"柔性"协调性的间歇运行方式（其"柔性"协调的作用主要表现在物流量、温度、时间以及质量等参数上）。

连铸：其运行本质是连续的热交换—凝固—冷却过程，而其成品铸坯的输出作业方式、出坯方式则是间歇或准连续的。

加热炉：其运行本质是准连续或连续的升温—控温—控时过程，出坯形式则是——出坯，是间歇式作业。

热连轧机：其运行本质是连续化的高温塑性变形与相变过程，而其轧件的输入、输出方式却是一一轧制、一一出材，从具体操作上看仍有间歇式的特征，但从总体运行上可以看成有节奏的准连续出材。当然，半无头轧制、无头轧制将有助于提高过钢、出材的连续化程度。

从上述分析可以看出：电炉钢厂生产流程的技术进步，本质上是以优化各工序的间歇或连续运行过程和优化其间歇式输出作业为基础，以建立起工序、装置间的“柔性活套工程”为手段，即不断改进前后相邻工序和装备之间的“界面”技术，逐步实现整个电炉钢厂生产流程的准连续化，甚至连续化。

如果进一步对电炉钢厂生产流程的协同运行过程进行总体性的观察、研究，可以看出不同工序、装置在生产流程整体协同运行过程中扮演着宏观运行动力学中的不同角色，即分别扮演着“推力”“缓冲”“拉力”等不同角色。一般可以将电炉钢厂的生产流程分解为两段：即上游段从电弧炉到连铸（冶金过程和凝固过程），下游段从连铸出钢坯到热轧过程终了（热机械加工、形变-相变的物理过程），如图 5-13 所示。

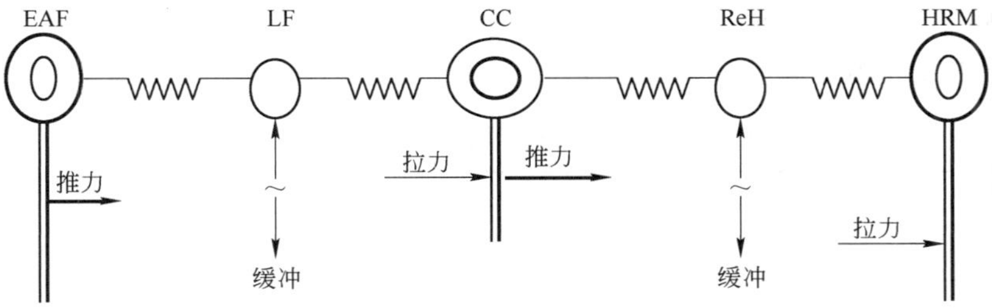

图 5-13 电弧炉生产流程运行动力学的主要支点及其示意图

由图 5-13 可以看出：在电炉钢厂生产流程的上游段中，一切都应以服从连铸机多炉连浇为中心目标，在这一过程，连铸机扮演着“拉力源”的角色，拉动着电弧炉、精炼炉“定时、定温、定品质”地供给定量的钢水。与此同时，电弧炉则相应地起着“推力源”的作用，电弧炉以缩短冶炼周期为核心手段，快速、间歇周期地输出定量钢水，满足连铸机长时间地连续运行。由于电弧炉、连铸两个工序在物质流量、时间节奏、温度、化学组分等参数上较难完全、稳定地一致起来，精炼炉就起着“缓冲协调”作用。这种“缓冲协调”作用，包括了物质流、时间节奏、钢液温度和成分等方面，而不应将精炼炉的功能仅仅局限在钢液化学成分的“精炼上”。

在电炉钢厂生产流程的下游段中，热连轧机希望尽可能长时间地有轧件通过，以充分发挥其效率，因此扮演着“拉力源”的角色。而连铸坯经切割后希望以“最短”的时间、“最高”的温度供热轧机轧制，否则能耗高、生产效率低。不难看出，在下游段里连铸机是“推力源”，和上游段的运行机理一样，加热炉、铸坯保温坑等工序则相对起着“缓冲、协调”作用。

电炉钢厂生产流程中的不同工序以各自特有功能分别起着“拉力源”“推力源”“缓冲、协调”的角色，而且以“推力”—“缓冲、协调”—“拉力”的协同方式动态、有序地运行；这种动态、有序运行的特点之一是希望实现工序之间的物质流量能大体上保持每分钟的流量（分流量）平衡，以保持工艺流程的整体准连续性，并且期望通过整个流程运行的“准连续化”甚至“连续化”来实现过程“耗散”最小化（包括物质、能量、时间、空间“耗散”的最小化），从而实现电炉钢厂生产流程技术、经济指标的多目标综合优化。

为此，电弧炉流程协调运行时，应该满足：

$$t_{EAF} \leqslant t_{CC} \tag{5-12}$$

$$t_{LF} \leqslant t_{EAF} \leqslant t_{CC} \tag{5-13}$$

式中 t_{EAF}——电弧炉出钢-出钢时间，min；

t_{CC}——连铸机浇铸一包钢水时间，min；

t_{LF}——钢包炉精炼周期时间，min。

当 t_{EAF}、t_C、t_{LF} 不协调时，流程的物流不顺，或当电弧炉、连铸机及轧机的生产能力不匹配时，流程也不顺行。为了实现整个流程的最大效益，必须要克服“瓶颈”，使流程的各个工序或各个节点的物流匹配、流程顺行。

以原安钢 100t 烟道竖炉电弧炉为例，说明各工序匹配的重要性。表 5-3 为 2004 年 1～3 月份中板轧机分规格、分品种产品产量。

表 5-3 2004 年 1～3 月份安钢中板轧机分规格、分品种产品产量

中厚钢板规格	产量/t	比例/%	品　种	产量/t	比例/%
6～10mm	112480	10.9	低合金中板	194093	18.74
11～15mm	233813	22.6	16MnL、16Mng 板	1564	0.15
16～20mm	347001	33.5	碳结中板	733379	70.80
21～25mm	137054	13.2	20g、20R 板	54753	5.29
26～30mm	79058	7.6	船用中板	31414	3.03
31～34mm	11853	1.1	16MnR 板	19398	1.87
35～50mm	76308	7.4	Q345q 板	337	0.03
>50mm	38281	3.7	AL245	910	0.09
合　计	1035848	100	合　计	1035848	100

由表 5-3 可知：2004 年 1～3 月份共计生产铸坯 317636t，生产天数为 91 天，平均生产铸坯量为 3490.5t/d，年有效生产天数按 350 天计算（每年 15 天检修时间），电弧炉年生产铸坯量为：

$$3490.5 \times 350 = 1221677(\text{t})$$

一机一流板坯连铸机 2004 年 7～12 月产量为 619511t，共计 184 天，其中检修 3 天，平均日产 619511/(184−3) = 3422.7t，年有效生产天数按 350 天计，则一机一流板坯连铸机年产量为 3422.7×350＝119.8 万吨。以上是在铁水加入比平均为 25%时的产量。如果铁水加入比稳定在30%~35%，电弧炉产量还可以更大些，这时连铸机拉速可以适当提高。

电弧炉流程主要包括冶炼、精炼、连铸、加热、连轧及冷却控制等工艺环节。现代电弧炉冶炼周期越来越短，德国BSW公司的80t交流电弧炉每炉炼钢时间仅28.2min。连铸在向着高拉速发展。加热、均热炉的炉长不断加长、热送热装技术趋于成熟稳定，入炉温度比过去明显提高，使加热、均热能力不断增加。连轧也因轧机刚度和精度以及轧制参数检测与智能化控制水平的不断提高，无头和半无头轧制技术的采用，使其间隙时间缩短、产能进一步增加。

由于钢铁生产工序与工序之间的衔接越来越紧凑，效率越来越高，要达到高效率低成本地生产出高质量、高性能钢材产品，就必须从全流程的各个工艺环节来进行合理设计和优化。因此，单工序的优化必须和全流程的综合优化及合理匹配相结合，才能最大限度地发挥生产线投资的作用与效益。

一般来说，电弧炉流程设计和建设首先是从产品大纲和产能来考虑，由后向前推算，当产品大纲和生产能力确定之后，先从轧机选型及能力配置出发，其次是加热和连铸能力和选型及与轧机匹配问题，然后是精炼和冶炼能力及与连铸、轧机的匹配问题（见图5-14）。无论从投资、效益基本分析和工序作用来看，轧机和电弧炉是两个最关键的设备，二者之间的匹配关系全局生产、投资和效益。轧机的投资最大，在向着大型化、高速化、连续化、自动化和智能化方向发展。电弧炉为整个工序的开端，决定全流程的产能，因此二者的合理匹配需要高度的重视和优化设计。

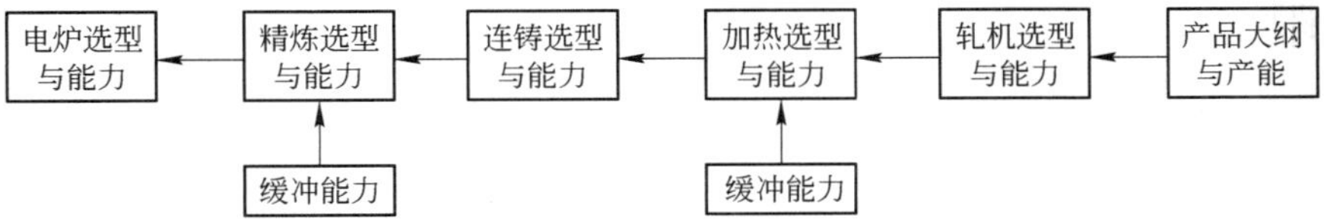

图5-14 电弧炉流程的选型和能力匹配关系示意图

电弧炉-轧机合理匹配的能力从生产周期时间上考虑应为：

$$t_{EAF} < t_{LF} < t_{CC} < t_{CR} \tag{5-14}$$

式中 t_{EAF}——电弧炉冶炼周期；

t_{LF}——精炼周期；

t_{CC}——连铸一炉钢的浇钢时间；

t_{CR}——连轧每炉钢的周期。

从生产能力考虑应为：后工序>前工序。若电弧炉容量小，电弧炉-轧机不匹配，轧机间隙时间过长；若轧机能力小，则有电弧炉能力过剩问题。从金属秒流量、轧机最大能力、投资以及轧机和电弧炉的最大能力计算综合考虑，一般轧机能力大于电弧炉能力的10%~20%是合算的，若过大或过小，无论在经济性和流程顺畅方面都将产生问题。

过去在电弧炉流程中，多考虑电弧炉冶炼、精炼、连铸三位一体的合理匹配问题，而现在由三位一体向四位一体及其连续化发展，即：电弧炉冶炼—精炼—连铸（无缺陷坯)—直接加热（铸坯剪后温度 900~1000℃)—直接轧制，整个流程的时间越来越短（<2.5h)。

5.3 低氮电弧炉炼钢生产技术

铁水加入量、供氧方式、造泡沫渣及出钢的脱氧操作会对出钢后钢包钢液氮含量产生一定的影响。

5.3.1 铁水加入量对钢液中氮含量的影响

电弧炉冶炼吹氧脱碳时，氧流冲击区［O］很高，碳氧反应激烈，反应区温度可达2600℃左右，这时［O］、［S］阻碍钢液吸氮的影响消失，尽管［O］、［S］高，在碳氧反应区仍存在吸氮的可能，但碳氧反应生成大量的 CO 气泡对于氮来说是真空，能将氮带走，所以在电弧炉冶炼过程中也存在着吸氮与脱氮的两个相反过程。

要想降低出钢的氮含量，必须增大电弧炉冶炼过程的脱氮量，这就要求炉料要高配碳，产生更多的 CO 气泡。由于炉料配碳量的大幅度提高，吨钢用氧量增大，接近或超过了 $40Nm^3/min$，几乎接近转炉用氧量的水平，这就有可能生产出与转炉相当的氮含量。如图 5-15[10] 所示，随铁水加入量的增加（试验中把加入的生铁量归入加入铁水总量)，钢液氮含量几乎呈直线下降。如当铁水比为 38.1%时，出钢氮含量可达 0.0024%。熔池氮含量和熔池中的脱碳量或产生 CO 的量紧密相关。碳含量低时，吹氧过程形成气泡中 CO 的平衡分压低，CO 的量减少，CO_2 的量增加，熔池从电极区增加的氮上升，所以加铁水高配碳对钢液脱氮是有利的。

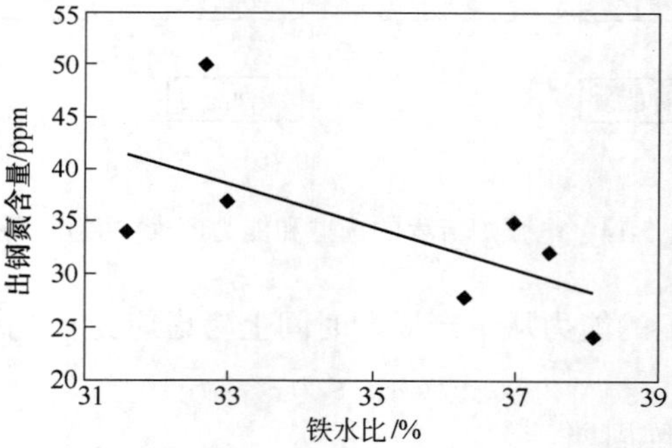

图 5-15 铁水加入量与出钢氮含量的关系

5.3.2 供氧方式对钢液氮含量的影响

虽然是同一批废钢，如果供氧方式不同，出钢时的氮含量没有一定的规律可循。当铁水加入量基本相同时，出钢时的氮含量却相差较大，如图 5-16 中铁水加入比为 32.7%及33%时，出钢氮含量分别为 0.0050%及 0.0037%。这是由于电弧炉冶炼期间供氧强度不同所致。熔化前期在较高的吹氧强度下，脱碳迅速，能够使熔池中的氮含量很快降低，但此时尚有部分废钢未完全熔化，这部分废钢熔化带入的氮由于熔池已没有足够的碳氧化而难以脱除，造成出钢氮含量较高；相反，熔化前期在较低的吹氧强度下，熔池中氮含量起初下降较慢，但在冶炼后期由于废钢熔化引起钢液中的氮回升也较慢，出钢氮含量较低，由此可见电弧炉冶炼过程中控制合理的供氧方式非常重要。

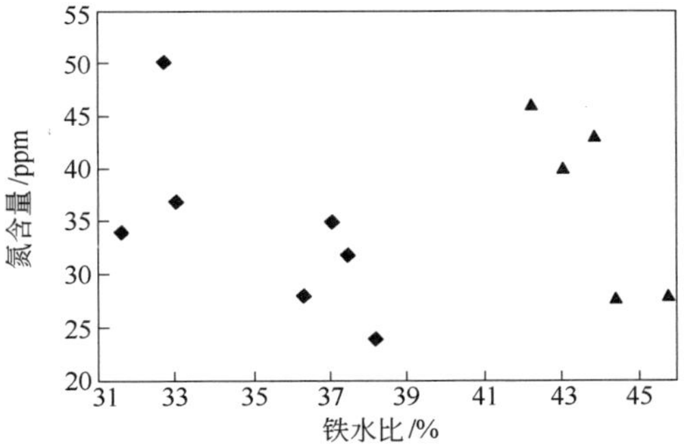

图 5-16 供氧方式不同对钢液氮含量的影响

5.3.3 泡沫渣操作对钢液氮含量的影响

电弧炉加入第一批废钢供电一段时间部分废钢熔化，加铁水继续送电，这时炉内已经有一定体积的金属熔池，电弧的高温加热使得电弧下的凹坑处出现裸露的钢液面，而这部分裸露的钢液较其他部位的钢液温度高，阴极温度为 2400K，阳极为 2600K。如此高的温度下氧、硫对钢液的表面活性作用消失，只要钢液裸露就会吸氮。另外，电弧强大的射流会将四周大量的气体吸入弧柱中，而多原子气体在电弧的高温下基本上会全部分解为单原子状态，也为氮原子在钢液中的溶解提供了条件。

所以只要有金属熔池形成，在电弧加热时钢液就有机会从大气中吸氮，为了减少从大气中吸氮，及早造泡沫渣避免钢液面裸露，特别是冲击凹坑处钢液面裸露是有效的措施。熔清后，泡沫渣渣层厚度应高于冲击凹坑深度。

5.3.4 出钢脱氧对钢包钢液氮含量的影响

下面以 CM490 等钢种冶炼进行说明，CM490 出钢过程加铝脱氧，其钢液氮含量变化如表 5-4 所示。钢液增氮明显，增氮量都在 0.0007%以上，而且出钢氮含量越低，钢液吸氮越严重。如图 5-17 所示，铝脱氧钢液随出钢氮含量的增加，钢液的吸氮量降低。而不用铝脱氧的 20CrMo 钢液，出钢过程绝大部分炉次增氮 0.0002%，如图 5-18 所示，而且较稳定。

表 5-4 铝脱氧 CM490 钢液出钢过程的增氮量 (ppm)

炉号	413	414	415	416	417	418	419	420	421
出钢	27	26	32	28	44	30	42	52	39
入包	52	44	43	41	48	38	50	59	46
增氮量	25	18	11	13	4	8	8	7	7

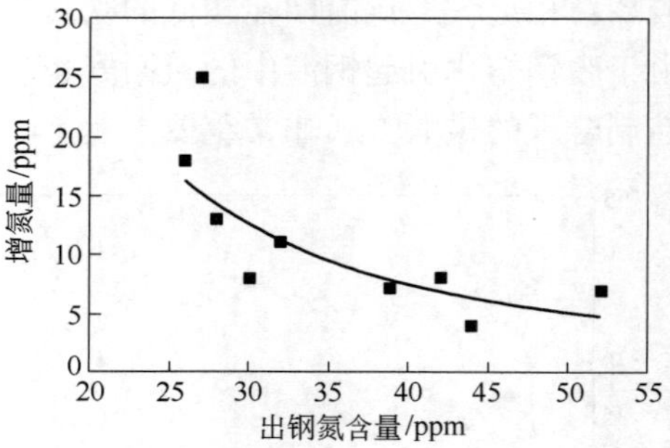

图 5-17 铝脱氧钢液出钢氮含量对出钢过程增氮的影响

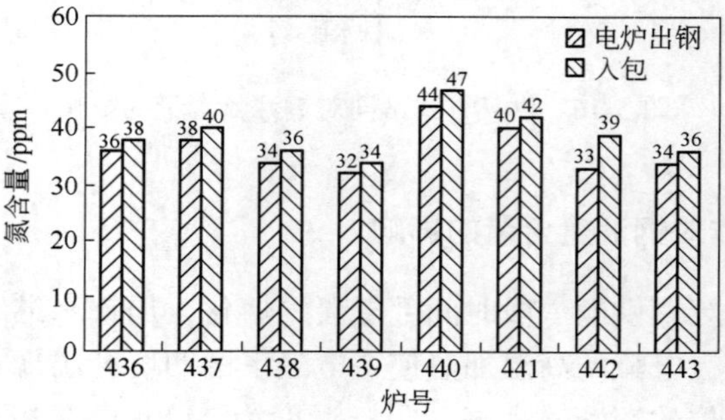

图 5-18 不用铝脱氧的 20CrMo 出钢前后钢液氮含量的变化

出钢后钢液中的铝含量对出钢过程钢液增氮量的影响如图 5-19 所示。随钢液中铝含量的增加，增氮量有提高的趋势。在钢液中氮达饱和之前，铝能促进钢液吸氮，同时铝脱氧钢液中的溶解氧含量低，也为吸氮创造了良好的条件。

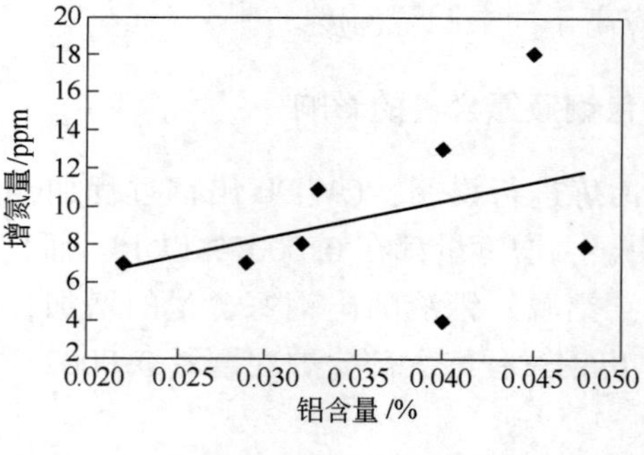

图 5-19 出钢加铝量对出钢过程钢液增氮的影响

5.3.5 电弧炉留钢操作对钢液氮含量的影响

平熔池冶炼留钢量大，一般留钢量占总钢水量的 1/3，如 90t Consteel 电弧炉，留钢量大约在 45t 左右。但留钢量大不利于生产超低氮的电炉钢，90t Consteel 电弧炉铁水加入量与出钢氮含量的关系如图 5-20 所示。这是因为留钢量大，钢液中的碳含量极低，相比其他形式的电弧炉在同样的铁水比条件下，配碳量较低，生成 CO 量少，依靠 CO 气泡脱氮的能力下降，造成出钢钢液氮含量升高。如图 5-20 中当铁水比大于 40%时，出钢氮含量仍在 0.0050%以上，相比图 5-16 超高功率电弧炉铁水比为 38.1%时，出钢氮含量为 0.0024%要高得多。

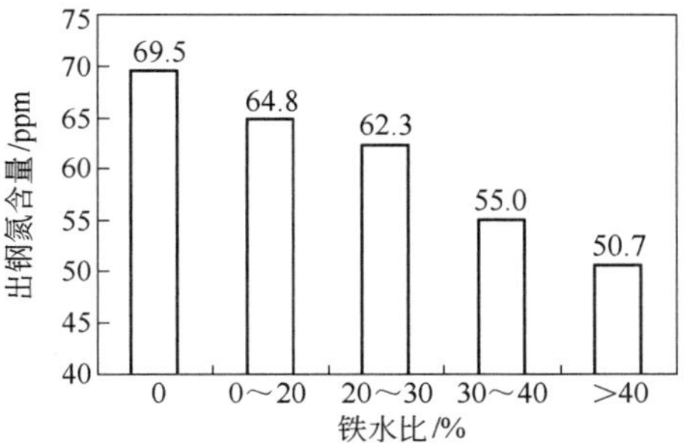

图 5-20 Consteel 电弧炉铁水加入量与出钢氮含量的关系

5.4 电弧炉冶炼终点控制技术

5.4.1 电弧炉终点控制的意义

现代电弧炉广泛采用炭氧枪、二次燃烧、底风口和氧燃烧嘴技术，供氧强度大大提高，通常可达吨钢用氧 30Nm³/t 左右，有的甚至超过 40Nm³/t，接近转炉用氧量，与之相应的是配碳量提高。炉料熔清后，在氧化条件下偏心底出钢，操作与转炉冶炼类似。为了保证熔池不过氧化及不同钢种合适的出钢碳含量，与转炉操作类似电弧炉终点碳的控制就显得极为重要。电弧炉控制终点，可降低钢水及渣的氧化性，降低合金及脱氧剂的消耗量，为下一步的精炼工序创造良好的条件。

5.4.2 电弧炉炼钢的配碳技术

电弧炉冶炼过程要保证一定的脱碳量和脱碳速度。

脱碳量：$\Delta[C] \geqslant 0.30\%$，高要求钢 $\Delta[C] \geqslant 0.40\%$。

脱碳速度：$v_C \geqslant 0.01\%/\text{min}$。

主要目的是：

（1）特别是强供氧技术的应用后，可以降低铁的烧损；

（2）降低炉料的熔点，更易于熔化；

（3）碳氧反应可以搅拌熔池，促进脱磷，均匀温度和成分，促进脱气和夹杂物上浮；

（4）碳氧反应促进泡沫渣的形成，提高热效率。

在满足上述要求的前提下，传统电弧炉对氧化期末的终点碳进行控制。控制目标是：终点碳进入冶炼钢种碳的规格（考虑合金化带入碳）范围。

由于现代电弧炉冶炼过程采用了强供氧技术，相应配碳量必须增加。电弧炉的炉料中生铁（或铁水）的配入量为 30%～40%，计算配碳量约为 1.5%～2.0%，脱碳量为 1.4%～

1.9%。当供氧强度不小于 0.9m^3/(min·t) 时，实际脱碳速度 $v_C \geq 0.05\%/\text{min}$，完全满足电弧炉冶炼过程对脱碳量和脱碳速度的要求。

现代电弧炉的脱碳反应变得很容易，但同时也带来了问题。由于脱碳速度很快，终点碳含量不容易控制，采用了不留碳工艺。当炉料全部熔清时，钢水碳含量几乎已经达到0.10%以下，出钢前终点碳含量更低。因此，必须合理控制供氧强度，以稳定控制出钢前钢水的终点碳含量，为碳成分的准确调整创造条件。

现代电弧炉控制终点碳含量的方法主要有：

(1) 根据目标碳含量，适时控制供氧强度。特别是当钢水碳含量符合要求后，应降低供氧强度。

(2) 采用炉底吹氩搅拌技术，代替吹氧搅拌，确保控制供氧强度的实现。

(3) 提高炭粉喷入量，或出钢前加入一定量的含碳材料，如炭球或铁-炭球，还原炉渣中的氧化铁，减少钢水中碳的氧化。

(4) 出钢过程加入还原剂，对钢水进行预还原，进而稳定钢水碳含量和预合金化时增碳剂的收得率，提高碳成分调整的命中率。

电弧炉炉料配碳的方法有：

(1) 使用高碳钢铁料，如高碳废钢、生铁、铁水等；

(2) 使用焦炭或煤等含碳材料，可以随废钢同时加入炉内，也可以以粉状形式喷入。两种配碳方法互相配合使用。

现代电弧炉可以稳定提供 [C]≤0.03%的钢水。

5.4.3 电弧炉中的碳氧反应分析

5.4.3.1 电弧炉冶炼过程熔池 [C]-[Fe] 的选择氧化

熔池的碳含量终点控制本质上是一个选择氧化问题，需要解决：

(1) 能否用碳含量来控制熔池中铁的过氧化。

(2) 如何通过控制熔池的过氧化来降低铁损，避免喷溅的发生，保证工艺的顺行。选择氧化是冶金热力学研究的重点之一，主要包括两个方面：一方面是在一定浓度条件下的选择氧化温度问题，即在此临界温度上，何种物质优先氧化；另一方面是在一定温度条件下，氧化反应的平衡浓度问题，即在平衡浓度以上，何种物质优先氧化。实践中广泛应用的计算不锈钢冶炼过程中 C-Cr 的选择氧化和转炉冶炼过程中 Si-C 的选择氧化都是其实际应用。但是，Fe-C 的选择氧化有其特殊性，因为铁是溶剂元素，在冶炼的后期占熔池重量的98%以上，而碳是溶质元素，在熔炼后期不会超过1%，因此，首先应该从碳的氧化机理上加以探讨[11]。

在吹氧熔炼过程中碳的氧化以间接氧化的方式为主，这是因为：首先，氧流集中于作用区域附近而不是高度分散于熔池。其次，氧流的冲击能够形成局部高温区，使硅、锰、硫等的反应活性降低，有利于碳的氧化。另外从反应动力学的角度来看，碳向氧气泡表面传质的速率比氧化反应的速率要慢，而熔池中大量存在的是铁元素。碳的氧化过程可简要表达如下：

(1) 氧气与钢液面接触反应：

$$\{O_2\} = 2O_a \tag{5-15}$$

$$O_a + [Fe] = (FeO)_s \tag{5-16}$$

(2) 氧化亚铁部分溶于铁液，部分进入炉渣：

$$(FeO)_s = [O] + [Fe] \tag{5-17}$$

$$(FeO)_s \longrightarrow (FeO)_{sl} \tag{5-18}$$

(3) 进入钢液的溶解氧与钢液中的碳发生反应，产生 CO 气泡逸出：

$$[O] + [C] = \{CO\} \tag{5-19}$$

式中 O_a——钢液面吸附的氧；

$(FeO)_s$——钢液表面的氧化铁；

$(FeO)_{sl}$——进入炉渣的氧化铁。

综上所述，钢液中碳的氧化可用下述化学反应方程式表示：

$$(FeO) = [Fe] + [O] \quad \Delta G_1^{\ominus} = 121000 - 52.38T \text{ J/mol} \tag{5-20}$$

$$[O] + [C] = \{CO\} \quad \Delta G_2^{\ominus} = -22000 - 38.34T \text{ J/mol} \tag{5-21}$$

由两式叠加可得到钢液中碳氧化的反应方程式：

$$(FeO) + [C] = [Fe] + \{CO\} \quad \Delta G_3^{\ominus} = 99000 - 90.72T \text{ J/mol} \tag{5-22}$$

$$\lg\left(\frac{p_{CO}}{a_C a_{FeO}}\right) = -\frac{5170}{T} + 4.736 \tag{5-23}$$

$$a_C = [\%C] f_C \tag{5-24}$$

式中 a_C——以碳的质量百分数表示浓度时，以 Fe-C 系无限稀溶液为基准的活度；

a_{FeO}——炉渣中 FeO 的活度；

f_C——碳的活度系数。

由于氧在钢液和炉渣之间存在平衡分配比 $L_O = [\%O]/a_{FeO}$；在炉渣成分和温度一定的情况下，分配比 L_O 一定，则上式可改写为：

$$\lg[\%O] = -\frac{5170}{T} + 4.736 - \lg[\%C] - \lg f_C - \lg L_O \tag{5-25}$$

式中，[%O] 和 [%C] 分别是钢液中的氧含量和碳含量。此式说明钢液中的 C-Fe 之间的选择氧化与钢液中的氧含量、碳含量以及钢液温度、炉渣的成分有关。这就说明可以根据熔池中的碳含量与熔池中溶解氧含量的平衡来控制铁损。

5.4.3.2 电弧炉炼钢过程中熔池 [C]-[O] 关系

日本学者研究 $CO\text{-}CO_2$ 混合气体同铁液中碳和氧的平衡结果，测得了下列反应的平衡常数及标准自由能变化与温度的关系式：

$$[O] + \{CO\} = \{CO_2\} \quad \Delta G_4^{\ominus} = -166900 + 91.13T \tag{5-26}$$

$$\lg K_O = \lg\left(\frac{p_{CO_2}}{a_O p_{CO}}\right) = \frac{8718}{T} - 4.762 \text{ J/mol} \tag{5-27}$$

$$[C] + \{CO_2\} = 2\{CO\} \quad \Delta G_5^{\ominus} = 144700 - 129.5T \tag{5-28}$$

$$\lg K_C = \lg\left(\frac{p_{CO}^2}{a_C p_{CO_2}}\right) = -\frac{7558}{T} + 6.765 \text{ J/mol} \tag{5-29}$$

根据式 (5-26) 与式 (5-29) 叠加可得到钢液中碳氧反应的平衡常数及标准自由能变化与温度的关系式：

$$[C] + [O] \Longleftarrow \{CO\} \qquad \Delta G_6^{\ominus} = -22000 - 38.34T \tag{5-30}$$

$$\lg K_{CO} = \lg\left(\frac{p_{CO}}{a_C a_O}\right) = \frac{1160}{T} + 2.003 \text{ J/mol} \tag{5-31}$$

在 Fe-C-O 系整个浓度范围内近似的［C］-［O］关系实验式如下：

$$\lg[\%O] = -\frac{1160}{T} - 2.003 + 0.16[\%C] - \lg[\%C] + \lg p_{CO} \tag{5-32}$$

5.4.3.3 温度对［C］-［Fe］选择氧化的影响

在电弧炉熔炼的初期，熔池温度较低，气体氧与铁液反应生成的 FeO 在低温下溶解度不高，大量的 FeO 没有溶解在铁液中，而聚集起来与氧气进一步反应氧化生成 Fe_3O_4，产生大量的褐烟。在氧化期的温度条件下，钢液温度较高（1580～1650℃），而［C］+［O］═{CO}是一个微弱的放热反应（$\Delta H_0 = -22000$J/mol），反应的平衡常数随温度的变化不大。而同铁液平衡的氧化铁的分解压非常低（$<10^{-3}$Pa），使熔池和氧化性气氛接触时表面上迅速形成 FeO 膜，因此在熔池中铁的氧化程度主要可由熔池中溶解氧的浓度决定，温度的影响不大，根据式（5-32）并认为电弧炉冶炼过程中 $p_{CO} = 1.01 \times 10^5$Pa 计算，结果如图 5-21[12] 所示。

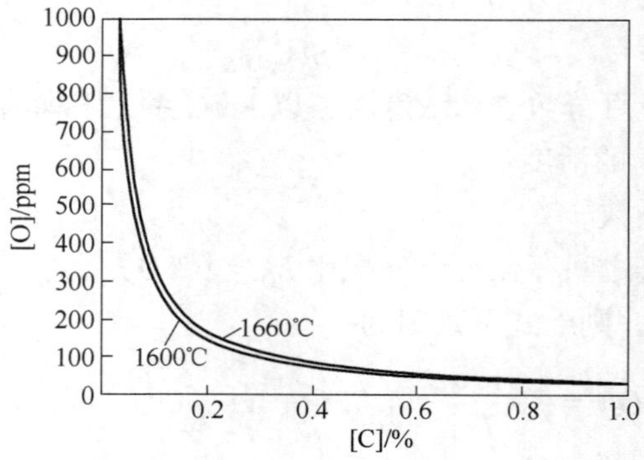

图 5-21 温度对［C］-［O］关系的影响

5.4.4 钢液温度控制

现代电弧炉利用电能和化学能相结合的方式熔化炉料、加热钢水，而且还可以连续向熔池内加入冷钢铁料，调节钢水温度，因此具有快速、灵活、准确的特点。

根据工艺要求，冷炉料熔化时的速度要快；炉料熔清后，钢水温度 1500～1550℃，考虑低温脱磷的要求，应适时加入冷钢铁料，降低钢水升温速度，延长脱磷时间，提高脱磷效率。当进入主脱碳时期时，钢水温度不低于 1550℃，应配合供氧强度的增加，快速提高钢水温度，提高脱碳速度。出钢时，钢水温度不低于 1600℃。关于出钢温度的控制，应综合考虑：降低对电弧炉炉衬耐火材料的侵蚀，减少出钢过程的吸气，满足熔化合金、还原剂、渣料要求，满足预还原、预脱硫和钢水中非金属夹杂物上浮，减轻炉外精炼处理负担以及合理过热度等因素。可以加入冷钢铁料，调节钢水温度，使之满足出钢温度要求。一般现代电弧炉出钢时钢水温度要高出该钢种液相线温度 80～150℃。

5.4.5 钢液终点碳控制

5.4.5.1 生产条件下［C］-［O］关系曲线

在珠江钢厂 150t 及大冶特殊钢股份有限公司四炼钢厂 60t 超高功率电弧炉内进行实验，以确定生产条件下冶炼过程熔池［C］-［O］关系，结果如图 5-22 所示[11]，其温度在 1600~1660℃之间。［C］、［O］关系为［%O］=0.0032［%C］−0.9441。对比图 5-21 与图 5-22，计算的［C］-［O］关系曲线与实测关系曲线变化一致，其关系式与前人计算的［%C］［%O］=0.0020~0.0025 相近，可用于指导实际生产。

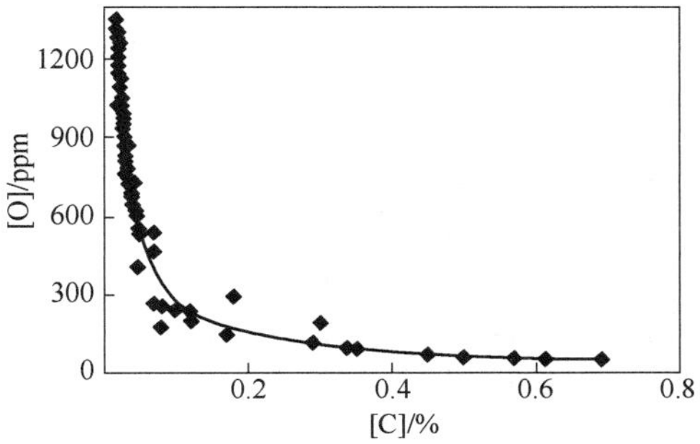

图 5-22 实测［C］-［O］关系

5.4.5.2 ［C］-［Fe］选择氧化平衡点

根据式 $w(\mathrm{C})_{(t)}=\dfrac{\mathrm{C}_0-\int_0^t V_\mathrm{c}\mathrm{d}t}{m}$ 以及反应：

$$[\mathrm{Fe}]+[\mathrm{O}]=\!=\!=(\mathrm{FeO}) \tag{5-33}$$

$$\lg\frac{a_{\mathrm{FeO}}}{[\%\mathrm{O}]}=\frac{6317}{T}-2.739 \tag{5-34}$$

可以计算出电弧炉冶炼过程中 1600℃钢液中 C-Fe 的选择氧化平衡点为［C］=0.035%，计算时熔渣 a_{FeO} 取 0.3，此时熔池中的溶解氧为 0.0075%。该计算结果与实际生产测试结果相符。

根据 $\Delta G'=\Delta G^{\ominus}-RT\ln K$，一定的温度下［Fe］-［O］反应的 $\Delta G'$ 与［C］无关，熔池中如果存在过量的溶解氧，$\Delta G'$ 会降低，［C］-［O］选择氧化的平衡点将右移，如图 5-23 所示。

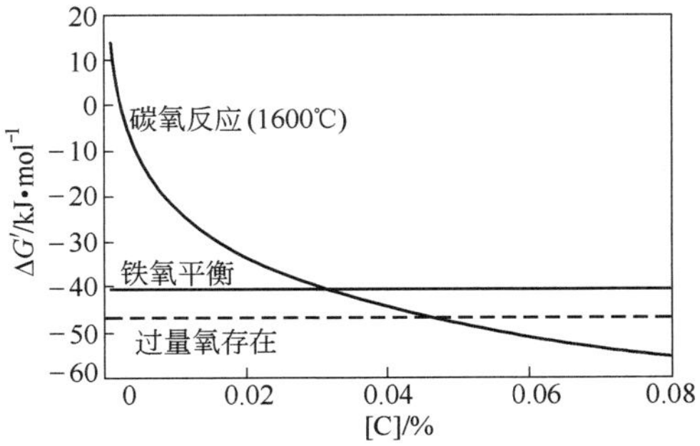

图 5-23 1600℃碳铁选择氧化曲线

5.4.5.3 工艺控制

根据电弧炉冶炼的［C］-［O］关系曲线，可用［C］来控制［O］，防止钢液过氧化；预报氧以指导出钢过程脱氧。

冶炼低碳钢时，对于20MnSi类型的钢，考虑到避免精炼期过量氧的存在及出钢后补加合金中的碳含量，可将终点碳控制在0.07%～0.10%以上，对于碳含量要求不大于0.06%的一些钢种，电弧炉终点碳控制在0.04%～0.045%。这样可减少铁损，提高金属收得率，降低脱氧铝的消耗及LF电耗，减少渣料消耗及LF电极和耐火材料消耗，提高钢液洁净度。

参考文献

[1] 徐匡迪，现代电炉炼钢的发展趋势［C］//当代电炉流程与工程问题研讨会专集．上海，1993.

[2] 王新江．中国电弧炉炼钢的技术进步［J］．钢铁，2019，54（8）：1-8.

[3] Jens A，Hannes B，Achim W. EAF Quantum-新型电弧炉炼钢技术［J］．河北冶金，2018，274（10）：7-13.

[4] 王建．电弧炉冶炼低合金钢氮含量的控制研究［J］．特钢技术，2013，19（3）：34-36.

[5] 殷瑞钰．当代电炉流程的工程进展评价［C］//当代电炉流程和工程问题研讨会专集．上海，1993.

[6] 傅杰，王中丙，李京社，等．现代电炉炼钢技术的发展、问题及对策［C］//电炉炼钢学术会议论文集，2002：22-34.

[7] 傅杰．现代电弧炉冶炼周期综合控制理论及应用［J］．北京科技大学学报，2004（6）：588-595.

[8] 王军涛，王宝明，纪连海．电弧炉热装铁水比例对冶炼工艺的影响分析［J］．天津冶金，2012（4）：4-6，10，60.

[9] 殷瑞钰．当代电炉流程的工程评价［C］//当代电炉流程与工程问题研讨会专集．上海，1993.

[10] 王经民，林国强，李京社，等．电弧炉冶炼工艺对钢液氮含量的影响［J］．特殊钢，2003（4）：51-52.

[11] 傅杰，李晶，徐晓达，等．电弧炉冶炼终点碳的控制［J］．钢铁，2001（6）：18-20，43.

[12] 霍建光．试析电弧炉冶炼终点碳的控制［J］．中国高新技术企业，2016，356（5）：79-80.

6 电弧炉冶炼主要单元操作

6.1 废钢预热与铁水热装技术

6.1.1 废钢预热技术

现代电弧炉炼钢的主要原料除废钢外还有30%~40%的生铁或DRI（直接还原铁）/HBI（热压块铁）等。生铁在传统电弧炉炼钢过程中配入量为10%~15%，主要用来去气及增碳，现代电弧炉炼钢过程中主要用来高配碳，增加化学热和物理热。生铁是最佳的配碳剂。考虑到冶炼成本，电弧炉可采用加部分铁水冶炼。在废钢价格和用电价格较高的情况下，也有部分企业采用高铁比冶炼，铁水比达80%以上。用熔融还原的方法生产铁水代替高炉生产铁水，有利于资源利用和环保，是一种技术进步。究竟采用何种炉料结构应考虑当地的资源和能源供应特点以及不同炉料的经济性。

废钢作为电弧炉炼钢的主原料，在热状态下加入电弧炉进行冶炼，可以节省冶炼能量、缩短冶炼时间，还能降低因潮湿废钢加入而引起电弧炉爆炸的概率。鉴于热状态废钢的以上特点，一系列废钢预热工艺装备和技术应运而生。废钢预热技术被认为是有效提高电弧炉生产率的主要技术措施之一。

电弧炉冶炼期间产生的高温烟气包含有大量的显热和化学能，特别是电弧炉用氧不断强化，产生大量废气，其温度高达1200~1500℃，废气带走的热量为105~165kW·h/t，其中废气的物理热约为45~65kW·h/t。这样，利用电弧炉炼钢废气预热废钢，充分回收利用这部分能量来预热废钢炉料可以大幅度降低电能消耗，提高经济效益。

对于热烟气穿过废钢的预热，在烟气通过废钢时，将热量传递给废钢，升高废钢温度的同时，烟气中的大量粉尘也被过滤下来，不但提高了钢的收得率，而且也减轻了废气处理系统的除尘负担。

目前，中国电弧炉废钢预热技术的种类有水平式、竖炉式（侧竖炉式、顶竖炉式）、双炉式等。包括隧道窑式水平废钢预热的Consteel和ECS电弧炉技术、竖井侧废钢预热的EcoArc电弧炉技术、梯形竖炉炉顶废钢预热的Quantum电弧炉技术、对称双竖井废钢预热的ShArc电弧炉技术、侧顶斜槽全密闭废钢预热的CISDI-GreenEAF电弧炉技术等、双壳炉技术。

（1）隧道窑式水平废钢预热的Consteel和ECS电弧炉技术。利用电弧炉产生的高温废气，通过废钢加入口，经过预热隧道，与废钢形成逆流接触，对运送过程中的炉料进行水平连续预热，电弧炉产生的热废气可使入炉前废钢料层上表面温度高达表面400℃以上。

（2）竖炉式（侧竖炉式、顶竖炉式）。热废气直接穿过废钢，预热效率高。EcoArc（侧竖炉式）电弧炉预热系统，因为预热竖炉和熔炼室直接相连，废钢从钢水到预热部持续存在，高温废气可以对废钢进行连续高温预热，大幅度降低了耗电量。由于预热过程中保持了较好的热平衡，预热效率高，实现了效益最大化。Quantum（顶竖炉式）电弧炉梯形竖炉设计及良好的保持系统优化了废钢分布和下落，改善了废气路径，优化热传递，增加了预热效果，极大地提高了整体的密封性。预热后的废钢入炉温度可达600°C以上，极大地降低冶炼能耗。ShArc电弧炉采用对称双竖井废钢预热，在炉壳四周均匀布置废钢，保证充分均匀的预热效率，竖井和炉壳作为独立单元，采用可调的独立手指推动废钢，预热手指可防止废钢粘连。每个竖炉的废气量和废钢的预热程度可单独控制。以前还有德国Fuchs公司开发的竖炉技术，利用电弧炉烟气以及氧燃烧嘴产生的部分热量，预热竖炉内的废钢，由于烧嘴埋在废钢中，氧燃烧嘴热效率比一般烧嘴热效率要高。竖炉多级废钢预热是将整个竖炉分上下两层预热室，上、下两层预热室均可用手指状的簧子独立开闭，在废钢进入电弧炉前，可单独分批预热废钢，竖炉位于电弧炉炉盖上方，设有三个工位，即预热位、加料位和维修位。预热位主要是接受废钢和预热废钢；加料位是把预热后的废钢从竖炉加入电弧炉。竖炉可在预热位、加料位和维修位往返运行。其他竖炉式废钢预热系统见4.4节。

（3）双壳电弧炉。双壳电弧炉具有一套供电系统和两个炉壳，一套电极升降旋转装置交替对两个炉壳供热熔化废钢（也有少数炉子采用两套电极升降旋转装置）。它是利用电弧炉烟气以及氧燃烧嘴产生的部分热量，预热炉内的废钢，由于烧嘴埋在废钢中，氧燃烧嘴热效率比一般烧嘴热效率要高。

双壳电弧炉的发展，一方面提高了生产能力，生产率提高20%以上，通电时间比由常规的65%~75%提高到85%~95%；另一方面利用废热节能，一般节电40~50kW·h/t，并且可以减小烟气系统的规模。为了进一步提高节能效果，日本NKK公司率先开发了一种高炉身直流双壳电弧炉，可达到100%废钢预热，可节电60~90kW·h/t。

（4）料篮预热法。利用电弧炉产生的废气对装在料罐中尚未装炉的废钢进行预热，可以回收废气带走热量的20%~30%，降低电耗10~5kW·h/t（平均20~25kW·h/t），冶炼周期缩短3min/炉，节约电极0.3~0.5kg/t，提高生产率约5%。日本于1980年8月首先在50t电弧炉上应用了该技术，在80年代前期得到很快普及，但这种废钢预热方式也带来一些问题：产生白烟和废气，污染环境；高温废气使料罐局部过烧，降低其使用寿命；废钢预热温度低、废钢黏结等。

6.1.2 电弧炉炼钢冶炼过程的铁水热装工艺

20世纪60~70年代，部分国家钢铁联合企业在拆除平炉时，利用大型电弧炉代替，因而有条件部分采用高炉铁水作为电弧炉炼钢原料[1]，如美国阿姆科公司休斯敦厂有一座日产生铁2500t高炉，将平炉拆除后，利用原炼钢厂房建设4台175t电弧炉（每台电弧炉变压器容量为44000kV·A），以40%热铁水加废钢为原料，炉侧用天然气和氧气混吹，吨钢电耗降至275kW·h。

较早从经济角度考虑电弧炉热装铁水炼钢的是南非伊斯科公司的比勒陀利亚厂和范德拜尔帕克厂，另外日本的室兰钢厂、大和钢厂、比利时的Cockerill厂也在铁水热装技术方面积累了丰富的经验[2]。表6-1为一部分国外已投产或在建的铁水热装电弧炉情况。

表 6-1 部分国外已投产或在建的铁水热装电弧炉情况

厂家	投产年份	出钢量/t	变压器容量/MW	炉子形式	铁水比/%	制造厂商
Unimetal	1994	150	150	DC 双壳	25	Clecim
Cockerll	1996	140	100	DC 竖炉	35	Fuchs
Dofasco	1996	165	134	AC 双壳	30	Fuchs
Nippon Deom	1996	180	99	AC 双壳	0~7	MDH
Saklamha	1998	170	115	AC 双壳	38	MDH
Severotal	1998	120	85	AC 竖炉	40	Fuchs

近年来由于我国废钢资源的短缺，同时用户对钢质量要求的不断提高，各电炉钢厂寻求扩大原料资源，有些电弧炉厂则配加部分 DRI、HBI，以稀释电弧炉炉料中有害微量元素（如 As、Sn、Pb、Cu、Sb、Cu、Ni 等），从而提高钢的质量，满足用户需求[3]。然而直接还原铁生产和技术在我国还处于较低水平，产量较少，进口直接还原铁也难以满足国内的需求，部分冶金企业开始使用热装铁水，电弧炉热装铁水已成为各电炉钢铁企业所关注的问题。安钢从 1993 年开始采用加部分铁水操作，1995 年该技术通过省级鉴定。

根据电弧炉厂的车间具体情况，铁水热装有多种方式，每种方式有不同的优缺点。目前国内铁水加入方式主要有以下几种[4]：

(1) 炉顶加入方式：旋开炉盖，用天车吊铁水包，从炉顶加入。

在电弧炉加铁水工艺使用初期，工艺尚处于摸索状态，没有专用的设备，大量电弧炉炼钢厂采用旋开炉盖，直接加入铁水的方式。

旋开炉盖，由炉顶加入铁水的工艺方式如图 6-1 所示。这种工艺方式的优点有：

1) 设备投资少，不需要对原有电弧炉进行改造。

2) 铁水加入速度可控范围大，能以较快的速度加入铁水。

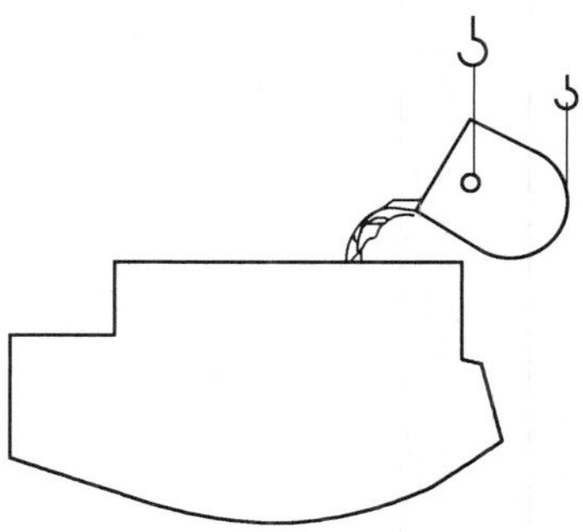

图 6-1 炉顶铁水加入方式（侧视图）

这种简单的铁水加入方式存在不足。

1) 铁水加入过程中，炉盖旋开，无法进行通电冶炼，增加了非冶炼时间，降低生产效率。

2) 电弧炉留钢留渣操作，冶炼结束炉内氧化性气氛严重，随着铁水的加入，碳氧反应剧烈，产生大量泡沫渣，容易引发大沸腾，甚至造成铁水、炉渣涌出炉体，引发安全事故。

3) 随着炉盖的打开，炉体内部完全敞开，造成热量散失严重。

4) 占用天车，影响其他操作。

如江苏淮钢和南钢使用此种方法。淮钢在其 70t UHPEAF 每炉钢实际容量为 80t，废钢分两篮装入[5]。热装铁水方法是：铁水包从炼铁车间运抵电弧炉车间后，在第一篮料穿井后停电，旋开炉盖，用天车吊起铁水包直接从炉顶倒入铁水。

（2）铁水车加入方式（图 6-2、图 6-3）：使用专用的铁水车，通过铁水流槽，从炉门加入铁水。

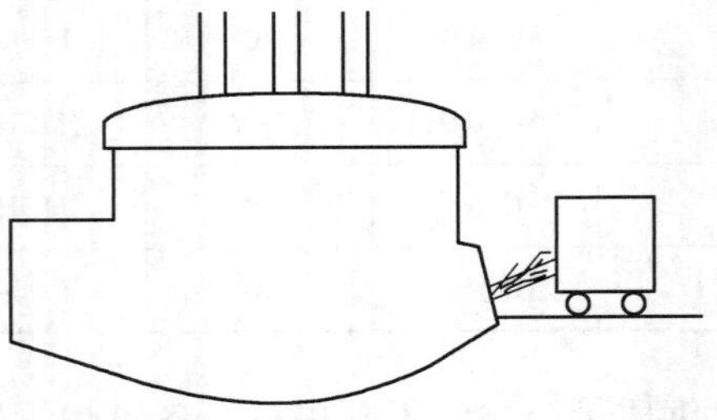

图 6-2 铁水车铁水加入方式（侧视图）

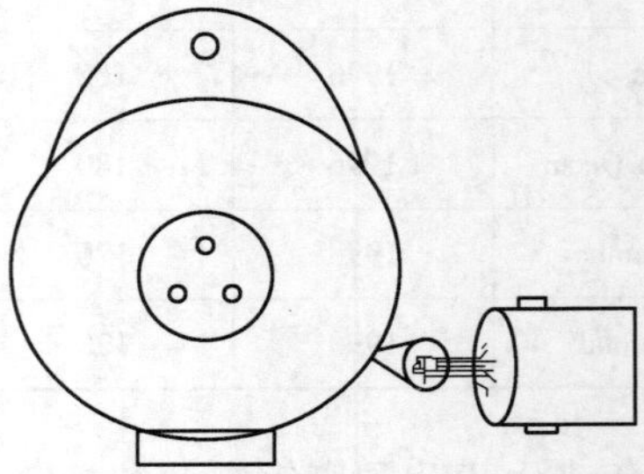

图 6-3 炉壁开孔铁水加入方式（顶视图）

该工艺使用专用铁水加入车，沿固定轨道运行，电弧炉出渣口伸入铁水流槽，将铁水车倾翻，铁水沿铁水流槽进入炉体内。

该工艺的优点有：

1）不需要对电弧炉进行改造。

2）根据炉内情况，控制铁水的加入速度，能避免发生大沸腾。

3）自动化、机械化程度高，能实现无人操作，改善工人操作环境。

但是这种工艺也存在不足：

1）炉前设备拥挤，与炉门枪相互冲突，不利于吹氧快速冶炼。

2）遮挡炉门视线，无法观察炉内情况。

3）铁水流槽、出渣口容易结渣结瘤，清理困难，影响下炉操作。

4）而废钢也可能会堵住炉门或炉门积渣太多，因而只能在冶炼一段时间后才能开始加入铁水，影响了电弧炉的生产节奏。

天津钢管公司 150t 电弧炉采用这种铁水加入方式。宝钢八钢 70t 直流电弧炉也采用此法。该厂在第一批料入炉后立即兑入铁水，为此要求炉门附近尽可能加轻薄废钢，并减少炉门的布料量，以控制兑铁水时的飞溅。

（3）从炉壁开孔，设计专用铁水加入通道。

不少电弧炉炼钢厂对电弧炉进行改造，在炉壁开孔，留有铁水加入专用通道，用天车由铁水漏斗注入铁水。此种方法完全克服了铁水从炉顶或炉门加入的缺点，是电弧炉兑铁水的较为理想的方法。根据不同钢厂的空间情况不同，开孔位置也不尽相同，主要有两种方式，一为在炉门口旁边炉壁开孔，二为在出钢口旁边炉壁开孔。

部分企业电弧炉炼钢厂选择这种方式，其优势为：

1）铁水加入速度适中。

2）炉门枪使用不受限制，提高生产节奏。

3）不影响炉门观察炉内情况，有利于控制冶炼。

其不足之处为：

1）用天车吊装铁水，倾斜倒入漏斗，对天车的操作要求较高，容易发生事故。

2）装入过程铁花飞溅严重，对水冷电缆、电极有影响，应注意保护。如铁水加入口设在炉门口旁边，铁水加入过程中铁花飞溅，影响炉前人工操作。

3）铁水通道没有水冷，寿命相对缩短。

4）铁水通道的冷渣铁清理困难。

此方式较前两种方式需要较大的固定投资，已建成的电弧炉车间改用此法可能会受到场地的限制。安钢 100t 烟道竖炉电弧炉设计为炉后铁水连续经固定流槽加入，加入速度为 8~12t/min[6]。

沙钢润忠公司装有一台 Fuchs 公司制造的 90t 竖炉，原设计为 100%废钢料，第一批料直接加入炉内，其余废钢料从竖井加入炉内，3 篮加料，废钢预热率不到 50%，冶炼周期为 58min，年产量 65 万吨[7]。为了实现热装铁水，该公司对 90t 竖炉进行了改造，在电弧炉炉后壳体加一固定铁水流槽，设置一专用兑铁水装置，由回转机构、倾翻系统和称重系统组成。铁水包用行车吊放在此装置上后旋转，对准固定铁水流槽，倾翻，铁水经固定流槽进入电弧炉，铁水包的倾翻动作通过 PLC 自动控制，在铁水初加入时为避免产生激烈反应，速度较低，逐步增加至约 5t/min，整个过程持续约 12min。

（4）EBT 区上部铁水加入方式：在电弧炉 EBT 区上部设置加铁水漏斗，由铁水包倾翻架控制，加入铁水。

大冶东方钢铁、常州龙翔的炼钢厂，在 EBT 区域上部，接近出钢口上部设置加料位，由铁水倾翻装置将铁水包倾翻倒入铁水漏斗，如图 6-4 所示。

这种铁水加入方式有它特有的优势：

1）设备简单，占地面积小，不影响冶炼。

2）自动化程度高，控制简单。

3）有利于降低 EBT 区冷区效应，加快废钢熔化。

不足之处为：

1）铁水直接冲刷 EBT 区域，造成 EBT 区域耐火材料寿命降低。

2）占用 EBT 区域，不利于堵出钢口。

（5）炉顶铁水加入改进方式：在水冷炉顶开孔，设置加料漏斗，加入铁水（图 6-5）。

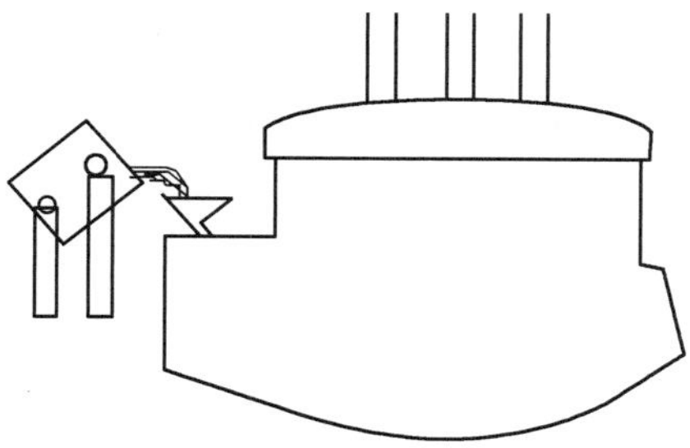

图 6-4 EBT 区上部铁水加入方式（侧视图）

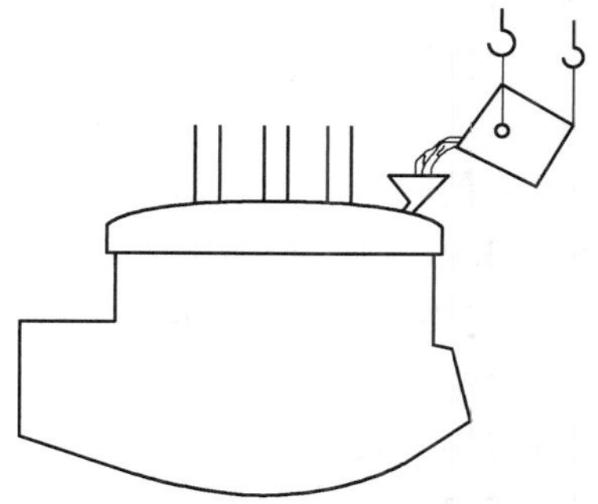

图 6-5 炉顶铁水加入改进方式

在电弧炉水冷炉盖开孔，由天车将铁水直接加入铁水，这种铁水加入方式是对最初的旋开炉盖加入铁水方式的改进（这种方式目前仅限于试验阶段）。

这种方式避免了原有的不少缺点：

1）加入铁水过程不影响电极供电，保持冶炼的连贯性；

2）不用旋开炉盖，降低了热量的散失。

3）铁水加入过程比较平缓，减少了大沸腾的发生。

不足之处为：

1）铁水加入过程中铁花飞溅，水冷电缆和电极存在安全隐患。

2）由天车控制加入铁水，准确率较低，危险性大。

铁水加入方式是由各个电弧炉炼钢厂，根据企业的实际情况，制定出来的，尚没有统一的工艺流程可以参照，各自存在一定的优势，也存在不足，需在生产实践中不断加以改进并不断完善。

6.1.3 热装铁水与电弧炉除尘能力及工艺参数的关系

高铁水比原料条件下，要保证现冶炼节奏，必须提高电弧炉的供氧强度[8]。电弧炉的供氧强度提高后，需考虑因此带来对电弧炉冶炼工艺及设备的影响，如：化学能增加带来的供电供氧的配合、烟气量增加带来的除尘、供氧量增加带来的氧气管道阻力损失增加、电弧炉热负荷增加等问题。

电弧炉炼钢的能量来源由电能及化学能组成。如何分配不同冶炼阶段电能和化学能的输入量，应根据模型计算进行判断。但受检测条件的限制，对冶炼节奏、终点的控制精度不高，通常是依靠经验进行操作，这样难以提高供电及用氧效率。

6.1.3.1 热装铁水比与电弧炉除尘能力的关系

随着电弧炉热装铁水比的提高，供氧强度随之提高，经过激烈的化学反应和熔池搅拌，电弧炉炉气量和炉尘量大量增加。在提高电弧炉热装铁水比的同时，必须充分考虑现阶段除尘系统的能力，以免超出系统的设施能力，造成难以弥补的环境问题。

例如，安阳 100t 竖式电弧炉的除尘采用竖井直排烟设计，排烟量为 $1\times10^4 Nm^3/h$，屋顶罩 $2\times64\times10^4 Nm^3/h$（含 LF 炉烟气除尘）[9]。如按 80%铁水、最大脱碳速度 0.10/min 计算，考虑到竖井的抽气能力，炉内产生的烟气量为 $4.67Nm^3/h$，如按高温 1400℃的烟气计算，烟气量达到 $22\times10^4 m^3/h$ 以上。采用竖井直排烟的除尘能力（$1\times10^4 Nm^3/h$），竖井烟气除尘能力已不能满足新工艺。现考虑多余 $12\times10^4 m^3/h$ 烟气估计（80%铁水，脱碳速度 0.10/min），高温卷吸周围空气按 5 倍计算，总气量估计在 $60\times10^4 m^3/h$。现厂房有 $2\times64\times10^4 Nm^3/h$ 的除尘能力，基本满足要求。但要保证除尘质量，需保证布袋完好。

6.1.3.2 热装铁水比与冶炼电耗的关系

对某电弧炉进行供氧能力改造，由图 6-6 可知，吨钢电耗随着铁水热装比下降的趋势比改造前效果明显，吨钢电耗比改造前平均低了 25kW · h。这说明，较强的供氧能力能够实现较高的热装铁水比，进而能得到较低的冶炼电耗。

6.1.3.3 热装铁水比与吨钢氧耗的关系

图 6-7 可以看出，与全废钢相比，随着热装铁水比增加至 30%，吨钢氧耗下降。全废钢冶炼时，氧气在炉中的行为较为复杂，在冶炼前期由于形成的熔池较小，氧气的利用率低；而兑入铁水后，加上炉内原有的留钢、留渣为炉内提前吹氧创造了条件，氧气的利用率提高，泡沫渣形成较早，废钢熔化加快。因此，当铁水加入比例小于 30%时，随着热装

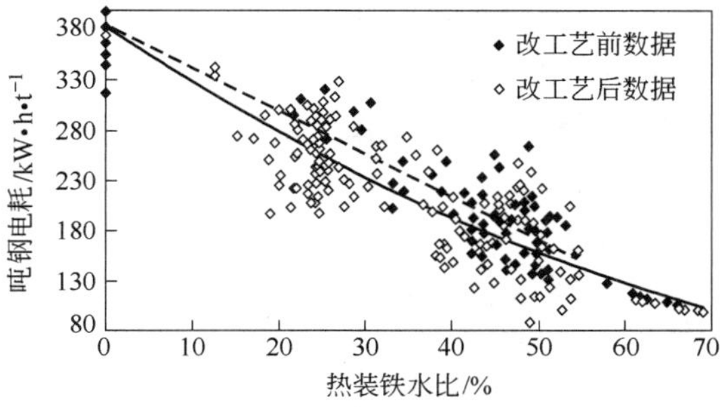

图 6-6　热装铁水比与吨钢电耗的关系

铁水比的增加，吨钢氧耗不升反降，这是加铁水促使泡沫渣形成、氧的利用率提高所产生的结果。

但当热装铁水比超过 30%时，氧耗开始上升。其原因在于铁水量增大后，钢中碳含量增加，供氧强度成为限制因素，提高供氧强度将加速脱碳反应的进行。由图 6-7 可知，改进供氧系统后，吨钢氧耗有提高。考虑到电耗等指标，采用化学能置换电能从降低成本考虑是可取的。

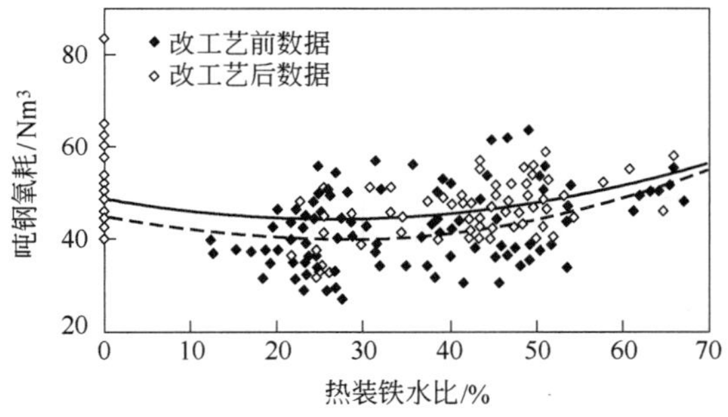

图 6-7　热装铁水比与吨钢氧耗的关系

6.1.3.4　热装铁水比与冶炼周期的关系

提高电弧炉的供氧能力后，电弧炉冶炼周期有了很大缩短，见图 6-8。在热装铁水比例小于 30%时，随着热装铁水比的提高，电弧炉冶炼周期缩短明显，这是因为随着电弧炉

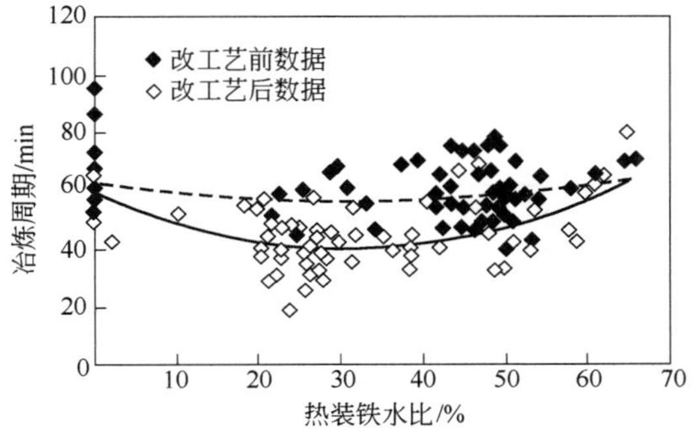

图 6-8　热装铁水比与冶炼周期的关系

热装铁水比的提高，入炉的铁水物理热和化学能增加，它们在强化供氧的作用下，提高了电弧炉的能量输入强度，缩短了冶炼周期；热装铁水比例高于30%后，铁水带来的碳、硅、磷等元素超过了供氧系统供氧能力，电弧冶炼周期反而逐渐延长，熔池脱硅、脱磷、脱炭成为影响冶炼节奏的关键因素。

6.1.3.5 铁水合理加入比计算

影响电弧炉合理热装铁水比的条件比较多，这里从冶炼成本、冶炼节奏等角度进行计算。其中并未考虑不同热装铁水比造成的其他成本的改变。

实际生产过程中，电弧炉合理的铁水加入量与电弧炉的实际工艺参数密切相关，这里假设两种供电及供氧强度，分别对其不同铁水加入量进行计算，判断合理的铁水加入量。电弧炉设备及冶炼参数见表6-2。

表6-2 冶炼工艺参数设定

参　　数	1号炉况	2号炉况
变压器容量/MW	100	100
炉容量/t	150	150
电极直径/m	0.65	0.65
电极电流/kA	62	62
电能输入吨钢功率/kW·t^{-1}	400	350
氧气输入强度/m^3·min^{-1}	1.2	1.3

注：1. 电能输入吨钢功率为电弧炉有用功平均最高强度，即在全功率通电时能长时间保持的有用功功率与电弧炉内钢水量的比值。

2. 氧气输入强度为电弧炉冶炼全程总供氧量与冶炼时间的比值，是在电弧炉安全运行的情况下，平均吨钢单位时间的氧气通入量。它与供氧设备有重要关系，也是操作水平的重要体现。

通过物料平衡计算，得出不同入炉铁水比例下，吨金属料冶炼的各项原料消耗和能量消耗，见表6-3。

表6-3 不同铁水比下每吨金属料冶炼的原料消耗与能量消耗

铁水比	氧气/m^3	石灰/kg	炭粉/kg	电极/kg	电耗/kW·h	总能耗/kW·h
全废钢	28.76	18.37	5	1.7	410.72	582.10
15%铁水	35.50	23.81	5	1.7	355.41	612.68
30%铁水	42.24	29.24	5	1.7	299.26	643.72
45%铁水	48.97	34.68	5	1.7	242.25	675.21
60%铁水	55.71	40.12	5	1.7	184.36	707.18
80%铁水	64.69	47.37	5	1.7	105.77	750.56

以物料平衡与热平衡为基础，根据不同铁水比例条件下的氧气消耗与电能消耗，分别得出电弧炉电能输入与氧气输入的时间。

按照不同电弧炉炉况，计算结果见表6-4。

表 6-4 冶炼时间 (min)

铁水比	1号炉况			2号炉况		
	电弧炉供电时间	电弧炉吹氧时间	预计冶炼时间	电弧炉供电时间	电弧炉吹氧时间	预计冶炼时间
全废钢	61.61	23.97	61.61	70.41	22.12	70.41
15%铁水	53.3	29.58	53.3	60.91	27.31	60.91
30%铁水	44.89	35.2	44.89	51.30	32.49	51.30
45%铁水	36.34	40.81	40.81	41.53	37.67	41.53
60%铁水	27.65	46.43	46.43	31.6	42.85	42.85
80%铁水	15.87	53.91	53.91	18.13	49.76	49.76

注：预计冶炼时间是冶炼必须的时间，实际电弧炉炼钢生产中，因为受到额外因素的影响，预计冶炼时间大于基本冶炼时间。

将表 6-4 用图表示，见图 6-9~图 6-11。由图可知，相对于不同的电弧炉炉况，热装铁水工艺能起到不同的效果：较高的电弧炉铁水加入量能够发挥电弧炉强化供氧能力的优势，进而提高生产效率，从而弥补电弧炉设计初期变压器功率不足的问题，实现高效冶炼。

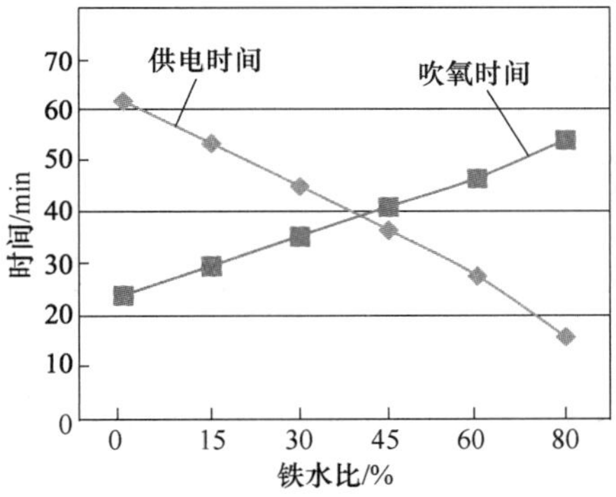

图 6-9 1 号炉况冶炼时间

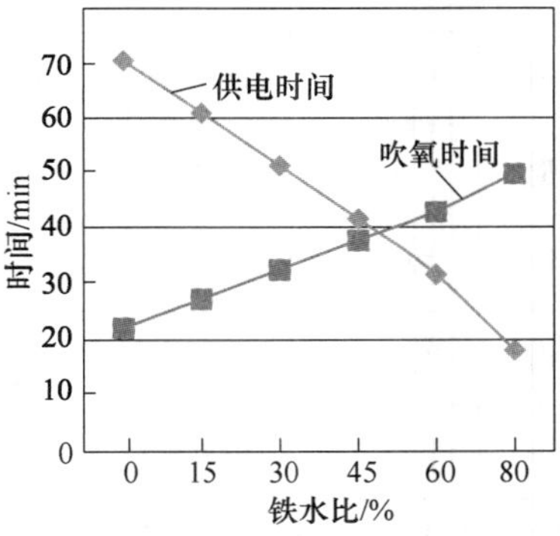

图 6-10 2 号炉况冶炼时间

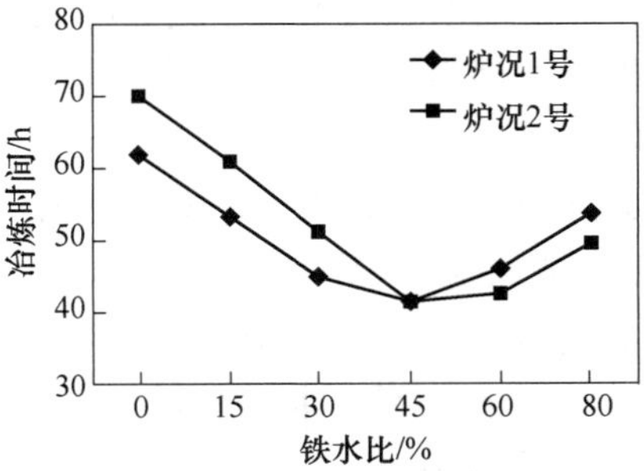

图 6-11 不同铁水比例下冶炼时间比较

表 6-5 为 2005 年我国部分电炉钢厂通过铁水热装就已达到的主要指标[9]。

表 6-5 2005 年我国部分电弧炉厂铁水配比、生铁配比

企业名称	电弧炉配置	钢铁料消耗 /kg · t^{-1}	生铁块 /kg · t^{-1}	铁水 /kg · t^{-1}	生铁比 /%	铁水比 /%	综合电耗① /kW · h · t^{-1}	电极消耗 /kg · t^{-1}	冶炼时间 /h
杭钢	70t×1	1098	317	104	38. 3	9. 97	419	1. 258	0. 88
广钢	50t×1	1179	237	157	—	13. 3	336	1. 299	0. 81
新疆八一	70t×1	1081	44	156	18. 5	14. 4	443	1. 558	0. 84
济钢	—	1108	466	307	69. 76	27. 7	286	3. 223	1. 21
南钢	100t×1	1116	173	314	43. 6	28. 13	390	1. 544	0. 83
天管	150t×1	1054	90	305	37. 47	28. 7	397	2. 132	0. 87
莱钢	50t×1	1032	92	329	40. 8	31. 28	334	2. 473	0. 95
沙钢	70t×1	1101	55	377	39. 2	34. 24	236	1. 623	0. 79
宝钢	150t×1	1096	7	389	36. 13	35. 5	416	0. 844	0. 89
韶钢	90t×1	1127	74	487	49. 78	43. 7	278	1. 051	0. 77
兴澄	—	1074	57	545	56	50. 7	235	2. 481	1. 05
石钢	40t×1	1142	—	587	—	51. 4	—	2. 716	0. 96
安钢	100t×1	1065	478	—	44. 88	—	—	2. 27	1. 41
平均	—	1090	123	311	39. 8	28. 5	387	2. 606	1. 4

①综合电耗是将炼钢车间所有电耗与车间生产合格连铸坯的量的比值，其中包括电弧炉炼钢电耗、精炼工艺电耗、连铸工序电耗等。

由表 6-5 分析可知：

（1）排除不同钢铁厂电弧炉工艺参数的不同，随着电弧炉热装铁水比例的提高，综合电耗逐渐降低，即电弧炉热装铁水为电弧炉炼钢带来了额外的物理热与化学热。实践证明，电弧炉热装铁水能够大幅度地降低电耗。

（2）从整体上来讲大多数炼钢厂的热装铁水比例在 25%～35%。当然实际影响电弧炉热装铁水比的因素比较多，如铁水来源情况等。

（3）随着电弧炉热装铁水比例的提高，电弧炉冶炼的电极消耗逐渐升高。

实际各炼钢厂工艺参数有很大的差别，排除电弧炉本身设计的因素，现场操作水平是影响最大的因素。我们应该提高操作水平，进而挖掘原有设备的潜力，实现更大的进步。

6.2 电弧炉炼钢冶炼过程供电

6.2.1 交流供电与直流供电

直流电弧炉供电系统应当满足以下要求:

(1) 能快速实现电压的调节,使得电弧炉负荷波动时尽量维持电流恒定;

(2) 由于电弧炉经常处于短路状态,供电系统要有抗短路能力;

(3) 对晶闸管和元件要进行专门的选择和测试,避免由此而带来的正常冶炼时间的损失;

(4) 工段系统要有高的电效率;

(5) 要满足对电网干扰的有关限制条件。

直流电弧炉一般由以下几部分组成:

(1) 真空开关柜;

(2) 电弧炉变压器;

(3) 整流装置;

(4) 直流电抗器;

(5) 汇流排和电缆;

(6) 滤波和功率补偿装置;

(7) 检测和控制装置。

直流电弧炉与三相交流电弧炉相比,有下列优点:

(1) 石墨电极消耗量减少 1/2~2/3;

(2) 熔炼单位电能消耗可下降 3%~10%;

(3) 直流电弧燃烧稳定,对前级电网造成的电压闪烁只是相同功率交流电弧炉的30%~50%,不用动态补偿装置;

(4) 噪声水平可降低 10~15dB;

(5) 上部为单电极的直流电弧炉可以消除偏弧及炉壁热点,耐火材料消耗也减少;

(6) 对钢液的搅拌能力增强。

目前,我国直流电弧炉的开发也取得了一定的进展,但数量不多,所以应加速我国直流电流技术的开发[11]。相信直流电弧炉技术在我国电弧炉炼钢领域会有广阔的发展前景。目前国内在用的主要是交流电弧炉,后面主要来介绍交流三相电弧炉。

6.2.2 电弧炉电气运行技术

超高功率电弧炉作为电弧炉发展的基本方向,为实现其高产、低耗、优质的目标,就必须具备快速而准确的生产控制,全面而优化的综合管理。单凭经验或依据普通电弧炉的控制和管理方法,已不能适应生产需要,而在生产过程控制中,电气运行是极为关键的技术[12]。

电弧炉电气运行是电弧炉冶炼生产最基本的保障,它关系到冶炼工艺、原料、电气、设备等诸多方面的问题,直接影响电弧炉炼钢生产的各项技术经济指标。随着水冷炉壁、水冷炉盖尤其是泡沫渣技术的出现和成功，使“高电压、低电流、长电弧、泡沫渣”操作有了可能，这类超高功率电弧炉是20世纪80年代中期的先进技术。在这个时期，电弧炉容量进一步大型化，功率级别又有所提高，电弧炉变压器容量达到了70MV·A以上，其运行特点是高功率因数操作，使变压器的能力较充分地发挥。到了90年代，电弧炉容量进一步加大，电弧炉变压器容量达到了100MV·A左右[13]。

在电弧炉电气运行特点方面出现了高阻抗和变阻抗技术，另外由于神经元网络技术的成功应用，使电弧炉电气运行工作点的识别和控制有了很大改善。这一时期的电弧炉电气运行采用“更高电压、更小电流、更长电弧”的操作制度。

冶炼一炉钢首先要确定需要多少能量，以电能为主要能源的电弧炉炼钢首先要保证安全、稳定地提供电能。电弧炉是巨大的电能用户，三相电弧炉变压器的容量可达几十兆伏安，且所需功率数值在电弧炉工作期间急剧地大幅度地波动。这就出现一个怎样提供电能的电气运行问题。

在制定工艺制度时，要考虑变压器容量、变压器的利用系数、对电网的干扰（闪烁、谐波）、功率因数等电气问题，因为这关系到冶炼时间、冶炼反应、出钢温度等工艺基本问题。采取合理的供电制度不但可保证工艺的顺行，还可缩短冶炼时间、降低吨钢电耗、减少对电网干扰。

6.2.2.1 高阻抗电弧炉的主电路

高阻抗电弧炉主电路与传统电弧炉主电路的主要区别在于前者的主电路中串联一台很大的电抗器。它能使电弧连续稳定地燃烧、电弧电流减小、电弧电压提高、电弧功率加大、电效率提高、谐波发生量及对供电电网的冲击减小[14]。

由于高阻抗电弧炉的工作电流小，所以其二次载流导体、短网的截面积小，这也是高阻抗电弧炉的优越性。

在高阻抗电弧炉中，采用高电压、低电流、长电弧作业时，选择合适的功率因数，并有合适的系统电抗以达到稳定操作是至关重要的。在大多数情况下，必须采用电抗器与电弧炉变压器串联。带有固定电抗器的高阻抗电弧炉主电路图见图6-12。

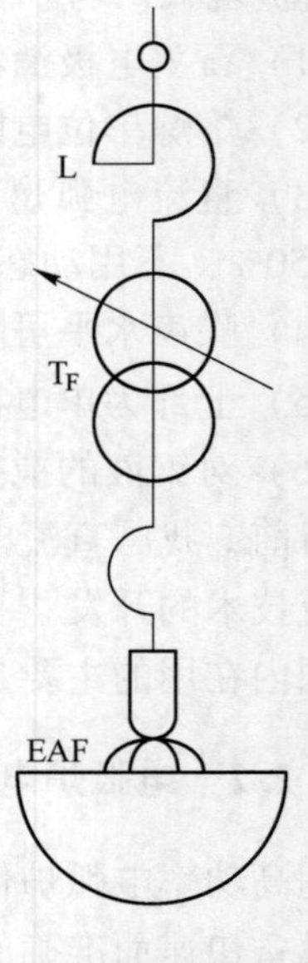

图6-12 带固定电抗器的主电路

这种高阻抗电弧炉的设计特点[15]如下：

（1）因电抗器电感的储能效应和高起弧电压的动态特性所获得的稳定起弧条件，导致高集成功率输入；

（2）短路电流小，当废钢塌陷时，电极、电极臂和电缆上的电流小，因此，电极损坏的危险性小，机械磨损也小；

（3）电极电流波动小，因而对电网的干扰也小；

（4）电抗器线圈常常做成抽头式，以便根据不同工艺需要改变电抗值；

（5）当电抗器串联连接于电路中时，电抗器的感抗相对值可按式（6-1）计算：

$$X_K = \frac{Q_K}{S_e} \times 100\% \tag{6-1}$$

式中 Q_K——电抗器的额定容量，kvar；

S_e——电弧炉变压器额定容量，kV·A。

（6）串联电抗器和变压器一样，都是在重负荷情况下运行，因此，对其热稳定性和机械强度要求较高；

（7）对现有电弧炉变压器及短网系统稍加改进，即可实现高阻抗化。

折合到变压器二次侧的系统总电抗对电弧炉操作过程的影响可以用下列关系式表示（这里假设有强有力的三相平衡供电电网）：

有功功率：

$$P = \sqrt{3}UI\cos\varphi \tag{6-2}$$

或

$$P = 3I^2\sqrt{(U/I)^2 - X^2} \tag{6-3}$$

功率因数：

$$\cos\varphi = R\sqrt{1/(R^2 + X^2)} \tag{6-4}$$

电极电流：

$$I = \sqrt{S_e\sin\varphi/3X} \tag{6-5}$$

电弧电压：

$$U_{arc} = (X/\tan\varphi - R)\sqrt{P\tan\varphi/3X} \tag{6-6}$$

电弧功率：

$$P_{arc} = 3U_{arc}I \tag{6-7}$$

式中 U——变压器二次电压；

U_{arc}——电弧电压；

I——电极电流；

X——折合到变压器二次侧的系统总电抗；

R——折合到变压器二次侧的系统总电阻；

P——有功功率；

φ——相位角。

由式（6-5）可明显看出，对于同样的功率和功率因数，提高电抗就可以降低电极电流。

以实例说明，实例A为典型的传统电弧炉设计，而实例B则是设计成较高的电抗和低电流操作，电弧功率与实例A相同，其电极电流只有50kA，实例A为65kA。实例C则是完全按照高阻抗电弧炉设计的，其二次电压高达1100V，系统运行总电抗为8.2mΩ，电极电流为50kA，损失功率很小，只有2～3MW，电效率非常高。短路电流小，只有 93kA，短路电流倍数仅为 1.86 倍。其优点是对电网的冲击减小，使电弧更加稳定。

这 3 台炉子的负荷特性（有功功率、功率因数、电弧功率）分别见图 6-13 和图 6-14。

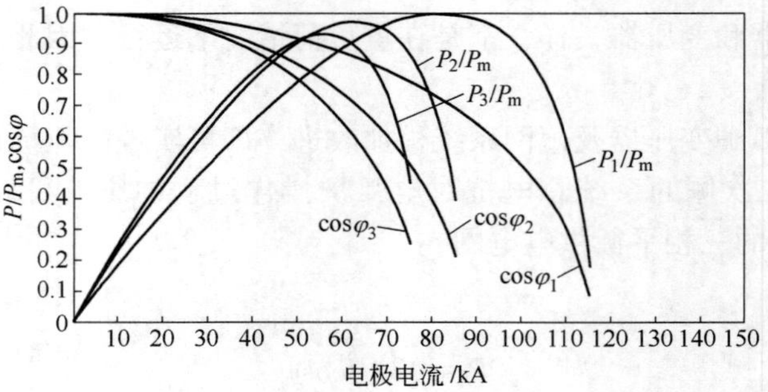

图 6-13 有功功率 P、功率因数 $\cos\varphi$ 与电极电流之间的关系

（P_m 为最大有功功率）

1—实例 A；2—实例 B；3—实例 C

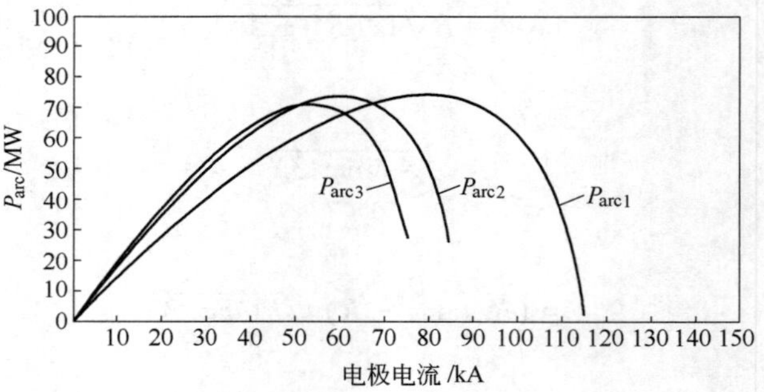

图 6-14 在不同系统电抗时电弧功率和电极电流之间的关系

1—实例 A；2—实例 B；3—实例 C

6.2.2.2 电抗器的过电压保护措施

真空断路器的操作过电压是由于电路中存在着电感、电容等储能元件，在开关操作瞬间放出能量，在电路中产生电磁振荡而出现的过电压[16]。在电感性负载电路中，真空断路器的分断操作会产生严重的高频振荡波形。曾测到过的最高值约为电源峰值的 4.5 倍。高阻抗电弧炉变压器原方串联一个很大的电抗器，其电感值非常大，因而产生的分断过电压非常高，已运行的高阻抗电弧炉现场也确实证明了这一点，因此，必须采取特别有效的过电压保护措施。

常用的过电压保护措施一般采用避雷器保护。用氧化锌避雷器截止操作过电压也有不同方案，效果最好的是三相组合式氧化锌避雷器，见图 6-15。

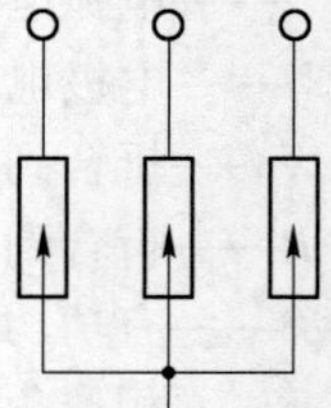

图 6-15 三相组合式氧化物避雷器

6.2.3 供电曲线

制定交流电弧炉供电曲线的总的目标是快节奏、低成本地冶炼出每炉钢水；制定的供电曲线要能够安全、稳定运行，同时兼顾生产节奏，即保证电弧炉变压器承受的视在功率不过载，电弧稳定高效燃烧，电压有载切换次数尽可能少，对生产节奏的冲击要小[17]。

炉料的熔化和供电制度：装好炉料，合上炉盖后，即降下电极到炉料面近处，接通主电路开关，将电极调节系统的转换开关放到自动控制位置，以次高级电压通电起弧。约5~10min，电弧伸入炉料熔成的“小井”后，改用最高电压，达到输入变压器的最大有效功率，加速熔化炉料。电极随“小井”底部的熔化而逐渐下降，直到电弧触到钢液，然后电极又随钢液面的升高而上提。当大部分炉料熔化时，电弧就完全暴露在熔池面上，这时，为减少电弧对炉顶的强烈辐射，要改用较低电压，直到炉料完全熔化。炉子输入能量的制度，随炉子的容量、冶炼钢种和冶炼工艺而不同。

超高功率电弧炉炼钢普遍采用大容量变压器供电，区别于以前的小容量变压器，现在变压器容量一般在几十兆瓦，档位超过十档，供电电压范围从150V左右到500V左右，电压的调节区别于以前的调压方式，普遍采用有载调压，不需要停电可以直接调节变压器的档位，从而改变变压器的输出。

在电弧炉冶炼过程中，起弧阶段，采用低档位送电，一般在形成井以后再用大档位冶炼。在最后的调温阶段，采用低档位小功率冶炼。

6.2.3.1 制定电弧炉供电曲线需考虑的因素

制定电弧炉供电曲线需考虑炉子的容量、变压器的容量、冶炼工艺等实际条件，根据不同的原料结构和生产要求制定不同的供电曲线[18]。一般来说，制定供电曲线主要从以下几个方面来考虑。

一是能量匹配。供电曲线要保证电弧炉冶炼时炉内金属在不同阶段熔化、升温时所必须的能量。比如在加铁水的情况下，铁水带进来的显热和化学能相当显著，此时电弧炉供电并不追求输入功率的最大化，应该通过核算来确定输入的合适能量。

二是能量的有效利用。针对冶炼不同阶段特点把握有利的加热条件、选定合理的电流、电压。在起弧阶段，电弧在炉料上面敞开燃烧，一般以功率较低的低电压、低电流操作。在主熔化期中，电弧几乎完全被炉料所覆盖，此时电弧与炉料间传热条件最好，可用长弧满功率工作。在精炼升温期，废钢熔清后，熔池面趋于平滑，电弧是“敞开燃烧”状态。此时一般吹入炭粉造泡沫渣。这一时期应根据泡沫渣状况调节电压及电流，控制电弧形态，以达到使熔池快速升温和减轻炉衬热负荷的双重目的。

三是在熔化废钢时，采用低电压和短弧操作进行“穿井”，接着把电弧逐步拉长，以加宽废钢穿井且保护电极。当那一电压级对应的最大功率到达后，变压器切换到功率更大的电压并采用短弧。对每一电压级重复这一程序直到达最大功率。为防止废钢塌下时损坏电极且避免电极消耗过快，常将电弧设定得比最大功率所需的弧长长一些。当炉子顶部的废钢熔掉后，此过程也随之反过来，对应每一电压级，电弧逐步变短至到达最小弧长，然后变压器切换到较小的功率和电压级。这是制订供电曲线的重要准则。

6.2.3.2 典型的电弧炉供电曲线

安钢集团的 100t 电弧炉（留钢留渣、热装 35%铁水）一般有功功率供电曲线见图 6-16。采用低功率起弧、高功率穿井，熔池形成后最大功率供电，钢水升温速度较快，在操作上采取熔化期和氧化期结合方式，做好低温脱磷，氧化末期泡沫渣效果差，可降低有功功率输入。

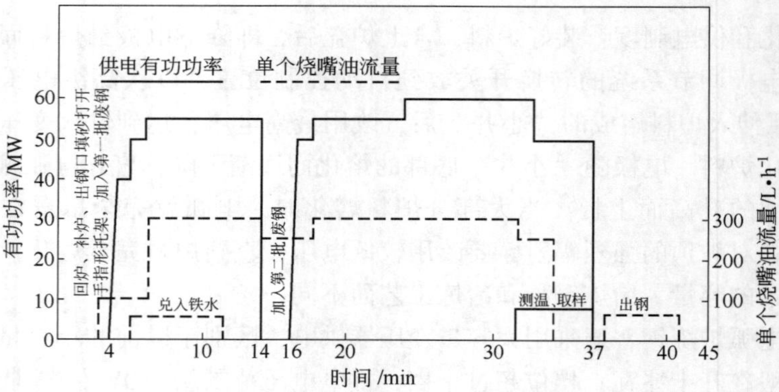

图 6-16 安钢集团的 100t 电弧炉一般有功功率供电曲线

（留钢留渣、热装 35%铁水）

安钢集团的 100t 电弧炉（留钢留渣、100%冷料）一般有功功率供电曲线见图 6-17。

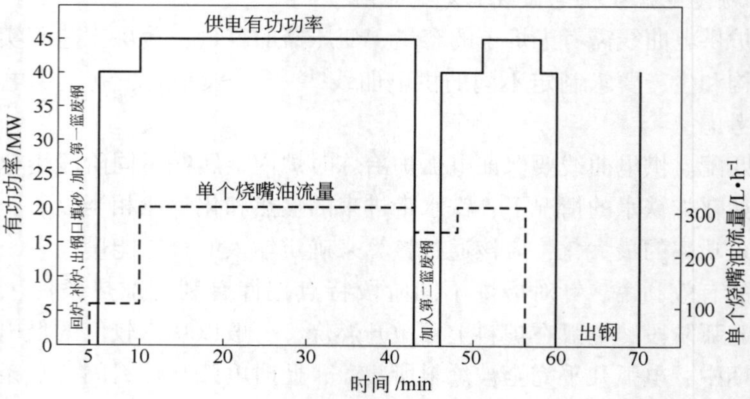

图 6-17 安钢集团的 100t 电弧炉一般有功功率供电曲线

（留钢留渣、100%冷料）

6.2.3.3 电弧炉供电曲线的优化

电弧炉供电系统配备动态无功功率补偿装置（SVC），采用低电流高电压长弧操作。供电曲线是否合理，直接影响电弧炉的生产率及冶炼电耗。在生产运行过程中，对入炉料及不同的铁水配比进行跟踪测试表明，炉料结构和生产操作的变化对供电曲线的要求是有显著差异的，供电曲线必须随冶炼工艺、装料制度变化而不断优化，应根据电路电气特性曲线，修改供电曲线，保证电弧稳定的同时，充分利用电弧功率。

兑铁水量正常情况下，由于采用留钢留渣操作，一兑铁水，泡沫渣很快形成埋住电弧，就可采用高功率送电操作；兑铁水量过大时，初期应采用低电压级数送电，以避免升温过快，造成后期所谓的“返干”，造不起泡沫渣，脱磷困难，甚至发生回磷。

全冷料炉次，由于竖炉的偏料现象，前期穿井阶段应低电压级数，缩短电弧，减少热辐射，随着熔化的进行，逐步增大功率；但在熔化后期塌料阶段，采用长弧操作，避免塌料砸断电极；其余阶段大电压、大电流、高功率供电，最大限度地增加电能输入。

开新炉操作时，全程低电压、小功率送电，保证烘炉效果。

6.2.4 柔性供电技术

传统电弧炉供电系统经过超高功率、高阻抗等阶段的技术进步，其单位产量电耗、电极消耗等指标大幅度的降低，同时具有电气主回路设备维护量小等优点，是2000年以后国内新建电弧炉项目中选择的主要炉型。

但传统电弧炉供电系统因单体设备容量大、运行时功率的不确定性波动、非线性负荷对公用电网的高污染等特点，电弧炉与电力系统之间相互作用的问题异常复杂，主要体现在以下几方面：

（1）大容量电弧炉运行中产生冲击性有功和无功负荷，对与其一同接入电力系统的公共连接点（PCC点）的其他用户的产生影响，需要评估其接入系统点的短路容量。很多电力系统弱的地区无法满足电弧炉项目建设要求，不得不增加成本接入更高电压等级、更大短路容量的系统中，从而制约电弧炉建设项目的可行性。

（2）电弧炉用电负荷引起的电能质量问题，包括电压偏差、电压变化、闪变、谐波和间谐波、频率偏差、三相电压不平衡等，需要安装动态无功补偿装置（SVC或SVG装置）来治理，以满足国家标准的要求。由于动态无功补偿装置（SVC或SVG装置）设备的原理和控制系统跟随电弧炉负荷变化的响应时间所限，其对电弧炉引起的电能质量问题改善有限，很难满足国家标准的要求；同时动态无功补偿装置长期运行的电能消耗增加了电弧炉炼钢的成本（8~12kW·h/t）。

（3）由于电弧炉冶炼引起的电压波动和闪变，同时影响电弧炉自身的电弧稳定性，使得电弧炉电弧电压、入炉功率波动，增加了冶炼时间和单位钢产量的电能消耗。

（4）现有的电极液压控制系统响应时间长，电弧控制的稳定性差，增加了电弧炉的电能、电极、炉衬损耗。

上述问题在电力系统以电磁元件为主的时代是无法解决的，只能靠加大电力系统的承受能力（选择更大短路容量的电力系统），补偿部分冲击负荷和为高次谐波提供低阻抗通路（SVC或SVG装置）来减轻对电力系统的影响，而没有从电能质量污染源（电弧炉）本身采取措施，只能在电能质量污染之后采取措施。

随着功率器件及相关技术的发展，电弧炉柔性供电技术逐步从理论研究、实验室测试走向了工程探索和实践，为从电能质量污染源（电弧炉）本身采取控制措施，改善对电力系统和其他用电负荷的影响提供了可能。特别是当前可关断 IGBT 技术的发展和相关产业成熟，电弧炉柔性供电技术的工业化应用具备了可行性。当前 Danieli、中冶京诚、中冶赛迪（CISDI）、SMS 等国内外电弧炉工程技术公司正在开发电弧炉柔性供电技术。目的在于从电能质量污染源处控制，达到电弧炉用电与电力系统、其他用电负荷和谐共存的目的，同时提高其自身的电能利用效率。

传统电源和柔性供电装置的结构原理对比见图 6-18 和图 6-19。

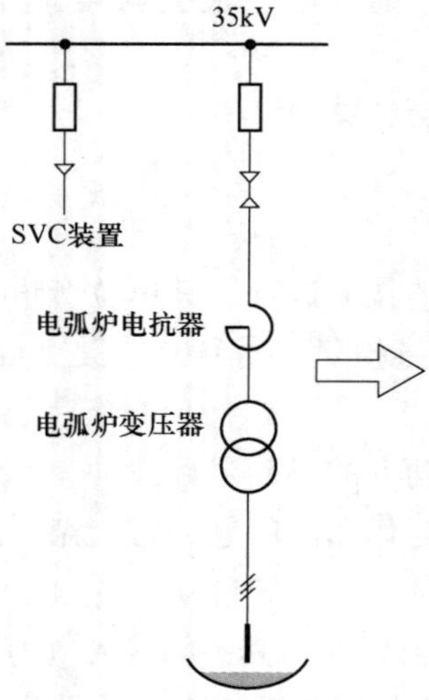

图 6-18 传统供电装置结构原理图

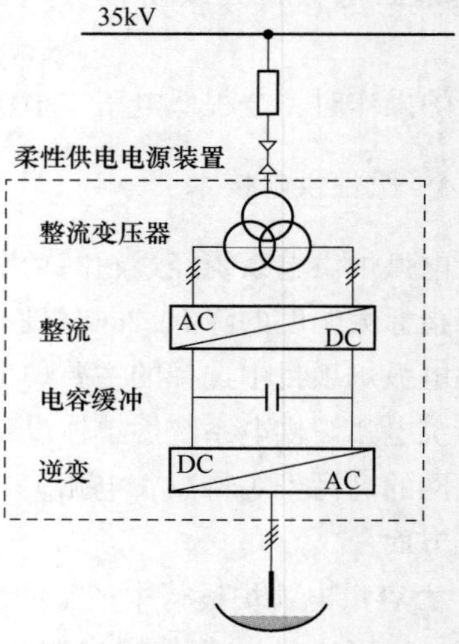

图 6-19 柔性交流供电装置结构原理图

电弧炉柔性供电技术主要包括柔性交流和柔性直流两大技术路线。

传统交流电弧炉供电技术，通过电力变压器串联电抗器，将电能输送到电弧炉专用变压器，输出低压大电流到电弧炉电极。通过电极调节系统控制电弧长度来控制电弧电压，通过电弧炉专用变压器二次侧档位来控制电弧电流。由于电弧炉专用变压器二次侧档位有限，无法实现电弧炉无级调节，电弧炉生产中存在着功率冲击。

交流柔性供电系统通过电力变压器或多绕组变压器，通过不可控二极管将交流电压整流为直流电压，给直流母线电容充电，形成脉动的直流母线电压；将直流母线电压通过单相或多相 H 桥 IGBT 组成的逆变回路，将直流电压变换为脉冲型交流电压；脉冲型交流电压输出到电抗器后，连接到石墨电极。交流柔性供电系统通过直流母线环节，将交流电网与电弧用电网进行了有效隔离，因此降低了电弧炉生产中功率冲击、谐波、闪变等对交流供电网的影响。同时，采用全控的 IGBT 功率器件，可以有效控制三相电弧电流，实现实时解耦和控制，可消除三相功率不平衡情况。

柔性直流供电技术通过电力变压器或者多绕组变压器，通过不可控二极管将交流电压整流为直流电压，给直流母线电容充电，形成脉动的直流母线电压；将直流母线电压通过多个 IGBT 组成的逆变回路，将直流电压变换为脉冲型交流电压，输出到高频变压器原边。高频变压器副边形成高频交流电压，副边绕组连接电抗器和不可控二极管，再次形成脉动直流电压，输出到电弧炉电极。

由于高频变压器采用高磁通量的材料，使得电能传输效率大大提高，同时还实现了流过高频变压器副边的电弧电流与流过高频变压器原边的 IGBT 电流隔离，可以有效保护 IGBT 功率器件，降低电压变化率、电流变化率、峰值电压等目的。

当前直流电弧炉柔性供电技术还处于技术快速成长阶段，相关核心技术路线还在不断摸索中。在变压器选择和拓扑方式，还没有完全固定下来，IGBT 逆变回路的拓扑方式存在着 H 桥全波逆变、半桥逆变等多种模式，对于控制方式还存在移相触发和同步触发等多种模式。相关技术已经在不同行业、不同领域、不同功率等级工程项目中进行了分步验证，效果均优于原有的晶闸管整流器。

无论是直流柔性供电系统还是交流柔性供电系统，都是通过全控 IGBT 功率器件来实现电弧电流的有效控制，电弧电压仍然采用电极调节系统来控制。电弧电流的快速控制不仅提高了电能入炉效率，还能有效缩短电弧炉生产时间，提高生产节奏，保护柔性供电系统正常工作。供电电压、电流的平稳可控，使得石墨电极消耗进一步降低，钢水液面更加平稳，金属收得率进一步提高，降低了粉尘，减少了噪声，同时也无需配备动态无功补偿等电能质量治理装置。

由于单个 IGBT 功率器件的电流、功率、散热等因素限制，当前电弧炉柔性供电装置需要通过多个 IGBT 组成的功率单元并联实现全功率运行。同时，并联运行的优势是当单个功率单元发生故障后，可以快速脱离生产运行，柔性供电系统可以保证生产功率持续性。

结合当前太阳能光伏、风电等新能源系统，电弧炉柔性供电系统可以方便地将新能源接入该系统，从而实现多能源输入和补充，进一步增强系统适应性和环境友好性。

虽然当前电力电子化时代的到来，让电弧炉柔性供电技术逐步从理论研究、实验室测试走向了工程探索和实践，但是电弧炉柔性供电技术尚存在投资高、可靠性和节能效果有待进一步验证的问题，其技术成熟度有待在工业化生产实践中进一步提高。

6.2.5 辅助能源输入控制

6.2.5.1 氧-燃助熔控制

在炉料熔化期，为了加速熔化，降低电耗，一般配氧-燃助熔系统与电弧同时熔化炉料，氧燃烧嘴数量按照炉容量大小配置。这是降低电耗的一项重要措施，还可以弥补电弧炉变压器容量不足。所用燃料可以是燃料油、天然气、焦油、废油、煤粉等。氧-燃助熔的控制根据所用燃料的不同有不同的控制方式。

6.2.5.2 吹氧和氧枪控制

电弧炉炼钢用氧有两个目的：一是助熔，以节约电能；二是脱碳，以缩短冶炼周期[19]。吹氧不仅影响到电极和耐火材料的消耗，而且在精炼期还会影响到钢液化学成分和温度预测的准确性，因此，必须得到有效的控制。目前，向电弧炉内吹氧有自耗式氧枪（钢管）和水冷式氧枪等形式，吹氧量根据熔池钢水温度和碳含量由计算机或人工设定后，给出吹氧信号使氧气切断阀打开，由压力和流量调节阀按照设定值吹氧。如果是水冷式氧枪，还应该有冷却水的流量、压力、进出水水温控制，也可以对进出水水温差值进行控制。

6.3 电弧炉炼钢冶炼过程强化用氧及二次燃烧技术

6.3.1 电弧炉炼钢冶炼过程的强化用氧

氧气用于电弧炉脱碳始于第一次世界大战期间，然而，由于当时氧气供应短缺以及制氧成本高昂，氧气在电弧炉炼钢中的使用量很小。20 世纪 50 年代，随着世界工业技术的不断发展，氧气开始用于辅助燃料燃烧，代替矿石进行钢水脱碳和作为化学反应剂，电弧炉用氧量也逐步增加，氧气用量为 3~4m^3/t 钢。用氧不仅使脱碳速度更快，而且氧化反应是放热反应，这部分热量可用于熔化废钢及升高钢水温度，加速了炉料熔化速率。这使得电弧炉炼钢用氧技术得以迅速发展和应用。20 世纪 60 年代，电弧炉氧耗稳定在 6m^3/t 的水平。70 年代，电弧炉用氧得到了高度重视[20]。当氧耗为 42m^3/t 时，冶炼时间缩短了 28%，从原来每炉的 105min 下降到 75min，生产率从 28.2t/h 提高到 38.2t/h，炼钢生产率提高了 35%。因此，全世界的电弧炉相继使用了氧气强化供氧工艺。

电弧炉炼钢采用了许多新技术，使电弧炉炼钢的技术经济指标得到了很大改善。从 1965 年到现在，电弧炉的冶炼周期由多于 3h 缩短到少于 1h，吨钢电耗由 650kW · h/t 降低到 350kW · h/t 以下[21]。在这个过程中，氧气的应用起到了举足轻重的作用，目前，一个典型电弧炉用氧量是 32m^3/t，某些电弧炉高达 50m^3/t。氧气在电弧炉炼钢中的应用包括氧燃烧嘴加热废钢、吹氧助熔及熔池脱碳、炉气的二次燃烧和吹氧喷炭粉造泡沫渣等项技术。随着用氧技术的完善，电弧炉冶炼周期有可能缩短到 30min，电耗将降到 300kW · h/t，

电弧炉炼钢强化用氧技术已经成为我国炼钢工作者的重要研究课题。国内电弧炉氧气输入设备从人工吹氧发展到炉门吹氧机械手吹氧装置，进一步发展到炉壁供氧设备。其目的均为提高电弧炉的供氧强度，提高电弧炉冶炼的氧气利用率，达到缩短冶炼周期提升生产率的目的。在电弧炉炉腔内充满废钢进行熔化时，由于炉腔内存在多个冷区，如不采用助熔工艺，会造成炉内废钢熔化速度不平稳，从而影响冶炼节奏。钢液熔池形成后，由于电弧炉的钢液熔池较浅，熔池搅拌的动力学条件较差（相对于转炉炉型），影响了钢液熔池中碳等元素的传质速度及熔池温度的升高。提高电弧炉吨钢用氧量，是强化电弧炉冶炼、加快电弧炉生产节奏最有效的手段之一。目前，电弧炉炼钢氧气产生的化学能在电弧炉能量输入中已占了较大的比例，达到 20%~30%。特别是电弧炉采用热装铁水后，化学能的比例达到总能量的 40%以上，相当于电弧炉增加了近 1~2 倍的能量输入，大量输入氧气是现代电弧炉炼钢工艺的一个重要特点。目前，炉门吹氧装置主要通过炉门区进行熔化废钢操作及搅拌钢液进行脱碳升温，脱碳的限制性环节是碳在熔池的传质，所以有必要采用多个脱碳操作点以改善电弧炉的脱碳条件。

电弧炉用氧技术主要由美国 Praxair、PTI、KT 等公司研究开发，在欧美市场使用，在中国、日本等亚洲国家均有应用。国内研究开发单位主要有北京科技大学、钢铁研究总院等研究单位，一些民营企业也在做这方面的产品开发。

合理的电弧炉用氧制度体现在先进的技术经济指标和生产率水平。合理的用氧制度将

促进电弧炉炼钢的发展，电弧炉热装铁水和采用各种用氧技术，是有效节电、降低成本和缓解废钢资源缺乏，提高钢水质量的重要途径。强化供氧的主要作用如下：

（1）强化用氧有利于炼钢成本的降低，缩短生产周期。高效地将氧气喷入炉内，达到缩短冶炼时间及节能降耗目的。电弧炉炼钢工艺自从采用强化供氧后，其冶炼强度大大增强，冶炼周期缩短。电弧炉的冶炼周期从 200min 减少到 55min 以下，电耗从 600kW · h/t 减少到 400kW · h/t 以下[22]。

（2）强化用氧有利于电弧炉炼钢的强化冶炼，增强熔炼钢液的搅拌，有利于冶炼过程中生成泡沫渣，为生产低成本优质钢材提供了技术上的坚实保障。

（3）强化用氧有利于节约电能，对可用资源实现高效利用。根据理论计算，对于普通铁水，每吹入 1m^3 的氧气，所含各元素在 1600℃时反应理论发热值约为 4kW · h，强化用氧已成为电弧炉炼钢重要的技术方向。如考虑二次燃烧理论发热值超过 7kW · h，一般情况下强化用氧供能已占总能量供应的 25%～30%。

电弧炉炼钢过程中，吹氧对降低电耗、缩短冶炼时间有着显著的效果，图 6-20 给出不同吹氧条件下氧气用量与电能置换关系。

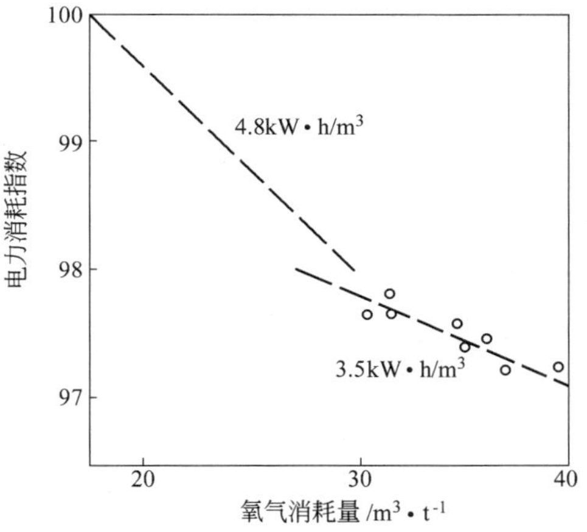

图 6-20 不同吹氧条件下氧气用量与电能置换关系

6.3.1.1 炉门吹氧工艺与设备

A 炉门吹氧工艺

在炉门吹入氧气，主要是利用氧气在一定温度下，与钢铁料中的铁、硅、锰、碳等元素发生氧化反应，放出大量的热量，使炉料熔化，从而起到补充热源、强化供热的作用。

炉门吹氧基本原理：

（1）从炉门氧枪吹入的超声速氧气切割大块废钢；

（2）电弧炉内形成熔池后，在熔池中吹入氧气，氧气与钢液中元素产生氧化反应，释放出反应热，促进废钢的熔化；

（3）通过氧气的搅拌作用，加快钢液之间的热传递，因此能够提高炉内废钢的熔化速率，并且能减小钢水温度的不均匀性；

（4）大量的氧气与钢液中的碳发生反应，实现快速脱碳，碳氧反应放出大量热，有利于钢液达到目标温度；

（5）向渣中吹入氧气的同时，喷入一定数量的炭粉，炉内反应产生大量气体，使炉渣呈泡沫状，即产生泡沫渣；

（6）炉门吹氧可以减少电能消耗。

我国宝钢 150t 超高功率电弧炉采用自耗氧枪切割废钢后改用水冷氧枪吹氧，直至冶炼结束，在铁水比为 30%、出钢量 150t、留钢量为 30～35t 的前提下，得到电耗与氧耗的回归关系[23]为：

$$E = 65376 - 5.02 \times \left(\frac{2}{5}O_{CL} + O_{WCL}\right) \tag{6-8}$$

式中 E——电耗值，kW · h/t；

O_{CL}——自耗氧枪氧量，Nm^3/t；

O_{WCL}——水冷氧枪氧量，Nm^3/t。

从上式中可以看到，对于水冷氧枪，每标立方米氧气约相当于 5.02kW · h 电能，自耗氧枪供氧所产生的能量效应也相当于水冷氧枪的 2/5。

B 炉门吹氧设备

利用钢管插入熔池吹氧是原来最初使用的方法。为了充分利用炉内化学能，近年来吨钢用氧量逐渐增加，仅依靠钢管吹氧已不能满足供氧量的需要。同时，考虑到人工吹氧的劳动条件差、不安全，吹氧效率不稳定等因素，开发出电弧炉炉门枪机械装置。国外在 20 世纪 70 年代就已开发出炉门水冷炭氧枪技术，我国的炉门水冷炭氧枪技术正是在引进国外水冷炭氧枪技术的基础上，逐步研究开发出来的。

炉门吹氧设备按水冷方式分为自耗式炉门炭氧枪和水冷式炉门炭氧枪。水冷式炉门炭氧枪具有氧气利用率高，使用成本低的优点。自耗式炉门炭氧枪的优点是能直接切割废钢，安全性较好。

目前国外电弧炉炉门炭氧枪主要有德国 Fuchs、美国燃烧公司等开发的水冷式炉门炭氧枪装置、意大利组合水冷枪及德国 BSE 公司的自耗式炉门炭氧枪装置。国内对水冷氧枪研究主要的研制单位有北京科技大学、钢铁研究总院等科研院所和企业。

a 自耗式炉门炭氧枪

自耗式炉门炭氧枪是指吹氧管和炭粉喷管随着冶炼进程逐渐熔入钢水的一种消耗式装置。自耗式炉门炭氧枪以德国 BSE 多功能组合枪为主要形式。

德国 BSE 公司多功能组合枪 LM2（图 6-21、图 6-22），是集合了氧枪和炭枪机械手和侧弯气温取样机械手功能的组合设备。全套 LM2 机械手由坚固的钢结构组成，和两个旋转手一起安装在一个圆柱上。上旋转手支撑是氧枪和炭枪驱动装置，下旋转手支撑一个供安装测温取样器的底盘。取样测温在不断电、不间断吹氧和吹碳的操作下进行。天津 150t 电弧炉也配有自耗氧枪。宝钢八钢 70t 超高功率直流电弧炉采用德国 BSE 公司开发的喷枪机械手。大冶特钢 70t 超高功率电弧炉采用多功能组合枪 LM2。

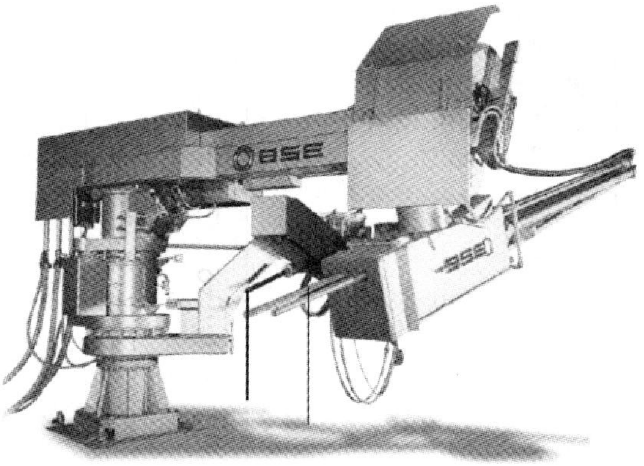

图 6-21 德国 BSE 多功能组合枪

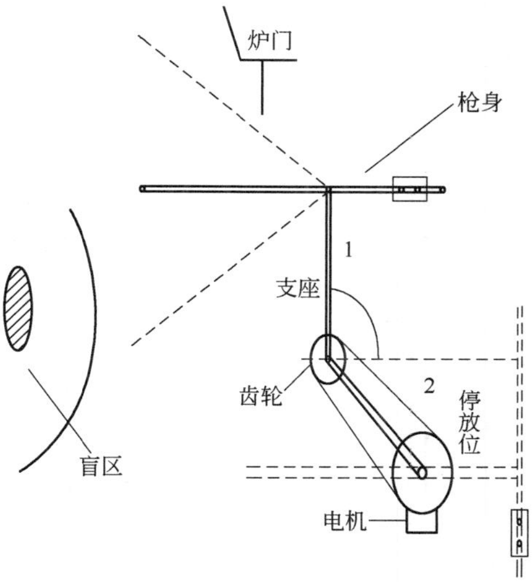

图 6-22 枪体机构工作示意图

b 水冷式炉门炭氧枪

水冷式炉门炭氧枪是指氧气喷吹装置用水进行冷却的炉门吹氧设备。吹氧和喷炭粉可做成一体，也可分开。合为一体时氧枪头部中心孔为喷炭粉孔，下部氧气喷孔可以单孔也可以两孔，孔与氧枪轴线下偏 30°~45°，两孔轴线夹角为 30°。氧气喷嘴采用双孔超声速喷嘴设计，以加强喷溅和搅拌的作用。喷嘴马赫数设计范围，根据厂方供氧条件一般选择出口速度范围 $Ma=1.6\sim2.0$，氧气流量 $Q=1800\sim6000\text{Nm}^3/\text{h}$。吹氧和喷炭分开时，炭粉一般通过炉壁炭枪从炉壁吹入或由一支氧枪一支炭枪组合。水冷氧枪是一支专门设计的，由三层钢管配合，镶接紫铜喷头的水冷氧枪。

水冷式炉门氧枪根据生产厂家的不同，各有不同的特点：

(1) 德国 Fuchs 公司的水冷氧枪喷射出氧气与熔池平面成 50°夹角，以保证氧气射流对熔池有较高的冲击力，以搅动熔池，使熔池进行氧化反应。原珠钢 150t 竖式电弧炉采用德国 Fuchs 水冷氧枪。

(2) 美国 Berry 公司开发的复合水冷喷枪将吹氧和喷炭粉（造泡沫渣）的通道放在一个水冷枪体内，其枪体为四层同心套管，类似于顶吹转炉的双流道二次燃烧氧枪[24]。

(3) 美国 Praxair 公司的水冷式炉门燃气氧枪除吹氧外，还可以喷吹油或燃气，能够增加辅助能量输入[25]。

(4) 北京科技大学开发的多功能炉门枪将水冷氧枪和炉门煤氧枪结合了起来，其特点是熔化初期利用煤氧枪加热熔化炉门口废钢，两种枪共同助熔，用煤粉造泡沫渣，能够进行脱碳和二次燃烧。广州钢铁集团南方钢厂 30t 电弧炉曾采用这种多功能炉门枪。

(5) 意大利组合水冷枪[26]，即喷吹氧和炭粉采用同一支枪。组合枪的特点是炭氧喷吹点接近，炭氧利用率高。炭氧枪装置主要由枪体（图 6-23）、机械系统、气动系统、电控系统、水冷系统、炭粉存储罐六部分组成。氧枪采用的是拉瓦尔型喷头（图 6-24、图 6-25），喷头用紫铜加工而成。杭钢 80t 电弧炉炉门枪采用这种意大利组合水冷枪。

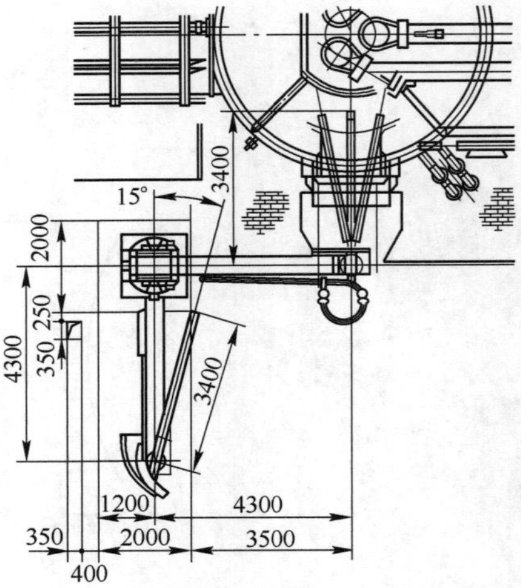

图 6-23 炭氧枪装置布置图

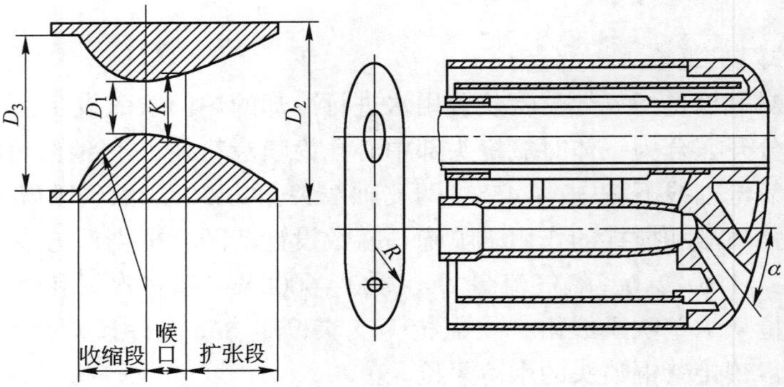

图 6-24 炉门炭氧枪喷头图

图 6-25 双孔氧枪喷嘴图

6.3.1.2 氧-燃助熔供氧工艺

A 氧-燃助熔技术的提出

电弧炉熔化期，在电极电弧作用下，电极下的炉料迅速熔化，将炉内废钢穿成 3 个穿井区。随着穿井区由里向外传热过程的进行，熔化区域从穿井区不断地向外扩展，形成炉料的渐次熔化过程。在电极之间靠近炉壁处必然形成 3 个冷区，延长了熔化时间。尤其在采用超高功率（高功率）电弧炉后，冷区的影响更为突出。另外，为了解决电弧炉炼钢与连铸的匹配问题，必须提高电弧炉的输入功率，缩短冶炼时间。为此，采用全废钢生产的电弧炉已普遍采用助熔技术，并取得了降低电耗 30~70kW·h/t，冶炼时间可缩短 5~20min，成本降低 5~20 元/吨的效果。

国外于 20 世纪 50 年代在电弧炉炼钢中就已开始采用氧-燃助熔技术。发展到 80 年代，日本已有 80%的电弧炉、欧洲有 30%~40%的电弧炉采用氧-燃助熔技术。采用的燃料一般是天然气和轻油。由于电弧炉短流程及连铸技术的发展，要求电弧炉的冶炼时间缩短到 60min 以内，这使得助熔技术迅速得到发展。

国内氧-燃助熔技术的开发早在 60 年代就已开始，各研究单位在 70 年代末就已经完成其工业试验及设计工作。由于受到油、气资源的限制，工业应用受到一定限制。80 年代初，北京科技大学从国内资源出发，成功研究开发了煤-氧助熔技术，并应用于电弧炉生产。

B 氧燃烧嘴基本原理

通常燃烧所需的氧气靠空气提供，但是，由于空气中的氮也被加热到了炉内的温度，当它离开时带走了大量的热量，降低了燃烧效率和损耗了熔化炉料所用的能量。而用纯氧代替空气有两大优点：

（1）提高了火焰温度。见图 6-26，随着助燃空气中氧气量的增加，火焰温度也增加，在纯氧条件下，火焰温度可达 2700~2800℃。

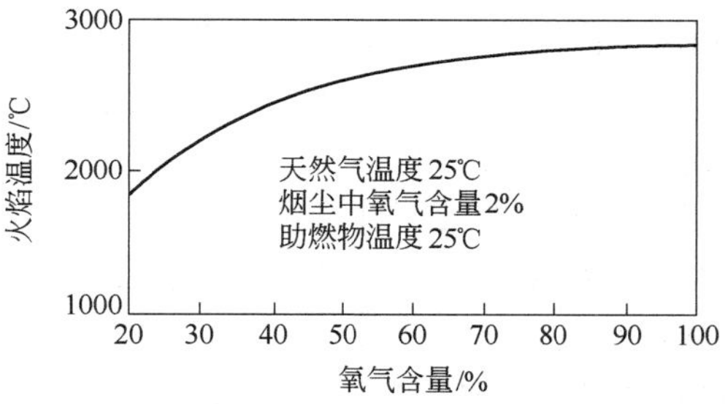

图 6-26 火焰温度与氧气含量关系

（2）提高了燃烧率。随着烟气温度的升高，空气燃烧率迅速下降，而在用纯氧的情况下，燃烧率降低很少，因而，对于 1600℃ 的烟气温度，纯氧的燃烧率超过 70%，而空气燃烧率仅为 20%左右，如图 6-27 所示。

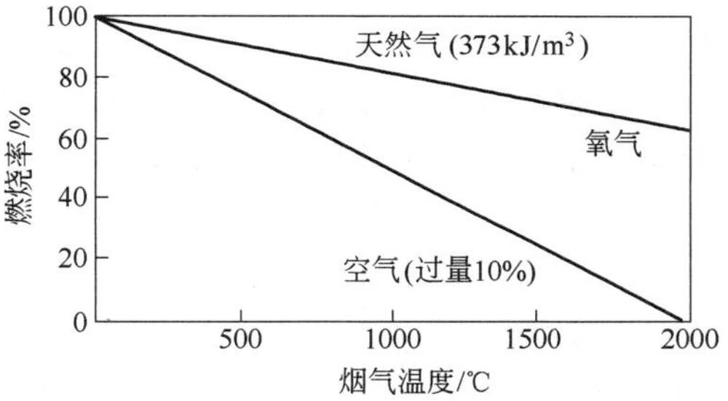

图 6-27 燃烧率与烟气稳定的关系

C 氧燃烧嘴的传热方式

对流传热是氧燃烧嘴主要的热量传输方式。保证氧气与燃料的充分混合和迅速点燃，这将有利于提供最高的火焰温度和氧气出口速度，从而增大对流传热系数。在熔化开始阶段，火焰与废钢之间的温差最大。此时，使氧气和燃料以理想配比进行完全燃烧对废钢熔化很有利，烧嘴的传热效率也最大。随着废钢温度的升高，炉料会因熔化而下沉并被压缩，高热燃气穿过炉料的距离缩短，使热交换率值降低，烧嘴的传热效率下降废钢熔化掉1/2时，大部分热量将从熔池表面反射出去，传给废气。因此氧燃烧嘴合理的使用时间应该是废气温度突然升高之前的一段时间。

氧燃烧嘴提供的高温火焰和火焰与炉料间的传热效率决定了电弧炉的熔化速率。从热传输的观点出发，热量通过以下三种形式传给炉料。

(1) 强制对流。完全燃烧的氧燃烧嘴火焰主要以强制对流的形式传输热量。强制对流可用下式描述：

$$q = h\Delta TA \tag{6-9}$$

式中 q——强制对流的热流；

h——对流传热系数；

ΔT——火焰与废钢之间的温度差；

A——废钢表面积。

为选择最佳的热流，以便有效地利用氧燃烧嘴输入的能量，必须做到以下几点：

1) 使传热系数 h 达到最大值。传热系数随着火焰温度的升高而增大，随着烧嘴出口动量的增加（即火焰掠过废钢表面速度加快）而提高。因此，氧燃烧嘴的设计必须保证氧气与燃料的充分混合，迅速点燃，以提供最高的火焰温度，同时提高氧气的出口速度，使火焰具有切割能力，这样能最有效地强化对流传热。

2) 使废钢表面积 A 达到最大值。重废钢和轻废钢混合使用，可使火焰具有较好的穿透能力，从而保证暴露在氧燃烧嘴火焰中的废钢表面积最大。

3) 使废钢与火焰之间温度差 ΔT 达到最大值。熔化开始，火焰与废钢之间的温差最大。尽早地使烧嘴点燃，并使氧气和燃料以理想的配比进行完全燃烧，形成高温火焰对熔化废钢是十分有利的。

(2) 辐射。在高温下，辐射传热是主要的。在燃烧温度下，火焰表现出红外线辐射的特性。由于辐射传热与相当于火焰温度的四次方有关，因此火焰温度达到最大，对辐射传热是至关重要的。

(3) 传导。由过量氧气燃烧引起的废钢氧化会产生热能，此热能可直接传给炉料。

氧燃烧嘴主要用于熔化期，因为其产生的热量主要通过辐射和强制对流传递给废钢，这两种传热方式都主要依赖于废钢和火焰的温度差以及废钢的表面积。因此，烧嘴的效率在每篮废钢熔化开始阶段是最高的，此时火焰被相对较冷的废钢包围着。随着废钢温度的升高和废钢表面的缩减，烧嘴的效率不断降低。图 6-28 显示了烧嘴效率与熔化时间的关系。

从图中可以看到，为了达到合理的效率，烧嘴应该在熔化期完成大约 50%后就停止使用，此后由于效率较低，即使继续再使用氧燃烧嘴也无法达到助熔节电的效果，反而只会增加氧气和燃料的消耗。

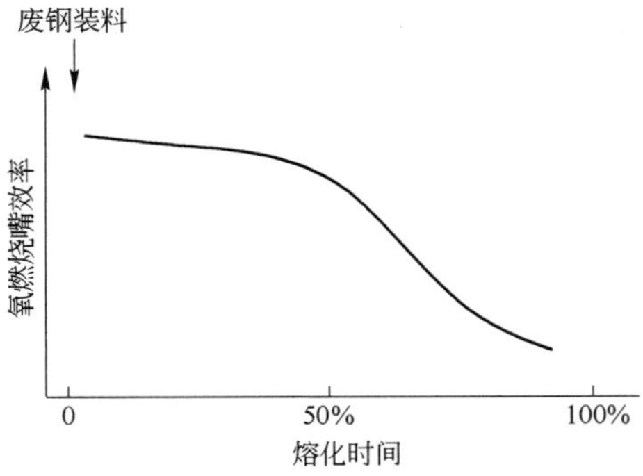

图 6-28　氧燃烧嘴效率与熔化时间的关系

从供能的角度，电弧炉配备氧燃烧嘴的总功率一般为变压器额定功率的 20%～30%，它能提供的能量一般为总能量的 5%～10%。

氧燃烧嘴所采用的燃料主要根据价格、来源以及操作是否方便确定，可以是油、煤或天然气。根据调查，对电弧炉使用不同燃料的氧燃烧嘴引起的吨钢成本变化情况进行了比较，结果列于表 6-6。

表 6-6　氧燃烧嘴的吨钢成本变化（价格仅供参考）

项　目			煤氧助熔技术		油氧助熔技术		燃气氧助熔技术	
指标	单位	单价/元	节约及消耗	成本	节约及消耗	成本	节约及消耗	成本
电耗	kW · h	0.50	−80	−40.0	−80	−40.0	−80	−40.0
氧气	Nm^3	0.2	+25	+5	+20	+4.0	+18	+3.6
煤	kg	0.8	+17	+13.6				
柴油	kg	3			+10	+30		
天然气	Nm^3	2					+12	+24
压缩空气	Nm^3	0.10	+5	+0.5	+2	+0.20		
折旧维修	元			+3.0		+2.0		+1.0
工资	元			+4.0		+2.0		+2.0
合计/元			−13.9		−11.8		−9.4	

D　烧嘴最佳供热时间的确定

氧燃烧嘴最佳供热时间可根据经验和计算机模型来估算。确定最佳供热时间的实际方法是绘出废气温度与供热时间的关系曲线。熔化初期，氧燃烧嘴火焰的传热效率较高，但随着废钢的不断熔化，大部分热量从熔池表面反射出去，并传给废气。所以，烧嘴应供热至传热效率显著降低时停止，即废气温度突然升高之前那段时间（图 6-29）。

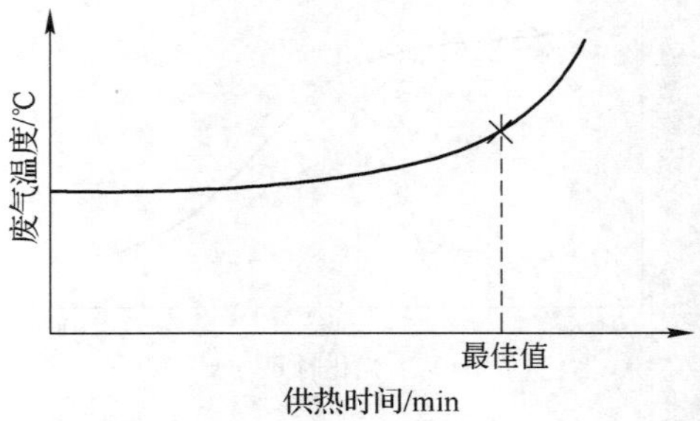

图 6-29 突然降低的点来确定烧嘴供热时间

这通常发生在 75%~85%的废钢已熔化和沉入熔池表面以下的时候。此后由于效率较低，即使继续使用氧燃烧嘴也无法达到助熔节电的效果，反而会增加氧气和燃料的消耗。实践表明，一般的氧燃助熔工艺提供电弧炉炼钢所需全部功率的 15%~30%。

E 氧气与燃料比值的选择

由于氧燃烧嘴操作目的是用最经济的方法向电弧炉内提供辅助能源，所以氧气与燃料的最佳比值应是理论过氧系数。

小于理论过氧系数，产生还原性火焰，该配比情况下火焰温度低，烧嘴效率低。同时，炉料上方过量的燃料必然与渗入炉内的空气燃烧，使废气温度升高。

理论过氧系数情况下，产生中性火焰，火焰温度最高，操作效率最高。

过氧系数提高情况下，过量氧气燃烧可产生切割作用，以切断大块废钢。

为保证燃烧有一定的过氧系数，在操纵台上应装有氧气流量和燃料消耗的显示器，操作工可以根据实际情况，调节氧气与燃料的比值，以控制烧嘴的操作。

氧燃烧嘴的结构取决于使用的燃料，使用的燃料种类有天然气、轻油、重油、煤粉、粉焦等。对于油（轻油或重油）、天然气、煤粉或焦炭粉，其烧嘴结构有完全不同的形式。

6.3.1.3 油氧燃助熔设备

图 6-30 展示出一种油氧烧嘴结构简图，表 6-7 列出了相应的技术条件。

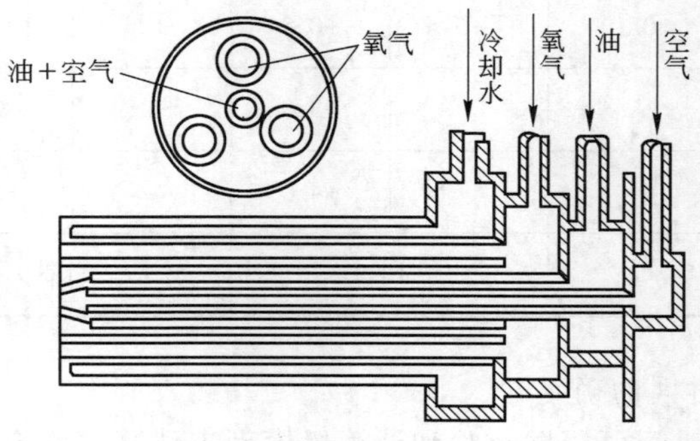

图 6-30 一种油氧燃烧嘴结构简图

表 6-7 油氧烧嘴技术条件

项　　目		技术条件
型　　号		JB3 型
烧嘴尺寸	长度	650mm
	直径	65mm
油及空气烧嘴		ϕ10mm×1 孔
氧气烧嘴		ϕ5mm×3 孔
烧嘴容量	油	500L/h（最大）
	氧气	1000m^3/h
	空气	150m^3/h
烧嘴间距离	炉壁内侧	250
	炉壁外侧	600

油氧烧嘴是油氧助熔系统中的主要设备，直接影响助熔效果。油氧烧嘴的燃料油需要经过雾化后再燃烧，因此它除具有一般燃烧装置的基本性能外，还应具有良好的雾化能力，以保证燃料的完全燃烧。

燃油烧嘴按油的雾化方式分为两种：

（1）气体介质雾化烧嘴，是靠气体介质的动量将油雾化，分高压介质（蒸汽或压缩空气）雾化和低压空气雾化两种。

（2）机械雾化油嘴，是用机械方法直接将油雾化，即高压油通过油嘴进行离心破碎和突然扩张破碎，或利用高速旋转杯将油进行离心破碎后再用低压空气进一步雾化。

以高压压缩空气雾化柴油方式为例，说明油氧烧嘴的特点。

高压压缩空气雾化柴油雾化性能好，雾化粒度可达 20~30μm，调节比达 1∶6。火焰温度高，而且形状容易控制，对油的适应性强，不足是火焰长度较短、噪声大。此类烧嘴的技术特点如下：

雾化介质参数，采用的压缩空气压力为 0.5~0.7MPa；雾化空气的量为压缩空气 0.4~0.6m^3/kg 柴油；雾化空气的喷出速度为 300~400m/s；柴油的压力为 0.2~0.4MPa；柴油量为 10~150L/h。

喷枪的油氧喷吹以 0 号柴油为燃烧介质，氧气作为助燃介质，干燥压缩空气为雾化介质，采用外混式喷嘴结构，见图 6-31。

枪体中心内管输送燃料油，内管与中间管之间为雾化空气，中间管与外管间通氧气。通过喷嘴，利用高压气流的能量冲击油流，使油雾化，改善燃烧效果。

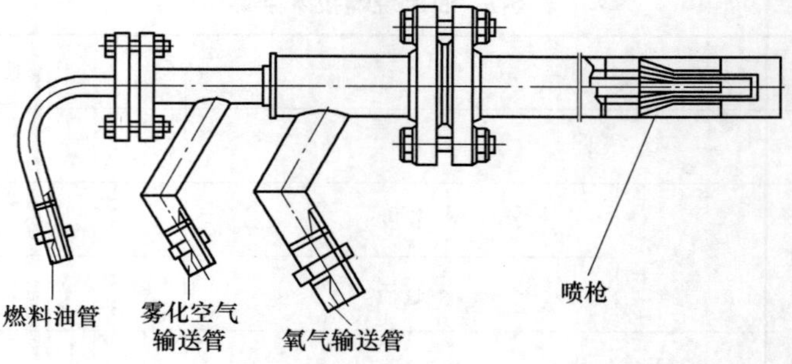

图 6-31 油氧喷枪结构

6.3.1.4 燃（气）氧助熔工艺与设备

炼钢厂使用的燃气主要有天然气、液化石油气、焦炉煤气。其中，天然气的低发热值为 34.5~41.8MJ/kg，液化石油气的热值为 90~100MJ/m^3，焦炉煤气热值 15~17MJ/m^3。

以天然气为例说明燃氧烧嘴的结构特点。

A 预混合室

对天然气-氧气烧嘴的实验研究表明，燃烧效率主要取决于氧气与天然气进行混合的预混合室的长度。与混合室中存在一个最佳长度，可使烧嘴效率最高，见图 6-32。

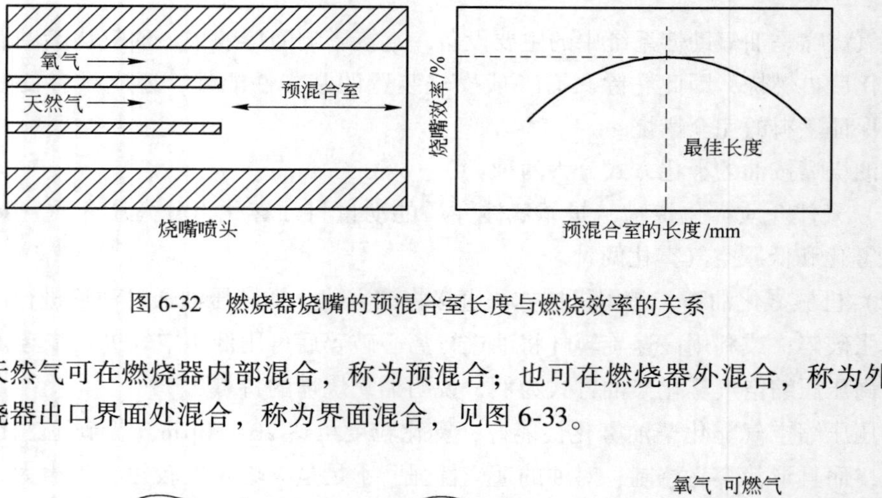

图 6-32 燃烧器烧嘴的预混合室长度与燃烧效率的关系

氧及天然气可在燃烧器内部混合，称为预混合；也可在燃烧器外混合，称为外混合；也可在燃烧器出口界面处混合，称为界面混合，见图 6-33。

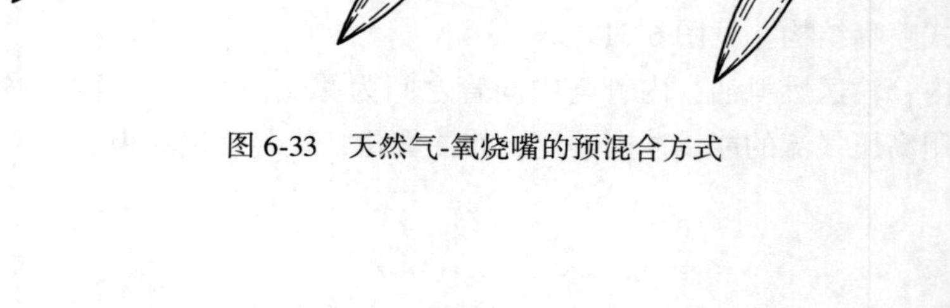

图 6-33 天然气-氧烧嘴的预混合方式

B 预混合方式

天然气-氧烧嘴是由氧气导管、天然气导管、水冷套管及喷头组成的组合水冷型烧嘴，见图 6-34。氧气导管在中心，次为天然气导管，再次为进水管，最外边管为出水管。实践证明，高速氧流在中心时，火焰紧凑，扩散较小。图 6-34 说明应该将氧流放置于中心。

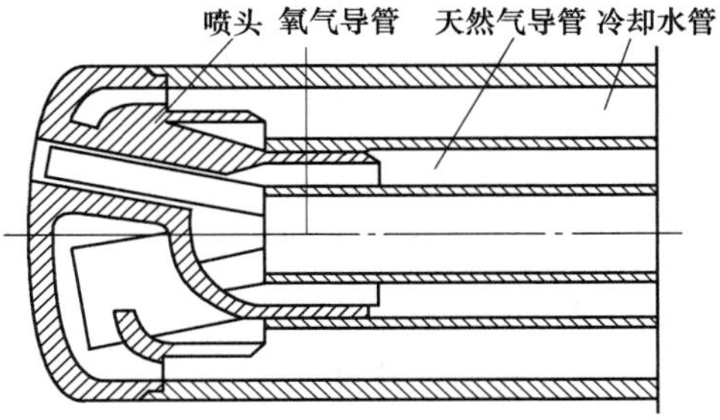

图 6-34 天然气-氧烧嘴喷头及导管布置示意

C 氧气和天然气的燃烧比例及速度

假定天然气的成分为 CH_4，并与氧气按 $2O_2+CH_4 = 2H_2O+CO_2$ 完全燃烧，氧气与天然气比例为 2∶1。根据经验，氧速多在 $Ma=1$ 左右，而天然气的速度在 $Ma=0.5$ 左右。倘若二者速度相等，则混合效力反而低。

6.3.1.5 煤氧助熔工艺与设备

考虑到安全输送问题，一般采用无烟煤。煤的热值一般为 6000×4.18kJ/kg。

A 煤氧助熔基本原理

煤粉是固体燃料，由于煤粉的粒度很细（200 目，即 0.074mm），一定程度上具有液体和气体燃料的燃烧特点。

燃烧煤粉的优点为：

（1）可利用劣质煤和煤末。

（2）与固体燃料层状燃烧相比，空气系数较低，一般 $\alpha=1.2\sim1.25$ 时即可完全燃烧。

（3）在相同煤质条件下，比块煤的燃烧温度高。

（4）燃烧过程容易调节，可实现自动控制。

燃烧煤粉的缺点为：

（1）煤粉制备环节多，费用大，设备庞大且较复杂。

（2）煤粉在粉碎、储存及运输过程需采取防潮防爆措施。

煤粉的燃烧过程，由水分的蒸发、挥发分的析出、挥发分的析出、挥发分的燃烧及固体焦粒的燃烧等一系列多相物理化学过程组成。主要反应包括：

$$C + O_2 = CO_2 + 398336\text{kJ/kmol}$$
$$2C + O_2 = 2CO + 218719\text{kJ/kmol}$$
$$C + H_2O = CO + H_2 - 130227\text{kJ/kmol}$$
$$C + 2H_2O = CO_2 + H_2O + 45207.42\text{kJ/kmol}$$

$$C + 2H_2 === CH_4 - 74732kJ/kmol$$

$$2CO + O_2 === 2CO_2 + 569588kJ/kmol$$

$$2H_2 + O_2 === 2H_2O + 231265kJ/kmol$$

$$CH_4 + 2O_2 === CO_2 + 2H_2O + 889930kJ/kmol$$

$$CO + H_2O === CO_2 + H_2 + 40356kJ/kmol$$

煤粉着火点定义：煤粉点燃需要一个逐步点燃的过程，这个点燃的过程就是混合物的吸热过程，煤粉-氧气混合物吸收热量后，先是混合流股温度升高，然后进行一系列物理化学过程，最后点燃煤粉。

影响煤粉着火燃烧的主要因素为：

（1）挥发分。煤的挥发分越高，其着火点越低。

（2）灰分。灰分增加时，着火点推迟。

（3）水分。煤粉中的水分增加时，着火所需吸收的热量增加，着火推迟。

（4）煤粉流态化程度及气体速度。携带煤粉的风量增加，着火要推迟，由于煤粉燃烧有一个滞后时间，因此当风速提高时，着火也要推迟。

（5）煤粉颗粒尺寸。煤粉的粒度越细，其表面积越大，煤粉-氧气混合物吸收辐射和对流传热的能力越大，这样煤粉升温快，着火提前。

B　*煤氧烧嘴的类型及其特点*

从煤氧烧嘴的发展过程看可以分为直筒式、旋流式、双氧流、内混式、内燃式[27]。

直筒式煤氧枪是煤粉和氧气混合燃烧加热的最初形式。氧气和流态化的煤粉分别从外管和内管喷出，在出口处二者混合燃烧。直筒式煤氧枪能够实现煤粉和氧气的混合燃烧，火焰刚性较强；该煤氧枪主要缺点是煤氧混合不好，燃烧效率低，点火困难，燃烧不稳定，容易断火。

旋流式煤氧枪的氧气通过有一定倾角的旋流叶片流出，使氧气流出具有较强的旋流强度。这种煤氧枪对加速燃烧过程非常有利，点火较易实现。但这种煤氧枪由于旋流，降低了轴向速度。这种强旋流的煤氧枪虽然火焰的可靠性及可调性得到了提高，但加热熔化废钢的区域过小。

双氧流煤氧枪是在保持旋流式煤氧枪强旋流的基础上发展起的，即这种煤氧枪内有两个氧气通道，其中一路是旋流氧，另一路是直流氧。合理控制旋流氧、直流氧的比例将使煤氧枪的各种性能得到发挥。

内混式煤氧枪在结构上增加了一个预混合段。设计是让氧气和煤粉在预混合室内先充分混合，在出口处与通入的二次氧立即着火燃烧，产生受预热室控制的稳定高温火焰。

内燃式煤氧枪主要特点是：煤粉和氧气在枪内混合并燃烧，燃烧产生的高温火焰从枪内喷出。内燃式煤氧枪解决了旋流强度与火焰刚性的矛盾；同时内燃式煤氧枪的喷煤量在同样的条件下，喷煤量提高了3~5倍。

6.3.1.6　*炉壁助熔工艺*

炉壁烧嘴分为伸缩式和固定式，它们的特点见表6-8。

表 6-8 烧嘴种类比较

项目	伸缩式烧嘴	固定式烧嘴
优 点	烧嘴不使用时缩回，故烧嘴受到保护	技术简单，使用方便
		维修费用低
	每次使用后易于检查	工作效率高
		装料和烧嘴点火之间的间隔短
缺 点	炉子环境使操作困难	堵塞危险大
	维修费用高	
	炉子周围设备过于拥挤	烧嘴停用时，需要不断吹入气体（空气或天然气）
	必须检查并清理烧嘴孔	

烧嘴的位置选择应考虑到：

（1）装料时，废钢塌落、火焰侵袭、金属与废钢喷溅都构成了对烧嘴的威胁。

（2）熔化时，必须在烧嘴前的废钢迅速切开一条通道，否则烧嘴会出现逆燃的危险，在烧嘴的喷头上还会有反复打弧的危险。

（3）精炼时，金属和炉渣会喷溅到烧嘴上，在造泡沫渣的过程中，炉渣上升到足以灌入烧嘴的高度。

（4）出钢时，靠近出钢口的烧嘴若位置太低，当摇炉出钢时，钢水有可能灌入烧嘴。

在大多数电弧炉中，炉壁安装的氧燃烧嘴可提供穿透冷点区的最佳角度。德国 BSW 公司克尔厂 70t 电弧炉炉壁烧嘴位置结构如下：3 个 2. 25MW 的氧燃烧嘴都安装在炉壁上，在熔池面上 600mm 处。每个烧嘴喷头朝下，与水平方向成 20 度角。

6.3.1.7 电弧炉炼钢集束射流氧枪

近十余年来，国内外电弧炉炼钢技术发展很快。围绕着扩大生产能力、降低消耗指标、降低生产成本，许多炼钢辅助技术应运而生。其中，氧气集束射流技术对提高电弧炉冶炼节奏、降低生产成本起到了非常重要的作用。

电弧炉炼钢输入化学能是降低电能消耗、加快冶炼节奏最有效的方法。向熔池喷吹氧气是输入化学能最直接的手段，同时向熔池吹氧有很多其他方面的有利因素，如加快脱碳速度、与喷入的炭粉反应造泡沫渣、搅拌熔池等。在电弧炉内进行吹氧的常用方法是普通超声速射流，它是使用普通氧枪以高压（0. 5～1. 5MPa），经过喷嘴得到超声速氧气射流，从而利用其高速的动力性能来达到特殊的冶金效果。传统超声速氧枪主要缺点是：喷吹距离短且相对分散，使得氧气射流对熔池的冲击力小，钢水中容易形成喷溅，炉内氧气的有效使用率低，节电效果差。

为了克服普通超声速氧枪的这一不足，美国 Praxair 公司和北京科技大学相继开发了集束射流技术，该项技术比传统超声速射流在超过喷嘴直径 70 倍的喷吹距离内都可以保持其原有的速率、直径及气体的浓度及喷吹冲击力，传统氧枪 0. 254mm 处的冲击力与凝聚射流 1. 37mm 处的冲击力相当，对熔池的冲击深度要高两倍以上，气流的扩展和衰减要小，减少熔池喷溅及喷头粘钢[28]。

A 集束射流原理

集束射流氧枪的原理是在拉瓦尔喷管的周围增加燃气射流，使拉瓦尔喷管氧气射流被高温低密度介质所包围，减少电弧炉内各种气流对中心氧气射流的影响，从而减缓氧气射流速度的衰减，在较长距离内保持氧气射流的初始直径和速度，能够向熔池提供较长距离的超声速集束射流。

集束射流氧枪是应用气体力学的原理来设计的。其要点是：喷嘴中心的主氧气流指向熔池。高的动能和喷吹速度是不足以使射流在较长的距离上保持集束状态的，为了达到保持射流集束状态的目的，必须用另一种介质来引导氧气，即外加燃气流，使燃气流对主氧气流起着封套的作用，低速的燃气流比静止的气体提供更大的动能，有利于氧气射流高速喷吹，这样主氧气流就能够在较长的距离内保持出口时的直径和速率。

集束射流技术的核心是特殊喷嘴。当安装在炉墙上的喷嘴以集束方式向电弧炉熔池吹入氧气时，集束氧气流比普通超声速射流在较长距离内保持原有的速率和直径，见图 6-35。

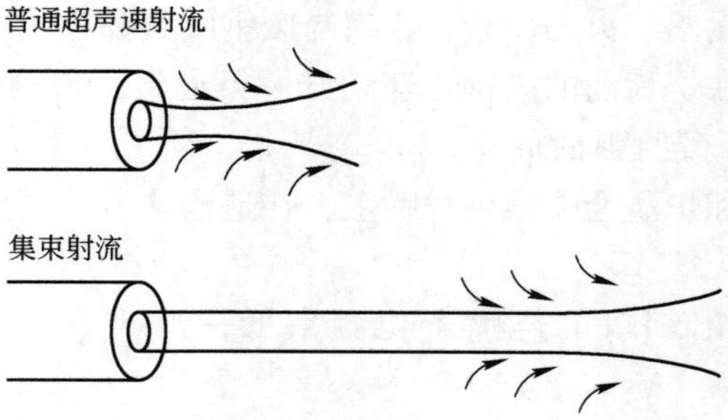

图 6-35 集束射流与普通超声速射流的比较

出口气体速度和压力相同条件下，在射流中心，集束射流比同一点的传统超声速射流具有更高的气体流速，在距喷嘴出口 1. 4m 处，集束射流仍然保持着较高的气体流速。见图 6-36 所示。

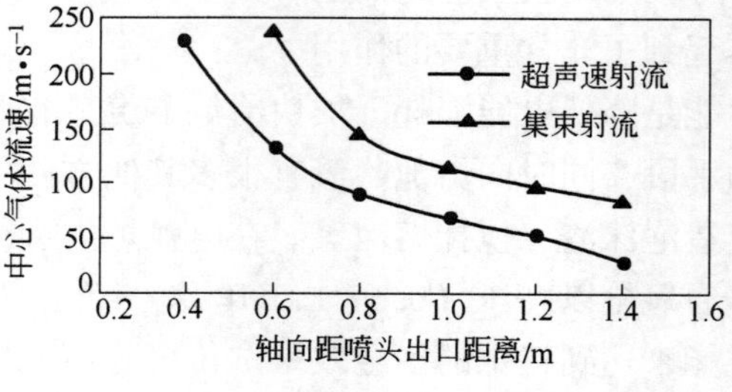

图 6-36 射流轴向中心流场分布

（中心射流空气压力 0. 7MPa，保护气体流量 $80m^3/h$）

在距离喷嘴出口相同的距离上，集束射流流股的速度变化率比传统超声速射流流股的速度变化率大。集束射流具有较高的聚合度，而且这种较高的聚合度能够在较长的距离内一直保持。在距离喷头端部 1.0m 和 1.2m 处聚合射流仍有特别高的聚合度，而传统超声速射流已比较发散。射流径向流速分布见图 6-37、图 6-38。

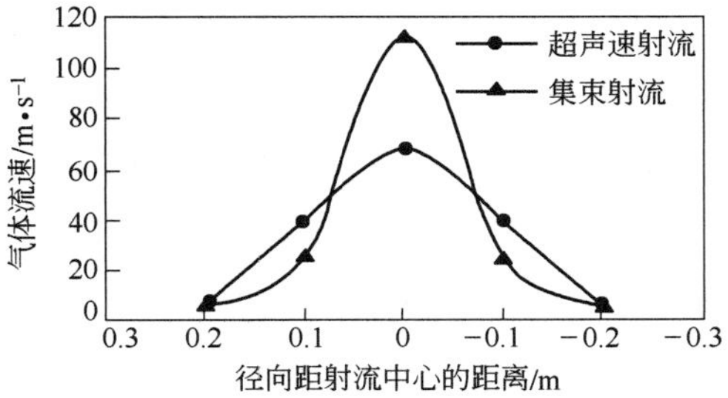

图 6-37 射流径向流速分布（$x=1.0$m）

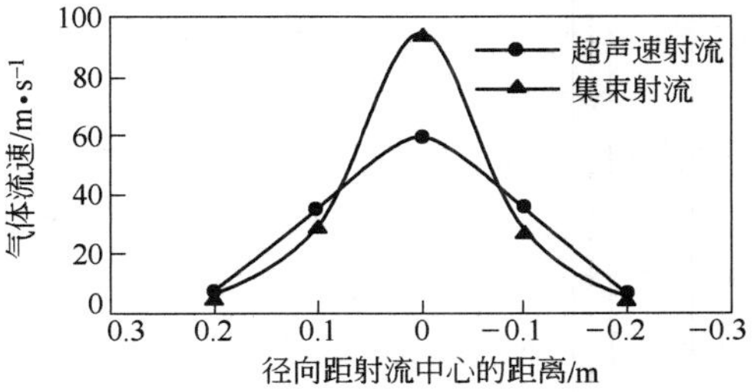

图 6-38 射流径向流速分布（$x=1.2$m）

集束射流具有如下特点：

（1）在超过喷嘴直径 70 倍的喷吹距离内都可以保持其原有的速率、直径及气体的浓度及喷吹冲击力。

（2）普通超声速氧枪 0.254mm 处的冲击力与集束射流 1.37mm 处的冲击力相当；对熔池的冲击深度要高两倍以上，气流的扩展和衰减要小，减少熔池喷溅及喷头粘钢。

（3）比普通超声速喷吹带入的环境空气量要少 10%以上，NO_x 排放减少。

（4）射流扩散和衰减的速度也显著降低。

（5）冲击液体熔池的深度比普通射流冲击深度深约 80%，水模型试验也表明，集束射流进入熔池的深度比传统喷吹深 80%以上。

（6）集束射流核心区长度、射流扩散和衰减及其压力可以控制。

（7）熔池均混时间与底吹混合时间相近。

（8）喷溅大大减少。

B 集束射流吹氧主要功能

集束射流吹氧主要用于切割炉料，以防止架桥；直接吹入熔池，与熔池中的铁及其他元素反应，产生热量，加速废钢熔化；进行熔池搅拌，使钢水温度均匀；参与炉气中的可燃气的二次燃烧；与熔池中的碳反应，生成大量 CO 造泡沫渣，屏蔽电弧，减小辐射，减少热量损失；加快脱碳速度；降低电耗，缩短冶炼时间。

（1）加快废钢熔化。在全废钢冶炼时，高速的集束氧气射流能够切割电弧炉内的已经红热的大块废钢，可以防止炉料搭桥。随着炉内废钢的不断熔化，熔池逐渐形成，在熔池中吹入氧气，氧气与钢液中的元素发生氧化反应，释放出反应热，促进废钢的熔化。

（2）搅拌钢液，均匀钢液温度。电弧炉炉壳直径的增大使炉内温度不均匀性更加突出，熔池形成以后，位于三相电极的中心区和电极圆周围的钢液温度高，其他区域钢液温度低。高速的集束氧气射流吹入钢液，使钢液沿着一定方向运动，加快了不同温度钢液之间的传热速度。因此，减小了钢水温度的不均匀性，一定程度上抑制了钢液大沸腾现象。

（3）二次燃烧工艺。在使用电弧炉炼钢过程中，因为在熔池中 CO 不能被氧化成 CO_2，炉内会产生一定量的 CO。二次燃烧即通过在熔池上方补充吹氧使在电弧炉内 CO 进

一步氧化成 CO_2，所产生热能得到回收从而减少了电耗，较大地提高热效率，能量可节省 40~80kW · h/t。

二次燃烧吹氧方法有两种：在渣层上方吹氧进行二次燃烧和将氧吹进渣层使 CO 在进入炉子净空间前即产生二次燃烧。

（4）全程泡沫渣埋弧冶炼。为了造泡沫渣，一般安装与集束氧枪相同数量的炭枪。氧枪和炭枪共同组成了碳氧喷吹模块系统。利用模块化技术结合 PLC 计量控制喷粉量及实现炉中多点喷炭。喷入熔池内的碳和氧在熔渣中反应生成大量的 CO，使炉渣形成很厚的泡沫状，把炉内电弧埋在熔渣下面，减少了电弧辐射放热和刺耳的噪声，同时有利于炉壁耐火材料的长期使用。良好的泡沫渣使钢液升温快，节约能源。

（5）钢水脱碳及升温。在氧化期脱碳时，高速的集束射流在炉内多个反应区域进行脱碳。集束射流条件下，平均脱碳速度每分钟可达 0.06%。在钢水温度、渣况合适时，最大脱碳速度每分钟可达 0.10%~0.12%。脱碳时，激烈的碳氧反应放出大量热，使钢液温度提高很快。

C 集束氧枪结构

根据集束射流氧枪的工作原理可知，它是在传统氧枪的主氧中分出一部分环氧，另外，在主氧的外环处加两圈保护气体（环氧和环燃气），隔绝外界气流的影响，从而保护主氧。

如图 6-39 所示，整套系统由主氧喷吹系统、主氧保护系统、水冷系统、三部分组成。主氧喷吹系统位于集束射流氧枪的中心位置；主氧保护系统位于主氧喷吹系统的外层，设有环氧和环燃气喷口；水冷系统位于氧枪的最外层，在氧枪一端设有进水口和出水口；枪身由无缝钢管做成的四层套管组成。尾部结构应方便输氧管、进水、出水软管同氧枪的连接，保证四层套管之间密封及冷却水道的间隙通畅，以及便于吊装氧枪。

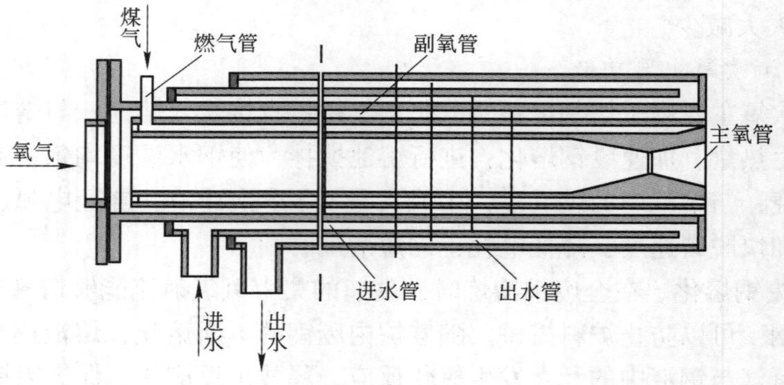

图 6-39 集束射流氧枪示意图

喷头常用紫铜材质，可用锻造紫铜经机加工或用铸造方法制成。主氧管、环氧管所用的材料为热轧无缝钢管，进水管和出水管采用铸造钢管，主氧管喷头采用冷轧无缝钢管，喷头的端底及喷孔部分材质为无氧纯铜，含铜量大于 99.9%。挡水板由于不承受高温，采用铸造青（黄）铜或由铜板锻造而成。上部氧气喷管可采用铸铜、铜管、轧制不锈钢管等材质。

根据不同的设计理念，不同生产厂家集束氧枪所体现出的形式各有不同。目前国内外主要的炉壁集束氧枪包括：PTI 生产的 JetBox、air liquid 生产的 PyreJet、Techint 生产的 KT injection、Praxair 生产的 Cojet、北京科大国泰公司生产的 USTB 集束氧枪，见图 6-40。

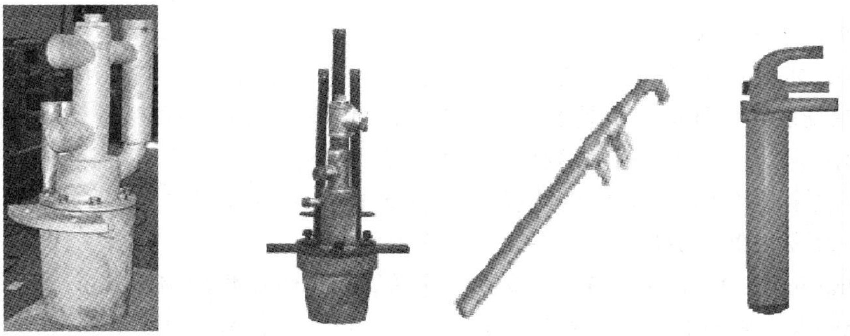

PTI JetBox　　PyreJet　　KT 氧枪　　USTB集束氧枪

图 6-40　国内外主要氧枪

PTI 公司生产的 JetBox 集束喷射箱内是把集束氧枪和喷炭粉枪平行嵌套在用水冷却的铜箱内。集束氧枪布置在喷炭孔的左上方，这种平行布置更有利于泡沫渣的快速形成并防止喷炭孔堵塞。在平行方向上，氧流产生的伯努利效应对炭粉进行引流，并确保将碳流导入渣钢界面。PTI JetBox 技术把喷炭点移至炉渣下面，从而把除尘系统造成的碳损失和渣面燃烧掉的炭粉降到最低，炭粉被喷到了最需要的地方。集束氧枪和炭枪的冷却由水冷铜箱提供。PTI 设计的环氧烧嘴包括超声速喷嘴和环氧喷嘴。当超声速烧嘴以 $Ma=2$ 的声速向熔池供氧环氧以最大 $8Nm^3/min$ 的速度对超声速射流进行保护，保证超声速射流紧凑、连贯和有效地进入熔池，同时提供二次燃烧用氧。JetBox 安装在炉壁耐火砖的上方，对炉子中心有一定的下倾角，既保证喷射距离最短，又最大限度减少了喷溅，同时由于水冷箱的冷却作用，使得箱子下面的耐火材料侵蚀速度减慢。PTI 设计的 EBT 枪仅用于冷区的预热和熔化功能，为将其安装在 JetBox 中，EBT 区也不设炭枪。

PTI JetBox 系统被设计成为能够：

（1）熔化前期，向炉内输入超过 4.5MW/t 的化学能，以熔化废钢；

（2）熔化中期，在还存在半熔态废钢的情况下，切换到较大流量、低速的氧气，以快速熔化废钢；

（3）在炉内废钢基本熔清后，吹入超声速氧气直到冶炼完成。

JetBox 技术开发了单一氧枪控制线路技术，获得专利的烧嘴通过使用一个旁通阀分流适量的环绕氧气，分流的环绕氧气流量是根据每个钢厂情况量身定做并根据电弧炉的操作状态而调节的。淮钢 70t 交流电弧炉使用了 PTI JetBox 系统。

Air Liquide 公司生产的 PyreJet 多功能炉壁氧枪，具有熔化和切割废钢的能力，而且还有其他附加的功能。它包括的炭粉喷吹和超声速氧气射流，可以帮助泡沫渣生成及熔池精炼。深的、铜质的水冷燃烧室可以控制火焰的形状和火焰的生成。燃烧室同时还可以保证氧气和燃气的开孔不被飞溅的钢水及钢渣堵住，燃烧室内部配有一个超声速烧嘴，在必要时可快速方便地从燃烧室上脱开和取出。在 PyreJet 多功能炉壁氧枪上还同时配有可更换的炭粉喷吹管，它的出口靠近中轴线。这样的布置有助于炭粉在中心超声速氧流带动下冲入渣层深入熔池内部进行有效的脱碳及帮助保护渣的生成。利用 PyreJet 多功能炉壁氧枪技术，终点碳含量可降低到 0.02%。PyreJet 多功能炉壁氧枪在炼钢生产中具有烧嘴模式和氧枪模式。根据冶炼的需要，两种模式可以自由切换。江阴兴澄 100t 直流电弧炉安装了 PyreJet 多功能炉壁氧枪。

Techint 技术公司生产的 KT 喷吹系统可以提高输入电弧炉的热能和化学能的利用效率。KT 氧枪安装在熔池的渣线处。冶炼前期，KT 氧枪像烧嘴一样工作，冶炼后期，向熔池内喷入超声速氧气射流。KT 喷炭枪也安装在渣线处，炭被喷入渣中降低耐火材料的磨损，改善造泡沫渣和提高电弧能的传输。KT 多功能烧嘴可以用在最初的废钢熔化和其后的后燃烧。天津 150t 交流电弧炉应用 KT 氧枪。

美国 Praxair 公司生产的 CoJet 具有输入化学能和向熔池吹超声速氧气射流的能力。炭粉喷吹系统能够有效与氧气系统配合造泡沫渣，对提高冶炼节奏和节约炼钢成本有显著作用。上海宝山钢铁公司 150t 直流电弧炉应用美国 Praxair 公司生产的 CoJet。

北京科技大学研发的 USTB 集束射流氧枪分为多种结构，包括单层环氧保护中心氧气射流和环燃料保护主氧，还有在中心氧气射流周围环低速喷射燃料和氧气的多功能多模式氧枪。USTB 集束喷吹系统能够根据冶炼条件在尽量降低炼钢成本基础上达到安装氧枪的目的。USTB 集束喷吹系统还在与氧枪平行的位置安装了炭枪，尽量使氧气能够把炭粉引流到熔池内，提高炭粉利用率。根据冶炼原料的不同，氧枪在冶炼过程中有多种模式，可以快速输入化学能熔化废钢，也可提供高速的氧气射流切割废钢，冶炼后期能够快速脱碳。河南安阳钢铁公司 100t 竖式电弧炉应用北京科技大学的 USTB 集束喷吹系统。

目前，集束射流技术已在世界范围内普遍应用，使用效果良好。表 6-9 列举了典型集束射流技术在国内大型电弧炉的应用情况。

表 6-9 大型电弧炉的氧枪设备参数及主要技术经济指标

参数名称	JetBox	PyreJet	KT injection	Cojet	USTB
氧枪设备供应商	PTI	Air Liqude	Techint	Praxair	北京科技大学
使用单位	淮钢集团钢铁总厂	江阴兴澄特种钢铁有限公司	天津钢管集团有限公司	宝钢股份公司	安阳钢铁公司
炉型	交流	直流	交流	直流（双壳）	交流
公称容量/t	70	100	150	150	100
氧枪投产时间	2002-04	2001-10	2001-07	2004-11-15	2006-04-08
设备供应商	Danieli	Demag	SMS-Demag	Clecim	Fuchs
底电极形式		水冷钢棒式		水冷钢棒式	
变压器容量/MV · A	60±20	90	100	33×3	72

续表 6-9

参数名称	JetBox	PyreJet	KT injection	Cojet	USTB
炉壳直径/mm	5800	6600	7000	7300	6077
石墨电极直径/mm	550	711	610	711	610
炉壁供氧能力/$Nm^3 \cdot h^{-1}$	6000	8000	>9500	10000	12000
马赫数	2	2	2.1	2	2
供氧模块数量/套	3	3 套 PyreJet 2 套 PyrOx	3	4	4
铁水兑入量/%	20	40~50	35~40	33（常规）	20
冶炼周期/min	42~50	44	45	51	41
吨钢电耗/$kW \cdot h \cdot t^{-1}$	265	177	275	236.2	167.87
出钢量/t	80/90	100	150	150	100
电极消耗/$kg \cdot t^{-1}$	1.4	0.67	1.2	0.74	0.809
吨钢氧气消耗/$Nm^3 \cdot t^{-1}$	39	56	35	42.2	45.47
最高日产炉数/炉	28	29	28	29	28
留钢量/t	15~20	15	15~20	15~20	25
燃料消耗/$m^3 \cdot t^{-1}$	1.3	1.25（天然气）	2（天然气）	1.5（天然气）	0
钢铁料消耗/$kg \cdot t^{-1}$	1136	1073.6	1154	1140	1134
炭粉消耗/$kg \cdot t^{-1}$	5	5~20	5~20	5~20	5.837

6.3.2 电弧炉炼钢冶炼过程的二次燃烧

电弧炉炼钢过程中，产生的大量含有较高 CO（含量达到 30%~40%，最高达到 60%）和一定量 H_2 和 CH_4 的废气所携带的能量占炼钢总输入能量的 11%左右，有的高达 20%。造成大量能源浪费。利用熔池上方的氧枪向炉气中吹氧，使 CO 在炉内燃烧生成 CO_2，将化学能转变成热能，促进废钢熔化或熔池升温就是二次燃烧（简称 PC）技术。

随着强化用氧技术的发展，在电弧炉输入能量中，以前电能占 70%，化学能只占 30%。当前强化用氧使化学能已经达到 60%，从而节省了电能。然而强化用氧的同时也会增加辅助材料和耐火材料的损耗，因此碳氧二次燃烧技术引起了广泛关注。利用好二次燃烧，不仅可以充分利用化学能，而且可以使电弧炉烟气温度得以降低，减少有害气体，有利于除尘和环境保护。

6.3.2.1 二次燃烧基本原理

根据对转炉炼钢热补偿的理论计算，在添加碳时，C-CO 反应可为废钢熔化提供 12.5MJ/kg 碳的热量；若气相中发生 CO-CO_2 反应，则可提供 20.7MJ/kg 碳的热量。因此，添加碳时与二次燃烧技术相结合，效果更好。

在电弧炉冶炼过程中，炉气能量的损失有两种形式：

(1) 高温炉气带走的物理显热；

(2) 炉气可燃成分带走的化学能。

废气中的物理显热很难被熔池吸收，一般作为废钢预热的热源或其他热源而利用。而可燃气体所携带的化学潜热若能使其在炉内通过化学反应释放出来就可以为熔池所吸收。实践表明，二次燃烧技术可显著提高生产率，缩短冶炼周期和节约电能。

众所周知，炉膛中发生的燃烧反应为：

$$2C + O_2 = 2CO \qquad \Delta G = -223400 - 175.3T \text{ J/mol}$$

$$2CO + O_2 = 2CO_2 \qquad \Delta G = -564800 + 173.64T \text{ J/mol}$$

从上式中可以看出，炉气中的 CO 气体携带有大量的潜热，其放热值为碳不完全燃烧放热值的 2.5 倍左右。若被利用起来，则二次燃烧的热量将以扩散传热和辐射传热的方式向炉料和熔池传递。理论上在炼钢温度下两个反应都能正向进行，但共同处于电弧炉内同一气氛下，两反应又相互影响，见图 6-41。

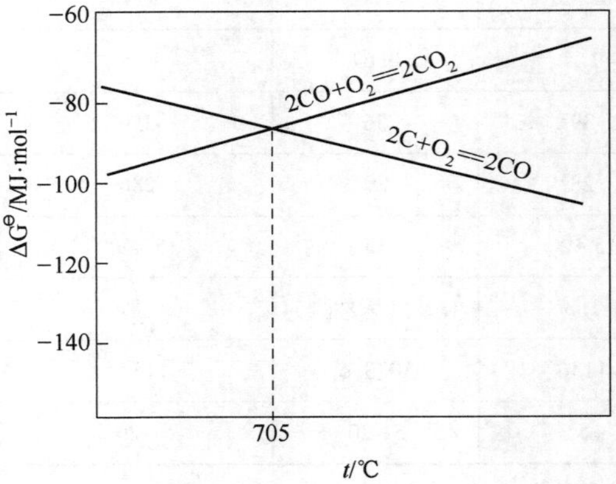

图 6-41 CO 和 CO_2 稳定性的比较

由热力学计算得出在 705℃以下，CO_2 比 CO 稳定，但在 705℃时二次燃烧生成 CO_2 的反应不能够顺利进行。

根据冶金物理化学的理论可知，二次燃烧反应如要有利地进行必须具有良好的热力学和动力学条件。根据热力学反应式，可以计算出一氧化碳与氧气反应生成二氧化碳在不同温度下的平衡常数，计算结果列于表 6-10。

表 6-10 二次燃烧反应的平衡常数

温度/K	1000	1500	2000	2500	3000
平衡常数	1.64×10^{10}	2.10×10^{5}	703.00	23.60	2.46

CO 的燃烧反应具有支链反应特征，只有当存在 H_2O 的情况下才能快速反应，反应机理[29]：

链的产生：

$$H_2O + CO \longrightarrow H_2 + CO_2$$
$$H_2 + O_2 \longrightarrow 2OH$$

链的继续：

$$OH + CO \longrightarrow CO_2 + H$$

链的支化：

$$H + O_2 \longrightarrow OH + O$$

$$O + H_2 \longrightarrow OH + H$$

继链：

$$H + \text{器壁} \longrightarrow 1/2H_2O$$

$$CO + O \longrightarrow CO_2$$

CO 的反应速率可表示为：

$$-\frac{\mathrm{d}f_{CO}}{\mathrm{d}t} = 1.8 \times 10^{13} f_{CO_2} f_{O_2}^{0.5} f_{H_2O}^{0.5} \frac{p}{R_1 T} \exp\left(-\frac{250000}{RT}\right) \tag{6-10}$$

式中 f_{CO}，f_{O_2}，f_{CO_2}，f_{H_2O}——分别为 CO、O_2、CO_2 和 H_2O 的摩尔分数；

T——绝对温度，K；

p——绝对压力，atm；

t——时间，s；

R——气体常数，1.986kcal/(kg · mol · K)；

R_1——另一种形式的气体常数，82.06atm · cm^3/(g · mol · K)。

由以上看出，温度升高不利于二次燃烧反应的进行，有利于二次燃烧反应进行的热力学是充足的氧气供应、低的炉气温度和一定的水蒸气。H_2O 浓度的最佳值为 7%～9%。电弧炉内水来自原材料、氧燃烧嘴的燃烧产物及电极喷淋。

在废钢熔化期，炉内温度低，有二次燃烧的炉气中 CO 含量明显小于无二次燃烧的炉气中 CO 含量，表明 CO 得到较充分的燃烧；随着炉内温度逐步提高，炉气中 CO 含量也相应增加；在精炼期，两者的 CO 含量已无区别，这时二次燃烧已不能进行。二次燃烧用氧均来自熔池上方，流速较低，熔池形成以后也不会产生强烈的搅拌效果，因此在整个冶炼期内，二次燃烧反应主要集中在烟气中及渣-气界面。也就是说，反应释放的热量首先由烟气吸收，再向废钢、渣层或钢液传热。但是，应该注意到，烟气在炉内停留时间很短，因此，反应热不可能被完全有效地利用。

从动力学的角度来说，在废钢熔化期，废钢温度较低，表面积大，有利于热量传输，即二次燃烧热的利用率较高。在精炼期，一方面，二次燃烧反应受到抑制，另一方面，熔池温度较高，传热面积较小，也不利于热量传输，二次燃烧反应热利用率下降。

为了反映二次燃烧反应进行的程度，常用二次燃烧率 *PCR* 来表示，并考虑到 H_2 的燃烧，二次燃烧率 *PCR* 定义为：

$$PCR = \frac{\%CO_2 + \%H_2O}{\%CO + \%CO_2 + \%H_2O} \times 100\% \tag{6-11}$$

式中 PCR——二次燃烧率,%;

$\%CO_2$,$\%CO$——分别为燃烧产物中 CO_2 和 CO 的体积百分数;

$\%H_2O$——燃烧产物中 H_2O 的体积百分数。

评价二次燃烧反应热量的有效利用程度的指标称为二次燃烧的热效率（*HTE*），用下式表示：

$$HTE = \frac{\Delta E}{E_{PC}} \times 100\% \tag{6-12}$$

式中 ΔE——采用二次燃烧后电能的实际节约量，kW · h/t;

E_{PC}——二次燃烧反应放出能量的理论值，kW · h/t。

综上所述，要充分发挥二次燃烧技术的效果，除了要达到较高的二次燃烧率外，还要有较高的热效率。要提高炉气的二次燃烧率和得到较高的热效率，二次燃烧必须在泡沫渣中进行。

6.3.2.2 二次燃烧效果

供氧方式不同，二次燃烧效果也有差异。现以 Air Liquide 公司开发的 ALARC-PC 技术在电弧炉炼钢中取得的实际效果[29]，对电参数的有利影响及炉中可燃气体二次燃烧产生化学热的直接作用，可明显改善电弧炉的技术经济指标。

（1）缩短冶炼时间。实测知，采用二次燃烧消耗 $1m^3$ 氧气可缩短冶炼时间 0.43～0.50min。德、意、法等国应用二次燃烧的电弧炉可缩短从通电到出钢时间的 8%～15%。

（2）降低单位电耗。测得用于二次燃烧 $1m^3$ O_2 可节电 5.8kW · h/t。德国 BCW 公司的大量试验得到，一般用于二次燃烧的氧量为 $16.8m^3/t$，该厂实际节电 62kW · h/t。若能将冶炼过程中来自吹氧和泡沫渣中产生的 CO 完全燃烧成 CO_2，可节电 80kW · h/t。美国 Nucor 公司在一座 60t 电弧炉上实测得到每炉冶炼时间从 58min 降为 54min，电耗从 380～400kW · h/t 降为 332kW · h/t。据报道，电弧炉采用二次燃烧后，因减轻对除尘系统的负荷，由此可节电 10kW · h/t。

（3）提高生产率。电弧炉使用二次燃烧后改善了电特性，且产生大量的化学热，又由于二次燃烧可减少 CO 向环境放散。这样在炼钢原料中较大量地加入 DRI、HBI 和 Fe_3C 等也不会增加 CO 的放散量，大大有助于提高生产率。Cascade 公司应用二次燃烧后，使粗钢产量从 0.54Mt/a 上升到 0.66Mt/a。

（4）减轻炉子的热负荷。对炉子热损失测定表明，只要合理使用 PC 技术，从水冷炉壁、烟道进出口冷却水温度测知，其影响几乎可以忽略；只有水冷炉壁的热损失有所增加，最大可达 21.96MJ/t。但由于冶炼时间缩短，产量增加，实际热损失从 76.32MJ/t 降到 72.72MJ/t。

（5）对其他指标的影响。从采用 PC 技术后的大量生产实践统计得到，除氧和碳的用量有不同程度的增加外，只要正确应用 PC 技术，其他指标均可得到改善。美国 Nucor 公司测定，二次燃烧形成的泡沫渣对电极的屏蔽作用使单位电极消耗下降。普遍关注的因受炉气中氧势的变化而影响较大的铁损问题，也经实测得到，渣中（FeO）达到低水平，并不造成铁损增大。

德国 BSW 公司应用 ALARC-PC 技术，合理调节并尽可能增大氧耗，使输入电功率降低 7%，生产率提高 7%，结果见表 6-11。

表 6-11 ALARC-PC 技术对消耗指标和生产率的影响

项　目	无 ALARC-PC	用 ALARC-PC
电耗/kW·h·t^{-1}	372.0	347.0
总氧耗/m^3·t^{-1}	35.6	45.6
碳耗/kg·t^{-1}	12.6	11.8
送电时间/min	40.5	36.8
出钢到出钢时间/min	51.5	47.8

（6）环境的积极效果。在电弧炉冶炼过程中，*PCR* 最高可达 80%，废气中 CO 含量从 20%～30%降到 5%～10%；CO_2 从 10%～20%增加到 30%～35%。且大大减少了 NO_x 有害气体向环境的放散，有利于环境的改善。

6.3.2.3 二次燃烧应用

Nucor 钢厂于 1993 年夏开始在 2 座 60t 电弧炉上应用二次燃烧技术。二次燃烧是通过在熔池上方吹氧实现的。Nucor 钢厂首先用已存在的氧燃烧嘴对二次燃烧进行了尝试。但效果没有预期中的好。分析其原因，主要是缺少追加的氧和炉内烧嘴的位置相对较高。

第 2 阶段的试验使用了可消耗的手动 PC 氧枪。从炉门插入炉内，这次试验测量了尾气 CO 和 CO_2 含量并依此决定 O_2 的吹入量。O_2 从紧贴钢水的渣层吹入，并且在加入每篮料后尽可能快地将氧枪插入炉内，一直持续到精炼。

Nucor 钢厂通过应用二次燃烧技术，电能消耗降低了 40kW·h/t，出钢-出钢时间也缩短了 4min。

Goodfellow 公司开发了电弧炉过程优化专家系统（EFSOP）。控制系统实时分析尾气各组分的浓度，并根据热化学平衡计算和能量平衡计算来决定氧气吹入量，从而达到控制电弧炉的燃烧环境，优化冶炼过程的目的。

从尾气分析系统分析出尾气中 CO、CO_2、H_2、O_2 的浓度并将数据传到控制系统有 10～15s 的时间延迟，造成了控制系统的反应总是滞后于炉内气体分布。因此。开发了一个神经网络来预测尾气浓度并用分析系统的分析值进行校正。所开发的神经网络可以预测未来 30～120s 的尾气浓度，实际操作表明，神经网络的预测精度达到 85%～90%以上。控制系统应用神经网络预测结果，更准确地控制了氧气操作。

Goodfellow 公司在 1 座 150t 电弧炉上进行了试验，这座电弧炉在炉墙上安装有 3 个烧嘴，试验中，将烧嘴安置在渣线以上大约 1m 的位置，通过将燃烧比从 3∶1 提高到 8∶1，得到了节电 15kW·h/ t、通电时间缩短 166s 的效果。

国内二次燃烧技术也在迅速发展。如江苏沙钢淮钢特钢股份有限公司与美国 Praxai 公司合作，引进电弧炉二次燃烧技术。该技术的特点：二次燃烧枪复合在原电弧炉主氧枪内（MORE 型）与主氧枪同步进出，枪头区域的高浓度 CO 能及时、有效地与二次燃烧枪喷吹的氧气反应。同时，热量被废钢或熔池吸收，提高了生产率。

当前，二次燃烧技术的发展趋势是在不同时间控制空气和氧气的喷吹。首先尽可能喷射空气，然后仅在大量产生 CO 时喷入纯氧。应用结果表明：该技术的燃烧效率很高，熔化过程更加安全、稳定。采用该技术的第一套设备已在卢森堡 Profilarbed 公司的迪弗丹日厂投入使用。

A 沙钢淮钢-Praxair 二次燃烧系统

沙钢淮钢电弧炉实施的二次燃烧技术是淮钢和美国 Praxair 公司合作完成的。

淮钢-Praxair 二次燃烧系统包括：二次燃烧（PC）枪、氧气流量控制器、炉气分析仪等。控制方式可以是闭环，也可以是开环。闭环控制是根据炉气分析系统测得的炉气变化（主要指 CO 含量）来控制二次燃烧吹氧量，通常在调试或工艺变更时采用，目的是搜集和分析数据，确定二次燃烧吹氧曲线的模型；开环控制是根据冶炼模型来设定二次燃烧供氧的控制方式。

二次燃烧系统示意图见图 6-42。

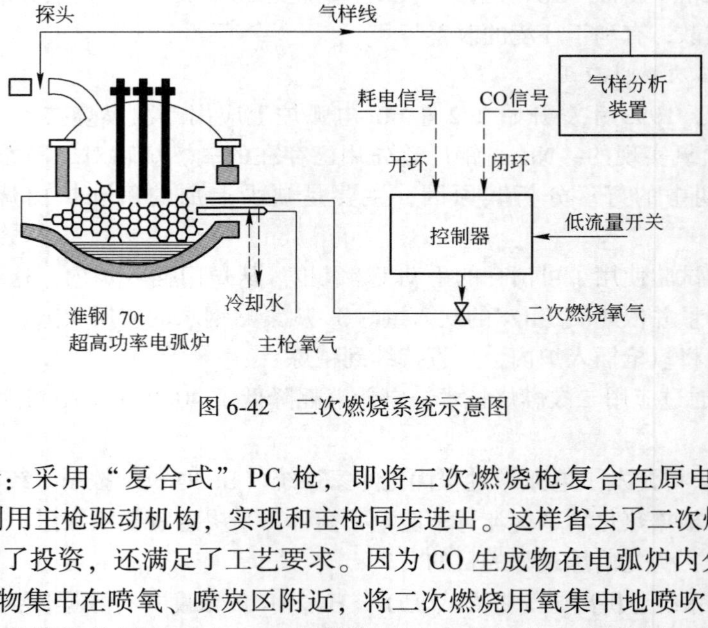

图 6-42 二次燃烧系统示意图

二次燃烧枪：采用“复合式”PC 枪，即将二次燃烧枪复合在原电弧炉主氧枪内（MORE 型），利用主枪驱动机构，实现和主枪同步进出。这样省去了二次燃烧枪机构，简化了设备，节省了投资，还满足了工艺要求。因为 CO 生成物在电弧炉内分布不均匀，但大多数 CO 生成物集中在喷氧、喷炭区附近，将二次燃烧用氧集中地喷吹在富 CO 区，就能最大限度地提高燃烧热效率。由于二次燃烧氧枪和主氧枪一起使用，枪头区域高浓度 CO 就能及时有效地被 PC 枪喷吹的氧气捕捉并烧掉，放出的热量被废钢或熔池吸收。在炉内相对低的部位进行二次燃烧反应，能够最大限度地提高热效率，也能允许在整个熔炼期进行二次燃烧操作，延长二次燃烧使用时间。

炉气分析仪：炉气分析系统能够从炉气中取气样并连续分析其中的 CO、CO_2、O_2 含量，炉气分析系统包括一个探头、一条送样线和一个气样处理分析柜。气样探头安装在除尘弯管接缝处附近。分析仪主要用于调试时测定 CO 的生成模型，以便建立二次燃烧枪的用氧曲线。

氧气流量控制器：氧气流量控制开关和 PLC 控制板调节二次燃烧枪氧气流量。当二次燃烧枪插入炉内时，氧气会自动打开，并可根据 CO 读数调节氧气流量。调试时测量炉气中的 CO 含量以确定最佳的吹氧曲线，并编入 PC 枪的 PLC 控制器中，在以后的操作中会自动使用这种吹氧曲线。根据 70tUHP EAF 炉气分析结果编入的基准吹氧数据为 250m^3/h、700m^3/h 和 900m^3/h。PC 枪阀架氧气进口压力 0.8～1.0MPa，最大流量 1500m^3/h，二次燃烧枪出口压力 0.3～0.4MPa。

B 二次燃烧系统的工艺流程

二次燃烧系统的工艺流程见图 6-43。

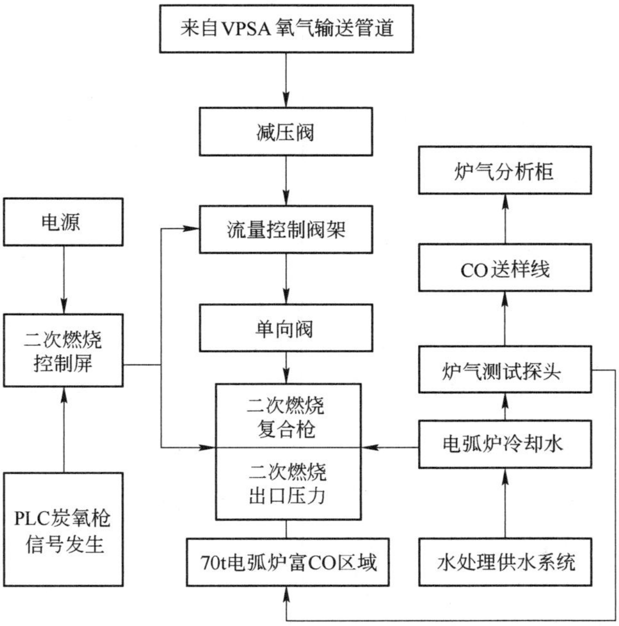

图 6-43 工艺流程示意图

C 应用效果

沙钢淮钢针对 20MnSi 钢使用二次燃烧技术的效果进行了数据统计和数据分析，见表 6-12。

表 6-12 二次燃烧效果统计表

项 目	PC 枪（有二次燃烧）	MORE 枪（无二次燃烧）	差值
取样炉数/炉	19	26	
入炉废钢/t	71.21	64.80	+6.61
热装铁水/t	13.88	12.53	+1.15
出钢量/t	80.38	71.83	+8.55
吨钢电耗/kW·h·t^{-1}	322.94	350.88	-27.94
主氧枪氧耗/m^3	1440.42	1499.12	-58.7

续表 6-12

项　目	PC 枪（有二次燃烧）	MORE 枪（无二次燃烧）	差值
烧嘴氧耗/m^3	1069.11	733.80	+335.31
二次燃烧用氧/m^3	445.16	0	+445.16
总氧耗/m^3	2954.68	2232.92	+721.76
吨钢氧耗/$m^3 \cdot t^{-1}$	37.09	31.26	+5.83
二次燃烧吨钢氧耗/$m^3 \cdot t^{-1}$	5.59	0	
通电时间/min	38.84	37.24	+1.60
出钢到出钢时间/min	61.26	62.28	−1.02

同时，对炉气中 CO、CO_2 含量进行了分析，对二次燃烧前后燃烧沉降室和布袋入口处的烟气温度的变化情况进行了监测，见表 6-13。

表 6-13　烟气温度变化表

项目	使用二次燃烧		未使用二次燃烧		差值
沉降室温度	熔化期	520	熔化期	535	−15
平均值/℃	氧化精炼期	617	氧化精炼期	608	+9
布袋入口处	熔化期	86	熔化期	88	−2
温度平均值/℃	氧化精炼期	91	氧化精炼期	95	−4

运行结果显示，70t 超高功率电弧炉在采用二次燃烧技术后：

(1) 降低了冶炼电耗，生产实测表明，与未进行二次燃烧的炉次相比，电耗降低了约 28kW·h/t。

(2) 明显地提高了生产率，电弧炉同等出钢量的出钢到出钢时间可以缩短约 7.5min。

(3) 可加大高碳炉料的入炉量。采用电弧炉二次燃烧技术可使炉料中的碳变成经济的燃料，可加大铁水和生铁的装入，使高碳炉料成为经济能源，并降低生产成本。

(4) 降低了废气中 CO 气体的排放，改善了炉气对环境的污染程度。炉内 CO 的排出量可减少至原来的 1/4。也表明了采用二次燃烧能大大降低除尘系统的热负荷，这给优化炉后除尘设备运行和废气温度控制带来了方便。

6.3.3 电弧炉炼钢氧枪技术

6.3.3.1 电弧炉氧枪设计

电弧炉氧枪是强化电弧炉冶炼的重要手段，具有搅动钢液、切割废钢、提高废钢熔化速度、改善渣钢动力学条件、改善泡沫渣操作、缩短冶炼时间等作用。根据喷吹气体的不同，电弧炉氧枪分为氧燃喷枪和纯氧喷枪两类。氧燃喷枪需要在吹入氧气的同时混合燃料喷吹，与纯氧喷枪相比虽然发热量大，但是成本较高。目前大部分电弧炉冶炼都采用热装铁水工艺，因此纯氧喷枪成为电弧炉氧枪的主流。随着超高功率电弧炉的逐步推广，超声速射流氧枪成为电弧炉冶炼的必需设备。

目前，超声速水冷氧枪采用的喷嘴为拉瓦尔型，这种形状能将氧气的压力能转化为动能，得到稳定的超声速氧气射流。拉瓦尔喷嘴是由收缩段、喉口和扩张段三部分组成，三段长度的不同导致最后喷出射流速度的不同，见图 6-44。

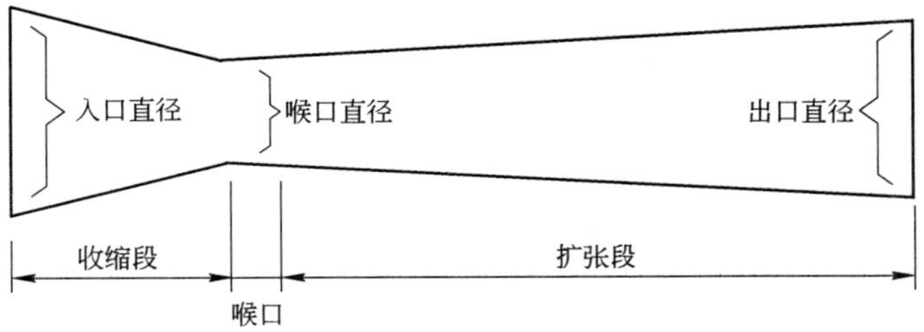

图 6-44 拉瓦尔喷嘴简图

拉瓦尔管必须满足以下条件才能获得超声速射流：流经喷嘴的气体是经过压缩的气体，这样才能实现气体重度随压力变化引起速度上升；喉口处的临界压力必须大于喷嘴出口的临界压力，并且后者与前者的比值要小于 0.5238。

A 氧枪喷头参数的确定

单纯喷吹氧气的电弧炉氧枪有炉门枪、炉壁枪、EBT 氧枪等，虽然它们的安装位置不同，功能也有所差异，但是其喷头的设计是一致的。

氧枪喷头作为电弧炉氧枪最重要的部件，其具体尺寸受多个因素影响。

（1）供氧量计算。单位时间的供氧量决定于供氧强度和炉容量，而供氧强度则与铁水成分、炉容比和炉容量有关。供氧量的精确值只有通过物料平衡才能求得，它与吨钢耗氧量、出钢量和吹氧时间的关系可用下式表示：

$$\text{供氧量} = \frac{\text{吨钢耗氧量} \times \text{出钢量}}{\text{吹氧时间}}$$

（2）喷头马赫数。喷头马赫数决定了喷头出口氧气射流的速度。马赫数过大则喷溅大，渣料消耗和铁损增大；马赫数过小则搅拌能力弱，氧利用率低。选择合适的马赫数对于增大氧枪对熔池的冲击能力和冲击深度有重要作用，目前国内推荐的马赫数为：电弧炉炉壁枪在 1.9~2.1 之间，炉门枪在 1.4~1.8 之间。

（3）理论设计氧压。理论设计氧压是指喷嘴进口处的氧压，它是氧枪喷嘴喉口和出口直径的重要参数。一般使用氧压范围为 0.78~1.18MPa。理论设计氧压是实际生产中氧压范围的最低值，实际生产氧压往往稍高于这个压力范围。

（4）喉口氧流量公式和长度。在标准状态下，氧气实际流量的计算公式如下：

$$Q = 1.782 C_D \frac{A_{\text{喉}}\, p_0}{\sqrt{T_0}}$$

式中 Q——标态下的实际氧流量，Nm^3/s；

C_D——喷孔流量系数，取值在 0.90~0.96；

$A_{喉}$——喉口截面面积，m^2；

p_0——理论设计氧压，Pa；

T_0——氧气滞止温度，K，一般取值在 298K 左右；

喉口长度取值一般在 5~50mm 之间。

（5）收缩段与扩张段尺寸。收缩段的长度一般为（0.8~1.5）$d_{喉}$，收缩段的半锥角一般在 18°~23°。扩张段的扩张角一般取 8°~10°，半锥角为 4°~5°。

扩张段的长度可以由以下公式求得：

$$L = (d_{出} - d_{喉})/(2\tan\alpha - x) \tag{6-13}$$

（6）有效冲击面积。实验证明，电弧炉氧枪与熔池表面成一定角度有利于电弧炉生产。因此，电弧炉氧枪有效冲击面积的计算需要考虑氧枪与熔池表面所成角度为 θ。设枪位为 H，氧气射流与熔池接触处的射流直径为 d，则：

$$d = 1.26\left(\frac{\rho_{出}}{\rho_e g}\right)^{1/6}(\omega_{出}\ d_{出})^{1/3}\left(\frac{H}{\beta\sin\theta}\right)^{1/2} \tag{6-14}$$

有效冲击面积由下述公式给出：

$$S = \pi d^2/(4\sin^2\theta)$$

B 氧枪水冷参数的确定

由于电弧炉炉门枪、炉壁枪、EBT 氧枪的功能和安装位置的不同，其枪体部分设计有所不同。

电弧炉炉门枪具有消除电弧炉冶炼冷区，实现炉料同步熔化，降低冶炼电耗，缩短冶炼时间等作用。在冶炼过程中，炉门枪需伸入电弧炉内喷吹，因此，炉门枪枪体设计时必须进行水冷计算。

以下面数据为例，说明枪体冷却设计参数的计算过程。

（1）冷却水耗量计算。假设耗水量为 15t/h，冷却水进水温度为 16℃，最大温差为 15℃。

最大升温时冷却水带走的热量可由以下公式计算出：

$$Q_{k,w} = W_w c_{p,w} \Delta t_{max} \tag{6-15}$$

式中 $Q_{k,w}$——冷却水带走的热量，kJ/h；

W_w——冷却水耗量，15×10^3kg/h；

$c_{p,w}$——水的比热容，4.1868kJ/(kg·℃)；

Δt_{max}——冷却水最大温差，15℃。

代入数据：

$$Q_{k,w} = 15 \times 1000 \times 4.1868 \times 15 = 9.42 \times 10^5 \text{kJ/h}$$

假设枪体受热长度为 1.2m，直径为 110mm，则冷却水带走的平均热负荷：

$$\begin{aligned} q &= 9.42 \times 10^5/(3.14 \times 1.2 \times 0.11) \\ &= 2.27 \times 10^6 \text{kJ/(h·m}^2) \\ &= 0.63 \times 10^6 \text{W/m}^2 > 0.5 \times 10^6 \text{W/m}^2 (\text{设计要求}) \end{aligned}$$

故此冷却水耗量满足氧枪热负荷要求。

（2）氧枪内冷却水对流传热计算。水流对流传热公式：

$$Q_{conv} = \alpha_{conv}(t_{el} - t_w)F_{tot} \tag{6-16}$$

式中 Q_{conv}——对流传热热流，kJ/h；

α_{conv}——对流传热系数，kJ/(h · m² · ℃)；

t_{el}——氧枪外管内壁平均温度,℃；

t_w——氧枪内冷却水平均温度,℃；

F_{tot}——氧枪总受热面积，m²。

其中：

$$t_w = t_{m,w} + \Delta t/2（t_{m,w}\text{为进水温度，}\Delta t\text{温差}）$$
$$= 16 + 15/2 = 23.5℃$$

$$F_{tot} = 3.14 \times 0.11 \times 1.2 + 3.14 \times [(0.11/2)^2 - (0.057/2)^2] = 0.42143\text{m}^2$$

同心套管环缝内的湍流对流传热系数为：

$$\alpha_{conv} u/p_w \times v_w \lambda_w (Pr) - 0.33(\mu_w/\mu)0.14 = 0.023/Re^{0.2}$$

式中 p_w——冷却水的密度，kg/m³；

v_w——冷却水的流速，m/s；

μ——水的黏度，kg/ms²，t_w=23.5℃，μ=0.8×10⁻³Pa · s；

μ_w——按内壁温度求出的水的黏度，取 t_{el}=60℃，μ_w=0.54×10⁻³Pa · s；

λ_w——水导热系数，kJ/(h · m · ℃)，t_w=23.5℃，λ_w=2.219kJ/(h · m · ℃)；

Pr，Re——普朗特数、雷诺数。

$$Pr = \frac{c_{p,w}\mu}{\lambda_w} = \frac{4.1868 \times 0.8 \times 10^{-3} \times 3600}{2.219} = 5.434$$

$$Re = \frac{\rho_w v_w d}{\mu} = \frac{1000 v_w (0.199 - 0.178)}{0.8 \times 10^{-3}} = \frac{1000 \times 5.8 \times 0.021}{0.8 \times 10^{-3}} = 152 \times 10^3$$

则：

$$\frac{\alpha_{conv} \times 0.8 \times 10^{-3}}{1000 \times 5.8 \times 2.219} \times 5.434^{-0.33} \times \left(\frac{0.54 \times 10^{-3}}{0.8 \times 10^{-3}}\right)^{0.14} = \frac{0.023}{(152 \times 10^3)^{0.2}}$$

$$\alpha_{conv} = 62.86 \times 10^3 \text{kJ/(h} \cdot \text{m}^2 \cdot ℃)$$

$$9.42 \times 10^5 = (t_{el} - 23.5) \times 0.42143 \times 62.86 \times 10^3$$

则 t_{el}=58.1℃与假设的 t_{el}=60℃相差不大，满足设计要求。

氧枪外管的传导导热：

$$Q_{conv} = \frac{2\pi\lambda_{tub}(t_{el}^{ex} - t_{el})L_{lan,h}}{\ln(r_{el}^{ex}/r_{el})}\text{kJ/h} \tag{6-17}$$

式中 λ_{tub}——钢管导热系数，163.285kJ/(h · m · ℃)；

$L_{lan,h}$——氧枪传热长度根据图纸提供，按 13.2m；

r_{el}^{ex}——氧枪外管外半径，m；

t_{el}^{ex}——氧枪外管外壁平均温度,℃；

r_{el}——氧枪外管内半径，m；

t_{el}——氧枪外管内壁平均温度，℃。

代入数值得：

$$9.42\times10^5=\frac{2\times3.14(t_{el}^{ex}-58.9)\times2\times163.285}{\ln(110/101)}$$

得到 $t_{el}^{ex}=98.11$℃，即为钢管外壁最高温度。

该温度不足以使得氧枪管壁烧损。

C 喷头设计举例

(1) 计算供氧量。利用物料平衡计算吨钢耗氧量，电弧炉中各耗氧成分见表6-14，表中C含量由废钢、生铁、铁水等炉料中C含量及电极消耗综合计算得出。

表6-14 耗氧成分表

成分	C（包含电极损耗）	Si	Mn	P	S
含量/%	1.4	0.6	0.8	0.08	0.01

设电弧炉公称容量为80t时，炉渣量：80×10%＝8t

铁损耗氧量：8×15%×16/72＝0.27t

[C]→[CO] 耗氧量：80×1.4%×80%×16/12＝1.19t

[C]→[CO_2] 耗氧量：80×1.4%×20%×32/12＝0.60t

[Si]→[SiO_2] 耗氧量：80×0.6%×32/28＝0.549t

[Mn]→[MnO] 耗氧量：80×0.8%×16/55＝0.186t

[P]→[P_2O_5] 耗氧量：80×0.08%×80/62＝0.083t

[S]→[SO_2] 耗氧量：80×0.01%×32/32＝0.008t

总耗氧量＝0.27+1.19+0.60+0.549+0.186+0.083+0.008＝2.886t＝2020Nm^3

实际耗氧量＝2020/0.9/99.5%＝2256Nm^3

实际吨钢耗氧量＝2256/80＝28.2Nm^3/t

设吹炼时间为45min，则当装入量为80t时，氧气流量：

$$Q=\frac{28.2\times80}{45}=50.13Nm^3/min=3000Nm^3/h$$

(2) 确定马赫数。选取马赫数为2.0。

(3) 确定氧压。根据等熵流表，查得马赫数为2.0时，$p/p_0=0.1278$。

$$p_0=0.101325/0.1278=0.79MPa$$

(4) 计算喉口直径。假设该电弧炉布置一支氧枪，则：

$$Q=1.782C_D\frac{A_{喉}\,p_0}{\sqrt{T_0}} \tag{6-18}$$

即：

$$50.13 = 1.782 \times 0.92 \frac{A_{喉} \times 0.79 \times 10^6}{\sqrt{298}}$$

经计算可得到喉口直径为：

$$d_{喉} = 29.2\text{mm}$$

取：

$$d_{喉} = 30\text{mm}$$

（5）确定喉口长度。喉口长度取 10mm。

（6）计算出口直径。查等熵流表，在马赫数为 2.0 时：

$$A_{出} / A_{喉} = 1.688$$

$$A_{出} = 1.688\pi d_{喉}^2 / 4 = 11.28\text{mm}^2$$

$$d_{出} = 2\sqrt{A_{出} / \pi} = 37.9\text{mm}$$

取：

$$d_{出} = 38\text{mm}$$

（7）计算收缩段长度

$$L_{收} = 1.2d_{喉} = 35.04\text{mm}$$

取：

$$L_{收} = 35\text{mm}$$

（8）计算扩张段长度。取半锥角为 5°，则：

$$L = (d_{出} - d_{喉})/2\tan a$$

$$L = (37.9 - 29.2)/(2 \times \tan 5°)$$

计算得：

$$L = 49.7\text{mm}$$

取：

$$L = 50\text{mm}$$

（9）计算结果。通过以上计算得到的氧枪喷头设计参数见表 6-15。

表 6-15 喷头设计参数

炉产量/t	80	马赫数	2.0
氧气流量/$\text{Nm}^3 \cdot \text{h}^{-1}$	3000	氧压/MPa	0.79
喷头喉口直径/mm	30	喉口长度/mm	10
出口直径/mm	38	收缩段长度/mm	35
扩张段长度/mm	50		

6.3.3.2 电弧炉燃氧枪设计

采用燃氧枪技术，不仅解决了电弧炉的冷区问题，而且提高了电弧炉的供能强度，强化了冶炼，缩短了冶炼时间。

A 油氧烧嘴的设计计算及举例

a 油氧烧嘴的设计计算

油氧烧嘴结构设计需考虑的因素：(1) 应有利于燃料油雾化；(2) 供应足够的氧气以使燃油充分燃烧；(3) 利用高压气流切割炉料可加速熔化，采用高压干燥压缩空气作为雾化介质，有保温降低燃油黏度改善燃油流动性的作用。在构造上设有旋风叶片，雾化空气产生旋转效应，产生喇叭状油膜利于气流混合雾化。供氧作为助燃介质也有雾化及对炉料切割增加助熔效果，因此氧喷嘴设计成拉瓦尔型喷口。见图 6-45。

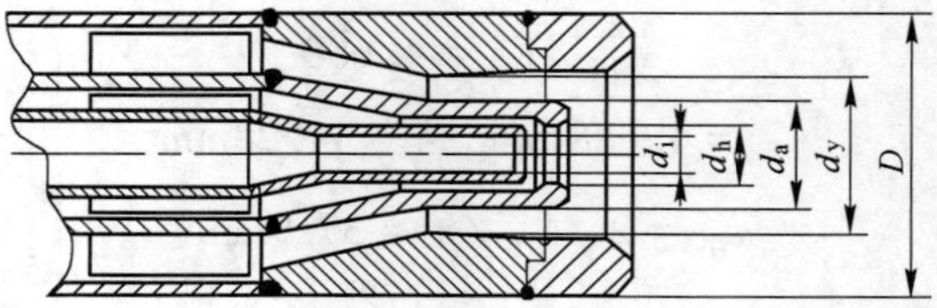

图 6-45 喷枪喉口图

油氧喷嘴各个尺寸计算依据：

(1) 燃油烧嘴喉口直径计算。根据孔口出流计算公式：

$$Q_i = C_d A \sqrt{\Delta p \frac{2}{\rho}} \tag{6-19}$$

有：

$$A = \frac{\pi}{4} d^2 = \frac{Q_i}{C_d \sqrt{\Delta p \frac{2}{\rho}}} \tag{6-20}$$

$$d_i = \sqrt{\frac{4Q_i}{C_d \pi}} \frac{1}{\sqrt{\Delta p \frac{2}{\rho}}} \tag{6-21}$$

式中 Q_i——燃料油的流量，m^3/s；

C_d——孔口的流量系数；

A——孔口的出流断面面积，m^2；

d_i——喉口直径，m；

ρ——柴油密度，kg/m^3；

Δp——喉口前后压差，Pa。

(2) 雾化喷嘴喉口直径确定。对于高压雾化烧嘴，雾化介质通常是 0.2~1MPa 压力的压缩空气或蒸汽，用压缩空气的时候，每千克燃料油的空气消耗量为 0.4~0.6kg，即压缩空气的流量为：

$$Q_H = (0.4 \sim 0.6) Q_i \tag{6-22}$$

按照上述孔口出流公式，可以确定雾化喷嘴喉口直径。

(3) 氧喷嘴喉口直径确定。氧喷嘴喉口直径的计算步骤为：

1）氧气的质量流量（kg/s）：

$$Q_g = \frac{\rho VG}{60} \tag{6-23}$$

2）在工作压力 p 及工作温度 T 情况下，氧气工作状态的密度（kg/m^3）：

$$\rho_1 = \frac{p}{RT} \tag{6-24}$$

3）计算喉口临界面积（m^2）：

$$A = \frac{Q_g}{2.14\sqrt{p\rho_1}} \tag{6-25}$$

4）计算喉口临界直径（m）：

$$d_i = \sqrt{d_a^2 + \frac{4A}{\pi}} \tag{6-26}$$

式中 ρ——氧气密度，$\rho = 1.429kg/m^3$；

G——平均钢产量，t；

V——供氧强度，$Nm^3/(t \cdot min)$；

R——气体常数（26.52）。

b 油氧烧嘴的设计举例

广钢 ALD520S 直流 60t 电弧炉采用油氧助熔技术，主要设计参数如下：设计油量为 5kg/t；烧嘴热效率为 70%，评估烧嘴作用的参数为代替值，即每立方米供氧所节省的电耗，由下式计算：

（代替值 $kW \cdot h/Nm^3O_2$）×（电能效率）= 5.6×（烧嘴效率）

其中，效率=产品钢所吸收能量/输入能量；

5.6 为使用柴油为燃料时，每 $1m^3$ 氧气所产生的热量（$kW \cdot h/Nm^3$）：

$$Q_{DN}^{Y} = Q_{GW}^{Y} - 6(9H^{Y} + W^{Y}) \tag{6-27}$$

用 $H = 0.05Q - 41.4$ 进行评估，电能效率为 80%，烧嘴效率为 70%。

则（代替值）×（0.80）=（5.6）×（0.70），代替值 $= 4.9kW \cdot h/Nm^3$，即油氧烧嘴每燃烧 $1m^3$ 的氧气可节省 $4.9kW \cdot h$ 的电能。

油管直径：

$$d_{油} = 18.8\left(\frac{B}{\rho w}\right)^{0.5} \tag{6-28}$$

式中 B——油的流量，kg/h；

ρ——油的密度，kg/m^3；

w——油在管内的流速，m/s；取 1.9m/s。

代入数据，得：

$$18.8 \times \frac{295}{840 \times 1.9} \times 0.5 = 8.08mm$$

取 $d = 8.0mm$。

雾化剂（压缩气）的供气管径：

$$d_{供} = 18.8\left(\frac{V_K}{w_2}\right)^{0.5} \tag{6-29}$$

代入数据，得：

$$18.8\left(\frac{90}{45}\right)^{0.5} = 26.5\text{mm}$$

取 $d_{供}=25$mm。

式中 V_K——压缩气流量，Nm^3/h，取 90~150Nm^3/h；

w_2——压缩气体的流速，取值范围为 15~4.5m/s，取 45m/s。

压缩气拉瓦尔喷口的出口断面：

$$A_3 = \frac{V_K}{3600w_3} \tag{6-30}$$

代入数据，得：

$$150/(3600 \times 300) = 138.3\text{mm}^2$$

式中 V_K——压缩气在拉瓦尔管内的流量 Nm^3/h；

w_3——压缩气的喷出速度 m/s，取值范围为 300~400m/s，取 300m/s。

由此得拉瓦尔喷口直径 $d = 2(A_3/\pi)^{0.5} = 13.3$mm。

柴油理论燃烧供氧量为 2.3m^3O_2/kg 油。

即：

$$Q_{油max} = 350\text{dm}^3/\text{h} \times 0.84\text{kg/dm}^3 = 294\text{kg/h}$$

氧气流量：

$$V_{氧} = 2.3 \times 294 = 680\text{Nm}^3/\text{h}$$

则氧气管内径：

$$d_{氧} = 18.8(V_{氧}/w_{2氧})^{0.5} = 18.8(680/300)^{0.5} = 28.3\text{mm}$$

取规格管内径 $d_{氧}=32$mm。

B 燃气-氧烧嘴设计举例

设计一个 Q=3MW 氧燃烧嘴。设定天然气-氧烧嘴的使用时间为 30min，天然气-氧烧嘴的热效率由废钢吸收的热量、烟气热量损失及炉壁炉盖散热等因素确定，通常取 50%。

（1）单位时间内所需的燃气流量 $q_{燃}$：

$$q_{燃} = Q/K_m \tag{6-31}$$

式中 K_m——天然气发热值，为 33197~35789kJ/m^3，取 33494.4kJ/m^3。

代入已知条件，得 $q_{燃}=0.0896Nm^3/s$。

（2）单位时间内所需的氧气流量 $q_{氧}$：

$$q_{氧} = q_{燃}Q_k \times 21\% \tag{6-32}$$

式中 Q_k——空气量，空气系数为 1.05 时，燃气所需空气量为 9.5Nm^3/Nm^3。

代入已知条件，得 $q_{氧}=0.1788Nm^3/s$。

（3）氧气喷口直径 $d_{氧}$。氧气流量、压力与喷口截面积的关系式为：

$$q_{氧} = 2.9173 \times 10^4 \mu p_1 S_{氧}/T_1^{1/2} \tag{6-33}$$

式中 p_1——氧气喷口处压力（绝对压力），设为 0.3MPa；

T_1——氧气温度，取室温 298K；

$S_{氧}$——氧气喷口截面积；

μ——流量系数，取 0.9。

代入已知条件，可得 $S_{氧}=3.92\times10^{-4}m^2$。将氧气喷口设计为 3 个孔，则：

$$d_{氧} = 1.0 \times 10^{-2}m$$

故氧气喷口选用 $\phi14\times2$ 的紫铜管。

（4）天然气喷口直径 $d_{燃}$。天然气流量、压力与喷口截面积关系式为：

$$q_{燃} = \mu S_{燃}(2 \times 10^5 \Delta p/\rho)^{1/2} \tag{6-34}$$

式中 $q_{燃}$——天然气流量，Nm^3/s；

$S_{燃}$——天然气喷口截面积，m^2；

Δp——喷出前后的压差，取 $9.81\times10^{-3}MPa$；

代入已知条件，可得 $S_{燃}=6.0\times10^{-4}m^2$。天然气喷口与氧气喷口设计成内套式结构，并都为三孔式，则天然气喷口直径：

$$d_{燃} = [S_{燃}/(3 \times \pi/4) + d_{氧}^2]^{1/2} = 1.6 \times 10^{-2}m$$

（5）烧嘴内氧气导管直径 $D_{氧}$。由气体状态方程，可以推导出氧气导管截面积的计算公式为：

$$A_{氧} = (p_0 q_{氧} T_1)/(p_1 T_0 w_0) \tag{6-35}$$

式中 $A_{氧}$——氧气导管截面积，m^2；

p_0——标准状态下的氧气压力，通常为 0.1MPa；

T_0——标准状态下氧气的温度，通常取 273K；

w_0——氧气安全流速，取 50m/s。

代入已知条件，可得 $A_{氧}=1.3\times10^{-3}m^2$。则氧气导管直径：

$$D_{氧} = (4A_{氧}/\pi)^{1/2} = 3.19 \times 10^{-2}m$$

故氧气导管选用 $\phi42\times5$ 的不锈钢管。

（6）天然气导管直径 $D_{燃}$。按不可压缩流体流动公式，天然气流量和流速的关系式为：

$$q_{燃} = \mu A_{燃} w_{燃} \tag{6-36}$$

式中 μ——流量系数近似取 1；

$A_{燃}$——天然气导管截面积，m^2；

$w_{燃}$——天然气安全流速，取 25m/s。

代入已知条件，可得 $A_{燃}=3.58\times10^{-3}m^2$。天然气导管设计为内套上述直径 42mm 的氧气导管，则：

$$A_{燃} = \pi/4(D_{燃}^2 - D_{氧}^2) \tag{6-37}$$

代入已知条件可得天然气导管直径 $D_{燃}=4.25\times10^{-2}m$，故天然气导管选取 $\phi57\times3.5$ 的不锈钢管。

C 煤氧烧嘴设计举例

以内燃式煤氧烧嘴设计为例（图 6-46），喉口直径为 D_2，枪体直径为 D_1。设计喉口 $Ma=1.4$。

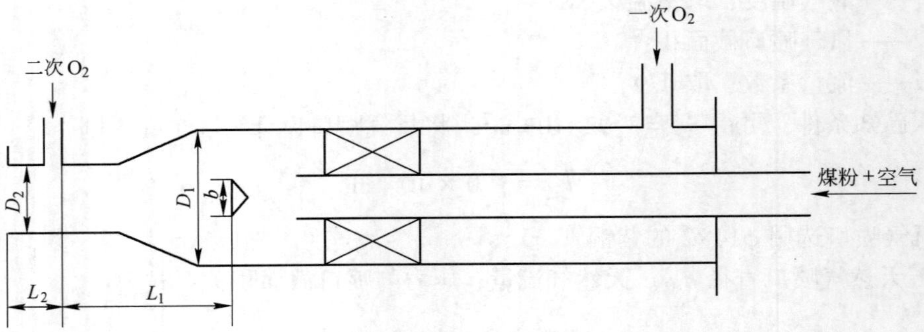

图 6-46 高强度内燃煤氧枪工艺图

出口气体的最高速度可以近似为：

$$v_{出} = \left(\frac{D_1}{D_2}\right)^2 v \tag{6-38}$$

火焰在 1800℃以下时，完全燃烧 1kg 煤粉，在常压下产生气体为 2. 12Nm³。假设将一次燃烧区看成是封闭体系，燃烧 1kg 煤粉，将使枪内产生 4. 8MPa 高压，如都转化为动能，其对外做功为 $W = 2.12 \times 10^6$ J/kg。

高温下产生的火焰速度可以估计为：

$$kW = \frac{1}{2}mv^2 \tag{6-39}$$

式中 k——能量转换系数，取 0. 8；

v——热膨胀速度，m/s；

W——气体对外做功；

m——每分钟喷煤量，取 600g/min。

代入已知条件得 $v = 187$m/s，则：

$$\frac{D_1}{D_2} = 0.36 \tag{6-40}$$

一次燃烧区长度 L_1 及管径 D_1：一次燃烧区的体积是由一次燃烧区长度 L_1 及管径 D_1 决定的。所谓一次燃烧区长度就是指从钝体底边到二次氧的引入处这一段距离。管径 D_1 考虑到制造及工业应用选定一个固定值，因此一次燃烧区的体积由 L_1 决定。一次燃烧区长度理论上是由煤粉在燃烧室内完全燃烧成 CO 的时间决定的。

煤粉完全燃烧生成 CO 的时间，在全氧燃烧的情况下由下式来决定：

$$t_b = \frac{\rho R T_m}{144 \varphi D p} x_0^2 \tag{6-41}$$

式中 ρ——煤粉密度，g/cm³；

R——煤粉燃烧气体常数，atm · cm³/(mol · K)；

T_m——边界层平均温度，K；

φ——机理因子；

D——在温度 T_m 时氧的扩散系数，cm^2/s；

p——氧气压力，atm；

x_0——颗粒直径，mm；

L_1 的长度在充分保证火焰稳定燃烧的情况下，根据火焰燃烧的具体情况，可以调整其长度。

二次燃烧区的长度 L_2：二次燃烧区是一次燃烧区产物的能量加速，二次燃烧区的长度 L_2 是从二次氧的入口处到出口这一段的距离。二次燃烧区的长度，设计上考虑由于二次燃烧区主要是气相反应，因此二次燃烧区的长度较短一般不超过 80mm。

旋流强度 S：旋转射流是指流体在离开喷口前被强迫做旋转运动。当这种流体从喷嘴喷出后，除了具备一般射流的轴向运动外，还具有一定分布的切向和径向速度分量。射流旋转运动的结果是使煤粉和氧气混合均匀，强化了燃烧。旋流对煤氧均匀混合是起决定作用的。旋流强度越大，煤粉和氧气混合程度越高；反之亦然。旋流强度过高，煤粉燃烧不稳定，会产生脱火现象。

根据实验证明，$S=0.594 \sim 0.42$ 较合适。

钝体尺寸：中心回流区的区域大小是保证煤粉稳定燃烧的重要条件之一。区域大小是由钝体与来流垂直底边的直径 b 的大小与燃烧室的管径 D_1 之比决定的。随着钝体 b/D_1 的增大，中心回流区的长度先是随着 b/D_1 的增大，达到一最大值后又逐渐变小，这一最大值就是所需的理想回流区长度，即 $b/D_1=0.55$ 时，设计的回流区最长，设计的煤氧枪回流区长度为 100mm。

6.3.3.3 氧枪冷热态实验

A 冷态验证

冷态验证方法可以用来测量氧枪喷头流股的总压和静压、氧气流量、超声速核心段等氧枪特性。

a 静压的测定

静压是指维持气体质点运动时动平衡的力。对一个气体质点而言，静压是维持动平衡的力，所以在该质点的各个方面上作用的静压力，其大小是相等的。

静压的测量必须在气流不受扰动的情况下进行，就是说，测量点的气体流动特性不应该有所变化。这就要求静压的测量设备要经过特殊设计，以达到测量时对测量气流造成的影响尽量小。

一种常用静压测量装置见图 6-47。

由于超声速流中普通静压探针会产生激波，所以普通的静压探针是不适用于测量超声速流的静压的。

b 总压的测定

根据总压的定义，在气流中的物体，其驻点任何方向的压力都与总压相等。因此从理论上讲，只需在测压装置上开一个孔就可以通过此孔测得总压值。

实验中常用总压探头（总压管）测定总压值，总压探头种类很多，其中皮托管和普兰脱管应用较为广泛。皮托管示意图见图 6-48。

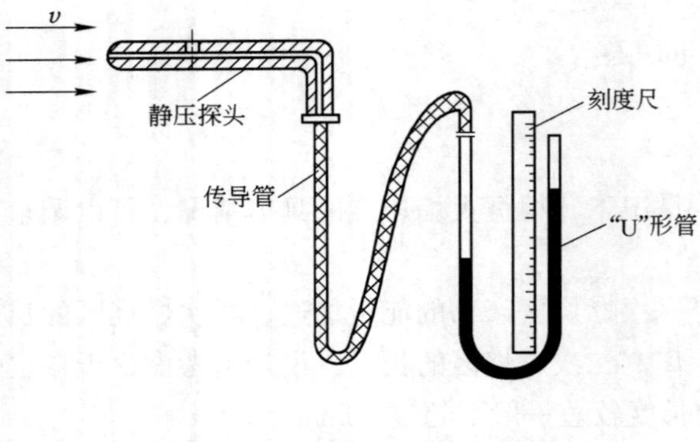

图 6-47 静压测量计示意图

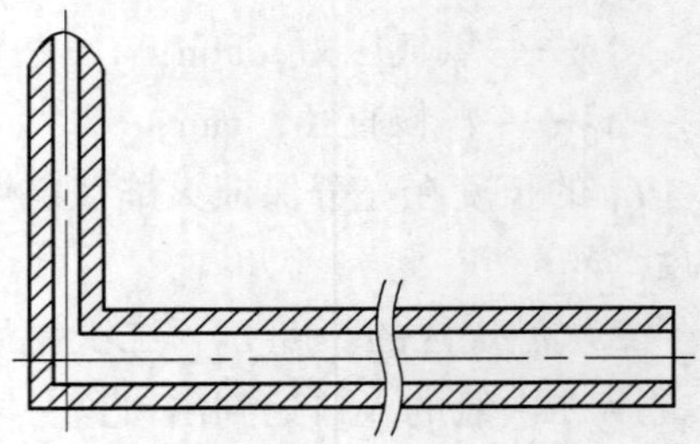

图 6-48 皮托管示意图

c 流量的测定

在一定工作压力下，各种喷头的流量由喉口面积所决定。但实际上由于流量计的读数是某特定压力下流量的刻度，当压力变化时，流量计显示的读数就可能产生误差。另外，喷头设计和加工方面的问题，会产生流股在喷头内收缩现象，即真实的喉口面积要小于加工的喉口面积。为了测定喷头在不同压力下的真实流量，首先通过实验室标准压力为1. 0MPa 的流量计测出喷头的流量，然后利用空气流量公式：

$$G = 0.367 \times 3600 \times \frac{A^* p_0}{\rho_0 \sqrt{T_0}} \tag{6-42}$$

式中 0. 367——空气流量系数；

ρ_0——标准状况下的空气密度，kg/m^3；

A^*——喷头真实喉口面积，cm^2；

p_0——设计压力（绝对），MPa；

T_0——空气温度（绝对），K。

算出喷头真实喉口面积，然后反算出不同压力下不同类型喷头的实际流量，来讨论喷头不同压力下的流量大小及与炉前流量读数的差异。

d 超声速核心段长度

从喷头喷射出的超声速流股，由于与周围气体相互混合而减速，随着流股向前运动，到达一定距离后，流股轴线上某点的马赫数（*Ma*）等于 1 即为声速，则此点之前称为流股的超声速核心段，此点之后的流股为亚声速，见图 6-49。

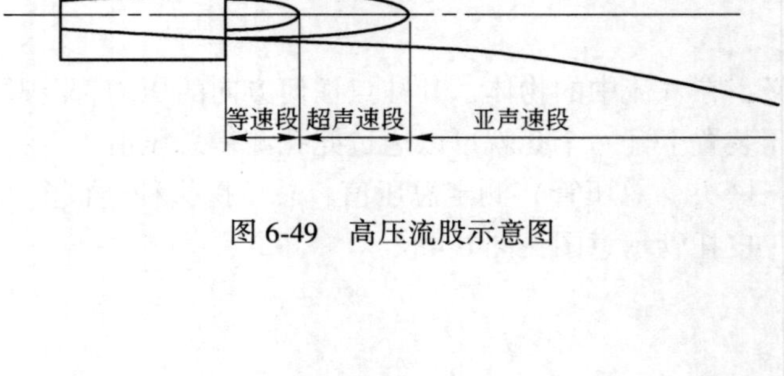

图 6-49 高压流股示意图

超声速核心段长度是决定喷枪高度的基础，还直接影响到流股作用到熔池上的冲击强度。

e 流股刚性角

所谓流股刚性角就是指流股中心压力的峰值连线与喷头几何中心线所成角度。只要测出离喷头不同距离上流股中心压力的峰值便可以有几何方法得出流股刚性角度来，流股刚性角也是判定喷头优劣的指标之一。因为刚性角角度变化可以表明氧气流股自喷头喷出后向几何中心线扩张或收缩情况，流股刚性好，角度变化小，可以保证作用在熔池上的注股具有一定强度或不至于合为一股。

f 实验设备介绍

西欧、美国和日本从 20 世纪 50 年代起开展氧枪喷头射流的冷态实验研究，取得许多有重要应用价值的成果。我国于 20 世纪 70 年代初在北京钢铁学院（现北京科技大学）成立喷枪实验室，这是我国第一套氧枪喷头测试系统。

北京科技大学实验测定设备示意图见图 6-50。

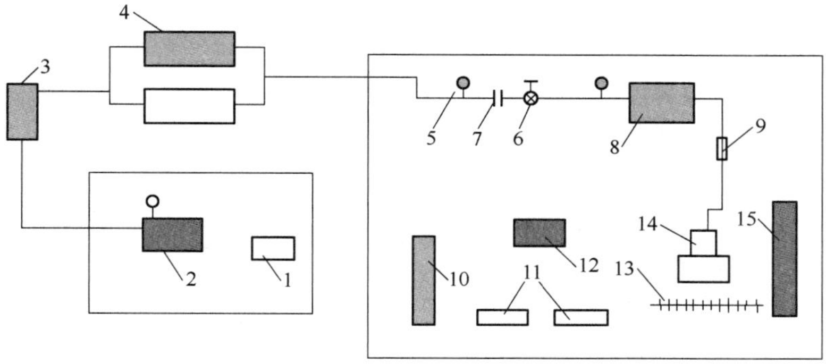

图 6-50 喷头流股特性测定设备示意图

1—空气机控制柜；2—空压机；3—干燥器；4—储气罐；5，10—压力表；6—阀门；7—流量表；8—缓冲罐；9—压差式流量计；11—水银压力计；12—照相光源；13—感压排管；14—测试喷头；15—流股阴影照相屏幕

测定时外界空气被空压机吸入、压缩，经干燥器干燥，进入储气罐，然后通过控制阀门进入缓冲罐，最后通过导管进入喷头，形成高压流股喷出。流股冲击到感压排管上便可在压力表或水银压力计上反映出该喷头在不同工作压力下，不同距离截面上的压力分布情况。感压排管架上有摇动手柄，可控制排管做前后、左右、上下三度空间自由移动。

除北京科技大学外，20 世纪 80 年代以后北京大学、中国科学院等教育科研单位也建立了喷枪测试系统，这些测试系统采用计算机处理实验数据，具有测量速度快、精度高、操作简单等特点。

B 热态试验

a 热态试验装置

热态试验目的是：在冷态试验的基础上，取不同压力值，通过观察和比较氧枪的火焰特征，了解氧枪的射流特性，以便进行工业试验。

主要实验仪器：氧枪及附属设备、实验室智能控制系统、氧气罐、空气压缩机、输水管、燃烧炉、热电偶等。试验总装置示意图见图 6-51。

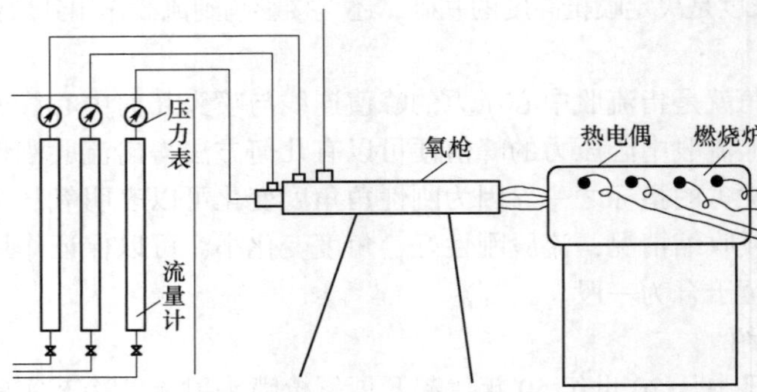

图 6-51　热态试验装置示意图

燃烧炉可进行气体、液体、固体的燃烧实验，其上配有窥视孔、热电偶测温装置、冷却水装置、除尘装置，见图 6-52。

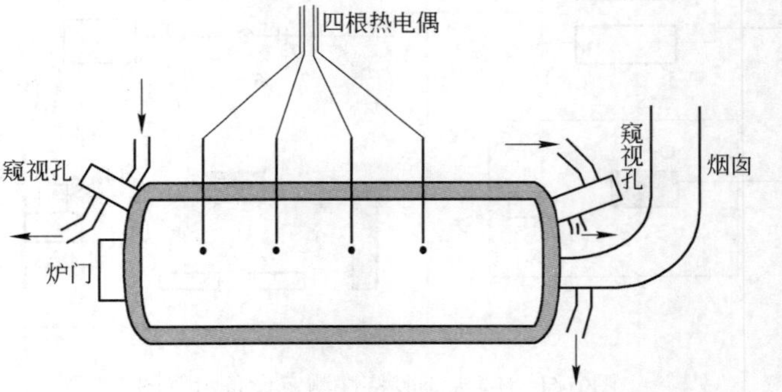

图 6-52　燃烧炉简图

（图中箭头表示冷却水进出方向，炉壁填充物为耐火材料）

b　热态试验的计算机控制和测量

计算机控制系统和主要试验装置见图 6-53 和图 6-54。

图 6-53　计算机控制系统

图 6-54　主要试验装置

通过计算机控制系统的控制流程界面，可以分别对氧气和燃气的流量进行设定以及实时监控，根据不同要求来调节二者的流量和压力，从而满足试验的要求。

仪表柜内的显示仪表可实时显示空气、氧气的瞬时流量和累计流量、管道压力、燃烧炉内温度的变化，计算机也同步显示各个参数的变化。

c 数值模拟

计算流体力学（CFD）是应用计算机和流体力学的知识对流体在特定条件下的流动特性进行模拟和描述的一门科学。任何流体运动的规律都是由以下 3 个定律为基础的：质量守恒定律、动量守恒定律、能量守恒定律，冶金过程的流体运动也是如此。这些基本定律可以由数学方程组来描述，如欧拉方程（Euler）、N-S 方程等。数值模拟软件就是基于这些基本原理工作的。

20 世纪 70 年代初出现的大型通用有限元分析程序具有使用方便、计算结果可靠、效率高的优点，逐渐成为工程技术人员和科研人员强有力的分析工具。大型通用有限元分析软件强大的分析功能为解决钢铁冶金、轧钢模拟分析中所涉及的诸如热、结构、流体等问题提供了强有力的工具。著名的大型通用有限元分析软件有 FLUENT、CFX、MSC/NASTRAN、ABAQUS、COSMOS、MARC、LS-DYNA3D、ANSYS 等，它们在解决具体问题时，各有特色。

在上述商用软件中，FLUENT 内建了多种流体模型并具有强大的后处理功能，能够对模拟结果进行分析和数据处理，应用起来非常方便。FLUENT 配合 GAMBIT 使用，使得许多原本复杂的冶金流体过程易于模拟和分析。

下面简要介绍这两种软件的使用：FLUENT 和 GAMBIT。

使用 FLUENT 和 GAMBIT 进行数值模拟的过程为：先用 GAMBIT 建立几何形状及生成网格，再由 FLUENT 求解和分析最终结果。其使用过程如下。

GAMBIT 的一般使用过程：画出模型几何图→划分网格→设置边界类型→导出网格文件。

FLUENT 的一般使用过程：导入网格文件→检查网格文件→设置图形尺寸→定义求解模型→定义模型材料→定义边界条件→设置求解条件→初始化→开始计算→分析计算结果。

数值模拟在模拟电弧炉生产和检测电弧炉氧枪性能方面有较广的应用，利用数值模拟软件，不仅可以用来模拟出某一特定氧枪的射流超声速段长度、最高速度、最大马赫数，也可以将多个氧枪或者同一氧枪的不同型号进行模拟，将模拟结果横向对比，以选取适合生产的最佳氧枪参数。

集束氧枪与普通超声速氧枪相比具有喷吹速度高、超声速核心长度大等优势[30]。利用 CFX 软件可以模拟普通超声速氧枪与集束氧枪在相同条件下的速度流场图，得到图6-55 和图 6-56。

在 FLUENT 软件中的模拟结果见图 6-57。其中，上面为普通超声速氧枪，下面为集束氧枪。上述模拟结果表明，集束氧枪与普通超声速氧枪相比，最大速度高出约 79m/s；核心长度高出 0.5 倍。

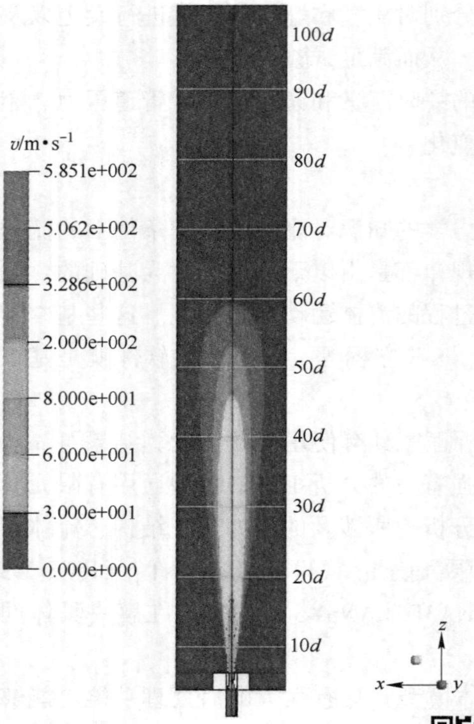

图 6-55　普通超声速氧枪速度流场

彩色原图

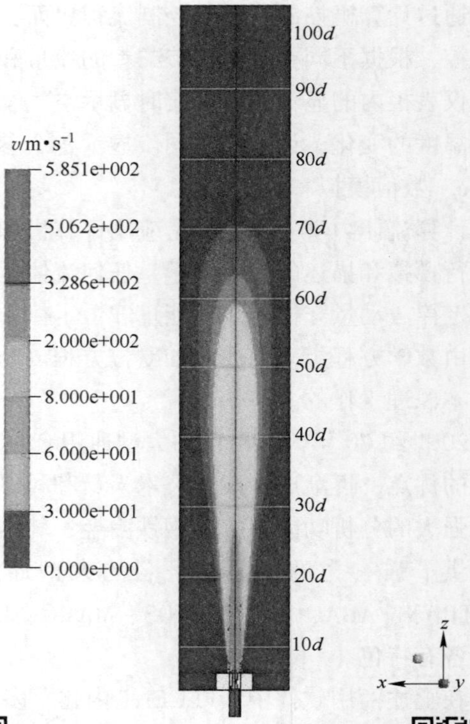

图 6-56　集束射流氧枪速度流场

彩色原图

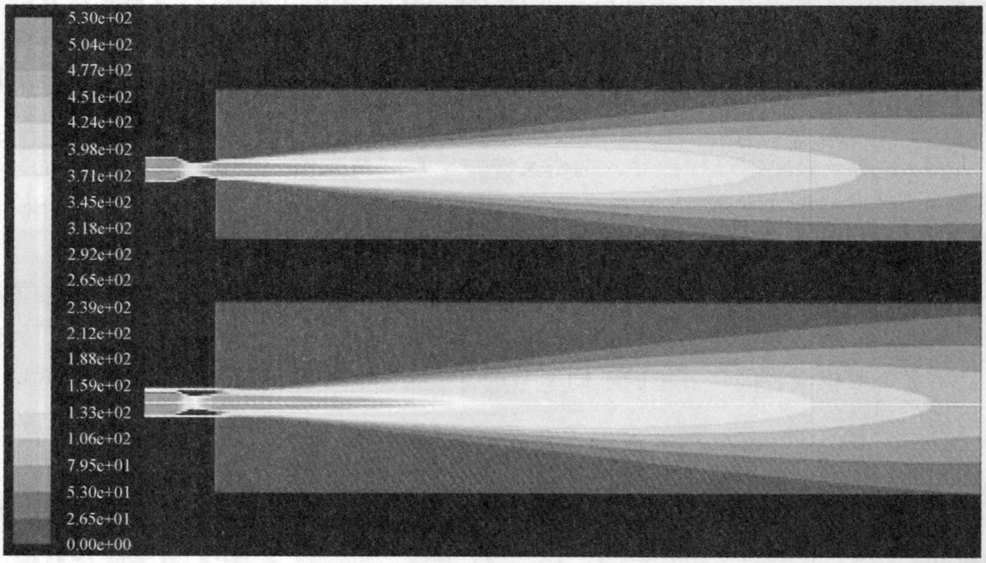

图 6-57　FLUENT 软件模拟速度场图

彩色原图

6.3.4 电弧炉炼钢的用氧自动化

近 30 年，世界电弧炉炼钢得到迅速发展。原因是电弧炉炼钢采用了许多新技术，使其技术经济指标得到了根本性的改善。现代电弧炉炼钢工艺的基本指导思想是高效、节能、低消耗。其中，氧气的应用在电弧炉中占有非常重要的地位。

电弧炉是一个剧烈化学反应的半密封容器，其中氧气的通入是整个反应的核心，几乎所有的反应都与氧气的状况密不可分。电弧炉内情况复杂，变化比较多，影响因素比较复杂，这就要求有比较准确的氧气通入控制，进而控制电弧炉内的化学反应，从而实现整个电弧炉的正常运行。

现阶段国内主要的钢厂都实现了强化供氧系统的自动化，这里简单介绍国内几个有代表性的电弧炉供氧控制系统。

6.3.4.1 *石横特钢 65t Consteel 电弧炉供氧系统*

石横特钢 65t Consteel（连续加料熔炼）电弧炉是从意大利得兴公司引进的，于 2000 年 9 月动工建设，2002 年 1 月次试车成功，同年 11 月开始铁水热装生产。

Consteel 电弧炉炼钢工艺采用了连续加料、废钢预热、连续熔炼、水冷炉壁和炉盖、电极喷淋、导电横臂、炉门炭氧枪、供电曲线自动控制、EBT 偏心底出钢等当代先进的电弧炉冶炼技术。

该电弧炉供氧系统由德国巴登钢铁公司提供，其电弧炉供氧操作系统主界面见图 6-58。

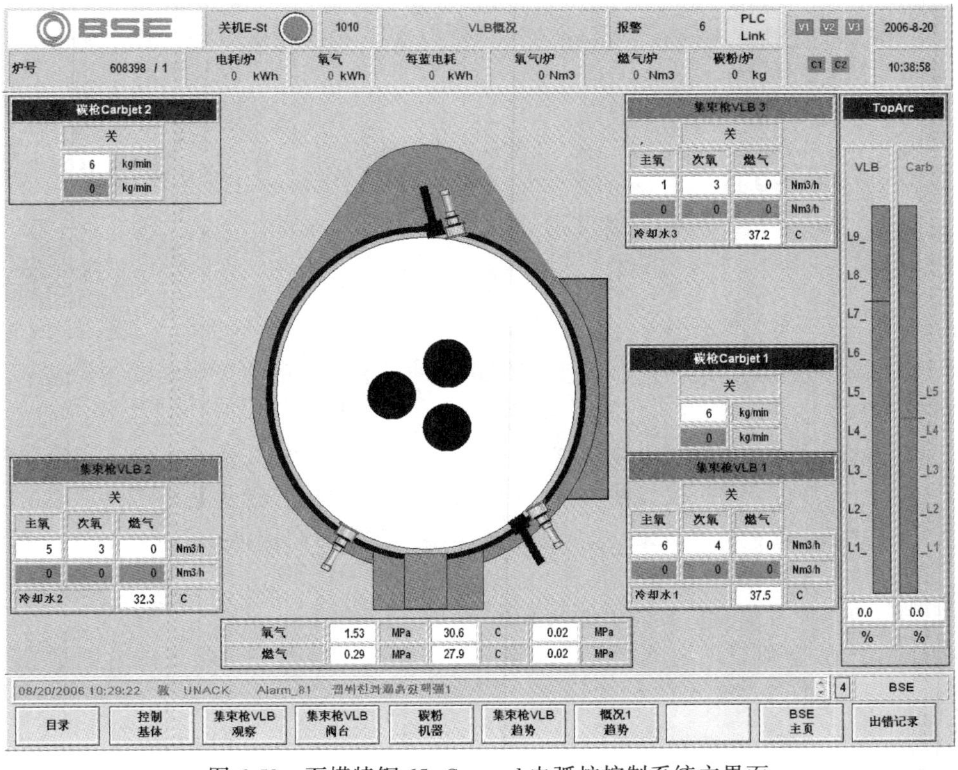

图 6-58 石横特钢 65t Consteel 电弧炉控制系统主界面

彩色原图

下面是详细控制界面总图，由它进入各个分项控制界面，见图 6-59。

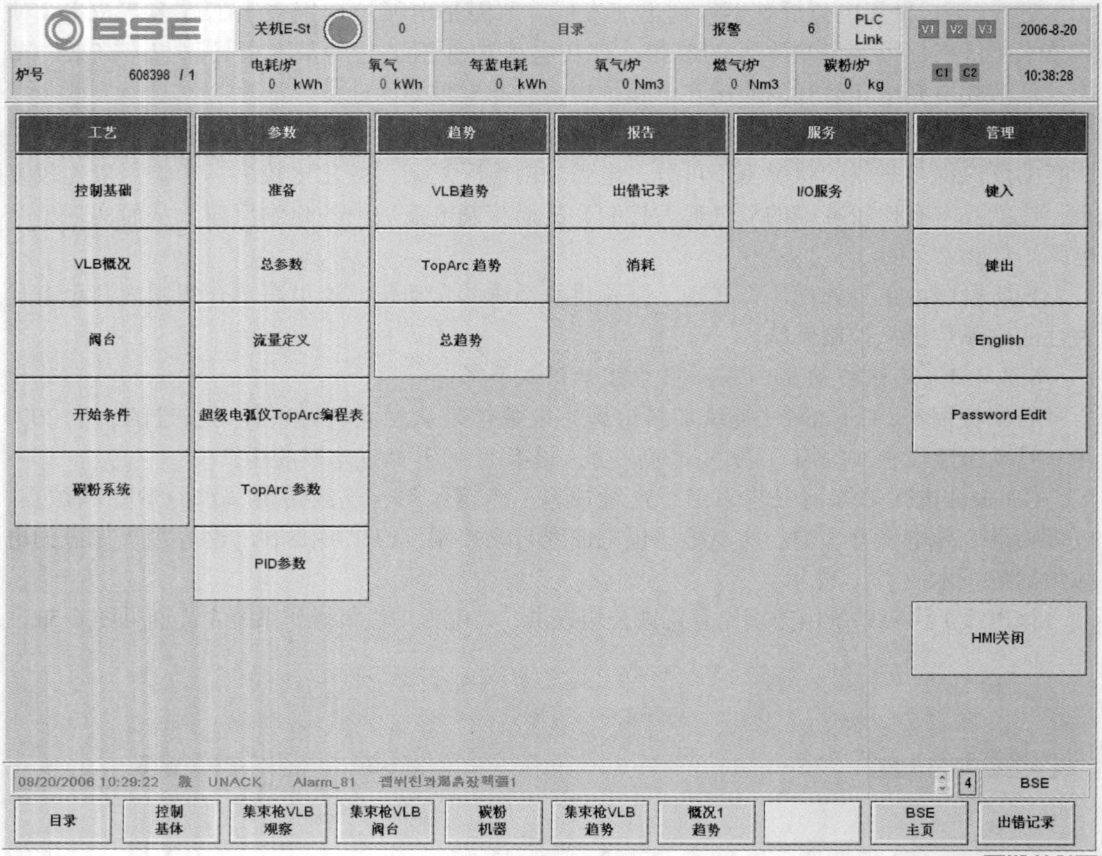

图 6-59　分相控制总界面

彩色原图

对供氧状况的直接控制，是通过 PLC 对气体阀组的控制实现的，见图 6-60，它表示出每个气体阀所处的状态。

为了实现自动化控制，需要对电弧炉供氧过程进行分析和总结，见图 6-61。它将电弧炉炼钢过程的供氧分为不同时间段，并对每一段内的气体喷吹量进行设置。

实际生产中，数据记录非常重要，它为以后的生产总结提供依据。图 6-62 为气体喷吹记录图。

6.3.4.2　衡阳钢管集团 90t 电弧炉供氧系统

衡阳钢铁公司 90t 电弧炉采用莫尔公司控制系统。莫尔系统是一个集成的电弧炉控制系统，主界面见图 6-63。

这一界面列出莫尔系统设备的主要参数，可以对参数进行修改，见图 6-64。

阀站界面是为了检查所有系统和检测器信号，保证供氧系统的正常工作，见图 6-65。

操作者可以检查所有莫尔系统的过程值，管理者可以对其进行修改，见图 6-66。

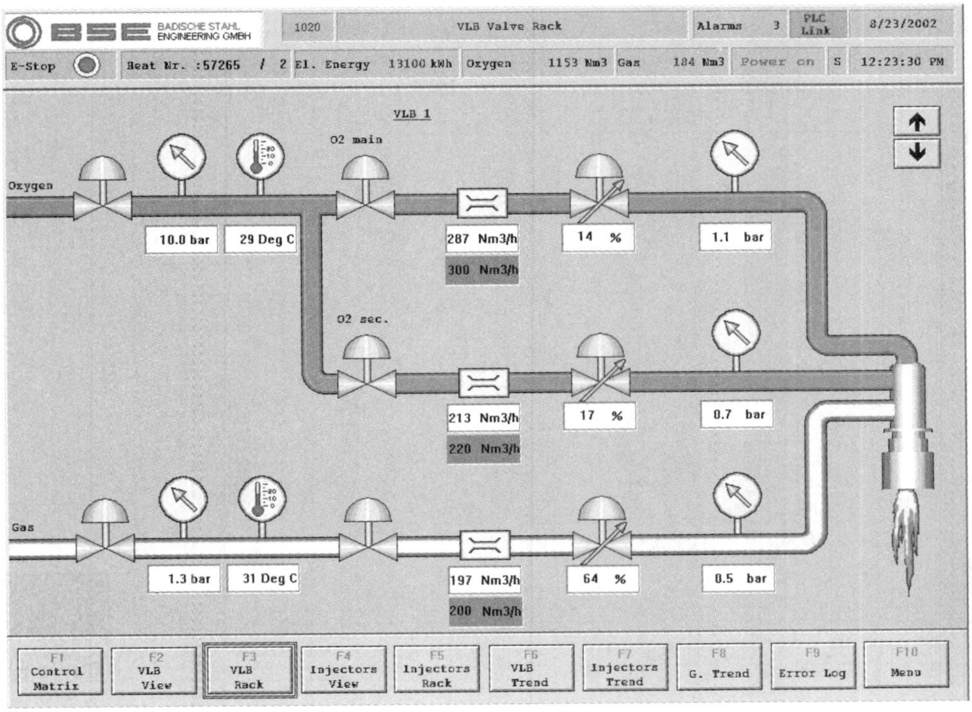

彩色原图

图 6-60　气体阀组控制界面

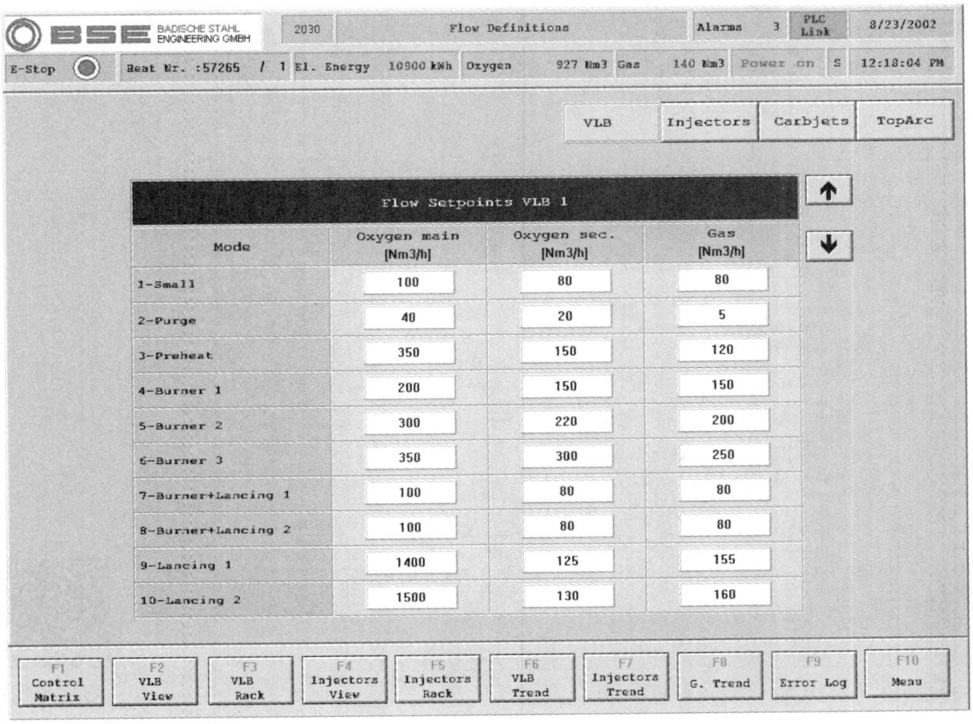

Mode	Oxygen main [Nm3/h]	Oxygen sec. [Nm3/h]	Gas [Nm3/h]
1-Small	100	80	80
2-Purge	40	20	5
3-Preheat	350	150	120
4-Burner 1	200	150	150
5-Burner 2	300	220	200
6-Burner 3	350	300	250
7-Burner+Lancing 1	100	80	80
8-Burner+Lancing 2	100	80	80
9-Lancing 1	1400	125	155
10-Lancing 2	1500	130	160

彩色原图

图 6-61　分段气体流量设置界面

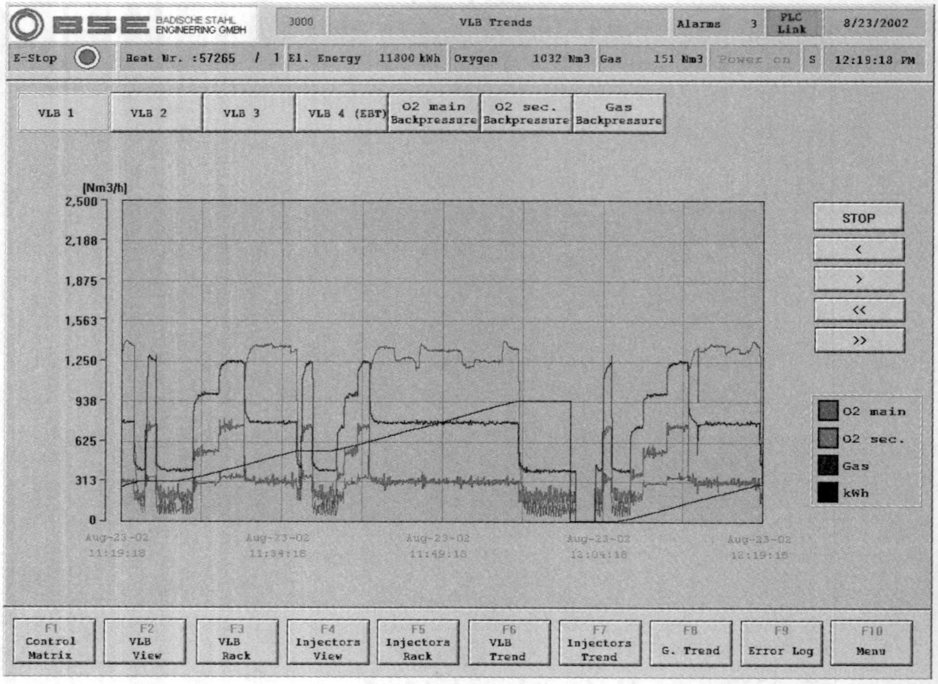

彩色原图

图 6-62　气体喷吹记录界面

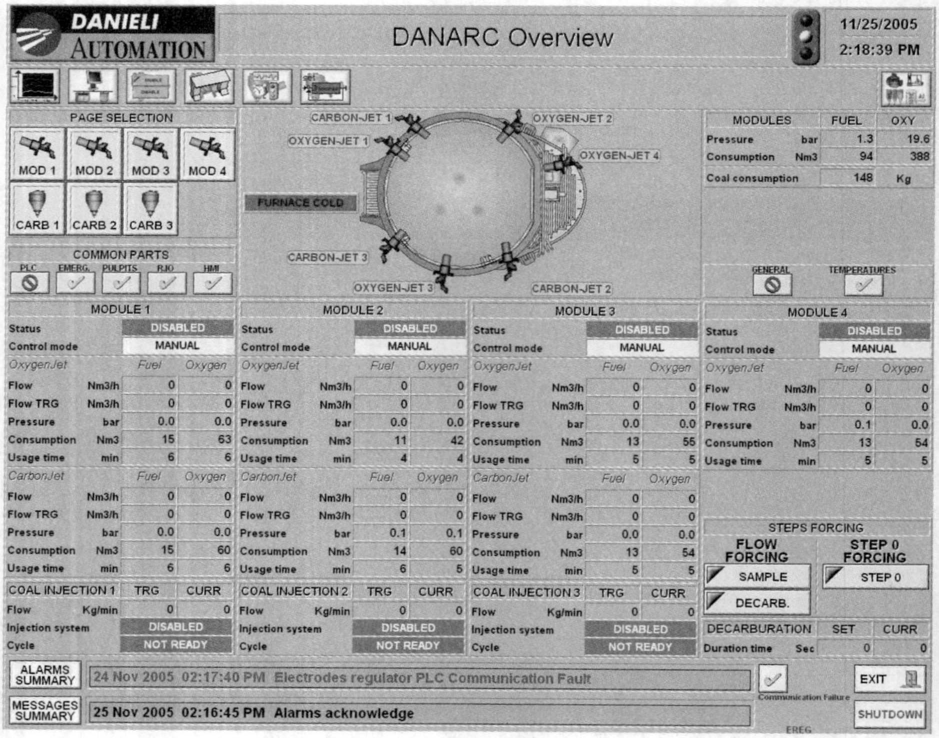

彩色原图

图 6-63　衡阳 90t 电弧炉控制系统主界面

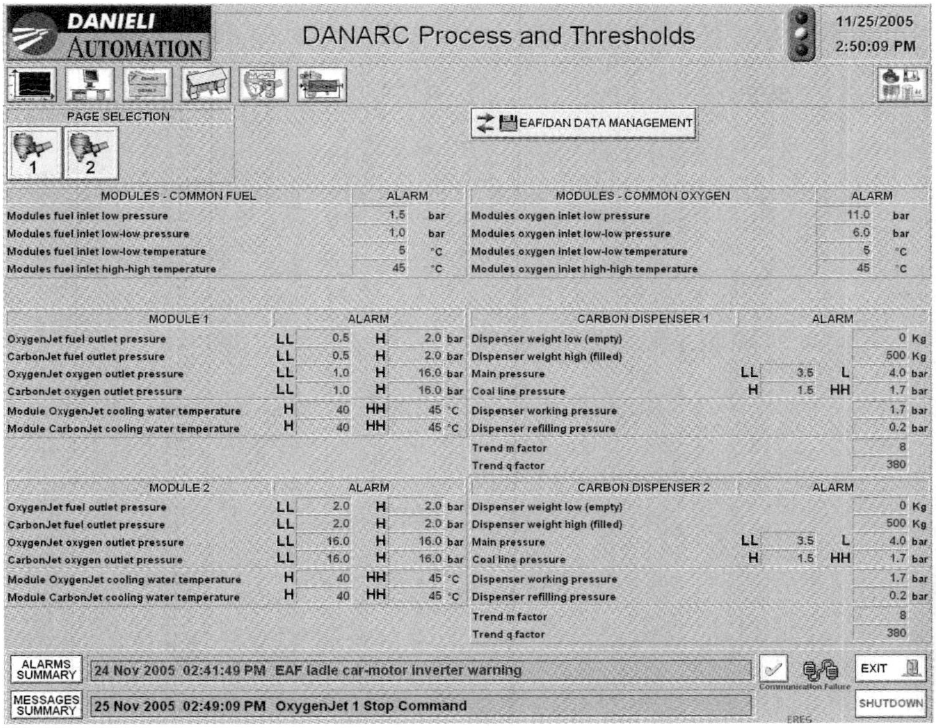

图 6-64 参数界面

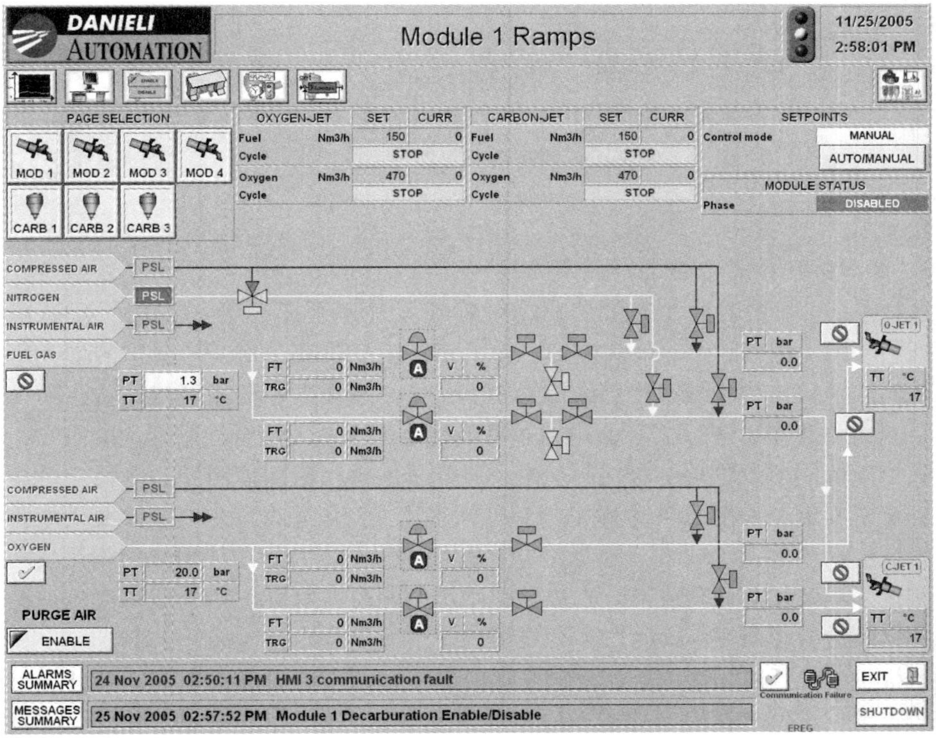

图 6-65 阀站界面

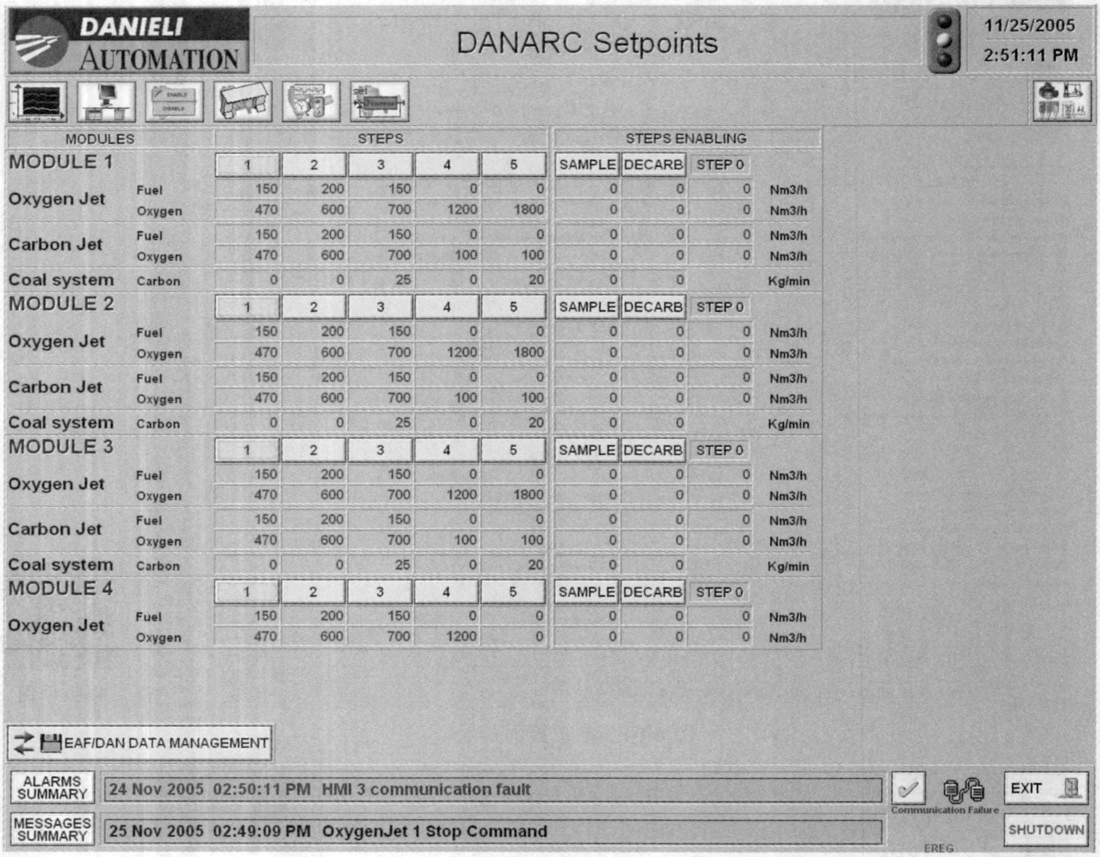

图 6-66　过程值控制界面

彩色原图

6.3.4.3　安阳钢铁公司 100t 竖炉供氧系统

1999 年 11 月，安阳钢铁股份有限公司第一炼轧厂（以下简称第一炼轧厂）从德国 Fuchs 公司引进的 100t 烟道竖炉电弧炉投产。为了使新建 100t 烟道竖炉电弧炉的生产率能够适应第一炼轧厂连铸与中板轧机生产的节奏要求，进一步提高企业的经济效益，第一炼轧厂与北京科技大学合作，进行了 100t 电弧炉高效化生产工艺及综合控制理论的研究，提出了现代电弧炉冶炼周期及电耗综合控制理论，研究了加铁水对冶炼周期、电耗、冶金质量的影响，确定了安钢条件下 100t 电弧炉的最佳铁水比，制定了合理供氧制度及供电曲线开发了改性生铁应用于电弧炉技术，并对缩短 100t 烟道竖炉电弧炉冶炼周期的相关技术进行了探讨，实现了电弧炉高效化生产。在高效化生产的同时，对 100t 烟道竖炉电弧炉流程生产高纯净度钢液进行了研究。

在控制系统中，包括各模块的控制界面、实时曲线显示、历史曲线查询、各种报表显示和打印、历史数据浏览与查询等功能。该控制系统能够对各种大量生产数据进行存储、提取，可以进行各用氧模块的控制等。系统的主控界面见图 6-67 ~ 图 6-69。

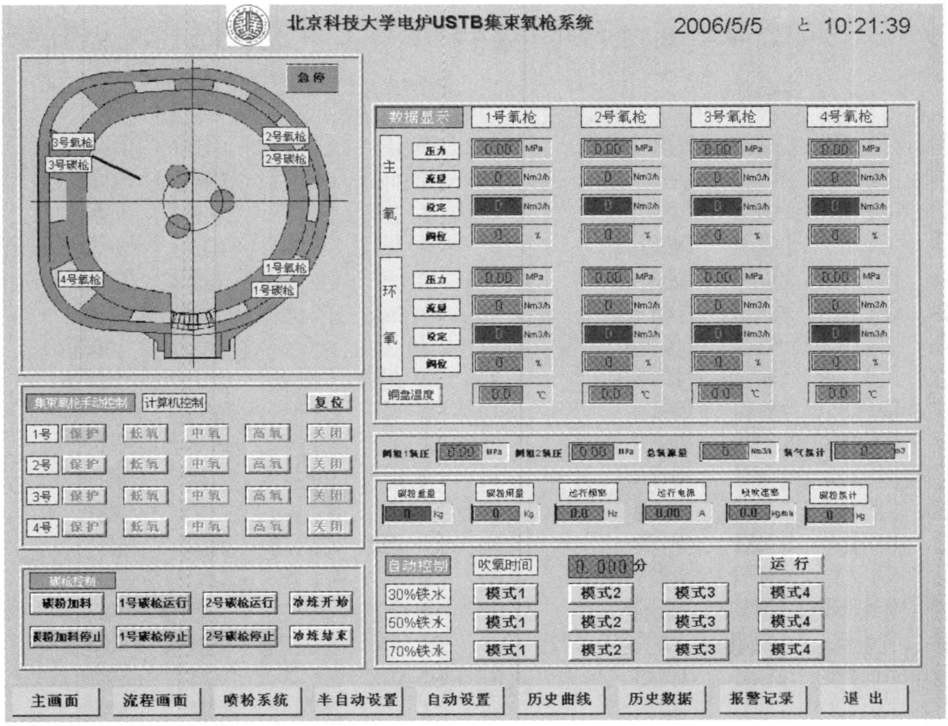

彩色原图

图 6-67 系统主控界面

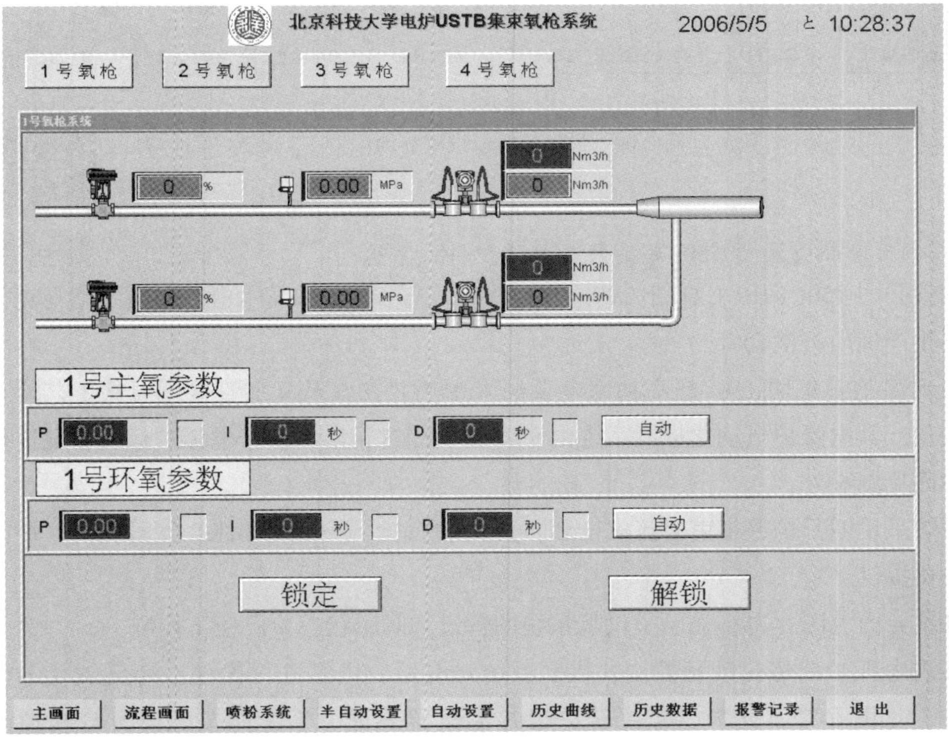

彩色原图

图 6-68 氧枪参数界面

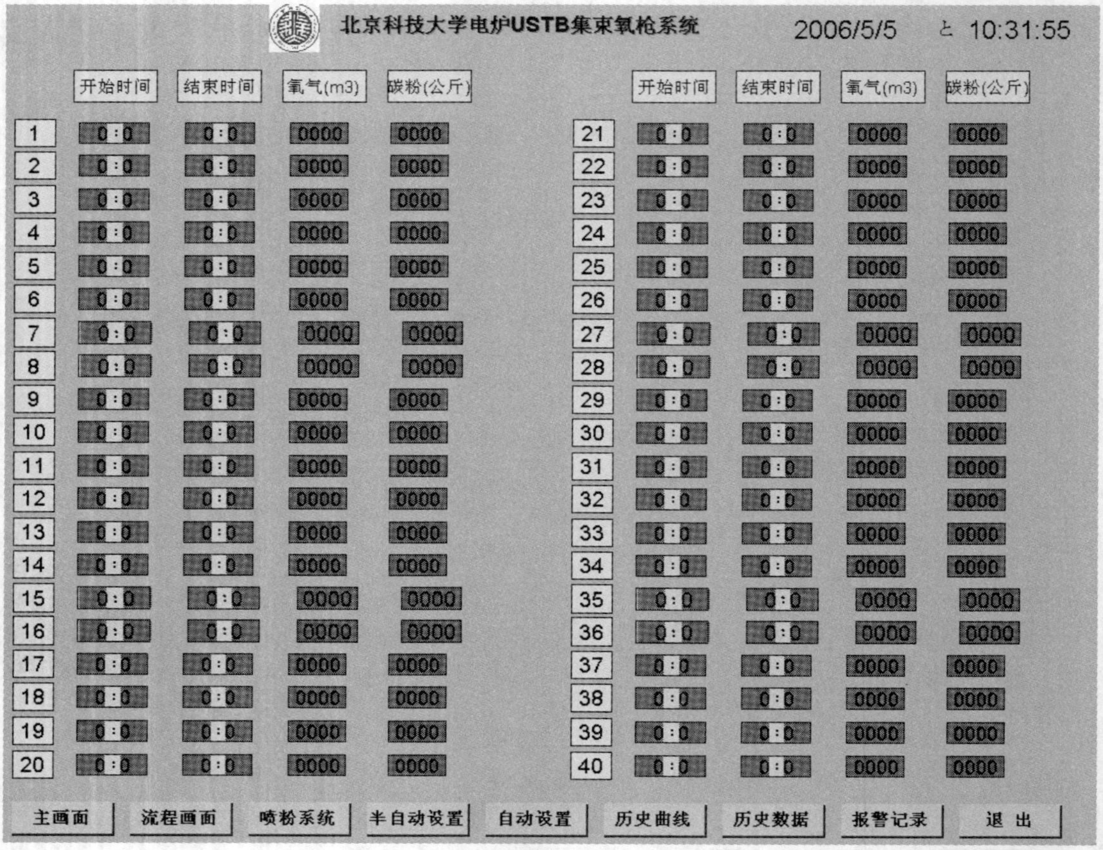

图 6-69　供氧分时段设置界面

彩色原图

6.3.4.4　天津钢管集团 150t 超高功率电弧炉供氧系统

天津钢管公司 150t UHP EAF 于 1993 年前投产，全套设备和技术由曼内斯曼德马克公司引进主要生产优质石油套管。

现阶段天津钢管集团 150t 超高功率电弧炉采用热装铁水及配加直接还原铁工艺[31]，保证产品质量，其电弧炉自动化控制系统由 SMS 公司引进，能对整个电弧炉运行状况进行监控，主界面见图 6-70。

其电弧炉采用四只炉壁集束射流氧枪和自耗式炉门枪，炉壁枪由 KT 公司提供，炉门枪为巴登公司提供。

供氧系统界面见图 6-71，显示了供氧系统的管道和阀组状态，以便于控制。

为了实现电弧炉冶炼自动化控制，供氧系统对电弧炉供氧进行优化，将供氧状态分段进行控制，见图 6-72，此为供氧系统分段控制设置界面。系统能按照设置自动控制喷吹。

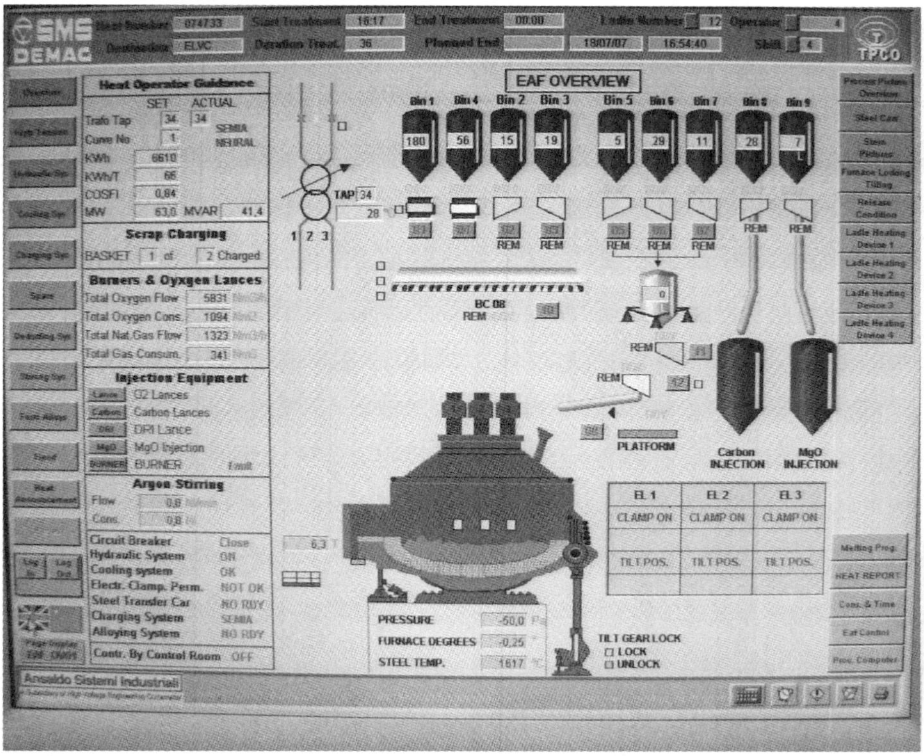

彩色原图

图 6-70　天管 150t 超高功率电弧炉控制系统主界面

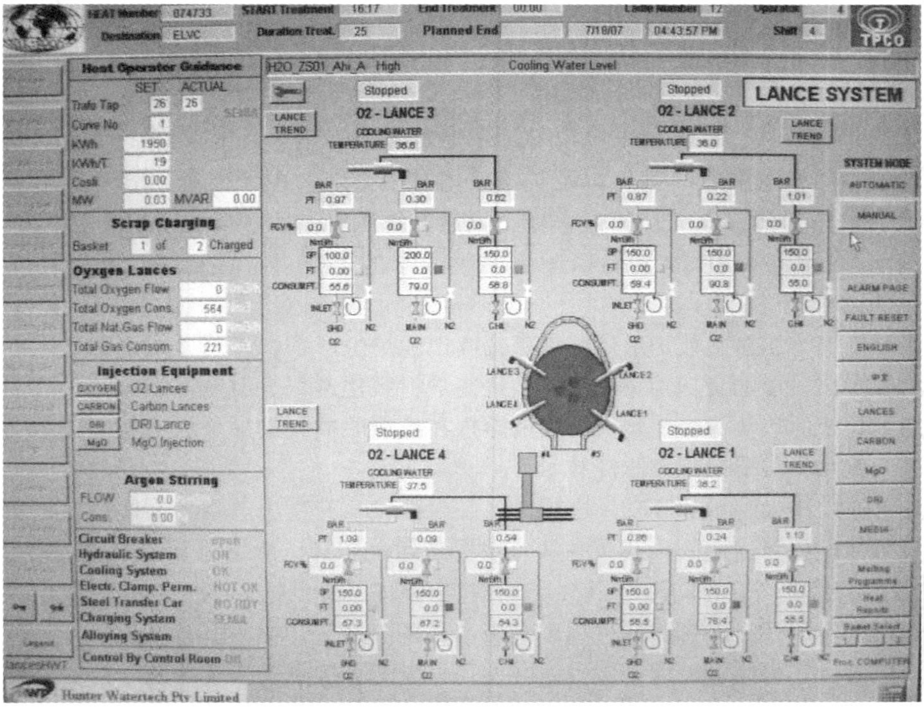

彩色原图

图 6-71　供氧系统主界面

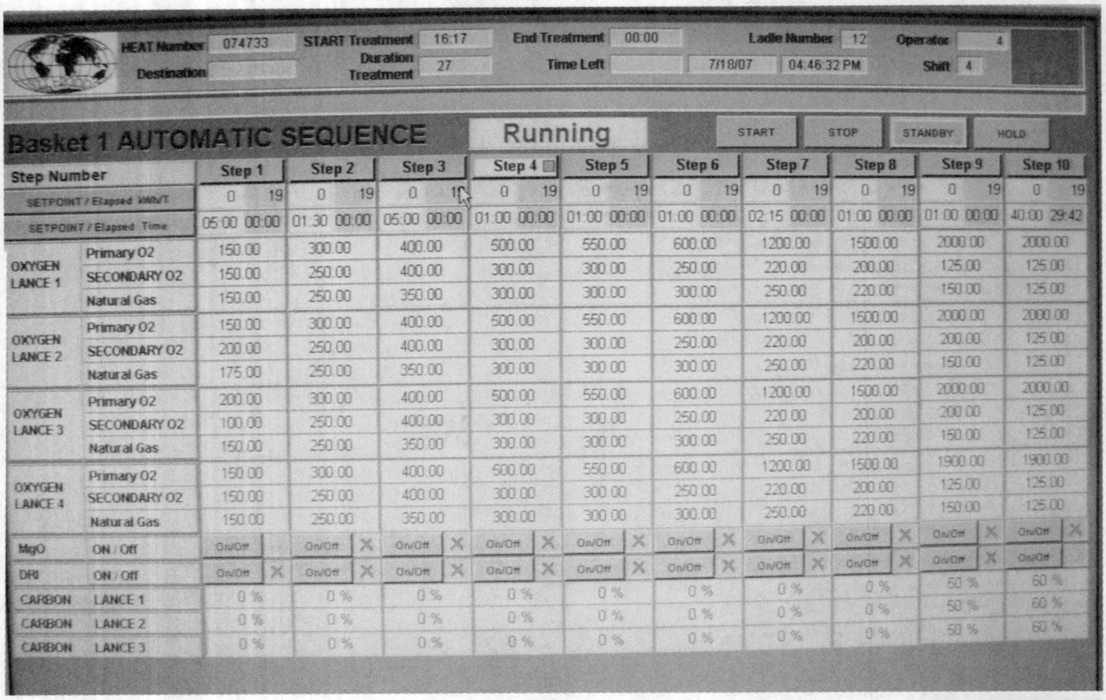

图 6-72　分段控制设置界面

彩色原图

6.4　电弧炉炼钢冶炼过程的泡沫渣工艺

泡沫渣工艺是 20 世纪 70 年代末提出的。早期电弧炉炼钢采用富氧法，使电耗明显降低，但由此产生了金属收得率降低以及炉渣量增加。另外，由于大量用氧造成熔清后钢液碳含量低，炉渣稀薄，电弧加热效率低，钢液升温困难。为消除这些不利因素，在氧化期时，向熔池中钢液喷吹炭粉，以还原回收渣中的 FeO，提高金属收得率和降低渣量[32]。

现代电弧炉炼钢为缩短电弧炉冶炼时间，提高电弧炉生产率，采用了较高的二次电压进行长电弧冶炼操作，增加有功功率的输入，提高炉料熔化速率。但电弧强大的热流向炉壁辐射，增加了炉壁的热负荷，使耐火材料的熔损和热量的损失增加。为了使电弧的热量尽可能多地进入钢水，需要采用泡沫渣技术。

泡沫渣技术适用于大容量超高功率电弧炉，在电弧较长的直流电弧炉上使用效果更为突出。泡沫渣可使电弧对熔池的传热效率从30%提高到60%（一般情况下，全炉热效率能提高 5%以上）；电弧炉冶炼时间缩短 10%～14%；冶炼电耗降低约 22%；并能提高电弧炉炉龄，减少炉衬材料消耗。电弧炉炼过程中电极消耗的 50%～70%是由电极表面氧化造成的。而采用泡沫渣操作可使电极埋于渣中，减少了电极的直接氧化，又有利于提高二次电压、降低二次电流、使电能消耗减少，电极消耗也相应减少 2kg/t 以上，因而使得生产成本降低，同时提高了生产率，也使噪声减少，噪声污染得到控制。

6.4.1 泡沫渣形成机理

6.4.1.1 泡沫渣的形成

泡沫渣是气体分散在熔渣中形成的。当熔渣的温度、碱度、成分、表面张力、黏度等条件适宜时会因气体的作用而使熔渣发泡形成泡沫渣。所谓泡沫渣是指在不增大渣量的前提下，使炉渣呈很厚的泡沫状。即熔渣中存在大量的微小气泡，而且气泡的总体积大于液渣的体积，液渣成为渣中小气泡的薄膜而将各个气泡隔开，气泡自由移动困难而滞留在熔渣中，这种渣气系统称为泡沫渣。

电弧炉冶炼过程中造泡沫渣不仅可以有效降低耐火材料和电极材料的消耗，而且能显著提高热效率，从而减少熔炼时间，再者还能降低现场噪声改善工人的操作环境。在当前“碳达峰、碳中和”背景下，电弧炉泡沫化渣冶炼对于节能减排和绿色制造具有重要意义。

电弧炉泡沫渣形成的两大要点为：一是渣中具有小气泡，原位化学反应形成或额外引入；二是控制形成适宜特性的熔渣有助于气泡在熔渣中驻留。熔渣的泡沫化性能主要与其表面张力及黏度有关，尤其是当电弧炉渣中形成第二固相，如 CaO 饱和产生的 Ca_2SiO_4 或 MgO 饱和产生的（Mg，Fe)O 固溶体相，这些固相颗粒不仅可以使渣获得一定的黏稠度，而且会作为气泡原位形成的形核点，促进更多的小气泡生成，有利于熔渣泡沫化。

电弧炉冶炼过程中泡沫渣形成步骤一般可分为三步：首先，氧气射入钢液中，与钢液中的碳发生反应形成 CO 气泡，同时氧也与钢液中的铁反应形成 FeO 进入熔渣，如反应（6-43）和（6-44）所示；然后，炭粉喷入熔渣中，与熔渣中 FeO 反应生成 CO 气泡，同时使生成的 Fe 返回钢液，如反应（6-45）所示；此外，氧气射入渣中也可以与熔渣中的炭粉反应生成 CO 气泡，在此过程中氧气和炭粉可以同时喷入以形成更多 CO，促进熔渣泡沫化。电弧炉渣中 CO 形成过程见图 6-73。

$$C + \frac{1}{2}O_2 = CO \tag{6-43}$$

$$Fe_{(l)} + \frac{1}{2}O_2 = FeO \tag{6-44}$$

$$C + (FeO) = CO + Fe_{(l)} \tag{6-45}$$

$$(C) + \frac{1}{2}O_2 = CO \tag{6-46}$$

炉渣发泡后，电极热端与金属液之间高温弧区不易散热，弧区电离条件得到改善，故气体的导电率增加，在同样的电压情况下，电弧长度增加，同时泡沫渣成为电极弧光的屏蔽，对保炉电极、提高炉内热效率等起重要作用。泡沫渣技术是在电弧炉冶炼过程中，在向炉内吹入氧气的同时向熔池内喷吹炭粉或碳化硅粉，在此形成强烈的碳氧反应，通过该反应使渣层内形成大量的 CO 气体泡沫，气体泡沫使渣层厚度达到电弧长度的 2.5～3.0 倍，这使电弧完全屏蔽在渣内，从而减少电弧向炉顶和炉壁的辐射，最终延长电弧炉炉体寿命，并能提高电弧炉的热效率。

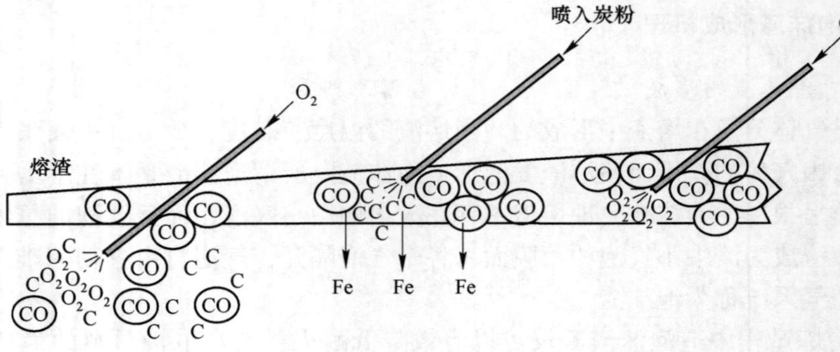

图 6-73 电弧炉渣中 CO 形成过程

6.4.1.2 泡沫化指数

Ito 和 Fruehan[33]研究了泡沫渣高度与气体流速之间的关系，发现两者之间存在线性关系。因此，将其线性关系的斜率定义为泡沫化指数，用来表征熔渣的泡沫化特性。

$$\Sigma = \Delta H / \Delta v_g^s \tag{6-47}$$

式中 ΔH——炉渣高度变化量，cm；

Δv_g^s——表面气体生成速率，cm/s；

研究者通过实验研究了熔渣成分和温度对泡沫化指数的影响规律[34]。图 6-74 所示为 $CaO\text{-}SiO_2\text{-}FeO\text{-}MgO$ 体系熔渣中 FeO 含量对其泡沫化指数的影响规律。可见，当熔渣中 FeO 含量在 20%以下时，其泡沫化指数随着 FeO 含量增加而下降；而当其为 20%～32%时，泡沫化指数几乎为常数。由图 6-75 可见，四元碱度在接近 1.4 之前，泡沫化指数随着炉渣碱度增加而下降，随后在高碱度条件下泡沫化指数反而上升，主要与高碱度下固相硅酸二钙 Ca_2SiO_4 及（Mg，Fe）O 固溶体相形成有关。泡沫化指数一般随着温度增加而下降

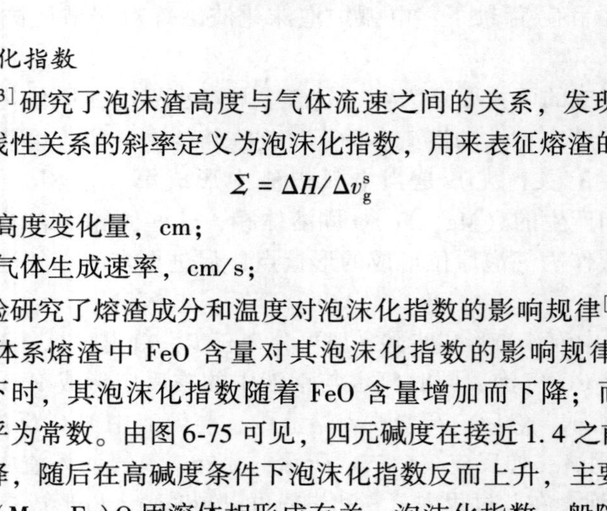

图 6-74 FeO 含量对 $CaO\text{-}SiO_2\text{-}FeO\text{-}MgO$ 渣发泡指数 Σ 的影响

（图 6-76），基于 $CaO-SiO_2-FeO-MgO$ 体系熔渣泡沫化实验数据得出泡沫化指数的对数与温度倒数呈线性关系，其表达式见式（6-48）。

$$\log\Sigma = \frac{6610}{T} - 3.90 \tag{6-48}$$

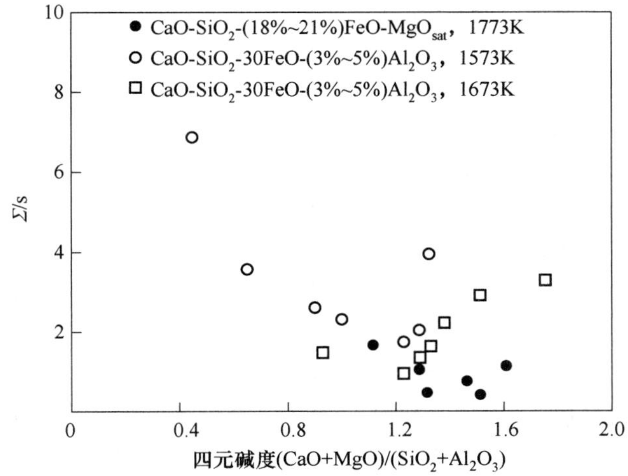

图 6-75 1713K 温度下，四元碱度对 $CaO-SiO_2-FeO-MgO$ 渣发泡指数 Σ 的影响

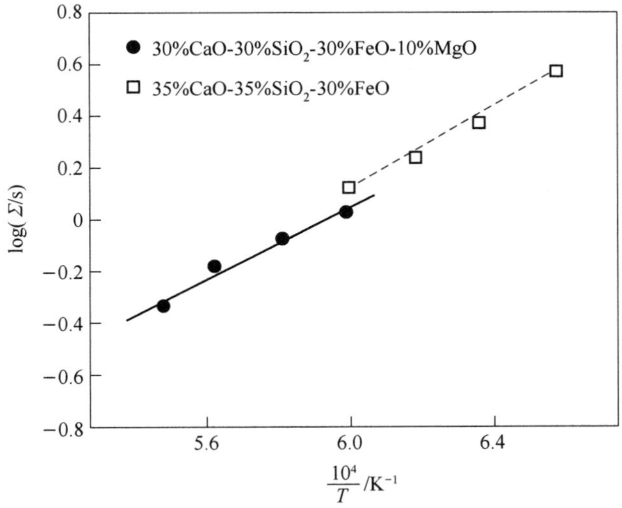

图 6-76 温度对 $CaO-SiO_2-FeO-MgO$ 渣发泡指数 Σ 的影响

熔渣泡沫化指数取决于熔渣成分和温度，而特定温度和成分条件下熔渣具有特定的物理性能，因而泡沫化指数势必与熔渣的高温物理性能有关。因此，一些学者进行无量纲分析导出泡沫化指数与熔渣相关物理性能之间的定量关系。Fruehan[35] 发现其关系式，见式（6-49）和式（6-50），式（6-49）代表酸性渣，式（6-50）代表碱性渣，对于酸性渣，黏度显著影响泡沫渣指数；而对于碱性渣，主要影响因子则为表面张力。

酸性渣：

$$\Sigma = 115\frac{\mu^{1.2}}{\rho\gamma^{0.2}D_b^{0.9}} \tag{6-49}$$

碱性渣：

$$\Sigma = 10.3\times 10^4\frac{\gamma^{1.2}}{\mu^{0.4}\rho^{11.4}D_b^{23}} \tag{6-50}$$

式中 μ——炉渣黏度，Pas；

ρ——炉渣密度，kg/m^3；

γ——炉渣表面张力，N/m；

D_b——平均气泡直径，m。

研究指出，当炉渣的表面张力下降和黏度升高时，炉渣的发泡性能显著增加。当熔渣中存在第二相固相颗粒时，对炉渣发泡性能具有显著的影响。生产实践表明，当熔渣处于极具流动性“液化状态”和“黏稠状态”之间时，其发泡性能最佳。所谓“液化状态”是指电弧炉渣完全处于液态，似流动性极好的水；而“黏稠状态”是指电弧炉渣中含有一定过饱和的固相硅酸二钙 Ca_2SiO_4 及（Mg，Fe）O 固溶体相颗粒。这些第二相颗粒可称为气泡形核点，有利于熔渣中大量小气泡生产，同时可增加炉渣的黏度，熔渣的有效黏度与第二相颗粒含量之间的关系为[36]：

$$\eta_e = \eta(1-1.35\theta)^{-5/2} \tag{6-51}$$

式中 η_e——炉渣有效黏度；

η——炉渣黏度；

θ——第二相颗粒含量。

由图 6-77 炉渣泡沫化指数与有效黏度之间的关系[37]可见，有效黏度增加时，有利于增加气体在渣中停留时间，有利于泡沫化，然而当进一步增加有效黏度时，炉渣中第二相颗粒过饱和太多，导致炉渣过于黏稠，无法起到发泡作用。

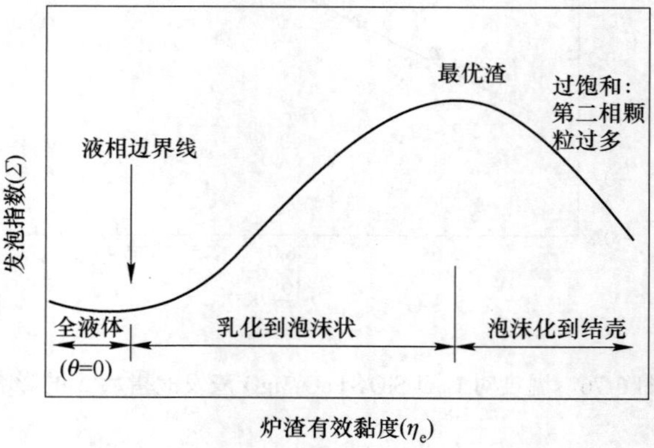

图 6-77 炉渣泡沫化指数与有效黏度之间的关系

6.4.2 泡沫渣的作用

泡沫渣极大地增大了渣-钢的接触界面，加速氧的传递和渣-钢间的物化反应，大大缩短了一炉钢的冶炼时间。在电弧炉中泡沫渣厚度一般要求是弧柱长度的2.5倍以上，采用泡沫渣埋弧操作可达到以下操作效果。电弧炉造泡沫渣的主要作用如下：

（1）可以采用长弧操作，使电弧稳定和屏蔽电弧，减少弧光对炉衬的热辐射。传统的电弧炉供电是采用大电流、低电压的短弧操作，以减少电弧对炉壁的热辐射，减轻炉衬的热负荷，提高炉衬的使用寿命。但是短弧操作功率因数低（$\cos\varphi=0.6\sim0.7$）、电耗大、大电流对电极材料要求高，或要求电极断面尺寸大，所以电极消耗也大。为了加速炉料的熔化和升温，缩短冶炼时间，向炉内输入的电功率不断提高，实行所谓高功率、超高功率供电。如仍用短弧操作，则电流极大，使得电极材料无法满足要求，所以高电压长弧操作势在必行。但是长弧操作会使电弧不稳及弧光对炉衬热辐射严重。而泡沫渣能屏蔽电弧，减少了对炉衬的热辐射，泡沫渣减轻了长弧操作时电弧的不稳定性，直流电弧炉采用恒电流控制时，随流电弧电压波动很小，电极几乎不动。

（2）长弧泡沫渣操作可以增加电弧炉输入功率、提高功率因数和热效率。有关资料和试验指出，在容量为60t、配以60MV·A变压器的电弧炉，功率因数可由0.63增至0.88，如不造泡沫渣时炉壁热负荷将增加1倍以上。而造泡沫渣后热负荷几乎不变，泡沫渣埋弧可使电弧对熔池的热效率从30%～40%提高到60%～70%，使用泡沫渣使炉壁热负荷大大降低，可节约补炉镁砂50%以上和提高炉衬寿命20余炉。

（3）降低电耗、缩短冶炼时间、提高生产率。由于埋弧操作加速了钢水升温，缩短了冶炼时间，降低电耗。国内某些厂普通电弧炉造泡沫渣后。1t钢节电20～70kW·h，缩短冶炼时间30min/炉，提高生产率15%左右。由于吹氧脱碳及其氧化反应产生大量热能，加入泡沫渣对电弧的屏蔽作用，吹氧搅拌迅速均匀钢水温度等方面的原因，吨钢电耗明显降低。据日本大同特钢知多厂70t电弧炉实测，冶炼各期电弧加热效率η如下：熔化期加热$\eta=80\%$，熔化平静钢液面加热$\eta=40\%$，喷炭埋弧加热$\eta=70\%$。可见，采用埋弧喷炭造泡沫渣的方式，将比传统操作热效率提高很多，将使熔体升温速度快，冶炼时间缩短。同时，由于炉渣大量发泡，使钢渣界面扩大，有利于冶金反应的进行，也使冶炼时间缩短。再加上电弧炉功率因数的提高，使吨钢电耗得以下降。30t普通功率电弧炉采用泡沫冶炼技术后，每炉钢的冶炼时间缩短了30min，并节电20～70kW·h/t。

（4）降低耐火材料消耗。由于泡沫渣屏蔽了电弧，减少了弧光对炉衬的辐射，使炉衬的热负荷降低。同时，导电的炉渣形成了一个分流回路，输入炉内的电能不再是全部由电弧转换为热能，而是有一部分依靠炉渣的电阻转换，这样在同样的输入功率下，就减少了电弧功率，这也有利于减少炉衬的热负荷，降低耐火材料消耗。使用泡沫渣时炉衬的热负荷状况电极消耗与电流的平方成正比，显然采用低电流大电压的长弧泡沫渣冶炼，可以大幅度降低电极消耗。另外，泡沫渣使处于高温状态的电极端部埋于渣中，减少了电极端部的直接氧化损失。

（5）泡沫渣具有较高的反应能力，有利于炉内的物理化学反应进行，特别有利于脱磷、脱硫。泡沫渣操作要求更大的脱碳量和脱碳速度，因而有较好的去气效果，尤其是可以降低钢中的氮含量。因为泡沫渣埋弧使电弧区氮的分压显著降低，钢水吸氮量大大降低。泡沫渣单渣法冶炼，成品钢的氮含量仅为无泡沫渣操作的1/3。由于铺底石灰提前加入及炉渣泡沫化程度高，流动性好且不断吹氧搅拌钢液炉渣，大大增加了钢渣接触面积，利于少氧化渣脱磷反应进行。唐钢冶炼实践证明，只有少数炉次熔清时分析磷在0.030%

以上，一般来说磷都能小于 0.020%。由于炉渣的发泡使渣钢界面积扩大，改善了反应的动力学条件，有利于脱硫、脱磷反应的进行，尤其有利于脱磷。脱磷反应是界面反应，泡沫渣使得这种反应得以不断进行。另外，工业上一般选用 TFeO 为 20%、(CaO/SiO_2) 为 2 的炉渣作为泡沫渣的基本要求，这种渣本身对脱磷就很有利。同时，电弧炉可以一边吹氧一边流渣，可及时将含磷量高的炉渣排出炉外，这也是有利于脱磷的。此外，在进行泡沫渣冶炼时，一般熔池的脱碳量和脱碳速度较高，有利于脱氢。因为有泡沫渣屏蔽，电弧区氮的分压显著降低，所以采用泡沫渣冶炼的成品钢中，氮含量只有常规工艺的 1/3。

6.4.3 影响熔渣发泡的因素

良好泡沫渣的特征为：

(1) 炉渣原料能够迅速熔化成为黏度合适的液态，成为气泡液膜，当气体排出时形成的气泡能够保持一定的时间，即成泡与气泡破裂时间在 4~8s。

(2) 炉渣黏度要适宜，保证炉渣的良好流动性，既要防止黏度过大影响冶金过程（比如脱磷反应的放渣操作），也要避免炉渣过于稀对炉衬的侵蚀加剧，还要保持一定数量的悬浮物质点，比如 $2CaO \cdot SiO_2$、MgO 颗粒，$MgO \cdot SiO_2$ 等物质，保持泡沫渣的稳定性。

(3) 渣中氧化铁含量在 14%~20% 之间，氧化铁含量能满足炉渣溶解需要的当量浓度。

影响泡沫渣发泡的关键因素如下：

(1) 炉渣碱度。碱度为 2.0 附近（也有的实验结果为 1.22 时），其发泡高度最高，碱度离 2.0 越远，其发泡高度越低。这主要与碱度为 2.0 附近渣中析出大量 $2CaO \cdot SiO_2$（缩写为 C_2S）固体颗粒和 CaO 固体颗粒. 从而提高熔渣的黏度有关。低碱度时加入 CaO，熔渣表面张力增加而黏度降低。碱度高于 2.0 时加入 CaO，则使 C_2S 转变为 C_3S，因而渣中固体颗粒数量减少。但碱度小于 1 时，碱度增加，泡沫寿命降低。碱度对 $CaO\text{-}SiO_2\text{-}Al_2O_3$ 熔渣也有类似的影响。发泡高度最高点出现在碱度为 1.6~2.0，也有研究表明碱度在 1.8~2.5 之间时发泡效果最好。

(2) 炉渣中 FeO 含量 $(CaO)/(SiO_2) = 1.22$ 时，随熔渣中 FeO 含量的增加，泡沫寿命逐渐下降。碱度为 2.0 附近时，FeO 对发泡高度影响较小。碱度离 2.0 越远（靠近 1.0 或 3.0），FeO 含量为 20%~25%熔渣比 FeO 含量为 40%左右熔渣的发泡高度要高。碱度低于 1.5 时，随 FeO 含量的增加，熔渣的表面张力增加，黏度降低，故发泡高度和泡沫寿命下降。

(3) 渣量。在一定的喷炭和吹氧强度下，渣量和泡沫渣的厚度基本是一次线性方程关系。渣量是形成泡沫渣的重要因素，只有较大的渣量才能形成好的泡沫渣，达到埋弧的目的。因此，要求渣量一定要控制在 3%以上，如果需要去磷流渣时，必须适时补充渣料，才能维持炉渣的高度。

(4) 供氧强度。泡沫渣主要是碳、氧反应生成大量的 CO 所致，因此提高供氧强度既增加了氧气含量又提高了搅拌强度，促进碳氧反应激烈进行，使单位时间内的 CO 气泡发生量增加，在通过渣层排出时，使渣面上涨、渣层加厚。

(5) 熔池碳含量。碳含量是产生 CO 气泡的必要条件，如果碳不足将使碳氧反应乏力，影响泡沫渣生成，这时应及时补碳，以促进 CO 气泡的生成。

（6）合适的熔池温度。随着熔池温度升高，炉渣的黏度下降，渣中气泡的稳定性随之降低，即泡沫的寿命缩短。有关研究指出，温度增加100℃，泡沫的寿命只有原先的70%左右。显然，炉渣成分及进气量一定时，较低的熔池温度下，炉渣的泡沫化程度相对较高。

（7）炉渣的物理性质。增加炉渣的黏度、降低表面张力和增加炉渣中悬浮质点数量，将提高炉渣的发泡性能和泡沫渣的稳定性。

（8）渣中其他组元。凡是影响 $CaO-SiO_2-FeO$ 系熔渣表面张力和黏度的因素，都会影响其发泡性能。例如，加入 CaF_2 既降低炉渣黏度，又降低炉渣表面张力，所以对泡沫渣的影响比较复杂。有关研究表明，在碱度 $(CaO)/(SiO_2)=1.8$ 时，加入 5% CaF_2 有利于提高炉渣的发泡性，继续增加 CaF_2 含量对炉渣发泡不利。可见在 CaF_2 含量小于 5%时，表面张力起主要作用；CaF_2 含量大于 5%时，黏度起主要作用。又如，加入 MgO 使熔渣黏度增加，使熔渣泡沫渣保持时间延长。

（9）炭粉粒度。炭粉越细，喷入后和熔渣接触面越大，与 FeO 反应越快，炉渣易起泡，应采用粒度小于 3mm 的炭粉。

6.4.4 泡沫渣成分控制

6.4.4.1 熔渣氧化镁饱和度

MgO-C 耐火材料作为电弧炉的主要炉衬材料，极易受到未饱和 MgO 电弧炉熔渣的侵蚀。因此在电弧炉冶炼过程中，往往控制炉渣中 MgO 饱和，此外，控制熔渣稍微过饱和，可以在熔渣中形成一定固相颗粒促进炉渣泡沫化以降低能耗和提升炉衬寿命。因此，确定炉渣中 MgO 饱和度以加入适量的造渣溶剂，对电弧炉造渣工艺至关重要。

电弧炉渣的主要成分为 CaO、SiO_2、FeO 和 MgO，以及少量的 Al_2O_3、MnO 和 P_2O_5 和 TiO_2。SiO_2 和 Al_2O_3 主要来自直接还原铁中脉石，以及废钢中硅、铝在电弧炉冶炼过程氧化生成。FeO 来自铁的氧化，CaO 通过石灰和白云石加入以利于脱磷。熔渣中 MgO 饱和度与这些成分有关，通过白云石和镁砂等镁质剂引入。图 6-78 为炼钢渣中 MgO 饱和度实验

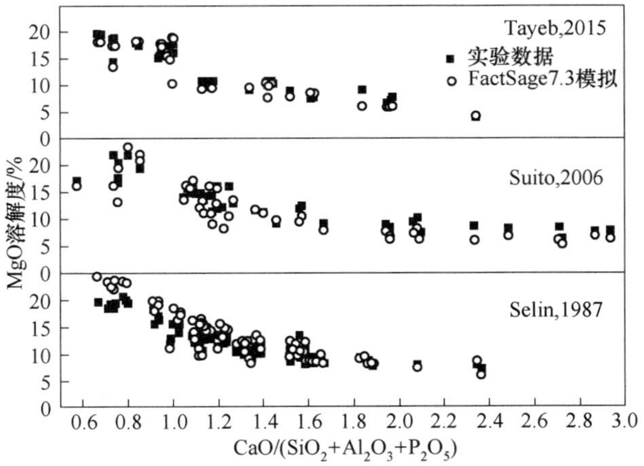

图 6-78 炼钢渣中 MgO 饱和度实验值及 FactSage 模拟计算值对比

值及 FactSage 模拟计算值对比[38]，FactSage 模拟所使用的数据库为 FToxid。可见，该数据在一定碱度范围内可较好模拟动态熔渣中 MgO 饱和度。炉渣中 MgO 饱和度随四元碱度（$CaO/(SiO_2+Al_2O_3+P_2O_5)$）增加而减小。

6.4.4.2 泡沫渣控制 ISD 图

电弧炉渣中 FeO 含量显著影响熔渣的物理特性，尤其是熔渣的黏度，另外可影响熔渣中 MgO 的饱和度。然而，图 6-78 无法显示 FeO 对熔渣中 MgO 饱和度的影响规律，对此 Pretorius 研究了一种 ISD 图[37]，即等温溶解度图。图 6-79 为 $CaO-SiO_2-MgO-FeO$ 体系熔渣 1600℃条件下的 MgO-FeO 的 ISD 图，图中显示了不同 MgO 和 FeO 成分区域内的稳定相组成。点 a 为固相硅酸二钙 Ca_2SiO_4 和（Mg，Fe）O 固溶体相的双饱和点，液相线 ac 和 ab 分别为 CaO 和 MgO 的饱和线。

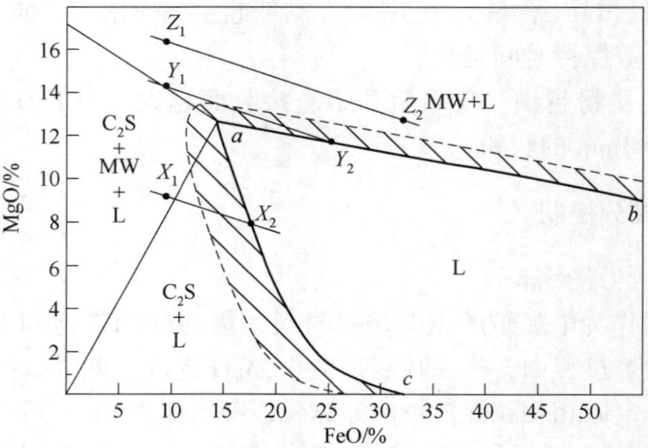

图 6-79 $CaO-SiO_2-MgO-FeO$ 体系熔渣 1600℃ ISD 图

熔渣在高 FeO 成分区域内主要为液相，该区域内熔渣由于缺乏第二相固体颗粒导致黏度太小，因而不具备较好的发泡性能。而对于图中虚线与液相线之间的区域内，包含少量的第二相颗粒，具有合适的黏度，属于最佳的发泡区域。对于成渣路线 X_1X_2，对于 X_1 含有固相 Ca_2SiO_4、（Mg，Fe）O 和液相，很可能因为固相太多导致渣过于黏稠，无法达到较好泡沫化效果；当通过吹氧增加渣中 FeO 含量时，渣中 MgO 含量得到稀释，渣中（Mg，Fe）O 固相减少，炉渣发泡性能提升；然而当炉渣成分点到达 X_2 时，炉渣变为完全液相导致黏度过低，炉渣发泡性能恶化。对于成渣路线 Y_1Y_2，对于 Y_1 点，与 X_1 具有相同 FeO 含量，此时具有相似固相颗粒而发泡性能不佳；然而随着渣中 FeO 含量增大从 Y_1 到 Y_2，渣中迅速只含少量（Mg，Fe）O 固相，熔渣发泡性能显著提升，并且在较大范围内处于稳定状态。相对于成渣路线 X_1X_2 发泡区域内 8%～17% FeO，成渣路线 Y_1Y_2 具有 8%～20% FeO 区域。而对于成渣路线 Z_1Z_2，初始 MgO 含量过高导致发泡性能较差，尽管增加渣中 FeO 含量，炉渣因含有过多固相颗粒发泡性能得不到改善。

因此，在电弧炉炼钢过程中根据具体炉渣成分获得准确的 ISD 图，然后根据 ISD 图控制炉渣中适宜的 MgO 和 FeO 含量，可以精准地控制炉渣的发泡性能。

6.4.5 泡沫渣工艺操作

泡沫渣操作工艺主要有以下几种，其主要特点如下。

(1) 渣面上加焦炭粉法。吹氧的同时，不断向炉内抛入焦粉，利用碳氧反应，使炉渣发泡。此法操作简便，但使用效果差，劳动强度大。另外，随意性大，操作不易规范化。氧末终点碳低时，钢水增碳难，且钢中氧含量高，合金收得率低，还原脱氧脱硫变难。碳氧在渣面反应，渣层薄不能发挥长弧优点，渣中 FeO 含量高，还原少，铁损增大。

(2) 配料加焦法。配料时加入 5~15kg/t 焦粉及适量铁皮、石灰石，熔氧结合，富氧操作，泡沫渣高压长弧升温，降碳至要求含量。这种方法能得到一定厚度的泡沫渣，但该法泡沫渣作用时间短，渣中 FeO 含量不易控制，终点碳控制不准，渣钢中氧含量高，合金收得率不稳定。当终点碳控制较准时，可用于冶炼碳含量较高钢种。

(3) 氧末喷炭法。配料不加炭，熔氧合一，富氧操作。因控碳不准，一般碳含量偏低，再喷炭（焦）粉增碳，同时生成泡沫渣。这种方法主要用于钢中增碳，故喷炭速度较大，但泡沫化作用时间太短。泡沫只在氧末期使用不能充分发挥其优点。

(4) 配料加焦，氧末喷炭法。此法是在 (2) (3) 法结合的基础上，调整喷粉罐参数。适当延长喷炭时间，使喷入的炭粉既能增碳又能延长泡沫渣的作用时间，整个熔氧期基本处于泡沫渣下冶炼。该法适用于各种功率水平和不同吨位的电弧炉冶炼中低碳钢。利用“富氧、喷炭、长弧”三位一体联合操作，以得到最佳效果。由于在吹氧助熔时，配料中未熔焦粒有部分随炉渣流出浪费，对于大电弧炉来说这种浪费就很严重。

(5) 熔氧期全程喷炭法。这种方法在熔池形成并有适量钢水时，吹入氧气并喷入焦粉。钢水在泡沫渣下去磷、降碳、升温，直到达到要求。该法在熔氧前期喷炭的主要目的有：1) 造泡沫渣，形成泡沫渣长弧冶炼工艺。在向钢水不断增碳的同时使钢水的降碳和升温接近同步进行；2) 喷炭在完全燃烧时放热，有利于升温。熔氧后期喷炭则主要是调整钢水碳含量至规格要求和在泡沫渣下快速升温。

各泡沫渣工艺对比见表 6-16。

表 6-16 泡沫渣工艺对比

工艺方法名称	用 途	优 点	缺 点
渣面加炭粉		操作简便不需任何设备，使用人工加入	1. 随意性大，操作不易规范化； 2. 氧末终点碳低时，钢水增碳难，且钢中含氧高，合金收得率低，还原脱氧、脱硫变难； 3. 碳氧在渣面反应，渣层薄不能发挥长弧优点； 4. 渣中 FeO 含量高，还原少，铁损增大
配料加焦法	用于冶炼高碳钢	可得到厚层泡沫渣，熔清碳适当，电耗、电极消耗降低，炉衬寿命延长	1. 泡沫渣持续时间短，只在熔氧前期效果好，熔氧后期部分焦粒随渣子流出造成焦的损失，且渣层变薄； 2. 渣中 FeO 含量不好控制，造成终点碳不好控制，当碳低时很难用焦粒增碳； 3. 渣及钢液中氧含量过高，还原困难，合金收得率不准

续表 6-16

工艺方法名称	用 途	优 点	缺 点
氧末喷炭法	通常用于对钢水增碳，不用于生铁	能对钢水增碳，同时有泡沫渣的全部优点	泡沫只在氧末期使用，不能充分发挥其优点
配料加焦法与氧末喷炭法	适用于有管道送粉设备的电弧炉厂，适用各种功率电弧炉不同钢种的冶炼	充分发挥泡沫渣长弧埋弧优点，能克服上述三法的缺点	焦粒随流渣溢出，故50t以上电弧炉不宜采用
熔氧期全程喷炭法	适用于机械自动化程度高的大型电弧炉（50t以上）且有管道输送粉料系统的钢厂	充分发挥富氧、喷碳、长弧三位一体联合操作最佳优点冶炼各种钢种	
配料加增碳造渣剂	适用于无管道送粉设备的电弧炉厂，适用各种功率电弧炉及不同钢种冶炼	充分发挥泡沫渣长弧埋弧优点，能克服其他工艺的缺点，熔氧期泡沫渣保持时间长	

6.5 电弧炉炼钢冶炼过程的底吹工艺

在电弧炉炼钢大量用氧后，钢液氧化性提高，金属收得率降低，导致钢包精炼所用脱氧剂用量的增加。为促进电弧炉炼钢过程中碳的脱氧反应，抑制钢液氧化和促进氧化铁还原，有必要开发熔池均匀搅拌技术。此外，电弧的作用一方面使渣局部过热，耐火材料侵蚀严重；另一方面由于热分布不均匀导致熔化不均匀。为了促进熔池内还原金属和去除杂质的化学反应，要求增大反应面积，而增大反应面积的有效措施就是开发熔池搅拌技术。

在传统的电弧炉冶炼方法的基础上，为了使钢水温度及成分均匀，瑞典ASEA公司曾开发了电磁搅拌技术，但这种搅拌的搅拌力不强，金属还原不好，电弧传热不均，因此以均匀高强度搅拌为目标的电弧炉底吹技术得到快速发展。

电弧炉底吹搅拌技术始于20世纪80年代，首先是由美国碳化物公司的林德分公司和德国蒂森钢铁公司在长寿命不堵塞底吹装置的基础上发展起来。

电弧炉底吹技术在世界范围内得到了越来越广泛的应用，随着我国冶金行业技术水平的提高，我国的一些钢厂，如南京钢铁集团有限公司、抚顺钢厂、张家港润忠钢铁有限公司、淮阴钢铁集团公司等均先后从国外引进了装备底吹系统的超高功率电弧炉。

6.5.1 底吹机理

电弧炉底吹气体搅拌改变了熔池内部和钢液间的传热、传质速率，从而影响到与此有关的炼钢反应。从转炉和炉外精炼的实践中可知，向熔池深处吹入气体可轻易地获得比机械法和电磁法要大得多的搅拌效果。在一定熔池深度下，熔池比搅拌能与底吹气量成正比，即：

$$E = 28.5\frac{QT}{W}\lg\left(1 + \frac{H}{1.48}\right) \tag{6-52}$$

式中 E——比搅拌能，W/t；

Q——底吹气体流量，m^3/min；

H——熔池深度，m；

T——熔池温度，K；

W——钢液质量，t。

因此，通过调节底吹气体流量可很好地控制熔池搅拌强度。向电弧炉中以 0.06 $m^3/(min \cdot t)$的供气强度底吹氩气时，其比搅拌能可达 375~400W/t。而向钢液中插管吹氧（深为 35cm），碳含量从 0.4%降到 0.1%时，其比搅拌能只有 70W/t，在其他不吹气体期间电弧的比搅拌能则仅有 1~3W/t。由此可见，电弧炉底吹气体后可大大改善炉内的搅拌状况。

熔池混合情况与熔池搅拌强弱有关。中西恭二等较早地提出了熔池混均时间（s）与比搅拌能的经验关系式：

$$\tau = 800\varepsilon^{-0.4} \tag{6-53}$$

由于该式对于熔池情况偏差较大。对此，日本寺田修等[39]从 50t 底吹电弧炉的实验结果中得出了电弧炉内熔池混均时间 τ（s）与比搅拌能 ε 的关系式：

$$\tau = 434\varepsilon^{-0.35} \tag{6-54}$$

该式为研究电弧炉内的熔池搅拌提供了基础。

实验表明钢水上凸高度 Δh(m) 与搅拌动力 W(W) 间的关系式为：

$$\Delta h = 9.364 \times 10^{-4} W^{-0.66} \tag{6-55}$$

搅拌动力 W 可用下式定为：

$$W = 6.18QT\ln(1 + 0.6868H) \tag{6-56}$$

可知，当钢液面高度 H 一定时，气体流量 Q 越大，则钢水上升高度 Δh 也越大。

6.5.2 底吹效果

底吹搅拌工艺的效果有：

（1）碳氧反应接近平衡。图 6-80 为有底吹与无底吹条件下钢液中碳氧关系的比较结果。由图 6-80 可以看出，底吹气体搅拌的熔池中碳氧积更接近反应平衡曲线。从而使渣中 FeO 含量下降 4%左右，在吹氧精炼末期达到 24.5%。

（2）提高脱磷能力。底吹气体强化了钢液混合，加快了钢液中磷向渣传递的速度，从而有利于脱磷，特别冶炼对磷要求高的钢种，底吹搅拌下脱磷效果十分显著。一般情况，钢中磷含量可达 0.010%以下。

（3）提高脱硫能力。底吹气体强化了钢液混合，加快了钢液中磷向渣传递的速度，同时又降低了渣中 FeO 含量，提高了硫的分配系数，从而有利于脱硫。图 6-81 表明，底吹搅拌下脱硫效果十分显著。

（4）提高金属收得率。底吹降低了渣中 FeO 含量，降低了钢液中铬、锰的氧化，渣中损失铁、锰、铬较少，可分别使钢液中锰和硅的收得率提高 8.8%和 2.9%，降低 FeSi 消耗 0.726kg/t 钢。冶炼不锈钢时可分别使铬与钛的综合收得率提高 4%，并且还可减少低

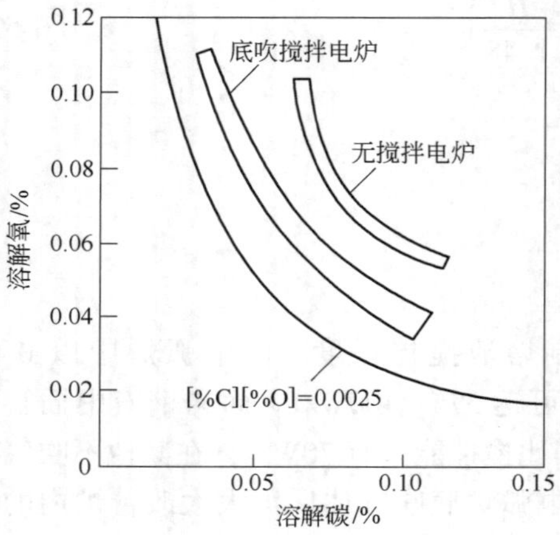

图 6-80 不同搅拌条件下电弧炉熔池中碳氧关系的比较

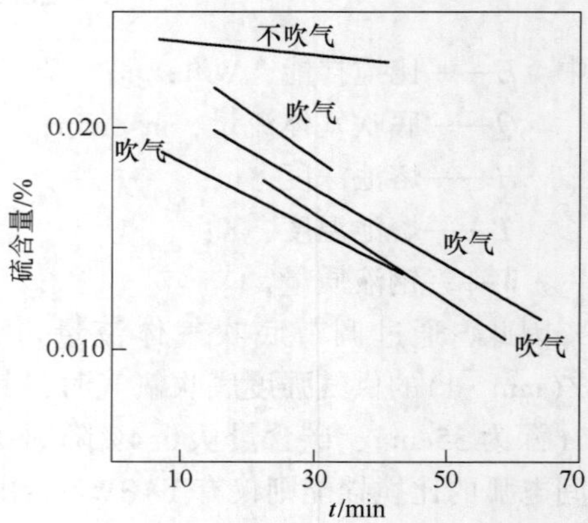

图 6-81 不同搅拌条件下的电炉钢液脱硫效果的比较

碳铬铁消耗 80%以上，从而节省大量合金料。同时，还原时间和电极高温时间缩短，防止了金属再度氧化。日本星崎制钢的底吹效果，渣中铬损失减少 2.51kg/t，锰损失减少 1.5kg/t。

（5）代替含氮合金。底吹氮气对某些钢可起到增氮作用，在电弧炉冶炼碳氮强化钢（N 0.02%～0.04%）中，经 10～15min 底吹 N_2，钢中氮含量由 0.009%～0.010%增至 0.023%～0.037%，正好达到规定成分。

（6）提高了废钢熔化速度。电弧炉底吹气体加强了熔池搅拌，提高了传热速度，加快废钢熔化。计算表明，对于长度大于 80cm 的成捆轻废钢如不用底吹气体搅拌，在 70min 内很难熔化，但经底吹搅拌 0.06m^3/(min·t)，在 33min 内就熔化了。

（7）加速合金熔化和混匀。有关实验表明，在静态钢液中加入钨和钼的合金，在 30min 后钢中钨、钼浓度比混匀后的浓度低 1/3～1/2，而在底吹气体搅拌下，4～6min 就可达到均匀浓度。在冶炼不锈钢时，对出钢前炉中取全分析的结果表明，采用底吹工艺的钢中铬含量的双样差平均值为 0.06%，而无底吹工艺的为 0.133%。由此可看出，底吹工艺钢液的成分均匀性和稳定性明显提高。电炉钢液成分的快速混匀，消除了含难熔金属和高合金比的合金钢因取样无代表性而产生废品的现象。

（8）减少石灰消耗。图 6-82 展示出氧化结束钢中磷含量与石灰加入量的关系。由图 6-82 可以见看出，底吹搅拌有减少石灰用量的倾向。

（9）节能降耗、提高生产率。底吹使电弧炉熔池均匀搅拌，废钢均匀熔化，避免了熔池表面的过热现象，因而热辐射损失较少。钢液温度均匀，消除了冷点，因而也减少了能量消耗。均一混合的熔池可造成较好的动力学条件，提高了传热、传质的速度，促进了化学反应的进行以及合金元素的均匀分布，可实现迅速出钢。底吹作用使渣中 Cr_2O_3 含量降低，消除了渣的硬化现象，确保渣具有良好的流动性，也为快速出钢实现准备了条件。因此在电弧炉中采用底吹工艺可大大降低电耗，提高生产率。

意大利 Beltrame 钢厂 140tEBT 电弧炉底吹的效果，电耗降低了 27kW·h/t。日本京滨制钢用底吹法与普通法冶炼 SUS304 不锈钢，其电耗比较见图 6-83。

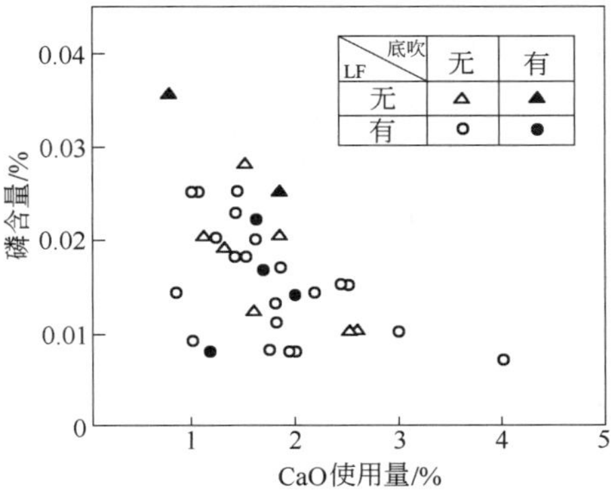

图 6-82 氧化结束［P］与 CaO 用量关系

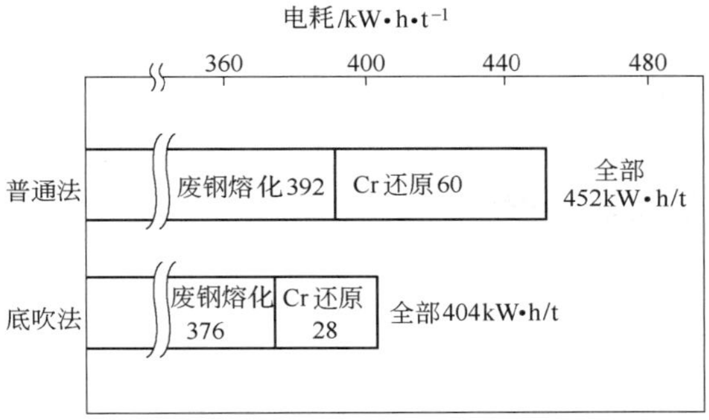

图 6-83 底吹法与普通法电耗的比较

6.5.3 底吹工艺设备

电弧炉底吹炼钢技术的基本目的与作用就是将气体从炉底吹入熔池中搅拌钢液，提高电弧炉的冶炼能力。电弧炉底吹系统主要由炉底供气元件、底吹气源、气体输送管道、底吹气体控制装置等组成。

由于是在特殊的条件下工作，要求底吹设备具有较宽的气体流量调节范围。上限可以充分搅拌熔池，以均匀钢液的成分和温度，加快化学反应，下限可以维持最小供气量，使其压力大于钢液静压力，并应具有在意外情况下防止炉底穿漏的安全设施。

6.5.3.1 供气元件种类和结构

电弧炉底吹搅拌装置有喷嘴式（双层套管式、单管式）及透气塞式（DPP 型、MHP 型、VRS 型和 TLS 型）。电弧炉底部供气元件的选择一般与底吹气体种类有关。电弧炉底吹氧气等氧化性气体时一般采用双层套管喷嘴，内管吹氧化性气体，外管吹保护气体（日本山阳特钢公司就采用此种喷嘴）。底吹惰性气体时大多采用细金属管多孔塞供气元件（意大利 Beltrame 厂、日本京滨厂等）。底吹天然气时采用单管式供气元件（墨西哥 Deacero 厂）。当然还可以选用其他结构喷嘴、供气砖，如环缝式、缝砖式、直孔型透气砖等。

目前国外普遍采用的电弧炉底枪，是转炉顶底复吹的定向多孔型底部供气元件（简称DPP元件）。图6-84所示为电弧炉所用的Redex DPP系统。

图6-85所示为Redex定向多孔喷枪。该供气元件将多根ϕ1～2mm的不锈钢管埋入MgO-C质耐火材料内。将DPP元件镶嵌在电弧炉底部，用底部座砖紧密压紧，在DPP元件与座砖之间用可塑料捣打填实。这种可塑料在高温侧由火焰牢固烧结，低温侧则保持原始颗粒状态，因此更换修理十分方便。

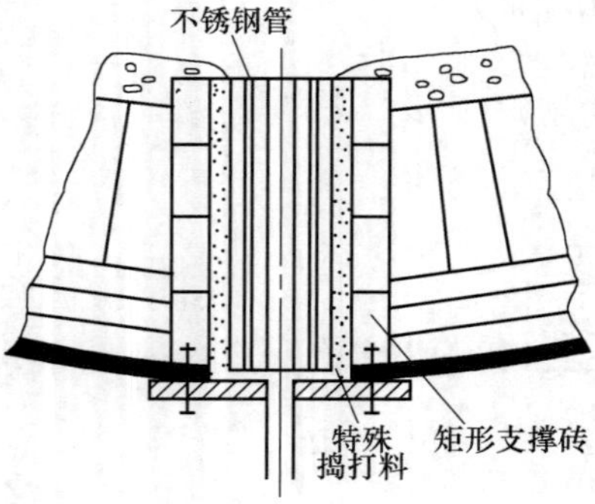

图6-84 Redex电弧炉DPP系统

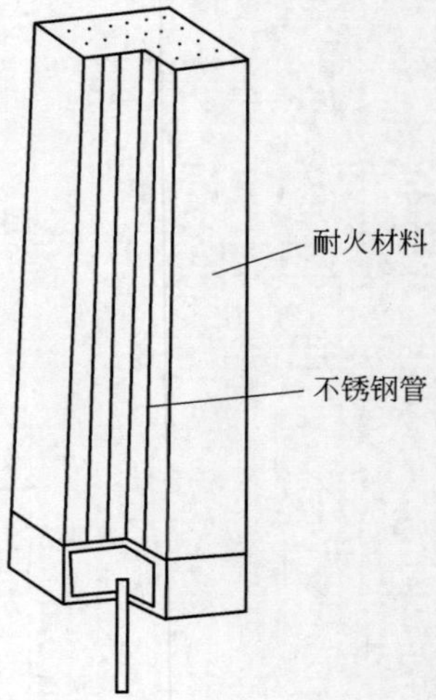

图6-85 DPP定向多孔塞

美国Veitscher公司开发的MHP型透气塞见图6-86、图6-87，其结构与DPP型近似。

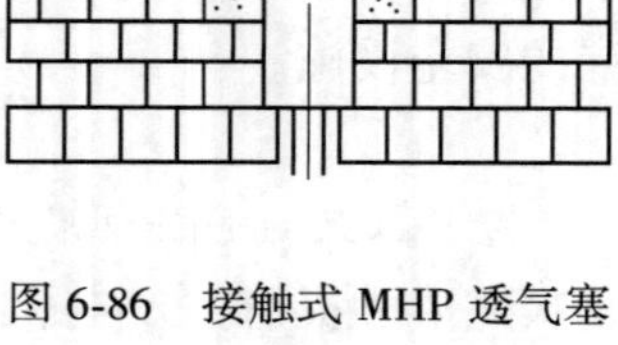

图6-86 接触式MHP透气塞

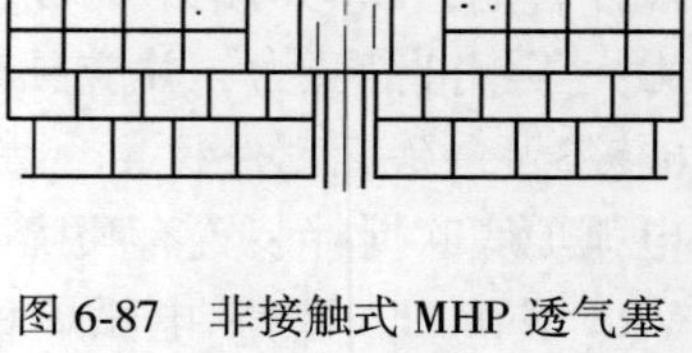

图6-87 非接触式MHP透气塞

图6-88为美国Veitscher公司研制的VRS型透气塞。图6-89为美国Liquide公司研制的TLS型透气塞。

日本东京钢铁公司与川崎耐火材料公司联合开发的EF-KOA系统，结合了接触型搅拌系统搅拌能力强和非接触型搅拌系统使用寿命长的优点，见图6-90。

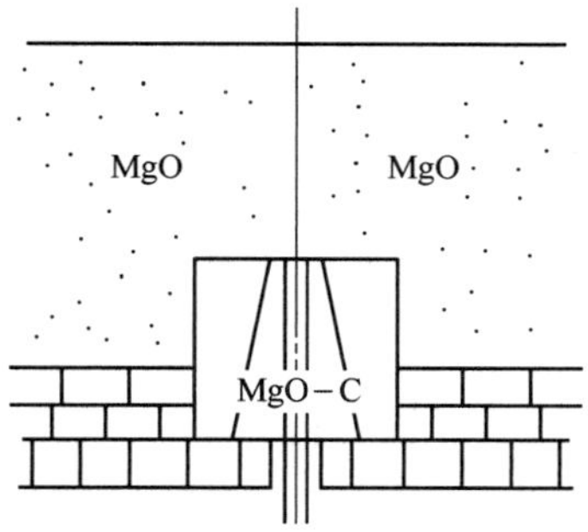

图 6-88　VRS 型非接触式多孔透气塞

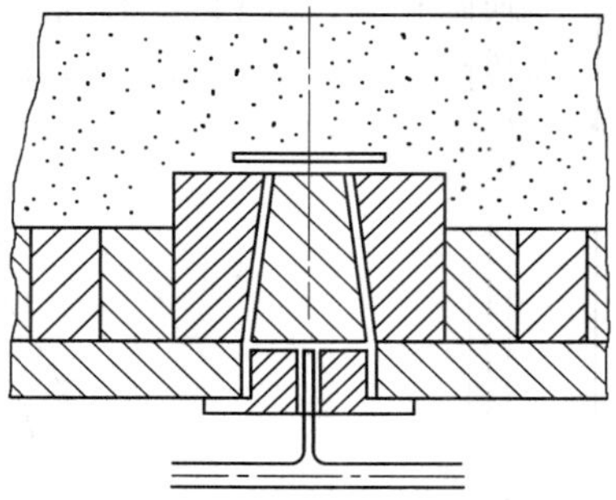

图 6-89　TLS 型透气塞

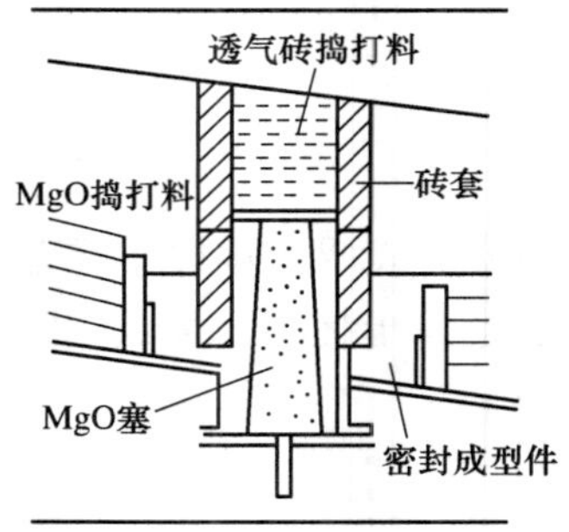

图 6-90　EF-KOA 系统结构

楯昌久对喷枪的研究结果表明，耐火砖内埋不锈钢管孔径为 ϕ1.5mm 比较适合底吹操作，其表观摩擦系数为 $\lambda = 0.027$，在常用气体压力为 0.3～0.6MPa 的范围内，其单管平均流量（NL/min）为：

$$Q = 11.93p^{0.725} \tag{6-57}$$

式中　p——气体入口压力，Pa。

不锈钢管通过压力箱与供气系统相连接。供气系统与砖体分开，两部分可独立工作。在气体入口端、中部位置及出口端分别设有热电偶，炉底设温度显示装置，以显示各部分温度、气体流动状态及供气系统破坏情况，适时更换底枪。

6.5.3.2 供气元件在炉底的布置

电弧炉类型和尺寸不同，其底吹装置和在炉底的布置也不同。意大利 Beltrame 厂是在三个低温区中的两个区各布置一个 DPP 装置，如图 6-91 所示。

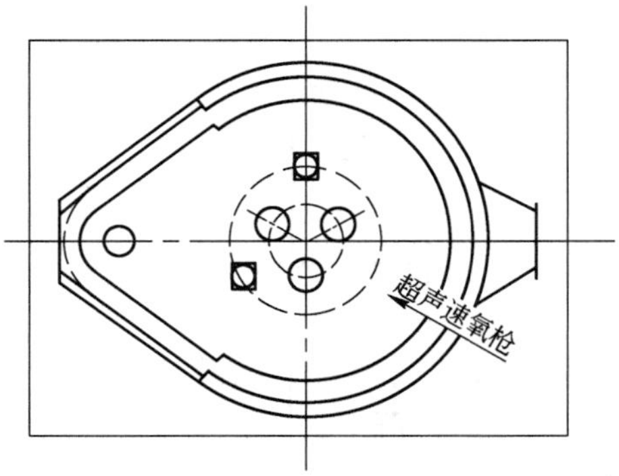

图 6-91　Beltrame 厂 140tEAF 中 DPP 安装位置

墨西哥 Deacero 厂在偏心底出钢电弧炉炉底中心和出钢口附近各装一个喷嘴。

日本东京钢铁公司冈山厂在电极圆上的三个冷区各装一个喷嘴。

美国阿姆科高级材料公司巴特勒厂在电极圆外侧、电极之间装了三个 DPP 装置。

特别典型的是美国 Union Carbide 公司和 Slater 钢铁公司采用三个底吹元件，将它布置在电极间的炉膛直径 60%的圆周上，见图 6-92。

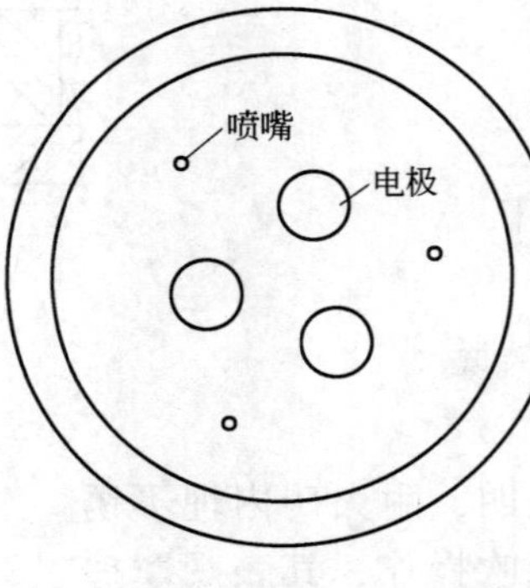

图 6-92 炉底烧嘴布置示意图

实验表明，这样布置有加强低温区的钢液循环、大大提高废钢熔化速度、对电极操作和电弧干扰小等优点。图 6-93 展示出了几种不同炉型电弧炉的炉底供气元件的布置方案。

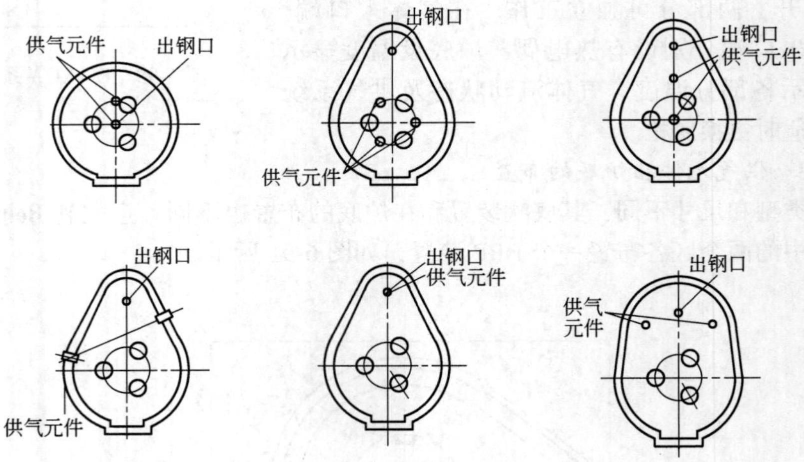

图 6-93 不同电弧炉炉型炉底供气元件布置

对于底部供气系统的布置，Zhang 等水模型实验表明，总气体流量不变的条件下，电弧炉底部三个喷嘴成正三角分布于电极圆上，比中央设置一个喷嘴具有较短的成分及温度均匀时间，得到较好的传热传质条件。

6.5.3.3 使用寿命

底吹装置的使用寿命取决于喷嘴的安装位置、透气砖类型以及不同炉子的操作和控制情况。意大利 Beltrame 厂的电弧炉底吹使用 MgO-C 质细金属管多孔塞供气元件，寿命达 400 炉，与炉壁寿命同步。墨西哥 Deacero 厂使用 MgO-C 质单管喷嘴，试用初期的侵蚀速度0.5mm/炉，正常使用后降到0.2mm/炉，每星期用喷补料修补一次，每个炉段只更换一个喷嘴。日本东京钢公司冈山厂140t底吹电弧炉冶炼1587炉后，每个EF-KOA透气塞上方耐火材料的磨损量为51~102mm，因此不需要专门修理，只要用天然镁砂进行常规的炉底热修补和冷修补或喷补就可以了。

6.5.3.4 喷吹气体

电弧炉底部喷吹气体的种类可采用Ar、N_2、天然气、CO_2、CO、O_2和空气等。Ar气是惰性气体，不与金属发生反应，搅拌能力强是理想的底吹气体，但成本较高。N_2成本低，搅拌效果好，但底吹N_2会引起钢液增氮，可采用后期吹Ar等其他气体将其降低而获得合格产品。日本东京钢公司冈山厂在电弧炉冶炼中，采用连续吹氧操作，熔池中产生大量CO，故能有效地使钢液脱氮，因而该厂采用底吹O_2。底吹O_2时，必须同时配备保护气体，防止供气元件严重烧损。底吹CO时，要注意管路与控制元件和设备的密封问题。经实验和生产证明，在电弧炉中底吹天然气时，钢液无增氢现象，同时对电极起到减少氧化的保护作用，是一种比较理想的气源。墨西哥Deacero厂45t偏心底出钢电弧炉采用底吹天然气，钢液无增氢现象，还为熔池提供了辅助能源。

参考文献

[1] 王竞东. 电弧炉铁水热装工艺的进展［J］. 特殊钢，2002，23（2）：33-34.

[2] 杨婷，孙继青. 世界直接还原铁市场现状及前景［J］. 冶金信息导刊，2006（4）：6-8.

[3] 韦亮，张飞虎. 关于电弧炉铁水热装技术应用探讨［J］. 钢铁技术，2007（1）：14-16.

[4] 张露，温德松，孙开明. 现代电弧炉热装铁水实践与再认识［J］. 天津冶金，2008，149（5）：43-46，148.

[5] 刘阳春，王栋，宋永琛，等. 70t超高功率电弧炉节能降耗的技术措施［J］. 炼钢，2003（6）：19-22，47.

[6] 吴红广，王新志，蔺学浩. 安钢100t电弧炉高效冶炼技术的研究与应用［J］. 河南冶金，2021，29（6）：38-41.

[7] 肖志鹏，一种铁水罐旋转倾翻装置的设计［J］. 冶金设备，2016（2）：38-40.

[8] 任燕雄，何文浩，喻成军，等. 缩短电弧炉冶炼周期的生产实践［J］. 江西冶金，2022，42（5）：64-69.

[9] 朱荣，王新江，牛重军，等. 安钢100t竖式电弧炉高热装铁水比的工艺实践［J］. 特殊钢，2008，29（1）：40-42.

[10]《钢铁厂工业炉设计参考资料》编写组. 钢铁厂工业炉设计参考资料（上册）［M］. 北京：冶金工业出版社，1979.

[11] 李芳，刘东利，韩星，等. 基于直流电弧加热技术的化渣炉设计与开发［J］. 工业加热，2017，46（2）：54-56.

[12] 沈南飞. 交流电弧炉电气运行仿真研究［J］. 冶金动力，2019（2）：11-15.

[13] 孙东初，孙义诚. 直流电弧炉的现状和发展［J］. 炭素技术，1995（1）：31-35.

[14] 马腾霄，李笑. 60t高阻抗电弧炉供电制度优化［J］. 大型铸锻件，2016（5）：40-41，43.

[15] 姜子晴，张维，韩星，等. 消除电网干扰的高阻抗电弧炉［J］. 工业加热，2016，45（4）：71-73，76.

[16] 梁正敏. 高阻抗电弧炉的供电电路［J］. 电源技术应用，2005（9）：60-64.

[17] 张玉林，王学义，岳航. 150t电弧炉综合节能改造实践［J］. 工业加热，2012，41（4）：16-18.

[18] 郭怡．现代交流电弧炉电气运行合理化的研究［J］. 黑龙江科技信息，2015（24）：134.
[19] 姚增远．渣钢铁电弧炉炼钢供氧技术优化［J］. 四川冶金，2018，40（1）：46-48.
[20] 韩建淮，张琪渔．电弧炉炼钢用氧量分析和热装铁水的用氧效果［J］. 江苏冶金，1997（3）：55-56.
[21] 杨文远，张德铭，陈峨．近代电弧炉炼钢用氧技术［J］. 钢铁研究学报，1996（4）：62-66.
[22] 王璐，季乐乐，崔新亮，等．电弧炉电耗控制研究［J］. 冶金设备，2022（6）：64-67，81.
[23] 刘晓，杨宝权，顾文兵．宝钢电弧炉冶炼过程的经验关系［J］. 宝钢技术，1999（6）：8-11.
[24] 袁章福，刘润藻，兰德年．电弧炉炼钢的二次燃烧技术［J］. 炼钢，1997（2）：57-61.
[25] 茅洪祥．二次燃烧技术在电弧炉炼钢过程中的应用［J］. 钢铁，1998，33（7）：62-64.
[26] Gregory D S，Ferguson D K，Slootman F，et al. Results of ALARC-PC post-combustion CASCADE Steel Rolling Mills［J］. Iron and Steelmaker，1996，23（5）：49-54.
[27] 朱荣，万天骥．电弧炉炼钢用各种煤氧枪发展述评［J］. 冶金能源，1995（1）：28-31，63.
[28] 王振宙，朱荣．电弧炉炼钢用氧工艺技术的进展［J］. 炼钢，2008，132（2）：59-62.
[29] 尹振江，朱荣，王畅，等．电弧炉二次燃烧节能环保机理及工艺研究［J］. 工业加热，2008，37（6）：48-50.
[30] 袁章福，潘贻芳．炼钢氧枪技术［M］. 北京：冶金工业出版社，2007.
[31] 谷立功，张露，周国平．天津钢管公司 150t 超高功率电弧炉炼钢工艺技术的进展［J］. 特殊钢，2003，24（4）：55-56.
[32] 卢斌．100t 高阻抗电弧炉泡沫渣工艺分析与优化［J］. 上海电气技术，2017，10（1）：40-43.
[33] Ito K，Fruehan R J. Slag foaming in electric furnace steelmaking［J］. Transactions of ISS，I&SM，1989：55-60.
[34] Ito K，Fruehan R J. Study on the foaming of CaO-SiO_2-FeO slags：Part II. Dimensional analysis and foaming in iron and steelmaking processes［J］. Metallurgical and Materials Transactions B，1989，20（4）.
[35] Zhang Y，Fruehan R J. Effect of the bubble size and chemical reactions on slag foaming［J］. Metallurgical and Materials Transactions B，1995，26（4）：803-812.
[36] Burström E，Ye G，Scheele J V，et al. Mechanism of formation of foamy slags in electric arc furnaces［C］. 4th International Conference on Molten Slags and Fluxes，Sendai，ISIJ，1992：352-357.
[37] Pretorious E，Carlisle R C. Foamy slag fundamentals and their practical application to the EAF steelmaking［J］. EAF Conference，ISS，1998：275-291.
[38] Song S，Zhao J，Pistorius P C. MgO refractory attack by transient non-saturated EAF slag［J］. Metallurgical and Materials Transactions B，2020，51：891-897.
[39] 寺田修. 強攪拌電気炉精錬技術の開発［J］. NKK 技報，1990（130）：24-31.

7 电弧炉冶炼过程的物料平衡和能量平衡

电弧炉炼钢的物料平衡，是指一个冶炼周期内进入炉内的各项原材料的量，与该冶炼周期生产出来的合格钢坯（钢锭）量、排出的炉渣、工业垃圾、废气以及可回收的烟尘等的量，所做的平衡计算。也就是一个冶炼周期生产的投入量与产出的量的平衡关系[1]。

能量平衡与物料平衡相似，是指一个冶炼周期内进入炉内的各种能量的量，与该冶炼周期所产生的能量、损失的能量等量之间的平衡计算[2]。

物料平衡和能量平衡计算是以实际生产中统计的各项数据为依据，结合理论基础知识进行的计算。通过计算可以确定更加合理的冶炼工艺，对现有的冶炼工艺进行优化，降低生产成本，从而提高钢厂的经济效益。因此，物料平衡和能量平衡的计算至关重要[3]。

根据电弧炉炼钢物料与能量进出项进行作图分析，图 7-1、图 7-2 分别列出了电弧炉物料及能量衡算示意图。

图 7-1 列出了电弧炉加入的废钢、石灰等炉料及产生的钢水、炉渣等。

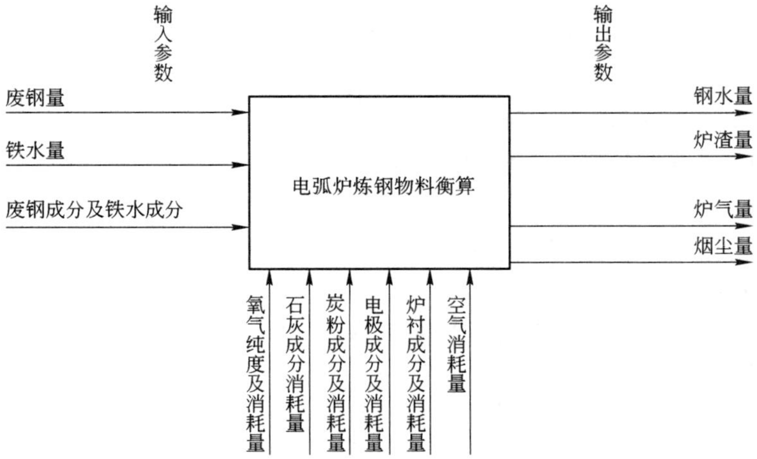

图 7-1　电弧炉炼钢过程的物料衡算示意图

图 7-2 列出了废钢化学热等的输入及钢水物理热等的输出。

计算所涉及的变量和参数分为三类：工艺变量、输入变量或参数（分为物料输入变量和能量输入参数）和输出变量或参数（分为物料输出变量和能量输出参数）。参数及变量限于篇幅，列表于本章附表 7-1。

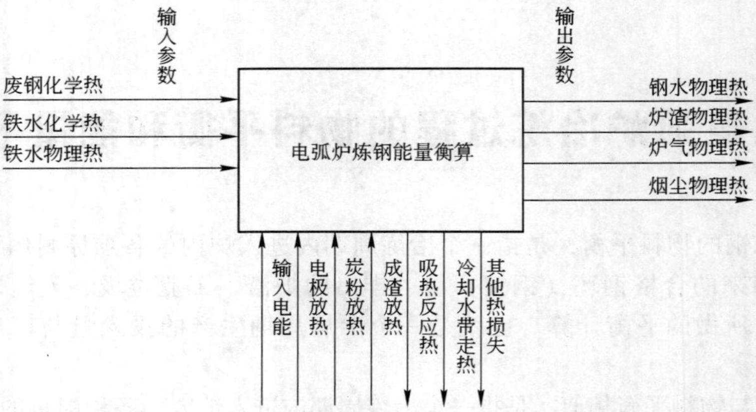

图 7-2 电弧炉炼钢过程的能量衡算示意图

物料平衡与能量平衡计算示例

7.1 物料平衡计算模型

该模型建立在物质守恒的基础上，考虑了物质的转化以及碱度的要求、铁烧损、碳的二次氧化等，模型的特征为化学计量。模型是基于对电弧炉炼钢生产过程物料的系统分析，是生产工艺确定、过程控制的基础条件[4-6]。

7.1.1 单项物料平衡计算表达式

为计算方便，在不同原料条件下均可采用物料平衡计算式，每种含铁原料和辅助原料都以 1000kg 为标准。

7.1.1.1 废钢的计算

(1) 1000kg 废钢中各元素氧化量的计算：

烧损的铁量（kg）为：

$$GO_{\mathrm{FeA}} = 1000 \times a_{\mathrm{FeA}}/100 \times \mathrm{Irb}$$

钢水中剩余的铁元素量为：

$$L_{\mathrm{FeA}} = 1000 \times a_{\mathrm{FeA}}/100 - GO_{\mathrm{FeA}}$$

钢水中剩余的碳量为：

$$L_{\mathrm{CA}} = \frac{[\mathrm{C}]_{\mathrm{stA}}}{[\mathrm{Fe}]_{\mathrm{stA}}} \times L_{\mathrm{FeA}}$$

钢水中剩余的硅量为：

$$L_{\mathrm{SiA}} = \frac{[\mathrm{Si}]_{\mathrm{stA}}}{[\mathrm{Fe}]_{\mathrm{stA}}} \times L_{\mathrm{FeA}}$$

钢水中剩余的锰量为：

$$L_{\mathrm{MnA}} = \frac{[\mathrm{Mn}]_{\mathrm{stA}}}{[\mathrm{Fe}]_{\mathrm{stA}}} \times L_{\mathrm{FeA}}$$

钢水中剩余的磷量为：

$$L_{PA}=\frac{[P]_{stA}}{[Fe]_{stA}}\times L_{FeA}$$

钢水中剩余的硫量为：

$$L_{SA}=\frac{[S]_{stA}}{[Fe]_{stA}}\times L_{FeA}$$

钢液中碳的氧化量为：

$$O_{CA}=1000\times a_{CA}/100-L_{CA}$$

同理，钢液中硅的氧化量为：

$$O_{SiA}=1000\times a_{SiA}/100-L_{SiA}$$

钢液中锰的氧化量为：

$$O_{MnA}=1000\times a_{MnA}/100-L_{MnA}$$

钢液中磷的氧化量为：

$$O_{PA}=1000\times a_{PA}/100-L_{PA}$$

钢液中硫的脱除量为：

$$O_{SA}=1000\times a_{SA}/100-L_{SA}$$

总共去除的元素量为：

$$O_{EtolA}=O_{CA}+O_{SiA}+O_{MnA}+O_{PA}+O_{SA}+GO_{FeA}$$

(2) 生成的钢水量：

废钢所生成的钢水量为： $G_{STA}=1000-O_{EtolA}$

(3) 净耗氧量计算：

碳氧化生成 CO 耗氧量为：

$$(O)_{C1A}=O_{CA}\times(1-BUC)\times16/12$$

碳氧化生成 CO_2 耗氧量为：

$$(O)_{C2A}=O_{CA}\times BUC\times32/12$$

硅氧化耗氧量为：

$$(O)_{SiA}=O_{SiA}\times32/28$$

锰氧化耗氧量为：

$$(O)_{MnA}=O_{MnA}\times16/55$$

磷氧化耗氧量为：

$$(O)_{PA}=O_{PA}\times80/62$$

铁进入渣中生成 FeO 耗氧量为：

$$(O)_{FeOA}=1000\times a_{FeA}/100\times(IRb-IRb\times0.8)\times0.75\times16/56$$

铁进入渣中生成 Fe_2O_3 耗氧量为：

$$(O)_{Fe_2SlA}=1000\times a_{FeA}/100\times(IRb-IRb\times0.8)\times0.25\times48/112$$

铁被氧化成 Fe_2O_3 生成烟尘耗氧量为：

$$(O)_{Fe_2gA}=[GO_{FeA}-1000\times a_{FeA}/100\times(IRb-IRb\times0.8)]\times48/112$$

总耗氧量为：

$$(O)_{tolA} = (O)_{C1A} + (O)_{C2A} + (O)_{SiA} + (O)_{MnA} + (O)_{PA} + (O)_{FeOA} + (O)_{Fe_2SlA} + (O)_{Fe_2gA}$$

废钢中 S 还原 CaO 耗氧（实际上是供氧）量为：

$$(O)_{SA} = -O_{SA} \times 16/32$$

石灰中 S 还原 CaO 供氧量为：

$$G_{OA} = -L_{WA} \times (\%LS)/100 \times 16/32$$

（4）生成的炉气量：

碳氧化生成的 CO 量为：

$$G_{COA} = O_{CA} \times (1 - BUC) \times 28/12$$

碳氧化生成的 CO_2 量为：

$$G_{CO_2A} = O_{CA} \times BUC \times 44/12$$

（5）生成的渣量：

硅氧化生成的 SiO_2 量为：

$$G_{SiO_2A} = O_{SiA} \times 72/56$$

锰氧化生成的 MnO 量为：

$$G_{MnOA} = O_{MnA} \times 71/55$$

磷氧化生成的 P_2O_5 量为：

$$G_{P_2O_5A} = O_{PA} \times 142/62$$

金属中硫和 CaO 反应生成 CaS 量为：

$$G_{CaSA} = O_{SA} \times 72/32$$

金属中硫和 CaO 反应消耗的 CaO 量为：

$$G_{CaOA} = -O_{SA} \times 56/32$$

铁氧化生成 FeO 进入渣中的量为：

$$G_{FeOA} = 1000 \times a_{FeA}/100 \times (IRb - IRb \times 0.8) \times 0.75 \times 72/56$$

铁氧化生成 Fe_2O_3 进入渣中的量为：

$$G_{Fe_2O_3A} = [GO_{FeA} - 1000 \times a_{FeA}/100 \times (IRb - IRb \times 0.8)] \times 160/112$$

（6）所需加入的石灰量：

碱度的计算公式为：

$$R = \frac{G_{limeA} \times (\%LCaO) + G_{CaOA}}{G_{SiO_2A} + G_{limeA} \times \%SiO_2}$$

则所需要加入的石灰量为：

$$G_{limeA} = \frac{R \times G_{SiO_2A} - G_{CaOA}}{(\%LCaO) - R \times (\%LSiO_2)}$$

（7）石灰带入的各物质计算：

石灰中 CaO 带入量为：

$$G_{LCaOA} = G_{limeA} \times (\%LCaO)/100$$

石灰中 SiO_2 带入量为：

$$G_{LSiO_2A} = G_{limeA} \times (\%LSiO_2)/100$$

石灰中 MgO 带入量为：

$$G_{LMgOA} = G_{limeA} \times (\%LMgO)/100$$

石灰中 Al_2O_3 带入量为：

$$G_{LAl_2O_3A} = G_{limeA} \times (\%LAl_2O_3)/100$$

石灰中 Fe_2O_3 带入量为：

$$G_{LFe_2O_3A} = G_{limeA} \times (\%LFe_2O_3)/100$$

石灰中 P_2O_5 带入量为：

$$G_{LP_2O_5A} = G_{limeA} \times (\%LP_2O_5)/100$$

石灰中 H_2O 带入量为：

$$G_{LH_2OA} = G_{limeA} \times (\%LH_2O)/100$$

石灰中 CO_2 带入量为：

$$G_{LCO_2A} = G_{limeA} \times (\%LCO_2)/100$$

石灰中 CaS 生成量为：

$$G_{LCaSA} = G_{limeA} \times (\%LS) \times 72/32/100$$

石灰中 CaO 消耗量为：

$$G_{LCaOGA} = -G_{limeA} \times (\%LS) \times 56/32/100$$

(8) 供氧量计算：

由氧气提供的氧量为：

$$G_{oxA} = R_{oxg} \times (O)_{tol}/R_{puo}$$

其余的氧由空气提供，这部分空气量为：

$$G_{airA} = [(1 - R_{oxg}) \times (O)_{tol} - O_{SA} \times 16/32 - L_{WA} \times (\%LS)/100 \times 16/32]/0.23$$

(9) 生成的钢水量：

生成的钢水量为：

$$G_{stA} = 1000 - OE_{tolA}$$

(10) 炉气量计算：

炉气中 CO 的质量为：

$$G_{gCOA} = G_{COA}$$

炉气中 CO_2 的质量为：

$$G_{gCO_2A} = G_{CO_2A} + G_{LCO_2A}$$

炉气中 H_2O 的质量为：

$$G_{gH_2OA} = G_{LH_2OA}$$

炉气中氮气的质量为：

$$G_{gN_2A} = G_{oxA} \times (1 - R_{puo}) + G_{airA} \times 0.77$$

炉气的总质量为：

$$G_{gtolA} = G_{gCOA} + G_{gCO_2A} + G_{gH_2OA} + G_{gN_2A}$$

(11) 炉渣量计算:

渣中 CaO 含量为:

$$G_{SLCaOA} = G_{LCaOA} + G_{CaOA} + G_{LCaOGA}$$

渣中 SiO_2 含量为:

$$G_{SLSiO_2A} = G_{LSiO_2A} + G_{SiO_2A}$$

渣中 MnO 含量为:

$$G_{SLMnOA} = G_{MnOA}$$

渣中 P_2O_5 含量为:

$$G_{SLP_2O_5A} = G_{LP_2O_5A} + G_{P_2O_5A}$$

渣中 CaS 含量为:

$$G_{SLCaSA} = G_{LCaSA} + G_{CaSA}$$

渣中 FeO 含量为:

$$G_{SLFeOA} = G_{FeOA}$$

渣中 Fe_2O_3 含量为:

$$G_{SLFe_2O_3A} = G_{LFe_2O_3A} + G_{Fe_2O_3A}$$

渣中 MgO 含量（石灰带入）为:

$$G_{SLMgOA} = G_{LMgOA}$$

渣中 Al_2O_3 含量为:

$$G_{SLAl_2O_3A} = G_{LAl_2O_3A}$$

总炉渣量为:

$$G_{SLtolA} = G_{SLCaOA} + G_{SLSiO_2A} + G_{SLMnOA} + G_{SLP_2O_5A} + G_{SLCaSA} + G_{SLFeOA} + G_{SLFe_2O_3A} + G_{SLMgOA} + G_{SLAl_2O_3A}$$

(12) 烟尘量计算:

生成的烟尘是 Fe_2O_3，由假定条件，其占被氧化铁量的 80%，烟尘量为:

$$G_{gFe_2O_3A} = G_{OFeA} \times 0.8 \times 160/120$$

(13) 二次燃烧计算:

炉气吹氧前的二次燃烧率为:

$$PCR_A = G_{gCO_2A}/44/(G_{gCOA}/28 + G_{gCO_2A}/44)$$

炉气吹氧后二次燃烧产生 CO_2 量为:

$$G_{sCO_2A} = [PCRs \times (G_{gCOA}/28 \times 12 + G_{gCO_2A}/44 \times 12) - G_{gCO_2A}/44 \times 12] \times 44/12$$

炉气吹氧后二次燃烧消耗的 CO 量为:

$$G_{sCOA} = G_{sCO_2A}/44 \times 28$$

炉气吹氧后二次燃烧所需 O_2 量为:

$$G_{sO_2A} = G_{sCO_2A}/44 \times 16$$

炉气二次燃烧由氧气提供的氧量为:

$$G_{soxA} = G_{sO_2A}/R_{puo}$$

考虑到氧气的过剩系数 α，则炉气二次燃烧实际的耗氧量为:

$$G_{soxTA} = G_{soxA} \times \alpha/32 \times 22.4 \times 1000/G_{stA}$$

吹氧二次燃烧后炉气中 CO 含量为：

$$G_{sgCOA} = G_{gCOA} - G_{sCOA}$$

吹氧二次燃烧后炉气中 CO_2 含量为：

$$G_{sgCO_2A} = G_{gCO_2A} + G_{sCO_2A}$$

烟气吹氧后二次燃烧产生的 CO_2 量为：

$$G_{aCO_2A} = [PCR_A \times (G_{sgCOA}/28 \times 12 + G_{sgCO_2A}/44 \times 12) - G_{sgCO_2A}/44 \times 12] \times 44/12$$

烟气吹氧后二次燃烧消耗 CO 量为：

$$G_{aCOA} = G_{aCO_2A}/44 \times 28$$

烟气吹氧后二次燃烧所需 O_2 量为：

$$G_{aO_2A} = G_{aCO_2A}/44 \times 16$$

烟气二次燃烧由氧气提供的氧量为：

$$G_{aoxA} = G_{aO_2A}/R_{puo}$$

考虑到氧气的过剩系数 α，则烟气二次燃烧实际的耗氧量为：

$$G_{aoxTA} = G_{aoxA} \times \alpha/32 \times 22.4 \times 1000/G_{stA}$$

吹氧二次燃烧后炉气中 CO 含量为：

$$G_{agCOA} = G_{sgCOA} - G_{aCOA}$$

吹氧二次燃烧后炉气中 CO_2 含量为：

$$G_{agCO_2A} = G_{sgCO_2A} + G_{aCO_2A}$$

理论总耗氧量为：

$$(O)_{ltolA} = (O)_{tolA} + G_{sO_2A} + G_{aO_2A}$$

实际总氧耗量为：

$$(O)_{rtolA} = (O)_{ltolA} \times \alpha$$

吨钢总氧耗量为：

$$(O)_{ztolA} = (O)_{rtolA} \times 1000/G_{stA}$$

过剩的氧气量为：

$$(O)_{otolA} = (O)_{ltolA} \times (\alpha - 1)$$

7.1.1.2 铁水的计算

(1) 1000kg 铁水中各元素氧化量的计算：

烧损的铁量（kg）为：

$$GO_{FeB} = 1000 \times a_{FeB}/100 \times Irb$$

钢水中剩余的铁元素量为：

$$L_{FeB} = 1000 \times a_{FeB}/100 - GO_{FeB}$$

钢水中剩余的碳量为：

$$L_{CB} = \frac{[C]_{stB}}{[Fe]_{stB}} \times L_{FeB}$$

钢水中剩余的硅量为：

$$L_{SiB} = \frac{[Si]_{stB}}{[Fe]_{stB}} \times L_{FeB}$$

钢水中剩余的锰量为：

$$L_{MnB} = \frac{[Mn]_{stB}}{[Fe]_{stB}} \times L_{FeB}$$

钢水中剩余的磷量为：

$$L_{PB} = \frac{[P]_{stB}}{[Fe]_{stB}} \times L_{FeB}$$

钢水中剩余的硫量为：

$$L_{SB} = \frac{[S]_{stB}}{[Fe]_{stB}} \times L_{FeB}$$

钢液中碳的氧化量为：

$$O_{CB} = 1000 \times a_{CB}/100 - L_{CB}$$

同理，钢液中硅的氧化量为：

$$O_{SiB} = 1000 \times a_{SiB}/100 - L_{SiB}$$

钢液中锰的氧化量为：

$$O_{MnB} = 1000 \times a_{MnB}/100 - L_{MnB}$$

钢液中磷的氧化量为：

$$O_{PB} = 1000 \times a_{PB}/100 - L_{PB}$$

钢液中硫的脱除量为：

$$O_{SB} = 1000 \times a_{SB}/100 - L_{SB}$$

总共去除的元素量为：

$$O_{EtolB} = O_{CB} + O_{SiB} + O_{MnB} + O_{PB} + O_{SB} + GO_{FeB}$$

（2）生成的钢水量：

废钢所生成的钢水量为：

$$G_{STB} = 1000 - O_{EtolB}$$

（3）净耗氧量计算：

碳氧化生成 CO 耗氧量为：

$$(O)_{C1B} = O_{CB} \times (1 - BUC) \times 16/12$$

碳氧化生成 CO_2 耗氧量为：

$$(O)_{C2B} = O_{CB} \times BUC \times 32/12$$

硅氧化耗氧量为：

$$(O)_{SiB} = O_{SiB} \times 32/28$$

锰氧化耗氧量为：

$$(O)_{MnB} = O_{MnB} \times 16/55$$

磷氧化耗氧量为：

$$(O)_{PB} = O_{PB} \times 80/62$$

铁进入渣中生成 FeO 耗氧量为：

$$(O)_{FeOB} = 1000 \times a_{FeB}/100 \times (IRb - IRb \times 0.8) \times 0.75 \times 16/56$$

铁进入渣中生成 Fe_2O_3 耗氧量为：

$$(O)_{Fe_2SlB} = 1000 \times a_{FeB}/100 \times (IRb - IRb \times 0.8) \times 0.25 \times 48/112$$

铁被氧化成 Fe_2O_3 生成烟尘耗氧量为：

$$(O)_{Fe_2gB} = [GO_{FeB} - 1000 \times a_{FeB}/100 \times (IRb - IRb \times 0.8)] \times 48/112$$

总耗氧量为：

$$(O)_{tolB} = (O)_{C1B} + (O)_{C2B} + (O)_{SiB} + (O)_{MnB} + (O)_{PB} + (O)_{FeOB} + (O)_{Fe_2SlB} + (O)_{Fe_2gB}$$

废钢中 S 还原 CaO 供氧量为：

$$(O)_{SB} = - O_{SB} \times 16/32$$

石灰中 S 还原 CaO 供氧量为：

$$G_{OB} = - L_{WB} \times (\%LS)/100 \times 16/32$$

（4）生成的炉气量：

碳氧化生成的 CO 量为：

$$G_{COB} = O_{CB} \times (1 - BUC) \times 28/12$$

碳氧化生成的 CO_2 量为：

$$G_{CO_2B} = O_{CB} \times BUC \times 44/12$$

（5）生成的渣量：

硅氧化生成的 SiO_2 量为：

$$G_{SiO_2B} = O_{SiB} \times 72/56$$

锰氧化生成的 MnO 量为：

$$G_{MnOB} = O_{MnB} \times 71/55$$

磷氧化生成的 P_2O_5 量为：

$$G_{P_2O_5B} = O_{PB} \times 142/62$$

金属中硫和 CaO 反应生成 CaS 量为：

$$G_{CaSB} = O_{SB} \times 72/32$$

金属中硫和 CaO 反应消耗的 CaO 量为：

$$G_{CaOB} = - O_{SB} \times 56/32$$

铁氧化生成 FeO 进入渣中的量为：

$$G_{FeOB} = 1000 \times a_{FeB}/100 \times (IRb - IRb \times 0.8) \times 0.75 \times 72/56$$

铁氧化生成 Fe_2O_3 进入渣中的量为：

$$G_{Fe_2O_3B} = [GO_{FeB} - 1000 \times a_{FeB}/100 \times (IRb - IRb \times 0.8)] \times 160/112$$

（6）所需加入的石灰量：

碱度的计算公式为：

$$R = \frac{G_{limeB} \times (\%LCaO) + G_{CaOB}}{G_{SiO_2B} + G_{limeB} \times \%SiO_2}$$

则所需要加入的石灰量为：

$$G_{limeB} = \frac{R \times G_{SiO_2B} - G_{CaOB}}{(\%LCaO) - R \times (\%LSiO_2)}$$

(7) 石灰带入的各物质计算：

石灰中 CaO 带入量为：

$$G_{LCaOB} = G_{limeB} \times (\%LCaO)/100$$

石灰中 SiO_2 带入量为：

$$G_{LSiO_2B} = G_{limeB} \times (\%LSiO_2)/100$$

石灰中 MgO 带入量为：

$$G_{LMgOB} = G_{limeB} \times (\%LMgO)/100$$

石灰中 Al_2O_3 带入量为：

$$G_{LAl_2O_3B} = G_{limeB} \times (\%LAl_2O_3)/100$$

石灰中 Fe_2O_3 带入量为：

$$G_{LFe_2O_3B} = G_{limeB} \times (\%LFe_2O_3)/100$$

石灰中 P_2O_5 带入量为：

$$G_{LP_2O_5B} = G_{limeB} \times (\%LP_2O_5)/100$$

石灰中 H_2O 带入量为：

$$G_{LH_2OB} = G_{limeB} \times (\%LH_2O)/100$$

石灰中 CO_2 带入量为：

$$G_{LCO_2B} = G_{limeB} \times (\%LCO_2)/100$$

石灰中 CaS 生成量为：

$$G_{LCaSB} = G_{limeB} \times (\%LS) \times 72/32/100$$

石灰中 CaO 消耗量为：

$$G_{LCaOGB} = -G_{limeB} \times (\%LS) \times 56/32/100$$

(8) 供氧量计算：

由氧气提供的氧量为：

$$G_{oxB} = R_{oxg} \times (O)_{tol}/R_{puo}$$

其余的氧由空气提供，这部分空气量为：

$$G_{airB} = [(1 - R_{oxg}) \times (O)_{tol} - O_{SB} \times 16/32 - L_{WB} \times (\%LS)/100 \times 16/32]/0.23$$

(9) 生成的钢水量：

生成的钢水量为：

$$G_{stB} = 1000 - O_{EtolB}$$

(10) 炉气量计算：

炉气中 CO 的质量为：

$$G_{gCOB} = G_{COB}$$

炉气中 CO_2 的质量为：

$$G_{gCO_2B} = G_{CO_2B} + G_{LCO_2B}$$

炉气中 H_2O 的质量为：

$$G_{gH_2OB} = G_{LH_2OB}$$

炉气中氮气的质量为：

$$G_{gN_2B} = G_{oxB} \times (1 - R_{puo}) + G_{airB} \times 0.77$$

炉气的总质量为：

$$G_{gtolB} = G_{gCOB} + G_{gCO_2B} + G_{gH_2OB} + G_{gN_2B}$$

（11）炉渣量计算：

渣中 CaO 含量为：

$$G_{SLCaOB} = G_{LCaOB} + G_{CaOB} + G_{LCaOGB}$$

渣中 SiO_2 含量为：

$$G_{SLSiO_2B} = G_{LSiO_2B} + G_{SiO_2B}$$

渣中 MnO 含量为：

$$G_{SLMnOB} = G_{MnOB}$$

渣中 P_2O_5 含量为：

$$G_{SLP_2O_5B} = G_{LP_2O_5B} + G_{P_2O_5B}$$

渣中 CaS 含量为：

$$G_{SLCaSB} = G_{LCaSB} + G_{CaSB}$$

渣中 FeO 含量为：

$$G_{SLFeOB} = G_{FeOB}$$

渣中 Fe_2O_3 含量为：

$$G_{SLFe_2O_3B} = G_{LFe_2O_3B} + G_{Fe_2O_3B}$$

渣中 MgO 含量（石灰带入）为：

$$G_{SLMgOB} = G_{LMgOB}$$

渣中 Al_2O_3 含量为：

$$G_{SLAl_2O_3B} = G_{LAl_2O_3B}$$

总炉渣量为：

$$G_{SLtolB} = G_{SLCaOB} + G_{SLSiO_2B} + G_{SLMnOB} + G_{SLP_2O_5B} + G_{SLCaSB} + G_{SLFeOB} + G_{SLFe_2O_3B} + G_{SLMgOB} + G_{SLAl_2O_3B}$$

（12）烟尘量计算：

与废钢烟尘量计算中假定条件一致，生成的烟尘是 Fe_2O_3，其占被氧化铁量的 80%，烟尘量为：

$$G_{gFe_2O_3B} = G_{OFeB} \times 0.8 \times 160/120$$

（13）二次燃烧计算：

炉气吹氧前的二次燃烧率为：

$$PCR_B = G_{gCO_2B}/44/(G_{gCOB}/28 + G_{gCO_2B}/44)$$

炉气吹氧后二次燃烧产生 CO_2 量为：

$$G_{sCO_2B} = [PCR_s \times (G_{gCOB}/28 \times 12 + G_{gCO_2B}/44 \times 12) - G_{gCO_2B}/44 \times 12] \times 44/12$$

炉气吹氧后二次燃烧消耗的 CO 量为：

$$G_{sCOB} = G_{sCO_2B}/44 \times 28$$

炉气吹氧后二次燃烧所需 O_2 量为：

$$G_{sO_2B} = G_{sCO_2B}/44 \times 16$$

炉气二次燃烧由氧气提供的氧量为：

$$G_{soxB} = G_{sO_2B}/R_{puo}$$

考虑到氧气的过剩系数 α，则炉气二次燃烧实际的耗氧量为：

$$G_{soxTB} = G_{soxB} \times \alpha/32 \times 22.4 \times 1000/G_{stB}$$

吹氧二次燃烧后炉气中 CO 含量为：

$$G_{sgCOB} = G_{gCOB} - G_{sCOB}$$

吹氧二次燃烧后炉气中 CO_2 含量为：

$$G_{sgCO_2B} = G_{gCO_2B} + G_{sCO_2B}$$

烟气吹氧后二次燃烧产生的 CO_2 量为：

$$G_{aCO_2B} = [PCR_a \times (G_{sgCOB}/28 \times 12 + G_{sgCO_2B}/44 \times 12) - G_{sgCO_2B}/44 \times 12] \times 44/12$$

烟气吹氧后二次燃烧消耗 CO 量为：

$$G_{aCOB} = G_{aCO_2B}/44 \times 28$$

烟气吹氧后二次燃烧所需 O_2 量为：

$$G_{aO_2B} = G_{aCO_2B}/44 \times 16$$

烟气二次燃烧由氧气提供的氧量为：

$$G_{aoxB} = G_{aO_2B}/R_{puo}$$

考虑到氧气的过剩系数 α，则烟气二次燃烧实际的耗氧量为：

$$G_{aoxTB} = G_{aoxB} \times \alpha/32 \times 22.4 \times 1000/G_{stB}$$

吹氧二次燃烧后炉气中 CO 含量为：

$$G_{agCOB} = G_{sgCOB} - G_{aCOB}$$

吹氧二次燃烧后炉气中 CO_2 含量为：

$$G_{agCO_2B} = G_{sgCO_2B} + G_{aCO_2B}$$

理论总耗氧量为：

$$(O)_{ltolB} = (O)_{tolB} + G_{sO_2B} + G_{aO_2B}$$

实际总氧耗量为：

$$(O)_{rtolB} = (O)_{ltolB} \times \alpha$$

吨钢总氧耗量为：

$$(O)_{ztolB} = (O)_{rtolB} \times 1000/G_{stB}$$

过剩的氧气量为：

$$(O)_{otolB} = (O)_{ltolB} \times (\alpha - 1)$$

7.1.1.3 辅助燃料（炭粉）的计算

（1）1000kg 炭粉的元素氧化量、耗氧量及生成炉气量：

生成 CO 消耗的炭粉量为：

$$G_{OCOF} = 1000 \times (\%CF) \times (1 - BUC)$$

炭粉生成 CO 消耗的氧气量为：

$$(O)_{COF} = G_{OCOF} \times 16/12$$

生成的 CO 炉气量为：

$$G_{COF} = G_{OCOF} \times 28/12$$

生成 CO_2 消耗的炭粉量为：

$$G_{OCO_2F} = 1000 \times (\%CF) \times BUC$$

炭粉生成 CO_2 消耗的氧气量为：

$$(O)_{CO_2F} = G_{OCO_2F} \times 32/12$$

生成的 CO_2 炉气量为：

$$G_{CO_2F} = G_{OCO_2F} \times 44/12$$

炭粉带入的 H_2O 量为：

$$G_{H_2OF} = 1000 \times (\%H_2OF)/100$$

炭粉带入的挥发分为：

$$G_{VOLF} = 1000 \times (\%VOLF)/100$$

（2）1000kg 炭粉带入的渣量：

带入的 CaO 量为：

$$G_{CaOF} = 1000 \times (\%AshF) \times (\%ACaOF)/100/100$$

带入的 SiO_2 量为：

$$G_{SiO_2F} = 1000 \times (\%AshF) \times (\%ASiO_2F)/100/100$$

带入的 MgO 量为：

$$G_{MgOF} = 1000 \times (\%AshF) \times (\%AMgOF)/100/100$$

带入的 Al_2O_3 量为：

$$G_{Al_2O_3F} = 1000 \times (\%AshF) \times (\%AAl_2O_3F)/100/100$$

带入的 Fe_2O_3 量为：

$$G_{Fe_2O_3F} = 1000 \times (\%AshF) \times (\%AFe_2O_3F)/100/100$$

所需要的石灰量为：

$$G_{limeF} = (R \times G_{SiO_2F} - G_{CaOF})/(\%LCaO - R \times \%LSiO_2)$$

（3）加入石灰后的炉渣量及成分：

炉渣中 CaO 的量为：

$$G_{SLCaOF} = G_{CaOF} + G_{limeF} \times [(\%LCaO)/100 - (\%LS)/100 \times 56/32]$$

炉渣中 SiO_2 的量为：

$$G_{SLSiO_2F} = G_{SiO_2F} + G_{limeF} \times (\%LSiO_2)/100$$

炉渣中 MgO 的量为：

$$G_{SLMgOF} = G_{MgOF} + G_{limeF} \times (\%LMgO)/100$$

炉渣中 Al_2O_3 的量为：

$$G_{SLAl_2O_3F} = G_{Al_2O_3F} + G_{limeF} \times (\%LAl_2O_3)/100$$

炉渣中 Fe_2O_3 的量为：

$$G_{SLFe_2O_3F} = G_{Fe_2O_3F} + G_{limeF} \times (\%LFe_2O_3)/100$$

炉渣中 P_2O_5 的量为：

$$G_{SLP_2O_5F} = G_{limeF} \times (\%LP_2O_5)/100$$

炉渣中 CaS 的量为：

$$G_{SLCaSF} = G_{limeF} \times (\%LS) \times 72/100/32$$

炉渣总质量为：

$$G_{SltolF}=G_{SLSiO_2F}+G_{SLCaOF}+G_{SLMgOF}+G_{SLAl_2O_3F}+G_{SLFe_2O_3F}+G_{SLP_2O_5F}+G_{SLCaSF}$$

(4) 由石灰带入的炉气量计算：

石灰带入的 CO_2 量为：

$$G_{LCO_2F}=G_{limeF}\times(\%LCO_2)/100$$

石灰带入的 H_2O 量为：

$$G_{LH_2OF}=G_{limeF}\times(\%LH_2O)/100$$

石灰中 S 反应生成的 O_2 量为：

$$G_{LO_2F}=G_{limeF}\times(\%LS)\times16/32/100$$

需要氧气量为：

$$G_{oxtolF}=[(O)_{COF}+(O)_{CO_2F}-G_{LO_2F}]/R_{puo}$$

带入的 N_2 量为：

$$G_{N_2F}=G_{oxtolF}\times(1-R_{puo})$$

(5) 由于加入煤粉带入的炉气量计算：

炉气中 CO_2 量为：

$$G_{gCO_2F}=G_{CO_2F}+G_{LCO_2F}$$

炉气中 CO 量为：

$$G_{gCOF}=G_{COF}$$

炉气中 H_2O 量为：

$$G_{gH_2OF}=G_{H_2OF}+G_{LH_2OF}$$

炉气中 N_2 量为：

$$G_{gN_2F}=G_{N_2F}$$

炉气中挥发分为：

$$G_{gVOLF}=G_{VOLF}$$

炉气量为：

$$G_{gtolF}=G_{gCO_2F}+G_{gCOF}+G_{gH_2OF}+G_{gN_2F}+G_{gVOLF}$$

(6) 二次燃烧计算：

炉气吹氧前的二次燃烧率：

$$PCR_F=G_{gCO_2F}/44/(G_{gCOF}/28+G_{gCO_2F}/44)$$

炉气吹氧后二次燃烧产生 CO_2 量为：

$$G_{sCO_2F}=[PCR_s\times(G_{gCOF}/28\times12+G_{gCO_2F}/44\times12)-G_{gCO_2F}/44\times12]\times44/12$$

炉气吹氧后二次燃烧消耗的 CO 量为：

$$G_{sCOF}=G_{sCO_2F}/44\times28$$

炉气吹氧后二次燃烧所需 O_2 量为：

$$G_{sO_2F}=G_{sCO_2F}/44\times16$$

炉气二次燃烧由氧气提供的氧量为：

$$G_{soxF}=G_{sO_2F}/R_{puo}$$

考虑到氧气的过剩系数 α，则炉气二次燃烧实际的耗氧量为：

$$G_{soxTF} = G_{soxF} \times \alpha/32 \times 22.4$$

吹氧二次燃烧后炉气中 CO 含量为：

$$G_{sgCOF} = G_{gCOF} - G_{sCOF}$$

吹氧二次燃烧后炉气中 CO_2 含量为：

$$G_{sgCO_2F} = G_{gCO_2F} + G_{sCO_2F}$$

烟气吹氧后二次燃烧产生的 CO_2 量为：

$$G_{aCO_2F} = [PCR_a \times (G_{sgCOF}/28 \times 12 + G_{sgCO_2F}/44 \times 12) - G_{sgCO_2F}/44 \times 12] \times 44/12$$

烟气吹氧后二次燃烧消耗 CO 量为：

$$G_{aCOF} = G_{aCO_2F}/44 \times 28$$

烟气吹氧后二次燃烧所需 O_2 量为：

$$G_{aO_2F} = G_{aCO_2F}/44 \times 16$$

烟气二次燃烧由氧气提供的氧量为：

$$G_{aoxF} = G_{aO_2F}/R_{puo}$$

考虑到氧气的过剩系数 α，则烟气二次燃烧实际的耗氧量为：

$$G_{aoxTF} = G_{aoxF} \times \alpha/32 \times 22.4$$

吹氧二次燃烧后炉气中 CO 含量为：

$$G_{agCOF} = G_{sgCOF} - G_{aCOF}$$

吹氧二次燃烧后炉气中 CO_2 含量为：

$$G_{agCO_2F} = G_{sgCO_2F} + G_{aCO_2F}$$

理论总耗氧量为：

$$(O)_{ltolF} = (O)_{tolF} + G_{sO_2F} + G_{aO_2F}$$

实际总氧耗量为：

$$(O)_{rtolF} = (O)_{ltolF} \times \alpha$$

过剩的氧气量为：

$$(O)_{otolF} = (O)_{ltolF} \times (\alpha - 1)$$

7.1.1.4 电极的计算

（1）1000kg 电极的元素氧化量、耗氧量及生成炉气量：

电极中氧化生成 CO 的碳为：

$$G_{OCOE} = 1000 \times (\%CE)/100 \times (1 - BUC)$$

电极中氧化生成 CO 需要的氧气为：

$$(O)_{COE} = G_{OCOE} \times 16/12$$

电极氧化生成 CO 的炉气量为：

$$G_{COE} = G_{OCOE} \times 28/12$$

电极中氧化生成 CO_2 的碳为：

$$G_{OCO_2E} = 1000 \times (\%CE)/100 \times BUC$$

电极中氧化生成 CO_2 需要的氧气为：

$$(O)_{CO_2E} = G_{OCO_2E} \times 32/12$$

电极氧化生成 CO_2 的炉气量为：

$$G_{CO_2E} = GO_{CO_2E} \times 44/12$$

（2）1000kg 电极带入的渣量：

带入的 CaO 量为：

$$G_{CaOE} = 1000 \times (\%AshE) \times (\%ACaOE)/100/100$$

带入的 SiO_2 量为：

$$G_{SiO_2E} = 1000 \times (\%AshE) \times (\%ASiO_2E)/100/100$$

带入的 MgO 量为：

$$G_{MgOE} = 1000 \times (\%AshE) \times (\%AMgOE)/100/100$$

带入的 Al_2O_3 量为：

$$G_{Al_2O_3E} = 1000 \times (\%AshE) \times (\%AAl_2O_3E)/100/100$$

所需要的石灰量为：

$$G_{limeE} = (R \times G_{SiO_2E} - G_{CaOE})/(\%LCaO\text{-}R \times \%LSiO_2)$$

（3）加入石灰后的炉渣量及成分：

炉渣中 CaO 的量为：

$$G_{SLCaOE} = G_{CaOE} + G_{limeE} \times [(\%LCaO)/100 - (\%LS)/100 \times 56/32)]$$

炉渣中 SiO_2 的量为：

$$G_{SLSiO_2E} = G_{SiO_2E} + G_{limeE} \times (\%LSiO_2)/100$$

炉渣中 MgO 的量为：

$$G_{SLMgOE} = G_{MgOE} + G_{limeE} \times (\%LMgO)/100$$

炉渣中 Al_2O_3 的量为：

$$G_{SLAl_2O_3E} = G_{Al_2O_3E} + G_{limeE} \times (\%LAl_2O_3)/100$$

炉渣中 Fe_2O_3 的量为：

$$G_{SLFe_2O_3E} = G_{limeE} \times (\%LFe_2O_3)/100$$

炉渣中 P_2O_5 的量为：

$$G_{SLP_2O_5E} = G_{limeE} \times (\%LP_2O_5)/100$$

炉渣中 CaS 的量为：

$$G_{SLCaSE} = G_{limeE} \times (\%LS) \times 72/100/32$$

炉渣总质量为：

$$G_{SltolF} = G_{SLSiO_2E} + G_{SLCaOE} + G_{SLMgOE} + G_{SLAl_2O_3E} + G_{SLFe_2O_3E} + G_{SLP_2O_5E} + G_{SLCaSE}$$

（4）由石灰带入的炉气量计算：

石灰带入的 CO_2 量为：

$$G_{LCO_2E} = G_{limeE} \times (\%LCO_2)/100$$

石灰带入的 H_2O 量为：

$$G_{LH_2OE} = G_{limeE} \times (\%LH_2O)/100$$

石灰中 S 反应生成的 O_2 量为：

$$G_{LO_2E} = G_{limeE} \times (\%LS) \times 16/32/100$$

需要氧气量为：

$$G_{oxtolE} = [(O)_{COE} + (O)_{CO_2E} - G_{LO_2E}]/R_{puo}$$

带入的 N_2 量为：

$$G_{N_2E} = G_{oxtolE} \times (1 - R_{puo})$$

（5）由于电极消耗带入的炉气量计算：

炉气中 CO_2 量为：

$$G_{gCO_2E} = G_{CO_2E} + G_{LCO_2E}$$

炉气中 CO 量为：

$$G_{gCOE} = G_{COE}$$

炉气中 H_2O 量为：

$$G_{gH_2OE} = G_{LH_2OE}$$

炉气中 N_2 量为：

$$G_{gN_2E} = G_{N_2E}$$

炉气量为：

$$G_{gtolE} = G_{gCO_2E} + G_{gCOE} + G_{gH_2OE} + G_{gN_2E}$$

（6）二次燃烧计算：

炉气吹氧前的二次燃烧率为：

$$PCR_E = G_{gCO_2E}/44/(G_{gCOE}/28 + G_{gCO_2E}/44)$$

炉气吹氧后二次燃烧产生 CO_2 量为：

$$G_{sCO_2E} = [PCR_s \times (G_{gCOE}/28 \times 12 + G_{gCO_2E}/44 \times 12) - G_{gCO_2E}/44 \times 12] \times 44/12$$

炉气吹氧后二次燃烧消耗的 CO 量为：

$$G_{sCOE} = G_{sCO_2E}/44 \times 28$$

炉气吹氧后二次燃烧所需 O_2 量为：

$$G_{sO_2E} = G_{sCO_2E}/44 \times 16$$

炉气二次燃烧由氧气提供的氧量为：

$$G_{soxE} = G_{sO_2E}/R_{puo}$$

考虑到氧气的过剩系数 α，则炉气二次燃烧实际的耗氧量为：

$$G_{soxTE} = G_{soxE} \times \alpha/32 \times 22.4$$

吹氧二次燃烧后炉气中 CO 含量为：

$$G_{sgCOE} = G_{gCOE} - G_{sCOE}$$

吹氧二次燃烧后炉气中 CO_2 含量为：

$$G_{sgCO_2E} = G_{gCO_2E} + G_{sCO_2E}$$

烟气吹氧后二次燃烧产生的 CO_2 量为：

$$G_{aCO_2E} = [PCR_a \times (G_{sgCOE}/28 \times 12 + G_{sgCO_2E}/44 \times 12) - G_{sgCO_2E}/44 \times 12] \times 44/12$$

烟气吹氧后二次燃烧消耗 CO 量为：

$$G_{aCOE} = G_{aCO_2E}/44 \times 28$$

烟气吹氧后二次燃烧所需 O_2 量为：

$$G_{aO_2E} = G_{aCO_2E}/44 \times 16$$

烟气二次燃烧由氧气提供的氧量为：

$$G_{aoxE}=G_{aO_2E}/R_{puo}$$

考虑到氧气的过剩系数 α，则烟气二次燃烧实际的耗氧量为：

$$G_{aoxTE}=G_{aoxE}\times\alpha/32\times22.4$$

吹氧二次燃烧后炉气中 CO 含量为：

$$G_{agCOE}=G_{sgCOE}-G_{aCOE}$$

吹氧二次燃烧后炉气中 CO_2 含量为：

$$G_{agCO_2E}=G_{sgCO_2E}+G_{aCO_2E}$$

理论总耗氧量为：

$$(O)_{ltolE}=(O)_{tolE}+G_{sO_2F}+G_{aO_2E}$$

实际总氧耗量为：

$$(O)_{rtolE}=(O)_{ltolE}\times\alpha$$

过剩的氧气量为：

$$(O)_{otolE}=(O)_{ltolE}\times(\alpha-1)$$

7.1.1.5 炉顶耐火材料的计算

(1) 炉顶带入的渣量：

炉顶带入的 CaO 量为：

$$G_{CaOH}=1000\times(\%CaOH)/100$$

炉顶带入的 SiO_2 量为：

$$G_{SiO_2H}=1000\times(\%SiO_2H)/100$$

炉顶带入的 MgO 量为：

$$G_{MgOH}=1000\times(\%MgOH)/100$$

炉顶带入的 Al_2O_3 量为：

$$G_{Al_2O_3H}=1000\times(\%Al_2O_3H)/100$$

炉顶带入的 Fe_2O_3 量为：

$$G_{Fe_2O_3H}=1000\times(\%Fe_2O_3H)/100$$

(2) 为了达到要求的碱度需要加入的石灰量：

加入的石灰量为：

$$G_{limeH}=(R\times G_{SiO_2H}-G_{CaOH})/(\%LCaO-R\times\%LSiO_2)$$

(3) 加入石灰后的渣成分：

炉渣中 CaO 的量为：

$$G_{SLCaOH}=G_{CaOH}+G_{limeH}\times[(\%LCaO)/100-(\%LS)/100\times56/32]$$

炉渣中 SiO_2 的量为：

$$G_{SLSiO_2H}=G_{SiO_2H}+G_{limeH}\times(\%LSiO_2)/100$$

炉渣中 MgO 的量为：

$$G_{SLMgOH}=G_{MgOH}+G_{limeH}\times(\%LMgO)/100$$

炉渣中 Al_2O_3 的量为：

$$G_{SLAl_2O_3H}=G_{Al_2O_3H}+G_{limeH}\times(\%LAl_2O_3)/100$$

炉渣中 Fe_2O_3 的量为：

$$G_{SLFe_2O_3H} = G_{limeH} \times (\%LFe_2O_3)/100$$

炉渣中 P_2O_5 的量为：

$$G_{SLP_2O_5H} = G_{limeH} \times (\%LP_2O_5)/100$$

炉渣中 CaS 的量为：

$$G_{SLCaSH} = G_{limeH} \times (\%LS) \times 72/100/32$$

炉渣总质量为：

$$G_{SltolH} = G_{SLSiO_2H} + G_{SLCaOH} + G_{SLMgOH} + G_{SLAl_2O_3H} + G_{SLFe_2O_3H} + G_{SLP_2O_5H} + G_{SLCaSH}$$

(4) 由石灰带入的炉气量计算：

石灰带入的 CO_2 量为：

$$G_{LCO_2H} = G_{limeH} \times (\%LCO_2)/100$$

石灰带入的 H_2O 量为：

$$G_{LH_2OH} = G_{limeH} \times (\%LH_2O)/100$$

石灰中 S 反应生成的 O_2 量为：

$$G_{LO_2H} = G_{limeH} \times (\%SD) \times 16/32/100$$

(5) 由于炉顶消耗而产生的炉气量计算：

炉气中 CO_2 量为：

$$G_{gCO_2H} = G_{LCO_2H}$$

炉气中 H_2O 量为：

$$G_{gH_2OH} = G_{LH_2OH}$$

炉气中 O_2 量为：

$$G_{gO_2H} = G_{LO_2H}$$

炉气量为：

$$G_{gtolH} = G_{gCO_2H} + G_{gH_2OH} + G_{gO_2H}$$

7.1.1.6 炉衬的计算

(1) 炉衬带入的渣量：

炉衬带入的 CaO 量为：

$$G_{CaOI} = 1000 \times (\%CaOI)/100$$

炉衬带入的 SiO_2 量为：

$$G_{SiO_2I} = 1000 \times (\%SiO_2I)/100$$

炉衬带入的 MgO 量为：

$$G_{MgOI} = 1000 \times (\%MgOI)/100$$

炉衬带入的 Al_2O_3 量为：

$$G_{Al_2O_3I} = 1000 \times (\%Al_2O_3I)/100$$

炉衬带入的 Fe_2O_3 量为：

$$G_{Fe_2O_3I} = 1000 \times (\%Fe_2O_3I)/100$$

(2) 为了达到要求的碱度需要加入的石灰量：

加入的石灰量为：

$$G_{\text{limeI}} = (R \times G_{\text{SiO}_2\text{I}} - G_{\text{CaOI}})/(\%\text{LCaO} - R \times \%\text{LSiO}_2)$$

(3) 加入石灰后的渣成分：

炉渣中 CaO 的量为：

$$G_{\text{SLCaOI}} = G_{\text{CaOI}} + G_{\text{limeI}} \times [(\%\text{LCaO})/100 - (\%\text{LS})/100 \times 56/32]$$

炉渣中 SiO_2 的量为：

$$G_{\text{SLSiO}_2\text{I}} = G_{\text{SiO}_2\text{I}} + G_{\text{limeI}} \times (\%\text{LSiO}_2)/100$$

炉渣中 MgO 的量为：

$$G_{\text{SLMgOI}} = G_{\text{MgOI}} + G_{\text{limeI}} \times (\%\text{LMgO})/100$$

炉渣中 Al_2O_3 的量为：

$$G_{\text{SLAl}_2\text{O}_3\text{I}} = G_{\text{Al}_2\text{O}_3\text{I}} + G_{\text{limeI}} \times (\%\text{LAl}_2\text{O}_3)/100$$

炉渣中 Fe_2O_3 的量为：

$$G_{\text{SLFe}_2\text{O}_3\text{I}} = G_{\text{limeI}} \times (\%\text{LFe}_2\text{O}_3)/100$$

炉渣中 P_2O_5 的量为：

$$G_{\text{SLP}_2\text{O}_5\text{I}} = G_{\text{limeI}} \times (\%\text{LP}_2\text{O}_5)/100$$

炉渣中 CaS 的量为：

$$G_{\text{SLCaSI}} = G_{\text{limeI}} \times (\%\text{LS}) \times 72/100/32$$

炉渣总质量为：

$$G_{\text{SltolI}} = G_{\text{SLSiO}_2\text{I}} + G_{\text{SLCaOI}} + G_{\text{SLMgOI}} + G_{\text{SLAl}_2\text{O}_3\text{I}} + G_{\text{SLFe}_2\text{O}_3\text{I}} + G_{\text{SLP}_2\text{O}_5\text{I}} + G_{\text{SLCaSI}}$$

(4) 由石灰带入的炉气量计算：

石灰带入的 CO_2 量为：

$$G_{\text{LCO}_2\text{I}} = G_{\text{limeI}} \times (\%\text{LCO}_2)/100$$

石灰带入的 H_2O 量为：

$$G_{\text{LH}_2\text{OI}} = G_{\text{limeI}} \times (\%\text{LH}_2\text{O})/100$$

石灰中 S 反应生成的 O_2 量为：

$$G_{\text{LO}_2\text{I}} = G_{\text{limeI}} \times (\%\text{LS}) \times 16/32/100$$

(5) 由于炉衬消耗而产生的炉气量计算：

炉气中 CO_2 量为：

$$G_{\text{gCO}_2\text{I}} = G_{\text{LCO}_2\text{I}}$$

炉气中 H_2O 量为：

$$G_{\text{gH}_2\text{OI}} = G_{\text{LH}_2\text{OI}}$$

炉气中 O_2 量为：

$$G_{\text{gO}_2\text{I}} = G_{\text{LO}_2\text{I}}$$

炉气量为：

$$G_{\text{gtolI}} = G_{\text{gCO}_2\text{I}} + G_{\text{gH}_2\text{OI}} + G_{\text{gO}_2\text{I}}$$

7.1.2 按工艺计算物料平衡表达式

（1）生成钢水量：

$$G_{ST} = Rat_A \times GT_A + Rat_B \times GT_B$$

（2）消耗的氧气总量计算：

$$G_{OX} = Rat_A \times (O)_{ltolA} + Rat_B \times (O)_{ltolB} + G_{RF} \times (O)_{rtolF} + G_{RE} \times (O)_{rtolE} - G_{RH} \times G_{gO_2H} - G_{RI} \times G_{gO_2I}$$

（3）卷吸的空气总量计算：

$$G_{air} = Rat_A \times G_{airA} + Rat_B \times G_{airB}$$

（4）所需要加入的石灰总量：

$$G_{lime} = G_{limeA} + G_{limeB} + G_{limeF} + G_{limeE} + G_{limeH} + G_{limeI}$$

（5）生成的炉气总量计算：

炉气中的 CO 总量为：

$$G_{gCO} = Rat_A \times G_{sgCOA} + Rat_B \times G_{sgCOB} + G_{RF} \times G_{sgCOF} + G_{RE} \times G_{sgCOE}$$

炉气中的 CO_2 总量为：

$$G_{gCO_2} = Rat_A \times G_{sgCO_2A} + Rat_B \times G_{sgCO_2B} + G_{RF} \times G_{sgCO_2F} + G_{RE} \times G_{sgCO_2E} + G_{RH} \times G_{gCO_2H} + G_{RI} \times G_{gCO_2I}$$

炉气中的 H_2O 总量为：

$$G_{gH_2O} = Rat_A \times G_{gH_2OA} + Rat_B \times G_{gH_2OB} + G_{RF} \times G_{gH_2OF} + G_{RE} \times G_{gH_2OE} + G_{RH} \times G_{gH_2OH} + G_{RI} \times G_{gH_2OI}$$

炉气中的 N_2 总量为：

$$G_{gN_2} = Rat_A \times G_{gN_2A} + Rat_B \times G_{gN_2B} + G_{RF} \times G_{gN_2F} + G_{RE} \times G_{gN_2E}$$

炉气中的挥发分总量为：

$$G_{gVOL} = G_{RF} \times G_{gVOLF}$$

由此，炉气的总质量为：

$$G_g = G_{sgCO} + G_{sgCO_2} + G_{gH_2O} + G_{gN_2} + G_{gVOL+}(O)_{otol}$$

（6）生成的烟尘总量计算：

$$G_{gFe_2O_3} = Rat_A \times G_{gFe_2O_3A} + Rat_B \times G_{gFe_2O_3B}$$

（7）生成的炉渣总量计算：

生成的 CaO 总量为：

$$G_{SLCaO} = Rat_A \times G_{SLCaOA} + Rat_B \times G_{SLCaOB} + G_{RF} \times G_{gCaOF} + G_{RE} \times G_{gCaOE} + G_{RH} \times G_{gCaOH} + G_{RI} \times G_{gCaOI}$$

生成的 SiO_2 总量为：

$$G_{SLSiO_2} = Rat_A \times G_{SLSiO_2A} + Rat_B \times G_{SLSiO_2B} + G_{RF} \times G_{SLSiO_2F} + G_{RE} \times G_{SLSiO_2E} + G_{RH} \times G_{SLSiO_2H} + G_{RI} \times G_{SLSiO_2I}$$

生成的 MnO 总量为：

$$G_{SLMnO} = Rat_A \times G_{SLMnOA} + Rat_B \times G_{SLMnOB}$$

生成的 P_2O_5 总量为：

$$G_{SLP_2O_5} = Rat_A \times G_{SLP_2O_5A} + Rat_B \times G_{SLP_2O_5B} + G_{RF} \times G_{SLP_2O_5F} + G_{RE} \times G_{SLP_2O_5E} + G_{RH} \times G_{SLP_2O_5H} + G_{RI} \times G_{SLP_2O_5I}$$

生成的 CaS 总量为：

$$G_{SLCaS} = Rat_A \times G_{SLCaSA} + Rat_B \times G_{SLCaSB} + G_{RF} \times G_{SLCaSF} + G_{RE} \times G_{SLCaSE} + G_{RH} \times G_{SLCaSH} + G_{RI} \times G_{SLCaSI}$$

生成的 FeO 总量为：

$$G_{SLFeO} = Rat_A \times G_{SLFeOA} + Rat_B \times G_{SLFeOB}$$

生成的 Fe_2O_3 总量为：

$$G_{SLFe_2O_3} = Rat_A \times G_{SLFe_2O_3A} + Rat_B \times G_{SLFe_2O_3B} + G_{RF} \times G_{SLFe_2O_3F} + G_{RE} \times G_{SLFe_2O_3E} + G_{RH} \times G_{SLFe_2O_3H} + G_{RI} \times G_{SLFe_2O_3I}$$

生成的 MgO 总量为：

$$G_{SLMgO} = Rat_A \times G_{SLMgOA} + Rat_B \times G_{SLMgOB} + G_{RF} \times G_{SLMgOF} + G_{RE} \times G_{SLMgOE} + G_{RH} \times G_{SLMgOH} + G_{RI} \times G_{SLMgOI}$$

生成的 Al_2O_3 总量为：

$$G_{SLAl_2O_3} = Rat_A \times G_{SLAl_2O_3A} + Rat_B \times G_{SLAl_2O_3B} + G_{RF} \times G_{SLAl_2O_3F} + G_{RE} \times G_{SLAl_2O_3E} + G_{RH} \times G_{SLAl_2O_3H} + G_{RI} \times G_{SLAl_2O_3I}$$

生成的总渣量为：

$$G_{SL} = G_{SLCaO} + G_{SLSiO_2} + G_{SLMnO} + G_{SLP_2O_5} + G_{SLCaS} + G_{SLFeO} + G_{SLFe_2O_3} + G_{SLMgO} + G_{SLAl_2O_3}$$

7.2 能量平衡计算模型

在物料平衡计算模型的基础上建立了能量平衡计算模型，模型也考虑了实际的工况，如反应热、热损失、冷却水带走的热量等，模型基于对电弧炉炼钢生产过程能量的系统分析，建立在能量守恒的基础上，是电弧炉炼钢能量输入量的基本依据[7-11]。

7.2.1 单项物料的热量计算表达式

（1）1000kg 废钢中元素氧化产生热量：

碳元素氧化生成 CO 放热为：

$$Q_{COA} = O_{CA} \times (1 - BUC) \times 11639 \times 2.778 \times 0.0001$$

碳元素氧化生成 CO_2 放热为：

$$Q_{CO_2A} = O_{CA} \times BUC \times 34834 \times 2.778 \times 0.0001$$

硅氧化生成 SiO_2 放热为：

$$Q_{SiO_2A} = O_{SiA} \times 29202 \times 2.778 \times 0.0001$$

锰氧化生成 MnO 放热为：

$$Q_{MnOA} = O_{MnA} \times 6594 \times 2.778 \times 0.0001$$

磷氧化生成 P_2O_5 放热为：

$$Q_{P_2O_5A} = O_{PA} \times 18980 \times 2.778 \times 0.0001$$

铁氧化生成 FeO 放热为：

$$Q_{FeOA} = G_{OFeA} \times 0.2 \times 0.75 \times 4250 \times 2.778 \times 0.0001$$

铁氧化生成 Fe_2O_3 放热为：

$$Q_{Fe_2O_3A} = (G_{OFeA} \times 0.8 + G_{OFeA} \times 0.2 \times 0.25) \times 3230 \times 2.778 \times 0.0001$$

碳元素二次燃烧生成 CO_2 放热为：

$$Q_{sCO_2A} = G_{sCO_2A} \times PCR \times 23195 \times 2.778 \times 0.0001$$

废钢氧化后放出的总热量为：

$$Q_A = Q_{COA} + Q_{CO_2A} + Q_{SiO_2A} + Q_{MnOA} + Q_{P_2O_5A} + Q_{FeOA} + Q_{Fe_2O_3A} + Q_{sCO_2A}$$

（2）1000kg 铁水中元素氧化产生热量：

碳元素氧化生成 CO 放热为：

$$Q_{COB} = O_{CB} \times (1 - BUC) \times 11639 \times 2.778 \times 0.0001$$

碳元素氧化生成 CO_2 放热为：

$$Q_{CO_2B} = O_{CB} \times BUC \times 34834 \times 2.778 \times 0.0001$$

硅氧化生成 SiO_2 放热为：

$$Q_{SiO_2B} = O_{SiB} \times 29202 \times 2.778 \times 0.0001$$

锰氧化生成 MnO 放热为：

$$Q_{MnOB} = O_{MnB} \times 6594 \times 2.778 \times 0.0001$$

磷氧化生成 P_2O_5 放热为：

$$Q_{P_2O_5B} = O_{PB} \times 18980 \times 2.778 \times 0.0001$$

铁氧化生成 FeO 放热为：

$$Q_{FeOB} = G_{OFeB} \times 0.2 \times 0.75 \times 4250 \times 2.778 \times 0.0001$$

铁氧化生成 Fe_2O_3 放热为：

$$Q_{Fe_2O_3B} = (G_{OFeB} \times 0.8 + G_{OFeB} \times 0.2 \times 0.25) \times 3230 \times 2.778 \times 0.0001$$

碳元素二次燃烧生成 CO_2 放热为：

$$Q_{sCO_2B} = G_{sCO_2B} \times PCR \times 23195 \times 2.778 \times 0.0001$$

废钢氧化后放出的总热量为：

$$Q_B = Q_{COB} + Q_{CO_2B} + Q_{SiO_2B} + Q_{MnOB} + Q_{P_2O_5B} + Q_{FeOB} + Q_{Fe_2O_3B} + Q_{sCO_2B}$$

（3）1000kg 炭粉氧化放出热量：

炭粉中碳氧化生成 CO 放热为：

$$Q_{COF} = G_{OCOF} \times 11639 \times 2.778 \times 0.0001$$

炭粉中碳氧化生成 CO_2 放热为：

$$Q_{CO_2F} = G_{OCO_2F} \times 34834 \times 2.778 \times 0.0001$$

碳元素二次燃烧生成 CO_2 放热为：

$$Q_{sCO_2F} = G_{sCO_2F} \times PCR \times 23195 \times 2.778 \times 0.0001$$

炭粉氧化放出的总热量为：

$$Q_F = Q_{COF} + Q_{CO_2F} + Q_{sCO_2F}$$

（4）1000kg 电极氧化放出热量：

电极中碳氧化生成 CO 放热为：

$$Q_{COE} = G_{OCOE} \times 11639 \times 2.778 \times 0.0001$$

电极中碳氧化生成 CO_2 放热为：

$$Q_{CO_2E} = G_{OCO_2E} \times 34834 \times 2.778 \times 0.0001$$

碳元素二次燃烧生成 CO_2 放热为：

$$Q_{sCO_2E} = G_{sCO_2E} \times PCR \times 23195 \times 2.778 \times 0.0001$$

电极氧化放出的总热量为：

$$Q_E = Q_{COE} + Q_{CO_2E} + Q_{sCO_2E}$$

（5）除铁水外其他物料带入的物理热：

废钢带入的物理热为：

$$Q_{PHA} = 1000 \times (C_{GA} \times T_{GA} - C_{Ae} \times T_e)$$

炭粉带入的物理热为：

$$Q_{PHF} = 1000 \times (C_{GF} \times T_{GF} - C_{Fe} \times T_e)$$

电极带入的物理热为：

$$Q_{PHE} = 1000 \times (C_{GE} \times T_{GE} - C_{Ee} \times T_e)$$

石灰带入的物理热为：

$$Q_{PHD} = 1000 \times (C_{GD} \times T_{GD} - C_{De} \times T_e)$$

炉顶带入的物理热为：

$$Q_{PHH} = 1000 \times (C_{GH} \times T_{GH} - C_{He} \times T_e)$$

炉衬带入的物理热为：

$$Q_{PHI} = 1000 \times (C_{GI} \times T_{GI} - C_{Ie} \times T_e)$$

（6）1000kg 铁水带入的物理热：

铁水熔点为：

$$T_{meltB} = 1537 - (a_{CB} \times 100 + a_{SiB} \times 8 + a_{MnB} \times 5 + a_{PB} \times 30 + a_{SB} \times 25) - 6$$

铁水带入的物理热为：

$$Q_{PHB} = 1000 \times [C_{GB} \times T_{meltB} - C_{Te} \times T_e + 217.44 + C_{IB} \times (T_{IR} - T_{meltB})]$$

7.2.2 热收入及支出计算表达式

7.2.2.1 物料的热收入

（1）物料的物理热及化学热：

$$Q_{In1} = 1000 \times [Rat_A \times Q_A + Rat_B \times (Q_B + Q_{PHB}) + G_{RF} \times Q_F + G_{RE} \times Q_E]/G_{ST}$$

（2）物料的成渣热计算：

SiO_2 的成渣热为：

$$Q_{In21} = G_{STSLSiO_2} \times 1620 \times 2.778 \times 0.0001$$

P_2O_5 的成渣热为：

$$Q_{In22} = G_{STSLP_2O_5} \times 4880 \times 2.778 \times 0.0001$$

7.2.2.2 物料的热支出

（1）吸热反应耗热：

金属脱碳消耗的热量为：

$$Q_{Out11} = [(1000 \times Rat_A \times a_{CA}/100 + 1000 \times Rat_B \times a_{CB}/100) \times 1000/G_{ST} - 1000 \times [C]_{ST}/100] \times 6244 \times 2.778 \times 0.0001$$

金属脱硫消耗的热量为：

$$Q_{Out12} = [(1000 \times Rat_A \times a_{SA}/100 + 1000 \times Rat_B \times a_{SB}/100) \times 1000/G_{ST} - 1000 \times [S]_{ST}/100] \times 2143 \times 2.778 \times 0.0001$$

石灰烧减吸收的热量为：

$$Q_{Out13} = G_{lime} \times a_{CO_2D} \times 1000/G_{ST} \times 4177 \times 2.778 \times 0.0001$$

水分挥发吸收的热量为：

$$Q_{Out14} = G_{STgH_2O} \times 1227 \times 2.778 \times 0.0001$$

（2）钢水物理热：

设钢水的熔点为1450℃，则钢水的物理热为：

$$Q_{PHST} = 1000 \times [C_{SST} \times T_{meltST} - C_{STe} \times T_e + H_{mST} + C_{LST} \times (T_{ST} - T_{meltST})] \times 2.778 \times 0.0001$$

（3）炉渣物理热：

$$Q_{SL} = G_{STSL} \times [C_{SL} \times (T_{SL} - 25) + H_{SL}] \times 2.778 \times 0.0001$$

（4）炉气物理热：

$$Q_g = G_{STg} \times C_g \times (T_g - 25) \times 2.778 \times 0.0001$$

（5）冷却水带走热量：

炉壁冷却水带走热量为：

$$Q_{W1} = V_{W1} \times t/60 \times 1000 \times C_{wat} \times (T_{outW} - T_{inW}) \times 2.778 \times 0.0001/G_{ST}$$

炉盖冷却水带走热量为：

$$Q_{W2} = V_{W2} \times t/60 \times 1000 \times C_{wat} \times (T_{outW}-T_{inW}) \times 2.778 \times 0.0001/G_{ST}$$

（6）烟尘物理热：

$$Q_{gFe_2O_3} = G_{STgFe_2O_3} \times (T_{gFe_2O_3} - 25) \times 2.778 \times 0.0001$$

（7）炉体表面热损失：

$$Q_{LF} = \frac{\tau \sum q_i A_i}{60G}$$

式中 A_i ——第 i 部分的炉体表面散热面积，m^2；

τ ——电弧炉冶炼周期，min；

q_i ——第 i 部分的炉体表面平均面积热流量，kJ/(m^2 · h)，如不能直接测量，可按下式进行计算：

$$q_i = 20.41\varepsilon_i\left[\left(\frac{273 + t_b}{100}\right)^4 - \left(\frac{273 + t_e}{100}\right)^4\right] + \alpha_d(t_b - t_e)$$

式中 20.41——辐射换热系数，kJ/(m^2 · h)；

ε_i ——第 i 部分的炉体表面黑度；

t_b ——第 i 部分的炉体表面平均温度,℃;

α_d ——对流给热系数, kJ/(m² · h)。

(8) 辐射热损失:

$$Q_{RA} = \sum 20.41 \frac{A'_i \varphi_i \varepsilon_i}{G'_1} \frac{\tau_i}{60} \left[\left(\frac{273 + t_{if}}{100} \right)^4 - \left(\frac{273 + t_e}{100} \right)^4 \right]$$

式中 A'_i——i 部位的辐射面积, m²;

φ_i ——i 部位的辐射角度系数;

ε_i——i 部位的黑度;

τ_i ——i 部位的辐射时间, min;

t_{if} ——i 部位的辐射温度,℃。

(9) 电损失热量:

$$Q_{EL} = 3598.24\Delta W + 3\bar{I}^2 R''_j \cdot \frac{\tau}{G} \cdot \frac{3598.24}{1000}$$

式中 τ ——全炉总通电时间, h;

G ——全炉钢液量, t;

3598.24——电热当量, kJ/(kW · h);

$\bar{I}$ ——平均电流, A;

ΔW ——短网和变压器损失, kW · h/t;

R''_j ——把持器至炉盖间电极每相电阻, Ω。

一般情况下, 其他热损失 η_{heat} (包括炉体表面散热损失、辐射损失热、开启炉盖热损失、供电线路热损失等) 占总热收入的 6%~9%, 本章根据实际数据计算。

7.2.2.3 所需供电量计算

根据能量平衡, 热收入等于热支出, 这样可以计算需供给的电能:

$$E_{el} = (Q_{Out11} + Q_{Out12} + Q_{Out13} + Q_{Out14} + Q_{PHS} + Q_{sl} + Q_g + Q_{w1} + Q_{w2} + Q_{gFe_2O_3} + Q_{LF} + Q_{RA} + Q_{EL})/(1 - \eta_{heat}) - (Q_{In1} + Q_{In21} + Q_{In22})$$

7.3 单项物料平衡与热平衡计算

计算所用原始条件包括原料成分及参数等见表 7-1~表 7-4。

表 7-1 原料成分 (%)

项目	C	Si	Mn	P	S	Fe	H_2O	灰分	挥发分	合计
碳素废钢	0.18	0.25	0.55	0.030	0.030	98.96				100.00
铁水	4.20	0.8	0.6	0.200	0.035	94.17				100.00
炼钢生铁	4.20	0.95	0.21	0.053	0.035	94.55				100.00

续表 7-1

项目	C	Si	Mn	P	S	Fe	H_2O	灰分	挥发分	合计
DRI	0.25				0.015	93.32		6.42		100.00
焦炭	86.00						0.58	12.00	1.42	100.00
炭粉	92.60						0.50	5.30	1.60	100.00
电极	99.00							1.00		100.00

表 7-2 辅料成分 (%)

项目	CaO	SiO_2	MgO	Al_2O_3	Fe_2O_3	CO_2	H_2O	P_2O_5	S
石灰	88.00	2.50	2.60	1.50	0.50	4.64	0.10	0.10	0.06
高铝砖	0.55	60.80	0.60	36.80	1.25				
镁砂	4.10	3.65	89.50	0.85	1.90				
焦炭灰分	4.40	49.70	0.95	26.25	18.55			0.15	
炭粉灰分	4.60	50.60	0.85	27.30	16.65				
电极灰分	8.90	57.80	0.20	33.10					
DRI 灰分	1.95	33.55	2.25	3.00	59.25				

表 7-3 设定最终钢水成分 (%)

项目	C	Si	Mn	P	S	Fe
钢水成分	0.15	0.01	0.10	0.015	0.025	99.70

表 7-4 其他假设数据

名　　称	参　　数
钢铁料氧化的氧气来源	72%由氧气供给，28%由空气供给
氧气纯度和利用率	氧气纯度：99%，其余为氮气；氧气利用率：100%
碳的二次燃烧率	15%
炉气二次燃烧率	35%
氧气过剩系数	1.05
炉渣碱度	$R=2.5$
铁的烧损率①	2.8%
焦炭及炭粉中 C 烧损率	100%（假设焦炭及炭粉的挥发分成分全部为 C_2H_2）

①氧化的铁量中的80%生成 Fe_2O_3 变成烟尘，另外20%按 $FeO : Fe_2O_3 = 3 : 1$ 的比例成渣。即：2.2%的铁形成烟尘 0.6%的铁成渣，其中，0.42%的铁生成 FeO，0.14%的铁生成 Fe_2O_3。

7.3.1 单项物料平衡计算

对废钢、铁水、直接还原铁、焦炭、炭粉、电极、石灰、炉顶、炉衬各单项 1000kg 物料平衡进行了计算，限于篇幅，仅列出废钢平衡计算过程，其余以小结形式列表。

7.3.1.1 1000kg 废钢平衡计算

按照上述单项物料平衡表达式，对废钢中各元素氧化量、生产钢水量、净耗氧量、生成渣量、炉气量及其成分进行了计算，结果见表 7-5~表 7-7。

表 7-5 废钢中各元素的氧化量 (kg)

项目	C	Si	Mn	P	S	Fe	合计
碳素废钢	0.35	2.40	4.53	0.16	0.06	27.41	34.92

生成钢水量： 965.08kg
废钢金属综合收得率： 96.51%
每生产 1t 钢水需消耗废钢： 1036.18 kg
石灰加入量： 15.90kg
氧气供氧量： 11.50kg
空气供氧量： 4.44kg
实际供氧量： 11.61kg
实际空气量： 19.29kg

表 7-6 净耗氧量、渣量、炉气量（未进行二次燃烧） (kg)

项 目	反应产物	元素氧化量	净耗氧量	氧气体积	炉气量	渣 量
C	CO	0.30	0.0	0.28	0.70	
	CO_2	0.05	0.14	0.10	0.19	
Si	SiO_2	2.40	2.75	1.92		5.15
Mn	MnO	4.53	1.32	0.92		5.85
P	P_2O_5	0.16	0.20	0.14		0.36
Fe	FeO①	4.11	1.17	0.82		5.29
	$Fe_2O_3$①	1.37	0.59	0.41		1.96
	$Fe_2O_3$②	21.93	9.40	6.57		31.33
合 计			15.97			
石灰中 CaO 带入量						13.99
石灰中 SiO_2 带入量						0.40
石灰中 MgO 带入量						0.41

续表 7-6

项　目	反应产物	元素氧化量	净耗氧量	氧气体积	炉气量	渣　量
石灰中 Al_2O_3 带入量						0.24
石灰中 Fe_2O_3 带入量						0.08
石灰中 P_2O_5 带入量						0.02
石灰中 CaS 带入量						0.02
石灰中 H_2O 带入量					0.02	
石灰中 CO_2 带入量					0.74	
氧气带入 N_2 量				0.12		
空气带入 N_2 量				14.85		
石灰中 S 还原 CaO 供氧及 CaO 消耗量			0.00	0.00		−0.02
金属中 S 还原 CaO 供氧及 CaO 消耗量			−0.03	−0.02		−0.10
金属中 S 还原 CaO 生成 CaS						0.13
合　计	34.86	15.93	11.14	16.62	33.77	

① 表示铁的氧化产物进入渣中；②表示铁的氧化产物进入烟尘。

渣中全铁量：5.48 kg　　　　渣中含铁比：16.23%

表 7-7　炉渣量及成分　　　　(kg)

项　目	CaO	SiO_2	MnO	P_2O_5	CaS
炉渣渣量/kg	13.87	5.55	5.85	0.37	0.15
炉渣成分/%	41.07	16.43	17.33	1.10	0.45
项　目	FeO	Fe_2O_3	MgO	Al_2O_3	合计
炉渣渣量/kg	5.29	2.04	0.41	0.24	33.77
炉渣成分/%	15.65	6.03	1.22	0.71	100.00

二次燃烧计算见表 7-8。

表 7-8　二次燃烧计算

炉气吹氧后的二次燃烧率	35%	所需氧气量	−0.08kg
消耗 CO 量	−0.14kg	产生 CO_2 量	−0.22kg
炉气 CO 量	0.84kg	炉气 CO_2 量	0.71kg

理论总氧耗：12.02kg　　　　实际总氧耗：12.62kg

二次燃烧后炉气成分及分压，结果见表 7-9。

表 7-9 二次燃烧后炉气成分及分压

项 目	CO_2	CO	H_2O	N_2	$O_2$①	合 计
质量/kg	0.71	0.84	0.02	14.97	0.57	17.11
质量比/%	4.15	4.91	0.09	87.51	3.34	100.00
体积/m^3	0.36	0.67	0.02	11.98	0.40	13.43
分压比/%	2.69	5.00	0.15	89.19	2.97	100.00

① 表示为过剩的 O_2。

1000kg 废钢经物料平衡计算的物料平衡表，见表 7-10，收入及支出见图 7-3。

表 7-10 1000kg 废钢冶炼成合格钢水的物料平衡表（有二次燃烧）

收 入		支 出	
项 目	质量/kg	项 目	质量/kg
废 钢	1000.00	金 属	965.08
石 灰	15.90	炉 气	17.11
氧 气	12.11	炉 渣	33.77
空 气	19.29	烟 尘	31.33
合 计	1047.29	合 计	1047.29

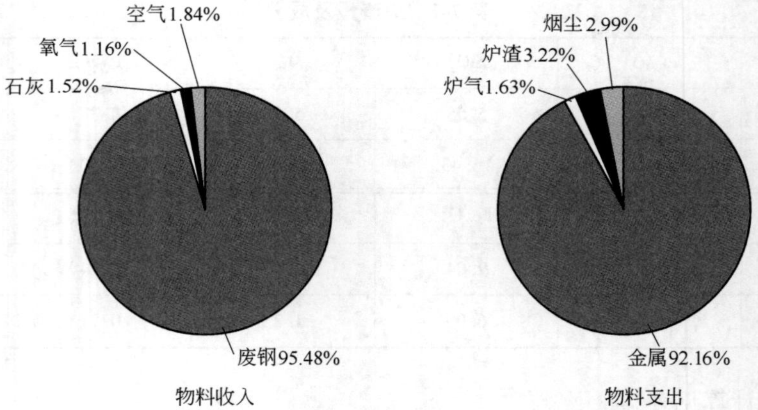

图 7-3 1000kg 废钢单项物料收入及支出

7.3.1.2 单项物料平衡计算总表

按上述方法，分别计算不同炉料 1000kg 物料平衡，结果总结见表 7-11。

表 7-11 1000kg 各物料的单项物料平衡计算总表

项目	钢水量/kg	炉渣量/kg	炉气量/kg	烟尘/kg	耗氧量/kg	耗氧量/m^3	耗空气量/kg	空气/m^3
废钢	965.08	33.77	17.11	31.33	12.11	8.46	19.29	14.95

续表 7-11

项目	钢水量/kg	炉渣量/kg	炉气量/kg	烟尘/kg	耗氧量/kg	耗氧量/m^3	耗空气量/kg	空气/m^3
生铁	922.10	88.59	199.28	29.93	75.33	52.60	102.58	79.52
铁水	918.32	84.39	200.21	29.81	76.42	53.37	104.15	80.74
DRI	908.72	132.66	19.02	29.54	10.73	7.49	14.52	11.26
焦炭		287.75	2528.12		1639.71	1145.05		
炭粉		128.36	2717.65		1766.87	1233.85		
电极		25.82	2880.59		1889.80	1319.69		
石灰		952.30	47.70					
炉顶		2766.50	88.48					
炉衬		1058.61	2.94					

7.3.2 单项物料产生热量计算

对废钢、铁水、直接还原铁、焦炭、炭粉、电极各单项 1000kg 物料热量平衡进行了计算，限于篇幅，以铁水计算为例。

7.3.2.1 铁水热量计算

按照单项物料的能量平衡计算模型，对 1000kg 铁水元素氧化热、成渣热、二次燃烧热、铁水物理热进行计算，结果见表 7-12～表 7-14。

首先对铁水中元素氧化热及成渣热进行计算，见表 7-12。

表 7-12 1000kg 铁水中元素氧化热及成渣热（1600℃）

项 目	氧化量/kg	化学反应	ΔH/kJ · kg^{-1}	放热量/kJ	折合电能/kW · h
C	34.53	CO	−9781.20	337736.43	93.82
	6.09	CO_2	−33038.72	201317.40	55.93
Si	7.91	SiO_2	−33874.72	267886.97	74.42
Mn	5.08	MnO	−7386.06	37533.58	10.43
P	1.86	P_2O_5	−24285.80	45226.28	12.56
Fe	3.91	FeO	−4380.64	17139.50	4.76
	22.17	Fe_2O_3	−7285.74	161533.23	44.87
合 计	81.56			1068373.39	296.79

经过炉气中吹氧，二次燃烧计算见表 7-13。

表 7-13 二次燃烧热

二次燃烧率/%		35.00
CO_2生成量/kg		28.22
产 生 热 量	kJ	178979.78
	kW · h	49.72

铁水带入炉内的物理热经计算见表 7-14。

表 7-14 铁水物理热

铁水温度/℃	1250.00	铁水热容/kJ · $(kg \cdot K)^{-1}$	0.837
铁水熔点/℃	1093.73	固态热容/kJ · $(kg \cdot K)^{-1}$	0.745
		熔化潜热/kJ · kg^{-1}	218
1000kg 铁水带入炉内的物理热/MJ		1145.00	
1000kg 铁水带入炉内物理热折算成电能消耗/kW · h		318.08	

7.3.2.2 单项物料产生热量计算总表

按照能量平衡计算模型，对 1000kg 单项物料产生的热量分别进行了计算，结果见表 7-15。

表 7-15 1000kg 单项物料产生热量平衡总表 (kW · h)

项 目	元素氧化热及成渣热	二 次 燃 烧	物 理 热	总 热 量
废钢	86.43	-0.39		86.04
生铁	293.16	49.19		342.35
铁水	296.79	49.72	318.08	664.59
DRI	53.37	6.23		59.60
焦炭	3170.27	1101.92		4272.19
炭粉	3413.57	1192.36		4605.93
电极	3649.49	1278.38		4927.87

7.4 不同原料配比下的物料平衡与热平衡理论计算

本计算考虑 150t 电弧炉，按照物料与能量模型对不同铁水比，其他原料结构下的物料及能量平衡进行计算，工艺设定见表 7-16。

表 7-16 冶炼工艺设定

吨金属料焦炭配入量/kg	5
吨金属料炭粉喷入量/kg	10
吨金属料电极消耗量/kg	1.7
吨金属料炉顶高铝砖消耗量/kg	0.25
吨金属料炉衬镁砖消耗量/kg	5
变压器容量/MV · A	100
炉容量/t	150
电极直径/m	0.65
电极电流/kA	62
电能输入强度/kW	400

7.4.1 不同铁水平下的物料与能量平衡计算

以下分别计算了15%、30%、45%、60%、80%铁水比下的物料与能量平衡，以15%铁水为例。

7.4.1.1 15%铁水

根据单项物料平衡计算结果，按照炉料加入量（金属料废钢和铁水按比例相加，所需石灰、氧气、空气由金属料加入量决定，其他炉料加入量由工艺设定，固定不变），对应项相加。计算结果见表7-17~表7-20。

表 7-17 分项计算物料平衡的收入项 (kg)

项目	废钢	铁水	焦炭	炭粉	石灰	炉顶	炉衬	电极	氧气	空气	合计
Fe	841.16	141.25									982.41
C	1.53	6.30	4.30	9.26				1.68			23.07
Si	2.13	1.20									3.33
Mn	4.68	0.90		0.00							5.58
P	0.26	0.30		0.00							0.56
S	0.26	0.05		0.00	0.01						0.32
SiO_2			0.30	0.27	0.60	0.15	0.18	0.01			1.51
CaO			0.03	0.02	20.95	0.00	0.21				21.21
MgO			0.01	0.00	0.62	0.00	4.48				5.11
Al_2O_3			0.16	0.14	0.36	0.09	0.04	0.01			0.80

续表 7-17

项目	废钢	铁水	焦炭	炭粉	石灰	炉顶	炉衬	电极	氧气	空气	合计
Fe_2O_3			0.11	0.09	0.12	0.00	0.10				0.42
P_2O_5			0.00	0.00	0.02						0.02
H_2O			0.03	0.05	0.02						0.10
CO_2					1.10						1.10
O_2									50.33	7.36	57.69
N_2									0.51	24.66	25.16
H											0.00
O											0.00
焦炭挥发分			0.07								0.07
炭粉挥发分				0.16							0.16
合计	850.00	150.00	5.00	10.00	23.81	0.25	5.00	1.70	50.84	32.02	1128.61

表 7-18 炉气成分

项目	废钢	铁水	焦炭	炭粉	电极	炉顶	炉衬	合计	质量分数/%	体积分数/%
H_2O	0.01	0.01	0.03	0.05	0.00	0.00	0.00	0.10	0.12	0.20
CO	0.71	9.39	6.54	14.06	2.55			33.26	37.23	42.17
CO_2	0.60	7.95	5.53	11.90	2.16	0.02	0.01	28.18	31.54	22.74
N_2	12.73	12.14	0.08	0.18	0.03			25.16	28.17	31.91
O_2	0.49	0.54	0.39	0.83	0.15	0.00	0.00	2.40	2.68	2.66
挥发分			0.07	0.16				0.23	0.26	0.32
合计	14.54	30.03	12.64	27.18	4.90	0.02	0.01	89.33	100.00	100.00

表 7-19 渣成分

项目	废钢	铁水	焦炭	炭粉	电极	炉顶	炉衬	合计	比例/%
CaO	11.79	6.84	0.80	0.72	0.03	0.41	0.48	21.06	42.03
SiO_2	4.72	2.74	0.32	0.29	0.01	0.16	0.19	8.43	16.81
MgO	0.35	0.20	0.03	0.03	0.00	0.01	4.48	5.11	10.19
MnO	4.98	0.98						5.96	11.89
Al_2O_3	0.20	0.12	0.17	0.16	0.01	0.10	0.05	0.80	1.60

续表 7-19

项目	废钢	铁水	焦炭	炭粉	电极	炉顶	炉衬	合计	比例/%
Fe_2O_3	1.73	0.32	0.12	0.09	0.00	0.01	0.10	2.36	4.71
P_2O_5	0.32	0.65	0.00	0.00	0.00	0.00	0.00	0.97	1.93
FeO	4.49	0.75						5.25	10.47
CaS	0.13	0.05	0.00	0.00	0.00	0.00	0.00	0.19	0.37
合计	28.71	12.66	1.44	1.28	0.04	0.69	5.29	50.11	100

表 7-20 分项计算物料平衡的支出项 (kg)

项目	钢水	炉渣	炉气	炉尘	合计
Fe	955.19				955.19
C	1.44				1.44
Si	0.10				0.10
Mn	0.96				0.96
P	0.14				0.14
S	0.24				0.24
SiO_2		8.43			8.43
CaO		21.06			21.06
MgO		5.11			5.11
MnO		5.96			5.96
Al_2O_3		0.80			0.80
Fe_2O_3		2.36		31.10	33.46
P_2O_5		0.97			0.97
CaS		0.19			0.19
FeO		5.25			5.25
H_2O			0.10		0.10
CO_2			28.18		28.18
CO			33.26		33.26
N_2			25.16		25.16
O_2			2.40		2.40
焦炭挥发分			0.07		0.07
炭粉挥发分			0.16		0.16
合计	958.07	50.11	89.33	31.10	1128.61

由表 7-17~表 7-20 得 15%铁水物料平衡总表，见表 7-21，出入及支出见图 7-4。

表 7-21 物料平衡总表

收入			支出		
项目	质量/kg	体积/m³	项目	质量/kg	体积/m³
废钢	850.00		金属	958.07	
铁水	150.00		炉渣	50.11	
焦炭	5.00		炉气	89.33	63.08
电极	1.70		烟尘	31.10	
石灰	23.81				
炭粉	10.00				
炉顶	0.25				
炉衬	5.00				
氧气	50.84	35.50			
空气	32.02	24.82			
合计	1128.61	60.32	合计	1128.61	63.08

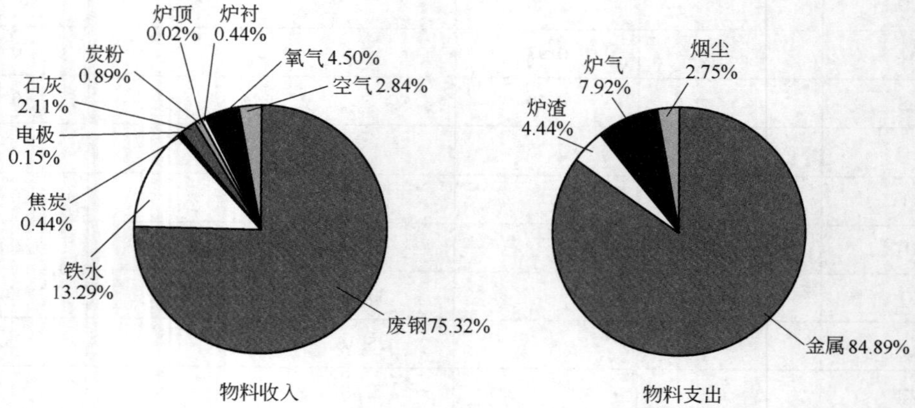

图 7-4 15%铁水物料平衡收入及支出

根据单项物料热量平衡计算结果，以物料平衡为基础，做能量平衡计算。计算结果见表 7-22~表 7-27，收入及支出见图 7-5。

表 7-22 各项物料氧化产生的化学热 (kJ)

项　目	耗量/kg·t^{-1}	化学热	
		放热量/kJ·t^{-1}	折合电能/kW·h·t^{-1}
废钢	887.20	276034.70	76.68
生铁	0.00	0.00	0.00
铁水	156.56	167269.79	46.47
焦炭	5.22	59557.57	16.55
炭粉	10.44	128256.53	35.63
电极	1.77	23310.55	6.48
合计	1061.20	654429.15	181.80

表 7-23 成渣热

项目	反应量/kg	化学反应	焓/kJ·kg^{-1}	放热量/kJ·t^{-1}	折合电能/kW·h·t^{-1}
SiO_2成渣	8.79	$2(CaO)+(SiO_2)=(2CaO\cdot SiO_2)$	−1620	14246.78	4.13
P_2O_5成渣	1.01	$4(CaO)+(P_2O_5)=(4CaO\cdot P_2O_5)$	−4880	4923.92	1.43
合　计					5.56

注：炉气二次燃烧产生热量：20.12 kW·h/t。

表 7-24 铁水物理热

项目	消耗量/kg·t^{-1}	物理热/MJ	折合电耗/kW·h·t^{-1}
铁水	156.56	179.27	49.80

表 7-25 吸热量计算

项目	温升范围/℃	消耗量/kg	焓/kJ·kg^{-1}或比热容/kJ·(kg·K)$^{-1}$	吸热量/kJ·t^{-1}	吸热量/kW·h·t^{-1}
金属脱碳		6.67	6244/C	41664.27	11.57
金属脱硫		0.07	2143/CaS	152.06	0.04
石灰烧减		1.15	4177/CO_2	4815.82	1.34
水分挥发	25～1600	0.11	1227/H_2O	131.66	0.04
合计				46763.81	12.99

表 7-26 热支出各项列表

项　目	热值/kW · h · t^{-1}	比例/%
钢水物理热	385. 06	62. 85
炉渣物理热	31. 22	5. 10
吸热反应耗热	12. 99	2. 12
冷却水吸热	79. 48	12. 97
炉体表面热损失	13. 43	2. 19
热辐射损失	2. 08	0. 34
电损失热量	17. 41	2. 84
其他热损失	11. 08	1. 81
炉气物理热	46. 38	7. 57
炉尘物理热	13. 55	2. 21
合计	612. 68	100. 00

表 7-27 能量平衡表

收入	kW · h/t	比例/%	支出	kW · h/t	比例/%
废钢	76. 68	12. 52	钢水物理热	385. 06	62. 85
铁水化学热	46. 47	7. 58	炉渣物理热	31. 22	5. 10
焦炭	16. 55	2. 70	吸热反应耗热	12. 99	2. 12
炭粉	35. 63	5. 81	冷却水吸热	79. 48	12. 97
电极	6. 48	1. 06	炉体表面热损失	13. 43	2. 19
铁水物理热	49. 80	8. 13	热辐射损失	2. 08	0. 34
成渣热	5. 56	0. 91	电损失热量	17. 41	2. 84
炉气二次燃烧热	20. 12	3. 28	其他热损失	11. 08	1. 81
电能	355. 41	58. 01	炉气物理热	46. 38	7. 57
			炉尘物理热	13. 55	2. 21
合计	612. 68	100. 00	合计	612. 68	100. 00

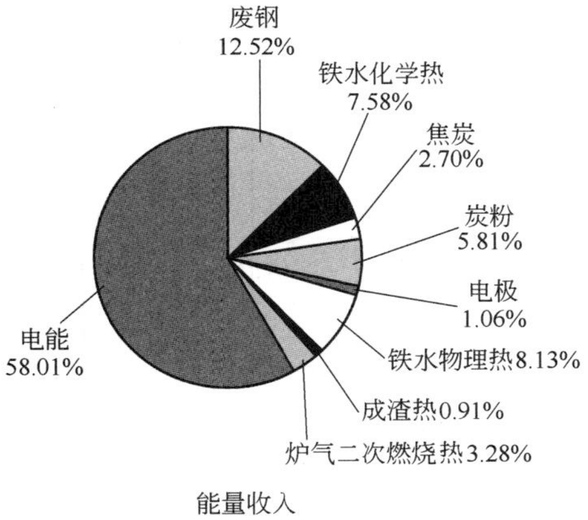

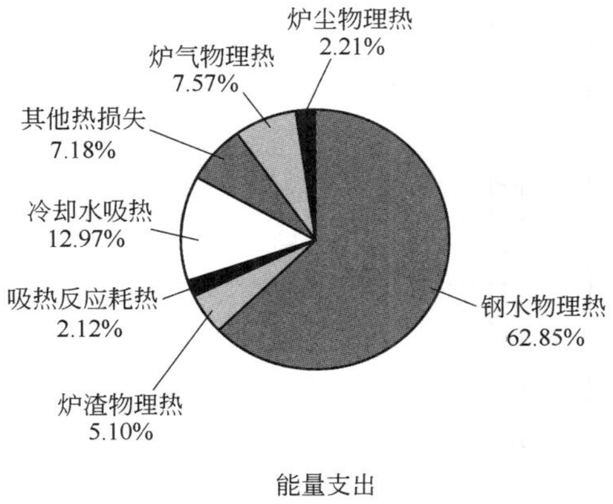

图 7-5 15%铁水能量平衡收入及支出

7.4.1.2 30%铁水（表 7-28、图 7-6 和表 7-29、图 7-7）

表 7-28 30%铁水物料平衡总表

收入			支出		
项目	质量/kg	体积/m³	项目	质量/kg	体积/m³
废钢	700.00		金属	951.05	
铁水	300.00		炉渣	57.71	
焦炭	5.00		炉气	116.79	82.73
电极	1.70		烟尘	30.87	
石灰	29.24				
炭粉	10.00				
炉顶	0.25				
炉衬	5.00				
氧气	60.48	42.24			
空气	44.75	34.69			
合计	1156.43	76.93	合计	1156.43	82.73

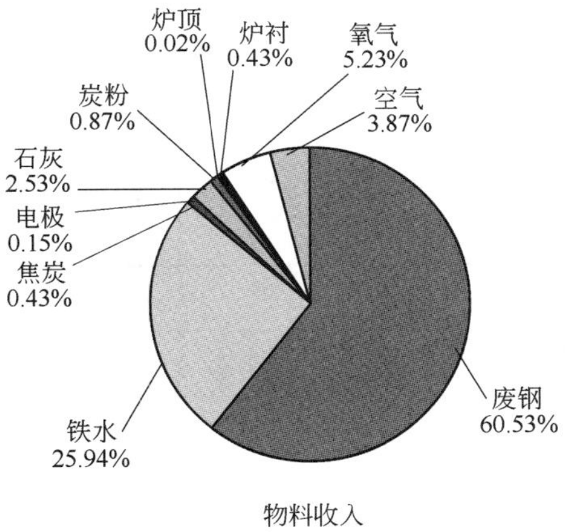

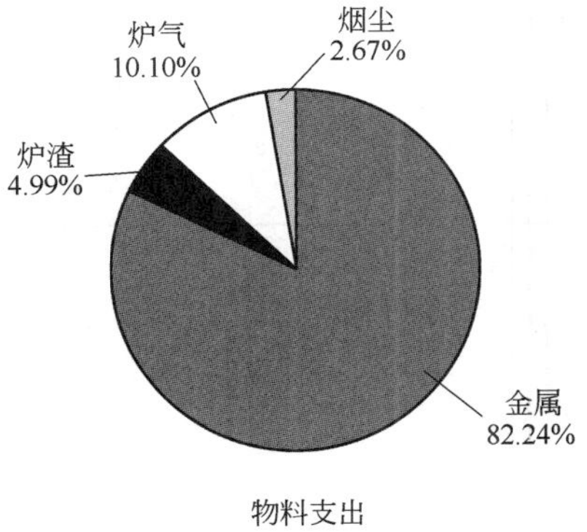

图 7-6 30%铁水物料平衡收入及支出

表 7-29 30%铁水能量平衡总表

收　入	kW · h/t	比例/%	支　出	kW · h/t	比例/%
废钢	63.62	9.88	钢水物理热	385.06	59.82
铁水化学热	93.62	14.54	炉渣物理热	36.22	5.63
焦炭	16.67	2.59	吸热反应耗热	24.42	3.79
炭粉	35.89	5.58	冷却水吸热	79.48	12.35
电极	6.52	1.01	炉体表面热损失	13.43	2.09
铁水物理热	100.33	15.59	热辐射损失	2.08	0.32
成渣热	7.48	1.16	电损失热量	17.41	2.70
炉气二次燃烧热	20.33	3.16	其他热损失	11.08	1.72
电能	299.26	46.49	炉气物理热	61.09	9.49
			炉尘物理热	13.45	2.09
合计	643.72	100.00	合计	643.72	100.00

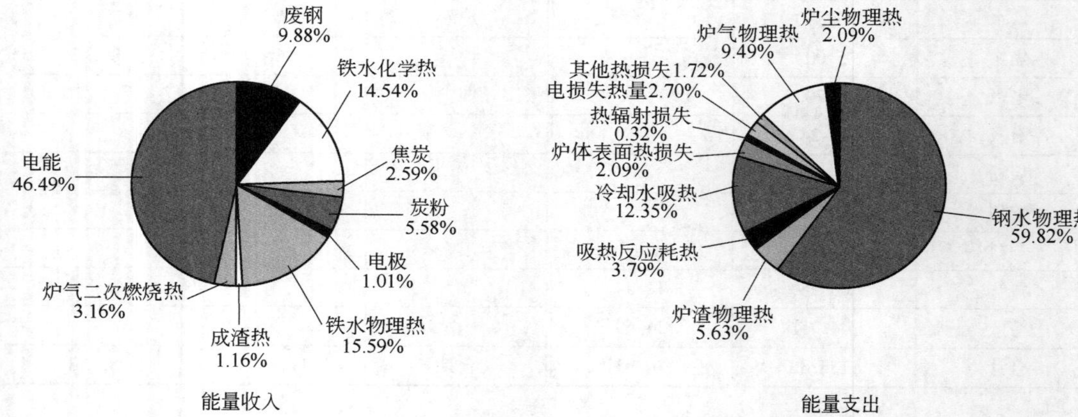

图 7-7 30%铁水能量平衡收入及支出

7.4.1.3 45%铁水（表 7-30、图 7-8 和表 7-31、图 7-9）

表 7-30 45%铁水物料平衡总表

收　入			支　出		
项　目	质量/kg	体积/m³	项　目	质量/kg	体积/m³
废钢	550.00		金属	944.04	
铁水	450.00		炉渣	65.30	
焦炭	5.00		炉气	144.26	102.38

续表 7-30

收　入			支　出		
项　目	质量/kg	体积/m^3	项　目	质量/kg	体积/m^3
电极	1.70		烟尘	30.64	
石灰	34.68				
炭粉	10.00				
炉顶	0.25				
炉衬	5.00				
氧气	70.13	48.97			
空气	57.48	44.56			
合计	1184.24	93.53	合计	1184.24	102.38

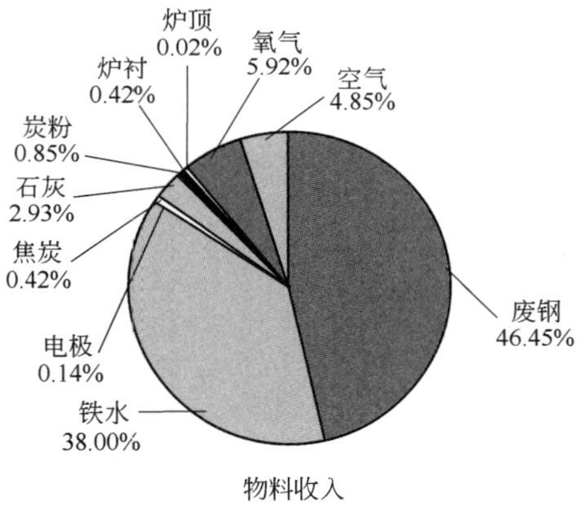

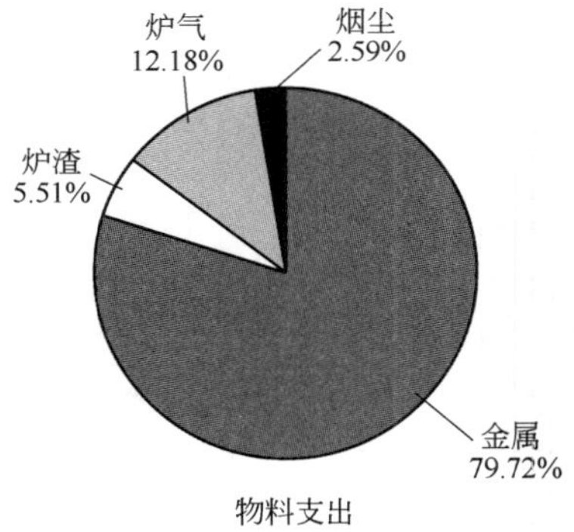

图 7-8　45%铁水物料平衡收入及支出

表 7-31　45%铁水能量平衡表

收　入	kW · h/t	比例/%	支　出	kW · h/t	比例/%
废钢	50.36	7.46	钢水物理热	385.06	57.03
铁水化学热	141.47	20.95	炉渣物理热	41.28	6.11
焦炭	16.79	2.49	吸热反应耗热	36.02	5.33
炭粉	36.16	5.36	冷却水吸热	79.48	11.77
电极	6.57	0.97	炉体表面热损失	13.43	1.99
铁水物理热	151.61	22.45	热辐射损失	2.08	0.31
成渣热	9.45	1.40	电损失热量	17.41	2.58

续表 7-31

收　入	kW·h/t	比例/%	支　出	kW·h/t	比例/%
炉气二次燃烧热	20.54	3.04	其他热损失	11.08	1.64
电能	242.25	35.88	炉气物理热	76.02	11.26
			炉尘物理热	13.35	1.98
合计	675.21	100.00	合计	675.21	100.00

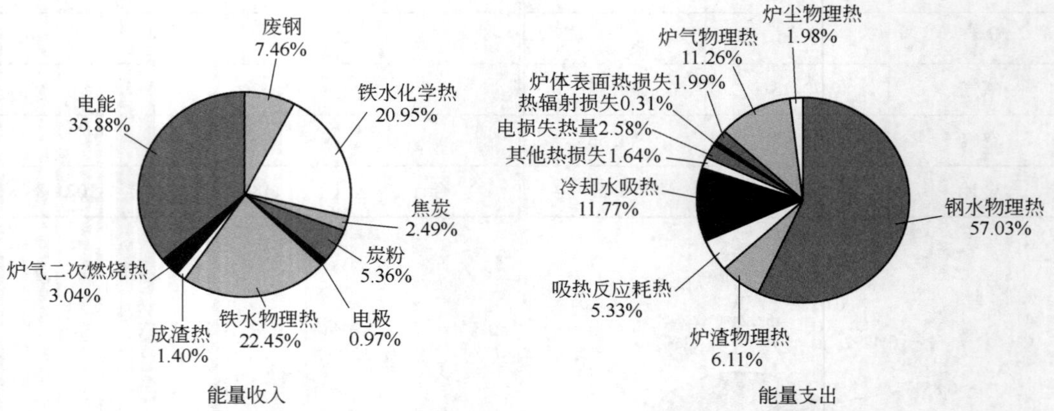

图 7-9 45%铁水能量平衡收入及支出

7.4.1.4 60%铁水（表 7-32、图 7-10 和表 7-33、图 7-11）

表 7-32 60%铁水物料平衡总表

收　入			支　出		
项　目	质量/kg	体积/m^3	项　目	质量/kg	体积/m^3
废钢	400.00		金属	937.03	
铁水	600.00		炉渣	72.89	
焦炭	5.00		炉气	171.72	122.03
电极	1.70		烟尘	30.42	
石灰	40.12				
炭粉	10.00				
炉顶	0.25				
炉衬	5.00				
氧气	79.78	55.71			
空气	70.21	54.43			
合计	1212.05	110.14	合计	1212.05	122.03

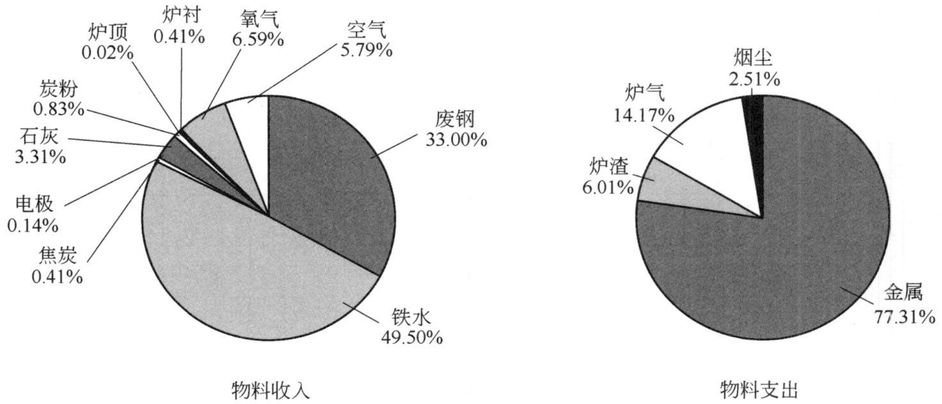

图 7-10　60%铁水物料平衡收入及支出

表 7-33　60%铁水能量平衡表

收　入	kW · h/t	比例/%	支　出	kW · h/t	比例/%
废钢	36. 90	5. 22	钢水物理热	385. 06	54. 45
铁水化学热	190. 04	26. 87	炉渣物理热	46. 43	6. 57
焦炭	16. 92	2. 39	吸热反应耗热	47. 79	6. 76
炭粉	36. 43	5. 15	冷却水吸热	79. 48	11. 24
电极	6. 62	0. 94	炉体表面热损失	13. 43	1. 90
铁水物理热	203. 66	28. 80	热辐射损失	2. 08	0. 29
成渣热	11. 48	1. 62	电损失热量	17. 41	2. 46
炉气二次燃烧热	20. 76	2. 94	其他热损失	11. 08	1. 57
电能	184. 36	26. 07	炉气物理热	91. 17	12. 89
			炉尘物理热	13. 26	1. 87
合计	707. 18	100. 00	合计	707. 18	100. 00

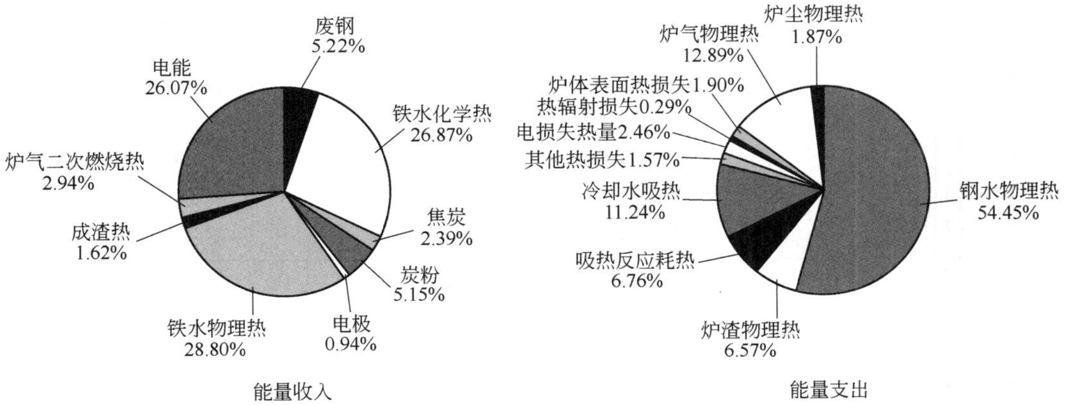

图 7-11　60%铁水能量平衡收入及支出

7.4.1.5 80%铁水（表 7-34、图 7-12 和表 7-35、图 7-13）

表 7-34 80%铁水物料平衡总表

收入			支出		
项目	质量/kg	体积/m^3	项目	质量/kg	体积/m^3
废钢	200.00		金属	927.67	
铁水	800.00		炉渣	83.01	
焦炭	5.00		炉气	208.34	148.23
电极	1.70		烟尘	30.11	
石灰	47.37				
炭粉	10.00				
炉顶	0.25				
炉衬	5.00				
氧气	92.64	64.69			
空气	87.18	67.58			
合计	1249.14	132.28	合计	1249.14	148.23

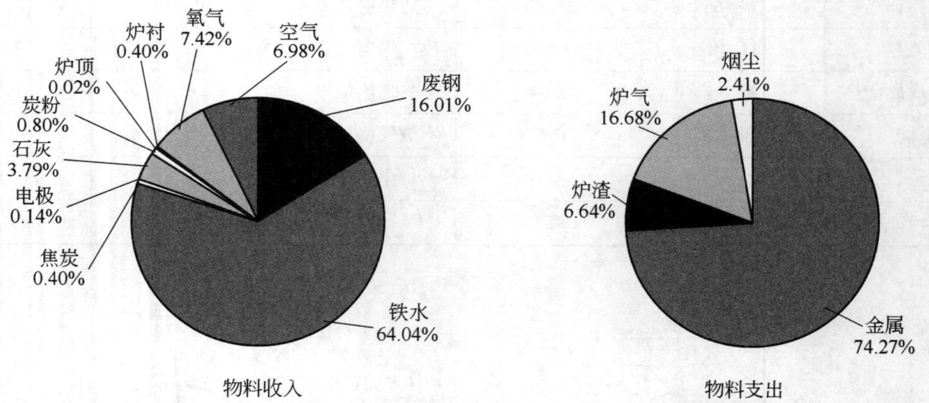

图 7-12 80%铁水物料平衡收入及支出

表 7-35 80%铁水能量平衡表

收入	kW·h/t	比例/%	支出	kW·h/t	比例/%
废钢	18.63	2.48	钢水物理热	385.06	51.30
铁水化学热	255.95	34.10	炉渣物理热	53.41	7.12
焦炭	17.09	2.28	吸热反应耗热	63.76	8.49

续表 7-35

收 入	kW·h/t	比例/%	支 出	kW·h/t	比例/%
炭粉	36.80	4.9	冷却水吸热	79.48	10.59
电极	6.69	0.89	炉体表面热损失	13.43	1.79
铁水物理热	274.28	36.54	热辐射损失	2.08	0.28
成渣热	14.29	1.90	电损失热量	17.41	2.32
炉气二次燃烧热	21.05	2.81	其他热损失	11.08	1.47
电能	105.77	14.09	炉气物理热	111.73	14.89
			炉尘物理热	13.12	1.75
合计	750.56	100.00	合计	750.56	100.00

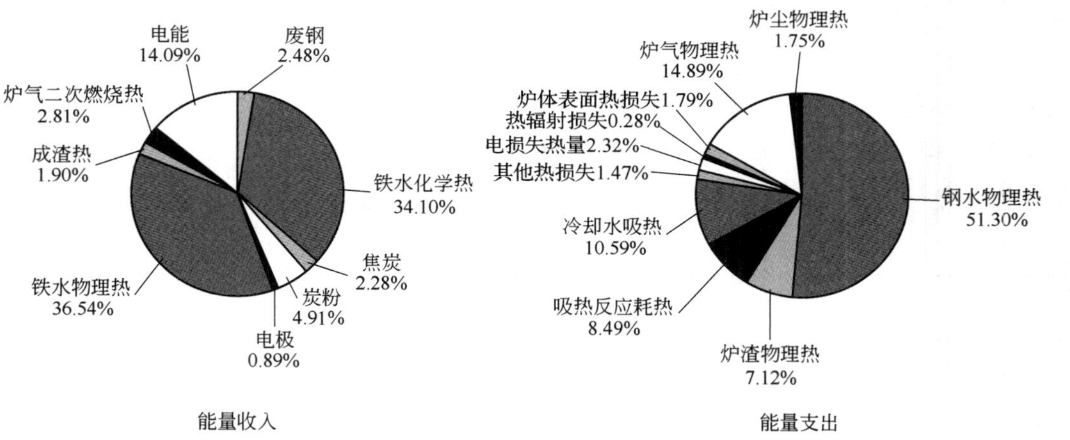

图 7-13 80%铁水能量平衡收入及支出

7.4.1.6 不同铁水比下的电耗对比

根据以上计算结果，表 7-36 列出不同铁水比下的电耗，并作图 7-14 以供参考。

表 7-36 不同铁水比电耗

铁水比	电耗/kW·h·t^{-1}
0%铁水（全废钢）	410.72
15%铁水	355.41
30%铁水	299.26
45%铁水	242.25
60%铁水	184.36
80%铁水	105.77

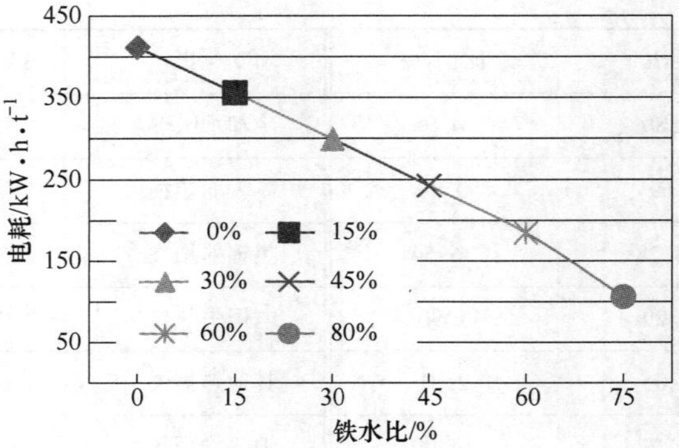

图 7-14 不同铁水比下电耗

7.4.2 其他原料结构下的物料与能量平衡计算

按上述计算方式对全废钢、30%直接还原铁（70%废钢）、30%生铁（70%废钢）这几种原料结构下的物料与能量平衡进行了计算，计算结果见表 7-37~表 7-42，并作出图 7-15~图 7-20 以供参考。

7.4.2.1 全废钢

表 7-37 全废钢物料平衡总表

收入			支出		
项 目	质量/kg	体积/m^3	项 目	质量/kg	体积/m^3
废钢	1000.00		金属	965.08	
焦炭	5.00		炉渣	42.52	
电极	1.70		炉气	61.86	43.44
石灰	18.37		烟尘	31.33	
炭粉	10.00				
炉顶	0.25				
炉衬	5.00				
氧气	41.19	28.76			
空气	19.29	14.95			
合计	1100.79	43.72	合计	1100.80	43.44

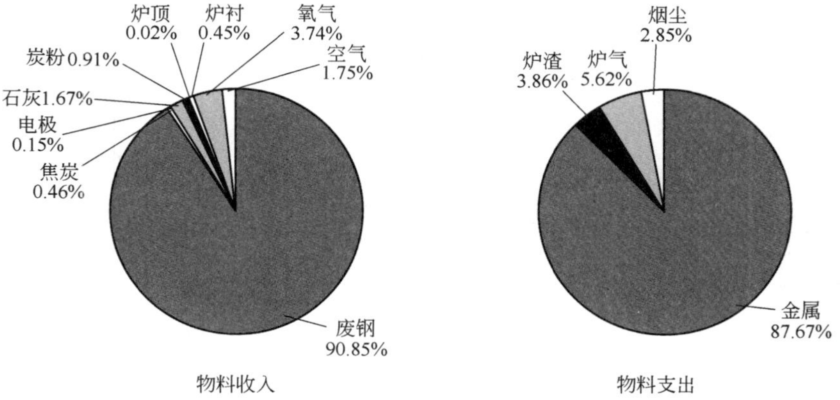

图 7-15　全废钢物料平衡收入与支出

表 7-38　全废钢能量平衡总表

收　入	kW·h/t	比例/%	支　出	kW·h/t	比例/%
废钢	89.56	15.39	钢水物理热	385.06	66.15
焦炭	16.42	2.82	炉渣物理热	28.02	4.81
炭粉	35.37	6.08	冷却水吸热	79.48	13.65
电极	6.43	1.10	炉体表面热损失	13.43	2.31
成渣热	3.7	0.64	热辐射损失	2.08	0.36
炉气二次燃烧热	19.91	3.41	电损失热量	17.41	2.99
电能	410.72	70.56	其他热损失	11.08	1.90
			炉气物理热	31.89	5.48
			炉尘物理热	13.65	2.35
合计	582.10	100.00	合计	582.10	100.00

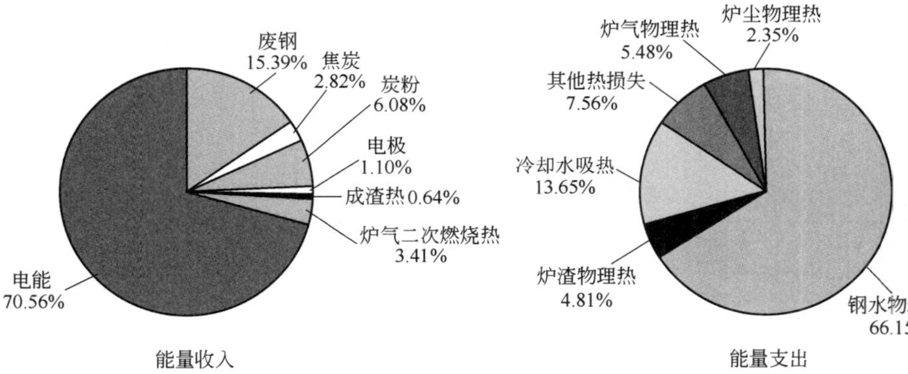

图 7-16　全废钢能量平衡收入与支出

7.4.2.2 30%直接还原铁（70%废钢）

表 7-39 30%直接还原铁物料平衡总表

收入			支出		
项　目	质量/kg	体积/m^3	项　目	质量/kg	体积/m^3
废钢	700.00		金属	948.17	
DRI	300.00		炉渣	72.19	
焦炭	5.00		炉气	61.89	43.23
电极	1.70		烟尘	30.79	
石灰	33.01				
炭粉	10.00				
炉顶	0.25				
炉衬	5.00				
氧气	40.23	28.09			
空气	17.86	13.84			
合计	1113.05	41.94	合计	1113.05	43.23

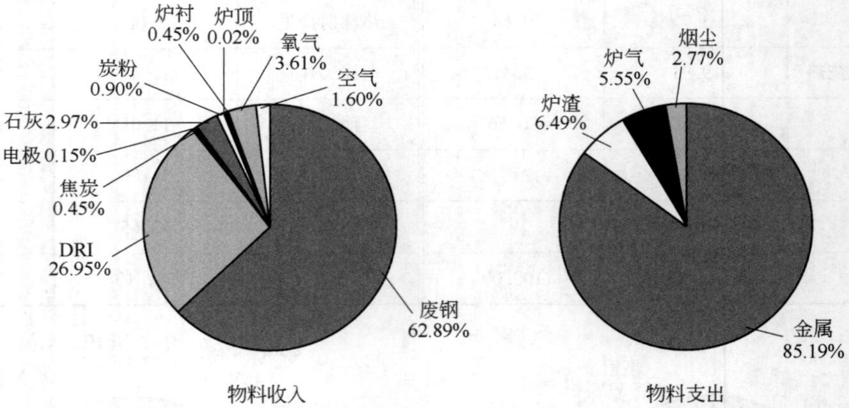

图 7-17 30%直接还原铁物料平衡收入及支出

表 7-40 30%直接还原铁能量平衡表

收　入	kW·h/t	比例/%	支　出	kW·h/t	比例/%
废钢	63.81	10.59	钢水物理热	385.06	63.87
DRI	16.89	2.80	炉渣物理热	45.44	7.54
焦炭	16.72	2.77	吸热反应耗热	3.04	0.50

续表 7-40

收　入	kW · h/t	比例/%	支　出	kW · h/t	比例/%
炭粉	36. 00	5. 97	冷却水吸热	79. 48	13. 17
电极	6. 54	1. 09	炉体表面热损失	13. 43	2. 23
成渣热	6. 33	1. 05	热辐射损失	2. 08	0. 34
炉气二次燃烧热	20. 39	3. 38	电损失热量	17. 41	2. 89
电能	436. 24	72. 35	其他热损失	11. 08	1. 84
			炉气物理热	32. 47	5. 39
			炉尘物理热	13. 42	2. 23
合计	602. 91	100. 00	合计	602. 91	100. 00

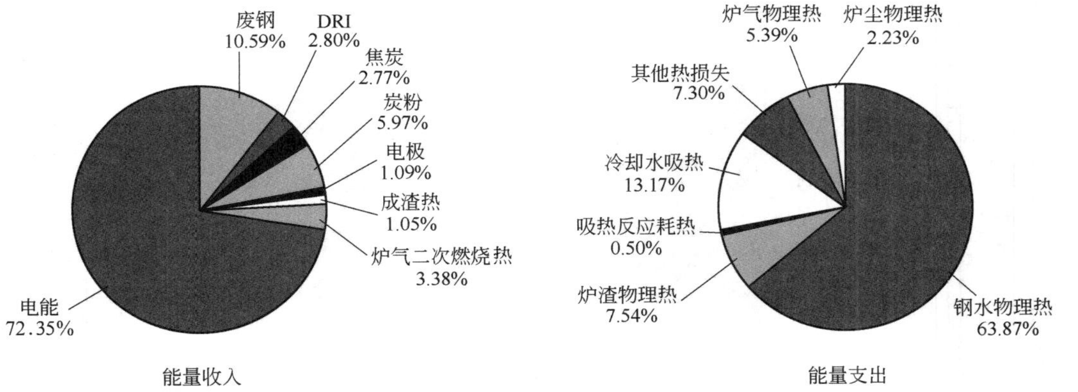

图 7-18　30%直接还原铁能量平衡收入及支出

7.4.2.3　30%生铁（70%废钢）

表 7-41　30%生铁物料能平衡总表

收　入			支　出		
项　目	质量/kg	体积/m^3	项　目	质量/kg	体积/m^3
废钢	700. 00		金属	952. 19	
生铁	300. 00		炉渣	58. 97	
铁水	0. 00		炉气	116. 51	82. 50
DRI	0. 00		烟尘	30. 91	
焦炭	5. 00				
电极	1. 70				

续表 7-41

收入			支出		
项　目	质量/kg	体积/m^3	项　目	质量/kg	体积/m^3
石灰	32.19				
炭粉	10.00				
炉顶	0.25				
炉衬	5.00				
氧气	60.15	42.01			
空气	44.28	34.32			
合计	1158.58	76.33	合计	1158.58	82.50

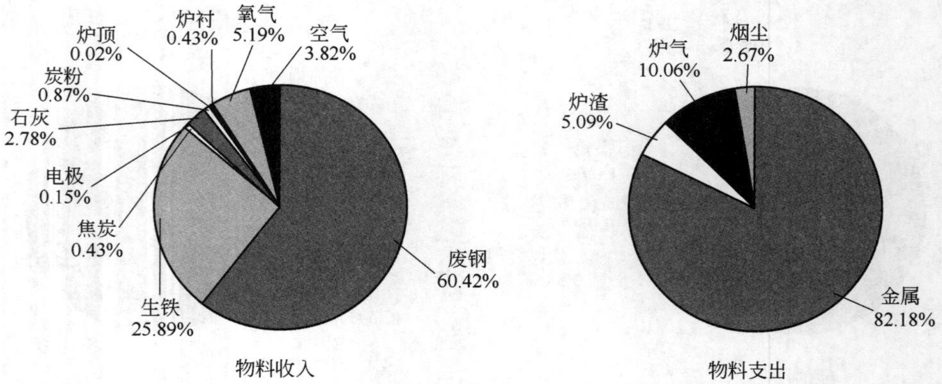

图 7-19　30%生铁物料平衡收入及支出

表 7-42　30%生铁能量平衡表

收　入	kW·h/t	比例/%	支　出	kW·h/t	比例/%
废钢	63.54	9.86	钢水物理热	385.06	59.75
生铁	92.36	14.33	炉渣物理热	36.96	5.74
焦炭	16.65	2.58	吸热反应耗热	24.56	3.81
炭粉	35.85	5.56	冷却水吸热	79.48	12.33
电极	6.52	1.02	炉体表面热损失	13.43	2.08
成渣热	6.47	1.00	热辐射损失	2.08	0.32
炉气二次燃烧热	35.80	5.56	电损失热量	17.41	2.70
电能	387.22	60.09	其他热损失	11.08	1.72

续表 7-42

收　入	kW·h/t	比例/%	支　出	kW·h/t	比例/%
			炉气物理热	60.87	9.45
			炉尘物理热	13.47	2.09
合计	644.40	100		644.40	100.00

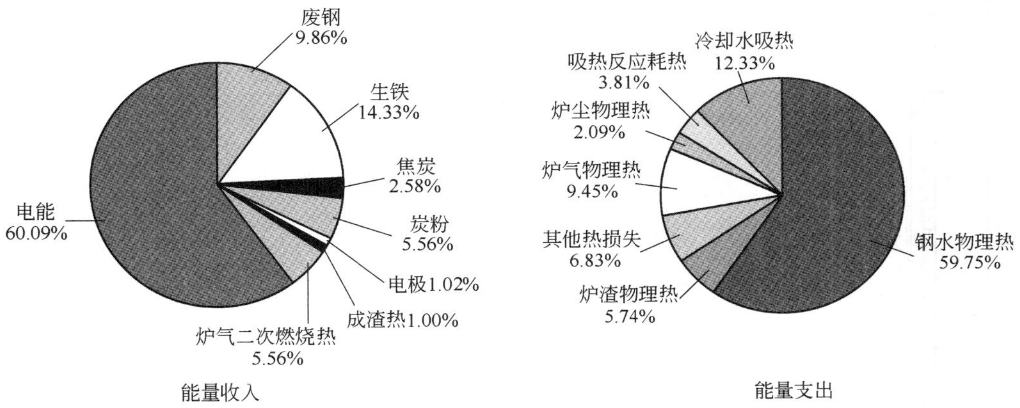

图 7-20　30%生铁能量平衡收入及支出

附录　电弧炉物料平衡计算中参数及变量列表

附表 7-1　物料表

序号	符号	含义
1	A	废钢
2	B	铁水
3	D	石灰
4	E	电极
5	F	炭粉
6	H	炉顶
7	I	炉衬
8	ST	钢水

附表 7-2 物料输入变量表

序号	符号	含 义
1	Rat_i	i 种含铁原料的配比
2	a_{iA}	废钢中 i 元素的百分含量
3	G_{Ti}	i 种含铁原料的总量
4	G_{SC}	生成每吨钢水所需要的废钢量，kg
5	G_{IR}	生成每吨钢水所需要的铁水量，kg

附表 7-3 物料输出变量表

序号	符号	含 义
1	L_{iA}	钢水中剩余的铁元素量，kg
2	$[i]_{STA}$	由废钢生成的钢液中 i 元素百分含量
3	G_{STA}	由废钢所生成的钢水量，kg
4	G_{jA}	由废钢中的元素氧化生成的 j 物质量，kg
5	G_{CaSA}	由废钢中的硫和 CaO 反应生成的 CaS 量，kg
6	G_{CaOGA}	由废钢中的硫和 CaO 反应消耗的 CaO 量，kg
7	G_{FeOA}	由废钢中的铁氧化生成 FeO 进入渣中的量，kg
8	$G_{Fe_2O_3A}$	由废钢中的铁氧化生成 Fe_2O_3 进入渣中的量，kg
9	GO_{FeA}	废钢中烧损的铁量，kg
10	O_{iA}	由废钢生成的钢液中 i 元素的氧化量，kg
11	O_{SA}	由废钢生成的钢液中硫的脱除量，kg
12	O_{EtolA}	由废钢生成的钢液中总共去除的元素量，kg
13	G_{stA}	由废钢生成的钢水量，kg
14	G_{gjA}	废钢生成钢水炉气中 j 物质的量，kg
15	G_{gtolA}	废钢生成钢水炉气的总量，kg
16	G_{SLjA}	废钢生成钢水渣中 j 物质的含量，kg
17	G_{SLtolA}	废钢生成钢水总共产生的渣量，kg
18	$G_{gFe_2O_3A}$	废钢生成钢水产生的烟尘量，kg
19	G_{jF}	炉气中的 j 物质生成量，kg
20	G_{H_2OF}	炭粉带入的水量，kg
21	G_{VOLF}	炭粉带入的挥发分量，kg

续附表 7-3

序号	符号	含　　义
22	G_{jF}	炭粉带入的 j 物质量，kg
23	G_{SLjF}	因加入炭粉而生成的炉渣中 j 物质量，kg
24	G_{SLtolF}	因加入炭粉而生成的总炉渣量，kg
25	G_{LjF}	因炭粉而加入的石灰中带入的 j 物质量，kg
26	G_{LO_2F}	因炭粉而加入的石灰中生成的氧气量，kg
27	G_{N_2F}	因炭粉而带入的 N_2 量，kg
28	G_{gjF}	因加入炭粉而生成的炉气中 j 物质量，kg
29	G_{gVOLF}	因加入炭粉而生成的炉气中挥发分量，kg
30	G_{gtolF}	因加入炭粉而生成的总炉气量，kg
31	G_{jI}	炉衬带入的 j 物质量，kg
32	G_{SLjI}	因炉衬消耗而形成的渣中 j 物质量，kg
33	G_{SLtolI}	因炉衬消耗而形成的炉渣总量，kg
34	G_{gtolI}	因炉衬消耗而形成的炉气总量，kg
35	G_{ST}	生成的钢水量，kg
36	G_g	每吨含铁原料生成钢水产生的炉气总量，kg
37	$G_{gFe_2O_3}$	每吨含铁原料生成钢水产生的烟尘总量，kg
38	G_g	每吨含铁原料生成钢水产生的炉气总量，kg
39	G_{SL}	每吨含铁原料生成钢水产生的炉渣总量，kg
40	G_{STg}	生成每吨钢水产生的炉气总量，kg
41	$G_{STgFe_2O_3}$	生成每吨钢水产生的烟尘总量，kg
42	G_{STSL}	生成每吨钢水产生的炉渣总量，kg
43	G_{siA}	废钢中生成钢水炉气二次燃烧消耗或生成的 i 的量，kg
44	G_{aiA}	废钢中生成钢水烟气二次燃烧消耗或生成的 i 的量，kg

附表 7-4　工艺变量表

序号	符号	含　　义
1	Irb	铁的烧损率，%
2	PCR	二次燃烧率
3	BUC	碳的二次燃烧率

续附表 7-4

序号	符号	含　义
4	$(O)_{C_1A}$	碳氧化生成 CO 耗氧量，kg
5	$(O)_{C_2A}$	碳氧化生成 CO_2 耗氧量，kg
6	$(O)_{iA}$	i 元素氧化耗氧量，kg
7	$(O)_{FeOA}$	铁进入渣中生成 FeO 耗氧量，kg
8	$(O)_{Fe_2SlA}$	铁进入渣中生成 Fe_2O_3 耗氧量，kg
9	$(O)_{Fe_2gA}$	铁被氧化成 Fe_2O_3 生成烟尘耗氧量，kg
10	$(O)_{tolA}$	总耗氧量，kg
11	$(O)_{SA}$	废钢中硫还原 CaO 供氧，kg
12	$(O)_{SD}$	石灰中硫还原 CaO 供氧，kg
13	L_{wA}	由废钢冶炼成钢水所需加入的石灰量，kg
14	(%SD)	石灰中硫的百分含量
15	G_{limeA}	由废钢生成钢水需要加入的石灰量，kg
16	G_{LkA}	由废钢生成钢水需加入的石灰中 k 物质量，kg
17	G_{LCaOGA}	废钢生成钢水加入的石灰与硫反应消耗的 CaO 量，kg
18	R_{puo}	氧气的纯度，%
19	R_{oxg}	所需氧量中由氧气提供的百分率，%
20	G_{oxA}	废钢生成钢水需要的氧中由氧气提供的氧量，kg
21	G_{airA}	废钢生成钢水需要的氧中由空气提供的氧量，kg
22	G_{OjF}	生成 j 物质消耗的炭粉，kg
23	$(O)_{jF}$	炭粉生成 j 物质消耗的氧气量，kg
24	G_{limeF}	因加入炭粉需要调整碱度而加入的石灰量，kg
25	G_{oxtolF}	因加入炭粉而需要的总氧气量，kg
26	G_{limeI}	因炉衬消耗调整碱度需加入的石灰量，kg
27	G_{OX}	每吨含铁原料消耗的氧气总量，kg
28	G_{air}	每吨含铁原料卷吸的空气总量，kg
29	G_{lime}	每吨含铁原料生成钢水需加入的石灰总量，kg
30	G_{STOX}	生成每吨钢水消耗的氧气总量，kg
31	G_{STair}	生成每吨钢水卷吸的空气总量，kg

续附表 7-4

序号	符号	含　义
32	G_{STlime}	生成每吨钢水需要加入的石灰总量，kg
33	G_{RE}	每吨含铁原料冶炼成钢水需消耗的电极量，kg
34	G_{RF}	每吨含铁原料冶炼成钢水需消耗的炭粉量，kg

附表 7-5　能量输入参数表

序号	符号	含　义
1	Q_{COA}	每吨废钢中碳元素氧化生成 CO 放出热量，kW · h
2	Q_{CO_2A}	每吨废钢中碳元素氧化生成 CO_2 放出热量，kW · h
3	Q_{SiO_2A}	每吨废钢中硅元素氧化生成 SiO_2 放出热量，kW · h
4	Q_{MnOA}	每吨废钢中锰元素氧化生成 MnO 放出热量，kW · h
5	$Q_{P_2O_5A}$	每吨废钢中磷元素氧化生成 P_2O_5 放出热量，kW · h
6	Q_{FeOA}	每吨废钢中铁元素氧化生成 FeO 放出热量，kW · h
7	$Q_{Fe_2O_3A}$	每吨废钢中铁元素氧化生成 Fe_2O_3 放出热量，kW · h
8	Q_A	每吨废钢中元素氧化后放出的总热量，kW · h
9	Q_{PHB}	每吨铁水带入的物理热，kW · h
10	T_{meltB}	铁水的熔点，℃
11	C_{SB}	生铁块的比热，kJ/(kg · ℃)
12	C_{LB}	铁水的比热，kJ/(kg · ℃)
13	T_{IR}	铁水的温度，℃
14	Q_B	每吨铁水氧化后放出的总热量，kW · h
15	Q_{In1}	生成 1t 钢水物料放出的物理热及化学热，kW · h
16	Q_{In21}	生成 1t 钢水产生的 SiO_2 成渣后放出的热量，kW · h
17	Q_{In22}	生成 1t 钢水产生的 P_2O_5 成渣后放出的热量，kW · h
18	E_{el}	生成 1t 钢水需要输入的电能，kW · h
19	Q_{sCO_2A}	碳元素二次燃烧生成 CO_2 放热
20	Q_{PHi}	物料带入的物理热

附表 7-6 能量工艺参数表

序号	符号	含 义
1	Q_{COF}	每吨炭粉中碳元素氧化生成 CO 放出热量，kW · h
2	Q_{CO_2F}	每吨炭粉中碳元素氧化生成 CO_2 放出热量，kW · h
3	Q_F	每吨炭粉氧化放出的总热量，kW · h
4	Q_{COE}	每吨电极中碳元素氧化生成 CO 放出热量，kW · h
5	Q_{CO_2E}	每吨电极中碳元素氧化生成 CO_2 放出热量，kW · h
6	Q_E	每吨电极氧化放出的总热量，kW · h
7	Q_{W1}	炉壁冷却水带走热量，kW · h
8	Q_{W2}	炉盖冷却水带走热量，kW · h
9	t	冷却水工作时间，min
10	V_{W1}	炉壁冷却水流量，m^3/h
11	V_{W2}	炉盖冷却水流量，m^3/h
10	C_{WAT}	水的比热，kJ/(kg · ℃)
11	T_{outW}	冷却水出水温度,℃
12	T_{inW}	冷却水进水温度,℃
13	Q_{Out13}	生成 1t 钢水石灰烧减吸收的热量，kW · h
14	Q_{Out14}	生成 1t 钢水水分挥发吸收的热量，kW · h

附表 7-7 能量输出参数表

序号	符号	含 义
1	Q_{Out11}	生成 1t 钢水金属脱碳消耗的热量，kW · h
2	Q_{Out12}	生成 1t 钢水金属脱硫消耗的热量，kW · h
3	C_g	生成的炉气热容，kJ/(kg · ℃)
4	$C_{gFe_2O_3}$	生成的烟尘热容，kJ/(kg · ℃)
5	Q_{PHST}	1t 钢水带走的物理热，kW · h
6	Q_g	生成 1t 钢水炉气带走的物理热，kW · h
7	$Q_{gFe_2O_3}$	生成 1t 钢水烟尘带走的热量，kW · h
8	T_{meltST}	钢水的熔点,℃
9	C_{SST}	固态钢的比热,℃
10	H_{mST}	钢的凝固潜热，kJ/kg

续附表 7-7

序号	符号	含　义
11	C_{LST}	液态钢水的比热，kJ/(kg·℃)
12	C_{SL}	生成的炉渣热容，kJ/(kg·℃)
13	H_{SL}	炉渣的凝固潜热，kJ/kg
14	T_g	产生的炉气温度,℃
15	T_{SL}	产生的炉渣温度,℃
16	$T_{gFe_2O_3}$	产生的烟尘温度,℃
17	$Q_{gFe_2O_3}$	烟尘带走的物理热，kW·h
18	Q_{LF}	炉体表面热损失，kW·h
19	Q_{RA}	辐射热损失，kW·h
20	Q_{EL}	电损失热量，kW·h

参考文献

[1] 朱荣，刘会林．电弧炉炼钢技术及装备［M］．北京：冶金工业出版社，2018.

[2] 朱荣．炼钢过程节能减排先进技术（上部：转炉炼钢）［M］．北京：冶金工业出版社，2020.

[3] 朱荣．炼钢过程节能减排先进技术（下部：电弧炉炼钢）［M］．北京：冶金工业出版社，2020.

[4] 李峰．电弧炉炼钢高效化研究及能量利用评价［D］．北京：北京科技大学，2006：24-47.

[5] 陈延东，程淮林．淮钢 70t UHP EAF 物料平衡分析［J］．特殊钢，2001（2）：52-54.

[6] 唐武峰，崔鹏高，武守防．安钢 100t 电弧炉物料平衡及炉料结构的优化［J］．河南冶金，2004（5）：35-37.

[7] Tian B H，Zhu R，Wei G S，et al. Energy balance and deoxidation status of electric arc furnace tapping processes［J］. Ironmaking & Steelmaking，2022（49）：699-706.

[8] 高荣庆．莱钢 50t UHP 电弧炉能量平衡分析［J］．特殊钢，2003（1）：51-52.

[9] 陈延东．淮钢 70t UHP 电弧炉能量平衡分析［J］．特殊钢，2001（5）：48-49.

[10] 王定武．电弧炉热装铁水技术的应用和发展［J］．中国冶金，1998（6）：23-25，30.

[11] 董利兵．南钢超高功率电弧炉热装铁水的生产实践［J］．江苏冶金，1999（5）：19-20.

8　智能化电弧炉炼钢

8.1　智能化电弧炉炼钢技术概述

8.1.1　智能化电弧炉炼钢的内涵

智能化电弧炉炼钢是工业智能化的一种典型应用，是通过人工智能技术与电弧炉炼钢场景、机理、知识融合发展形成的一种新的生产方式和组织模式，其最突出的特征就是在感知、分析、决策、执行、学习、优化的整个闭环作业过程中实现了自动化和自主化，减少或取代了人的干预，即“少人化或无人化”，以达到质量更稳、效率更高、成本更低、环境更友好的生产状态。

电弧炉炼钢智能化可贯穿于设计、生产、管理、服务等各个环节，实现模仿或超越人类感知、分析、决策等能力的技术、方法、产品及应用系统，以适应变幻不定的生产环境，并完成多样化的生产任务，最终达到提升企业洞察力、提高生产效率或设备产品性能等目的。

8.1.2　智能化电弧炉炼钢的发展背景

8.1.2.1　人工智能技术加速渗透，构建钢铁制造业智能化基础

人工智能自诞生以来，经历了从早期的专家系统、机器学习，到当前持续火热的深度学习等多次技术变革与规模化应用的浪潮。随着硬件计算能力、软件算法、解决方案的快速进步与不断成熟，工业生产逐渐成为了人工智能的重点探索方向，工业智能应运而生(引自工业互联网产业联盟《工业智能白皮书》)。

当前，新一轮科技革命和产业变革蓬勃兴起，工业经济数字化、网络化、智能化发展成为第四次工业革命的核心内容。作为助力本轮科技革命和产业变革的战略性技术，以深度学习、知识图谱等为代表的新一轮人工智能技术呈现出爆发趋势，工业智能迎来了发展的新阶段。通过海量数据的全面实时感知、端到端深度集成和智能化建模分析，工业智能将企业的分析决策水平提升到了全新的高度。

8.1.2.2　提升钢铁智能化水平成为行业共识与趋势

日益突出的能源环境问题和人类不断提高的节能环保意识将促进电弧炉炼钢流程的进一步发展，日益上涨的人力成本和不断加快的冶炼节奏将对电弧炉智能化炼钢提出更高的要求，智能化技术在电弧炉炼钢领域的重要性将日益突出，更先进的监测手段和更可靠的整体优化控制方案及两者的有机结合将成为今后电弧炉智能化炼钢的发展趋势。

当前智能化电弧炉炼钢技术日新月异，但要实现高效可靠、动态有序的智能化炼钢，还需要解决以下问题：

(1) 冶炼条件和冶炼工况监测技术的可靠性。原材料物化参数、供应状态、现场数据

监测的准确性和可靠性是智能化炼钢决策的基础和前提。

（2）海量监测数据传输的实时性。随着通信和存储技术的不断进步，这一问题有望进一步改善或解决。

（3）自决策模型和自执行技术的可靠性、适应性和自优化性。各电弧炉炼钢企业生产钢种、原料条件和工程条件各不相同，这就需要智能化模型和执行技术具备可靠性、适应性和自优化的能力。

总体来看，当前电弧炉炼钢智能化的应用以点状生产任务居多，普及范围有限，还存在许多问题尚无法解决，仍处在发展的初级阶段。

8.1.3　智能电弧炉的特征及目标

对于电弧炉炼钢智能化相关方面，意大利达涅利公司开发了 Q-Melt 自动电弧炉动态工艺控制系统和 Q-SYM 自动废料场管理系统，实现了从废钢分类和库存到加料和熔炼的整个过程的自动且连续控制。Tenova 开发的 iEAFTM“智能电弧炉”，核心包括分析检测设备等硬件和气相动态模型、固相熔融模型、熔渣模型三个模型，实时反映和控制电弧炉的运行，实现电气、泡沫渣、终点控制等操作的优化。Siemens VAI 通过烟气检测分析系统和在线控制能源输入等措施，实现电弧炉炼钢过程的智能控制。德国普锐特冶金技术有限公司、日本 Steel Plantech 株式会等都开发了相应炉型的智能控制模型。美国大河钢厂通过电弧炉短流程工艺的智能化控制及先进轧制技术，实现了年人均产钢量接近 4000t/(人·年)。

8.1.3.1　智能化电弧炉的特征

（1）协同优化。电弧炉炼钢智能化涉及低成本、钢水目标成分和温度、冶炼周期、能量结构和工序效益的过程动态运行，通过冶金模型、能量结构模型、冶炼工序效益模型，结合基础自动化系统、分析检测与监测系统，解决电弧炉冶炼状态感知、实时分析、科学决策、精准执行的闭环控制难题，实现生产决策动态优化调整，成本、钢水目标成分、能量结构和工序效益最大化的协同优化。

（2）模型化耦合。通过所建立的电弧炉冶炼冶金模型、能量结构模型和冶炼工序效益模型的耦合作用，实现电弧炉炼钢物质流、能量流和信息流的协调优化。

（3）数字炼钢。在数字孪生、工业互联网、大数据、云计算、5G 网络等信息技术的支撑下，借助大数据与机器学习/深度学习等数据科学技术，快速挖掘海量数据中蕴含的电弧炉炼钢管理及生产过程中的规律，从而利用这些规律解决电弧炉炼钢过程中存在的“不确定性”等“黑箱”难题，发挥数据技术的放大、倍增、叠加作用，推进电弧炉炼钢的高效智能化发展。

（4）大数据解析。基于电弧炉炼钢生产工艺参数，以原料入炉条件、质量目标、成本和能量消耗为评价准则，进行数据深度挖掘，建立电弧炉炼钢大数据平台，获得智能诊断和调控的专家系统。

8.1.3.2　智能电弧炉实现的目标

智能电弧炉炼钢总体目标是通过钢水目标成分控制的冶金模型、计算冶炼每炉钢所需的能量及能量输入方式的热模型和电弧炉冶炼工序效益最大化模型的耦合，以基础自动化系统、在线分析检测与监测系统、计算机过程控制系统为基础，先进的网络通信技术为组带，构建完整的电弧炉智能炼钢控制系统架构，规范智能电弧炉炼钢技术体系，形成钢水成分及温度合格、高效、低成本协同优化的智能电弧炉炼钢生产模式。

8.2 智能化电弧炉炼钢的技术路径

8.2.1 智能化电弧炉总体架构

智能化炼钢以数字化管控平台为核心，大数据和人工智能为方向，智能制造为目标，总体架构分三层：智能设备层、智能控制层和智能管理层，见图 8-1。

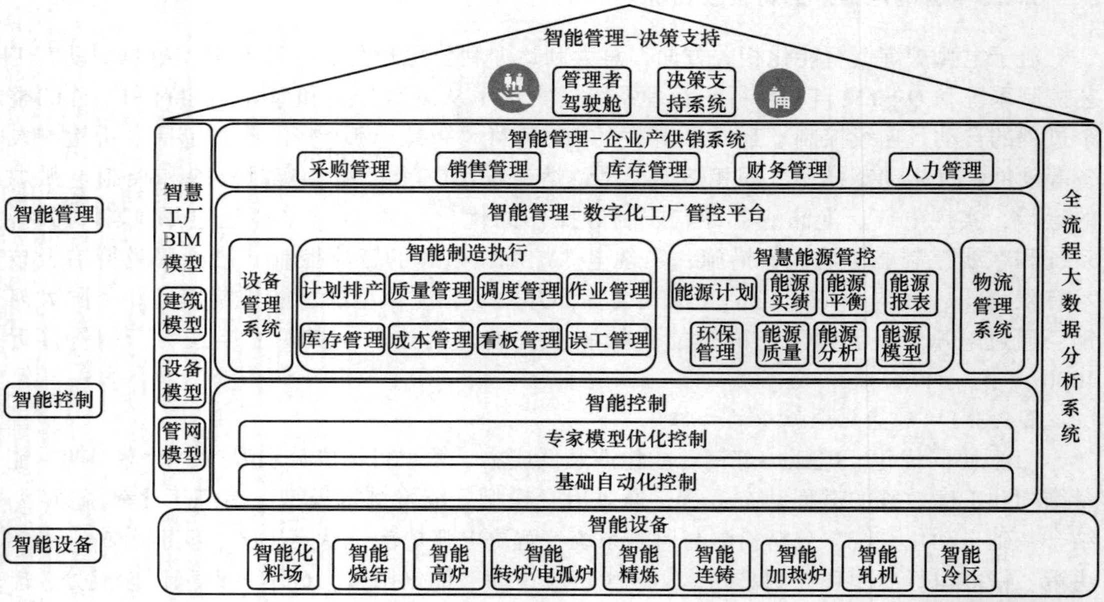

图 8-1 智能化炼钢总体架构

彩色原图

智能化电弧炉控制系统（L2）的中心任务是提供电弧炉操作指导（参数）或直接控制生产，以实现节能（电能）降耗（合金料）、提高生产效率及稳定产品质量的目标，同时也可减轻劳动强度及避免人为误操作所造成的损失。智能化电弧炉 L2 连接智能设备（L1）及智能制造执行系统（MES），成为智能工厂信息化系统的桥梁与纽带，是企业实行 MES、ERP 管理及进行大数据分析的必备基础设施，更是企业实现智慧化生产的必要节点。而系统所保存的真实历史数据，能够有效促进车间生产管理水平，成为企业产品质量追溯的有效手段。

智能化电弧炉控制系统是针对电弧炉炼钢过程的综合控制管理系统，系统适用广泛，既包括对原辅料加料的控制，也包括通过动态调节供电曲线、供氧曲线，对终点温度与终点成分的控制，还包括智能调节电极、优化功率设定控制。

系统包括九大模块（图 8-2），提供丰富的高级生产管理功能。各功能模块之间高度整合，实现生产管理、智能模型计算、过程监控等功能间的信息实时闭环处理，见图 8-3。

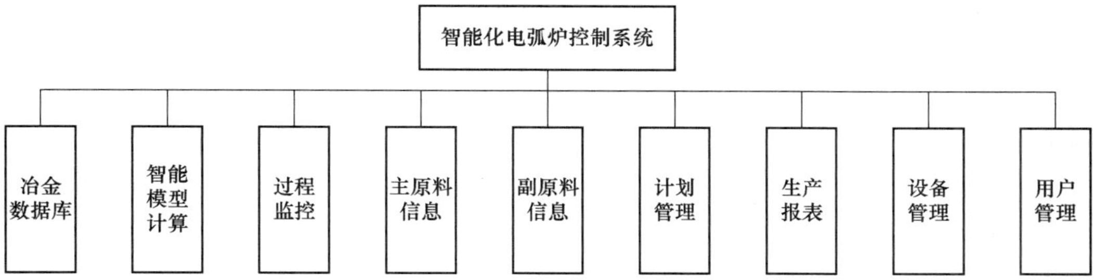

图 8-2 智能化电弧炉控制功能模块

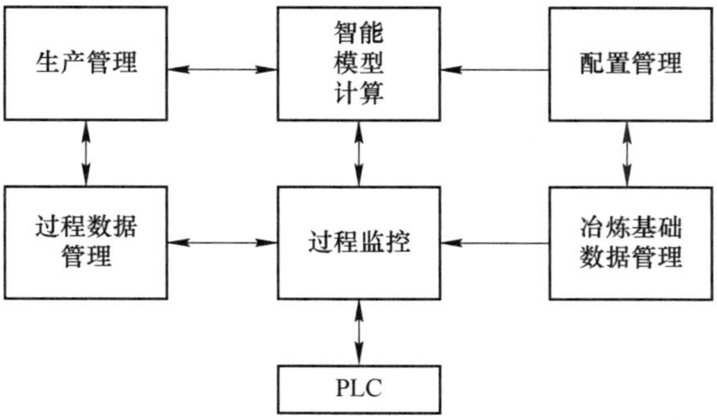

图 8-3 智能化电弧炉控制功能结构

8.2.2 智能电弧炉炼钢系统

智能电弧炉炼钢系统由计算机过程控制系统（专家模型优化控制）、基础自动化系统、在线分析检测与监测设备、网络通信与大数据平台组成。

（1）计算机过程控制系统。计算机过程控制系统（L2）作为智能控制的核心层，基本应用软件组成及架构见图 8-4。虚框内即为智能化电弧炉控制应用软件部分；此外，KEPServerEX 也可以为其他的 OPC Server。

计算机过程控制系统模型包括以钢水成分和出钢温度控制为目标的冶金模型、冶炼每炉钢所需能量及能量输入方式的能量结构模型，以及给定冶炼周期、能量消耗、钢水质量目标控制的电弧炉冶炼工序效益最大化模型。冶金模型包括优化配料模型、石灰加入量模型、钢水熔清成分预报模型、泡沫渣形成与控制模型、供氧模型、钢水终点成分模型预报和最优补加合金模型。能量结构模型包括废钢预热模型、能量消耗模型（供电优化与控制模型）、能量损耗计算模型、能量供应计算模型和钢水温度预报模型。冶炼工序效益模型包括冶炼过程成本优化模型、效益最大化诊断模型、智能诊断模型和计划指标跟踪模型。

（2）基础自动化系统。基础自动化系统包括渣料及合金加料控制系统、底吹控制系统、供氧控制系统、智能电极调节系统、测温取样系统、自动出钢系统等，可实现操作的自动化。

（3）在线分析与监测系统。在线分析与监测系统包括炉渣成分分析、钢水成分分析、钢水温度测量、烟气在线分析系统、炉衬厚度检测系统、漏钢漏水检测预警系统、炉内熔池状况监测系统、泡沫渣监测系统，可实现电弧炉炼钢的监控管理和优化控制。

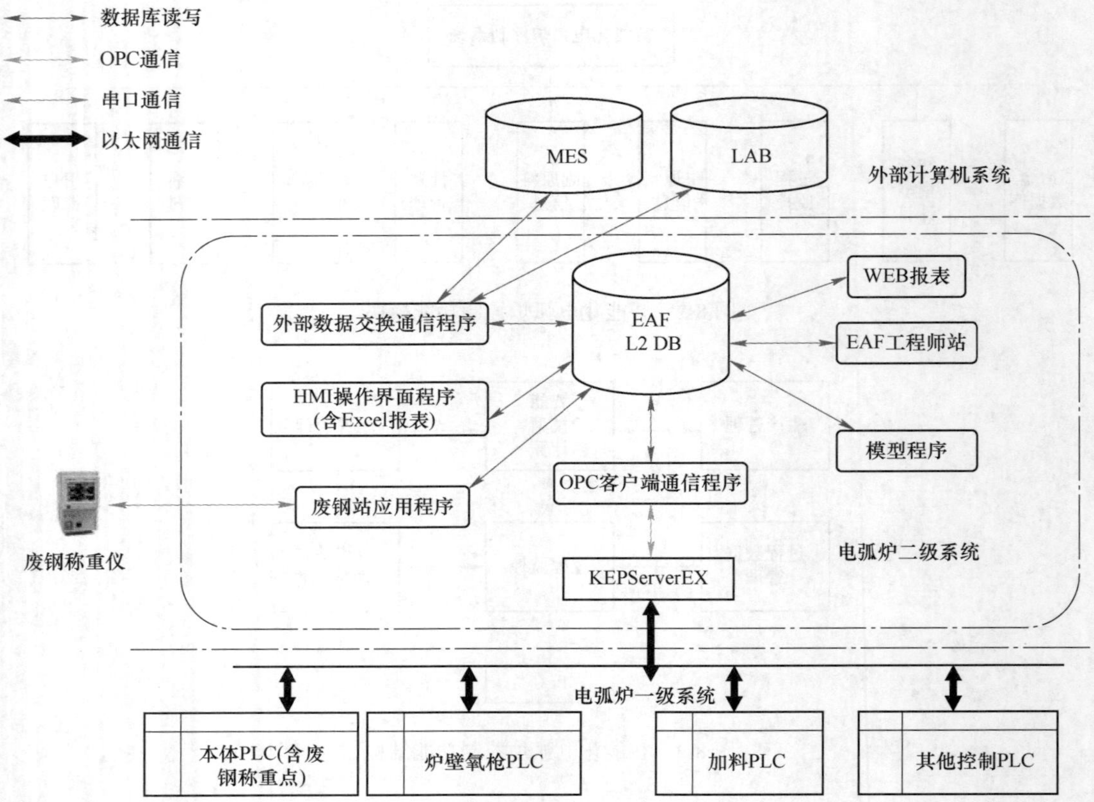

图 8-4 应用软件架构

（4）网络通信系统。网络通信系统包括与上级计算机系统通信（作业计划及工艺参数、生产规程数据的接收、实绩数据反馈）、与同级计算机系统通信（接收配料冶炼数据、接收 LF/VD/CCM 冶炼数据、接收化验室分析数据、发送冶炼数据至配料/LF/VD/CCM0）、时钟同步及网络连接状态在线监视、与基础级自动化系统通信（接收 PLC 数据、发送设定数据至 PLC）。

（5）电弧炉炼钢大数据平台。电弧炉炼钢大数据平台对影响电弧炉冶炼的原料、操作、设备等大量数据进行筛选，基于电弧炉冶金模型、冶炼能量结构模型和冶炼工序效益模型，开展入炉原辅料、冶炼过程加料、电耗与操作工艺参数之间的冶炼能量结构、钢水成分、温度和冶炼周期的大数据挖掘及数据建模，明确原料与操作参数的最佳匹配关系，以及合理的控制区间，智能辅助生产和操作，从而获得电弧炉冶炼炉况的稳定、顺行和低耗。

8.2.3 电弧炉炼钢智能化实施策略

通过实施电弧炉冶炼状态感知技术、实时分析技术、科学决策技术、精准执行技术及数字孪生技术等一系列先进的检测和控制技术，实现电弧炉炼钢的智能化。通过对电弧炉及其辅助设备的运行状态进行实时监控和预警，实现设备运行状态的实时感知，及时发现冶炼中存在的问题，以数据驱动为导向，进行大数据分析，运用冶炼工艺与人工智能模型相结合的、全面完整的手段做出科学决策，最后将科学决策和智能操控有关的操作及数据，通过网络通信发送给基础自动化系统和智能装备，在相应传感器的配合下精准执行。

8.3 状态感知技术

采用智能监测、感知与物联网等技术，对电弧炉及其辅助设备的运行状态进行实时监控和预警，实现设备运行状态的实时感知，为电弧炉炼钢过程的实时分析和科学决策提供数据基础。

8.3.1 智能取样测温技术

智能取样测温技术根据测温方式分为接触式和非接触式，见图 8-5。

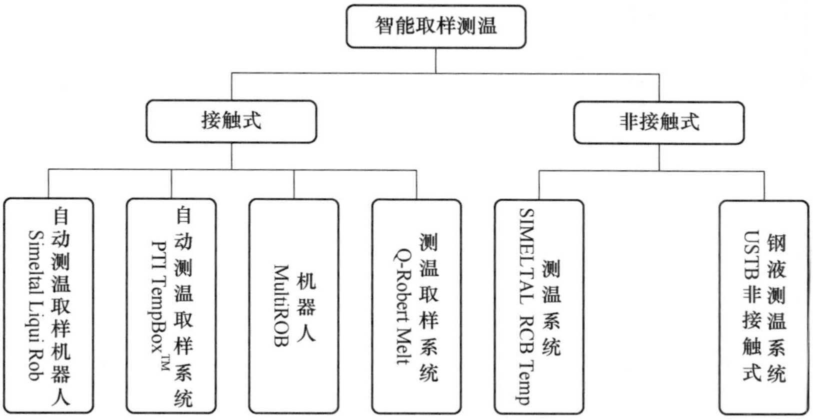

图 8-5 智能测温取样

8.3.1.1 自动测温取样

（1）德国 Siemens VAI（西门子）公司设计的自动取样机器人见图 8-6。该系统具有 6 个自由度的运动、自动更换取样器以及测温探头、检测无效测温探头，可通过人机界面实现全自动控制。

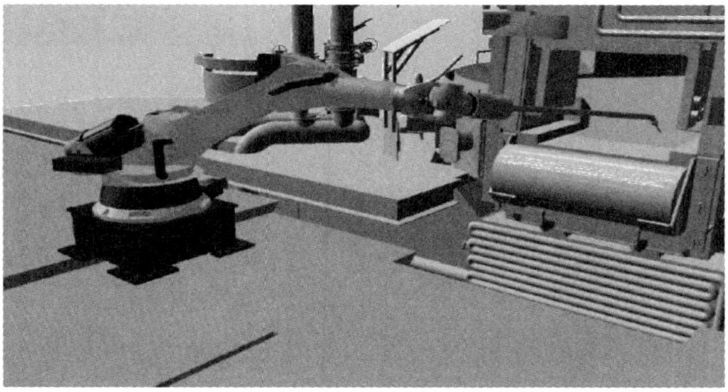

图 8-6 自动测温取样机器人

（2）美国 PTI（Process Technology International）公司开发的 PTI TempBox^{TM}自动测温取样系统见图 8-7。该系统可穿过炉壁进入熔池测温取样，不受系统供电的限制。冶炼过程门保持闭合，增加了炉膛内泡沫渣的停留时间和厚度，改善了炉内传热效率，降低了冶炼过程的能量消耗[5]。

(a)自动测温取样系统装置图

(b)自动测温取样系统安装现场

图 8-7 PTI TempBox^{TM}自动测温取样系统

（3）意大利 Danieli（达涅利）公司研发的 Q-Robert Melt 测温取样系统（图 8-8）可进行液位自动检测，采样深度保持恒定，自动化程度高，可自动取样并分析，设备维护率低。

图 8-8 Q-Robert Melt 测温取样系统

（4）德国 BSE 公司（巴登钢铁工程公司）开发的 MultiROB 机器人可以及时准确地测出钢液温度和氧含量等，再传输到计算机并计算得出碳含量等，测温和取样同时进行。该技术已在 LF 等精炼炉工位推广应用（图 8-9），显著提高了电弧炉炼钢流程炉前无人化操作水平。

8.3.1.2 非接触式连续测温

（1）Simetal RCB Temp 是奥钢联开发的一种非接触式温度测量系统（图 8-10），其依靠超声速氧气射流技术，在加料期间对废钢进行预热，加快废钢熔化速度，在精炼期以超

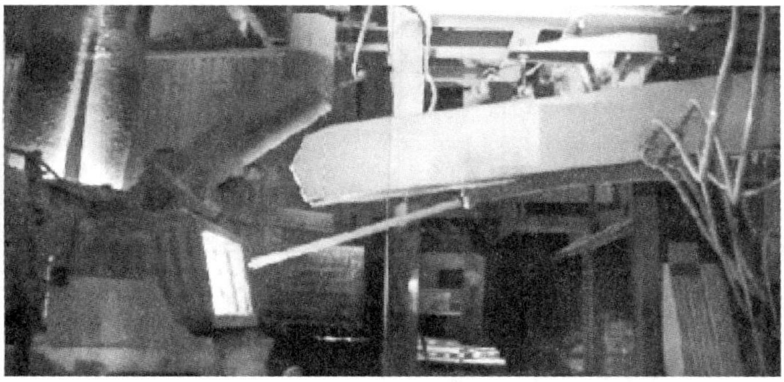

图 8-9 MultiROB 机器人在 LF 工位的应用

声速射流喷吹氧气，一旦达到规定的温度均匀性水平，系统就会切换到温度模式，以极短的时间间隔对温度进行分析[6]。

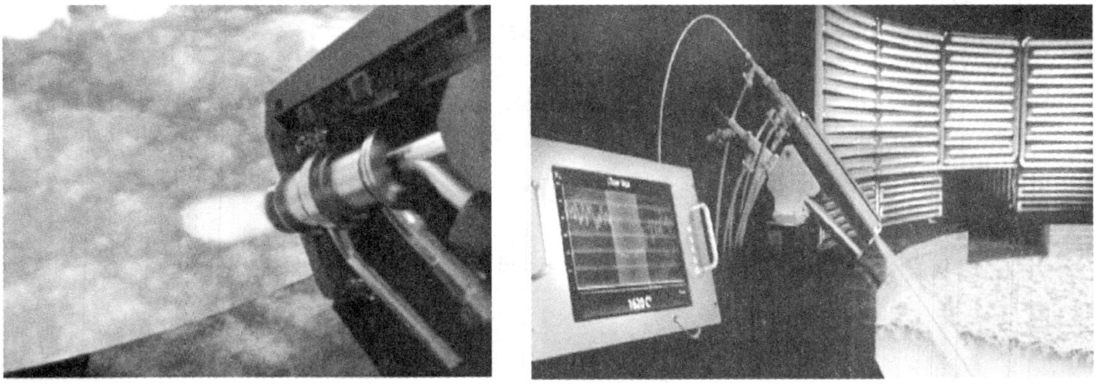

图 8-10 Simetal RCB Temp 非接触式温度测量

(2) 北京科技大学研发的 USTB 非接触式钢液测温系统见图 8-11[7]。在炉壁安装非接触钢液测温装置，利用多元测温气体喷吹获取钢液温度特征信号，建立的钢液温度信号处理模型可实现熔池温度测量及预报，钢液温度命中率为 84.0%（±10℃）。

8.3.2 泡沫渣监测控制技术

电弧炉的泡沫渣工艺主要通过目视观察和人工喷炭操作相结合的方式进行。基于电流信号和谐波含量的半自动系统只能在一定程度上协助操作人员完成泡沫渣工艺过程。优化泡沫渣智能化监测与控制方案，确保电弧和熔池完全被泡沫渣稳定地覆盖，既能节约资源和降低电耗，也有利于降低生产成本和减少热损失，是冶炼工艺实现全自动运行的重要方面[5]。

Siemens（西门子）开发的 SimeltSonArcFSM 泡沫渣监控系统见图 8-12[6]。该系统可以保证泡沫渣工艺的全自动进行。安装在炉体上的声音传感器通过隔音、定向、滤波等处理后，可在计算机屏幕上显示该噪声强度随吹炼时间的变化情况，即音频去向。通过音频去向可以在线了解泡沫渣的厚度及其变化趋势，从而为操作人员提供电弧炉泡沫渣过程和状

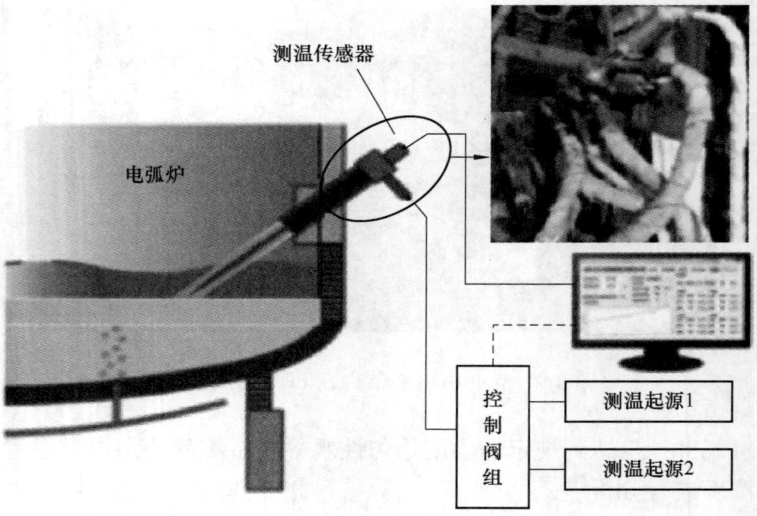

图 8-11 USTB 非接触式钢液测温系统

态的信息，为精确地检测和分析泡沫渣高度奠定基础。分区检测同电极有关的泡沫渣高度，能够为自动喷炭操作提供指导，从而最大限度降低消耗指标。除了降低电耗和碳耗，降低生产成本，还能够缩短通电时间和提高产能。

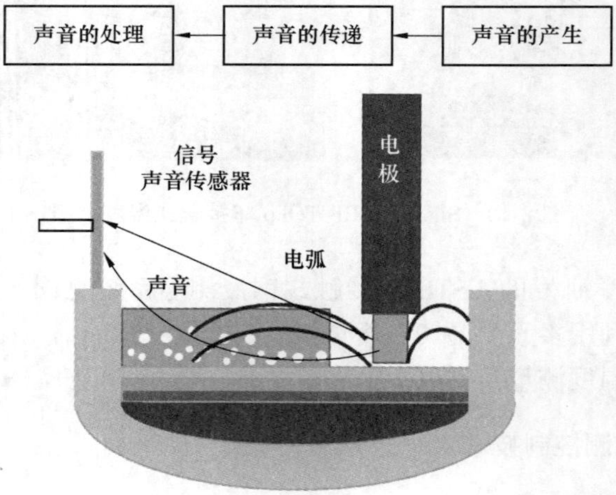

图 8-12 SimeltSonArcFSM 监控原理

8.3.3 炉内实时监测技术

炉内实时监测系统主要包括炉料加入与炉内反应监控子系统、电弧炉在线气体分析子系统和漏钢漏水子系统（图 8-13）。

8.3.3.1 电弧炉炉料加入与炉内反应监控子系统

电弧炉炉料加入与炉内反应监控子系统可实时监测钢液高温反应状态、钢液喷溅、泡

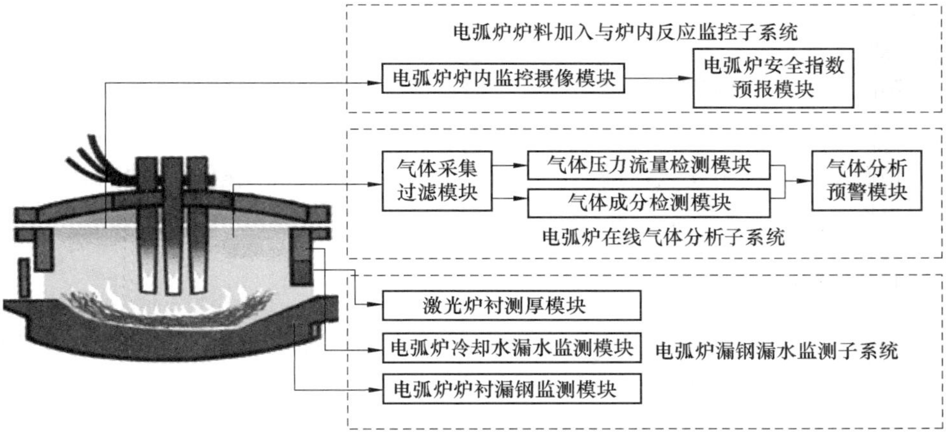

图 8-13 炉内监测系统

沫渣的高度、钢液反应剧烈程度、合金与渣料加入对炉内熔池喷溅的影响（图 8-14）。通常用于实时监测废钢加入情况和电弧炉内部状态，并给出相应的电弧炉安全指数和预警指数。

图 8-14 电弧炉炉料加入与炉内反应监控子系统

彩色原图

8.3.3.2 电弧炉烟气连续分析系统

电弧炉烟气连续分析系统可准确测量炉气的温度、流量以及炉气中 CO、CO_2、H_2、O_2、H_2O 和 CH_4 等成分，利用采集的信息和自身的控制模型对冶炼过程进行分析、判断并控制。该系统包括耐高温的废气采样系统、带有专用仿真和控制软件及数据采样的控制计算机。基于实时检测的炉气成分和温度，该系统能够确定化学能源在炉内的利用率、碳氧间的不平衡程度、排气系统有无爆炸危险和通风系统是否过分抽气等状况，同时可以实现氧气和燃气的动态输入控制，以保证气体的充分燃烧。

8.3.3.3 电弧炉漏钢漏水监测子系统

电弧炉漏钢漏水监测子系统通过在线监测电弧炉炉衬厚度和温度，监测电弧炉冷却水运行状态，应用温度反演得出炉衬表面的温度分布状况，并判断冷却水是否有泄漏，防止炉衬侵蚀严重发生漏钢以及冷却水泄漏事故。实现电弧炉炉衬厚度、内部温度、冷却水运行情况的实时监测，从而有效预防电弧炉炉衬漏钢和冷却水泄漏事故的发生，以保证电弧炉的平稳运行。

漏钢预警系统：利用炉底热电偶测量炉底温度，热电偶测量到温度升高，系统发出漏钢预警。

漏水预警系统：利用安装在进回水管道上的流量计及测温热电阻，检测到进回水的流量差超出安全值或回水温度高，系统发出漏水预警信号。

8.3.4 烟气连续分析系统

国外电弧炉供货商 Danieli、Tenova、Premetals、SMS 等均开发出具有各自技术特点的电弧炉烟气分析系统。烟气采集分析技术主要有抽取式烟气分析技术和烟道内激光烟气分析技术两种。国内外已经配备电弧炉烟气监测分析系统的企业中，约 90%采用了抽取式烟气分析技术，10%采用了烟道内激光烟气分析技术。

8.3.4.1 抽取式烟气分析技术

抽取式烟气分析技术采用水冷探针、加热线和分析仪来不断地抽取、净化和分析烟道中烟气样品。分析方法包括无弥散红外线、热传导、固态电解质和质谱学等技术。

抽取式烟气分析技术有如下优点：

（1）可分析未稀释的烟气化学成分；

（2）连续的全光谱烟气分析，包括 CO、CO_2、O_2、H_2、水蒸气、N_2 以及需要分析的微小物质；

（3）氧化或还原气氛中均获得高效率的水分渗漏检测结果；

（4）高于 99%的可靠性。

但抽取式烟气分析技术也存在响应滞后时间长（从探针顶端到分析仪需要 20~40s）、投资成本高、需定期对分析仪进行校准等缺点。

Premetals 公司主要采用抽取式烟气监测分析系统，见图 8-15。

8.3.4.2 烟道内激光烟气分析技术

烟道内激光烟气分析技术使用可调节的二极管激光器在烟道里传送近似红外线的光束，激光的波长在气体的特殊光谱范围内调整，光束吸收的数量可以用来计算不同烟气的浓度。

烟道内激光烟气分析技术具有响应时间短（大约 2s）、自校准、不需要特殊的环保型分析室等优点。其缺点包括以下方面：

（1）分析多种气体时需配备多套激光烟气分析仪；

（2）不能用于分析很多双原子分子气体，例如 N_2 和 H_2；

（3）烟气中的烟尘会使得激光束衰减而中断信号传输，影响可靠性。

Danieli 公司主要采用烟道内激光式烟气监测分析系统，见图 8-16。

Tenova 公司之前主要采用抽取式烟气监测分析系统，见图 8-17。

近期 Tenova 研制出新一代应用于电弧炉烟气监测分析的技术，结合了抽取式技术的可靠稳定、激光技术响应时间短、较低的硬件配置和安装成本等优点，见图 8-18。

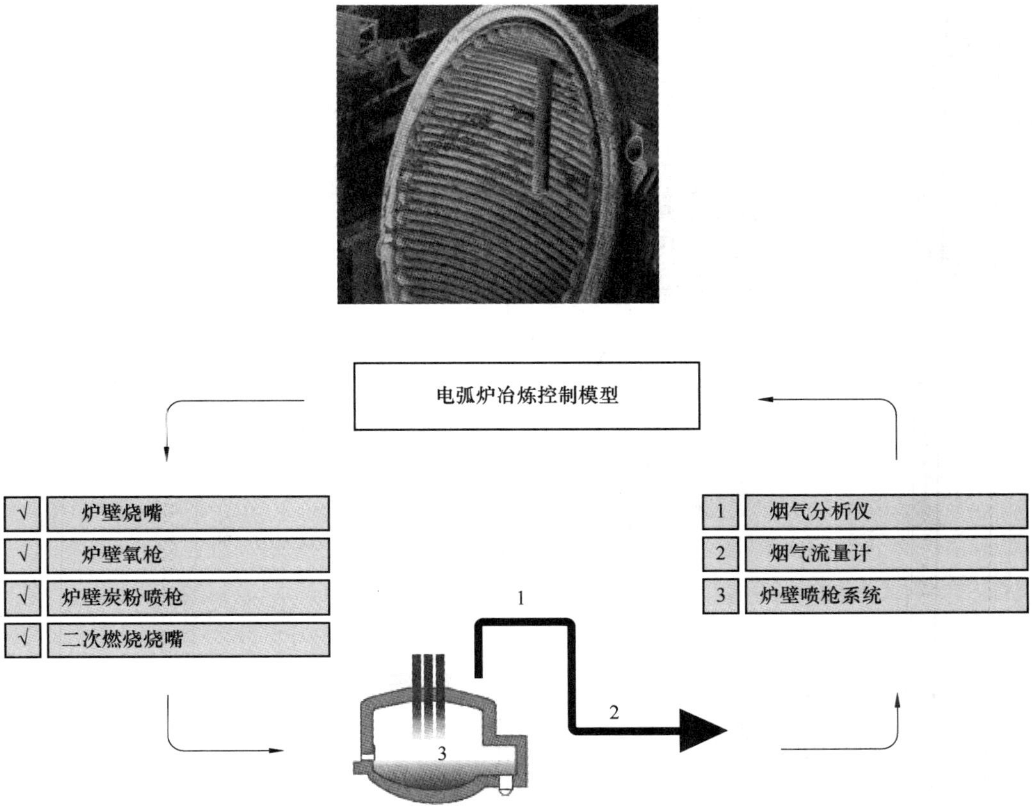

图 8-15 Premetals-LOMAS™电弧炉烟气监测分析系统（抽取式）

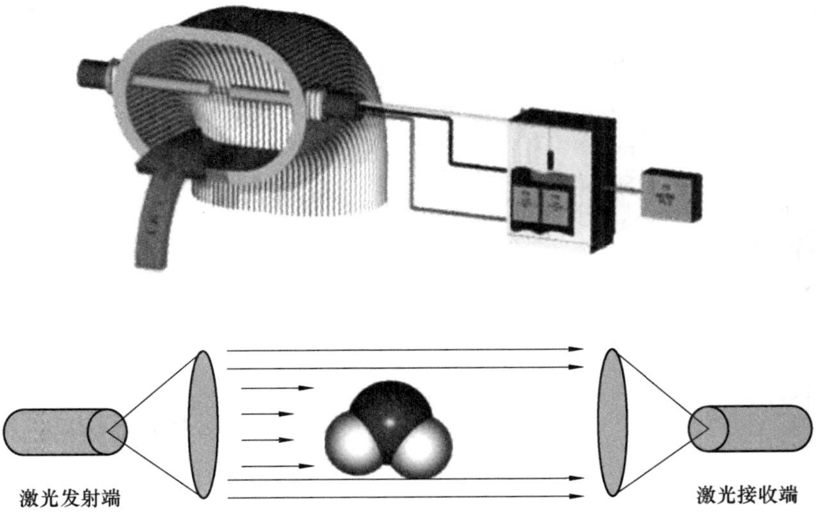

图 8-16 Danieli-LINDARC® 电弧炉烟气监测分析系统（烟道内激光式）

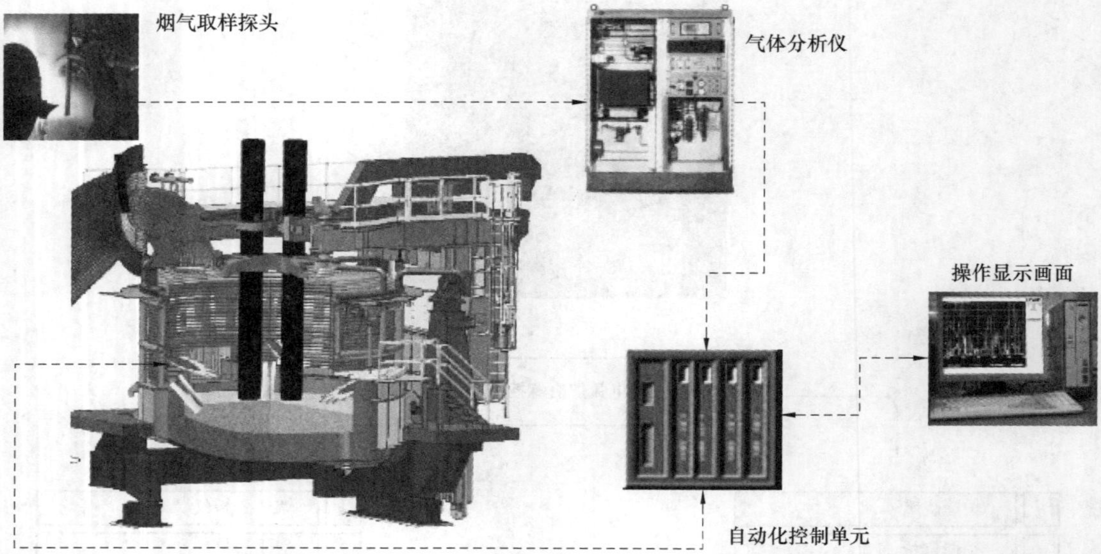

图 8-17 Tenova-EFSOP@ 电弧炉烟气监测分析系统（抽取式）

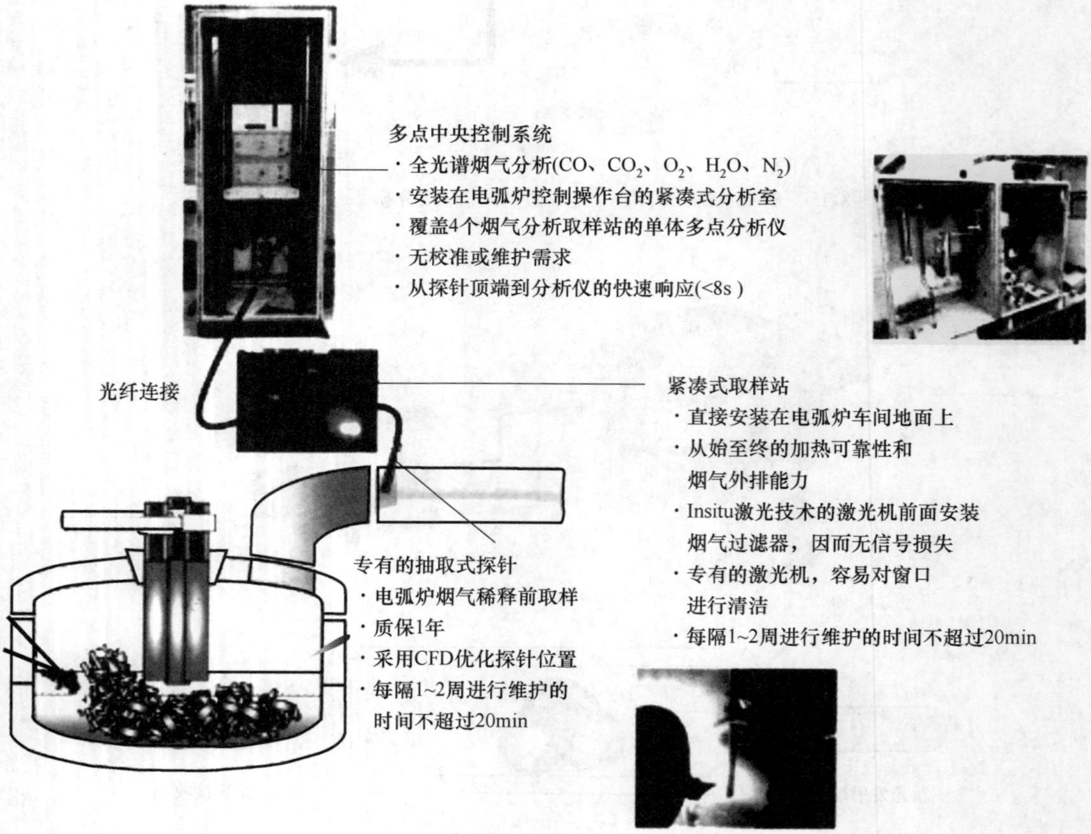

图 8-18 Tenova-NEXTGEN@ 电弧炉烟气监测分析系统（抽取+激光式）

SMS 公司也采用类似于 Danieli 公司的烟道内激光烟气分析技术。

目前，国内外电弧炉烟气监测分析的烟气分析仪由专业的气体分析仪器厂家提供，电弧炉设计供货商根据自身电弧炉装备特点对烟气监测分析系统进行选型和集成，并对采集数据进行分析整理，结合自身电弧炉冶炼工艺特点，与电弧炉其他系统相互联系，最终形成各具特点的电弧炉冶炼二级控制模型。

已投入实际生产的电弧炉抽取式烟气分析系统或烟道内激光式烟气分析系统，由于电弧炉冶炼过程中存在原料条件变化大、冶炼中大量环境空气混入电弧炉炉内参与冶炼反应、电弧炉烟气需二次燃烧消除 CO 等原因，应用于电弧炉生产的烟气监测分析系统所处环境恶劣，监测结果数据波动性和随机性很大，同时二级模型里也没有对烟气中 H_2O、N_2 和炉内混入空气的分析处理，造成二级模型无法对电弧炉炉内冶炼情况进行准确判断，无法连续正确地指导电弧炉冶炼。

8.4 支撑科学决策的工艺模型

智能化电弧炉控制技术以物料平衡与能量平衡为基础，以优化配料、智能电极调节、供电曲线调整、供氧曲线调整、动态碳温预报、自动出钢判定等智能模型技术为核心，依托实时可靠的数据监测系统完成数据采集，借助生产大数据及人工智能算法技术进行模型自学习、自优化和自决策，依靠自动化装备及控制系统完成操作和生产，以实现电弧炉炼钢的智能感知、智能决策和智能执行的闭环智能化控制，并借助三维可视化技术，最终实现电弧炉炼钢的可视化、稳定化、高效化和高品质、低成本的动态有序生产。

智能模型贯穿整个电弧炉生产过程控制，运行时序见图 8-19。

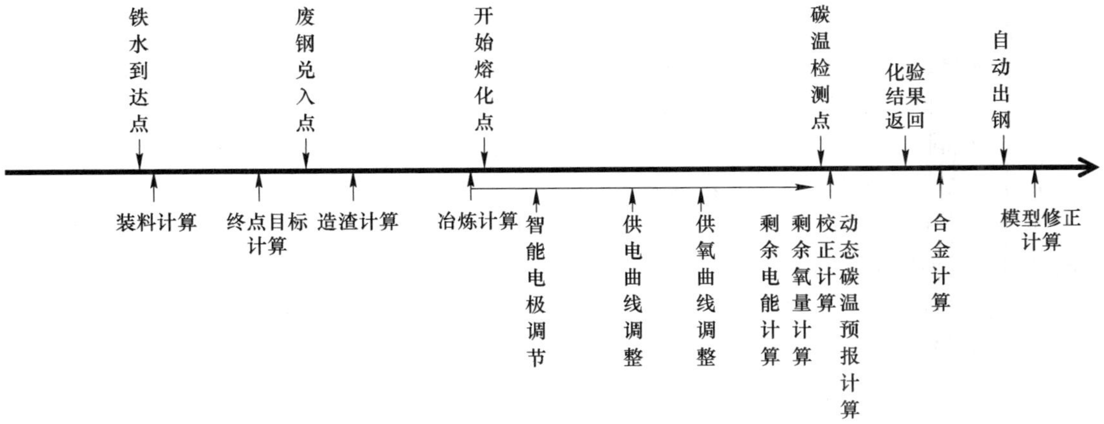

图 8-19 智能模型运行时序

8.4.1 电弧炉优化配料模型

装料优化计算模型主要根据留钢信息、铁水信息、目标钢种信息、合金信息等计算各废钢配比量。模型根据物料平衡原理，以实现钢种成分为目标，考虑不氧化元素合金加入量，使废钢与不氧化合金总成本最低，计算废钢加入量。模型支持多种不同废钢的配比计算，可根据两种模式进行废钢计算，即优先级模式和固定比例模式。优先级模式根据优先级和最大重量限制，按优先级的高低计算每种废钢的加入量；固定比例模式根据用户设定的每种废钢的配比计算各种废钢的加入量[1]。

以下为全废钢条件下，如何通过优化炉料结构，保证电弧炉生产的深冲薄板钢金属杂质及氮含量符合技术条件要求。深冲薄板钢主要用于汽车、船舶、建筑、电器、军工、食品、包装和家具等工业。这类钢种不但对钢的常规质量要求严格，而且对残余元素含量也有明确限制。对残余元素要求最严格的深冲薄板钢为 Cr+Ni+Cu+Mo+Sn≤0.16。表 8-1 为美国 R. J. Fruehan 列出的深冲薄板钢中残余元素的含量限制。

表 8-1 深冲薄板钢对残余元素的含量限制 (%)

元素	Cu	Ni	Cr	Mo	Sn	总计
成分	≤0.06	≤0.10	≤0.07	≤0.02	≤0.01	≤0.14

从上述对残余元素含量的要求来看，如果采用传统的全废钢法电弧炉冶炼深冲薄板钢，是不能满足质量标准的，因为废钢中这些残余元素的含量远远超标，而且这些残余元素在冶炼过程中不能去除。为了保证质量，必须采用废钢替代品来稀释残余元素的含量，可供选择的炉料结构为废钢+铁水（生铁）、废钢+DRI/HBI 以及废钢+生铁+DRI/HBI。

8.4.1.1 炉料结构模型开发的基本思想

炉料结构的确定是电弧炉整个冶炼工序的重要组成部分。配料的好坏不仅关系到冶炼工艺的顺利进行，也关系到生产成本、钢质量、金属收得率等。确定炉料结构模型的基本思想包括：

（1）控制有害杂质元素含量，保证最终产品中有害杂质元素达到规格要求；

（2）保证一定的配碳量，满足脱氮要求；

（3）在满足条件（1）（2）的前提下，考虑原料的库存情况，保证配料成本最低。

8.4.1.2 炉料结构模型的基本内容

考虑原料的实际库存量，选择配料方案。配料方案包括全废钢、废钢+生铁、废钢+DRI/HBI、废钢+生铁+DRI/HBI。

在选定配料方案后，以实现最低成本为目标函数，用最优化原理确定各炉料的配入量，核算钢中的有害杂质元素（包括 S、P）是否满足规格要求。

8.4.1.3 炉料结构模型的建立

根据建模的基本思想，可认为各炉料的最优配入量问题就是寻求最低成本的最优化问题，要正确确定变量、约束及目标函数。

A 变量的确定

变量是一些相互独立的基本参数，一组变量的数值表示了优化问题的一种方案。本模型主要解决在不同炉料结构条件下，确定原料量及成本问题，而成本又由原料量决定，所以可把三种不同的炉料量（X_{scrap}、X_{iron}、$X_{DRI/HBI}$）作为变量，总炉料量（W）由下式决定：

$$W = \frac{出钢量}{炉料综合收得率} = X_{scrap} + X_{iron} + X_{DRI/HBI} \tag{8-1}$$

$$X_{scrap} = \sum_{i=1}^{n} X'_i \tag{8-2}$$

式中 X'_i——某一种废钢的重量，kg；

X_{scrap}——废钢总重量，kg。

B 约束的确定

约束是实际生产中对变量值的种种限制，是以实现符合条件的最优解为目的的。

为控制薄板坯残余元素含量，以珠钢为例，对钢产品中最严格的金属杂质元素（Cu、Ni、Cr、Mo、Sn 含量，即 x_{Cu}、x_{Ni}、x_{Cr}、x_{Mo}、x_{Sn}）的约束为：

$$x_{Cu} \leqslant 0.06 \tag{8-3}$$

$$x_{Ni} \leqslant 0.10 \tag{8-4}$$

$$x_{Cr} \leqslant 0.07 \tag{8-5}$$

$$x_{Mo} \leqslant 0.02 \tag{8-6}$$

$$x_{Sn} \leqslant 0.01 \tag{8-7}$$

$$x_{Cu} + x_{Ni} + x_{Cr} + x_{Mo} + x_{Sn} \leqslant 0.14 \tag{8-8}$$

考虑脱氮量、供氧强度及冶炼时间的要求，对配碳量（即 x_C）的要求如下：

$$x_C \geqslant 1 \tag{8-9}$$

最终钢液中的氮含量由下式决定：

$$[N] = [N]_0 - \Delta[N]_1 + \Delta[N]_2 + \Delta[N]_3 + \Delta[N]_4 + \Delta[N]_5 \tag{8-10}$$

式中 $[N]$——最终钢液中的氮，ppm；

$[N]_0$——炉料中的氮，ppm；

$\Delta[N]_1$——电弧炉冶炼过程中的脱氮量，ppm，它是脱碳量的函数，即：

$$\Delta[N]_1 = f(\Delta[C]) \tag{8-11}$$

$\Delta[N]_2$——出钢过程增氮量，ppm；

$\Delta[N]_3$——LF 过程的增氮量，ppm；

$\Delta[N]_4$——LF—CC 过程的增氮量，ppm；

$\Delta[N]_5$——连铸过程的增氮量，ppm。

对最终钢液中的氮要求如下：

$$[N] \leqslant 40 \sim 60\text{ppm}$$

在确定了 $\Delta[N]_1$、$\Delta[N]_2$、$\Delta[N]_3$、$\Delta[N]_4$ 后，可求出对炉料中氮的要求为：

$$[N]_0 = (40 \sim 60) + \Delta[N]_1 - \Delta[N]_2 - \Delta[N]_3 - \Delta[N]_4 \tag{8-12}$$

许用量约束条件为：

$$X_{iron} \leqslant 30\%W \tag{8-13}$$

$$X_{DRI/HBI} \leqslant 20\%W \tag{8-14}$$

$$X_{iron} + X_{DRI/HBI} \leqslant 35\%W \tag{8-15}$$

对炉料总量的约束为：

$$X_{scrap} + X_{iron} + X_{DRI/HBI} = W \tag{8-16}$$

非负条件的约束为：

$$X_{scrap} \geqslant 0 \tag{8-17}$$

$$X_{iron} \geqslant 0 \tag{8-18}$$

$$X_{DRI/HBI} \geqslant 0 \tag{8-19}$$

C 目标函数的确定

在满足约束条件的前提下，追求成本最低。设目标函数为 Z，则：

$$\min Z = P_{scrap}X_{scrap} + P_{iron}X_{iron} + P_{DRI/HBI}X_{DRI/HBI} \tag{8-20}$$

式中，P_{scrap}、P_{iron}、$P_{DRI/HBI}$ 分别为每吨废钢、生铁和 DRI/HBI 的价格，元/t。

D 炉料结构模型的建立

炉料结构模型可归结为以下线性规划问题：

$$\min Z = P_{scrap}X_{scrap} + P_{iron}X_{iron} + P_{DRI/HBI}X_{DRI/HBI} \tag{8-21}$$

st.

$$\frac{X_{scrap}(\%Cu)_{scrap} + X_{iron}(\%Cu)_{iron} + X_{DRI/HBI}(\%Cu)_{DRI/HBI}}{W} \leqslant 0.06 \tag{8-22}$$

$$\frac{X_{scrap}(\%Ni)_{scrap} + X_{iron}(\%Ni)_{iron} + X_{DRI/HBI}(\%Ni)_{DRI/HBI}}{W} \leqslant 0.10 \tag{8-23}$$

$$\frac{X_{scrap}(\%Cr)_{scrap} + X_{iron}(\%Cr)_{iron} + X_{DRI/HBI}(\%Cr)_{DRI/HBI}}{W} \leqslant 0.07 \tag{8-24}$$

$$\frac{X_{scrap}(\%Mo)_{scrap} + X_{iron}(\%Mo)_{iron} + X_{DRI/HBI}(\%Mo)_{DRI/HBI}}{W} \leqslant 0.02 \tag{8-25}$$

$$\frac{X_{scrap}(\%Sn)_{scrap} + X_{iron}(\%Sn)_{iron} + X_{DRI/HBI}(\%Sn)_{DRI/HBI}}{W} \leqslant 0.01 \tag{8-26}$$

$$\frac{X_{scrap}[(\%Cu)_{scrap} + (\%Ni)_{scrap} + (\%Cr)_{scrap} + (\%Mo)_{scrap} + (\%Sn)_{scrap}]}{W} +$$

$$\frac{X_{iron}[(\%Cu)_{iron} + (\%Ni)_{iron} + (\%Cr)_{iron} + (\%Mo)_{iron} + (\%Sn)_{iron}]}{W} +$$

$$\frac{X_{DRI/HBI}[(\%Cu)_{DRI/HBI} + (\%Ni)_{DRI/HBI}(\%Cr)_{DRI/HBI} + (\%Mo)_{DRI/HBI} + (\%Sn)_{DRI/HBI}]}{W} \leqslant 0.14 \tag{8-27}$$

$$\frac{X_{scrap}(\%C)_{scrap} + X_{iron}(\%C)_{iron} + X_{DRI/HBI}(\%C)_{DRI/HBI}}{W} > 1 \tag{8-28}$$

$$\frac{X_{scrap}(\%N)_{scrap} + X_{iron}(\%N)_{iron} + X(\%N)_{DRI/HBI}}{W} \leqslant [N]_0 \tag{8-29}$$

$$X_{\text{iron}} \leqslant 30\% W \tag{8-30}$$

$$X_{\text{DRI/HBI}} \leqslant 20\% W \tag{8-31}$$

$$X_{\text{iron}} + X_{\text{DRI/HBI}} \leqslant 35\% W \tag{8-32}$$

$$X_{\text{scrap}} + X_{\text{iron}} + X_{\text{DRI/HBI}} = 159.6 \tag{8-33}$$

$$X_{\text{scrap}} \geqslant 0 \tag{8-34}$$

$$X_{\text{iron}} \geqslant 0 \tag{8-35}$$

$$X_{\text{DRI/HBI}} \geqslant 0 \tag{8-36}$$

8.4.1.4 炉料结构模型的应用

A 炉料结构模型的求解

炉料结构模型计算程序主框图见图 8-20，最优解的求解程序框图见图 8-21。不同来源的废钢成分、不同产地的生铁及 DRI/HBI 成分以数据库形式保存，随时调用。

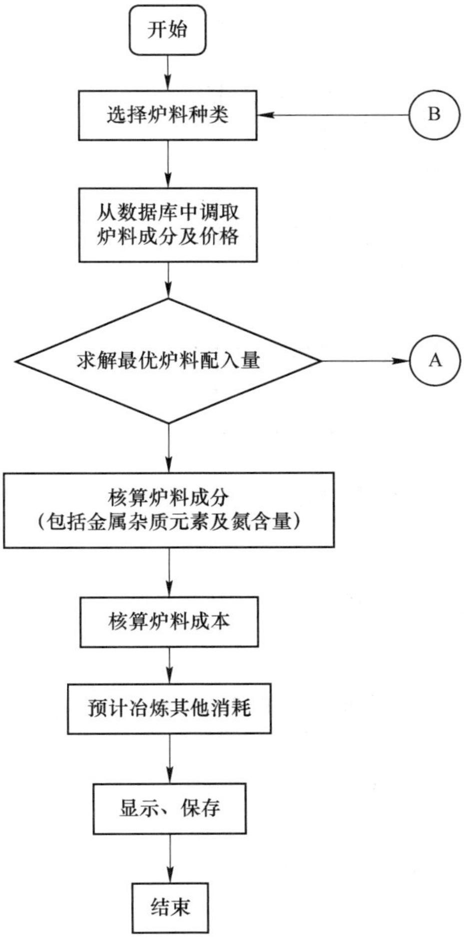

图 8-20 运算程序主框图

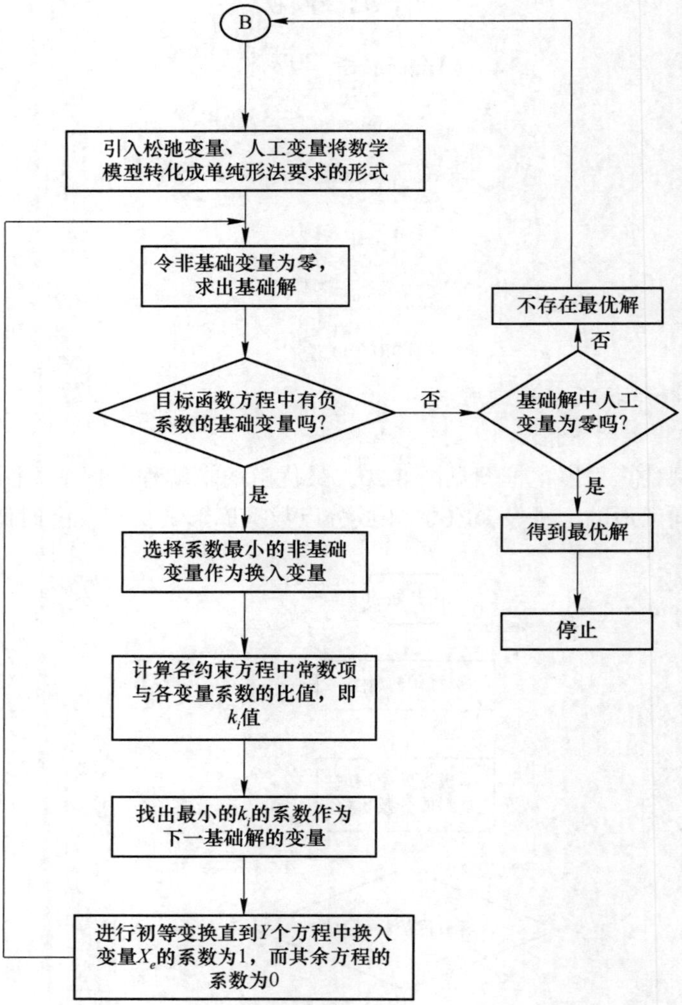

图 8-21 炉料结构优化模型最优解的求解程序框图

B 炉料结构模型的应用

假定废钢（废钢中金属杂质含量为广州钢厂所用废钢的平均值）、生铁及 DRI/HBI 的成分见表 8-2。

表 8-2 三种炉料的化学成分 (%)

项目	价格/元·t^{-1}	C	Si	Mn	S	P	Cu	Ni	Cr	Mo	Sn
废钢 1	1100	0.08	0.03	0.35	0.03	0.08	0.045	0.07	0.05	0.01	0.003
废钢 2	1100	0.08	0.03	0.35	0.03	0.08	0.21	0.07	0.05	0.02	0.003
废钢 3	1100	0.08	0.03	0.35	0.03	0.08	0.045	0.03	0.05	0.01	0.003

续表 8-2

项目	价格/元·t^{-1}	C	Si	Mn	S	P	Cu	Ni	Cr	Mo	Sn
生铁 1	1000	4.25	0.41	0.7	0.04	0.01	0.01	0.04	0.025	0.01	0
生铁 2	1000	4.3	0.15	0.8	0.06	0.06	0.04	0.016	0.008	0.04	0.001
DRI/HBI	1400	0.90	0.34	0.35	0.01	0.06	0.005	0.005	0.005	0.001	0.001

以废钢 2、生铁 2、DRI/HBI 为例，在满足约束条件下，配料中各钢铁料的用量见表 8-3，配料后成分见表 8-4。

表 8-3　模型计算各钢铁料量　(t)

项目	废钢	生铁	DRI/HBI
用量	103.7	37.1	18.8

表 8-4　配料的成分　(%)

元素	C	Si	Mn	S	P	Cu	Ni	Cr	Mo	Sn
成分	1.158	0.094	0.455	0.035	0.073	0.039	0.03	0.035	0.016	0.002

注：Cu+Ni+Cr+Mo+Sn=0.122。

考虑原料中杂质元素含量的具体情况及不同钢种对杂质含量的要求，单个金属杂质量及金属杂质总量的约束可相应放宽；另外，对于非第一炉钢液在计算时，还需考虑炉内留钢中金属杂质的含量对最终产品的影响。

8.4.2 电弧炉供电及供氧模型

供电及供氧模型包括用能计算和用氧综合计算模型，根据实际废钢兑入量与各物料加入量，分别计算冶炼所需总能量、所需总电能以及所需总氧量，为供电与吹氧控制提供依据。其中用氧计算模型如下。

8.4.2.1 电弧炉中的氧平衡

电弧炉中的氧气来源主要有炉门氧枪供氧、炉壁烧嘴供氧和空气中的氧气。氧气进入电弧炉会与炉中的物质发生一系列反应。由氧枪喷出的氧气直接冲击熔池，与熔池中的钢液接触，直接氧化钢液中的元素，其中主要发生的反应是：

$$[Fe] + 1/2\{O_2\} = [FeO] \tag{8-37}$$

反应产物 FeO 一部分保留在钢液中与其他杂质元素反应，另一部分则进入渣中，在钢渣界面氧化钢液中的杂质元素 C、Si、Mn、P 等，其反应式如下：

$$[C] + (FeO) = \{CO\} + [Fe] \tag{8-38}$$

$$[Si] + 2(FeO) = (SiO_2) + 2[Fe] \tag{8-39}$$

$$[Mn] + (FeO) = (MnO) + [Fe] \tag{8-40}$$

$$[P] + 5/2(FeO) + 3/2(CaO) = 1/2(Ca_3(PO_4)_2) + 5/2[Fe] \tag{8-41}$$

氧气对熔池的冲击会产生一定的喷溅，喷溅出的 FeO 液滴遇到吹入炉中的氧气发生如下反应：

$$(FeO) + 1/4\{O_2\} = 1/2\{Fe_2O_3\} \tag{8-42}$$

$$(FeO) + \{Fe_2O_3\} = \{Fe_3O_4\} \tag{8-43}$$

产物 Fe_2O_3 和 Fe_3O_4 会进入烟尘排出炉外。

在熔池的渣层，FeO 会与炉门氧枪喷入的炭粉发生反应，而且随着产物 CO 在渣层中的上升，还有二次燃烧反应发生：

$$(FeO) + \{CO\} = [Fe] + \{CO_2\} \tag{8-44}$$

最后，渣中没有反应的 FeO 随渣流出炉外。

此外，造渣材料石灰中所含的 CaO 与硫还会发生反应，从而向熔池中提供少量的氧元素，反应方程式如下：

$$(CaO) + [S] = (CaS) + [O] \tag{8-45}$$

综上所述，输入电弧炉中的氧有炉门氧枪、炉壁烧嘴和空气中带入的氧气以及造渣材料提供的少量氧，而输出电弧炉的氧则有烟气烟尘中的 CO、CO_2 等氧化产物及未反应的氧气，还有炉渣中的 FeO、SiO_2 等氧化产物及钢水中的少量氧。

8.4.2.2 电弧炉理论耗氧量的计算

根据各主要元素反应的耗氧量的计算公式，计算出冶炼一炉合格电炉钢的理论耗氧量。

（1）碳的氧化：

$$V_{O-C} = \frac{C_{总}}{12} \times [(1-\varepsilon) \times 0.5 + \varepsilon \times 1] \times 22.4 \times 1000 \tag{8-46}$$

式中 V_{O-C}——碳元素的耗氧量，Nm^3；

$C_{总}$——参与反应的总碳量，t；

ε——碳的二次燃烧率，%。

而其中 $C_{总}$ 包括原料中的 C、消耗电极带入的 C 以及造泡沫渣炭粉中的 C，由下式计算：

$$C_{总} = G_1 \times C\% + G_2 \times C\% + G_3 \times C\% + (G_1 + G_2 + G_3) \times (k + c) \times 10^{-3} - G_{出} \times C\% \tag{8-47}$$

式中 G_1，G_2，G_3，$G_{出}$——分别为废钢、铁水、生铁及出钢量，t；

C%——各部分相应的碳的质量百分含量，%；

k——电极带入碳，kg/t；

c——喷吹炭粉带入碳，kg/t。

（2）硅、锰、磷的氧化：

$$V_{O-Si} = \frac{G_1 \times Si\% + G_2 \times Si\% + G_3 \times Si\% - G_{出} \times Si\%}{M_{Si}} \times 22.4 \times 1000 \tag{8-48}$$

$$V_{O-Mn} = \frac{G_1 \times Mn\% + G_2 \times Mn\% + G_3 \times Mn\% - G_{出} \times Mn\%}{M_{Mn}} \times 0.5 \times 22.4 \times 1000 \tag{8-49}$$

$$V_{O-P}=\frac{G_1\times P\%+G_2\times P\%+G_3\times P\%-G_{出}\times P\%}{M_P}\times 1.25\times 22.4\times 1000 \tag{8-50}$$

式中 V_{O-Si}——硅元素的耗氧量，Nm^3；

V_{O-Mn}——锰元素的耗氧量，Nm^3；

V_{O-P}——磷元素的耗氧量，Nm^3；

M_{Si}，M_{Mn}，M_P——分别为对应元素的原子量；

Si%，Mn%，P%——分别为各元素相应的质量百分含量,%。

（3）Fe 的氧化：

$$V_{O-Fe}=\frac{(G_1\times Fe\%+G_2\times Fe\%+G_3\times Fe\%)\times\eta}{M_{Fe}}\times\left[(1-\theta)\times\frac{3}{4}+\theta\times\frac{1}{2}\right]\times 22400 \tag{8-51}$$

式中 Fe%——各部分相应的铁的质量百分含量,%；

M_{Fe}——铁的原子量；

η——被氧化的铁占总铁的比例,%；

θ——转化为 FeO 的铁占总铁的比例,%。

这些铁元素的氧化产物部分进入渣中，部分溶解在钢液里，还有部分进入到烟尘中。即冶炼一炉合格钢水，其中各主要元素氧化需要的理论氧量 V 为：

$$V=V_{O-C}+V_{O-Si}+V_{O-Mn}+V_{O-P}+V_{O-Fe} \tag{8-52}$$

（4）渣料能够提供的氧量。在加入的炉料中，石灰会提供氧量，其能提供的氧转化为标准体积的氧气为：

$$V_{石灰-O}=\frac{G_{石灰}\times S\%}{M_S}\times 0.5\times 22.4\times 1000 \tag{8-53}$$

式中 $V_{石灰-O}$——石灰提供的氧量，Nm^3；

$G_{石灰}$——石灰加入量，t；

S%——石灰中硫的质量百分含量,%；

M_S——硫的摩尔质量。

（5）氧枪吹入的氧量：

根据氧平衡，输入炉内的氧除了渣料提供的氧，还有各氧枪吹入的氧和空气带入的氧，考虑到氧气的利用率，则有：

$$(V_{枪-O}+V_{空-O})\times\eta_O=V-V_{石灰-O} \tag{8-54}$$

式中 η_O——氧气利用率,%。

通常空气带入的氧气约占总输入氧气的 20%，那么可得理论上需要氧枪吹入的氧量为：

$$V_{枪-O}=\frac{V-V_{石灰-O}}{\eta_O\times 80\%} \tag{8-55}$$

8.4.3 电弧炉冶炼终点控制模型

根据钢包到站目标温度，综合考虑等待热损失、出钢热辐射、钢包炉衬吸热、钢包运输过程底搅拌热损失等因素，确定电弧炉出钢目标温度。同时，根据出钢过程合金加入种类和重量、钢种目标碳含量及出钢过程碳损失，确定电弧炉目标出钢碳含量。

在电弧炉物料平衡和热平衡建立反应机理模型的基础上，利用炉气分析检测和钢液温度测量手段，对电弧炉炉气成分、温度和流量进行连续监测，建立基于炉气成分分析和物质衡算的脱碳指数-积分混合模型和钢液终点温度智能神经网络预报模型，实时计算电弧炉脱磷速度、脱碳放热速度、热损失速度，预测电弧炉内钢液的成分与温度；利用电弧炉能量分段输入控制方法，协同控制供氧、供电、底吹、喷粉等单元操作，使钢水脱碳和升温协调进行。将人工神经网络、支持向量机、遗传算法等智能算法引入电弧炉炼钢，进行终点预报[2-4]。

8.4.3.1 动态钢水温度预报模型

动态钢水温度预报模型通过考虑电弧炉系统能量输入输出来计算当前温度，综合多种影响因素，包括当前炉内钢水温度、废钢熔化情况、总吹氧量、燃气量、炭粉量、电能消耗量、炉气、冷却水等。对于不同的炉体，通过大数据与 AI 智能回归模型确定影响因素的参数，达到准确预报的目的。同时，模型具有自学习能力，随着样本数据的积累，预报精度会进一步提高。每炉次第一次测温后开始预报，计算实时钢水温度并绘制成曲线图，便于操作人员控制温度变化趋势，减少测温次数，控制冶炼时间。

现代电弧炉炼钢过程分为熔化期和氧化期两个阶段，熔化期是废钢熔化的过程，在这个阶段随着废钢的不断熔化，熔池质量也不断发生变化，从而引起熔池成分的变化。要想清楚熔化期里熔池成分和温度的变化规律，就必须要知道废钢受热熔化的规律。

电弧炉能量输入的方式较多，包括电极供热、铁水的物理热、吹氧的化学热等，而且废钢的形态和物性也多种多样，这就使得废钢吸热熔化的过程变得非常复杂。在冶炼中，电弧炉中物料组成、比例、状态随冶炼过程的进行而不断变化，物料的传热也随着其分布、相互接触状态和炉况的变化而显得更为复杂。为了简化模型，假定所有的液相（包括炉渣和钢液）的温度相同，所有固相（包括废钢、石灰等）的温度相同，物料间仅存在固相、液相间的接触传热。此外，因熔化过程中电极穿井过程所占的冶炼时间很短，由电弧直接加热熔化的废钢量相对很小，故假定电弧的热量首先传递给钢液，再通过钢液将热量传递给废钢，废钢的加热是以钢液为传热媒介的间接受热过程。废钢吸收热量可以由下式表示：

$$Q_{sc} = \alpha F(T_L - T_S) \tag{8-56}$$

式中 Q_{sc}——单位时间废钢吸收热量；

α——废钢与钢液的换热系数；

F——废钢与钢液接触面积；

T_L，T_S——分别为钢液与废钢的温度。

废钢的熔化速率依据钢液成分的变化，可由传热控制也可由元素的传质控制，或两者兼有。为简化模型，此处假定废钢的熔化速率仅取决于热量的传递。此外，假定废钢吸收的热量一部分用于熔化，另一部分用于废钢的加热，两者之间的热量分配系数取决于废钢温度与钢液温度之比，即废钢温度越高，用于熔化废钢所占的热量的比例就越高，则废钢的熔化速率可表示为：

$$m = \frac{\alpha F(T_L - T_S)(T_S/T_L)}{\Delta H + C_{sc}(T_L - T_S)} \tag{8-57}$$

式中 m ——单位时间熔化的废钢量；

ΔH——废钢的熔化焓；

C_{sc} ——废钢比热。

对于废钢与钢液接触面积的计算，假定废钢的表面积与其质量成正比，即：

$$F = kM_S \tag{8-58}$$

式中 k ——比例系数，反映废钢的破碎程度；

M_S ——废钢质量。

废钢在熔化过程中表面积的变化规律因废钢块的初始形状不同而异，但可以一致表示为：

$$F = F_0\left(\frac{M_S}{M_{S0}}\right)^n \tag{8-59}$$

式中 F_0——初始废钢表面积；

M_{S0} ——初始废钢质量；

n ——与废钢初始形状相关的指数。一般 n 取值如下：球，$n = 2/3$；圆柱，$n = 1/2$；平板，$n = 0$。实际废钢堆中各类废钢均有一定的比例，n 的取值反映了各类废钢所占比例的大小，由上述分析可知取值范围为 $0 \leqslant n \leqslant 2/3$。

为了简化模型，假定废钢堆在熔化过程中整体均匀下沉，生成钢液自炉底朝上填充废钢气隙，直至淹没废钢；在淹没废钢之前，钢液与废钢混合区的废钢与钢液体积比保持不变，且钢液密度与废钢密度近似相等。则钢液恰好将废钢覆盖时的废钢质量为：

$$M_S = M_0\theta \tag{8-60}$$

式中 M_0——初始加入废钢及铁水量，包括留钢量。

那么废钢与钢液接触面积分为两个阶段，表示如下：

$$F = \begin{cases} kM_L\theta/(1-\theta) \rightarrow M_S > M_0\theta \\ kM_S \rightarrow M_S \leqslant M_0\theta \end{cases} \tag{8-61}$$

式中 M_L ——钢水质量；

θ ——钢液与废钢混合区的废钢体积比。

所以，废钢熔化速度可表示为：

废钢完全浸润前：

$$m = \frac{\alpha(T_L - T_S)T_S}{\Delta H T_L}kM_L\theta/(1-\theta) \tag{8-62}$$

废钢完全浸润后：

$$m = \frac{\alpha(T_L - T_S)T_S}{\Delta H T_L}kM_S \tag{8-63}$$

对于对流换热系数，平板的定性尺寸在废钢熔化过程中是不变化的，因此 α 始终保持常数；而对于球类以及棒类，定性尺寸逐渐变小，但绕流速度 v 也在变化，通常是变小。由于 α 基本上与 $(v/l)1/2$ 成正比，因此只有当 v 和 l 同时减小时，α 才能保持常数。虽然如此，通常在工程中仍把传热系数 α 当作常数来进行计算。对于废钢及钢液的温度，需要根据能量平衡来求解，可以得出：

$$\frac{dT_L}{dt} = \frac{\eta_r Q_r + \eta_e Q_e - Q_l - Q_{sc}}{C_L M_L + C_{SL} M_{SL}} \tag{8-64}$$

式中 $\eta_r Q_r$ ——化学反应热；

$\eta_e Q_e$ ——电极热；

Q_l ——综合损失热；

C_L，C_{SL} ——钢水以及炉渣比热。

对于化学反应热，这里只考虑 C、Si、Mn、P 的间接氧化反应以及成渣反应，则化学反应热可以表示如下：

$$Q_r = \sum_{i=1}^{7} \left(\Delta H_i \frac{dn_i}{dt} \right) \tag{8-65}$$

式中 ΔH_i ——各反应的反应热；

$\frac{dn_i}{dt}$ ——各反应的反应速率。

而综合热损失可以表示为：

$$Q_l = k_l (T_l - T_{air}) \tag{8-66}$$

式中 k_l ——综合传热系数；

T_{air} ——环境温度。

8.4.3.2 动态碳含量预报模型

动态碳含量预报模型通过考虑脱碳反应的供氧量来计算钢水碳含量，综合多种影响因素，包括当前碳含量、钢液溶解氧、炉内钢水温度、总吹氧量、喷炭粉量等。对于不同的炉体，通过大数据与 AI 智能回归模型确定影响因素的参数，达到准确预报的目的。同时，模型具有自学习能力，随着样本数据的积累，预报精度会进一步提高。每炉次第一次定碳后开始预报，计算实时钢水碳含量并绘制成曲线图，便于操作人员控制碳含量变化趋势。也可以根据炉气分析值结合物料平衡建立冶炼过程中动态碳含量预报模型。

A 碳积分模型

通过设备测定的炉气的流量及其中 CO 和 CO_2 的含量，可计算出熔池中的脱碳速度。由于电弧炉冶炼环境较开放，冶炼中会有部分炉气外逸，因此实测所得的炉气流量值须根据实际生产数据进行修正。

$$V_C = \frac{12}{22.4} \times \varepsilon Q(CO\% + CO_2\%) \tag{8-67}$$

式中 Q ——炉气流量；

ε ——修正系数；

$CO\%$，$CO_2\%$——炉气中 CO、CO_2 的体积分数。

将脱碳速度对时间积分即可求出不同时刻从原料中累计脱出的碳量，那么根据碳平衡原理，就可求出不同时刻熔池的碳含量：

$$w(C)_{(t)} = \frac{C_0 - \int_0^t v_C d_t}{m} \tag{8-68}$$

式中 C_0——原料中初始碳量；

m——熔池钢水质量。

利用碳积分模型计算熔池碳含量，计算时间越长，累计的误差就越大，而且由于电弧炉炉料的多变性，原料中的初始碳量的计算也会有很大误差，所以在冶炼后期应该采用碳曲线模型来提高预报精度。

B 碳曲线模型

碳曲线模型是根据在冶炼后期，脱碳速度与熔池碳含量相关，假定这种关系是一种曲线函数。在转炉冶炼中常用到的曲线模型有以下几种：

指数曲线模型：

$$V_C = b_0(1 - e^{-b_1[w(C)_{(t)} - w(C)_{(0)}]}) \quad (8\text{-}69)$$

二次曲线模型：

$$w(C)_{(t)} = b_0 + b_1 v_C + b_2 v_C^2 \quad (8\text{-}70)$$

三次曲线模型：

$$w(C)_{(t)} = b_0 + b_1 v_C + b_2 v_C^2 + b_3 v_C^3 \quad (8\text{-}71)$$

式中 $w(C)_{(0)}$——熔池中可能的最低碳含量；

b_i——模型中的待定系数。

实际应用中，通过根据炉气成分求得的脱碳速度，来不断求解以上方程中的待定系数，从而计算某个时刻的熔池碳含量。从在转炉上的应用来看，这三个模型应用最广泛的是指数模型，而根据实际应用效果，三次曲线模型所预报的熔池终点碳含量最精确。

8.4.4 以工序效益最大化为目标的现代电弧炉冶炼工艺优化模型

8.4.4.1 工艺优化模型

现代电弧炉冶炼是电炉钢生产流程中的一个重要工序，钢水成本是成品钢成本的主要部分，此工序的效益将直接影响整个流程的效益。电弧炉冶炼工序效益可以表示为：

$$\varphi = (E - \sum_{i=1}^{n}(P_i C_i))/\tau \quad (8\text{-}72)$$

$$\tau = \tau' + \tau''$$

式中 φ——电弧炉在单位时间内所获得的利润，元/h；

E——一炉钢水的价钱，元；

$\sum_{i=1}^{n}(P_i C_i)$——一炉钢水的成本（P_i 表示 i 消耗的价格，C_i 表示 i 种消耗量），元；

n——消耗的种类总数；

τ——冶炼周期，h；

τ'——供能时间，h；

τ''——热停工时间。

当 φ 最大时，经济效益最显著，以 φ 达最大或接近最大为目标，通过建立优化计算模型，确定优化后的冶炼工艺参数。

以安阳钢铁股份公司电弧炉冶炼的实际情况为例，成本大致由以下 12 种消耗构成：

P_1——铁水价格，元/t；　　C_1——铁水消耗，t；

P_2——废钢价格，元/t；　　C_2——废钢消耗，t；

P_3——改性生铁价格，元/t；　　C_3——其他废钢代用品消耗，t；

P_4——电价格，元/(kW · h)；　　C_4——电耗，kW · h；

P_5——氧气价格，元/Nm^3；　　C_5——氧耗，Nm^3；

P_6——柴油价格，元/L；　　C_6——油耗，L；

P_7——炭粉价格，元/t；　　C_7——炭粉消耗，t；

P_8——电极价格，元/kg；　　C_8——电极消耗，kg；

P_9——耐火材料价格，元/t；　　C_9——耐火材料消耗，t；

P_{10}——冷却水价格，元/t；　　C_{10}——冷却水消耗，t；

P_{11}——渣料价格，元/t；　　C_{11}——渣料消耗，t；

$P_{12}C_{12}$——工资、设备维护、折旧以及还贷额，元。

当价格一定时，一炉钢水的成本取决于各项消耗的总和，由于 C_{11}、C_{12} 可视为常数，所以主要考虑的是前 10 种消耗以及冶炼周期之间相互的制约关系，建立优化模型。

8.4.4.2 模型约束条件

考虑现场铁水的供应能力（$C_{铁水}$）以及其他废钢代用品加入量（$C_{代}$）过大会对造渣不利，有：

$$0 \leqslant C_1 \leqslant C_{铁水} \tag{8-73}$$

$$0 \leqslant C_3 \leqslant C_{代} \tag{8-74}$$

主氧枪供氧的约束：

$$2000 \leqslant v_{O_2} \leqslant 6000 \tag{8-75}$$

供电系统变压器的约束：

$$0 \leqslant P_{电} \leqslant P_{最大} \tag{8-76}$$

炭粉加入量（$C_{炭}$）约束：

$$0 \leqslant C_1 \leqslant C_{炭} \tag{8-77}$$

式中 v_{O_2}——主氧枪吹氧流速，Nm^3/h；

$P_{电}$——供电表观功率。

8.4.4.3 独立变量分析

通过对冶炼过程系统地分析，确认以下 5 个工艺参数是相对独立的：C_1、C_3、C_7、$P_{电}$、v_{O_2}，这些参数在约束条件下的取值不受其他参数的影响，其他的消耗量以及冶炼周期都可用这 5 个参数表示，这 5 个独立的变量也就是需要进行优化的工艺参数。

8.4.4.4 模型的计算

对于 φ 的表达式，未知量还有 C_2（废钢量）、C_4（电耗）、C_5（氧耗）、C_6（油耗）、C_8（电极消耗）、C_9（耐火材料消耗）、C_{10}（冷却水消耗）以及冶炼时间 τ，需要在冶炼的物料平衡和能量平衡的基础上，用上述 5 个独立变量和一些已知的参数来表示：

A　废钢量 C_2 的表示

总金属料加入量为 C，则：

$$C_2 = C - C_1 - C_3 \tag{8-78}$$

B　氧耗 C_5 和油耗 C_6 的表示

为了知道氧耗的具体数值，首先必须知道总的氧需求：

$$O_{\text{need}} = \sum_{i=1}^{3} (C_i\beta_i) + C_7\beta_7 \tag{8-79}$$

式中　O_{need}——氧气的需求量；

β_i——1t i 物料在冶炼过程的氧气需求量。

根据冶炼过程中熔池对氧气的需求，可以求出需要的吹氧时间：

$$\tau_{O_2} = \frac{O_{\text{Need}}}{V_{O_2}\eta_{O_2} + V_{\text{oil-}O_2}\eta_{\text{oil-}O_2}} \tag{8-80}$$

式中　η_{O_2}——表示主枪氧的效率，取 0.9；

$\eta_{\text{oil-}O_2}$——油氧枪主要是用来烧油，余下的氧气部分与熔池反应，总的效率为 0.26；

$V_{\text{oil-}O_2}$——油氧枪吹氧流速。

则氧耗：

$$C_5 = V_{O_2}\tau_{O_2} + V_{\text{oil-}O_2}\tau_{\text{oil}} \tag{8-81}$$

$$C_6 = V_{\text{oil}}\tau_{\text{oil}} \tag{8-82}$$

式中　V_{oil}——喷油速度；

τ_{oil}——氧油烧嘴供给时间。

正常冶炼条件下，氧油烧嘴供能在整个冶炼过程不停止，有 $\tau_{\text{oil}} = \tau'$。$\tau'$ 在下面计算冶炼周期时给出。

C　电耗 C_4 与冶炼时间 τ 的综合表示

首先需要计算通电时间：

$$\tau_{\text{ele}} = \frac{E_{\text{loss}} + E_{\text{steel-need}} + E_{\text{slag-need}} - \sum_{i=1}^{3} C_i(H_{i\text{-chem}} + H_{i\text{-phi}}) - C_7H_7 - P_{\text{oil}}\eta_{\text{h-oil}}\tau'_{\text{oil}}}{P_{\text{电}}\cos\varphi\,\eta_{\text{elec-arc}} + P_{\text{oil}}\eta_{\text{h-oil}}} \tag{8-83}$$

式中　τ_{ele}——通电时间；

E_{loss}——渣面和炉体外散热，与冶炼时间有关；

$E_{\text{steel-need}}$——钢水热焓；

$E_{\text{slag-need}}$——炉渣热焓；

$H_{i\text{-chem}}$——1t i 物料放出的有效化学热；

$H_{i\text{-phi}}$——1t i 物料放出的有效物理热；

H_7——1t 炭粉供给熔池的有效能量；

P_{oil}——氧油烧嘴的功率；

$\eta_{\text{h-oil}}$——氧油烧嘴的热效率；

τ'_{oil}——氧油烧嘴在非供电状况下的喷吹时间；

$\eta_{\text{elec-arc}}$——供电综合效率，大约为53%，即电效率乘以电弧热效率；

$\cos\varphi$——功率因数。

对于冶炼周期 τ，受到供氧时间和供电时间的双重制约：

$$\tau = \tau' + \tau'' \tag{8-84}$$

$$\tau' = \max((\tau_{\text{ele}} + \tau_{\text{heat}}), \tau_{O_2}) \tag{8-85}$$

$$\tau = \max((\tau_{\text{ele}} + \tau_{\text{heat}}), \tau_{O_2}) + \tau'' \tag{8-86}$$

式中 τ_{heat}——冶炼过程中最佳吹氧不通电时间。

在一定原料结构条件下，τ_{O_2} 为一个定值，而式（8-86）中，有两个变量需要用 τ' 表示，具体为：

$$E_{\text{loss}} = \tau' P_{\text{loss}} \tag{8-87}$$

式中 P_{loss}——散失功率。

$$\tau'_{\text{oil}} = \tau' - \tau_{\text{ele}} \tag{8-88}$$

这样联合式（8-86）、式（8-88）解二元一次方程组，求出冶炼周期 τ 以及通电时间 τ_{ele}。最后电耗可以表示为：

$$C_4 = P_{\text{电}} \cos\varphi \tau_{\text{ele}} \tag{8-89}$$

D 电极消耗 C_8、耐火材料消耗 C_9、冷却水消耗 C_{10}

电极消耗与 I^2 成正比，与电耗也成正比：

$$C_8 = k_1 I^2 C_4 \tag{8-90}$$

式中 k_1——电极消耗系数。

根据具体电极消耗，可以给出系数 k_2：

$$C_9 = k_2 U^2 I \tau_{\text{ele}} \tag{8-91}$$

式中 U——相电压；

I——相电流；

k_2——炉壁损耗系数。

$$C_{10} = v_{\text{water}} \tau \tag{8-92}$$

式中 v_{water}——冷却水流速。

通过以上分析，可以用独立变量 C_1（铁水量）、C_3（改性生铁量）、C_7（炭粉）、$P_{\text{电}}$（供电表观功率）、v_{O_2}（主氧枪氧气流速）来表示 C_2（废钢量）、C_4（电耗）、C_5（氧耗）、C_6（油耗）、C_8（电极消耗）、C_9（耐火材料消耗）、C_{10}（冷却水消耗）以及冶炼时间 τ，从而求得经济指标 φ。可以用计算机解出满足 φ 最大时5个独立变量的数值。

从模型可以进一步看出：

（1）在我国目前废钢及电力资源短缺、价格高的条件下，要使电炉钢能够盈利，获得发展，就必须生产高附加值产品（增大 E）和缩短冶炼周期，降低消耗（减少 τ，$\sum_{i=1}^{n}(P_i C_i)$）。

（2）当原材料、能源、产品价格变化时，可选择合适的炼钢流程，并确定新形势下优化的工艺参数。

8.4.5 其他相关模型技术

8.4.5.1 造渣模型

造渣模型主要根据终渣的目标要求、钢水目标温度以及入炉原料的重量和成分，计算所要加入造渣剂的种类、重量，并预报终渣成分及终渣重量，保证冶炼过程中渣碱度适宜、氧化性及流动性好，减少对炉衬的侵蚀。系统根据加料模式设定确定每种渣料加入时刻，根据模型计算，确定每一批辅料加入重量。

8.4.5.2 合金模型

合金配料优化计算模型主要根据当前钢水中元素的实际含量以及可用合金料，考虑一定约束条件下，采用线性规划的单纯形法，计算达到目标钢水成分所要加入的合金配比量。结合自动出钢技术，在出钢过程中自动加入合金。模型计算结果既要达到钢水成分要求，又要使合金料组合成本最低，从而达到降低生产成本的目的。模型能在各种约束条件下进行计算，具有很好的灵活性。

8.4.5.3 剩余电能、剩余吹氧量及校正计算

剩余电能、剩余吹氧量及校正计算根据动态预报的温度值和碳含量，以及目标出钢温度和碳含量，计算出钢时碳、温同时命中所需的补吹氧量和供电量，并结合功率设定与吹氧设定，计算出剩余冶炼时间，从而动态调整供电曲线与供氧曲线，达到终点碳、温双命中目标值。如果有实测温度值和碳含量，就会及时更新预报值，并进行校正计算，继续完成冶炼过程。

冶炼结束后，利用符合条件的上一炉次实际生产结果与理论计算的偏差信息进行模型的自适应修正。自适应修正将自动剔除异常炉次数据，可保证模型的运行精度。这些计算的目的是更新各项工艺参数，且应用于下一炉次的操作。修正计算通过更新模型中的可调节参数项，达到模型自学习的目的，必须在生产稳定后才可以正常使用，否则异常炉次的产生将严重影响模型调整后的精度。

8.5 电弧炉炼钢的精准执行技术

电弧炉炼钢的精准执行技术集冶炼过程不同环节的监测与控制于一体，从整体过程出发，将冶炼过程采集的信息与冶炼过程机理结合进行分析、决策及控制。通过钢水和炉渣化学成分分析、功率输入变化、烟气检测分析系统、温度监控、泡沫渣检测系统的实时监测反馈于电弧炉冶金模型、电弧炉冶炼能量结构模型和电弧炉冶炼工序效益模型，自动识别电弧炉炼钢过程目标值的偏差，并使其自动返回到预定的冶金模型、能量结构模型和冶炼工序效益模型。在线控制电弧炉炼钢过程的能量输入，实现对电弧炉炼钢过程的整体智能控制。

8.5.1 电弧炉炼钢的实时分析技术

电弧炉炼钢过程是一个集多元、多相、高温物理化学反应于一体的成分和温度控制过程，对钢液成分、洁净度、终点温度精准控制的同时降低合金消耗、渣料消耗等生产成本是电弧炉炼钢的重要目标。电弧炉炼钢系统是炉内反应激烈、影响因素多、不易控制的复

杂系统。以数字化为主要特征的智能控制可以用来解决电弧炉炼钢这类复杂系统的控制问题，它利用人工智能方法等挖掘生产数据中蕴含的规律，从而获取正确的过程优化决策信息。

电弧炉炼钢实时分析技术是指在电弧炉及其配套设备运行过程中，对测量信号在处理的时间能够满足动态过程参数分辨的前提下所进行的实时分析，以对后续冶炼过程参数做出指导，为从“经验决策”到“实时数据驱动决策”的转变提供精准分析，更好地服务于科学决策系统。

电弧炉炼钢宜采用大数据及人工智能技术对钢水成分和温度数据进行监测与分析，以挖掘钢水质量与生产工艺参数之间最优的工艺参数条件和目标钢水质量管控体系，宜具备钢水质量数据监控、质量追溯、质量预测的功能，为电弧炉冶炼过程钢水质量的动态管控提供依据。

电弧炉炼钢大数据采集于智能传感器和智能设备、炼钢在线系统、离线系统和互联网平台等。大数据采集包括电弧炉炼钢生产过程的工艺参数、变量控制、能源介质、设备运行、钢水成分和温度等数据和图像视频资料。大数据平台应具备大数据的在线和离线批处理能力，同时应具备数据相关性分析、正态分布和置信度算法等技术对大量实际生产数据进行挖掘整理，用于确定能使电弧炉炼钢过程稳定运行、钢水质量合格和能量结构合理的各特征参数边界，制订合理的炼钢工艺参数。

通过大数据一体化管控平台实时数据分析电弧炉炼钢过程中原辅料配料、能量、炉气、操作参数的实时动态与诊断，同时对电弧炉炼钢过程历史大数据进行挖掘，对炼钢关键工艺参数、关键原辅料指标进行挖掘与分析。结合实时数据分析与历史数据挖掘，为及时优化和调整工艺参数和操作提供依据。

数据挖掘是一个复杂的处理过程，它融合了数据库技术、人工智能、机器学习、统计学、知识工程、面向对象方法、信息检索、高性能计算以及数据可视化等最新技术的研究成果。其主要由五个步骤组成：

(1) 选择：数据挖掘所需要的数据可能从不同的异构数据源获得，因此第一步就是从各种数据库、文件和非电子数据源中获取数据。

(2) 预处理：初始数据中可能会有一些错误的或者缺失的数据，由于数据源、数据类型以及量度的多样性等，要对错误的数据进行修正和删除，并且对缺失的数据进行补充或预测（通常使用数据挖掘工具）。

(3) 变换：为了便于挖掘，从不同数据源获得的数据必须转换为统一的格式，一些数据可能需要考虑编码或者变换成更容易使用的格式，一些可能需要采用属性约简的方法来减少所考虑的数据属性值的数量。

(4) 数据挖掘：对变换后的数据应用数据挖掘算法来产生期望的挖掘结果。

(5) 解释和评价：使用各种可视化的工具和图形用户界面来展现结果。

8.5.2 科学决策和精准执行技术

科学决策是一种较之经验决策更为高级的决策形式，以基于工艺模型及大数据的智能系统为手段，对炼钢过程的原辅料、能耗、钢水目标成分和温度进行实时分析与计算，通过大数据挖掘、智能诊断和动态调整，支撑炼钢生产工艺参数操作与优化。在原辅料配料结构、供给能量结构、适时供氧喷炭造泡沫渣、电弧炉终点控制、冶炼效益最大化等方面实现科学决策。将科学决策和智能操控有关操作及数据，通过网络通信发送给基础自动化系统和智能装备，在相应传感器的配合下自动执行，大幅度降低电弧炉炼钢区域工人繁重和危险的作业。通过电弧炉运行状态进行实时监控和预警，完成电弧炉相关操作的自连锁与自解除。以下为两例基于实时分析和科学决策的精准执行的实例。

8.5.2.1 智能化电极调节和供电技术

智能电弧炉调节器是一种基于自适应技术、神经网络和模糊控制与传统 PID 控制及专家规则相结合的电极控制器，应用智能控制算法，控制电弧炉电极的智能调节；利用电弧炉冶炼过程中发生的高次谐波电流（或高次谐波电压）和电弧炉发声两个要素，判定炉内废钢熔化状态，进而进行自动化控制；利用自动化的二级系统管理供电制度，根据电弧炉炼钢总能量（化学能+电能）的变化，对电气控制单元和每个化学成分要求构建整套的自动化配置。用户可以操作模块来设定化学能和电能输入调节总能耗，在自动操作模式下进行。智能调节器具有电弧控制稳定、降低电耗、减少电极消耗、增加控制过程的平稳性等特点，同时也具有动态感抗计算及功率设定优化的功能。

8.5.2.2 电弧炉自动出钢三维可视化技术

判定出钢条件成立后，启动自动出钢，采用三维建模技术，对出钢过程进行全程三维动态监控。通过接收冶炼过程中的工艺参数（炉体倾角、出钢量、出钢速度、钢包车位、出钢开始信号、出钢结束信号等），自动控制整个电弧炉出钢过程，并在出钢过程中自动进行合金加料，实现三维可视化工厂。操作工和管理人员可以在车间内外更加实时、直观地了解当前出钢状态和进程。

8.5.3 与冶炼相关的协同管控技术

8.5.3.1 生产管理

实现电弧炉炼钢与前后工序的智能化动态生产排产与调度，包括铁水与废钢的入炉量和时间、电弧炉冶炼周期、炉外精炼钢水的供给时间及天车吊运的标准时间，协助 MES 制订可行的生产节奏和炉次生产计划。

8.5.3.2 成本管理

通过大数据平台分析和配置炼钢生产的成本结构，建立成本核算模型，进行成本指标数据监控与分析，以实现不同钢种的精细化管理，达到最优成本的电弧炉炼钢生产。

8.5.3.3 能源管理

能源管理包括采集电弧炉炼钢整个过程的原辅料、水、电、气等能源介质消耗，实现不同钢种和原辅料配料条件下的能耗标准界定、炼钢过程能耗监控和能源结构优化。

8.6 电弧炉数字孪生技术

8.6.1 模型孪生技术

基于 BIM 设计，结合激光扫描和无人机航拍技术，实现电弧炉全生命周期数字孪生模型的构建，通过统一的编码体系贯穿设计、采购、建设、运行、运维全生命周期，实现电弧炉的数字化交付，通过统一平台管理电弧炉数据资产，实现孪生模型与物理实体同生共长，从而实现工艺级、设备级孪生。

8.6.2 数字化在线监控系统

通过构建电弧炉孪生场景，结合电弧炉一级、二级、生产、能源、环保、质量等系统数据，构建电弧炉生产在线监控场景，基于实时运行信号和生产状态实现三维模型的数据驱动，孪生模型的动作、属性信息、运行参数可以在场景中直观地进行管理和控制，所有数据和设备动作实现秒级刷新，辅助生产管理人员和调度人员实时掌握设备状态和生产节奏，远程进行管理和调度（图 8-22）。

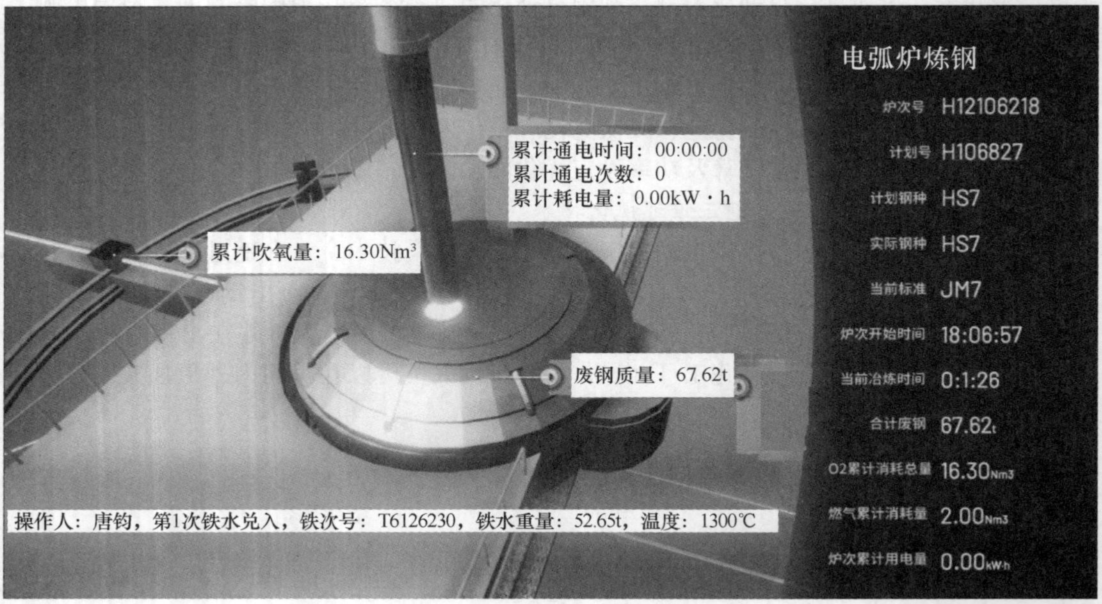

图 8-22 数字化监控系统示意图

彩色原图

8.6.3 智能化分析与预警

基于孪生场景构建智能化分析与预警机制，基于工业互联网平台实现数据的汇聚、清洗、统计和智能分析，同时结合图像识别技术和人工智能技术，构建数字孪生场景基于分析结果进行预警和报警的应用，实现电弧炉生产、能源、质量、环保、安全、设备等多系统、多维度的报警和预警，结合工艺知识库完成报警和预警的快速处置流程的匹配与推荐，协助生产管理人员进行快速响应，提高设备运行稳定性，降低因故障停机而导致的生产延误。

8.6.4 智能化巡检

基于孪生场景，结合设备管理系统相关数据，实现电弧炉智能化巡检应用，在孪生场景中结合点巡检信息动态生成巡检点位，接入实时运行数据、现场监控视频数据、智能化分析和预警数据，实现点巡检部分区域的自动化任务执行。基于 MR 技术和智能识别技术，实现维修人员佩戴智能头盔或平板设备进行智能化巡检，自动在现实设备巡检场景中叠加虚拟数据，辅助巡检人员快速完成巡检计划，保证巡检质量，提高巡检效率。

8.6.5 智能安全管理

基于孪生场景构建电弧炉区域安全管理和应急处置机制，通过视频分析技术实时采集和分析安全区域人员分布情况，在孪生场景中绘制电子围栏，实现人员进入危险区域自动报警，同时基于文档检索技术构建安全预案的自动化管理和应用，当出现安全事故时，可以快速调取对应事故的应急预案和应急处置流程，并结合孪生场景快速生成逃生路线，标识应急物资所在位置，辅助安全管理和调度人员快速处置事故。

8.6.6 虚拟操作培训和考核

在设备操作培训方面采用 AR/VR 技术，协助用户不用到电弧炉生产车间和设备装配车间，就可快速学习了解设备操作和安装的关键步骤和相关知识。通过数字孪生平台，利用 VR 和 AR 技术对员工进行安全培训，如危险区域标识；对设备检修人员进行设备操作培训和设备维护培训，如设备拆装步骤培训；对生产相关人员进行生产操作培训，如生产流程展示等。同时，针对各项培训提供基础知识考试功能。通过虚拟操作培训和考核，提高员工培训效率，降低培训成本。

参考文献

[1] 李士琦，刘润藻，陈煜，等．电弧炉炼钢炉料结构优化的理论与实践［C]//中国金属学会，德国钢铁学会．第一届中德（欧）冶金技术研讨会论文集，2004.

[2] 宋水根，刘花，曾繁林．电弧炉炼钢全过程钢水碳质量分数动态预报模型［J]．中国冶金，2013，23（12）：25-28.

[3] 毛雪菲．基于支持向量机的电弧炉终点参数预报模型的研究［D]．马鞍山：安徽工业大学，2010.

[4] 江萍萍，程婧璠，李冰，等．基于 MATLAB 的 BP 神经网络对电弧炉炼钢的终点预报［J]．铸造技术，2016，37（2）：312-316.

[5] 姜周华，姚聪林，朱红春，等．电弧炉炼钢技术的发展趋势［J]．钢铁，2020，55（7）：1-12.

[6] Siemens. SIMETALSimelt［OB/OL]．(2018-08-11)［2019-12-27]．https：//www. docin. com/p-1008671649. html.

[7] 朱荣，吴学涛，魏光升，等．电弧炉炼钢绿色及智能化技术进展［J]．钢铁，2019，54（8）：9-20.

9　与电弧炉冶炼配套的炉外精炼技术

9.1　电弧炉冶炼与炉外精炼

9.1.1　与电弧炉炼钢匹配的主要炉外精炼方法

实践证明，炉外精炼正在向组合化、多功能精炼方向发展，与电弧炉相匹配的炉外精炼方法主要有以下四大类[1]：

（1）以钢包吹氩为核心，配合喂丝、喷粉、化学加热、合金成分微调等一种技术或几种技术相复合。

（2）以 LF 为核心，配合喂丝、喷粉或真空处理等一种技术或几种技术相复合。

（3）以真空处理（VD、RH）装置为核心，配合喂丝、喷粉、化学加热、合金成分微调等一种技术或多种技术相复合。

（4）以 AOD/VOD 为主体，生产不锈钢和超低碳钢的炉外精炼技术。

目前，以 LF 精炼为主，组合化、多功能精炼方法占据了主导地位，尤其在一些装备大型化、自动化，对工序稳定要求高的钢铁企业，LF 成了必不可少的精炼方法之一。据不完全统计，国内各大钢铁企业中，LF 设备的数量占全部炉外精炼设备的 85%以上，甚至更高，国外钢铁企业的情况大体和国内企业相当。

9.1.2　以电弧炉为初炼炉生产不同钢种的精炼工艺选择

根据产品类型和质量要求，以电弧炉为初炼炉生产不同钢种的炉外精炼工艺选择已形成一定的模式：

（1）生产不锈钢板、带、棒材的钢厂，一般采用 AOD 精炼方式，有的附有 LF 或 VOD/VAD 装置。

（2）生产合金钢为主的钢厂，一般配备以 LF+VD 为核心的多功能复合精炼装置。

（3）生产普碳钢和低合金钢为主的钢厂，一般配备以 LF 为核心的精炼站。

（4）一座超高功率电弧炉，配置 LF+RH 精炼站和一台板坯连铸机。

国内部分电弧炉炼钢企业的典型产品和精炼工艺路线选择见表 9-1。

表 9-1　电弧炉炼钢企业的典型产品和精炼工艺路线选择

企业	电弧炉容量	炉外精炼方式	连铸	典 型 产 品
舞钢	交流 90t	LF+VD	板坯连铸	管线钢、低合金钢、压力容器板
天管	交流 150t 交流 100t	LF+VD LF+VD/VOD	圆坯连铸	合金钢、不锈钢、油井管、高压容器管、管线管

续表 9-1

企业	电弧炉容量	炉外精炼方式	连铸	典型产品
安钢	竖式 100t	LF	板坯连铸	普碳钢、优质碳钢、合金钢、中厚板
韶钢	Consteel 90t	LF+VD/VOD	板坯连铸	优质碳钢、合金钢
宝钢股份	双壳直流 150t	LF+VD	方坯、圆坯连铸	优质碳钢、合金钢、油井管、高压容器管、线材
宝钢一钢公司	2×100t	LF+VOD	板坯连铸	奥氏体、铁素体、马氏体及双相不锈钢板材，超低碳含氮不锈板
宝钢浦钢公司	直流 2×100t	LF+VD	板坯连铸	优质碳钢、合金钢、中厚板
宝钢五钢公司	交流 60t 直流 100t	LF+VOD+AOD LF+VD	方坯连铸	优质碳钢、低合金钢、轴承钢、易切钢、齿轮钢、超高强度钢、中高合金钢、高温合金、精密合金
珠江钢厂	直流 2×150t	2×LF	薄板坯连铸	低碳高强度钢系列、高强耐候钢系列、高强汽车板系列、管线钢系列
淮钢	交流 70t	LF	方坯连铸	齿轮钢、弹簧钢、轴承钢、船用锚链钢、合金管坯钢、非调质钢、易切削钢
兴澄特钢	直流 100t	LF+VD	大方坯连铸	齿轮钢、轴承钢、不锈钢
石家庄钢铁	直流 130t	LF+RH	立式连铸	齿轮钢、轴承钢、弹簧钢

注：部分企业电弧炉已拆除。

9.1.3 主要几种精炼方式与电弧炉的节奏匹配

炉外精炼与电弧炉节奏匹配的关键是解决精炼周期与电弧炉冶炼周期的动态衔接问题。

由于设备和原料条件（如废钢和铁水配比）的差异，超高功率电弧炉冶炼周期不同，一般在 35~70min。由于 LF 精炼前钢水温度、脱氧程度、成分等方面的差异，平均精炼周期在 30~70min，个别情况精炼周期会更长。有些钢企的 LF 有两个精炼工位，可以交替精炼两包钢水。VD 由于不能加热，精炼周期在 30min 以内，并且要求钢液面与钢包上沿之间有 800~1200mm 的净空间和 60~100℃ 的显热，一般采用与 LF 配合精炼的方式。VOD 精炼周期在 70min 左右，RH 的精炼周期在 38min 左右。

总体来看，精炼周期因产品方案、工艺路线和电弧炉出钢钢水情况不同而有所差别。

电弧炉出钢脱氧不良、温度低、下渣严重、成分偏差大，需要的精炼时间相对较长；对钢液夹杂物含量和气体含量要求高，低硫、低碳等钢种的精炼时间相对较长。

另外，电弧炉—精炼—连铸流程中钢包的转运方式同样影响节奏匹配[2]，例如有的电弧炉和精炼在同一个跨，钢包从电弧炉到精炼是由钢包车输送；有的电弧炉和精炼在两个跨，钢包从电弧炉到精炼由钢包车输送过跨，天车吊运至精炼钢包车，然后输送到精炼工位。不同的钢包转运方式过程时间有5~10min差异，但对于保证工序稳定方面具有至关重要的意义，精炼周期应考虑钢包转运时间。

电弧炉、精炼和连铸的周期与相关因素的关系见表9-2。

表9-2 电弧炉、精炼和连铸的周期与相关因素的关系

相关因素	电弧炉冶炼周期	LF精炼周期	VD精炼周期	VOD精炼周期	RH精炼周期	连铸浇铸周期
铁水配比	●					
废钢质量	●					
产品方案	●	●	●	●	●	●
工艺路线		●	●	●	●	●
设备状况	●	●	●	●	●	●
铸坯断面						●
操作水平	●	●	●	●	●	●

根据表9-2的相关关系确定电弧炉冶炼周期和精炼周期，按照精炼周期≤连铸浇铸周期≤电弧炉冶炼周期的原则进行精炼与电弧炉的节奏匹配，可以保证工序的稳定可靠。

9.1.4 电弧炉冶炼过程特点

随着炉外精炼技术的发展，为了不断提高生产效率，电弧炉冶炼开始朝着“单元化操作”方向发展。即将原来由单个电弧炉完成的冶炼任务，分为若干个功能单元而由几个冶炼炉分别完成。现代电弧炉冶炼[3]已经从过去包括熔化、氧化、还原精炼、温度和成分控制以及质量控制的炼钢设备，变成仅保留熔化、升温、必要的氧化精炼功能的熔化器，而将那些只需要较低电弧功率的工艺操作转移到炉外精炼装置内进行，其目的是提高生产效率，适应高效连铸节奏。基于产品质量控制，电弧炉工序的炼钢功能逐步演变为钢水脱碳脱磷、钢水有害残余元素控制，部分特定钢种还要考虑电炉钢的低氮控制、低氧控制、电弧炉出钢的下渣控制等，以减轻后续精炼任务，提升钢水质量。

现代电弧炉应尽可能把控制磷、硫及其他有害元素的任务提前到对入炉炉料的质量控制，如废钢铁加工处理技术、铁水的“三脱”技术、料篮内底铺石灰等，将脱磷和部分脱碳任务提前到熔化期进行，而在熔化后的氧化精炼和升温期只进行碳的控制和抑制回磷；同时，利用电弧炉无氧化渣出钢和钢水在钢包中发生激烈搅拌的作用，做好对出钢钢水的预脱氧和预脱硫，为提高炉外精炼处理效率创造条件。对于冶炼不锈钢或其他高铬含量合金钢，需考虑脱碳保铬等方面问题。目前电弧炉冶炼不锈钢等高铬含量钢普遍采用高碳出钢工艺，出钢碳含量保持在1%以上，以防止铬的氧化，电弧炉实际冶炼的是不锈钢母液，后续还得依赖AOD或VOD继续脱碳。不锈钢电弧炉冶炼中磷的控制主要是从原料上加以管控，冶炼过程脱磷技术还不成熟。

由于电弧炉炼钢任务的简化，后续各种炉外精炼装置需为初炼钢水提供各种精炼手段，对钢水进行成分、温度、非金属夹杂物、气体含量等严格控制，以满足用户对钢材质量的严格要求。各种炉外精炼装置所采取的手段与功能见表9-3。

表9-3 各种炉外精炼装置所采取的手段与功能

工 艺	精炼手段					主要冶金功能							
	造渣	真空	搅拌	喷粉	加热	脱气	脱氧	去夹杂	控制夹杂形态	脱硫	合金化	调温	脱碳
钢包吹氩			●					●				●	
CAB	●		●				●	●		●			
DH		●	●		●	●					●	●	●
RH		●	●		●	●	●			●	●	●	●
LF	●		●		●		●	●		●	●	●	
VD		●	●			●		●		●	●		
ASKF-SKF	●	●	●		●	●	●	●		●	●	●	●
VAD	●	●	●		●	●	●	●		●	●	●	
CAS-OB			●		●		●	●			●	●	
VOD	●	●	●		●	●	●	●		●	●	●	●
RH-OB		●	●	●	●	●	●	●		●	●	●	●
AOD	●		●		●	●	●			●	●	●	●
TN			●	●			●			●			
SL			●	●			●		●	●	●		
WF							●		●	●			
合成渣洗	●		●				●	●	●	●			

注：●表示具备。

目前，与电弧炉配置最为广泛的精炼流程为LF—VD以及LF—RH，LF具备升温、造还原渣、脱氧、脱硫、合金化以及控制夹杂物等功能，真空脱气装置主要是VD和RH，真空处理过程不仅完成脱气任务，且对钢水纯净度和夹杂物控制有重大影响，VD和RH冶炼功能对比见表9-4。从表9-4可以看出，这两种真空处理方式各有优缺点，目前欧洲高端钢材偏向于用VD进行真空处理，而日本高端钢材偏向于用RH进行处理。

表 9-4 VD 和 RH 冶金功能对比

精炼要求	VD	RH
脱硫	强 真空下钢渣混充，充分发挥炉渣脱硫能力	一般 真空过程钢渣不接触，仅包内渣脱硫，渣-钢界面“平静”
脱氢脱氮	强	更强 因真空槽内无炉渣覆盖，脱气条件更好
脱氧	一般 因真空室钢液上方炉渣覆盖，并不断向钢液传氧，导致脱氧能力一般	更强 真空槽内钢液无渣覆盖，可充分脱气并脱氧
夹杂物控制	去除能力较强 可利用钢渣充分混冲吸附夹杂物，但会因卷渣而带入新的卷渣类夹杂。真空处理过程中，渣线耐火材料被侵蚀带入到钢中，形成新的夹杂物	去除能力强 因脱氧能力强，部分夹杂物会变小而无害。渣-金反应弱，吸附夹杂物能力相对一般，但也不会形成新的卷渣类夹杂。真空槽冷钢夹杂会再次进入钢水
生产节奏把控	一般 因过程不能测温，存在真空处理结束后仍需真空再处理，导致生产节奏把控能力一般	强 因真空处理过程可测温，所以温度控制相对简单，生产节奏把控能力更强

电弧炉冶炼不锈钢精炼流程配置为 AOD+VOD（可选）+LF，非超低碳要求的不锈钢钢种一般走 AOD+LF 即可，而冶炼超低碳氮铁素体不锈钢（也称超纯铁素体不锈钢）则需走 AOD+VOD+LF 流程。VOD 具备超强的脱碳脱氮能力，可以把不锈钢中碳含量或氮含量稳定控制在 0.01%以下。如果在非不锈钢专用化生产线上生产高铬合金钢（如高合金管材），后续精炼并未配置 AOD，则需在 LF 实现铬的合金化，后续利用 VOD 或 RH-OB 继续脱碳，也可实现高合金钢生产，但此时由于 LF 负担过重，生产效率偏低。

9.2 钢包精炼炉（LF）

9.2.1 钢包精炼炉出现和发展的必然性

钢包精炼炉（Ladle Furnace，LF）在 20 世纪 70 年代由日本开发成功（图 9-1）。最初的设计思想是把 EAF 中的还原操作移到钢包进行。因 LF 投资少，并且能够显著提高短流程生产工艺路线的生产效率和工序保障能力，近年来得到迅速的发展。

传统电弧炉炼钢工艺分为熔化、氧化、还原三个阶段，能够实现对钢液的加热、脱磷、脱硫、脱硅、脱碳、去除夹杂物和合金化等功能。炉外精炼技术出现之前，特殊钢生产大多数是在电弧炉内冶炼完成的，电弧炉炼钢被认为是具有较强精炼能力的一种炼钢方

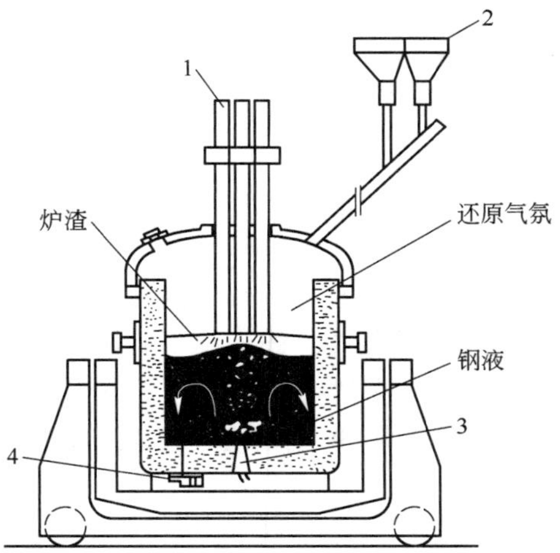

图 9-1 钢包精炼炉
1—电极；2—料仓；3—底吹装置；4—滑动水口

法。这种把所有冶金任务都集中于一个炉子内的操作方法，主要存在以下几个方面的缺点：

（1）冶炼周期长，生产效率低；

（2）电能、电极、耐火材料、渣料消耗高，生产成本居高不下；

（3）脱磷、脱硫效率均不很高；

（4）钢液中的氢、氧、氮均无法达到洁净钢的产品要求，特别是钢液增氢、增氮较为明显；

（5）钢液在出钢过程中会造成二次氧化；

（6）出钢时，钢液和渣混冲，使钢液卷入大颗粒夹杂物的总量增加。

电弧炉炼钢后配钢包精炼炉（LF），通过 LF 精炼，进行钢水温度补偿、造渣、吹氩、脱氧、脱硫、去气去夹杂物、合金化、喂丝等操作，很好地解决了上述六个方面的问题。

综合以上分析可以看出，钢包精炼炉技术的迅猛发展是现代炼钢发展的必然趋势，具有广阔的发展空间。

9.2.2 钢包精炼炉的技术特点和核心功能

钢包精炼炉的技术特点主要体现在以下几个方面：

（1）创造了最佳的冶金反应热力学和动力学条件，不同程度上完成脱氧、脱硫、去除气体及夹杂物、调整钢液温度和成分等冶金任务。

（2）大幅度提高初炼炉（电弧炉或转炉）的产能。

（3）避免了初炼炉出钢过程钢液的二次污染。

（4）具有形式多样且独立可控的精炼手段，如渣洗、搅拌、加热、合金化、喂丝等。

（5）发挥炼钢与连铸工序之间良好的缓冲作用，提高了系统的稳定性和工序保障能力。

钢包精炼炉的核心功能有：搅拌、加热、钢包喂丝、渣精炼。

9.2.2.1 搅拌

钢包精炼炉的搅拌指从钢包底部吹入氩气来搅动钢液，达到以下几方面的效果：

（1）利用氩气泡气洗钢水，使钢中的氢、氮含量降低，并能使钢中的氧含量进一步下降。

（2）利用氩气的搅拌作用，清除夹渣和夹杂，均匀温度和成分，减少偏析，提高脱氧剂和金属材料的收得率。

（3）利用氩气的保护作用，进一步避免或减少钢液的二次氧化。

（4）创造良好的冶金反应动力学条件，如应用吹氩搅拌增大传质系数，扩大冶金反应界面积。

以下从搅拌的原理、影响因素、搅拌过程钢液运动、对混匀和反应速度的影响等几方面来讨论钢包精炼炉的搅拌问题。

A 钢包吹氩精炼原理

氩气是一种惰性气体，吹入钢液内的氩气既不参与化学反应，也不溶解，纯氩中含氮、氧量很少，可以认为吹入钢液内的氩气泡对于溶解在钢液内的气体来说就像一个小真空室，在这个小气泡内其他气体的分压力几乎等于零。根据西华特定律，在一定温度下，气体的溶解度与该气体在气相中分压力的平方根成正比。钢液中的气体不断地向氩气泡内扩散（特别是氢在高温下扩散很快），气泡内的分压力增大，但是气泡在上浮过程中受热膨胀，因而氮气和氢气的分压力仍然保持在较低水平，氩气泡继续吸收氢和氮，最后氢和氮随氩气泡逸出钢液而被去除。

如果钢液未完全脱氧，钢液中有相当数量的溶解氧，那么吹氩还可以脱除钢中部分溶解氧，起到脱氧和脱碳的作用。

如果加入石灰、萤石混合物（$CaO-CaF_2$）等活性渣，同时以高速吹入氩气，加剧渣钢反应，则可以取得明显的脱硫效果。

未吹氩前，钢包上、中、下部的钢水成分和温度是有差别的。氩气泡在上浮过程中推动钢液上下运动，搅拌钢液，促使其成分和温度均匀。钢液的搅拌还促进了夹杂物的上浮排除，同时加速了脱气过程的进行。

钢包底吹氩条件下钢液中夹杂物的去除主要依靠气泡的浮选作用，即夹杂物与气泡碰撞并黏附在气泡壁上，然后随气泡上浮而被去除。将一个夹杂物颗粒与气泡碰撞的概率定义为碰撞概率 P_C，夹杂物颗粒与气泡碰撞后黏附于气泡上的概率定义为黏附概率 P_A，黏附于气泡上的夹杂物重新脱离气泡的概率为 P_D。夹杂物颗粒被气泡捕获的总概率 P 为：

$$P = P_C P_A (1 - P_D) \tag{9-1}$$

水模研究结果表明，当固体颗粒与液体的接触角 $\theta>90°$时，几乎所有到达气泡表面的固体颗粒都能被气泡捕获，而且与接触角的大小无关。钢液中常见的脱氧产物 Al_2O_3 和 SiO_2 与钢液的接触角分别为 144°和 115°，因此，像 Al_2O_3 和 SiO_2 这样的夹杂物很容易黏附在气泡上，其过程属于自发过程，它们的去除效率仅取决于夹杂物与气泡的碰撞概率 P_C。

钢包弱搅拌和适当延长低强度吹氩时间，更有利于去除钢中夹杂物颗粒；对于大钢包，可以使用双透气砖甚至多透气砖，以达到低搅拌功率和短时间精炼的目的。

底吹氩去除钢中夹杂物的效率主要取决于氩气泡和夹杂物的尺寸以及吹入钢液的气体

量。大颗粒夹杂物比小颗粒夹杂物更容易被气泡捕获而去除，小直径的气泡捕获夹杂物颗粒的概率比大直径气泡高。增加底吹透气砖的面积和透气砖数量（或在有限的吹氩时间内成倍地增加吹入钢液的气泡数量）可以降低透气砖出口处氩气表观流速，从而减小透气砖出口处氩气泡的脱离尺寸。

生产实践证明，脱氧良好的钢液经钢包吹氩精炼后，可去除钢中的氢 15%～40%，氧 30%～50%，夹杂物总量可减少 50%，尤其是大颗粒夹杂物含量降低更加明显[4]。钢包吹氩能够减少因中心疏松与偏析、皮下气泡、夹杂等缺陷造成的废品等。

有资料介绍，去氮和去氢所需的吹氩量是相当大的。用多孔透气砖在较短的时间内吹入如此要求的氩气量是有困难的，但是如果抽真空与吹氩相结合，就可以取得十分显著的效果。因为吹氩量与系统总压力成正比，抽真空可使系统总压力降低，吹氩量显著减少。

B 影响钢包吹氩效果的主要因素

影响钢包吹氩效果的主要因素包括：

（1）氩气耗量。从理论计算和生产实践得知，当吹氩量低于 0.33m^3/t 钢时，氩气在包中只起搅拌作用，脱氧、脱硫效率低且不够稳定[5]。根据不同目的考虑耗氩量，一般在 0.2～0.43Nm^3/t。

（2）吹氩压力。吹氩压力越大，气泡上升越快。但吹氩压力过大，会导致氩气流涉及范围小，甚至形成连续气泡柱，容易造成钢包液面剧烈翻滚，钢液大量裸露，与空气接触造成二次氧化和降温；还会造成钢渣相混，被击碎乳化的炉渣容易带到钢水深处，使夹杂物含量增加。因此，最大压力以不冲破渣层露出液面为限。若压力过小，会导致搅拌能力弱，吹氩时间延长，甚至造成透气砖堵塞。理想的吹氩压力是使氩气遍布整个钢包，氩气泡在钢液内呈均匀分布。如果能够造成氩气流在钢包中压力分布不均，使气泡流在包中呈涡流式的回旋，不仅可以增加反应的接触面积，延长氩气流上升的路程和时间，还可在中心造成一个负压，使钢液中的有害气体及夹杂物能够自动流向氩气流的中心，并被卷升到渣面上，从而很好地改善精炼效果。必须指出，吹氩压力一般是指钢包吹氩时的实际操作表压，不代表钢包中压力，但应能克服各种压力损失及熔池静压力。通常，氩气气源压力应稳定在 0.5～0.8MPa。氩气的精炼作用是由钢包内氩气流本身的流量、压力决定的，这中间还存在温度因素的作用，因为氩气处于低温，从管道通过透气砖进入包中，温度剧增几百倍，此时氩气的压力和体积均发生很大的变化，极易造成猛烈的沸腾与飞溅。这将加大对耐火材料的冲刷、钢温的下降、钢液的二次氧化等。因此，还要注意开吹压力不宜过大，以防造成很大的沸腾和飞溅。压力小一些，氩气经过透气砖形成的氩气泡小一些，增加气泡与钢液接触面积，有利于精炼。由此可以认为，为了提高氩气精炼钢液效果，加大氩气压力不如在保持一定的低压氩气水平下，尽量加大氩气流量，如增加透气砖个数、加大透气砖截面积等措施会更有效。一般根据钢包内的钢液量、透气砖孔洞大小（或塞头孔径大小）和氩气输送的距离等因素，确定开吹的初始压力，然后根据钢包液面翻滚程度进行调整，以控制渣面有波动起伏、小翻滚或偶露钢液为宜。

（3）流量和吹氩时间。在系统不漏气的情况下，氩气流量是指进入包中的氩气量，它与透气砖的透气度、截面积等有关。因此，氩气流量既表示进入钢包中的氩气消耗量，又反映了透气砖的工作性能。在一定的压力下，如果增加透气砖个数和尺寸，氩气流量就会变大，钢液吹氩处理的时间会缩短，精炼效果显著。根据不同的冶金目的，可采用不同的氩气流量：

1）均匀温度与成分，同时促进脱氧产物上浮，80~130L/min；

2）促进钢包加入物的熔化，300~450L/min；

3）加强渣-钢反应，在钢包中脱硫，450~900L/min。

吹氩时间通常为5~12min，主要与钢包容量和钢种关。吹氩时间不宜太长，否则温降过大，对耐火材料冲刷严重；但一般不得低于3min，若吹氩时间不够，C-O反应未能充分进行，就会造成非金属夹杂物和气体不能有效排除，吹氩效果不显著。

（4）氩气泡大小。在吹氩装置正常的情况下，当氩气流量、压力一定时，氩气泡越均匀、细小，在钢液中上升的路程和滞留的时间越长，它与钢液接触的面积也就越大，吹氩精炼效果也就越好。氩气泡是氩气通过多孔透气砖获得的，透气砖内的气孔越大，原始氩气泡就越大，因此希望透气砖的孔隙要适当细小。据资料介绍，孔隙直径在0.1~0.26mm时为最佳，如孔隙再减小，就会越透气性变差、阻力变大。实际生产中往往会出现透气砖组合系统漏气现象，氩气有可能不通过透气砖而由缝隙直接进入钢液中。在这种情况下，钢包里的钢液就要冒大气泡，从而降低精炼的作用，得不到预期的脱氧、去气、去除夹杂等效果。因此，应及时检修或完善组合系统的密封问题。除此之外，氩气泡的大小还与吹氩的原始压力有关。在装置不漏气的情况下，一般是吹氩的原始压力越高，氩气泡的直径就越大，因此为了获得细小、均匀的氩气泡，吹氩的压力一定要控制。

C 搅拌过程中钢液的运动

很多研究者对气体搅拌钢包内钢液的运动进行了研究，试图建立相应的模型，以定量描述钢包内钢液的运动规律。萧泽强[6]提出全浮力模型（Plume Model），是至今最接近实际的模型。钢包底部中心位置吹气时，包内钢液的运动见图9-2。根据钢包内钢液的循环流动情况，钢包内大致可划分为以下几个主要流动区域：

（1）喷口附近的启动区。位于喷嘴上方的气液两相流区，是气泡推动钢液循环的启动区。在喷口处气体的原始动量可忽略不计。当气体流量较小时（小于10L/s），气泡在喷口直接形成，以较稳定的频率（10个/s）脱离喷口而上浮；当气体流量较大时（约100L/s），在喷口前形成较大的气泡或气袋。实验观察指出，这些体积较大的气泡或气袋，在流体力学上是不稳定的。在金属液中，必定在喷口上方不远处破裂而形成大片气泡。Sano等人测量了氮气喷入水银中气泡上升时的尺寸分布，指出气泡在喷口上方12cm范围内形成。

喷口附近形成的气泡很快变成大小不等的蘑菇状气泡，以一定的速度上浮，同时带动了该区钢液的向上流动。该区的气相分率不大，在该区内尺寸不同的气泡大致按直线方向上浮。大气泡产生的紊流将小气泡推向一侧，且上浮过程中气泡体积不断增大。此时流股尺寸不断加大，气泡的作用向外缘扩大，所以呈上大下小的喇叭形。每一个气泡的浮力作用于钢液上，使得该区的钢液随气泡向上流动，从而推动整个钢包内钢液的运动。

（2）顶部水平流区。气液流股上升至顶面以后，气体逸出，而钢液在重力作用下形成水平流，向四周散开，呈放射形流向四周的钢液，与钢包中顶面的浮渣形成互不相溶的两相液层，渣层与钢液层之间以一定的相对速度滑动。渣-钢界面的不断更新，加速了渣钢间的冶金反应。该区流散向四周的钢液，在钢包高度方向速度不同，如图9-2所示与渣相接触的表面层钢液速度最大，向下径向速度逐渐减小，直到径向速度为零。

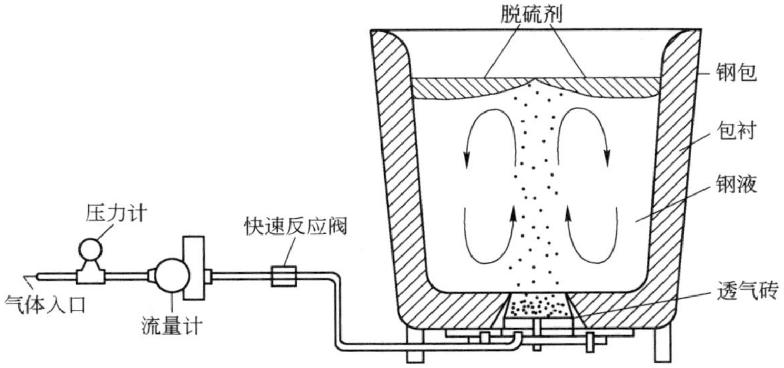

图 9-2 钢包中心位置吹气时包内钢液的运动状况

（3）钢包侧壁和下部的金属液流向气液区的回流区。水平径向流动的钢液在钢包壁附近，转向下方流动。由于钢液是向四周散开的，且在向下流动过程中不断受到轴向气液两相流区力的作用，所以该区的速度与钢包半径相比相当小。在包壁不远处，向下流速达到最大值后，随到钢包中心线距离的减小而急剧减小。沿钢包壁返回到钢包下部的钢液以及钢包中下部在气液两相流区附近的钢液，在气液两相流区抽引力作用下，由四周向中心运动，并再次进入气液流的循环。

D 搅拌对混匀的影响

严格的混匀是指成分或温度在精炼炉处处相同，但这几乎是实现不了的。一般说来，成分均匀时，温度也一定是均匀的，可以通过测量成分的均匀度来确定混匀时间。

混匀时间 τ 是另一个较常用的描述搅拌特征的指标。它是这样定义的：在被搅拌的熔体中，从加入示踪剂到它在熔体中均匀分布所需的时间。如设 C 为某一特定的测量点所测得的示踪剂浓度，按测量点与示踪剂加入点相对位置的不同，加入示踪剂后，C 增大或减小。设 C_{00}为完全混合后示踪剂的浓度，则当 $C/C_{00}=1$ 时，应达到完全的混合。实测发现，当 C 接近 C_{00}时，变化相当缓慢，为保证所测混匀时间的精确，规定 $0.95<C/C_{00}<1.05$ 为完成混合，即允许有±5% 以内的不均匀性。由于允许的浓度偏差范围是人为设定的，所以也有将允许的偏差范围标为混匀时间的下标，如上述偏差记作 τ_5。

可以设想，熔体被搅拌得越剧烈，混匀时间就越短。由于大多数冶金反应速率的限制性环节是传质，所以混匀时间与冶金反应速率有一定的联系。如果能把描述搅拌程度的比搅拌功率与混匀时间定量联系起来，就可以比较明确地分析搅拌与冶金反应之间的关系，不同研究人员得到的研究结果间差别很大，主要是因为钢液的混匀除了受搅拌功率影响外，还受熔池直径、透气元件个数等因素影响。

日本学者中西恭二总结了不同搅拌方法的混匀时间，提出了统计规律，即（s）：

$$\tau = 800\varepsilon^{-0.4} \tag{9-2}$$

式（9-2）是一个喷嘴条件下的结果，多个喷嘴时，根据水模型实验，τ 与 N（喷嘴个数）的 1/3 次方成正比：

$$\tau = 800\varepsilon^{-0.4}N^{1/3}$$

由式（9-2）可知，随着搅拌功率的增加，混匀时间 τ 缩短，加快了熔池中的传质过程。可以推论，所有以传质为限制性环节的冶金反应，都可能借助增加搅拌功率的措施而得到改善。式（9-2）中的系数会因计算方法和实验条件的不同而有所变化。

一般在 1~2min 内钢液即可混匀，而对于 20min 以上的精炼时间来说，混匀时间所占的时间很短。

9.2.2.2 加热

A 加热原理

目前钢包精炼炉的加热方式主要是电弧加热。钢包盖上有 3 个电极孔、添加合金孔、废气排放孔、取样和测温孔。电极由专用的三相变压器供电。整套供电系统、控制系统、检测和保护系统以及燃弧方式，与一般的电弧炉相同，不同的是配用的变压器单位容量（平均每吨被精炼钢液的变压器容量）较小，二次电压分级别较多，电极直径较细，电流密度大，对电极的质量要求高。

电弧加热时间应尽量缩短，以减少钢液二次吸气的时间。应该在耐火材料允许的情况下，使精炼具有最大的升温速度。目前钢包精炼炉的加热速度在 3~5℃/min，加热速度随着时间的增加而逐渐增加。

每次加热过程中，钢液的升温速度不是恒定的，开始时由于钢包壁吸热快，钢液升温速度比较小。提高加热前期的升温速度，不能依靠增大变压器的输出功率来达到，这是因为钢包壁的烧损系数 R_E（$MW \cdot V/m^2$）与电弧功率 P_h 存在以下关系：

$$R_E = P_h \times U_h / a^2 \tag{9-3}$$

式中 P_h—— 一相的电弧功率，MW；

U_h——该相的电弧电压，V；

a——电弧与炉壁间的距离，m。

有学者认为，R_E 的安全值大约为 $450MW \cdot V/m^2$，超过该值，包衬将急剧损坏。通常用埋弧电极加热使钢包炉耐火材料的烧损减至最小，并最有效地回收利用热量。为提高加热前期的升温速度，应该加强钢包炉的烘烤，提高烘烤温度，保证初炼炉在正常的温度范围内出钢，减少钢液在运输途中的降温等。这些措施对于提高加热前期钢液的升温速度是有效的，也是经济的。

加热功率可用式（9-4）[7] 估算，然后用钢包炉的热平衡计算与实测的钢液升温速度来校验：

$$W' = C_m \Delta t + S\% W_S + A\% W_A \tag{9-4}$$

式中 W'——精炼 1t 钢液，理论上所需补偿的能量，kW · h/t；

C_m——每吨钢液升温 1℃所需要的能量，kW · h/(t · ℃)；

Δt——钢液的温升，按精炼工艺的要求确定，一般为 50~80℃；

$S\%$——渣量，造渣材料的用量与钢液总量的百分比，通常为 1.5%；

W_S——熔化 10kg 渣料和过热到钢液温度所需的能量，一般 W_S = 5.8kW · h/(% · t)；

$A\%$——合金料的加入量占钢液总量的百分比，通常为 1%；

W_A——熔化 10kg 合金料和过热到钢液温度所需的能量，一般取 W_A = 7kW · h/(% · t)。

尽管目前有加热手段的炉外精炼装置大多采用电弧加热，但是电弧加热并不是最理想的加热方式。对电极的性能要求太高，电弧距钢包炉内衬的距离太近、包衬寿命短，常压下电弧加热时促进钢液吸气等，都是电弧加热法难以彻底解决的问题。

B 钢包精炼炉的能量平衡

研究钢包精炼炉能量平衡，可以弄清楚钢包精炼炉有用能耗、损失能耗和热效率，这对于钢包精炼炉的温度控制和优质、低耗地完成精炼任务至关重要。

钢包精炼炉能量平衡可以利用能量守恒定律计算。被考察的能量平衡的范围，即所研究体系的边界，通常只包括钢包炉的主体，因电弧功率不能直接测量，所以应将炉用变压器及短网的电阻损失包括在内。这样体系的边界具体规定为钢包炉炉体和炉盖的外壳，炉气烟道的测温、测流量点至炉体的一段，以及供电回路。时间的边界，对于间歇式生产的炼钢炉都以出钢至出钢为一周期。但是考虑到钢包炉还具备保持炉温的功能，若仍以出钢至出钢为一考察周期，就难以合理地确定有用能和热效率。为此，应以出钢包炉加热期作为考察的时间周期，以钢包炉加热期的热效率作为钢包炉的热效率，这样可以使钢包炉的热效率不随操作工艺而变化，从而使所测的热效率具有较好的可比性。

从开始加热的时刻 τ_c 到加热结束时刻 τ_m 的加热期内，进入体系的能量应等于体系内能的变化和离开体系的能量[8]。即

$$\int_m P_w d\tau + \sum q_i \Delta i = U_m - U_c + \sum q_j(\tau_m - \tau_c) + 3I^2R(\tau_m - \tau_c) \tag{9-5}$$

式中 P_w——由电网输入钢包炉的有功功率，kW；

q_i——i 代表一种燃料或参加冶金反应的某一组元，q_i 为每千克 i 物质的热效率，J/kg，吸热反应为负值；

Δi——加热期燃料的用量，kg，或参加反应的 i 组元的消耗量，kg；

U_m-U_c——加热期始末体系内能的变化，J；

q_j——单位时间内 j 所带走的热量，j 可以是冷却水、烟气、烟尘或炉体表面的散热损失，J/min；

I——加热期平均工作电流，A；

R——钢包炉供电回路一相的电阻。

a 进入体系的能量

进入体系的能量包括：

（1）电能。用电加热的各种炉外精炼加热法，在加热期内，进入体系的能量主要是电能。其数值可由设在炉用变压器高压侧的电能表直接测量，然后将 kW·h 换算成 J。

（2）燃料燃烧放热。若加热期内还应用燃烧燃料加热，则燃料燃烧发热也进入体系。本项热量的大小：

$$Q_i = \sum q_i \Delta I \tag{9-6}$$

当燃料有数种时。每种按其热值和用量分别计算，然后累加。现有的炉外精炼电加热方法，都不能使用燃料加热。

（3）化学反应的热效应。在加热期内若体系内有化学反应发生，则反应的热效应也进入体系的能量。计算式同式（9-6），符号的意义同式（9-5），当反应为吸热反应时，取 q_i 为负值，实际上是体系支出的热量。按定义吸热反应吸收的热量算作有用热。现行精炼工艺中加热期所进行的化学反应数量很少，其热效应占总热量的比例极小。

b 体系内能的变化

加热期始末，体系内各部分蓄热会发生变化，由于加热期是体系温度升高，所以各部分蓄热增加。热平衡计算中，蓄热的增加算作热量的支出，体系内能的变化就是各部分蓄热增加量之和：

$$\Delta U = U_m - U_c = U_{st} + U_{sc} + U_{zu} + U_d + U_{gd} \tag{9-7}$$

式中，ΔU 为体系内某一部分内能的变化量；下标 st、sc、zu、d、gd 分别代表钢液、炉渣、炉衬、炉盖、烟气测量点到炉体这一段管道。

（1）钢液内能的变化。钢液与体系其他部分一样，可以用式（9-8）计算内能的变化：

$$\Delta U_i = m_i c_i (T_m - T_c)_i \tag{9-8}$$

式中 m_i——体系 i 部分的质量，kg；

c_i——i 的单位热容量，J/(kg · K)；

$(T_m - T_c)_i$——i 在加热始末的温差，K。

钢液内能的增加所需要的热量称为有用热。

（2）炉渣内能的变化。炉渣内能的变化 U_{sc} 也可以用式（9-8）计算。

（3）炉体耐火材料的蓄热。炉体不同部分所用的耐火材料各不相同，升温期始末的温度也不一样，为使这一部分吸收的热量计算得更为准确，可按材质、温升相同的部分测算其质量，然后按式（9-8）计算该部分的内能变化。

C 体系的热损失

体系热平衡式（9-5）右侧的第三项和第四项是体系在加热期的热损失，它是体系支出的能量。

（1）冷却水带走的能量。当冷却水系统一由 i 条水路组成，且进、出水温差（$T_{ch} - T_i$）不相等时，应分别计算再累加。因电极把持器、水冷软电缆已在体系边界之外，所以这两部分冷却水带走的热量不能计入。计算式为：

$$Q_w = G_i \sum G_i c_w (T_{ch} - T_i)_i \tag{9-9}$$

式中 Q_w——单位时间内冷却水带走的热量，J/min，即式（9-5）中的 $j=w$；

G_i——第 i 条冷却水回路中冷却水的流量，kg/min；

c_w——水的热容量，J/(kg · K)；

$(T_{ch} - T_i)_i$——第 i 条水路的进、出水温差，K。

（2）烟气和烟尘带走的能量。计算式为：

$$Q_G = G_G c_G (T_G - G_o) + G_{du} c_{du} (T_{du} - T_o) \tag{9-10}$$

式中 Q_G——单位时间内烟气和烟尘带走的热量，J/min，即式（9-5）中的 $j=G$；

c——热容量，J/(kg · K)，下标 G 代表烟气，du 代表烟尘；

G——流量或排出速率，kg/min，下标同上；

T——排出体系时的温度，K，下标同上；

T_o——热平衡时所取的基温度，通常取 298K，或车间温度，K。

（3）炉体表面的散热损失。由于炉体各部位表面热流不相等，所以应分步计算，然后累加。计算式为：

$$Q_{LT} = 1/60 \sum A_i q_i \tag{9-11}$$

式中 Q_{LT}——单位时间炉体表面的散热损失，J/min，即式（9-5）中的 $j=LT$；

A_i——炉体表面第 i 部分的面积，m^2；

q_i——炉体 i 部分表面热流，$J/(m^2 \cdot h)$。

表面热流可用热流计直接测量，也可用计算的方法，计算式为：

$$q_i = 4.88\varepsilon[(T_b/100)^4 - (T_o/100)^4] + \alpha_d(T_b - T_o) \tag{9-12}$$

式中 q_i——炉体 i 部位表面热流，$kcal/(m^2 \cdot h)$ 或 $4186.8J/(m^2 \cdot h)$；

ε——炉体表面黑度；

T_b——部位炉体外表面温度，K；

α_d——i 部位炉体外表面温度对大气的对流换热系数，$kcal/(m^2 \cdot h \cdot ℃)$。

当无风时，α_d 可按下式计算：

$$\alpha_d = A(T_b - T_o)^{0.25} \tag{9-13}$$

式中 A——系数，散热面向上时，$A=2.8$；垂直时，$A=2.2$；向下时，$A=1.5$。

当有风时，α_d 与风速 w_t 有如下关系：

$$w_t < 5m/s;\ \alpha_d = 5.3 + 3.6w_t \quad kcal/(m^2 \cdot h \cdot ℃) \tag{9-14}$$

$$w_t > 5m/s;\ \alpha_d = 6.47w_t^{0.73} \quad kcal/(m^2 \cdot h \cdot ℃) \tag{9-15}$$

以上计算的热流，热量单位是 kcal，用下式换算成 kJ。

$$Q_i = 4.182 \cdot q_i \quad kJ/(m^2 \cdot h) \tag{9-16}$$

（4）供电回路的有功损耗。供电回路的有功能损耗，可通过短路试验求得的回路电阻计算而得，也可分别计算炉用变压器损耗的电量和短网损耗的电量。变压器损耗的电量可由实测的工作电流和变压器铭牌上给出的参数计算，短网损耗的电量可由测定变压器二次侧出面板处到电极把持器的电压降而近似求得。

为完成以上热平衡计算，由实测的参数进行计算后，可按式（9-17）求得钢包炉在加热期的热效率。因为对于电弧加热的钢包炉（LF、VAD、SKF），加热期间不用燃料，钢中元素氧化量也很少，因此燃料燃烧放热和化学反应热效应均可不计，所以有：

$$\eta = \Delta U_{st}/P_W d_\tau \times 100\% \tag{9-17}$$

式中 ΔU_{st}——钢液在加热始末的体系内能变化，J；

P_W——由电网输入钢包炉的有功功率，kW；

d_τ——钢包炉直径，m。

对实测的炉次进行热效率计算时，热效率的平均值为35%，波动范围为±10%。

9.2.2.3 钢包精炼炉的喂丝技术

钢包精炼炉的喂丝技术就是在一定速度条件下将合金芯线、铝线射入钢液，并通过氩气搅拌的动力学作用，有效地达到脱氧、脱硫、去除夹杂及改变夹杂物性态等目的的处理方法。

A 喂丝技术的冶金效果

以块状形式把铁合金加入钢包中微调成分，其收得率低，成分控制准确度差，容易出现钢水成分不合格的废品。而以包芯线的形式微调钢液成分，收得率高，再现性强，能把钢水成分控制在很窄的范围内。

用铝脱氧生产铝镇静钢时，会产生高熔点的 Al_2O_3 簇状或角状夹杂，轧制成形时形成带状夹杂，使钢的横向性能降低，呈各向异性。这种 Al_2O_3 夹杂在钢水浇铸温度下为固态颗粒，连铸时容易堵塞水口。对其进行钙处理[9]，则会改变夹杂物性态，使夹杂物转变为球状，有助于实现钢的各向同性。这种球化夹杂物在钢水浇铸温度下为液态，不致堵塞水口。

向钢包喂包芯线，不仅对铝镇静钢可以取得较好的冶金效果，而且对低碳硅脱氧钢的氧活度调节也非常有效。生产实践表明，对于 A42（1010）钢，最终硅含量为 0.2%，要求氧的活度为 0.0015%~0.0020%。如果出钢时钢水氧活度为 0.035%，出钢时加入钢水量 0.3%的硅，氧活度降至 0.0075%，然后用钙进行脱氧，每 1t 钢水喂入 CaSi 1.5kg（含 30%Ca，相当于每 1t 钢水喂入钙 0.45kg），可降低氧活度至 0.0015%，这种氧活度条件下，脱硫率可达 70%。形成的夹杂物成分为 SiO_2 45%、CaO 30%、Al_2O_3 20%、MgO 5%，符合钙斜长石塑性化合物，钢水浇铸温度下为液态，连铸时可避免堵塞水口。对于 A37（1006）钢，最终硅含量为 0.1%，要求氧活度为 0.01%~0.02%。出钢时钢水氧活度通常在 0.06%以上，出钢时加入钢水量 0.16%的硅，氧的活度降至 0.018%，然后每 1t 钢水喂入钙 0.25kg（采用含钙 93%和含镍 5%的无硅包芯线），氧活度即可达到 0.011%左右。喂丝处理后所形成的夹杂物，与前述 A42 钢种喂钙处理属同一类型，钢水连铸时也不致堵塞水口。

通过喂钙处理，钢中夹杂物能达到很高的球化率，钢的冷热加工性能改善，薄板和带钢的表面质量提高，高速切削钢的力学性能增强，无缝钢管的氢裂现象减少。通过喂硼处理，可增加钢的淬透性。

B 变性剂及其变性作用

钢中的非金属夹杂物的数量、大小、形状和分布，以及其本身的物理化学性质与钢的差异，会对钢的性质造成恶劣影响，还会影响连铸机的正常运行。用喷射冶金的方法向钢液送入某些固体熔剂，如硅钙、稀土合金等，可改变存在于钢液中的非金属夹杂物的性质，从而消除或减小它们对钢质量的不利影响、改善钢液的可浇铸性，保证连铸工艺操作顺利进行。

研究表明，钢中氧化物、硫化物的性态和数量对钢的机械性能和物理化学性能产生很大的影响，而钢液的氧含量与硫含量、脱氧剂的种类，以及脱氧脱硫工艺都将使最终残存在钢中的氧化物、硫化物发生变化。研究还表明，铝脱氧产物的数量和形状是使连铸中间包水口堵塞的主要原因。因此，通过选择合适的变性剂，有效地控制钢中的氧、硫含量，以及氧化物硫化物的组成，既可以减少非金属夹杂物的含量，还可以改变它们的性质和形状，在保证连铸机正常运转的同时改善钢的性能。

实际应用的非金属夹杂物变性剂，一般应具有如下条件：（1）与氧、硫、氮有较强的相互相作用能力；（2）在钢液中有一定的溶解度，炼钢温度下蒸气压不大；（3）操作简便易行，以及收得率高、成本低。钛、锆、碱土金属（主要是钙合金和含钙的化合物）和稀土金属等都可作为变性剂，生产中大量使用的是硅钙合金和稀土合金。

a 稀土元素的变性作用

稀土元素是很强的脱硫剂。钢液的初始氧、硫含量决定了稀土元素加入后所能生成的产物（表 9-5）。

表 9-5 用稀土元素脱氧脱硫的产物与钢中原始氧、硫含量的关系

脱氧脱硫产物	稀土氧化物	稀土氧硫化物	稀土硫化物
初始 [S]/[O]	<10	10~100	>100

在实际生产中，稀土合金最常用于控制硫化物的形态。热力学计算表明，当钢中 [%Mn]/[%S]>2 时，虽然脱氧良好，锰与硫的含量也正常，仍然会生成 MnS 夹杂物。它的熔点低，热轧时会在轧制方向形成带状夹杂物，极大地降低钢的横向机械性能（如延展性）和产生裂纹倾向的限度。硫化锰还会使钢对氢裂纹的敏感性增加。因此，应该消除钢中的 MnS 夹杂物。研究[10]指出，加入适量的稀土合金，在钢的凝固过程中生成稀土氧硫化物，如 RE_2O_2S，它们为细小而分散的球状夹杂物，热加工时不会变形，消除了硫化锰的有害作用。为了充分控制硫化物的形态，钢中稀土元素含量与硫含量之比 [%RE]/[%S] 应该大于 3。另一方面，由于稀土夹杂物的密度为 5~6g/cm^3，接近于铁不易上浮。此外，稀土夹杂物熔点高，在炼钢温度下呈固态，很可能在中间包的水口处凝集使之堵塞。因此，使用稀土合金的量应该适当，避免影响连铸顺行。

b 钙的变性作用

铝脱氧的钢中存在的氧化铝夹杂物多数熔点很高，在连铸温度下呈现固态，很容易在中间包水口聚积引起堵塞。钢中成簇的 Al_2O_3 在轧铸过程会被分散，沿轧制方向连续分布，造成严重的缺陷。如果控制铝脱氧产物在炼钢连铸温度下呈现液态，则夹杂物会大量上浮，不仅可以消除水口堵塞保证连铸顺利进行，而且有利于改善钢的质量。

从 $CaO\text{-}Al_2O_3$ 二元相图可以看出，可能形成的 5 种钙铝化合物中，$12CaO \cdot 7Al_2O_3$ ($C_{12}A_7$) 的熔点为 1415℃，密度为 2.83g/cm^3，在连铸中间包中易于去除。据此，向铝脱氧钢液加入钙并适当控制加入量，就能够改变铝氧化物夹杂的性状，从而改善钢液的浇铸性能和钢的质量。钙的沸点很低，约 1491℃，钙蒸气压 p_{Ca} 与温度的关系如下式所示：

$$\lg p_{Ca} = 4.55 - 8026/T \tag{9-18}$$

1600℃时，p_{Ca}=0.187MPa。在炼钢温度下，钙很难溶解在铁液中。但在含有其他元素，如硅、碳、铝等条件下，钙在铁中的溶解度大幅提高。因此，为了对铝氧化物进行变性处理，加入硅钙及其他钙合金。钙是很强的脱氧剂，加入钢液后很快转为蒸汽，在上浮过程中脱氧，反应如下：

$$Ca(g) + [O] \xlongequal{} (CaO) \quad \lg(p_{Ca}[O]) = 34680/T + 10.035 \tag{9-19}$$

1600℃时，脱氧常数 $\lg K_{Ca}=-10.46$。当钢液含钙 [Ca]=8.25×10^{-7}%时，钢液的氧含量 [O]=1.16×10^{-7}%，脱氧效果很好，而且可改变钢液内 Al_2O_3 的性状。对于铝镇静钢，由热力学分析可知，加入的钙很容易形成 $CaO \cdot 2Al_2O_3$ 型夹杂物，随着 CaO 含量的增加，改变为 $CaO \cdot Al_2O_3$，最后形成富 CaO 的低熔点的铝酸钙夹杂物。

钙也是很强的脱硫剂，可生成 CaS。根据反应自由能变化，钙加入钢液后首先降低钢的氧含量到某一浓度以后，再与硫反应。平衡的氧硫浓度可由下式求出：

$$Ca(g) + [S] \xlongequal{} (CaS)(s)$$

$$\Delta G^{\ominus}_{Ca-S} = -136380 + 40.94T$$

$$Ca(g) + [O] \xlongequal{} (CaO)(s)$$

$$\Delta G^{\ominus}_{Ca-O} = -158660 + 45.91T$$

当然，如果钢液的硫含量比较高，钙有可能同时与氧硫发生作用，生成的反应产物中（CaO、$CaO \cdot 2Al_2O_3$、$12CaO \cdot 7Al_2O_3$）铝、硫的含量取决于钢液中铝、硫的含量。由1550℃时不同反应产物的生成条件可看出，当钢液的硫含量和铝含量比较高时只能生成熔点较高的 $CaO \cdot 2Al_2O_3$，只有当铝、硫含量都低于 $12CaO \cdot 7Al_2O_3$ 平衡线时才会有完全液态的夹杂物出现。需要指出的是，如果 CaS 不是以纯物质存在，而是在 MnS 中产生，则 CaS 的活度降低，CaS-MnS 夹杂物也可能在铝、硫含量低的条件下产生。

喷射冶金中处理钢液的常用材料是 Ca-Si 合金，其他含钙熔剂、Mg-CaO、CaC_2 以及上述各种材料的混合物也可用于不同要求和不同条件的钢水处理。

9.2.2.4 渣精炼

渣精炼是钢包精炼炉重要的核心功能[11]，以下从精炼渣结构、理化性能、精炼功能几方面进行讨论。

A 精炼渣的结构

一般精炼渣由 CaO、Al_2O_3、CaF_2、SiO_2、MgO 组合而成，其他还有 Na_2CO_3、CaF_2 等。精炼渣主要有 CaO-Al_2O_3 系、CaO-SiO_2-Al_2O_3 系、CaO-SiO_2-CaF_2 系等。

对于精炼渣洗工艺，根据使用目的不同，选用的固体合成渣系也不同：为了脱氧、脱硫多选用 CaO-CaF_2 碱性渣系，成分为 45%～55%CaO、10%～20%CaF_2、5%～15%Al 和 0～5%SiO_2；如果不需脱硫，只需去除氧化物夹杂，合成渣可以有较多的 Al_2O_3 和 SiO_2；对于有特殊要求的还可以选取特殊的合成渣系，如 CaO-SiO_2 中性渣等。

目前常用的合成渣系主要是 CaO-Al_2O_3 碱性渣系，化学成分大致为：CaO 50%～55%、Al_2O_3 40%～45%、$SiO_2 \leqslant 5\%$、$C \leqslant 0.10\%$、$FeO < 1\%$。由此可知，CaO-Al_2O_3 合成渣中，CaO 的质量分数很高，（CaO）是合成渣中用于达到冶金反应目的的化合物，其他化合物多是为了调整成分、降低熔点而加入的。这种熔渣的黏度随着温度的改变，其变化幅度较小。当温度为 1600～1700℃时，黏度为 0.16～0.32Pa·s；当温度低于 1550℃时仍保持良好的流动性。这种溶渣与钢液间的界面张力较大，容易携带夹杂物分离上浮。但当渣中 SiO_2 含量和 FeO 含量增加时，将会降低溶渣的脱硫能力。然而 SiO_2 是一种很好的液化剂，其含量如不超过 5%，对脱硫影响不大。

B 精炼渣的理化性能

a 碱度

各种渣碱度 B 的定义如下：

用于石灰-黏土渣：

$$B = (n_{CaO} + n_{MgO} - n_{Al_2O_3}) / n_{SiO_2} \tag{9-20}$$

用于石灰-氧化铝渣：

$$B = (n_{CaO} + n_{MgO} - 2n_{SiO_2}) / n_{Al_2O_3} \tag{9-21}$$

用于自熔性渣系：

$$B = (w(CaO)_{\%} + 0.7w(MgO)_{\%})/(0.94w(SiO_2)_{\%} + 0.18w(Al_2O_3)_{\%}) \tag{9-22}$$

式中，$w(X)_{\%}$ 值的下标用以表明此值为质量百分数。除用碱度表示合成渣的成分特点外，还可用游离氧化钙 $w(CaO)_{u\%}$ 来表示能参与冶金反应的钙的数量，其计算式如下：

$$w(CaO)_{u\%} = w(CaO)_{\%} + 1.4w(MgO)_{\%} - 1.86(SiO_2)_{\%} - 0.55w(Al_2O_3)_{\%} \quad (9\text{-}23)$$

b 熔点

钢包精炼炉内用合成渣精炼钢水时，渣的熔点应当低于被渣洗钢液的熔点。合成渣的熔点可根据渣的成分，利用相应的相图来确定。

在 $CaO-Al_2O_3$ 渣系中，Al_2O_3 含量为48%~56%和 CaO 含量为52%~44%时，其熔点最低（1450~1500℃）。这种渣含有少量 SiO_2 和 MgO 时，熔点还会进一步下降。（SiO_2）含量对 $CaO-Al_2O_3$ 系熔点的影响不如 MgO 明显。该渣系不同成分合成渣的熔点见表 9-6。当 $w(CaO)/w(Al_2O_3)$ = 1.0~1.15 时，渣的精炼效果最好。

表 9-6 不同成分的 $CaO-Al_2O_3$ 渣系合成渣的熔点

成分 w/%				熔点/℃
CaO	Al_2O_3	SiO_2	MgO	
46	47.7		6.5	1345
48.5	41.5	5	5	1295
49	39.5	6.5	5	1315
44.5	43.7	6.8		1335
50	50			1395
52	41.2	6.8		13354
56~57	43~44			1525~1535

当 $CaO-Al_2O_3-SiO_2$ 三元渣系中加入6%~12%的 MgO 时，就可以使其熔点降到 1500℃甚至更低一些。加入 CaF_2、Na_3AlF_6、Na_2O、K_2O 等，也能降低熔点。

$CaO-SiO_2-Al_2O_3-MgO$ 渣系具有较强的脱氧、脱硫和吸附夹杂的能力。当黏度一定时，这种渣的熔点随渣中 CaO+MgO 总量的增加而提高（表 9-7）。

表 9-7 不同成分的 $CaO-SiO_2-AlO_3-MgO$ 渣系合成渣的熔点

成分 w/%						熔点/℃
CaO	MgO	CaO+MgO	SiO_2	Al_2O_3	CaF_2	
58	10	68.0	20	5.0	7.0	1617
55.3	9.5	65.8	19.0	9.5	6.7	1540
52.7	9.1	61.8	18.2	13.7	6.4	1465
50.4	8.7	59.1	17.4	17.4	6.1	1448

c 流动性

用作渣洗的合成渣，要求有较好的流动性。在相同的温度和混冲条件下，提高合成渣的流动性，可以减小乳化渣滴的平均直径，从而增大渣钢接触界面。

炼钢温度下，不同成分的 $CaO-Al_2O_3$ 渣的黏度见表 9-8。研究认为，温度为 1490~1650℃，CaO 含量为54%~56%，$w(CaO)/w(Al_2O_3)$ = 1.2 时，该合成渣的黏度最小。加入不超过10%的 CaF_2 和 MgO，也能降低渣的黏度。对于大部分合成渣，炼钢温度下，其黏度小于0.2Pa · s。

表 9-8 不同成分的 $CaO\text{-}Al_2O_3$ 渣的黏度

成分 w/%			不同温度下的黏度/Pa · s					
SiO_2	Al_2O_3	CaO	1500℃	1550℃	1600℃	1650℃	1700℃	1750℃
—	40	60	—	—	—	0.11	0.08	0.07
—	50	50	0.57	0.35	0.23	0.16	0.12	0.11
—	54	46	0.60	0.40	0.27	0.20	0.15	0.12
10	30	60	—	0.22	0.13	0.10	0.08	0.07
10	40	50	0.50	0.33	0.23	0.17	0.15	0.12
10	50	40	—	0.52	0.34	0.23	0.17	0.14
20	30	50	—	—	0.24	0.18	0.14	0.12
20	40	40	—	0.63	0.40	0.27	0.20	0.15
30	30	40	0.92	0.61	0.44	0.38	0.24	0.19

对于 $CaO\text{-}MgO\text{-}SiO_2\text{-}Al_2O_3$ 渣系（SiO_2 20%~25%，Al_2O_3 5%~11%，$w(CaO)/w(SiO_2)$ = 2.4~2.5），1600℃时，黏度与CaO+MgO总量之间有着明显的对应关系。当CaO+MgO含量和MgO含量分别为63%~65%和4%~8%时，渣的黏度最小（0.05~0.06Pa · s）。随着MgO含量的增加，渣的黏度急剧上升，当MgO含量为25%时，黏度达0.7Pa · s。

对于炉外精炼，推荐采用下述成分的渣：CaO 50%~55%，MgO 6%~10%，SiO_2 15%~20%，Al_2O_3 8%~15%，CaF_2 5.0%。其中 SiO_2、Al_2O_3、CaF_2 三组元的总量控制在35%~40%。

d 表面张力

表面张力也是影响渣洗效果的一个较为重要的参数。在渣洗过程中，虽然直接起作用的是钢-渣之间的界面张力和渣与夹杂物之间的界面张力（如钢-渣间的界面张力决定了乳化渣滴的直径和渣滴上浮的速度，而渣与夹杂物间的界面张力的大小影响着悬浮于钢液中的渣滴吸附和同化非金属夹杂物的能力），但是界面张力的大小是与每一相的表面张力直接相关的。

渣中常见氧化物的表面张力见表9-9。

表 9-9 渣中常见氧化物的表面张力

氧化物	CaO	MgO	FeO	MnO	SiO_2	Al_2O_3	CaF_2
表面张力/N · m^{-1}	0.52	0.53	0.59	0.59	0.40	0.72	0.405

通常熔渣都是由两种以上氧化物所组成，其表面张力可按式（9-24）估算：

$$\sigma_s = \sigma_1 \cdot N_1 + \sigma_2 \cdot N_2 + \cdots \tag{9-24}$$

式中 σ_s——熔渣的表面张力；
σ_1，σ_2——组元 1 和 2 的表面张力；
N_1，N_2——组元 1 和 2 的摩尔分数。

熔渣的表面张力受温度的影响，随着温度升高，表面张力减小。此外，还受到成分的影响。在合成渣的组成中，SiO_2 和 MgO 会降低渣的表面张力。当 MgO 含量不超过 3%时，这种影响不很明显。当 CaO56%－$Al_2O_3$44%渣中含有 9%的 MgO 时，表面张力由原来的 0.600~0.6245N/m 降低到 0.520~0.550N/m。SiO_2 对表面张力的影响则更为明显。例如，在上述组成的 CaO-Al_2O_3 渣中，当 SiO_2 含量为 3%时，$\sigma=0.575\sim0.585$N/m；当 SiO_2 含量为 9%时，$\sigma=0.440\sim0.484$N/m。

熔渣与钢液之间的界面张力可按式（9-25）求得：

$$\sigma_{m—s}=\sigma_m-\sigma_s\cos\theta \tag{9-25}$$

式中 $\sigma_{m—s}$——熔渣与钢液之间的界面张力，N/m；
σ_m，σ_s——分别代表钢液和熔渣的表面张力，N/m；
$\cos\theta$——钢渣之间的润湿角的余弦。

选用的合成渣系要求 $\sigma_{m—s}$ 要小。$\sigma_{m—s}$ 的大小取决于温度和钢、渣的成分。如 40CrNiMoA 钢与含 CaO 56%、Al_2O_3 44%的合成渣之间的界面张力，在 1500℃时为 0.92 N/m，而在 1600℃时为 0.60N/m。在相同温度下（如 1560℃），不同钢种与上述组成的合成渣之间 $\sigma_{m—s}$值分别为：GCr15，1.05N/m；30CrMnSiA，0.74N/m；40CrNiMoA，0.61N/m。除炼钢炉渣中常见的氧化物如 FeO、Fe_2O_3、MnO 等会降低 $\sigma_{m—s}$值外，其他一些氧化物如 Na_2O、K_2O 等也会降低渣钢间的界面张力。

$\cos\theta$ 值由实验测定，其数值取决于钢和渣的成分与温度，并且温度的影响强于成分。例如，30CrMnSiA 钢与 CaO56%－$Al_2O_3$44%渣的 $\cos\theta$ 的差别，一般不超过 5%。

e 还原性

要求渣洗完成的精炼任务决定了渣洗所用的熔渣都是高碱度（$B>2$）、低 FeO 含量的还原性渣，一般 FeO 含量不超过 0.4%~0.8%。

渣精炼的作用：结构合理、理化性能优越的精炼渣可以吸附夹杂、有利于气体的排除、脱硫、脱氧、脱氢、脱氮、防止钢液吸气二次氧化、保温等，具体原理将在相关章节中讨论。

9.2.2.5 脱氧

脱氧是钢包精炼炉中实施的重要冶金操作。脱氧目标是：去除钢水中悬浮着的脱氧生成物和溶解在钢液中的游离氧。钢包精炼炉的脱氧有脱氧合金脱氧和合成渣脱氧两种方式。

A 脱氧合金脱氧

使用铝和硅等与氧亲和力强的元素进行脱氧。

1600℃ 下氧及脱氧元素的平衡浓度见图 9-3。含有［Si］和［Al］的钢水中的［O］含量，比与［C］平衡时的［O］含量低，添加硅和铝等脱氧剂时，可以控制凝固时的［C］+［O］═CO 反应。

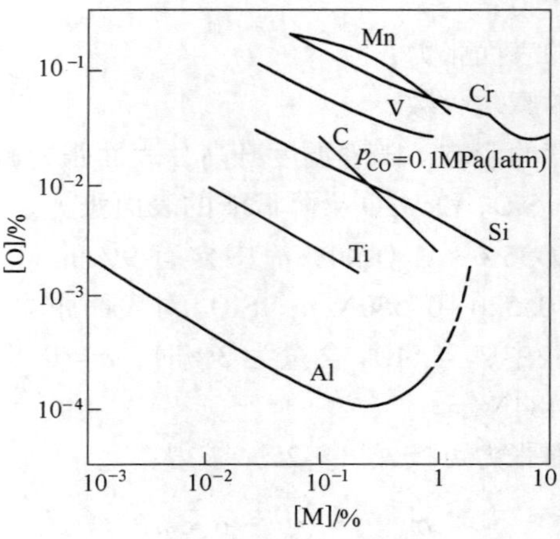

图 9-3 1873K 下钢水中合金元素的脱氧平衡

B 合成渣脱氧

由于熔渣中的 FeO 含量远低于钢液中氧平衡的数值，即 $w[\mathrm{O}]_{\%}>a_{\mathrm{FeO}}L_{\mathrm{O}}$，钢液中的 [O] 经过钢-渣界面向熔渣滴内扩散，不断降低，直到 $w[\mathrm{O}]_{\%}=a_{\mathrm{FeO}}L_{\mathrm{O}}$ 的平衡状态。

当还原性的合成渣与未脱氧（或脱氧不充分）的钢液接触时，钢液中溶解的氧能通过扩散进入渣中，使钢液脱氧。

渣洗时，合成渣在钢液中乳化，使钢渣界面成千倍地增大，同时强烈地搅拌，都使扩散过程显著地加速。

根据氧在钢液与熔渣间的质量平衡关系，即钢液中排出的氧量等于进入熔渣的氧量，可得：

$$100(w[\mathrm{O}]_{\%}^{0}-w[\mathrm{O}]_{\%})=[w(\mathrm{FeO})_{\%}-w(\mathrm{FeO})_{\%}^{0}]\times 16\times M/72$$

式中 $w[\mathrm{O}]_{\%}^{0}$，$w(\mathrm{FeO})_{\%}^{0}$——分别为钢液中的氧及熔渣中（FeO）的初始质量百分数,%；

M——渣量,%（钢液质量的百分数）。

$$w(\mathrm{FeO})=w[\mathrm{O}]_{\%}/(f_{\mathrm{FeO}}L_{\mathrm{O}})$$

解以上方程，可得出脱氧所需的合成渣量：

$$M=(w[\mathrm{O}]_{\%}^{0}-w[\mathrm{O}]_{\%})\times 7200\times f_{\mathrm{FeO}}L_{\mathrm{O}}/\{16(w[\mathrm{O}]_{\%}-f_{\mathrm{FeO}}\,w(\mathrm{FeO})_{\%}^{0}L_{\mathrm{O}})\}\tag{9-26}$$

式中 f_{FeO}——渣中 FeO 的活度系数；

L_{O}——氧在钢液与熔渣中的分配系数，$\lg L_{\mathrm{O}}=(-6320/T)+0.734$（当（FeO）采用质量 1%溶液标准态时）。

合成渣脱氧过程速率的限制环节是钢液中 [O] 的扩散：

$$-\mathrm{d}w[\mathrm{O}]_{\%}/\mathrm{d}t=\beta_{\mathrm{O}}A\{w[\mathrm{O}]_{\%}-a_{\mathrm{FeO}}L_{\mathrm{O}}\}/V\tag{9-27}$$

式中 $-\mathrm{d}w[\mathrm{O}]_{\%}/\mathrm{d}t$——钢液中氧含量的变化速率；

β_{O}——氧在钢液中的传质系数；

A——渣钢界面积；

V——钢液的体积。

a_{FeO}可用$w[O]_{\%}$的函数式表示：

$$a_{FeO}=\{w(FeO)_{\%}^{0}+(w[O]_{\%}^{0}-w[O]_{\%})\times 7200/16M\}f_{FeO}$$

将上式代入式（9-27）中，分离变量后，积分得：

$$\lg\{(w[O]_{\%}^{0}-b/a)/(w[O]_{\%}-b/a)\}=at/2.3 \tag{9-28}$$

式中

$$a=\beta_O(A/V)[1+(7200f_{FeO}L_O/16M)b]$$
$$=\beta_O(A/V)f_{FeO}L_O\{w(FeO)_{\%}^{0}+(7200\,w[O]_{\%}^{0}/16M)\}$$

由式（9-28）可计算脱氧 t 秒后，钢液中的氧含量。也可以根据钢液中的氧含量降到所要求的氧含量，计算出所需要的时间。

由上述分析可知，降低熔渣的a_{FeO}及增大渣量，可提高合成渣的脱氧速率。

9.2.3 钢包精炼炉生产工艺过程实践

9.2.3.1 钢包精炼炉脱硫

脱硫是钢包精炼炉的重要任务之一。如果操作得当，一般可以去除［S］50%~80%。

在渣洗过程中，脱硫反应可写成：

$$[S]+(CaO)=\!=\!=(CaS)+[O]$$

钢包精炼渣中，脱硫产物（包括脱氧产物）与钢水之间硫的分配系数 $L_S=w(S)_{\%}/w[S]_{\%}$ 可计算得到：

$$\lg L_S=\lg C_S+\lg f_S-\lg a_{Al_2O_3}$$

式中 C_S——熔渣的硫容量，它是熔渣中 $w(S)_{\%}$与脱硫反应中氧分压和硫分压平衡的关系式，即 $C_S=w(S)_{\%}(p_{O_2}/p_{S_2})^{2/1}$能表示出容纳或吸收硫的能力；

f_S——钢水中硫的活度系数；

$a_{Al_2O_3}$——脱硫产物（包括脱氧产物）中 Al_2O_3 活度。

对铝脱氧钢水，脱硫反应为：

$$3(CaO)+2[Al]+3[S]=\!=\!=[Al_2O_3]+3(CaS)$$

随着钢中铝含量的增高，硫的分配系数 L_S 增大。这是因为钢液中有强脱氧物质铝存在时，才能保证钢水充分脱氧。只有钢水充分脱氧，才能实现合成渣脱硫的充分进行。加铝量的多少对 L_S 的影响极大。例如，当 $w(CaO)=40\%$时，$w[Al]=0.01\%$，$w(S)/w(S)=10$；当 $w(Al)=0.05\%$时，$w(S)/w[S]\geqslant 60$。当 $w(CaO)=50\%$时，$w[Al]=0.01\%$，$w(S)/w[S]\geqslant 60\%$；当 $w[Al]=0.05\%$时，$w(S)/w[S]=600$。这个结果表明，不同渣成分、不同铝含量的条件下，脱硫差别很大。为了保证钢液充分脱硫，残余铝量需要控制在0.02%以上[12]。

熔渣碱度和（FeO）含量对硫的分配比影响显著[13]见图9-4。实际操作中应尽量减少初炼炉下渣量，因渣中的（FeO）能明显降低脱硫率。可采用挡渣出钢，或先除渣再出钢，或采用电弧炉偏心炉底出钢技术。用脱氧剂（如硅铁、硅锰合金、硅铝钡合金）进行钢水沉淀脱氧，用脱硫精炼渣进行出钢过程炉渣改质和渣洗脱硫，若电弧炉终渣没有进入大包，脱硫剂对钢水有很强的脱硫作用。若下渣不可避免，这部分高氧化性炉渣与先期渣洗脱硫和脱氧的产物融合后，成为大包顶渣。大包顶渣与脱硫后的钢水持续接触，会降低钢水的酸熔铝含量，使顶渣中 $a_{Al_2O_3}$ 发生改变，渣碱度明显降低，造成出钢渣洗过程达到的平衡状态发生改变，使渣—钢之间硫的分配系数大幅度下降，导致已经进入渣相的硫重新回到钢水。因此，必须在后续精炼（如 LF）工位进行变渣操作，迅速降低渣中氧化铁含量，提高炉渣碱度，重新提高顶渣与钢水之间硫的分配系数。

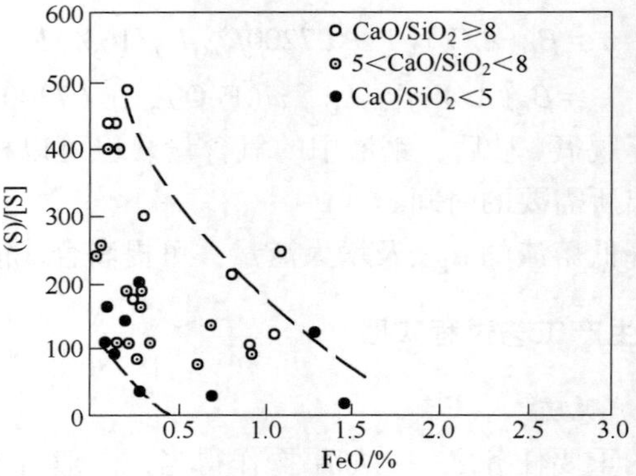

图 9-4 熔渣碱度和 FeO 对硫的分配比的影响

如果要求 $w[S]<0.01\%$，为了取得最好的脱硫效果，包衬不应使用黏土砖，应使用白云石碱性包衬。

炉渣的流动性对实际所能达到的硫的分配系数也有影响，如向碱度为 3.4~3.6 的炉渣中加入 13%~15%的 CaF_2，可将 L_S 值提高到 180~200。在常用的合成渣中，CaF_2 仅作为降低熔点的成分加入渣内，而 Al_2O_3、SiO_2 等成分除了可以降低熔点外，可使熔渣保持与钢中上浮夹杂物相似的成分，减小夹杂与渣之间的界面张力，使之更易于上浮。而采用较高的温度能保证硫在渣中能较快地传质。

加强精炼时的搅拌（如钢包吹氩），可以加快脱硫、脱氧速度，合成渣加入钢液从而加快脱硫反应主要是合成渣与钢液瞬间接触的结果。

脱硫时合成渣的用量及时间的计算式与前述脱氧的相同，可得到：

$$M = (w[S]_{\%}^{0} - w[S]_{\%}) \times 100/[w(S)_{\%} - w(S)_{\%}^{0}] \tag{9-29}$$

式中 $w(S)_{\%}$——熔渣内硫的质量分数,%，可由熔渣的硫容量求出；

$w(S)_{\%}^{0}$——合成渣最初硫的质量分数,%。

9.2.3.2 钢包精炼过程碳含量控制

钢包精炼炉操作中，碳含量的控制至关重要，影响碳含量控制的因素很多，主要有钢液脱氧情况、温度、电极、耐火材料、合金、造渣脱氧剂、吹氩几个方面。在精炼低碳钢、高碳钢时，如果不考虑这几个方面的影响，碳含量的偏差是很大的，有时甚至会造成成分出格。

钢液脱氧不好时，钢液中溶解的游离态的氧会持续和碳发生反应，促使钢液碳含量降低，此时较难准确控制碳含量；另外，钢液脱氧不好，渣中的氧化铁含量很高，加入增碳剂后，碳和氧化铁急剧反应，精炼渣迅速泡沫化，增碳剂和钢液接触的概率变小，造成碳收得率波动较大。

碳的溶解要带走大量的热，钢液温度较低的时候，碳的溶解速度变慢，取样分析碳含量的偏差很大，大量加入增碳剂时，这一点表现得更为突出。

精炼过程中，由于吹氩和加热，电极被钢液和精炼渣冲刷部分熔入钢液，高温的电弧和电流的剧烈波动会导致少量的电极剥落，碳含量控制时要考虑电极增碳。

调渣的时候，如果含碳的脱氧剂加入量比较大，吹氩强度过高，脱氧剂中的碳会直接和钢液接触，逐步扩散到钢液中，造成碳含量的上升。另外，精炼用合金中含有的碳也应该充分重视。

钢包精炼炉用耐火材料也是钢液增碳的原因之一。高温钢液直接和耐火材料接触，钢液对耐火材料的侵蚀会造成钢液增碳。

实践证明，由于脱氧程度和温度不同，加入增碳剂的收得率波动范围在30%~85%，脱氧程度越高，温度越高，收得率越高；正常精炼情况下电极、耐火材料、造渣脱氧剂等因素会造成0.02%~0.04%碳含量的增加[14]。

9.2.3.3 钢包精炼钢液温度控制

精炼过程中温度控制主要受钢包预热、渣层厚度、合金加入、吹氩搅拌等几个方面的影响。充分考虑这些因素的影响，钢包精炼炉的控制精度可以达到与目标温度的偏差在5℃之内。

以100t钢包为例，预热温度600℃和980℃的钢包，钢水温降在精炼初期相差50~60℃。精炼前15min温度下降很快，这是钢包衬蓄热量大于电弧供给热的结果。

渣层越厚，保温效果越好，钢水温降越小。有资料表明，当渣层厚度小于50mm时，钢水的温降相当明显；当厚度大于50mm时，渣层厚度对钢水的温降影响不大。渣表面的温度5min之内降到900℃以下，20min之后温度下降的速度明显变慢。

合金加入钢液后，经过3个阶段：升温到熔点、合金熔化、溶于钢液。在钢液温度为1570℃时，每增加1%元素含量，加入合金的量对钢液温度的影响见表9-10。

表9-10 加入合金的量对钢液温度的影响 （℃）

钢液温度	硅铁（45）	硅铁（75）	锰铁（75）	硅锰（20、70）	钒铁（40）	钼铁	铬铁（60）
1570	+0.5	+16.5	-13.2	-6.7	-9.1		-15.3
1620	+8.8		-10	-0.6		-12.1	-12.5

吹氩搅拌造成钢液温降。对于40t钢包，吹氩搅拌（300~450L/min）使钢液降温为0.0085℃/min；对于60t钢包，吹氩搅拌（300~450L/min）使钢液降温为0.0065℃/min；对于80t钢包，吹氩搅拌（300~450L/min）使钢液降温为0.0040℃/min；对于100t钢包，吹氩搅拌（300~450L/min）使钢液降温为0.0028℃/min。由此可见，吹氩搅拌不是引起钢液温降的主要原因[15]，引起钢液温降的主要原因是，搅拌消除了钢液的温度分层，增加了钢液向包壁传热效率。另外，当吹氩强度大时，钢液面裸露，散热增加。

为了提高LF的电弧加热效率，与电弧炉一样，为减少电弧辐射热损失，缩短电弧长度是有效的。为此，要确保渣层厚度，采用埋弧操作的方法。渣层厚度、渣组成对加热特性的影响见图9-5。为改善升温效率，必须选择流动性好的低熔点渣组成。

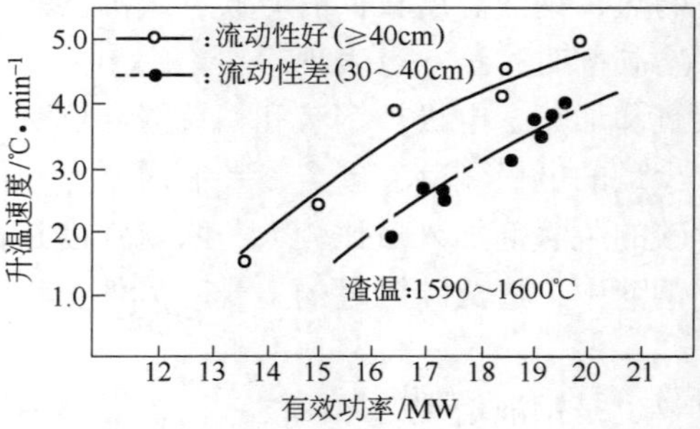

图 9-5 供电量和升温速度的关系

9.2.3.4 钢包精炼过程喂丝操作

喂丝法（Wire Feeding，WF），即合金芯线处理技术，是指将各类金属元素及附加料制成的粉剂按一定配比，用薄带钢包覆做成各种大小断面的线，卷成很长的包芯线卷，供给喂丝机作原料，由喂丝机根据工艺需要按一定的速度，将包芯线插入到钢包底部附近的钢水中。包芯线的包皮迅速被熔化，线内粉料裸露出来与钢水直接接触发生化学反应，并通过氩气搅拌的动力学作用，有效地达到脱氧、脱硫、去除夹杂及改变夹杂形态以及准确地微调合金成分等目的，从而提高钢的质量和性能。

A 喂丝设备

喂丝设备由 1 台线卷装载机、1 台辊式喂丝机、1 根或多根导管及其操作控制系统等组成。

喂丝机有单丝机、双丝机、三相机等类型。其布置形式有水平的、垂直的、倾斜的三种。一般根据工艺需要、钢包大小及操作平台的具体情况，选用一台或几台喂丝机，分别或同时喂入一种或几种不同品种的线。

线卷装载机主要是承载外来的线卷，并将卷筒上的线开卷供给辊式喂丝机。一般是由卷筒、装载机托架、机械拉紧装置及电磁制动器等组成。当开卷时，电子机械制动器分配给线适当的张力，进行灵敏的调节。在每次喂丝处理操作后，由辊式喂丝机的力矩把线反抽回来，线卷装置机的液压动力电机反向机械装置能自动地调节，保持线上的拉紧张力，便于与辊式喂丝机联动使用。

辊式喂丝机是喂丝设备的主体，是一种箱式整体组装件。其内一般有 6~8 个拉矫输送辊，上辊 3~4 个，底辊 3~4 个，采用直流电机无级调速。设有电子控制设备，可控制喂丝转速、向前和向后运行，并能预设线的长度可编程序控制和线的终点指示。线卷筒上的制动由控制盘操作。标准喂丝机备有接口，可以连接到计算机。

导管是一根具有恰当曲率半径的钢管，一端接在辊式喂丝机的输出口，另一端支在钢包上口距钢水面一定距离的架上，将从辊式喂丝机输送出来的线正确地导入钢包内，加至靠近钢包底部的钢水中，使包芯线或实芯线熔化而达到冶金目的。

B 包芯线

钢包处理所使用的线有金属实心线和包芯线两种。铝一般为实心线，其他合金元素及添加粉剂则为包芯线，都是以成卷的形式供使用。目前工业上应用的包芯线的种类和规格很多，见表 9-11。通常包含的元素有钙、硅钙、碳、硫、钛、铌、硼、铅、碲、锰、钼、钡、硅、铋、铬、铝、锆等。

表 9-11 我国生产的部分芯线品种与规格

芯线种类	芯线截面	规格/mm	外壳厚度/mm	化学成分 w/%		重量/g·m^{-1}	合金充填率/%
Ca-Si	圆	ϕ6	0.2	Ca-Si 50	Fe 50	68.3	48.0
Ca-Si	矩形	12×6	0.2	Ca-Si 55	Fe 45	172	56.0
Fe-B	矩形	16×7	0.3	B 18.47		577.1	80.1
Fe-Ti	矩形	16×7	0.3	Ti 38.64		506.7	74.3
Ca-Al	圆	ϕ4.8	0.2	Ca 36.8	Al 16.5	56.8	
Al	圆	ϕ9.5		Al 99.07		190	
Mg-Ca	圆	ϕ10	0.3	Mg 10	Ca 40	246	52.8

包芯线主要参数的选用，需要考虑的是其横断面、包皮厚度、包入的粉料量及喂入的速度。

包芯线一般为矩形断面，尺寸大小不等。断面小的用于小钢包，断面大的用于大钢包。包皮一般为 0.2~0.4mm 厚的低碳带钢。包皮厚度的选用需根据喂入钢包内钢水的深度和喂入速度确定。喂入速度取决于加入材料的种类及其需要喂入的数量（例如每吨钢水喂入钙量的速度不宜超过 0.1kg/(t·min)）。喂入合金元素种类及数量需根据钢种所要求的微调元素数量、钢水重量以及元素收得率来确定。

包芯线的质量直接影响其使用效果，因此对包芯线的表观质量和内部质量都有一定要求。

（1）表观质量要求：

1）铁皮接缝的咬合程度。若铁皮接缝咬合不牢固，将使芯线在弯卷打包或开卷矫直使用时产生粉剂泄漏，或在贮运过程中被空气氧化。

2）外壳表面缺陷。包覆铁皮在生产或储运中易被擦伤或锈蚀，导致芯料氧化。

3）断面尺寸均匀程度。芯线断面尺寸误差过大将使喂丝机工作中的负载变化过大，喂送速度不均匀，影响添加效果。

（2）内部质量要求：

1）质量误差。单位长度的包芯线的质量相差过大，将使处理过程中无法准确控制其实际加入量。用作包覆的铁皮的厚度和宽度、在生产芯线时芯料装入速度的均匀程度以及粉料的粒度变化，都会影响质量误差。一般要求质量误差小于 4.5%。

2）填充率。用单位长度包芯线内芯料的质量与单位包芯线的总质量之比来表示包芯线的填充率，它是包芯线质量的主要指标之一。通常要求较高的填充率，表明外壳铁皮薄芯料多，可以减少芯线的使用量。填充率大小受包芯线的规格、外壳的材质和厚薄、芯料的成分等因素影响。

3）压缩密度。用包芯线单位容积内添加芯料的质量来表示包芯线的压缩密度。压缩密度过大，将使生产包芯线时难以控制其外部尺寸；反之，使用包芯线时会因内部疏松芯料易脱落浮在钢液面上，降低其使用效果。

4）化学成分。包芯线的种类由其芯料决定。芯料化学成分的准确稳定是获得预定冶金效果的保证。

C 工艺操作要点

采用钢包喂丝处理生产低氧、低硫及成分范围要求较窄的钢种时，需注意下列操作要点：

（1）钢包需采用碱性内衬，使用前钢包内衬温度需烘烤至1100℃以上。

（2）转炉或电弧炉的初炼钢水应采用挡渣或无渣出钢，或钢包扒渣等操作，以去除钢水中的氧化渣。钢水中 FeO+MnO 的含量必须很低。

（3）大部分铁合金主要在出钢过程中以块状形式加入钢包中，并用硅铁、锰铁及铝进行脱氧。

（4）出钢时，向钢包中每 1t 钢水加入 6~12kg 的合成渣脱硫，并用此渣作为顶渣保护钢水。

（5）从出钢一开始就向钢包吹氩搅拌钢水，并缓慢均匀地搅拌 10min 左右，以便充分脱硫。吹氩的强度，要保证不要把钢水上面约 100mm 厚的顶渣吹开，防止钢水与大气接触发生再氧化。

（6）对于只经钢包炉（LF）精炼的钢水，喂丝操作可在钢包炉精炼后，于钢包炉工位上进行。需经真空处理的钢水，喂丝操作则在真空处理后，于真空工位上大气状态下进行。不需经钢包炉精炼和真空处理的钢水，喂丝操作可在钢包中最终加铝脱氧后 10min 左右进行，以便提高回收率，准确地控制成分。

（7）喂丝速度的控制需根据钢包中钢水的容量、线的断面规格以及钢种所需微调合金的数量和合金收得率等决定。

（8）喂丝终点控制可采用可编程序控制器设定线的喂入长度（如含 30%钙的硅粉，一般的喂入量为 0.4~0.8kg/t），在设定的线的长度喂完后，便自动停止。

（9）喂丝完成后，继续吹氩缓慢搅拌 3min 左右，可良好地保护钢水，防止它与空气、耐火材料或其他粉料发生再氧化。取样分析最终成分后即可运去浇铸。

表 9-12 列举了不同容量钢水包喂丝工艺参数。芯线种类为 Si-Ca 合金线、Si-Ca-Ba 合金线，线径 ϕ11mm，单位消耗为 1.3kg/t。

表 9-12 不同容量的钢水包喂丝工艺参数

钢包容量/t	喂丝速度/$m \cdot s^{-1}$	处理时间/min
25~30	1.2~1.5	4~6
40	1.6~1.8	5~6
80	2.0~2.3	6~7
150	2.8~3.0	10
300	双线 2.8~3.0	10

9.2.3.5 钢包精炼节奏控制

精炼节奏控制往往是目前生产中被忽略的问题，在精炼炉生产实践过程中，精炼节奏控制的重要性越来越突显。精炼工序介于电弧炉和连铸之间，起到承上启下的作用，一炉钢的浇铸周期一般来说就是一炉钢的精炼周期，但精炼工位滞留的钢水有多有少，并且每一炉的情况都有差别，所需要的精炼时间有长有短，因此需要对精炼节奏进行调整。

滞留钢水较多的时候，精炼节奏需要加快，不仅要保证连铸连浇，还要保证在等待位的钢水温度补偿，尽量在短时间内完成精炼任务，腾出时间给等待位的钢水进行交替升温，确保不因长时间的等待结冷钢。

钢水多时，要提前对即将进入精炼位的钢水进行评估，一般需提前两炉评估，对即将进入精炼位的钢水从下渣量、温度、初始成分、钢水量、包况、氧化程度等方面进行评价，估算出所需要的精炼时间，会得出这样的结果：由于电弧炉工序控制的波动，有的钢水在一炉钢的浇铸周期根本就完不成精炼任务，有的钢水在一炉钢的浇铸周期内完成精炼任务时间很富余，如果拿出十几炉钢水来考察总的精炼时间和总的浇铸时间又是平衡的。在这种情况下，就需要对精炼节奏进行控制，确保精炼工序的承上启下的作用，进一步释放电弧炉的产能，保证连铸工序的稳定性。

9.2.3.6 钢包精炼过程钢液温度和成分等的变化

钢液在精炼过程中温度、成分、夹杂、气体含量是不断变化的，随着精炼进程的进行，变化方向不一定和人们期望的一致，有时甚至是相反的，因此需要根据精炼的任务统筹考虑。随着精炼进行，钢液变化的定性分析如下：

（1）温度的变化：前期呈略微下降的趋势，后来慢慢上升，每当加入渣料和合金料的时候，有一个向下波动又向上攀升的过程，其波动的幅度和加入合金、渣料的结构和批量有关，待到温度、成分合适之后，温度变化的曲线围绕目标温度波动幅度越来越小。

（2）碳含量的变化：碳含量始终是上升的趋势，加入含碳的合金和用增碳剂增碳的时候，碳含量有一个大幅度的跃升。在目前钢包精炼炉生产条件下，碳含量几乎始终是缓慢上升的，这个趋势是不可抑制的，但上升的快慢一定程度上是可控的。

（3）硅含量的变化：硅与氧的亲和力很强，因此硅含量的变化较大。前期在钢液氧化性比较强的时候，硅会被氧化，随着钢液氧化性变弱趋于稳定，加入合金后跃升到目标值附近，如果出现倒包和长时间送电升温的情况，由于钢液的裸露和还原气氛的破坏，钢液被二次氧化，硅含量有下降的趋势，下降幅度的大小和钢液二次氧化程度有关。

（4）锰含量的变化：锰含量的变化比较平稳，如果初期渣氧化性较强，则需要注意后期的回锰。

（5）硫含量、磷含量的变化：由于初炼炉下渣和某些合金带入少量的磷，随着温度的升高和氧化性的减弱，钢液中的磷含量缓慢上升，最后趋于稳定。但在下渣过多和氧化性过强的情况下，回磷较为严重。

（6）气体、夹杂和氧化性的变化：随着精炼的进行，钢液的氧化性逐步减弱，钢液中固态夹杂物和气体通过细小氩气泡的吸附作用逐渐地减少。如果遇到大量加入合金或增碳剂、长时间钢液裸露、高温等情况，钢液中的气体和夹杂物含量会再次增加。

精炼过程中钢液的方方面面都是在变化的，必须以普遍联系的观点去统筹。例如，吹氩搅拌的时候考虑脱硫、去气去夹杂物、传质、传热、钢液的运动、氩气泡的大小、对温度控制的影响、对反应速度的影响等；加入合金和增碳剂的时候考虑对钢液的温度、夹杂物含量、硫磷含量、脱氧程度的影响等。总之，把精炼工序的工艺和操作要点全面统筹、为我所用是一个理想的目标。

9.2.4 精炼炉生产常见问题探讨

精炼炉生产实践中会遇到一些问题，如钢包粘冷钢、高温钢、过氧化、高碳钢、低碳钢、钢水结壳、无氩气。若这些问题处理不好，将会严重影响工艺顺行和生产组织，为此以下针对这些问题做一些探讨：

（1）钢包粘冷钢：出钢温度过低或钢水等待时间过长得不到有效的温度补偿，钢包就会粘冷钢。冷钢从散热较快的冷区开始形成，如包底圆周边缘、耳轴往下的包壁四周。当钢包粘冷钢时，升温速度明显变慢，温度升高后，降温也很快。如果钢包大量粘冷钢，不可避免地会发生连铸断浇；如果钢包少量粘冷钢，还是有可能补救的，此时送电档位和氩气搅拌强度要合理配合，如果送电档位高而氩气小，则热量传递不好，钢包上部钢渣液面温度高而底部钢液温度低，易造成渣线穿钢。熔化钢包冷钢的正确方法是：送电档位和氩气搅拌强度配合好，造好埋弧渣，减少电弧对渣线的冲击，每次送电的时间不要太长，勤测温，如果温度过高则及时停电，不断搅拌使热量向冷区传递，等温度下来时再送电升温，每次测温时需计算升温速度，如果升温速度低，则说明冷钢没有化完；如果升温速度恢复正常，则说明冷钢已经化完，可以正常精炼了。

（2）高温钢：如果钢水温度过高，会加剧耐火材料侵蚀、钢液吸气和夹杂物污染程度。精炼工序对高温钢液的操作应遵循以下要点：首先降温，不用送电，如果所测钢液成分和钢液重量准确，则可以小批量分批加入合金，将钢液成分调至成分下限，靠合金熔化升温，以降低钢液温度。成分调至下限后，如果钢液温度还高，则可以小批量分批加入小颗粒造渣料，并持续搅拌以降低钢液温度，经过这样处理的钢液气体和夹杂物含量很高，在钢液温度降到合理范围内后，应该尽量去除钢液中的气体和夹杂物。

（3）过氧化：过氧化的钢水，渣中的氧化铁含量和钢液中的游离氧含量都很高。脱氧的要点是用沉淀脱氧的方法先脱除钢液中的游离氧，然后倒出渣子重新造渣，避免氧化物污染钢液，然后综合脱氧，把钢液中的氧控制到合理的范围内。具体来说，首先加入硅铝钙钡合金、铝块和少量电石进行综合脱氧，如果渣子外溢则停止加入电石，改用铝矾土和石灰，并补加硅铝钙钡合金、铝块，尽量造稀渣。其次，待硅铝钙钡合金、铝块被氧化完全后钢包开出倒渣，尽量倒干净重新造新渣。第三，重新造渣后取样分析，并加入电石扩散脱氧，等分析结果出来后加入少量硅铝钙钡合金、铝块脱氧，然后按照锰的下限加入锰铁，持续加入电石调渣直到精炼渣变黄白为止。过氧化的钢液经过脱氧，钢液中的氧化物夹杂很多，精炼工序弱搅拌时间应适当延长，喂丝处理也相应加强。

（4）高碳钢：高碳钢精炼有以下几个难点：1）对影响增碳剂收得率的因素，如钢液脱氧程度、精炼渣的黏度及厚度、氩气搅拌对混匀的影响等把握不好。2）大量增碳时由于吹氩操作配合不当，钢液的传质和混匀不良，取样没有代表性。3）大量增碳造成钢液温降大，增碳剂熔化速度降低，钢液传质变慢。4）没有足够重视钢液中夹杂物的去除。以上四个特点造成不易准确控制碳含量、较难升高钢液温度造成连铸断浇、钢液流动性不好造成连铸套眼停浇等事故。生产实践中，高碳钢精炼要按照以下几个要点操作：1）钢液氧化性较强时，不要急于增碳，应先脱去大部分的氧，对钢液进行初步合金化，钢液氧化性不强时，取样分析钢液成分，然后增碳。2）碳含量与目标碳含量差距较大时，不要急于造渣脱硫，以免渣量过大，增碳困难，应在保证小渣量的条件下，造流动性好的还原渣。3）增碳前加大氩气流量，把增碳剂集中加入，强搅拌2~3min，然后把氩气流量调合适，送电升温促进增碳剂的熔化。4）因为增碳剂的收得率不稳定，增碳量较大时一般应采取两步法，即分两次增碳，一次增至钢种成分下线附近，一次进行微调。5）待钢液充分混匀，温度升到钢种液相线以上50℃时，再取样分析钢液成分，以保证取样的代表性。

（5）低碳钢：低碳钢（目标碳在0.10%以下）的难点在于碳含量偏高甚至出格。精炼过程中电极冲刷，耐火材料侵蚀，电石、合金的加入都是增碳的因素，应采取措施抑制这些增碳因素。具体来说，精炼低碳钢时应该造好渣，温度不能太高，氩气搅拌以钢液面不大面积翻腾为原则，尽量缩短精炼时间，以不含碳的脱氧合金脱氧为主，电石加入以小批量撒入为主或不加电石。

（6）钢水结壳：钢水液面结壳处置不当，会导致电极折断事故。在生产实践中，可以采用下列方法处理：1）倒入部分温度较高的初渣（指没有经过精炼的渣子），加入少量电石，因为初渣中氧化铁的含量较高，加入电石后迅速形成泡沫渣，此时小心送电，液面结壳可以迅速熔化。2）当周边结壳较厚而电极起弧区结壳较薄时，也可缓慢小心送电，待电极起弧后，向起弧区撒入电石，这样泡沫渣会迅速扩散到整个液面，渣壳很快熔化。

（7）无氩气：若包底温度过低，结冷钢后就会出现底吹装置吹不进氩气的现象。可以采取以下两个办法处理：1）用事故氩枪或瓶装氩气顶吹，瓶装氩气的压力可以达到1.3~1.5MPa，远远高于管道氩气的压力，如果包底结的冷钢不是太厚，就可以使底吹装置正常吹氩。2）如果底吹装置不能正常吹氩，则只有尽快倒包处理。

9.2.5 钢包精炼炉设备

9.2.5.1 主要设备参数

典型的100t钢包精炼炉主要设备参数见表9-13。

表9-13 典型的100t钢包精炼炉主要设备参数

公称容量	100t
最小容量	75t
最大容量	125t
钢包上部外沿直径	3400mm
高度	4000mm
最小自由空间	900mm
炉盖高	1447~1712mm
提升高度（液压）	300mm

续表 9-13

提升速度	50mm/s
电极直径	456mm
极心圆直径	50mm
提升行程	3000mm
电极节圆	750mm
电极移动	电气-液压
电极调节速度：自动模式	75~100mm/s
手动模式	75~100mm/s
电极夹持装置	液压释放的盘簧负载
变压器	一次侧电压/频率 33kV/50Hz
额定功率	18MV·A
二次侧电压	180~300V
电压调档方式	有载

9.2.5.2 设备系统技术参数和功能描述

A 冷却水系统技术参数

冷却水系统技术参数见表 9-14。

表 9-14 冷却水系统技术参数

总消耗（LF 炉盖+高电流系统+液压系统）	$285m^3/h$
额定水消耗	$280m^3/h$
事故水消耗	$82m^3/h$
压降	0.35MPa
入口/出口温升	10℃

冷却水系统功能：冷却水带走冶炼过程中产生的大量的热，以保证设备的常运行，钢包炉的各水回路需要连续检测，如流量太低或出口处温升太高，都会给设备造成危害，甚至造成严重事故。

显示所测的冷却水温度，假如任何一点温度超过某一限制值，在 MMI 上将出现一个报警信号。如果水温超过极限值，炉子断路器将自动跳闸。依据温度，在 PLC 系统内调整报警和跳闸值。流量测量装置用于监视水流量，如果一个配有极限开关的流量监视器的值低于极限值，那么炉子断路器将断开。

B 液压系统参数和功能描述

液压系统参数如下：

（1）系统操作压力：12~14MPa；

（2）电极夹持装置操作压力：240MPa。

液压系统提供液压压力可实现如下功能：炉门移动、炉盖提升、电极移动、电极夹紧和 T+S 枪的倾动功能。

（1）测温和取样枪功能：倾斜测温和取样枪，借助滑动机构，将温度和取样测量装置插入熔池，用于测量钢液温度和提取钢液标准试样。

（2）炉盖移动功能：在钢包加热过程中，水冷炉盖盖住钢包，隔绝外部空气，防止钢液二次氧化，保证良好的还原气氛。当钢包移出或移进钢包炉时，炉盖必须提升。

（3）炉门、空气幕功能：通过钢包盖上的炉门可以观察钢液和渣况，还可进行还原和合金微调等操作。在炉门上有一个空气幕，当炉门打开时工作，防止外部空气的进入，为精炼提供良好的还原气氛。

（4）电极系统功能：对钢包精炼炉来说，电弧是主要的能量来源。电弧是由三根电极产生，电极通过大电流系统与炉子变压器连接，电弧产生在竖直可调的电极和钢水之间。通过调节电极来调节弧长以及电流。每根电极由在电极立柱上的导电横臂支持，立柱内的液压缸保证电极的升降。电极立柱由电极门架导向支持，导电横臂通过大电流电缆与变压器室墙上的大电流系统连接，大电流系统连接变压器二次侧。电极夹持器电极与导电横臂连接，保证电流能从导电横臂传送到电极。电极夹持器组合在电极臂上，夹持力（由盘簧产生）约为 400kN，使电极通过接触垫与电极臂相连。夹持圆环及垫圈被电极臂水冷。释放夹持器是通过液压缸反作用于盘簧来实现的，这样就可以使电极从夹紧环上释放下来。电极夹持装置需要比液压泵传输来的压力更高的液压压力，为此在液压装置中增加一个高压阀产生压力用于电极夹持装置，以增加液压系统的操作压力。

（5）氩气搅拌功能：通过在钢包底部吹入惰性气体，可以使钢液的化学成分和热量均匀化。如果底吹氩搅拌不能工作，则事故氩枪可以用来紧急操作。从在天车起吊位起吊钢包时开始，钢包搅拌在钢包炉处理过程中全程进行，一直到钢包吊走前很短时间才结束。氩气阀门的开关和事故氩枪的移动由 PLC 控制。

9.2.6 钢包精炼炉耐火材料

9.2.6.1 钢包精炉耐火材料工作条件及炉衬损毁因素

钢包精炼炉耐火材料工作条件如下[16]：

（1）精炼温度高达 1700℃且加热时间长，如与电弧炉配合的 40t LF（V）每炉加热时间 13~26min，热点部位温度更高；

（2）熔渣的严重侵蚀，以碱性渣为主，碱度波动于 2~3.5；

（3）底部吹氩搅拌，特别是大气量搅拌，钢水上下激烈翻腾，对渣线内衬冲刷最为严重；

（4）部分时间处于较强的还原气氛下操作，冶炼时加入炭粉、铝粉、硅粉等还原剂。

（5）真空精炼时间长，平均每炉超过 30min，特别是在极限真空度下（67~200Pa）还需保护 15min；

（6）间歇操作，热震频繁。

钢包精炼炉耐火材料损毁因素如下：

（1）化学反应与熔蚀；

（2）高温真空 LF（V）下的挥发作用；

（3）熔渣的侵蚀；

（4）热冲击和机械冲刷。

9.2.6.2 钢包各部位用耐火材料

由于近年来 LF 炉已成为国内外炉外精炼法采用最多的装置，所用耐火材料的基本趋势是钢包材质的碱性化和不定形化。为了更合理地使用耐火材料，最好采用综合砌筑钢包。典型的 LF 钢包内衬结构为：包底和下部包壁用纯白云石砖，渣线部位用轻烧白云石砖（适用于无渣精炼，如初炼炉为底出钢电弧炉、无渣出钢的氧气转炉等）、镁砖或镁碳砖，渣线以上采用纯白云石砖。包盖一般采用高纯刚玉浇注料。一些国家的 LF 钢包用耐火材料见表 9-15。国内常见的 LF（V）各部位的耐火材料及其使用寿命见表 9-16。精炼钢包耐火材料的选择不但会影响炉子的使用寿命，而且会影响钢的质量。不同容量 LF 炉耐火材料的选用及使用情况见表 9-17。

表 9-15 国外 LF 精炼钢包用耐火材料

国别	容量/t	内衬结构			寿命/次
		包底	包壁	渣线	
德国	110	碳结合白云石砖	碳结合白云石砖	镁碳砖（10%~12%C）	45~50
	60	直接结合白云石砖	碳结合白云石砖	碳结合镁砖	50~55
美国	70	碳结合白云石砖	碳结合白云石砖	碳结合白云石砖	45~60
		70% Al_2O_3 砖	碳结合高铝砖（80% Al_2O_3）	镁碳砖（10%C）	65
日本		80% Al_2O_3 砖	80% Al_2O_3 砖	镁碳砖或镁铬砖	60
		镁碳砖	镁碳砖	镁碳砖	110
	80		镁碳砖	镁碳砖	110
瑞典	60	碳结合白云石砖	碳结合白云石砖	碳结合白云石砖	45
丹麦	120	碳结合白云石砖	碳结合白云石砖	碳结合白云石砖	30~35

表 9-16 LF（V）各部位的耐火材料及其使用寿命

部位	材　质	寿命
加热盖	二级高铝砖浇筑或砌筑	500 次
渣线	镁碳砖或镁铬砌筑	20~50 次
侧壁	一级高铝砖或镁铬砌筑	20~55 次
底部	一级高铝砖砌筑	20~50 次

表 9-17 不同容量 LF 炉耐火材料的选用及使用情况

位置	参数	厂家					
		A	B	C	D	E	F
钢包容量/t		120	70	25	60	40. 70	50
渣线	材质	MgO-C	MgO-C	$MgO-Al_2O_3-C$	MgO-C	MgO-C	MgO-C
	厚度/mm	230	180	150	130	114	130
	寿命/炉	35~40	70	40	40	60~100	35
包底	材质	MgO-C	MgO-C	MgO-C	MgO-C	MgO-C	MgO-C
	厚度/mm	230	180	150	130		130
	寿命/炉	35~40	40	40	40		35
迎钢面	材质	MgO-C	MgO-C	$MgO-Al_2O_3-C$	$MgO-Al_2O_3-C$	不烧成高铝砖	MgO-C
	厚度/mm	230	180	150	130	114	130
	寿命/炉	35~40	70	40	40	60~100	35
一般包壁	材质	不烧高铝砖	MgO-C	$MgO-Al_2O_3-C$	$MgO-Al_2O_3-C$	氧化锆	氧化锆
	厚度/mm	230	180	150	130		130
	寿命/炉	35~40	70	40	40		35
衬垫	材质	不烧高铝砖	氧化锆	$MgO-Al_2O_3-C$	$MgO-Al_2O_3-C$	氧化锆	氧化锆
	厚度/mm	180	180	114~130	180		150~180
	寿命/炉	70	70	40	40		35
处理时间/min		50~60	40~50	40	30~40		35~50
消耗量/$kg \cdot t^{-1}$		6.0	3.9	5.5	4.4		

9.2.6.3 钢包精炼炉耐火材料的选择依据

选择钢包精炼炉耐火材料的依据如下：

（1）炉渣碱度。LF 一般都在碱性炉渣下操作，因此应当选择碱性耐火材料，如镁质、镁白云石质、镁碳质、镁铝等。

（2）精炼温度。精炼炉中渣、钢的温度要比普通钢包中高得多，离电极较近的部位温度可达 2000K 以上。因此，要选择高质量的耐火材料，也就是要选择抗高温蠕变性能好的耐火材料。精炼过程中应尽量加快精炼速度，减轻耐火材料的负担。LF 精炼为间歇性操作，温度波动范围较大，因此要求耐火材料具有好的耐急冷急热性能。

（3）精炼的钢种。精炼处理的钢种大部分需要脱硫，包衬一般选用碱性耐火材料，但是有些钢种需要防止点状夹杂物的产生，就不应使用碱性耐火材料。例如，精炼轴承钢时，包衬往往使用高铝砖，而仅在渣线部分使用镁钙质类碱性砖；对低碳钢、IF 钢、铝镇静钢，选用铝镁尖晶石浇注料或高铝砖；冶炼锰含量和氧含量较高的钢种，宜用镁铝碳砖或镁碳砖。

（4）搅拌。由于搅拌作用会形成对炉衬的冲刷，因此要求耐火材料具有好的高温强度。

（5）稳定性。真空处理时，一些耐火材料在真空作用下会被钢水中的碳还原，引起耐火材料的损坏，还会引起钢水增碳。因此，进入真空室的 LF 钢包的耐火材料应当在高温和真空下具有良好的稳定性。

（6）成本。因为 LF 的使用特性要求，所以对耐火材料的要求更严格。表 9-17 给出了一些 LF 衬体不同部位使用的耐火材料。从这些数据可见，所有部位都达到 35 炉以上。可以说，耐火材料的选择是合适的。

一个不容忽视的问题是，要获得长的耐火材料使用寿命，仅靠耐火材料的选择是不够的，必须充分注意耐火材料的使用，否则即使选择好的耐火材料也不可能获得长的使用寿命。例如，使用高碱性耐火材料，如 MgO-C 材料，如果炉渣碱度一直很低，就会造成耐火材料的严重侵蚀，其表现就是渣中的 MgO 含量很高。

9.2.6.4 钢包精炼炉耐火材料的应用

A 渣线用耐火材料

LF(Ⅴ) 渣线区处于高碱度炉渣、高应力条件下，损毁十分严重，因此选用耐侵蚀、抗热震的优质镁碳砖或镁铬砖较多。

为了进一步提高砖的耐用性，应对砖的砌筑方法及砖型加以改进。镁碳砖一般为横向弧形砖，在包口处用铁皮包挡，为防止金属加入物因膨胀引起向上推移，在钢包上部设有固定压砖为拱形砖。砌筑时，砖与铁皮紧压，空隙处用高铝浇注料充填，使之牢固连接为一体，以此改善热应力，并起到隔热作用，防止包口砖温度过热，提高镁碳砖使用寿命。渣线用镁碳砖性能见表 9-18。

表 9-18 镁碳砖理化性能

使用部位		包口		渣线		
牌号 CRD		M1572	M1062	N1312	M1512G	N212G
化学组成 w/%	MgO	80	79	86	83	72
	C	14	9	13	15	19
体积密度/g · cm^{-3}		2.80	2.91	3.05	2.98	2.88
显气孔率/%		5.1	5.5	3.2	3.6	3.7
耐压强度/MPa		40.2	44.4	63.7	53.9	42.2
高温抗折强度/MPa		9.3	11.8	16.2	16.2	16.7
特点		抗氧化	抗氧化	耐侵蚀抗 FeO	耐侵蚀抗 FeO	耐剥落

原上钢五厂 40tLF 炉先后用于渣线部位的砖有两种：（1）电熔再结合镁铬砖。采用高纯原料合成的镁铬砂，经高压成型，高温烧成。砖的高温性能好，直接结合程度高，具有高强度和抗热震性。（2）镁碳砖。选用高纯原料、鳞片石墨，含有金属抗氧剂、树脂结合的镁碳砖。

上海浦东钢铁公司电弧炉厂 100tLF/VD 精炼炉渣线用 MgO-C 砖，其理化性能如下；

w(MgO)	≥76%
w(C)	≥14%
显气孔率	2.0%~3.0%
体积密度	2.95~2.98g/cm^3
常温耐压强度	45.0~47.5MPa
常温抗折强度	20~21MPa
高温（1400℃）抗折强度	14~15MPa

B　炉壁用耐火材料

LF 炉炉壁一般使用高铝砖。应用初期使用不烧高铝砖，在高铝料中加入少量蜡石原料，采用磷酸盐结合，带有残存膨胀性。随着使用条件进一步恶化，熔损速度加快，在高铝配料中添加 2%~10%的碳素材料，但仍存在砖缝开裂的熔损现象。经添加适量镁砂后，由于加热时形成尖晶石的膨胀，避免了开裂。在镁砂配料中，添加 10%左右的碳和适量的预合成镁铝尖晶石，可进一步提高砖的抗侵蚀性。

洛耐院、苏嘉公司、上钢五厂共同开发的 40tLF(V) 精炼炉用 MgO-CaO（不烧）砖，其主要原料采用山东镁矿白云石砂及无机盐类结合。其理化性能如下：

w(MgO)	81.85%
w(CaO)	9.01%
显气孔率	9.09%
体积密度	2.95g/cm^3
常温耐压强度	74.6MPa
常温抗折强度	10.86MPa

C　炉盖用耐火材料

LF 精炼炉盖的浇注料要求如下：

(1) 浇注料应有良好的高温性能，以满足 LF 精炼炉操作中的高温作业和喷溅炉渣引起的侵蚀。

(2) 浇注料的抗热震性和耐剥落性较好，以适应 LF 精炼操作中的温度变化及间歇作业。

(3) 有较高的初期强度和良好的施工性能。

洛耐院等研制开发的炉盖浇注料，选用电熔刚玉和阳泉特级矾土为主要原料，纯铝酸钙水泥（4%~8%）作结合剂，加入 8%~12%的二氧化硅和氧化铝超微粉及少量添加物。

D　包底与透气砖用耐火材料

(1) 大型 LF 炉包底用浇筑大砖，如日本 Asahi Glass 公司开发的 Al_2O_3-MgO-SiO_2 系浇筑大砖，抗渗透性良好。

(2) LF 炉包底用高钙质干式捣打料，如奥地利 Veitsch 镁砂公司开发的 LF 炉包底，使用含 CaO16%高钙质干式捣打料。

(3) LF 炉包底座砖用浇注料，如日本开发的含 Cr_2O_3 的低水泥高铝浇注料。

(4) LF 炉用直通狭缝型透气砖，如国产刚玉质的和铬刚玉透气砖。

E 精炼炉保温用耐火材料

（1）在精炼炉顶加保温盖，如福州第二钢厂250t钢包，使用保温盖含$Al_2O_3$62%的高铝隔热材料）改善了散热损失，减少了钢水的温降；攀枝花钢铁公司160t钢包盖含锆纤维组合块。

（2）精炼炉内衬加隔热层，其材料主要有体积密度约为1.9g/cm^3的耐火浇注料和高铝耐火纤维毯等。施工时在钢包壳上先砌片砖，然后浇灌耐火浇注料或贴铺，最后砌筑或浇灌钢包工作衬。

（3）攀钢160t钢包内衬使用了耐火纤维隔热瓦。耐火纤维隔热瓦由耐火纤维、无机填料与无机结合剂制成。

9.2.7 钢包精炼炉存在的问题和发展趋势

钢包精炼炉生产技术的发展和相关技术的完善，对钢铁生产流程的整体优化及钢铁产品质量的影响十分显著。但在钢包精炼炉中的加热效率、耐火材料的质量、防止二次污染、提高精炼速度等问题，还需要进一步研究。

（1）加热效率问题。如果精炼工序在滞留钢水较多时，不能短时间对钢水进行有效的温度补偿，造成钢包结冷钢严重、连铸断浇等问题比较突出。目前的加热方法的加热速度不大，为3~5℃/min，远远不能适应生产的需要。因此，加热效率问题是钢包精炼存在的一个难题，有待研究解决。

（2）耐火材料问题。钢包精炼炉的耐火材料使用寿命较低，钢包寿命在50~80次，渣线部位在30~40次，一个钢包的使用周期中需要更换渣线一次。钢包在出钢、精炼、浇铸的过程中工作层的温度变化很快，渣线部位更甚，工作层的侵蚀程度不一，需要经常修补更换，修补后的钢包使钢液的污染加剧，穿包的概率大幅度增加。

（3）二次污染问题。随着精炼时间的增加，耐火材料侵蚀加剧，钢液的二次污染不可避免，这也是急需研究解决的问题。

（4）精炼速度问题。随着初炼炉、连铸产能的释放，炼钢生产流程的效率大大提高。生产节奏加快后，精炼速度的“瓶颈”日益突显，温度和成分都合适的钢水出现浇铸套眼、铸坯在轧制过程中出现结疤和断丝、钢材检验性能不合的现象时有发生，这些现象和精炼时间过短有着密切的关系。

针对以上问题，钢包精炼炉的发展趋势为：

（1）寻求更加有效的加热方式或现有加热方式的改良，以及精炼等待工位的有效的钢水保温措施的研究和探讨。

（2）针对耐火材料寿命低和二次污染问题，展开钢包综合砌筑的改良和耐火材料抗热震性能的研究。

（3）提高精炼效率，开展钢包净空高度、吹氩方式和强度、升温速度与容积传质速度、物化反应速度、精炼周期之间关系的探讨和研究。

未来钢包精炼炉的生产技术将重点在以下几个方面取得进展：

（1）温度控制、吹氩控制、前后工序的生产信息、等待工位钢水监控（温度、吹氩流量）等因素在自动控制系统中逐步强化。

（2）温度补偿方式的多元化、吹氩方式多元化、钢包耐火材料理化性能提高和综合砌筑的配合。

（3）不同精炼钢种和各种精炼手段、参数的配合更加集约化。

9.3 VD/VOD/RH 精炼工艺的比较和选择

9.3.1 VD 精炼方法功能描述

早期真空精炼设备的使用目的就是使钢水脱气。最早的真空脱气设备即为现在人们称为 VD（Vacuum Degassing）的炉外精炼设备。这种早期真空脱气设备主要由钢包、真空室、真空系统组成，其基本功能就是抽真空使钢水脱气。因为没有加热功能，一般和 LF 配合使用，出钢时要使钢水过热，过热温度根据炉容量的不同而不同。较大的炉容量过热温度可以低些；较小的炉容量过热温度要高一些。这种钢水处理设备虽然比较简单，但是它却带来了一个炼钢技术的新时代，是人们掌握清洁钢生产技术的开始。通过 VD 精炼，钢中的气体、氧含量都降低了很多，夹杂物评级也明显降低。

9.3.2 VOD 精炼方法功能描述

VOD 法最早是由德国 Edel-stahlwerk Witten 和 Standard Messo 公司于 1967 年研制的，见图 9-6。这种处理方法具有吹氧脱碳、升温、吹氩搅拌、真空脱气、造渣合金化等冶金手段。适用于不锈钢、工业纯铁、精密合金、高温合金结构钢的冶炼，尤其是超低碳不锈钢和精密合金的冶炼。

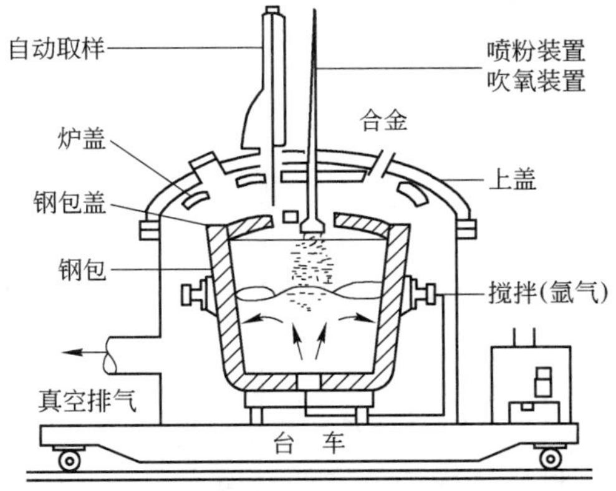

图 9-6 VOD 精炼设备示意图

9.3.3 RH 精炼方法功能描述

RH 是 1957 年由德国 Rheinstahl 公司和 Heraeus 公司共同设计的精炼设备，又称真空循环脱气法，见图 9-7。钢液脱气是在砌有耐火材料内衬的真空室内进行。脱气时，将浸入管（上升管、下降管）插入钢水中。当真空室抽真空后，钢液从两根管子内上升到压差高度。根据气力提升泵的原理，从上升管下部约 1/3 处向钢液吹入氩等驱动气体，使上升管的钢液内产生大量气泡核，钢液中的气体就会向氩气泡扩散，同时气泡在高温与低压的作用下迅速膨胀，使其密度下降。于是钢液溅成极细微粒，呈喷泉状以约 5m/s 的速度喷入真空室，钢液得到脱气。脱气后，由于钢液密度相对较大，而沿下降管流回钢包。即实现了钢液从钢包到上升管到真空室，再经下降管到钢包的连续循环处理过程。

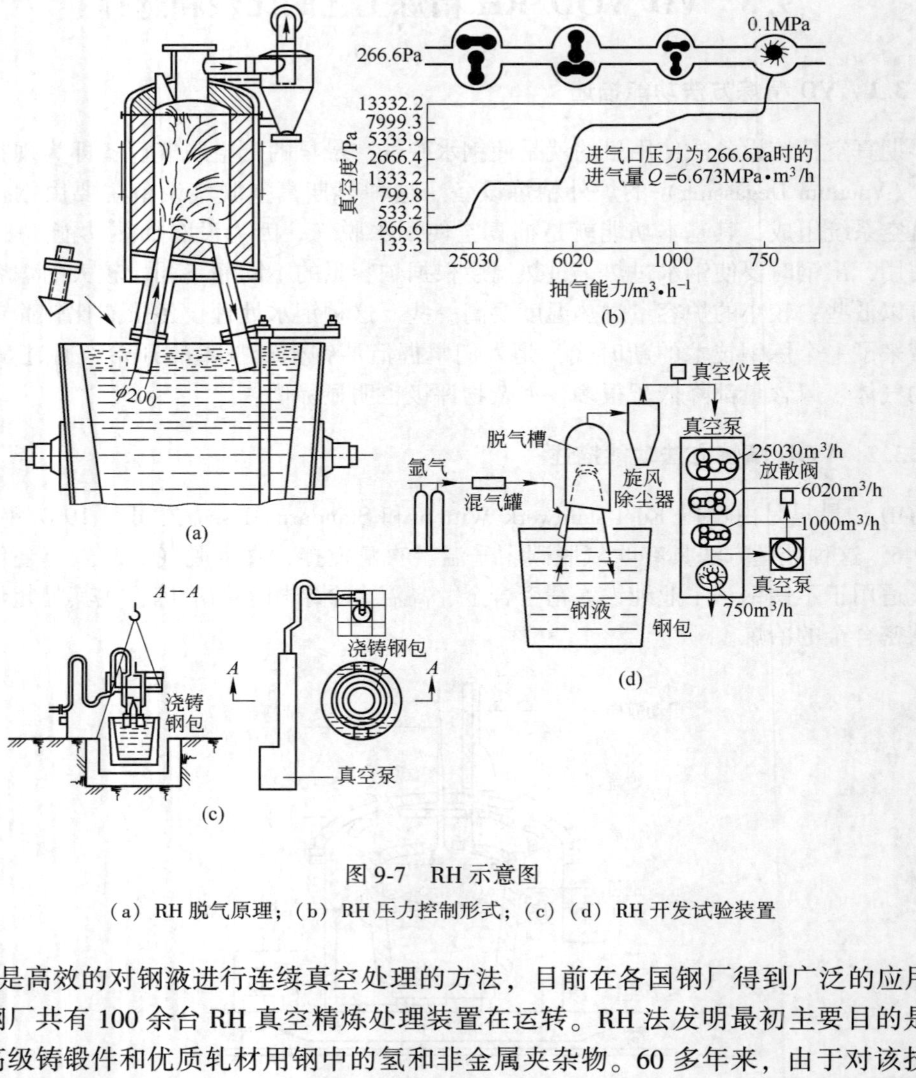

图 9-7 RH 示意图

（a）RH 脱气原理；（b）RH 压力控制形式；（c）（d）RH 开发试验装置

RH 是高效的对钢液进行连续真空处理的方法，目前在各国钢厂得到广泛的应用，世界各国钢厂共有 100 余台 RH 真空精炼处理装置在运转。RH 法发明最初主要目的是去除大型、高级铸锻件和优质轧材用钢中的氢和非金属夹杂物。60 多年来，由于对该技术的不断探索和开发以及 RH 设备的不断完善，它的功能也在逐渐扩展，目前已用于钢水的脱碳、脱氧、成分控制、吹氧升温、超低碳冶炼、脱硫磷和改变夹杂物形态等方面。可以说，RH 已经由单纯的脱氢装置发展成为多功能的二次精炼装置。

9.4 低硫钢的生产

硫在绝大多数钢中都是有害元素（除易切削钢外）。较低硫含量的钢种，如输油气管、海上采油平台用钢、厚船板、航空用钢等要求高的冲击韧性、均匀的机械性能；硅钢要求良好的磁性，薄板钢要求良好的深冲性能，故对于这些钢的硫含量要求低于0.005%，对高压容器等超低硫钢种，其硫含量要求为0.0005%~0.0010%。目前，生产超低硫钢的工艺主要有炉渣精炼法和喷粉法两大类。这两种工艺都可以把钢中硫降到20ppm或更低。喷射冶金法具有一定的优势，但喷粉法设备占地面积大，投资成本较高，目前大多数钢厂已形成了以LF精炼为主要手段的生产低硫钢工艺。

在LF内可以创造极为优越的脱硫热力学和动力学条件，适合于生产低硫、超低硫钢，主要体现在以下四个方面：

（1）高碱度还原渣，渣量可增大；

（2）电弧加热，炉渣温度高；

（3）可以较强烈地搅拌钢水；

（4）过程稳定，易于控制。

我国本钢炼钢厂利用LF-IR炉开发了深脱硫生产技术。LF-IR炉是一座双工位处理站，即LF（钢包炉）工位和IR工位（喷粉精炼）。该技术严格控制精炼前各工艺环节的操作，控制精炼前［S］<0.015%；LF精炼过程中，采用大渣量、大气量底吹氩搅拌、造还原渣及IR喷吹硅钙粉相结合的方法进行深脱硫，可以达到将钢中硫含量控制在10ppm以下的极低硫效果。

9.4.1 LF-RH精炼方法生产低硫钢关键技术要点

9.4.1.1 精炼过程造还原渣脱硫

造还原渣脱硫要点包括：

（1）造渣前要完成钢水液脱氧，控制 $[Al]_s \geq 0.03\%$[17]。

（2）造渣材料（预熔型、埋弧型精炼渣和活性石灰）的加入量按每炉1400~2000kg控制（钢液量100t），其中预熔型精炼渣和活性石灰的加入量应根据钢包顶渣的流动性做适当调整。

（3）供电造渣阶段，前期采用低档电压起弧，起弧稳定后采用高档电压升温化渣，后期采用适中电压进行调温，完成炉渣精炼。

（4）供电3~5min炉渣基本熔化后开始加入铝屑、电石等扩散脱氧剂。扩散脱氧剂要小批量连续加入，直到炉渣颜色转为黄白色或浅绿色。若需深脱硫则炉渣颜色应为白色并持续保持。

（5）在不供电期间要加强底吹氩气搅拌，尤其是在炉渣颜色转为黄白色以后，以利于钢、渣充分接触，加快脱硫速度。

（6）LF炉造渣处理过程中要盖严炉盖及炉盖上的开口，以保持较高的还原性气氛并减少钢水增氮。

使用造渣法深脱硫时，造渣材料加入量增加，按2000~2500kg控制（钢液量100t）[18]；根据炉气和炉渣颜色及时添加扩散脱氧剂，处理后期注意保持炉盖密封以防止二次氧化；加石灰前要注意观察炉渣的流动性，若流动性不好则应改加预熔渣或补加萤石化渣，以保证炉渣具有良好的流动性；利用供电化渣后、加入合金及还原渣形成后的时机进行强吹氩搅拌，尤其要保证还原渣造好的强吹氩搅拌时间，以达到理想的深脱硫效果。

LF生产过程中将炉渣的主要成分控制在如下范围：CaO 50%~55%、Al_2O_3>25%、

SiO_2<10%、MgO<10%、MnO+FeO<1.5%，LF 炉渣料加入量控制在钢水量的 15%左右。还原渣下强吹氩搅拌时间不少于 10min。将 LF 的前期和中期温度控制在 1600℃左右。

实际生产中，LF 炉处理前期控制 $[Al]_s$=内控上限+0.01%，LF 炉处理后期控制 $[Al]_s$=0.03%左右。

9.4.1.2 精炼过程造渣+喷粉法深脱硫

先在 LF 造还原渣，调整好炉渣流动性，使炉渣颜色转变为黄白色；然后完成除硅以外其他元素的合金化，将钢水温度调整到 1590℃左右；当［S］≤0.005%时进行喷吹硅钙粉处理，喷粉量控制在 200kg 以上。喷吹硅钙粉的脱硫技术要如下。

A 直接脱硫

在 1600℃时，由于钙的蒸气压力为 1.8×10^5Pa，因此在 CaSi 粉出喷入钢水中，Si 溶入钢液中，而钙以气态形式与硫反应，反应见式（9-30）：

$$Ca(g) + [S] = CaS(s) \quad \Delta G^{\ominus} = -569767 + 168.0T \text{ J/mol} \tag{9-30}$$

$$\lg K_S = 29757.5/T - 8.77$$

当 T=1873K 时，K_S=1.30×107，若取 $f_S\approx1$，则反应平衡时，$[\%S]\approx7.7\times10^{-8}$。可见采用喷吹 CaSi 粉脱硫，反应平衡时［%S］值非常低，说明 CaSi 粉有很强的脱硫能力。在实际喷吹过程中，由于钙易于气化烧损，其收得率为 10%～15%。因此在采用喷吹 CaSi 粉脱硫时，需考虑钙的收得率、喷粉温降、喷粉增氮等因素。喷粉前应先造好还原渣，否则钙的收得率会更低，影响喷粉脱硫效果。

B 强搅拌脱硫

喷吹 CaSi 粉时，在助吹氩气和钙蒸气的共同作用下会对钢水和炉渣产生强烈的搅拌作用，使钢、渣进行充分的接触，大大改善了炉渣脱硫的动力学条件，加快炉渣脱硫的速度。因此喷吹 CaSi 粉时，不仅具有直接的脱硫作用，还可以加快炉渣脱硫的进程。

精炼工序采用造渣+喷粉法生产极低硫钢的生产数据见表 9-19，表明 LF-IR 工艺具备生产［S］≤10ppm 极低硫钢的能力。

表 9-19 极低硫钢生产数据

序号	钢种	过程［S］变化/%				喷吹 CaSi/kg
		出钢	精炼前	精炼后	成品	
1	Q235B	0.015	0.0140	0.0013	0.0020	200
2	SS400	0.010	0.0080	0.0004	0.0008	400
3	45H	0.010	0.0070	0.0010	0.0010	500
4	45	0.015	0.0110	0.0004	0.0010	200
5	X70	0.005	0.0070	0.0020	0.0010	600
6	X70		0.0030	0.0005	0.0015	400
7	X70		0.0090	0.0006	0.0010	300
8	X70	0.007	0.0060	0.0004	0.0005	100
平均值		0.010	0.0076	0.0008	0.0013	311

9.4.2 其他低硫钢生产技术和极低硫化技术的探索

9.4.2.1 真空下顶喷粉

从真空槽上部垂直插入的拉瓦尔水冷喷枪喷入脱硫剂，脱硫剂喷入钢水中并分散，有效促进了脱硫反应。脱硫剂消耗量为5kg/t时，［S］在5ppm以下；消耗量为8kg/t时，［S］在1.32ppm以下。喷吹主要使用三种脱硫剂：CaO、CaO-10MgO-27CaF_2、CaO-18Al_2O_3-18CaF_2。

9.4.2.2 真空下还原顶渣强搅拌

将钢包置入大型真空槽内，向其钢包内的钢水喷入CaO-CaF_2粉进行强搅拌，在脱硫剂消耗量为6kg/t时，得到80%以上的脱硫率。选择适当成分的顶渣，可以达到95%的脱硫率。

9.4.2.3 RH喷粉脱硫方法

钢液真空循环精炼法RH，自20世纪80年代以来主要发展了以下几种喷粉脱硫方法：RH-PB（IJ）法、RH-PB（OB）法、RH-PTB法等。它们的主要区别在于脱硫粉剂在钢液和RH装置中吹入的部位不同，获得不同的精炼脱硫效果。国内外采用的喷粉脱硫剂主要有石灰（CaO）、石灰（CaO）/萤石（CaF_2）、石灰（CaO）/萤石（CaF_2）+CaSi、Mg、Ca、CaC_2等。经过RH喷粉脱硫处理［S］可以达到5ppm以下。

9.4.2.4 极低硫化的新技术探索

目前作为极低硫化的工艺，气体或喷粉技术已被广泛地应用，除此以外的其他脱硫技术仍在继续开发中。这里简单介绍有关极低硫化工艺新技术的探索情况。

有人利用2.5t CaO炉衬真空感应炉熔化碳素钢，利用钢液中的硫和CaO炉衬发生反应进行脱硫试验，结果获得的钢液中［S］达到了4ppm，浸润到炉衬的深度为10～15mm。在日本有过相关报道，但还处于试验阶段。另外，据报道目前有人用电磁搅拌和等离子等办法深脱硫，在试验状态下，经5min处理后可将钢液中［S］降低到2ppm。

总的来看，极低硫化的新技术探索围绕极力改善脱硫的热力学和动力学条件展开，只不过采用的实现方法和途径不同，例如真空、强搅拌、电磁搅拌、等离子等。随着时间的推移，更多的方法会更多地应用于极低硫化的新技术探索中。

9.4.3 脱硫精炼极限的讨论

脱硫的基本反应是渣金属反应。为了极低硫化，使用硫容量高的脱硫剂，为了提高脱硫速度，脱硫剂以粉体形式喷吹到钢液中、进一步强化钢液和渣的搅拌、提高反应温度等被认为是有效的。根据这些想法，考虑并实施了诸多的脱硫工艺。如果从其基本反应推测，则在确保钢液温度的条件下持续更新脱硫渣，极低硫化（［S］≈1ppm）是可能的。

脱硫精炼极限是在大批量生产条件下的极低硫化，必须在时间和成本制约下进行。大批量生产条件下的极低硫化，必须考虑产品需要达到的极低硫含量，而不是单纯追求极低硫化的水平。因此，作为冶炼工艺，将现状的低硫水平考虑低成本、较短冶炼时间内生产出低硫钢产品的方法很重要的。一方面重视成本意识，一方面又考虑今后产品极低硫含量的要求。方法之一是由单一反应方式变成复合反应方式，由单纯的脱硫工序，成为同时脱氧和降低夹杂物的工序。如果在真空中脱硫，就可防止空气氧化及吸氮，也可防止氢含量

（来自含在脱硫剂中的水分）的增加，使得极低硫、极低氮、极低氢成为一个统筹的整体，从而达到低成本高效率的目标。

从以上分析来看，考虑今后大批量生产工艺中精炼脱硫极限的问题，要深入研究以下三个方面：

（1）以产品开发为目的，低成本极低硫含量钢液的精炼技术研究。

（2）极低硫含量钢冶炼需要耗费多长时间，脱硫处理的单位成本是多少？

（3）极低硫含量钢处理的同时附带的其他有利反应效果如何？

大批量生产中的具有成本意识的新技术开发及应用是十分必要的，同时不仅仅关注由于极低硫化处理带来产品性能迅速提高的效果，而且从冶炼工艺出发，应高度重视产品系列开发的研究。

9.5 低碳钢的生产

低碳钢通常是指碳含量低于0.05%的钢，典型的钢种有WH70、WDB620、SPHC、低碳贝氏体钢、管线钢等低碳合金高强、高韧钢种。超低碳钢通常指碳含量低于0.01%的钢，其典型的代表钢种是IF钢，它是衡量一个国家汽车钢板生产水平的一个标志。现在开发的超低碳钢有超低碳高强度IF钢、热镀锌IF钢和超低碳电工钢等几大类。低碳钢通常有以下优点：（1）优良的深冲性能和电磁性能；（2）无时效性；（3）极好的加工成型性；（4）高的应变力；（5）良好的焊接性能。

随着中国经济的迅速发展，低碳钢需求量增量很大，近年来国内低碳钢生产已取得很大的发展，宝钢、鞍钢、武钢、舞钢等钢铁企业已经形成了比较成熟的低碳钢生产技术。目前超低碳钢生产的典型流程是初炼炉+RH和初炼炉+LF+VD。

9.5.1 RH生产低碳钢

RH钢液脱碳的热力学条件包括真空度、RH处理前的碳、RH处理前的温度和游离氧、脱碳终点的温度和游离氧等。如果RH处理前的碳过高，则在规定的时间内无法达到极低碳的要求；真空度主要取决于设备状态，要求极限真空度达到133Pa以下。合适的RH处理前温度和游离氧是极低碳钢处理的关键指标之一，过高的开始温度会使RH被迫加入冷却剂，恶化局部脱碳反应条件，降低脱碳速率，并造成增碳。RH精炼开始，过高的游离氧将无法使用MFB吹氧等设备加速脱碳，也会造成脱碳终点游离氧含量过高。

9.5.1.1 影响RH脱碳因素的分析

A 脱碳反应热平衡

脱碳反应热力学平衡公式为 $[C]+[O]=CO$，超低碳钢水以无限稀溶液为标准态，1873K时，可整理出下式：

$$p_{[C]}p_{[O]} = 0.0024p_{CO} \tag{9-31}$$

当p_{CO}降至110Pa时，能得到 $[C]\approx0.01\%$的平衡浓度。但RH处理终点碳浓度高于此值，说明脱碳受动力学条件限制，增大脱碳反应速率成为关键问题。

B 脱碳速度常数及环流速度

在真空处理过程中，钢水中的碳可用式（9-32）表示：

$$[\mathrm{C}]_t = [\mathrm{C}]_0 \exp(-Kt) \tag{9-32}$$

式中 $[\mathrm{C}]_t$——t 时刻钢液碳含量,%；

$[\mathrm{C}]_0$——初始碳含量,%；

K——表观脱碳常数，min^{-1}。

$$K = \frac{Q\rho ak}{W(Q + \rho ak)} \tag{9-33}$$

式中 Q——钢水循环流量，t/min；

ρ——钢水密度，$\mathrm{g/cm^3}$；

W——钢水质量，t；

k——传质系数，cm/min；

a——反应界面积，$\mathrm{cm^2}$；

ak——体积传质系数，$\mathrm{cm^3/min}$。

$$Q = KG^{1/3}d^{4/3}\left(\ln \frac{p_0}{p_\mathrm{V}}\right)^{1/3} \tag{9-34}$$

$$ak = K_1 A_\mathrm{V}^{0.32} Q^{1.17} \mathrm{C}_\mathrm{V}^{1.48} \tag{9-35}$$

式中 G——提升气体流量，$\mathrm{m^3/min}$；

d——浸渍管内径，m；

p_0——标准大气压，Pa；

p_V——真空室压力，Pa；

A_V——真空室液面的横截面积，$\mathrm{mm^2}$；

$\mathrm{C_V}$——真空室内钢液的碳含量,%。

由式（9-34）可以看出，RH 循环流量与提升气体流量、浸渍管内径、真空室压力都有关系。当提升气体流量和浸渍管内径较大，真空室压力较小时，循环流量较大。由式（9-35）可知，循环流量增大，体积传质系数也增大，碳元素在钢液中的传质增大，促进脱碳反应的进行。

C 内部脱碳

根据内部脱碳模型[19]，桶口善彦推导出真空室内部脱碳的碳浓度公式：

$$\mathrm{C_V} = (p + p_\mathrm{CO})/(K\mathrm{O_V}) \tag{9-36}$$

式中 p_CO——CO 气泡生成压力，Pa；

K——C 与 O 反应的平衡常数，$\times 10^2$%/Pa；

$\mathrm{O_V}$——真空室内钢液氧浓度,%。

由上式可知，提高真空室的真空度及把氧浓度高的钢液快速输送到反应区，有利于脱碳。

9.5.1.2 RH 精炼脱碳工艺

（1）清除真空槽内的冷钢和残渣。RH 处理超低碳钢（如 IF 钢）之前，先处理一炉低碳钢，熔化掉真空槽内的冷钢和残渣，同时测试真空度及真空槽内耐火材料温度。

（2）快速提高真空度。缩短从大气压至高真空的时间，能够提高脱碳速率。采用手动和自动控制相结合的方法，快速提高真空度，使真空度达到 200Pa 以下的时间缩短到 4~8min，加快脱碳初期的反应速率，强化 RH 初期脱碳效果。另外，当碳氧积小于 CO 气泡形成的临界值时，反应区没有脱碳反应发生；高速排气可以保持真空室超低碳区域内化学反应的驱动力，降低气泡形成压力，促进脱碳速率的提高，因此，快速减压是改善脱碳反应速率的关键环节之一。实际生产中，采用预真空的方法，即 RH 处理前先将真空系统压力降至 10kPa 左右，然后进行 RH 处理。

（3）脱碳前期 MFB 吹氧强制脱碳。真空脱碳反应中，当钢水中碳含量高（[C]/[O]>0.66）时，氧的传质决定脱碳速度。如果是 RH-MFB 设备，这时经 MFB 氧枪吹氧，可以有效提高表观脱碳常数，加快脱碳速度，缩短处理时间。另外，MFB 吹氧期间，还可以增大环流气体流量，通过高速氧气流冲击钢水表面，钢水飞散成为大量小液滴，增大了脱气表面积，加快了脱碳速率。

（4）增大反应界面。环流气体是 RH 钢液循环的动力源，环流气体量的大小直接影响钢液循环状态和脱碳等冶金反应。在较大的环流氩气流量下，由于湍流作用，上升管内瞬间产生大量气泡核，钢液中的气体逐渐向氩气泡内扩散，气泡在高温、低压作用下，体积成百倍地增加，以至钢液像喷泉似的向真空室上空喷去，将钢液喷成雨滴状，使脱气表面积大大增加，加快了脱碳速率。另外，增大环流速度，把高浓度［C］、［O］快速输送到反应区，同时大量微小氩气泡增大了［C］与［O］反应界面，提高了反应速率。RH 精炼中期应充分利用脱碳速度快的特点，达到 RH 深脱碳的目的；RH 精炼后期应加大环流气体量，加强钢液搅拌，增加传质系数（k），从而抑制后期脱碳速率降低。

某厂采取上述措施后，取得了良好的脱碳效果，既加快了内部脱碳，又强化了表面脱碳。处理结束时，碳含量最低为 0.0016%，最高为 0.0050%，月平均为 0.0026%。

9.5.2 LF+VD 生产低碳钢

舞阳钢厂利用 LF 和 VD 开发了“真空自然氧脱碳”工艺，实现了低碳钢的生产。真空自然氧脱碳原理与真空碳脱氧原理是一致的。真空下［O］与［C］的反应能力随真空度的提高而提高。由于电弧炉采取强化供氧方式冶炼，可使钢水中总氧含量不小于 0.1%。利用舞钢现有的 VD 真空设备，钢水未经硅、铝等还原之前，在真空的条件下能够使［C］降到大气压下吹氧所不能达到的成品［C］≤0.06%的目标。经真空自然氧脱碳工艺处理后的钢水，还具有以下优点：

（1）脱 C 产物为 CO 气体，可排出钢液而不产生夹杂物污染钢水；

（2）CO 气泡本身有去除气体和黏附夹杂的作用；

（3）CO 气泡的逸出会对钢液产生比吹氩搅拌更深度、更强烈的搅拌作用；

（4）钢液中的残氧通过与 C 反应而有所降低，从而节约脱氧剂用量。

9.5.2.1 *电弧炉冶炼要求*

电弧炉初炼过程中，增加钢液中的氧含量，有利于保证真空自然氧脱碳的冶炼效果。为了提高冶炼速度，扩大生产规模，对电弧炉操作提出如下要求：

（1）降低炉料的配碳量，减少生铁配入量，同时，须减少炉料中的易氧化元素，如锰钢、渣钢等不允许加入，返回废钢不宜配入过多；

（2）提高钢液温度，增大钢液中氧的溶解度；

（3）加大供氧强度，增加供氧量，保证氧压大于 1MPa；

（4）出钢条件：钢包钢液温度大于 1600℃，出钢 [C]<0.08%，在钢包中加入电解锰，加入量按钢种内控下限-0.20%控制。禁止加入任何脱氧剂及渣料。

9.5.2.2 VD 操作要求

根据实践，把从开抽到破坏真空时间限定在一定范围内，真空度须达到 150~250Pa，开抽真空时钢液温度控制在 1570~1600℃，真空过程温降（2.2±0.2）℃/min，氩气流量控制在 $2Nm^3/h$ 左右，从而可实现钢水碳含量低于 0.01%，保证成品 [C]≤0.06%。抽真空操作过程中，进泵速度要均匀平衡，防止钢水剧烈沸腾引起溢渣。真空度达到 26.7kPa 左右和 399.9Pa 左右时，会出现两次真空度上升缓慢或停滞现象，说明此时碳氧反应剧烈，产生 CO 较多。

9.5.2.3 LF 精炼操作要求

能否在 50~60min 内完成 LF 精炼的冶金任务，对顺利实现多炉连浇起着决定性的作用。20min 内完成变渣、40min 内完成脱硫则更是精炼操作的重中之重。因此，为了加快生产节奏，对精炼工艺做了如下改进：

（1）对原辅材料的要求。真空残氧脱碳后，钢液中仍含有大量的溶解氧，需要进行充分的沉淀脱氧和扩散脱氧。为了减少钢液的增碳量，在进行脱氧操作时，应注意选择使用合适的脱氧剂，如铝线、铝粉等。对于硅铁粉，要求其碳含量必须较小，且适当降低其使用量。禁止使用碳含量高的扩散脱氧剂。

（2）钢水的快速脱氧。对于 100t 炉子，真空后喂入铝线 275~310kg/炉，加入 Fe-Si 块 100~200kg/炉，加入 Ca-Si 块 100~150kg/炉。通过强脱氧剂沉淀脱氧，钢水中总氧含量已降至比较低的水平，基本上不需再补铝线即可保证成品残铝大于 0.030%，为快速脱硫创造了条件。

（3）合金化。根据规定出钢量，提前计算所需合金的用量，并准备到位。除 Ti，B 等易氧化元素外，其他合金在真空结束时在精炼工位一次性加入。现以冶炼 WH70 为例，假定出钢量为 115t，需加入电解锰 1700kg、镍板 450kg、铜板 500kg，钼铁、钒铁和铌铁均在精炼座包后加入。渣变白时即表明以上元素已被充分还原，再将以上元素微调至内控中限，以减少 LF 调整钢液成分所需时间。钛铁和硼在吊包前 5min 加入。

（4）造渣、变渣。真空自然氧脱碳后，炉渣中（FeO）、（MnO）等含量很高，变渣十分困难，渣碱度和流动性不易控制。从生产组织需要出发，需要在 17~20min 内将炉渣变白。因此按以下方法造渣：石灰加入量为 1800~2000 kg /炉，用强扩散脱氧剂变渣，并加强吹氢搅拌，达到快速变渣的目的。扩散脱氧剂有金属铝粉，Fe-Si 粉和 Ca-Si 块。

9.5.2.4 脱碳效果

利用真空自然氧脱碳工艺相继开发了 WH70、X70、WDB620 等低碳合金高强高韧钢种，成品 [C] 平均为 0.04%，成品 [O]≤20ppm。

9.5.3 低碳钢生产中放置钢水增碳技术

经 RH 或 VD 脱碳处理的低碳钢水，一旦脱氧后，就极易增碳。增碳是导致钢水成分出格、成品降级的主要原因。在导致钢水增碳的诸多因素中，炼钢辅助材料和耐火材料中含有过量的碳是重要的原因。国内钢铁企业（如宝钢）在此两方面开展了较深入的研究：

（1）高碱度中间包覆盖剂的开发。开发的高碱度中间包覆盖剂（$R>4$）具有含碳量极低的特点。在相同试验条件下，与常规覆盖剂（$R<2$，含有较高碳含量）进行对比试验，结果指出，减少中间包覆盖剂中碳含量有利于减少钢水增碳。

（2）低碳高黏度保护渣。降低保护渣中碳含量（特别是游离碳含量）是避免超低碳钢水增碳的直接、有效方法。适当提高保护渣黏度，可降低渣耗、增加液渣层、液层中碳向钢液面扩散速度将降低。因此，提高保护渣黏度有利于防止钢水增碳。低碳高黏度改进型保护渣和原用型保护渣对比试验结果表明，采用低碳保护渣可有效降低浇铸过程中的增碳量。

（3）无碳钢包耐火材料。钢包耐火材料对钢水增碳的影响很大。试验表明，所开发的钢包无碳包底浇注料和钢包无碳渣线浇注料不会对钢水造成增碳。

（4）防止真空槽内冷钢增碳。由于 RH 处理钢种的碳含量从 0.0010%的极低碳钢到 0.8450%的硬线钢，钢水飞溅黏附在槽壁上冷钢的碳含量相比 IF 钢的碳含量高很多。RH 处理中，特别是处理后期冷钢熔下造成 IF 钢增碳对于极低碳钢是一个不可忽视的因素。所以 RH 处理极低碳钢应使用无冷钢的全新真空槽，或者使用专用真空槽处理 IF 钢。VD 处理时则要考虑钢包上沿黏结冷钢污染钢液导致增碳的情况。

（5）防止合金增碳。应当考虑到所添加合金的碳含量，尽可能选用碳含量极低的合金，比如金属电解锰等。为了避免添加合金时对真空度造成影响，合金添加应在脱氧后进行。合金称量给料器、料罐、溜槽内积存的炭粉以及其他合金粉末一旦滑落也会造成增碳。因此，要对合金称量加料系统进行定期清理。

（6）避免取样污染。RH 处理过程采用新型取样器，解决常规取样器对于超低碳钢碳成分代表性比较差的问题。

9.6 精炼工艺与产品质量

精炼工序运用搅拌、加热、喷射冶金、渣精炼、真空、脱氧、成分精确控制等技术手段，显著降低了钢液中夹杂物和气体含量，实现了钢液的洁净化，并满足一些产品的特殊性能要求，使产品质量大幅度提高。

9.6.1 钢液中夹杂物对产品质量的影响

提高金属制品质量的重要性已日益引起人们的重视。钢中非金属夹杂物的存在，尤其是临界尺寸以上夹杂物的存在，对金属制品质量有着极为重要的影响。

9.6.1.1 夹杂物对性能的影响

影响钢制品性能的因素是多方面的，往往涉及炼钢、轧钢、热处理等多道工序。但有一点是肯定的，钢中非金属夹杂物的存在是影响钢制品性能的重要因素，有时甚至是决定性因素。非金属夹杂物对钢性能的影响程度与夹杂物和其周围金属基体的性质差异有密切关系。性质差异主要包括：（1）各种温度下弹性模量的差异；（2）各种温度下形变能力的差异。其原因在于当钢基体热加工时，由于夹杂物与基体热压缩和宽展量不同，必然影响到夹杂物与基体间的连接情况，从而导致夹杂物周围应力集中。

夹杂物与基体的相对塑性：（1）FeO、MnO、（Fe，Mn）O夹杂物在室温时容易变形，随着温度的升高，变形率值逐渐降低。（2）Al_2O_3和铝酸钙夹杂物在整个温度范围内都是不变形的。（3）尖晶石型氧化物夹杂通常在钢的热变形温度范围内不变形，但温度大于1250℃时，稍有变形。（4）硅酸盐类夹杂在室温下是不变形的，但在800～1300℃温度范围内依其组成不同，可以变成塑性良好的物质，钢的热加工温度刚好处于上述温度范围内。说明在一定温度范围内调整夹杂物成分，有可能降低这类夹杂物对钢制品危害的程度。（5）MnS夹杂物在1000℃以下有很好的塑性，超过1000℃以后，随着温度的上升，塑性逐渐降低。因此，通过高温轧制以改变硫化物的形态、改善钢材的各向异性是有利的。

热膨胀系数差值的影响：由于基体中夹杂物热膨胀系数不同，因此可在夹杂物影响区引起的复杂的应力场。例如铝酸盐、Al_2O_3、硅酸盐夹杂物在钢冷却过程中比基体膨胀系数小，夹杂物周围的基体很容易遭受拉应力。相反，MnS夹杂物由于它的热膨胀系数比钢大，钢冷却时在MnS周围便可能形成空洞。

夹杂物对疲劳性能的影响：非金属夹杂物会大大降低材料的疲劳寿命。夹杂物尺寸越大，疲劳裂纹越容易在材料中最大夹杂物周围区域形成。当然，疲劳强度是一个统计概念，大型夹杂物的存在虽然使形成疲劳裂纹概率最大，但它在材料中的个数较少。因此从统计学观点看，出现大量疲劳区的仍是含有中等尺寸夹杂物的材料。

9.6.1.2 钢中夹杂物对质量的影响

衡量夹杂物对钢质量的危害应从多方面进行综合评定，即夹杂物的含量、颗粒大小和分布以及夹杂物的类型、物理性质及其在加工过程中的形变能力。

夹杂物的含量：钢的洁净度是指H、O、N、S、P含量的多少，差不多每种炼钢新工艺的出现，都是围绕如何减少这些元素的含量的。

夹杂物的尺寸：除夹杂物含量外，夹杂物尺寸也是决定钢清洁度的重要因素。因为对钢材某些性能而言，只有那些尺寸大于“临界值”的夹杂物才有重要的影响，凡是只存在尺寸小于临界值的夹杂物的钢，都可以认为是洁净钢。不同产品用途对夹杂物大小的要求也是不同的。

夹杂物的分布：夹杂物在钢中分布不均匀，其分布状况与冶炼浇铸条件有关，这种分布不均匀状态从铸锭到最终产品始终存在。就成品材而言，如板材、滚珠轴承钢、重轨用钢等，存在于钢表层的夹杂物最有害，因为它直接损害工件的疲劳寿命和其他性能，对汽车薄板来说会直接影响表面涂层；存在于钢材深部的细微夹杂物影响则比较小。所以，国外有些厂家规定皮下簇状的Al_2O_3的个数，一般商业用钢不允许超过1.5个/cm^3，汽车内部用钢为1.0个/cm^3，食品用钢为0.9个/cm^3，汽车表皮用钢为0。而且越靠近工件表面，要求夹杂物临界尺寸越小。

夹杂物的聚集状态：铝镇静钢液氧化产生的簇状Al_2O_3，特别是浇铸过程产生的，被保留在钢坯中的机会大得多，这种积聚状态的Al_2O_3如集中分布于钢坯尾部，严重的可造成钢坯分层而引起的超声波探伤不合。

夹杂物的物理性质和变形能力：由于金属材料中分散相的几何因素，即夹杂物的性质，与钢基体的性质有关。因此，夹杂物的物理特性参数（弹性模量、热膨胀系数）以及形变能力对产品形成缺陷来说十分重要。

9.6.2 精炼提高钢液纯净度的技术手段

9.6.2.1 钢液的脱氧

精炼最常用的是复合脱氧，指用两种或两种以上的合金分别或共同加入钢中进行脱氧。复合脱氧达到的效果是：(1) 通过生成化合物或利用炉渣的稀释作用，有利于降低脱氧产物的热力学活度，从而增强脱氧剂的脱氧效果。(2) 生成的低熔点氧化物便于从钢液内部析出或者在轧制温度下仍能变形。常用的复合脱氧为 Mn-Si 脱氧、Si-Ca-Ba-Al 和 Si-Mn-Al 脱氧。

在脱氧的同时如果采用适宜的合成渣，不但可防止耐火材料和大气通过渣层向金属内渗透氧，而且能增加硅和铝的脱氧能力，与此同时，脱氧产物的性质也发生变化。例如用铝脱氧，如能造流动性良好、低（Al_2O_3）的碱性渣与铝同时进行脱氧，可以大大提高脱氧效果。

为保证钢水的自由氧含量，炉渣的脱氧同样非常重要。如果炉渣中（FeO%+MnO%）含量过高，钢水就会被炉渣二次氧化，同样达不到良好的脱氧效果。因此，炉渣中（FeO%+MnO%）含量不超过 1%对于洁净钢的冶炼非常必要。采用 Al+SiC 进行联合脱氧，并加大使用量，可以保证炉渣良好地脱氧，避免炉渣对钢水的二次氧化。

9.6.2.2 去除夹杂物

钢中夹杂物的去除主要可分为四个步骤：(1) 夹杂物的生成；(2) 将夹杂物运输到钢渣界面；(3) 将夹杂物从钢水中分离到钢渣界面；(4) 夹杂物从钢渣界面溶解到钢渣中，从钢中彻底去除。

LF 炉采用的氩气搅拌技术大大改进了夹杂物的去除动力学条件。它一方面在钢液内部形成流动速度梯度，提高颗粒的碰撞概率，加快颗粒的聚合长大速度；另一方面，指向上方的流速分量将颗粒更快地运送到钢渣界面并进入到熔渣，从而加快了夹杂物的上浮、吸附速度，增加搅拌强度对夹杂物的去除是关键。

夹杂物上浮至渣钢界面以后，下一个环节是有效地吸附夹杂物。精炼工序通过合理优化熔渣理化性能、合理控制搅拌功率，可以起到延长夹杂物在钢渣界面的停留时间和提高夹杂物吸附效果的作用。

钢水虽然经过了充分的夹杂物去除操作，但是钢中（铝镇静钢）还是会存在相当数量的 Al_2O_3。为解决此问题，目前普遍采用钙处理工艺。钙处理主要是通过向钢液高速射入硅钙线来完成，将 Al_2O_3 变为低熔点的 CaO-Al_2O_3。这种含 CaO 高的液态铝酸盐夹杂物（nCaO-Al_2O_3）大部分浮出钢液，少部分未漂浮走的夹杂颗粒也是比较小的球状颗粒，对钢制品性能的危害程度小了很多。

9.6.2.3 真空处理

虽然通过搅拌、渣精炼、喷射冶金可以去除大部分夹杂物，并使夹杂的危害减少到最低。但对特别细小的夹杂物的去除仍然显得能力有限，如欲获得进一步的夹杂物去除效果，解决钢种气体（H、N）含量高的问题，真空处理是一个非常有效的手段。

脱氢是真空处理过程的重要任务。VD 则是有效的手段之一。在生产过程中，将真空度控制在一定条件下，辅以电磁搅拌和吹氩搅拌，通过钢水温度和真空保持时间的调整，以保证钢水的［H］满足钢种的要求，真空度控制在 66.7Pa 以下，搅拌氩气量为

50~100L/min，真空脱气时间控制在10~30min。真空处理时间越长，终点［H］越低。真空脱气前期［H］下降很快，20min后脱氢速度急剧下降，25~30min后脱氢基本停止。真空保持时间20min、25min、30min后，钢中平均氢含量分别为2.23ppm、1.90ppm、1.87ppm。

另外，通过真空处理可以生产低碳钢、IF钢，钢液的纯净度得到了进一步的降低，在其他章节已经论述，这里不再赘述。

9.6.3 精炼处理后钢液的质量水平

目前，国内外先进流程生产的洁净钢（IF深冲汽车板和管线钢等）中有害元素C、S、P、N、H、T.O之和可控制在100ppm以下，一些冶金学家还提出了超洁净钢的概念，并将超洁净钢界定为夹杂物C、S、P、N、H、T.O之和在40ppm以下。2000年钢中各杂质元素单体控制水平为：［C］4ppm；［S］0.6ppm；［P］3ppm；［N］6ppm；［H］0.5ppm；T.O 2ppm。

宝钢在洁净钢单项生产技术开发的基础上，较为妥善地解决了各工序间的配合关系、杂质元素相关制约关系、净化后钢水再污染等问题。IF钢洁净度达到［C］≤16ppm，［N］≤15ppm，T.O≤19ppm；管线钢洁净度可达到［S］≤9ppm，［P］≤50ppm，T.O≤16ppm，［N］≤30ppm，［H］≤1.5ppm；达到了国际同类产品的先进水平。

武钢的深脱碳、深脱硫、钙处理及控制氮、氧的洁净钢冶炼工艺，使钢中有害元素总量指标达到国际先进水平，生产出以IF钢为代表的超低碳、低氮、低全氧的冷轧深冲薄板，及以X60、X70为代表的具有良好冲击韧性、冷弯性能和抗腐蚀性、抗裂纹性的高级管线钢，彩电系列用钢、制币钢、精密轴瓦用钢、冷轧电磁钢等。目前，武钢三个炼钢厂的铁水预脱硫比均达到70%以上，硫含量可达20ppm以下，脱硫率达90%以上。钢的碳含量最低为9ppm、氮含量最低为12ppm、氧含量最低为10ppm。该厂的产品已供货一汽、二汽等多家汽车公司。

攀钢的SP52超细晶粒钢性能达到510MPa强度级别，可用于冲压东风汽车零部件。2003年6月12日，鞍钢第一炼钢厂精炼后的钢水有害元素S、P、N、H、T.O之和达到63.96ppm，是目前国内最高水平。

欧美和日本的先进钢厂正致力于建立以转炉为中心的大规模生产洁净钢的生产流程，其IF钢的生产比例达到了50%~70%，［S］≤0.003%的超低硫钢生产比例达到了20%~30%。国内外一些先进钢厂的洁净钢生产水平见表9-20。

表9-20 国内外一些先进钢厂的洁净钢生产水平 （ppm）

厂家	[C]	[P]	[S]	[N]	[H]	T.O	合计	钢种	工艺
日本神户制钢	3	20	2~3	6~9	1.0	2~5	41（34）	250马氏体时效钢	真空感应炉
日本新日铁	10（3）	25	3	14	1.0	5	58（52）	深冲钢	LD-OB+RH
德国蒂森	20	15	5	15	0.7	10	65.7	深冲钢	LD+真空脱气
韩国浦项						5~8	80（未计[C]）	轴承钢	BOF+LF+RH

续表 9-20

厂家	[C]	[P]	[S]	[N]	[H]	T. O	合计	钢种	工艺
中国宝钢	≤15	15	5~10	11	≤1.0	≤9~15	67（55）	IF 钢、管线钢	BOF+LF+RH
中国武钢	9	40	3.4	12	1.0	10	81.4	IF 钢、管线钢	BOF+LF+RH
中国攀钢		18	24	12	2.0	18	74（未计[C]）	深冲钢	BOF+LF+RH
中国鞍钢		20	5	20	0.96	18	63.96（未计[C]）	管线钢	BOF+LF+VD

注：() 内为最低值。

9.7 电弧炉流程洁净钢生产技术

9.7.1 洁净钢生产技术

一些不同用途钢种的洁净度要求见表 9-21 和表 9-22。

表 9-21 不同用途钢种的洁净度要求

钢种	有害元素含量/ppm	非金属夹杂物尺寸/μm
汽车板和深冲钢	[C]≤30，[N]≤30	≤100
冷轧深冲钢板（DI 罐）	[C]≤30，[N]≤30，T. O≤20	≤20
高级管线钢	[P]≤50，[S]≤30，[N]≤35，T. O≤30	≤100
滚珠轴承	[N]≤50，T. O≤100	≤15
轮胎帘线	[H]≤2，[N]≤40，T. O≤15	≤10
厚板	[H]≤2，[N]30~40，T. O≤20	单个夹杂≤13，点簇状夹杂≤200
线材	[N]≤60，T. O≤30	≤20

表 9-22 不同用途钢种的残余元素的含量要求

钢种		有害元素含量/%
国外	优质合金结构钢	[Pb]、[Sn]、[As]、[Sb]、[Bi] 分别≤0.02
	中温用钢管、钢板	[Pb]、[Sn]、[As]、[Sb]、[Bi] 分别≤0.01
	抗硫化氢钢管、钢	[Pb]、[Sn]、[As]、[Sb]、[Bi] 分别≤0.005
	海洋结构用高强度	[Pb]≤0.002，[As]≤0.004，[Sb]≤0.005
	无缝钢管	[Cu] +6（[Sn]+[Sb]）≤0.3
国内	石油套管	[Pb]、[Sn]、[As]、[Sb]、[Bi] 分别≤0.01，之和≤0.025，[Cu]≤0.10
	压力容器无缝钢管	[Pb]、[Sb]、[Bi]≤0.01，[Sn]≤0.015，[As]≤0.02，[Cu]≤0.15

洁净钢通常指钢水有害元素及夹杂物含量极低的钢种，钢水的洁净度控制是洁净钢控

制过程中关于有害元素控制的部分。洁净钢不是越洁净越好，只要洁净度满足产品在服役期间不会因洁净度问题发生功能失效即可，过分追求钢水洁净会增加生产成本。针对现代电弧炉短流程的产品——连铸坯，从整个电弧炉生产流程上考虑，提出如下洁净钢生产技术。注意，以下带 * 的为关键性技术。

9.7.1.1 低硫钢生产技术

现代电弧炉短流程低硫钢生产技术主要包括以下内容：

（1）电弧炉使用优质炉料，杜绝使用含硫高的废钢，如易切钢车屑、劣质机铁、夹带橡胶的废钢等。

（2）* 采用电弧炉偏心底出钢的形式，杜绝下渣。做好出钢钢水预还原，适时加入合成脱硫剂进行钢水预脱硫。

（3）使用低硫合金及渣料。

（4）* 在钢包炉（LF）处理过程中加入合成脱氧剂和 $CaO\text{-}Al_2O_3$ 系合成渣剂，二元碱度控制在 4 左右，通过底吹氩气强搅拌进行脱硫，可以稳定控制硫含量在 20ppm 以下。

（5）* LF 使用氧化钙含量高、活性度高、杂质低以及生（过）烧率低的石灰，快速生成高碱度炉渣，有利于脱硫。

（6）真空处理（惰性气体搅拌）过程脱硫率在 40% 左右，虽然脱硫效率不高，但可作为钢水脱硫的补充手段。

（7）* RH 真空喷粉脱硫，可实现钢水不走 LF 即可脱硫满足低硫钢要求。

采取上述措施，可以稳定生产硫含量不超过 20ppm，甚至硫含量不超过 10ppm 的产品。

9.7.1.2 低磷钢生产技术

现代电弧炉短流程低磷钢生产技术主要包括以下内容：

（1）电弧炉使用低磷炉料，杜绝使用劣质机铁。

（2）* 将石灰随废钢一起加入电弧炉内，实现早脱磷。

（3）* 采用热装铁水技术及留钢留渣操作，创造低温脱磷的条件。

（4）采用自动连续加料和喷石灰粉的形式将石灰喷入熔池，提高脱磷效率。

（5）* 使用氧化钙含量高、活性度高、杂质低以及生（过）烧率低的石灰，快速生成高碱度炉渣，有利于脱磷。

（6）及时放掉磷含量高的炉渣，并补造新渣。

（7）* 采用超声速氧枪供氧技术，加速脱磷。

（8）控制熔池温度，为脱磷反应创造低温条件。同时，可以通过连续加入 DRI 等冷金属调节熔池温度。

（9）采用偏心底出钢技术，可以实现较低温度出钢，控制“回磷”不超过 0.001%。

（10）* 采用提高出钢前炉渣碱度、选择适当低的出钢温度以及留渣留钢的偏心底出钢技术，减少钢水“回磷”。

（11）使用低磷合金调整成分，可以减少钢水增磷。

采取上述措施后，现代电弧炉短流程生产的钢，磷含量可以稳定控制在 10ppm 以下，甚至可以达到 5ppm 以下。

9.7.1.3 低氮钢生产技术

现代电弧炉短流程低氮钢生产技术[20]主要包括以下内容：

(1) *提高入炉铁水比，强化用氧，缩短电弧加热时间。

(2) 使用含氮低的原料，如DRI、生铁等。

(3) 造好泡沫渣，实现埋弧操作，减少钢水吸氮。

(4) 利用电弧炉中良好的碳氧反应条件脱氮，注意要保证一定的脱碳速度和脱碳量。

(5) 采用偏心底出钢方式，出钢速度快，钢流集中不发散，可减少钢水吸氮。

(6) 电弧炉出钢氧含量略偏高，可减少出钢吸氮。

(7) 出钢温度要合适，尽量减少下道工序非真空条件下的电弧升温操作，以减少吸氮。

(8) *使用低氮合金、增碳剂，防止增氮。

(9) 保持钢包炉（LF）微正压操作并保持还原气氛，减少吸氮。

(10) *进行真空脱氮处理。

(11) 炉外精炼处理后采用弱氩气搅拌制度，减少因钢水面裸露造成的吸氮。

(12) *在钢包→中间包→结晶器过程中均采用浸入式保护浇铸，钢包、中间包使用覆盖剂，隔绝空气，避免吸氮。

采取上述措施，现代电弧炉短流程可稳定生产氮含量不超过50ppm的钢种。

9.7.1.4 低氢钢生产技术

现代电弧炉短流程低氢钢生产技术主要包括以下内容：

(1) 使用少锈或无锈的废钢铁，减少原料带入的氢。

(2) 采用热装铁水技术和强供氧技术等，缩短电弧加热时间。

(3) 提高炉料配碳量和喷吹炭粉，造好泡沫渣，实现电弧炉全程埋弧操作，减少吸氢。

(4) 利用脱碳反应生成的一氧化碳气泡脱氢，注意要保证一定的脱碳速度和脱碳量。

(5) 采用偏心底出钢方式，出钢速度快，钢流集中不发散，减少钢水吸氢。

(6) 出钢温度要合适，尽量减少下道工序非真空条件下的电弧升温操作，以减少吸氢。

(7) *控制原辅材料水分。主要是控制出钢后钢水接触的原辅材料水分，包括合金、各种渣剂、耐火材料等，常用方法是烘烤干燥，且烘烤要达到规定温度。

(8) LF钢包炉微正压并保持还原气氛操作，防止钢水吸氢。

(9) *真空脱氢处理。

(10) 在钢包→中间包→结晶器过程中均采用浸入式保护浇铸，钢包、中间包使用覆盖剂，隔绝空气中的水分（湿度），防止钢水吸氢。

(11) 中包烘烤时间2h以上，保证一定时间中包低温烘烤。

(12) 确保结晶器保护渣使用时水分不超过0.5%。

(13) *对铸坯进行缓冷或进行扩散退火扩氢。

采取上述措施后，现代电弧炉短流程可以控制钢中氢含量不超过1.5ppm，甚至更低。

9.7.1.5 低残余元素钢生产技术

现代电弧炉短流程低残余元素钢生产技术主要包括以下内容：

(1) ＊尽量使用优质废钢和生铁块、直接还原铁（DRI、HBI）、铁水等废钢代用品，用稀释的办法达到降低钢中残余元素含量的目的。

(2) 采用对废钢进行分类回收、分类存放、合理配加的办法，实施“可追溯”的管理，严防残余元素超标现象的发生。

(3) 采用废钢分选处理技术，将残余元素从废钢铁中分离出去，达到降低钢中残余元素含量的目的。

(4) 一旦出现钢水残余元素含量超标的现象，采取两炉以上钢水互兑稀释的办法降低钢水中残余元素含量。

9.7.1.6 低氧（非金属夹杂物）钢生产技术

现代电弧炉连铸流程铝脱氧低氧（非金属夹杂物）钢生产技术主要包括以下内容。

电弧炉工序采取以下措施：

(1) 使用杂质含量低的洁净原辅材料，杜绝使用劣质炉料。

(2) 采取炉料高配碳，铁水+生铁配入比例应在30%以上。

(3) 电弧炉强化碳-氧反应，促使夹杂物上浮去除。

(4) 使用优质炉衬材料，并造好泡沫渣，保证电弧炉炉渣中 MgO 含量不低于 8%，减少耐火材料对钢水的污染。

(5) ＊采用电弧炉出钢前降低供氧强度以及喷吹炭粉的方法，控制钢水过氧化，减少生成的脱氧产物数量。

(6) 电弧炉采用偏心底出钢方式，实现氧化渣和钢水的完全分离。

(7) 维护好出钢口，准确判断炉内钢水量，做到快速出钢而不下渣。

(8) 控制合适的出钢温度。

(9) ＊根据出钢前钢水中的溶解氧含量，加足预脱氧剂——主要是铝，还原剂加入顺序为先强后弱，要按照强还原剂→弱还原剂→合成脱硫渣剂→合金的顺序随钢流向钢包投料，对钢水进行预脱氧、预脱硫及合金化。

(10) 选择洁净的合金与渣料。

(11) ＊做好出钢过程的预脱硫，减轻炉外精炼的脱硫负担，减少炉外精炼因脱硫的氩气搅拌时间。

精炼工序采取以下措施：

(1) 在炉外精炼前期进行充分的脱氧，保证（FeO）≤0.5%，并保持炉渣上方弱正压下的还原气氛，减少钢水二次氧化。

(2) ＊采用高 Al_2O_3 含量和高碱度的炉渣，精炼初期快速化渣，控制炉渣的 CaO/Al_2O_3 在 1.6~2.3，炉渣碱度 CaO/SiO_2 4 以上，确保炉渣有很强的吸附非金属夹杂物的能力并抑制二次氧化。

(3) 在炉外精炼全过程中控制合适的钢包氩气搅拌强度，尽可能不裸露钢水，同时减轻卷渣。

(4) 铝脱氧尽量在精炼前期完成，精炼后期的补铝操作需在钢水充分脱氧情况下进行。

(5) ＊炉外精炼处理后向钢水喂入 Ca-Si 丝，保证钢中 Al_2O_3 变性形成（$12CaO \cdot 7Al_2O_3$），提高钢水可浇铸性，对 Ds 夹杂有严格要求的钢种喂钙要慎重。

(6) ＊喂入 Ca-Si 丝后进行 10min 以上的弱氩气搅拌，促使脱氧产物上浮去除，切记杜绝卷入顶渣。

连铸工序采取以下措施：

(1) ＊在钢包→中间包→结晶器过程中均采用浸入式保护浇铸，开浇前要对中包冲氩，钢包、中间包使用覆盖剂，隔绝空气，避免二次氧化。

(2) 连铸换浇过程中要防止钢包渣卷入，并避免中间包覆盖剂卷入。

(3) ＊中间包采用挡坝、挡堰，延长钢水在中间包内的停留时间，避免短路流，促使夹杂物充分上浮。

(4) 钢包、连铸系统采用耐高温、抗侵蚀、高质量的耐火材料，减少钢中外来夹杂物。

(5) ＊避免所有可能造成钢水二次氧化的操作，如用氧气烧钢包水口、钢包下渣以及在中间包上方清理长水口等。

(6) ＊使用结晶器电磁搅拌，促使铸坯液芯内夹杂物的上浮。

(7) ＊优化结晶器流场和保护渣，避免保护渣卷入。

(8) ＊严格控制浇铸滑板吹氩或塞棒吹氩流量，避免携带夹杂物的气泡进入结晶器在初始凝固前沿被捕捉。

(9) ＊控制钢水钙含量，防止其对耐火材料侵蚀，严防水口堵塞物脱落进入钢水。

(10) ＊连铸采用慢拉速，有利于铸坯液芯内夹杂物的上浮。

(11) 使用吸收溶解上浮夹杂物性能良好的结晶器保护渣，达到进一步净化钢水的作用。

(12) ＊通过控制钢包开浇温度以及减少钢包、中间包温降的措施，实现连铸恒拉速浇钢，达到减少铸坯皮下夹杂物的目的。

采取上述措施后，现代电弧炉短流程生产的钢，总氧量可以在 15ppm 以下，且夹杂物多为细小夹杂物。

对于电弧炉流程硅脱氧钢种的冶炼，一般造低碱度渣，精炼过程存在的主要问题是低碱度渣对耐火材料侵蚀过大，可调节初始渣 MgO 含量来保护炉衬。夹杂物控制的关键是防止脆性铝质夹杂或镁质夹杂的生成，对于弹簧钢、重轨钢、钢帘线以及切割丝等对低铝要求极其严格的钢种，造渣料一定要改为低铝，否则不利于钢水铝含量的控制。防止低碱度渣卷入也是硅脱氧钢控制夹杂的关键，这样的炉渣由于其流动性好，所以底搅拌一定要适度控制，从而控制不卷渣。

9.7.2 电弧炉产品分析及方案

9.7.2.1 现代电弧炉的产品分析

现代电弧炉冶炼的产品，相对于转炉而言，应在质量、成本、效率、可持续发展（资源、能源、环保）等方面具有优势。

与转炉比较，传统电弧炉在生产中、高合金钢方面的优势是不容置疑的。但是在生产低碳钢、低氮钢及高洁净度钢方面则处于劣势，主要是原材料、工艺、成本（包括生产效率）等方面的因素造成的。

当前，以废钢铁为主原料的现代电弧炉在提高入炉原料洁净度方面有了突飞猛进的发展。主要是采用废钢铁分类回收、精炼净化和稀释的方法降低了钢中残余元素的含量；采用热装铁水技术、强供氧技术以及相关技术降低了钢中杂质元素的含量。

（1）对于不锈钢和某些高合金钢，废钢铁分类回收法在确保产品洁净度和降低生产成本方面是十分有效的，但对于大部分钢种而言，一般的分类技术只能满足不高的洁净度要求。

（2）精炼净化法主要适用于磷、硫以及气体和夹杂物的去除，对于大多数残存元素尚无工业规模上可行的排除技术。

（3）稀释法是近年来比较流行的提高产品洁净度的捷径，在所有稀释法使用的一次铁资源中，铁水是综合效益最好的稀释剂。当然，除了解决产品洁净度之外，废钢价格的上扬和波动也促进了铁水的应用。

热装铁水技术的采用，可以将钢水的杂质元素含量降到允许的范围内。因此，从降低产品成本、提高产品质量和生产效率的角度出发，稀释法得到了最广泛的应用。

如果保持一定的铁水比，与全废钢冶炼相比较，不会增加循环使用时废钢的污染。但当电弧炉全废钢冶炼时，随着循环次数的增加，废钢中残余元素会逐步积累。现代电弧炉采用热装铁水技术时应该有一个限度，这个限度可能是炉料要求的配碳量，即生铁配入量；也可能是熔池形状和除尘系统的限制；还可能是成本因素。所以，确定现代电弧炉采用热装铁水的比例，应该从要达到的目的出发，全面比较热装铁水的成本变化和热装铁水效益，结合热装铁水带来的其他影响综合确定。

（4）现代电弧炉在采用热装铁水技术以及强供氧技术后，不仅降低了钢水的残余元素含量，而且由于利用了更多的化学能，缩短了电弧加热时间，大大减少了炉气中水气和氮气被分解成为氢原子和氮原子溶解于钢液中的机会，因此钢水的氮、氢含量可以接近或达到转炉钢的水平。并且现代电弧炉采用了偏心底出钢技术，比转炉更容易实现钢渣分离出钢，可进一步提高钢水纯净度。

9.7.2.2 现代电弧炉的产品方案

现代钢材的生产主要可分为“从矿石到钢材”和“从废钢到钢材”两大流程，即：

（1）长流程：铁矿石（烧结矿和球团矿）→高炉→铁水→顶（复）吹氧气转炉→炉外精炼→连铸（模铸）→初轧（可选）→精轧→钢材。

（2）短流程：钢铁料→电弧炉→炉外精炼→连铸（模铸）→初轧（可选）→精轧→钢材。

当然，现代钢材的生产除了这两大主要流程外，还有特种冶炼方法，如真空感应炉冶炼、电渣冶炼、真空自耗冶炼等，特种冶炼主要是小规模生产特种高端钢材，用于航天航空、核电、军事、轨道交通等领域。另外，利用中频感应炉生产普通碳钢在我国已经被取缔，在此不再讨论。

两大现代钢材生产流程在工序上最大的区别就在于初炼炉，即电弧炉与转炉的区别。而无论是电弧炉还是转炉都只是一个初炼炉，必须与炉外精炼、连铸（或模铸）以及轧机相结合才能生产出产品。电弧炉流程从其自身冶金特点看，除了有极低氮或极低碳要求的钢种（如 IF 钢、工业纯铁）不宜生产外，其冶炼的产品几乎可以覆盖整个钢铁系列产品。不过，电弧炉流程的产品方案还需考虑其经济性以及与高效连铸的适应性，毕竟单体电弧炉的生产效率相比于转炉的生产效率还是偏低的，很难满足后续所配高效板坯连铸的冶炼节奏要求。

现代电弧炉流程在不同精炼、连铸（或模铸）条件下的产品方案见表 9-23。

表 9-23 现代电弧炉在不同精炼、连铸（或模铸）条件下的产品方案

序号	精炼	连铸或模铸	轧制后规格	产 品
1	LF 或炉后吹氩	小方坯连铸	螺纹钢	螺纹钢
			线材、棒材	普通碳素结构钢
2	LF+VD（或 RH）	小方坯连铸	线材	建筑线材、普通碳素结构钢、特钢（轴承钢、齿轮钢、曲轴及连杆钢、工模具钢、非调质钢等）、其他普通合金钢结构钢
			棒材	普通碳素结构钢、特钢（轴承钢、齿轮钢、曲轴及连杆钢、工模具钢、非调质钢等）、其他合金结构钢
			型材	角钢、方钢、工字钢等
3	LF+VD（或 RH）	大方坯	线材	高端特钢（弹簧钢、冷镦钢、轴承钢、帘线钢、焊丝钢、大盘卷结构钢、切割丝钢、桥梁缆索钢等）
			棒材	高端特钢（轴承钢、齿轮钢、曲轴及连杆钢、车轴钢、锚链钢、非调质钢、工模具钢等）、其他高端合金结构钢
			型材	重轨钢、车轮钢
			管材	高端石油套管钢
4	LF+VD（或 VOD）	大方坯	管材	高端石油套管钢（超低碳系列前真空精炼走 VOD）
5	LF+VD（或 VOD）	圆坯	管材	石油油管钢、石油套钢、管线钢、无缝钢管等
6	AOD+VOD（可选）+LF	板坯连铸	冷轧板	奥氏体不锈钢、铁素体不锈钢、马氏体不锈钢和双相不锈钢等
7	LF+V（或 RH）	立式板坯连铸	锻材或轧材	高端镍基合金等板带合金
8	LF+VD（或 RH）	模铸+电渣（可选）	棒材和线材	特种用途轴承钢、车轴钢以及高合金钢等
9	LF+RH	板坯连铸	中厚板	船板钢、管线钢、容器用钢、工程机械用钢、核电用钢、桥梁结构钢等
			热轧板材	集装箱板、工程机械用钢、普通结构钢、冷轧板等
			冷轧板材	汽车板、家电板和硅钢等
10	LF+VD（RH）	CSP 或 ESP 薄带	热轧板材	主要为集装箱板、工程机械用钢、板材结构等

表9-23中序列1所列配置及相关产品是电弧炉生产普碳钢的常规配置，可采用短流程配置，或在联合钢铁企业中加部分铁水生产，生产追求高效率、低成本制造，电弧炉往往配置连续加废钢系统、废钢预热系统或连续加铁水系统，而其产品结构相对简单，对原料质量要求不高，其重点产品可规模化生产，由此降低了多钢种冶炼对生产节奏的影响，最终实现低成本高效化制造。随着国家对钢厂排放要求越来越高以及生态经济的发展要求，我国未来可建设城市友好型生态电弧炉，就近消耗城市金属垃圾和废塑料，并从根本上降低有害排放，而最终产品为常规量大面广的碳素钢产品（如螺纹钢），中国宝武集团拟在广东地区尝试此种生态电弧炉发展模式。

表9-23中序列2所列配置及相关产品是电弧炉生产特钢类线棒型材的常规配置，我国大部分特钢厂均有这样的配置，如兴澄、宝钢、南钢、马钢、石钢、韶钢老线、沙钢、莱钢等。电弧炉与小方坯相配，可实现特钢类线棒型材的一火材生产，相对于二火材产品，大大降低了生产成本，但在生产高等级特钢类产品会受到一定限制。这样的生产流程产品繁多，往往是按合同或订单组织生产，生产中要注意不同钢种生产过程中的相互有害元素污染或夹杂物污染，一些钢种需要对钢包或RH真空槽进行洗包或洗槽，同时，为了追求生产效率，特别是追求生产连续浇铸炉数，可采用飞包技术实现多钢种连续浇铸，飞包技术是指在生产过程中不中断浇铸而是更换中间包的技术，事后将交接坯切除。

表9-23中序列3所列配置及相关产品是电弧炉生产高端特钢类线棒型材的常规配置，我国兴澄、宝钢、南钢、马钢等均有这样配置，大方坯连铸相对小方坯连铸具有偏析控制好、夹杂物控制能力强以及后续轧制比大等优越性，其生产高端特钢类线棒型材一般为二火材，即后续先初轧再精轧，所以成本较一火材高，但其产品可确保有更优越的性能，如有2000MPa或2000MPa以上高强弹簧钢和13.9级以上冷镦钢具有更好强度，可实现汽车减重，汽车或动力机车用轴承钢和齿轮钢需要更稳定、更长疲劳寿命周期，这些高端钢种一般均需在大方坯流程上生产。需要说明的是，日本大同等很多特钢企业其电弧炉流程所配置的大方坯多数为立式连铸，真空为RH，立式连铸可提高夹杂物去除效率并防止裂纹产生，在生产高端特钢产品质量控制上为世界领先水平，相关配置及产品方案值得借鉴。

表9-23中序列4所列配置及相关产品是电弧炉流程生产高端管材的特色配置，主要产品有T91（92）、P91（92）以及超级13Cr等，我国宝钢以及原天津钢管均采用此模式生产高合金管材产品。连铸大方坯生产管材相对于圆坯生产管材，可在连铸过程实施有效的轻压下，确保偏析控制以及铸坯内部组织控制，但方坯仍要轧制成圆坯，因此会增加产线的成本。另外，超级13Cr一般有低碳或超低碳要求，所以真空精炼要用VOD来脱碳，而用RH-OB虽然也可以真空吹氧脱碳，但RH不具备再对炉渣脱氧的功能，所以真空处理建议用VOD。

表9-23中序列5所列配置及相关产品是电弧炉流程生产高端管材的主要配置，我国宝钢、马钢、兴澄特钢以及原天津钢管均采用此模式生产高合金管材产品。圆坯又可分为小圆坯和大圆坯，对应的管材分别是小规格管材和大规格管材。圆坯的生产优点是后续轧制成本低，但圆坯目前还未开发有效稳定轻压下技术，内部偏析和组织控制存在一定缺陷。对于小圆坯来说，可以通过快速冷却解决相关问题，而对于大圆坯来说，铸坯内部组织控制一直是一个难点问题，目前正在开发特定的电磁搅拌技术以解决相关问题，宝钢300圆

大圆坯内壁组织得到良好控制，兴澄特钢 1000 圆大圆坯内部组织也控制良好，而马钢拟新上 1200 圆大圆坯的内部质量控制相关技术还在开发中。

表 9-23 中序列 6 所列配置及相关产品是电弧炉流程生产不锈钢的典型配置，我国原宝钢不锈钢公司采用这样的配置，可生产高端奥氏体、铁素体、马氏体以及双相不锈钢冷轧板，电弧炉流程生产不锈钢最大的优势在于可以消耗大量的不锈钢废钢，但随着用红土矿生产含铬镍铁水的广泛应用并且直接热装，电弧炉流程生产含镍不锈钢的成本暂时不再具有较强竞争力，未来电弧炉如果也能在热装含镍铁水的同时以不锈钢返回料为原料，可以大大降低成本，提升电弧炉冶炼不锈钢的竞争力，当前电弧炉流程生产不含镍的铁素体不锈钢，尤其是超纯铁素体不锈钢仍具有很强的竞争力。在欧美和日本等发达国家，不锈钢生产主要是由电弧炉流程来完成，我国未来采用电弧炉流程生产不锈钢是值得期待的。

表 9-23 中序列 7 所列配置及相关产品是电弧炉流程生产特种合金，尤其是镍基合金的低成本配置，我国宝武特冶采用这样的配置生产国家急需的一些板带合金，可替代特种冶金高成本生产，然而，由于未能实现满负荷生产以及连续浇铸能力偏弱，导致成本增加，此生产流程与日本相关流程相比，还有关键核心技术有待开发。

表 9-23 中序列 8 所列配置及相关产品是电弧炉模铸流程生产高端线棒材的典型配置，我国宝钢、宝武特冶、西王特钢以及瑞典著名的 Ovako 公司等企业仍保留了用模铸来生产高端轴承钢、车轴钢及高合金钢的生产方式，一些大规格铸锭也必须用模铸来生产。模铸铸锭相对于连铸来说，其微观偏析以及内部组织具有一定优势，美国铁姆肯公司至今仍仅用模铸锭轴承钢，以此确保其轴承产品具有独特质量优势。同时，随着稀土在特钢的广泛应用开发，连铸目前无法解决钢水可浇铸性问题，而模铸基本不存在这样的问题，所以稀土特钢一般用模铸生产比较合适。另外，对于高铝含量特钢，如果在连铸过程生产，保护渣容易变性，而在模铸过程生产则相对容易一些。总之，电弧炉流程配模铸还是可以生产一些特定钢种的，尽管市场不大，但仍有生存空间。模铸锭还可轧、锻后或直接作为电渣重熔或真空重熔的电极棒，利用电渣工艺或真空重熔工艺生产特种材，如铁路用轴承钢、航空用材等。

表 9-23 中序列 9 所列配置及相关产品是电弧炉流程生产非不锈钢类板材的典型配置，欧美国家这样的配置较多，而我国这样的配置相对很少。电弧炉流程生产中厚板在我国是有相关的流程配置的，如安钢，而美国纽柯公司主要是用电弧炉流程生产中厚板。电弧炉流程生产板材最大的问题是，如果配置一机双流板坯连铸机，则生产钢水的效率不能满足高效板坯连铸需求，通常只能配置一机一流板坯连铸机，导致我国电弧炉流程生产板坯的效率和成本偏高，而在欧美，由于电价和废钢价格相对便宜以及严格的环保要求，所以电弧炉流程生产板坯的成本并不比转炉流程高。从技术层面上分析，电弧炉流程生产中厚板、热轧板材以及部分冷轧板均是可行的，不过电弧炉流程生产有超低氮要求钢种，特别是深冲钢有相当大的技术难度，原因是电炉钢的氮含量比转炉要高出 10ppm 以上，这样生产对于对氮含量有极低要求的如 IF 钢等深冲钢有较大难度，我国目前未有钢厂用电弧炉流程生产 IF 钢等深冲钢。

表 9-23 中序列 10 所列配置及相关产品是电弧炉流程采用薄板连铸或薄带连铸生产热轧板材的典型配置，我国原珠钢以及美国纽柯公司均有这样的配置，目前薄板坯连铸已经

由 CSP 发展到无头轧制的 ESP，ESP 技术很好地解决了高效率生产的连续性问题，大大降低了生产成本。薄带技术是当前成本最低的连铸连轧技术，美国纽柯公司已具备稳定连续生产能力，我国沙钢引进了美国技术，并取得了成功。电弧炉流程配置 CSP/ESP 或薄带可以实现连铸连轧，大大降低了生产成本，同时，由于 CSP/ESP 或薄带均为快速冷却，可从根本上解决偏析问题并在钢中生成纳米级的碳氮析出物提升钢的屈服强度，缺点是钢的表面质量相对于常规流程还有所不足，目前相关产品做冷轧板难度较大。当前我国 ESP 和薄带均是转炉流程配置，未来随着废钢量增加以及环保要求提升，电弧炉配置薄板或薄带实现低成本生产还是可以期待的。

根据如上分析，由表 9-23 所见，现代电弧炉流程最为普遍和理想的连铸配置为方坯或圆坯连铸，当然配置 CSP、ESP 或薄带也具备成本优势，而生产中厚板、热轧板以及冷轧板在我国暂不具备优势。其品种除普通碳素建筑用钢外，主要为优质碳素钢、微合金特钢（如轴承钢、齿轮轴承钢、弹簧钢等）、不锈钢以及高合金钢等，而产品规格包括长材（棒材、线材、螺纹材以及型材）、管材、部分板材（中厚板、薄板）等。

当前国内外电弧炉流程配置及典型产品见表 9-24，从表中可以看出，当前我国现代电弧炉流程主要配置为方坯或圆坯，配置板坯极少，而欧美国家因电弧炉成本低，配置板坯生产板材相对较多。

表 9-24 国内电弧炉流程的配置和典型钢材产品情况

企业	电弧炉容量	炉外精炼	连铸	轧机	典型产品
宝钢股份	双壳直流 150t	LF+VD	方坯 圆坯连铸	全浮动芯棒连轧管机组 高速线材轧机	优质碳素钢、合金钢、油井管、高压容器管、线材
	交流 150t	LF（双工位）+VD（双工位）	大方坯 圆坯	全浮动芯棒连轧管机组 高速线材轧机 棒材轧机	高端弹簧钢、冷钢钢、轴承钢、齿轮钢等线棒材，高合金石油管和石油套管等
兴澄特钢	直流 100t	LF+VD	大方坯连铸	棒线材连轧机组	齿轮钢、轴承钢、不锈钢
马钢	110t	LF+RH	方坯连铸 大圆坯	高速线材轧机 棒材轧机 车轮轧机	型钢、车轮钢、冷镦钢等
舞钢	交流 90t	LF+VD	板坯连铸	中厚板轧机	管线钢、低合金钢、压力容器板
天管	交流 150t 交流 100t	LF+VD LF+VD/VOD	圆坯连铸	限动芯棒连轧管机组 PQF 连轧管机组	合金钢、不锈钢、油井管、高压容器管、管线管
淮钢	交流 70t	LF	方坯连铸	中、小型棒型材连轧机组	齿轮钢、弹簧钢、轴承钢、船用锚链钢、合金管坯钢、非调质钢、易切削钢
安钢	100t	LF	板坯连铸	中板轧机	普碳钢、优质碳钢、合金钢、中厚板

以上根据电弧炉连铸及轧钢配置对其产品方案及其竞争力做了简要分析，产品方案重点论述了产品规格及用途。而对于电弧炉冶炼及后续精炼来说，最基本的任务就是钢水成分的控制，电弧炉产品从成分上划分，可分为不同成分体系的钢种，主要合金钢的成分体系见表 9-25。需要说明的是，同一成分体系的钢种可以有不同规格、不同用途，如 GCr15 轴承钢可以为棒材，也可为线材或热轧板材；不锈钢可以为板材，也可以为棒材或管材。

由表 9-25 可见，电弧炉炼钢主体合金为 Cr、Ni、Mo、Mn 和 V、Nb、Ti 等，其中 Cr 和 Ti 均与氧有强烈的结合力。对于低合金钢冶炼，以上合金一般是电弧炉出钢加入部分，LF 再微调；对于高合金钢冶炼，铬合金如果在电弧炉生产过程加入，则电弧炉冶炼需要控制出钢碳至少 1.0%以上，后续精炼还需有很强的脱碳能力，比如有 AOD 或 VOD 配置；而铬合金如果在 LF 炉加入，对于高合金钢生产来说，LF 过多加入合金会导致冶炼周期过长，LF 负担过重，生产效率低下。钛合金一般是在铝脱氧完成后以合金料方式或喂丝方式加入，钛含量控制还需考虑氮含量控制，钛氮积过高会导致 TiN 过早析出，进一步导致浇铸过程不稳定。所以特定电弧炉流程在其产品方案设计时，要根据自身流程特点充分考虑其是否能生产，是否能经济化生产。

对于特定钢铁企业电弧炉的产品方案设计，尤其是按合同订单的生产企业来说，开发新产品并进一步优化其产品结构是其保持市场竞争力的必然选择，中国宝武集团、中信泰富特钢集团、南钢等著名企业均有强大的产品研发团队，以便更快、更好地开发新产品或国家发展急需的钢铁产品，不断丰富电弧炉流程制造高端产品的生产能力。电炉钢新产品开发需紧密结合市场及下游用户需求而展开，电炉钢产品可应用到国民经济的各个领域，一般划分为如下 10 个领域：

（1）建筑领域（包括桥梁、电梯等）。建筑领域是电炉钢产品应用量大面广的领域，最为普通的是螺纹钢，随着人们对美好生活的向往与需求越来越高，对钢筋的抗震要求以及抗腐蚀要求也越来越高，高等级抗腐蚀钢筋将大量应用于建筑市场，其他的建筑结构钢也需要提高其等级以满足高档建筑的需求。随着大型标志性建筑对美观性的要求越来越高，不锈钢在建筑外形设计上起到了不可替代的作用，可根据具体建筑要求设计相应的不锈钢，以满足美观和性能等方面需求。大型桥梁是交通领域的关键性技术，其桥梁缆索以及高强韧桥梁面板钢是确保桥梁安全使用的关键，我国宝钢电弧炉流程目前已经在著名大桥如苏通大桥、虎门大桥实现了高强度缆索的完全国产化，宝钢股份武钢基地（非电弧炉流程）也实现了桥梁用钢的完全国产化，电弧炉流程开发桥梁用钢有益于大型桥梁特别是斜拉桥的快速发展。电梯面板用不锈钢目前已经由含镍的奥氏体不锈钢向不含镍的超纯铁素体不锈钢转变，以节约镍资源、降低成本，宝武旗下的太钢以及宝钢不锈钢电弧炉流程生产的超纯铁素体不锈钢大量应用于电梯面板制作。总之，在建筑领域，电炉钢产品研发已经取得了丰硕的成果，未来更是值得期待。

（2）汽车工业领域。汽车可分为商用车以及乘用车，其材料主要由钢铁构成，汽车用钢大体可分为汽车车身用钢（即汽车板）以及汽车动力系统和零部件用合金钢。

汽车板可分为外板和内板，内板要求具有良好的深冲性能，外板要求有较好的成形性、抗腐蚀性以及吸收撞击能量等特点。为了实现汽车轻量化，对汽车板强度的要求越来越高，宝钢目前已经开发了吉帕级汽车板，在市场很受欢迎。然而，对于电弧炉流程生产

表 9-25 各类钢不同牌号的化学成分

钢类	序号	钢组	典型牌号	合金元素含量（质量分数）/%					
				Cr	Ni	Mo	W	Mn	其他
合金结构钢	1	Cr（Si，V）	40Cr 38CrSi 40CrV	0.70~1.60					
	2	CrMn（Si，Ti）	40CrMn 20CrMnSi 20CrMnTi	0. 40~1.40				0.80~1.40	
	3	CrMnMo	20CrMnMo 40CrMnMo	0.90~1.40		0.20~0.30		0.90~1.20	
	4	CrMnNiMo	18CrMnNiMoA	1.00~1.30	1.00~1.30	0.20~0.30		1.10~1.40	
	5	CrMo（V，Al）	42CrMo 35CrMoV 25Cr2Mo1VA 38CrMoAl	0.30~2.50		0.15 ~1.10			V：0.30~0.60 Al：0.70~1.10
	6	CrNi	20CrNi	0.45~0.75					
			12CrNi2	0.60~0.90	1.50~1.90				
			20CrNi3	0.60~1.60	2.75~3.15				
			20Cr2Ni4	1.25~1.65	3.00~3.65				

续表 9-25

钢类	序号	钢组	典型牌号	合金元素含量（质量分数）/%					
				Cr	Ni	Mo	W	Mn	其他
合金结构钢	7	CrNiMo（V）	20CrNiMoA	0.40~0.70	0.35~0.75	0.20~0.30			
			40CrNiMo 45CrNiMoV	0.60~1.10	1.25~1.80	0.15~0.30			
	8	CrNiW	25Cr2Ni4WA	1.35~1.65	4.00~4.50		0.80~1.20		
弹簧钢	9	Mn （Si，V，B）	65Mn 60Si2Mn 55SiMnVB 55Si2MnB					0.60~1.30	Si：0.70~2.00
	10	Cr（V，Si）	60Si2CrA 60Si2CrVA 50CrVA	0.70~1.20					Si：1.40~1.80
	11	CrMn（B）	60CrMn 60CrMnB	0.65~1.00				0.65~1.00	
	12	CrMnMo	60CrMnMoA	0.70~0.90		0.25~0.35		0.70~1.00	
	13	WCrV	30W4Cr2VA	2.00~2.50			4.00~4.50		V：0.50~0.80

续表 9-25

钢类	序号	钢组	典型牌号	合金元素含量（质量分数）/%					
				Cr	Ni	Mo	W	Mn	其他
轴承钢	14	Cr	GCr15	0.35~1.65					
	15	CrMn（Si）	GCr15SiMn	1.40~1.65					
	16	CrMo（Si）	GCr18Mo G20CrMo G20Cr15SiMo	0.35~1.95		0.08~0.40			
	17	CrNi	G20Cr2Ni4	1.25~1.75	3.25~3.75				
	18	CrNiMo	G20CrNiMo	0.35~0.65	0.40~0.70	0.15~0.30			
			G20CrNi2Mo G10CrNi3Mo	0.35~1.40	1.60~3.50	0.08~0.30			
	19	CrMnMo	G20Cr2Mn2Mo	1.70~2.00		0.20~0.30		1.30~1.60	
合金工具钢	20	Cr（Si）	9SiCr Cr06	0.50~1.25					Si：1.20~1.60
			Cr2 8Cr3	1.30~3.80					
			Cr12	11.50~13.00					
	21	CrMnMo（V，Si）	5CrMnMo 4CrMnSiMoV	0.60~1.50		0.15~0.60		0.80~1.60	
			6CrMnSi2Mo1	0.10~0.50		0.20~1.35		0.60~1.00	Si：1.75~2.25
			5Cr3Mn1SiMo1V	3.00~3.50		1.30~1.80		0.20~0.90	

续表 9-25

钢类	序号	钢组	典型牌号	合金元素含量（质量分数）/%					
				Cr	Ni	Mo	W	Mn	其他
合金工具钢	22	CrMo (Si，V)	3Cr2Mo	1.40~2.00		0.30~0.55			
			Cr5Mo1V4 Cr5MoSiV1	4.75~5.50		0.90~1.75			V：0.30~1.20
			4Cr3Mo3SiV	3.00~3.75		2.00~3.00			V：0.25~0.75
			Cr12MoV Cr12Mo1V1	11.00~13.00		0.40~1.20			V：0.30~1.10
	23	CrW (Si，V)	4CrW2Si	1.00~1.30			2.00~2.70		
			3Cr2W8V	2.20~2.70			7.50~9.00		
			4Cr5W2VSi	4.50~5.50			1.60~2.40		V：0.60~1.00
	24	CrWMn	CrWMn	0.50~1.20			0.50~1.60	0.80~1.20	
	25	CrWMoV (Nb)	Cr4W2MoV	3.50~4.00		0.80~1.20	1.90~2.60		V：0.80~1.10
			6Cr4W3Mo2VNb	3.80~4.40		1.80~2.50	2.50~3.50		V：0.80~1.20 Nb：0.20~0.35
			3Cr3Mo3W2V	2.80~3.30		2.50~3.00	1.20~1.80		V：0.80~1.20
			5Cr4W5Mo2V	3.40~4.40		1.50~2.10	4.50~5.30		V：0.70~1.10
			6W6Mo5Cr4V	3.70~4.30		4.50~5.50	6.00~7.00		V：0.70~1.10
	26	CrNiMo	5CrNiMo	0.50~0.80	1.40~1.80	0.15~0.30			
	27	CrMoMnV (Al，Si)	5Cr4Mo3 SiMnVAl	3.80~4.30		2.80~3.40		0.80~1.10	V：0.80~1.20

续表 9-25

钢类	序号	钢组	典型牌号	合金元素含量（质量分数）/%					
				Cr	Ni	Mo	W	Mn	其他
合金工具钢	28	MnCrW MoVAl	7Mn15Cr2Al3V2WMo	2.00~2.50		0.50~0.80	0.50~0.80	14.50~16.50	V：1.50~2.50 Al：2.30~3.30
	29	Mn（V）	9Mn2V					1.70~2.00	
	30	W	W	0.10~0.30			0.80~1.20		
高速工具钢	31	WCrV	W6Mo5Cr4V2 W6Mo5Cr4V2Al	3.80~4.40		4.50~5.50	5.50~6.75		V：1.75~2.20 Al：0.80~1.20
	32	WCrCoV	W6Mo5Cr4V3	3.75~4.00		8.20~9.20	1.40~2.10		V：2.25~2.75
	33	WMoCrV（Al）	W2Mo9Cr4V2	3.50~4.00		8.20~9.20	1.40~2.10		V：1.30~1.70
	34	WMoCrCoV	W9Mo3Cr4V	3.80~4.50		4.50~5.50	5.50~6.50		V：1.75~2.25 Co：4.50~5.50
不锈钢 耐热 耐蚀钢	35	Cr（Al，N，Si）	4Cr9Si2	8.00~10.00					Si：2.00~3.00
			1Cr12 2Cr13 0Cr13Al	11.00~14.50					
			1Cr17 9Cr18	16.00~19.00					

续表 9-25

钢类	序号	钢组	典型牌号	合金元素含量（质量分数）/%					
				Cr	Ni	Mo	W	Mn	其他
不锈钢 耐热 耐蚀钢	36	CrMo （V，Si）	1Cr5Mo	4.00~6.00		0.45~0.60			
			4Cr10Si2Mo	9.00~10.50		0.70~0.90			
			1Cr11MoV 1Cr13Mo	10.00~14.00		0.30~1.00			
			9Cr18Mo 9Cr18MoV	16.00~18.00		0.40~1.30			
	37	CrNi（Al，Nb，Ti，N，Si）	1Cr17Ni2	16.00~18.00	1.50~2.50				
			0Cr17Ni7Al	16.00~20.00	6.00~11.00				Al：0.75~1.50
			0Cr19Ni10 1Cr18Ni12 0Cr19Ni10NbN	17.00~20.00	7.50~13.00				
			8Cr20Si2Ni	19.00~20.50	1.15~1.65				Si：1.75~2.25
	38	CrNiMo （Al，Ti，N，Si）	0Cr15Ni7Mo2Al	14.00~16.00	6.50~7.50	2.00~3.00			Al：0.75~1.50
			0Cr17Ni12Mo2 0Cr17Ni14Mo2 0Cr19Ni13Mo3	16.00~20.00	10.00~15.00	1.80~4.00			
			0Cr18Ni5Mo3Si2	18.00~19.50	4.50~5.50	2.50~3.00			Si：1.30~2.00

续表 9-25

钢类	序号	钢组	典型牌号	合金元素含量（质量分数）/%					
				Cr	Ni	Mo	W	Mn	其他
不锈钢耐热耐蚀钢	39	CrMnNi（N，Si）	1Cr17Mn6Ni5N 1Cr18Mn8Ni5N	16.00~19.00	3.50~6.00			5.50~10.00	
			5Cr21Mn9Ni4N	20.00~22.00	3.25~4.50			8.00~10.00	
			2Cr20Mn9Ni2Si2N	18.00~21.00	2.00~3.00			8.50~11.00	Si：1.80~2.70
	40	CrMnNiMo（N）	1Cr18Mn10Ni5Mo3N	17.00~19.00	8.50~10.50				Cu：3.00~4.00
	41	CrNiCu（Nb）	0Cr17Ni4Cu4Nb	15.50~17.50	3.00~5.00				Cu：3.00~5.00 Nb：0.15~0.45
	42	CrNiMoCu	0Cr18Ni12Mo2Cu2 0Cr18Ni14Mo2Cu2	17.00~19.00	10.00~16.00	1.20~2.75			Cu：1.00~2.50
	43	CrNiMoTi（Al，V，B）	0Cr15Ni25Ti2MoAlVB	13.50~16.00	24.00~27.00	1.00~1.50			Ti：1.90~2.35
	44	CrNiWMo（V）	4Cr14Ni14W2Mo	13.00~15.00	13.00~15.00	0.25~0.40	2.00~2.75		
			1Cr11Ni2W2MoV	10.50~12.00	1.40~1.80	0.35~0.50	1.50~2.00		
			2Cr12NiMoWV	11.00~13.00	0.50~1.00	0.75~1.25	0.70~1.25		
	45	CrMn（Si，N）	3Cr18Mn12Si2N	17.00~19.00				10.50~12.5	Si：1.40~2.20
	46	CrWMo（V）	1Cr12WMoV	11.00~13.00		0.50~0.70	0.70~1.10		

汽车板难度较大，原因是电炉钢氮含量偏高以及生产效率很难与一机双流板坯连铸机匹配，电弧炉流程只要解决了氮含量偏高以及生产效化问题，未来生产汽车板也是可以期待的。

汽车动力系统和零部件用系列合金钢包括特钢类线棒材钢种以及部分不锈钢板材，所涉及的特钢类线棒材钢种有弹簧钢、帘线钢、冷镦钢、轴承钢、齿轮钢、曲轴钢、气阀钢、连杆钢等，不锈钢方面主要是汽车装饰条用钢以及排气管用钢等。高端电弧炉流程生产特钢类线棒材的主要应用领域是汽车动力系统和相关零部件，其质量稳定性和高性能要求非常苛刻，尤其对于家用乘用车，均需要这些钢种具有超强的稳定性、超长疲劳寿命以及超高强韧性，超高强韧性主要是满足汽车轻量化要求，部分钢种还需具有良好的切削加工性能以及弯曲加工性能。

对于弹簧钢，一部汽车所用弹簧有上千个，不同弹簧有着不同的设计要求，但总体上说，用量较大的是悬架弹簧钢，高端汽车对悬架弹簧强度的要求越来越高，宝钢目前已经开发了2050MPa弹簧钢，正向2100MPa高强弹簧钢迈进，弹簧钢强度越高，对其夹杂物要求也越来越高。气门弹簧钢尤其是乘用车气门弹簧钢在汽车运行过程中涉及安全问题，目前我国主要依赖进口，主要问题还是夹杂物控制稳定性不能达到气门弹簧钢要求，宝钢电弧炉流程生产的气门弹簧钢样件在用户端的疲劳寿命测试中均达到了要求，未来值得期待。

对于钢帘线，目前主要有72、82、86和92等系列，92级别以上超高强钢帘线因用户端暂无这方面强烈需求而未得到广泛应用，电弧炉流程冶炼钢帘线最重要的是夹杂物控制，需控制其夹杂物有良好的塑性以及较小尺寸，避免钢丝在拉拔过程中断裂，目前我国钢帘线生产技术相对成熟，其价格也日趋平民化。

对于冷镦钢，主要应用于汽车螺栓，高强度冷镦钢的开发也是为了汽车减重，同样，随着冷镦钢等级提升，对夹杂物的要求也越来越高，另外，免退火冷镦钢可大大降低生产成本，未来可具有更强的竞争力。

对于轴承钢，主要应用于汽车轴承套圈、汽车轮毂以及钢球等部位，钢种主要是GCr15和55钢系列，随着电动汽车发展，未来机电轴承市场也会越来越大，汽车轴承钢主要要求其有超长的疲劳寿命以及超高稳定性，这就要求轴承钢氧含量极低以及各种夹杂物含量极低且尺寸极小，同时对碳化物的要求也非常高。我国兴澄特钢、宝钢以及南钢等电弧炉流程生产轴承钢，其氧含量稳定在6ppm以下，夹杂物和碳化物各种评级均达到高端用户要求。

对于齿轮钢，品种低碳系列有20Cr、20CrMnTi、18CrNiMo7-6等，中碳系列有40Cr、42CrMo等。齿轮钢工作时长期受到变载荷的冲击力、接触应力、脉动弯曲应力及摩擦力等多种应力的作用，还受到加工精度、装配精度、外来硬质点的研磨等多种因素的影响，是极易损坏的零件，因此要求齿轮钢具有较高的强韧性、疲劳强度和耐磨性。齿轮钢关键性指标为晶粒度和淬透性带宽，对晶粒度的控制一般通过在调升钢中铝、氮含量来提升晶粒度等级，其技术相对成熟，而淬透性带宽日本材已经做到HRC≤3，而我国普遍水平只能达到HRC≤6，所以齿轮钢未来的发展需解决好淬透性带宽等问题。随着电动汽车的大力发展，对齿轮钢的要求尤其是抗冲击力要求越来越高，电动汽车的发展也必将带来齿轮钢的更新换代。

对于曲轴钢，作为发动机中承受冲击载荷、传递动力的重要零件，曲轴在工作中要承受交变载荷所引起的弯曲和剪切应力，对抗疲劳、耐磨和强度等性能指标都有非常高的要求，所以需具有良好的机加工性能以及良好的内部质量，钢的碳偏析要控制到位以满足淬透均匀性要求，曲轴钢氢含量的控制尤其要重视，相关氢脆裂纹往往为时效断裂。

对于气阀钢，主要指适合制造各种阀门用的钢种，也称气阀钢，是用于制造汽油发动机和柴油发动机、排气阀的必用材料，也是整个发动机中的关键材料。在工作温度下有足够的高温强度和韧性，有高的硬度和耐磨性，有好的抗氧化性和在工作介质中的耐蚀性。气阀钢可分为马氏体气阀钢、奥氏体气阀钢以及高温合金等，其牌号相对较多，可针对具体应用环境做相应牌号的选择。

对于汽车连杆钢，主要是起到发动机曲轴和活塞动力连接以及其他动力传输连接的作用，汽车连杆可以用棒材制作也可用线材大盘卷拉直后制作，汽车连杆钢目前基本实现了国产化，生产技术相对成熟，其价格也日趋平民化。

从以上分析的汽车动力系统和零部件用钢情况看，其品种繁多，而且针对不同款型的汽车这些钢的性能和质量均有个性化需求，所以，电弧炉生产商需加强与用户的沟通，根据用户要求确定最终的产品设计方案以及相应制作工艺路径。

(3) 轨道运输领域。轨道运输用钢通常分为轨道用钢以及列车用钢，我国宝钢股份武钢基地是生产轨道用钢的重要基地，未来要重点开发耐侵轨和耐低温轨道用钢，以满足极端天气条件下的轨道建设。列车用钢又分为普通列车（包括货车和客车）用钢和高速列车用钢，作为动力机车，其需要的钢种与汽车用钢有近似之处，也需要各种面板以及弹簧钢、冷镦钢、轴承钢、齿轮钢等，与汽车用曲轴钢不同，机车通常用车轴钢。车轴受力和车轴钢的性能要求车轴是承受机车、车辆质量的关键部件，在运行中要承受旋转弯曲和冲击等多项复杂应力，疲劳裂损是其主要破坏形式。因而要求车轴钢具有足够的强度和韧性，并且对可以成为车轴裂纹源的各种冶金缺陷的要求十分严格，特别是对氢致裂纹控制、宏观夹杂控制以及内部裂纹控制均有着严格要求，由于部分车轴钢规格尺寸较大，需大钢锭模铸才能生产，如果走连铸工序，则需要方坯或圆坯断面尺寸较大，然而很少有大方坯能满足其要求。随着高铁时代的到来，高铁轴承的国产化开发被提上了日程，被列为国家卡脖子工程重点项目，高铁轴承钢除了耐磨要求高外，还需承受高铁高速运转冲击力，所以高铁轴承钢还需要有更好的韧性，电弧炉流程配合电渣工艺生产高铁轴承钢具有钛含量控制能力强以及钢水纯净度控制能力强等特点。

(4) 能源领域。能源领域用钢主要指的是电力能源用钢以及石油天然气领域用钢，电力领域用钢又可分为水力发电、火力发电、核电、风电、光伏发电及电力传输等领域用钢，石油天然气领域用钢可分为石油天然气传输用钢、石油井用钢、海洋石油平台等领域用钢。水电用钢主要有中厚板等结构件用钢；火力发电用钢主要为发电锅炉用钢；核电用钢主要包含核电压力容器用钢；风电领域主要包含风电轴承用钢以及风电涡轮片用钢；光伏领域主要有切割硅片用切割丝或金刚砂线用钢；电力传输用钢包含电缆钢、变压器钢等。电力系统还包含发电机组用钢，火力发电机组包含高压锅炉管、耐热涡轮叶片等耐高温高压钢种，变压器用钢主要是硅钢。石油天然气领域用钢包含了石油和天然气传输管线钢、石油管钢、石油套管钢以及海洋平台用板材和链条用钢（如系泊链钢、锚链钢等）。适合电弧炉流程生产线材主要是电缆钢、切割丝或金刚砂线用钢，金刚砂线为切割丝的升级产品，规格直径在0.05mm以下，对夹杂物控制要求极高，目前基本依赖进口，仅宝钢能小批量生产；适合电弧炉流程生产的棒材主要是风电轴承用钢、海洋平台链条钢等；适合电弧炉流程生产的管材品种较多，如高压锅炉管、石油管、石油套管以及管线钢等，电弧炉流程生产管材等高合金钢具备一定成本优势，可用不锈钢废钢或管材切头做原料进行生产以降低成本；电弧炉流程生产中厚板应用于水电和海洋平台、锅炉钢等，暂不具备成本优势，甚至成本偏高；电弧炉流程生产硅钢存在冶炼难度大、生产效率偏低等缺点。总之，在能源领域，电弧炉流程可以生产部分高端产品，而还有部分产品的电弧炉流程相对转炉流程暂不具备成本优势。

（5）机械领域。机械领域庞大而复杂，其用钢种类繁多，这里仅列举工程机械、重型机械以及机器人机械用钢。工程机械主要用热轧板材，其零部件也涉及齿轮钢、轴承钢等特材；重型机械如卷板机、轧辊等主要用大规格圆钢，以实现卷、剪、切、压等功能；机器人用钢也有各种各样的规格，且其加工精度要求高。电弧炉流程在机械领域拓展用钢具有光明的前景，不过还需要针对具体的机械设备进行特定的钢种设计，以满足不同机械设备需求，机械设备在工作过程中，会发生磨损和疲劳破坏，因此还需开发高疲劳寿命的机械用钢，以满足高端机械设备的要求。

（6）家电领域。家电领域通常是冷轧薄板，如前所述，电弧炉流程在生产效率以及成本控制有劣势，在此不做过多描述。

（7）居家生活用钢。居家生活用钢一般是以不锈钢为主体的厨卫用钢以及家具用钢，如灶台面板、洗碗水槽、水龙头、淋浴喷头、淋浴房、刀具、餐具等均由高端不锈钢制作而成，部分家庭或办公场所所用家具也是由不锈钢制成的。随着人们对生活品质的要求越来越高，对高端不锈钢制品的需求也会越来越大。居家生活用钢还包括了圆珠笔芯用钢、钢笔用钢以及生活中部分高端零件用钢，这些钢的市场需求量不是特别大，但技术难度大，电弧炉生产商可挑选某一系列作为特色产品。

（8）船舶用钢。船舶用钢主要是船板等中厚板用钢，电弧炉流程生产中厚板在技术上可行，未来可开发大型能量焊接船板钢，这就是通常所说的氧化物冶金技术，可大大降低后续船板焊接的工作量。

（9）航空航天。航空航天领域用钢及高温合金通常走特种冶金途径，电弧炉流程可为其提供电极棒母材，这方面电弧炉流程可充分发挥其熔化合金容易、成分控制容易等特点，为国家航天航空事业做贡献。

（10）军事用钢。军事用钢包括坦克用钢、航母等军舰用钢、武器用钢等，电弧炉流程可配合电渣工艺生产相关特定钢种，为我国国防事业做贡献。

总之，电弧炉流程的产品方案一定要结合自身连铸轧钢特点来设计，在新产品研发上一定要紧密结合市场领域和用户需求或国家需求来展开，最终产品方案还要考虑生产效率、成本等因素。

9.7.3 电弧炉生产工艺及质量水平

现代电弧炉炼钢典型生产工艺流程见图 9-8。

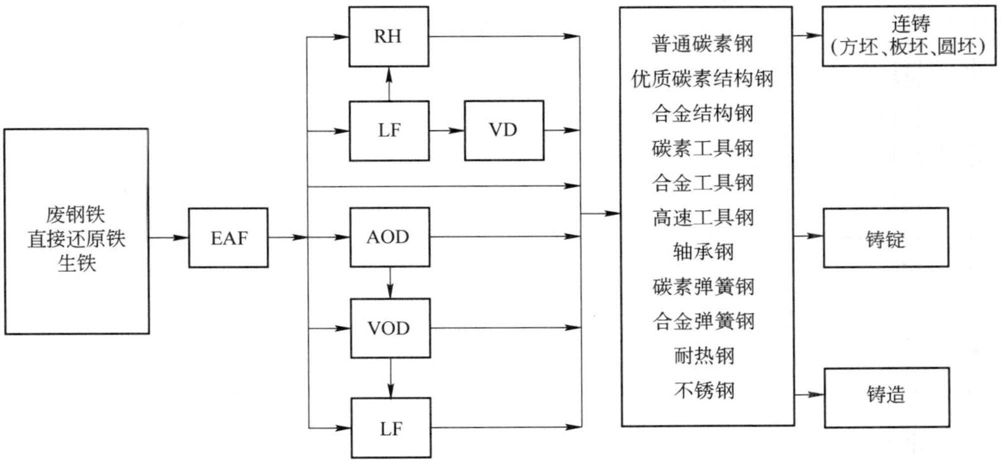

图 9-8 现代电弧炉炼钢典型生产工艺流程

随后工序为：

(1) 连铸成为连铸坯（方坯、板坯、圆坯），后接板、带、卷、管、棒、线、型材轧机，出各类产品。

(2) 铸锭成为钢锭，后接锻机（水压机、快锻机、精锻机等），出各类锻件。

(3) 直接铸造成各类铸件。

电炉钢的质量控制还需关注不同钢种的特定要求，典型钢种的质量基本要求如下：

(1) 低合金高强度钢。

工艺流程：(铁水+废钢)→EAF→LF→弧形 CC→方坯；

质量水平：见表 9-26。

表 9-26 低合金高强度钢质量水平

钢种	铸坯低倍/级			夹杂物/级	热顶锻试验
	一般疏松	中心疏松	框形偏析		
Q390B	0.5~1.0			≤2.0	合格

(2) 轴承钢。

工艺流程：(铁水+废钢)→EAF→LF→VD→弧形 CC→方坯。

质量水平：见表 9-27。

表 9-27 轴承钢质量水平

指标	T. O/ppm	非金属夹杂物平均级别/级							
		AT	AH	BT	BH	CT	CH	DT	DH
高碳轴承钢	≤6. 4	0. 82	0. 48	0. 60	0. 01	0	0	0. 43	0. 16

(3) 齿轮钢。

工艺流程：(生铁+废钢)→EAF→LF→VD→CC (IC)。

质量水平：见表 9-28。

表 9-28 齿轮钢质量水平

钢种	T. O/ppm	淬透性带 HRC	成分控制偏差/%		
			[C]	[Cr]	[Mn]
汽车用齿轮钢	≤15	5	±0. 005	±0. 01	±0. 01

(4) 硬线钢。

工艺流程：(铁水+废钢)→EAF→LF→弧形 CC→方坯。

质量水平：见表 9-29。

表 9-29 硬线钢质量水平

钢种	[N]/ppm	[P]/%	[S]/%	等轴晶比例	中心碳偏析
75	≤60	≤0. 012	0. 006	≥45	≤1. 0

(5) 弹簧钢。

工艺流程：(铁水+废钢)→EAF→LF→VD→弧形 CC→方坯。

质量水平：见表 9-30。

表 9-30 弹簧钢质量水平

指标	[S]+[P]/ppm	T. O/ppm	[H]/ppm	非金属夹杂物平均级别	
				A、B	C、D
60Si2CrVAT	≤200	≤20	≤1. 2	≤1. 5	≤1. 0

(6) 不锈钢。

典型工艺流程：

1) 工艺Ⅰ (废钢+生铁+合金)→EAF→VOD→CC 或 IC

(适合于冶炼 [C]<0. 03%的不锈钢，精炼初钢水 [C]<0. 9%)。

2) 工艺Ⅱ (废钢+生铁+合金)→EAF→AOD→CC 或 IC

(适合于冶炼 [C]>0. 03%的不锈钢，精炼初钢水 [C]<2. 3%或更高)。

3) 工艺Ⅲ (废钢+生铁+合金)→EAF→AOD→VOD→CC 或 IC

（适合于冶炼［C］+［N］≤0.025%～0.030%的不锈钢，精炼初钢水［C］<2.3%或更高）。

质量水平：见表9-31。

表9-31 不锈钢质量水平

工艺	［C］/ppm	［N］/ppm	［S］/ppm	T.O/ppm	适合钢种	生产效率	生产成本
Ⅰ	≤10	≤30	≤10	≤30	一般	低	高
Ⅱ	≤100	≤100	≤10	≤30	一般	高	低
Ⅲ	≤10	≤30	≤10	≤30	很多	高	略高

（7）石油管用钢。

工艺流程：（铁水+DRI+废钢）→EAF→LF→VD→弧形CC→圆坯。

质量水平：见表9-32和表9-33。

表9-32 管线钢质量水平

钢种		N/ppm	H/ppm	P/%	S/%	Al/N	Cr+Ni+Cu+Mo	C_{eq}	P_{cm}
X65	标准	≤90	≤2	≤0.020	≤0.008	≥2	≤0.60	≤0.40	≤0.22
	实际	70	≤1.5	0.010	0.003	2.5	≤0.15	0.39	0.21

表9-33 套管、油管钢质量水平 （ppm）

钢种	Cu	P	S	Pb	Sn	As	Sb	Bi
P110	≤0.10	≤100	≤30	≤30	≤70	≤60	≤30	≤10

（8）工、模具钢。

工艺流程：

1）模具钢（生铁+废钢）→EAF→（LF）→（VD）→钢锭（或电极锭）。

2）高速钢（熔融还原铁水+合金）→EAF（LF）→（VD）→钢锭（或电极锭）。

质量水平：见表9-34和表9-35。

表9-34 模具钢质量水平

钢种	T.O/ppm	P/%	S/%
4Cr5MoSiV1	≤15	≤0.01	≤0.005

表9-35 高速钢质量水平

钢 种	T.O/ppm	［N］/ppm	低倍组织/级		碳化物不均匀度
			一般疏松	中心疏松	
M2	20	154	0.5	0.5	4.0

(9) 易切钢。

工艺流程：(生铁+废钢)→EAF→LF→CC (IC)。

质量水平：见表 9-36。

表 9-36 易切钢质量水平

钢种	铸坯铅偏析/%	铸坯低倍/级			夹杂物/级		
		一般疏松	中心疏松	偏析	氧化物	球状	硅酸盐
12L14	±0.02	≤1.0	≤1.0	0	≤2.0	0	0

附录 钢中常见残余元素的主要作用

附表 9-1 钢中常见残余元素的主要作用

元素	符号	主 要 用 途
硫	S	硫是重要的工业原料，化学工业主要用以生产硫酸、制硫化物、亚硫酸盐、硫代硫酸钠（Na_2SO_3 与 S 反应）等；橡胶工业用硫或 S_2Cl_2 使橡胶硫化以改变生橡胶热发黏、冷变硬的不良性能；造纸工业用硫制取 $Ca(HSO_3)_2$ 以溶解纸浆中的非纤维素成分，提高纸浆质地 此外，制造黑火药、火柴、二硫化碳也要用硫。二硫化碳是一种重要溶剂，大量用于人造丝工业，也用作杀灭农业害虫的熏蒸剂。农业上用硫作杀虫剂，如石灰硫黄合剂可防治棉花等作物的病虫害。医药上用硫来制硫黄软膏，以治疗皮肤病 在一些化工和食品工业用硫制得 SO_2 以去除杂质或漂白。硫代硫酸钠和硫代硫酸铵在照相中做定影剂，硫酸镁可用做润滑剂，被加在肥皂中和轻柔磨砂膏中，也可以用作肥料 硫在易切钢中作为主要易切元素被加入，大大改善了钢的切削性能，使自动车床的工作效率得到充分发挥。易切钢常用于精密仪表行业的齿轮轴、汽车行业的火花塞以及机械行业的车床丝杠
磷	P	磷可用于制造火柴、杀虫剂、磷酸、燃烧弹、烟花、燃烧弹，还可以保护金属表面免于腐蚀 绝大部分磷的化合物用作磷肥。五氧化二磷易潮解和溶于水，是实验室用有效的干燥剂。五氧化二磷溶于水，生成正磷酸，它是一种中等强度的三元酸，可用于食品、制糖、纺织工业。正磷酸脱水后可得焦磷酸，是一种无色针状晶体或玻璃状固体，它比正磷酸的酸性强，可用作催化剂和制备磷酸酯。五氧化二磷加入适量水，可得偏磷酸，实际上它是多聚酸 $(HPO_3)_n$，是一种硬而透明的玻璃体，可用于软化水，用作洗衣粉的助剂 磷在易切钢中作为重要易切元素被加入，大大改善了钢的切削性能，使自动车床的工作效率得到充分发挥。易切钢常用于精密仪表行业的齿轮轴、汽车行业的火花塞以及机械行业的车床丝杠。磷还是军工行业所用的炮弹钢的主要元素，可大大加强炮弹爆炸的杀伤力

续附表 9-1

元素	符号	主 要 用 途
铬	Cr	铬最重要的用途是制造合金，不锈钢便含有12%以上的铬（也有不锈钢是含18%的铬和8%的镍）。不锈钢具有很好的韧性和机械强度，受热不起鳞皮，尤其可贵的是其“不锈”——耐腐蚀。在常温下，不锈钢对空气、海水、水蒸气、盐水、有机酸、食品介质等，都具有很好的耐腐蚀性 金属铬的重要的用途是电镀。镀铬的时候，铬层越薄，越是紧贴在金属的表面。一些炮筒、枪管的内壁，所镀的铬层仅有千分之五毫米厚，但是发射了千百发炮弹、子弹以后，铬层依然存在 铬的化合物五光十色，可用作无机颜料。铬的希腊文原意便是“颜色”。金属铬是雪白银亮的，硫酸铬是绿色的，铬酸镁是黄色的，重铬酸钾是橘红色的，铬酸是猩红色的，氧化铬是绿色的（常见的绿色颜料“铬绿”就是它），铬矾（含水硫酸铬）是蓝紫色的，铬酸铅是黄色的（常见的黄色颜料“铬黄”就是它） 重铬酸钾是重要的铬化合物。在制革工业上，重铬酸钾常被用来代替鞣酸鞣制皮革。在化学上，常把它溶解在浓硫酸或浓硝酸中配制成“洗液”，可以洗去玻璃仪器上的油迹和污斑。在分析化学上，重铬酸钾常用作氧化剂来测定铁矿中的含铁量，叫作“重铬酸钾法”
钼	Mo	钼主要用于钢铁工业，用作生产各种合金钢的添加剂，并能与钨、镍、钴、锆、钛、钒、钛、铼等组成高级合金，可提高其高温强度、耐磨性和抗腐蚀性，其中大部分是以工业氧化钼压块后直接用于炼钢或铸铁，少部分熔炼成钼铁后再用于炼钢 低合金钢中的钼含量不大于1%，但这方面的消费却占钼总消费量的50%左右。钼和钨、铬、钒的合金钢适用于制造高速切削的刃具、军舰的甲板、坦克、枪炮、火箭、卫星等的合金构件和零部件。在不锈钢中加入钼，能改善钢的耐腐蚀性。在铸铁中加入钼，能提高铁的强度和耐磨性能。含钼18%的镍基超合金具有熔点高、密度低和热胀系数小等特性，可用于制造航空和航天的各种高温部件 金属钼在电子管、晶体管和整流器等电子器件方面得到广泛应用。氧化钼和钼酸盐是化学和石油工业中的优良催化剂。二硫化钼是一种重要的润滑剂，可用于航天和机械工业部门。金属钼大量用作高温电弧炉的发热材料和结构材料、真空管的大型电极和栅极、半导体及电光源材料，因钼的热中子俘获截面小及具高持久强度，还可用作核反应堆的结构材料 钼的化合物在颜料、染料、涂料、陶瓷玻璃、农业肥料等方面也有广泛的用途
铜	Cu	铜的导电性仅次于银，居金属中的第二位，通常大量用于电气工业。铜具有耐腐蚀性，可用于电镀，作外镀层或作镀层衬底，例如在钢镀铬前先镀薄层的铜。铜还用来作金属的包层，热压在钢或其他金属的表面上 铜的合金中，黄铜（60%Cu，40%Zn）具有良好的机械性能和压力加工性能，可用作各种零件和制品。青铜（80%Cu，15%Sn，5%Zn）是一种古老的合金，因其质坚韧、硬度高、易铸造而广泛用作各种压力加工制品和异形铸件。白铜（50%~70%Cu，18%~20%Ni，13%~15%Zn）有良好的机械性能和耐腐蚀性能，广泛用于刀具、精密机械、化工机械、船舶制造等方面 五水合硫酸铜 $CuSO_4 \cdot 5H_2O$（胆矾）加入水中，可防止藻类生长；它同石灰乳混合制成“波尔多液”，可制成杀虫剂；硫酸铜还可作为电解铜的电解液。铜氨络离子 $[Cu(NH_3)_4]^{2+}$ 可用于制造铜铵纤维。氧化亚铜 Cu_2O 掺入船底漆中，其毒性可防止藻类和贝壳动物的生长。碱式碳酸铜 $Cu_2(OH)_2CO_3$ 和氧化铜可用作颜料，前者还具有杀虫灭菌性能。偏亚砷酸铜和乙酸铜形成的复盐 $Cu(CH_3COO)_2 \cdot 3Cu(AsO_2)_2$（巴黎绿）可用作木材防腐剂，以前曾作为颜料和杀虫剂。氯化亚铜 CuCl 和氯化铜是化学工业和石油工业常用的催化剂。环烷酸铜广泛用于木材、织物、绳子和渔网的防腐 铜和铁、锰、钼、硼、锌、钴等元素都可用作微量元素肥料

续附表 9-1

元素	符号	主 要 用 途
镍	Ni	镍是一种十分重要的有色金属原料。镍的主要用途是制造不锈钢、高镍合金钢和合金结构钢，被广泛用于飞机、雷达、导弹、坦克、舰艇、宇宙飞船、原子反应堆等各种军工制造业 在民用工业中，镍常制成结构钢、耐酸钢、耐热钢等，可大量用于各种机械制造业、石油工业 镍与铬、铜、铝、钴等元素可组成非铁基合金。镍基合金、镍铬基合金是耐高温、抗氧化材料，用于制造喷气涡轮、电阻、电热元件、高温设备结构件等；镍钴合金是一种永磁材料，广泛用于电子遥控、原子能工业和超声工艺等领域 镍还可作陶瓷颜料和防腐镀层。在化学工业中，镍常用作氢化催化剂。近年来，在彩色电视机、磁带录音机和其他通信器材等方面，镍的用量正在迅速增长
铅	Pb	由于铅具有高密度、良抗蚀性、熔点低、柔软、易加工等特性，因此在许多工业领域中得到应用，铅板和铅管广泛用于制酸工业、蓄电池、电缆包皮及冶金工业设备的防腐衬里 铅能与锑、锡、铋等配制成各种合金，如熔断保险丝、印刷合金、耐磨轴承合金、焊料、榴霰弹弹丸、易熔合金及低熔点合金模具等。含锡、锑的铅合金用作印刷活字，铅锡合金用于制造易熔铅焊条，铅板和镀铅锡薄钢板用于建筑工业 铅对 X 射线和 γ 射线有良好的吸收性，广泛用作 X 光机和原子能装置的保护材料。汽油内加入四乙基铅可提高其辛烷值。用作颜料的铅化合物有铅白、铅丹、铅黄、密陀僧等 盐基性硫酸铅、磷酸铅和硬脂酸铅可用作聚氯乙烯的稳定剂，还可用在橡胶、玻璃、陶瓷工业。醋酸铅用于医药部门
锡	Sn	纯锡与弱有机酸作用缓慢，因而常用于制造镀锡薄板（带），俗称马口铁，用作食品包装材料。纯锡也可用作某些机械零件的镀层。锡易于加工成管、箔、丝、条等，也可制成细粉，用于粉末冶金 锡能同几乎所有的金属制成合金，用得较多的有焊锡、锡青铜、巴氏合金、铅锡轴承合金和铅字合金。还有许多含锡特种合金，如锆基合金，在原子能工业中用作核燃料包覆材料；钛基合金可用于航空、造船、原子能、化工、医疗器械等部门；铌锡金属间化合物可作超导材料；锡银汞合金可用作牙科金属材料 锡的重要化合物有二氧化锡、二氯化锡、四氯化锡以及锡的有机化合物，分别用作陶瓷的瓷釉原料、印染丝织品的媒染剂、塑料的热稳定剂，也可用作杀菌剂和杀虫剂
锌	Zn	锌广泛用于制造各种合金，如黄铜、白铜、青铜等。锌含量 40%以下的黄铜使用价值最大，在黄铜中加入锡、镍、锰、铁、钨、铅等成分后能改变其物理性能，因此，这类合金叫作特种黄铜 锌的另一种用途是镀锌，可用于制造干电池，由于锌在铸造工业上的浇铸时能充满模内很精细的地方，故在汽车工业上常作为精度铸件的原料。锌的化合物可用于纺织工业以及医药、橡胶。也可用于制造油漆、颜料、染料等，农业上可用于制作杀虫剂。锌还用以制微晶锌板，可用于传真制板和压铸合金等技术

续附表 9-1

元素	符号	主　要　用　途
砷	As	在冶金工业上，砷可用于熔炼砷合金，如砷铅合金用以制弹头；砷铜合金用于制造汽车、雷达零件等；在农业上用作杀虫剂、除草剂和其他农药。在医学上制成砷酸盐药物，用于治疗梅毒、变形虫等，最近又被研究用来治疗白血病；工业上用于木材防腐、玻璃工业脱色剂、镜子、羊毛浸洗、毛皮工业的脱毛剂和防腐剂等；其在军用毒药烟火方面也有广泛用途 此外，含砷矿物如雄黄、雌黄可用作中药。雌黄还可以用来制成颜料或用作褪色剂，是提取砷和硫的重要矿物，雌黄与雄黄都是制造硫酸的重要原料 高纯砷主要用于生产化合物半导体（如砷化镓、砷化铟、镓砷磷、镓铝砷等）以及用作半导体掺杂剂。这些材料广泛用于制作二极管、发光二极管、隧道二极管、红外线发射管、激光器以及太阳能电池等
锑	Sb	锑产品主要为精锑及锑的化合物，即三氧化二锑、三硫化二锑等。锑性脆，不能单独使用。铅、锡中加入适量的锑，能增加其硬度和强度。1979 年美国用锑量的比例为：阻燃剂 51%、运输工具（包括蓄电池）20%、陶瓷和玻璃 15%、化学工业 5%、其他 9% 一般的金属是热胀冷缩，而锑却是热缩冷胀。印刷书刊的铅字如果采用纯铅浇铸，由于铅热胀冷缩，会导致铸出的字不清晰，而且质软不耐磨。如果在铅里加入一些锑，则浇铸出的字笔画十分清楚，经久耐用 锑的一些化合物可以用来治疗疾病，如酒石酸锑钾注射液常用于治疗血吸虫病。没食子酸锑钠是我国首创的药物，主要用于治疗慢性血吸虫病。葡萄糖酸锑钠针剂供静脉或肌肉注射，可以治疗黑热病 锑的一些化合物如锑化铟、锑化铝，是很好的半导体材料。它们能感受到人眼看不见的红外线，因此可用作红外线探测器，在军事上用来探测夜间敌人的动向
镉	Cd	镉可以制造轴承合金、特殊易熔合金、耐磨合金、焊锡，镉对盐水和碱液有良好的抗蚀性能，可以用作钢构件的电镀防腐层，但近年来因镉的毒性，此项用途有减缩的趋势 镍镉和银镉电池具有体积小、容量大的优点，因而镉在电池制造中用量与日俱增。镉是制造钎焊合金和低熔点合金的主要成分之一。镉具有较大热中子俘获截面，因此含银 80%、铟 15%和镉 5%的合金可用作原子反应堆的控制棒，在铜中加入 0.05%~1.3%的镉可改进机械性能，尤其是冷加工性能，而电导率则下降很少 镉的化合物曾经广泛用于制造颜料、塑料稳定剂、荧光粉，硫化镉、硒化镉、碲化镉具有较强的光电效应，可用于制造光电池
铋	Bi	铋主要用途是以金属形态用于配制易熔合金，以化合物形态用于医药。前者熔点范围为 47~262℃，最常用的是铋同铅、锡、锑、铟等金属组成的二元、三元、四元、五元合金。改变这些金属在合金中所占的百分比，就可获得一系列不同熔点和不同物理性质的合金；这些合金可用于消防装置、可自动喷水器的热敏元件、锅炉和压缩空气缸的安全塞、焊料、金属热处理的熔浴介质等。铋合金具有在冷凝时不收缩的特性，可用于铸造印刷铅字和高精度的铸型 铋及其合金常作为铸铁、钢和铝合金的添加剂，用以改善合金的切削性能。含锑 11%的铋合金用于制造红外线检测计。铋锡和铋镉合金用作硒整流器的辅助电极。利用铋在磁场作用下电阻率急剧减小的特性来制作磁力测定仪。铋锰合金可制永磁合金。铋的热中子吸收截面很小并且熔点低、沸点高，可用作核反应堆的传热介质。碲化铋广泛用于制造温差电制器元件来制作太阳能电池。铋银铯合金用于制造光电放大器。硫化银铋用于制造半导体仪器。铋镉温差元件用于报警装置 铋的各种化合物可用作除尘粉、收敛剂、防腐剂、抗酸剂等。在医疗上应用的铋化合物有酒石酸铋钾、水杨酸盐和铋乳等

续附表 9-1

元素	符号	主 要 用 途
钛	Ti	自从人类 1790 年发现钛元素，1951 年进入工业化生产以来，钛逐渐显示出其独特的优越性能。它不仅具有金属结构材料的优越性能，而且在许多工艺介质中具有优异的耐腐蚀性能，钛的应用可以获得明显的技术进步和经济效益。它的蕴藏量是铜的十倍，是继铁、铝之后的“第三金属”，被称为“空间金属” 由于钛和合金具有质量小、强度高、抗蚀性好、耐高温、耐超低温等特性，因而在宇航、航空、舰船、铁路化工、电力、海水淡化、轻工、食品等部门有着广泛的用途 钛在医学上主要利用来做矫正外形手术的材料 目前钛矿原料 90%用来制造钛白。主要含钛矿物金红石还是优质电焊条涂层不可缺少的原料 近年来，钛被用作微合金化的三大主要元素之一而被广泛应用于机械工程材料领域

参 考 文 献

[1] 徐增启．炉外精炼［M］. 北京：冶金工业出版社，1998：177.

[2] 赵沛，成国光，沈甦．炉外精炼及铁水预处理实用技术手册［M］. 北京：冶金工业出版社，2004.

[3] 阎立懿，肖玉光．偏心底出钢（EBT）电弧炉冶炼工艺［J］. 工业加热，2005（3）：48-50，52.

[4] 孔明姣．钢包底吹氩工艺改进实践［J］. 宽厚板，2020，26（1）：15-17.

[5] 李海涛，岂晓彬，关守东，等．高碳铬轴承钢 GCr15 降氧工艺研究［J］. 一重技术，2004（1）：23-25.

[6] 萧泽强．钢包喷吹时气泡泵现象的全浮力模型［J］. 东北工学院学报，1981（2）：67-80.

[7] 邹利纯，郭理宏．钢包炉（LF 炉）电极控制系统研究［J］. 科技创新导报，2009，118（10）：51.

[8] 马世立．LF 钢包精炼炉烟气参数的理论分析与计算［J］. 环境工程，2007，149（5）：44-47.

[9] 杨光，杨文，张立峰．铝镇静钢中夹杂物钙处理改性及其影响因素［J］. 钢铁，2022，57（12）：66-78.

[10] 武悦，马迅，王鹏，等．稀土在钢中作用的研究进展［J］. 材料热处理学报，2023，44（2）：1-12.

[11] 朱苗勇，邓志银．钢精炼过程非金属夹杂物演变与控制［J］. 金属学报，2022，58（1）：28-44.

[12] 关勇，贾洪明．鞍钢超低硫钢 LF 炉处理技术分析［J］. 钢铁，2004：9.

[13] 丁小明，李京社，孙丽媛，等．LF-RH 工艺生产极低硫钢硫含量控制分析［J］. 炼钢，2013，29（1）：36-39.

[14] 单庆林，潘宏伟，路博勋，等．超低碳 BH 钢炼钢过程对碳含量的控制及影响因素分析［J］. 中国冶金，2022，32（1）：72-76.

[15] 盖一铭，杨健．低硅钢种 LF 精炼控硅脱硫技术进展［J］. 炼钢，2023，39（3）：1-15.

[16] 田守信．钢包操作条件对耐火材料使用寿命的影响［J］. 山东冶金，2009，31（5）：20-23.

[17] 王万金．海底管线钢 X65MO 硫含量控制工艺［J］. 现代冶金，2013，41（6）：9-11.

[18] 陈波．安钢 150t LF 炉深脱硫技术的工艺实践［J］. 甘肃冶金，2008，113（1）：8-11.

[19] 李崇巍，成国光，王新华，等．RH 冶炼超低碳钢内部脱碳机理及控制工艺［J］. 工程科学学报，2011，33（3）：276-280.

[20] 张伯影，田博涵，魏光升．电弧炉炼钢流程氮含量变化及控制技术新进展［J］. 工业加热，2020，49（6）：19-24.

10 典型钢种的电弧炉和精炼工艺路线与技术

10.1 轴承钢

10.1.1 轴承钢分类及应用

作为合金钢的一种，轴承钢包括高碳铬轴承钢、渗碳轴承钢、高温轴承钢、不锈轴承钢及特殊工况条件下应用的特殊轴承钢（表 10-1），现阶段我国高碳铬轴承钢占轴承钢总产量的 90%以上。渗碳轴承钢在美国占轴承钢总产量的 30%，在我国仅占 3%左右。

表 10-1 轴承钢主要分类

轴承钢分类	代表钢种	特　性	应用行业
高碳铬轴承钢	GCr15、GCr15SiMn、GCr18Mo、52100、SUJ2、100Cr6、SKF3	高淬透性、高耐磨性	普适于各行业
渗碳轴承钢	G20CrNi2Mo、G20Cr2Ni4、8620H、4320H、20CrMo4、20NiCrMo2	经渗碳处理后表面有高硬度和高耐磨性，心部有良好的韧性，能承担较大的冲击	铁路、汽车、风电、轧机
中碳轴承钢	S55C、65Mn、SAE1070、55SiMoVA、4130、4140、4150	能承受较大的轴向、径向载荷及弯曲应力等，高的屈强比，较高弹性极限和耐磨性能，良好的抗疲劳和抗多次冲击性能	汽车轮毂轴承、掘进、起重、大型机床等重型设备、石油
不锈轴承钢	X47Cr14、X65Cr14、9Cr18、9Cr18Mo、440C	腐蚀环境下工作的轴承及某些部件，低摩擦、低扭矩仪器、仪表的微型精密轴承	化工、石油、造船、食品工业
高温轴承钢	T1、M2、M50、X75WCrV18-4-1、8Cr4Mo4V	高的高温硬度（大于 50HRC）、尺寸稳定性、耐高温氧化性，低的热膨胀性和高的抗蠕变强度	航空航天、舰艇发动机，冶金、化工和原子能工业中高温设备

据钢联数据统计，在 2018~2022 年间，轴承钢粗钢产量均持续在增加，轴承行业发展迅速。2022 年我国主要优特钢企业轴承钢材产量为 397.27 万吨，与 2021 年相比下降 6.32%；2022 年我国主要优特钢企业轴承钢粗钢产量为 440.12 万吨，与 2021 年相比下降

9.07%。由于需求持续低迷、利润倒挂使得部分钢厂长期处于不饱和生产状态，且维持的时间较长，产量有所减少，2022 年轴承钢产量出现了负增长。2018~2022 年主要钢企轴承钢生产企业及产量如图 10-1 所示。

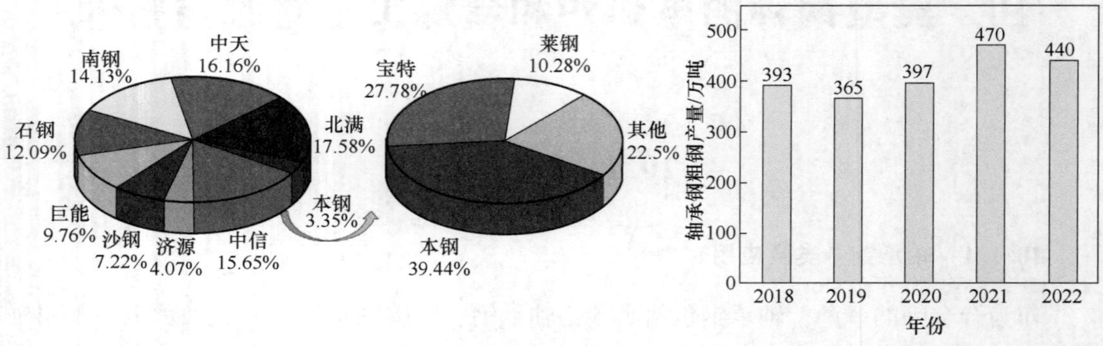

图 10-1 2018~2022 年主要钢企轴承钢生产企业及产量

轴承钢是特殊钢领域的一个标志性产品，属于质量要求很高且生产难度很大的品种，是系统性带动企业技术质量水平提升的主要支点，该产品也是量大面广的产品，因此，轴承钢是各个钢企重点打造的品种之一。国内轴承钢产量已连续 9 年稳居世界第一，国内和外资轴承企业原料多为国内钢企供应，国内钢企轴承钢制造水平已达到国际先进水平。本书仅以高碳铬轴承钢为代表性产品，对轴承钢的关键质量特性、常见质量问题、生产过程中的重点控制环节加以探讨，以提高一线员工的工艺理论基础和操作控制水平。

轴承是当代机械设备中一种举足轻重的零部件，应用范围广泛，市场需求旺盛。以中国、日本为代表的亚洲地区，占全球轴承消费的 50%，欧洲和北美地区分别为 25%和 20%。全球轴承行业目前已经形成了垄断竞争的格局，由瑞典、德国、日本、美国四个国家的八大跨国集团瓜分市场，包括瑞典企业 SKF，德国企业 Schaeffler（INA+FAG），日本企业 NSK、NTN、Minebea、NACHI、JTKET 和美国企业 TIMKET，这八大企业占据了全球 70%以上的市场份额。

我国轴承产量约占世界轴承产量 1/5，产品集中于中低端市场。近十年，增速也达到了的较高水平，2021 年轴承行业完成营业收入 2278 亿元，同比增长 16.52%（图 10-2）。2010~2021 年我国轴承呈稳定上升趋势，轴承进口规模也比较大，主要是对国际高端轴承的需求（图 10-3）。据统计，2021 年我国轴承进口用汇 54.7 亿美元，比 2020 年同期增长 25.3%，进口轴承 29.64 亿套，比 2020 年同期增长 17.7%。出口量维持在 40 亿~60 亿套之间，截至 2021 年我国轴承出口量 78.04 亿套，同比增长 32.7%，出口额为 69.47 亿美元，同比增长 43.69%。

根据国家统计局统计数据，全国已形成五大轴承产业集聚区：（1）瓦房店轴承产业集聚区，产品主要特色为大型和特大型轴承，代表企业有瓦轴、大冶轴等；（2）洛阳轴承产业集聚区，产品主要为中型、大型、特大型轴承，代表企业有洛阳 LYC、洛阳轴研科技、洛阳洛凌等；（3）苏锡常（长三角）轴承产业集聚区，产品主要为小型、中型轴承，代表企业有 SKF、舍弗勒、铁姆肯、南方轴承、常州光洋、常熟长城等；（4）浙东轴承产业集聚区，产品主要特色为中小型轴承、微型轴承及轴承零配件，代表企业有人本集团、万

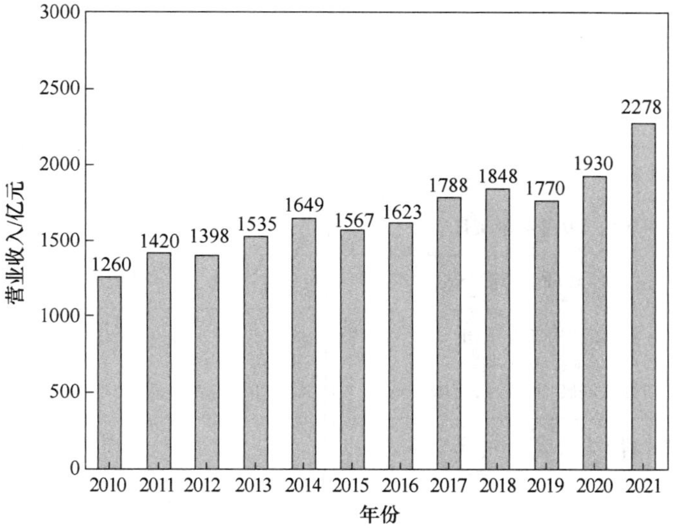

图 10-2 我国轴承规模企业营业收入

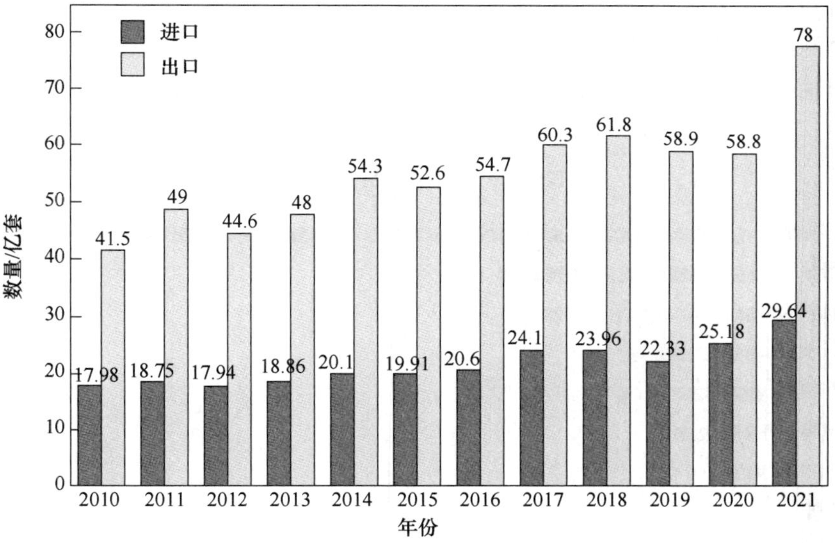

图 10-3 我国轴承进出口情况

向集团、慈兴集团、环驰集团等；（5）聊城轴承产业集聚区，主要产品为轴承保持架、钢球和通用轴承，代表企业有东阿钢球、朝阳轴承、中圆轴承等[1]。2021 年轴承行业产值排名前十位企业如表 10-2 所示。

表 10-2 2019 年轴承行业产值前十名

排名	企　　业	代表性产品
1	人本集团有限公司	家用电器轴承、汽车轴承等

续表 10-2

排名	企　业	代表性产品
2	万向钱潮股份有限公司	汽车配套轴承等
3	浙江天马轴承集团有限公司	滚柱轴承、深沟球轴承等（风电、铁路等）
4	瓦房店轴承集团有限责任公司	调心滚子轴承等（冶金、矿山等机械设备）
5	洛阳 LYC 轴承有限公司	特大型轧机轴承等
6	浙江五洲新春集团	中小型精密轴承等
7	洛阳新强联回转支撑股份有限公司	大型回转支承产品和风力发电机偏航变桨轴承及主轴承
8	湖北新火炬科技股份有限公司	轮毂轴承等
9	慈兴集团有限公司	精密球轴承、微型轴承等
10	环驰轴承集团有限公司	圆锥滚子轴承、调心球轴承、推力球轴承、轴承、微型球轴承、小型球轴承

国内轴承下游应用行业主要包括汽车、家用电器、电机、纺织机械、摩托车、农用车、铁路车辆、冶金矿山机械等主机市场，其中，汽车轴承、家用电器轴承、电机轴承销量居前 3 位，占总销售量的 60. 4%，如图 10-4 所示。

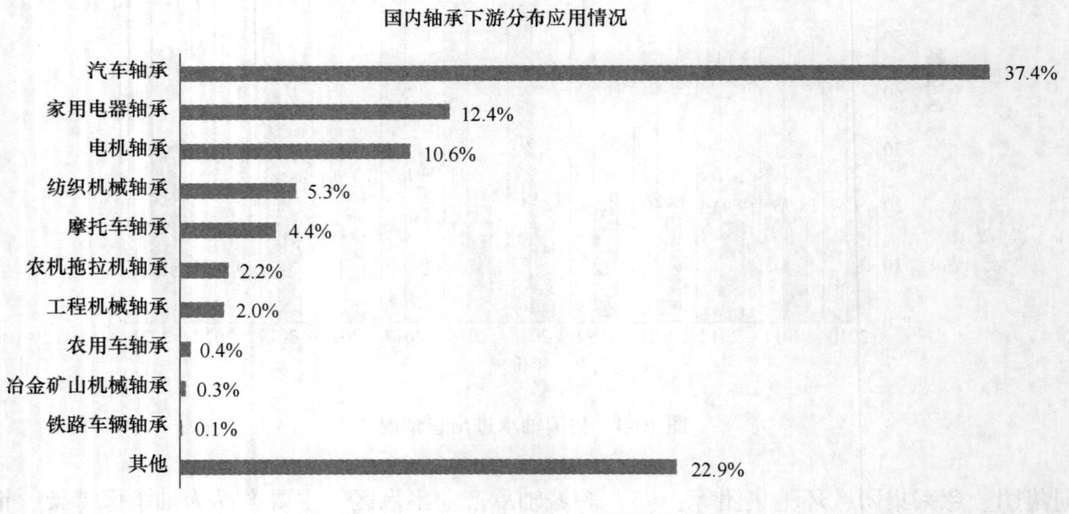

图 10-4　国内轴承下游分布情况

10. 1. 2　轴承钢的合金元素组成及性能要求

10. 1. 2. 1　*化学成分要求*

常见轴承钢主要合金元素包括 C、Si、Mn、Cr、Mo 等，其他需要考虑的微量元素有 Cu、P、S、Al、Ca、O、N、H、Ti 等，这里以 GCr15 为例介绍合金元素在钢中的作用。

轴承钢中碳含量为0.95%~1.05%，其目的是使滚动轴承在淬火和低温回火热处理后形成隐晶马氏体及细小均匀分布的碳化物，保证钢有高的硬度、强度（接触疲劳强度）及耐磨性。决定钢硬度的主要因素是马氏体中的碳含量，只有碳含量足够高时，才能保证马氏体的高硬度，此外，碳还要形成一部分高硬度的碳化物，进一步提高钢的硬度和耐磨性。

轴承钢碳含量过高会增加碳化物分布的不均匀性，加热和热处理操作不当容易产生碳化物网状、带状及液析等高倍缺陷，从而使力学性能降低、脆性增加。

常用的轴承钢以铬为主要合金元素，铬可以提高淬透性，含1.5%铬时，厚度25mm以下的零件在油中可以淬透；GCr15在球化退火后，铬主要存在于合金渗碳体$(Fe,Cr)_3C$中，淬火加热过程中较难溶入奥氏体，形成细小碳化物，起到细化晶粒的作用，可增加钢的韧性；在正常的热处理条件下，$(Fe,Cr)_3C$是细小的，其均匀地分布在隐晶马氏体基体上，这样的组织形态耐磨性最好；铬可以提高钢低温回火时的稳定性，用同样的温度和保温时间进行回火后，含铬的高碳钢比不含铬的高碳钢有更高的硬度、强度和耐磨性；铬还可以提高钢的耐蚀性。

轴承钢中铬含量不能太多（如铬含量大于1.65%），则将增加淬火后残余奥氏体的数量，降低硬度及尺寸和组织稳定性，增加碳化物的不均匀性，降低钢的韧性和疲劳强度。因此，铬含量一般控制在1.65%以下。

制造大型轴承时，可进一步加入硅和锰，目的也是进一步提高钢的淬透性，强化基体，锰可以和钢中的硫生成稳定的塑性硫化物MnS夹杂物，后凝固的软性硫化物夹杂常能包裹住偏硬和尖角型氧化物夹杂，削弱尖角型氧化物夹杂对钢基体变形过程中的破坏作用；渗碳轴承钢属于低碳钢或低碳合金钢，钢中加入镍、钼可使心部具有良好的韧性，可承受强烈的冲击载荷，镍含量高容易使钢产生带状组织和白点缺陷，钼在增加钢的淬透性方面比铬更有效，所以已经发展了高淬透性的含钼高碳铬轴承钢；高温轴承钢要加钒、钨、钼等合金，以提高钢的高温持久性能和抗回火稳定性。

微量元素Cu、P、S、Al、Ca、O、N、H、Ti、Pb、Sn、As、Sb等在轴承钢中一般起有害作用。铜的熔点低（1083℃），在钢热加工时容易产生晶界熔化现象，使钢的塑性降低而开裂；磷高会使晶粒长大和脆性增加，钢开裂倾向增大；硫含量高必使硫化物夹杂增多；铝高在浇铸过程中发生二次氧化易形成脆性和点状不变形夹杂物；钙在钢中汽化、氧化会形成点状夹杂物，如果细小弥散（小于10μm），则危害不大，如果与其他氧化物聚集长大形成大颗粒夹杂物，就会对轴承钢的接触疲劳强度构成不利影响；氢使钢材产生白点，是不允许存在的严重缺陷；氧、氮、钛在钢中会形成氧化物、氮化物等硬脆夹杂物，以具有棱角的点状形态沿热加工方向呈断续的链状分布，破坏金属基体的连续性。需要说明的是，塑性硫化物（MnS）夹杂包裹脆性夹杂物会减轻脆性夹杂物的危害性。

10.1.2.2 性能要求

滚动轴承在工作时，内套紧装在轴上，它和轴一起转动，外套装在轴承座上不运动。轴转动时，内套和滚珠发生转动和滚动，它们所承受的载荷呈周期性变化。这些载荷主要有拉伸、压缩、弯形、剪切等复杂应力形式。当进入载荷区时，载荷迅速从零增加到极大值，而后又从极大值减少到零（见图 10-5）。因此，滚珠（或滚柱）和内套均承受着点（或线）接触的周期性高压交变载荷，每分钟的应力交变次数可达数万次甚至更高，存在着很大的局部应力集中，接触应力可达 1500~5000MPa。在这种载荷条件下，滚珠（或滚柱）表面常易产生接触疲劳破坏，甚至可发生表层金属的龟裂和剥落现象。其次，在工作时，滚珠和内套、外套三者之间不仅存在着滚动，而且也有部分滑动，所以产生滚动摩擦和滑动摩擦，使材料常因磨损而损坏。此外，轴承在工作时，必须涂抹润滑油，它会引起磨蚀现象以致加速零件的破坏[2]。综上所述，一般用途的滚动轴承零件，为了适应其工作条件的要求，应具备下列的性能：

（1）高而均匀的硬度，一般硬度应在 HRC62~64；

（2）高的耐磨性；

（3）高的强度（包括接触疲劳强度）；

（4）适当的韧性；

（5）一定的抗蚀性；

（6）较好的尺寸稳定性，以便在使用保管过程中保持一定的精度，减少轴承的磨损；

（7）长的寿命，一般用轴承疲劳试验机检验，在额定载荷下转数要在 100 万次以上；

（8）良好的工艺性能，如冷热加工成型性能、切削加工性能、磨削性能、热处理性能等，以便适应大批量、高效率、高质量生产的需要。

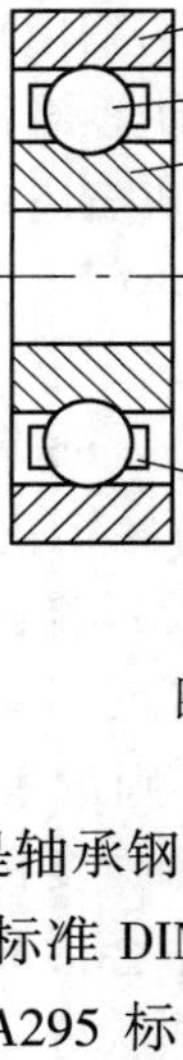

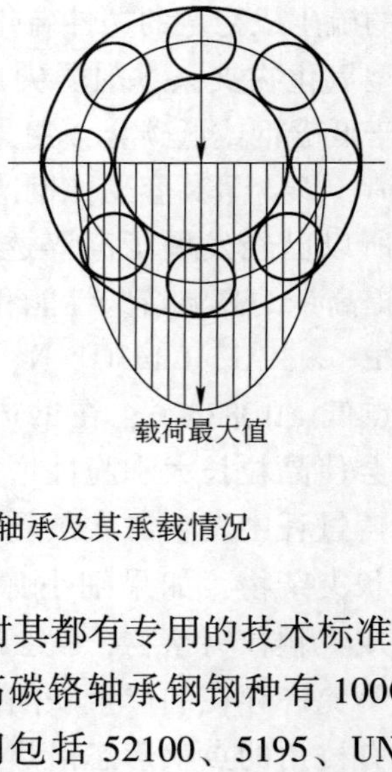

图 10-5 单列向心滚动轴承及其承载情况

高碳铬轴承钢是轴承钢的代表钢种，各国对其都有专用的技术标准。例如，国际标准 ISO 683—17 及德国标准 DIN 17230 中纳标的高碳铬轴承钢钢种有 100Cr6、100CrMnSi6-4 等；美国的 ASTM A295 标准中高碳铬轴承钢包括 52100、5195、UNSK19526、1070M、5160 等；日本 JIS G4805 标准中的 SUJ2、SUJ3 等；瑞典 SKF D33—1 标准中的 SKF3、SKF4 等。我国高碳铬轴承钢标准自重 10—52《铬合金滚珠与滚柱轴承钢技术条件》开始，陆续推出 YB 9—59、YB 10—68、YB(T) 1—80、YJZ 84、GB/T 18254—2002、GJB 6484—2008 等标准，目前最新版 GB/T 18254—2016 标准中，高碳铬轴承钢各项指标已与国际接轨，质量要求处于国际先进水平，GB/T 18254—2016 标准中轴承钢关键质量要求如表 10-3 所示。

表 10-3 GB/T 18254—2016 标准中轴承钢关键质量要求[3]

<table>
<tr><th colspan="2">项 目</th><th>优质</th><th>高级优质</th><th>特级优质</th></tr>
<tr><td rowspan="5">成分/%</td><td>P</td><td>≤0.025</td><td>≤0.020</td><td>≤0.015</td></tr>
<tr><td>S</td><td colspan="2">≤0.020</td><td>≤0.015</td></tr>
<tr><td>Ca</td><td>—</td><td colspan="2">≤0.0010</td></tr>
<tr><td>O</td><td>≤0.0012</td><td>≤0.0009</td><td>≤0.0006</td></tr>
<tr><td>Ti</td><td>≤0.0050</td><td>≤0.0030</td><td>≤0.0015</td></tr>
<tr><td rowspan="4">尺寸、外观</td><td>尺寸精度</td><td colspan="2">GB/T 702 二组</td><td>GB/T 702 一组</td></tr>
<tr><td>不圆度</td><td colspan="3">GB/T 702</td></tr>
<tr><td>弯曲度</td><td colspan="3">≤3mm/m；≤0.3%×长度</td></tr>
<tr><td>脱碳层</td><td colspan="2">ϕ10~150mm 公称直径的 1%</td><td></td></tr>
<tr><td rowspan="4">低倍组织</td><td>中心疏松</td><td colspan="2">连铸≤1.5、模铸≤1.0</td><td>≤1.0</td></tr>
<tr><td>一般疏松</td><td colspan="3">≤1.0</td></tr>
<tr><td>锭型偏析</td><td colspan="3">≤1.0</td></tr>
<tr><td>中心偏析</td><td colspan="2">≤2.0</td><td>≤1.0</td></tr>
<tr><td rowspan="5">夹杂物</td><td>A 类</td><td colspan="2">细系≤2.5、粗系≤1.5</td><td>细系≤2.0、粗系≤1.5</td></tr>
<tr><td>B 类</td><td colspan="2">细系≤2.0、粗系≤1.0</td><td>细系≤1.5、粗系≤0.5</td></tr>
<tr><td>C 类</td><td>细系≤0.5、粗系≤0.5</td><td colspan="2">细系=0、粗系=0</td></tr>
<tr><td>D 类</td><td>细系≤1.0、粗系≤1.0</td><td colspan="2">细系≤1.0、粗系≤0.5</td></tr>
<tr><td>Ds</td><td>≤2.0</td><td>≤1.5</td><td>≤1.0</td></tr>
<tr><td rowspan="7">碳化物</td><td>碳化物网状</td><td colspan="3">标准附录 A 第 7 评级图</td></tr>
<tr><td rowspan="2">碳化物带状</td><td colspan="2">≤80mm；≤3.0</td><td>≤2.5</td></tr>
<tr><td colspan="2">80~150mm；≤3.5</td><td>≤3.0</td></tr>
<tr><td rowspan="2">碳化物液析</td><td colspan="2">≤60mm；≤2.0</td><td>≤1.5</td></tr>
<tr><td colspan="2">60~150mm；≤2.5</td><td>≤2.0</td></tr>
<tr><td rowspan="2">显微孔隙</td><td colspan="2">≤60mm；不允许有</td><td rowspan="2">不允许有</td></tr>
<tr><td colspan="2">60~150mm；不超过第 10 评级图</td></tr>
</table>

10.1.3 轴承钢常见缺陷、危害、产生原因及防范措施

轴承钢作为“钢中之王”，对钢的化学成分、高低倍组织、表面质量有极高的要求，常见缺陷主要是高低倍缺陷，高倍缺陷主要有非金属夹杂物和碳化物不均等，低倍缺陷主要有缩孔、疏松、白点、裂纹和偏析等。

10.1.3.1 非金属夹杂物

GB/T 18254—2016 版标准中非金属夹杂物评定方法及评级图按 GB/T 10561—2005 规定，非金属夹杂物根据形状和分布可分为 A、B、C、D、Ds 五大类。

A 类（硫化物类）：具有较高的延展性，有较宽范围形态比（长度/宽度）的单个灰色夹杂物，一般端部呈圆角；

B 类（氧化铝类）：大多数没有变形，带角的，形态比小（一般小于 3），黑色或带蓝色的颗粒，沿轧制方向排成一行（至少有 3 个颗粒）；

C 类（硅酸盐类）：具有较高的延展性，有较宽范围形态比（一般不小于 3）的单个呈黑色或深灰色夹杂物，一般端部呈锐角；

D 类（球状氧化物类）：不变形，带角或圆形的，形态比小（一般小于 3），黑色或带蓝色的，无规则分布的颗粒；

Ds 类（单颗粒球状类）：圆形或近似圆形，直径不小于 13μm 的单颗粒夹杂物。

近年来，随着轴承钢中氧含量的不断降低，钢中氧化物夹杂已大大减少，TiN 类夹杂物作为一种硬而脆的夹杂物，对轴承疲劳寿命的影响日益显著，控制轴承钢中钛含量与氮含量是控制 TiN 类夹杂物的主要手段，由于 TiN 类夹杂物一般在钢水凝固过程中析出，因此降低连铸坯的中心偏析对于 TiN 类夹杂物的控制也具有一定效果。TiN 类夹杂物一般根据其形貌特征可按 B 类或 Ds 类夹杂物进行评级。

夹杂物的形态在很大程度上取决于钢材压缩变形程度，因此只有经过相似程度变形的试样坯制备的截面上才可能进行测量结果的比较。夹杂物取样需沿轧材纵向截面取样，须保证不低于 $200mm^2$ 的检验面积。

图 10-6 为这几种非金属夹杂物在 100×显微镜下的形貌示意图，夹杂物高倍检验一般切取轧材纵向截面试样进行，各类夹杂物评级一般按夹杂物宽度、长度及数量综合确定。A 类硫化物夹杂的成分主要是（Mn，Fe）S 或 MnS，属于塑性可变形夹杂物，对轴承的滚动接触疲劳性能有危害，但影响相对较小；B 类氧化物夹杂通常为由 Al_2O_3、MgO、CaO 组成的复合夹杂物，部分含有结晶器保护渣成分；C 类硅酸盐类夹杂物由于目前普遍用铝脱氧（炉渣中 SiO_2 含量降低），已经很少出现，但结晶器卷渣可造成此类夹杂物；D 类点状夹杂物主要由 MgO、Al_2O_3、CaO 等氧化物组成，也有部分 TiN、TiCN 夹杂，一般呈球状，在压力加工过程中不变形；Ds 类球状夹杂物通常是由 Al_2O_3-CaO、Al_2O_3-CaO-SiO_2 组成的复合夹杂物，也曾发现单质 Al_2O_3 组分，此类夹杂物对轴承的滚动接触疲劳性能影响最大。

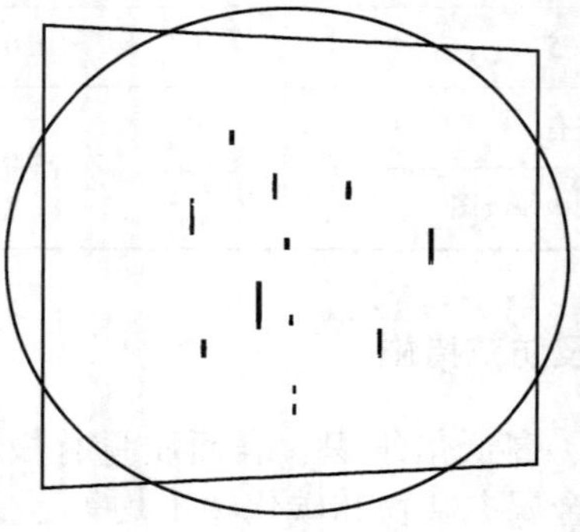

A类硫化物

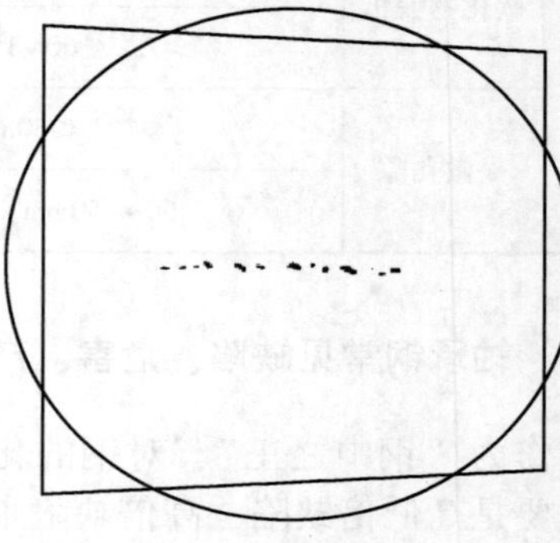

B 类氧化物

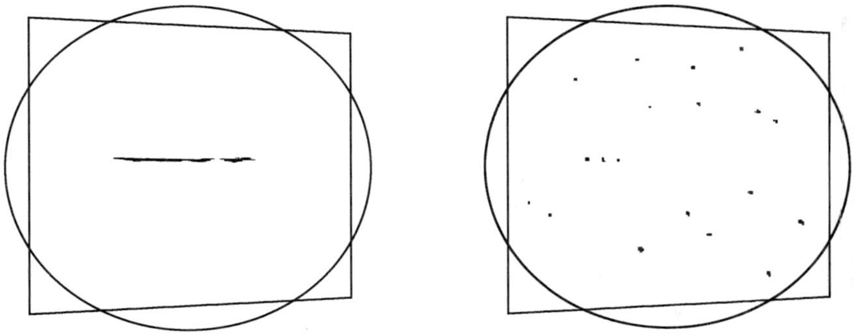

C类硅酸盐　　D类点状夹杂物

图 10-6　常见夹杂物高倍显微形貌示意图

对于轴承钢来说，B、Ds 类夹杂物危害较大，如果夹杂物尺寸大到一定程度，就会大大降低轴承的制造精度和运行寿命，甚至产生恶劣的生产和应用事故。EAF-LF-VD-CCM 流程铝脱氧轴承钢常见 B、Ds 类夹杂物形态和化学组成如图 10-7 和表 10-4 所示。

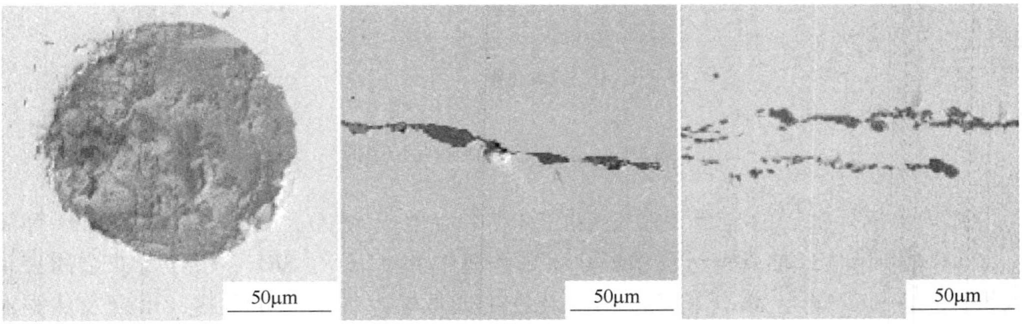

Ds类颗粒状　　B类条带状　　B类群簇状

图 10-7　轴承钢常见非金属夹杂物形态示意图

表 10-4　轴承钢非金属夹杂物成分组成　　(%)

夹杂物类型	Al_2O_3	SiO_2	Na_2O+K_2O	MgO	CaO	TiO_2	ZrO_2
Ds 类颗粒状	42.50~78.5 54.17	0.20~4.19 2.25	0~0.61 0.20	0.15~24.65 6.51	1.26~50.21 28.31	0~9.47 3.98	0~3.56 1.56
B 类条带状	32.57~75.45 48.68	0.34~8.25 3.82	0~3.83 1.05	0.24~23.81 4.73	18.64~49.33 33.45	0.28~3.65 2.20	0~10.36 2.06
B 类群簇状	67.75~98.24 81.69	0.06~0.72 0.34	0~0.38 0.15	0.45~2.69 1.08	0.85~12.36 7.69	2.98~13.77 5.13	0~0.61 0.14

钢中夹杂物的来源有两个：一是钢在冶炼和凝固过程中发生一系列物理化学反应产生的夹杂物，称为内生夹杂物，主要有脱氧产物、钢液遇大气二次氧化以及凝固时硫化物和

氮化物的析出等；二是钢在冶炼和浇铸过程中，由于钢包、中间包耐火材料和炉渣以及连铸结晶器保护渣的混入而造成的夹杂物，称为外来夹杂物。典型的氧化物夹杂来源如图10-8所示。

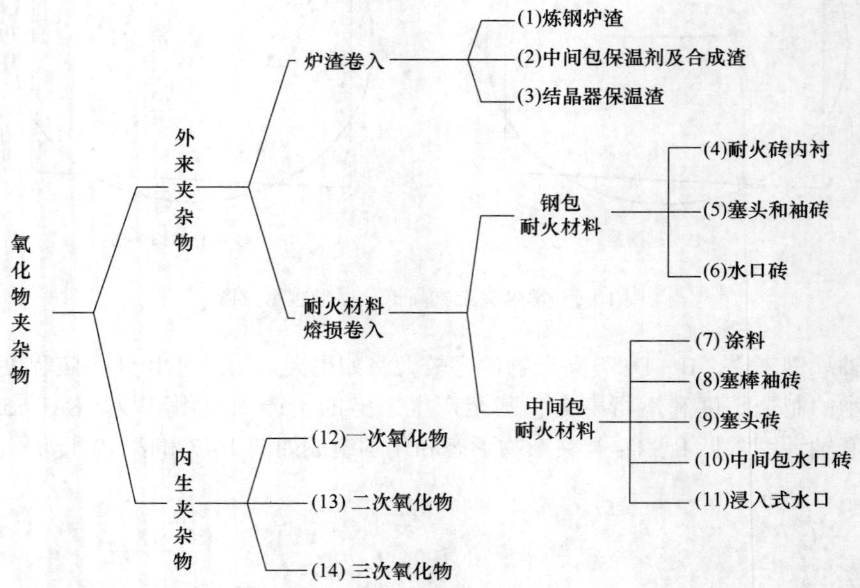

图 10-8　典型的氧化物夹杂来源

电弧炉出钢后加入的合金及脱氧剂在钢液中会生成 Al_2O_3、SiO_2、MnO、CaO 等氧化物，在 LF 精炼和 VD 抽真空过程中还会将精炼渣中的 Al_2O_3、SiO_2、CaO 等非金属夹杂物卷入钢液中。SiO_2 能与 MnO 和 CaO 等氧化物生成低熔点的液态化合物，聚合及从钢液中上浮排除容易；强脱氧元素 Al、Ti 和 Ca 生成的脱氧产物熔点高，在钢液中呈固态，聚结和从钢液中上浮比较困难[4]。

在出钢和精炼过程中，脱氧剂使用最多的是铝，会生成大量絮状 Al_2O_3 小颗粒夹杂，由于吹氩气泡尺寸较大（10～20mm），30～40μm 以下的小颗粒非金属夹杂物不易依附气泡上浮除去而滞留在钢液中，这也是大型非金属夹杂物普遍含有 Al_2O_3 的重要原因。

连铸过程中由于钢液面波动及包衬侵蚀等，会有各种颗粒大小不同的非金属夹杂物进入中间包钢液中，对于这些非金属夹杂物能否从钢液中除去，可假设中间包钢液静止，应用斯托克斯公式进行估算。

由球形质点的上浮力与斯托克斯公式球形质点上浮受到的阻力相等可以得出球形质点的上浮速度公式：

$$v = \frac{1}{18} g D^2 \frac{\rho_m - \rho_s}{\eta} \tag{10-1}$$

式中　v——斯托克斯上浮速度；

　　　g——重力加速度；

D——球形质点直径；

ρ_m——钢液密度，7.0g/cm^3；

ρ_s——非金属夹杂物密度，3.5g/cm^3；

η——钢液黏度，0.003Pa·s。

非金属夹杂物从中间包底上浮到钢渣界面需要时间为：

$$t = L/v \tag{10-2}$$

式中 L——中间包钢水深度，0.75m。

选取不同直径的非金属夹杂物计算上浮速度 v 和上浮时间 t，计算结果如表 10-5 所示。

表 10-5 非金属夹杂物上浮速度与上浮时间

夹杂物直径/μm	上浮速度 v/cm·min^{-1}	上浮时间 t/min
300	343.35	0.22
150	85.84	0.87
100	38.15	1.97
50	9.54	7.86
20	1.53	49.02

由表 10-5 可知，大于 50μm 的非金属夹杂物上浮时间很短，均小于钢水停留时间（9min），应该能够全部上浮至钢渣界面。但钢液非金属夹杂物含量和级别从精炼之后，到中间包、连铸坯逐步增加，与钢水的二次氧化和中间包内流场复杂有关系，也与非稳态浇铸（指开浇、换钢包连浇或拉速突然变化的浇铸状态）产生中间包内水口附近钢液涡旋及结晶器液面波动导致的非金属夹杂物卷吸有关。

从上面的非金属夹杂物行为分析和表 10-4 中的数据可以得出以下非金属夹杂物的成因：

（1）三种类型的非金属夹杂物都含有 Al_2O_3、SiO_2、CaO、MgO 等常见的氧化物，说明每种非金属夹杂物的成因都不是单一的，但是大型非金属夹杂物的产生一般都是先形成一个某种氧化物的核心，之后钢液中的其他氧化物逐渐向此核心汇聚长大而成。

（2）三种类型的非金属夹杂物含有 Al_2O_3 与 CaO 的量都多，钢液、结晶器保护渣、中间包保护渣及钢包精炼渣中都含有这两种物质和 SiO_2，但出现的非金属夹杂物中含有 SiO_2 的量却很少，这与 SiO_2 容易凝聚成大分子团、生成液态硅酸盐而快速从钢液中上浮有关。

（3）颗粒状非金属夹杂物含有最多的 MgO，而 MgO 主要来源于钢包和中间包内衬，一般钢包内衬由于侵蚀剥落的 MgO 在钢包及中间包内有充分的时间上浮，不会形成大颗粒非金属夹杂物。所以颗粒状非金属夹杂物含有的 MgO 最可能来源于中间包内衬，剥落的大颗粒 MgO 一般也能上浮，细小的 MgO 及靠近水口部位的较大 MgO 颗粒则会随钢流向下流动，同时与钢液中的 Al_2O_3、CaO 等细小氧化物聚集，靠近浸入式水口内壁时就会吸附堆积，长大到一定程度或吸附力小于钢液的冲刷力，颗粒就会冲入结晶器钢液中，如果来不及上浮，就会形成颗粒状或条带状非金属夹杂物；未吸附到水口内壁的 MgO 及聚集 Al_2O_3、CaO 等氧化物形成的非金属夹杂物，一般形成颗粒状非金属夹杂物。

（4）条带状非金属夹杂物含有较多的 CaO、ZrO_2、Na_2O 和 K_2O，这些氧化物主要来源于结晶器保护渣和浸入式水口侵蚀剥落的成分，主要原因可能是拉速突然变化时导致结晶器钢液面产生波动，将保护渣卷入钢中来不及上浮而形成条带状非金属夹杂物。

（5）群簇状非金属夹杂物呈现出许多非金属夹杂物颗粒在上浮过程中没有聚集到一起的特征，而且含有最多的 Al_2O_3 和 TiO_2。Al_2O_3 和 TiO_2 一般是由精炼过程中加入的脱氧剂及合金在钢液中发生氧化形成的，这些絮状细小非金属夹杂物一边聚集长大，一边上浮，如果上浮的时间和条件不够，就容易形成群簇状非金属夹杂物。

为防止大型非金属夹杂物的产生，主要做好冶炼和浇铸的精操作，如选用洁净的炉料、保持良好的炉衬；在精炼还原期，选择合理的脱氧制度，初炼炉出钢到 LF 炉过程一次加铝尽可能到位，降低钢中的氧含量，减少不稳定氧化物，给 Al_2O_3 留出尽可能多的上浮时间，精炼末期钢包要有合理的氩气软吹镇静时间，以使夹杂物上浮；钢包、中间包以及浇铸水口要使用高质量的耐火材料。

在初炼炉操作方面，要保证一定量的终点碳，使出钢前钢水的自由氧含量在 100~300ppm，然后在出钢过程中随钢流加入脱氧剂，使到达 LF 工位前的钢液溶解氧含量控制在 10ppm 以下，这样可以降低精炼操作负担，减少脱氧剂的用量，从而降低钢液中的脱氧产物含量。

精炼过程要控制好氩气搅拌强度，采取先大后小的原则，促进精炼炉的脱氧反应，使精炼钢液的氧含量降低到 10ppm 以下，再通过真空处理和软吹氩，使钢液的氧含量得到进一步降低，并促进钢液中非金属夹杂物最大程度的上浮；在保证脱氧效果的前提下，脱氧剂用量越少越好，精炼过程铝含量控制在一定范围内；精炼过程要造碱度、黏度适宜的精炼渣，并使渣中的不稳定氧化物（FeO+MnO）含量降低到 1%以下，其目的是减少渣对钢液的供氧，并使精炼渣有良好的吸附钢液中氧化物的能力。

连铸是防控大型非金属夹杂物出现的关键工序，精炼钢液无论多么洁净，如果连铸操作不好，也会提高大型非金属夹杂物出现的概率。为此，连铸工序应做好保护浇铸、防止钢液二次氧化；拉速及中间包和结晶器钢液面保持稳定，防止炉渣和结晶器保护渣卷入钢液中；采用合理结晶器电磁搅拌参数。

10.1.3.2 *碳化物分布*

钢液在结晶器内冷却结晶，最先凝固的是靠近铜壁的钢液，形成很薄一层细小等轴的细晶粒壳（其后由于温度回升晶粒还要长大）；随后形成粗大的树枝柱状晶粒，先长出主轴，然后在侧面长出二次轴、三次轴等，最好填满轴间空隙；在铸坯中心部位，形成粗大的等轴晶区。在这种条件下，结晶先后不同，化学成分、杂质含量也不一样。先结晶的部分是熔点较高及金属较纯的部分，最后结晶部分熔点较低、杂质含量较多。这种成分不均匀性叫做偏析。

在树枝晶间及最后凝固的等轴晶区含有较高的磷、硫杂质及熔点较低碳化物。图 10-9 为轴承钢的碳化物网状、带状和液析的高倍组织形貌图，其中网状是取横向试样，带状和液析是取纵向试样。

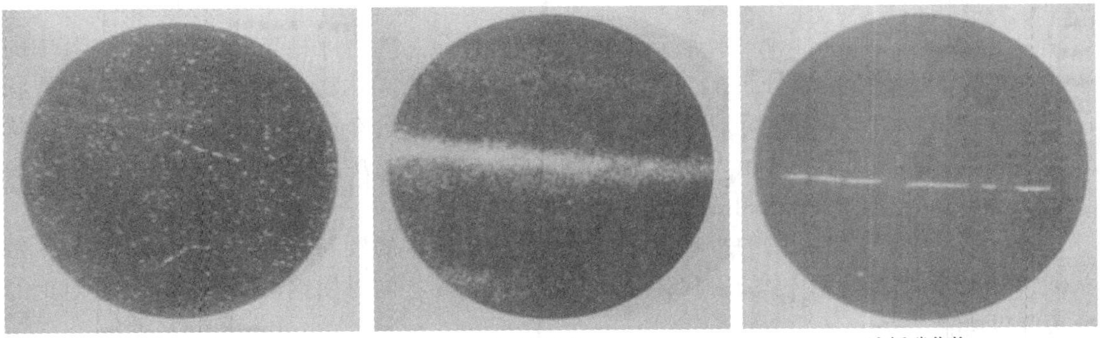

网状碳化物　　带状碳化物　　液析碳化物

图 10-9　轴承钢几种常见碳化物偏析高倍形貌图

A　网状碳化物的危害、产生原因及防范措施

危害：GCr15 属于过共析钢，轧制或锻造热加工后，在钢材冷却过程中由于碳在奥氏体中溶解度降低，沿奥氏体晶界析出的网络状的过共析碳化物称为网状碳化物。网状碳化物使钢变脆，降低钢的韧性。

产生原因：网状碳化物的形成，与热加工工艺制度和铸坯中原始碳化物偏析程度有密切关系。停轧（停锻）温度过高及随后的冷却速度缓慢，使钢材中碳化物网络的连续性和粗大程度显著增加。铸坯原始碳化物偏析程度大，热加工前未经充分高温扩散退火使之均匀化，也会提高网状碳化物严重程度。由于钢中碳的偏析，各部分析出网状的条件也不一样，偏析重的地方，网状析出的机会就多，此外，合金元素与碳结合力强者，网状也容易形成。

网状的防范措施：尽量降低钢坯的偏析程度；加强钢坯在加热过程的扩散；加快奥氏体在 A_{Cm} ~ A_{C1} 的冷却速度；采用较低的终轧温度，可降低网状碳化物；对于已经形成的网状可采用正火来消除；控制钢中碳及碳化物形成元素含量低些。

B　带状碳化物和液析碳化物的危害、产生原因及防范措施

碳化物液析和带状碳化物的分布基本是一致的，只是碳的浓度不同。液析在液相结晶，带状在固相析出。所以，有液析碳化物出现的地方，几乎都有带状碳化物出现，但出现带状碳化物的地方不一定都出现液析碳化物，液析碳化物经高温扩散退火，能以带状碳化物形式出现。液析碳化物和带状碳化物可以从外形、大小、颜色加以区别，液析碳化物块较大，大小不等；带状碳化物颗粒小，比较均匀，基本呈球形或近似球形；当液析碳化物颗粒很小和带状区分不开时，可归入带状碳化物中。

连铸凝固过程中形成的结晶偏析，在热加工时延伸成碳化物的富集带，称为带状碳化物。浇铸温度过高的大规格铸坯，凝固过程缓慢、偏析发展，初次偏析所造成的晶间偏析，将导致带状组织的形成和带状碳化物的析出。铸坯最后凝固的区域富集合金元素及硫、磷等杂质，是凝固后非金属夹杂物和碳化物最为聚集的区域，在以后的热加工过程中若均匀化作用不充分，将形成钢材中严重的带状碳化物，且多出现于铸坯中部，经热加工沿加工方向分布。

轴承钢连铸坯在钢液浇铸温度过高、液相穴深度增大时，由于选分结晶导致严重枝晶

偏析，以及铬元素降低碳在奥氏体中最大固溶度，使铁碳相图中 S 点、E 点左移，这些综合结果，使最后凝固那部分钢液碳浓度可达到共晶浓度，产生亚稳态莱氏体共晶，其中的碳化物在热加工时沿轧向分布，这种碳化物偏析称为液析碳化物。其形状在铸坯中呈块状或共晶骨骼状，经加工后破碎成链状或条状，沿加工方向分布，多在铸坯中部出现。链状碳化物液析，多出现于变形量大、低温轧制的中小规格钢材中；条状碳化物液析，多出现于钢的变形量较小、高温轧制的大规格钢材中。

液析碳化物有如夹杂物的影响，同时降低淬火组织中的碳和合金元素的固溶浓度，带状碳化物也降低淬火组织中的碳和合金元素的固溶浓度，同时使钢性能不均，严重时钢的疲劳强度降低较多。

一切降低偏析的措施都可能消除和降低液析碳化物，但带状碳化物只可能降低不可能消除，适当的电磁搅拌参数、浇铸温度和较快的结晶，采用轻压下技术等措施可降低偏析。钢中存在液析碳化物，可用高温扩散退火来消除，带状碳化物经高温扩散退火后可降低，但不能完全消除。

10.1.3.3　低倍组织缺陷

轴承钢低倍组织缺陷通常包括缩孔、疏松、偏析、白点等，钢的缩孔、疏松、偏析、白点等低倍缺陷通常在轧材酸浸横向试样，肉眼或放大几倍进行观察，也可在铸坯上进行，图 10-10 为几种常见低倍缺陷形貌图。

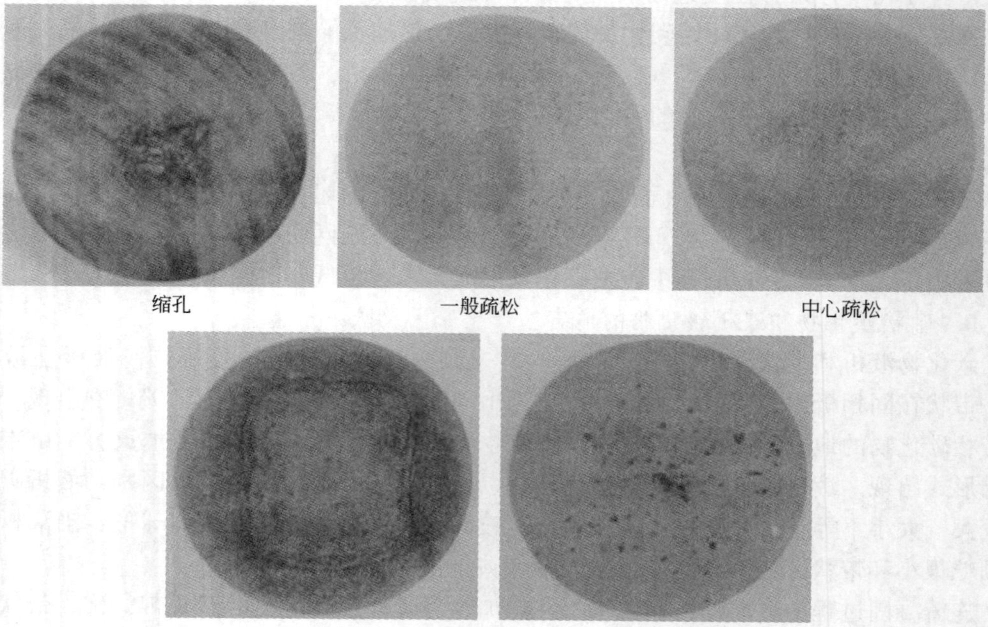

图 10-10　轧材几种常见低倍缺陷形貌图

A　缩孔的危险、产生原因及防范措施

危害：在试样的轴心区域呈不规则的皱褶缝隙或空洞，在其上或周围常伴有疏松、夹杂或夹渣，硫印结果表明，残余缩孔周围硫含量较高，在高倍下观察有大量的氧化物、硫化物和硅酸盐夹杂物，在化学成分上，碳、硫、磷比基体明显增高。残余缩孔对力学性能有明显影响，它显著降低钢的塑性与韧性指标，严重时使钢的组织完全破坏。

产生原因：缩孔是在铸坯凝固末期，发达柱状晶生长相互搭桥，使得钢液在凝固时得不到及时补缩而产生的，当铸坯轧制变形比较小时不能焊合就变成轧材的缩孔。浇铸钢液温度过高或过低，钢液气体含量高以及碳、铬、锰、硅元素含量高都会增加钢的凝固收缩，促进缩孔的形成。因此，轴承钢在浇铸条件不好的情况下非常容易产生缩孔。

防止措施：采用合适的浇铸温度和拉坯速度；保证足够的铸坯切头、切尾率；连铸选用合适的二冷喷水量、结晶器和末端电磁搅拌参数；轻压下技术的采用能显著减少缩孔。

B 一般疏松的危害、产生原因及防范措施

在试样的横截面上，一般疏松表现为组织不致密，呈分散的圆形或椭圆形的暗黑色小点，也有的呈不规则或圆形小空隙。小暗点型疏松处碳、磷、硫比基体高，高碳铬轴承钢比低碳钢更容易产生这种缺陷。小空隙型疏松是由非金属夹杂物引起的，常出现在低碳的碳素结构钢、合金结构钢中。

危害：一般疏松通常情况下对力学性能影响不大，但严重时明显降低横向性能中的塑性和韧性指标，空隙型疏松更是如此。

产生原因：钢液凝固时，各结晶核心以树枝状晶的形式长大，由于树枝晶的相互交错，把未凝的钢液隔成若干小的部分，而隔开的各部分液体的结晶收缩独立进行，在得不到钢液补充的情况下，就不可避免地出现空隙，这些空隙又被大量的低熔点物质所填充，经酸浸后呈现出暗黑色的小点成为一般疏松。钢液凝固时，如果钢液中含有大量的非金属夹杂物未能上浮而存在于钢中，酸浸时夹杂物脱落留下的空隙，成为空隙型的一般疏松。

防范措施：降低钢中的非金属夹杂物和气体含量；控制好浇铸温度和拉坯速度；连铸选用合适的结晶器和末端电磁搅拌参数。

C 中心疏松的危害、产生原因及防范措施

在横向低倍试样的轴心区域组织不致密，呈集中分布的暗黑色小点和空隙。它与一般疏松的主要区别是只存在于试样的轴心区域，而不是分散在整个截面上。

危害：中心疏松的碳、硫、磷比基体含量高，夹杂物也偏多。就钢种而言，高碳钢比低碳钢严重。因此，轴承钢这方面缺陷不容忽视。中心疏松轻微时对力学性能影响不明显，严重时明显降低横向性能的塑性和韧性指标。

产生原因：钢液凝固时体积收缩，在轴心部位引起组织疏松；以及因最后凝固使气体和非金属夹杂物聚集，酸浸后呈现暗黑小点和空隙，成为中心疏松。

防范措施：降低钢中的非金属夹杂物和气体含量；控制好浇铸温度和拉坯速度；连铸选用合适的结晶器和末端电磁搅拌参数；保证足够的铸坯切头、切尾率。

D 方形偏析的危害、产生原因及防范措施

在横向低倍试样上，由暗点和孔隙围成的与原铸坯横截面相似的深色框带，一般呈方形，即为方形偏析。方形偏析的框带上碳、硫、磷比基体含量高，非金属夹杂物也偏多。绝大多数钢种都出现此种偏析，合金钢比碳素钢出现概率高。

危害：方形偏析不严重时，对力学性能和使用寿命均无大的影响，严重时明显降低钢的塑性和韧性指标。使用时，一旦框带暴露在零件的表面上，会造成物理与化学性能的降低。轴承钢制造的套圈、滚子规格较小，框带容易暴露，所以要对方形偏析严格控制。

产生原因：钢液凝固过程中，由于选分结晶的影响，在柱状晶与粗大等轴晶交界处，造成了成分偏析以及夹杂物和气体的析聚，酸浸后在横向低倍试样上呈现出深色的框带。钢液浇铸温度高、铸坯规格大，会增加方形偏析的严重程度。

防范措施：提高钢液纯洁度，减少钢中的气体和夹杂物；控制好浇铸温度和拉坯速度；连铸选用合适的电磁搅拌参数和二冷喷水量。

E 点状偏析的危害、产生原因及防范措施

在横向低倍试样上，点状偏析呈分散的、不同形状和不同大小的暗黑色斑点，有的伴有气泡存在。斑点分布在整个断面上时称为一般点状偏析，分布在边缘时称边缘点状偏析。

危害：点状偏析上的碳、硫、磷比基体含量明显增高，严重的点状偏析夹杂物比正常基体多，含铬、铝的合金钢最容易产生点状偏析。点状偏析对纵向力学性能的各项指标没有明显影响，但对横向性能中的塑性和韧性指标有降低，尤其表现在断面收缩率上。由于点状处富集着低熔点物质，钢的过热和过烧往往从这里开始，在成品制件上，点状偏析会增加制件的表面缺陷。此缺陷在轴承钢中出现较少。

产生原因：钢液凝固过程中，气体过饱和析出未能及时上浮，并为低熔点物质所填充，凝固后形成点状偏析；浇铸温度过高和拉速过快，钢液凝固时间长，有助于气体和低熔点物质在树枝晶间的析聚，为形成点状偏析创造了条件。

防范措施：提高钢液洁净度，减少钢中的气体和夹杂物；控制好浇铸温度和拉坯速度；降低易使钢黏度提高的合金元素含量，以降低钢液黏度；连铸选用合适的电磁搅拌参数。

F 白点的危害、产生原因及防范措施

白点是钢材在冷却过程中产生的一种内部缺陷，在钢材横向低倍试样上，呈放射状或任意方向分布的锯齿形的细小裂纹；在纵向低倍试样上也呈锯齿形裂纹，有的与轧制方向相平行，有的呈一定角度或相互垂直；白点在纵向断口试样上呈椭圆形的银白色亮点，如图 10-11 所示。含合金元素钢比碳钢白点敏感性大，碱性炉钢比酸性炉钢白点敏感性大，含铬、镍、钼的合金钢以及含碳 1%的轴承钢白点敏感性大，铁素体、奥氏体钢不产生白点。

危害：白点对力学性能有很大影响，尤其表现在白点与拉冲试样轴线方向相垂直时，将强烈降低塑性、韧性和强度指标。白点破坏了钢的连续性，在钢中起内部缺口的作用，不仅在淬火时易使制件破裂，而且在负荷下白点裂口的尖端有高度的应力集中，有突然产生破坏的危险。因此，白点是一种不允许有的缺陷。

产生原因：钢中氢和应力共同作用的结果，其中氢是主要因素。钢液中含有的氢，在浇铸过程没有排除，氢在奥氏体中的溶解度非常大，在铁素体中的溶解度很小。当钢液氢含量超过 2ppm 时，铸坯轧制后的冷却过程中，氢在铁素体中呈过饱和态，部分氢从固溶体中析出未能扩散出去而进入到钢的显微孔隙中时，氢原子发生氢分子的聚集后体积突然

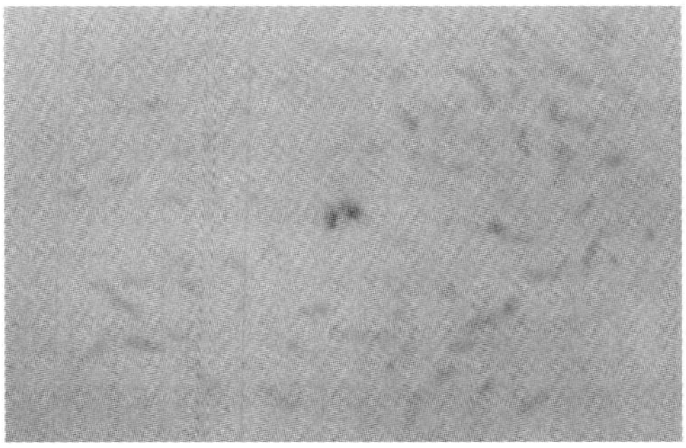

横向低倍白点

纵向低倍白点

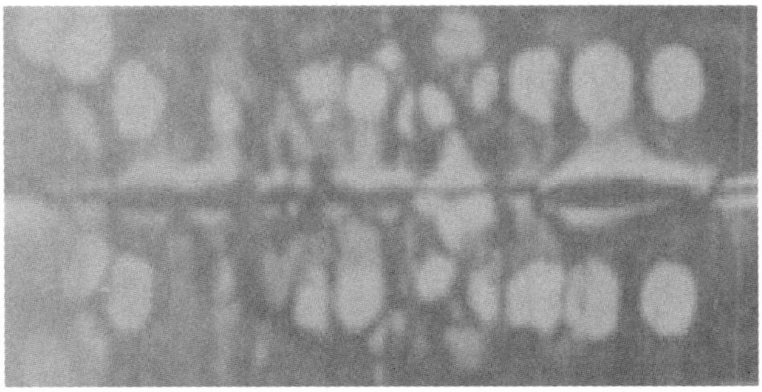

白点断口

图 10-11　轧材白点低倍及纵向断口形貌图

增大，增加了对周围金属的压力并降低其塑性。一旦氢的压力和钢中的内应力叠加起来足以超过钢的强度时，于是产生脆断，形成白点。

防范措施：减少钢中的氢含量，原材料及整个冶炼、浇铸系统要充分干燥和烘烤；保证高的真空度和一定的高真空保持时间；对铸坯和轧材进行缓冷和在 A_{C1} 以下温度退火处理，可扩散出钢中的氢；对于出现白点的钢坯或钢材，可以改制成小规格的钢材，白点能够在再加工中焊合。

G　裂纹的危害、产生原因及防范措施

轧材低倍横截面检验常见的内部裂纹有轴心晶间裂纹和中间裂纹，如图 10-12 所示。

轴心晶间裂纹

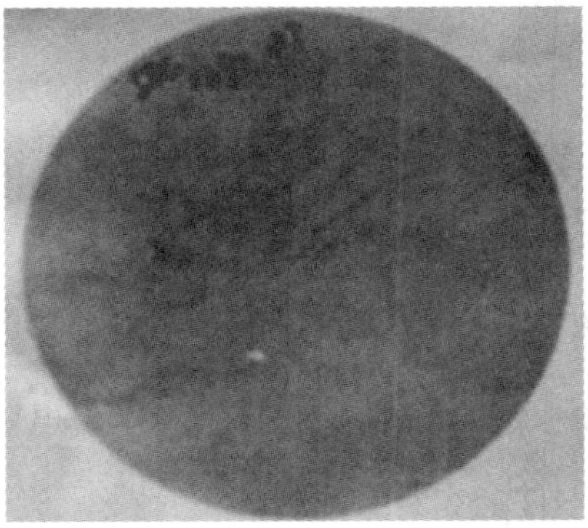

一字形中间裂纹

图 10-12　轧材低倍内部裂纹形貌图

a 轴心晶间裂纹的危害、产生原因及防范措施

在试样的轴心区域，表现为沿枝晶间发展的放射状裂纹，严重时呈蜘蛛网状。在高倍下观察，裂纹处常有非金属夹杂物存在。高铬钢、高铬镍不锈钢、耐热钢和合金化程度较高的低碳钢，发生轴心晶间裂纹的概率大，高碳轴承钢一般不发生此缺陷，渗碳轴承钢易出现轴心晶间裂纹。

危害：轴心晶间裂纹对纵向力学性能的影响不太明显，对横向性能中的塑性与韧性指标有降低。当缺陷严重时，各项指标都有显著降低。此缺陷不同程度地破坏了钢的连续性，严重时造成分层，是一种不允许有的缺陷。

产生原因：

（1）铸坯的凝固收缩以及由此而引起的内应力是产生晶间裂纹的主要原因。低碳钢凝固时，结晶温度范围窄，最后凝固部分出现枝晶间补缩不足及低熔点物质沿晶界析聚，使晶界的结合力大大削弱，成为薄弱环节；在铸坯凝固后的冷却过程中体积继续收缩，同时产生径向张应力，这种张力沿薄弱的晶界不断增大，当超过钢本身的强度时，发生开裂形成晶间裂纹。铸坯规格越大，柱状晶越发达及氢含量越高，晶间裂纹越易形成和发展。

（2）与化学成分有关：铸坯凝固时，由于树枝状晶轴间化学成分不同，因而于不同的时间到达临界转变点，使之产生内应力，在较大内应力的作用下，可能形成晶间裂纹。当钢中气体含量较高时更有助于裂纹的发展。因为气体含量增高，使等轴晶区显著缩小，柱状晶区增大，所以裂纹发展就长。

（3）铸坯凝固的末期，夹杂物及低熔点物质、合金元素被推移到轴心区域，并沿晶界析出，酸浸后引起脱落形成断续裂纹。

防范措施：加强冶炼操作，减少钢中的氢和夹杂物含量；铸坯和轧材进行及时的缓冷和退火，以减少钢的内应力；连铸选用合适的电磁搅拌参数和二冷水量；热加工时采用大压下量，促使晶间裂纹焊合。

b 中间裂纹的危害、产生原因及防范措施

在横向低倍试样的中部的裂缝，常呈一字形。

危害：中间裂纹使钢的连续性完全破坏，是不允许有的缺陷。

产生原因：斜辊矫直机压力过大，易产生此缺陷。

防范措施：采用合理的矫直参数。

10.1.4 轴承钢的冶炼与连铸

当前轴承钢冶炼的主流工艺流程为电弧炉/转炉+LF+RH/VD+连铸，但受连铸产品心部质量的影响，部分高端轴承钢仍采用模铸工艺流程，铁路轴承用钢目前仍使用电渣工艺，但已开始向模铸/连铸转变。下面以电弧炉+LF+VD+连铸工艺为代表进行简要介绍。

10.1.4.1 轴承钢的电弧炉冶炼

轴承钢的电弧炉冶炼主要涉及配料构成、供电制度、熔化炉料、氧化脱碳、脱磷、去夹杂、升温以及预调合金等内容，这些内容在其他文献中阐述比较清楚，这里主要介绍涉及物化反应理论计算与实践操作方面的内容，供读者参考。

电弧炉氧化脱碳用氧量消耗计算。轴承钢电弧炉冶炼吹氧脱碳对于均匀钢液成分和温度、去除钢中有害气体和夹杂物含量起着非常重要的作用，一般铁水和废钢含碳质量百分比分别为4.5%和0.5%，这样100t炉料中碳含量为2500kg（此处需要假定铁水比为50%）；根据电弧炉气氛氧化碳氧反应分子理论公式计算脱出钢中碳至0.35%所需氧量。

$$C + O \xlongequal{\quad} CO$$

理论需氧量为：$\dfrac{16 \times (2500 - 350)}{12} = 2867\text{kg}$

另外，炉料中还含有0.4%的硅，同理计算需氧量为457kg。

将上面三项理论计算需氧量折算成体积数为：$\dfrac{2876 + 457}{1.429} = 2332.4\text{Nm}^3$

实际冶炼过程中，一般每炉100t钢需要消耗氧气5000Nm^3，可见氧气有效利用率不到50%，这么多的氧气吹入炉内对搅拌熔池、均匀钢液成分和温度有很好作用，但另一方面也可以看出，如果吹氧控制不当，就很容易将钢液中的碳氧化到极低水平，严重时会导致钢液过氧化，给炉外精炼脱氧带来很大负担。

10.1.4.2 轴承钢的炉外精炼

炉外精炼包括LF和RH/VD两个过程，其作用主要是脱氧、脱硫、去气以及调整温度和成分等。对轴承钢来说，去除钢中的非金属夹杂物是一项非常重要的目标，下面仅从钢液温度控制、精炼造渣和氩气流量控制等几方面介绍轴承钢精炼。

A 精炼钢水温度的控制

钢液的浇铸温度是连铸的重要参数，过高的浇铸温度易发生漏钢事故或造成鼓肚、内裂及中心偏析等缺陷；过低的浇铸温度使中间包的水口极易堵塞而造成连铸过程中断。所以准确判定过程钢液温降情况、确定精炼结束温度非常重要，精炼至连铸过程的温降包括以下几项：

（1）LF精炼结束至VD工位温降：LF精炼结束时钢液温度最高，钢液面炉渣较薄且流动性较好，温降速度很大，所以要尽快将钢包转移至VD工位。

（2）VD抽真空温降：抽真空过程中Ar气流量越大、真空度越高，搅拌越强，温降速度越大，一般总真空处理时间30min时，温降要达到40~60℃。

（3）VD破空后软吹氩温降：VD破空后钢液面要加入一层保温覆盖剂，此过程温降速度很慢。

（4）从钢包到中间包浇铸温降：浇铸过程钢液要流经长水口，温降较大，一般在 25~35℃/min。

轴承钢要求中包浇铸过热度为 20~30℃，结合上述情况，一般精炼结束时钢液温度应控制在 1550℃左右。

B 精炼炉渣简介

轴承钢精炼一般采用 $CaO\text{-}SiO_2\text{-}Al_2O_3\text{-}MgO$ 四元渣系，此渣系有良好的流动性和钢渣界面张力，有利于吸附钢中的非金属夹杂物，通常轴承钢精炼渣成分在表 10-6 所示范围内。

表 10-6 轴承钢精炼终渣成分 （%）

SiO_2	CaO	MgO	Al_2O_3	FeO+MnO
5~7	46~55	6~13	20~35	0.3~0.6

图 10-13 为 $CaO\text{-}SiO_2\text{-}Al_2O_3\text{-}MgO$ 的四元渣系等温截面图，是将渣系中 Al_2O_3 组员固定为 15%、20%、25%、30%四个水平做出的 $CaO\text{-}SiO_2\text{-}MgO$ 三元渣系等温截面图，根据此图可以查出轴承钢渣系熔点一般在 1450~1550℃之间。

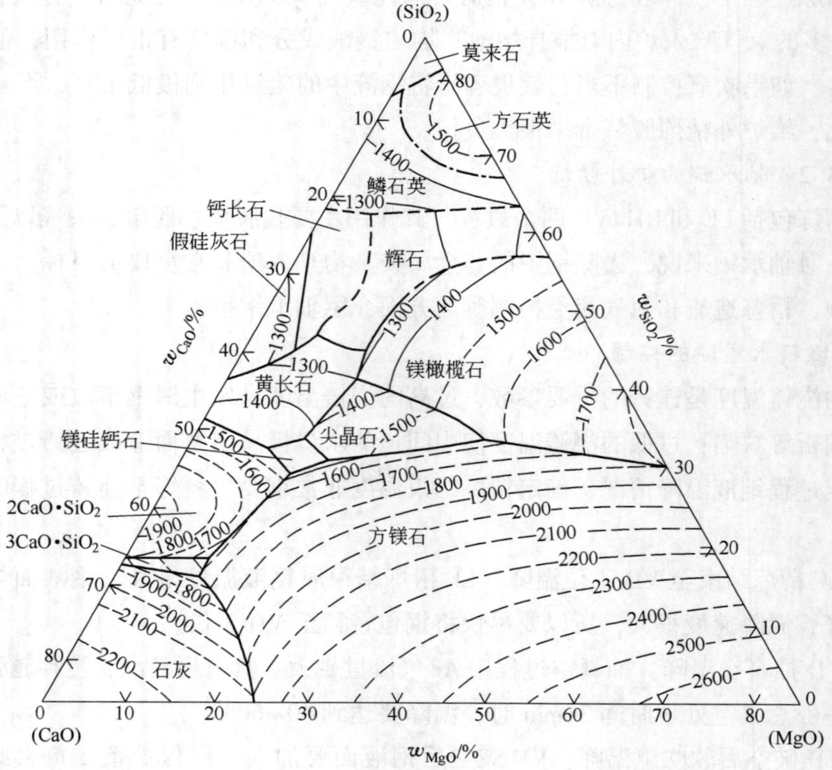

(a) $15\%Al_2O_3$

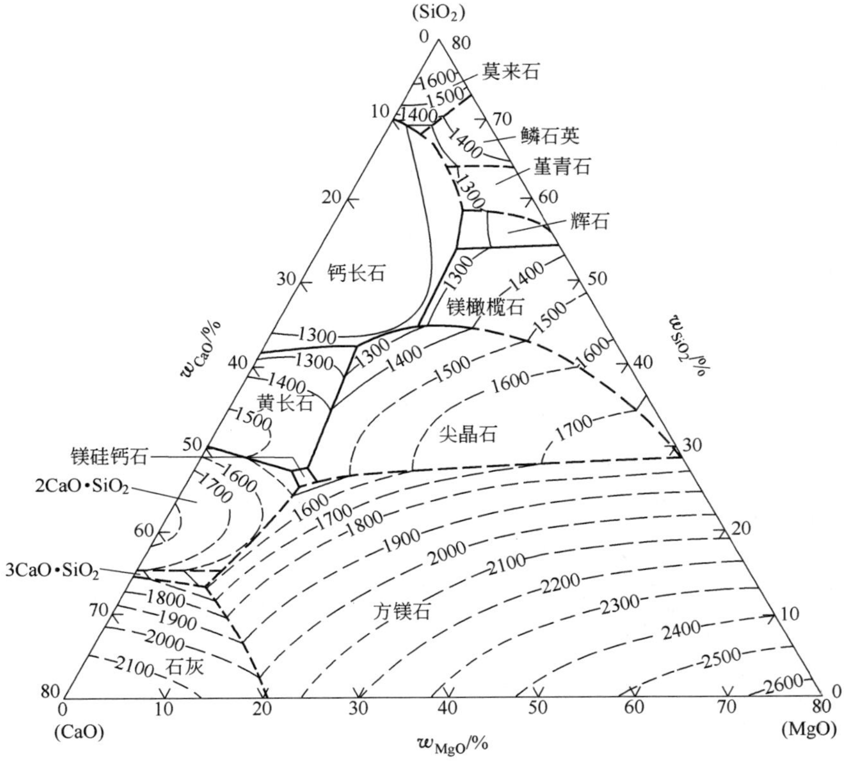

(b) 20%Al_2O_3

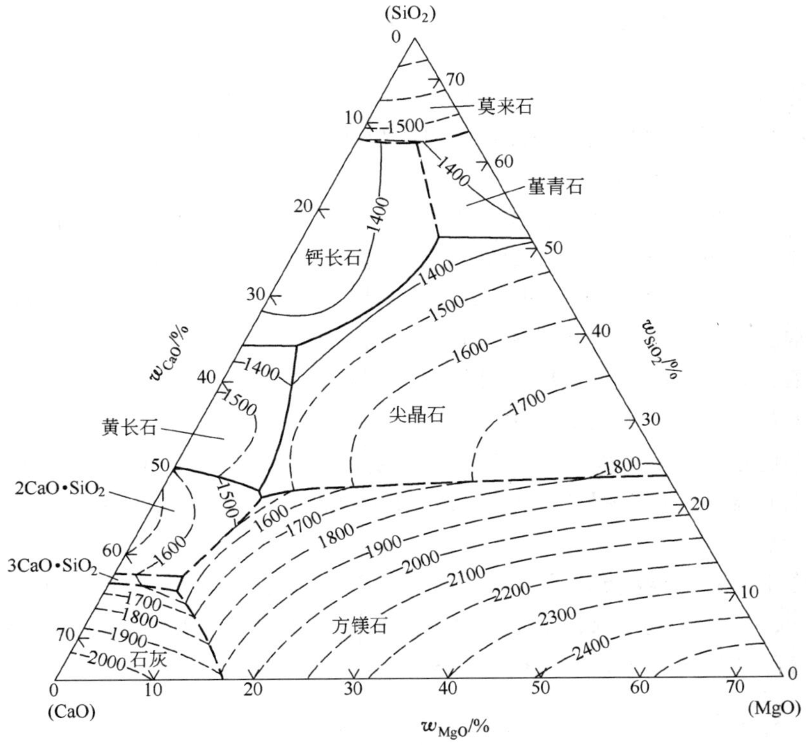

(c) 25%Al_2O_3

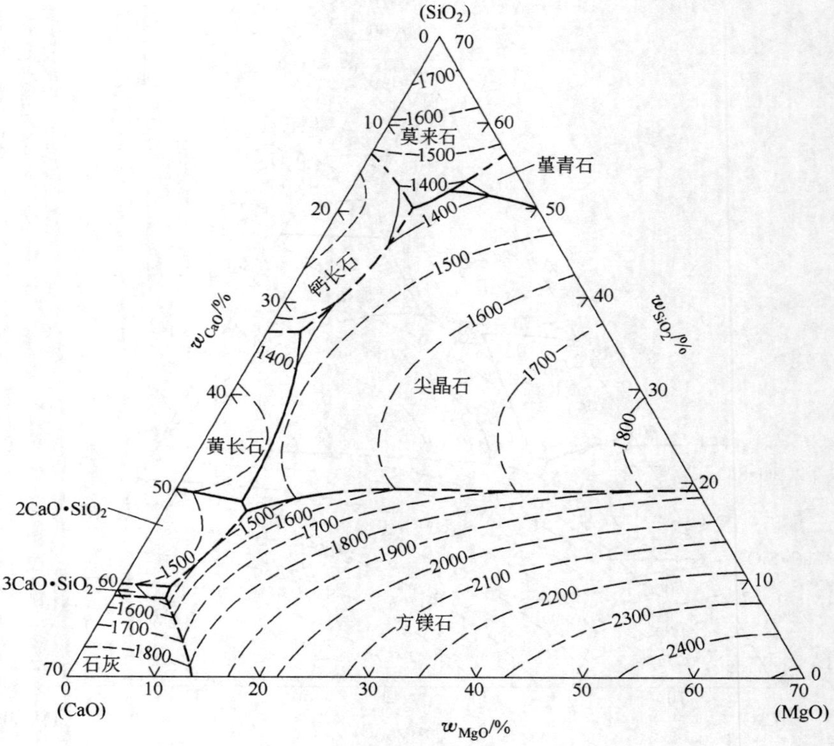

(d) 30%Al_2O_3

图 10-13　CaO-SiO_2-Al_2O_3-MgO 四元渣系等温截面图

精炼渣成分在冶炼进行过程中会发生动态变化，会对炉渣碱度、熔点、黏度以及炉渣结构等物化性能产生影响，因此精炼过程要注意这方面的变化、合理调整炉渣，使炉渣物化性能处于合理范围内。

比如轴承钢冶炼电弧炉终点碳在 0. 35%左右，但由于一些不可控制因素使终点碳降到了 0. 05%以下，很容易导致钢液过氧化现象，根据 1600℃的 C-O 积可以计算出钢液中的氧含量要增加 800ppm，按 100t 钢液计算，用铝脱出这些氧会生成 170kg Al_2O_3 进入到炉渣中，假设正常渣量为 1. 8t，则钢中的 Al_2O_3 含量会上升 8. 6%，如果不对炉渣进行调整，就会使炉渣熔点和黏度降低、渣层变得稀薄，炉渣吸附非金属夹杂物能力下降，同时钢液容易在氩气搅拌条件下发生二次氧化。

以上所述也是轴承钢电弧炉冶炼为什么需要控制终点碳的原因之一，类似情况还有石灰和合成渣成分波动、炉衬侵蚀严重等都会引起炉渣物理化学性能的变化。

C　精炼过程氩气流量控制

精炼过程吹氩对于钢液成分和温度调整、脱硫以及去除钢中夹杂物和有害气体含量起着重要的作用，只有吹氩参数，主要是流量控制得当才能很好地完成精炼任务，吹氩流量大小通常用搅拌功率来衡量，吹氩搅拌功率计算公式如下：

$$\varepsilon_{m} = \frac{6.18 \times 10^{-3} \times Q}{M_{L}} \times T_{c} \times \left[\ln\left(1 + \frac{H}{1.46 \times p_{2}}\right) + \left(1 - \frac{T_{o}}{T_{c}}\right) \right] \tag{10-3}$$

式中 Q——氩气流量，L/min；

M_L——钢液重量，t；

T_c——钢液绝对温度，K；

T_o——Ar 进口温度，K；

H——包括渣厚的钢液深度，cm；

p_2——钢液面上绝对压力，kPa。

一般精炼过程搅拌功率大小要求如下：

加热升温：100W/t

加合金后，测温取样前的混匀：150～200W/t

脱硫及钢渣反应：150W/t

脱氧及去夹杂物，弱搅拌：30～50W/t

VD 真空过程由 p_2 值很低，同样的氩气流量会产生数倍于常压下的搅拌功率。根据上述原理及生产实际情况，精炼过程氩气流量按图 10-14 曲线进行控制比较合理。

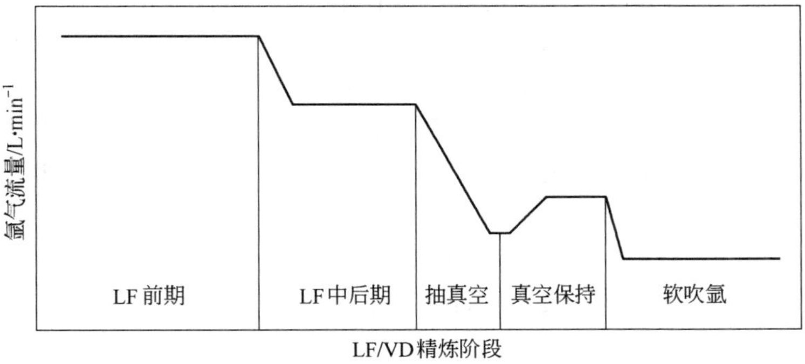

图 10-14 精炼过程氩气流量控制示意图

采用这样的氩气流量控制，可以对钢液进行强化吹氩搅拌，促进精炼炉的脱氧反应，降低精炼钢液氧含量。再通过 VD 真空处理和软吹氩，使钢液氧含量进一步降低，并促进钢液中非金属夹杂物最大程度地上浮。

10.1.4.3 轴承钢连铸

A 轴承钢连铸的中间包冶金行为

大于 50μm 的非金属夹杂物上浮时间很短，一般小于钢水停留时间，应该能够全部上浮至钢渣界面。但钢液非金属夹杂物含量和级别从精炼之后，到中间包、连铸坯逐步增加，这与钢水的二次氧化和中间包内流场复杂有关系，也与非稳态浇铸（指开浇、换钢包连浇或拉速突然变化的浇铸状态）产生中间包内水口附近钢液涡旋及结晶器液面波动导致的非金属夹杂物卷吸有关。因此，为提高轴承钢洁净度水平，应在降低钢中非金属夹杂物含量、连铸做好保护浇铸、保证中间包和结晶器钢液面稳定性方面采取措施，如保证合适的软吹氩时间、增大中间包容量以及维持合适的拉速等。

B 轴承钢连铸的电磁搅拌

轴承钢是高碳钢，在连铸结晶过程中会析出大量的碳化物，碳化物的结晶温度与钢液成分对应的凝固温度不同，如果不采取一定的措施，在铸坯内会产生严重的碳化物偏析，给轴承钢的力学性能带来不利影响。碳化物偏析可以通过热加工或热处理工艺减轻或消除，但更有效的措施是在连铸凝固过程中对铸坯施加电磁搅拌，通过电磁搅拌快速消除钢液凝固前沿的显热、均匀未凝固钢液的温度和成分，使碳化物不产生严重聚集偏析，获得较好的铸坯组织。一般来说，轴承钢采用的电磁搅拌强度要比其他中低碳钢大得多。

C 轴承钢连铸的结晶器导热分析

结晶器内钢液面上保护渣自上而下形成粉渣层、中间烧结层和液渣层三层结构，钢液注入结晶器内要产生收缩，在结晶器铜壁和初生坯壳间产生气隙，于是弯月面处液渣流入其间形成渣膜。靠近结晶器铜壁和初生坯壳侧的渣膜分别呈固态和液态，固态渣膜主要起控制和稳定传热的作用，液态渣膜主要起润滑作用。轴承钢凝固收缩率较大，随着铸坯不断向下拉动、不断收缩，气隙要不断增大，这就要求结晶器要有与之配合的倒锥度，使坯壳与结晶器壁接触良好，坯壳稳定均匀生长，保证生产安全和铸坯表面质量。

结晶器内坯壳生长的理想状况是渣膜厚度在结晶器四周均匀一致，坯壳和结晶器间总气隙体积小且分布均匀，尤其是弯月面以下 100mm 不产生较大收缩气隙[5]。这种条件下坯壳各部位散热均匀，坯壳生长厚度大致相同，且出结晶器时坯壳厚度相对较大，这样通常就不会出现严重表面缺陷。结晶器内坯壳生长和渣膜厚度分布情况不易测量，可以利用在相同连铸参数下，结晶器内宏观吨钢散热量波动情况进行评估。结晶器吨钢散热量计算公式如下：

$$h = Qc\Delta T/(vG) \tag{10-4}$$

式中 h——结晶器内吨钢散热量，MJ/t；

Q——结晶器冷却水流量，kg/s；

c——结晶器内平均水温下的水热容，MJ/(kg · ℃)；

ΔT——进出结晶器冷却水温差，℃；

v——拉坯速度，m/s；

G——铸坯单位长度重量，t/m。

一般来说，结晶器内弯月面处如果渣膜能减弱初生坯壳的散热速度，就会相应减少气隙，坯壳与结晶器接触良好、渣膜厚度分布均匀，反而会使铸坯在结晶器内散出相对多一些的热量，有利于铸坯表面质量。这种情况用结晶器吨钢散热量衡量，就是在相同的结晶器冷却水量、相同的拉速等条件下，水温差越大越好。

10.2 弹簧钢

弹簧广泛用于飞机、铁道车辆、汽车和拖拉机等运输工具和其他工业产品上，有板弹簧、圆柱弹簧、涡卷弹簧、碟形弹簧、片弹簧、异形弹簧、组合弹簧、橡胶弹簧和空气弹簧等。弹簧钢是指由于其在淬火和回火状态下的弹性而专门用于制造弹簧和弹性元件的钢。

弹簧工作在周期性的弯曲、扭转等交变力条件下，经受拉、压、冲击、疲劳腐蚀等多种作用，有时还要承受极高的短时突加载荷。鉴于弹簧的工作条件比较恶劣，因此对弹簧钢的要求十分严格，必须具有良好的力学性能、抗疲劳性能、抗弹减性、工艺性能（包括高淬透性、热处理工艺性能、不易过热、组织和晶粒均匀细小、回火稳定性高、不易脱碳、抗石墨化和抗氧化以及良好的加工性能等）等。

10.2.1 弹簧钢的分类及应用

（1）按化学成分大致可分为三类，即碳素弹簧钢、通用合金弹簧钢和特殊用途高合金弹簧钢。

1）碳素弹簧钢（碳含量一般在0.5%～0.8%）主要用于性能要求不高、工作应力较低、工作条件不很恶劣的小型弹簧，如普通发动机阀门弹簧、密封弹簧、弹簧挡环等，或各种普通汽车用螺旋弹簧等。

2）通用合金弹簧钢（除碳外，还含有一些合金元素，最常用的合金元素是硅、锰、铬、钒）主要用来制造工作应力高、工作条件苛刻的重要弹簧，如航空和汽车工业制造发动机阀簧，锅炉安全阀弹簧，铁道车辆、汽车、拖拉机等的板簧、螺旋弹簧及各种重型机械的减震器，汽轮机汽封弹簧，调节阀簧，冷凝器支撑弹簧，高压水泵碟形弹簧等。

3）特殊用途弹簧钢（除碳元素外，还含有硅、锰、铬、钒合金元素及铝、镍、钨、硼等）主要用于工作环境温度高、含有腐蚀介质，制造形状复杂、表面要求高的弹簧，如连铸机用弹簧，仪表垫圈、挡圈等。

上述三种弹簧钢中，通用合金弹簧钢具有性能优良、适应性强、价格适宜等优点，因此用途广、用量大，是最常用、最重要的弹簧材料。

（2）按生产方法可分为热轧（锻）钢材和冷拉（轧）钢材。

（3）按钢材交货状态分类等。

10.2.2 弹簧钢的合金元素组成及性能要求

由于弹簧工作条件恶劣，因此对弹簧钢的性能要求十分严格，不但要有高的淬透性，保证弹簧截面获得均匀的显微组织、良好的力学性能（包括疲劳性能），而且要求较小的脱碳倾向和较高的耐高温、耐低温、耐蚀、防锈性能。为了满足对弹簧钢的性能要求，研究合金元素在弹簧钢中的作用是十分必要的。

10.2.2.1 碳的作用

碳是主要的强化元素，对弹簧钢的性能起着至关重要的作用。碳溶解在弹簧钢的基体中形成间隙固溶体，起固溶强化的作用，它析出时形成碳化物起析出强化作用。合金元素含量相同（均为0.5%）时，碳对淬火回火钢的强化效果大约为硅的5倍、铬的9倍、锰的18倍，所以为保证弹簧钢具有足够的强度、硬度、弹性和抗疲劳性能，钢中必须含有相当高的碳含量，这就是合金弹簧钢的碳含量一般都比合金结构钢高的原因。

碳的强化效果固然很好，但当其含量大于0.5%时，材料的塑性、韧性指标均开始下降，尤其是韧性指标，当碳含量大于0.4%时便明显下降。所以合金弹簧钢的碳含量一般在0.5%左右。

10.2.2.2 硅的作用

加硅对合金弹簧钢的主要作用是提高钢的弹性、强度和回火稳定性，含量多在1%

以上，甚至可达3%。硅提高弹减抗力的能力最强，据研究，硅具有强烈的固溶强化能力，而且能抑制渗碳体在回火过程中的晶核形成和长大，改变渗碳体的形状和间距。但当硅量达到一定值（2.2%左右）后，将使钢的 A_{C3} 温度升高，其淬火组织容易不均匀；且使其韧性下降，碳的活度增加，钢的轧制抗力增大，促进钢在轧制和热处理过程中的脱碳和石墨化倾向，同时冶炼困难，易形成夹杂物。因此，高硅含量弹簧钢的使用仍需慎重。

10.2.2.3 锰、铬的作用

锰、铬是仅次于硅的弹簧钢中的常用合金元素。

锰可提高淬透性，提供充分的抗弹减性和强化铁素体。另外，在连续冷却转变曲线中由于锰使铁素体转变起始线向右边移动，便于热加工成型性操作。锰的含量应为0.50%~1.50%，锰含量必须大于0.5%，以便淬火时弹簧钢芯部充分进行马氏体转变，但是，当锰含量超过1.5%时，韧性恶化[6]。

铬提高了钢的淬透性，同时有抑制脱碳的作用。当铬含量低于0.10%时，作用不足，而铬含量超过1.5%时，钢的回火组织不均匀，不利于抗弹减性。由于铬大部分是溶于渗碳体中，没有固溶强化的效果，因此铬对改善弹减抗力不起作用。但适当的铬与硅、钒等配合，不仅可得到抗弹减性高的钢种，而且可降低碳的活度，改善钢的脱碳倾向。由于铬对钢的其他性能（如提高淬透性、阻止Si-Cr钢球化退火时的石墨化倾向等）有良好的作用，因此是合金弹簧钢中常用的元素。

10.2.2.4 钒、铌的作用

钒、铌主要是细化钢的晶粒，提高钢的强度和韧性及回火稳定性，产生二次硬化效应。钒、铌均为强碳化物形成元素，在钢中有析出强化和固溶强化的作用。只加钒可产生沉淀强化和细化晶粒两种效果，而只加铌不产生沉淀强化的效果。试验证明，单独的钒碳化物短时间内很难溶解于奥氏体中，在900℃时，完全溶解钒碳化物需10min，而V-Nb处理的钢只需1min。晶粒细化和细小的碳化物、氮化物析出都可提高位错运动阻力，从而提高弹簧钢的强度、韧性和弹减抗性[7]。因此，钒、铌复合加入的效果最佳。

从合金元素的作用来看，适度降低碳含量可以改善合金弹簧钢的塑性，但同时也降低了合金弹簧钢的强度。为了得到综合力学性能较好的弹簧钢，可在降碳的同时提高锰含量，保持硅、铬、钒的含量。

10.2.3 弹簧钢常见缺陷、产生原因及防范措施

为保证各项性能，除合理选择钢种外，弹簧钢必须具有良好的内在质量（冶金质量，包括高的洁净度和均匀性）和表面质量（严格控制表面缺陷和脱碳）、精确的外形和尺寸。

（1）冶炼成分及夹杂、气体的影响。碳和合金是强化材料的基本元素，在保证弹簧力学性能的前提下，碳及合金配比处于下限，可降低硬度及脆性，增加塑韧性，从而提高材料的冷变形能力。同时钢中簇状分布的TiN和长条形的硫化物，虽不超标但影响到其横弯性能，对材料的冷塑变能力有较大的影响，只有加强冶炼工艺的控制，才能降低这些因素对材料性能的影响。

(2) 碳偏析。轴心碳偏析是较常见的冶金缺陷，主要是由金属的凝固结晶特点引起的，浇铸及冷却不当会加重偏析的严重性。较大的区域内碳偏析，对盘条脆性影响最大，在拉拔和绕簧时极易产生断裂；小区域内碳偏析虽降低了材料的均匀性及塑韧性，但不构成断裂失效。一方面，采用合理的电磁搅拌工艺和控制浇铸温度及冷却速度能有效改善铸坯碳偏析；另一方面，采用合适的加热制度促进铸坯内碳的扩散。

(3) 显微组织及内应力的影响。从材料的冷变形能力角度，细片状或球状珠光体是最良好的塑变组织。较高的索氏体比例，可保证良好的冷加工变形塑性。另外，呈网状分布的铁素体会降低盘条晶界的强度和韧性，塑变时易发生加工硬化导致脆性增大、断裂敏感性提高。钢材生产过程受热应力、组织应力和轧制应力的交替影响，内应力大，如未采取适当的缓冷措施及回火处理，易达到材料的断裂极限。因此，应进行钢材缓冷或再回火处理，使其内应力降低，以便材料的冷加工变形。

(4) 脱碳。表面脱碳会引起表面硬度降低，在加工中形成表面疲劳裂纹源，对弹簧的疲劳寿命有重要影响。局部小范围内脱碳应是局部加热不均匀造成的，加热的均匀性、坯料堆放位置、烧嘴的燃烧方向应是产生脱碳的原因。同时，高硅弹簧钢脱碳敏感性强，生产中设备故障等原因也易导致加热温度过高或时间过长而发生脱碳。

(5) 表面质量。表面质量直接影响到弹簧成型性和疲劳寿命，是弹簧失效的一个主要原因。表面质量问题主要分三类：1) 明显的轧制缺陷、折叠和耳子缺陷以及部分划伤翘皮。主要由轧钢设备陈旧、精整设施落后和孔型设计调整不到位引起的。另外，坯料表面修磨不当，产生尖角棱子及凹坑划伤，经轧制后也形成折叠缺陷。2) 表面裂纹。它在钢材表面呈纵向连续或断续分布，主要是由坯料残存的裂纹和皮下缺陷引起的，轧制应力及冷却不当也会产生表面裂纹。3) 表面划伤及翘皮。这与工装条件及操作不当有关，在打包、运输过程中也会产生擦伤。一般根据缺陷的分布、形态、长度及深度等情况做半定性定量分析，生产中要在多个环节加以控制，尤其要做好修磨和精整工作。

(6) 尺寸公差。定尺和椭圆度问题是由工艺波动造成的，应严格控制工艺参数。

10.2.4 弹簧钢的冶炼与连铸

国外采用超低氧、超洁净的生产工艺生产弹簧钢，生产中广泛采用 RH、LF-RH、ASEA-SKF、VAD 等精炼手段，可将钢中的氧降到较低水平。实践证明，当氧含量小于0.0015%时，可保证弹簧钢 2000MPa 的高强度。通过采用二火成材、钢坯修磨等措施可降低钢材中心偏析，提高表面质量。

日本大同知多厂：70tEAF—LF—RH—CC（弧形2流，370mm×480mm/立式4流圆坯，170~350mm)—初轧开坯。

新日铁室兰厂：TBM—180tBOF—RH—CC（350mm×560mm)—初轧开坯

日本住友小仓厂：KR—70BOF—70tVAD/RH—CC（410mm×560mm)[8]。

10.2.4.1 冶炼

在冶炼和精炼过程中，要求严格控制夹杂物的组成、成分偏析、气体含量和残余元素含量，并通过炉渣改质处理，使脆性夹杂物转变为塑性夹杂物。

A 超低氧生产工艺技术

因为洁净弹簧钢的氧最终以氧化物夹杂的形式存在，降低有害的富 Al_2O_3、SiO_2 等氧化物夹杂可显著提高钢的疲劳性能。所以必须将钢中氧含量降低到很低的水平。关键技术如下：

（1）初炼炉。初炼炉严格控制终点碳含量，降低钢水氧势；实现初炼炉无渣出钢，防止氧化渣对钢水的污染，减轻精炼脱氧负担。

（2）LF 精炼工艺。出钢过程随钢流采用硅铁和铝脱氧，添加合成渣预精炼，入 LF 后及时喂铝丝预脱氧，硅铁粉、碳化硅、电石、铝粒等渣面扩散脱氧，碱性炉渣精炼，控制最佳炉渣成分、渣量、白渣保持时间等。

（3）VD 真空处理。确保深真空（≤100Pa）处理时间在 15min 以上，控制最佳吹氩流量，在合适的热力学和动力学条件下，实现钢中氧含量进一步降低。

（4）RH 真空处理。借助大容量喷射泵保持真空度小于 13.3Pa（0.1mmHg），并将小流量氩气引入钢水，使钢水快速脱氧。当钢水中碳氧反应达到平衡时，加入铝脱氧，以促进脱氧产物的上浮分离和去除，保持脱氧状态稳定。

（5）增加吹氩透气砖数量、中间包设陶瓷过滤器和良好的保护浇铸技术，使钢中大颗粒剂夹杂物有效去除。

B　夹杂物形态控制技术

目前，越来越多的钢厂利用其精炼合成渣来控制夹杂物的组成、形态和分布（变性处理），消除不变形和有害夹杂物。当钢水用铝脱氧时，脱氧产物主要是固态的 Al_2O_3，用钙处理的方法使其转变成铝酸钙的变性处理已在工业生产中广泛应用。但钙处理后仍属脆性夹杂物，对材料疲劳寿命有害。

因此，对要求非常严格的气门用弹簧钢而言，夹杂物变性处理的关键是使用铝含量尽量低的硅铁脱氧，然后用低碱度渣在钢包炉中精炼，使钢中夹杂物组成控制在低熔点且有良好变形性的组成范围内，并通过长时间的吹氩或电磁搅拌使液态夹杂物上浮。

10.2.4.2　连铸

由于弹簧钢中碳含量较高，碳、磷和硫等杂质元素容易引起较严重的偏析，铸坯凝固收缩率高，容易造成很大的中心缩孔，甚至中心通孔。此外，浇铸时水口堵塞现象比较严重，所以弹簧钢是比较难连铸的钢种。

（1）防止中心偏析和缩孔。在工艺上采取低过热度浇铸，选择合适、稳定的拉速，二冷采用弱冷以及采用多级电磁搅拌技术和轻压下技术，提高连铸坯的等轴晶率，减轻或消除铸坯中心偏析和缩孔。

（2）避免水口堵塞。由于采用低过热度，必须保证钢水具有很高的洁净度，否则会因钢水流动性差、夹杂物不易上浮，造成水口堵塞或铸坯表面缺陷。因此，需要强化精炼工艺，提高钢水洁净度；同时，采用全保护浇铸，防止钢水二次氧化，降低水口堵塞概率。

（3）减少皮下夹杂物。通过改善浸入式水口的长度、浸入深度，减少结晶器内钢液对保护渣的卷入；减少保护渣渣线位耐火材料的侵蚀，调整保护渣成分（适当减少氟含量，增加 Li_2O 含量）。

（4）需加强中间包烘烤管理，避免塌料。

10.2.5 小结

当今弹簧钢的发展趋势是向经济性和高性能化方向发展。为此，在冶炼技术、热处理工艺和化学成分等方面均需要产生新技术。一方面要充分发挥现有弹簧钢的潜力，如改进生产工艺、采用新技术对成分进行某些调整等，进一步提高其性能，扩大应用范围，如针对发动机用高性能气门弹簧而提出的超洁净弹簧钢；另一方面是进行新钢种的研究开发，除应重视耐疲劳性能、抗弹性减退性和淬透性外，还应重视耐蚀性。因而，这两个因素成为当今弹簧钢钢种研究开发的主题。

10.3 齿轮钢

10.3.1 齿轮钢的分类及应用

齿轮钢属于低合金高强度钢，是合金结构钢中的重要一类，主要用来制造汽车中的重要传动零件——齿轮，如变速箱齿轮，前、后桥齿轮以及发动机中的齿轮等。它不仅影响车辆寿命、能耗等技术经济指标，而且对于满足安全、环保及舒适要求也很重要。

一般来说，齿轮钢按照热处理方法可分为调质齿轮钢和表面硬化齿轮钢（渗碳、高频淬火、氮化等)。调质齿轮钢和高频淬火齿轮钢均采用碳素钢和合金结构钢；渗碳淬火齿轮钢为低碳合金结构钢，如含 Cr、Mo、Al 和 V 等合金元素钢。

10.3.2 齿轮钢的成分特点及性能要求

10.3.2.1 齿轮钢的成分特点

齿轮钢的品种繁多，世界各国都根据使用性能要求和本国的资源条件，建立各自的齿轮用钢系列，如表 10-7 所示。从表中可以看出，美国 Cr-Ni-Mo 系为主，日本以 Cr-Mo 系为主，德国以 Cr-Mn 系为主。

表 10-7 各国典型的渗碳齿轮钢

国家	钢号	化学成分/%							
		C	Si	Mn	P	S	Ni	Cr	Mo
美国	4118H	0.17~0.23	0.20~0.35	0.60~1.00	<0.040	<0.040		0.30~0.70	0.08~0.15
	4320H	0.16~0.23	0.20~0.35	0.40~0.70	<0.040	<0.040	1.5~2.00	0.35~0.65	0.20~0.30
	4620H	0.17~0.24	0.20~0.35	0.40~0.70	<0.040	<0.040	1.5~2.00		0.20~0.30
	4720H	0.17~0.23	0.20~0.35	0.45~0.75	<0.040	<0.040	0.85~1.25	0.30~0.60	0.15~0.25
	4820H	0.17~0.24	0.20~0.35	0.45~0.75	<0.040	<0.040	3.20~3.80		0.20~0.30
	8620H	0.17~0.24	0.20~0.35	0.60~0.95	<0.040	<0.040	0.35~0.75	0.35~0.65	0.15~0.25
	8720H	0.17~0.24	0.20~0.35	0.60~0.95	<0.040	<0.040	0.35~0.75	0.35~0.65	0.20~0.30
	8822H	0.19~0.25	0.20~0.35	0.70~1.05	<0.040	<0.040	0.35~0.75	0.35~0.65	0.30~0.40
	9310H	0.07~0.14	0.20~0.35	0.40~0.70	<0.040	<0.040	2.95~3.55	1.00~1.45	0.08~0.15

续表 10-7

国家	钢号	化学成分/%							
		C	Si	Mn	P	S	Ni	Cr	Mo
日本	SCr22H	0.17~0.23	0.15~0.35	0.55~0.90	<0.030	<0.030		0.85~1.25	
	SCM22H	0.17~0.23	0.15~0.35	0.55~0.90	<0.030	<0.030		0.85~1.25	0.15~0.35
	SCM24H	0.19~0.25	0.15~0.35	0.55~0.90	<0.030	<0.030		0.85~1.25	0.35~0.45
	SNCM21H	0.17~0.23	0.15~0.35	0.60~0.95	<0.030	<0.030	0.35~0.75	0.35~0.65	0.15~0.30
	SNCM23H	0.17~0.23	0.15~0.35	0.40~0.70	<0.030	<0.030	1.55~2.00	0.35~0.65	0.15~0.30
德国	16MnCr5	0.14~0.19	≤0.12	1.00~1.40	0.020~0.035	<0.035		0.80~1.20	
	20MnCr5	0.17~0.22	≤0.12	1.00~1.50	0.020~0.035	<0.035		1.00~1.30	
	25MnCr5	0.23~0.28	≤0.12	0.60~0.80	0.020~0.035	<0.035		0.80~1.00	
	28MnCr5	0.23~0.29	≤0.12	0.60~0.80	0.020~0.035	<0.035		0.80~1.00	
	ZF6	0.13~0.18	0.15~0.40	1.00~1.30	0.015~0.035	<0.030	0.80~1.10	B0.001~0.003	
	ZF7	0.13~0.18	0.15~0.40	1.00~1.30	0.015~0.035	<0.030	1.10~1.30	B0.001~0.003	

而我国主要受苏联的影响，齿轮钢主要以 20CrMnTi 为主，但由于 20CrMnTi 钢在冶炼时会产生 TiN 不变形夹杂，比基体硬，影响加工精度，在使用时会成为疲劳源而影响齿轮的疲劳寿命，故属淘汰钢种。但又由于该钢种的主要元素价格低廉，晶粒长大倾向小，大家对其工艺比较熟悉，加上合适的代用钢种尚未真正确立，所以 20CrMnTi 在我国齿轮行业中的统治地位在近年仍难以动摇。

10.3.2.2 齿轮钢的性能要求

齿轮在工作时，齿根受弯曲应力作用，易产生疲劳断裂，齿轮受接触应力作用，易导致表面金属剥落。因此要求钢质必须具有良好的抗疲劳强度。机加工后经淬火和回火处理，为保证齿间咬合精度，又要求齿轮钢具有良好的淬透性和尺寸稳定性。为了实现齿轮的上述性能，用来制造齿轮的原材料就需要有较高的质量。一般来说，衡量齿轮钢质量水平主要有如下几个要求：洁净度高；末端淬透性带宽度窄，离散度小；晶粒细小均匀。

A 末端淬透性

末端淬透性是评价齿轮钢质量的重要指标，它的稳定性将会影响齿轮热处理后变形量的大小。淬透性带宽度越大，离散度越大，越不利于齿轮的加工，会降低啮合精度。反之，降低淬透性带宽度可提高齿轮的质量水平。淬透性和带宽的控制，主要取决于化学成分及其均匀性。

世界上第一个淬透性标准是美国在 1947 年制订的，随后日本、联邦德国、英国等国家也相继建立了淬透性标准。各国对于淬透性带的标准在逐步变窄。我国目前淬透性控制水平为 HRC 6~8，国际水平为 HRC 4~6。我国冶钢公司已经率先将 20CrMnTiH 钢种按淬透性带的上限、中限、下限分为六个子钢号，以供选择。

淬透性值与钢材的化学成分有密切的关系，决定淬透性带范围的关键在于钢材化学成分波动范围和成分的均匀性，尤其是那些对淬透性影响大的元素，如 C、Cr、Mn。目前国际先进控制水平为 C=±0.01%、Cr=±0.03%、Mn=±0.02%。

B 洁净度

洁净度主要是指氧化物夹杂含量的降低和除硫外其他有害元素的降低。氧含量对于齿轮疲劳寿命的影响很大。据日本对 Cr、Cr-Mo、Cr-Ni-Mo 渗碳合金钢种的氧含量与疲劳寿命之间关系所做的对比试验，氧含量从 25ppm 降到 11ppm 时，接触疲劳强度可提高 4 倍。我国对引进的 SCM420H、20MnCr5 等齿轮钢进行对比试验得出，真空脱气后的疲劳寿命可提高 40%左右[9]。目前，我国特钢企业对氧含量的控制总体水平在 20ppm 左右，仍与国外先进水平有差距（国内为 10ppm 以下，国外为 5ppm 以下）[10]。

除氧含量外，夹杂物属性也是齿轮钢洁净度的一个重要因素。夹杂物属性是指夹杂物的类型、数量、尺寸、形状分布状态等。如夹杂物少、尺寸小、弥散分布，则夹杂物危害性小；反之，则夹杂物危害性大。大颗粒的脆性点状不变形夹杂、成串分布的 Al_2O_3 对钢疲劳寿命最有害。而铝又是齿轮钢最常用的终脱氧剂，因此，如何减少 Al_2O_3 的量是影响钢材质量的关键环节。现行工艺中，通常用钙处理技术对 Al_2O_3 进行变性处理来减少 Al_2O_3 的有害作用，实践表明，这种方法是经济可行的。

C 晶粒度

晶粒尺寸的大小是衡量齿轮钢质量的主要指标。细小均匀的奥氏体晶粒度对稳定钢材的末端淬透性，减少齿轮热处理后的变形量，提高渗碳钢的脆断张力有重要意义。如果晶粒尺寸过大，会使渗层碳浓度相对提高，于是脆性增加，弯曲强度降低，容易使齿面剥落。通过加入一定量的细化晶粒元素（如铝、铌等）可使晶粒细化，向钢中加入铝以形成弥散状氮化铝粒子，起到阻止晶界迁移的作用；加入铌形成的碳化物在 1200℃左右才大量溶解到奥氏体中，因此在加热的不同阶段都能起到阻止奥氏体晶粒长大的作用，而随后的锻、轧和热处理工艺对晶粒度也有不同程度的影响。

此外，齿轮一般经机加工（包括冷、热加工性和易切削性）成型，为保证表面光洁度，要求齿轮钢具有良好的切削性能。

10.3.3 齿轮钢常见缺陷、产生原因及防范措施

齿轮钢铸坯的常见缺陷有中间裂纹、角部裂纹、缩孔等。

中间裂纹产生的原因，主要是由二冷段铸坯表面温度回升过高而形成的，也可能与生产设备有关，如二冷段的足辊对弧不好。防止措施主要有：（1）低过热度浇铸；（2）适当降低拉速；（3）合理的二次冷却制度，避免铸坯表面温度回升过快。

角部裂纹主要是由铸坯在结晶器内，外冷却强度不当或冷却不均匀，造成连铸坯角部承受的应力超过钢的强度而产生的。解决措施主要有：（1）根据钢种确定结晶器合适的水量及合理的二次冷却制度；（2）定期检查清理二冷喷嘴，避免喷嘴堵塞造成冷却不均匀。

缩孔主要是由铸坯中心凝固末端的凝固收缩得不到补充或外部的补偿而产生的。防止措施主要有：（1）采用低过热度浇铸；（2）采用凝固末端电磁搅拌技术；（3）采用轻压下技术。

铸坯上还有一种不容易被发现却很致命的缺陷——白点。CrMnTi 系列、CrMo 系列、CrNiMo 系列都是容易产生白点缺陷的齿轮钢品种，而且随着碳含量的增加，这种缺陷越加明显。白点缺陷产生的原因目前还没有统一的意见，但都肯定它和钢中过量的氢有关。防止措施主要有：（1）炼钢的原辅料使用前尽量烘烤，以保证水分不超标；（2）进行真空处理；（3）连铸坯尤其是雨季必须进行缓冷。

10.3.4 齿轮钢的冶炼与连铸

10.3.2 节中已经对齿轮钢的质量要求做了明确的阐述。齿轮钢生产工艺方案及改进措施都是围绕这几个指标进行的。下面主要谈谈齿轮钢炼钢方面的技术要点。

10.3.4.1 齿轮钢的冶炼

随时调整电弧炉中钢铁料加入量，采用偏心炉底出钢，并保证炉内留钢量达到设计要求，从而确保氧化渣不进入 LF 精炼钢包。

LF 炉采用强脱氧剂铝进行深脱氧，并保证钢中有一定的残铝量（Al_s：0.03%～0.05%）；白渣精炼，采用易于吸收氧化物夹杂的炉渣成分，并控制渣中（FeO+MnO）%<1%。采用氩气搅拌，控制合适的氩气流量，促进夹杂物的上浮；对夹杂物进行变性处理。

上述的工艺要点主要针对钢材的洁净度这一指标。而另一指标窄淬透性控制则主要通过成分的精确控制和均匀性来实现，这一过程主要在精炼过程中完成：首先运用数理统计和计算机控制技术，确定最佳化学成分控制目标，从而实现窄淬透性带控制。其次，就是如何实现这一控制目标，主要应注意以下几点：（1）钢液脱氧良好；（2）白渣精炼；（3）准确的钢水重量；（4）准确的合金成分；（5）过程的取样成分要具有代表性。

10.3.4.2 齿轮钢的连铸

对于连铸齿轮钢来说，避免二次氧化、减轻偏析，提高铸坯成分的均匀性、保证铸坯的表面和内部质量是连铸工序的重点，为此采用以下措施：

（1）采用保护浇铸，钢包采用长水口，中间包为浸入式水口，并采用氩封装置。

（2）采用合理的保护渣，除能起到进一步吸收夹杂物的作用外，还应保证铸坯具有良好的质量。

（3）采用低过热度浇铸。中间包过热度控制在 20～35℃，改善缩孔、疏松等缺陷。

（4）根据中间包的过热度，合理选择拉速，尽可能低拉速浇铸。

（5）二冷采用弱冷，并结合结晶器电磁搅拌和末端电磁搅拌技术，提高铸坯的等轴晶率，改善铸坯的偏析，从而提高铸坯成分的均匀性。

目前，我国生产的特殊钢实物质量仍与国际水平有差距，但国内的齿轮钢水平进步很快，重点特钢企业生产齿轮钢的质量水平已和国外差距缩小。其中 Cr 系、Cr-Mo 系齿轮钢在国内的应用已经非常广泛，大多用于轻型、中型商用车的变速器齿轮和后桥齿轮，钢号如 SCr420H、SCM420H、SCM822H 等。轿车工业的迅速发展为 Mn-Cr 系列齿轮钢的开发注入了活力，Mn-Cr 系列齿轮钢已经成为国内主要的轿车齿轮用钢，桑塔纳、捷达、富康轿车多采用 Mn-Cr 系列齿轮钢。国内大吨位重型商用车的生产，推动了 Mn-Cr-B 系、Cr-Mo 系、Ni-Cr-Mo 系齿轮钢的发展。高洁净度、窄淬透性、易切削性依然是齿轮钢今后研究的主要方向。

10.4 硬线钢

10.4.1 硬线钢的分类及应用

硬线钢是指轧制线材碳含量大于0.45%的优质中高碳钢，变形抗力与硬线相当的低合金钢、合金钢以及某些专用线材也可归为硬线类。高碳钢是指碳含量大于0.60%的钢，对于高碳钢的生产应从炼钢的全过程来控制，以满足高线和钢丝的要求，主要是要求铁水的洁净度高，铁水中磷、硫、钛含量要低，铁水要有较高的物理热和化学热。

硬线盘条经表面准备、拉拔、(热处理)、捻制（轧制）等工艺可加工成多种有重要用途的金属制品，主要有各种用途的钢丝绳（石油钻井、矿井、起重机、海洋工程、航空等使用)；高强度低松弛预应力钢丝、钢绞线（用于建筑、路桥等预应力混凝土制品)；胎圈钢丝和钢帘线（轮胎子午线)；异形钢丝及扁钢丝；各种高碳及合金钢丝（琴用钢丝、弹簧钢丝、切割钢丝、架空绞线用镀锌钢丝、伞骨、针布、筛网及高压胶管钢丝等)[11]。其中，预应力钢丝、钢绞线被广泛应用于交通、能源、工业和民用建筑、水利等方面。在交通领域中，钢绞线主要应用在桥梁、岩土锚固、城市高架、高速公路、轨道交通线、高铁、机场建筑结构及跑道、大管桩、栈桥、高耐荷地面等，公路交通与高铁目前是预应力钢材的主要应用领域；在能源建设领域中，钢绞线主要应用在水坝及地下厂房的加固、船闸、涵洞、岩土锚固、核电站的安全壳、厂房、海上石油钻井平台及煤炭开采的锚杆等；在建筑领域中，钢绞线主要应用在高层建筑、混凝土结构、钢结构、地基工程及重载提升方面；在水利设施中，预应力产品主要应用于大型水管、渡槽、涵洞、水坝加固、预制桩等。

随着我国连铸钢品种、规格和产品质量的不断扩展与提升，连铸硬线钢向优质、多功能、高技术含量和高附加值方向发展，如高性能、高强度钢帘线，高强度、高耐蚀、大规格、无黏结或缓黏结钢绞线，高强度、重锌层、低密度钢丝绳，高应力气门簧用钢丝等都是以高碳钢坯（C>0.60%）为原料，经高速线材轧机轧制、(热处理)、拉拔等工艺制作而成的。

10.4.2 硬线钢的合金元素组成和性能要求

硬线钢应用领域极其广泛，一般要求硬线钢有高的强韧性匹配，即保证足够的抗拉强度和面缩率要求。硬线钢盘条要经过表面准备、拉拔、(热处理)、捻制（轧制）等工序，按硬线用途要求，盘条必须满足良好的表面质量、通条成分与通条性能波动小、同截面成分偏析小、夹杂物（尤其是脆性夹杂）含量低、尺寸小、晶粒度适中和高的索氏体比例等要求。

10.4.2.1 硬线钢中合金元素对组织性能的影响

硬线钢中主要化学成分为C、Mn、Si、P、S及微量Cr、V、Nb等元素，成分接近共析钢成分。其轧制控冷后的线材组织以珠光体为主。钢中各主要元素对组织性能的影响如下。

碳：碳是决定高碳钢线材轧制冷却后组织性能的主要元素。碳对控冷后高碳钢显微组织的影响包括：在亚共析钢范围内，随碳含量增加，铁素体相对量减少，珠光体量增加；达到共析成分时，全部为珠光体；在过共析钢范围内，随碳含量增加，先共析渗碳体量增加，珠光体相对量减少；在亚共析范围内，随碳含量增加，珠光体相对量增加，抗拉强度不断提高。超过共析碳含量后，抗拉强度提高缓慢，以至于最后抗拉强度随碳含量增加而降低。这是由于先共析渗碳体量增多，并沿原奥氏体晶界析出，形成网状，使钢的脆性增大，容易发生早期断裂，从而降低抗拉强度。

锰：锰在高碳钢中的含量一般为 0.25%~0.80%，钢中的锰除一部分形成夹杂物外，其余部分溶于铁素体和渗碳体中，对高碳钢的力学性能有良好影响，可提高高碳钢经热轧冷却后的硬度和强度。在锰含量不高时（<0.80%），锰可以稍微提高或不降低钢的面缩率和冲击韧性，在高碳钢锰含量范围内，每增加 0.1%Mn，大致可使热轧后钢的抗拉强度增加 7.8~12.7MPa，屈服点提高 7.8~9.8MPa，而伸长率约减少 0.4%。

硅：硅是钢中有益元素，它作为脱氧元素加入钢中，除形成非金属夹杂物外，硅溶于铁素体中。在高碳钢中每增加 0.1%的硅，可使热轧钢的抗拉强度提高 7.8~8.8MPa，屈服点提高 3.9~4.9MPa，伸长率下降约 0.5%，钢的面缩率和冲击韧性下降不明显；当硅含量超过 0.8%~1.0%时，会引起面缩率下降，特别是冲击韧性显著降低。

硫：硫是有害元素，它的最大危害是引起热脆。硫通过形成硫化物夹杂对高碳钢线材的力学性能发生影响。增加钢中的含硫量，使硫化物夹杂的含量增高，钢的塑性和韧性降低，且钢的力学性能的方向性增大，热加工性能变差。

磷：磷也是有害杂质元素。虽然磷能使钢的强度提高，但会使范性、韧性降低，特别是使钢的脆性转折温度升高，即提高了钢的冷脆性。

铬：铬作为钢中一种重要的合金元素，能细化珠光体片间距，提高钢的淬透性，从而有效改善钢材的强韧性。珠光体转变时铬要以一定比例进入渗碳体和铁素体相中，从而提高强度性能和改变可加工性。在碳钢中添加适量的铬元素可显著改变铁素体的形态及分布，并能细化晶粒。实践表明，针对 SWRH72B 大规格线材，加铬能使横截面上的细片珠光体趋于均匀，有效提高线材的强韧性。

钒：钒在钢中主要以碳化物的形式存在，其主要作用是细化钢的组织和晶粒。少量钒的添加能有效阻碍钢中奥氏体的长大，从而实现晶粒的细化；钒能提高渗碳体的形核驱动力，渗碳体晶粒在不同位置快速、独立地形核，从而使渗碳体弥散分布[12]。钒的添加使晶界渗碳体的厚度减小，沿晶界分散分布，并使奥氏体晶粒尺寸减小，从而提高钢的力学性能；钒在钢中产生析出强化效果，并在高碳钢盘条中细化珠光体片间距，提高盘条的强度和塑性。

铌：铌在钢中的作用主要有细化奥氏体晶粒，细化相变后的铁素体晶粒，在提高强度的同时提高钢的韧性以及对特殊性能的控制。铌在钢中的作用与其存在形式有关。铌在奥氏体中固溶时，容易偏聚到晶界及位错等晶体缺陷处，产生特殊的作用。晶界偏聚的铌与碳形成较为稳定的组态可阻碍碳沿晶界的扩散，从而使中碳钢、高碳钢的脱碳敏感性降低。沉淀铌在提高强度的作用方面是钒的 2 倍、钛的 10 倍。0.01%Nb 的强化作用相当于 0.02%C 的强化作用。高碳硬线钢适当加铌使共析碳含量提高，可显著降低网状渗碳体量。为控制高碳硬线钢奥氏体中沉淀析出的 NbC 容易析出且尺寸细小，铌的加入量应控制在 0.02%左右。此外，铌可显著改变共析相变组织的形貌特征，使珠光体明显退化，从而使中高碳钢中的渗碳体易于球化；铌固定氮的作用使钢的抗时效性能大幅提高等。

氧：钢中含氧量增加，高碳钢线材的塑性、韧性降低。在钢的抗拉强度较高时，也使钢的疲劳强度降低。此外，氧化物夹杂使钢的耐腐蚀性、耐磨性降低，使冷冲压性、锻造加工性以及切削加工性变差。

氮：氮会引起高碳钢的淬火时效和形变时效，使钢的强度、硬度升高，但塑性、韧性降低，特别是在形变时效情况下，塑性和韧性的降低比较显著。

氢：氢在钢中是有害元素，表现在两个方面：一是溶入钢中使钢的塑性和韧性降低，引起所谓氢脆；二是当氢从钢中析出时造成内部裂纹性质的缺陷，白点是这类缺陷中最突出的一种，硬线盘条中氢含量较高容易导致其塑性降低。

10.4.2.2 成分控制要求

硬线钢中磷含量、硫含量应尽可能低，目前不同质量等级的硬线钢磷含量一般不大于0.010%~0.020%，硫含量一般不大于0.005%~0.010%，部分质量要求更高的硬线（如钢帘线）则对两者总含量提出了更严格的要求。碳含量是影响强度、性能均一性和盘条异常组织的主要元素，碳过低则强度不足，过高则对控冷不利，易形成网状渗碳体，使盘条的可拉拔性变差。铬、锰均可增加钢的淬透性，少量添加可改善晶界碳化物析出分布，使索氏体比例提高，改善可拉拔性，但铬、锰都是易偏析的元素，加入过多，将使盘条中心马氏体严重。

各种元素成分控制范围应尽可能窄，不同炉次的盘条化学成分的波动和同一炉次不同盘卷，甚至同一卷盘条前后不同部位的化学成分的波动，会造成拉拔后的钢丝强度和冲击韧性指标波动太大，强度差值可达100MPa以上。

10.4.2.3 气体含量要求

钢中氮、氢、氧均不同程度影响盘条时效性能和面缩率，应尽可能低。实践表明，[N]≤0.0050%、[O]≤0.0020%、[H]≤0.0002%，对性能影响不大。

10.4.2.4 低倍组织

横截面酸浸低倍组织不得有肉眼可见的缩孔、气孔、分层、裂纹、夹杂、翻皮和白点。一般疏松、中心疏松、中心偏析等各不大于1.5级，总级别不大于4级。

10.4.2.5 表面质量

铸坯表面要求无裂纹、夹渣、结疤、孔洞等表面缺陷，铸坯端面平整；盘条尺寸按B级以上控制；盘条表面光滑，不得有裂纹、结疤、耳子、折叠、夹杂、腐蚀及污染等缺陷，局部的细小划痕、压痕、凸起、发纹、麻点等实际深度或高度不得超过0.1mm。

10.4.2.6 非金属夹杂物

非金属夹杂物使变形金属连续性受破坏，拉拔时夹杂处首先形成裂纹源，最后导致断裂。另外，用于制造弹簧时，非金属夹杂物是损坏、失效的最主要原因。实践表明，显微夹杂中危害最大的主要是B类夹杂物、D类夹杂物和Ds类夹杂物，夹杂物尺寸不大于10~15μm时，对拉拔性能和绞线断口无明显影响，一般情况下都控制钢中总T[O]≤0.0030%。

10.4.2.7 表面脱碳

盘条一边总脱碳层（铁素体+过渡层）的深度分为两组：一组不大于1%D；二组不大

于 1.5%D（D 表示盘条公称直径）。用于制作钢帘线时，对盘条总脱碳层深度的要求则更为严格。

10.4.2.8 *显微组织要求*

按硬线用途要求，用于制造钢绞线、钢帘线等的盘条一般要求索氏体比例不小于 85%，最好不小于 90%，且不出现异常组织。用于制造弹簧钢时，组织为大量片状珠光体+少量铁素体的混合体。

10.4.3 硬线钢的常见缺陷、产生原因及防范措施

随着工业化和现代化的发展，市场对钢材品种结构和质量水平提出了新的要求，即要求钢材优质、多功能、高技术含量和高附加值。国内硬线钢常见的质量问题是强度偏低、性能不均、易脆断、表面质量差、耐腐蚀性差。钢丝在拉拔过程中脆断的问题，是影响硬线生产的主要问题。

10.4.3.1 *拉拔断裂*

硬线钢拉拔时常见断口有三种：平直状脆性断口（图 10-15（a））、斜劈状断口（图 10-15（b））、杯锥状断口（图 10-15（c））。常见断口形貌见图 10-15。

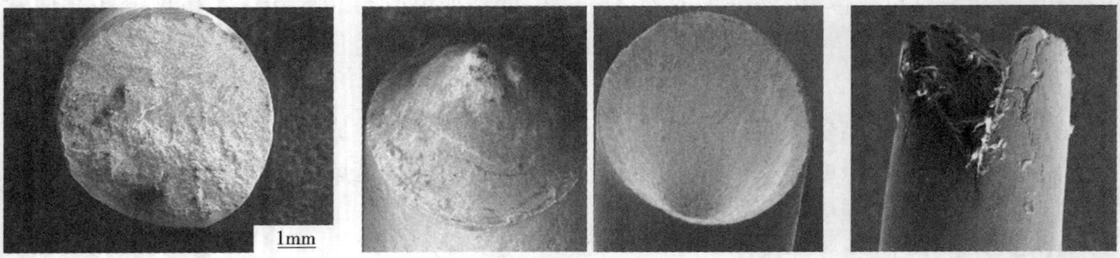

(a) (b) (c)

图 10-15 硬线钢拉拔常见断口形貌

（a）平直状脆性断口；（b）斜劈状断口；（c）杯锥状断口

A *平直状脆性断口*

平直状脆性断口一般发生在盘条放线和拉拔的前几道，断口无径缩。断口平直，无明显的塑性变形，为典型的脆性断裂。此种断丝的产生原因有表面结疤、表面凹坑、机械损伤（如刮伤、撞伤及擦伤等）等缺陷以及表面增碳、皮下大型夹杂物或皮下夹渣。

表面缺陷引起的脆性断裂，在电镜下观察其断口形貌，能看到放射条纹呈“人”字形，“人”字形的尖部指向试样边缘，说明断裂起源于此，即断裂是从表面开始，如图 10-15（c）所示。

扫描电镜下观察，对应裂源处的侧面上一般能发现明显的斜向表面损伤，损伤处有多条平行于断面的裂纹（图 10-16（a）），过损伤处取纵断面制样后在金相显微镜下观察，裂纹成某一角度于表面向心部扩展，表面层有明显的冷变形纤维流线组织形态（图 10-16（b）），这种情况下的断裂往往与表面损伤息息相关，这种表面损伤是由常温局部变形造成的，是运输和装卸过程中的操作不当导致的结果。局部变形产生加工硬化，塑性变形能力下降而脆性增大。形状不再圆滑使盘条在受力时产生较大的应力集中，而这种高应力由于盘条的

脆性增加不能通过塑性变形得到释放，导致裂纹萌生扩展，最后产生脆断。

图 10-16 平直断口表面损伤及组织

(a) 表面损伤；(b) 表面裂纹和冷变形组织

表面增碳和大型夹杂物影响的脆性断裂，一般在断口横截面上能观察到明显的增碳或夹杂物，夹杂物尺寸一般在 50μm 以上。

B 斜劈状断口

斜劈状断口多产生于中间及接近成品道次。产生原因为：(1) 主要是由于拉拔产生的轴向力与拉丝模中心线不对中引起盘条四周受力不均，将磷化膜刮掉，轻者形成裂纹，重者使拉丝模磨损老化造成模孔失圆，最终导致钢丝劈裂。(2) 盘条表面局部渗碳，拉拔时未断丝，但钢丝表面形成龟裂，捻制或服役时劈开。

因拉拔不对中或润滑不良造成的断口如图 10-17 所示。一般在断口对应裂源的侧面能发现平行排列的鱼鳞状裂纹，切取过裂纹源的纵向金相试样进行观察，裂纹源一侧表面有多条裂纹与表面成某一角度或垂直表面向心部延伸（图 10-17（a）），裂缝内没有夹杂物和氧化铁，裂缝两侧也没有异常组织。试样的另外一侧表面有一薄层与基体结合良好的涂层（图 10-17（b））。能谱分析时，涂层成分中含有 P、O、Zn 等（图 10-17（c）），可说

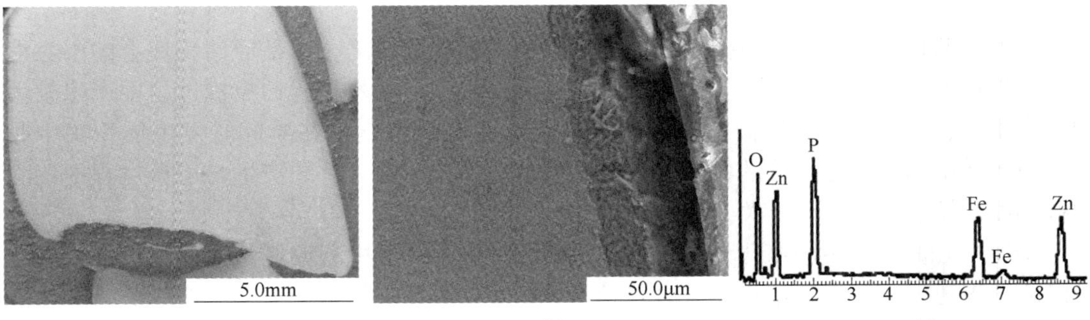

图 10-17 润滑不良造成的断口电镜图

(a) 断口纵断面；(b) 断口边部涂层；(c) 涂层的能谱特征

明为拉拔前的磷化层，而裂纹源一侧没有此涂层。此种断裂的原因可确定与拉拔时润滑不良密切相关。

因表面局部增碳形成的断裂，可观察到表面渗碳造成的成品丝龟裂，电镜下龟裂处高倍组织表层为块状碳化物+珠光体，内部为网状渗碳体，具有明显表面增碳特征，一般认为是由于结晶器液面不稳定，造成结晶器卷渣，导致钢坯表面增碳。

C 杯锥状断口

杯锥状断口一般是由于心部存在大范围的网状渗碳体和中心缺陷，电镜下观察时，断裂面呈倒圆锥形从试样边缘向心部凹陷，试样没有明显的塑性变形，可判断这种断口的裂源位于心部，于锥尖切取纵断面在扫描电镜下，可观察到离锥尖很近并处于试样的对应部位的地方有多条不规则裂纹（图 10-18（a）），放大后观察可知裂纹是由原始的孔洞缺陷扩展而成（图 10-18（b））。若取横截面观察，可发现多个孔洞缺陷（图10-18（c））。

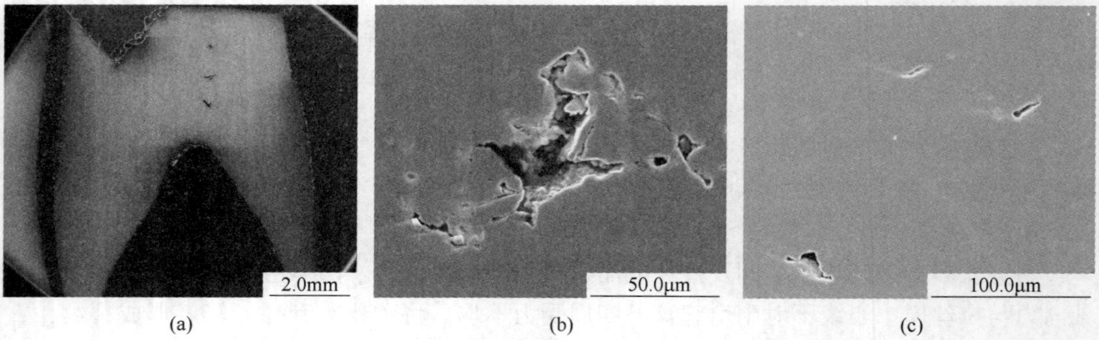

图 10-18 润滑不良造成的断口电镜图
（a）纵断面；（b）纵断面裂缝；（c）横断面缩孔

中心存在大面积（一般尺寸范围在 150μm 以上）网状渗碳体时，电镜下网状区域的边缘会有明显变形。可知在钢丝受拔丝模压应力向心部变形渗透时遇到网碳组织，连续性受破坏，在拉拔应力作用下，网碳区域的边缘首先滑移形成纤维孔洞，变形无法深入，随着拉拔变形量增加，裂纹扩展造成断丝。这时的中心裂纹处浸蚀后一般没有异常组织和夹杂物。

杯锥状断口与连铸工艺有关。断口不规则形状的孔洞缺陷，正是原始铸坯上的中心缩孔在热轧过程中由于受力不均匀而形成的。这种不规则形状的孔洞在拉拔过程中产生较大的应力集中，导致裂纹扩展而断裂。而钢坯中的缩孔是由钢液在凝固时发生体积集中收缩，而最后结晶的中心部分的体积收缩得不到补充而产生的。它的产生与连铸过程中钢水的过热度和拉坯速度密切相关。

铸坯中心偏析、中心缩孔是造成杯锥状断裂的根源，而中心偏析是造成马氏体、网状渗碳体的根源。当微区碳偏析，碳含量达 0.9%时，运用现代控冷手段是无法消除网状渗碳体的。铬、锰中心偏析一般分别为边部含量的 3.5 倍和 2 倍，这种情况下，要彻底消除中心马氏体很困难。实践表明，采取结晶器电磁搅拌、末端电磁搅拌或末端压下技术，配合低过热度浇铸、恒速浇铸和合理的二次冷却强度，可消除中心网状渗碳体，但无法完全消除马氏体。只要使马氏体纵向不连续，横向尺寸控制在 10μm 以下且面积比不高于 3%，就能减轻断丝的发生。

10.4.3.2 延迟断裂

延迟断裂是一种由氢造成的晶界脆化，即受静载荷的材料经过一定时间后产生脆性断裂的现象，由延迟破坏而得名，属沿晶断裂。高强度钢的延迟断裂敏感性问题，是从对桥梁、建筑结构、汽车等的残酷破坏的研究中认识到的。为了避免这个问题，国外曾对用于桥梁等方面的高强度螺栓进行了强度限制。预应力管桩钢丝是经冷拔加淬火回火工艺生产出来的热处理强化型低合金钢，其成品的组织一般为回火马氏体+贝氏体回火组织或回火马氏体+回火屈氏体+少量铁素体组织等。自然环境中钢的延迟破坏主要发生在回火马氏体中，其特点是：（1）在使用应力不低于 1200MPa 的条件下其敏感性增大。（2）350℃左右低温回火时延迟断裂敏感性增大。（3）原始奥氏体晶界的破坏是主要的断裂原因。这些特点说明，在原始奥氏体晶界，350℃时形成晶界碳化物，成为位错的障碍，同时，磷、硫及其化合物在晶界的析出，尤其是氢在晶界的聚集，使晶界的凝聚力下降，形成晶间断裂。

高强度硬线的延迟断裂一般发生在管桩钢丝的静态存放过程中。为避免延迟断裂，一方面在硬线盘条成分选择上，适当增加延迟断裂敏感性小的硅、锰等元素含量，一方面控制深加工时回火温度不能太低。

10.4.3.3 疲劳断裂

用于生产碳素弹簧钢丝、帘线钢丝和钢丝绳等硬线钢产品，容易产生疲劳断裂问题，钢丝的抗疲劳性能取决于成分、洁净度、组织、应力状态、表面质量、镀层等许多方面。

这些钢在生产中一般采用无铝脱氧剂，以避免钢中生成纯 Al_2O_3 脆性夹杂，并要求其他各类夹杂在 0.5 级左右。加工工艺对钢丝疲劳性能的影响表现在总的压缩率上。对于高碳钢盘条，压缩率与疲劳强度的关系为随着压缩率的增大，疲劳强度增高，当疲劳强度达到最大值，继续增大变形量疲劳强度下降。另外，表面缺陷会强烈降低钢丝的疲劳极限，是疲劳裂纹源产生和发展的主要原因。拉拔时的沟痕和锈蚀严重降低钢丝的疲劳极限。在总变形量确定的情况下，每道次的变形量比较小时对钢丝的疲劳性能有利。在满足拉拔润滑条件的前提下，采用合适的模具角度、小的道次变形量和长的定径带长度，能提高钢丝的疲劳性能。

生产高强度钢丝时，应选用较高的碳含量，降低总变形量，增加拉拔道次，减少道次变形量。加强钢丝的表面保护，防止拉拔和运送过程中对钢丝表面造成划伤、锈蚀等缺陷；同时消除钢丝中心和表面损伤，防止应变时效等。

10.4.4 硬线钢的冶炼与连铸

电弧炉流程生产硬线钢，一般选择的工艺流程为：EAF—LF/VD（RH）—连铸。生产高级线材的冶金工艺根据连铸机类型可分为两大类：一类是小方坯；另一类是大方坯或矩形坯。从生产成本考虑，小方坯有明显的比较优势。为进一步减少方坯的内部缺陷，各生产厂家在连铸过程中采取了低过热度浇铸、电磁搅拌、轻压下、重压下等一系列工艺措施，并取得了不同程度的进步。

10.4.4.1 电弧炉生产硬线钢氮含量控制

氮在钢中的危害主要表现在：Fe_4N 导致钢材的时效性，降低钢的冷加工性能，造成焊接热影响区脆化。此外，氮会造成连铸坯开裂。对于高碳钢盘条，经拉拔、捻股（轧制）制成高强度钢丝、预应力钢丝、钢绞线、钢丝绳、异形钢丝等，如果氮含量高，会出现时效明显、捻股（轧制）断裂等问题。

电弧炉流程生产硬线钢时，要严格控制钢中氮含量及钢中总氧含量。在入炉料结构中，需要适当地提高总配碳量，如配入30%以上热装铁水，或者适当多配加生铁块等其他含碳原材料，以减少电能输入增氮，提高脱碳脱氮效果，同时确保终点碳含量控制在钢种成分中限要求的2/3以上。

控制电弧炉炼钢过程的氮含量，一是要控制电弧炉炼钢过程的氮含量；二是要减少炉外精炼过程钢液增氮量。为了保证电弧炉流程生产低氮钢，且冶炼和精炼周期能满足连铸节奏要求，必须控制钢液脱氮及吸氮速度，这对电弧炉炼钢过程更为重要。

A 电弧炉冶炼脱氮

现代电弧炉炼钢采用留钢留渣操作模式，吹炼开始时炉内已经有一定体积的金属熔池，也就是说从吹炼开始就存在着吸氮的可能，所以为了减少钢液从大气中吸氮，及早造泡沫渣避免钢液面裸露，特别是冲击凹坑处的钢液面裸露，是有效的措施，这一点在熔清后电弧炉吹炼后期尤为重要，泡沫渣渣层厚度应高于电弧冲击凹坑深度。因为吹炼后期钢液中碳含量低，CO气泡携带脱氮能力低，这时如果造不好泡沫渣，可能会使后期钢液增氮量大于CO气泡携带脱氮量，表现为出钢时钢液中的氮含量比熔清时钢液中氮含量高。为了防止电弧炉冶炼过程中电弧区的增氮，造好泡沫渣避免钢液裸露是有效措施，特别是熔清后，应保证渣中MgO含量在7%~9%，既是为了造黏度合适的渣，同时也是防止炉渣对炉衬的侵蚀。

电弧炉加部分铁水操作，除铁水含氮量较低外，铁水中有较高的碳含量，在电弧炉冶炼期间的吹氧脱碳时，氧流冲击区氧含量很高，碳-氧反应激烈，反应区温度可达2600℃左右，这时［O］、［S］阻碍钢液脱氮的影响消失，故尽管［O］、［S］高，在碳-氧反应区仍存在脱氮的可能。另外，由于碳-氧反应生成大量的CO气泡，对于钢液中的氮来说是一个小真空室，钢液中的氮会通过浸润、扩散进入气泡，随着气泡上浮而溢出到大气中，从而完成脱氮的过程。

B 控制精炼增氮

LF精炼操作不当往往会造成钢液增氮，控制好LF精炼方式，可以保证增氮量小于0.0005%。普遍认为LF增氮的主要原因是钢液与大气的接触、电弧区气体电离以及原材料带入氮。

精炼期的还原性气氛在有碳存在的条件下，熔渣溶解氮的能力增加。相比较而言，气相的氮位比钢液的氮位要高得多，使得氮从气相进入钢液的机会增多。吹氩搅拌时较大功率的搅拌，如果使钢液面翻滚裸露，脱氧、脱硫钢液会严重增氮，故LF精炼操作前期增氮量较大。在精炼渣温度低于钢液温度的条件下，钢液几乎不吸氮，精炼渣能很好地防止吸氮，所以保持合理的渣量，并在精炼过程中保持顶渣有很好的铺展性，对于控制钢液增氮很重要。精炼渣与钢液的温度接近，即LF加热时，钢液吸氮严重。温度升高，钢液吸氮的速率常数增大，氮在渣中的传质系数增大。所以，尽可能减少顶渣的高温停留时间对于减少钢液吸氮是很有益的，在LF精炼过程中，采用大功率加热并且配合埋弧渣，缩短高温渣存在的时间，有利于防止钢液吸氮。

总之，LF精炼过程中脱氧、脱硫良好的钢液容易裸露增氮。控制吹氩搅拌强度及造好埋弧渣，保证钢液面不翻滚裸露是减少LF精炼过程钢液增氮的关键。

C 控制连铸过程增氮

在浇铸初期特别是换包时钢液增氮情况严重，这是因为浇铸初期中间包基本为空包，包壁上吸附的大量氮气会卷入钢液，同时钢液不能被中间包覆盖剂良好覆盖且钢液容易翻滚，中间包内脱氧良好极易增氮的钢液裸露于大气中，吸氮速度很大。在多炉连浇过程中，更换钢包、中间包覆盖不好等均会造成钢液增氮。因此，采用中间包全程保护浇铸十分重要。采用中间包氩封，氩气可由中间包底透气砖以小气泡方式吹入空包或钢液，通过钢液层时清洗钢液，带出其中的夹杂物。氩气泡自钢液表面析出后，聚集在用盖子密封的中间包内上部空间保护钢液，减轻钢液的吸氮，是降低钢中氮含量、生产洁净钢的重要措施之一。

10.4.4.2 硬线钢中非金属夹杂物控制

非金属夹杂物会危害钢材的性能，包括钢材的抗疲劳破坏性能、延性、韧性、焊接性能、耐腐蚀性能、抗HIC性能、加工性能等。高碳钢中的非金属夹杂物包括复相硅酸盐夹杂物、硫化物及由它们相互作用形成的复合夹杂物，小尺寸外来夹杂物多以形核中心的形式存在于复合夹杂物内。

A 硬线钢中常见非金属夹杂物形貌及能谱特征

硬线钢中常见非金属夹杂物有：单纯的Al_2O_3夹杂，Al_2O_3与SiO_2、CaO、MgO、硫化物的复合夹杂，Al_2O_3与硫化物的复合夹杂，Al_2O_3与SiO_2、MnO的复合夹杂等。其在电镜下的形貌如图10-19所示。

钢中内生非金属夹杂物一般尺寸较小，而由耐火材料和合金中的杂质带入的外来非金属夹杂物一般是硬质夹杂物，而且尺寸较大，在拉拔、捻制或轧制过程中，容易诱发钢丝的断线。可见，降低外来非金属夹杂物也是极为重要的。对外来非金属夹杂物进行能谱分析发现，不同来源的夹杂物具有不同的能谱特征，主要差别是保护渣卷入时，有明显的Na峰或K峰，而炉渣和耐火材料无此峰；耐火材料带入的夹杂物Al峰或Mg峰较高，这是区别于其他非金属夹杂物的特征元素；炉渣卷入时，保留了原始炉渣Ca峰较高的特征，但也有明显的Al峰或Mg峰。外来非金属夹杂物的能谱特征对区分钢中大型非金属夹杂物的来源有帮助，可以有针对性地采取措施，进一步降低外来非金属夹杂物。

B 硬线钢中非金属夹杂物控制

a 精炼渣系的选择

精炼渣系一般选用$CaO-Al_2O_3-SiO_2$三元低熔点渣系（图10-20[13]）。精炼渣的功能首先是脱硫、脱氧，去除钢中夹杂物；其次是保护包衬，提高热效率，防止钢液吸气。对于金属制品用材，如中高碳硬线、轴承钢、弹簧钢等，不仅要降低钢中非金属夹杂物总量，更要注意控制氧化铝及含铝复合夹杂物的尺寸、形貌和分布等，以保证钢材的拉拔性能、捻股性能及疲劳性能。目前中高碳精炼渣有高碱度（$CaO/SiO_2>3$）和低碱度（$CaO/SiO_2\leq2$）两类，高碱度渣具有硫容量大、精炼的钢含氧低的优点，但易生成铝酸钙型球状非金属

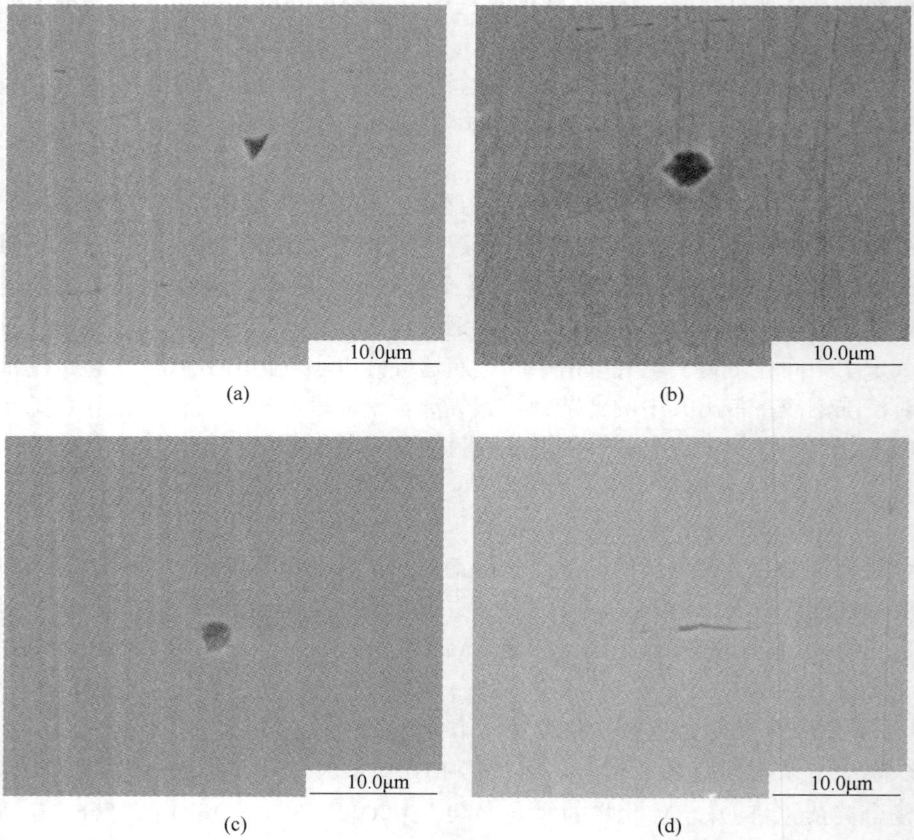

图 10-19 高碳钢中常见非金属夹杂物形貌

(a) Al_2O_3；(b) Al_2O_3、SiO_2、CaO、MgO 与硫化物的复合夹杂；
(c) Al_2O_3 与硫化物的复合夹杂；(d) Al_2O_3、SiO_2、MnO 的复合夹杂

夹杂物。另外，由于高碱度渣流动性不好，为提高流动性，需提高萤石的加入量，加大了炉衬侵蚀带入的外来非金属夹杂物。低碱度渣易于吸收钢中非金属夹杂物，并能有效控制其形态与性质，特别对消除钢中点状非金属夹杂物十分有利，而且由于碱度低，炉渣的流动性好，能促进冶金反应速度，同时硫化物非金属夹杂的数量能控制在满意的范围内。但采用低碱度渣系（碱度控制在 1.0~2.0），要求配有铁水预脱硫，以减轻 LF 的脱硫压力。

b 脱氧方式的选择

硬线钢中内生非金属夹杂物来自脱氧产物和冷却及凝固过程的沉淀析出。外来非金属夹杂物主要来源是炉渣卷入与耐火材料熔损卷入。从拉拔或轧制时夹杂物的破裂角度考虑，有必要对耐火材料和添加的铁合金加以选择。在冶炼过程中，为了得到变形能力好的夹杂物，应该采用 Si-Mn 脱氧，而不能加铝或含铝较高的合金材料进行脱氧。

c 系统控制非金属夹杂物含量

硬线钢非金属夹杂物控制是一个系统工程，应该着眼于整个冶炼及浇铸过程，全程采

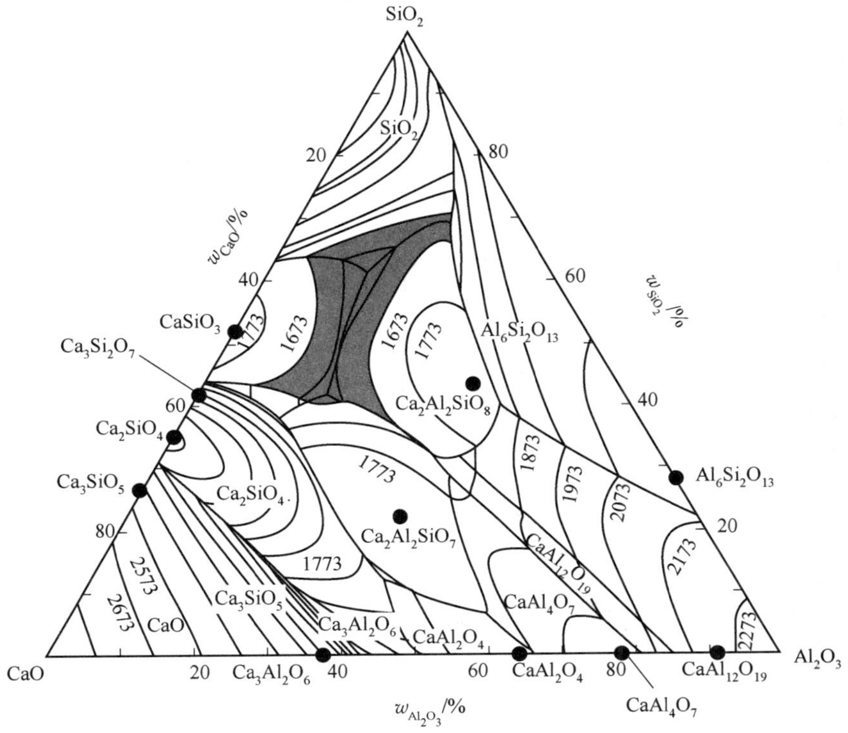

图 10-20 CaO-Al$_2$O$_3$-SiO$_2$ 系相图

取有效措施，包括加强过程管理，提高拉碳合格率，避免钢水过氧化；完善挡渣工艺，抑制或消除出钢过程下渣；根据不同的钢种采取相应合适的精炼渣系；针对不同精炼目的，应用合理的吹氩模式；优化中间包内部流场，加强中间包包体维护，改进中间包水口材质，延长水口使用寿命，减少非稳态浇铸；改善保护渣性能，合理使用结晶器电磁搅拌控制液相穴钢水流动状态等措施，达到有效去除夹杂物，提高钢水洁净度，从而降低铸坯整体的夹杂物含量水平的目的。

10.4.4.3 硬线钢铸坯质量控制

硬线钢的中心缺陷是影响其产品质量的重要因素。严重的中心缺陷会影响盘条的拉拔性能，使其盘条产品在拉拔量不大的情况下就产生断丝现象。中心缺陷包括铸坯心部元素偏析、中心疏松和缩孔。

A 铸坯心部元素偏析

连铸坯宏观偏析主要表现为溶质元素在铸坯中心分布的不均匀性，即中心偏析。中心偏析是连铸坯中最常见的宏观缺陷，由于后续加热炉加热与轧制对其改善程度有限，退火或热处理也不能将其完全消除，因而对材料的力学性能和加工性能造成有害的影响。对于碳含量大于 0.45%的高碳钢种，当过热度大于 15℃，且拉速较高时，容易产生十分严重的碳硫中心偏析，铸坯轧后冷却时产生马氏体和贝氏体的转变产物，对氢脆裂纹非常敏感，同时中心偏析区粗大的沉淀物（如 MnS、Nb(C，N)），加速了中心裂纹的扩展。

连铸坯中心偏析的影响因素有：

（1）浇铸温度的影响。发达的柱状晶会引起连铸坯的中心偏析，而柱状晶与等轴晶区的比例又主要取决于浇铸温度（钢水过热度）。过热度越低，则铸坯断面上产生的等轴晶区的比例就越大，从而偏析所占面积就越小[14]。

（2）拉速的影响。对于断面和成分确定的铸坯来说，提高拉速，液相穴变长变尖，钢水补缩条件恶化，同时，液相穴内钢水过热度移除延长，增加了柱状晶搭桥和形成小钢锭结构的概率，也使铸坯鼓肚的概率增大。

（3）二冷强度的影响。二冷不当，会造成凝固坯壳太薄，铸坯表面温度过高（>1100℃）。铸坯在高温下强度很低，在液心钢水静压力作用下，坯壳会发生蠕变从而产生鼓肚，尤其是接近液相穴末端，残余母液的凝固潜热骤然释放，会使铸坯表面温度升高而形成鼓肚，导致成分富集钢液流动，造成严重的中心偏析。二冷强度又不宜过大，否则断面上温度梯度过大，会促进柱状晶的生长。

等轴晶率和鼓肚量是影响中心偏析的两个主要因素。凡是对这两个因素有影响的任何因素，都会影响铸坯质量。如碳含量，辊子间距、刚性及对中精度，铸坯断面大小，铸坯形状等因素，都会引起等轴晶率和鼓肚量的变化，必然会导致对铸坯质量的影响。

元素偏析是影响中高碳钢连铸坯质量的重要问题，中心偏析是连铸小方坯的代表性缺陷。以平衡分配系数 K 来评价：$K=1$ 无偏析；$K>1$ 正偏析；$K<1$ 负偏析；$1-K$ 值越大，说明元素偏析越严重。

由溶质元素偏析倾向可知（表 10-8），钢中的碳是易偏析元素，当碳偏析较高时，易形成脆性的网状渗碳体或马氏体，从而导致拉拔性能恶化。

表 10-8 常见元素 K 值表[15]

元素		C	Si	Mn	P	S	Cr	V	Ti	O	N
δ-铁	K	0.13	0.66	0.84	0.13	0.02	0.95	0.90	0.14	0.02	0.28
	$1-K$	0.87	0.34	0.16	0.87	0.98	0.05	0.10	0.86	0.98	0.72
γ-铁	K	0.36	0.50	0.95	0.06	0.02	0.85	—	0.07	0.02	0.54
	$1-K$	0.64	0.50	0.05	0.94	0.98	0.15	—	0.93	0.98	0.46

B 中心疏松和缩孔

由于凝固条件的差异，凝固前沿柱状晶的生长出现不均衡现象，铸坯纵断面中心产生“晶桥”，将钢液隔开，桥下部分凝固最晚。当此部分残余液体凝固收缩时，若得不到充分补缩，则会在枝晶间形成许多分散的小缩孔或在心部形成封闭的缩孔，从而形成连铸坯的中心缩孔或疏松，并伴有严重的中心偏析和夹杂物的富集。这些心部缺陷会成为轧制、力学性能试验实验及深加工（拉拔或轧制）过程中的断裂源，最终导致轧件断裂或钢材失效。

硬线钢方坯在凝固末端铸坯中心部分的温度下降非常快，而其表面温度下降较慢。由于表面与中心冷却速度的差异，引起了断面上的热收缩，导致铸坯中心孔洞的形成，造成富集溶质钢液的流动，形成中心偏析。

C 硬线钢连铸方坯宏观偏析的控制方法

随着方坯连铸生产的弹簧、轴类、预应力钢绞线、钢丝绳、胶管帘线等高端品种的逐渐增加，连铸新工艺、新技术在方坯连铸上的应用日益成熟。研究表明，采用低过热度浇铸、电磁搅拌、轻压下和凝固末端重压下等技术，减少易偏析元素含量等，对改善方坯钢，尤其是高碳硬线钢铸坯的中心疏松、缩孔和偏析有明显的效果。

（1）低过热度浇铸技术。高碳硬线钢（C≥0.60%）过热度超过 25℃，柱状晶发达，形成穿晶结构，产生中心偏析；过热度小于 15℃，中心等轴晶区扩大，中心偏析减轻。当等轴晶率达到 35%~40%以上时，中心缺陷大为减轻。但通常的连铸工艺要将钢水温度降低到液相线附近，会造成水口堵塞，钢包和中间包严重结壳，也不利于中间包内夹杂物的去除。20 世纪 90 年代初，比利时冶金研究中心（CRM）开发出一种空心喷出式新型水口，可实现低过热度浇铸，当中间包过热度为 15℃时，结晶器内钢水过热度为 0~7℃，使高碳钢（C=0.8%）铸坯中心偏析基本消除，凝固组织得到细化。

目前世界上连铸技术较为发达的国家提出采用“0”过热度浇铸技术。国内钢厂也在努力降低过热度，一般硬线钢生产厂均将过热度定在 20℃左右或小于 20℃（根据钢种而定）。

（2）电磁搅拌技术。通过在连铸机的不同位置安装不同类型的电磁搅拌装置，利用其所产生的电磁力强化铸坯内钢液的流动、传热和传质过程，产生抑制柱状晶发展、促进成分均匀与夹杂物上浮细化的热力学和动力学条件，进而控制铸坯凝固组织，改善铸坯质量。

结晶器电磁搅拌（M-EMS）是指通过电磁力对结晶器钢水产生旋转运动作用于钢液凝固初期，使初凝坯壳趋于均匀生长（有利于减少铸坯角部裂纹）并促进夹杂物上浮，对于改善铸坯表面和皮下质量、加速过热度消除、扩大中心等轴晶区和减少铸坯内部夹杂及中心疏松和偏析等均有着积极的冶金效果。二冷区电磁搅拌（S-EMS）的作用是使钢水流动打断正在生长的柱状晶，阻止“晶桥”形成，减轻了中心疏松与缩孔。同时，被打断的碎晶作为等轴晶核心长大沉积在液相穴底部，同样阻止了柱状晶的生长，增加中心等轴晶区，减少了中心偏析。凝固末端电磁搅拌（F-EMS）除了有利于减轻“晶桥”现象之外，还能减轻方坯中心区等轴晶滑移、塌落引起的“V”形偏析，并进一步减轻铸坯中心偏析、中心疏松。实践表明，高碳钢采用组合搅拌（如 M+S+F 三段组合、M+F+凝固末端强冷技术等）条件下，不但等轴晶比率较高，偏析度较小，而且还可以消除因搅拌而产生的白亮带。但电磁搅拌的效果会因采用不同的搅拌系统、搅拌方式（连续式或交替式）而有一定的差别。

（3）轻压下技术。轻压下技术是在“收缩辊缝”技术的基础上发展而来的，经历了由静态轻压下向智能化动态轻压下的发展，逐渐成为目前广泛应用的连铸技术。轻压下技术按实施方式分为机械应力轻压下和热应力轻压下，前者包括辊式轻压下和连续锻压轻压下，后者也称为凝固末端强冷技术（面式轻压下）。其中，热应力轻压下应用范围较小（如不能用于裂纹敏感钢、断面较大连铸坯等），而凝固末端连续锻压技术因其设备复杂、成本较高等，应用也受到了限制。目前辊式轻压下已成为轻压下技术应用的主要方向。

采用轻压下技术通过在连铸坯凝固末期附近施加压力（热应力和机械应力），产生一定的压下量，阻碍含富集偏析元素的钢液流动，从而减轻中心偏析，同时补偿连铸坯的凝固收缩量以消除中心疏松。实践表明[16]，在连铸方坯中实施轻压下，随总压下量的增加，碳偏析减小，同时应注意最佳的压下位置、压下量及其控制，以减少裂纹的形成。

（4）凝固末端重压下技术随着中国装备制造业向大型化、智能化和精密化的方向发展，国内大/宽断面连铸机数量迅速增长，而断面的增大也带来了铸坯偏析与疏松等突出问题。为此，大方坯连铸同时采用了末端轻压下与电磁搅拌的技术措施。然而，大断面连铸生产过程中，凝固坯壳对压下量的耗散作用随其厚度的增加而倍增，常规的轻压下变形量已不能渗透至铸坯心部，无法充分焊合凝固缩孔，消除中心疏松。因此，为进一步改善连铸坯的心部质量，全面提升铸坯致密度，以满足低轧制压缩比制备大规格型材、棒材与厚板的工艺需求，近年来国内开展了关于“凝固末端重压下技术”装备、工艺与控制的系统研究开发工作。

目前，凝固末端重压下技术的实施方式以“辊式”为主，包括“多辊重压下”和“单辊重压下”。相对于轻压下技术，重压下技术可充分利用铸坯内外温差超过500℃的温度梯度，实现变形量向铸坯心部的高效传递，达到焊合中心缩孔、改善中心疏松、全面提升铸坯致密度的工艺效果。实践表明[17]，在连铸方坯（包括小方坯）中实施重压下技术，通过选择合适的压下位置与合理的压下量，同时根据钢种选择合适的压下方式（即多辊或单辊），可以达到理想的改善效果，并减少裂纹的形成。

近年来，随着经济发展、国家战略需求及钢铁产品结构调整，市场对优质硬线钢的需求日益增加，特别是高质量的预应力钢丝、钢绞线、钢丝绳、钢帘线等高附加值产品的用量不断增大。电弧炉流程冶炼硬线钢，首先应该根据钢种应用要求及质量要求，选择适宜的合金化方式及工艺流程；严格控制钢中氮含量及夹杂物含量，特别是夹杂物类型和尺寸；确保连铸坯凝固质量，应用电磁搅拌、末端压下等技术，减少铸坯内部疏松、缩孔、偏析等缺陷。确保硬线钢盘条具有高精度尺寸、稳定的化学成分、洁净的钢质、良好的力学性能以及金相组织。

10.5 石油管用钢

石油、天然气是交通、航空、冶金、化工等工业的重要原料和燃料，是与人们生活紧密相关的能源物资之一，对国民经济的发展起着举足轻重的作用。我国石油工业的建设和发展迅速，建国初期只有几个小油田，1949 年全国原油产量仅 12 万吨，天然气也只有 700 万立方米。经过几次具有历史意义的石油大会战，以及 20 世纪 70 年代相继开发的几个大油田，到 2022 年，全国已有 993 个油气田，年产原油 2.04 亿吨，天然气 2200 亿立方米。

为了开采这样大的油气资源，每年必须钻探成千上万口油气井，敷设大量油气管线，例如油井管的消耗量可按每年钻井进尺推算，按照我国的具体情况，大体上每钻进 1m 需消耗油井管 55~62kg，其中套管 38~42kg，占 68.74%~69.10%；油管 14.5~16.5kg，占 23.40%~26.61%；钻杆 2.5~3.0kg，占 4%~4.84%；钻铤 0.5kg，占 0.81%。预计“十四五”期间我国油井管年均需求量将达到 300 万吨。

因此，石油管用钢成为油气田在勘探、钻采、输送中不可缺少的钢材。据统计，我国每年石油管用钢的投资约占石油工业总投资的20%。

10.5.1 石油管的分类及应用

10.5.1.1 石油管的分类

石油管包括油井管和油气输送管（以下简称管线管）两大类。

油井管，简称OCTG（Oil Country Tubular Goods），由专用螺纹连接成数千米的管柱，用于石油、天然气的钻、采。油井管的成本占油井开发成本的20%~30%。

管线管，由螺纹连接或焊接成管线，用于石油、天然气高效长距离输送。管线管成本占管线工程成本的30%~35%。

A 油井管的种类

油井管包括钻具用管、套管和油管，它们在油井中的位置见图10-21。

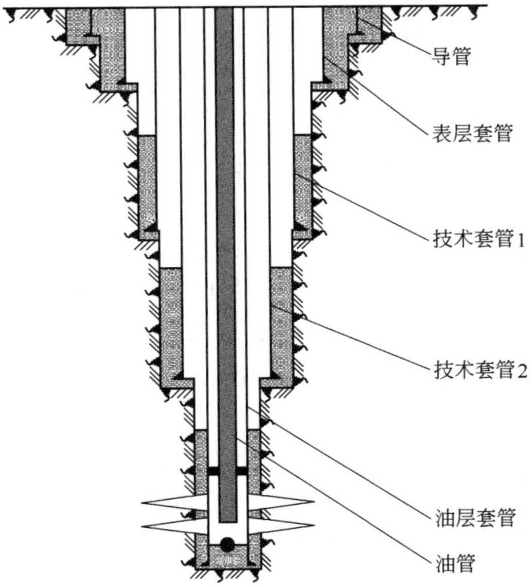

图10-21 套管柱与油管柱在油井中的位置

a 钻具用管

在钻井过程中，钻具中的方钻杆、钻杆、加重钻杆、钻铤、钻头从上至下由专用螺纹连接成钻柱。钻柱是带动钻头从地面钻进到井底的核心钻孔工具，可以重复使用。它的主要作用：(1) 起、下钻头；(2) 施加钻压；(3) 传递动力；(4) 输送钻井液；(5) 进行特殊作业，如挤水泥、处理井下事故等。

方钻杆：有四方形和六方形两种。它的作用是把地面上的动力通过转盘传递给钻柱。

钻杆：是钻井的主要工具，连接在方钻杆下端，起到传递动力和输送泥浆的作用。

钻铤：钻铤连接在钻柱的下部，与钻头相连，破碎岩石时给钻头施加压力，并在打直井时起导向作用，使井身不致歪斜。

加重钻杆：是钻杆和钻铤之间的过渡钻具，主要作用是改善钻杆与钻铤相连接的受力环境，也起着为钻头加压的作用。

方钻杆、钻杆、加重钻杆、钻铤合计用量约占油井管的5%，其中钻杆使用量最多。

b 套管

套管是支撑油、气井井壁的钢管。套管是一次性使用的管材，下井时，套管之间由套管管体和接箍的专用螺纹连接组成套管柱。一口井，按井的深度和地质情况，一般要用好几层套管柱，因而得名“套管”。

套管按使用情况可分为导管、表层套管、技术套管和油层套管（图10-21）。

导管：主要用于海洋、沙漠的油井中，用以隔开海水或沙子，保证钻井顺利进行。

表层套管：主要用于第一次开钻，钻开地表松软地层到基岩，封隔这部分地层不致坍塌。下井深度取决于松软地层的深度，一般为80~150m。

技术套管：用于复杂地层的钻井中，当遇到坍塌层，油、气、水层、漏失层、盐膏层等复杂部位时，都需要下技术套管进行封固，否则钻井就无法进行。有时遇到复杂地层深度达数千米，需要下好几层技术套管，其力学性能和密封性能要求都很高。

油层套管：钻井到目的层（含油、气层位），需用油层套管将油气层及上部裸露地层全部封住，油管固定于其中。油层套管下井最深，其力学性能和密封性能要求最高。

套管的合计用量约占油井管的70%，其中技术套管使用量最多。

c 油管

油气井打好固井之后，在油层套管中设置由专用螺纹连接成的油管柱，油管可以重复使用。其主要作用是：构成井下油气层与地面的通道，控制原油和天然气的流动；当井下压力不够时，通过油管柱向井内注水；在稠油热采过程中，用隔热油管柱向井下输入蒸汽；到了打井后期或为了提高油气井产量时，通过油管柱对油气层输入酸化和压裂的介质或固化物。

油管按管端形式分为不加厚式、外加厚式和整体接头三种。其下井深度基本上与油层套管相同，力学性能和密封性能要求也与油层套管相应。

油管的合计用量约占油井管的20%左右。

B 管线管的种类

管道输送是石油、天然气最经济、高效、安全、环保的运输方式，适合于定点、量大的单向输送（图10-22）。管道输送具有以下特点：(1) 运输量大；(2) 能耗小、运费低；(3) 便于管理，易于实现全面自动化，劳动生产率高；(4) 管线大部分埋于地下，受地形地物限制小，能缩短运输距离；(5) 安全密闭，基本上不受恶劣气候的影响，能长期稳定、安全运行等。

管线管主要按以下几种方式分类：

(1) 按照输送介质状态分类：流体（原油、成品油等）管线管和气体（天然气等）管线管。

(2) 按使用部位分类：主输送管线管、支线输送管线管、城市管网管线管。

(3) 按制管工艺分类：无缝管（S）和焊管。焊管又分为直缝高频焊管（ERW）、直缝埋弧焊管（LSAW）、螺旋埋弧焊管（SSAW）。

图 10-22 油气输送管线

10.5.1.2 石油管的作业环境

A 油井管的作业环境

a 钻柱

钻柱作业时，除承受拉、压、弯、扭载荷外，还要承受强烈的振动（包括纵振、扭振、横振）。同时，钻柱内壁受高压、高速钻井液的冲刷和腐蚀，外壁受套管或井壁的摩擦。其下钻作业中的猛提猛刹，产生较大的冲击载荷，容易使钻柱瞬时超载。此外，腐蚀介质、温度、井下压力等也都是不可忽视的工作环境[18]。

b 套管柱

套管柱在油气田开发过程中经受长期考验。在下井及固井过程中，套管柱承受外挤力、内压力和轴向拉伸力三种载荷。采用射孔方法完井的套管柱，还要承受射孔弹的大能量高温瞬时冲击载荷。在长期的油气开采过程中，除承受地层外挤力外，还要经受长期高压注水，多次压裂酸化和多种腐蚀介质的作用。

c 油管柱

采油过程中，油管柱所承受的载荷随着上、下冲程发生变化，下冲程高于上冲程。因此，油管柱主要承受轴向拉—拉交变载荷。此外，根据油气井的情况不同，油管柱还承受不同程度的弯曲应力。腐蚀介质也是油管柱的重要工作环境[19]。

B 管线管的作业环境

管线管是承担石油天然气长距离输送的管状压力容器，主要承受输送介质（原油、成品油、天然气等）的内压，同时承受由于温差造成的热应力、地层移动造成的弯曲应力以及制造、安装过程中产生的残余应力等。管内压力有波动时，将承受交变载荷。当输送介质中有腐蚀成分或外腐蚀层受到破坏时，还存在腐蚀问题。

10.5.2 石油管用钢的常见缺陷、产生原因及防范措施

石油管用钢是指生产石油管用坯料，主要指连铸圆坯。典型短流程 EAF→LF→VD→CC 生产的连铸圆坯质量缺陷可分为外观质量缺陷和低倍组织缺陷。

10.5.2.1 外观质量和低倍组织要求

对连铸圆坯外观质量和低倍组织要求如下：

（1）表面质量。表面不得有肉眼可见的重接、渣孔、夹渣、针孔、裂纹等缺陷，允许有深度不超过 1.5mm 的机械划痕、划伤、凹坑和凹沟存在。当圆坯表面存在上述缺陷时应修磨，修磨深度不超过公称直径的 4%，长深比不小于 8 倍，宽深比不小于 6 倍，修磨处应圆滑过渡。同一截面周边上修磨深度达公称直径 4%的区域不超过一处。

（2）外形尺寸。圆坯外观尺寸要求也高于其他产品，例如，圆坯长度偏差要求 0~50mm；圆坯弯曲度不大于 3mm/m 等。

（3）低倍组织。圆坯端面不允许有肉眼可见的缩孔，铸坯低倍（包括皮下裂纹、中部裂纹、心部裂纹、疏松、偏析等）评级一般不大于一级。

10.5.2.2 表面质量的常见缺陷、产生原因及防范措施

A 表面裂纹

连铸圆坯表面裂纹分为纵裂纹和横裂纹。表面纵裂纹是铸坯表面沿轴向形成的裂纹；表面横裂纹是铸坯表面与轴向垂直形成的裂纹。

连铸圆坯表面裂纹最常见的是表面纵裂纹（见图 10-23），一般认为连铸圆坯表面纵裂纹的产生原因主要是铸坯凝固初期坯壳厚度不均匀所致，其形成于钢水在结晶器的凝固过程，扩展于随后的冷却过程。

图 10-23 连铸圆坯表面纵裂纹

当连铸圆坯表面裂纹比较细小时，可通过修磨清理掉。但如果连铸圆坯表面裂纹比较严重时，则会造成铸坯报废。

消除连铸圆坯表面纵裂纹的防范措施有：

（1）选择与生产铸坯钢种、规格相匹配的铸机弧形半径，采用连续多点矫直技术。

（2）合理控制钢水化学成分磷、硫、氧、氮、铝、铜、铅、锡、砷、锑、铋的含量，减少钢中非金属夹杂物数量。如钢中磷不大于 0.015%，硫不大于 0.015%，可大大降低铸坯纵裂发生率；钢中铜不大于 0.20%，可以减少星状裂纹发生率；Mn/S>40，有可能消除星状裂纹。

（3）严格控制开浇温度。要确保低过热度浇钢，而且要确保钢包钢水温度均匀，减少

钢包钢水温降。如钢包、中间包必须烘烤，钢包、中间包包衬要绝热，钢包、中间包钢水要加覆盖剂保温等。

（4）结晶器浸入式水口插入深度要合适，必须与结晶器对中，结晶器足辊段与二冷室导向辊要准确对中弧度。

（5）中间包内钢水热流密度分布要均匀。严格按照中间包钢水过热度调整拉坯速度，拉坯速度尽可能恒定。

（6）按钢种和规格选用合适的结晶器保护渣，并保证保护渣能连续均匀地流入结晶器与铸坯的间隙中。

（7）确保结晶器振动平稳，采用“高振频，小振幅”的结晶器振动工艺。

（8）保证结晶器液面稳定，采用结晶器液面自动控制系统，使液面波动控制在±5mm以内。实践表明，相对于手动控制，液面自动控制的纵裂发生率降低0.1%；横裂发生率降低0.6%。

（9）保证合理的结晶器内壁镀层均匀，表面平滑。选用连续变化（如抛物线型）的多锥度结晶器。保证结晶器水缝均匀，确保连铸坯传热均匀。

（10）采用热顶结晶器，即通过镶入导热性差的材料，降低结晶器弯月面处的导热性，延缓坯壳的收缩，减轻铸坯表面凹陷，从而减少铸坯纵裂发生率。此办法对包晶钢钟最为有效。

（11）采用结晶器电磁搅拌技术，提高浇铸温度适应性，均匀凝固组织。

（12）选择合适的结晶器冷却制度和二次冷却制度，保证铸坯冷却均匀。对于合金钢，结晶器冷却为弱冷，二次冷却宜采用气雾冷却方式。

（13）保证合适的铸坯矫直温度，要避免在钢种的脆性温度区间（700~900℃）矫直。

（14）对合金元素含量高的钢种，要采取铸坯下线缓冷的工艺，避免低温裂纹的产生。

B 表面夹渣和凹坑

铸坯表面夹渣是指铸坯表面或皮下镶嵌的大颗粒渣子；而铸坯表面凹坑是指铸坯表面局部凹陷（图10-24），有些凹坑是因表面夹渣的渣子脱落而形成的。铸坯表面夹渣的产生原因主要是结晶器保护渣熔点过高所致。

图10-24 铸坯表面凹坑

铸坯表面夹渣和凹坑一般可通过修磨清理掉，不会造成铸坯或深加工后的产品报废。

消除连铸圆坯表面夹渣和凹坑的防范措施有：

（1）按钢种和规格选用合适的结晶器保护渣。结晶器保护渣要易于吸附钢水中 Al_2O_3 夹杂物，且性能稳定后，维持合适的保护渣液渣层厚度（7~12mm），同时注意季节变化对结晶器保护渣使用质量的影响。

（2）确保耐火材料抗侵蚀性良好，没有大块脱落现象。特别是钢包长水口、中间包浸入式水口、中间包塞棒、中间包挡渣墙的质量必须确保。

（3）保证全过程保护浇铸良好，特别是钢包长水口密封要良好，吹氩保护正常。减少因二次氧化形成的夹杂物进入结晶器保护渣，造成结晶器保护渣熔点升高，形成铸坯表面夹渣。

（4）严格按照中间包钢水过热度调整拉坯速度，拉坯速度尽可能恒定，减少“卷渣”现象。

（5）中间包浸入式水口插入深度要合适，不能过浅，否则易发生“卷渣”现象。

（6）检查二冷区段支撑辊是否粘有冷钢，注意及时清理辊上的氧化铁鳞。

（7）保证结晶器液面稳定，采用结晶器液面自动控制系统，使液面波动控制在±5mm以内。研究表明，液面波动±20mm 时，皮下夹渣深度小于 2mm。液面波动±40mm 时，皮下夹渣深度小于 4mm。液面波动大于 40mm 时，皮下夹渣深度小于 7mm。实践表明，相对于手动控制，液面自动控制的夹渣发生率可降低 0.4%。

（8）采用“高振频，小振幅”的结晶器振动工艺。

（9）采用低过热度浇钢工艺，特别是开浇第一炉的钢水过热度要低且均匀，可以采取镇静降温的办法来保证低过热度开浇，以保证结晶器液面的稳定。

（10）提高钢水洁净度，减少钢中 Al_2O_3 含量。

C 表面气孔和皮下气泡

铸坯表面气孔（图 10-25）是指在铸坯表面暴露存在的垂直铸坯轴向的圆形小孔，气孔常与铸坯表面凹沟（图 10-26）伴生；皮下气泡则是没有暴露的存在于铸坯表皮下的气孔，皮下气泡常与皮下裂纹伴生。铸坯表面气孔和皮下气泡产生的原因主要是钢中氧或氢含量过高所致，在潮湿季节发生铸坯表面气孔和皮下气泡则主要是由于钢中氢含量过高所致。该缺陷不易清理，常造成铸坯或深加工后的产品报废。

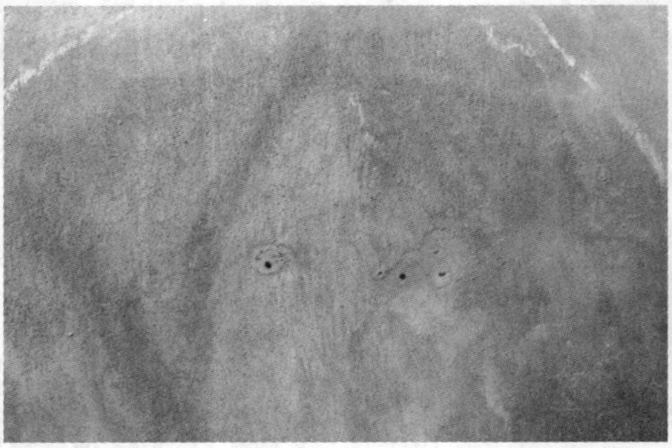

彩色原图

图 10-25 铸坯表面气孔

彩色原图

图 10-26 铸坯表面凹沟

消除连铸圆坯表面气孔和皮下气泡的防范措施有：

（1）控制出钢钢液过氧化现象，电弧炉要尽量控制熔清碳含量不小于0.08%，要保证钢水脱氧良好。

（2）保证钢水有足够的真空脱气时间，严格执行真空脱气处理的工艺规定。

（3）注意跟踪原辅材料的湿度变化，保证原辅材料保持干燥，特别是炉外精炼期间加入的合金、渣料等，有条件最好烘烤。如果没有原辅材料烘烤条件，应根据空气湿度变化，用真空处理的方法弥补，尤其在生产大规格铸坯时。

（4）保证中间包覆盖剂、结晶器保护渣水分小于0.5%。

（5）保证全过程保护浇铸良好，特别是钢包长水口密封要良好，吹氩保护正常。减少钢水二次氧化。

（6）严格控制开浇温度，要确保低过热度浇钢，特别是开浇第一炉的钢水过热度要低，可以采取镇静降温的办法来保证低过热度开浇，减少吸气的可能。

D 表面重接、切伤和划伤

铸坯表面重接（图10-27）缺陷是指由于钢水浇铸中断（即拉矫机突然停止）而在弯月面处产生凝壳，且不易与再浇的钢水相融，在铸坯表面产生环绕铸坯的接痕，也称为“双浇”。切伤缺陷是指由于连铸切割系统异常切割，而在铸坯表面留下的切割痕迹。划伤缺陷是指外来坚硬异物黏附在输送辊子上或输送辊子不转，而引起的铸坯表面的机械损伤。

图10-27 铸坯表面重接

铸坯表面重接和切伤多是偶然发生的，而铸坯表面划伤只要出现就是连续、大量发生，且上述缺陷都与设备异常有关。

对连铸坯表面轻微的划伤一般可通过修磨清理掉，不会造成铸坯或深加工后的产品报废。但连铸坯表面重接、切伤一般会造成铸坯报废。

为避免连铸坯表面重接、切伤和划伤等缺陷，必须经常巡视检查在线铸坯表面质量，发现问题及时处理，避免缺陷连续、大量发生。

10.5.2.3 外形尺寸超标的产生原因及防范措施

连铸圆坯的外形尺寸包括铸坯的直径偏差、长度偏差、椭圆度、弯曲度、端面切斜度等。

圆铸坯直径偏差主要与结晶器尺寸变化有关；铸坯长度偏差主要与切割控制系统的精度有关；铸坯椭圆度主要受拉矫机压力的影响；铸坯弯曲度主要与铸坯全程冷却的均匀性以及钢种凝固、冷却特性有关；铸坯端面切斜度主要与切割介质和控制稳定性有关。

铸坯的外形尺寸超标的产生原因相对简单，主要受设备精度和冷却工艺影响。因此，要在提高设备精度和控制铸坯冷却工艺上采取防范措施，避免铸坯的外形尺寸超标。

10.5.2.4 低倍组织的常见缺陷、产生原因及防范措施

铸坯正确的低倍凝固组织是指等轴晶和柱状晶的比例，等轴晶越多越好。而且铸坯内部裂纹、疏松、缩孔、偏析等缺陷必须严格控制，否则会造成铸坯轧管后产品的缺陷。

A 铸坯中心偏析

铸坯中心偏析是指在铸坯轴心附近发生的溶质元素浓度的偏析。铸坯中心偏析的产生原因是铸坯凝固过程中的体积收缩引起横截面液心浓化和液相的流动而造成的。

防范铸坯中心偏析的措施有：

（1）使用钢包吹氩搅拌均匀钢水化学成分，尽可能降低钢中易偏析元素的含量，例如控制磷不大于0.015%，硫不大于0.010%。

（2）严格控制开浇温度，确保低过热度浇钢，中间包内钢水过热度控制在20~30℃为宜，减小柱状晶区宽度，增大等轴晶比例。

（3）合理确定铸坯拉速与冷却强度的关系，尽可能快速冷却。

（4）采用电磁搅拌技术，消除柱状晶的“搭桥”，增大中心等轴晶比例，减少中心偏析。

（5）保证结晶器浸入式水口必须与结晶器对中。

B 铸坯中心疏松与缩孔

将铸坯沿轴线剖开，就会发现中心附近有细小的孔隙，这些小孔隙就是中心疏松。中心疏松严重时会形成更大的孔隙，即中心缩孔（图10-28）。铸坯中心疏松与缩孔的产生原因主要是铸坯凝固末期钢水不能及时补充凝固收缩所致。

图10-28 铸坯中心缩孔

防范铸坯中心疏松与缩孔的措施有：

（1）严格控制开浇温度，确保低过热度浇钢，严禁高温浇钢，中间包内钢水过热度控制在20~30℃为宜。

（2）严格按照中间包钢水过热度调整拉坯速度，并保持恒定。

（3）选择弱冷却制度，保证铸坯二次冷却均匀，最好用气雾冷却方式。

（4）采用电磁搅拌技术，消除柱状晶的“搭桥”，增大中心等轴晶比例。

（5）适时降低浇铸末期的拉坯速度，减少尾坯缩孔。

C 铸坯的内部裂纹

铸坯内部裂纹是指各种应力（包括热应力、机械应力、相变应力）作用在脆弱的凝固界面上产生的裂纹。根据内部裂纹出现的部位分为皮下裂纹、中部裂纹和心部裂纹（图 10-29）。

图 10-29 铸坯内部裂纹

内部裂纹的产生原因主要是铸坯冷却不当所致。

防范铸坯内部裂纹的措施有：

（1）严格控制开浇温度，确保低过热度浇钢，严禁高温浇钢，中间包内钢水过热度控制在 20~30℃为宜。

（2）根据钢种选择合理的冷却制度，防止铸坯内部产生较大的热应力。

（3）保证铸坯匀速冷却，避免较大的铸坯“回温”现象。一般铸坯“回温”应小于 100℃。

（4）保证中间包与结晶器对中，结晶器与二冷室导向辊弧度要对中。

（5）严格按照中间包钢水过热度调整拉坯速度，并保持恒定。

（6）调整好各铸流各架拉矫机的压力，避免过大。

（7）确保电磁搅拌器搅拌参数合适，以获得均匀的凝固组织，等轴晶区比例应在 40%以上。

（8）采用连续多点矫直技术，选择合适的铸机弧形半径。

10.5.3 石油管用钢的冶炼与连铸

10.5.3.1 油井管用钢的冶炼连铸工艺要点

以抗 CO_2、H_2S 以及 Cl^- 的腐蚀和应力腐蚀的油井用钢为例，说明油井管用钢的冶炼与连铸操作步骤和要点。

随着井深的增加，压力也增大，而且很多井中含有 CO_2、H_2S 以及 Cl^-。为此，除要求油井管钢强度高以外，还要考虑其抗 CO_2、H_2S 以及 Cl^- 的腐蚀和应力腐蚀。

13Cr 系的马氏体不锈钢油井管钢（API-13Cr）是适于在湿润 CO_2 环境下使用的油井管钢代表产品。但在高温、高 CO_2 分压和高 Cl^- 含量的腐蚀性严重的油气井中，13Cr 油井管钢的耐 CO_2 腐蚀性已难以适应。还有，初期在 CO_2 环境下由于水的注入而产生 H_2S 油气井，或者初期 H_2S 多的油气井也在开发，这时，由 H_2S 引发的腐蚀裂（SSC）也成为问题，从而 API-13Cr 钢管还需具有耐 SSC 性。

人们采用了向油井管内和井中放入缓释剂的方法，但效果不好，而且不适用于海上的油井和气井；另一种方法是在油井管上覆盖保护膜，但也不能完全防止。

为此，上述油气井逐步采用了 22Cr 系双相不锈钢或合金含量更高的钢种。22Cr 系双相不锈钢虽然具有较好的耐蚀性，但需对油井管进行冷拉才能保持必要的强度，致使生产成本大幅提高。为此，开发出了耐蚀性比 API-13Cr 油井管钢好且生产成本又比双相不锈钢大幅下降的油井管钢——HP13Cr（0.025%C+13%Cr+5%Ni+2%Mo）。

A 化学成分的特点和作用

碳：是最廉价的提高钢强度元素。为确保油井管钢得到马氏体必需的强度。碳含量必须控制在 0.001%以上，但碳含量超过 0.05%时，对于调整强度而进行的“淬火+回火”处理就不合适。因此，碳含量范围应限制在 0.001%~0.05%。

硅：不仅是脱氧剂，也能提高钢的强度。但是超过 1.0%，会使马氏体不锈钢的韧性下降；另外，硅含量越低，耐 SCC 性就越高，所以将硅限制在 1.0%以下。

锰：对于碳含量小于 0.03%的钢种，锰元素能提高钢的强度并脱氧，为了得到实用的强度，锰含量至少在 0.3%以上，但超过 2.0%，会对韧性产生不利影响，因此，锰含量限定范围为 0.3%~2.0%。

铬：是确保不锈钢耐蚀性的主要合金元素，从耐蚀性的角度考虑必须添加 11%以上，但超过 15%就难以得到完全的马氏体组织，所以规定范围为 11.0%~15.0%。

镍：可以提高钢的耐蚀性和韧性，但在 3.0%以下且碳为 0.001%~0.05%时，会混杂着 δ 铁素体，得不到完全马氏体组织，因而损害韧性的下限含量为 3.0%。此外，镍超过 6.0%就会损害马氏体组织的稳定性，而且也考虑到经济性，限定镍的成分范围为 3.0%~6.0%。

氮：对耐蚀性和耐 SCC 性有显著提高作用，但其含量在 0.01%以下效果不好，超过 0.2%以上又生成非金属夹杂物，显著降低韧性。因而氮的添加范围规定为 0.01%~0.2%。

钼：有提高耐蚀性和耐 SCC 性的效果，还能有效地提高强度、韧性，但当钼含量小于 0.05%时，这种效果难以发挥；另一方面，超过 2.0% 又不经济，所以钼含量限制在 0.05%~2.0%。

铌：有形成硫化物而固定硫的作用；可以细化晶粒，还是制止磷向晶界偏析、有效提高耐蚀性和耐 SCC 性的元素。铌超过 0.20%，就因生成大型夹杂物而使韧性下降。因此，铌的添加量应限制在 0.2%以下的范围内；另外，铌含量在 0.01%以上才有效。

钒：可以细化晶粒，提高强度，主要是回火强度，但含量过高会使韧性降低。一般添加量为 0.05%~0.10%。

磷：是使耐蚀性和耐 SCC 性下降的元素，希望尽可能降低其含量；过低的磷含量又会增加处理成本。添加钛、铌、锆和镧，可以消除磷的不良影响。因此，磷含量的上限规定为 0.015%。

硫：和磷一样，都是使耐蚀性和耐 SCC 性下降的元素，希望尽可能降低其含量；要得到超低硫钢，也需要增加成本费用。因此，规定硫含量的上限为 0.005%。

B 冶炼连铸工艺要点

生产 HP13Cr 钢的冶炼连铸工艺有多种，以下介绍典型短流程工艺：EAF→LF（扒渣）→VOD/VD→CC。生产 HP13Cr 钢的冶炼连铸工艺要点如下：

（1）原辅料：使用"HP13Cr 返回废钢+DRI+脱磷铁水+高碳铬铁合金+镍铁合金"的配料方案，其中的合金按总量的 90% 配入，保证钢水磷含量不大于 0.015%，铜含量不大于 0.10%，五害元素铅、锡、锑、铋分别不大于 100ppm，砷不大于 140ppm，总量不大于 300ppm；钢包使用不含碳的耐火材料；使用不含碳的钢包和中间包覆盖剂；采用专用结晶器保护渣。

（2）电弧炉冶炼：确定合理的供电制度，确保重型炉料快速熔化均匀；采用炉底吹氮搅拌，确保熔池温度、成分快速均匀；熔池温度达到 1570℃ 后，吹氧脱碳，至碳含量不大于 0.60%；用硅铁粉造还原炉渣，还原炉渣中的铬，并加入强还原剂铝、脱硫剂以及合金，进行进一步还原、预脱硫和合金化钢；调整温度不小于 1650℃，出钢；出钢过程中保证炉渣和钢水有良好的混冲。

（3）LF 炉精炼：将钢水成分微调至钢种内控要求，成分内控目标见表 10-9。

表 10-9 LF 炉精炼结束时钢水成分的内控要求 （%）

C	Si	Mn	P	S	Cr	Ni	Mo
0.50~0.70	≤0.30	0.40~0.60	≤0.015	≤0.005	12.5~13.5	2.5~3.5	1.90~2.00

继续进行还原操作，吹氩搅拌，脱氧、脱硫、均匀成分；调整好炉渣的流动性，扒除还原渣，保证渣厚不超过 50mm，钢包自由空间 900~1200mm。

（4）VOD/VD 精炼：进行真空下吹氧脱碳，控制好终点碳；VOD 精炼结束后调整镍；加铝、硅铁、石灰等造还原渣，并进行粗合金化；进行 VD 真空处理并粗调合金 V、Nb、Cr，继续还原炉渣，脱硫；确保 VD 处理的真空度在 66.7MPa 以下并保持足够的时间；VD 处理结束后吹入氮气（或喂入氮化铬丝）调整氮含量；用铝丝还原钢水，喂入 CaSi 丝使夹杂物变性；保证钢水合适的吹氩弱搅拌时间和镇静时间；控制好精炼结束温度。

（5）连铸：做好保护浇铸，钢包长水口吹氩保护；使用中间包挡墙、挡坝，延长钢水在中间包的时间，合理控制中间包钢水液位；保证连铸机的结晶器振动、液位控制以及结晶器电磁搅拌工作正常；保证结晶器和二次冷却良好，并采用弱冷却制度；中间包钢水过热度控制在 25~35℃，杜绝高过热度浇钢；采用加铁粉方式切割铸坯；保证铸坯在 650~750℃ 下线入缓冷坑缓冷并保温，铸坯温度不高于 250℃ 才可移出缓冷坑。

（6）其他：钢包在使用前必须清除包内残渣、残钢，以免增碳；钢包透气塞透气良好；钢包预热温度不低于 800℃；选用钢包包龄适中的钢包。

10.5.3.2 管线钢的冶炼连铸工艺要点

由于管线钢的使用条件日益恶化，对管线钢的质量要求更加苛刻，要求钢的成分和组织达到"超洁净、超均质、超细化"。

A 化学成分及组织的特点和作用

碳：管线钢多采用低碳钢，尤其是高钢级管线钢，如 X80 管线钢的碳含量仅为 0.06%。对于低温条件下使用的管线钢，当钢中碳含量超过 0.04%时，继续增加碳含量将导致管线钢抗 HIC 能力下降，使裂纹率突然增加；当碳含量超过 0.05%时，将导致锰和磷的偏析加剧。当钢中碳含量小于 0.04%时，可防止 HIC（图 10-30）。对于寒冷状态下含硫环境中的管线钢，如果碳含量降低到 0.01%以下，热影响区的晶界将脆化，并引起热影响区发生 HIC 和韧性的降低。因此，综合考虑管线钢抗 HIC 性能、野外可焊性和晶界脆化，最佳碳含量应控制在 0.01%～0.05%。

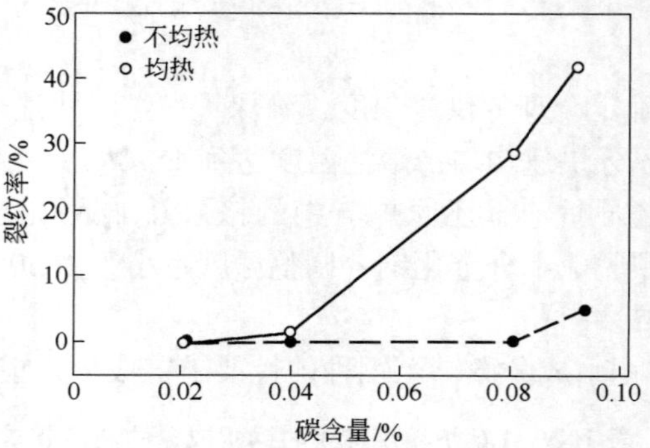

图 10-30 热轧钢板氢致裂纹敏感性与碳含量的关系

硫：硫是管线钢中影响抗 HIC 和抗 SSC 能力的主要元素。法国 G. M. Pressouyre 等的研究表明，当钢中硫大于 0.005%时，随着钢中硫含量的增加，HIC 的敏感性显著增加。当钢中硫含量小于 0.002%时，HIC 的敏感性明显降低，甚至可以忽略此时的 HIC。然而由于硫易与锰结合生成 MnS 夹杂物，当 MnS 夹杂变成粒状夹杂物，随着钢强度的增加，单纯降低硫含量不能防止 HIC。硫还影响管线钢的低温冲击韧性，由图 10-31 可见，降低硫含量可显著提高冲击韧性。

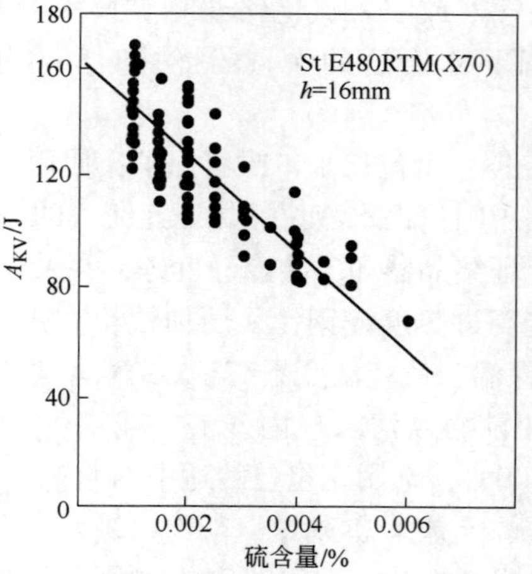

图 10-31 横向冲击韧性与硫含量的关系（-20℃）

氧：钢中氧含量过高，氧化物夹杂物以及宏观夹杂增加，严重影响管线钢的洁净度。钢中氧化物夹杂是管线钢产生 HIC 和 SSC 的根源之一，危害钢的各种性能，尤其是当夹杂物直径大于 50μm 后，严重恶化钢的各种性能。为了防止钢中出现直径大于 50μm 的氧化物夹杂，减少氧化物夹杂数量，一般控制钢中氧含量小于 15ppm。

氢：管线钢中的氢含量越高，HIC 产生的概率越大，腐蚀率越高，平均裂纹长度率增加越显著。

磷：由于磷在管线钢中是一种易偏析元素，在偏析区其淬硬性约为碳的 2 倍。由 2 倍磷含量与碳当量（$2[P]+C_{eq}$）对管线钢硬度的影响可知，随着（$2[P]+C_{eq}$）的增加，碳含量为 0.12%~0.22%的管线钢的硬度呈线性增加；而碳含量为 0.12%~0.22%的管线钢，当（$2[P]+C_{eq}$）大于 0.6%时，管线钢硬度的增加趋势明显减缓（图 10-32）。

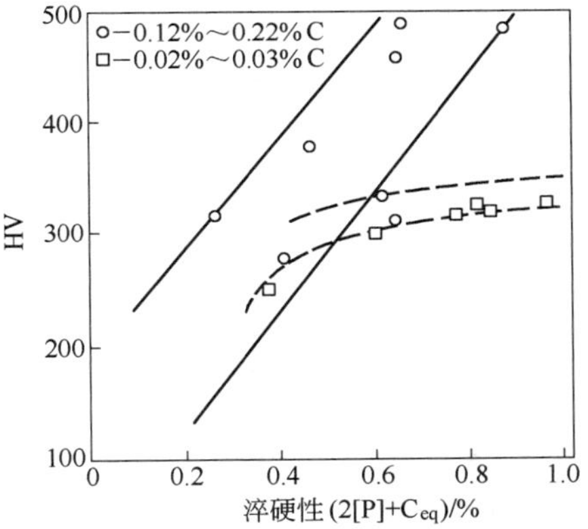

图 10-32 偏析区管线钢硬度和淬硬性的关系

磷还会恶化焊接性能，对于严格要求焊接性能的管线钢，应将磷限制在 0.04%以下。磷能显著降低钢的低温冲击韧性，提高钢的韧脆转变温度，使钢管发生冷脆。而且低温环境用高级管线钢，当磷含量大于 0.015%时，磷的偏析也会急剧增加[20]。

锰：由于高级管线钢要求较低的碳含量，因此通常靠提高锰含量来保证其强度。锰还可以推迟铁素体→珠光体的转变，并降低贝氏体的转变温度，有利于形成细晶粒组织。但锰含量过高会对管线钢的焊接性能造成不利影响。当锰含量超过 1.5%时，管线钢铸坯会发生锰的偏析，且随着碳含量的增加，这种偏析更显著。

对于 X40~X70 钢级，厚度为 16~25mm 的管线钢，锰影响其 HIC 性能。主要分为三种情况（图 10-33）：（1）碳含量为 0.05%~0.15%的热轧管线钢，当锰含量超过 1.0%时，HIC 敏感性会突然增加。这是由于偏析区形成了硬“带”组织的缘故。（2）对于 QT（淬火+回火）管线钢，当锰含量达到 1.6%时，锰含量对钢的抗 HIC 能力没有明显影响。（3）在偏析区，碳含量低于 0.02%时，由于硬度降到低于 HV300，此时即使钢中锰含量超过 2.0%，仍具有良好的抗 HIC 能力。

铜：加入适量的铜，可以显著改善管线钢的抗 HIC 的能力。随着铜含量的增加，可以更有效地防止氢原子渗入钢中，平均裂纹长度率明显减少。当铜含量超过 0.2%时，能在

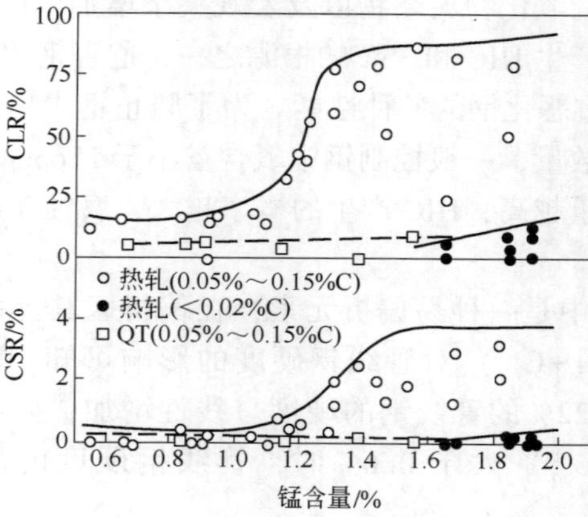

图 10-33 锰含量对抗氢致裂纹能力的影响

钢的表面形成致密保护层，HIC 会显著降低，钢板的平均腐蚀率明显下降，平均裂纹长度率几乎接近于 0。

但是，对于耐 CO_2 腐蚀的管线钢，添加铜会增加腐蚀速度。当钢中不添加铬时，添加 0.5%的铜，会使腐蚀速度提高 2 倍。而添加 0.5%的铬以后，含铜小于 0.2%时，腐蚀速度基本不受影响；当铜含量达到 0.5%时，腐蚀速度明显加快。

夹杂物：在大多数情况下，HIC 都起源于夹杂物，钢中的塑性夹杂物和脆性夹杂物是产生 HIC 的主要根源。分析表明。HIC 端口表面有延伸的 MnS 和 Al_2O_3 点链状夹杂，而 SSC 的形成与 HIC 的形成密切相关。因此，为了提高抗 HIC 和抗 SSC 能力，必须尽量减少钢中夹杂物，精确控制夹杂物的形态[21]。

钙处理可以很好地控制钢中夹杂物的形态，从而改善管线钢的抗 HIC 和抗 SSC 能力。当钢中硫含量为 0.002%～0.005%时，随着 Ca/S 的增加，钢的 HIC 敏感性下降。但是，当 Ca/S 达到一定值时，形成 CaS 夹杂物，HIC 敏感性会显著增加。因此，对于低硫钢来说，Ca/S 应控制在一个极其狭窄的范围内，否则，钢的抗 HIC 能力明显减弱。而对于硫低于 0.002%的超低硫钢，即便形成了 CaS 夹杂物，由于其含量相对较少，Ca/S 可以控制在一个更广的范围内。

铌：理想的抗 SSC 的显微组织通常是具有细小原始奥氏体晶粒和均匀分布碳化物颗粒。采用铌微合金化技术以利用 Nb（C，N）碳氮化物阻碍晶粒长大，可以在奥氏体化时形成细晶粒组织。这是铌在获得最佳抗 SSC 性能方面最重要的特性。此外，为了获得超细晶粒组织还特别开发了新的热处理工艺，如轧后加速冷却和感应加热。在这些新工艺中，铌起到重要的细化晶粒作用，此外，还发现含铌钢在高温下奥氏体化其二次析出强化作用可以有效提高后续的回火软化抗力。

金相组织：管线钢金相组织形态大致有以下四种：

（1）铁素体—珠光体钢（Ferrite-Pearlite，FP），基本成分为 C、Mn，有时加少量 Nb、V，一般碳含量为 0.10%～0.25%，锰含量为 1.30%～1.70%；轧制工艺采用热轧及正火。X52 及以下各钢级均采用此种工艺。

（2）少珠光体钢，这种钢通常将珠光体控制在 15%以下，从化学成分上分为三种，即 Mn-Nb 钢、Mn-V 钢、Mn-V-Nb 钢。碳含量一般控制在 0.1%以下，轧制工艺采用控轧，以上又称为“微合金控轧钢”，钢级中 X56、X60、X65、X70 钢可采用这种钢。

（3）针状铁素体钢（Accicular Ferrite），这种钢主要化学成分为 C、Mn、Nb、Mo，采用控轧工艺，这种钢相对于前者包辛格效应小且减少偏析，多用于 X65、X70 钢级，根据报道国外有少量 X80 钢试制时也采用这种钢，其缺点为由于加钼，而钼的价格较贵，故成本偏高。

（4）超低碳贝氏体钢（Ultra Low Carbon Bainite），这种钢主要化学成分为 Mn、Nb、Mo、B、Ti，采用控轧、控冷工艺，通常碳含量小于 0.03%，这是最新一代产品，其特点为不仅强度高，而且冲击韧性高、可焊性好、FATT 值低，从发展看，将来 X70、X80 均会应用这种钢。

当然，对于某一种钢级而言，只要能满足管材的机械物理性能即可，而不必限制必须采用何种工艺、何种组织。

其他：为了减少管线钢的焊缝灰斑，保证焊缝的冲击韧性，对母材的硫含量要求特别高，最好 [S]≤0.005%，同时控制 [Si]≤0.35%，Mn/Si>5。对耐 CO_2 腐蚀的管线钢，主要是控制：[C]=0.04%，[S]=0.002%，[P]=0.010%，低 Mn，适度添加 [Ni]=0.22%和 [Cu]=0.22%；钙处理：Ca/S≥1.5；夹杂物≤1.5 级；带状组织≤1.5 级；裂纹敏感率（CSR）≤1.5%，裂纹长度率（CLR）≤15%，裂纹厚度率（CTR）≤5%。

B 管线钢冶炼连铸工艺要点

管线钢的冶炼连铸工艺有多种，以下介绍典型短流程工艺：EAF→LF→VD→CC。生产抗硫化氢腐蚀厚壁管线钢（Nb+Ni+Cu+Ti+Mo+B 系）的冶炼连铸工艺要点如下。

（1）原辅料：采用“优质废钢+铁水+DRI”的配料方案；使用高活性度冶金石灰铺底；使用低碳、低磷合金，确保渣料及合金干燥；钢包使用不含碳的耐火材料；使用不含碳的钢包和中间包覆盖剂；采用包晶钢专用结晶器保护渣。

（2）电弧炉冶炼：早加石灰造渣，提前脱磷；结合吹氧和喷吹炭粉，造好泡沫渣；出钢按 C≤0.02%，P≤0.010%控制；电弧炉出钢温度不低于 1630℃；出钢前加足石灰，避免“回磷”；出钢过程中加入强还原剂铝、脱硫剂以及合金，对钢水进行预还原、预脱硫和粗合金化钢；确保出钢口状态良好，保证出钢不下渣。

（3）LF/VD 精炼：采用复合还原剂强化脱氧；严禁使用高碳合金或渣剂而导致增碳；化学成分 Mn、Ni、Cu、V、Nb 按照成品目标值调整；硫含量按照 S≤0.002%控制；确保 VD 处理的真空度不超过 66.7MPa 并保持足够的时间；钢水脱氧良好后用铝定氮，并控制好溶解铝含量，保证 Al/N>2，然后使用钛铁丝调整钛含量；使用硼铁丝调整硼含量；喂入 CaSi 丝使夹杂物变性，保证 Ca/S≥1.5；喂 CaSi 丝后保证钢水合适的吹氩弱搅拌时间和镇静时间；控制好精炼结束温度。

（4）连铸：做好保护浇铸，钢包长水口吹氩保护；使用中间包挡墙、挡坝，延长钢水在中间包的停留时间，合理控制中间包钢水液位；使用低碳型中间包覆盖剂；保证连铸机的结晶器振动、液位控制以及电磁搅拌工作正常；保证结晶器和二次冷却良好，并采用弱冷却制度；控制中间包低过热度和恒拉坯速度浇钢；确保铸坯开始矫直温度不低于 900℃。

10.6 不锈钢

10.6.1 不锈钢的应用及分类

通常耐大气、蒸汽和水等弱腐蚀介质腐蚀的钢称为不锈钢；能耐酸、碱、盐强腐蚀介质腐蚀的钢称为耐酸钢，习惯上仍将它们统称为不锈钢。不锈钢是一个非常重要的钢类，有板、管、丝、带、棒、环以及多种异型钢材等许多品种，广泛用于石油化工、航空航天、原子能、海洋开发、轻工纺织、工民建筑、食品工业、化肥工业以及人们的日常生活中。

按金相组织和化学成分不锈钢主要可分为铁素体、奥氏体、马氏体和奥氏体—铁素体四类：

（1）铁素体不锈钢。铁素体不锈钢含 Cr 12%～30%，碳含量一般小于 0.1%，如 0Cr13、Cr17、Cr25、Cr28 等，有些钢种还含有 Mo、Ti 等元素，如 Cr25Ti、Cr17Ti、Cr17Mo2Ti、Cr25Mo3Ti、0Cr18Mo2Ti 等，加热时不发生相变，呈单相铁素体组织，因此不能通过热处理手段来改变其力学性能。这类钢热导率较大，热膨胀系数较小，抗氧化性强，冷加工性能好，耐腐蚀性随钢中铬含量的增加而增强，但强度较差（因含碳低），主要用于制造耐大气、蒸汽、水及氧化性酸和有机酸腐蚀的零件和耐热部件。

（2）奥氏体不锈钢。奥氏体不锈钢除含 Cr 17%～20%、C 约 0.1%外，还含有扩大奥氏体区元素 Ni 9%～11%，在高温和室温下具有稳定的单相奥氏体组织。这类钢以著名的 18-8 型镍铬钢为代表，并包括在 18-8 型镍铬钢基础上进一步发展的镍铬钢以及加入 Mo、Cu 等合金元素的奥氏体镍铬钢，如 0Cr18Ni9、1Cr18Ni9Ti、2Cr18Ni9 和 Cr18Ni12Mo2Ti、Cr18Ni10Cu3Ti、Cr18Ni18Mo2Cu2Ti 等。

奥氏体组织的钢无磁性，具有较高的韧性和塑性，硬度小，加工性能好，但强度较低，不能通过相变使之强化，只能通过冷加工使之强化，因此镍铬奥氏体不锈钢具有很高的耐腐蚀性，除可耐氧化性酸介质腐蚀外，还能耐硫酸、磷酸及甲酚、醋酸、尿素等的腐蚀。当其碳含量低于 0.03%或含 Ti、Nb 时，可显著提高其耐晶间腐蚀的性能。此外奥氏体不锈钢还有很好的焊接性、冷热加工性、抗磁性和热强性。

工业生产中常使用扩大奥氏体区元素 Mn、N 来部分代替贵重元素 Ni 以降低奥氏体不锈钢的成本。

（3）马氏体不锈钢。马氏体不锈钢包括碳含量为 0.05%～0.45%的各类 Cr13 型不锈钢。由于在钢中加入较多的扩大 γ 相区元素碳，钢加热至淬火温度后冷却可使奥氏体转变为淬火马氏体组织：碳含量大于 0.1%时，高温下均为单相奥氏体组织，淬火后为马氏体；碳含量小于 0.1%的 0Cr13 及 Cr17Ni2 在高温下为 $\gamma+\delta$ 复相，淬火后为马氏体和少量铁素体组织，习惯上也把它们归属于马氏体不锈钢。

根据化学成分的差异，可分为马氏体铬钢和马氏体镍铬钢两类。马氏体铬钢除含有铬外，还含有一定量的碳。含铬量决定钢的耐蚀性；碳含量越高，钢的强度、硬度和耐磨性也越高。这类钢主要用于制造对强度、硬度要求高而对耐蚀性能要求不太高的零件、部件以及工具、刀具等。典型的钢号有 2～4Cr13、9Cr18 等。

马氏体镍铬钢碳含量较低（<0.10%），并含有镍，有些牌号还含有 Mo、Cu 等元素。Cr17Ni2 为最常用的低镍铬马氏体不锈钢。这类钢在具有高强度的同时，强度与韧性的配合及耐蚀性、焊接性等均优于马氏体铬钢，综合力学性能较高，广泛用于航空、导弹工程、原子能和工具工业。

（4）奥氏体—铁素体双相不锈钢。奥氏体—铁素体双相不锈钢具有奥氏体和铁素体双相组织，与一般纯奥氏体不锈钢相比，Cr-Ni 双相不锈钢的成分特点是钢中含有较高的铬量和较低的镍量，成分范围一般为 Cr 17%～28%，Ni 3%～10%，Mo 0～6%，有良好的耐蚀性（特别是耐点蚀、应力腐蚀等局部腐蚀）、耐酸性和高的强度。

表 10-10 为一些不锈钢牌号、成分、金相组织及与美国 AISI、日本 JIS 标准钢号的对照。

10.6.2 冶炼不锈钢的工艺路线

不锈钢的工业生产是从 1920 年开始的。随着工业的发展，对不锈钢的产量、品种以及质量提出了更高的要求。为了满足这些要求，20 世纪 60 年代以后，世界上不锈钢的生产方法从以电弧炉单炼为主，逐渐发展为以炉外精炼方法为主。到目前为止，世界各国不锈钢厂所采用的冶炼方法根据其技术发展的水平和各自的生产条件而多种多样，大体上可分为直接冶炼法、双联法（也称炉外精炼法）以及三步炼钢法[22]三大类。

直接冶炼法是仅用电弧炉或转炉冶炼不锈钢，目前已很少使用。

双联炼钢法是指初炼炉—二次精炼炉冶炼工艺。根据工厂的原料及其他条件，初炼炉既可选电弧炉也可以选转炉。二次精炼炉中有代表性的是 AOD、VOD、RH-OB、CLU、ASEA-SKF 等。目前双联法主要有 EF—AOD、EF—VOD、EF—CLU、EF—ASEA-SKF、BOF（LD 或复吹 LD）—RH-OB、BOF—VOD、BOF—AOD 等。

双联法是在 20 世纪 60 年代末 70 年代初产生和发展起来的，以适应不锈钢需求量的急剧增长和不锈钢返回料供应不足，降低不锈钢冶炼成本，满足宇航、化工、原子能工业对不锈钢品种质量的严格要求。炉外精炼法的发展使电弧炉和转炉日益变成了一个熔化器，同时也使不锈钢的生产品种和质量进入了更高阶段。

采用炉外精炼技术生产不锈钢，有显著的技术经济效果，表现在：

（1）生产率大大提高。采用 EF—AOD 或 EF—VOD（ELO—VAC）双联法，电弧炉生产率可提高 50%～100%。

（2）使脱碳保铬过程更加合理化。在真空或稀释气体条件下更有利于碳的优先氧化去除，与电弧炉返回吹氧法相比，可以采用更高的配铬、配碳量，并可在较低温度下脱碳保铬，因此，采用炉外精炼技术，选择原材料的自由度大，可用高碳铬铁，而不必用昂贵的低碳和微碳铬铁。大大简化了不锈钢生产工艺，同时降低了成本。

（3）不锈钢的质量显著提高。炉外精炼法可以冶炼电弧炉单炼法不能冶炼的超低碳（[C]<0.03%）和极低碳（[C]≤0.015%）不锈钢，超纯不锈钢（[C]+[N]≤150ppm），同时钢的洁净度也明显改善。

三步炼钢法是指初炼炉—脱碳转炉—真空精炼炉冶炼工艺。根据工厂的原料及其他条件，初炼炉既可选电弧炉也可以选转炉；脱碳转炉的型式有复吹转炉 LD、MRP-L 转炉和 K-OBM 转炉。初炼炉中的钢水进入脱碳转炉快速脱碳并避免铬的氧化，再进入真空精炼炉

表 10-10 几种主要不锈钢化学成分、金相组织及与 AISI、JIS 标准对照

中国（GB/YB）	美国（AISI）	日本（JIS）	化学成分/%										金相组织
			C	Si	Mn	Cr	Ni	S	P	Mo	V	Ti	
0Cr13	410S		<0.08	≤0.60	≤0.08	12.0~14.0		≤0.030	≤0.035				半铁素体
Cr14S	416		≤0.15	≤0.60	≤0.08	13.0~15.0		0.20~0.40	≤0.035	<0.60			半铁素体
1Cr17	430	SUS430	≤0.12	≤1.00	≤0.08	16.0~18.0		<0.030	≤0.035				铁素体
0Cr17Ti			≤0.08	≤0.80	≤0.08	16.0~18.0		≤0.030	≤0.035			5×C%~0.08	铁素体
1Cr25Ti	446		≤0.12	<1.00	≤0.08	24.0~27.0		<0.030	<0.035			5×C%~0.08	铁素体
1Cr17Mo2Ti			<0.10	≤0.80	≤0.08	16.0~18.0		<0.030	<0.035	1.60~1.90		>7×C%	铁素体
1Cr13	403	SUS 403	≤0.15	≤0.60	≤0.08	12.0~14.0		<0.030	<0.035				半铁素体
2Cr13	420	SUS 420J$_1$	0.16~0.24	≤0.60	≤0.08	12.0~14.0		≤0.030	≤0.035				马氏体
3Cr13	420~	SUS 420J$_2$	0.25~0.34	≤0.60	≤0.08	12.0~14.0		≤0.030	≤0.035				马氏体
4Cr13			0.35~0.45	≤0.60	≤0.08	12.0~14.0		≤0.030	≤0.035				马氏体
1Cr17Ni2	431	SUS 431	0.11~0.17	≤0.80	≤0.08	16.0~18.0	1.5~2.5	≤0.030	≤0.035				马氏体
9Cr18		SUS 440	0.90~1.00	≤0.80	≤0.08	17.0~19.0		≤0.030	≤0.035				马氏体
9Cr18MoV	440B	SUS 440B	0.85~0.95	≤0.80	≤0.08	17.0~19.0		≤0.030	≤0.035	1.00~1.10	0.07~0.12		马氏体
1Cr18Mn8Ni5	202	SUS 202	≤0.10	≤1.00	7.5~10.0	17.0~19.0	4.0~6.0	<0.030	<0.035			N<0.15~0.25	奥氏体
0Cr18Ni9	304	SUS 304	≤0.06	≤1.00	≤2.00	17.0~19.0	8.0~11.0	≤0.030	≤0.035				奥氏体
1Cr18Ni9	302	SUS 302	≤0.12	≤1.00	≤2.00	17.0~19.0	8.0~11.0	≤0.030	≤0.035				奥氏体
1Cr18Ni9Ti	321	SUS 321	≤0.12	≤1.00	≤2.00	17.0~19.0	8.0~11.0	≤0.030	≤0.035			5×(C−0.02%)~0.08	奥氏体

进一步精炼并调整成分。三步炼钢法综合了 EF—AOD 和 EF—VOD 之优点，但因设备增多而使操作复杂，管理难度增大。

目前不锈钢的生产以双联炼钢法为主，其中主要是 AOD 法与 VOD 法。AOD 法设备比较简单，投资比 VOD 法少，能处理高碳钢水，铬的总收得率高，生产成本最低，过程比较容易实现计算机控制，因而 AOD 法发展迅速，世界上的不锈钢大部分是以 AOD 法生产。

VOD 法的特点是向处在真空脱气罐内钢包中的不锈钢水，进行顶吹氧和底吹氩搅拌精炼，因而可以冶炼超低碳、氮含量的超纯铁素体不锈钢，虽然设备比较复杂，投资也比 AOD 法大，但日益受到重视。

10.6.3 不锈钢的冶炼

10.6.3.1 不锈钢冶炼的物理化学分析

A 脱碳保铬

铬和碳是影响不锈钢耐腐蚀性能的主要元素。要在大气中耐腐蚀，钢中的铬必须在12%以上，而且含量越高，不锈钢的耐腐蚀性能越好。碳恶化不锈钢的耐腐蚀性能，除少数马氏体不锈钢外，低碳不锈钢要求碳含量小于 0.08%，超低碳不锈钢要求碳含量小于 0.03%。碳含量低，还可以使不锈钢具有良好的冷热加工性和可焊性，因此，冶炼不锈钢时最大限度地使高铬钢液脱碳是首要任务。但是，当熔池中同时存在铬和碳时，存在铬和碳的竞争氧化问题。

碳和铬氧化的热力学条件为[23]：

$$[C] + [O] === (CO) \qquad \Delta G_1 = -2500 - 10.75T \tag{10-5}$$

$$2[Cr] + 3[O] === (Cr_2O_3) \qquad \Delta G_2 = -361280 + 179.37T \tag{10-6}$$

在 $\Delta G_1 = \Delta G_2$，即 $T = 1615℃$ 条件下，向高铬钢液吹氧时，碳和铬将同时氧化；当 $\Delta G_1 > \Delta G_2$，即 $T < 1615℃$ 时，铬同氧的亲和力大于碳，先氧化铬；当 $\Delta G_1 < \Delta G_2$，即 $T > 1615℃$ 时，碳同氧的亲和力大于铬，先氧化碳。因此，在正常冶炼温度下，脱碳的同时是无法保铬的，高铬钢液中铬比碳优先氧化。只有当温度大于 1615℃时，才能在脱碳的同时保证铬的回收率达到一定数值。

在饱和氧的熔池中铬、碳和温度的关系见图 10-34[24]。

从图 10-34 可以看出，对于 Cr = 18%的不锈钢，若使碳降至 0.12%以下，熔池温度可达到 1825℃，炉衬将很快毁坏，这就是单炼法冶炼的主要困难。

铬和碳竞争氧化的反应式可以写为：

$$n[C] + (Cr_mO_n) === m[Cr] + n(CO) \tag{10-7}$$

因此，必须控制热力学条件，使反应向右进行，则其综合效果为降碳保铬，否则就是脱铬保碳。

进一步的分析指出[25]：

$$[C] = \sqrt{\frac{1}{K_t}(Cr\%)^3 p_{CO}} \tag{10-8}$$

由式（10-8）可以看出，提高熔池温度，从而增大 K_t 或者降低 p_{CO}，均可以达到脱碳保铬的目的。由于提高熔池温度将大大增加耐火材料消耗，同时对冶炼和连铸不利，因此

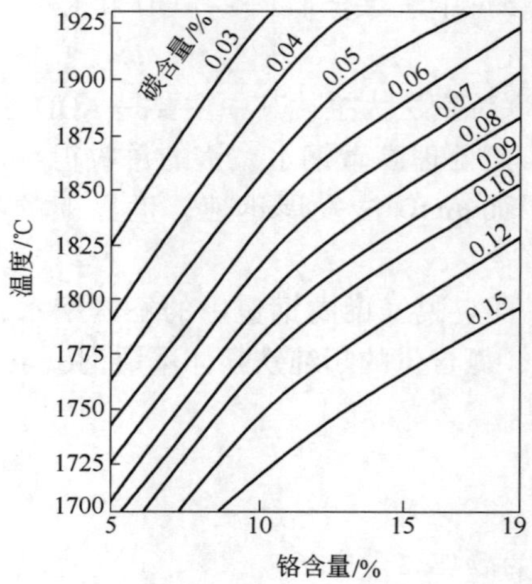

图 10-34 饱和氧的熔池中铬、碳和温度的关系

人们主要关注降低 p_{CO}：一是在真空下精炼，以 VOD 法为代表；二是向钢液中吹入 Ar、N_2 等惰性气体稀释炉气中的 CO，这就是 AOD 法。VOD 法和 AOD 法不仅可以用廉价的原材料大量生产低碳和超低碳不锈钢，而且可以使铬的回收率达到相当高的程度，同时可以脱氢、脱氧、脱硫，去除夹杂物，从而提高钢的洁净度。

B 脱磷保铬

在采用 AOD 法和 VOD 法以后，可以使用廉价的高碳铬铁、不锈钢返回料和普通废钢生产不锈钢，以降低不锈钢的冶炼成本。高碳铬铁中磷含量不小于 0.07%，因累积效应不锈钢返回料和普通废钢中的磷含量会越来越高。因此，如果配料中的磷含量高，则冶炼不锈钢时脱磷就是必须要完成的另一任务。然而，对于高铬钢液的吹氧冶炼，钢液中存在碳、铬、磷的竞争氧化，而钢铁冶炼常用的 CaO 基渣系脱磷能力较弱，因此，磷高成为冶炼不锈钢的很大障碍，要在防止铬氧化损失的前提下进行氧化脱磷，难度很大。

钢水中磷的氧化反应式[26-27]为：

$$2/5[P] + [O] \Longrightarrow 1/5P_2O_5 \quad \Delta G^{\ominus} = -7842.5 + 6.50T \tag{10-9}$$

不锈钢中磷氧化的同时，存在着以下的铬-氧平衡关系：

$$2/3[Cr] + [O] \Longrightarrow 1/3Cr_2O_3 \quad \Delta G^{\ominus} = -16041.1 + 7.07T \tag{10-10}$$

当用 CaO 渣系脱磷时，脱磷反应可写成：

$$3/5CaO(s) + 2/5[P] + [O] \Longrightarrow 1/5(3CaO \cdot P_2O_5)$$
$$\Delta G^{\ominus} = -15749.5 + 6.58T \tag{10-11}$$

当用 BaO 渣系脱磷时，脱磷反应可写成：

$$3/5BaO(s) + 2/5[P] + [O] \Longrightarrow 1/5(3BaO \cdot P_2O_5)$$
$$\Delta G^{\ominus} = -18409.0 + 6.96T \tag{10-12}$$

图 10-35 为上述各个反应的 $\Delta G^{\ominus}$-T 图。

由图 10-35 可见，单纯用氧来氧化［P］生成（P_2O_5）的 $\Delta G^{\ominus}$ 总是比［Cr］氧化生成

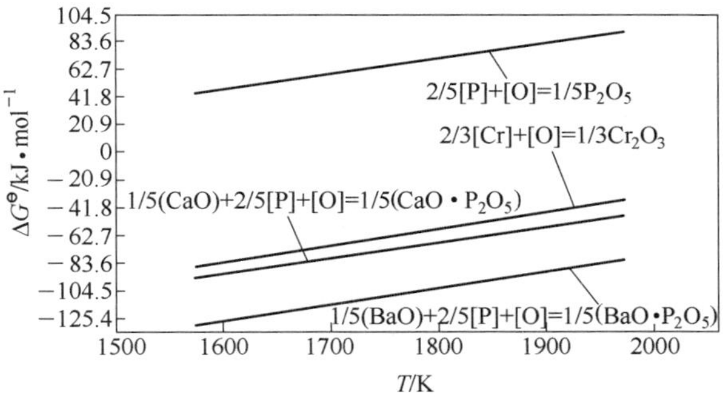

图 10-35 含铬钢液脱磷原理图[26]（脱磷反应 $\Delta G^{\ominus}$-T 图）

Cr_2O_3 的 $\Delta G^{\ominus}$大，即总是［Cr］被氧化，而不是［P］被氧化。但是，如果加入强碱土金属的氧化物，则脱磷反应的自由能变量的负值就要比［Cr］氧化反应的自由能变量的负值大，从而使脱磷成为可能。但是当温度大于1500K后，碳将比磷优先氧化。

从图 10-35 还可以看出，加入 BaO 时［P］氧化的 $\Delta G^{\ominus}$要比加入 CaO 时的 $\Delta G^{\ominus}$小，说明 BaO 是比 CaO 更好的脱磷剂。

由上述分析可知，高铬钢液中，磷同氧的亲和力比铬小，故从高铬钢液中除磷很困难，而且冶炼时加入的造渣材料和吹氧结束后要加入的大量的铁合金还会增磷，因此配料时应尽量使炉料中的磷含量低一些，一般不超过 0.020%，或比钢种规格要求低 0.01%以上。如果炉料中的磷含量高，则可考虑使用 BaO 作为脱磷剂。

10.6.3.2 电弧炉单炼法工艺

根据炉料组成、氧气供应和所炼钢种的碳含量，在电弧炉中冶炼不锈钢可以用不氧化法（装入法）、氧化法和返回吹氧法生产。

A 不氧化法冶炼工艺特点

炉料由软铁、本钢种返回钢或类似成分的返回钢组成。钢中主要合金元素（Cr、Ni）按中下限配入炉料中。

不氧化法冶炼不锈钢的关键是防止钢液增碳。因此，在熔化期应尽早形成流动性良好的炉渣（装料前炉底铺垫适当数量的石灰和萤石），以便覆盖钢液，防止电极增碳，同时要采取措施，防止电极折断落入炉内。

为了提高铬的回收率，应做好渣中铬的还原操作。炉料全熔后，先插铝和加 CaSi 使钢液预脱氧，之后加 FeSi 粉还原炉渣。预还原后扒除大部分渣，重新造新渣，继续加 FeSi 粉使钢液进一步脱氧，还原后期还可加一部分铝粉。

该法的优点是化学成分容易控制。但因无氧化期，故不能脱碳去磷，所以对原材料要求极严。返回钢必须清洁无锈，硫、磷、碳含量要低，因受碳含量的限制，配入比例不能太大，需要使用大量软铁，成本很高。

B 氧化法冶炼工艺特点

炉料由碳素返回钢、生铁和不易氧化的合金（Ni、Mo）等组成。为了迅速提温，以利脱碳，吹氧前钢液配硅约至 0.6%。可以用矿石或氧气氧化。

该法工艺过程是：当氧化期［P］≤0.01%和钢液温度不低于 1550℃时，要扒除约

90%的炉渣，重新造薄渣，再继续吹氧脱碳。用高压（>1.0MPa）大供氧强度吹氧。终点[C]控制在约0.01%为宜，最高不大于0.015%。

吹氧停止后，按1.0%~1.2%配加FeSi。插铝（4~6kg/t）进行沉淀脱氧，并迅速加入烤红的低碳（<0.03%）铬铁，利用钢液过热熔化铬铁，同时冷却熔池，防止炉衬受高温作用损坏。

避免冶炼过程特别是还原期增碳是冶炼低碳不锈钢的关键。因此，快速化铬是缩短还原期和减少还原期增碳的主要措施。避免立即送电熔化铬铁，以防铬从电极吸碳。FeCr部分熔化且有薄渣覆盖时方可送电化铬。FeCr全熔后，渣变为蓝绿色或淡绿色时扒渣70%~90%，加金属锰及3%~4%的渣料，可以吹氧化渣。为了防止电极增碳，可用较高的电压送电，待渣形成后，插铝沉淀脱氧（2kg/t），其后分别加入FeSi粉、CaSi粉及铝粉还原炉渣。保持白渣30~50min，(FeO)≤0.5%时插铝（2kg/t）终脱氧，出钢温度控制在1600~1620℃为宜。

该法的优点是，钢液经过氧化高温沸腾，有良好的去气去夹杂条件，适合于生产气体敏感性强和检查发纹的钢种。其缺点是，不能利用返回钢，必须使用高成本的低碳（<0.03%）铬铁；另外，由于还原期加入大量FeCr，不但化铬时间长，容易增碳，而且增加了劳动强度和恶化了劳动条件。

C 返回吹氧法冶炼工艺特点

炉料主要由本钢种返回钢或类似成分的返回钢、高硅钢及低磷钢组成。配料时碳可以高出钢种规格0.2%~0.4%；铬一般配至8%~12%；镍、钼因不氧化，可按中限配入；一般配硅量在0.80%~1.00%或按炉料中Cr/Si=10左右配加。

低温吹氧助熔必引起铬的氧化，故吹氧助熔不能过早，在铁料熔化70%~80%后方可吹氧助熔。炉料中配入一定硅，装料时炉底上垫2%的石灰，可以提高熔化期炉渣碱度，同时也可抑制铬的氧化。

炉料全熔后，当熔池温度高于1600℃吹氧脱碳。高温和快速升温是“去碳保铬”的重要条件。在熔池允许的范围内，提高供氧强度，可提高脱碳速度，缩短吹氧时间，减少铬的烧损，降低氧耗量，提高炉龄。

吹氧停止后，熔池温度高达1800℃以上，此时可将微碳FeCr从炉顶一次倒入，以利用过热钢液快速熔化FeCr，同时吹氧化铬。FeCr加入后，降低了熔池温度，从而保护了炉衬。吹氧化铬时可随时加入适量的FeSi粉进行预还原。FeSi粉总用量为8~10kg/t。预还原后可除渣90%，再造薄层新渣。造薄渣同时加低碳FeMn强制脱氧，渣面加Al粉、CaSi粉还原。FeCr熔化后，即可停止吹氧。

上述的返回吹氧法，炉料的配铬量为8%~12%，在还原期还需补加10%钢液量的价格昂贵的微碳铬铁或金属铬，因而使不锈钢的成本大大增加。

10.6.3.3 电弧炉双联法精炼不锈钢的工艺

近二十多年来不锈钢的冶炼工艺有很大发展，重点在于提高质量，扩大品种，降低成本。氩氧脱碳（AOD）法和真空脱碳（VOD）法均属于双联工艺。目前这两种工艺有了广泛的应用，尤其是AOD法，世界有75%以上的不锈钢是用这种方法冶炼的。

A 电弧炉—VOD法冶炼不锈钢

不锈钢的真空吹氧精炼法（Vacuum Oxygen Decarburization，VOD），为德国魏登特殊钢厂（Edel-Stahl Week Witten）和标准迈索公司（Standard Messo）于1967年共同研制成功的，故有时又称魏登法（Wetten）。

电弧炉—VOD法冶炼不锈钢是根据真空下脱碳的原理，在真空室内向钢液顶吹氧和底吹氩搅拌精炼，可大致分为两个步骤：一是先在电弧炉中熔化炉料和初炼（初步脱碳、脱硅和脱硫），调整好除碳、硅以外的所有成分，使钢水碳含量和温度等达到VOD炉精炼的要求；二是将初炼后的钢液出钢至钢包内，并将钢包移入VOD炉的真空室（罐）中保持。当真空室（罐）中抽气达到一定真空度后，从上方用水冷氧枪向包内钢液吹氧脱碳，同时由包底透气砖吹入氩气搅拌钢液，冶炼出符合要求的不锈钢。

其工艺流程如图10-36所示。

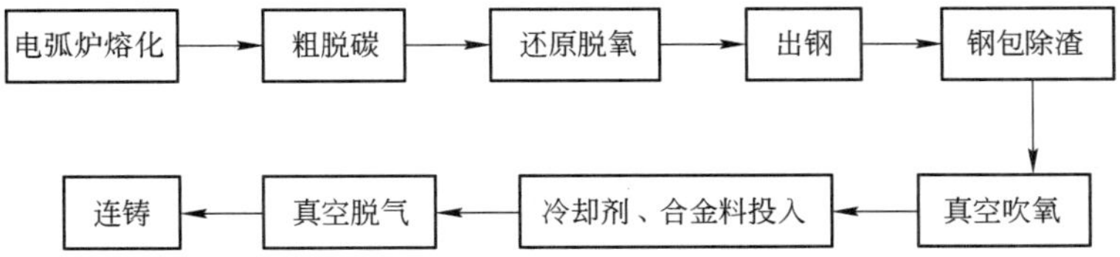

图10-36 电弧炉—VOD双联法冶炼不锈钢的工艺流程

就世界范围看，VOD法的发展没有AOD快，这主要是由于AOD法原料适应性较强，投资和操作费用较低廉。但近些年来，随着超低碳、氮含量的超纯铁素体不锈钢的需要和发展，VOD法作为生产超洁净不锈钢的精炼手段，正日益受到广大冶金工作者的重视。

a 电弧炉的工艺控制

（1）原料配比。冶炼不锈钢时为了追求尽可能低的原料总成本和工艺加工成本，选择原料必须尽可能多地利用不锈钢废钢、普通废钢、高碳铬铁和其他铁合金。

考虑到有利于钢液温度升高、脱磷和尽可能提高铬的回收率，保证钢液的氧化沸腾去气，电弧炉炉料可以采用高配碳，不论是利用普通废钢还是不锈钢返回料，均可以配入生铁+高碳FeCr合金使电弧炉吹氧脱碳前的熔池碳含量为0.8%~2.0%，并一次性将所需的铬、镍全部配入且考虑部分烧损余量，尽可能使［P］≤0.025%。

电弧炉采用高配碳的理由是：

1）AOD及VOD技术容易实现脱碳保铬，碳不再作为一种精炼的负担，而是一种发热元素。因此可使用廉价的高碳Fe-Cr合金作原料来替代昂贵的低碳、微碳铬铁，可以使用生铁和废钢，从而降低原材料成本。

2）碳具有增大磷的活度系数和保护铬氧化的双重作用，可以抑制熔化、脱磷及脱硅过程的铬损。因此高配碳有利于氧化脱磷，同时降低熔化和氧化过程中铬的烧损。

3）高配碳可使熔池形成提前（因高碳合金组元的存在，尤其采用炼钢生铁的情况下），有利于提高电效率，缩短熔化过程；还可使吹氧开始温度降低，因而可比传统工艺提前吹氧，充分利用碳的氧化热，以碳代电，可以节电。

4）采用高配碳，有可能将泡沫渣技术应用于不锈钢熔炼，利于节电[28]。

在熔化及氧化初期，由于熔池温度较低，从热力学角度看，硅与氧的亲和力大于碳、铬与氧的亲和力，硅优先于碳、铬氧化，放出大量热量，使钢液迅速升温，利于“去碳保铬”，降低铬的烧损。但是配硅量过高，钢水中的硅大部分被氧化成SiO_2进入炉渣，将延缓碳的氧化，降低炉渣碱度，使渣量增大，大大降低炉渣的脱磷能力，反而增加了铬的损失，并严重侵蚀衬。因此，炉料中的硅含量应低一些，可在 0.5%左右[29]。

（2）炉渣。虽然热力学计算表明，对高铬钢水，使用 CaO 渣系脱磷比较困难，但若钢液碳含量较高时，磷的活度增高，给氧化脱磷创造有利条件，仍可取得较好的脱磷效果[27]，加上 CaO 价格低廉，资源丰富，因此如果钢水中磷含量较低，可仍然采用 CaO 渣系。

如果钢水中磷含量很高，可采用 BaO 或 CaO-BaO 渣系。因为研究表明[29]，BaO 渣系适用于不锈钢弱氧化脱磷。用 BaO 替代脱磷剂中 CaO，可使磷酸盐容量提高。用纯的钡基脱磷剂成本高，可用 CaO-BaO 渣系，再加少量 NaO 增加脱磷效果。

高碱度炉渣可降低 SiO_2 和 Al_2O_3 的活度，有利于氧化铬的还原，故炉渣碱度应保持在 1.8 以上[30-31]。

温度对不锈钢的氧化脱磷具有显著影响，随着温度的提高，脱磷效果明显下降，不锈钢氧化脱磷的适宜温度为 1400℃左右。温度在 1500℃以上时，渣中碳可以还原脱磷渣中的氧化铬。

（3）氧化脱碳。装料完毕后开始通电熔化。为缩短炼钢时间和防止贵重金属的大量氧化，应尽可能快速熔化和提前造渣。为此，可充分利用超高功率电弧炉大容量、高二次电压的变压器，制定出合理的配电制度以加速熔化。另外，为加速熔化和迅速升温，熔化后期可少量吹氧助熔。

碳含量很高的钢水在 VOD 炉中的真空环境下脱碳时会发生喷溅而使金属收得率降低，而且会造成桶衬寿命短促，因此，必须在电弧炉内进行预脱碳，使电弧炉出钢碳不致过高。炉料熔清后，等温度达到 1580℃即可开始吹氧初步脱碳，此时因碳含量高，铬的烧损不大，一般为 1%~3%。为避免铬元素的大量氧化，出钢碳不能过低，可在电弧炉内脱碳至 0.3%~0.6%出钢。电弧炉出钢温度为 1680~1700℃[26,32]。

高温下吹氧（≥1550℃）有利于碳氧化，相应减少吹氧期的铬氧化。因此，对吹氧脱碳冶炼不锈钢的工艺，迅速升温，减少在低温区的停留是脱碳保铬的关键。应提早吹氧，供氧速度必须足够高，如此可提高氧的利用率，提高脱碳速度，充分利用碳氧化放出的热能，控制工艺过程，降低吹炼过程铬的损失。

对于无外热源的 VOD 炉，控制入炉钢水硅含量是必要的。硅含量太低不利于升温，太高则容易造成 SiO 量过高，还原渣碱度低，降低铬的回收率，同时钢液升温过高，容易损坏耐火材料，因此入罐钢水控制硅含量为不大于 0.30%[31]。

（4）出钢还原。炉料熔清及吹氧脱碳后，大量铬变成氧化物转移到炉渣中去，若不回收，将造成浪费。另外，铬的氧化产物进入炉渣将对炉渣的工艺性能产生极为不利的影响。已知氧化铬在碱性渣和酸性渣中的溶解度均不大，一般不超过 10%[31-32]。因此，冶炼过程只要有少量的［Cr］氧化，炉渣中就容易析出固态的氧化铬，使炉渣黏度大大增加，并且很难稀释，使还原反应的动力学条件变差，因此，必须在除渣前用还原剂将炉渣里的氧化铬还原。可选用的还原剂有硅铁、铝、碳化硅、碳化钙和碳。

还原剂可以随炉料一同加入电弧炉，或部分或全部在出渣出钢时加入钢包。最有利的还原条件是在良好的搅拌条件下，还原剂均匀地分布于整个炉渣，这样可保证还原剂完全消耗在氧化铬的还原上。例如，吹氧结束后，立即在炉内插铝并加入硅铬合金脱氧合金化，回收渣中的铬，同时造渣脱硫，但不需造白渣精炼。待渣中大部分铬还原后，立即出钢，并在包中除渣。

b VOD炉的工艺控制

除渣后的钢包放入VOD真空室（罐）内，合上真空盖，开动真空泵抽真空，同时包底吹氩搅拌。当达到一定真空度（一般为5332~7998Pa）时即开始吹氧脱碳。根据废气分析结果和用氧浓差电池连续测量废气的氧分压来控制精炼过程。

在终点碳附近停止吹氧。为了促进脱碳、脱氧及使成分、温度均匀化，在吹氧完毕后，还要继续吹氩搅拌，以利用残余碳来脱氧，最后再用脱氧剂脱氧。用氩气搅拌使钢水进行真空碳脱氧。

（1）真空吹氧脱碳。

1）真空度的影响。实验结果表明，吹氧过程中真空度对终点碳的影响不大[33]，终点碳主要取决于真空碳脱氧时CO的分压 p_{CO}。吹氧时真空度主要影响脱碳速度，真空度低脱碳速度慢，吹氧时间长，铬的氧化增加。

2）开吹温度及初始钢水碳含量。提高初始钢水温度是加快脱碳的一个重要手段。脱碳是放热反应，可以适当提高初始钢水碳含量，以提高VOD冶炼过程温度。根据文献[33-34]的实验结果，初炼钢水温度为1570~1590℃，碳含量为0.30%~0.60%为宜。

3）氧枪高度。降低氧枪高度脱碳速度会明显增大，因为降低氧枪高度后会使钢液面的凹坑面积增大，当然采用此项措施时应当与防止喷溅结合起来考虑。文献［33］采用2.5马赫的氧枪，氧枪高度控制在950~1100mm，氧气利用率可达40%。

4）供氧强度。VOD吹氧脱碳过程可分为两个阶段，即大于临界碳含量的粗真空氧脱碳过程和高真空度下低碳区的碳脱氧过程。碳的氧化模式为：直接氧化 $[C]+[O]=(CO)$，间接氧化 $M_xO_y+y[C]=x[M]+y(CO)$。在高碳区，碳的直接氧化和间接氧化是同时发生的，脱碳速度不变，与供氧量成正比。此时反应的限制性环节是供氧强度，提高供氧强度将加快脱碳反应速度。

当钢液碳含量低于某临界量后，脱碳速度降低，此时在低［C］区脱碳的限制性环节为［C］在熔池中的传质，不取决于供氧，如果继续供氧或提高供氧强度都将造成铬的大量氧化，温度上升，有可能造成高温穿包事故。

5）供氩强度。VOD精炼过程中高碳区为吹氧脱碳过程，供氩强度不变；但是在低碳区真空碳脱氧阶段，应提高供氩量，可以增加传质系数，而且在低碳区，由于铬的氧化，在钢水表面形成了一层块状的富铬渣，分析指出钢中铬的氧化在1.5%~2.5%，阻碍了钢液内循环，恶化了间接氧化的动力学条件，增大吹氩量就能把这层氧化物吹开，并使它们卷入钢中，增加钢渣接触面积。

（2）真空碳脱氧及铬的还原。

1）终点碳控制技术。高铬钢水在吹氧脱碳时，钢中的碳有一个临界值。当将碳脱至临界值后，如继续吹氧，脱碳速度将显著降低，同时铬的氧化加剧。因此，吹氧终点碳的控制是整个VOD法精炼工艺的核心。

据热力学计算，用氧气氧化1%碳和1%铬，分别使钢液升温118℃和113℃，两者大致相当。但不锈钢中含铬量远高于碳含量，因此铬对钢液温度的影响也远大于碳的影响。要求的吹氧终点碳越低，铬损越大，钢液温度也越高。在VOD法冶炼一般低碳和超低碳不锈钢时，通常希望将终点碳控制在 0.04%~0.10%，经过真空碳脱氧后，使成品钢中的碳在 0.01%~0.05%，甚至更低。如吹氧控制不当，造成钢液过氧化后，因铬损加大，钢液温度将随着过吹氧量的增加迅速升高，停氧温度就可能达到 1800℃，缩短耐火材料的使用寿命。特别是在真空中不便于频繁取样，而且吹炼时间短，因此，吹氧终点碳的控制显得非常重要。

控制吹氧终点碳的方法有：氧浓差电池连续测量废气中氧分压、测量吹氧期间真空度的变化、使用红外线分析仪测定废气中 CO 和 O_2 的含量来控制 VOD 停氧时间、气相定碳法等。例如吹氧终点可以根据氧电势值进行判断：当其值从 10^{-5}Pa（10^{-10}atm）突然上升到 10^4Pa（10^{-1}atm），立即停止吹氧，同时提高真空度为 133~533Pa，利用高真空下钢中氧和碳继续反应，这样既可发挥真空碳脱氧的作用，使［O］从 0.05%降到 0.02%左右，又可使［C］从 0.03%~0.04%降到 0.015%左右[12]。

2）真空碳脱氧。在终点碳附近停止吹氧，继续用氩气搅拌促使钢中［C］和［O］反应快速进行。碳的脱氧产物是 CO，在真空下碳的脱氧能力很强，如图 10-37 所示[15]。真空碳脱氧既可进一步降低碳含量，又可使钢液氧含量下降，为下一步铬的还原打下了基础。

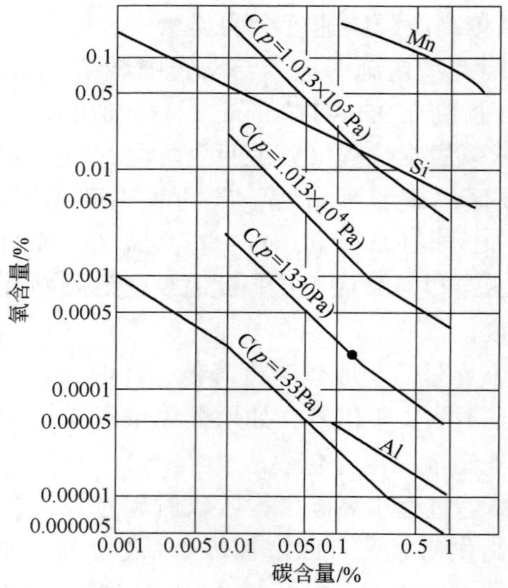

图 10-37　真空下碳的脱氧能力

3）还原和最终精炼。由于动力学因素的影响，以及不锈钢中含有较高的铬，降低了碳的活度，使碳的实际脱氧能力并不像理论计算的那样强。因此，最终铬的还原和钢的脱氧还要利用还原剂以及钢液中残余铝控制，即脱碳结束后要向真空室加入 CaO、CaF 等造渣材料和硅铁、铝等还原剂，还原渣中的 Cr_2O_3，并脱氧和脱硫。在脱氧脱硫过程中要加强氩气搅拌。文献［34］将［Al］控制在 0.03%~0.05%，可以保证钢中［O］≤50ppm。

4）炉渣碱度。VOD 后期渣的碱度对脱氧、脱硫以及铬的回收率都有较大的影响，合适的碱度应为 2~3。炉渣碱度低，渣中 Cr_2O_3 的含量将急剧增加。

(3) VOD 炉衬寿命。VOD 钢包是在高温和气体搅拌条件下间歇操作的，其炉衬经受钢水冲刷、渣蚀以及高温结构剥落等，使用条件恶劣，所以其损毁速率远远大于其他精炼炉，特别是在渣线部位和吹氩区附近[35]，因此，提高 VOD 钢包用耐火材料的使用寿命对降低成本而言是非常重要的。

根据 VOD 钢包的工艺特点和侵蚀特征，选择 VOD 钢包内衬耐火材料主要应具备以下条件[36]：高温下对精炼炉渣有较强的抗侵蚀性能；在间歇操作条件下具有较强的抗剥落性能。目前 VOD 精炼钢包所用的耐火材料主要为镁铬砖和镁白云石砖。

VOD 钢包用耐火材料的使用寿命还受许多操作参数的影响。例如炉体的烘烤与维护、炉渣的控制、吹氧操作的控制、火焰喷补等。

B 电弧炉—AOD 法冶炼不锈钢

氩氧脱碳法（Argon-Oxygen Decarburization，AOD），是由 EF 或 BOF 供应初炼钢液，之后在 AOD 炉内进行脱碳精炼。AOD 法冶炼不锈钢的过程大致分为三个时期，即熔化期、氧化期和还原精炼期。熔化在电弧炉中进行，氧化和精炼在 AOD 中进行。

AOD 法于 1968 年诞生在美国联合碳化物公司，现已发展为世界上精炼不锈钢的最主要方法，它具有如下优点：

(1) 可用 100%的废不锈钢或廉价的高碳铬铁及普碳钢来配料，无需使用微碳铬铁或金属铬，降低了原料成本，经济效益显著。

(2) 采用 EAF—AOD 双联法工艺生产不锈钢时，电弧炉中只进行熔化和升温，电弧炉生产率可提高 10%~15%。

(3) 与其他的不锈钢二次精炼法相比，AOD 法设备简单，基建投资少，在国外约相当于 VOD 法的 1/3。

(4) 过程控制比较简单。与 VOD 法相比较，AOD 法可在大气下造渣、取样、测温，操作比较方便；与电弧炉返回吹氧法比较，AOD 法更易于冶炼超低碳不锈钢，且可稳定地实现过程的自动控制。

AOD 炉的结构与 BOF 炉相似，只是在炉子底部稍上的位置，炉体背面 135°范围内安装一支或几支气体喷嘴，供 Ar（N_2）和 O_2 的混合气体或氩气。

a 电弧炉操作工艺

在电弧炉中装入废钢、铁合金（高碳铬铁、高碳镍铁、电解镍、NiO 等）和造渣材料（石灰等）等炉料进行熔化。与 VOD 炉相比，AOD 炉对配碳量的要求同样很宽松，一般电弧炉配料熔清碳可高达 1.0%~3.0%，因此可使用廉价的高碳铬铁作原料来降低冶炼成本。应保证初炼钢液中铬、镍、钼等元素含量为规格的中下限。

一般要求钢液硅含量不超过 0.25%，允许波动在 0.2%~0.4%范围，以减少对 AOD 炉炉衬的侵蚀，提高 AOD 炉炉衬寿命，缩短处理时间，防止升温过高。

为了防止 AOD 炉吹炼时间过长，电弧炉出钢钢液碳含量较低为宜，但在实际操作中，为了保证电弧炉内铬元素尽量少烧损，电弧炉出钢钢液中碳含量经常高于推荐值。初步冶炼至 [C]=1%~2%，然后加入还原剂还原，出钢温度为 1550~1600℃。

电弧炉出钢温度对 18-8 型不锈钢为 1600~1650℃，应不低于 1550℃。出钢扒渣称重后倒入 AOD 炉中，开始吹炼。开始吹炼钢液温度最好为 1525℃左右，一般控制在 1480~1560℃。

b AOD 炉精炼工艺

在 AOD 炉中主要进行脱碳、还原精炼及成分调整操作。

出钢至钢包并移到 AOD 炉，首先进行 AOD 氧化脱碳操作。吹炼前期主要是脱碳，这一时期需 50~60min，称为脱碳期。

脱碳期最重要的是要控制好 O_2 和稀释气体 Ar（或 N_2）的混合比，一般可分为三个阶段：

第一阶段采用 Ar：O_2=1：3，吹至［C］=0.25%左右。

第二阶段采用 Ar：O_2=1：2，吹至［C］=0.1%左右。

第三阶段采用 Ar：O_2=2：1（或3：1），吹至［C］≤0.03%。

最后用纯氩吹炼几分钟，使溶解在钢水中的氧继续脱碳，同时还可减少还原剂 Fe-Si 的用量。

每阶段吹炼完了均取样分析和测温。当吹至终点时扒除部分炉渣，然后加入 FeSi、SiCr、SiMn、Al 及石灰组成的还原渣料，同时吹氩搅拌进行还原 6~8min，然后扒渣 40%~60%，调整成分、温度后出钢。还原渣碱度控制在 1.5 左右。如有脱硫任务，则应扒除含大量 SiO_2 的低碱度渣，再加石灰、FeSi 和萤石造碱度 2.2~3.6 的高碱度渣脱硫，同时吹氩搅拌，使硫降至 0.010%以下。

为了控制出钢温度并有利于保护炉衬，第二、三阶段添加清洁的本钢种的废钢冷却钢水，温度控制在 1715~1750℃。

在 AOD 精炼不锈钢吹氧结束后，钢液中的铬或多或少有所氧化，而渣中的氧化铬含量也相当高，其量大约为 2%。因此在氧化脱碳结束后，为了还原渣中的铬和稀释吹炼后十分黏稠的富铬渣，可加入 FeSi、SiCr、Al 等和石灰造渣剂，并用氩气强烈搅拌。由于渣钢间反应剧烈，可以极大提高铬、锰的回收率。AOD 炉的铬回收率可达到 99%，锰回收率可达 90%以上。

具体还原反应可表示为：

$$3[\mathrm{Si}] + 2\mathrm{Cr_2O_3(s)} = 3\mathrm{SiO_2(s)} + 4[\mathrm{Cr}] \tag{10-13}$$

$$2[\mathrm{Al}] + \mathrm{Cr_2O_3(s)} = \mathrm{Al_2O_3(s)} + 2[\mathrm{Cr}] \tag{10-14}$$

脱硫率高是 AOD 炉的优点之一，在还原期一般采用单渣法，还原期由于有碱性还原渣、高温和强搅拌的条件，极易将钢中的硫脱到 0.01%的水平。只有在钢中［S］特别高或者要求钢中［S］降至 0.005%以下时才使用双渣法。调整成分、温度合适即可出钢。

表 10-11 为 150t AOD 炉精炼过程的记录[37]。

表 10-11 150t AOD 炉精炼过程

时间/min	操作内容	温度/℃	O_2/Ar（N_2）	气体流量/$m^3 \cdot h^{-1}$	
				O_2	Ar 或 N_2
0	加入初炼钢水（无渣）150t C 1.62%，Mn 0.54%，Si 0.18%，S 0.028%，Cr 17.0%，Ni 6.80% 加白云石 2290kg	1564			

续表 10-11

时间/min	操作内容	温度/℃	O_2/Ar (N_2)	气体流量/$m^3 \cdot h^{-1}$	
				O_2	Ar 或 N_2
4	第一阶段吹炼开始 调整成分，加高碳 FeCr 2320kg，FeMn 1640kg，镍团块 2840kg		3/1	5100	1700 (N_2)
24	第一阶段吹炼结束				
25	第二阶段吹炼开始		1/1	3400	3400 (N_2)
44	第二阶段吹炼结束 C 0.50%	1686			
48	第三阶段吹炼开始		1/3	1700	5100 (Ar)
63	第三阶段吹炼结束	1708			
70	加还原混合料并搅拌 FeCrSi 3820kg，石灰 1830kg，萤石 195kg 取样分析：C 0.032%，Mn 1.25%，Si 0.35%，[N]0.03%，S 0.015%，Cr 18.25%，Ni 8.39%				2500 (Ar)
78	扒渣，并做最后成分调整 加 FeSi 458kg，石墨 32kg				
104	出钢 钢包中钢水温度	1600 1540			

10.6.3.4 电弧炉三步法冶炼不锈钢简介

三步炼钢法是 20 世纪 80 年代开发出来的不锈钢冶炼新工艺。三步法的基本工艺流程是初炼炉+脱碳转炉+真空吹氧精炼炉。第一步的初炼炉只起熔化初炼作用，根据工厂的原料及其他条件，初炼炉可以选择电弧炉或者转炉，负责向脱碳转炉等精炼炉提供初炼钢水。第二步的脱碳转炉的型式有普通的复吹转炉 LD、AOD、曼内斯曼·德马克公司开发的 MRP-L 转炉和奥钢联开发的 K-OBM 转炉。脱碳转炉的功能主要是快速脱碳并避免铬的氧化，具有同样功能的冶炼设备常用的还有 K-OBM-S、K-BOP、MRP、CLU、KCB-S 等。第三步的真空吹氧精炼炉主要采用 VOD，个别厂采用 RH-OB 或 RH-KTB，目的是将钢水在真空下进一步精炼并调整成分完成最终成分的微调和纯净度的控制。

三步炼钢法的主要优点是：脱碳转炉炉衬寿命高（900~1100 炉次），产品范围广，质量好（O、N、H 低），有利于同连铸机匹配（提高连铸炉数），可用来生产超低碳和超低氮的不锈钢。

表 10-12 为部分采用三步炼钢法冶炼不锈钢工厂的统计[39]。

表 10-12 三步炼钢法冶炼不锈钢的工厂

厂名	脱碳转炉型式	工艺路线	产品设计	产量/万吨	竣工日期
韩国浦项	K-OBM	1×85tEAF+1×90tK-OBM-S+VOD+CC	不锈钢板坯	45	1996 年 8 月
南非伊斯柯	K-OBM	EAF+1×125tK-OBM-S+VOD（双出）+CC	不锈钢板坯	50	1995 年 5 月
日本川崎	K-OBM	H/MDep + 1 × 160tKMS-S + 1 × 160tK-OBM-S+VOD（RH-KTB）	不锈钢板坯 普通钢板坯	（60）	1996 年 5 月
比利时阿尔兹	MRP	1×90tEAF+100tMRP-S+2×100tVOD+CC	不锈钢板坯	50	1988 年 4 月
巴西阿谢西塔	MRP	2×35tEAF+1×75tMRP-S+VOD+CC	不锈钢板坯	35 （10）	1996 年 5 月
日本日新	LD	EAF+2×75tLD-OB+VOD+CC	不锈钢板坯	48 （54）	—
日本新日铁八幡	LD	EAF + 1 × 150tLD-OB （1 × 60tAOD）+VOD+CC	不锈钢板坯 碳钢板坯	（20）	—

注：表中括号内数字为 1996 年产量。

10.6.4 不锈钢的浇铸

过去不锈钢一直用模铸，因工艺陈旧，钢锭表面质量较差，成本较高。20 世纪 60 年代以后，不锈钢的连铸技术得到大发展。目前几乎所有的不锈钢种均可连铸，而模铸不锈钢已经很少。

10.6.4.1 不锈钢模铸工艺特点

不锈钢液含有大量的铬，有些钢种还含有钛和铝等易氧化元素，不但钢液黏度大，流动性差，而且在浇铸过程中极易被二次氧化，使钢锭产生低倍和表面缺陷。为了适应这一特点，不锈钢模铸时采用的是高温快注方法，如浇铸温度比低碳合金结构钢高 10~15℃，浇铸速度则约快 1 倍。

在大气条件下浇铸不锈钢，即使控制好浇铸温度、浇铸速度，也难以完全保证低倍和表面质量，因此国内各厂多年来研究和推广使用了发热固体保护渣和液体保护渣浇铸。

发热固体渣由发热剂、氧化剂、助熔剂和基本渣料组成。为保证浇铸时发热固体渣能尽快形成液体覆盖住上升的钢液面，要求此种渣熔点低。发热固体保护渣浇铸前用吊挂方式加入或浇铸时投入模内。开浇后在钢液作用下，自行点燃，自行熔化，在模内形成熔渣层和还原气氛，对钢液起保护作用，吸附钢液中的非金属夹杂物。这种熔渣在钢液和模壁间形成很薄的一层保护渣层，从而使钢锭表面质量大大改善。使用发热固体保护渣存在的主要问题是，成渣速度不易控制，钢锭尾部质量较中上部差。

采用液体合成渣作为钢液面的保护剂，对改善钢锭表面和内部质量有着良好的效果。它可使钢锭表面光洁平滑，显著改善了钢锭低倍和表面质量，从而取消了钢锭的剥皮工序，成材率约提高10%，同时钢中夹杂有所减少，顶锻和塔形合格率有所提高。不足之处是生产工艺和调配复杂，需设化渣炉，成本较高。

液渣保护浇铸多用于下注法。先浇渣后铸钢，二者要密切配合迅速进行，要求出渣温度在1720~1750℃，全流浇渣，使钢锭模底部浇渣高度150~200mm，之后迅速浇钢，防止渣面结壳影响钢锭表面质量或锭尾出现渣沟。浇钢要求快速，保证钢液面平稳均匀上升，无翻边。当渣面升至帽口1/2后，可适当减速，当钢锭浇高足够时，即停浇，拨开液渣加入发热剂、保温剂。

对不同金相组织的不锈钢，钢锭的冷却制度不同。奥氏体不锈钢凝固后，可立即脱模空冷，防止碳化物聚集析出，同时软化钢锭，便于精整。马氏体不锈钢冷却时发生相变，易炸裂，钢锭凝固后要红送退火。铁素体不锈钢，虽然冷却过程不发生相变，但晶粒粗大，热塑性较低，为防止开裂一般先坑冷后退火。

10.6.4.2 不锈钢的连铸

目前绝大部分的不锈钢已由连铸生产。不锈钢连铸同普碳钢的连铸一样，可以大大提高金属的收得率、成材率，同时可以大大改善钢坯表面质量，甚至可以生产不经修磨的直接送往轧制的钢坯，仅此一项就可提高金属收得率1%~4%，使连铸金属收得率平均达94%，经济效益十分可观。

10.6.4.3 不锈钢连铸的相关技术

为了保证不锈钢连铸坯的表面质量和内部质量，生产无缺陷连铸坯，工艺上必须采取如下相关技术：

（1）采用炉外精炼和吹氩技术，提高钢水的洁净度，精确控制钢水温度，降低钢中气体、夹杂含量，改善夹杂物形态，例如，要求钢水中：[H]2~3ppm，[O]≤50ppm，[N]≤150~200ppm，[S]≤0.005%，钢水过热度45~50℃。

（2）采用保护浇铸技术。不锈钢液含有大量易氧化元素（Cr、Ti、Al等），敞开浇铸势必造成钢液的二次氧化和吸气，恶化钢液质量，使铸坯表面产生针孔和结疤等缺陷。所以从钢包至中间包、中间包至结晶器的注流均应用水口保护浇铸，甚至水口采用氩气密封技术，结晶器内钢液面覆盖保护渣。

（3）采用电磁搅拌（Electro Magnwtic Stirring，EMS）技术，改善铸坯表面质量，抑制柱状晶的发展，扩大和细化等轴晶带，减少或消除中心偏析、中心疏松和裂纹倾向。

（4）铸坯采用弱冷却以防止产生裂纹。

（5）采用结晶器液面自动控制装置以保证钢液面稳定。

10.6.4.4 不锈钢连铸的主要工艺参数[25]

A 温度制度

液相线温度：

$$T_{液} = 1536 - 65C + 8Si + 5Mn + 30P + 25S + 1.5Cr + 4Ni$$

式中 $T_{液}$——液相线温度，℃；

C，Si，Mn，P，S，Cr，Ni——各元素在钢液中的含量。

浇铸温度：

$$T_{注} = T_{液} + \Delta T_{过}$$

对不锈钢来说，提高过热度将扩大柱状晶区；降低过热度，等轴晶区扩大。过低的过热度会产生水口堵塞一类的操作问题以及铸坯表面缺陷。

最大过热度的选取要根据浇铸钢种、铸坯断面、浇铸条件等因素来确定。浇铸碳含量低、断面小，过热度取高值；浇铸碳、硅、锰含量高，浇铸断面大，过热度可低些。

对不锈钢各类铸坯所要求的中间包钢液过热度可参考如下数值：

板坯、大方坯：+15～20℃；

小方坯：+20～30℃。

B 拉坯速度和结晶器振动

拉坯速度和结晶器振动条件可参考表 10-13 中的参数并结合现场条件确定，原则上采用小振幅高振频振动。

表 10-13 拉坯速度和结晶器振动条件

板宽/mm	拉速/m·min^{-1}	振幅/mm	振频/次·min^{-1}	负滑脱/%
1000	1	4	160	63
1300	0.95	4	152	—
1500	0.90	4	144	—

C 冷却制度

表 10-14 为结晶器冷却水量的设定。

表 10-14 结晶器冷却水量的设定

位 置	板坯宽度/mm	冷却水量	
		m^3/h	L/min
结晶器窄面		22	367
结晶器宽面	≥1250	220	3667
	<1250	180	3007

超低碳铁素体钢的冷却水量为表 10-14 的 1.2 倍。

二冷段的喷水量和拉速有关，拉速快则喷水量加大；二冷段的各个阶段喷水量也不同，一般在最后阶段要加大喷水量。此外，不同的钢种用水量也不同。

10.6.4.5 不锈钢连铸中容易出现的问题

不锈钢连铸中容易出现一些问题，如中间包水口堵塞、结晶器液渣结壳、表面振痕、表面凹陷、表面渗碳、表面夹渣、裂纹、气泡、夹杂物等缺陷，但都可以采取工艺措施加以减轻和消除[32,40]。

例如，奥氏体不锈钢物理性能的特点是热传导率小，热膨胀率大，因而连铸时容易产生钢坯表面凹坑缺陷，常见的形式是横向凹坑。表面凹坑处坯壳很薄，是铸坯的薄弱环节，容易导致铸坯表面的横裂纹，也可能从此渗钢，形成表面结疤，甚至发生漏钢事故。经研究可知，表面凹坑是由不均匀冷却引起的局部收缩造成的。因此，可通过降低结晶器冷却水的流速，进行结晶器的“弱冷却”，使坯壳生长减慢、均匀；采用结晶器保护渣和保证渣膜高度的稳定性并配合其他优化条件，如浇铸速度、液态渣的黏度（调整结晶器的摩擦力）、厚度和结晶器液面的稳定性等浇铸条件来减小结晶器液面区的局部热流，防止坯壳的局部生长和收缩。

为了减少不锈钢连铸坯的裂纹缺陷，应该控制连铸工艺，例如对铁素体和马氏体不锈钢，在中间包中钢液的过热度最好控制在20~40℃，18-8型奥氏体钢液的过热度最好控制在40~80℃；同时要控制好拉速与钢液过热度之间的关系，不同的钢种采用不同的适当拉速。一般来说，高温强度低、凝固系数小的不锈钢钢种，拉坯速度要稍低些。

参考文献

[1] 霍咚梅，肖邦国．我国轴承钢生产现状及发展展望［J］．四川冶金，2015，37（1）：5.

[2] 杨忠敏．谈轴承钢及其冶金质量检验［J］．金属世界，2011，153（1）：40-45.

[3] 王岩峰，谢波，吕晴，等．高碳铬轴承钢现行标准的梳理及对GCr15的标准比较［J］．物理测试，2022，40（3）：8.

[4] 吴龙，李雪，郝以党，等．连铸初期状态对浇次头坯质量的影响［J］．工业加热，2015，44（5）：43-45.

[5] 张广军，张国伟，李金贤，等．12Mn2VB钢连铸坯表面质量改善的保护渣研究与试验［C］//2008年全国炼钢-连铸生产技术会议，2008.

[6] 张先鸣．弹簧钢高强度化的现状及发展趋势［J］．现代零部件，2006（7）：64-66.

[7] 杨刚．热处理新工艺对高速重载机车60Si2CrVA弹簧钢组织、性能的影响［D］．贵阳：贵州大学，2010.

[8] 姜周华，李阳，龚伟，等．特殊钢棒线材洁净冶炼技术［J］．河北冶金，2018，270（6）：1-9.

[9] 林平．转炉生产高品质齿轮钢冶炼工艺与产品质量研究［D］．沈阳：东北大学，2010.

[10] 杨虎林，何平，翟玉春．高品质轴承钢超低氧含量和非金属夹杂物控制的进展［J］．特殊钢，2013，34（2）：16-19.

[11] 段建华．钢丝技术［M］．苏州：苏州大学出版社，2020：188-192.

[12] 袁新建，李慈，汪浩东，等．钒、铬微合金化对高碳钢微观组织与力学性能的影响［J］．材料导报B：研究篇，2017，31（4）：76.

[13] 王昆鹏，姜敏，王新华，等．钢帘线和切割丝用钢夹杂物控制技术的进展［J］．特殊钢，2016，37（2）：27.

[14] 胡志勇，陈兴华，唐萍，等．过热度对帘线钢连铸方坯碳偏析的影响［J］．连铸，2017，42（5）：14-16.

[15] 陈家祥．炼钢常用图表数据手册［M］．2版．北京：冶金工业出版社，2010：579.

[16] 杜亚伟，贺瑞飞，张景宜，等．高碳钢小方坯连铸拉矫辊静态轻压下工艺研究［J］．炼钢，2015，31（4）：59-62，67.

[17] 钱亮，董其鹏，李泽林，等．小方坯带液芯重压下裂纹倾向试验研究与探讨［J］．炼钢，2016，32（2）：30-31.

[18] 李鹤林．油井管发展动向及若干热点问题（上）［J］．钢管，2005，34（6）：1-6.

[19] 王晓香，李延丰．石油焊管制造对钢材的要求及发展趋势［C］//全国低合金钢，微合金非调质钢

学术年会 . 中国金属学会，2006.
[20] 李晶 . X65 管线钢纯净度控制技术研究［D］. 北京：北京科技大学，2008.
[21] 魏巍，郭旭东，刘宪民，等 . 一种抗硫管线钢及其生产方法：CN108893683A［P］. 2018-11-27.
[22] 程志旺，许勇 . 不锈钢冶炼工艺技术［J］. 特钢技术，2011，17（1）：1-5.
[23] 蒋世川，张健，付建辉，等 . 电弧炉返回法冶炼 Cr13 型不锈钢工艺优化实践［J］. 特殊钢，2019，40（6）：34-38.
[24] 韩全军，成国光 . 0Cr18Ni9 不锈钢的冶炼工艺研究［J］. 宽厚板，2006（2）：8-11.
[25] 陆世英，张延凯，杨长强，等 . 不锈钢［M］. 北京：原子能出版社，1995：398.
[26] 叶斌，丁伟中，李岚 . 不锈钢母液的氧化脱磷［J］. 上海金属，2001（5）：26-30.
[27] 郭曙强，蒋国昌，徐匡迪 . 不锈钢高铬铁液的脱磷［J］. 特殊钢，2002（4）：25-27.
[28] 贾世敬，译 . 电弧炉采用泡沫渣操作冶炼不锈钢［J］. 太钢译文，1999（3）：12-18.
[29] 徐匡迪 . 不锈钢精炼［M］. 上海：上海科学技术出版社，1985：150，124.
[30] 周保仓，译 . 不锈钢冶炼中电弧炉渣的还原（摘译）［J］. 太钢译文，2000（4）：13-17.
[31] 张平，宫一衡 . 18-8（Ti）不锈钢精炼中一些问题的探讨［J］. 特钢技术，1999（3）：1-6.
[32] 赵沛 . 合金钢熔炼［M］. 北京：冶金工业出版社，1992.
[33] 曲英 . 炼钢学原理［M］. 北京：冶金工业出版社，1995.
[34] 吕世建 . 浅析炉外精炼不锈钢 1Cr18Ni9Ti 硫的变化规律［J］. 特钢技术，1999（3）：7-10.
[35] 徐迎铁 . VOD 冶炼超纯铁素体不锈钢数学模型［D］. 上海：上海交通大学，2008.
[36] 于燕文 . VOD 炉用高钙镁钙材料抗渣侵蚀及抗水化性能研究［D］. 天津：天津大学，2005.
[37] 张鉴 . 炉外精炼的理论与实践［M］. 北京：冶金工业出版社，1993.
[38] 周书才 . 不锈钢小方坯连铸的生产实践［J］. 特钢技术，2000（2）：43-45.
[39] 林企增，张继猛 . 不锈钢生产技术的新进展［J］. 特殊钢，1999（5）：7-14.
[40] 魏险峰 . 不锈钢连铸生产中常见的几个问题［J］. 大连特殊钢，1998（2）：9-12.

11 电弧炉炼钢流程的绿色化生产

电弧炉炼钢过程中由于氧化还原反应、设备冷却及设备密闭性等原因，不可避免地产生一些炉渣、废气、烟尘和废水，这些物质如果不进行适当处理，将对环境造成严重的影响。但是，与转炉炼钢流程相比，电弧炉炼钢流程被发达国家视为一种铁资源回收再利用的技术，也是处理以废钢为主的废旧物污染的环保技术，其排放物排放量不到高炉流程钢厂的40%。

随着全球对环境保护要求的不断提高，国外发达国家对环境保护的要求日益苛刻，排放标准日益严格，推动钢厂开发应用各种环保技术。发达国家对烟尘的治理已经完成，对污染物 SO_2、NO_x 等的治理已经处于商业化阶段，第三代污染物 CO_2、二噁英的控制治理技术也已开发并应用；水处理方面，欧洲国家已经开始采用微生物技术代替化学处理技术。但是，在炉渣和尘泥的处理方面，目前国内外水平差距不大，还有待进一步开发出综合利用率较高的技术。

我国已陆续出台一系列环保法律、法规和标准，其中不少与电炉钢厂排放物控制密切相关。国家先后提出了“可持续发展”“清洁生产”“循环经济”“绿色制造”“节能减排”等理念，出台了钢铁行业的清洁生产标准，明确提出了钢铁生产各环节主要清洁生产量化指标。总的来说，我国清洁生产和循环经济相关法律法规还不够健全，钢铁工业环保技术水平与国外先进水平相比还有相当大的差距，环保治理理念还停留在“以治理‘三废’为内容，以达标排放为目标，以综合治理为手段”阶段，内容上包括烟尘治理、污水治理、废渣治理与利用、排放达标与厂区绿化等，相当于国外发达国家环保治理的第一阶段。

本章基于我国电弧炉炼钢技术水平现状，重点介绍电弧炉炼钢流程主要排放物的控制系统和典型控制技术。

11.1 炉气净化系统

11.1.1 电弧炉烟气主要指标和净化要求

11.1.1.1 电弧炉烟气的来源

电弧炉炼钢主要利用废钢作为原料，在具有铁水条件的钢厂会兑入30%~50%铁水。废钢料中含有大量的杂物，如废钢表面油脂油污、塑料、橡胶、泥沙等杂物。

电弧炉炼钢分为三个阶段：加料期、冶炼期、出钢期。电弧炉烟气的产生主要是在加料期和冶炼期。在电弧炉加料期，废钢中的杂物遇到炉内的高温烟气发生燃烧，产生大量的烟气；在电弧炉的冶炼期，大量的造渣物料加入炉内，烧嘴、氧枪等辅助能源设备投入使用，大量吹氧进行脱碳，这些都产生大量的烟气。

11.1.1.2 电弧炉烟尘的性质

烟气成分：电弧炉烟气中主要含有 CO_2、CO、O_2、N_2，各成分的含量与所冶炼的钢种、工艺路线、配料种类、排烟方式有关，其变化的幅度很宽。电弧炉烟气中还存在极少量的 NO_x、SO_x。表 11-1 为电弧炉烟气成分及含量。

表 11-1 电弧炉烟气主要成分及含量

烟气成分	CO_2	CO	O_2	N_2
含量/%	13~19	1~4	9~13	69~73

烟气含尘量：烟气中含尘量的多少及成分与炉料的品种、清洁度及所含杂质有关，也与冶炼工艺和操作有关，一般大电弧炉每冶炼 1t 钢产生 12~18kg 粉尘。表 11-2 为典型碳钢电弧炉的粉尘成分。

表 11-2 典型碳钢电弧炉的粉尘成分 (%)

成分	ZnO	PbO	Fe_2O_3	FeO	Cr_2O_3	MnO	NiO	CaO	SiO_2	MgO	Al_2O_3	Na_2O
范围	14~45	<5	20~50	4~10	<1	<12	<1	2~30	2~9	<15	<13	<7
典型	17	3	40	5.8	0.5	3	0.2	13	6.5	4	1	2

11.1.1.3 电弧炉烟气排放标准

电弧炉烟气排放依据《炼钢工业大气污染物排放标准》执行。电弧炉烟气排放标准见表 11-3。

表 11-3 大气污染物排放标准

污染物	现有企业标准/mg · Nm^{-3}	新建企业标准/mg · Nm^{-3}
二噁英	1	0.5
颗粒物	200	150

11.1.2 电弧炉除尘系统基本设计

11.1.2.1 电弧炉除尘系统工艺设计

电弧炉除尘系统工艺流程包括烟气的捕集、烟气的降温、烟气的净化、灰尘的输送及储存。电弧炉除尘系统通常由电弧炉炉内排烟装置（移动活套或倾动活套）、屋顶罩、密闭罩（狗屋）、沉降室、水冷烟道、管道、机力风冷器（喷雾除尘塔）、调节阀门、火花捕集器、除尘器、输灰设备、增压风机组、主风机组、自动化控制系统等组成。根据电弧炉车间的布置、电弧炉的工艺不同、是否有废钢预热系统可分成四类典型除尘工艺流程。

(1) 除尘活套—沉降室—水冷烟道—机力风冷器（自然冷却器）—混入二次烟气（屋顶罩、密闭罩）—除尘器—排放（除尘灰储存、外运处理），这是一套传统的超高功率电弧炉的除尘工艺。其特点是：电弧炉一次烟气与二次烟气在同一个系统中处理，除尘工艺简洁，设备简单，但由于无增压风机，无法平衡一次烟气系统与二次烟气系统的阻力，除尘效果不太理想，且系统运行电耗高。该除尘工艺流程图见图 11-1。

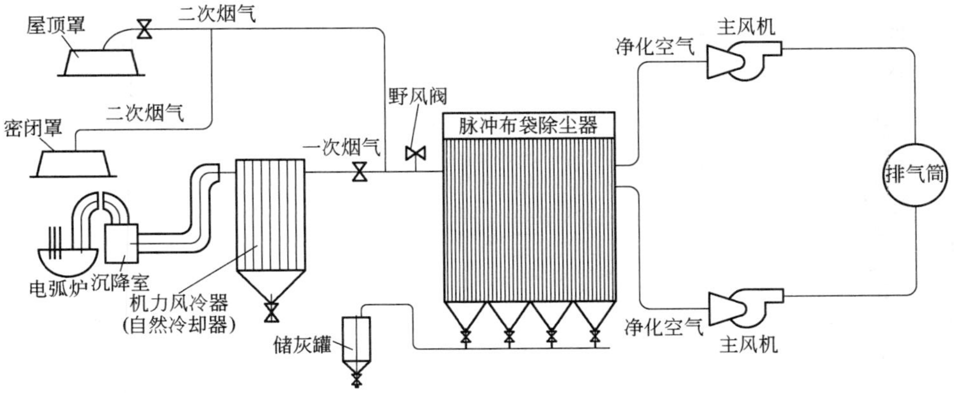

图 11-1 除尘工艺流程图 I

（2）除尘活套—(废钢预热系统)—沉降室—水冷烟道—机力风冷器（自然冷却器)—增压风机 —混入二次烟气（屋顶罩、密闭罩)—除尘器—主风机机组—排放（除尘灰储存、外运处理)，这是一套典型现代超高功率电弧炉的除尘工艺。其特点是：电弧炉的一次烟气与二次烟气混合在一个系统内，主要是大风量的一次高温烟气（800~1200℃）在水冷烟道、机力风冷器（或自然冷却器）等降温设备冷却到 250℃后，与低温的二次烟气混合，以达到进入除尘器许可温度以下，以节约大量用来降低一次烟气所消耗的能源（对比一次烟气和二次烟气相对独立的除尘系统)；一次烟气配置了增压风机，由于一次烟气线路长、设备多、弯头多，系统阻力大，如果有废钢预热系统，由于废钢料透气性差，一次烟气阻力增加显著，一次烟气与二次烟气的阻力就会不匹配，配置增压风机就是平衡这种阻力不匹配，使主风机发挥最大的能效，以达到理想的除尘效果。该除尘工艺流程图见图 11-2。

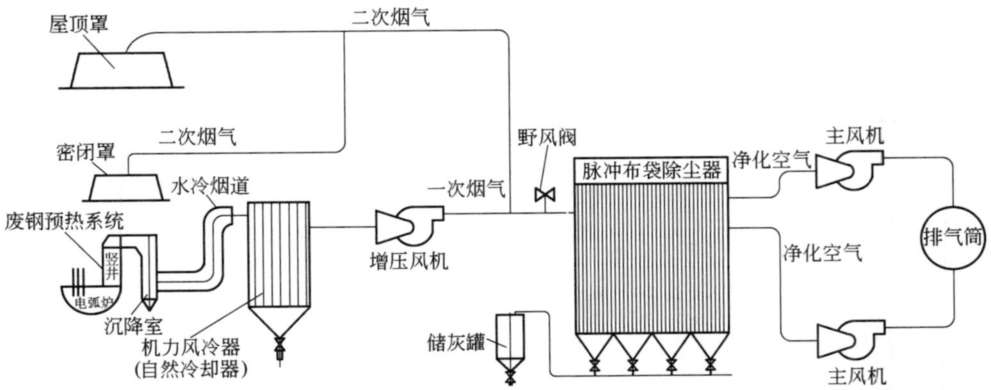

图 11-2 除尘工艺流程图 II

（3）除尘活套—废钢预热系统—沉降室—喷雾除尘塔—增压风机 —混入二次烟气

(屋顶罩、密闭罩)—除尘器—主风机机组—排放（除尘灰储存、外运处理)。这套工艺流程最大的特点是：采用喷雾除尘塔，由于配置了废钢预热系统，利用一次高温烟气来预热废钢，由于废钢中含有聚氯乙烯（PVC）料、橡胶、油污等物质，在高温燃烧时形成二噁英，二噁英是一种非常稳定的致癌物质，对环境造成极大的污染，对人类的身心健康危害极大，现在唯一有效遏制二噁英形成的办法是把高温烟气用水浴急速冷却至 300℃以下，以避免二噁英的再度合成。该除尘工艺流程图见图 11-3。

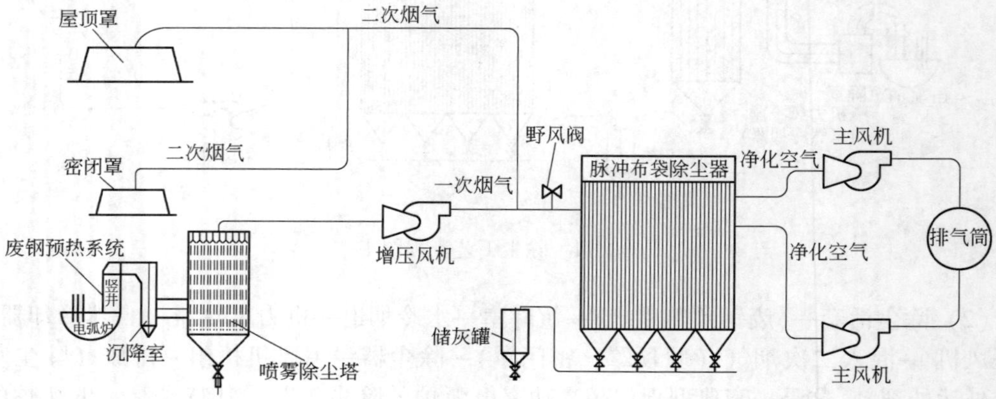

图 11-3　除尘工艺流程图Ⅲ

（4）除尘活套—沉降室—余热锅炉—增压风机 —混入二次烟气（屋顶罩、密闭罩)—除尘器—主风机机组—排放（除尘灰储存、外运处理)，这是电弧炉除尘系统工艺新趋势。其特点是：为了充分利用电弧炉一次高温烟气中的热能，节约烟气降温设备所消耗的能源，利用余热锅炉代替传统工艺中的水冷烟道、机力风冷器等烟气降温设备，通过余热锅炉的换热功能，利用烟气中的热能把余热锅炉中的热水转化为蒸汽，同时把烟气的温度降到合理的数值。通过其他设备对蒸汽进一步利用，可供 VOD 使用，也可用于取暖设备、制冷、发电等用途。该除尘工艺流程图见图 11-4。

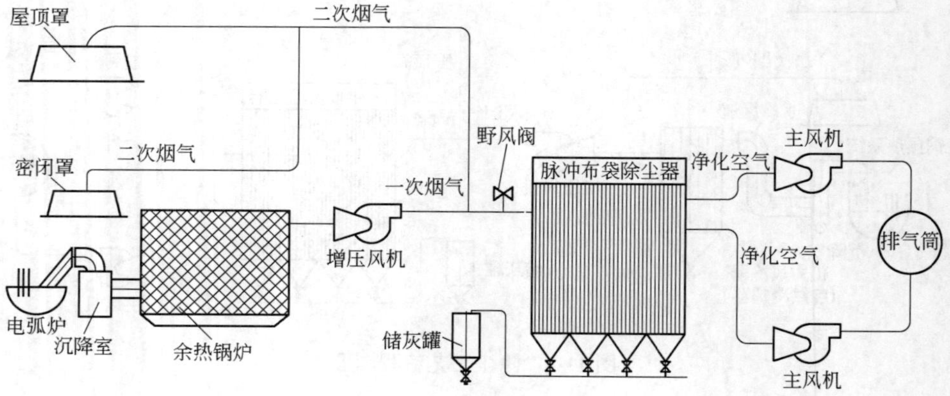

图 11-4　除尘工艺流程图Ⅳ

11.1.2.2 电弧炉除尘系统设备

电弧炉炼钢除尘系统设计能力是以电弧炉的一次烟气量和二次烟气量作为设计依据的。

A 一次烟气量的确定

根据电弧炉的容量、冶炼周期、吹氧强度、脱碳速度、电弧炉原料等电弧炉工艺资料，进行电弧炉一次烟气量的计算。以吹氧脱碳反应生成的炉气量和电弧炉各孔洞进入的空气量作为计算基础；同时应检验烟气中含一氧化碳成分在小于爆炸极限下的最小排烟量，其计算公式如下：

烟气量计算：

$$V_0 = (V_1 + 1.1V_2) - V_3 \tag{11-1}$$

$$V_1 = 60GV_C(22.4/12) \tag{11-2}$$

式中 V_0——炉内最小排烟量，Nm^3/h；

V_1——氧化脱碳所产生的一氧化碳，Nm^3/h；

G——电弧炉最大装入量，kg；

V_C——氧化期最大脱碳速度，%/min，由电弧炉工艺决定，一般吹电弧炉取0.065%/min；

V_2——电弧炉孔洞进风量，m^3/h，可按进风速度1.5~3.5m/s进行计算；

V_3——进入炉内的空气与一氧化碳燃烧反应后，实际消耗的氧气量，Nm^3/h，$V_3 = V_1P/2$；

P——一氧化碳在炉内的实际燃烧系数，%，在确定 P 值时需先算出理论空气燃烧系数 a，$a=0.462V_2/V_1$，再从表11-4查得 P 值。

表11-4 *P* 与 *a* 的相互关系

a	0.5	0.6	0.7	0.8	0.9	1	1.1	1.2	1.3	1.4	1.5	1.6
P	0.3	0.39	0.46	0.52	0.58	0.63	0.67	0.71	0.74	0.77	0.8	0.82
a	1.7	1.8	1.9	2	2.1	2.2	2.3	2.4	2.5	2.6	2.7	2.8
P	0.84	0.86	0.88	0.89	0.9	0.91	0.92	0.925	0.93	0.935	0.94	0.945

烟气温度的计算：由于电弧炉的形式多样，所配备的辅助设备也千差万别，因此电弧炉的效率是不同的。要计算出电弧炉烟气的温度，采用热平衡法。

$$Q = Q_1 + Q_2 + Q_3 + Q_4 - Q_5 - Q_6 \tag{11-3}$$

$$Q = Vct \tag{11-4}$$

式中 Q——电弧炉烟气的物理热，kJ/h；

Q_1——电弧炉电能转化为热能，kJ/h；

Q_2——电弧炉输入辅助的化学能，kJ/h；

Q_3——混入炉内空气所含的热能，kJ/h；

Q_4——冶炼废钢成钢水所消耗的热能，kJ/h；

Q_5——炉体散热，kJ/h；

Q_6——电弧炉水冷件所带走的热能，kJ/h；

V——电弧炉的烟气量，Nm^3/h；

c——炉顶出口烟气的定压平均容积比热容，$kJ/(m^3 \cdot ℃)$；

t——炉顶出口烟气温度，℃；

B 二次烟气量的确定

电弧炉一次排烟系统只能捕集电弧炉冶炼时从第四孔或第二孔排出的烟气，但不能捕集到电弧炉在加料、出钢、兑铁水时所产生的烟气以及电弧炉冶炼时从电极孔、加料孔等不严密处外逸于炉外的烟气，这部分烟气必须依靠二次烟气系统进行捕集，常用的二次烟气系统有屋顶罩、密闭罩等形式。

屋顶罩排烟量的计算：以电弧炉作为一个热源，并假设一个热源点作为起始点，利用电弧炉热烟气气流向上扩散流动时，带动周围的空气不断渗入，混合后形成一个圆锥形上升气流群，上升气流群顶部直径和上升气流的总量都随着上升高度的增加而增加（图 11-5），直至屋顶抽风罩口。所不同的是上升气流群顶部直径在罩口处的面积与车间横向气流干扰后的罩口实际面积的区别，即对车间横向气流干扰程度的区别。

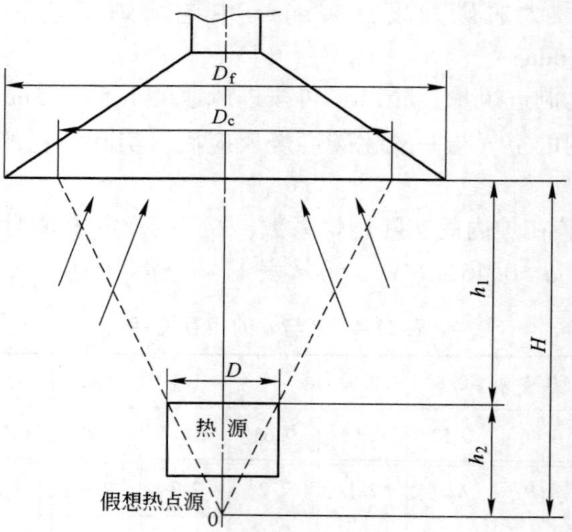

图 11-5 屋顶罩排烟量

根据对已有屋顶的使用效果和设计经验，将屋顶罩排烟当作一个高悬罩的排烟，以高悬罩的计算公式为基础，并进行局部的修改和调整。排烟量计算以图中的电弧炉为热源，假想一个热源为起始点 0，高悬罩罩口的热射流截面积直径 D_c 可按下式公式计算：

$$D_c = 0.434H^{0.88} \tag{11-5}$$

式中 D_c——热射流截截面积直径，m；

H——自假想点源到排气罩罩口的距离，$H=h_1+h_2$，m；

h_1——物体表面至罩口的距离，m；

h_2——假想热点源距热表面的距离，$h_2=2D$，m；

D——炉子直径，m。

热气流平均流速 v_f(m/s) 可用下式的热源表面积与周围空气的温度表示：

$$v_f = 0.085 \frac{S^{1/3}\Delta t^{5/12}}{H^{1/4}} \tag{11-6}$$

式中 S——热源表面积，m^2；

Δt——热烟气的平均温度与周围空气的温差，℃。

热气流上升角度 α：

$$\alpha = \arctan \frac{D_c/2}{H} \tag{11-7}$$

考虑到热气流上升角度 α 因烟气温度的波动及横向气流的影响等因素，可能引起上升角度的偏斜，而设计要求热气流和车间横向气流在同一时间内同时到达罩口，所以热气流上升角度 α 和罩口尺寸都应该加大，即：

$$\frac{h_1}{v_f} = \frac{D_f - D_c}{v_a} \tag{11-8}$$

$$D_f = D_c + h_1 \frac{v_a}{v_f} \tag{11-9}$$

$$V_f = 3600[v_f S_c + v_a(S_f - S_c)] \tag{11-10}$$

$$V_p = \frac{V_f}{3600 S_f} \tag{11-11}$$

式中 D_f——罩口直径，m；

V_f——罩口排风量，m^3/h；

S_c——上升热气流在罩口处的横断面积，m^2；

S_f——罩口面积，m^2；

v_a——罩口其余面积所需的空气流速，m/s；

V_p——罩口气体平均流速，m/s。

11.1.2.3 电弧炉除尘系统控制技术

随着计算机的广泛应用及自动控制技术的发展，先进的除尘系统的控制水平可达到全自动控制。从除尘系统工艺来区分，除尘控制系统包括除尘系统的启动控制、除尘效果的控制、烟气温度的控制。

A 除尘系统的启动控制

当所有的控制设备处于自动控制状态，所有的温度、压力检测值正常，符合除尘系统自动启动条件，除尘系统便能集中自动启动。除尘系统一旦自动启动运行，控制系统便进行一系列的检测、自动调节、报警运行；当系统某些检测参数超出自我调节的范围，又无人为的解决处理，除尘系统便启动保护措施——自动停机，以避免故障进一步扩大化。

B 除尘效果的控制

除尘效果的控制主要是根据电弧炉处于不同的工况下，PLC 对各控制挡板进行自动控制，控制各除尘口的风量及压力。唯一要人工设定调整的数值是除尘器入口负压设定值，这个数值是根据除尘器阻力大小来进行设定的。各除尘口的风量及压力调节由除尘口前面的挡板自动控制，而除尘器入口的负压由风机挡板自动控制。

C 烟气温度的控制

从炉内抽出一次高温烟气经水冷烟道冷却，由非水冷烟道进行空冷，再进入机力风冷器进行冷却。机力风冷器根据其出口烟气温度高低决定机力风冷器的冷却强度，机力风冷器出口烟气温度一般要求低于250~300℃，然后一次烟气与屋顶罩的二次烟气进行混合，进一步对烟气进行降温，最后烟气进入除尘器。在事故状态下，如进入除尘器的烟气温度高于设定值（除尘布袋温度许可值），控制系统便开启事故混风阀，引入低温空气对烟气进一步降温，以满足进入除尘器的烟气温度低于设定值。

11.1.3 电弧炉除尘系统新技术

11.1.3.1 除尘风机电机变频技术的应用

随着国家对环境保护认识的提高，相应的环保法律法规越来越严。电弧炉炼钢企业为了生存，对除尘系统一改再改，系统越做越大，势必导致吨钢除尘电耗越来越高。

传统的除尘系统中，大功率电机的转矩是通过液力耦合器传递给风机的，从而带动整个系统的运行。液力耦合器在系统运行中实现两项功能：（1）实现软启动，减少对电机的冲击，以保护电机；（2）调节风机的转速，节约能源，但受液力耦合器自身的结构限制，其传递效率只能达到85%~87%，通过其进行调速节能的效果很有限。

近些年来新建或改造的电弧炉除尘系统，主风机或增压风机的调速控制绝大部分采用电机变频技术。采用电机变频技术进行调速有三大优点：（1）其效率可达到98%；（2）可调速范围宽；（3）调速动作响应快。其最大缺点是价格高，一次性投入大，价格一般为液力耦合器的3~4倍。但由于电弧炉在不同的阶段所需的除尘风量差别大，电弧炉在加料期所需风量最大，而持续时间短；在冶炼期所需风量较小，而持续时间长。在上述条件下，如使用电机变频调速技术，可节省大量的电能，5年左右便可收回使用变频技术所增加的投资。

11.1.3.2 雾化喷淋除尘技术的应用

为了能源的综合利用，充分利用电弧炉一次烟气中的热能，降低电弧炉冶炼所消耗的电能，越来越多的新建和已建的电弧炉装备了用电弧炉废气预热废钢的系统来回收能量。目前，竖炉技术和Consteel工艺是两个已在实践中被成功应用且证实的废钢预热系统。

由于配置了废钢预热系统，利用一次高温烟气来预热废钢，由于废钢中含有聚氯乙烯（PVC）塑料、橡胶、油污等物质，在高温燃烧时形成较多的芳香族有机卤毒素化合物，如聚氯二苯-P-二噁英和呋喃（PCDD/F），二噁英是一种非常稳定的致癌物质，对环境造成极大的污染，对人类的身心健康危害极大。聚氯二苯-P-二噁英和呋喃（PCDD/F）在700℃环境下分解（在沉降室中设置烧嘴燃烧），但在环境温度降低后又能重新合成，现在唯一有效遏制二噁英形成的办法是把高温烟气用水浴急速冷却至300℃以下，在欧洲及日本，环境保护法对二噁英的排放有严格要求，在这些国家有废钢预热系统的电弧炉必然在除尘系统中配置后燃烧室及喷雾除尘塔，以有效遏制二噁英形成。

11.1.3.3 电弧炉高温烟气余热回收的应用

电弧炉除尘系统中炉内一次烟气的温度高达1000~1200℃，在传统的除尘系统工艺中，高温烟气利用水冷道、空冷烟道、机力风冷器等降温设备，把高温烟气降到除尘器许可温度（一般为120℃），把大量的高温烟气降到120℃，降温设备需消耗大量的能源。如何能回收利用大量的高温烟气的热能，同时又节约降温设备所消耗的能源，这就是当前电弧炉炼钢行业正在研究利用的技术——电弧炉高温烟气余热回收利用技术。这是“循环经济、节能减排”工作的重点，是当前国内形势所趋。

在电弧炉高温烟气余热回收利用技术中，利用余热锅炉代替传统工艺中的水冷烟道、机力风冷器等烟气降温设备。原理是通过余热锅炉的换热功能，利用烟气中的热能把余热锅炉中的热水转化为蒸汽，同时使烟气的温度降到合理的数值。对蒸汽进一步利用，可供VOD使用，也可用于取暖、制冷、发电等用途。由于电弧炉生产的间断性，决定了余热锅炉产生的蒸汽参数是变化的，要持续稳定利用烟气余热所产生的蒸汽，必须在蒸汽利用系统中使用蓄热器，通过蓄热器的蓄放热能的功能把参数变化的蒸汽转化为参数稳定的蒸汽，从而解决不稳定的蒸汽对蒸汽利用设备产生冲击的问题。在国内的大电弧炉中，已有两座电弧炉进行了烟气余热利用的改造，初步利用蒸汽，进一步研究利用蒸汽进行发电。

11.1.4 电弧炉粉尘处理新技术及应用

11.1.4.1 电弧炉粉尘形成机理

电弧炉粉尘形成与电弧炉炼钢的5个环节（装炉、熔炼、精炼、炉渣发泡和浇铸）密切相关。一方面，精炼期间产生的CO气泡逐渐上升至气液界面时，CO气泡破裂，导致产生向上射流，射流顶部的熔体分解成尺寸不一的喷射液滴，小尺寸的液滴随着炉气的排放进入除尘系统，最终形成粉尘[1]（图11-6）；另一方面，随着电弧炉快速加热到1600℃，炉渣中的氧化物与金属蒸气和炉尘混合后，被上升的热流带出炉膛，随气流进入烟道，在除尘系统中进行氧化、硫化或氯化，最后形成粉尘[2]（图11-7）。

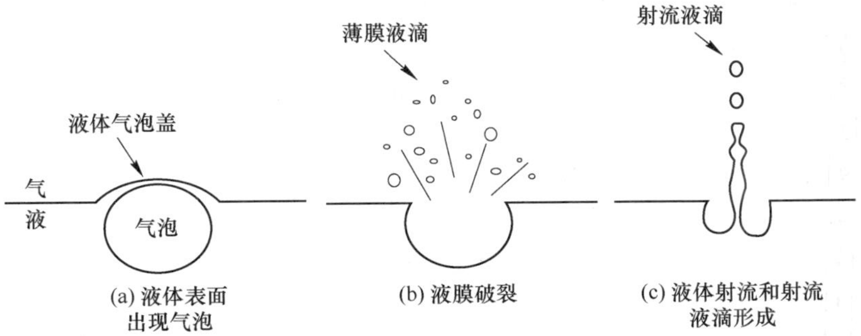

图11-6 气泡破裂机制

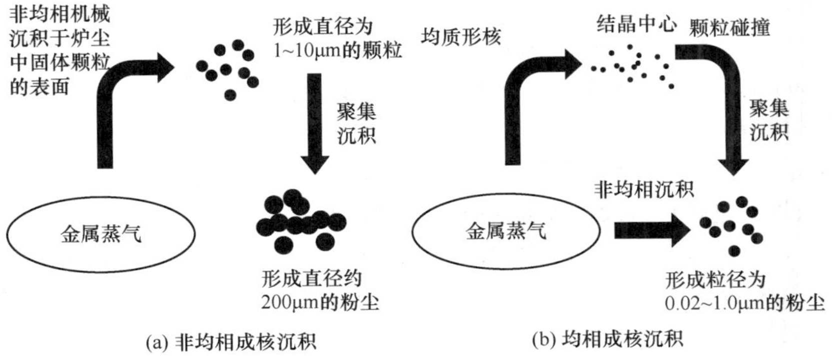

图11-7 电弧炉粉尘形成机理

11.1.4.2 电弧炉粉尘无害化处理

电弧炉粉尘无害化处理技术包括固化技术和玻璃化技术两类，其中固化技术即通过改变其物理形态，对有害金属进行包裹束缚的一种无害化处理技术；玻璃化技术则是通过改变粉尘的化学形态，降低重金属的迁移性能和毒性的一种无害化处理技术。

（1）Super Detox 技术[3]。Super Detox 固化技术，通过该技术处理可以对电弧炉粉尘进行填埋处理。该过程是将电弧炉粉尘与氧化物、石灰以及其他一些添加剂混合，使得电弧炉粉尘内部的重金属离子（如铬）发生氧化还原反应，促使重金属离子沉积。

（2）Oregon 工艺[4]。Oregon 玻璃化技术，该技术是由美国玻璃化国际有限公司开发的废弃物玻璃化处理技术。该工艺是将电弧炉粉尘与特殊的物质（如硅酸盐）按照技术要求进行混合，加到熔化炉中加热熔化，最后水淬成固体颗粒，通过改变粉尘中重金属的化学形态，使有毒有害物的可溶性、流动性和毒性降低。

11.1.4.3 电弧炉粉尘资源化回收锌（表 11-5）

A 火法回收工艺

利用锌的沸点较低的特点，在高温条件下锌的氧化物与还原剂 CO 或 C 反应，在降温后以锌金属或 ZnO 的形式回收。

（1）威尔兹处理技术[5]。将电弧炉粉尘和还原剂（石墨）在窑炉中混合，加热至1100~1300℃，使锌挥发成蒸气，用袋式过滤器冷却挥发性锌，常作为粗氧化锌回收的方法。

（2）球团处理技术[6]。球团处理技术主要分为两类：冷固结球团法和氧化球团法。所谓冷固结球团法，即不需要加热，直接将粉尘与黏结剂进行混合，造球，最后将球团直接放入高炉内。而氧化球团法则需要对球团进行加热处理，将冷却过后的球团放入高炉内。在此过程中，需要严格控制电弧炉粉尘的铅锌含量。

（3）直接还原处理技术[7]。该技术有 Inmetco、Fastmet、DRyIron 等工艺技术，主要过程为配料制团、高温还原、烟尘回收，其特点是直接还原铁，产品转化率大于 90%，且脱锌率达到 94%，可直接用于炼钢。

（4）Ausmelt 处理技术[8]。通过向炉渣中注入氧气、煤粉，使得粉尘中的金属（如锌、铅等）被还原，再次进入烟尘收集系统，回收锌以及其他金属。

B 湿法回收工艺

湿法工艺是在常温下或非高温下，利用氧化物溶于酸、碱、盐等溶液的性质，使其在适当条件下实现有价金属的浸出，然后再根据目标产物的不同，对浸出液进行相应的处理步骤。

a 酸浸提取工艺

$$ZnO = Zn^{2+} + 2e^-$$

（1）Zincex 技术[9]：将粉尘溶于酸中，通过电积得到锌，净化渣可以回收金属铬，同时可以循环电解废液。

（2）Rezade 技术[3]：利用强酸浸出后用锌粉沉积除去铅、镉，电积产出锌粉，其净化渣和浸出渣返回电弧炉继续熔炼以回收或富集渣中金属，卤盐混合物出售。

（3）Cashman 技术[10]：通过将硫化氢吹入锌溶液中，使得反应生成硫化锌沉淀，金属铁可以从浸出的炉渣中回收。剩余的金属可以通过结晶回收，剩余的液体可以内部回收。

b 碱浸提取工艺

$$ZnO + 2OH^- = (ZnO_2)^{2-} + H_2O$$

Chaparral 工艺技术[11]：首先使用超纯水洗涤粉尘，采用氨溶液浸出锌，最终得到沉淀，通过洗涤达到排放标准，锌的回收率为55%~60%。

c 盐浸提取技术

$$ZnO + NH_4Cl \xlongequal{} Zn(NH_3)_2Cl_2 + H_2O$$

（1）Ezinex 工艺技术[12]：采用氯化铵溶液把粉尘中的锌和其他金属浸出到溶液中，然后浸出液加入锌，通过置换反应获得铅，之后可以通过电积的方法得到锌。

（2）Terra Gaia 工艺技术[6]：基于 $FeCl_3$-HCl 介质在 175℃下浸出 ZnO 和 $ZnFe_2O_4$ 中的锌，然后向浸出液中鼓入 H_2S，使锌形成 ZnS 沉淀，浸出液可循环使用。

表 11-5 电弧炉粉尘处理工艺

方法	主要工艺		主 要 操 作	产品
火法	威尔兹处理技术		高温下，电弧炉粉尘与还原剂混合，锌挥发再经冷却后回收	ZnO
	球团处理技术		冷固结球团法直接将粉尘与黏结剂进行混合，造球；氧化球团法需要对球团进行加热处理	ZnO
	直接还原处理技术		配料制团、高温还原、烟尘回收	氧化锌粉
	Ausmelt 处理技术		向炉渣注入氧气、煤粉，还原回收	ZnO
湿法	酸法	Zincex 工艺	H_2SO_4 浸出	电锌
		Rezade 工艺	强酸浸出，锌置换除杂	锌粉
		Cashman 工艺	盐酸高压浸出、锌置换除杂	ZnO
	碱法	Chaparral 工艺	水和醋酸除杂，氨浸	溶液
	盐法	Ezinex 工艺	$FeCl_3$-HCl 溶液高液浸出	ZnS
		Terra Gaia 工艺	NH_4Cl+NaCl 溶液浸出、净化、电积/结晶	电锌

11.1.4.4 电弧炉粉尘应用

（1）制备软磁材料 Ni-Zn 铁氧体（图 11-8）。以电弧炉粉尘为原料，耦合铁鳞，并添加六水合氯化镍，成功制备了软磁材料 Ni-Zn 铁氧体。电弧炉粉尘中 SiO_2 和加入的 $NiCl_2 \cdot 6H_2O$ 质量对用电弧炉粉尘直接水热合成 Ni-Zn 铁氧体磁性能有重大影响，电弧炉粉尘中 SiO_2 质量分数越低，所制备铁氧体磁性能越高；此外，随着 $NiCl_2 \cdot 6H_2O$ 的含量增高，所制备铁氧体磁性能先增大后减小；NaOH/CaO 与电弧炉粉尘混合后焙烧有助于电弧炉粉尘中 Zn^{2+}的提取，NaOH 含量越高，Zn^{2+}浸出率越高；CaO 含量越高，Zn^{2+}浸出率也越高，但是浸出液中含有大量 Ca^{2+}，对制备 Ni-Zn 铁氧体和其磁性能造成不利影响；掺杂 Ni^{2+}的含量和对所制备样品的焙烧温度对制备 Ni-Zn 铁氧体及其磁性能有重大影响。随着 Ni^{2+}与 Zn^{2+}摩尔比增大，所制备样品的磁性能先增大后减小。当焙烧温度为 700℃以上时，随着焙烧温度的升高，NiZn 铁氧体磁性能越好[13]。

（2）制备水泥（图 11-9）。EAFD 中的重金属是 EAFD 在水泥混凝土领域应用时需要重点考虑的问题之一。已有研究表明[14]，控制好 EAFD 中 Pb 的含量，水泥可以对其他有

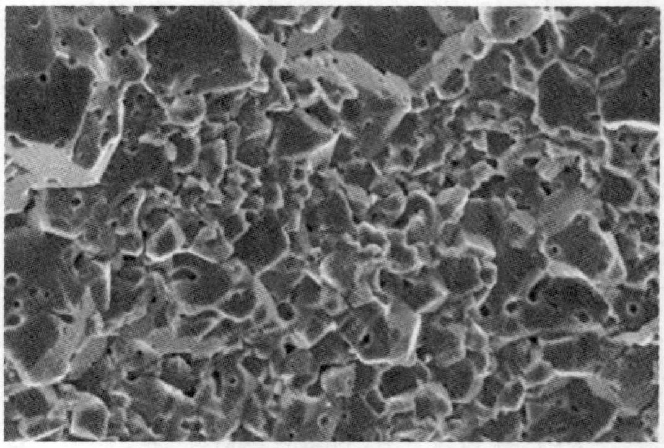

图 11-8 软磁材料 Ni-Zn 铁氧体

害金属进行有效的固化。因此，根据 EAFD 中有价金属的含量，合理选择 EAFD 的回收处理方式非常必要。

图 11-9 水泥混凝土材料

适量的电弧炉粉尘对水泥混凝土具有缓凝、降低水化热、提升力学性能等优点。需要注意的是：1）与粉煤灰、矿渣等材料相比，EAFD 的属地化特征明显，其成分受原料和工艺的影响较大，故不同地区的 EAFD 对水泥混凝土性能的影响效果是否一致还需要进行深入的评价研究；2）实际应用时，应根据 EFAD 中的 ZnO 含量合理考虑其回收利用方式。

（3）制备光催化材料（图 11-10）。通过 NO_x 的降解和 RhB 的降解实验，说明了 EAFD 在紫外光和可见光两种结构下都表现出光催化活性。相对于 EAFD 本身，砂浆增强了对 NO_x 的光催化活性。此外，在对 EAFD 的直接试验中，它即使在黑暗中也能降解 RhB，这归因于吸附的 RhB 和尘埃中一些氧化物的导带之间的电子转移[15]。

（4）制备陶瓷[16]。EAFD 与 SiO_2、Na_2CO_3 和碳酸钙粉末在一定环境气氛下进行陶化，玻璃体产品通过两级热处理转变为玻璃陶瓷材料。玻璃体产物通过两级热处理的温度转化为玻璃陶瓷材料。玻璃体材料和玻璃-陶瓷材料的化学性质均较稳定。

（5）造泡沫渣（图 11-11）。适当温度范围内，一定量电弧炉粉尘和煤灰加入炉渣，随粉尘和煤粉加入量的增加以及温度的提高，泡沫渣的最大高度增加。将电弧炉粉尘加入炉渣，随温度提高，ZnO 的还原挥发速度加快，反应 6min，锌的挥发率大于 97%，渣中锌含量小于 0.1%。将电弧炉粉尘加入炉渣，铅的挥发速度很快，反应 3min，渣中铅含量小于 0.02%，其挥发率大于 90%[17]。电弧炉粉尘退火后在光学显微镜下的像见图 11-12。

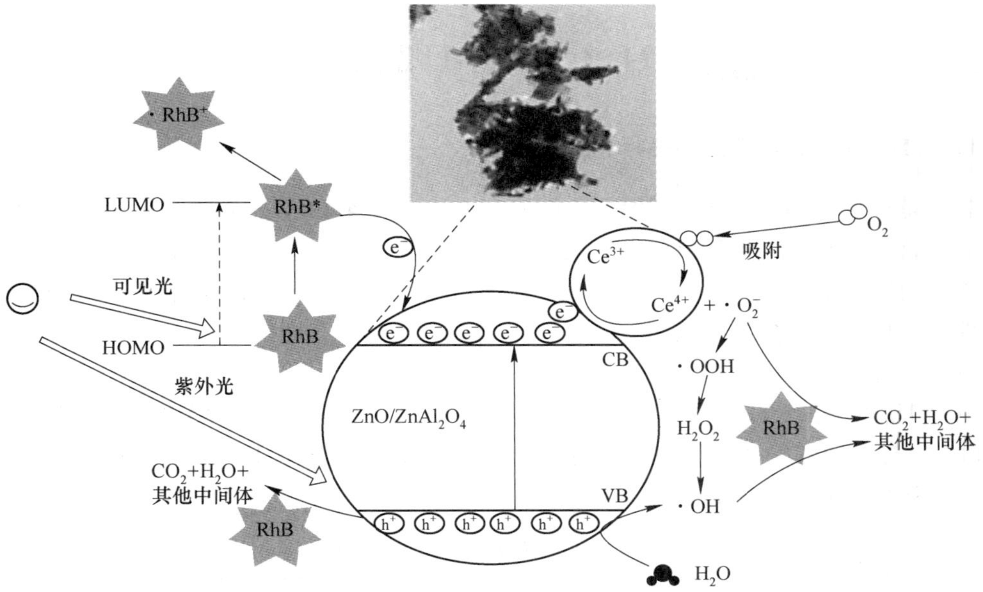

图 11-10 光催化材料

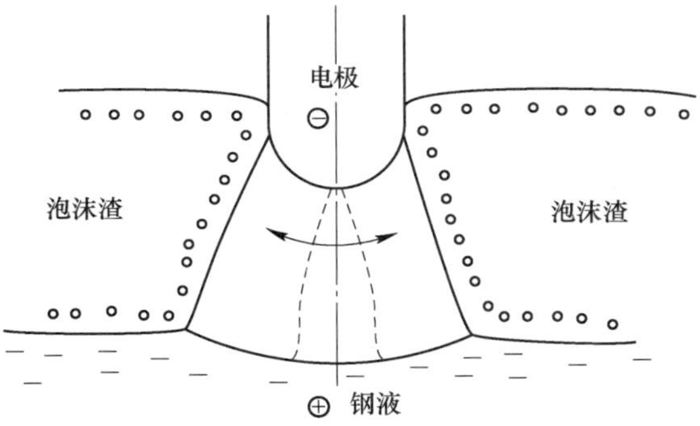

图 11-11 泡沫渣

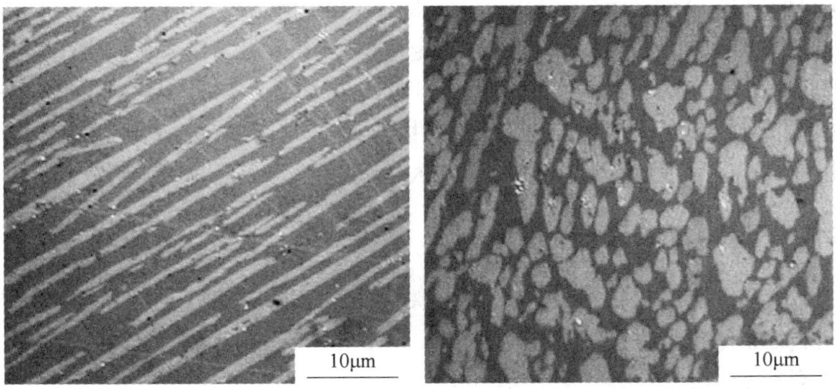

图 11-12 电弧炉粉尘退火后在光学显微镜下的像

11.2 炉渣处理系统

11.2.1 电弧炉炉渣主要指标和处理要求

炉渣是炼钢过程中排出的熔渣。电弧炉炉渣主要来源于：金属料中的铁、铝、硅、锰、磷、硫等元素被氧化后形成的氧化物；炼钢过程加入的造渣剂石灰、白云石等；金属料带入的泥沙等杂物。以废钢为原料的电弧炉，吨钢渣量为 80~120kg，具有出渣温度高、流动性好、热值含量高等特点。

11.2.1.1 电弧炉炉渣的性质

电弧炉炉渣是钢渣的一种，它是一种多种矿物组成的固熔物，其性质与典型化学成分（表 11-6）有密切的关系，其主要成分是游离态氧化钙（f-CaO）、MgO、硅酸三钙、硅酸二钙，电弧炉炉渣的性质见表 11-7。

表 11-6 电弧炉炉渣的化学成分 (%)

SiO_2	Al_2O_3	MgO	CaO	MnO	FeO	P_2O_5
15~18	5~10	8~12	30~40	4~9	20~35	1~1.5

表 11-7 电弧炉炉渣的性质

密度/$g \cdot cm^{-3}$	1~2.6
易磨指数	0.7
抗压性/%	20.4~30.8

11.2.1.2 电弧炉炉渣的危害

目前，电弧炉炉渣作为炼钢工业排出的一种冶炼废渣，产生量大，缺乏有效的综合利用途径，综合利用率一直较低，已成为炼钢厂亟待解决的头号难题。大量堆存的钢渣，不仅占用土地，而且扬尘污染大气，钢渣冷却水渗入污染水源，严重危害周围生态环境、农业生产和人们身心健康。如何高效合理利用电弧炉炉渣，提高电弧炉炉渣的利用率和附加值，降低对环境的污染，已成为行业关注的焦点。目前，国内外已经开发了一些针对电弧炉炉渣的处理和利用技术，但由于成分和物性的限制，电弧炉炉渣在大规模应用中，存在体积安定性差、胶凝活性低、化学成分波动大等问题。

11.2.2 电弧炉炉渣处置与利用技术

改善电弧炉炉渣的体积稳定性和水硬胶凝性，是电弧炉炉渣实现在道路工程、回填工程及水泥、混凝土行业大规模应用的关键。

因此，钢渣处理可兼顾以下四个技术目标：

(1) 降低钢渣中游离 CaO 的含量至 1%以下，提高钢渣安定性；

（2）回收渣中金属铁，降低渣中 RO 相氧化物；

（3）在高温状态下促使钢渣生成较多的硅酸三钙、硅酸二钙和铝酸三钙等水硬胶凝性矿物；

（4）回收钢渣余热。

11.2.2.1 炉渣处置工艺

炉渣处置工艺有：冷弃法、热闷法、热泼法、盘泼法、滚筒法、水淬法、风淬法、粒化轮法[18]。当前电弧炉炉渣处理的优选技术是罐式有压热闷法、滚筒法和风淬法。

冷弃法：钢渣倒入渣罐，待其缓冷后直接运往渣场堆成渣山，以往我国也多用此法。

热闷法：利用高温液态渣的显热，洒水产生物理力学作用和游离氧化钙的水解作用使渣碎化。

热泼法：在炉渣高于可淬温度时，以有限的水向炉渣喷洒，使渣产生的温度应力大于渣本身的极限应力，产生碎裂，游离氧化钙的水化作用使渣进一步裂解。

盘泼法：将热熔渣倒在渣罐中，运至渣盘边，用吊车将罐中的渣均匀倒在渣盘中，待表面凝固即喷淋大量水急冷，再倾翻到渣车中喷水冷却，最后翻入水池中冷却。

滚筒法：高温液态钢渣在高速旋转的滚筒内，以水作冷却介质急冷固化、破碎。

水淬法：高温液态渣在流出、下降过程中被压力水分割、击碎，再加上高温熔渣遇水急冷收缩产生应力集中而破裂，同时进行了热交换，使熔渣在水幕中粒化。具体做法又有盘泼水冷法、炉前水冲法及倾翻罐—水池法等多种方法。

风淬法：其主要优点是可回收高温熔渣所含的热量（2100~2200MJ/t）的 41%，避免了熔渣遇水爆炸的问题，并改善了操作环境。钢渣可风淬成 3mm 以下的坚硬球体，可直接用作灰浆的细骨料。

粒化轮法：将液态钢渣落到高速旋转的粒化轮上，使熔渣破碎渣化，喷水冷却。

11.2.2.2 炉渣利用技术

A 烧结熔剂

钢渣经过处理后返回烧结、高炉、炼钢使用。钢渣经过破碎、磁选、筛分物理工序处理后，回收一部分金属铁，使钢渣达到一定的粒度后，利用钢渣中 Ca、Mg、Mn 的氧化物和稀有元素等成分代替石灰造渣，能大量节约石灰石、萤石等造渣剂用量，缩短冶炼时间，提高炉衬寿命，降低成本。

B 建筑材料

a 钢渣砖

钢渣砖是以粉状钢渣或水淬钢渣为主要原料，掺入部分高炉水渣或粉煤灰和激发剂（石灰、石膏粉），加水搅拌，经轮碾、压制成型、蒸养而制成的建筑用砖。钢渣砖参考配比如表 11-8 所示。

表 11-8 钢渣砖参考配比

原材料配比/%					抗压强度/MPa	抗折强度/MPa	钢渣砖标号
钢渣	高炉水渣	粉煤灰	石灰	石膏			
60	30	0		10	22.0	2.25	75

续表 11-8

原材料配比/%					抗压强度/MPa	抗折强度/MPa	钢渣砖标号
钢渣	高炉水渣	粉煤灰	石灰	石膏			
67	20		10	3	22.6	2.50	100
63	30	0	5	5	23.9	3.21	150

生产钢渣砖的主要设备有磁选机、球磨机、搅拌机、轮碾机、压砖机。设备的选用主要根据砖厂的生产规模确定。钢渣砖可用于民用建筑中砌筑墙体、柱子、沟道等。

b　钢渣矿渣水泥

钢渣含有大量 C_3S、C_2S 等活性物质，具有很好的水硬性。将钢渣进行破碎、筛分、磁选、烘干，利用改造后的球磨机进行粉磨、分选，生产出用作水泥和混凝土使用高活性掺和料的磨细钢渣粉，可代替 11%~40%的水泥。钢渣的最小掺入量（以质量计）不少于 30%，钢渣和高炉矿渣的总掺入量不少于 60%。图 11-13 为钢渣矿渣水泥生产工艺流程。

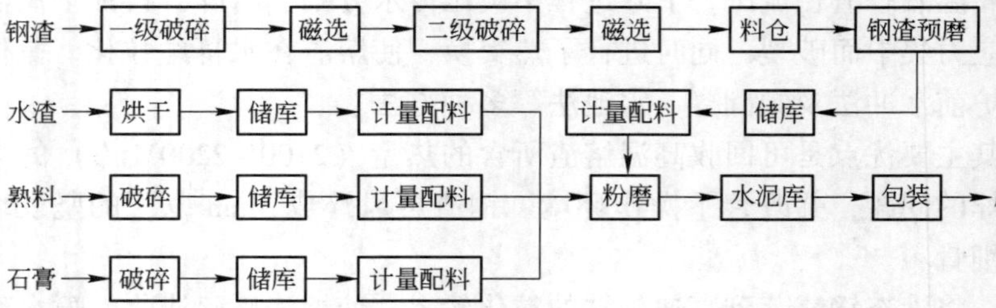

图 11-13　钢渣矿渣水泥生产工艺流程

c　钢渣白水泥

钢渣白水泥是以电弧炉还原渣为主要原料，掺入适量经 700~800℃煅烧的石膏，经混合磨细制成的一种新型胶凝材料。电弧炉还原渣在空气中缓慢冷却后能自行粉化成白色的粉末，具有碱度高、渣色白、活性高的特点。

钢渣白水泥配合比是以水泥中 SO_3 含量为 8%~10%来控制的。当 SO_3 含量少于 8%时，强度不足 400 号。当 SO_3 含量大于 10%时，出现石膏膨胀现象，导致水泥不安定。

钢渣白水泥的生产工艺按照流程大体可分为三个工序，即钢渣的分选（包括磁选），石膏的煅烧和粉碎，配料、粉磨和包装，见图 11-14。

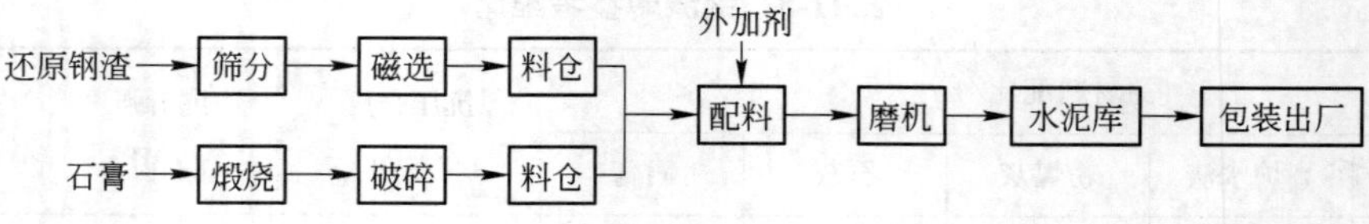

图 11-14　钢渣白水泥的生产工艺

钢渣白水泥主要用作建筑物外墙装饰材料和用于生产彩色水磨石制品，还可生产人造大理石。

C 道路工程

钢渣具有密度大、表面粗糙不易滑移、抗压强度高、抗腐蚀和耐久性好的特点，被广泛用于各种路基材料、工程回填、修砌加固堤坝、填海工程等方面代替天然碎石。

钢渣具有一定活性，能板结成大块，适于沼泽地筑路。

钢渣疏水性好，是电的不良导体而不会干扰铁路系统电讯工作，所筑路床不生杂草，干净整洁，不易被雨水冲刷而产生滑移，是铁路道砟的理想材料。

钢渣在路基上能否得到广泛使用，决定于钢渣是否符合道路工程的各项使用要求。钢渣在路基垫层中应用，其粒度应控制在60mm以下，自然堆放或稍加喷淋3个月以上其粒度基本符合要求。钢渣中游离CaO随着钢渣龄期的增长而明显减少，3个月后基本稳定在小于5.5%的水平，其粉化率也不断下降，稳定性提高。

安徽省马鞍山市1987年建设的湖南路工程，使用了风淬钢渣混凝土试验路面，与黄砂混凝土路面相比，2003年1月7日对路面钻心取样后检测强度的结果如表11-9所示。

表11-9 通车使用15年两种混凝土工程路面钻心取样抗压强度对比表

混凝土种类	28天强度/MPa		15年后强度/MPa
	抗压	抗折	抗压
风淬钢渣混凝土路面	47.86	6.23	85.26
黄沙混凝土路面	43.54	5.56	40.10

D 农肥和土壤改良

钢渣中的P、Si、Ca、Mg等有利用价值元素，其中P、Si虽不溶于水，但具有较好的可溶性，可根据钢渣中有效元素含量作不同的利用。

SiO_2含量大于15%的钢渣磨细至60目以下，可作硅肥用于水稻生产，一般每亩施用100kg，增产10%左右[19]。

钢渣中P_2O_5含量大于4%，细磨后可作为低磷肥使用，相当于等量磷的效果，超过钙镁磷肥的增产效果。

此外，CaO、MgO含量高的钢渣磨细后，可作为酸性土壤改良剂，并且利用了钢渣中的磷和各种微量元素，用于农业生产中可增强农作物的抗病虫害的能力。

钢渣中微量重金属等以固熔体形式存在，不易被浸出，因此普遍认为钢渣是无毒的。但相关的长期性对地下水的污染以及对生物毒理学的研究不多，目前还缺少钢渣对环境影响的基础性定量研究。因此，钢渣产品作为农用肥应慎重考虑，作为非农用土壤改良剂则另当别论。

E 回收废钢

电弧炉炉渣中含有相当数量的铁，经破碎、磁选、筛分等分选技术可回收其中90%以上的废钢[20]。磁选出的渣钢，一般含铁在55%以上，大部分含铁品位高的钢渣用作炼钢、炼铁原料。回收方式有两种：钢渣机械破碎回收（图11-15）、钢渣自磨分选回收（图11-16）。

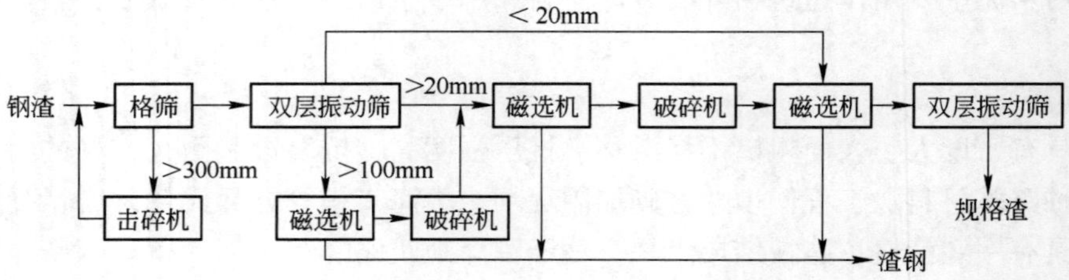

图 11-15 钢渣机械破碎回收渣钢工艺流程

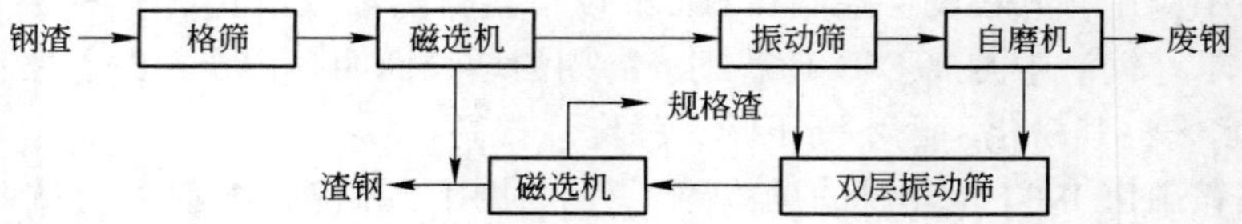

图 11-16 钢渣自磨分选工艺流程图

粗破碎常用颚式破碎机，细破碎用圆锥式破碎机。磁选机和振筛的使用，主要视加工条件和要求而定。

钢渣自磨分选工艺是利用钢渣在旋转的自磨机内互相碰撞而破碎，粒度小于自磨机周边出料孔径的钢渣自行漏出。未能磨小漏出的渣钢，达到一定量时卸出。其特点是工艺简单，而且自磨机出来的渣钢含铁量高达 80%以上，规格渣棱角少，更适合作级配渣用。

F 提取稀有金属

用化学浸取的方法可以提取钢渣中的铌等稀有金属，发挥二次资源的利用价值。

11.2.3 电弧炉炉渣处理新技术

11.2.3.1 钢渣用于废水处理

A 重金属离子废水处理[21]

钢渣由于 SiO_2、Fe_2O_3、Al_2O_3、P_2O_5 和游离 CaO、MgO 等成分，可加工成与活性炭孔径相当的颗粒，平均孔径约 5.3nm，密度大，在水中沉降速度快，固液分离处理周期短，具有一定的碱性和吸附能力。目前的研究结果表明，含 Ni^{2+}、Cr^{3+}、Cr^{6+} 的废水经钢渣处理后，镍、铬去除率达到 99%，达到排放要求。

另有报道称，含砷废水经钢渣处理后，砷的去除率可达到 98%。随着钢渣处理污水技术研究的深入，钢渣处理废水的范围也将不断扩大。

B 污水处理药剂合成

无机高分子絮凝剂（IPF）是一种新型水处理药剂，有文献报道，可以使用钢渣提炼制得 IPF。钢渣因为富含铁元素，所以成为絮凝剂研究的重要材料。徐美娟等[22]采用钢渣做原料来制备絮凝剂。用这种自制絮凝剂处理厌氧好氧后棉浆黑液时，出水均能达到国家排放标准。

11.2.3.2 在生态治理中的应用

A 在人工湿地水处理系统中的应用

人工湿地是一种新型生态污水处理技术，具有投资和运行费用低（仅为传统二级污水厂的1/10~1/2），抗冲击负荷，处理效果稳定，脱氮、除磷优势明显，出水水质好，芦苇可以利用（作为造纸原料）等诸多优点[23]。

国外学者通过研究不同类型的人工湿地基质得出结论，富含钙和铁铝质的基质净化污水中磷素能力较强，硅质含量较高的基质净化能力较差[24]。而钢渣的化学成分和性质恰恰能够满足磷去除对湿地基质的要求。在湿地基质中添加钢渣，钢渣能够向土壤中溶出Ca^{2+}、Fe^{3+}、Al^{3+}及其水合物和氧化物，而本身的磷释放量很低，从而为磷的沉淀和吸附创造了优越的条件。尤其是钢渣中的铁铝氧化物可提高基质对磷的吸附能力并增大基质对磷的吸附容量，从而提高表面流人工湿地对磷的去除效率，因此钢渣是一种很好的净化磷的基质材料，但是不能用钢渣做单一的基质材料，因其碱性较大，不适合植物的生长，但可以作为人工湿地沙子基质或土壤基质的中间吸附层。随着研究的不断深入，钢渣在水生态治理中将具有很好的应用前景。

B 在海洋工程的应用

钢渣在海洋工程方面的应用是一个比较新的领域，日本自20世纪90年代开始加强该领域的理论和应用研究，取得了一定的进展。

a 人造岩块

向钢渣通入二氧化碳气体，二氧化碳气体和钢渣中的氧化钙等结合，使钢渣碳酸化。二氧化碳气体沿钢渣间的缝隙将钢渣结合在一起，孔隙比较均匀地分布在钢渣中，并制作成钢渣岩块，钢渣做成岩块在海洋里作人工礁石[25]。

钢渣岩块在海水中可以促进海洋植物的生长。图11-17为钢渣岩块、天然大理石块和混凝土块在海洋中放置后海水植物生长情况的比较。钢渣比较适合植物的生长，这主要归结于钢渣具有气孔、表面粗糙度适当和化学稳定性好等特点。

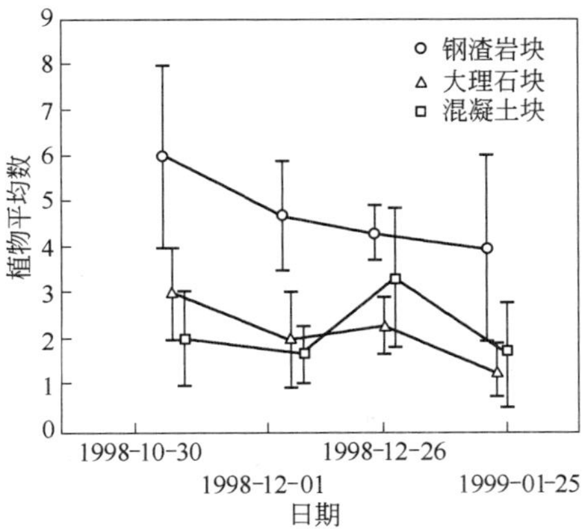

图11-17 钢渣、大理石和混凝土块上的植物数量

b 促进海水吸收温室气体

利用含有$3CaO \cdot SiO_2$、$2CaO \cdot SiO_2$、$4CaO \cdot P_2O_5$和Fe_tO相的钢渣不仅能够向海水

中提供硅、磷和铁等矿物元素，而且能使海水中营养元素的浓度比更接近于海洋中浮游植物生长的最适宜比例，促进浮游植物生长繁殖，达到了吸收二氧化碳减少温室气体的目的。

近些年，综合利用钢渣的新技术还有：用电弧炉还原渣生产保温剂；四川乐山铸造厂用电弧炉还原渣粉做铸造型砂；用钢渣粉与树脂缩合压成合成材料；河钢集团石钢新区采用国内首创的罐式有压热闷处理工艺，充分利用钢渣余热，有效地对电炉钢渣进行粉化和稳定化处理，并使渣与钢分离完全。

11.3 循环水系统

11.3.1 电弧炉循环水质和排放要求

电弧炉炼钢所需水资源，其用途主要分两类：一类是循环冷却水，可以循环使用，用于对设备的冷却；另一类是直接冷却水，用于对高温物料如电极、炉渣的直接喷淋冷却，不可以循环使用。通常，电弧炉生产所需直接冷却水的用量很小，对电弧炉生产用水总体消耗影响很小，而且该部分用水因冷却高温物料而直接蒸发变成水蒸气，无法实现循环利用，因此这里对直接冷却水不做表述。

电弧炉循环冷却水是电弧炉生产所必需的，必须进行循环冷却的电弧炉设备有电弧炉变压器、电弧炉二次回路大电流系统、水冷电缆、电极横臂、水冷炉壁、炉壁氧枪、水冷烟道等，循环冷却水都是通过管道连接到需冷却的设备内部对设备进行强制循环冷却。

循环冷却水对设备进行强制冷却后，水温会升高，因此，循环水必须进行降温后方可循环使用。循环冷却水系统可分成闭式系统及开式系统两类，闭式循环冷却水系统的水完全在封闭的管道及换热设备之间运行，不与大气直接接触，水质稳定消耗低，但是其系统要采用冷媒水进行二次换热，相对水系统复杂且造价高。通常适用于对水质要求较高的电气和电弧炉机械部件等。开式循环冷却水系统的水在对设备冷却自身吸热升高后，可以通过冷却塔蒸发散热达到降低水温的目的，因此可以带走大量的热量，适用于电弧炉的机械设备冷却及水冷烟道冷却。

间冷开式系统循环冷却水换热设备的控制条件和指标应符合下列规定：

（1）循环冷却水管程流速应大于 1.0m/s；

（2）循环冷却水壳程流速应大于 0.3m/s；

（3）设备传热面冷却水侧壁温不宜高于 70℃，当被换热介质温度高于 115℃时，宜采取热量回收措施后再使用循环冷却水冷却；

（4）设备传热面水侧污垢热阻值不应大于 $3.44\times10^{-4}m^2\cdot K/W$；

（5）设备传热面水侧黏附速率不应大于 $15mg/(cm^3\cdot 月)$；

（6）碳钢设备传热面水侧腐蚀速率应小于 0.075mm/a，铜合金和不锈钢设备传热面水侧腐蚀速率应小于 0.005mm/a。

敞开式系统循环冷却水的水质标准应根据换热设备的结构形式、材质、工况条件、污垢热阻值、腐蚀率以及所采用的水处理配方等因素综合确定，并宜符合表 11-10 的规定。

表 11-10 循环冷却水的水质标准（GB 50050—2017）

项目	单位	要求和使用条件	允许值
悬浮物	mg/L	根据生产工艺要求确定	≤20
		换热设备为板式、翅片管式、螺旋板式样	≤10
pH 值		根据药剂配方确定	6.8～9.5
甲基橙碱度	mg/L	根据药剂配方及工况条件确定	≤500
Ca^{2+}	mg/L	根据药剂配方及工况条件确定	30～200
Fe^{2+}	mg/L		<0.5
Cl^-	mg/L	碳钢换热设备	≤1000
		不锈钢换热设备	≤300
SO_4^{2-}	mg/L	[SO_4^{2-}] 与 [Cl^-] 之和	≤1500
		对系统中混凝土材质的要求按现行的《岩土工程勘察规范》（GB 50021—2001）规定执行	
硅酸	mg/L		≤175
		[Mg^{2+}] 与 [SiO_2] 的乘积	≤15000
游离氯	mg/L	在回水总管处	0.1～1.0
石油类	mg/L	非炼油企业	≤5
		炼油企业	≤10

根据《钢铁工业水污染物排放标准》（GB 13456—2012）中的规定，电弧炉炼钢废水排放标准如表 11-11 所示。

表 11-11 电弧炉炼钢废水排放标准

生产工艺	分级	排水量/$m^3 \cdot t^{-1}$（产品）		pH 值	悬浮物/$mg \cdot L^{-1}$
		缺水区	丰水区		
电弧炉炼钢	一级	1.2	5.0	6～9	70
	二级				150
	三级				400

11.3.2 电弧炉循环水系统的组成

电弧炉循环冷却水系统（敞开式）包含水池、水泵、管道、冷却塔、过滤器等几部分。

循环水系统的水池起蓄水及降温的作用。循环冷却水的水池分两类：一类是天然冷却池；另一类是喷水冷却池。天然冷却池依靠水的自然蒸发来散热以达到降低水温的目的，若是用于电弧炉循环水系统，则需非常大的面积方可达到所需的温降，这将占用非常大的土地面积，这在土地资源日趋紧缺的当代是非常大的浪费，所以散热效率更高的喷水冷却池获得了广泛的应用，电弧炉循环冷却水系统大都采用喷水冷却池。

冷却塔是喷水冷却池所必不可少的设备，冷却塔按通风方式可以分为自然通风冷却塔、机械通风冷却塔、混合通风冷却塔三种；按水汽在塔内的流动方向可分为逆流式和横流式两种。电弧炉循环冷却水系统大都采用机械通风逆流式冷却塔，原因是通风逆流式冷却塔的散热效率最高，非常适合冷却水带走的热量非常大的电弧炉设备循环冷却水降温。

通常，由于循环冷却水的水质很好，少有杂质，因此过滤器不会设置在主管道上，否则会大幅增加压力损失，对水泵的工况极为不利；同时，因电弧炉循环冷却水长期使用也不会有大量的污染物侵入，循环水通常不设在线的过滤器。某些工厂在水质难以保证的情况下会在循环冷却水系统上设置旁路过滤来净化水质，用户可以在水质变差的情况下不定期地开启旁路过滤系统来净化水质。

11.3.3 电弧炉循环冷却水的处理

11.3.3.1 循环冷却水处理的目的

循环冷却水处理的目的是维持循环水的良好水质，保证设备的冷却。由于电弧炉是使用电能输入熔化废钢，因此对于电弧炉变压器、电弧炉二次回路大电流系统、水冷电缆、电极横臂等设备必须进行强制冷却，以带走强大电流在通电导体中所产生的热量；同时，电弧炉炉体必须耐受高达1600℃以上的高温，且能在该高温下长期工作，因此现代电弧炉炉体均采用水冷炉壁结构，包括水冷烟道结构等都必须采用循环水来进行强制冷却，如果循环水质变差，引发上述设备冷却不良，轻则缩短设备寿命，重则造成严重的事故。因此，维持循环水的良好水质至关重要。

11.3.3.2 循环冷却水处理的控制目标

冷却水在系统中不断循环使用，由于水的温度升高，水流速度的变化，水的蒸发，各种无机离子和有机物质的浓缩，冷却塔和冷水池在室外受到阳光照射、风吹雨淋、灰尘杂物的飘入，以及设备结构和材料等多种因素的综合作用，会产生严重的沉积物附着、设备腐蚀和菌藻微生物的大量滋生，以及由此形成的黏泥污垢堵塞管道等问题，威胁和破坏工厂长周期的安全生产，甚至造成重大经济损失，因此不能掉以轻心。

11.3.4 电弧炉循环冷却水系统的处理

在循环冷却水系统投入使用前，必须进行循环冷却水系统的处理。

11.3.4.1 循环冷却水系统管道的清洗

一个新的循环冷却水系统在开车之前，必须进行管道清洗。这是因为，设备和管道在安装过程中，难免会有一些焊接碎屑、切削物、润滑油、建筑物碎片等遗留下来，这些杂物如不清扫、冲洗干净，将会影响预膜处理，即使不采用预膜方案，这些碎屑杂质也会促进腐蚀，加速悬浮物的沉积。

已经投入生产的循环冷却水系统在使用较长一段时间后，当水质处理不够理想时，会使换热器传热表面上沉积下列一种或几种物质，如碳酸盐、硅酸盐、硫酸盐、磷酸盐等硬垢以及金属氧化的腐蚀产物，菌藻滋生的黏泥等。即使水质处理较好时，循环冷却水经过较长期的运转后，浊度也会大大地提高，这是因为循环水浊度受到补充水浊度和空气灰尘等因素的影响。当浊度大到足以产生大量的沉积物，影响换热器传热效率时，就必须停产清洗，或者在浊度高到一定程度时，采取不停车清洗的办法清洗。

一个好的清洗方案，对新系统来说可以提高预膜效果，减少腐蚀和结垢的产生；对于已投产的老系统来说，可以保证长期安全生产，较低的操作费用，减少维修时间，节约能量，延长设备使用寿命等，因此在水质处理过程中，必须给以足够的重视。

11.3.4.2 循环冷却水系统的清洗方法

目前，国内外关于清洗的方法有很多种，一般可以分为化学清洗和物理清洗两大类。

物理清洗是指利用物理机械方法将附着的沉积物除去，常用的有人工清洗、冲洗、空气搅动法、不停产的机械清洗法。物理清洗通常只适合用于去除垃圾杂物及沉积物，可以保证管道的清洁，但是不能有效去除油脂、铁锈等化学附着物，而这类附着物对需进行强制水冷的设备（如水冷炉壁、水冷电缆等设备）的换热效率有着很大的影响，化学附着物若不能被有效清除则会严重影响这类设备的寿命。

化学清洗是指利用酸、碱或有机螯合剂、分散剂等化学药剂，通过化学作用将附着的水垢、污泥等沉积物溶解、清洗干净的方法。因此，在确定采用化学方法清洗时，首先需要了解沉积物的化学组成，然后针对各种不同组成的污垢选择合适的化学药剂和清洗程序。例如，污垢组成主要是碳酸盐、磷酸盐和金属氧化物时，用酸洗的效果较好；而污垢组成是硅酸盐时，用酸洗就不如用碱洗或酸碱交替清洗或在酸液中加入氟化氢铵的效果好。在确定清洗剂配方时，最好先做沉积物溶解试验。化学清洗包含以下过程。

A 微生物黏泥清洗

当循环水系统长期运转后，生物黏泥严重，在决定停车清洗前，常先对整个系统进行一次清洗剥离，经过反复的杀菌剥离和分散清洗，基本上可以洗去生物黏泥，但对硬垢和锈瘤的清洗效果差，故系统经过清洗剥离后，仍需对某些换热器进行单台的机械清洗和酸洗。

工厂在生产过程中，虽然循环冷却水系统中一些换热器的传热效率已降低了很多，但为了避免计划外的停车检修，常采用不停产清洗办法，即在系统中加入大剂量的分散剥离剂，经过24h清洗后，对提高换热器的传热效率和延续生产周期，能取得一定的效果。

清洗完后，一般都应将清洗水放掉，换上干净的清水，再进行下一步的操作，如预膜等。

清洗过程中，必须定时测定浊度的变化，以掌握清洗效果。浊度一般是先随着清洗时间的推延而逐渐增高，到最大值后，浊度不再变化，即表示清洗完毕。清洗过程中，浊度变化幅度大，说明清洗效果好。

B 酸洗

酸洗主要是针对那些易溶解于酸的硬垢和金属氧化腐蚀产物，对于硅酸盐垢、无水硫酸钙垢等的作用则是有限的，而对悬浮固体、生物污泥和其他有机沉积物的作用更小。

作为酸洗用的酸主要是盐酸、硫酸和硝酸，其他如磷酸、柠檬酸、氨基磺酸等也有采用。

盐酸用得最普遍，因为盐酸溶解腐蚀产物和水垢的速率比同样浓度的硫酸快，而且价格低、易得。通常采用 5%～10%的盐酸，系统中如有不锈钢或铝设备时不宜采用盐酸酸洗。

硫酸在使用中没有强烈的刺激味，除清洗碳钢外，还可用于清洗不锈钢和铝、铜等设备，使用浓度也是 5%～10%。

硝酸常用来清洗不锈钢和铝的设备，而且对不锈钢和铝有钝化作用，其使用浓度也是 5%～10%。

除此以外，磷酸和氨基磺酸也可用来清洗不锈钢设备。

酸洗温度高，可加快清洗速率，但温度过高，会给操作带来困难，因此温度通常控制在 20～30℃。

酸洗时，酸不仅溶解水垢，还会腐蚀钢铁本身，发生氢的去极化作用，反应中产生的 H_2 会向金属内部扩散，使被洗设备发生氢脆。另外，所析出的氢气带出大量的酸性气体，使劳动条件恶化。因此，酸洗时一定要投加缓蚀剂，以抑制酸对金属的腐蚀。进行不停产酸洗时，只要使整个冷却水系统的 pH 值降到 5 左右即可。

酸洗后，如不能及时进行预膜处理，则酸洗后露出的新鲜金属表面很活泼，极易产生浮锈，影响预膜效果。因此，一般在酸洗后，除需用 0.2%左右的 $NaNO_2$ 溶液中和外，还要用清水冲洗，再进行钝化处理，目的是使洗净的金属表面保持干净，不产生浮锈。

C 钝化

常用的钝化液为 0.2%$NaNO_2$ 溶液。钝化方法是将钝化剂在循环水系统中和至 pH 值接近中性后快速投入系统，循环 12～24h 转入预膜。

D 预膜

预膜的目的是提高缓蚀剂在系统中的成膜效果，常在初期投加较高的药剂量，待成膜后再降低药剂浓度，使其用量能维持修补保护膜即可，这种处理方法就称为预膜处理。

预膜处理的目的是希望在金属表面上能很快地形成一层保护膜，提高缓蚀剂抑制腐蚀的效果。实践证明，同样的缓蚀剂在一个系统中采用预膜处理和不采用预膜处理，其缓蚀效果相差较大。

预膜的方法是在系统清洗过后，换入干净的冷却水，并关闭补水阀和排污阀，再投入一定剂量的预膜剂，然后按预膜剂预膜的要求，使冷却水在系统中循环运行。系统在预膜时的要求随情况而异。

一般情况下，预膜时要求冷却水在循环运转时，随时都要注意调节控制冷却水的 pH 值在 6.0～6.5，低了或高了都达不到预期的效果。同时还要求冷却水中的 Ca^{2+} 含量达到 50mg/L 以上，如达不到则需另加氯化钙等药剂以提高水中 Ca^{2+} 的含量。当水温达不到 50℃时（例系统刚开车时），可以延长预膜时间。

预膜效果的检验，目前尚无准确、简便、快速的方法进行现场检验。一般是在生产系统进行预膜时，采用旁路挂片进行检测，观察挂片上的成膜情况，使用的预膜剂不同，挂片上成膜的色彩也不同。通常用肉眼观察，膜层均匀、颜色一致、无锈蚀即表示预膜良好。也可用配制的化学溶液，滴于挂片上进行检验。

11.3.5 电弧炉循环水系统的运行

系统经清洗、预膜后即转入正常运行，此时应严格按照设计和药剂的要求进行监控，使各项操作指标在允许范围内波动，一旦发现异常值，应及时采取措施，以保证系统能长周期安全运转。

11.3.5.1 水质控制

水质控制是保证电弧炉设备良好运行的关键，良好的水质可以保证设备得到良好循环冷却，反之，设备的冷却效果大打折扣，导致设备寿命变短，甚至会酿成重大的设备事故，特别是电弧炉炉体设备若出现冷却不良引发冷却水漏入电弧炉内，极可能发生剧烈的爆炸。循环水质需控制的指标如下。

A 浓缩倍数

确定循环冷却水最适宜的浓缩倍数，涉及对各种因素的仔细分析。这些因素包括水源供应情况，冷却塔的形式，操作条件，冷却水的温差、流速，换热器最高表面温度，补充水的化学组成，水质稳定剂的种类、价格和供水费等。

浓缩倍数的控制是通过改变补充水量和排污水量来操作的，而浓缩倍数的监测则是依靠测定循环冷却水和补充水中某些离子的含量来实现的。

B pH 值

pH 值的意义包含了水的腐蚀性及结垢倾向性。pH 值低于 7 时水质呈酸性，过强的酸性会腐蚀设备；pH 值高于 7 时水质呈碱性，过强的碱性会导致设备内壁结垢，影响冷却效果，严重者会造成灾难性事故。因此，电弧炉循环水的水质要求维持一定的弱酸性。但是，随着浓缩倍数的增加，水的 pH 值逐渐增高而呈碱性，这是因为冷却水通过冷却塔时 CO_2 要逸出。

在 20 世纪 70 年代末和 80 年代，在使用水处理技术时，往往还依赖于向系统中加酸，使 pH 值在酸性条件下运行，以控制结垢的发生，但随着新型水处理剂特别是高效阻垢分散剂的应用，系统已允许 pH 值可在碱性甚至自然值的条件下运行，通常以 7~8 为宜。此时系统的 pH 值不需要控制，只需要监测记录，以备出现异常值时（如酸、碱或工艺介质等泄漏时）分析原因和采取措施。

C 浊度

浊度反映了水中悬浮物的质量。电弧炉循环水的水质要求浊度越低越好。

除对补充水的浊度提出一定的要求外，对循环冷却水的浊度也应经常进行监测。浊度的变化反映了循环冷却水的水质变化，当发现浊度有较大的变化时，应及时分析原因，采取措施。如是菌藻繁殖引起的，则应加强杀菌灭藻措施；如是补充水浊度过高，则应加强补充水的前处理；如是旁滤池失效，则应加强旁滤池的反冲洗和检修。

D 碱度

大多数天然水或澄清处理后的清水中，总碱度由氢氧化物、碳酸盐和重碳酸盐组成[26]，水的总碱度 M 为：M 碱度 $= OH^- + HCO_3^- + CO_3^{2-}$。由于微量的强碱就会使溶液的 pH 值升高到 10 以上，因此氢氧化物碱度实际存在范围是 pH>10 时。由分析可知：

当 pH>10 时，M 碱度 $= OH^- + HCO_3^- + CO_3^{2-}$；

当 10>pH>8.3 时，M 碱度 $=HCO_3^- + CO_3^{2-}$；

当 8.3>pH>4.5 时，M 碱度 $=HCO_3^-$。

M 碱度是操作控制中的一个重要指标，当浓缩倍数控制稳定，没有其他外界干扰时，由 M 碱度的变化可以看出系统的结垢趋势。如 M 碱度比理论升高值低很多，说明系统结垢较严重，应给予重视。一般每班都应取样分析。

E Ca^{2+}、Mg^{2+}

对循环冷却水中的 Ca^{2+}、Mg^{2+}，每班也应定时取样分析。如果浓缩倍数控制稳定，而 Ca^{2+}、Mg^{2+} 有较大幅度下降，说明系统中有结垢发生，水处理剂中阻垢效果不好；如运行中 Ca^{2+}、Mg^{2+} 波动很小，说明水处理的阻垢效果好。

F 总铁离子

循环水总铁的变化反映了系统中腐蚀抑制的情况。如总铁离子不断上升，说明系统中有铁不断溶解，即腐蚀加重，应引起注意。但总铁变化不大，也不能说就没有腐蚀的危险，因为引起换热管穿孔的往往都是局部腐蚀或点蚀，而这些腐蚀引起铁的溶解量不是很大的。因此，除作总铁离子分析以监测系统中的腐蚀情况外，还应采取其他的监测手段，以掌握缓蚀剂的缓蚀效果。

G 其他离子

如可溶性 SiO_2、总溶解固体（即电导率）、SO_4^{2-}、铜、氨、油等也要根据需要，定期或不定期地进行监测。

H 水处理剂等药剂浓度

在清洗、预膜和正常运转的过程中，都有一个药剂加入量控制的问题。特别是在正常运转过程中，采用不同复合水处理剂，就有不同品种的药剂，这些药剂在运转过程中，有的会水解，如聚磷酸盐；有的会消耗掉，如有机膦酸、聚丙烯酸、锌等；这些药剂还会随排污水排出循环水系统，因此，要在运转过程中不断补充，并且要按配方的规定，严格控制一定的波动范围。

I 污垢

循环冷却水系统经过一段时间运行后，如发现冷却效果不佳需分析原因或水质分析出现异常值时，常需取换热器中的污垢进行化学分析，作为判断依据；另外，当系统运行 1~2 年后需进行大修清洗时，也需取污垢样进行化学分析，以便总结、改进水处理的效果。因为通过分析系统中积存的污垢的化学组成，可以反映出在运转过程中水质处理方面存在的问题。

污垢组成主要包括以下几项：灼烧减量、SiO_2、CaO、MgO、Fe_2O_3、P_2O_5 等，根据它们在污垢中所占的质量分数，可以帮助判断系统中哪种危害占主导地位。

如果冷却水系统中没有采用硅酸盐作缓蚀剂，则污垢组成中 SiO_2 的含量主要是由尘砂混入的，此时只要加强前处理，并采用旁流过滤，SiO_2 的含量就可以控制得很低，当 SiO_2 含量小于 25mg/L 时，可以不考虑形成硅酸垢的可能性。因此，在一般情况下，SiO_2 不是引起腐蚀和结垢的主要原因，故可用 SiO_2 与 CaO 和 Fe_2O_3 的质量比来判断结垢或腐蚀危害的程度（表 11-12）。

表 11-12 SiO_2 与 CaO 和 Fe_2O_3 的质量比判断结垢或腐蚀危害的程度

比　值	倾　向
$CaO/SiO_2<0.5$	水结垢轻微，可忽略
$CaO/SiO_2>1$	要注意结垢
$CaO/SiO_2>2$	应改进阻垢方法
$Fe_2O_3/SiO_2<2$	腐蚀影响很小，不予考虑
$Fe_2O_3/SiO_2=2\sim5$	要注意腐蚀
$Fe_2O_3/SiO_2>5$	应加强防腐措施

如果灼烧减量，特别是450℃的灼烧减量大于20%时，应加强杀菌处理。

11.3.5.2 循环水系统中微生物及其控制

A 冷却水中常见的微生物

在循环冷却水中，水的温度和pH值的范围恰好适宜多种微生物的生长。同时，每升水中，微生物的数量和它们所需的营养源如有机物、碳酸盐、硝酸盐、磷酸盐、铁等，均因循环浓缩而增加。再加上冷却塔、冷水池常年露置在外，阳光充足，因此给微生物的生长提供了良好的条件。这是敞开式循环冷却水系统微生物增多的原因。

工业用水中发生并造成危害的微生物种类很多，循环冷却水中最常见并能造成危害的微生物大致有三类，即细菌、真菌和藻类。

B 微生物引起的危害

微生物引起的危害有：

（1）形成大量黏泥沉积物。黏泥又称软泥或污泥，是在冷却水系统中菌藻产生的黏质膜的总称。一般由藻类、真菌和细菌等聚集而成。当其附着在管壁、塔壁上越积越厚时，不仅影响水侧传热效果，还会因水管截面积变小，限制水的流量而影响冷却效果。

藻类在冷却塔上蔓延生长时还将堵塞填料孔隙和配水板上的小孔，使冷却水分布不均、水滴变大，影响气、水传质效率，致使冷却塔的冷却温度下降，达不到设计的要求。

黏泥还会形成氧的浓差电池，从而引起垢下腐蚀；同时黏泥又给厌氧性细菌（如硫酸盐还原菌）提供良好的滋生场所，这样相互感染，加深了黏泥给冷却水系统带来上述危害。

（2）加速金属设备的腐蚀。细菌聚集形成的菌落附着在金属壁上，分泌出的黏液与水中的悬浮物等杂质黏在一起形成黏泥团，在黏泥团的周围和黏泥团的下方形成氧的浓差电池，黏泥团的下方因缺氧而成为活泼的阳极，铁不断被溶解引起严重的局部腐蚀。

微生物不仅本身分泌黏液构成沉积物，而且也黏住在正常情况下可以保持在水中的其他悬浮杂质，从而增加了沉积物的形成，加速了垢下腐蚀。

有些细菌在代谢过程中生成的分泌物还会直接对金属构成腐蚀，如好氧性硫细菌、厌氧性硫酸性还原菌、铁细菌等。

藻类大量繁殖时会增加水中溶解氧的含量，有利于氧的去极化作用，腐蚀过程因而加速。

（3）破坏冷却塔中的木材。冷却塔中的木质填料长期浸泡在水中或连续受潮时，真菌很容易寄生在上面并分泌出消化酶，将木材中的纤维素破坏掉，只留下起黏合作用的木质素，从而使木材结构强度大大降低。

C 微生物的控制

对微生物的控制手段有：

（1）防止日光照射。藻类生存和繁殖，需要日光照射进行光合作用，如能阻断阳光，就可防止藻类的发生。这种方法不需任何管理费用，但对于大型储水池和高大的凉水塔则无法应用。

（2）加强原水前处理、改善水质。对原水进行前处理时，加强混凝沉淀处理可在除去悬浮物的同时除去部分浮游生物和细菌。常用的混凝剂有三氯化铁、硫酸亚铁和硫酸铝等，投加的药量一般为20～30mg/L，可除去80%～90%的悬浮物。如果在投加硫酸铝或硫酸亚铁的同时，再添加一些聚合物（如聚丙烯酰胺），则可提高除菌效果。

此外，也可采取曝气处理，以除去游离 CO_2 和氧；或投加石灰进行处理，以中和游离 CO_2，提高 pH 值，这些措施有利于铁、锰的去除，如能除去铁细菌赖以生长的铁，也就防止了铁细菌的发生和繁殖。

（3）投加杀生剂和黏泥剥离剂。在循环水系统中，投加杀生剂和黏泥剥离剂是目前抑制微生物的通行方法。

杀生剂以各种方式杀伤微生物，如有的破坏维持生命的蛋白质基团；有的破坏营养物质到达细胞的正常流动和废物的排出；有的阻止细菌正常的维持生命的酶反应，导致细胞迅速死亡，最终使微生物被杀死。

投加黏泥剥离剂，目的是保持金属表面干净，减少黏泥引起危害。

11.3.5.3 杀生剂及其应用

根据杀生剂的化学性质，一般可分为氧化性和非氧化性两大类。

（1）氧化性杀生剂。氧化性杀生剂是指具有强烈的氧化性的一类药剂，通常是一种强氧化剂。如卤素中的氯、溴和碘，还有氯的化合物、臭氧等。在工业生产中，常用的是氯、次氯酸盐和二氧化氯等。

（2）非氧化性杀生剂。非氧化性杀生剂种类很多，如氯代酚类、季铵盐类、二硫氰基甲烷、丙烯酸、大蒜素、α-甲胺基甲酸萘酯、异噻唑啉酮等，通常为了使杀生剂的控制范围更广泛些，常将氧化性杀生剂与非氧化性杀生剂交替使用。

（3）黏泥剥离剂。有一种观点认为循环冷却水系统中细菌总数不是主要问题，关键是要保持管壁、塔壁和水分配板上的小孔干净，这样就可以防止垢下管道、小孔的堵塞，以及保持良好的传热效果，因此主张在投加杀生剂的同时应投加适量的黏泥剥离剂复配使用。

黏泥剥离剂通常都是一些表面活性剂，因为表面活性剂具有亲水基团的疏水基团，它能改变两相间的表面张力，增加水溶液的渗透性和润湿性，有利于杀菌剂发挥作用。同时，表面活性剂还能使非水溶性粒状物质在水中呈均匀分散状态，这是因为疏水基团能吸附在黏泥颗粒上，而亲水基团则伸在水中，使固体颗粒表面层形成亲水性吸附层，从而破坏固体颗粒间的内聚力，使这些颗粒分散成微粒悬在水中，由此将附着在器壁上的黏泥剥离下来分散在水中。如季铵盐类杀生剂除了能有效地杀生外，还是一种阳离子型的表面活性剂，因此也是良好的黏泥剥离剂。

杀生剂的种类繁多，每种药剂又各有优缺点。目前尚没有用一种药剂就能控制冷却水系统所有装置中微生物引起的危害，故常选择几种药剂配合使用，以取得较好的效果。

关于加药的方法，有连续加药、间歇加药，还有冲击性间歇加药。连续加药往往收效不大，而浪费却可观，甚至有时还会使某些微生物产生抗药性。间歇性加药如控制不当，也会出现浪费而效果又不理想的情况。冲击性间歇加药较为可取，即周期性地一次加入过量的杀生剂，使循环水中产生一个相对高的浓度，通常为20~40mg/L，以迅速有效地杀伤微生物[27]。

在敞开式循环冷却水系统中，一般细菌总数在10万~50万个/mL时，就认为是生物学意义上的清洁的系统。当细菌总数达到100万个/mL以上时，就需要采用杀生剂了。

选择杀生剂时，还应注意和阻垢剂、缓蚀剂相互适应，如配合不当则会失效。选用的药剂还要注意排放的污水中残余药量对河流、湖海中水生动物的毒性问题。如丙烯酸在系统中很快就反应完了，因此不存在排放毒性问题。在必要时也可建立氧化塘，使污水中的药剂经过自然降解后再排放，以减少环境污染和对鱼类等的毒害。

11.3.5.4 循环冷却水系统的现场监测及事故处理

A 循环冷却水系统的现场监测

现场监测主要是通过在系统中安装旁路挂片、小型换热器以及腐蚀测定仪等直接观察冷却水系统的腐蚀和结垢情况、生物黏泥形成情况，从而判断采用的水处理方案是否正确，复合水处理剂是否需要调整。

循环冷却水系统在正常运行中，当水处理不当或管理不完善时，常会引发不同的事故。事故的发生原因是多种多样的，必须根据现场工艺生产条件进行初步判断，再加以各种分析手段和项目，最终确定事故发生的原因，并作针对性的处理，使系统迅速恢复到正常运行状态。

B 冷却水中断事故处理

电弧炉在工作时必须有足够的冷却水，否则会出现重大事故。冷却水泵站如果断电就会出现冷却水供应中断的情况，这时如果没有事故用水及时供应到电弧炉，后果将不堪设想。为了应对这种情况，电弧炉的冷却水系统设有事故水塔及事故柴油水泵以保证事故状态下电弧炉冷却水的供应。事故水塔的水由计算机控制水位，可以保证任何时候都能够储存最大量的冷却水，这些水在冷却水泵站水泵停止时可以即时向电弧炉供水，但是事故水塔的水量只能维持供应15min，不足以保证电弧炉的安全。事故柴油水泵在冷却水泵站水泵停止时会自动启动，柴油机启动后直接驱动水泵来向电弧炉供水。事故水供应系统是电弧炉安全保证的重要环节。

11.4 电弧炉烟气深度余热回收技术的应用

11.4.1 电弧炉烟气余热利用技术现状

电弧炉余热回收利用是一项重要的资源综合利用技术，可以提高电弧炉能源利用效率，降低电弧炉工序能耗及碳排放量，对于节约资源、改善环境状况、提高经济效益，实现资源的循环优化配置和可持续发展具有重要的意义，符合国家节能减排基本国策和绿色发展理念。

因废钢、电、铁矿石、煤炭、天然气等资源条件不同，世界各国电弧炉短流程的发展情况及烟气余热利用情况也不尽相同。欧美等发达国家废钢资源丰富，电炉钢占比在 50% 以上[28]，多以全废钢冶炼为主，烟温较低，大部分钢厂没有对电弧炉内排烟进行余热回收。我国废钢资源紧缺，电弧炉冶炼普遍热装铁水作为废钢的补充，与全废钢冶炼排出的炉气相比，加铁水冶炼排出的炉气具有 CO 含量高、烟气量大、烟气热值较高的特点，具有较大的回收潜力[29]。目前，国内大部分企业的电弧炉高温烟气余热回收利用越来越受到重视，但部分企业的电弧炉烟气余热回收效果不理想。

11.4.1.1 电弧炉烟气余热回收技术发展

国外少部分钢厂对电弧炉烟气余热进行了回收利用，利用形式包括预热废钢、汽化冷却产生蒸汽+自用/ORC 发电等。国内电弧炉烟气余热回收的主要技术为水冷烟道/汽化冷却烟道+热管式余热锅炉/水管余热锅炉。换热方式为辐射换热+对流换热或对流换热，烟气冷却的主要方式见表 11-13。

表 11-13 电弧炉烟气冷却的主要方式

序号	烟气冷却方式	烟气转换形式	能源利用形式	余热回收区间
1	水冷烟道+机力风冷器	—	—	无
2	水冷烟道+喷雾冷却器	—	—	无
3	废钢预热+喷雾冷却器	烟气转化为废钢显热	加热废钢	850~1600
4	水冷烟道+热管式余热锅炉	烟气转化为蒸汽	厂内自用+并入蒸汽管网	250~800
5	汽化烟道+热管式余热锅炉	烟气转化为蒸汽	厂内自用+并入蒸汽管网	250~1600
6	汽化烟道+水管式余热锅炉	烟气转化为蒸汽	厂内自用+并入蒸汽管网	250~1600

（1）水冷烟道+机力风冷器/喷雾冷却器技术具有一次投资少、技术可靠、运行稳定的特点，目前国内外仍在大量应用，但该技术存在烟气中大量显热无法回收利用的弊端，能源利用效率低、能耗大，还消耗大量的水和电。

（2）废钢预热+喷雾冷却器技术也是国内外钢厂采用较多的技术，但存在低温段烟气余热未利用，喷入大量冷水增加除尘负荷等问题；同时该技术还存在二噁英产生、废钢预热效果欠佳等问题。

（3）水冷烟道+热管式余热锅炉技术仅回收部分（250~800℃）的烟气余热，仍需建设庞大的水冷系统。同时，热管余热锅炉存在短时间内失效和传热效率大幅降低的弊端[30]。

（4）汽化烟道+热管式余热锅炉技术回收了电弧炉烟气绝大部分余热，但采用热管式余热锅炉仍存在换热效率随时间下降的问题。

（5）汽化烟道+水管式余热锅炉技术在回收电弧炉各温度段烟气余热的同时，避免了热管式余热锅炉的弊端。

11.4.1.2　电弧炉烟气余热回收的典型流程

烟气余热回收可用于不同的电弧炉炉型，主要包括一般超高功率电弧炉第四孔烟气收集余热回收、水平加料式电弧炉余热回收、炉顶加料式电弧炉余热回收，如图 11-18～图 11-20 所示。

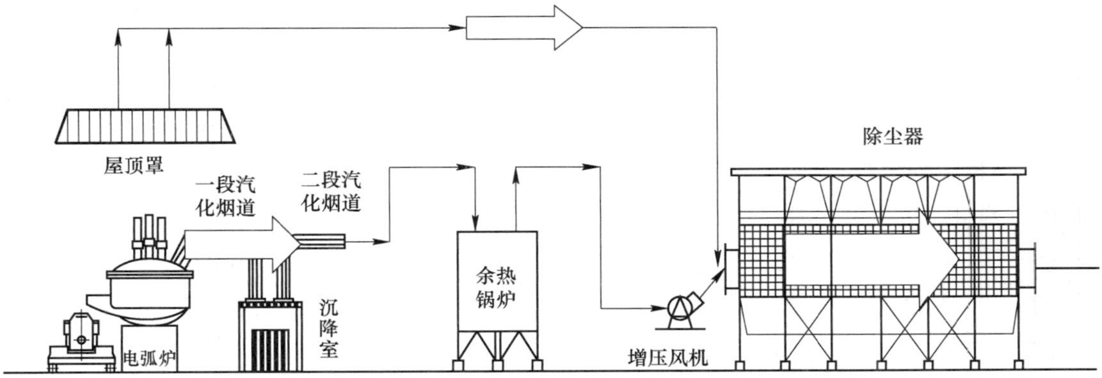

图 11-18　一般超高功率电弧炉第四孔余热回收

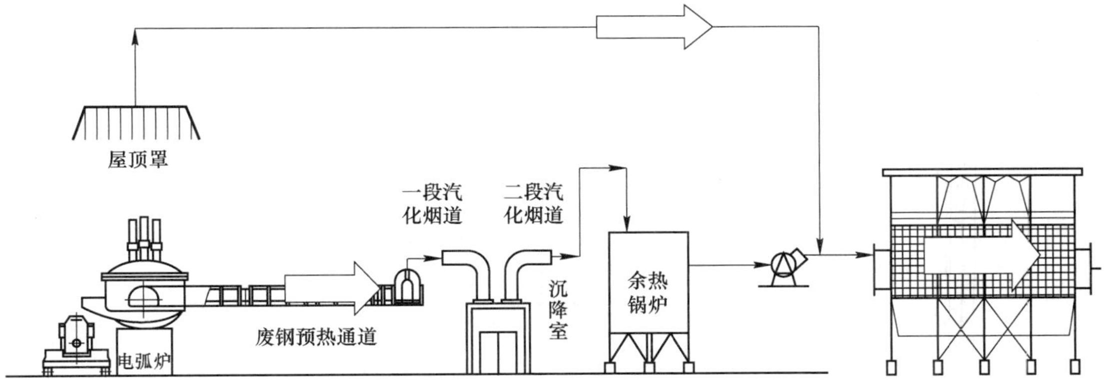

图 11-19　水平加料式电弧炉余热回收

11.4.2　电弧炉烟气余热回收技术

电弧炉烟气余热回收装置的工作原理如图 11-21 所示。

由图 11-21 可知，电弧炉烟气余热回收装置包括汽化冷却烟道、余热锅炉、汽包、蒸汽蓄能器、循环泵、补给水系统。

汽化冷却烟道采用膜式壁，烟气温度在 1000℃以上时，烟气热以辐射换热为主，采用高压强制循环。设置沉降室，加强灰尘以粉末方式积聚，更有利于系统的烟尘沉积和清灰。采用烟道受热面合金喷涂技术，既可以防止挂渣，又能增强换热面的耐冲刷和抗磨损性能，有利于提高烟道寿命。

余热锅炉由不同模块/热交换器组成：蒸发器、省煤器。烟气温度从 600℃降低至 200℃左右，以对流换热方式为主，从 550～650℃的烟气回收热量，烟气降温至 140～220℃（取决于设计），配备专门的清灰系统。

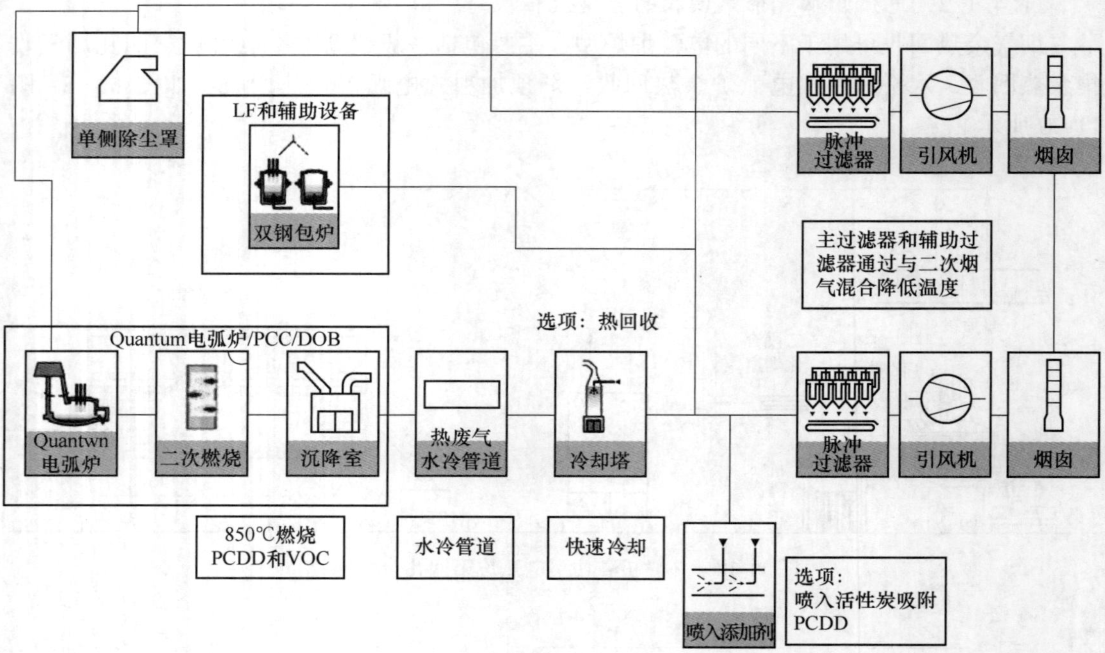

图 11-20 炉顶加料式电弧炉余热回收

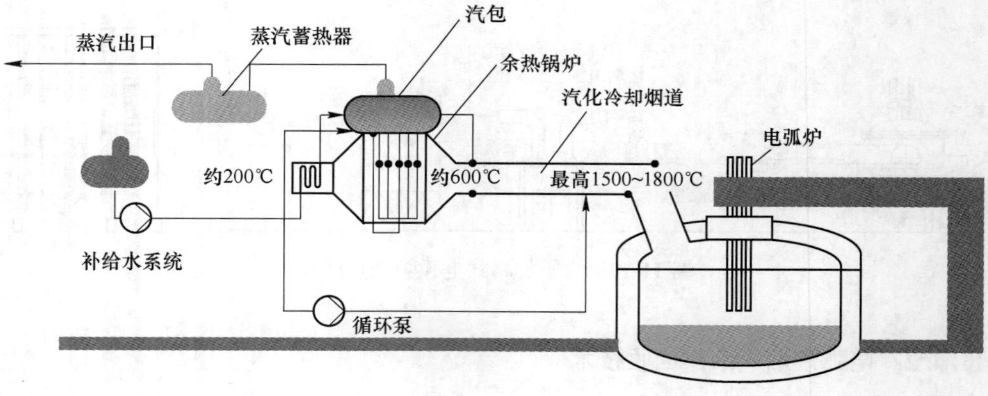

图 11-21 电弧炉烟气余热回收装置工作原理

蒸汽蓄热器的工作原理是，蒸汽进入蓄热器内部的存储水中对存储水进行加热升压，发生剧烈的传质传热交换，直到所有存储水达到系统最大压力和该压力下对应的饱和温度。当外部蒸汽消耗量大于蒸汽产量时，外部蒸汽管网压力下降，蓄热器存储水因压力降低而沸腾蒸发，产生的闪蒸蒸汽从蓄热器输送到外部蒸汽管网。目前，有球形蒸汽蓄热器和卧式蒸汽蓄热器两种。与卧式蒸汽蓄热器相比，球形蒸汽蓄热器具有以下优点：

（1）外送蒸汽品质好，减少蒸汽疏水量80%。

（2）单体蓄热器容积高达1000m^3，比同等卧式蒸汽蓄热器占地省52%~76%。

（3）表面积最小，减少散热56%。

（4）系统配套节能，减少维护量 50%~75%。

以常规顶装料超高功率电弧炉第四孔烟气收集余热回收为例说明电弧炉烟气余热回收技术。炉内烟气由电弧炉四孔抽出后，与从水冷弯头和水冷滑套间环缝混入的过量空气一起进入水冷滑套、汽化烟道，初步降温后进入燃烧沉降室。燃烧沉降室主要收集吸入的废钢杂质、石灰、白云石以及由烟气形成的大颗粒状灰尘，促使 CO 在沉降室中燃烧。沉降室内烟气温度为 1000~1200℃，余热锅炉进口的烟气温度约 800℃，出口温度约 200℃。烟气经余热锅炉降温后经增压风机与来自屋顶罩、密闭罩的二次除尘烟气混合，将温度降至 120℃以下后接入脉冲布袋除尘器。粉尘在布袋除尘器中被收集送入灰仓。

在汽化烟道+水管式余热锅炉技术的基础上，开发电弧炉烟气深度余热回收技术，采取第四孔烟气出口改造、从水冷滑套到余热锅炉的烟道全覆盖汽化冷却、燃烧沉降室顶部改为汽化冷却壁、水管锅炉采用快速蒸发冷却缩短二噁英适宜生成温度区间、配备全自动振打清灰系统等优化措施，以最大限度地回收电弧炉内排烟（200~1600℃）余热资源，确保除尘、降温、排污的同时，有效提升电弧炉高温烟气利用率，降低水、电消耗，达到节能减排、降本增效、环保达标的目的。电弧炉烟气深度余热回收流程及涉及装置设备见图 11-22。

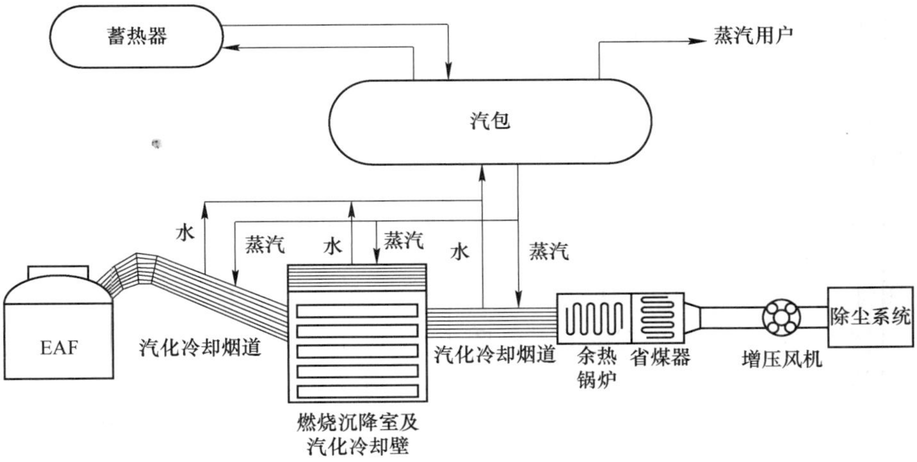

图 11-22 电弧炉烟气深度余热回收装置示意图

电弧炉烟气流经路径为：第四孔烟气出口→混合一定量空气→强制循环汽化冷却炉口烟道→燃烧沉降室→强制循环汽化冷却烟道→水管自然循环余热锅炉（含省煤器）→增压风机→除尘系统。

近几年，投产的电弧炉多年以水平加料式为主。电炉烟气余热回收以废钢预热+急冷余热锅炉的工艺流程为主。水平加料式电弧炉可实现全程平熔池冶炼，全程喷碳粉造泡沫渣，其冶炼过程的烟气中一氧化碳含量全程保持较高水平。水平加料式电弧炉冶炼过程产生的烟气由第四孔被抽出，在混入周围环境空气后进入水平加料段。在水平加料段内，烟气中 CO 将进一步燃烧生成 CO_2，燃烧过程释放热量，使烟气进一步升温，高温烟气对废钢进行预热，预热废钢后的烟气经水平加料段的末端出口进入沉降室。水平加料段的末端一般安装有烟气分析系统，用于监测烟气中的氧浓度保持在 6%左右，以保证烟气中 CO 的充分燃烧。在预热废钢后，水平加料段末端的烟气温度依据混风量的不同在 900℃以上，以促进二噁英完全裂解。从水平加料段末端出来的烟气再经沉降室进入急冷余热锅炉进行快速换热冷却，烟气温度在 2~3s 内会从 800℃以上降至 220℃以下以避开二噁英再次复合的温度区间，然后进入后续烟气净化系统进一步净化。电弧炉余热回收情况见表 11-14。

表 11-14 水平加料式电弧炉余热回收情况

客户	设备类型	炉型	出口热功率	蒸汽产量	投产年份
GMH，德国	ECS	150t TC EAF	45MW	22t/h	2017
Ferali Riesa，德国	ECS，WHB ORC，Turbine	150t TC EAF	30MW	30t/h	2014
Hyundai，韩国现代	ECS，WHB	90t TC EAF	24MW	27t/h	2014
Hyundai，韩国现代	ECS，WHB	80t TC EAF	24MW	26t/h	2015
Ori Martin，意大利	WHB，ORC Turbine	100t Consteel EAF	28MW	16t/h	2015
Undisclosed，日本	ECS，WHB，ORC Turbine	150t TC EAF	30MW	25t/h	2016
Arvedi，意大利	WHB，ORC Turbine	230t Consteel EAF	45MW	57t/h	2017
唐山正丰	WHB，Steam fan	3×70 Consteel EAF	29MW	23t/h	2021

注：ECS（evaporated cooling system）是汽化冷却系统。

11.4.3 电弧炉烟气余热回收常见问题及分析

电弧炉余热锅炉的常见问题为锅炉堵塞，锅炉堵塞造成传热恶化，烟气系统阻损增加，严重时造成锅炉爆管事故而影响生产。

电弧炉烟气量及成分与冶炼期、炉料结构、操作等有关，具有交变幅度大、粉尘量高等特点[31-32]。烟气中大颗粒粉尘到燃烧沉降室，由于烟气流速降低和流动方向的改变，依靠惯性和重力沉落到燃烧室底部，定期通过铲车清除。部分粉尘随着烟气流向余热锅炉，极易在受热面上形成堆积，影响锅炉传热，甚至导致传热恶化。应及时去除沉积的烟尘，保证余热锅炉正常运行。不同成分烟尘在余热回收系统中沉积的位置如图 11-23、图 11-24 所示。

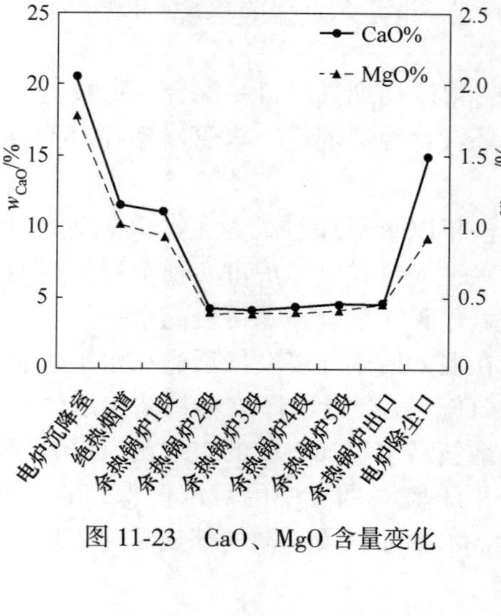

图 11-23 CaO、MgO 含量变化

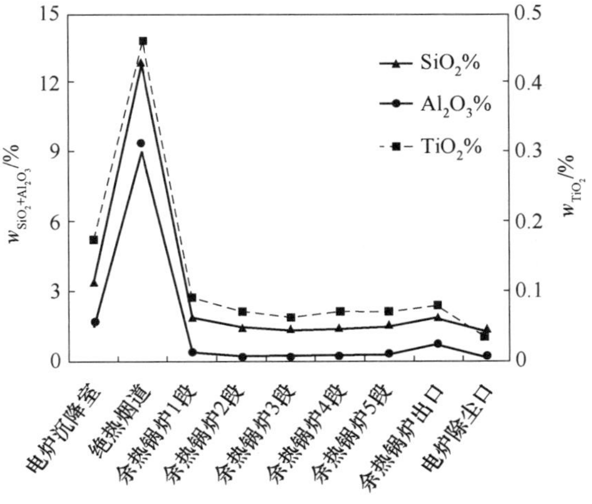

图 11-24　SiO_2、TiO_2 含量变化

由图 11-23、图 11-24 可知，余热锅炉系统回收电弧炉高温烟气余热过程中，CaO、MgO 主要在沉降室内沉积，SiO_2、Al_2O_3 和 TiO_2 主要在绝热烟道内沉积；含 Mn、S、P 的物质主要在余热锅炉 1 段凝聚，含 K、Na、Zn、Pb 的低熔点物质主要在余热锅炉 1 段和 2 段凝聚长大；含 Cl、K 和 Zn 的低熔点化合物在余热锅炉 2 段和 3 段依附于球状氧化物生长或黏结成簇状，形成尺寸在 10~20mm 的大颗粒灰尘并在换热器翅片内黏附沉积，是造成余热锅炉灰尘堵塞的主要原因之一。

高温条件下，电弧炉烟尘中易挥发金属 Zn 和 Pb 的化合物在余热锅炉内与 C 和 CO 发生氧化还原反应是造成锅炉受热面烟尘堆积堵塞的主要原因。电弧炉冶炼脱碳产生的 CO 进入电弧炉余热回收系统，CO 在高温下继续与金属氧化物产生还原反应；为了造泡沫渣，向炉内钢渣界面喷入的含碳粉剂，未完全反应的炭粉随着烟气进入电弧炉余热回收系统，一部分与金属氧化物产生还原反应，一部分与氧气反应生成 CO 或 CO_2，CO 在高温下继续与金属氧化物产生还原反应；电弧炉余热回收系统的温度区间为 200~1300℃，在此温度范围内，粉尘中的绝大部分金属氧化物都会产生氧化还原反应；余热锅炉工作的温度区间为 200~900℃，粉尘中低熔点、易挥发的金属锌及铅极易在锅炉受热面附着并长大，锅炉受热面容易产生烟尘堆积堵塞。

某炼钢厂 100t 电弧炉改造后，电弧炉烟气一次除尘采用余热回收系统回收冶炼过程中的烟气余热，产生余热锅炉堵塞，其原因分析如下：

（1）电弧炉冶炼原料变化。电弧炉采用兑铁水冶炼，兑铁水率达到 40%，排烟温度及烟气量都大幅增加。全废钢冶炼时，余热锅炉的入口烟气温度保持在 800℃以下；采用兑铁水操作时，余热锅炉的入口温度最高达到了 1120℃。电弧炉冶炼原料以全废钢为主，余热回收系统及一次除尘系统运行良好，余热锅炉回收高温烟气余热的效率较高，配合布袋除尘烟气排放容易达到超低排放的要求。电弧炉采用兑铁水冶炼，排烟温度及烟气量都大幅增加。余热锅炉各段蒸发面开始出现大量粉尘沉积堵塞现象，致使第四孔排烟外逸，烟气中的含尘量超出密闭罩和三次除尘的除尘能力，造成厂房烟尘外逸，环保压力增加。

（2）增压风机能力不足。电弧炉改造前，电弧炉冶炼原料为全废钢，一次除尘系统烟气冷却方式采用水冷。电弧炉改造后，电弧炉采用兑铁水操作，一次除尘采用余热回收系统，增压风机没有更换。表 11-15 为改造前后排烟量及阻力损失的对比。

表 11-15 改造前后排烟量及阻力损失对比表

项　目	改造前	改造后
一次烟气冷却方式	水冷	余热回收
冶炼原料	全废钢	兑铁水 40%
烟气量/$Nm^3 \cdot h^{-1}$	100000	130000
系统阻力损失/Pa	2000	3000

增压风机参数：风量 217000m^3/h（100000Nm^3/h），风压 2321.9Pa，功率 315kW/6kV，工作温度 300℃，变频控制。

由此可知，增压风机的能力不能满足电弧炉兑铁水操作工况下的除尘需求，余热锅炉内烟气流速较低，锅炉换热效果差，冷却效果不理想，热量不能快速被吸收，在高温下的还原性气氛中，易挥发金属化合物易发生氧化还原反应。

（3）含铅锌烟尘在余热系统的分布影响。分别在沉降室、绝热烟道、余热锅炉的 5 个蒸发受热段、余热锅炉出口和电弧炉除尘口取灰样进行分析。除尘灰中 ZnO 和 Pb 的含量的变化如图 11-25 所示[4]。

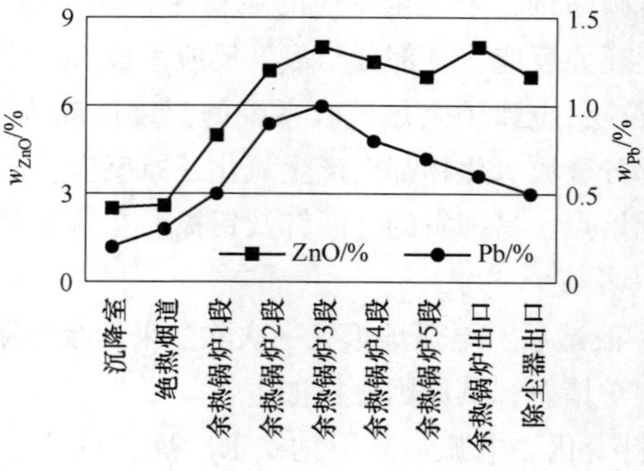

图 11-25 系统各部位除尘灰中 ZnO 和 Pb 的含量的变化

随烟气温度不断降低，Zn 和 Pb 的化合物从绝热烟道开始逐渐析出并在余热锅炉 3 段达到最大值，在余热锅炉内凝结并依附于其他颗粒长大，黏结成大颗粒及簇状灰尘且黏结在换热管翅片内是致使余热锅炉段除尘灰堵塞的主要原因之一。

综上，余热锅炉堵塞的主要原因是电弧炉兑铁水操作后排烟量及排烟温度都随之增加，而增压风机的能力不足，无法为一次除尘提供足够的过量冷空气，一方面，入口烟气温度无法快速冷却，锅炉入口温度高达 900~1120℃；另一方面，烟气中还原性物质 C 及 CO 不能充分氧化，在 900℃以上的高温区间内，与易挥发金属 Zn 和 Pb 的化合物发生氧化还原反应，析出 Zn 和 Pb 蒸气，而析出后的金属单质的再氧化反应在余热锅炉内完成，尤其是含量较高的 ZnO 黏结依附尘粒长大，最终在余热锅炉换热管的翅片内沉积，造成余热锅炉堵塞。为此，解决余热锅炉堵塞建议增加以下功能和措施：

（1）更换一次除尘增压风机，为适应兑铁水冶炼工况提供足够的风量及压头，可针对冶炼不同时段变频调节风机转速。

（2）余热锅炉入口温度控制在 900℃以下，将风机调速与锅炉入口温度设为联锁控制，使余热锅炉工作区间的温度避开易挥发金属化合物发生还原反应的温度区间。

（3）增大沉降室容积，一方面使大颗粒烟尘充分沉降，减少其进入余热锅炉的携带量，另一方面使还原性物质 C 及 CO 充分氧化，减少烟气中的还原物含量，弱化还原反应产生的条件。

（4）锅炉换热管尽量考虑较大节距，尽量选择光管换热面。

（5）提高清灰频率与强度，尽可能增加清灰点。

通过采取以上措施，将锅炉入口温度始终控制在 850℃以下，余热锅炉受热面再未出现受热面积灰堵塞现象，除尘灰中 ZnO 和 Pb 的含量的变化如图 11-26 所示。

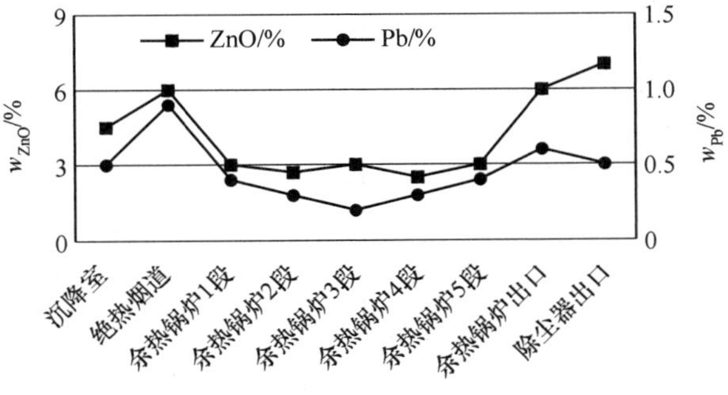

图 11-26 采取措施后，系统各部位除尘灰中 ZnO 和 Pb 的含量的变化

可以看出，ZnO 和 Pb 在余热锅炉内的含量明显降低 60%以上，说明通过调节风机风量，扩大沉降室容积，降低余热锅炉的工作温度后，还原反应的生成物减少了。

11.5 电弧炉冶炼绿色化相关技术

11.5.1 低碳电弧炉冶炼技术

中国 2020 年生产钢铁 10.65 亿吨，转炉长流程冶炼占比约 90%。高炉炼铁依赖焦炭还原、流程长、高能耗高碳排，占钢铁冶炼排放的 70%以上。转炉长流程不同工序碳排放情况如图 11-27 所示。

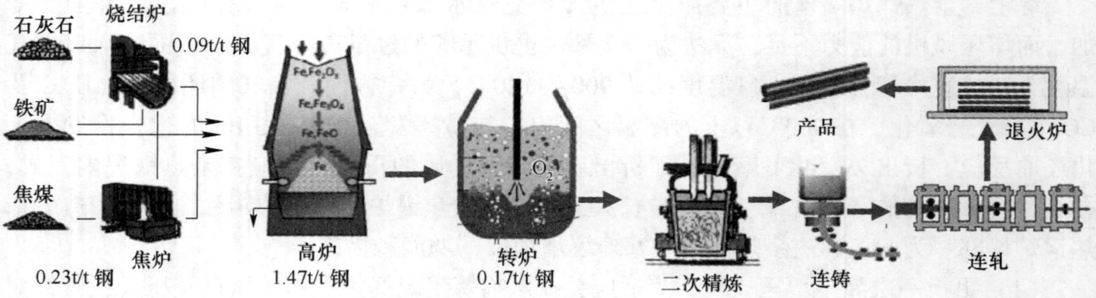

图 11-27 转炉长流程不同工序碳排放情况

不同工序碳排放所占比例如表 11-16 所示。

表 11-16 转炉长流程不同工序碳排放所占比例 (%)

工序	焦化	烧结	炼铁	炼钢	其他
排碳占比	4.4	11.5	73.6	8.7	1.8

与转炉长流程相比，电弧炉短流程碳排放低，仅为转炉长流程的 1/3 左右，长流程碳排放 1.8~2.2t/t 钢，电弧炉短流程碳排放为 0.5~0.7t/t 钢。

“近零碳排放”电弧炉炼钢工艺，包括冶炼过程碳近零、能量来源碳近零、原料生产碳近零三个方面，其目标是最终炼钢工序碳近零。冶炼过程的碳近零是指炼钢生产中不涉及碳的使用而完成冶金任务，包括熔池脱磷、钢液脱气、泡沫渣形成、辅助能源等，生产成分温度合格的钢坯；能量来源碳近零是利用绿色清洁能源，绿色清洁能源是指生产过程采用无 CO_2 排放的能源，包括太阳能、风能、核能、氢能及谷电等，这些能量来源上不再利用碳的氧化放热反应，可从源头上杜绝 CO_2 的产生及排放；原料生产碳近零是利用低碳或微碳原辅料，低碳或微碳原辅料是指在原辅料本身生产过程中不涉及或少涉及含碳反应，从而在原辅料来源和原辅料碳含量上减少碳排放。通过以上技术的应用，可以实现电弧炉炼钢工序的碳排放减少 80%以上[33]。

不考虑发电、石灰等原料生产过程中的碳排放，电弧炉冶炼过程碳排放主要由向熔池喷炭粉吹氧造泡沫渣、废钢（包括生铁等其他金属料）中碳的氧化、熔池碳还原炉渣中（FeO）或 DRI 中 C-FeO 的反应及不可避免的电极消耗造成的。电弧炉炼钢采用平熔池操作，主要依靠电弧加热金属熔池升温，C-O 反应等产生的化学热所占的比例很小。为了提高电弧加热效率，进行泡沫渣操作就显得极为重要。因此，应针对上述问题开展电弧炉冶炼过程降碳的科学研究，为实现电弧炉冶炼过程“近零碳”排放提供理论依据。也可以使用无碳或生物质发泡剂，在渣中形成大量弥散微小气泡，且具有良好稳定性；不仅满足钢液脱磷的需要，而且发泡剂中不包含碳单质，如炭粉、焦炭等。生物质粉剂主要由各种生物质资源制成，包括植物、微生物等，以及植物、微生物为食物的动物和产生的废弃物。此外，如果 CO_2 能循环使用，参与到了 CO_2 大循环中，CO_2 也可作为发泡气体，不涉及碳排放。

11.5.2 二噁英防治技术

二噁英是一种具有较强生物毒性的有机化合物，其毒性是氰化物的130倍、砒霜的900倍，具有不可逆的“致畸、致癌、致突变”毒性，被视为“世界上最危险的化学物质之一”。又因其一旦渗透到环境之中，很难自然降解消除，故有着“世纪之毒”之称。对氯乙烯等含氯塑料的焚烧过程中，焚烧温度低于800℃，含氯垃圾不完全燃烧，极易生成二噁英。焚烧垃圾时最容易产生二噁英的温度在300~750℃之间。各种废弃物特别是医疗废弃物在燃烧温度低于300~400℃时容易产生二噁英。

由于废钢中一般含有油脂、油漆涂料、切削废油等杂质，电弧炉炼钢过程与废钢中含有的氯化物反应会产生含一定量二噁英的烟气，从而造成环境污染[34-35]。电弧炉炼钢二噁英的防治途径主要体现在二噁英形成源、形成过程及尾气净化三个方面。相关研究的重点主要集中在源头抑制和合成抑制方面。

源头抑制方面：通过在线检测和人工拣选，对废钢进行严格分拣，最大限度地减少甚至杜绝含氯源物质及有机物的废钢入炉，含有有机物的废钢不宜进行预热。合成抑制方面：利用炉内温度控制、快速冷却、催化/抑制剂添加抑制电弧炉烟气二噁英再生成[36]。

日本开发的环保型生态电弧炉EcoArc™[37]及德国普瑞特公司开发的Quantum电弧炉拥有较完善的废气排放处理系统，能有效解决二噁英等环境污染问题。EcoArc™电弧炉本体由废钢熔化室和与熔化室直接连接的预热竖炉组成，后段设有热分解燃烧室、直接喷雾冷却室和除尘装置。热分解燃烧室可将包括二噁英在内的有机废气全部分解，并能够满足高温区烟气的滞留时间；喷雾冷却室可将高温烟气快速降温，防止二噁英二次形成[38]，减少二噁英排放量的机理如图11-28所示。Quantum电弧炉废气排放处理系统如图11-29所示。目前，国内不同炉型电弧炉二噁英排放小于0.1ngTEQ/Nm^3，开发高效率、低成本的电弧炉二噁英防治技术仍是目前的研究热点。

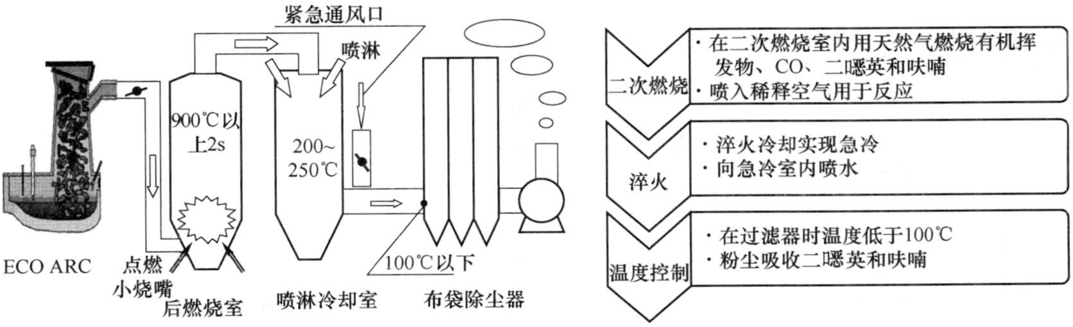

图11-28 生态电弧炉EcoArc™降低二噁英排放的处理系统及机理

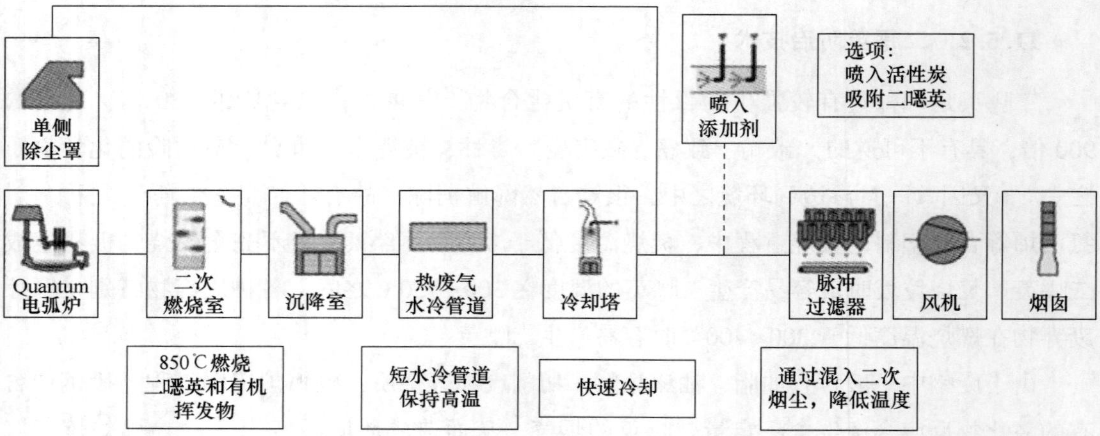

图 11-29 Quantum 电弧炉除尘系统示意图[39]

11.5.3 电弧炉回收废弃镁碳砖造泡沫渣技术

11.5.3.1 *废弃镁碳砖回收利用现状*

耐火材料作为钢铁工业的消耗材料，近些年来随着钢铁产能的提高而剧增。用后耐火材料堆放填埋处理，不仅占用土地而且污染环境，国内外纷纷开展用后耐火材料回收再利用研究[40-44]。镁碳类耐火材料由于抗渣侵蚀性强、耐热震性及高温抗折性好等优点，广泛用于转炉、电弧炉和钢包精炼炉等。据统计，钢厂用后耐火材料中，镁碳类耐火材料占将近60%。回收再利用镁碳耐火材料，不仅能减少固体废弃物排放，还能节约镁砂、石墨等矿物资源，具有重要环保意义和经济效益[45]。用后镁碳砖回收再利用目前主要是通过提取镁碳残砖中的镁砂，然后再利用作为镁碳砖原料，然而，这需要对镁碳砖进行提纯处理，尤其是残砖中的 Al_4C_3，以及在初步破碎的颗粒中存在大量骨料与基质共存的假颗粒，再利用时这些成分会严重降低再生镁碳砖的质量[46]。随着钢铁冶炼工艺对耐火材料要求越来越高，耐火材料产品必须高质量，也随之影响了这些用后镁碳耐火材料的再生利用。镁碳砖中含有丰富的氧化镁资源，可回收作为造渣剂使用。用后镁碳砖回收再利用作为电弧炉造渣剂使用，其中 MgO 和 C 都可为电弧炉造渣所用，如图 11-30 所示。相比于回收作为耐火材料原材料，回收作为造渣剂无须提纯处理，并且减少往来运输成本，其经济效益优势非常显著（表 11-17）。

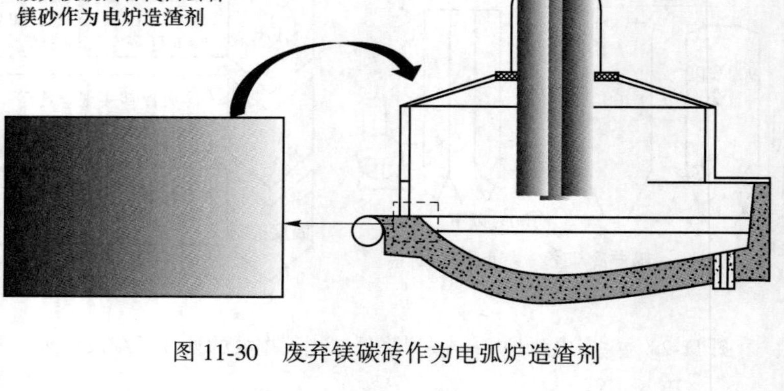

图 11-30 废弃镁碳砖作为电弧炉造渣剂

表 11-17 镁碳耐火材料回收利用方式对比分析

回收利用方式	涉及过程	质量要求	特 点
耐材原料	破碎、分拣、去碳提纯、运输、再制备	要求高，杂质会影响耐火材料质量	挂渣层与碳无法回收、碳排放高
造渣剂	就地破碎使用，可减少运输成本	要求低，碳也可为造泡沫渣所用	全组分回收

11.5.3.2 电弧炉回收废弃镁碳砖造泡沫渣

A 电弧炉造泡沫渣热力学

电弧炉冶炼过程中，为了保证炉衬不被侵蚀，必须使渣中 MgO 含量达到饱和以上。实际冶炼过程中，为了获得优异的泡沫渣，渣中 MgO 含量往往略高于饱和线，如图 11-31 所示为某电弧炉渣碱度为 2.3 时在 1600℃条件下的 ISD 图，Ca_2SiO_4 和 (Fe,Mg)O 固相的双饱和点处 FeO 含量为 23%，MgO 含量为 5%。当电弧炉渣中 FeO 含量在 18%～28%范围内，为了使电弧炉渣实现一定过饱和状态获得较好泡沫化效果，渣中 MgO 适宜含量为 7.5%左右。为此，根据某钢厂电弧炉渣钢比 0.15 计算，理论上增加渣中 MgO 需要每吨钢消耗约 27.5kg 白云石，而依靠回收废弃镁碳砖则需要 13.2kg/t。

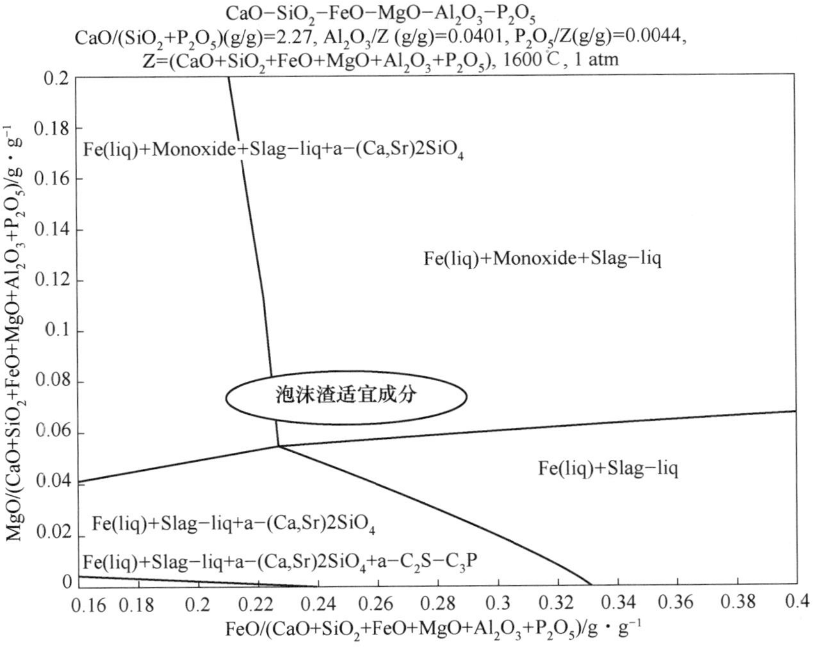

图 11-31 电弧炉渣 1600℃条件下 ISD 图

B 镁碳砖颗粒溶解动力学

电弧炉冶炼过程中造渣剂能否快速溶解影响熔渣冶金性能，废弃镁碳砖破碎的粒度直接影响其造渣效果。在实验室将破碎至 10mm 左右的镁碳颗粒在合成电弧炉渣中溶解，其溶解速度较快，并且具有很好的泡沫化效果。通过镁碳颗粒与熔渣界面扫描电镜分析，如图 11-32 所示，可见未溶解镁碳颗粒与熔渣之间有明显的界面，界面处无其他固溶体相（如（Mg，Fe)O）生成，表明渣中 FeO 一旦达到界面处即可与碳快速反应，形成的 CO 加快搅拌导致无产物层形成，因此可推断镁碳颗粒在熔渣中溶解限制性环节为熔渣中 FeO 传质。在造渣过程中，控制渣中 FeO 含量有利于加强镁碳颗粒的溶解过程。利用 8～12mm 废弃镁碳砖进行电弧炉泡沫渣实验，炉渣发泡性能非常好，如图 11-33 所示，初始液渣高度为 20mm，而加入废弃镁碳颗粒后，5min 内发泡高度达到 40mm，随后最高可达 70mm，而且泡沫化持续时间较长。

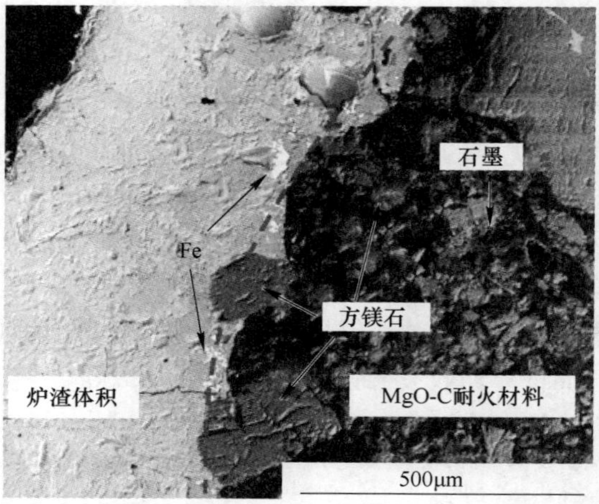

图 11-32　未溶解镁碳颗粒与熔渣界面 SEM 分析

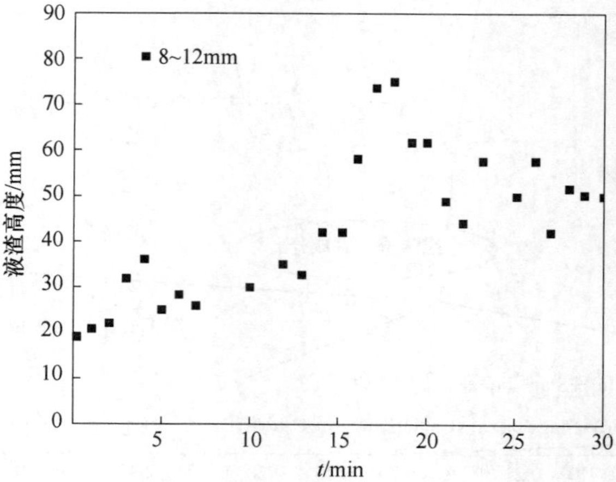

图 11-33　废弃镁碳颗粒在电弧炉渣中溶解泡沫化效果

11.5.4　噪声控制技术

EAF 的最大噪声来源是顶装料时电极与废钢之间的短路以及泡沫渣效果不佳时电弧闪变产生的噪声。一旦废钢全部熔化或冶炼过程炉渣泡沫化良好，噪声水平会明显下降。对传统电弧炉来说，精炼期是一炉钢冶炼过程中噪声水平最低的时候。由于 EAF Quantum 留钢量为出钢量的 70%、Consteel 留钢量为出钢量的 50%～60%，废钢主要是被留钢加热熔化。这个过程类似于传统 EAF 的精炼期，所以 Quantum、Consteel 电弧炉的噪声水平低于传统 EAF。图 11-34、图 11-35 展示了三种炉型在一炉钢冶炼过程中的噪声水平。

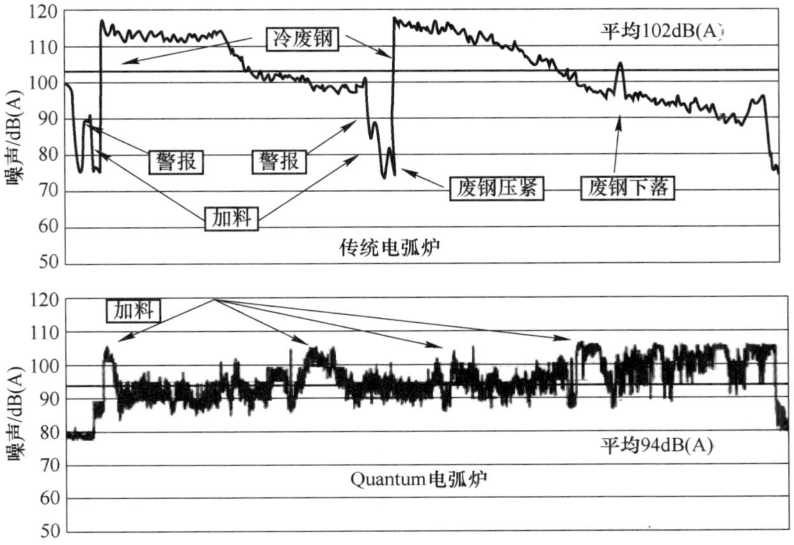

图 11-34　传统电弧炉和 Quantum 电弧炉的噪声水平比较

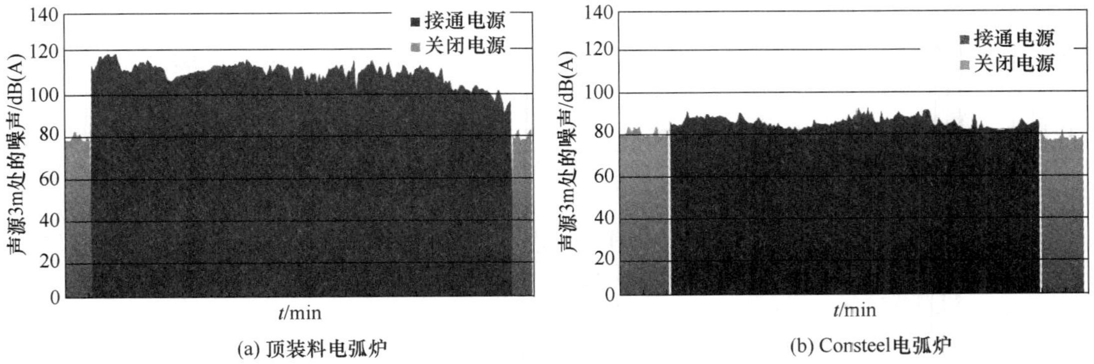

图 11-35　顶装料电弧炉和 Consteel 电弧炉的噪声水平比较

生产实践表明，除了传统电弧炉“狗窝”技术外，最近发展起来的大留钢量和全平熔池冶炼技术可以有效地降低电弧炉生产过程中的噪声，避免噪声污染。

参考文献

[1] Guézennec A G, Huber J C, Patisson F, et al. Dust formation in electric arc furnace: Birth of the particles [J]. Powder Technology, 2005, 157 (1/2/3): 2-11.

[2] 朱素龙，高成康．电弧炉粉尘处理技术的研究进展 [C]//第十一届全国能源与热工学术年会论文

集，2021：13-19.
[3] 彭兵，张传福．电弧炉粉尘的治理［J］．矿产综合利用，2000（4）：33-37.
[4] 李圣辉．含锌铅电弧炉粉尘微波直接还原工艺及机理研究［D］．武汉：武汉科技大学，2012.
[5] Mager K，Meurer U，Garcia-Egocheaga B，et al. Recovery of zinc oxide from secondary raw materials：new developments of the Waelz process［M］. New York：John Wiley & Sons，Ltd，2000.
[6] 田玮，彭犇，王晟，等．含锌电弧炉粉尘处理技术的研究进展［J］．环境工程，2019，37（2）：144-147.
[7] 谭宇佳，郭宇峰，姜涛，等．含锌电弧炉粉尘处理工艺现状及发展［J］．矿产综合利用，2017（3）：44-50.
[8] Kukurugya F，Vindt T，Havlík T. Behavior of zinc，iron and calcium from electric arc furnace（EAF） dust in hydro metallurgical processing in sulfuric acid solutions：Thermodynamic and kinetic aspects［J］. Hydrometallurgy，2015，154：20-32.
[9] Bruckard W J，Davey K J，Rodopoulos T，et al. Water leaching and magnetic separation for decreasing the chloride level and upgrading the zinc content of EAF steelmaking baghouse dusts［J］. International Journal of Mineral Processing，2005，75（1/2）：1-20.
[10] Morgan L J，Somasundaran P. Principles of mineral flotation：Jones M H，Woodcock J T（Editors）. Australasian Institute of mining and Metallurgy，Parkville，Victoria，1984：329［J］. International Journal of Mineral Processing，1987，21（3/4）：311-312.
[11] Mitrakas M G，Sikalidis C A，Karamanli T P. Immobilization of EAFD heavy metals using acidic materials［J］. J Environ Sci Health A Tox Hazard Subst Environ Eng，2007，42（4）：535-541.
[12] Youcai Z，Stucki S，Ludwig C，et al. Impact of moisture on volatility of heavy metals in municipal solid waste incinerated in a laboratory scale simulated incinerator［J］. Waste Management，2004，24（6）：581-587.
[13] 陈昌．电弧炉粉尘的锌铁分离及制备Ni-Zn铁氧体的研究［D］．武汉：武汉科技大学，2021.
[14] 岳汉威，王清．电弧炉粉尘在水泥混凝土领域的研究与应用进展［J］．混凝土与水泥制品，2022，313（5）：100-104.
[15] Sapiña M，Jimenez-Relinque E，Castellote M. Turning waste into valuable resource：potential of electric arc furnace dust as photocatalytic material［J］. Environmental Science and Pollution Research，2014，21：12091-12098.
[16] Kavouras P，Kehagias T，Tsilika I，et al. Glass-ceramic materials from electric arc furnace dust［J］. Journal of Hazardous Materials，2007，139（3）：424-429.
[17] 王敏，陈伟庆．电弧炉粉尘循环利用造泡沫渣［J］．北京科技大学学报，2001（1）：15-17.
[18] 黄卫国，谢晓会，宋春玉．钢渣处理及循环利用技术探讨［J］．河北冶金，2012（6）：3-7，13.
[19] 黄勇刚，狄焕芬，祝春水．钢渣综合利用的途径［J］．工业安全与环保，2005，31（1）：44-46.
[20] 李灿华，钟风万．钢渣治理与利用技术的进展［J］．武钢技术，2006（1）：50-56.
[21] 董晓丹，王涛．钢渣在污水处理及生态治理中的应用［J］．炼钢，2006（2）：57-61.
[22] 徐美娟，胡惠仁，刘秋娟．用废渣自制絮凝剂处理棉浆黑液的研究［J］．上海造纸，2003（3）：49-52.
[23] 张军，周琪，何蓉．表面流人工湿地中氮磷的去除机理［J］．生态环境，2004，13（1）：98-101.
[24] 范旭红．人工湿地污水处理系统及其应用［D］．南京：东南大学，2006.
[25] 潘秀菊，王军，赵雷．鞍钢股份鲅鱼圈钢铁分公司钢渣处理探讨和研究［C］//2008年冶金循环经济发展论坛论文集，2008：304-307.
[26] 刘朝辉．电厂循环水排污水回用深度处理关键技术研究［D］．北京：华北电力大学，2014.

[27] 姜晨竞．复配杀生剂的研制及其在循环冷却水系统的应用研究［D］．杭州：浙江大学，2010.
[28] 杨宁川，黄其明，何腊梅，等．炼钢短流程工艺国内外现状及发展趋势［J］．中国冶金，2010，20（4）：17-22.
[29] 侯祥松．电弧炉炼钢冶炼周期中烟气热力学特性的变化规律［J］．冶金能源，2010，29（1）：28-31.
[30] 董茂林，周涛．电弧炉烟气全余热回收装置［J］．炼钢，2015，31（1）：73-77.
[31] 杨峻，王明军，张红．电弧炉高温烟气余热回收技术［J］．炼钢，2011，27（6）：62-65，78.
[32] 赵屾．电弧炉炼钢余热回收技术［J］．河北冶金，2020（S1）：87-89.
[33] 朱荣，魏光升，张洪金．近零碳排电弧炉炼钢工艺技术研究及展望［J］．钢铁，2022，57（10）：1-9.
[34] 贺庆，郭征．电弧炉炼钢强化用氧技术的进展［J］．钢铁研究学报，2004（5）：1-4，50.
[35] 李士琦，郁健，李京社．电弧炉炼钢技术进展［J］．中国冶金，2010，20（4）：1-7，16.
[36] 朱荣，吴学涛，魏光升，等．电弧炉炼钢绿色及智能化技术进展［J］．钢铁，2019，54（8）：9-20.
[37] 吴广林．电弧炉最先进的节能技术 ECOARC™简介［C］//2018（首届）中国电弧炉炼钢科学发展论坛．北京：中国金属学会，2018：1.
[38] 姜周华，姚聪林，朱红春，等．电弧炉炼钢技术的发展趋势［J］．钢铁，2020，55（7）：1-12.
[39] Jens A，Hannes B，Achim W. EAF Quantum-新型电弧炉炼钢技术［J］．河北冶金，2018，274（10）：7-13.
[40] 曹迎楠，杜爽，张海军，等．日本耐火材料研究发展现状［J］．耐火材料，2013，47（2）：138-142.
[41] 张巍．以废弃耐火材料制备再生料研究的新进展［J］．能源环境保护，2013，27（4）：7-11.
[42] 周旺枝，刘黎．用后耐火材料回收利用研究现状与进展［J］．武钢技术，2013，51（2）：4-7.
[43] Kabanov Y A，Stolyarskii O A，Sadovskii V G，et al. Recyling refractory wastes［J］. Metallurgist，2004，48（1/2）：42-44.
[44] Bennett J P，Kwong K S. Recycling/alternative use of spent refractories［J］. Iron & Steelmaker，1997，24.
[45] Kwong K S，Bennett J P. Recycling practices of spent MgO-C refractories［J］. Journal of minerals & Materials Characterization & Engineering，2002，1（2）：69-78.
[46] 毛艳丽，景馨，李博．钢厂用后镁碳耐火材料的再生利用及前景分析［J］．上海金属，2015，37（3）：50-54.

12 现代电弧炉的工厂设计和典型流程

12.1 设计流程与条件

12.1.1 工程建设基本流程

工程是人类改造自然、发展生产的各种具体活动，是多种科学技术的应用载体，是人类一定时期某领域生产力的直接体现。了解工程的基本流程和主要任务，有利于推进电弧炉工程建设项目的顺利实施。

我国冶金工程项目建设工作主要可分为设计前期工作、工程设计和项目实施三个阶段[1]，工作流程及任务如图 12-1 所示。

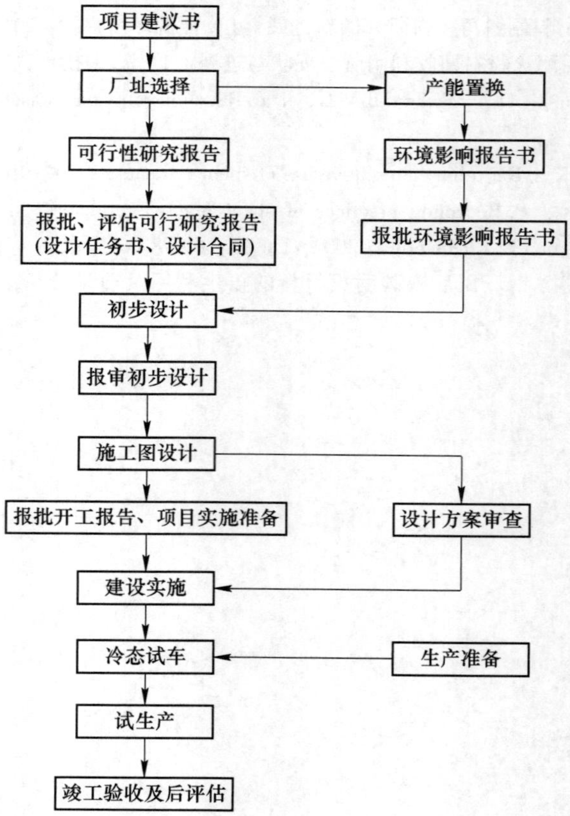

图 12-1 中国冶金工程项目建设的基本流程[1]

12.1.2 设计的前期工作

在开展工程设计之前，需要完成相关的设计前期工作，以完成工程项目的审批备案等工作，为工程设计提供条件和基础。通常情况下，设计前期工作包括规划、项目建议书、厂址选择、可行性研究报告、环境影响报告书等的调研和编制。

项目建议书是在地区、行业（部门）规划或企业建设规划的基础上，通过调查研究，对拟建项目的主要原则问题，如市场需求、资源情况、外部条件、产品方案、建设规模、基建投资、建设效果和存在问题等做出初步论证和评价，据以说明项目实施的必要性和依据[1]。

厂址选择是确定工厂建设地区和地点位置的工作，一般分为建厂地区选择和工厂场地选择两个阶段。冶金工程项目建设的地区选择，要统筹考虑冶金工业的合理布局和地区经济发展，充分利用原燃料资源及现有交通运输、能源、动力供应条件，依托现有工业和城镇设施等因素。厂址选择是一项复杂的政治、经济和技术紧密结合的综合性工作，与项目的经济效益和社会效益有很大的关系[1]。

可行性研究的任务是对拟建项目进行调查、预测、分析、研究和评价等一系列工作，论证项目建设是否必要；建设规模、工艺技术、厂址和建设进度等是否合理；原材料、燃料、电和水等的供应是否可靠；运输和其他协作条件是否落实；分析拟建项目投产后，可能对环境造成的影响和应采取的措施；论证建设资金筹措的可能性，评价投资的经济效益和社会效益，从而确定项目是否可行[1]。

为了预测建设项目在建设过程中，特别是建成投产后可能给环境带来危害的影响程度和范围，并进行分析和评价，同时提出进一步保护环境的防治对策，在项目的可行性研究阶段需编制环境影响报告书[1]。

环境影响报告书经批准后，审批建设项目的主管部门方可批准该项目的可行性研究报告或者设计任务书。建设项目竣工后，建设单位应当向审批该项目环境影响报告书的环境保护行政主管部门，申请环境保护设施竣工验收[1]。

12.1.3 设计的目标与思路

工程设计工作是项目建设中的关键环节，是在建设项目能够成立的前提下，根据已批准的可行性研究报告、环境和能源等评估意见的要求，做出能够体现国家有关方针和政策，符合行业发展趋势，且切合实际，安全适用，技术先进，经济、社会和生态效益最佳的实施方案，在一定程度上决定了工程的先进性、可靠性和生态性。工程设计一般划分为初步设计和施工图设计两个阶段。

从宏观上看，当代电弧炉炼钢工程的设计目标是从工程和装备技术层面确保未来建成的电弧炉短流程生产线能以“绿色低碳、安全可靠、高品质低成本、节能低耗和智能高效”的运行状态，通过能源转换和再生钢铁料的循环利用生产出经济规模的合格的钢铁制品，使电炉钢铁企业“达产达效、生态友好”，更好地服务城市与社会，与生态环境和谐发展。

从具体的设计过程看，产品方案、生产规模、工艺流程、装备技术水平、物流顺畅、安全生产、数字化和智能化水平、经济效益预期及生态环保要求等是工艺、物流、安全、环保等不同层面的具体设计目标及要求。这些具体的设计目标一般会在可行性研究阶段进行确定。

电弧炉炼钢工程的设计思路是基于电弧炉的原料结构、能源条件、区域总图等设计条件从工序和流程两个方面进行协同设计优化和提升的，以确保电弧炉短流程生产线达到预期的设计目标和运行状态（图 12-2）。

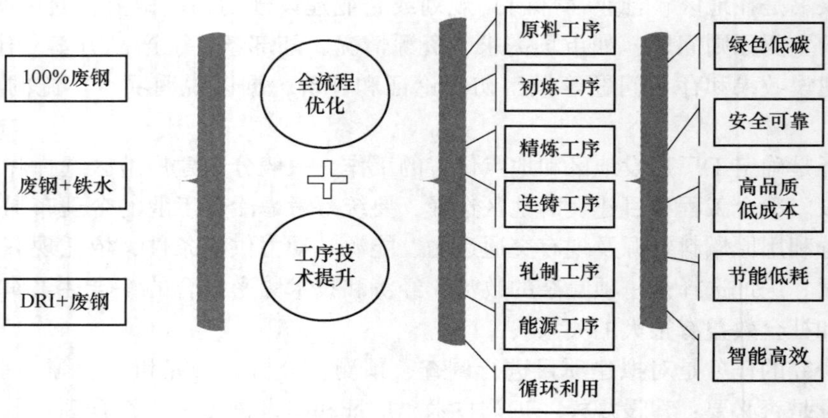

图 12-2　电弧炉炼钢工程设计的理念与思路框图

绿色低碳：当前实现生态友好和碳减排是我国钢铁行业发展及电弧炉短流程设计首先必须考虑的问题。中国经济的发展已经跨过了以经济效益最大化为目标的阶段，已经进入了以社会生态效益最大化的高质量发展阶段。应以综合社会生态绿色环保效益最大化为目标来总体设计电弧炉炼钢短流程产线，通过优化技术选型和设计方案来确保电弧炉钢铁制造过程的低耗低排，实现全过程的零污染。

安全可靠：安全可靠是钢铁企业能正常生产和运转的前提和保障，是不可触碰的底线和红线。工程设计过程中首先应遵守现行的各种安全规程和设计规范，同时要通过方案优化和技术提升来提高产线的安全性和可靠性，降低各种安全风险。

高品质低成本：以较低的成本冶炼出高品质的同等钢种，是每个企业始终追求的目标和核心竞争力，也是工程设计过程中所应遵循的原则和目标之一。

节能低耗：节约能源、降低物料消耗，通过物料的热装热送、烟气余热预热原料、优化配料结构（破碎料配比）、优化冶炼工艺（供电和吹氧），缩短冶炼周期，提高生产效率，优化铁钢及铸轧界面技术。

智能高效：智能高效是高品质、低成本、节能低耗的重要途径，缩短冶炼周期、提高生产效率是电弧炉炼钢企业降本增效的核心途径。智能化一方面减少人为不稳定因素对质量的影响，另一方面提高生产效率、降低生产成本。

12.1.4　设计条件

设计目标是设计的终点，设计条件便是设计的起点。弄清设计条件对于达到预定的设计目标非常重要。原料条件、能源条件、区域总图、生态环境等是电弧炉炼钢工程设计的条件和基础。

12.1.4.1 原料条件

原料条件主要是指电弧炉的钢铁料结构，主要包括废钢、直接还原铁、生铁和铁水（中国）等，还有一些含铁料，例如厂内返回的废钢、渣钢等。

不同国家及区域的原料状况决定了当地电弧炉流程和炉型，如表 12-1 所示。不同国家不同区域不同阶段的不同资源结构，决定了当地电弧炉流程的发展之路。北非和中东地区拥有丰富且廉价的石油和天然气资源，天然气制备 DRI 的成本很低，电价低，因此这些区域电炉钢占比高，如伊朗电炉钢占比到 80%以上。土耳其、美国等国家的废钢资源比较丰富，土耳其因地理位置的优势，废钢进口资源优势明显，电炉钢占比达到了 69.2%。印度和印尼等东南亚国家由于铁矿石储量丰富、天然气价格相对较低，同时缺乏冶炼用焦煤，电炉钢占据较大比例，印度电炉钢占比 68.4%。但是随着天然气价格的上涨和进口煤炭资源价格的下降，印度、印尼钢厂又转向高炉—转炉流程，新建高炉—转炉工程不断增多，电炉钢厂也逐步向转炉钢厂转换。欧美国家的电炉钢占比高主要是因为废钢资源积累充足，钢铁需求增长少。目前中国电炉钢占比低的主要原因是废钢积累不够充分，还不能满足长短流程对废钢资源的需求，造成废钢单价高于铁水成本，电炉钢的环保优势还不能转变为成本优势。但随着我国“碳达峰、碳中和”的绿色发展战略的实施以及废钢资源供应量的不断增长，我国电弧炉短流程炼钢比例必将进一步增长。

表 12-1 各国家/区域冶金资源及电弧炉流程

国家/区域	资源构成	电弧炉原料	电弧炉流程
伊朗	矿石，天然气，电	DRI（冷/热）	DRI 电弧炉，DRI 热装
北非	矿石，天然气	DRI	DRI 电弧炉，DRI 热装
俄罗斯	贫铁矿（35%）， 废钢，天然气	废钢	废钢电弧炉流程
印尼	红土矿	DRI（V/Ti）	DRI 电弧炉/矿热炉——新工艺
印度	铁矿，缺少焦煤	铁水/DRI	常规型/ DRI 电弧炉/ConArc/感应炉
土耳其	海岸线较长、废钢进口方便	废钢	废钢电弧炉流程
美国	约 90 亿吨废钢储量	废钢	废钢电弧炉流程
欧洲	约 30 亿吨废钢储量	废钢	废钢电弧炉流程
中国	约 100 亿吨废钢储量	废钢	废钢电弧炉流程
	进口铁矿+焦煤+天然气	铁水/废钢 气（氢）基 DRI 煤基 DRI	DRI 电弧炉流程
	钒钛磁铁矿	DRI（V/Ti）	竖炉—熔分—炼钢新工艺

对于电弧炉炼钢工程设计，原料条件在很大程度上决定了电弧炉炼钢产线的物质流设计、能源配置、炉型选择以及电弧炉装备的技术参数和配置。例如，在电弧炉炼钢工程设计一开始就需要先根据原料条件进行电弧炉工序的物料及能量平衡计算，以确定电弧炉变压器容量和供氧系统的配置，不同钢铁料对电弧炉电耗的影响如表 12-2 所示。因此，在工程设计之前应充分考虑原料条件波动的范围。

表 12-2 不同钢铁料对电弧炉吨钢电耗的影响

项 目	冶炼电耗变动	单位
配加/减少 1%的冷生铁	-1.18	kW · h/t 钢
配加/减少 1%的热铁水	-4.66	kW · h/t 钢
配加/减少 1%的直接还原铁	+1.24	kW · h/t 钢

12.1.4.2 电网条件

电能是电弧炉炼钢最主要的能源，电弧炉是高功率和高耗量的电能用户。为了高效稳定生产，电弧炉炼钢工程需要有强大的电网来保证电能的供应。所以在电弧炉炼钢工程一开始便要摸清上级电网的电力供应情况，主要是电压及短路容量。常规高阻抗超高功率电弧炉的上级电网短路容量一般应在电弧炉变压器额定容量的 50 倍以上。然而随着电弧炉供电技术的不断进步，例如柔性供电技术的开发，电弧炉炼钢对上级电网的冲击也在不断减少，对上级电网短路容量的需求也在不断降低。对于不同容量的高压电网以及供电模式，均有标准规定的 Pst≤1（电网准入条件），当 Pst 不满足电网规定时，在公共耦合点（Pcc）处不同短路容量情况下，一般需要配置电网补偿系统（SVC）设备，但当采用柔性供电技术时则不需要额外配置。近年来，随着电网储能及供电技术的进步，越来越多的绿电接入电弧炉供电电网中，间接地减少了电能供应的碳排放。

12.1.4.3 总图条件

区域总图条件是进行车间工艺布置设计时必须考虑的重要因素，在一定程度上决定了车间的布置方案。区域总图的占地面积、物料来源、成品去向、能源介质交接点、区域高差等因素决定了主体车间的布置走向以及公辅设施的总图位置。合理优化的总图物流对于降低钢铁企业建成之后的运行成本以及预留未来发展空间都具有十分重要的影响。因此，在制订设计方案之前，应对现场总图条件进行全面考察和勘探。

12.1.4.4 其他条件

除原料、电网和总图建设条件外，还须调研能源介质的供应质量、供应能力和供应地点，同时搜集地质、气象、水文、地震、生态环境保护要求等作为设计基础的相关数据。

对于独立的电弧炉流程企业，由于没有长流程的高炉煤气或转炉煤气，用于电弧炉烧嘴、钢包烘烤和加热炉的燃气多采用天然气，由于天然气比较紧缺，且成本相对较高，因此电弧炉流程在设计时均通过提升热送比或采用电磁加热的方式来减少燃气的消耗。

12.2 初步设计

12.2.1 设计内容和深度

12.2.1.1 设计内容

初步设计文件一般包括下列文字说明和图纸：(1)设计依据；(2)企业概况；(3)设计范围及设计分界面；(4)设计指导思想；(5)建设规模；(6)产品方案；(7)原料、燃料、动力的用量和来源；(8)工艺流程；(9)设计特点及新技术采用；(10)主要设备选型及配置；(11)总图运输；(12)土建工程；(13)公用和辅助设施；(14)主要材料用量；(15)外部协作条件；(16)环境保护；(17)消防；(18)安全；(19)职业卫生；(20)能源分析与评价；(21)投资概算；(22)建设进度；(23)主要技术经济指标。

12.2.1.2 编制规定

初步设计的深度应满足住建部关于《建筑工程设计文件编制深度规定》和《钢铁工程设计文件编制标准》的要求，具体内容为：(1)经过比选，确定设计方案；(2)确定土地征用范围；(3)主要设备及材料订货；(4)确定工程造价；(5)据以编制施工图设计；(6)据以进行施工准备；(7)据以进行生产准备。

流程设计主要包括下列内容：

(1) 物质流设计——工艺流程的选择、物料平衡、碳排放、车间及总图工艺布置、界面技术优化。

(2) 能量流设计——能量平衡、能源循环利用、总图外线设计。

(3) 信息流设计——智能化平台的设计（数字化+网络化+智能模型）、订单信息、制造信息、成本信息。

电弧炉的全流程设计是多工序之间的协同优化设计，主要包括原料工序、初炼工序、精炼工序、连铸工序、轧制工序、能源工序和循环利用等工序，物质流、能量流和信息流是贯穿各工序间的三大纽带。在设计过程中，结合生产实际全面优化匹配全流程各工序间的物质流、能量流和信息流，是达到电弧炉炼钢车间的绿色低碳、高品质低成本、节能低耗、智能高效稳定运行的重要保障。同时，做好全厂全流程的数字化、网络化和智能化的总体设计，是当代电弧炉流程在未来生产运行过程中快速实现全流程各工序间的物质流、能量流和信息流瞬态有序匹配的关键环节。

12.2.1.3 工艺流程的选择

当代电弧炉的冶金功能已发生转变，成为熔化固体炉料（废钢、生铁、直接还原铁、碳化铁等）和去磷脱碳的初炼炉。原来包含“熔化期、氧化期、还原期”的“老三期”电弧炉现仅需完成前两期的冶金任务，其中还原期的钢水精炼任务已完全由炉外精炼装置承担，因而后步配置钢包精炼炉（LF）已成为当代电弧炉流程必选项，对于生产气体含量和夹杂物含量要求低的钢种还应配置 VD 等真空精炼装置。

所以，电弧炉—炉外精炼—连铸—轧钢的“四位一体”生产线配置已成为当前新建和改扩建电弧炉短流程的基本工艺流程。

新建和改扩建电弧炉炼钢车间应以连铸为主，同时积极创造条件实现钢坯热送和直轧。对于必须采用模铸生产的特种钢，可根据规模大小采用钢包车浇铸及自动模铸系统。

在设计中应按钢类分别阐明工艺路线的选择原则，并用图表列出工艺流程。

基本工艺流程的确定主要考虑以下因素。

A 产品大纲中各钢种的钢水洁净度的要求

依据原料条件及产品大纲中最高品质钢的质量控制需求，确定电弧炉炼钢车间的生产工艺流程和装备配置。各类钢种对钢水洁净度的基本要求见表 12-3。

表 12-3 各类钢种对钢水洁净度的基本要求

钢种	夹杂物含量/ppm	夹杂物最大尺寸/μm
轴承钢	T[O]<10	15
齿轮钢	T[O]<20	[C]-[Ti]=0.1%
弹簧钢	T[O]<15	
硬线钢（钢帘线）	[H]<2，[N]<40，T[O]<15	10
锅炉管钢 T91	[S]<50，[N]<300~700，T[O]<40	
合金钢棒材	[H]<2，[N]<10~20，T[O]<10	
管线钢	[C]<40，[S]<10~30，[N]<35，T[O]<30，[H]<1.5	100
线材	[N]<60，T[O]<30	20

B 炉外精炼设备的功能

炉外精炼设备最主要的作用是精炼初炼钢水使之达到最终的产品要求。表 12-4 对目前钢铁企业中常用的主要精炼设备的功能及投资、消耗和成本方面进行比较。

表 12-4 精炼设备分析

项目	LATS/CAS-OB	LF	VD	RH①	AOD	VOD	IR
脱碳	×	×②	×	30ppm	200ppm	150ppm	×
脱磷	×	○	○	○	√	○	○
脱硫	×	20ppm	15ppm	○③	20ppm	15ppm	10ppm
T[O]	20ppm	20ppm	12ppm	10ppm	50ppm	12ppm	20ppm
[H]	×	×	1.5ppm	1.5ppm	○	1.5ppm	×
[N]	×	×	√	○	○	√	×
升温	√	√	×	√	√	○	×
均匀化	√	√	√	√	√	√	√
合金调整	√	√	√	√	√	√	×

续表 12-4

项目	LATS/CAS-OB	LF	VD	RH①	AOD	VOD	IR
钙处理	√	○	○④	○	○	○	√
可组合功能		IR					
生产周期/min	25~35	35~40	33~50	27~38	65~75	65~75	20~30
工序成本/元·t^{-1}	约 20	约 57.64	约 39.68	约 71.53			

注：根据中冶京诚的部分工程项目统计指标。

①RH 项目包括 RH-OB、RH-KTB、RH-PB 等多种设备形式。

②“×”表示无此功能；“√”表示有此功能；“○”表示在一定限制条件下有部分功能（不能作为完成此功能的主精炼设备）。

③RH 在配备喷粉枪的情况下，可达到脱硫率 60%~80%。

④除 LATS 和 IR 以外，其他精炼手段均可通过配备喂丝机喂入 CaSi 包芯丝进行钙处理。

C 炉外精炼的选配

精炼设备在炼钢生产流程中的配置要根据以下原则来进行：

（1）钢水质量要求。精炼设备首先是炼钢流程的一个环节，要具备相应的冶金功能，使精炼后的钢水满足产品质量要求。

从表 12-4 中可以看出，LF 设备在物理升温、脱硫等方面匹配得较好，相对于采用铝等化学升温方式而言，长时间升温也不会造成钢水污染；LATS/CAS-OB 等精炼设备升温快捷，设备相对简单，但由于采用铝加热，不太适合生产对酸溶铝十分敏感的钢种，如钢绞线等；如果要降低钢水在 LATS/CAS-OB 处理过程中的夹杂物含量，需要较长时间吹氩搅拌，使冶炼周期变长；RH 精炼设备在脱碳去氧方面，具有很大的优势，升温速度快，脱气和去夹杂效果好，但缺少渣精炼工艺，而且设备投资大，生产费用高。VD 系统与 RH 相比，夹杂物去除率低，底吹氩搅拌不当的情况下钢水容易卷渣产生新的夹杂，缺少温度调整手段，但在脱气方面与 RH 基本相当，在渣精炼、设备投资、生产成本方面更具优势。VD 主要用于钢绞线、弹簧钢、新型齿轮钢等钢种的冶炼；RH 精炼更适合于优质特殊钢棒线材，例如管坯钢、轴承钢和钢帘线等对夹杂物控制要求严格的钢种。

（2）周期匹配。产能的匹配主要考虑精炼工序作为炼钢流程中连接冶炼、连铸两个主要生产工序，在冶炼周期上要能够配合连铸的多炉连浇，进而对生产成本加以控制。

由于初炼炉，无论是转炉还是电弧炉，都存在有砌炉、补炉、维修等作业；而连铸工序在生产特钢、厚板、薄板时，由于市场订货的批量差异及设备、耐火材料自身工作寿命的影响，需组织的连浇炉次也有较大差异。为充分发挥主生产设备的能力，通常需要精炼环节能够起到缓冲作用，这就要求精炼环节的冶炼周期至少要低于连铸的浇铸周期，这样才能使整条生产线有更大弹性。

（3）经济性。由于精炼设备的种类较多，所以有些设备的功能会有重合，但并不完全重合，在达到目标的难易程度、生产周期、建设投资乃至生产成本上都有差异。企业应根据自身全流程产品定位选择合适的精炼设备，单纯追求某一方面的冶金指标的先进性并不能使产品品质提高很多。

D 典型钢种的电弧炉工艺流程

建筑用普通长材钢类的主要采用工艺路线：EAF→LF→连铸。建筑用热轧圆钢、螺纹钢筋等长型材主要为普碳钢和低合金钢，对钢材性能的要求主要为轧制方向（长度方向）的常规机械性能（强度、延伸率、面缩率等），炉外精炼任务主要为脱氧、夹杂物上浮、成分控制、温度调整等，基本没有脱硫任务，对钢中硫、磷、非金属夹杂物等控制要求相对较宽松，一般钢中硫含量低于 0.035%就能满足性能控制要求，发达国家主要采用电弧炉—LF 炉工艺生产此类钢材。在这种情况下采用 LF 作为精炼工序，主要是为了替代电弧炉的还原期，使电弧炉冶炼周期适合连铸多炉连浇，而不是为了冶炼低硫钢。目前国内新建的大部分电弧炉企业采用此工艺流程生产建筑用钢（图 12-3）。

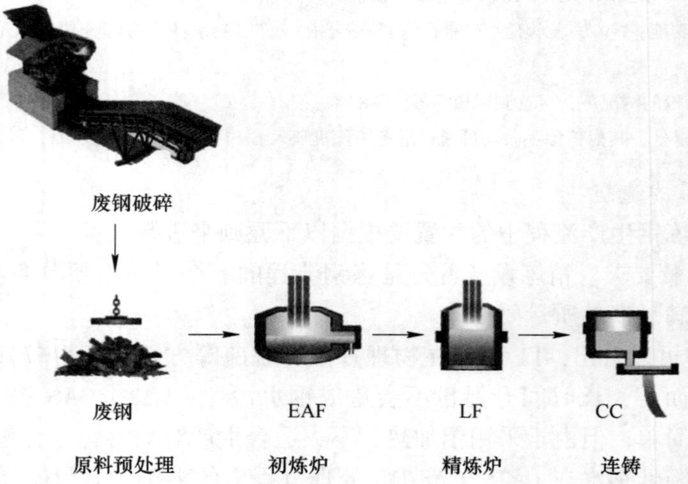

图 12-3 典型钢种的电弧炉工艺流程

对于合金结构钢、冷镦钢、弹簧钢、轴承钢等机械用钢，可采用工艺路线：EAF→LF→RH/VD→连铸（图 12-4~图 12-7）。机械用钢通常为中高碳钢，因此有较高的强度，同时对于钢中的硫、磷含量有一定的要求，以减少钢材组织中晶界偏析，出现热脆及冷脆，影

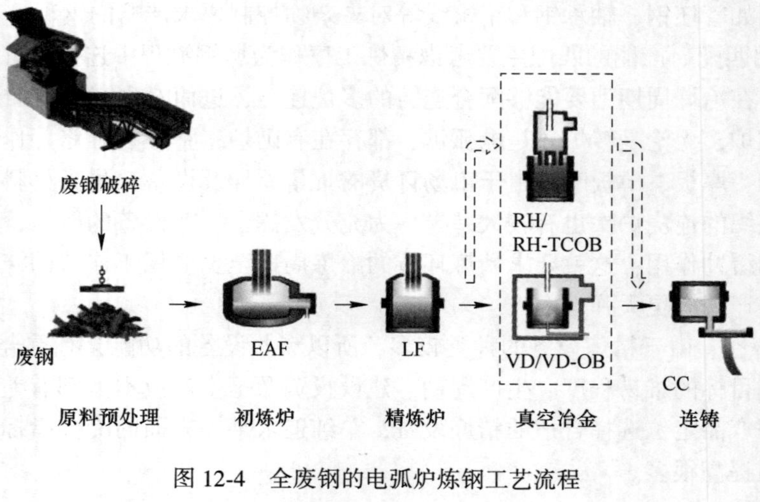

图 12-4 全废钢的电弧炉炼钢工艺流程

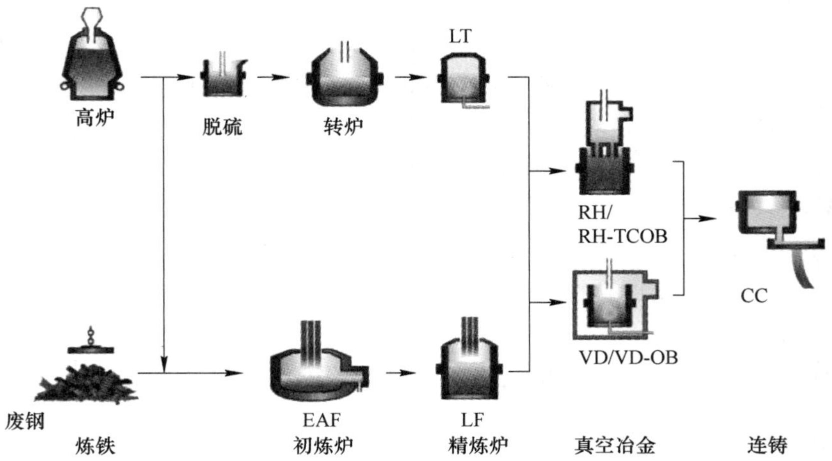

图 12-5 废钢+铁水的电弧炉炼钢工艺流程 Ⅰ

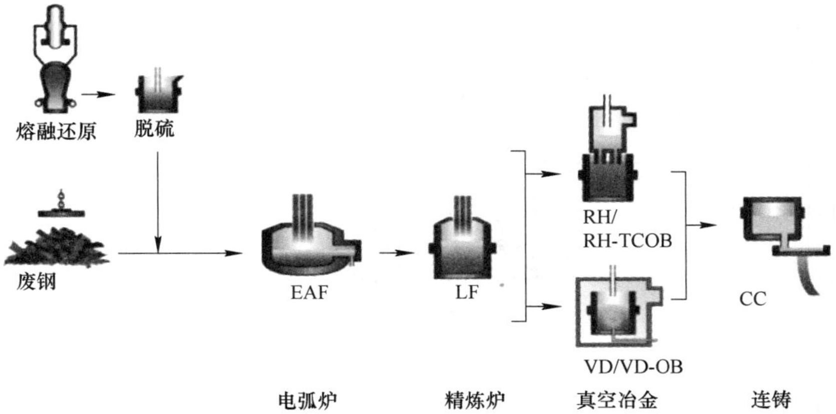

图 12-6 废钢+铁水的电弧炉炼钢工艺流程 Ⅱ

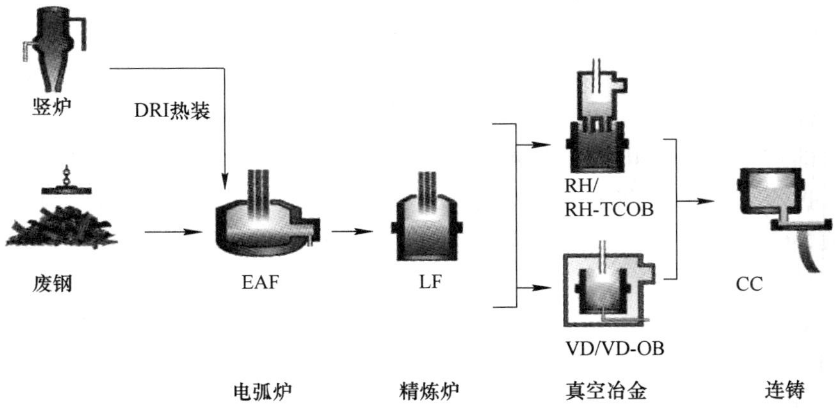

图 12-7 废钢+DRI 的电弧炉炼钢工艺流程

响钢材性能；机械用钢对于钢中夹杂物的控制非常严格，特别是对于帘线钢等，要求钢中的大于 5μm 的硬性夹杂要尽可能地少，且呈均匀分布弥散；部分机械用钢对于钢中的气体含量还有严格的要求。另外，此类钢种在采用电弧炉流程时需要考虑废钢有害元素的沉积对钢水质量的影响，所以要做好废钢分类和清洁工作，同时尽量减少电弧炉内的留钢量，避免有害元素的累积。有条件的企业，电弧炉可以兑入部分铁水或是加入 DRI 提高原料的纯净度。电弧炉初炼后的钢水经 LF 处理后，钢中氢含量可降到不超过 4ppm，氮含量可降到不超过 60ppm，对于对氢和氮比较敏感的钢种，在 LF 处理后，再经 RH 或 VD 处理，使钢中氢含量可降到不超过 2ppm，氮含量可降到不超过 40ppm。

对于不锈钢，主要采用工艺路线：EAF→LF→AOD→VOD→连铸（图 12-8）。

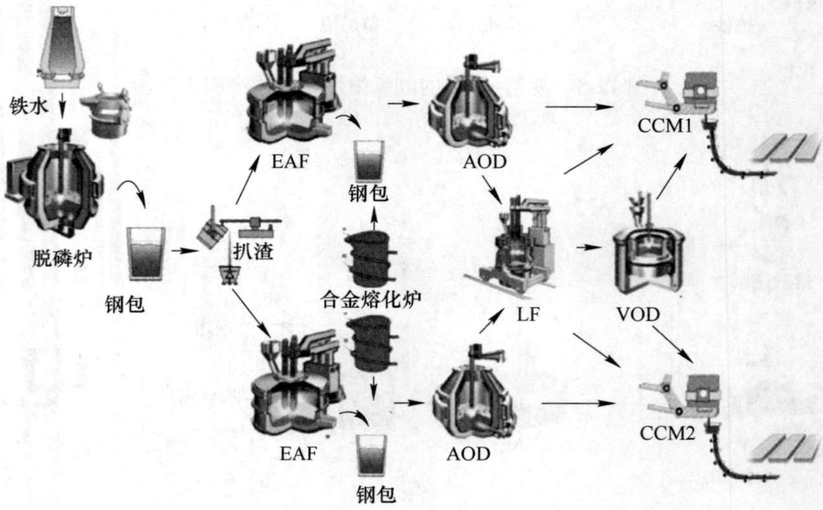

图 12-8 不锈钢的电弧炉炼钢工艺流程

二步法：经 AOD 精炼后，钢中碳含量可降到 0.05%。

三步法：对于超低碳、超低氮和超纯铁素体的钢种，在 AOD 精炼后，再经 VOD 处理，使钢中碳含量可降到小于 0.05%，C+N<150ppm，H≤2ppm。

长期以来，由于冶炼成本高以及冶炼周期长于转炉的特点，我国电弧炉流程以生产建筑长材及特殊钢为主。随着低碳战略的实施以及废钢资源的不断积累和电弧炉高效冶炼技术的进步，我国电弧炉的冶炼成本及冶炼周期不断降低，电弧炉流程不断向板带材产线扩展。当前，我国不少企业通过在电弧炉流程里配置连铸连轧技术以降低电弧炉流程的综合成本，如沙钢率先建起了亚洲第一条电弧炉+Castrip 流程的生产线。

12.2.1.4 金属平衡

电弧炉炼钢工程的金属平衡是指原料、冶炼、精炼、连铸和轧钢工序之间的钢铁物料（含合金）在考虑了收得率或成材率之后的数量平衡，这是整个产线工艺设计的重要基础。

编制全厂金属平衡的目的在于根据轧钢工序的年度生产规模确定连铸坯的年度产量，

进一步确定冶炼系统年产合格钢水的规模，以明确各工序的年产量。典型的电弧炉炼钢工程的金属平衡如图 12-9 所示。

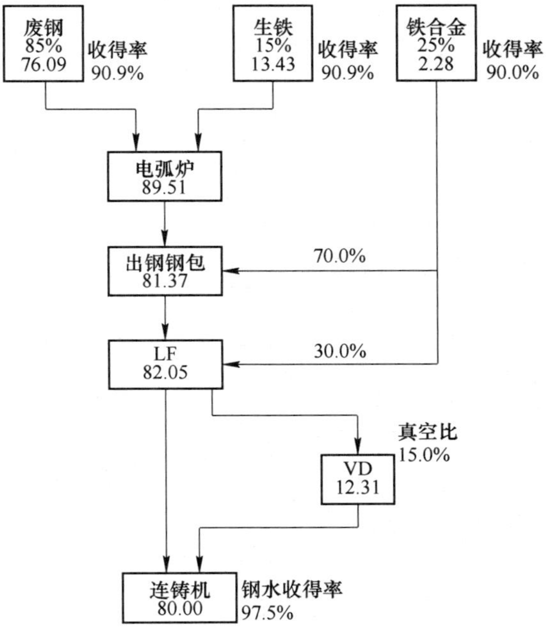

图 12-9 年产 80 万吨棒材短流程产线的典型金属平衡图（单位：万吨/年）

金属平衡是各核心工序装备设计和技术配置的基础。首先根据轧钢的产品规格和生产规模确定轧机的设计参数和技术配置，再根据轧线的数量及铸坯需求确定连铸机的浇铸断面、流数和台数，然后根据连铸机的数量、浇铸周期和钢水需求确定电弧炉的数量和容量（图 12-10 和图 12-11）。在此过程中须注意轧钢、连铸和炼钢年生产作业天数的差异，合理平衡炼钢、连铸和轧钢的年度生产能力和瞬时生产能力的匹配。

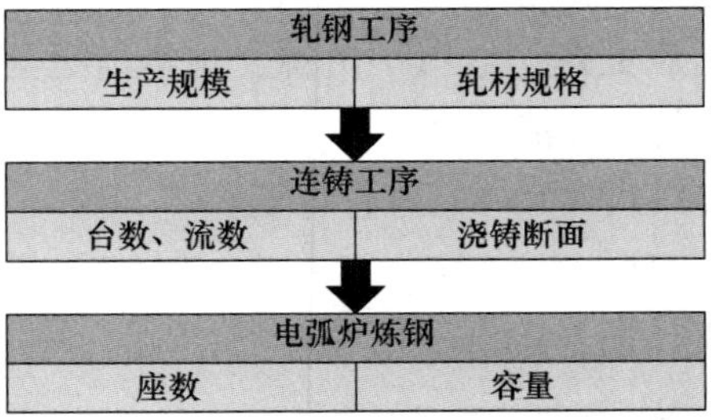

图 12-10 电弧炉炼钢产线各工序装备能力设计流程

12.2.1.5 能源平衡

电弧炉炼钢工程能源平衡是以电弧炉短流程产线为对象的能量守恒关系，包括各种能源的收入与支出的平衡，消耗与有效利用及损失之间的数量平衡。能源平衡是能量在数量

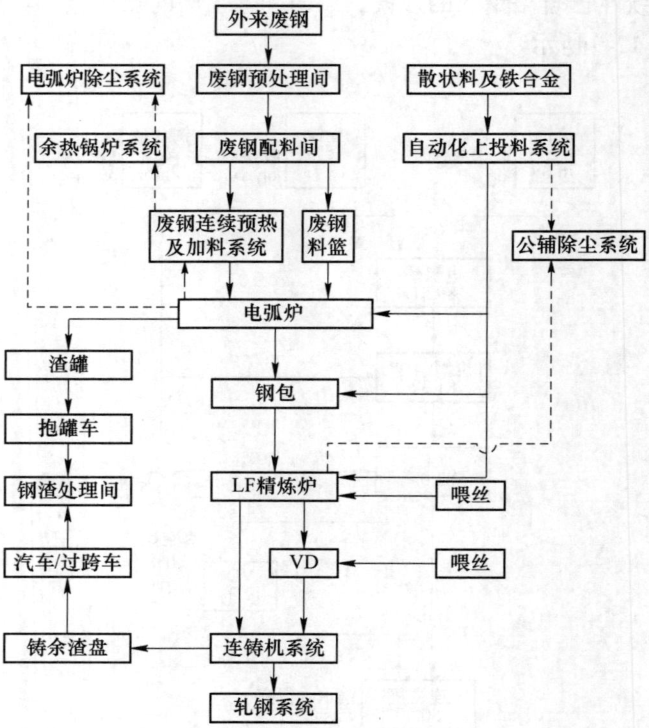

图 12-11 电弧炉炼钢主辅原料流程图

上的平衡，不考虑能源质量的差别。耗能量包括由外部提供的一次能源、二次能源和耗能工质，按等价值折合成一次能源的数量。

根据已确定电弧炉短流程产线的主体和公辅设施的生产能力及能源介质需求进一步编制能源收支平衡表、能源直接消耗量总表，主要耗能设备效率表和能源利用率表，以分析企业能量的有效利用情况和能量损失情况，以及查找节能设计的潜力。

电弧炉冶炼能耗计算范围应从原料进入电弧炉车间，到钢水送至炉外精炼装置全过程；包括废钢和辅料的储运和处理、电弧炉冶炼、炉渣清运与处理（不包括钢渣加工）、辅助设备及除尘环保等设施的能源消耗量。

电弧炉冶炼工序能耗应按式（12-1）进行计算：

$$\text{工序能耗} = (C + F + P + E - R)/T \tag{12-1}$$

式中 C——炭粉、炭块折热量，MJ/kgce；

F——燃料折热量，MJ/kgce；

P——冶炼电耗，MJ/kgce；

E——加工能耗（动力电耗、耗能工质等）折热量，MJ/kgce；

R——电弧炉烟气余热回收折热量，MJ/kgce；

T——电炉钢水产量，t。

电弧炉冶炼工序能耗设计指标应优于表 12-5 所列参数。

表 12-5 电弧炉冶炼能耗设计指标

原料类型	设备类型	工序能耗	其中：分项能耗		
			燃料耗	电耗	回收
		kgce/t 钢	MJ/t 钢	kW·h/t 钢	kg 蒸汽/t 钢
85%废钢+15%生铁	无预热、无蒸汽回收电弧炉	89.91	1060.27	437.24	0
	废钢预热式电弧炉（Consteel，无蒸汽回收）	87.54	1117.37	402.10	0
	带蒸汽回收电弧炉（无预热）	81.71	1066.22	437.20	70
30%铁水热装	无预热、无蒸汽回收电弧炉	70.26	841.65	338.00	0
	废钢预热式电弧炉（Consteel，无蒸汽回收）	68.59	879.34	314.00	0
	带蒸汽回收电弧炉（无预热）	58.47	847.82	338.00	100
50%铁水热装	无预热、无蒸汽回收电弧炉	56.28	759.81	247.00	0
	废钢预热式电弧炉（Consteel，无蒸汽回收）	55.59	789.05	233.27	0
	带蒸汽回收电弧炉（无预热）	40.88	765.76	247.00	130

注：1. 电力折标系数按当量值 0.1229kgce/(kW·h) 计算。
2. 全废钢法炉料组成应为 85%废钢、15%生铁（炉料总配碳 2.14%），每减少或增加生铁 1%，能耗指标相应增加或减少 1.2kW·h/t。
3. 在铁水比不大于 50%时，配加铁水量每增加或减少 1%，相应能耗减小或增加 4.66kW·h/t。
4. 表中的数据是基于钢铁料消耗 1080kg/t 进行计算的，钢铁料消耗每增加 1kg/t 钢水，工序能耗值增加 3MJ/t 钢水。

炉外精炼环节（工序）能耗计算范围应为从钢水进入炉外精炼装置，到钢水吊到连铸钢包回转台全过程的直接能耗；应包括精炼、电加热及电磁搅拌电耗、辅助及环保等工艺设施的能源消耗量。

炉外精炼环节（工序）能耗设计指标应优于表 12-6 所列参数。

表 12-6 炉外精炼环节（工序）能耗设计指标

精炼方式	工序能耗	
	MJ/t 钢水	kgce/t 钢水
LF	≤194	≤6.6
VD	≤310	≤10.6
VOD	≤428	≤14.60
RH-KTB	≤438	≤15.0
AOD	≤459	≤15.7
CAS-OB	≤37	≤1.3

注：电力折标系数按当量值 0.1229kgce/(kW·h) 计算。

连铸机使用的各种能源介质供给系统应配备计量、检测仪表。测量数据应输入计算机数据收集系统。连铸环节（工序）能耗计算范围应为从钢水送入钢包回转台，到合格坯运出连铸车间全过程的直接能耗。

连铸环节（工序）能耗设计指标应优于表 12-7 所列参数。

表 12-7 连铸环节（工序）能耗设计指标

连铸机类型	工序能耗	
	MJ/t 坯	kgce/t 坯
方坯连铸	≤175	≤6.0
板、圆、异形坯连铸	≤205	≤7.0

注：电力折标系数按当量值 0.1229kgce/(kW·h) 计算。

由于没有煤气供给，独立的电弧炉炼钢企业必须考虑天然气和氧气两大平衡。在编制燃气平衡时，要充分考虑燃气用户生产的波动性，设置必要的缓冲设施。同时，还要考虑企业有分期建设时，应分别编制分期建设和最终规模的燃气平衡图。图 12-12 为某年产 230 万吨钢的全废钢独立电弧炉流程天然气供应流程图。

12.2.1.6 全厂水量平衡

根据电弧炉产线已确定的工艺设施的用水需求，编制全厂的水量平衡表，并通过技术设计实现废水近“零”排放，对于钢铁厂的生态环保效益具有重要意义。图 12-13 为某年产 200 万吨优特钢电弧炉流程全厂水量平衡图。

电弧炉流程的给排水设计任务是根据生产工艺和设备的用水要求以及废水特性，并结合水源条件，做出符合生产安全、经济、节水和环保要求的给排水系统设计，同时要满足生活给排水和消防供水要求。其设计范围包括全厂给排水设施和各车间的循环水处理设施。全厂给排水设施包括供水水源及输水管道、给水处理、储水设施、供水泵站、生活和消防供水设施、全厂污水处理回用设施、排水泵站以及厂区给排水管网等，各车间的循环水及水处理设施，根据具体条件，可以各车间分别或几个车间合并设置。

设计过程中遵循以下原则：

(1) 满足生产用水要求，确保安全供水。

(2) 符合国家有关设计规范、规定和标准，并符合当地政府的有关规定和规划节约用水，提高水的循环率和重复利用率。

(3) 保护环境，减少排污，排水水质要符合国家和当地政策允许的排水水质标准。污泥必须妥善处理，防止二次污染，并进行综合利用。

(4) 节约能源，尽量利用水流高程和回水余压。

(5) 在确保处理后的出水水质及生产供水标准的同时，尽量节约投资以期达到社会效益、环境效益和经济效益三者的有机统一。

(6) 因地制宜，采用高效稳定，节省占地，方便管理，确保达标的新工艺、新技术，以减少运行成本。

(7) 采用确实可行的技术手段，提高整体装备水平，使水处理生产过程尽可能实现自动化操作，以保证处理设施运行可靠、安全经济。

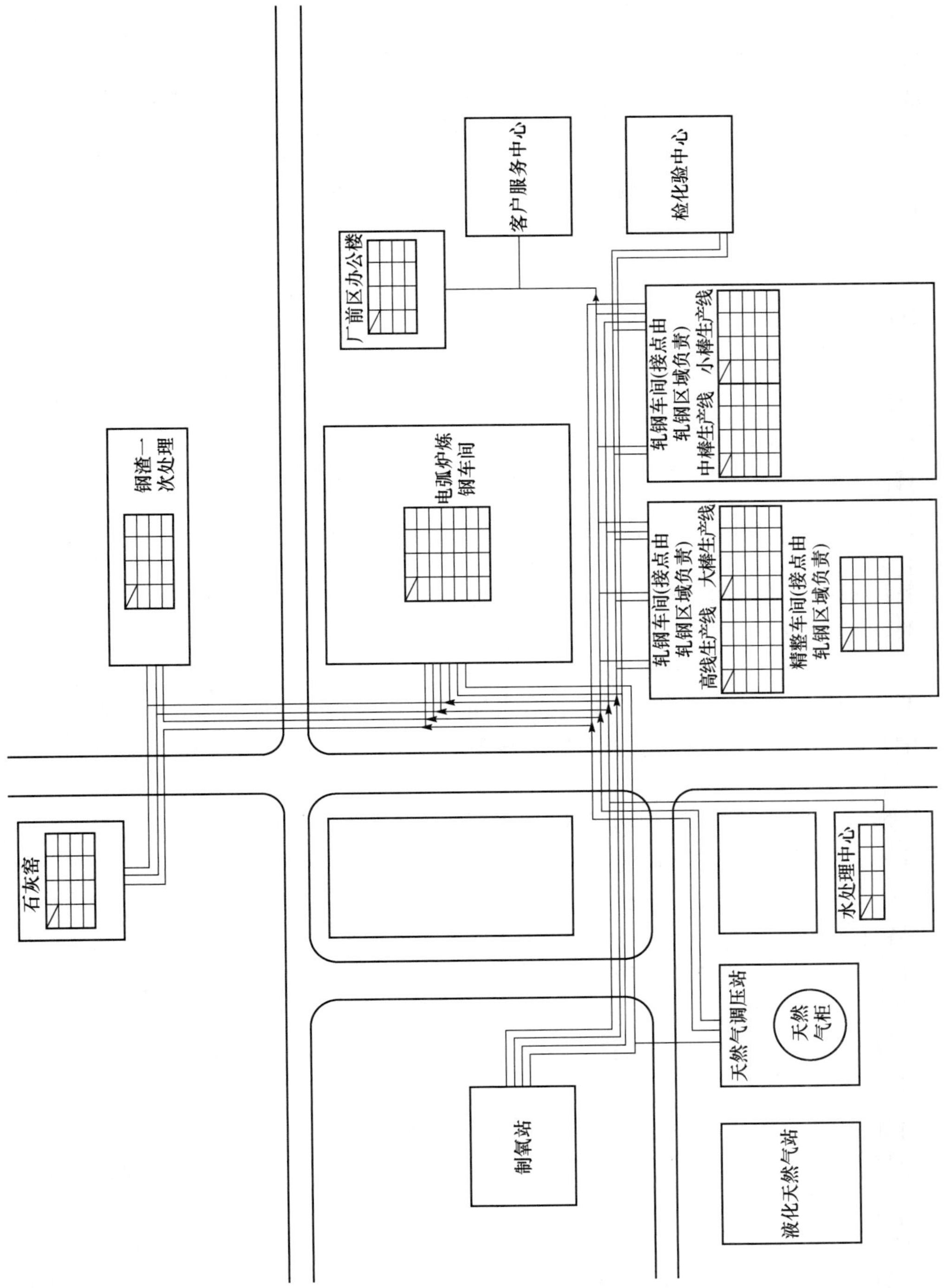

图 12-12 年产230万吨钢的全废钢电弧炉短流程天然气供应流程图

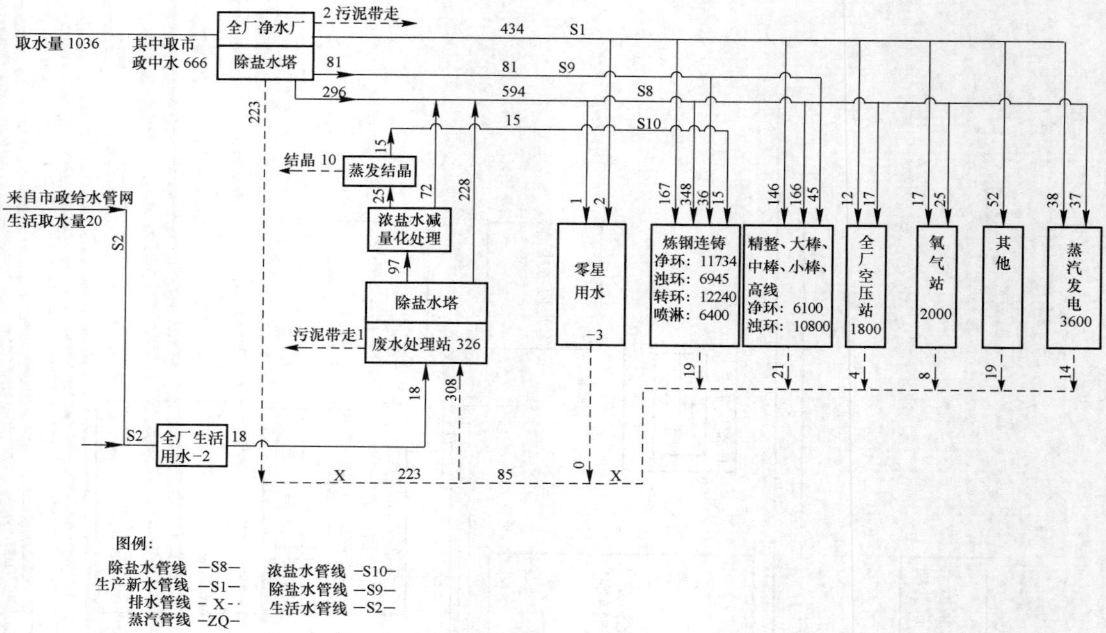

图 12-13 年产 200 万吨优特钢电弧炉流程全厂水量平衡图

（8）水处理中心总平面布置遵循功能分区明确、建（构）筑物布置紧凑、工艺路线流畅、节约能耗等原则。

12.2.1.7 全厂智能制造平台

绿色低碳、智能制造已成为我国钢铁行业当前发展的两大主题和机遇。因此在电弧炉炼钢工程设计过程中，设计和搭建全厂智能制造管控平台对于企业未来的发展具有重要意义。

电弧炉炼钢智能制造平台是将物联网、大数据、云计算、移动互联网等新一代信息技术与电炉钢短流程制造技术深度融合发展形成的一种新的生产管控平台。其突出特征是面向产品全生命周期，贯穿于市场预测、产品设计、生产决策、原料处理、制造加工、生产管理、产品销售、售后服务和成本优化等钢铁制造过程的各个环节，具有自感知、自学习、自决策、自执行、自适应等智能化功能的新型生产模式，减少或取代了人的干预，即“少人化或无人化”，以达到质量更稳、效率更高、成本更低、环境更友好的生产状态。

当前智能化电弧炉炼钢工厂的体系架构包括整体架构、技术架构及 IT 架构（图 12-14~图 12-16）。

智能制造总体架构按系统功能可分为：（1）第四级为企业资源管理级（L4）；（2）第三级为智能制造级（L3）；（3）第二级为过程控制级（L2）；（4）第一级为基础自动化级（L1）。

第四级为企业资源管理级，针对公司业务层面的管理，包括公司 ERP、办公自动化 OA 等，实现对研发、工艺、财务、成本、人事、资产、客户等信息处理；在现代企业管理理论的指导下，通过信息系统把先进的管理理念和方法固化下来，对企业的内部、外部供应链进行系统、高效的整合和管理。

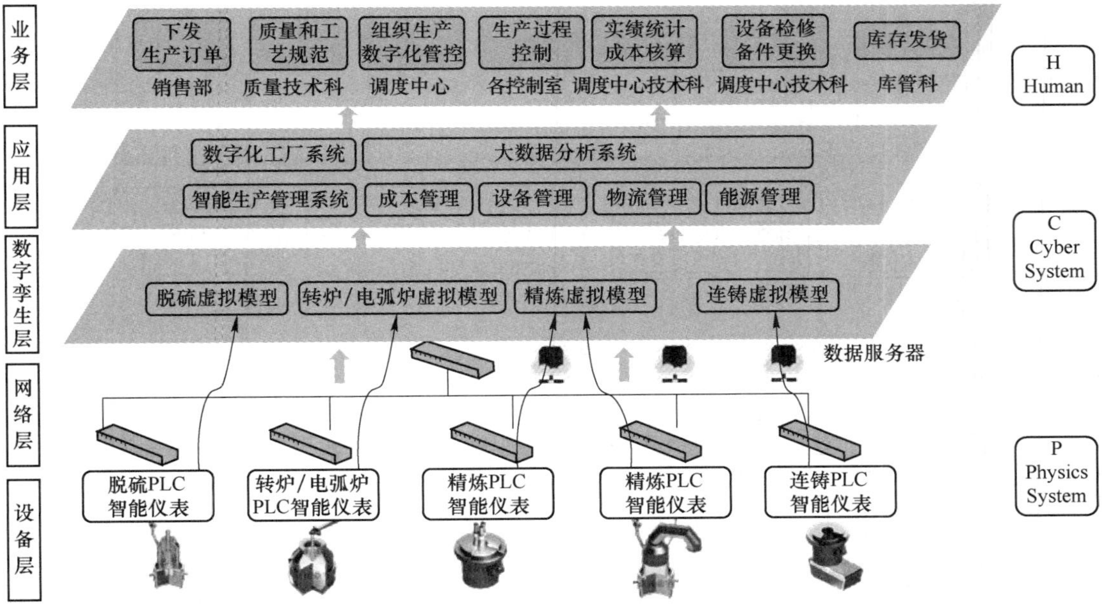

图 12-14 整体架构图

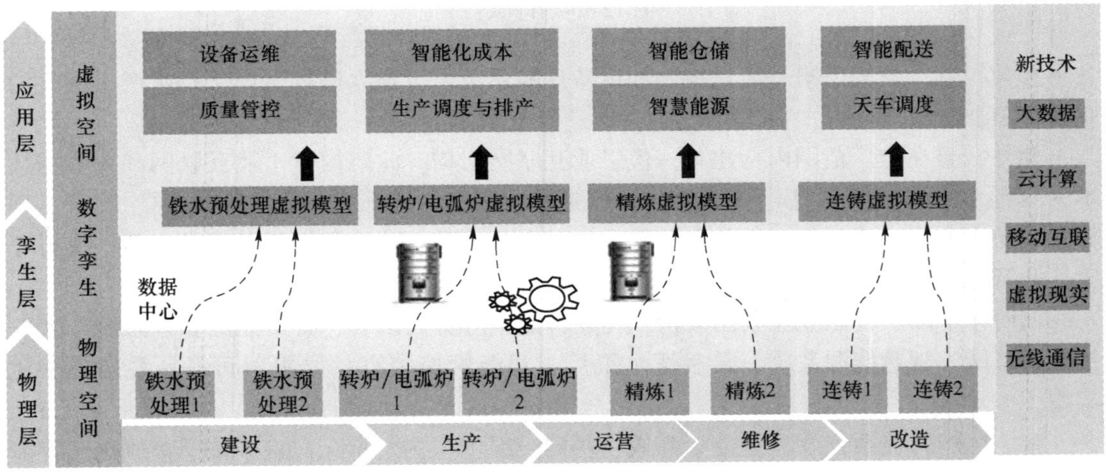

图 12-15 技术架构图

第三级为智能制造级，通过炼钢 MES、大数据分析系统、数字化工厂系统、能源系统等，实现制造过程智能化。主要负责炼钢车间各个业务生产单元的制造执行全过程，从工厂接受产品订单至产品入库整个生产过程的管理，重点是生产管理，是企业信息化和过程自动化之间的核心衔接层。

第二级为过程控制级，是连接生产管理级和基础自动化级的关键控制级，主要实现计划管理、跟踪及数据采集、设定值计算、停机管理和质量管理等功能，是机组控制的有效手段。

第一级为基础自动化级，是直接面向设备的控制级，主要完成各机组的设定值设定、

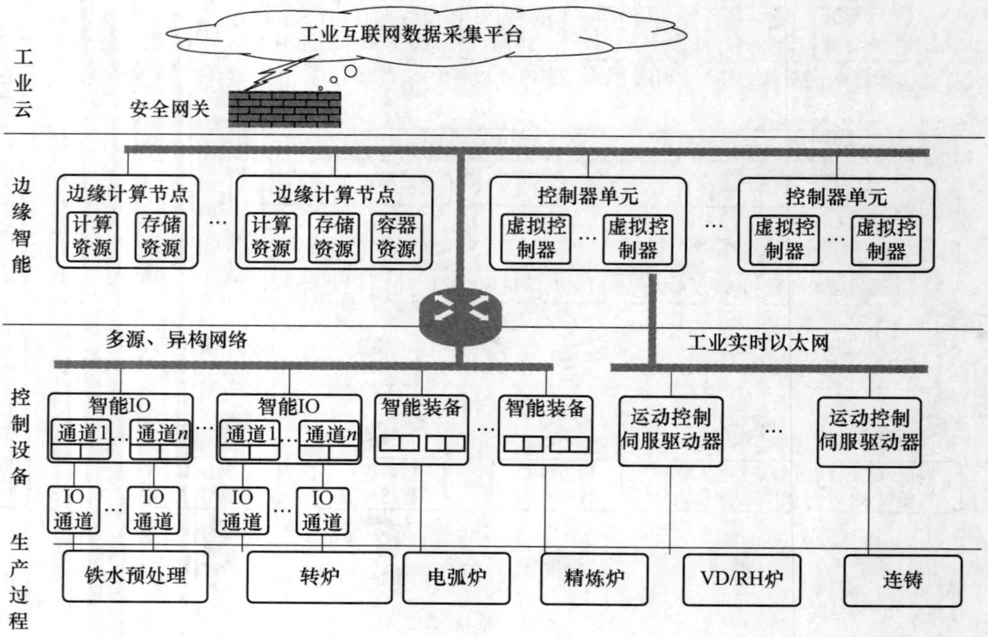

图 12-16 IT 架构图

各项参数控制、数据采集、质量控制和设备诊断系统，可独立进行生产，是生产过程中的重要环节。

此外，要在全厂范围内构建新一代工业互联网架构。此架构以工业互联网和大数据技术为基础，突破传统信息化五级架构，打造数据融合平台，实现生产、能源、物流、环保、设备、安防、质量等全方位业务数据的融合与贯通，消除数据孤岛，搭建新一代智慧工厂和智能制造信息化平台。

同时基于新一代工业互联网架构，构建智能生产管控系统、智慧能源管理系统、大数据分析系统、智慧能源系统、数字孪生工厂、智能管控中心、智能车间等一系列数字化架构。

智能生产管控系统以“智能、高效、协同、绿色”为目标，以扁平化、集成化、智能化为特点，通过工业互联网、数字孪生、虚拟仿真、智能排产和工业大数据实现生产管理的智能化，实现钢铁企业从订单、排产、质量、作业、成本到库存发货的生产全流程智能化管理（图 12-17）。

智慧能源管理系统结合钢铁企业能源管理现状，运用新一代数字化技术、无人值守技术，打造新一代能源管控系统，实现钢铁企业水、电、风、气一体化，无人化管理，结合煤气和电力负荷预测、发电优化控制等动态调度模型，提高能源利用率，实现高效的能源调度管理（图 12-18）。

冶金行业大数据分析平台整合和深度挖掘深层次生产知识、最优操作条件和最佳管控体系，全面应用于钢铁行业的全流程质量分析和管控、智能化设备运维、精细化成本分析、智能排产等方面（图 12-19）。

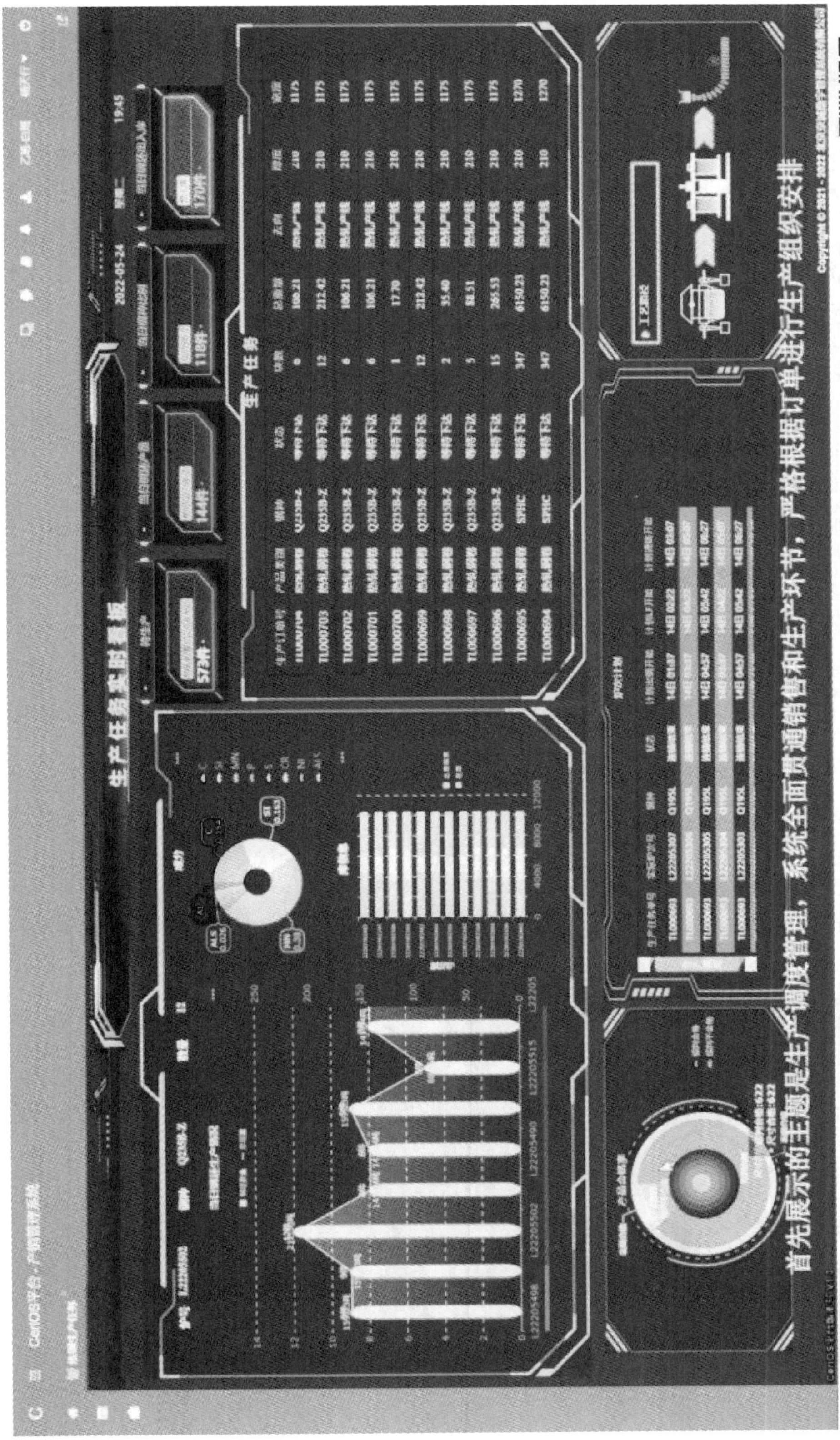

图 12-17 智能生产管控系统

彩色原图

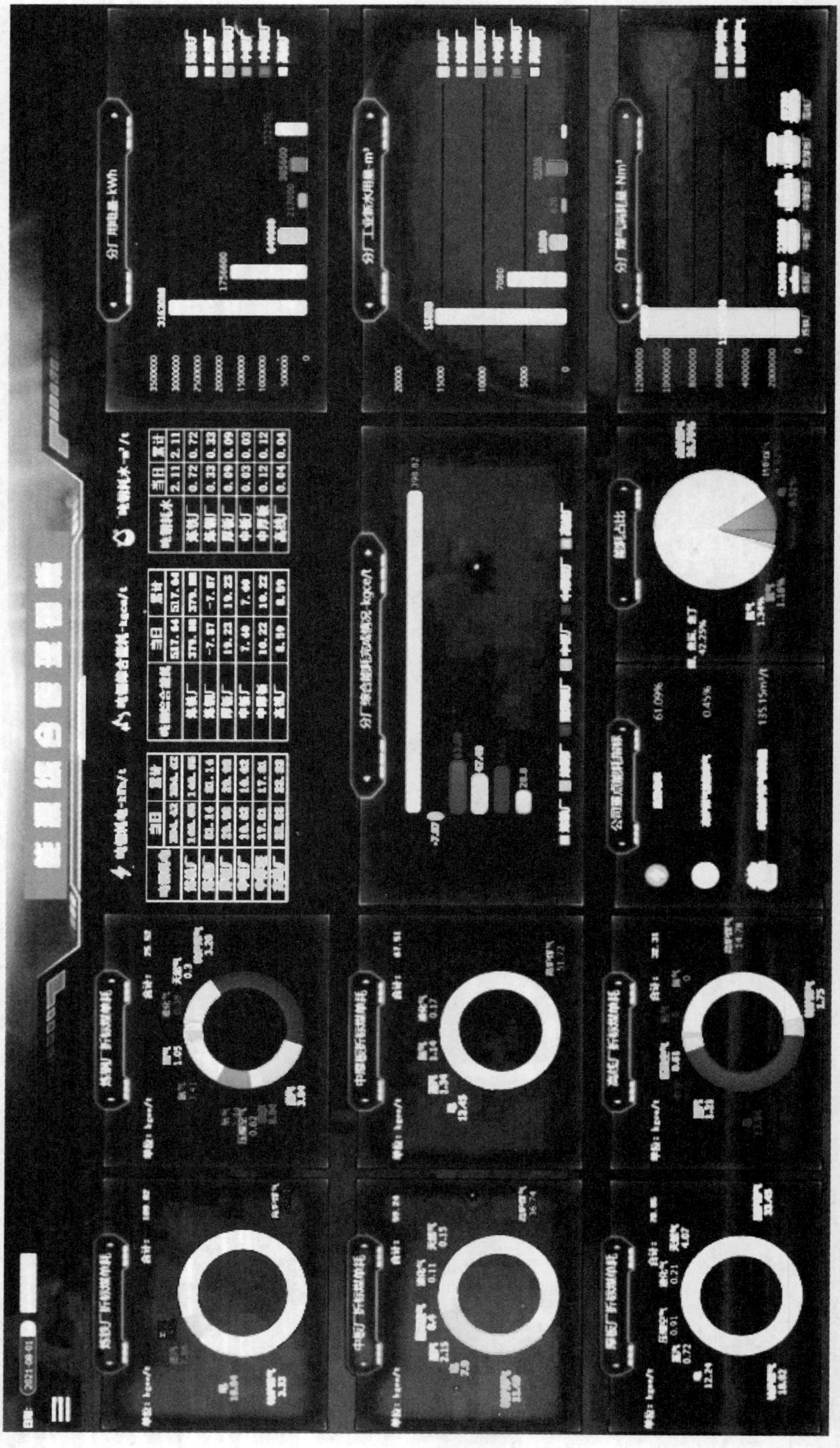

图 12-18 智能能源管理系统

彩色原图

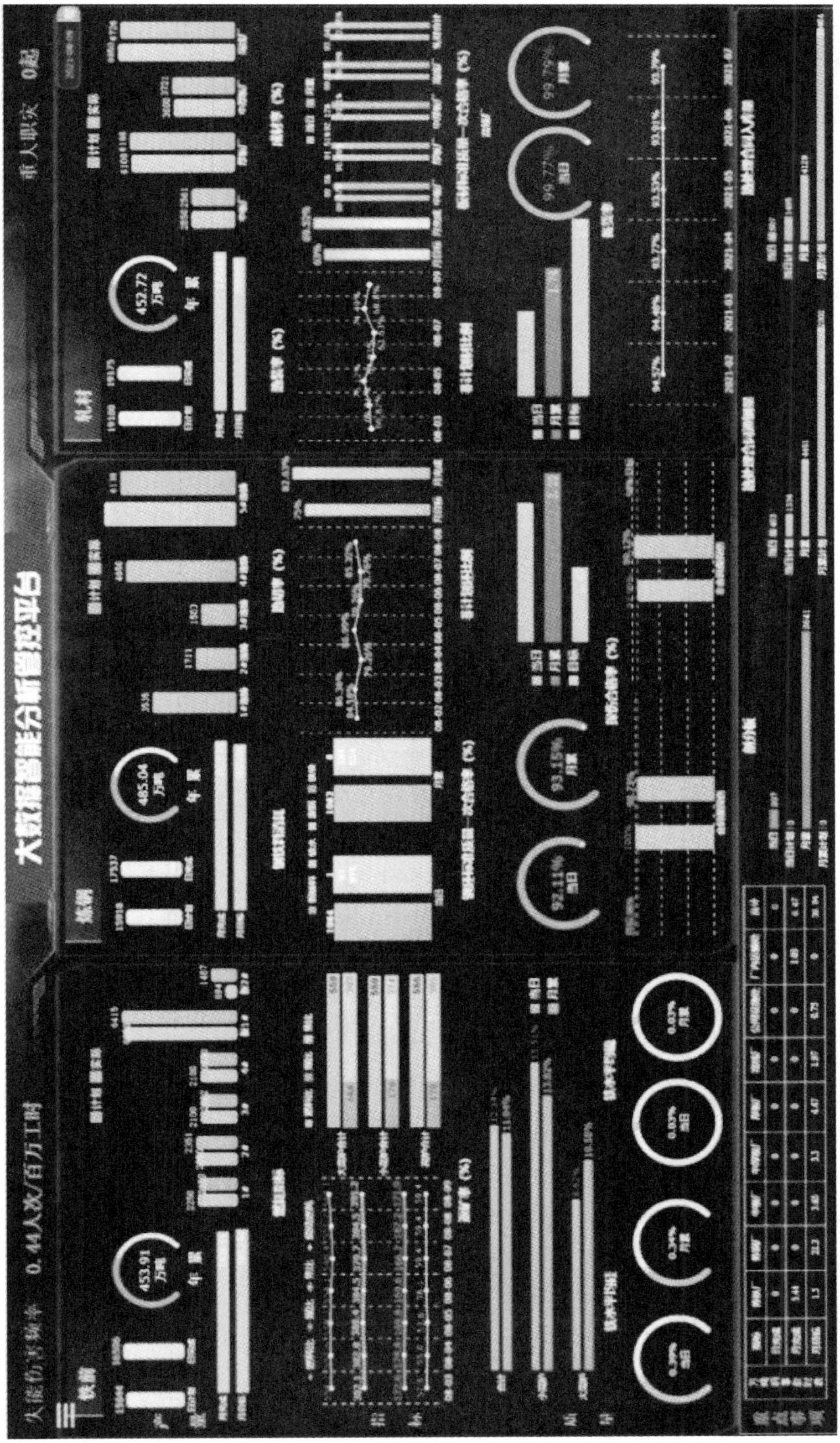

图 12-19 冶金行业大数据分析平台

彩色原图

电弧炉短流程数字孪生工厂可依托 BIM 数字化设计体系，构建了原料处理、炼钢、精炼、连铸和轧钢全流程的数字孪生工厂平台，基于工业互联网平台，在孪生场景中融合订单、生产、能源、环保、物流、安防、质量等全业务流程、全生产要素的数据（图 12-20）。

图 12-20 数字孪生工厂

智能管控中心全流程各工序的集中管理，实现跨部门、跨业务的一体化智慧化运营，通过管控平台，调度人员可以快速掌握全厂生产节奏和实时运行状态，实现多专业协同管控，提高整体管控效率和管理水平（图 12-21）。

图 12-21 智能管控中心

12.2.2 电弧炉工序设计

工序设计主要内容包括功能解析、周期分解、装备选型、界面技术优化、智能化单元。

流程设计为工序设计提出了技术要求，是工序设计的前提和目标，工序设计又是流程设计的基础，在一定程度上影响和决定了流程设计。因此，在确定好设计目标和设计条件后，首先应对核心装备技术进行选型，并对核心工序方案进行设计。然后在核心装备和核心工序方案的基础上开展其他辅助工序的方案设计。对于当代“四位一体”的电弧炉炼钢产线，电弧炉、精炼、连铸和轧钢是核心装备和核心工序。

12.2.2.1 产品大纲

在设计开始时，首先应根据项目所在区域市场的特点确定电弧炉产线的产品大纲，包括钢种、代表钢号及对应年产量，如表12-8所示。

表12-8 炼钢工序产品大纲

序号	钢种	代表钢号	年产铸坯量	年产钢水量	比例/%
			万吨	万吨	
1	普碳钢	Q235	15	15.38	18.75
2	优质碳素结构钢	45、S45C	10	10.26	12.5
3	低合金钢	20MnSi	30	30.77	37.5
4	合金结构钢	40Cr	10	10.26	12.5
5	冷镦钢	ML30	5	5.13	6.25
6	弹簧钢	60Si2Mn	5	5.13	6.25
7	轴承钢	Gr15	5	5.13	6.25
合计			80	82.05	100

12.2.2.2 生产规模

在确定了轧线的产品大纲之后，应根据轧线的特点确定经济合理的生产规模，以充分发挥全流程的生产优势。在设计中应按钢种用表格分别列出各类钢种的年产量。

12.2.2.3 代表钢种化学成分

在设计中应按钢类和钢种，用表格分别列出各钢种的主要化学元素成分要求，同时需列出对气体及夹杂物含量的要求。

12.2.2.4 原材料条件

电弧炉典型的金属原料的化学成分及物理性能如下。

A 废钢

废钢有两大类：一为本厂返回废钢，应按钢种分类堆放；二为外购社会回收废钢，进厂后必须进行分拣，剔除爆炸物、有毒物质、有机物、有色金属件、大块炉渣或泥石，应分批进行成分检验，并根据成分与物理特性分类存放。

废钢中不得含有放射性物质或受过放射性污染的物质，可在废钢场入口增设放射性检测装置进行监测。

废钢中不准有两端封闭的管状物，封闭器皿，易燃、易爆物及有毒物质等。对废钢中的封闭器皿要进行分解；对爆炸物、有毒物品和有色金属要挑拣出来。因此，在配料之前对废钢进行必要的分拣和加工，这样才能确保安全生产和产品质量。

废钢要求不含 Cu、Pb、Sn、As 等有害元素和其他有色金属，不允许混有废铁、合金钢；含有铜的废钢（指含有铜制品或钢中含铜量大于 0.25%的废钢）、硅钢和合金钢等特种成分的废钢与一般废钢应分别保管。常用废钢的典型成分要求见表 12-9。

表 12-9 电弧炉用废钢化学成分要求

元素	C	Si	Mn	P	S	SiO_2
含量/%	0.2~0.3	0.2~0.35	约 0.6	≤0.05	≤0.05	≤1.5

废钢铁表面不得有过量的油脂、土砂、水泥、废木材、耐火材料、炉渣等杂物，不得混有橡胶制品，不得使用混有表面镀锡的废钢，具体要求见表 12-10。

表 12-10 电弧炉用废钢清洁度要求

成分	油脂类	涂料类	泥砂	木屑	水分
含量/%	≤0.002	≤0.005	≤0.5	≤1.0	≤3.0

不同炉型对废钢的尺寸要求也有所差异，大块废钢的断面尺寸、长度和重量三者任一项一般都不得超过表 12-11 的规定。轻型、中型、重型废钢应合理搭配，确保精料入炉，入炉废钢的堆密度应在 $0.7t/m^3$ 左右，以达到最佳的冶炼速度。

表 12-11 不同电弧炉炉型对废钢尺寸的要求

序号	名称	最大尺寸/mm			堆密度/$t \cdot m^{-3}$	最大单重/t
		长度	宽度	厚度		
1	Consteel 电弧炉	≤800	≤600	≤600	平均 0.7	≤0.8
2	竖井电弧炉	≤1200	≤600	≤600	平均 0.7	≤0.5

B 铁水或生铁

生铁与铁水是较纯净的原料，在冶炼对有色金属元素有严格要求控制的钢种时，可配加适当比例的生铁或铁水，以稀释炉料，同时可以降低电耗。

有条件的企业电弧炉可采用部分铁水或生铁为原料。电弧炉兑铁水比例宜为 30%，不宜大于 60%，典型铁水成分见表 12-12。但严禁为电弧炉铁水热装配建专用高炉，铁水运输应满足现行国家标准《炼钢安全规程》（AQ 2001—2018）的有关规定。生铁成分应符合行业标准《炼钢用生铁》（YB/T 5296—2011）的有关规定。

表 12-12 铁水典型化学成分

元素	C	Si	Mn	P	S	T/℃
含量/%	4.3	≤0.5	0.2	≤0.09	≤0.05	≥1250

注：铁水密度 6.8t/m^3。

C 直接还原铁

电弧炉炼钢采用直接还原铁作原料时，应符合行业标准《炼钢用直接还原铁》（YB/T 4170—2008）的有关规定。当直接还原铁用量大于20%时，应设置储存料仓，通过皮带运输系统将还原铁送至电弧炉车间原料跨的高位料仓，再通过机械化加料系统，经连续称量，由炉盖第5孔连续加入电弧炉，其连续加料速度在15~35kg/(min·MW)。直接还原铁（球团）的料仓应设充氮保护系统，以防自燃。表12-13给出了电弧炉用直接还原铁的典型化学成分。

表 12-13 电弧炉用直接还原铁典型化学成分

项目	技术参数
金属化率	≥92%
Fe_{total}	≥89%
$Fe_{metallization}$	≥82%
FeO	≤9%
C	1.5%~2.0%
SiO_2	1.0%~3.5%
Al_2O_3	0.5%~1.5%
MgO	0.3%~1.1%
CaO	0.2%~1.6%
S	≤0.03%
P	≤0.04%
灰分	0.05%
Mn、Cu、Ni、Cr、Mo、Sn、Pb、Zn	痕迹
堆密度	1.7~1.9t/m^3
粒度	球团 5~6mm 热压块约 90mm×30mm×60mm

12.2.2.5 电弧炉辅助材料

A 造渣料

电弧炉冶炼造渣料主要由石灰、白云石及炭粉等组成。石灰应用本厂或邻近区域生产的新鲜的冶金用活性石灰，宜采用皮带机送往主厂房原料跨，焙烧后的石灰在料仓中的储存时间应小于 24h，储存与运输过程中应注意防雨与防潮。石灰成分应符合现行行业标准《冶金石灰》（YB/T 042—2014）的有关规定。

在设计中应分别阐明对石灰、白云石、合成渣和炭粉等造渣料的化学成分、外形尺寸和重量的要求以及供应渠道的确定。

石灰、白云石、萤石及炭粉的典型化学成分及物理性能见表 12-14～表 12-17。

表 12-14　石灰的化学成分及物理性能

成分	粒度/mm	堆密度/$t \cdot m^{-3}$	CaO	SiO_2	P	S	MgO	灼减	H_2O
含量/%	（20～100）±10%	1	≥90	≤2.5	≤0.02	≤0.03	<5	≤4	≤0.5

注：过烧和欠烧率≤10%；活性度≥320（4mol/mL，40±1℃，10min）。

表 12-15　白云石（LBYS）的化学成分及物理性能

成分	粒度/mm	堆密度/$t \cdot m^{-3}$	CaO	MgO	SiO_2	Fe_2O_3	P_2O_5	S	Al_2O_3
含量/%	5～40	1	≥30	≥19	≤3.0	≤1.2	≤0.16	≤0.025	≤0.3

注：欠烧率≤8%。

表 12-16　萤石的化学成分及物理性能

品名	粒度/mm	堆密度/$t \cdot m^{-3}$	成分/%						
			CaO	CaF_2	MgO	SiO_2	S	P	H_2O
萤石	5～40	1.6	≤5.0	≥85	—	≤4	≤0.2	≤0.08	≤0.5

表 12-17　炭粉的化学成分及物理性能

成分	C	S	灰分	湿度	粒度/mm	堆密度/$t \cdot m^{-3}$	磨蚀性
含量/%	≥80	≤0.1	≤8	≤2%重量	1～3mm 0～0.2mm<3% 4～5mm<10%	0.64～0.8	中等

B　石墨电极

石墨电极应符合超高功率石墨电极行业标准，其典型技术性能见表 12-18。

表 12-18　石墨电极要求

项目		单位	直径 610mm
电阻率	电极	μΩ/m	5.0～6.2
	接头		3.8～4.5

续表 12-18

项目		单位	直径 610mm
抗折强度	电极	MPa	≥11
	接头		≥18
弹性模量	电极	GPa	≤14.0
	接头		≤18.0
体积密度	电极	g/cm^3	1.66~1.74
	接头		1.78~1.82
灰分	电极	%	≤0.3
	接头		
热膨胀系数（100~600℃）	电极	10^{-6}/℃	1.2~1.40
	接头		1.0~1.20
每节长度		mm	2400
每节单重		kg	1153

C 铁合金

电炉钢厂应外购合格铁合金料。铁合金的化学成分应符合国家现行有关标准的有关规定，粒度应为 5~50mm。储存中应严格分类保管，并应防止混料和沾水，运输过程中应防雨、防湿，电弧炉车间内不应设铁合金破碎设施。在设计中应分别阐明对铁合金的化学成分、外形尺寸和重量的要求以及供应渠道的确定。

铁合金和散状料用自卸汽车运送到电弧炉车间机械化上料系统的地下受料槽，经皮带运输系统将铁合金和散状料送至高位料仓储存，按冶炼要求再通过加料系统经称量后，由炉盖加入电弧炉和精炼炉。

12.2.2.6 电弧炉选型

当代电弧炉装备选型的基本准则是先进可靠、节能低耗、智能高效和生态环保。

A 电弧炉供电方式的选择

根据供电方式的不同，电弧炉可分为交流电弧炉和直流电弧炉。最早出现的炼钢电弧炉是交流电弧炉，但早期交流电弧炉变压器配置功率低，冶炼周期达到 3h 以上，为了加快炼钢电弧炉的生产节奏，出现了高功率电弧炉，随后为进一步加快冶炼速度又出现了超高功率电弧炉。随着超高功率电弧炉的出现，电弧炉的冶炼周期缩短到 1h 以内，但随着功率的提高，交流电弧炉在生产冶炼过程中出现了电弧稳定性差、产生强烈的电压闪烁、对电网冲击大（尤其不适应电网容量小的 20 世纪 90 年代的中国），同时存在大容量的交流电弧炉变压器制造困难、投资高等问题。因此，具有电压闪烁少、对电网冲击小可适应小容量电网，同时可以并联几个小容量变压器的直流电弧炉技术应运而生。直流电弧炉的技术研究始于 19 世纪 70 年代，但长期以来，由于没有大功率整流设备，而使直流电弧炉的生产、应用受到限制，在百年电弧炉的发展历史中，三相交流电弧炉一直占主导地位。目前广泛应用的三相交流电弧炉仍存在着一系列严重缺点，如功率因数低、电弧稳定性差、对电网冲击大、噪声大、环境污染严重、电极和电能消耗高等。20 世纪 70 年代以来，大功率晶闸管整流装置日趋完善，直流电弧炉重新获得发展。20 世纪 90 年代初，国内陆续引进建设了多座直流电弧炉，例如宝钢电弧炉厂、兴澄特钢、苏州苏兴钢厂等，至今还在生产。

20 世纪 90 年代末，高阻抗超高功率供电技术的出现在一定程度上克服了早期交流电弧炉电弧稳定性差、电极消耗高、电网冲击大的问题，且国内电弧炉大量兑铁水，电耗不断降低，使得直流电弧炉优势逐渐衰减。加上交流电弧炉设备简单、投资低，所以在很长一段时间内国内新建电弧炉多为交流电弧炉。

与交流电弧炉相比，直流电弧炉在电极消耗、熔池搅拌、功率因数、电效率和减少电网冲击方面具有优势，但其电弧比交流电弧炉长，更适宜于顶装料的电弧炉，比如顶部预热废钢的西马克 Sharc 电弧炉，穿井后更易于发挥长弧冶炼的优势。但对于全平熔池冶炼的电弧炉，直流的长电弧则发挥不了作用，需要造更高的泡沫渣进行埋弧冶炼，同时直流的加热区域较小，不利于从侧面加料的全平熔池电弧炉的废钢熔化。

所以对于采用顶装料的电弧炉可以采用直流或交流供电方式，而对于侧面加料的全平熔池电弧炉推荐采用交流供电方式。

当前，传统的三相交流电弧炉技术已经成熟，受限电气特性其发展潜力已近极限，而传统的直流电弧炉也受限于供电整流设备可靠性低等问题。所以，近年来中冶京诚（CERI）、中冶赛迪（CISDI）、Danieli、SMS 等国内外电弧炉技术工程公司正在开发新一代新型电弧炉柔性供电技术。柔性供电装置连接电网，用于将电网的交流进行降压及交流—直流—交流变换，变换后的交流电经所述短网后进入电弧炉的三相电极，在电弧炉内产生电弧电流（图 12-22）。

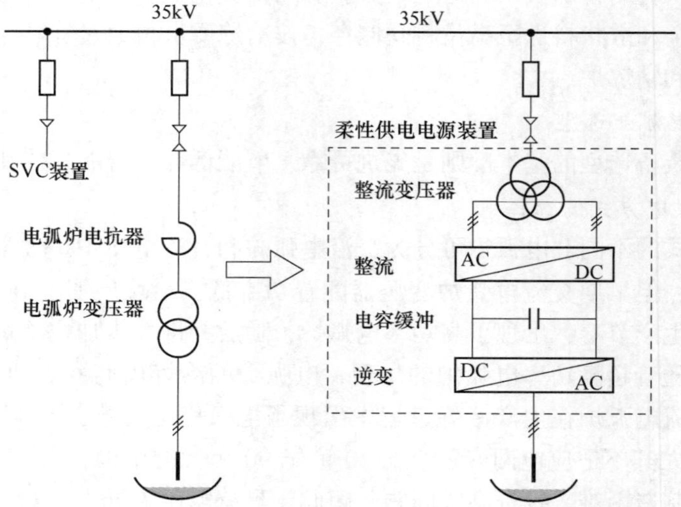

图 12-22 电弧炉柔性供电系统与传统供电系统对比

B 电弧炉装备的选型

近年来，电弧炉在传统炉型的基础上衍变出了多种新炉型，主要有：常规顶装料超高功率电弧炉、Consteel 水平连续加料废钢预热电弧炉、ECS 水平连续加料废钢预热电弧炉、国产水平连续加料废钢预热电弧炉、Primetals-Quantum 竖井废钢预热电弧炉、SPCO-ECOARC 竖井废钢预热电弧炉、SMS-SHARC 双竖井废钢预热直流电弧炉、京诚 CS-Arc 竖井+水平连续加料的电弧炉技术。

以上诸类型电弧炉各具特点，但可主要分为常规顶装料、竖井预热和水平预热三大类。

常规顶装料电弧炉技术成熟，但能耗偏高、噪声大。

新型竖井式电弧炉废钢预热效果好（吨钢电耗不超过 300kW·h），但由于只能采用大批量加料模式，加料时需要提电极停止加热延长了冶炼周期，所以生产效率有待进一步提高。同时，竖井式废钢预热电弧炉设备结构复杂、故障率偏高、对原料要求高。

水平连续加料废钢预热式电弧炉冶炼产生的高温烟气流经废钢输送机的废钢上方，可以预热废钢，从而降低冶炼电耗，预热后的废气经燃烧室进入余热回收系统，过程实现连续加料、连续预热及连续熔化，电弧加热熔池，熔池熔化废钢。水平连续加料废钢预热电弧炉留钢量大（一般 50%以上），冶炼过程中电弧始终在电极与熔池之间进行，电弧稳定，噪声低，同时对电网的冲击较小；水平连续加料电弧炉采用全程泡沫渣埋弧冶炼技术，炉衬寿命长，电极消耗低。经过多年的实践与发展，水平连续加料电弧炉技术日趋成熟，近年来应用最为广泛，运行可靠。多家钢厂的生产实践表明，水平加料电弧炉即使在全废钢的条件下也可实现快节奏的连续稳定生产，冶炼周期可达到 30~36min，但吨钢电耗（330~350kW·h）高于竖井式废钢预热电弧炉。

因此，多年来很多技术人员一直在研究能将竖井和水平连续加料两者结合在一起的炉型。针对这一行业难题，中冶京诚在继承了 Consteel 电弧炉和竖井式废钢预热电弧炉的优点、克服其缺点的基础上，自主开发了 CS-Arc（Continuous Shaft Arc）的新型废钢预热电弧炉技术。该技术主要思路是废钢由上料小车分批装入竖井内，由电弧炉的高温烟气自下而上预热后，经推钢机推入到水平连续加料装置中，然后被连续加入到电弧炉熔池中。可以实现废钢和生铁的竖式连续预热，水平连续加料，全平熔池冶炼，充分回收烟气余热的同时减少烟尘量。此外，该电弧炉还开发柔性供电技术以及二噁英消除、余热回收和超净排放的烟气净化技术，最终实现不开盖、不断电加料、全平熔池冶炼、无烟气辅助升温下的二噁英达标排放余热回收，预期技术吨钢电耗 270~290kW·h。

电弧炉冶炼为了最大程度上满足产量的需要和提高设备的整体技术水平，采用以下先进技术：

（1）采用竖井与水平连续加料复合型废钢预热装置，实现更安全、更节能的废钢连续预热和加料；

（2）采用留钢（50%）操作和不开盖小批量的连续加料技术，实现全程平熔池冶炼，电弧平稳，噪声低；

（3）采用电弧炉炉体（含钢水）称重技术准确控制废钢加入量；

（4）采用全程泡沫渣操作，进行埋弧熔炼；

（5）采用多功能炉壁枪（适应变液面技术）和炉底复吹冶炼技术；

（6）采用偏心炉底无渣出钢技术；

（7）采用电极喷淋及自动接长技术；

（8）采用铜钢复合导电横臂、水冷炉壁和水冷炉盖技术；

（9）采用电弧炉辅原料和铁合金自动化上料及投料系统；

（10）采用电弧炉炉内一次排烟、密闭罩（狗窝）及屋顶罩排烟相结合的全方位烟气处理与捕集的除尘方式；

（11）电弧炉一次高温烟气采用余热锅炉急冷技术，抑制烟气中二噁英的重新合成，同时利用烟气的热能回收蒸汽；

（12）采用电弧炉烟气活性炭喷吹吸附技术，有效去除烟气中残留的二噁英；

（13）采用钢包车上的称重装置准确控制电弧炉的出钢量；

（14）采用自动测温取样技术、出钢口自动填砂技术、出钢口自动清理技术、炉门自动清理技术、电极自动接长等智能化技术；

（15）采用 PLC 控制系统和智能化电极调节系统实现炉体动作和电极调节的可靠操作；

（16）自动化系统采用 HMI 显示、报警、自动记录和打印报表；

（17）先进的冶金模型（供电模型、能量平衡模型、氧气天然气控制模型、喷炭模型、底吹搅拌模型、炉后合金化模型等）实现高效的生产和准确的控制。

12.2.2.7 电弧炉数量及容量的确定

电弧炉的数量一般应该根据生产钢种及后续匹配的连铸机和轧钢产线的数量进行确定。对于普碳钢生产企业，电弧炉数量一般与后续连铸机及轧钢产线数量保持一致，实现炉机一对一匹配，这有利于实现低成本的高效化生产。对于“小批量多品种”优特钢生产企业，连铸机及轧钢产线数量可以多于电弧炉数量，以便于及时调整断面和品种，充分发挥车间的生产能力，同一车间的电弧炉座数一般不宜超过 3 座。

在确定了电弧炉的数量之后，应根据电弧炉年产钢水量和平均冶炼周期确定电弧炉的平均出钢量，计算公式如式（12-2）所示。常规情况下，电弧炉公称容量应为其平均出钢量，并按四舍五入调整为 5 的整数倍。但在钢铁限产的行业背景下，电弧炉年产钢水量及公称容量还应依据产能政策进行折算和确定。电弧炉最大出钢量一般为公称容量的 1.05～1.2 倍。

电弧炉的留钢量应根据炉型及公称容量确定。常规顶装料电弧炉的留钢量一般为公称容量的 15%。带有废钢预热的竖井式电弧炉或是水平连续加料式电弧炉均依靠电弧加热钢水来熔化废钢，其最佳的留钢量应考虑达到最佳的废钢熔化速度，经数值仿真和生产实践证明，此类炉型的最佳留钢量为公称容量的 50%。

电弧炉公称容量及留钢量的确定是下一步电弧炉装备技术设计的基础。

电弧炉的每炉平均出钢量可按下列公式计算：

$$G = \frac{QT}{24 \times 60N} \tag{12-2}$$

$$N = 365 - n_1 - n_2 - n_3 - n_4 \tag{12-3}$$

式中 Q——一台电弧炉年产合格钢水量，t/年，根据全厂金属平衡图进行确定；

G——电弧炉每炉平均出钢量，t/炉；

T——电弧炉平均冶炼周期，min/炉；
N——电弧炉的年有效作业天数，d/a，一般设计取值300～310d；
n_1——年修炉天数，d/a；
n_2——年日常计划检修天数，d/a；
n_3——年车间集中检修天数，d/a；
n_4——年生产耽误天数，d/a。

12.2.2.8 冶炼周期解析

电弧炉的平均冶炼周期与项目条件、连铸浇铸周期、配套装备技术水平和操作技术水平等因素相关。项目条件一般主要包括原料条件、加料方式、操作水平、电网条件及电弧炉变压器的配置水平等。在以连铸为中心的炼钢连铸生产组织中，为了更好地实现电弧炉与连铸机的匹配，充分发挥连铸机的生产能力，其平均冶炼周期与连铸浇铸周期存在以下关系：

$$T_{电炉} = K(T_{浇铸} + T_{准备}/N) \tag{12-4}$$

式中 $T_{浇铸}$——单炉钢水浇铸完的周期，min；
$T_{准备}$——连铸机准备时间，小方坯一般为30～40min，板坯50～60min，大断面方坯或圆坯90～100min；
N——连浇炉数，普钢40～50炉，优特钢6～12炉；
K——炉机匹配系数，若1台电弧炉向1台连铸机供应钢水，则$K=1$，多适用于普钢企业，若2台电弧炉向1台连铸机供应钢水，则$K=2$，若1台电弧炉向2台连铸机供应钢水，则$K=1/2$，多适用于优特钢企业。

电弧炉装备技术水平的提升对电弧炉平均冶炼周期也有着重要的影响，例如大容量电弧炉变压器制造技术以及不开盖水平连续加料及预热技术的提升，已大幅促进了电弧炉冶炼周期的缩短。

电弧炉冶炼周期的确定还应了解各炉型实际生产中所能达到的水平，了解其限制环节并加以优化提升。目前在实际生产中，随着不开盖连续加料、超高功率供电及复合吹炼技术的应用，在100%废钢或废钢+铁水的原料条件下，电弧炉每炉钢平均冶炼时间已经可以达到不超过32min，具体分解见表12-19。

表12-19 电弧炉冶炼周期分解表 (min)

项目	冶炼时间
冶炼准备（灌砂、回倾、调整电极等）	3
连续加料及通电熔化	21
熔清脱磷、脱碳及升温	6
出钢	2
合计	32

12.2.2.9 电弧炉主要技术参数

初步设计过程中须对电弧炉、精炼炉、连铸和起重机等各主要工艺及配套设备的关键技术参数和设备数量进行计算和确定，为下一步订货奠定基础。下面以电弧炉为例进行说明。

电弧炉的公称容量、留钢量和泡沫渣高度决定了电弧炉的炉壳直径，一般通过计算钢水的容积、钢水液面直径和熔池深度比以及泡沫渣埋弧高度来确定。表 12-20 给出了常规 EBT 偏心底出钢的电弧炉公称容量和电弧炉炉壳直径的对应关系。根据电弧炉装备行业通识，电弧炉炉壳直径是指下炉壳圆桶部分的钢板内侧弧的直径。

电弧炉变压器是电弧炉主电路的核心组成部分，其他组成部分的设计参数基本上是以它为中心而确定的，因此电弧炉主电路设计的第一步是确定变压器容量。

大容量变压器可大幅缩短冶炼周期，电弧炉的冶炼周期越短热损失越低，热效率越高，其节能效果更明显，因此根据电弧炉公称容量可配置较大的变压器以尽可能缩短冶炼周期。

目前新建电弧炉均属于超高功率电弧炉，其配置的变压器吨钢单位功率水平一般在 600~1000kV · A。一些不带废钢预热的电弧炉，其变压器功率水平甚至高达 1200kV · A/t。对带有全废钢预热技术的电弧炉，或采用铁水热装工艺的电弧炉，因吨钢电耗可降低 30~100kW · h，故变压器功率水平同比要低些。对于全废钢无预热冶炼的电弧炉，其变压器功率水平同比可偏上限进行选配。

电弧炉容量与炉壳直径、变压器额定功率的配置关系可按表 12-20 的相关数据进行选取。

表 12-20 电弧炉容量与炉壳直径、变压器额定功率的配置关系[2]

电弧炉公称容量/t	电弧炉炉壳直径/mm	变压器额定容量/MV · A
50	4800~5300	30~50
60	5200~5500	35~60
70	5600~5900	45~70
80	5800~6200	50~80
90	6100~6400	55~90
100	6300~6600	60~100
120	6500~6800	72~120
150	7000~7400	90~140
180	7600~7900	160~180
200	7900~8200	180~200
220	8200~8500	200~220
250	8500~8800	220~240
300	8800~9100	240~260
320	9100~9400	250~270
350	9500~9800	260~290

在设计过程中，电弧炉变压器的额定容量可根据电弧炉在废钢熔化期所需的最大功率进行计算确定，而不是通过整个通电时间的平均功率进行确定，其计算公式和参数如下：

$$P=\frac{60WG}{\eta t\cos\varphi} \tag{12-5}$$

式中 P——变压器额定功率，即电弧炉熔化期所需的最大功率，kV·A；

W——燃料折热量，MJ/kgce；

G——电弧炉公称容量，t；

t——电弧炉熔化期通电时间，min，根据冶炼周期和断电时间综合确定；

$\cos\varphi$——功率因数，0.7~0.85 范围内，电弧比较稳定；

η——效率因数（可取 1），因为根据能量平衡模型计算的熔化期的吨钢电耗时已将电和热效率计算在内，因此可取 1。

12.3 原料及各系统设计

12.3.1 废钢准备及供应

根据废钢来源和质量情况，应对入厂废钢进行必要加工处理，包括废钢分拣（人工或机械剔除有色金属和易爆炸物）、火焰切割、机械剪切、打包和破碎。废钢堆场面积可按满足 1~2 个月废钢用量进行设计。

除废钢堆场外，通常在独立的或与主厂房毗连的厂房内设封闭的废钢配料间，其面积应满足 3~10d 用量（具体依据总图面积确定），其内应设废钢计量设施，积极采用智能化废钢分拣和配料技术。其区域配置和料格（或料坑）布置应满足对废钢按种类（合金废钢、高碳钢、中碳钢、低碳钢、渣钢）和规格（重废钢、中废钢、轻废钢、轻薄料、钢屑）严格进行分类堆存的要求。在设计中应阐明废钢料格布置、废钢的供应方案、配料操作，并用表格列出设备组成及其主要参数。

传统顶装料电弧炉采用料篮顶加料的方式，通过地面轨道，废钢料篮运输车可承载着废钢料篮往来于废钢配料间与主厂房电弧炉跨之间，废钢配料间内用磁盘吊车向料篮内装料，废钢重量由料篮车上的电子秤显示。一般 1 座电弧炉需配置 2 条废钢料篮运输车线。

对于当代快节奏的水平加料电弧炉而言，要求废钢快速配料和加入，设置专用废钢配料间，并采用足够数量的天车分工流水作业，同时地面采用一定数量的抓钢机、铲车、链板机等设备配合进行废钢的卸车、堆料、配料等作业，链板机将废钢连续转运至水平振动给料装置中，然后水平振动给料装置将废钢通过炉壁侧孔连续小批量加入炉内，全程不开盖，减少了热量损失和加料时间，提高了电弧炉的生产效率和热效率。

12.3.2 耐火材料及电极供应

耐火材料、电极由耐火材料库用汽车运入电弧炉跨或精炼跨。待用电极存放于电弧炉平台与 LF 平台的电极接长站。

12.3.3 散状材料供应系统

对于用于造渣和合金化的散状料系统，在设计中应阐明散状料名称、储存量、储存时间、系统组成（包括上料系统和投料系统）、布置情况、操作过程，并用表格列出设备组成及其主要参数。

活性石灰与轻烧白云石，由本厂石灰焙烧车间用汽车运入电弧炉车间原料跨。其他散状料均由原料场、铁合金库用汽车运入电弧炉车间原料跨。运入原料跨的材料，可以用垂直胶带运输机和水平胶带运输机，将料加入储仓。当采用比例较大的直接还原铁为炉料时，则需要设从储存间到电弧炉原料跨的胶带转运系统。

12.3.4 炉渣系统

渣处理系统应说明电弧炉渣、精炼渣、铸余渣等的特性、处理量、处理方式等内容。

随着清洁生产的有序推进，当前电弧炉多采用炉下渣罐出渣，配以电动渣罐车或抱罐车转运渣罐。以前的炉下热泼渣的方式应用越来越少。

如果采用渣罐出渣，须设置炉下渣罐车或抱罐车往来于电弧炉炉下和邻近的中间渣场进行炉渣转运。中间渣场配置浇铸吊车以吊运、倾翻渣罐。如果采用炉下直接热泼工艺，炉下热设区应设置铸铁板围挡结构，并配置铲车、喷水设施、运输卡车，热泼后的炉渣直接装车外运。

电弧炉炼钢工程应设置炉渣处理间，采用全封闭厂房。炉渣处理可采用固体渣坑式喷水热焖粉化方式，也可采用辊压破碎罐焖方式、固体渣滚筒处理方式等。

电弧炉渣量与造渣料质量有关，一般为80~120kg/t，渣中带有一定数量的废钢，应予回收，炉渣本身也应尽可能回收利用。对电弧炉冶炼中产生的废渣、废钢、废砖、废电极和炉尘，应积极创造条件回收利用，可自建二次渣处理线或外委进行炉渣的二次破碎、筛分。

12.3.5 砌炉工序

砌炉是指砌筑电弧炉的耐火材料内衬。电弧炉砌炉有两种方式：一是直接在炉座上进行，简称在线修炉，其好处是不必配备用炉壳，不必加大电弧炉跨的吊车能力，少占面积，降低投资，缺点是电弧炉的作业率有所降低；二是将下炉壳吊下，在地面上进行修理，简称离线修炉，优缺点正好与前者相反。随着对电弧炉年产量的要求越来越高，离线修炉已成为大多数厂家的选择。

在设计中应阐明修炉区的布置和生产流程，并用表格列出设备组成及其主要参数。

12.3.6 钢包准备系统

钢包准备包括热修包、冷修包、烘烤及砌全新钢包四部分。热修包在每炉钢浇铸完毕后进行，倒出铸余渣以后，将钢包清理干净，检查水口与透气塞，必要时予以更换，并对滑动水口机械进行试验。当钢包衬砖损坏到一定程度时，就要更换工作层衬砖，称为冷修包，待钢包冷却后，用拆包机拆除工作层，然后在修包坑砌筑新的工作层。烘烤包括新砌钢包砖衬的干燥与烘烤以及热周转钢包的升温烘烤。全新包砌筑时首先检查钢包包壳是否有开裂、耳轴处是否安全、包底结构件是否完好，焊好钢包包沿；放正钢包，然后处理包壳内部杂物和铁锈层，按规定沿钢包包壁四周粘贴约 100cm 高绝热保温板；下好预留胎具，浇铸包底永久层浇注料捣实至达设计高度，停留 2h 后将包底找平，停留 8h 后拔出胎具，可继续施工；按设计要求砌筑包底，四周预留永久层浇筑规定距离；置入水口座砖和透气座砖，砌砖包底工作层砖，浇筑专用浇注料填实座砖和包底砖预留缝隙；浇筑永久层浇注料并捣实；随着工作层砌筑高度的增加，要求始终保持粘贴绝热保温板高于砌筑工作层 100cm 左右；包底砌筑完成后，找平包底四周，预留永久层浇筑规定距离，砌筑钢包壁镁碳砖；砌筑包壁工作层砖要求平、紧、严，层与层之间要错缝砌筑；工作层砖每砌筑 4~5 层，浇筑永久层浇注料并捣实；当高度达到渣线位置时，改砌渣线镁碳砖，重复永久层砌筑操作；达到接近包沿高度时，按设计要求浇筑包沿料。

一座超高功率电弧炉一般配备两个卧式钢包烘烤器和两个立式钢包烘烤器，立式烘烤器一个用于干燥，一个设在出钢线上，用于出钢前钢包的升温烘烤。

在设计中应阐明修包区的布置和生产流程，以及钢包数量的计算，并用表格列出设备组成及其主要参数。

12.3.7 钢水浇铸系统

钢水全部由连铸机浇铸，特殊情况下可采用小车铸模铸系统。

12.3.8 起重机系统

起重机系统是当前电弧炉炼钢车间中主要的转运设备，其选型配置和布置情况是否合理直接关系着车间生产能否安全高效运行。所以，在设计中应阐明各起重机的主要功能、作业周期、吨位计算、轨面标高计算、操作过程、作业区域、作业率和数量计算，并用表格列出主要技术参数，绘制车间起重机分布图。

炼钢起重机一般属于特种安全设备，其设计选型应符合国家相关安全规程的规定。根据《炼钢安全规程》（AQ 2001—2018）第 8.4.4 条：炼钢车间铁水、钢水或液渣，应使用铸造起重机，铸造起重机额定能力应符合 GB 50439—2015 的规定。根据《高温熔融金属吊运安全规程》（AQ 7011—2018）第 6.1.2 条：炼钢企业吊运铁水、钢水或液渣，应使用带有固定龙门钩的铸造起重机，铸造起重机额定能力应符合 GB 50439—2015 的规定。表 12-21 列出了实际设计过中不同容量电炉钢包满包吊运的铸造起重机能力，供读者参考。

表 12-21 不同容量电炉钢包满包吊运的铸造起重机能力 (t)

项目	参数				
电弧炉公称容量	50	70	100	120	150
电弧炉平均出钢量	50	70	100	120	150
电弧炉最大出钢量	60	84	108	144	180
钢包容量	60	85	110	150	180
浇铸起重机	125/32/5	140/40/10	180/63/20	225/63/20	280/80/20

注：表中浇铸起重机按行业现行系列考虑，在确定主钩起重能力要求时按真空精炼包的重量（估算）考虑。

12.3.9 检化验系统

钢水的检验项目主要为钢水化学成分检测及炉渣化学组分检测。

12.3.9.1 钢水化学成分检测

可采用光电直读光谱法、红外碳硫分析法进行快速检测，能够检测的元素包括 C、Si、Mn、P、S、Ni、Cr、Mo、Cu、Al、V、Ti、Nb、W、Co、B、Ca、Zr、Pb、Sn、As、Sb、Bi、Zn 等。钢水中气体元素 O、N、H 含量的检测可采用氧氮氢联测仪。检测设备如图 12-23~图 12-25 所示。

图 12-23 光电直读光谱仪

图 12-24 红外碳硫分析仪

12.3.9.2 炉渣化学组分检测

电弧炉渣的组分检测采用 X 射线荧光光谱法（XRF）和化学分析法等。检测的项目包括 TFe、FeO、Fe_2O_3、S、CaO、MgO、SiO_2、MnO、TiO_2、P_2O_5、F、Al_2O_3 等。

图 12-25 氧氮氢联测仪

12.4 工艺流程及产线设计

12.4.1 结构钢、工具钢

工艺流程：装料→电弧炉→LF→VD→连铸机或模铸。

经 LF 处理后，钢中氢含量可降到不超过 4ppm，氮含量可降到不超过 60ppm。对于对氢和氮比较敏感的钢种，在 LF 处理后，再经 VD 处理，钢中氢含量可降到不超过 2ppm，氮含量可降到不超过 40ppm。

12.4.2 不锈钢、耐热钢、特种合金

工艺流程：装料→电弧炉→AOD→VOD→连铸机或模铸。

二步法：经 AOD 精炼后，钢中碳含量可降到约 0.05%。

三步法：对于超低碳、超低氮和超纯铁素体的钢种，在 AOD 精炼后，再经 VOD 处理，使钢中碳含量可降到小于 0.05%，C+N<150ppm，H≤2ppm。

12.4.3 电弧炉—CSP 薄板坯连铸轧生产线

例：珠江钢厂 150t 电弧炉车间

一期：炼钢车间内设 1 座 150t 交流竖式电弧炉、1 座 150t LF，年产 82 万吨合格钢水、80 万吨合格薄板坯，品种为碳素结构钢、低碳深冲钢和低合金结构钢。电弧炉和 LF 引进奥地利 VAI 公司技术。该车间于 1999 年 8 月投产。工艺流程：装料→电弧炉→LF→连铸机。

二期：炼钢车间内设 1 座 150t 交流电弧炉、1 座 150t LF、1 座 150t 双工位 VOD/VD，年产 100 万吨合格钢水、96 万吨合格薄板坯，品种为碳素结构钢、低碳深冲钢、低合金结构钢、集装箱用钢、汽车大梁钢、管线钢、高强耐候钢和不锈钢。电弧炉、LF 和 VOD/VD 引进意大利 Danieli 公司技术。该车间于 2003 年 3 月投产。工艺流程：装料→电弧炉→LF→VOD/VD→连铸机，约 30%的钢水需经 VOD/VD 处理。

主要工艺特点：采用 DRI，降低成本；一期采用废钢预热技术，降低能耗；采用炉壁烧嘴，强化冶炼；LF 在线布置，节省厂房面积。

车间主要技术经济指标见表 12-22，车间布置见图 12-26。

表 12-22 珠江钢厂 150t 电弧炉主要技术经济指标

序号	项目	单位	珠江钢厂 150t 电弧炉
1	电弧炉钢铁料配比		60%DRI+40%废钢
2	电弧炉座数	座	一期：1（交流竖炉）；二期：1（交流炉）
3	电弧炉公称容量	t	150
4	电弧炉平均出钢量	t	150
5	电弧炉最大出钢量	t	180
6	电弧炉变压器容量	MV · A	120
7	电弧炉冶炼周期	min	60
8	电弧炉炉壳直径	mm	ϕ7000
9	电弧炉电极直径	mm	ϕ610
10	LF 座数	座	一期：1；二期：1
11	LF 平均处理钢水量	t	150
12	LF 最大处理钢水量	t	180
13	LF 变压器容量	MV · A	24

续表 12-22

序号	项目	单位	珠江钢厂 150t 电弧炉
14	LF 处理周期	min	50
15	LF 电极直径	mm	ϕ450
16	LF 升温速度	℃/min	4
17	VOD/VD 座数	座	二期：1（双工位）
18	VOD/VD 平均处理钢水量	t	150
19	VOD/VD 最大处理钢水量	t	180
20	VOD/VD 处理周期	min	45
21	VOD/VD 抽气能力	kg/h	450
22	VOD/VD 极限真空度	Pa	35
23	电弧炉年产钢水量	万吨	一期：82；二期：100
24	LF 年产钢水量	万吨	一期：82；二期：100
25	VOD//VD 年产钢水量	万吨	二期：30

12.4.4 电弧炉—中板生产线

例 1：上钢三厂 100t 电弧炉车间

炼钢车间内设 2 座 100t 直流电弧炉、2 座 100t LF、1 座 100t 双工位 VD，年产 84.2106 万吨合格钢水、75 万吨合格板坯、5 万吨合格钢锭，品种为碳素结构钢、锅炉钢、船板钢、舰艇用钢、压力容器钢、汽车大梁钢、低合金结构钢、工程机械用钢、石油化工用钢、电站用钢、石油管线用钢和海洋平台用钢。电弧炉引进瑞典 ABB 公司技术，LF 和 VD 选用西安电弧炉研究所技术。该车间于 1995 年 10 月投产。工艺流程：装料→电弧炉→LF→VD→连铸机或模铸，约 40%的钢水需经 VD 处理。

主要工艺特点：采用直流供电技术，使生产平稳；LF 在线布置、无原料跨，节省厂房面积。

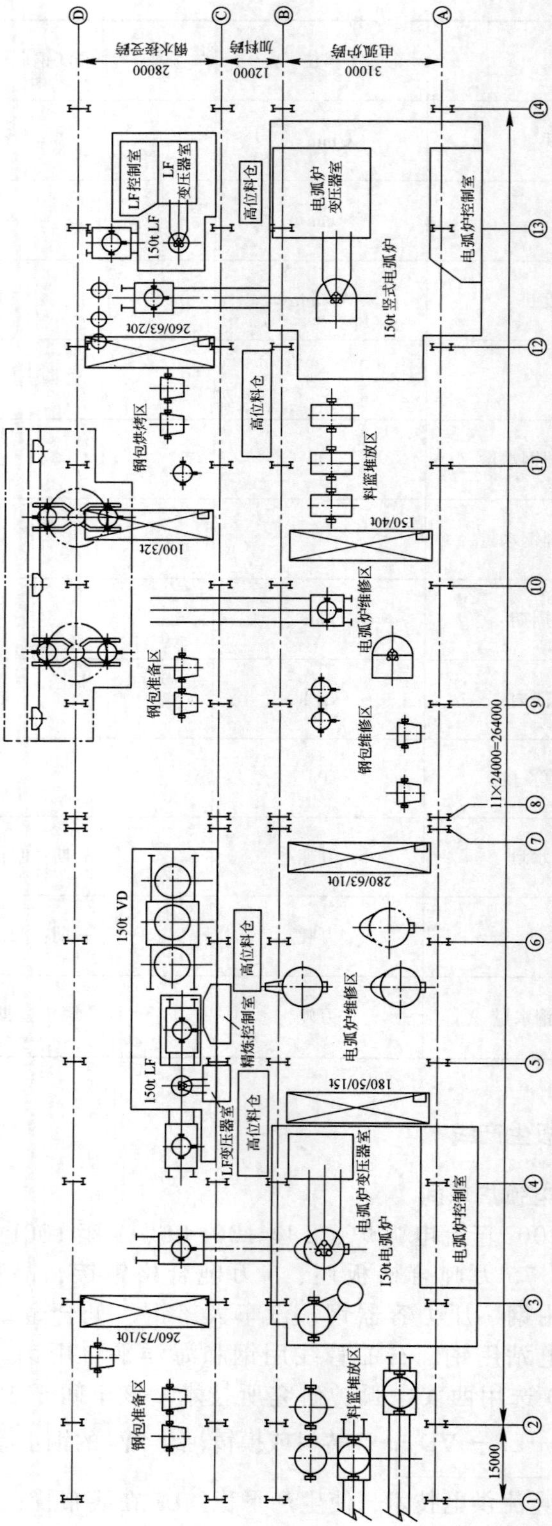

图12-26 珠江钢厂150t电弧炉车间布置图

车间主要技术经济指标见表12-23，车间布置见图12-27。

表12-23 上钢三厂100t电弧炉主要技术经济指标

序号	项目	单位	上钢三厂100t电弧炉
1	电弧炉钢铁料配比		90%废钢+10%生铁
2	电弧炉座数	座	2（直流炉）
3	电弧炉公称容量	t	100
4	电弧炉平均出钢量	t	100
5	电弧炉最大出钢量	t	115
6	电弧炉变压器容量	MV·A	71.1
7	电弧炉冶炼周期	min	95
8	电弧炉炉壳直径	mm	ϕ6500
9	电弧炉电极直径	mm	ϕ710
10	LF座数	座	2
11	LF平均处理钢水量	t	100
12	LF最大处理钢水量	t	115
13	LF变压器容量	MV·A	16
14	LF处理周期	min	45
15	LF电极直径	mm	ϕ450
16	LF升温速度	℃/min	4
17	VD座数	座	1（双工位）
18	VD平均处理钢水量	t	100
19	VD最大处理钢水量	t	115
20	VD处理周期	min	35
21	VD抽气能力	kg/h	400
22	VD极限真空度	Pa	20
23	电弧炉年产钢水量	万吨	84.2106
24	LF年产钢水量	万吨	84.2106
25	VD年产钢水量	万吨	33.6844

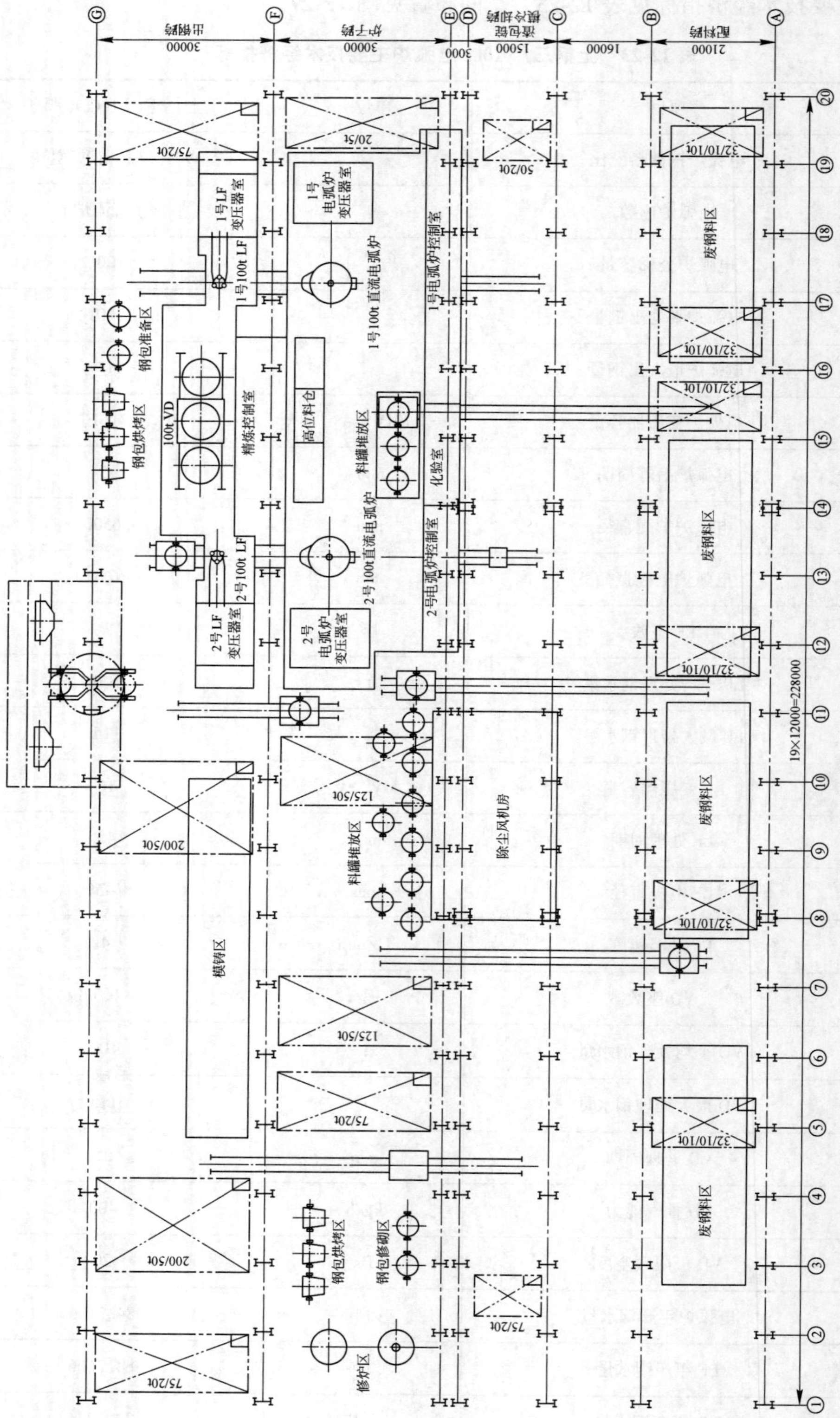

图12-27 上钢三厂100t电弧炉车间布置图

例 2：安阳钢厂 100t 电弧炉车间

炼钢车间内设 1 座 100t 交流竖式电弧炉、1 座 100t LF、1 座 100t VD，年产 68.85 万吨合格钢水、67 万吨合格板坯，品种为碳素结构钢、锅炉钢、船板钢、压力容器钢、汽车大梁钢、低合金结构钢和桥梁钢。电弧炉和 LF 引进奥地利 VAI 公司技术，VD 引进意大利 Danieli 公司技术。该车间于 1999 年 11 月投产。工艺流程：装料→电弧炉→LF→VD→连铸机，约 40%的钢水需经 VD 处理。

主要工艺特点：采用热装铁水，降低能耗；采用废钢预热技术，降低能耗；采用炉壁烧嘴，强化冶炼。

车间主要技术经济指标见表 12-24，车间布置见图 12-28。

表 12-24 安阳钢厂 100t 电弧炉主要技术经济指标

序号	项目	单位	安阳钢厂 100t 电弧炉
1	电弧炉钢铁料配比		65%废钢+35%铁水
2	电弧炉座数	座	1（交流竖炉）
3	电弧炉公称容量	t	100
4	电弧炉平均出钢量	t	100
5	电弧炉最大出钢量	t	125
6	电弧炉变压器容量	MV·A	72
7	电弧炉冶炼周期	min	49
8	电弧炉炉壳直径	mm	ϕ6400
9	电弧炉电极直径	mm	ϕ610
10	LF 座数	座	1
11	LF 平均处理钢水量	t	100
12	LF 最大处理钢水量	t	125
13	LF 变压器容量	MV·A	18
14	LF 处理周期	min	40
15	LF 电极直径	mm	ϕ450
16	LF 升温速度	℃/min	4
17	VD 座数	座	1
18	VD 平均处理钢水量	t	100
19	VD 最大处理钢水量	t	125
20	VD 处理周期	min	40
21	VD 抽气能力	kg/h	300

续表 12-24

序号	项目	单位	安阳钢厂 100t 电弧炉
22	VD 极限真空度	Pa	20
23	电弧炉年产钢水量	万吨	68.85
24	LF 年产钢水量	万吨	68.85
25	VD 年产钢水量	万吨	27.54

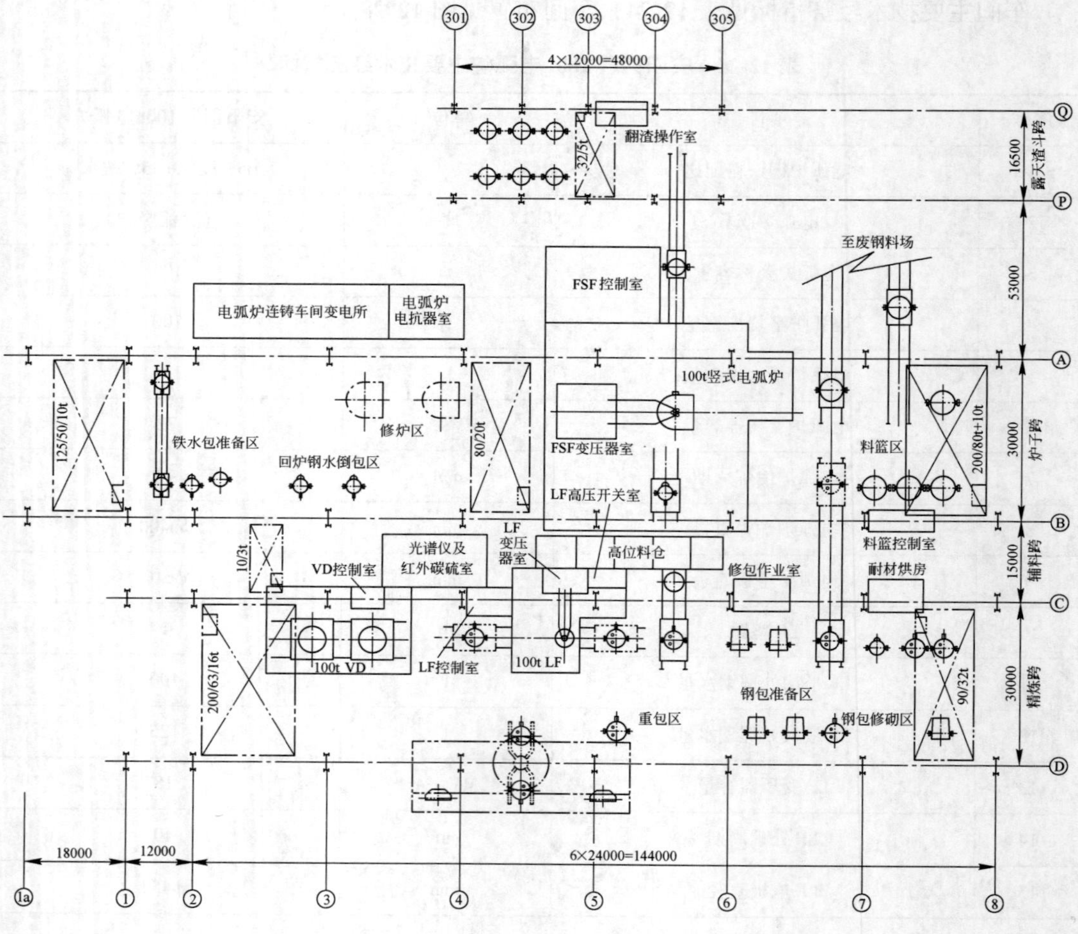

图 12-28 安阳钢厂 100t 电弧炉车间布置图

12.4.5 电弧炉—线棒材生产线

例 1：宝钢总厂 150t 电弧炉车间

炼钢车间内设 1 座 150t 直流双壳电弧炉、1 座 150t LF、1 座 150t VD，年产 100 万吨合格钢水、96 万吨合格圆坯，品种为油井管钢、锅炉管钢、弹簧钢、焊条钢、冷镦钢、低合金结构钢、预应力钢筋钢、高碳硬线钢和轮胎钢丝钢。电弧炉引进法国 Clecim 公司技术，LF 和 VD 引进意大利 Danieli 公司技术。该车间于 1996 年 12 月投产。工艺流程：装料→电弧炉→LF→VD→连铸机，约 62.6%的钢水需经 VD 处理。

主要工艺特点：采用热装铁水，降低能耗；采用直流供电技术，使生产平稳；废钢地坑式受料，无轨道运输线，节省投资。

车间主要技术经济指标见表 12-25，车间布置见图 12-29。

表 12-25 宝钢总厂 150t 电弧炉主要技术经济指标

序号	项目	单位	宝钢总厂 150t 电弧炉
1	电弧炉钢铁料配比		70%废钢+30%铁水
2	电弧炉座数	座	1（直流双壳炉）
3	电弧炉公称容量	t	150
4	电弧炉平均出钢量	t	150
5	电弧炉最大出钢量	t	160
6	电弧炉变压器容量	MV·A	99
7	电弧炉冶炼周期	min	60
8	电弧炉炉壳直径	mm	ϕ7300
9	电弧炉电极直径	mm	ϕ710
10	LF 座数	座	1
11	LF 平均处理钢水量	t	150
12	LF 最大处理钢水量	t	160
13	LF 变压器容量	MV·A	22
14	LF 处理周期	min	52
15	LF 电极直径	mm	ϕ450
16	LF 升温速度	℃/min	4
17	VD 座数	座	1
18	VD 平均处理钢水量	t	150
19	VD 最大处理钢水量	t	160
20	VD 处理周期	min	50
21	VD 抽气能力	kg/h	300
22	VD 极限真空度	Pa	20
23	电弧炉年产钢水量	万吨	100
24	LF 年产钢水量	万吨	100
25	VD 年产钢水量	万吨	62.6

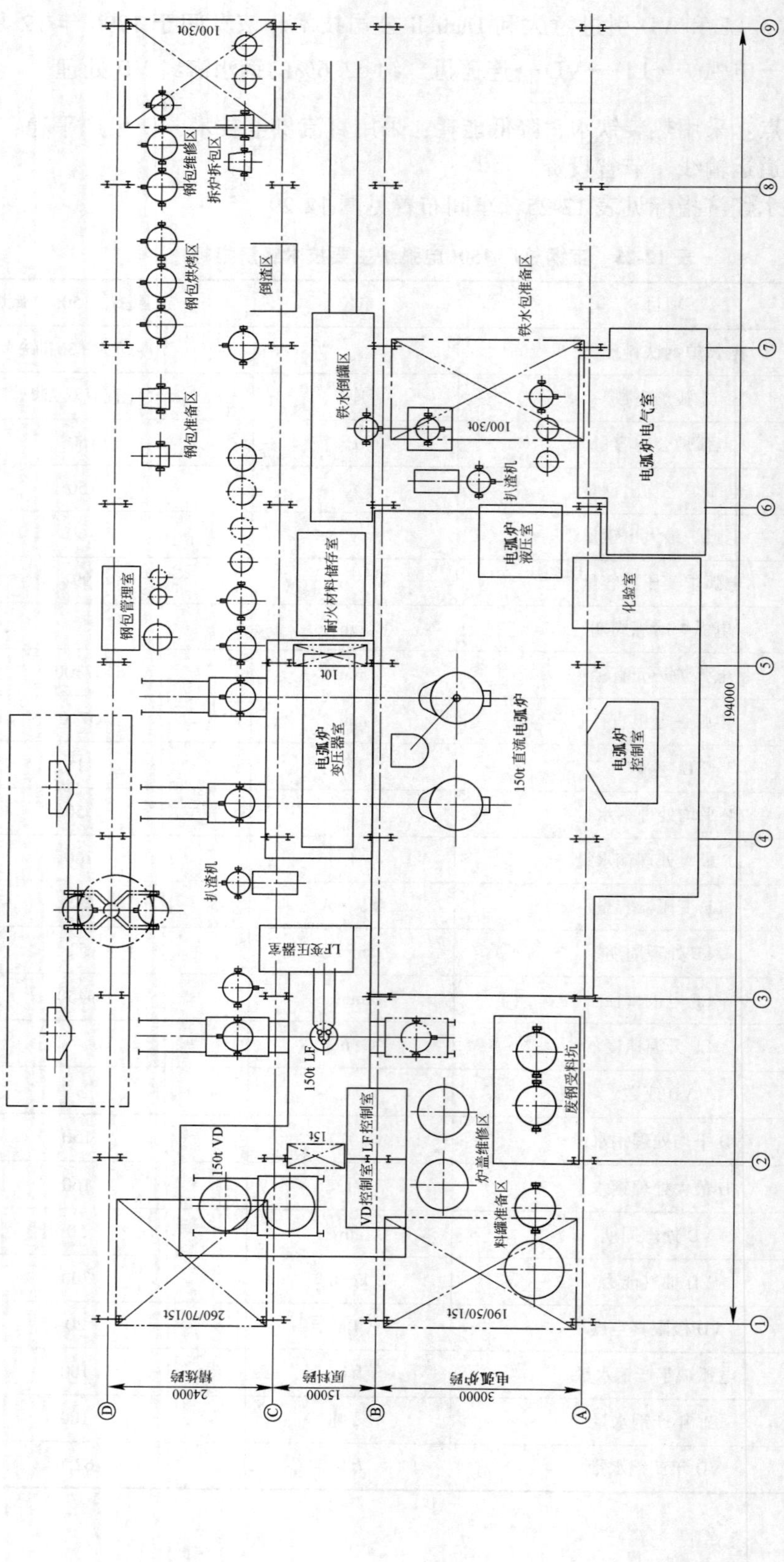

图12-29 宝钢总厂150t电弧炉车间布置图

例 2：上钢五厂 100t 电弧炉车间

炼钢车间内设 1 座 100t 直流电弧炉、1 座 100t LF、1 座 100t VD，年产 55 万吨合格钢水、52.25 万吨合格小方坯，品种为碳素结构钢、弹簧钢、工具钢和低合金结构钢。电弧炉引进德国 GHH 公司技术，LF 选用上钢五厂技术，VD 选用上海电力设备公司技术。该车间于 1997 年 3 月投产。工艺流程：装料→电弧炉→LF→VD→连铸机，约 40%的钢水需经 VD 处理。

主要工艺特点：采用直流供电技术，使生产平稳；采用炉下热泼渣技术，简化操作、减少投资。

车间主要技术经济指标见表 12-26，车间布置见图 12-30。

表 12-26 上钢五厂 100t 电弧炉主要技术经济指标

序号	项目	单位	上钢五厂 100t 电弧炉
1	电弧炉钢铁料配比		80%废钢+20%生铁
2	电弧炉座数	座	1（直流炉）
3	电弧炉公称容量	t	100
4	电弧炉平均出钢量	t	100
5	电弧炉最大出钢量	t	125
6	电弧炉变压器容量	MV·A	76
7	电弧炉冶炼周期	min	78
8	电弧炉炉壳直径	mm	ϕ7000
9	电弧炉电极直径	mm	ϕ650
10	LF 座数	座	1
11	LF 平均处理钢水量	t	100
12	LF 最大处理钢水量	t	125
13	LF 变压器容量	MV·A	18
14	LF 处理周期	min	55
15	LF 电极直径	mm	ϕ400
16	LF 升温速度	℃/min	4
17	VD 座数	座	1
18	VD 平均处理钢水量	t	100
19	VD 最大处理钢水量	t	125

续表 12-26

序号	项目	单位	上钢五厂 100t 电弧炉
20	VD 处理周期	min	45
21	VD 抽气能力	kg/h	400
22	VD 极限真空度	Pa	20
23	电弧炉年产钢水量	万吨	55
24	LF 年产钢水量	万吨	55
25	VD 年产钢水量	万吨	22

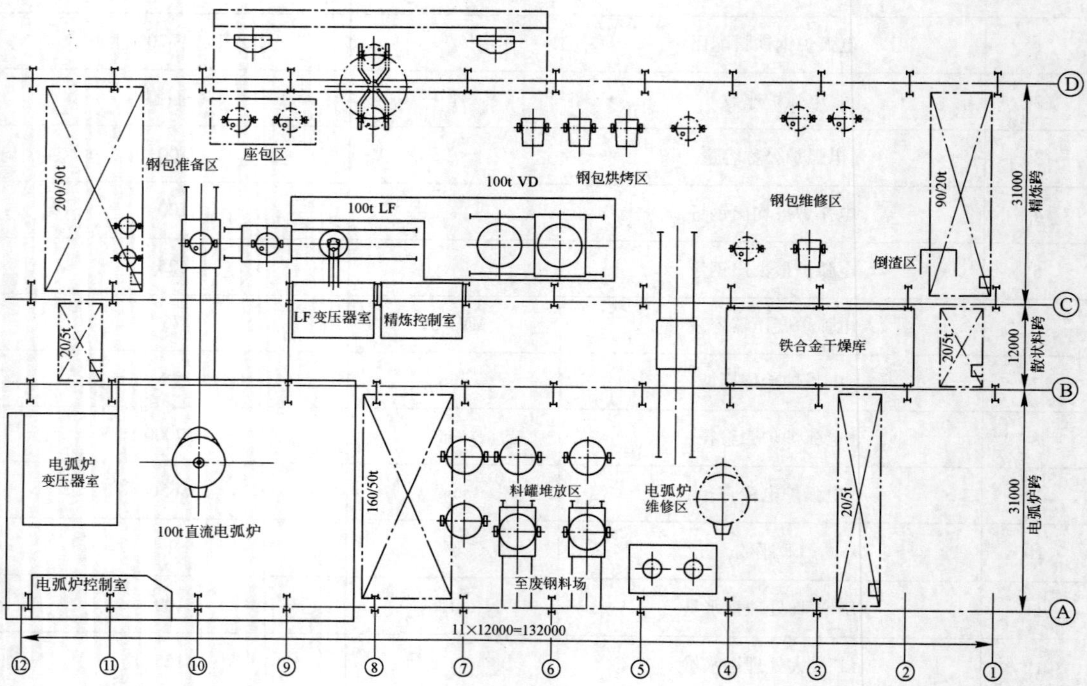

图 12-30　上钢五厂 100t 电弧炉车间布置图

例 3：无锡三星钢厂 70t 电弧炉车间

炼钢车间内设 1 座 70t 交流 Consteel 电弧炉、1 座 70t LF，年产 51.5305 万吨合格钢水、50 万吨合格小方坯，品种为碳素结构钢和低合金结构钢。电弧炉由意大利 Techint 公司供货，LF 由西安鹏远电弧炉公司供货。该车间于 2001 年 11 月投产。工艺流程：装料→电弧炉→LF→连铸机。

主要工艺特点：采用废钢预热技术，降低能耗；采用炉下热泼渣技术，简化操作、减少投资。

车间主要技术经济指标见表 12-27，车间布置见图 12-31。

表 12-27 无锡三星钢厂 70t 电弧炉主要技术经济指标

序号	项目	单位	无锡三星钢厂 70t 电弧炉
1	电弧炉钢铁料配比		80%废钢+20%生铁
2	电弧炉座数	座	1（交流 Consteel）
3	电弧炉公称容量	t	70
4	电弧炉平均出钢量	t	70
5	电弧炉最大出钢量	t	70
6	电弧炉变压器容量	MV · A	45
7	电弧炉冶炼周期	min	55
8	电弧炉炉壳直径	mm	ϕ5600
9	电弧炉电极直径	mm	ϕ500
10	LF 座数	座	1
11	LF 平均处理钢水量	t	70
12	LF 最大处理钢水量	t	70
13	LF 变压器容量	MV · A	15
14	LF 处理周期	min	50
15	LF 电极直径	mm	ϕ400
16	LF 升温速度	℃/min	4
17	电弧炉年产钢水量	万吨	51.5305
18	LF 年产钢水量	万吨	51.5305

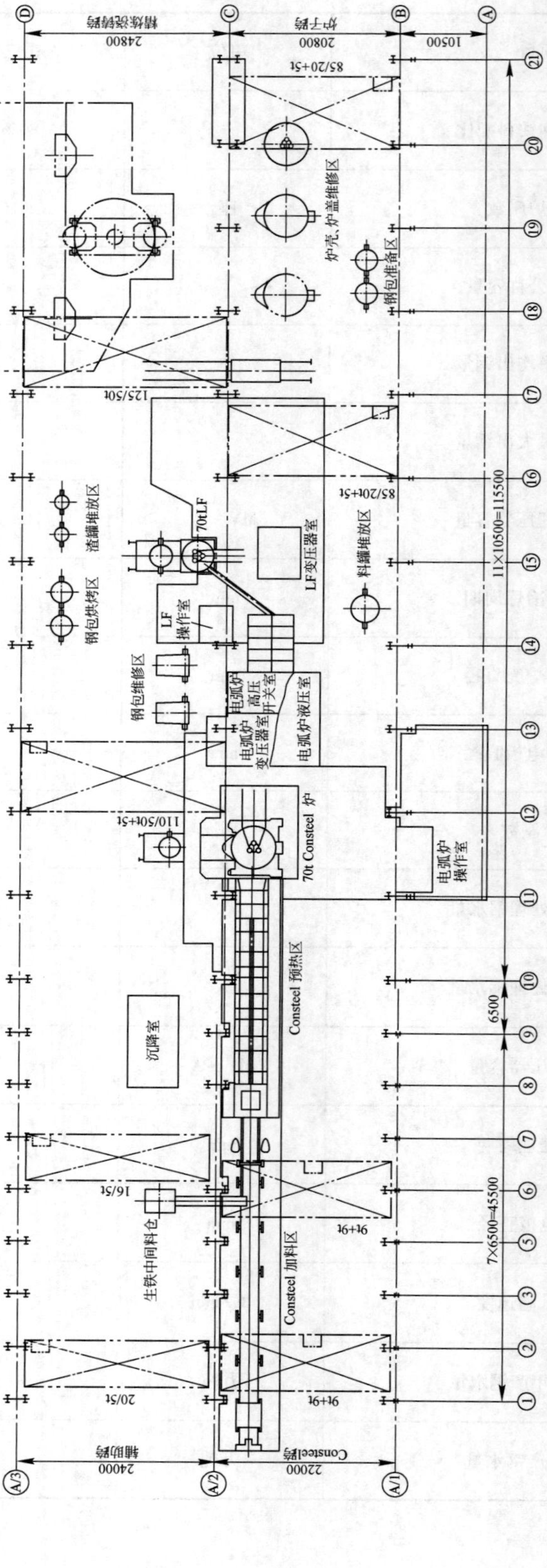

图12-31 无锡三星钢厂70t电弧炉车间布置图

12.4.6 电弧炉—无缝管生产线

例 1：天津钢管厂 150t 电弧炉车间

炼钢车间内设 1 座 150t 交流电弧炉、1 座 150t LF、1 座 150t VD，年产 60 万吨合格钢水、57 万吨合格圆坯，品种为石油套管及接箍钢、管线钢、锅炉管钢、结构管钢、液压支架管钢。电弧炉、LF 和 VD 引进德国 Demag 公司技术。该车间于 1992 年 6 月投产。工艺流程：装料→电弧炉→LF→VD→连铸机，约 30%的钢水需经 VD 处理。

主要工艺特点：采用 DRI，降低成本；采用直流供电技术，使生产平稳；电弧炉跨与精炼跨呈“T”字形布置，有利于将电弧炉跨厂房封闭，改善环境。

车间主要技术经济指标见表 12-28，车间布置见图 12-32。

表 12-28 天津钢管厂 150t 电弧炉主要技术经济指标

序号	项目	单位	天津钢管厂 150t 电弧炉
1	电弧炉钢铁料配比		50%废钢+50%DRI
2	电弧炉座数	座	1（交流炉）
3	电弧炉公称容量	t	150
4	电弧炉平均出钢量	t	150
5	电弧炉最大出钢量	t	170
6	电弧炉变压器容量	MV·A	90/100
7	电弧炉冶炼周期	min	100
8	电弧炉炉壳直径	mm	ϕ7000
9	电弧炉电极直径	mm	ϕ610
10	LF 座数	座	1
11	LF 平均处理钢水量	t	150
12	LF 最大处理钢水量	t	170
13	LF 变压器容量	MV·A	20/24
14	LF 处理周期	min	45
15	LF 电极直径	mm	ϕ450
16	LF 升温速度	℃/min	4
17	VD 座数	座	1
18	VD 平均处理钢水量	t	150
19	VD 最大处理钢水量	t	170
20	VD 处理周期	min	35

续表 12-28

序号	项目	单位	天津钢管厂 150t 电弧炉
21	VD 抽气能力	kg/h	400
22	VD 极限真空度	Pa	50
23	电弧炉年产钢水量	万吨	60
24	LF 年产钢水量	万吨	60
25	VD 年产钢水量	万吨	18

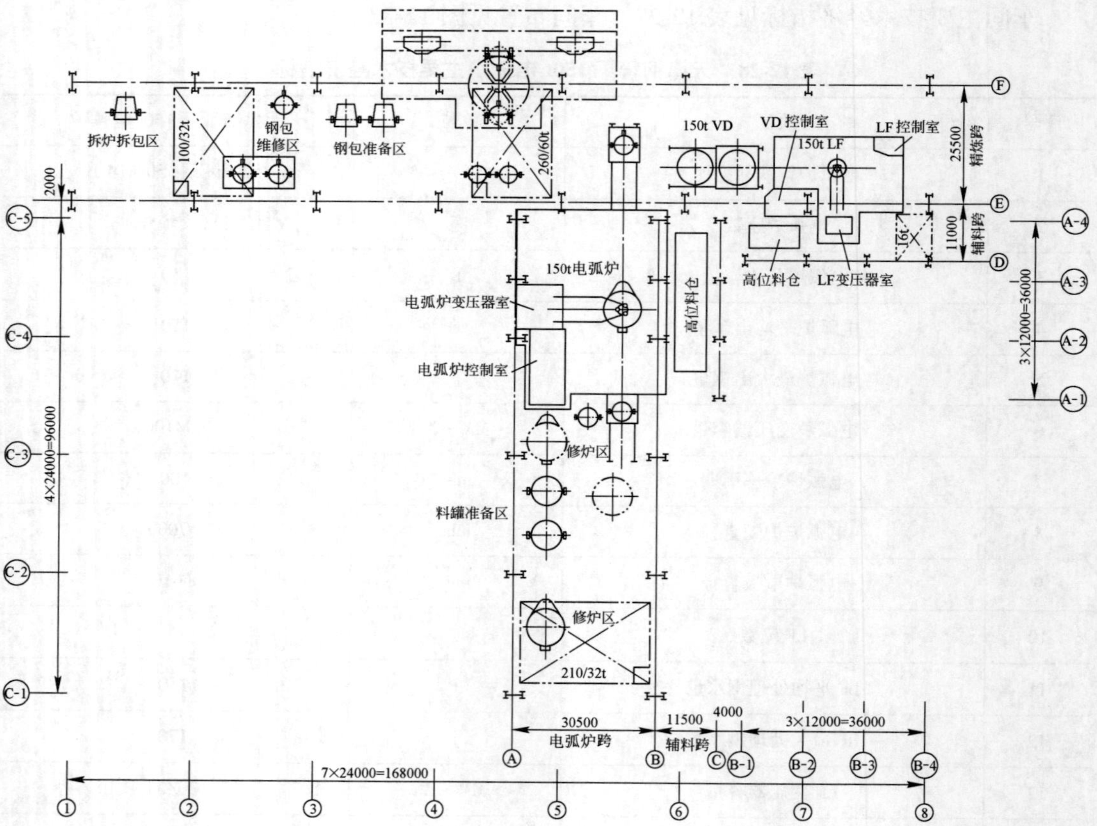

图 12-32 天津钢管厂 150t 电弧炉车间布置图

例 2：衡阳钢管厂 90t 电弧炉车间

炼钢车间内设 1 座 90t 交流电弧炉、1 座 100t LF、1 座 100t VD，年产 62.5 万吨合格钢水、60 万吨合格圆坯，品种为石油套管及接箍钢、管线钢、锅炉管钢、结构管钢、液压支架管钢。电弧炉引进意大利 Danieli 公司技术，LF 和 VD 选用西安鹏远电弧炉公司技术。该车间于 2005 年 11 月投产。工艺流程：装料→电弧炉→LF→VD→连铸机，约 30% 的钢水需经 VD 处理。

主要工艺特点：采用 DRI，降低成本。

车间主要技术经济指标见表 12-29，车间布置见图 12-33。

表 12-29 衡阳钢管厂 90t 电弧炉主要技术经济指标

序号	项目	单位	衡阳钢管厂 90t 电弧炉
1	电弧炉钢铁料配比		80%废钢+20%DRI+20%生铁
2	电弧炉座数	座	1（交流炉）
3	电弧炉公称容量	t	90
4	电弧炉平均出钢量	t	100
5	电弧炉最大出钢量	t	120
6	电弧炉变压器容量	MV·A	70%+10%
7	电弧炉冶炼周期	min	58
8	电弧炉炉壳直径	mm	ϕ6100
9	电弧炉电极直径	mm	ϕ600
10	LF 座数	座	1
11	LF 平均处理钢水量	t	100
12	LF 最大处理钢水量	t	120
13	LF 变压器容量	MV·A	18
14	LF 处理周期	min	50
15	LF 电极直径	mm	ϕ450
16	LF 升温速度	℃/min	5
17	VD 座数	座	1
18	VD 平均处理钢水量	t	100
19	VD 最大处理钢水量	t	120
20	VD 处理周期	min	40
21	VD 抽气能力	kg/h	400
22	VD 极限真空度	Pa	13
23	电弧炉年产钢水量	万吨	62.5
24	LF 年产钢水量	万吨	62.5
25	VD 年产钢水量	万吨	18.75

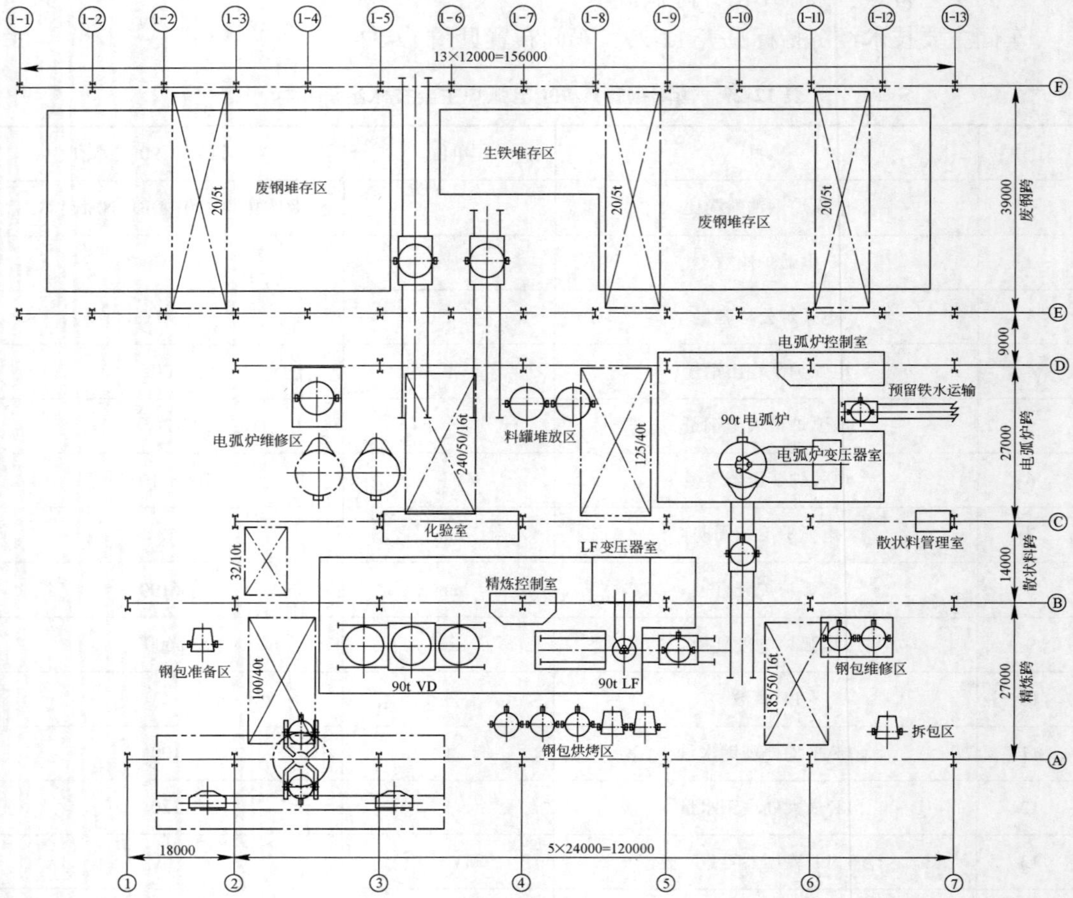

图 12-33 衡阳钢管厂 90t 电弧炉车间布置图

12.4.7 电弧炉—AOD/VOD 不锈钢生产线

例 1：上钢五厂 60t 电弧炉车间

炼钢车间内设 1 座 60t 交流电弧炉、1 座 60t LF、1 座 60t AOD-L、1 座 60t 双工位 VOD/VD，年产 14.4026 万吨合格不锈钢钢水、11.1345 万吨合格不锈钢小方坯、2.2820 万吨合格不锈钢钢锭，品种为 300 系列和 400 系列不锈钢、不锈阀门钢。电弧炉、LF 和 VOD/VD 引进意大利 Danieli 公司技术，AOD-L 引进美国 Praxiar 公司技术。该车间于 2003 年 10 月投产。工艺流程：装料→电弧炉→AOD→VOD/VD→连铸机→模铸或模铸，约 67%的不锈钢钢水需经 VOD/VD 处理。

主要工艺特点：电弧炉采用炉底搅拌技术，提高合金收得率，降低生产成本；AOD 采用计算机智能控制系统，使氧/氩（氮）自动调节、顶枪吹氧、自动工艺计算并能自动跟踪和控制熔池的化学成分和温度，从而使 AOD 冶炼过程更合理，消耗更低。

车间主要技术经济指标见表 12-30，车间布置见图 12-34。

表 12-30 上钢五厂 60t 电弧炉主要技术经济指标

序号	项目	单位	上钢五厂 60t 电弧炉
1	电弧炉钢铁料配比		30%不锈废钢+35%碳素废钢+35%合金
2	电弧炉座数	座	1（交流炉）
3	电弧炉公称容量	t	60
4	电弧炉平均出钢量	t	58
5	电弧炉最大出钢量	t	58
6	电弧炉变压器容量	MV·A	55（可超载 15%）
7	电弧炉冶炼周期	min	64
8	电弧炉炉壳直径	mm	ϕ5400
9	电弧炉电极直径	mm	ϕ510
10	LF 座数	座	1
11	LF 平均处理钢水量	t	60
12	LF 最大处理钢水量	t	60
13	LF 变压器容量	MV·A	10（可超载 20%）
14	LF 处理周期	min	30
15	LF 电极直径	mm	ϕ350
16	LF 升温速度	℃/min	5
17	AOD-L 座数	座	1（带顶枪）
18	AOD-L 公称容量	t	60
19	AOD-L 平均出钢量	t	60
20	AOD-L 最大出钢量	t	60
21	AOD-L 冶炼周期	min	二步法：49；三步法：37
22	AOD-L 炉壳直径	mm	ϕ4500
23	AOD-L 风口数量	个	5
24	VOD/VD 座数	座	1（双工位）
25	VOD/VD 平均处理钢水量	t	60

续表 12-30

序号	项目	单位	上钢五厂 60t 电弧炉
26	VOD/VD 最大处理钢水量	t	60
27	VOD/VD 处理周期	min	60
28	VOD/VD 抽气能力	kg/h	250
29	VOD/VD 极限真空度	Pa	20
30	电弧炉年产钢水量	t	139225
31	LF 年产钢水量	t	47540
32	AOD-L 年产钢水量	t	144026
33	VOD/VD 年产钢水量	t	96486

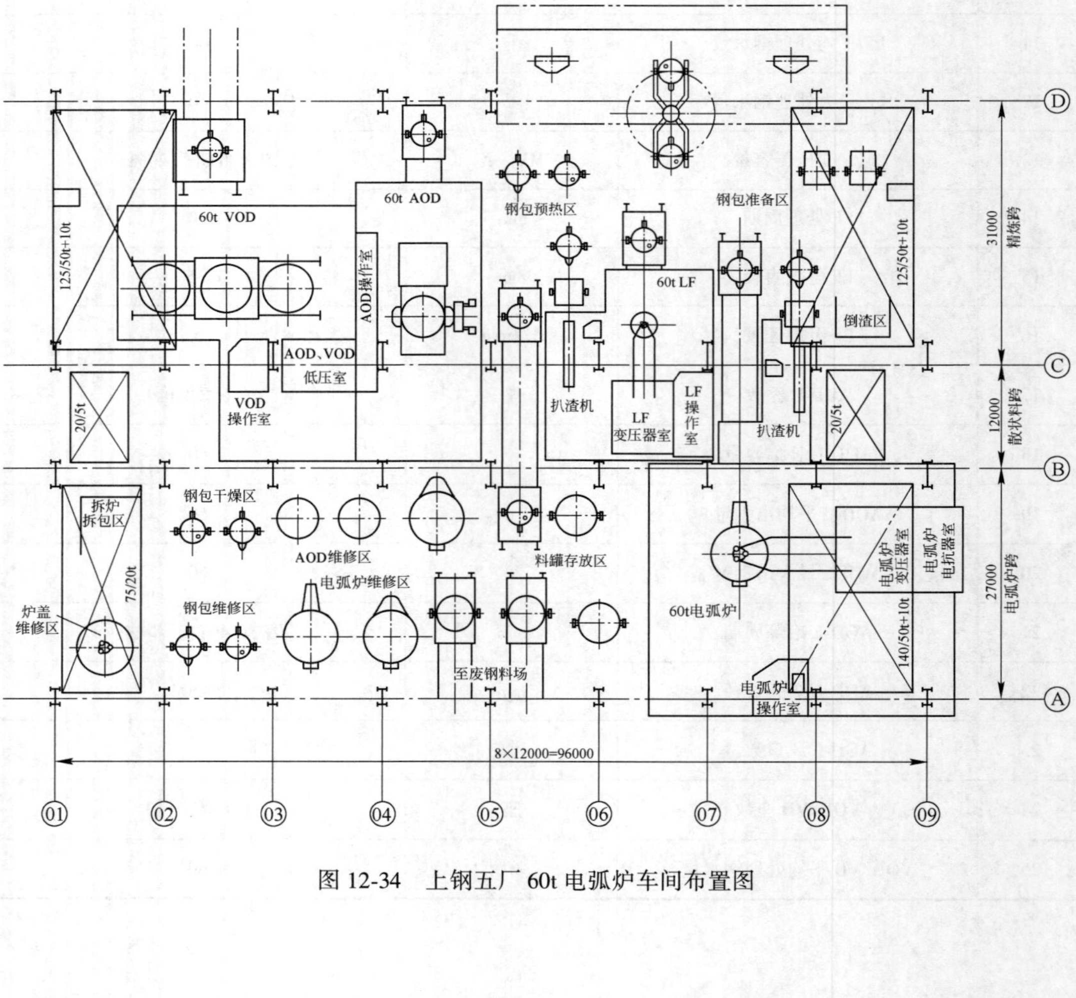

图 12-34 上钢五厂 60t 电弧炉车间布置图

例 2：上钢一厂 100t 电弧炉车间

一期：炼钢车间内设 1 座 100t 交流电弧炉、1 座 120t LF、1 座 120t AOD-L、1 座 120t 双工位 VOD，年产 75 万吨合格不锈钢钢水、72 万吨合格不锈钢板坯，品种为 300 系列和 400 系列不锈钢。电弧炉、LF、AOD-L 和 VOD 引进德国 Demag 公司技术。该车间于 2004 年 4 月投产。工艺流程：装料→电弧炉→AOD→VOD→连铸机，约 95%的不锈钢钢水需经 VOD 处理。

主要工艺特点：采用脱磷铁水生产不锈钢，从而降低生产成本和提高钢水质量；可采用二步法、三步法或不用电弧炉来生产不锈钢，也可用以最低原料成本来组合工艺流程；具有生产超低碳、超低氮钢种的能力，可提高不锈钢产品档次。

二期：炼钢车间内设 1 座 100t 交流电弧炉、1 座 120t LF、1 座 120t AOD-L，年产 75 万吨合格不锈钢钢水、72 万吨合格不锈钢板坯，品种为 200 系列、300 系列和 400 系列不锈钢。电弧炉、LF 和 AOD-L 引进德国 Demag 公司技术。该车间于 2005 年 6 月投产。工艺流程：装料→电弧炉→AOD→LF→连铸机。。

主要工艺特点：增加不锈钢废钢入炉量，减少镍用量，以降低成本；增加 200 系列钢种，用锰代镍，二步法生产不锈钢，以降低成本。

车间主要技术经济指标见表 12-31，车间布置见图 12-35。

表 12-31　上钢一厂 100t 电弧炉主要技术经济指标

序号	项目	单位	上钢一厂 100t 电弧炉
1	电弧炉钢铁料配比		一期：55%铁水+19%不锈废钢+26%合金 二期：45%不锈废钢+33%碳素废钢+22%合金
2	电弧炉座数	座	一期：1（交流炉）；二期：1（交流炉）
3	电弧炉公称容量	t	100
4	电弧炉平均出钢量	t	一期：105.5；二期：119.5
5	电弧炉最大出钢量	t	120
6	电弧炉变压器容量	MV · A	一期：80；二期：95
7	电弧炉冶炼周期	min	一期：65；二期：72
8	电弧炉炉壳直径	mm	ϕ6800
9	电弧炉电极直径	mm	ϕ610
10	LF 座数	座	1
11	LF 平均处理钢水量	t	120

续表 12-31

序号	项目	单位	上钢一厂 100t 电弧炉
12	LF 最大处理钢水量	t	135
13	LF 变压器容量	MV·A	25
14	LF 处理周期	min	45
15	LF 电极直径	mm	ϕ450
16	LF 升温速度	℃/min	4
17	AOD-L 座数	座	一期：1（带顶枪）；二期：1（带顶枪）
18	AOD-L 公称容量	t	120
19	AOD-L 平均出钢量	t	120
20	AOD-L 最大出钢量	t	135
21	AOD-L 冶炼周期	min	一期：二步法：75；三步法：65 二期：二步法：68
22	AOD-L 炉壳直径	mm	ϕ5000
23	AOD-L 风口数量	个	7
24	VOD 座数	座	一期：1（双工位）
25	VOD 平均处理钢水量	t	120
26	VOD 最大处理钢水量	t	135
27	VOD 处理周期	min	112
28	VOD 抽气能力	kg/h	500
29	VOD 极限真空度	Pa	25
30	电弧炉年产钢水量	万吨	一期：64.56；二期：66.4
31	LF 年产钢水量	万吨	一期：37.5；二期：75
32	AOD-L 年产钢水量	万吨	一期：75；二期：75
33	VOD 年产钢水量	万吨	一期：71.25

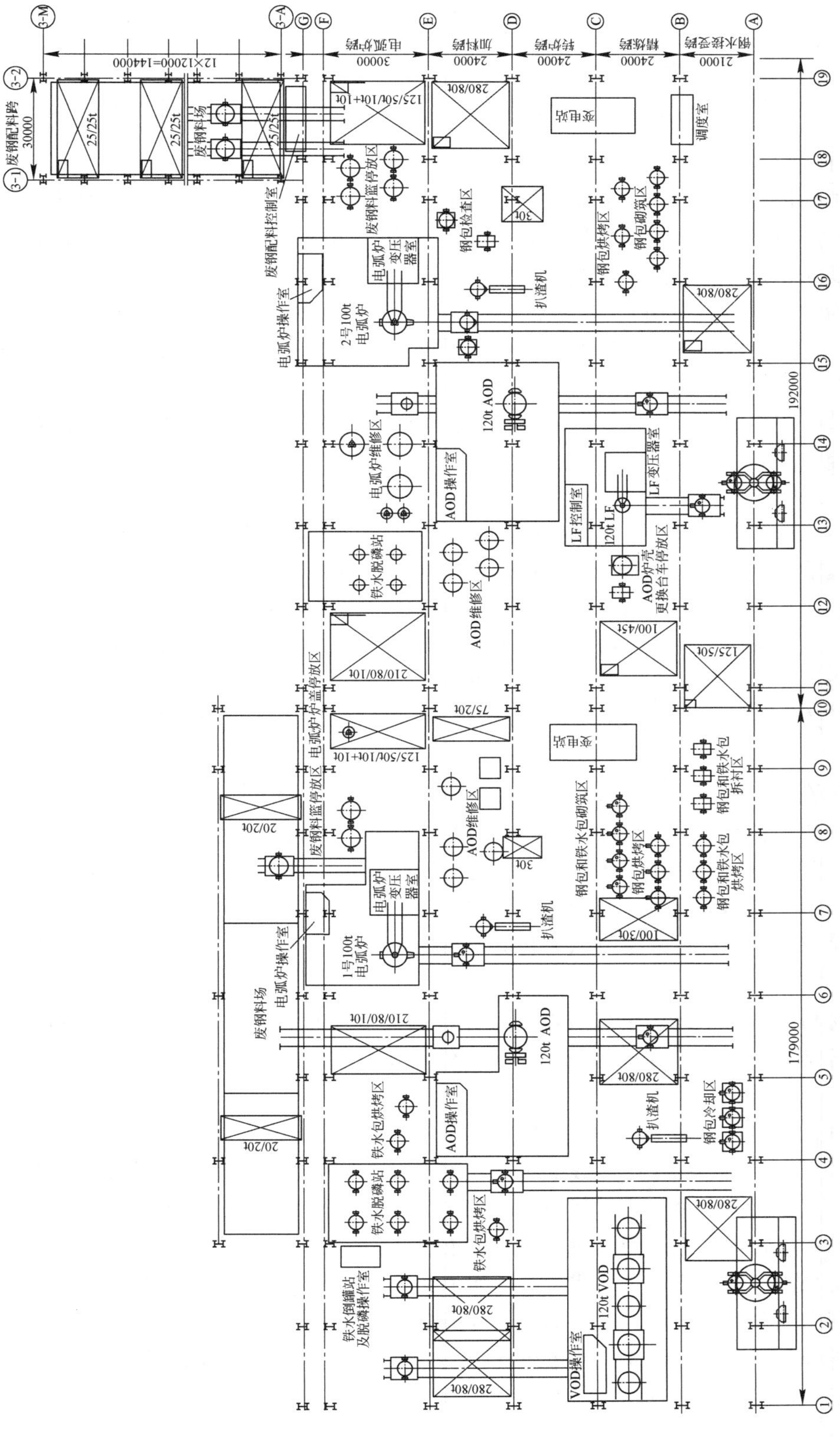

图12-35 上钢一厂100t电弧炉车间布置图

12.5 车间设计

12.5.1 车间工艺布置

12.5.1.1 车间组成

电弧炉炼钢车间的合理组成应根据生产规模、工艺流程、厂区条件、厂内外协作条件与原材料供应情况确定。一般情况下，主要生产系统包括主厂房、废钢配料间、炉渣间、烟气冷却及净化设施；辅助生产系统包括铁合金储存设施、地下料仓间及皮带通廊（以直接还原铁为主要炉料时采用）、快速分析室、空压站、车间变配电所、水处理设施、生活福利设施；氧气、氮气、氩气和燃料的供应设施，耐火材料仓库、备品备件库和杂品库，机修、电修和车辆修理设施，以及废钢堆场应由全厂统一安排。

在设计中应用表格列出跨间组成，包括各跨间的名称、尺寸、面积、轨面标高、起重机数量和吨位。

12.5.1.2 工艺布置

电弧炉炼钢车间主厂房及辅助生产间应结合区域总平面合理布置，保证进出主厂房的各种物料运输灵活顺畅无干扰，除废钢和钢坯（锭）及铁水等大宗物料可视生产规模采用铁路或无轨运输外，炼钢区域内的其他物料运输应尽量采用无轨运输，车间内部应充分利用吊车吊运，并利用横向渡车线进行跨与跨之间的运输，当主厂房与轧钢车间毗连或邻近时，应以辊道或渡车运送钢坯（锭）以利热送。

电弧炉炼钢车间的工艺布置主要有多跨并列布置、“一”字跨布置、倒“T”形布置等。

电弧炉炼钢车间主厂房宜采用依次由炉子跨、加料跨、炉外精炼和（或）钢包转运跨多跨并列毗连的布置形式，如图 12-36~图 12-38 所示。电弧炉炼钢车间主厂房各跨并列布置时，原料跨一般应布置在炉子跨和浇铸跨（或炉外精炼及钢包转运跨）之间，但这时设计中应对出钢区域的漏钢事故处理有所考虑。

炉子跨与加料跨也可采用电弧炉和炉外精炼同跨布置与连铸浇铸跨并列毗连的布置形式，如图 12-39 所示。

炉子跨与加料跨也可采用与精炼以后各跨垂直布置的形式，如图 12-40 和图 12-41 所示。当炉子跨与浇铸跨（或炉外精炼及钢包转运跨）垂直布置时，原料跨应平行并列布置于炉子跨一侧。

上述电弧炉炼钢车间主厂房的三种布置形式，是对现有超高功率电弧炉炼钢车间主厂房实际布置形式的归纳，生产实践证明这三种布置形式都是可行的，但以多跨毗连的布置形式为优，这是因为这种形式车间内物流干扰少，便于各工序充分发挥其效能，能较好地适应超高功率电弧炉炼钢车间高效生产的要求，且为远期发展留有条件。

主厂房采用多跨毗连布置形式时，电弧炉在炉子跨内多采用横向布置方式。

当车间内为单座电弧炉，带有水平连续加料的电弧炉、带小车上料的竖井式废钢预热电弧炉、炉子跨垂直于精炼及浇铸系统各跨或电弧炉与炉外精炼采用同跨布置时，电弧炉在跨间内多采用纵向布置方式。

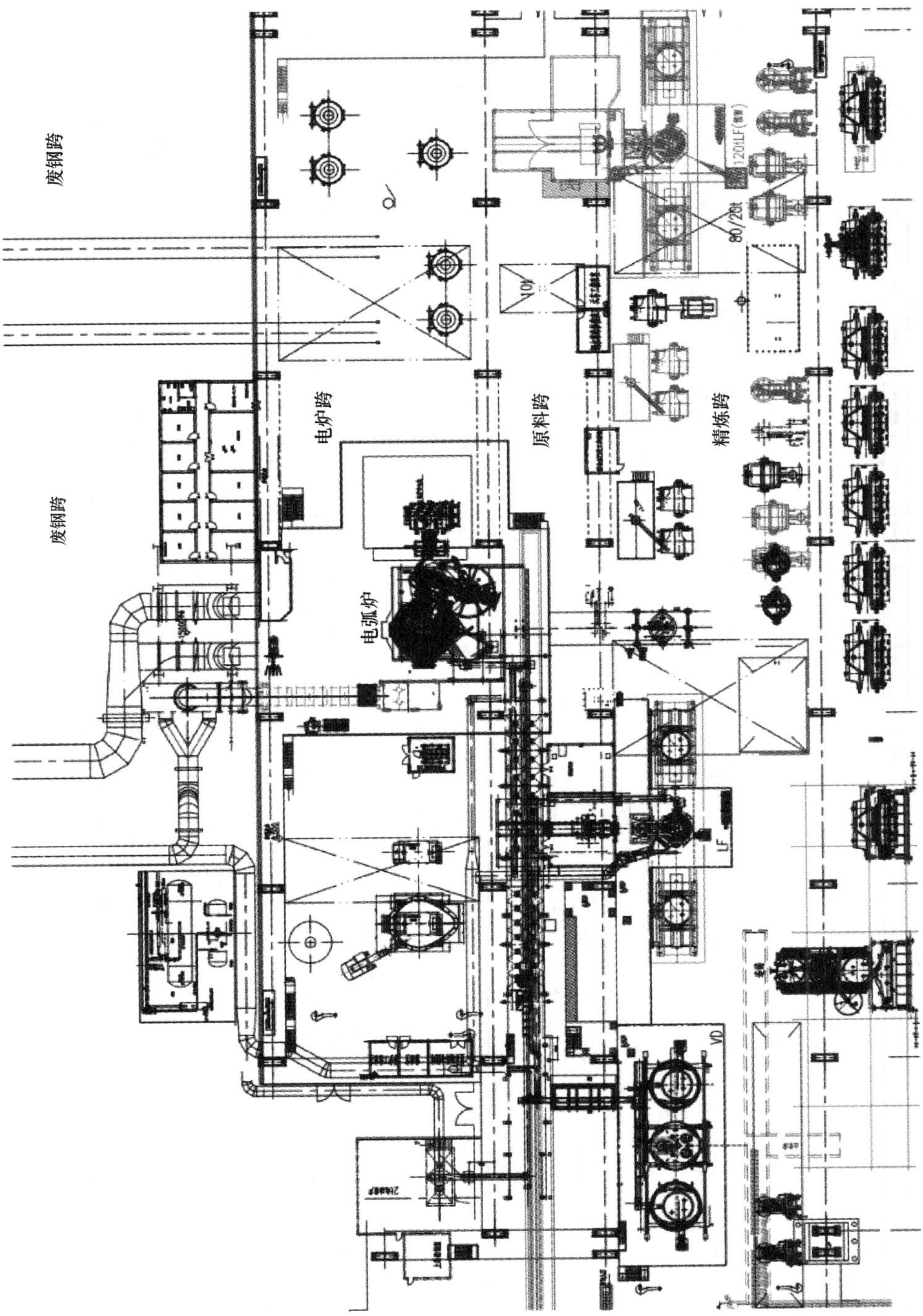

图 12-36 电炉跨、原料跨和精炼跨的三跨并列布置示意图

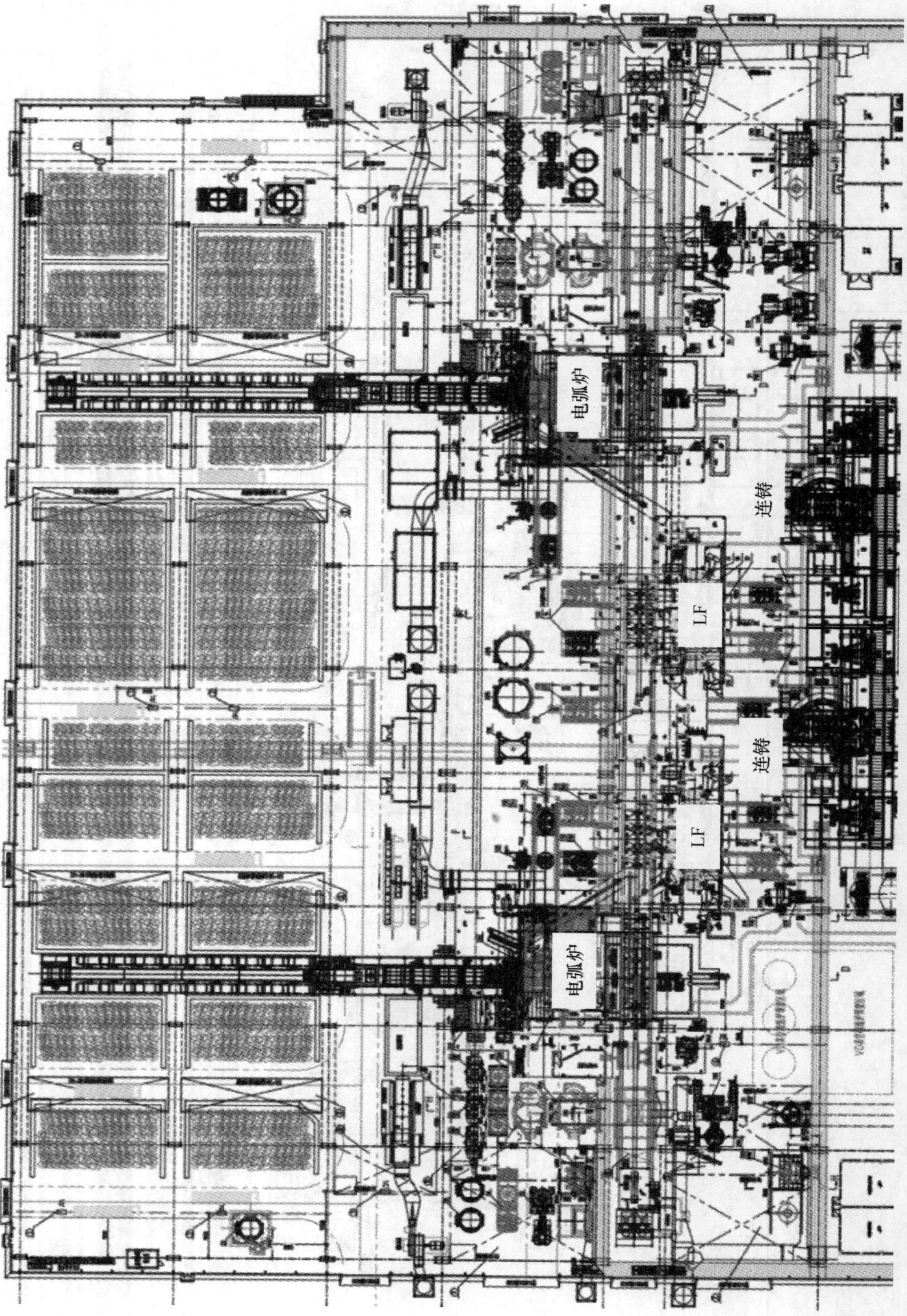

图 12-37 一座水平连续加料电弧炉的三跨并列布置示意图

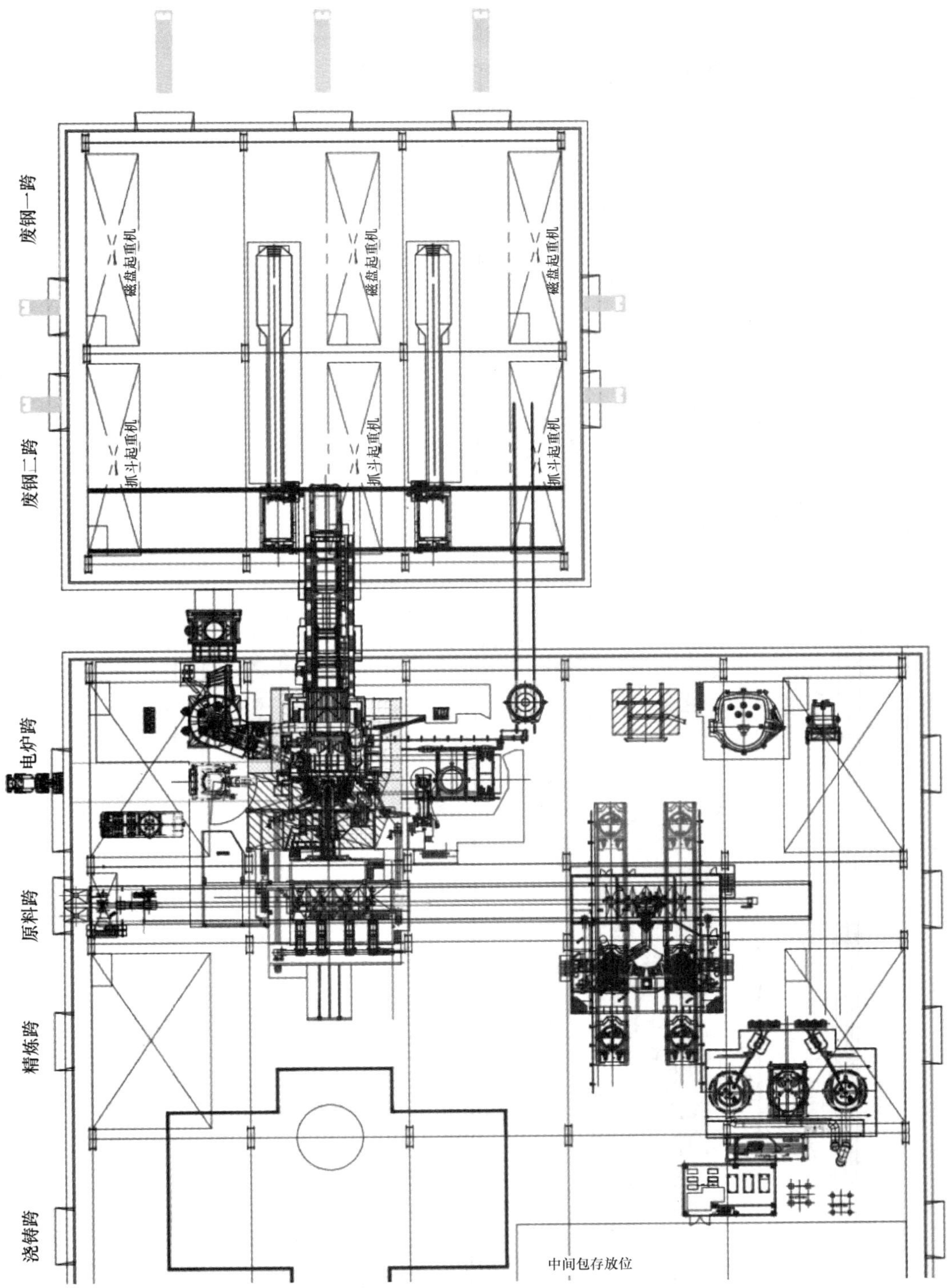

图 12-38 一座Quantum电弧炉的三跨并列布置示意图

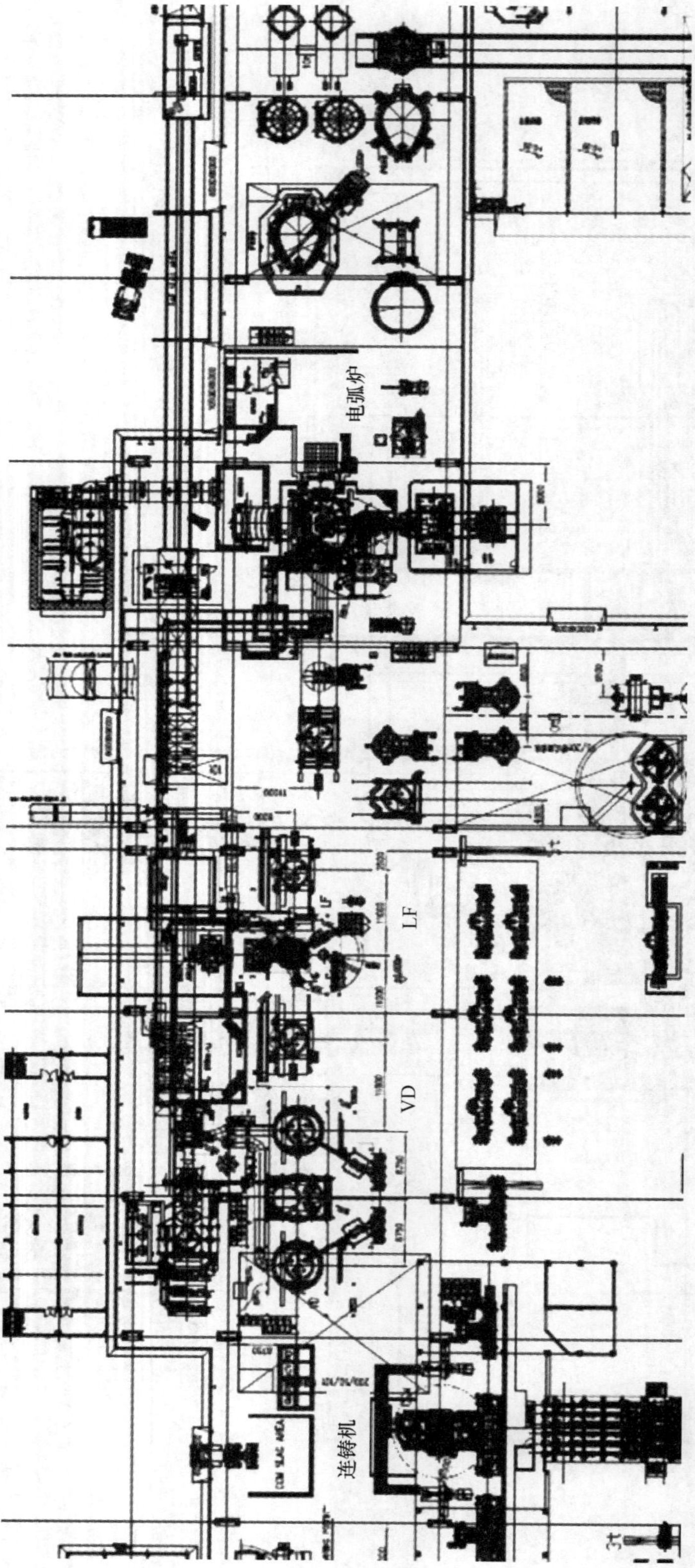

图 12-39 电弧炉、精炼的“一”字跨布置示意图

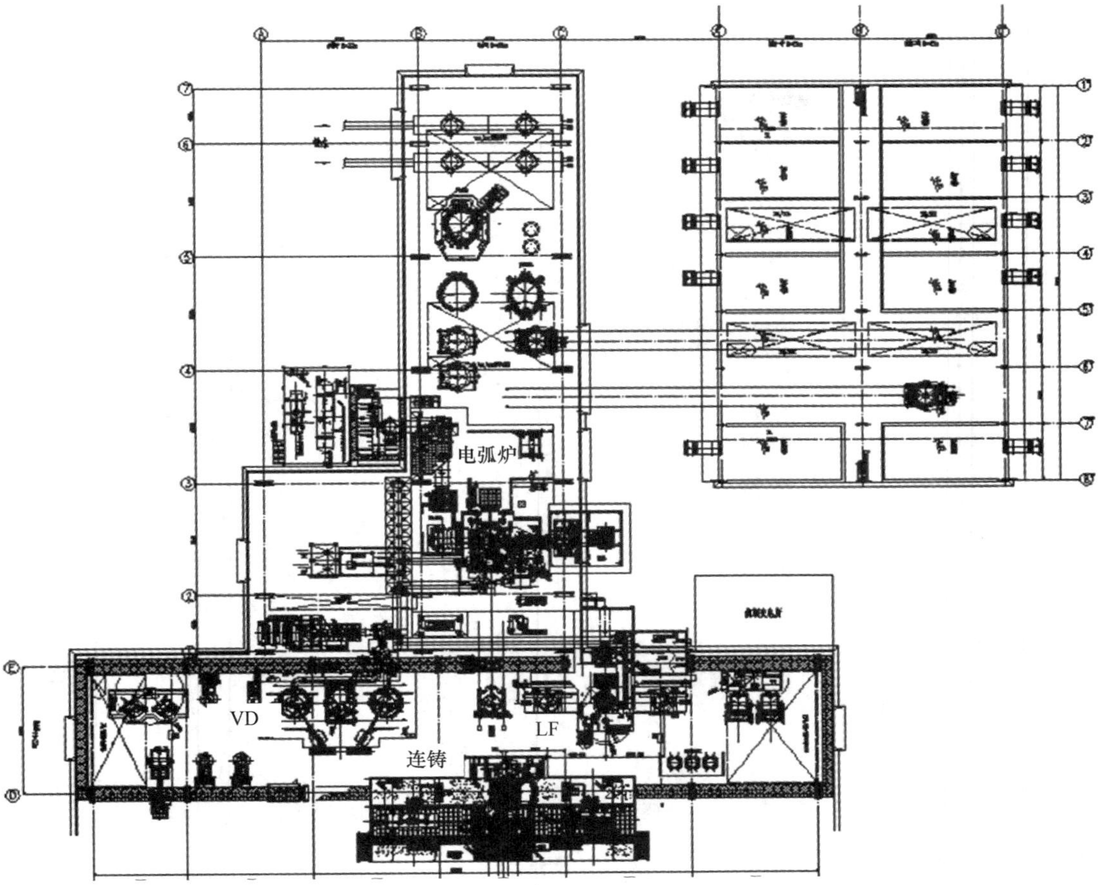

图 12-40 一座电弧炉与精炼的倒“T”形跨布置示意图

电弧炉横向布置时，电弧炉的纵向中心线与加料跨厂房柱行列线的最小距离，应保证能用起重机顺利地吊换电极，电弧炉的横向中心线至变压器室外墙的距离，应保证能用吊车顺利地吊换电极、炉壁水冷块和出钢口部件。电弧炉的横向中心线至变压器室外墙的距离，应满足电弧炉设备设计尺寸要求，在工艺布置上应校核炉盖旋转时电极把持器尾部与变压器室墙上电缆架的关系，以免碰撞。电弧炉在炉子跨中平面位置布置的确定，还需综合考虑装料、吊换炉壳、出钢、变压器检修吊装及电弧炉密闭罩的布置等因素。

车间内电弧炉、炉外精炼设施、连铸机（或模铸线）的相对布置关系，应保证钢水精炼与浇铸的流程顺畅无干扰，钢包倒运次数少，且运输距离最短。在设计中应阐明各跨间包括平台和二次建筑物、构筑物在内的主辅区域内设备的布置情况和功用，以及起重机的布置情况和功用。

电弧炉炼钢车间主厂房是高温及重级吊车作业厂房，炉容量不小于 50t 的电弧炉车间宜采用钢结构厂房。厂房屋面应考虑风雨、雪、灰等动静负荷，并有较好的清灰条件。主厂房各跨吊车两侧与山墙处应设贯通的安全走道，并在合适高度配置能连通主要跨的参观走道。各跨厂房屋架上应适当配置吊车检修设施。在电弧炉、精炼炉、浇铸处等热源点上空应设置气楼。炉子跨的门洞尺寸应考虑便于废钢料篮、炉壳、变压器等大型设备通过。

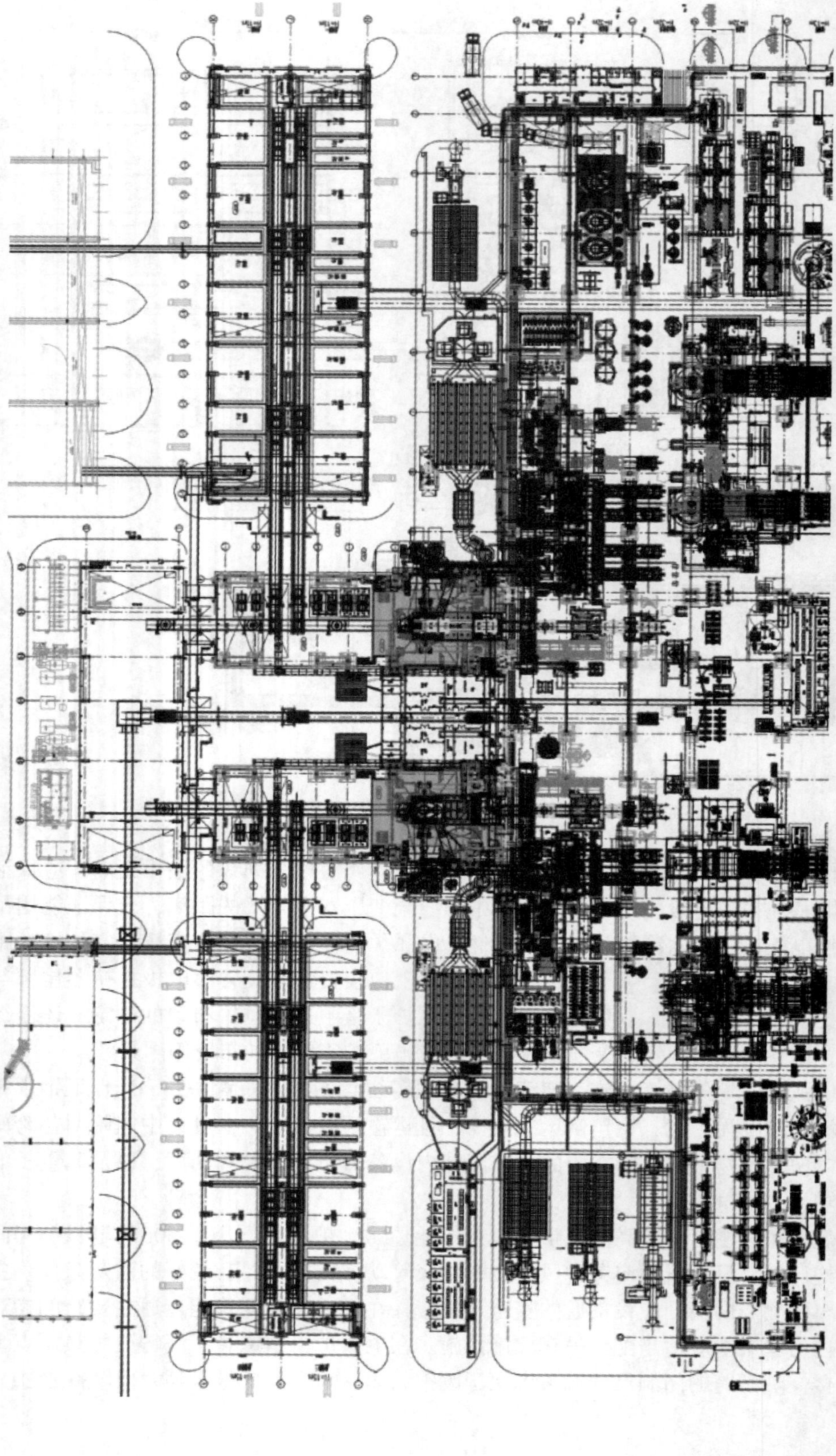

图 12-41 两座 ShArc 电弧炉与精炼的倒“T”形跨布置示意图

炼钢辅助生产设施应在总图布置合理的前提下，布置在邻近主厂房的区域，在确定具体布置时，应考虑以下各点：

（1）主厂房的出坯或出锭跨，应尽可能邻近轧钢原料跨或与之毗连，以利于钢坯（锭）热送。

（2）废钢配料间一般与主厂房分开单独设置，且与主厂房炉子跨距离不宜太远，以减少废钢运输距离。规模较小的车间，配料间可直接与炉子跨毗连。

（3）中间渣场宜适当脱离主厂房，并采用全封闭结构。但用炉下渣罐车运送渣罐时，距离不宜太远，当用抱罐汽车运输并直接倾倒液体炉渣时，炉渣间宜布置在距主厂房较远且周围建筑物较少的地方，抱罐汽车的运输线路应不与铁道相交，并尽量少与其他物料运输交叉。

（4）电弧炉的烟气净化设施应尽可能靠近主厂房炉子跨，以缩短大直径废气管道长度和减少系统阻力。

12.5.1.3 *厂房参数*

电弧炉横向布置时，电弧炉跨通常在 21~33m，并应注意留炉壳的吊运方式及空间。该跨起重机轨面标高应保证电弧炉更换电极的正常作业，带有密闭罩的电弧炉，起重机梁底防护结构下缘至梁下部分密闭罩最高点的净空不应小于 0.5m。电弧炉所在处厂房柱间距一般为 18~36m，应根据电弧炉容量及其外形尺寸确定。电弧炉建议采用高架布置方式，采用炉下电动钢包车出钢。电弧炉炉门槛水平线至工作平台面的高度应为 500~700mm。确定工作平台标高及电弧炉周围平台开孔时，应校核出钢、出渣时电弧炉各种运动与相邻设备、建（构）筑物的动态关系。车间内不宜设置不同容量的电弧炉。车间内装备 1 座以上相同容量的电弧炉时，电弧炉与变压器宜采用同侧布置的形式。电弧炉车间各跨屋架上应配置起重机检修设施。

炉容量不小于 50t 的电弧炉车间一般需要设置原料跨。原料跨跨度一般为 9~21m，应根据料仓数量、容积、炉外精炼系统的设备与建构筑物布置确定，其高度应按设备的立面布置情况确定。

炉外精炼跨跨度一般为 21~30m，应根据总体工艺布置情况确定。起重机轨面标高应按炉外精炼设备高度和连铸钢包回转台的高度确定，并应保证钢包座入回转台后包括钢包加盖机构的最高点至起重机梁底防护结构下缘之间净空不小于 0.5m。

电弧炉与精炼装置同跨布置时跨度可为 21~36m。起重机轨面标高，应同时保证电弧炉更换电极的正常作业、变压器吊运和钢包吊入连铸钢包回转台的高度要求。

电弧炉工作平台宜采用钢梁混凝土平台，设计的均布负荷应为 20~25kN/m^2，炉座上修炉时应为 30kN/m^2。原料跨各层平台的均布负荷应为 5~8kN/m^2。车间采用混凝土地坪，但出坯（出锭）跨宜采用碎石铺盖的形式。

电弧炉和钢包炉变压器室墙在短网开孔及邻近水冷电缆的电磁感应区范围内的介质配管、管夹及支架，应采取防电磁感应措施。车间内凡邻近钢水、炉渣的平台梁柱、吊车梁、厂房柱及其他建构筑物均应采取隔热保护措施。

浇铸系统以后各跨根据连铸或模铸的具体工艺及布置确定。

一座 120t 废钢预热典型电弧炉炼钢主车间各跨间的具体尺寸和起重机配置见表 12-32。

表 12-32 炼钢主车间组成及起重机配置表

跨间名称	建筑参数				吊车吨位×数量/t×台
	宽度/m	长度/m	轨面标高/m	占用面积/m²	
废钢跨	60	84	20	5040	20+20t 磁盘/抓斗起重机×6
电弧炉跨	120	30	28	3600	260/50t 吊钩桥式起重机×1
原料跨	120	15	37	1800	10t 吊钩桥式起重机×1
精炼跨	120	33	32	3960	225/63/20t 铸造桥式起重机×1 80/20t 吊钩桥式起重机×1
合计				14400	

12.5.2 技术经济指标

初步设计文本中应说明主要技术经济指标，主要包括工艺设备形式、数量、总重量、容量、周期、生产规模、作业时间、主厂房面积、原材料消耗、动力消耗等指标。具体可参见表 12-33～表 12-35。

表 12-33 电弧炉主要技术经济指标

序号	项目	单位	指标	备注
	一、电弧炉			
1	电弧炉公称容量（平均出钢量）	t	100	
2	电弧炉座数	座	1	
3	变压器额定容量	MV · A	90	
4	电弧炉冶炼周期	min	50	
5	电弧炉生产率	t/h	120	
6	电弧炉最大日产钢炉数	炉/d	28.8	
7	电弧炉最大日产钢水量	t/d	2880	
8	电弧炉年作业天数	d/a	300	
9	车间年作业时间	h/a	7200	
10	年作业率	%	82.2	
11	电弧炉年产钢水量	万吨/a	86.4	
12	电弧炉金属收得率	%	90.9	依据废钢来源

续表 12-33

序号	项目	单位	指标	备注
二、LF 精炼炉				
1	LF 型式		双车式	单加热工位
2	LF 座数	座	1	
3	LF 公称容量（平均处理钢水量）	t	110	
4	LF 平均处理周期	min	40	
5	LF 变压器额定容量	MV · A	20	
6	LF 变压器调压型式		有载调压	
7	LF 变压器一次侧电压	kV	35	
三、VD 真空精炼				
1	VD 型式		双工位	单罐盖车
2	VD 座数	座	1	
3	VD 平均处理钢水量	t/炉	100	
4	VD 处理周期	min	35~50	
5	VD 精炼炉真空泵抽气能力	m^3/h	260000	机械泵@66.7Pa
四、其他				
1	炼钢部分工艺设备总重量	t	约 3300	
2	主厂房占地面积	m^2	14400	
3	劳动定员	人	约 170	

表 12-34 主要原材料消耗表

序号	项目	单位	单耗	备注
一、电弧炉				
1	废钢	kg/t 钢水	935	
2	生铁	kg/t 钢水	165	
3	铁合金	kg/t 钢水	17.5	
4	石灰	kg/t 钢水	35	
5	白云石	kg/t 钢水	6	
6	炭粉	kg/t 钢水	17~23	
7	耐火材料	kg/t 钢水	5	

续表 12-34

序号	项目	单位	单耗	备注
8	电极	kg/t 钢水	0.9~1.1	
9	吹氧管	kg/t 钢水	0.2	
10	测温、取样探头	个/炉	2~4	
		二、LF 精炼炉		
1	石灰	kg/t 钢水	18	
2	萤石	kg/t 钢水	1	
3	铁合金	kg/t 钢水	7.5	
4	电极	kg/t 钢水	0.4	
5	硅钙丝	kg/t 钢水	0.3	
6	铝丝	kg/t 钢水	0.6	
7	耐火材料	kg/t 钢水	8	钢包
8	测温、取样探头	个/炉	2~4	
		三、VD 真空精炼		
1	硅钙丝	kg/t 钢水	0.3	
2	铝丝	kg/t 钢水	0.6	
3	测温、取样探头	个/炉	2~4	

表 12-35　主要动力介质消耗表

序号	项目	单位	单耗	备注
		一、电弧炉		
1	冶炼电耗	kW · h/t 钢水	270~340	100%废钢，依据不同炉型
2	氧气（冶炼）	Nm^3/t 钢水	36	
3	氩气	Nm^3/t 钢水	0.16	
4	天然气（烧嘴）	Nm^3/t 钢水	1.2	
5	压缩空气	Nm^3/t 钢水	0.6	
		二、LF 精炼炉		
1	LF 精炼电耗	kW · h/t 钢水	30~60	全钢水，依据不同钢种
2	氩气	Nm^3/t 钢水	0.18	

续表 12-35

序号	项目	单位	单耗	备注
3	氮气	Nm^3/t 钢水	0.18	
4	压缩空气	Nm^3/t 钢水	0.3	
		三、VD 真空精炼		
1	氩气	Nm^3/t 钢水	0.18	30%~50%钢水
2	氮气	Nm^3/t 钢水	1.7	
3	氧气	Nm^3/t 钢水	2.5	
4	压缩空气	Nm^3/t 钢水	0.6	
		四、炼钢综合消耗		
1	车间动力电耗	kW · h/t 钢水	30	含炼钢除尘、水处理
2	氧气（零星用）	Nm^3/t 钢水	0.4	
3	氮气	Nm^3/t 钢水	0.1	
4	煤气（烤包用）	Nm^3/t 钢水	27.9	热值：约 6270kJ/Nm^3
5	天然气（零星用）	Nm^3/t 钢水	0.2	
6	压缩空气	Nm^3/t 钢水	1.8	

12.5.3 能源介质供应

电弧炉炼钢车间的能源介质供应系统在设计时应确保满足车间内各接点处的技术参数要求和质量要求。

炼钢系统动力负荷应由两回线路供电，任一回线路应能满足生产所需的全部负荷。电弧炉及钢包精炼炉冶炼、变压器供电电压宜采用 35kV，炼钢动力系统变压器一次侧供电电压宜选用 10kV。

氧气、氩气、氮气、压缩空气与燃料的生产能力按吨钢单耗和小时钢产量确定，但管道与贮气罐的能力，应满足车间最大瞬时流量的要求，公用设施的能力，在满足设计的钢产量前提下，还应根据具体条件，适当留有余地。

生产循环冷却水用量，应按车间各用户设计用水量并适当留有余地的原则确定，电弧炉高温工作的工艺设备应设置不小于 30min 的事故供水能力，用量约为正常量的一半。

在车间分期建设的情况下，各种介质的主管道一般按最终规模的需要一次建成，而有关公用设施则根据具体条件，或在总图上预留发展面积，或在厂房内预留增建机组的条件。

在设计中应分别阐明对电力、氧气、氮气、氩气、燃气、压缩空气、蒸汽和冷却水等动力介质的电源条件、电压等级、纯度、压力、热值、品质和温度的要求以及供应渠道的确定。

100t 电弧炉的典型能源介质需求如下：

（1）电力：

冶炼用电 35kV，50Hz

动力用电 AC 380V，50Hz

控制与照明用电 AC 220V，50Hz

DC 220V、24V

动力装机容量 约 700kW

（2）氧气：

压力 约 1. 3MPa

纯度 ≥99. 6%

（3）天然气：

压力 ≥0. 4MPa

热值 35. 5MJ/Nm^3

（4）压缩空气：

管网压力 0. 5~0. 7MPa

质量 干燥无油

（5）氩气（氮气）：

压力 约 1. 6MPa

纯度 ≥99. 9%

（6）冷却水：

进水压力 约 0. 6MPa

回水压力 0. 2~0. 3MPa

进水温度 ≤35℃

回水温度 ≤50℃

水质要求见表 12-36。

表 12-36 水质要求

序号	项目	单位	数值
1	pH 值	mg/L	7~8. 5
2	总硬度（$CaCO_3$ 计）	mg/L	≤100
3	碱度	mg/L	<60
4	固体悬浮物	mg/L	≤10
5	总悬浮固体最大尺寸	μm	≤ 100
6	可溶性固体	mg/L	<300
7	可溶性 SiO_2	mg/L	≤6
8	氯化物	mg/L	平均≤60，最大≤150

续表 12-36

序号	项目	单位	数值
9	硫酸盐	mg/L	≤100
10	总含盐量	mg/L	≤500
11	总含铁	mg/L	≤0.5
12	油脂	mg/L	≤0.5
13	导电率	μS/cm	≤500

（7）能源介质流量：介质流量要求见表 12-37。

表 12-37 介质流量要求

序号	介质名称	单位	数量	备注
一、冷却水				
1	电弧炉电气部件冷却水	m^3/h	330	
2	电弧炉本体机械部件冷却水	m^3/h	1200	
3	水平加料段冷却水	m^3/h	1000	
4	竖井系统冷却水	m^3/h	800	
5	事故冷却水	m^3/h	1500	
二、氧气				
1	平均	Nm^3/h	5850	
2	最大	Nm^3/h	10000	
三、天然气				
1	平均	Nm^3/h	200	
2	最大	Nm^3/h	1500	
四、压缩空气				
1	炭粉喷吹（平均/最大）	Nm^3/h	600/1200	无油无水
2	电弧炉气缸、仪表（平均/最大）	Nm^3/h	100/200	无油无水，间断
3	补炉机（平均/最大）	Nm^3/h	360/600	普通，间断
4	阀站吹扫（平均/最大）	Nm^3/h	100/200	无油无水，间断
五、电弧炉底吹氩气（氮气）				
1	平均	Nm^3/h	27	
2	最大	Nm^3/h	54	

12.5.4 附表与附图

附表应包括主要设备表。主要设备表应说明设备名称、规格、单位、数量、重量，具体格式见表 12-38。

表 12-38 电弧炉炼钢主要设备表

序号	设备名称	规格型号	单位	数量	重量		采用样本或供图	备注
					单重/t	总重/t		
1	电弧炉本体	100t 超高功率高阻抗电弧炉	座	1	* * *	* * *	非标图	
2								
⋮								

附图包括下列内容：

（1）工艺平面布置图；

（2）工艺布置横断面和纵断面图；

（3）主要系统的平面图和断面图。

12.6 施工图设计

12.6.1 施工图设计的内容和深度

12.6.1.1 施工图设计的内容

一般情况下，在施工图阶段，下述工作已经完成：

（1）工程项目的产品大纲，包括品种、产量比例已经确定；

（2）车间生产工艺流程已基本确定；

（3）生产工艺主体设备容量、数量配置已经确定；

（4）车间工艺布置基本确定。

施工图设计主要是根据批准的初步设计的内容和要求，对建设项目所有主、辅生产设施、附属设施编制各种设备的选型和安装设计图，电气、仪表、通信、消防和智能化管控设计图，工艺和动力管道设计图，各种专用设备制造图，土建厂房设计图，工业炉窑内衬砌筑图等。具体内容为：(1)施工和安装所需要的全部图纸；(2)重要施工、安装部位和生产环节的操作说明；(3)非标准设备的制造图、技术数据和特殊制作要求说明；(4)施工图设计说明；(5)设备材料明细表、设备订货表[1]。

12.6.1.2 施工图设计的深度

施工图设计的深度应满足住建部《建筑工程设计文件编制深度规定（施工图部分）》的要求。具体内容原则上应满足以下要求[1]：(1)项目所需全部设备、材料的订货和采购；(2)非标准设备及结构件的加工制作；(3)能够据此编制施工图预算和施工预算，并作为招标、工程包干和工程结算的依据；(4)指导施工和安装；(5)施工图预算（根据用户要求或国家有关规定，施工图设计完成后，编制施工图预算）；(6)施工图阶段的消防设计专篇（根据用户要求或国家有关规定，施工图设计完成后，编制施工图消防设计专篇）。

施工图的技术参数应根据初步设计及初设审查意见中确定的数据进行，对于施工图指导书中未明确的内容也以初设中描述为依据。对于有些前期工作不完整的项目，应要求组织施工图阶段开工会。

12.6.2 电弧炉炼钢施工图设计要点

12.6.2.1 电弧炉工艺施工图设计要点

A 坚持确保物流顺畅、生产安全以及人性化的原则

电弧炉炼钢车间的施工图设计首先应对钢铁料运入、钢水的转运、炉渣的运出、散状料的转运、辅料的运入以及固废运出做好路径规划，并对每处细节如运输车辆的拐弯半径、门孔尺寸以及相互错车等进行放样和推演，提前发现潜在的干涉和矛盾点，提出优化方案，确保每个生产作业的顺行。

在设计阶段，遵守国家各项安全生产规范是安全底线，通过工程技术和装备技术提升生产线的本质化安全是追求的目标。例如借助新一代网络技术实现车间的操作室、会议室、交接班室、活动室、休息室、更衣室的集中管控，撤离现场，从根本上避免了这些场所设置在铁水、钢水与液渣吊运影响的范围内。钢水铸造（连铸、模铸）流程应规范设置钢水罐、溢流槽等高温熔融金属紧急排放和应急储存设施。水冷炉壁、氧枪等水冷元件应配置出水温度与进出水流量差检测、报警装置。现场人员较集中的地方以及可能发生煤气泄漏、聚集的场所，应设置固定式煤气监测报警装置。

在设计过程中，还应坚持人性化的原则。每个环节的设计都要秉持省力化、少人化和无人化的原则，优化人机工程学设计，减轻生产工人的劳动强度，改善岗位环境，提升职业健康水平。

B 起重设备设计选型注意事项

起重机是炼钢车间的关键转运设备，编制起重机采购技术文件是开展施工图设计的第一步。因为在初步设计阶段，已基本确定了车间工艺布置及起重机配置，已具备了编制起重机采购技术文件的条件。起重机土建技术资料是开展厂房详细设计的基础和前提。

在起重机设备设计选型过程中，需要注意事项主要有：炼钢厂在吊运铁水、钢水或液渣时，应使用固定式龙门钩的铸造起重机；铸造起重机额定能力除满足生产吊运（主钩）和倾翻能力（副钩）外，还应符合《炼钢工程设计规范》（GB 50439—2015）的规定；电弧炉跨起重机额定能力还需要考虑新砌筑炉壳整体或分体吊运重量及吊具重量的能力需求。

起重机轨面标高由被吊物工艺上要求的最大吊装高度和起重机上极限来确定。电弧炉跨起重机轨面标高和极限尺寸应满足电弧炉吊料篮加废钢或热兑铁水需要、更换炉壳需要、更换电极需要、电弧炉变压器吊运需要（需要电弧炉跨天车吊运时）、炭粉仓加料的需求（必要时）、连铸回转台坐包（电弧炉与连铸回转台坐包位同跨布置时）。

此外，采购技术文件中应根据车间的布置情况对起重机的跨度和上极限、下极限、左极限、右极限尺寸加以限制和要求，以便扩大起重机的作业范围。

C 电弧炉炼钢车间废钢料篮、钢包、渣罐设计选型注意事项

当代电弧炉的加料方式已趋于“零料篮”加料，但是在新炉役的第一炉还是经常需要用料篮加入一篮废钢进入炉内熔化后作为留钢熔池。废钢料篮多为圆桶状底开式，有效容积应满足全废钢条件下第一次加料的需要，第一篮料约为废钢总加入量的60%，具体容积

根据废钢堆密度计算。废钢料篮不宜太高，否则不利于布料，布料易形成尖塔状，不但不利于熔化，而且布料有可能高出上炉壳，造成炉盖闭合困难。料篮外径比炉壳内径略小，避免料篮打开后不向外撒料。

钢包是炼钢车间钢水转运的核心容器，其设计方案关联着电弧炉、精炼和连铸工序，是各工序设计的先决条件。钢包应视具体精炼设施的要求核实容量、净空、耳轴中心距、满包重心、水口位置、透气砖位置和加盖方案等。各精炼设施对钢包净空的要求是 LF = 600mm，VD = 800 ~ 1000mm，VOD ≥ 1200mm，RH = 400 ~ 600mm。

当前随着绿色清洁生产的推进，电弧炉炉下出渣已由传统的热泼渣方式向渣罐出渣方式转变。考虑到电弧炉泡沫渣体积较大，炉下渣罐在选型时要适当加大容积。电弧炉渣量应根据废钢、DRI 及铁水等不同原料结构进行确定，一般渣罐有效容积为渣罐总容积的 75% ~ 80%，由此确定渣罐容积。

D　电弧炉修炉区工艺设计要点

电弧炉下炉壳拆砌一般在固定的修炉区进行，修炉区的大小须考虑便于炉壳吊运的顺利实施，需设炉壳存放支座基础，要考虑炉壳存放的静荷载及冲击荷载，荷载要考虑上下炉壳一起存放的情况。修炉区的位置要考虑满足安全生产的相关要求，不能与高温溶液吊运同跨布置。修炉区附近要考虑动力介质接点，包括水、压缩空气、氧气/天然气阀箱、检修电源箱等。一般在修炉区旁边还需设置一个炉壳临时存放位，用于新旧炉壳更换时临时存放，存放位可以是混凝土基础，也可以是钢结构支座。

E　公辅专业图纸会签管理注意事项

在施工图设计阶段，各专业之间的设计接口是最容易产生设计质量问题的地方，对各专业图纸审核会签不到位往往会造成设计质量问题甚至重大损失。因此，工艺专业应加强对公辅专业的图纸审核会签工作。审核会签的主要依据包括施工图任务书、订货设备返回资料、各专业协调会议纪要。审核会签的主要内容包括厂房柱列，轴线号标准，设备定位尺寸，平台及荷载点标高，平台开孔位置及尺寸，荷载点支撑梁的布置、尺寸、限制性尺寸（限高、限宽等），柱间支撑位置，隔热防护的范围和要求，起重设备的相关参数是否与所提资料符合，起重设备轨面标高，轨道型号，活动平台相关设计，动态设备与结构的关系，门孔位置和尺寸，基础标高，灌浆层厚度，有特殊要求的基础深度，有限制的基础外形尺寸，相邻基础的关系，地脚螺栓相关参数，二次短网防磁区的特殊要求，混凝土耐热要求，混凝土防渗水要求，燃气、给排水、热力、通风专业的介质的接点位置，介质接点的参数，管线路由、标高、定位，各专业管线接口定位与大小等。

12.6.2.2　电弧炉工艺布置图设计要点

电弧炉炼钢车间工艺图是工艺技术、设计和管理成果的集中体现，是在施工图设计过程不断优化完善和管理各专业的设计后的最终成果，对于保证设计质量十分重要。电弧炉工艺布置平面图应表示出车间主要物流路径、工艺设备及配套设施的位置和安装关系、厂房建筑物和构筑物的定位关系、大型管道的定位与外形尺寸、物料的储运方式和通道、起重机械、重要设备的运行空间、厂房柱间支撑的位置、各跨天车极限区域、参观通道、管线和电缆桥架、电弧炉维修区域、钢包维修区、重包位区域、事故坑、铸余渣区等内容。

电弧炉车间断面图应表示出电弧炉废钢料篮打开时的吊钩上极限、废钢料篮的吊运通道、电弧炉出渣和出钢作业、电极更换、精炼区域钢包的吊运和电极更换、连铸钢包回转台坐包、起重机吊钩极限位、起重机的最高和最低点、起重机检修葫芦、电弧炉和精炼炉变压器的检修吊运等内容。

12.6.3 电弧炉工程的数字化设计与交付

在当前智能制造概念弥漫全球的背景下，世界各国都将智能制造作为自己的国家战略，2015 年 5 月，国务院印发了《中国制造 2025》，实施制造强国战略。为加快推进智能制造，工业和信息化部、国家标准化管理委员会联合发布了《国家智能制造标准体系建设指南》，现已更新至 2021 版本。《国家智能制造标准体系建设指南》中提出，智能工厂标准体系包括智能工厂的设计和交付标准，其中数字化交付为智能工厂交付的关键标准，主要内容包括交付内容、深度要求、流程要求等数字化交付标准，确保建成的智能工厂达到预定建设目标，交付数据资料满足智能工厂运营维护要求（图 12-42）。不难看出，推进智能制造，数字化是基础，没有数字化就没有智能化，其关键是工程的数字化交付。

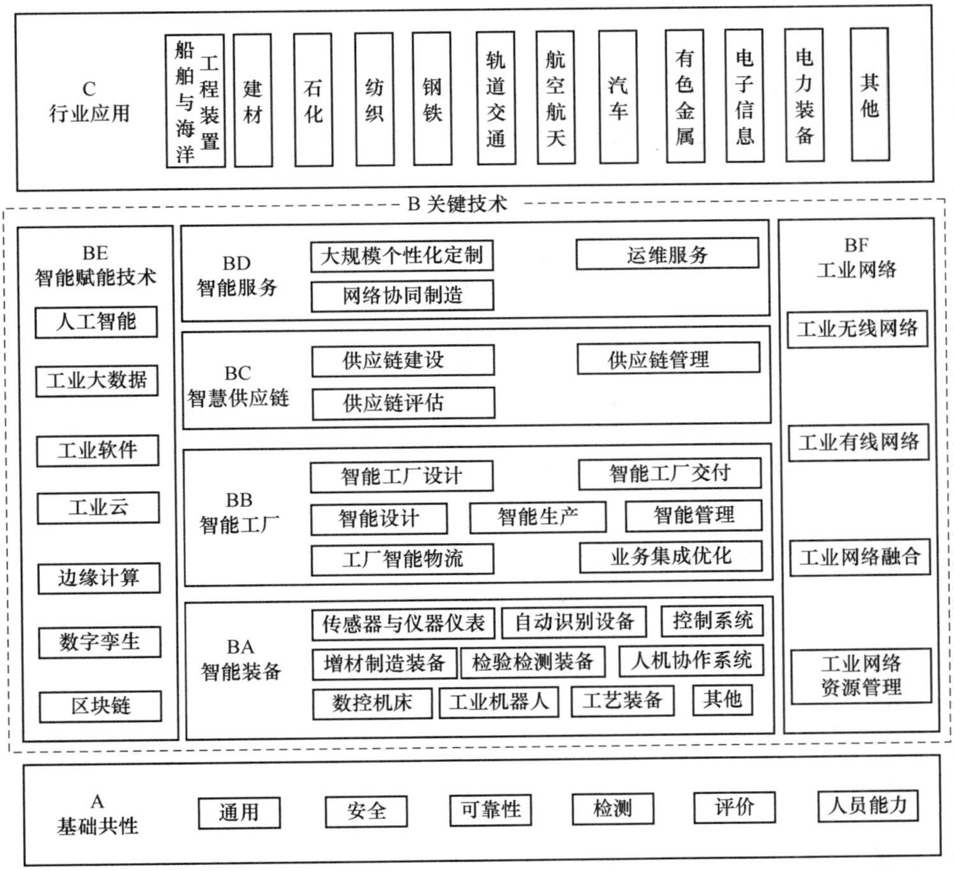

图 12-42 智能制造标准体系框架

当前，国内外业主对于建设智能工厂（图 12-43）、数字化工厂（图 12-44）的需求越来越多，因此，越来越多的工程公司开始研究如何在 EPC 阶段进行数字化工厂建设，以及如何将建设好的工厂通过数字化方式交付给业主。

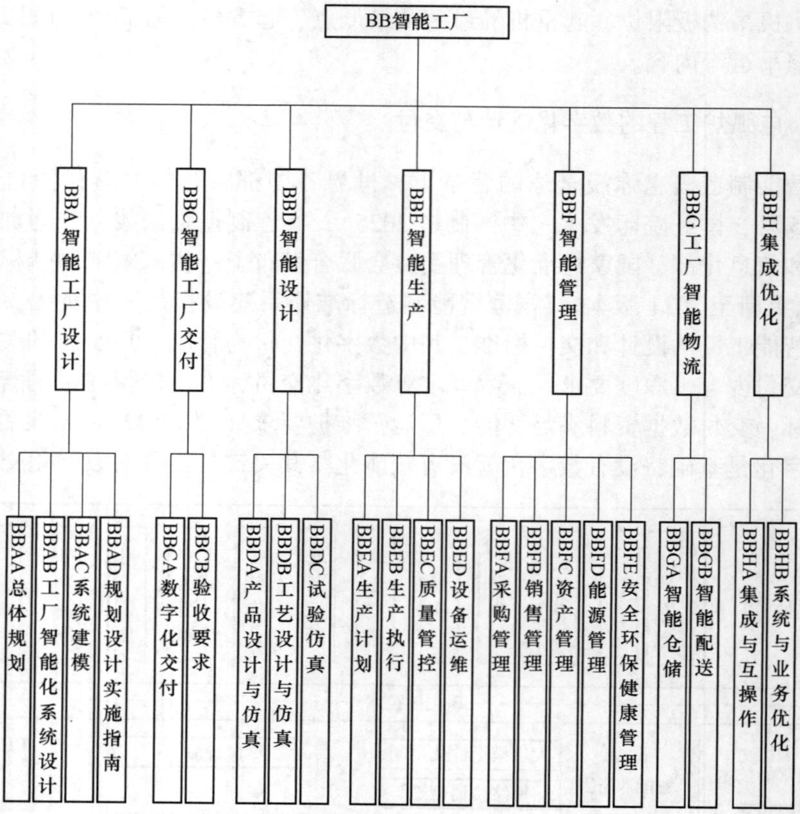

图 12-43 智能工厂标准子体系

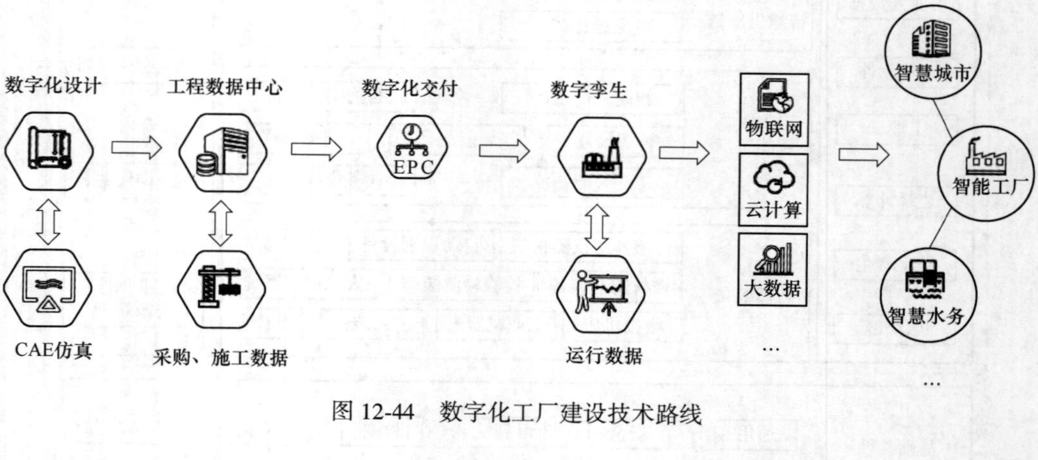

图 12-44 数字化工厂建设技术路线

《石油化工工程数字化交付标准》对数字化工厂（Digital Plant）定义如下：“由工程建设阶段产生的数字化静态信息、运营维护阶段产生的数字化动态信息、基于工厂对象的关联关系及信息管理平台构成的综合体”。数字化工厂是实现智能工厂的必经之路，依托数字化设计，建立起工程的数字化模型，并在设计之初就为工程注入数字化基因——编码。在工程建造阶段，通过编码挂接各种数据和文档，将上述模型、数据结构化存储在工程数据中心，实现工程全过程信息数据资产的数字化交付，从而实现了虚拟的数字工厂与现实的实体工厂同步设计、建造和交付。在此基础上，接入现场运行数据，驱动模型运转，虚实映射，这样就在计算机世界里构建出活生生的数字孪生工厂，其运转状态与现实完全一致，实现对历史数据的积累、对现实运行状况的掌控和对未来运行状态的预判。融合数字化孪生、物联网、云计算、大数据等技术应用，构建具备自感知、自学习、自决策、自执行、自适应的新型生产方式，不断向智能化迈进。

12.6.3.1 电弧炉工程数字化设计

电弧炉工程数字化设计一般包含工厂数字化设计和设备数字化设计。工厂数字化设计部分主要包括厂房建筑、设备基础、电气控制、管线以及为实现电弧炉炼钢生产的相关辅助设施的数字化设计，设备数字化设计指电弧炉设备本体的三维数字化设计。

电弧炉炼钢工厂设计的基础为项目设计分解结构（WBS），典型的WBS结构模板见表12-39。

表12-39 典型的WBS结构模板

组成	项目分解结构（PBS）					专业	工作包
层级	一级子项	二级子项	三级子项	四级子项	…	专业	工作包
层级定义	项目	工程单元	车间及设施	组成区域	…	专业	工作任务

根据项目WBS分解结构，建立项目的协同设计工作目录，各参与专业在同一个项目空间中开展设计工作，某电弧炉项目的工作目录如图12-45所示。

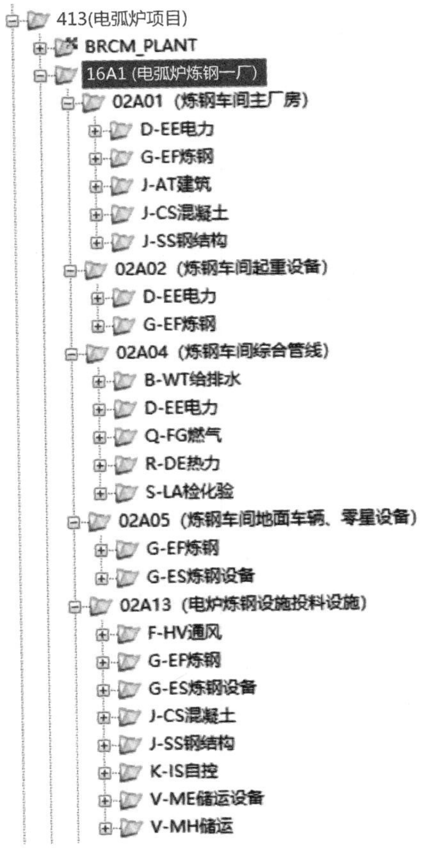

图12-45 电弧炉工作目录

目前市场上主流数字化设计软件包括 Bentley 系列软件，其软件有 Open building designer、Openplant modeler、Prostructures 等；Autodesk 系列软件，其软件有 Revit、Inventor 等；以及 AVEVA PDMS、Tekla structures 专业设计软件。不同的企业根据自身情况分别建立了不同的数字化设计软件架构，应用不同的软件开展数字化设计。

要建立数字化工厂，实施工程的数字化交付，无论采用哪个平台和软件，都要保障平台及软件中产生的模型与数据的一致性与准确性，这是数字化交付的关键。目前的解决办法主要是建立工厂编码系统，给予每个工厂对象唯一标识，从而保障数据信息的一致性。编码标识系统一般可分为工厂标识码和物料编码，标识码用来表达对象的位置信息，包括工艺位置、空间物理位置，物料码用来表达对象的身份信息、属性信息，两个码作为工厂对象的唯一标识，贯穿工程设计、采购、建造、交付、运维的全生命期。标识码采用点线面将工厂逐层分解，物料码梳理了所有工厂对象的属性信息，通过双码将物理工厂进行全面分解，构建行业广泛适用的工厂数字化解构模板和描述体系，成为构建数字化工厂的数据基础。

根据工厂分解结构编制电弧炉工程的标识码系统，典型电弧炉设备的标识码分解如图 12-46 所示。

01	电弧炉设备				
		01	主机设备		
				1501	电弧炉基础螺栓
				1502	炉体装配
				1503	上炉壳
				1504	下炉壳
				1505	水冷炉盖
				1506	炉盖防护板
				1507	炉盖接地装置
				1508	中心炉盖
				1509	中心炉盖模具
				1510	倾动装置
				1511	倾动操作平台
		02	旋转塔设备		
				1521	旋转台装配
				1522	旋转台
				1523	旋转台旋转及锁定机构
				1524	炉盖升降装置
				1525	炉盖升降及旋转机构
				1526	电极升降装置
				1527	电极升降导向装置
				1528	旋转轨道小车
		03	强电设备		
				1531	导电横臂
				1532	二次短网
		04	炉外设备		
				1541	自动测温取样枪
				1542	炉壁喷枪系统
				1543	炉门氧枪系统

图 12-46　典型电弧炉设备的标识码分解

梳理各工厂物料的主要工艺参数，编制典型电弧炉设备的物料编码如图 12-47 所示。

通过建立编码管理平台，将工厂标识码和物料编码规则及数据条目统一管理起来，并打通编码平台与协同设计平台之间的数据接口，从而实现设计过程中自动为数字化模型赋

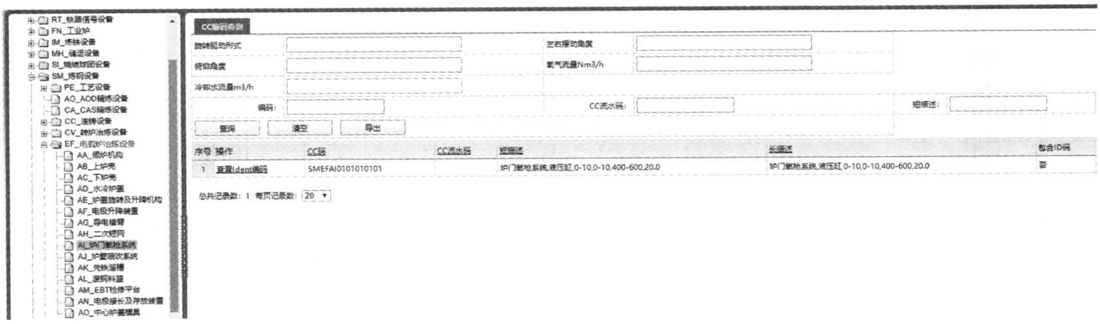

图 12-47 典型电弧炉设备的物料编码的编制

上编码。从模型中抽出的图纸、材料表、设备表将全部带有两个编码，两个编码将贯通工程建设周期，通过这两个编码汇集工程建设周期的信息数据。

这里列举两个电弧炉工程数字化模型装配图，如图 12-48 和图 12-49 所示。

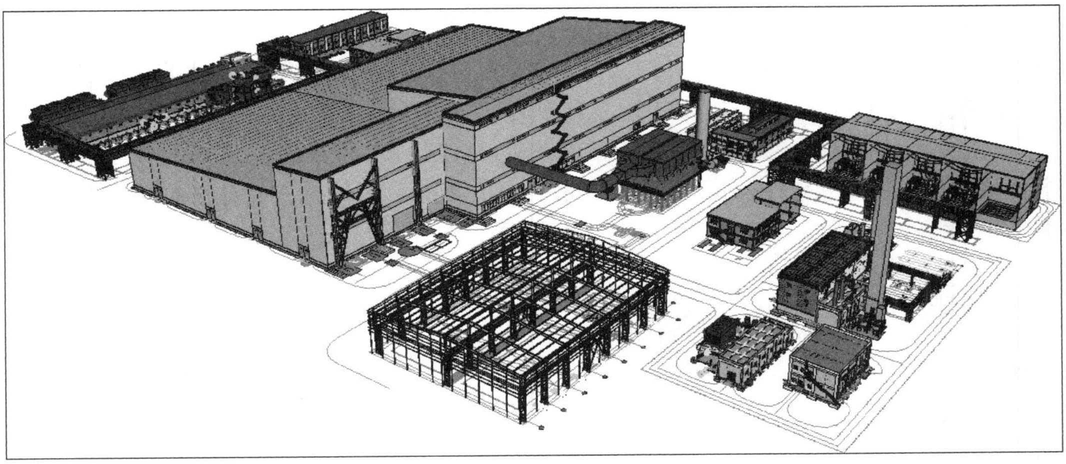

图 12-48 电弧炉工程数字化模型装配图 I

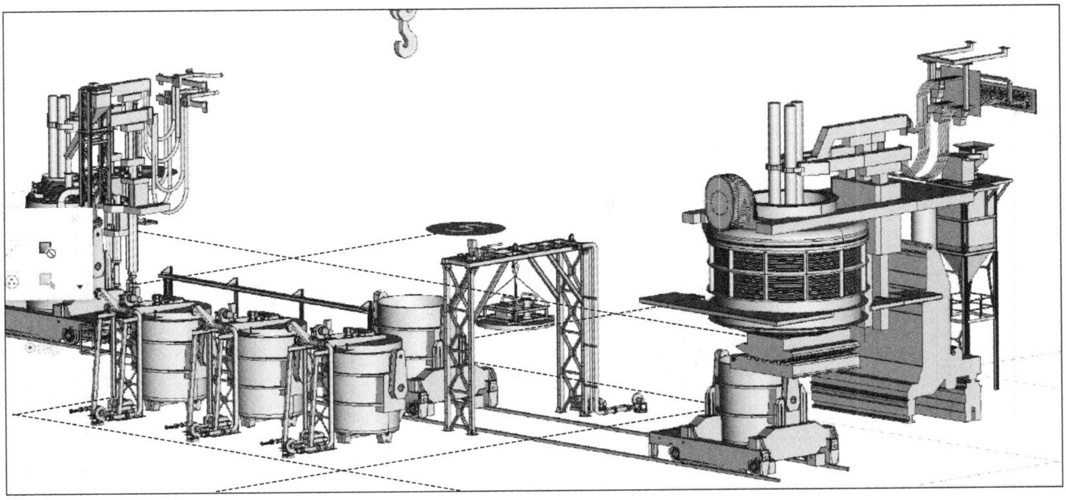

图 12-49 电弧炉设备数字化模型装配图 II

12.6.3.2 电弧炉工程数字化交付

目前生产企业基本都建立了企业的 ERP、MES 等信息系统，工程公司尤其是设计院，通过数字化手段，可以产出模型、数据等工程信息，但目前工程公司仍是以卷册形式向生产企业交付工程资料，其工程设计、建造期的信息数据，无法被生产企业的生产、运维、MES、PCS 等系统直接利用，即工程交付存在信息屏障，隔断了数据信息的传递，造成人力及数据资源的极大浪费。

区别于传统以“卷册”为核心的交付方式，数字化交付是指以“工厂对象”为核心，通过编码串联工程设计、采购、施工、制造、安装等阶段产生的数据，结构化处理和存储于数据库，并基于统一的数据接口完成数据交付，为业主提供可靠的工程基础数据，形成构建数字化工厂的企业静态数据资产。

数字化交付中，不但将工厂对象的信息数据进行结构化存储与交付，同时基于工厂分解结构，构建了工厂对象的关联关系，将一个工厂逐层分解，甚至分解到一个螺丝钉，每个节点都挂接了相应的属性信息。典型电弧炉工程数字化交付平台底层的数据库数据结构如图 12-50 所示。

数字化交付平台提供便捷的查询服务，可直接查询每一个对象的属性信息、设计图纸等。数字化交付平台的展示界面如图 12-51 所示。

平台预留工厂 EMS、ERP 及 MES 等数据接口，实现工程建造信息到运维系统的无缝衔接；平台具备自动更新能力，可获取存量平台的资产更新信息，保证虚拟资产与现实资产的一致性。

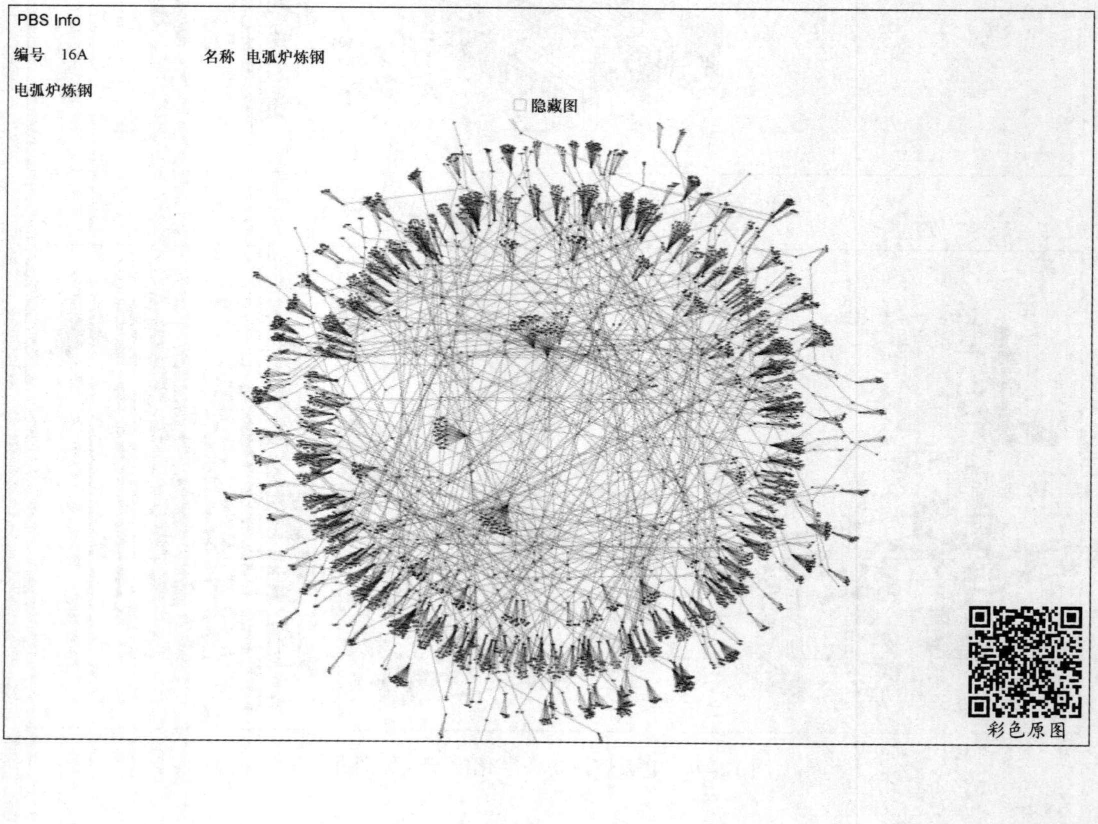

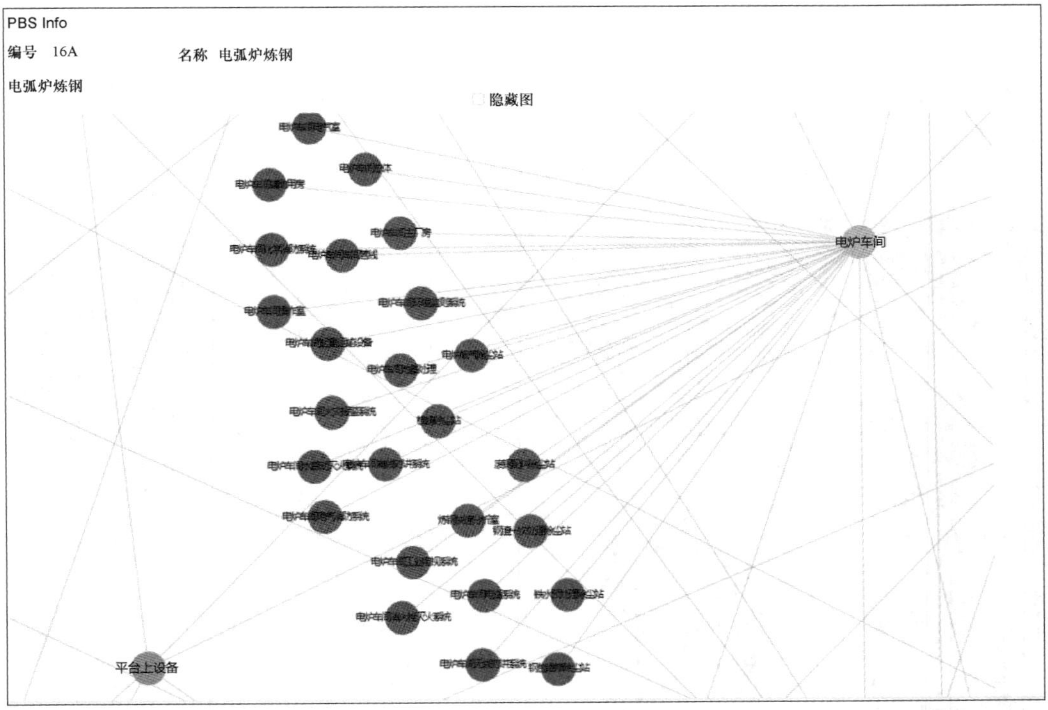

图 12-50 典型电弧炉工程数字化交付平台底层的数据库数据结构

彩色原图

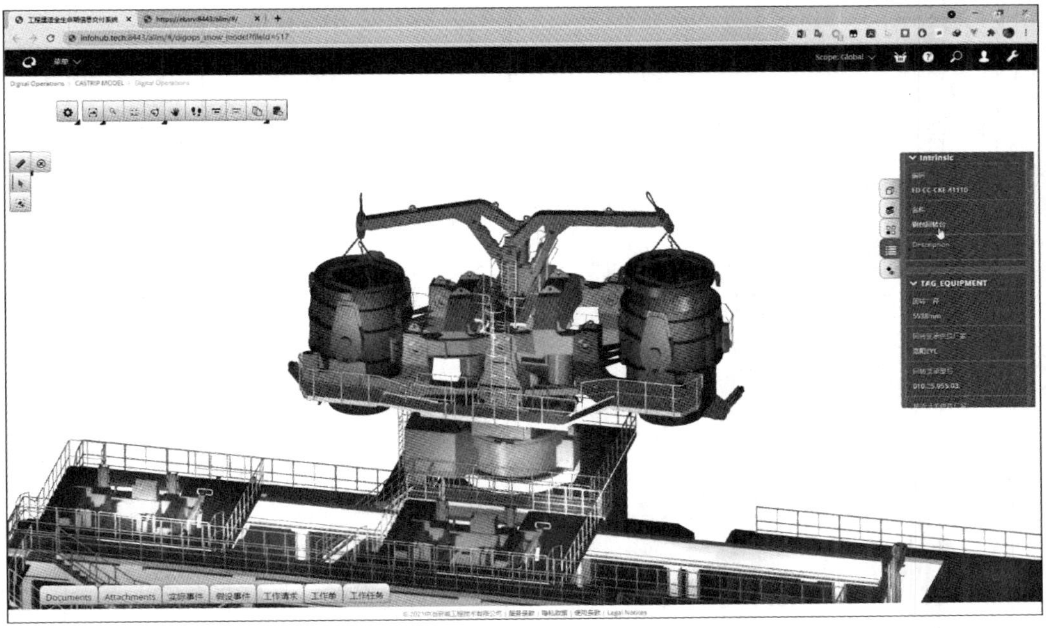

图 12-51 数字化交付平台的展示界面

以数字化平台为基础构建数字孪生工厂（图 12-52），获取企业的生产管理（MES）、能源管理（EMS）、设备管理、物流管理等信息化系统的信息，采用不同的图层和应用场景展现不同业务数据，更直观地协助企业各级调度管理人员及时掌控企业生产运营信息，满足各级角色人员需要。以数字化工厂和大数据为核心，融合工业互联网技术、大数据人工智能技术、数字孪生技术，搭建钢铁智慧生产运营管理体系。

图 12-52　数字孪生工厂

参 考 文 献

[1] 郭鸿发．冶金工程设计第 1 册　设计基础［M］．北京：冶金工业出版社，2006：1-3.
[2] 中国冶金建设协会．炼钢工程设计规范：GB 50439—2015［S］．北京：中国计划出版社，2015：23.